U0639236

数学核心素养研究丛书

核心素养立意的
高中数学课程教材
教法研究

Research on Core-Literacies-Based Senior High
School Mathematics Curriculum, Teaching
Materials and Methods

章建跃

主编

上册

华东师范大学出版社
·上海·

图书在版编目(CIP)数据

核心素养立意的高中数学课程教材教法研究/章建跃主编. —上海:华东师范大学出版社,2021
（数学核心素养研究丛书）
ISBN 978 - 7 - 5760 - 1629 - 1

Ⅰ.①核… Ⅱ.①章… Ⅲ.①中学数学课－教学研究－高中 Ⅳ.①G633.602

中国版本图书馆 CIP 数据核字(2021)第 075693 号

核心素养立意的高中数学课程教材教法研究

主　　编　章建跃
总 策 划　倪　明
责任编辑　汤　琪
责任校对　时东明
装帧设计　卢晓红

出版发行　华东师范大学出版社
社　　址　上海市中山北路 3663 号　邮编 200062
网　　址　www.ecnupress.com.cn
电　　话　021 - 60821666　行政传真 021 - 62572105
客服电话　021 - 62865537　门市(邮购)电话 021 - 62869887
地　　址　上海市中山北路 3663 号华东师范大学校内先锋路口
网　　店　http://hdsdcbs.tmall.com

印 刷 者　浙江临安曙光印务有限公司
开　　本　787 毫米 × 1092 毫米　1/16
印　　张　51.75
字　　数　948 千字
版　　次　2021 年 7 月第 1 版
印　　次　2025 年 8 月第 6 次
印　　数　20501—21600
书　　号　ISBN 978 - 7 - 5760 - 1629 - 1
定　　价　158.00 元(上下册)

出 版 人　王　焰

如发现图书内容有差错,或有更好的建议,请扫描下面的二维码联系我们。

(如发现本版图书有印订质量问题,请寄回本社客服中心调换或电话 021 - 62865537 联系)

内容提要

　　本书以数学教育中的立德树人为宗旨，以提高教师的"四个理解"水平为目标，以提升高中数学新课程实施能力为价值取向，以"实践基础上的理论概括"为基本原则，以提升教师的数学素养、教材理解力和教学设计能力为基本途径，研究了核心素养立意的高中数学课改中的一些关键问题；以人教 A 版数学教材为载体，对课程标准规定的每一个单元内容进行了系统而深入的分析；精选了 25 个典型内容，给出了"单元–课时教学设计"。本书旨在帮助广大高中数学教师把握数学教育改革与发展的基本方向，增强立德树人的意识和数学育人的自觉性；通过提升课程内容理解水平和教材内容解析能力，提升教师的专业素养和教学能力；通过提高教师的教学设计能力，全面提升教师的数学课程教材实施能力，提高课堂教学效率。

　　本书内容紧贴当前高中数学课改的实践需求，针对当前实施新课程、使用新教材中一些亟须解决的问题，给出了高屋建瓴且具可操作性的解决方案。特别是，本书中的教学设计，基于对内容的本质和育人价值的深刻理解，体现了教学内容逻辑和学生思维逻辑的有机融合，具有示范性和引领性。

　　本书是高中数学教材主编的倾力之作，一定可以成为广大高中数学教师实施新课程、使用新教材的好帮手。本书也可作为中学数学教育教学研究的参考用书。

Abstract

With the purpose of fostering virtue through mathematics education, improving teachers' "four understandings" in mathematics teaching, further implementing the new senior high school mathematics curriculum, and improving teachers' mathematical competencies, understanding of teaching materials and teaching design ability, this book elaborates on some of the key issues identified in the practice of the core literacies-oriented curriculum reform in the senior high school mathematics education, systematically analyzes each unit of the PEP mathematics textbook (Edition A) in terms of the compliance to the curriculum, and offers exemplary unit-period designs for 25 selected topics, aiming to help teachers grasp the basic direction of the mathematics education reform and development to enhance the consciousness of cultivating people by virtue and educating people via mathematics education. This book also intends to improve teachers' professional competence by helping them better understand the textbook. Meanwhile, this book aims to enhance teachers' ability of implementing the mathematics curriculum and teaching materials comprehensively as well as to improve their classroom efficiency by improving their teaching design ability.

The book, keeping abreast of the course of the curriculum reform, puts forward strategic and feasible solutions to some urgent issues identified during the implementation of the new curriculum and the usage of the new textbooks. In particular, with a deep understanding of the nature of the contents and the moral values, the teaching design in the book is a valuable demonstration of how to integrate teaching logic with learners' thinking logic.

This book is a great effort by the chief editor of the senior high school mathematics textbooks, which can certainly become a good helper for senior high school mathematics teachers when implementing the new curriculum and using the new textbooks. This book can also be used as a reference book for the research on secondary school mathematics teaching.

目 录

下　篇

第三部分　教学设计案例

Contents

Volume Two

Part Ⅲ   Cases of Instructional Design

Chapter Ten   Mathematics-integrity-based unit-period instructional design

总　序

为了落实十八大提出的"立德树人"的根本任务,教育部 2014 年制定了《关于全面深化课程改革落实立德树人根本任务的意见》文件,其中提到:"教育部将组织研究提出各学段学生发展核心素养体系,明确学生应具备的适应终身发展和社会发展需要的必备品格和关键能力……依据学生发展核心素养体系,进一步明确各学段、各学科具体的育人目标和任务。"并且对正在进行中的普通高中课程标准的修订工作提出明确要求:要研制学科核心素养,把学科核心素养贯穿课程标准的始终。《普通高中数学课程标准(2017 年版)》(本文中,简称《标准》)于 2017 年正式颁布。

作为教育目标的核心素养,是 1997 年由经济合作与发展组织(OECD)最先提出来的,后来联合国教科文组织、欧盟以及美国等国家都开始研究核心素养。通过查阅相关资料,我认为,提出核心素养的目的是要把以人为本的教育理念落到实处,要把教育目标落实到人,要对培养的人进行描述。具体来说,核心素养大概可以这样描述:后天形成的、与特定情境有关的、通过人的行为表现出来的知识、能力与态度,涉及人与社会、人与自己、人与工具三个方面。因此可以认为,核心素养是后天养成的,是在特定情境中表现出来的,是可以观察和考核的,主要包括知识、能力和态度。而人与社会、人与自己、人与工具这三个方面与北京师范大学研究小组的结论基本一致。

基于上面的原则,我们需要描述,通过高中阶段的数学教育,培养出来的人是什么样的。数学是基础教育阶段最为重要的学科之一,不管接受教育的人将来从事的工作是否与数学有关,基础教育阶段数学教育的终极培养目标都可以描述为:会用数学的眼光观察世界;会用数学的思维思考世界;会用数学的语言表达世界。本质上,这"三会"就是数学核心素养;也就是说,这"三会"是超越具体数学内容的数学教学课程目标。[①] 可以看到,数学核心素养是每个公民在工作和生活中可以表现出来的数学特

---

① 史宁中,林玉慈,陶剑,等.关于高中数学教育中的数学核心素养——史宁中教授访谈之七[J].课程·教材·教法,2017,37(4):9.

质,是每个公民都应当具备的素养。在《标准》的课程性质中进一步描述为："数学在形成人的理性思维、科学精神和促进个人智力发展的过程中发挥着不可替代的作用。数学素养是现代社会每一个人应该具备的基本素养。数学教育承载着落实立德树人根本任务、发展素质教育的功能。数学教育帮助学生掌握现代生活和进一步学习所必需的数学知识、技能、思想和方法;提升学生的数学素养,引导学生会用数学眼光观察世界,会用数学思维思考世界,会用数学语言表达世界……"①

上面提到的"三会"过于宽泛,为了教师能够在数学教育的过程中有机地融入数学核心素养,需要把"三会"具体化,赋予内涵。于是《标准》对数学核心素养作了具体描述:"数学学科核心素养是数学课程目标的集中体现,是具有数学基本特征的思维品质、关键能力以及情感、态度与价值观的综合体现,是在数学学习和应用的过程中逐步形成和发展的。数学学科核心素养包括:数学抽象、逻辑推理、数学建模、直观想象、数学运算和数据分析。这些数学学科核心素养既相对独立、又相互交融,是一个有机的整体。"②

数学的研究源于对现实世界的抽象,通过抽象得到数学的研究对象,基于抽象结构,通过符号运算、形式推理、模型构建等数学方法,理解和表达现实世界中事物的本质、关系和规律。正是因为有了数学抽象,才形成了数学的第一个基本特征,就是数学的一般性。当然,与数学抽象关系很密切的是直观想象,直观想象是实现数学抽象的思维基础,因此在高中数学阶段,也把直观想象作为核心素养的一个要素提出来。

数学的发展主要依赖的是逻辑推理,通过逻辑推理得到数学的结论,也就是数学命题。所谓推理就是从一个或几个已有的命题得出新命题的思维过程,其中的命题是指可供判断正确或者错误的陈述句;所谓逻辑推理,就是从一些前提或者事实出发,依据一定的规则得到或者验证命题的思维过程。正是因为有了逻辑推理,才形成了数学的第二个基本特征,就是数学的严谨性。虽然数学运算属于逻辑推理,但高中阶段数学运算很重要,因此也把数学运算作为核心素养的一个要素提出来。

数学模型使得数学回归于外部世界,构建了数学与现实世界的桥梁。在现代社会,几乎所有的学科在科学化的过程中都要使用数学的语言,除却数学符号的表达之外,主要是通过建立数学模型刻画研究对象的性质、关系和规律。正是因为有了数学建模,才形成了数学的第三个基本特征,就是数学应用的广泛性。因为在大数据时代,

———————————

① 中华人民共和国教育部. 普通高中数学课程标准(2017 年版)[S]. 北京:人民教育出版社,2018:2.
② 同②4.

数据分析变得越来越重要,逐渐形成了一种新的数学语言,所以也把数据分析作为核心素养的一个要素提出来。

上面所说的数学的三个基本特征,是全世界几代数学家的共识。这样,高中阶段的数学核心素养就包括六个要素,可以简称为"六核",其中最为重要的有三个,这就是:数学抽象、逻辑推理和数学建模。或许可以设想:这三个要素不仅适用于高中,而且应当贯穿基础教育阶段数学教育的全过程,甚至可以延伸到大学、延伸到研究生阶段的数学教育;这三个要素是构成数学三个基本特征的思维基础;这三个要素的哲学思考就是前面所说的"三会",是对数学教育最终要培养什么样人的描述。义务教育阶段的课程标准正在进行新一轮的修订,数学核心素养也必将会有所体现。

发展学生的核心素养必然要在学科的教育教学研究与实践中实现,为了帮助教师们更好地解读课程改革的育人目标,更好地解读数学课程标准,在实际教学过程中更好地落实核心素养的理念。华东师范大学出版社及时地组织了一批在这个领域进行深入研究的专家,编写了这套《数学核心素养研究丛书》。

华东师范大学出版社以"大教育"为出版理念,出版了许多高品质的教育理论著作、教材及教育普及读物,在读者心目中有良好的口碑。

这套《数学核心素养研究丛书》包括:中学数学课程、小学数学课程以及从大学的视角看待中小学数学课程,涉及课程教材建设、课堂教学实践、教学创新、教学评价研究等,通过不同视角探讨核心素养在数学学科中的体现与落实,以期帮助教师更好地在实践中对高中数学课程标准的理念加以贯彻落实,并引导义务教育阶段的数学教育向数学核心素养的方向发展。

本丛书在立意上追求并构建与时代发展相适应的数学教育,在内容载体的选择上覆盖整个中小学数学课程,在操作上强调数学教学实践。希望本丛书对我国中小学数学课程改革发挥一定的引领作用,能帮助广大数学教师把握数学教育发展的基本理念和方向,增强立德树人的意识和数学育人的自觉性,提升专业素养和教学能力,掌握用于培养学生的"四基""四能""三会"的方式方法,从而切实提高数学教学质量,为把学生培养成符合新时代要求的全面发展的人才作出应有贡献。

史宁中

2019 年 3 月

前　言

　　本书编写的初衷是以数学教育中的立德树人为宗旨,以提高教师的"四个理解"(理解数学,理解学生,理解技术,理解教学)水平为目标,以提升高中数学新课程实施能力为价值取向,以"实践基础上的理论概括"为基本原则,以提升教师的数学素养、教材理解力和教学设计能力为基本途径,从教育理论、教学观念、课程内容和教材编写意图的理解、单元教学设计等方面入手,对新课程新教材实施中的一些主要问题展开讨论。具体而言,首先对数学学科核心素养立意的高中数学课程、教材和教学改革中的一些基本问题展开讨论,包括:如何理解数学教育中的德育,如何结合具体内容理解数学学科核心素养的内涵和意义,数学学科核心素养立意的数学课程、教材、教学应关注的主要问题有哪些,等等;再以人民教育出版社出版的《普通高中教科书·数学 A 版》(本书中简称"人教 A 版")为载体,对《普通高中数学课程标准(2017 年版)》(本书中简称《标准(2017 年版)》或"课程标准")规定的内容进行全面解析,并在每一单元中选择有代表性的内容给出"单元-课时教学设计",旨在帮助广大高中数学教师把握数学教育改革与发展的基本方向,增强立德树人的意识和数学育人的自觉性,提升专业素养,提高单元教学设计和教学实施能力,积极探索基于情境、问题导向的互动式、启发式、探究式、体验式等课堂教学,提高课堂教学效率,培养学生的学习能力,促进学生系统掌握数学基础知识、基本技能、基本方法,培养适应终身发展和社会发展需要的正确价值观念、思维品质和关键能力,为学生的可持续发展和终身学习奠定基础。

　　本书从策划至脱稿,历时 4 年有余,这段时间正是本人主持人教 A 版的研究、编写的关键阶段,是写好本书的一个契机,教材编委会的每一次研讨会、平时持续的交流等都为本书提供了大量素材。2019 年秋季开学,教科书正式投入使用,趁此机会,本人深入课堂,密集听课调研,掌握了大量一手材料,深层次了解到我国高中数学课堂的真实情况,为本书的编写提供了实践依据。

　　大量听课、调研给我的启发是:无论是教师的专业化发展还是课堂教学质量的提高,根子都在教师的数学素养上,这是由高中数学教学的内在规律决定的。如果教师的数学素养高,对所教内容的本质及蕴含的育人价值理解深刻,并能将自己的理解转化为教学表达,通过创设恰当的教学情境,提出有数学含金量的问题,引导学生开展实质性的数学思考和探究活动,那么课堂教学的数学品位就能得到保证,就能使学生在掌握"四基"的过程中发展数学思维,核心素养的提升也就水到渠成。如果教师的数学素养不够,那么课堂教学十有八九会不得要领,会让学生做大量无用功,还会因为对自己的教学缺乏自信而不加选择地给学生布置大量作业,试图以学生的辛苦劳作来弥补教学方面的不足,不仅加重学生学业负担,而且教学质量和效益都无法保证。如果没有高素质的教师队伍作保障,那么再先进完美的课改设计都是无济于事的,这是一个常识。所以,当务之急是提高教师的数学素养,为解决好课改的最后一公里问题提供保障。

本着这样的想法,本书把主要精力集中在课程内容、教材编写意图的解读和单元教学设计上。

本书分上篇和下篇,由理论概述、课程教材和教学设计案例三个部分组成。

"理论概述"部分用不大的篇幅阐述核心素养立意的高中数学教育教学问题。这里首先讨论了数学教育中的德育问题,认为数学教育中的德育就是要充分挖掘和利用数学课程内容所蕴含的育人资源,发挥数学的独特育人价值,使学生在掌握"四基"、提高"四能"的过程中,学会有逻辑地、创造性地思考,形成数学的思维方式,发展理性思维,养成科学精神,成为善于认识问题、解决问题的人才;然后阐释了数学教学中落实立德树人根本任务需要把握的几个基本观点,包括数学育人要发挥数学的内在力量,数学育人要用数学的方式,掌握数学知识是发展数学学科核心素养的前提,推理是数学的"命根子",运算是数学的"童子功",教好数学就是落实数学学科核心素养,"四个理解"是落实核心素养的关键等;最后,从(1)明确基本套路增强教学的整体性,(2)加强一般观念的指导发展理性思维,(3)加强获得数学研究对象的过程发展数学抽象、直观想象素养,(4)在探究数学性质的过程中发展逻辑推理、数学运算素养,(5)加强综合实践活动发展数学建模、数据分析素养,(6)创设情境提出问题引导学生开展系列化数学学习活动等方面建构了核心素养立意的课堂教学的整体架构。

"课程教材"部分以课程标准为依据,以人教 A 版为载体,在"理论概述"部分构建的理论观点指导下,从课程定位、内容与要求、内容的理解与教学思考、教学建议等方面,分必修和选择性必修,对每一条主线的课程与教材进行分单元解析,在每一单元的最后都给出了一些思考题,以帮助教师抓住本单元的一些核心问题展开更深入的思考与研究。本部分的重点放在"内容的理解与教学思考"上,通过剖析内容的本质、挖掘内容蕴含的育人价值,帮助教师从数学和育人两个角度实现对教材内容的教学理解,特别是针对一些重点内容、疑难问题,在进行深入分析的基础上,给出了比较具体的教学建议。

"教学设计案例"部分以我们在"中学数学核心概念、思想方法结构体系与教学设计的理论与实践"课题中总结的教学设计框架结构为蓝本,按照新一轮课改提出的"精选学科内容,重视以学科大概念为核心,使课程内容结构化,以主题为引领,使课程内容情境化,促进学科核心素养的落实"的要求,以"数学的整体性、逻辑的连贯性、思想的一致性、方法的普适性、思维的系统性"为追求,按照"单元内容及其解析(含单元教学重点)—单元目标及其解析—单元教学问题诊断(含单元教学难点)—单元教学支持条件—课时教学设计(含课时教学内容、课时教学目标、课时重点难点、教学过程设计、目标检测设计等)"的框架结构,展开单元设计基础上的课堂教学设计。案例部分共给出了 25 个教学设计,每一个教学设计的原稿都经过集体讨论、反复修改,并经过教学实践检验。在此基础上,本人对每一个教学设计都进行了再设计,努力使内容解析准确到位,目标解析明确、具体,问题诊断切中要害,教学过程设计逻辑连贯、重点突出,注重以数学知识的发生发展过程和学生数学思维过程的融合为线索,创设情境提出问题,使学生在环环相扣的问题串引领下开展系列化的数学学习活动,其中特别强调情境的适切性、问题的高质量,从而形成核心概念的思维建构和技能操作过程、数学基本思想的领悟过程、数学基本活动经验的积累过程,通过这样的教学活动,促使学生在掌握"四基"的过程中落实数学学科核心素养。

某种意义上,教学设计能力是全面提升教师数学课程教材实施能力的关键抓手。通过基于数学学科核心素养目标的"单元-课时"教学设计与实践研究,可以有效地帮助教师在掌握教学设计方法与技能的过程中,提升数学理解水平,提升把握学生认知规律的水平,提升学情分析、情境与问题设计、学习评价以及作业设计等方面的能力,进而提升数学育人能力,这是笔者长期教学观察得出的结论。所以,本书在教学设计上着墨甚多。

本书特别注重实践性,希望对广大高中数学教师有用、能用、好用,对大家实施课程标准、使用新教材、开展课堂教学有实质性帮助,对广大教师开展基于新课程实施的教科研有启发性和借鉴性,对数学教育理论研究也有参考价值。所以本书未能实现理论上的完备性、内容上的完整性,例如非常需要研究的作业设计问题、学业评价问题等,本书没有涉及,这是一个遗憾。

本书在编写过程中得到许多人的帮助,参考了大量资料。特别是在编写教学设计时，直接参考了人教 A 版教师教学用书、视频资源中的教学设计资源。本人设计了编写这些资源的指导思想、整体结构、编写思路、教学设计与实施要求，并给出了示范案例，数十位一线教师、各级教研员参与了这些资源的编写、讨论和修改工作，每一位参与教学设计、录像课教学的老师都付出了大量心血，教学设计中凝结了他们的实践智慧，在此深表谢意！另外，薛红霞老师提供了"函数的单调性""指数""对数函数的概念与性质""基本立体图形的结构特征"和"直线与平面垂直"等五个教学设计（初稿），顾予恒等老师提供了"数学建模活动"教学设计，在此一并表示感谢！

概率与统计是课程标准特别加强的内容，这也是我国高中数学教学中的"弱项"。为了保证这个板块的内容解析到位，特邀了人教 A 版概率与统计教科书、教师用书的主要编写者程海奎老师撰写了第五章和第八章。程老师在大学教授概率统计课程 40 年，而且长期关注中学数学教育，从 2007 年开始参与我们的课题研究，给我们的概率统计教材建设作出了许多贡献。相信他给出的内容解读一定会给广大读者以很好的启发和引导。

需要感谢的人很多，在此恕不一一列举。

最后我想感谢华东师范大学出版社，特别要感谢倪明编审和汤琪编辑，感谢他们的耐心等待，感谢汤琪对书稿的细心编辑。

本书谬误肯定不少，敬请读者批评指正。如有赐教，请发邮件至 pepzjy@126.com。您的意见我一定倍加珍惜，在此先行致谢！

章建跃

2021 年 2 月于人民教育出版社

上　篇

第一部分　理论概述

第一章　核心素养立意的高中数学教育教学

第一章　核心素养立意的高中数学教育教学

为了把党的十八大和十八届三中全会提出的关于立德树人的要求落到实处,充分发挥课程在人才培养中的核心作用,进一步提升综合育人水平,更好地促进各级各类学校学生全面发展、健康成长,针对各级教育中存在的与立德树人要求之间的差距(例如:重智轻德,单纯追求分数和升学率,学生的社会责任感、创新精神和实践能力较为薄弱;高校、中小学课程目标有机衔接不够,部分学科内容交叉重复,课程教材的系统性、适宜性不强;与课程改革相适应的考试招生、评价制度不配套,制约着教学改革的全面推进;教师育人意识和能力有待加强,课程资源开发利用不足,支撑保障课程改革的机制不健全;等等),教育部以高中课程改革为切入点,于 2014 年全面启动新一轮课程改革。

本次课程改革聚焦于发展核心素养。中国学生发展核心素养是党的教育方针的具体化、细化。为了建立核心素养与课程教学的内在联系,充分挖掘各学科课程教学对全面贯彻党的教育方针、落实立德树人根本任务、发展素质教育的独特育人价值,各学科基于学科本质凝练了本学科的核心素养,明确了学生学习该学科课程后应达成的正确价值观念、必备品格和关键能力,对知识与技能、过程与方法、情感态度价值观三维目标进行了整合。课程标准还围绕核心素养的落实,精选、重组课程内容,明确内容要求,指导教学设计,提出考试评价和教材编写建议。

本轮高中数学课程标准修订工作的一个显著特点是回归数学学科本质,回归数学教育的本来面目,注重发挥数学学科独特的育人功能,这可以从课程标准凝练的数学学科核心素养 6 个要素的鲜明学科特征中得到反映。我们一直主张,数学育人要发挥数学的内在力量,数学教学不能搞花架子,要努力把数学教好,教好数学就是落实核心素养。数学教学要用数学的方式,要加强一般观念的引领,突出数学对象的抽象过程与方法的引导,要使学生在掌握定义的同时知道它的来龙去脉,实现过程与结果的有机融合。要使学生在明确"运算中的不变性、规律性就是代数性质""几何图形组成元素之间的关系、几何图形之间的位置关系就是几何性质"等的前提下,在把握研究数学性质的一般套路的基础上展开新知学习,从而把学会学习、学会思考落在实处。"数学的主要方法,是逻辑的推理"(陈省身),"推理是数学的命根子"(伍鸿熙),运算是数学的"童子功",所以要十分重视推理和运算在发展学生理性思维、科学精神和个人智力中的不可替代作用,要采取有力措施提高作业设计水平,增强解题训练在提高逻辑推理、数学运算素养中的有效性。加强综合实践活动是落实立德树人根本任务、促进学生核心素养发展的关键举措,所以要认真开展数学建模活动和数学探究活动的教学,为高中育人方式的改革作出贡献。本书的编写,特别注意加强数学学科本质、数学教育本来面目的思考,着重从挖掘数学内容蕴含的育人资源角度阐释我们对数学课程、教材、教学的理解,并在此基础上提出教学建议。

以下先从数学教育理论与教学实践中的一些关键问题,例如,如何理解数学教育中的立德树人? 如何通过理解数学、理解学生、理解教学,实现教师专业化发展和教学水平的提升? 如何实施"核心素养导向的数学教学"? 如何使学生的数学学科核心素养得到良好发展? 等等,在宏观上展开对高中数学课程改革的探索之旅。

第一节　数学教育中的立德树人

一、数学教学中的德育

通常,人们会认为"德育"与数学教学"弱相关",因为数学课堂中的推理、运算等主要数学活动似乎与人的道德、品性等没有直接关联,但事实上这仅仅是表面现象。数学教学中的德育是深层次的,有其独特的内涵。

随着我国社会、经济的发展,高中教育的性质和培养目标也在发生变化,正如《普通高中课程方案》指出的:普通高中教育是在义务教育基础上进一步提高国民素质、面向大众的基础教育,其培养目标是进一步提升学生的综合素质,着力发展核心素养,使学生具有理想信念和社会责任感,具有科学文化素养和终身学习能力,具有创新精神和实践能力,具有自主发展能力和沟通合作能力。这一培养目标事实上就界定了高中各学科德育的共同内涵。当前,发展学生的核心素养就是立德树人的具体化。

数学学科对培育学生的正确价值观、必备品格、关键能力的贡献就是发展学生的数学学科核心素养,这是数学学科立德树人的功能和育人贡献之所在。《普通高中数学课程标准(2017年版)》提出,数学教育中的立德树人要体现数学学科特点,其基本内涵是:

学生能在获得"四基"、提高"四能"的过程中,发展数学学科核心素养,逐步学会用数学眼光观察世界,用数学思维思考世界,用数学语言表达世界;提高学习数学的兴趣,增强学好数学的自信心,养成良好的数学学习习惯;树立敢于质疑、善于思考、严谨求实的科学精神;发展自主学习能力,提高实践能力,提升创新意识;认识数学的科学价值、应用价值、文化价值和审美价值。

我们认为,理性思维和科学精神是数学抽象、逻辑推理、数学建模、直观想象、数学运算、数据分析等六个数学学科核心素养要素(也即六大关键能力)的灵魂,所以发展学生的数学学科核心素养是数学学科立德树人的具体化,而聚焦点应放在理性思维和科学精神的发展上,这是由数学的学科特点所决定的。课程标准指出:"数学是研究数量关系和空间形式的一门科学。数学源于对现实世界的抽象,基于抽象结构,通过符号运算、形式推理、模型构建等,理解和表达现实世界中事物的本质、关系和规律。"这一表述阐明了数学与大自然及人类社会的天然联系,数学是表达宇宙空间本质的工具。同时,数学最本质的特征是逻辑的严密性,其中蕴含着讲规则、重证据、依逻辑、实事求是、严谨求实的科学精神与为人品格。这样,数学不仅有理解和表现现实事物的本质、关系和规律以及发展学生理性思维的工具属性,也有鲜明的科学精神、为人品格等价值观念属性。所以,数学教育必然是工具性和价值观的统一体,体现数学教育本来面目的数学课堂教学必然是"德智融合"的,科学精神的培育是自然而然地融入在"四基""四能"的教学中的。也就是说,如果课堂教学没有把育德和育智紧密结合起来,那么就不能完整体现数学教育的真谛。

理性思维得到良好发展的具体表现是:能抓住纷繁复杂事物中的关键要素,善于发现事物的本质、关系和规律;善于返璞归真、精中求简、以简驭繁,能在一般观念指导下思考和解决问题;对自己的判断和选择有清晰且自觉的认识,能有理有据、前后一致、逻辑连贯地阐明观点;善于透过现象看本质,识破似是而非的诡辩;形成重论据、有条理、合乎逻辑的思维品质,养成以理服人的行为习惯。

总之,符合立德树人要求的数学教育,就是要充分挖掘和利用数学课程内容所蕴含的育人资源,发挥数学在形成人的理性思维、科学精神和促进人的智力发展中的独特作用,用数学的方式开展育人活动,使学生在掌握"四基"、提高"四能"的过程中,学会逻辑地、创造性地思考,形成数学的思维方式,发展理性思维,养成科学精神,成为善于认识问题、解决问题的人。

二、核心素养导向的数学教学

1. 数学育人要发挥数学学科的内在力量

众所周知,学校的育人目标主要是通过一门门学科课程的教学活动实现的,各学科课程教学对全面贯彻党的教育方针、落实立德树人根本任务、发展学生的核心素养都有自己独特的、其他学科所无法替代的价值,因此学科育人必然具有学科特性,必须发挥学科的内在力量。

那么,如何发挥数学学科的内在力量呢?因为本轮课程改革以核心素养为导向,所以我们不妨从数学学科核心素养的内涵入手探寻答案。

《标准(2017年版)》指出,数学学科核心素养是具有数学基本特征的思维品质、关键能力以及情感、态度与价值观的综合体现,是在数学学习和应用的过程中逐步形成和发展的。[①] 其中,"思维品质、关键能力以及情感、态度与价值观"是学科核心素养的"三维结构",而"具有数学基本特征"与"在数学学习和应用的过程中逐步形成和发展"则分别强调了学科特点和培养途径。因此,唯有体现数学基本特征、强调数学的过程性、注重思维品质关键能力情感态度价值观的数学教学,才能发挥好数学学科的内在力量,才能把发展学生数学学科核心素养的任务落在实处。

那么,数学的基本特征到底是什么呢?对于这样的重大问题,我们可以从数学家的论述中得到启示。

在亚历山大洛夫(А. Д. Александров)等著的《数学——它的内容,方法和意义》中指出:"甚至对数学只有很肤浅的知识就能容易地觉察到数学的这些特征:第一是它的抽象性,第二是精确性,或者更好地说是逻辑的严格性以及它的结论的确定性,最后是它的应用的极端广泛。"这是在我国数学教育界流行最广的观点。阿蒂亚(M. F. Atiyah, 1929—2019)说:"数学最使我着迷之处是不同分支之间有着许许多多的相互影响,有着预想不到的联系和惊人的奇迹,数学的统一性与简单性都是极为重要的,因为数学的目的就是用简单而基本的词汇去尽可能多地解释世界。"张恭庆在《数学的意义》中则说:数学的基本特征,一是高度的抽象性和严密的逻辑性,二是应用的广泛性与描述的精确性,三是研究对象的多样性与内部的统一性。[②]

陈省身(S. S. Chern, 1911—2004)在为《数学百科全书》(科学出版社,2002年版)撰写的序言中指出:"人类的思想史上,数学有一个基本和独特的地位。几千年来,从巴比伦的代数、希腊的几何、中国、印度、阿拉伯的数学,直到近代数学的伟大发展,虽然历史有时中断,但对象和方法则是一致的。数学的对象不外'数'与'形',虽然近代的观念,已与原始的意义,相差甚远。数学的主要方法,是逻辑的推理,因之建立了

---

① 中华人民共和国教育部. 普通高中数学课程标准(2017年版)[S]. 北京:人民教育出版社,2018.
② 张恭庆. 数学的意义[R/OL]. (2018 - 06 - 27)[2019 - 10 - 20]. https://mp. weixin. qq. com/s/sqv2X_pak3zO_AB_h9ONUQ.

一个坚固的思想结构。这些结果会对其他学科有用，是可以预料的。但应用远超过了想象。数学固然成了基本教育的一部分。其他科学也需要数学做理想的模型，从而发现相应科学的基本规律。"

丘成桐（S. T. Yau）在《数理与人文》中指出："从历史中，我们看到将无数有意义的现象抽象和总结而成为定律时，中间的过程总是富有情感的！在解决大问题的关键时刻，科学家的主观感情起着极为重要的一面，这个感情是科学发现的原动力！面对着震撼我们心弦的真理时，好的科学家会不顾一切，不惜冒生命的危险去发掘真理，去挑战传统的理论，甚至于得罪权贵，伽利略对教会的著名挑战就是这个感情表现的一面。

为什么？

当一个科学家发现他们推导出来的定律或定理是如此简洁，如此普遍，如此有力地解释各种现象时，他们不能不赞叹自然结构的美妙，也为这个定律或这个定理的完成而满意。这个过程值得一个科学家投入毕生的精力！苟真理之可知，虽九死其犹未悔！"[①]

从上述论述中可以看到，高度的抽象性、逻辑的严谨性和应用的广泛性是数学的三个最基本特征，统一性、简单性是抽象性的自然结果，而精确性、确定性则是逻辑严谨性的具体表现。陈省身指出的是数学的发展过程中，从古至今，其对象和方法的一以贯之：对数学对象的抽象，而得"数"与"形"；用逻辑的推理方法，而得"一个坚固的思想结构"；将数学应用于其他学科和"基本教育"，而成为推动科学进步、开发人的智力的原动力。丘成桐则阐释了在推导简洁、普遍且能有力地解释各种现象的科学定律或定理的过程中，人的情感所起的"科学发现原动力"的作用，这是他对自己完成卡拉比猜想、建立几何分析这样的大型数学结构过程中所经历的情感过程的真实写照。

所以，数学教学中，体现数学基本特征是发挥数学学科内在育人力量的根本，这就需要我们通过设计系列化的、具有创新意义的数学活动，引导学生循环往复、螺旋上升地经历数学抽象、逻辑推理和数学应用（数学建模）等过程，促使学生在抽象数学对象获得核心概念的过程中发展数学抽象、直观想象素养，在发现数学性质与关系、推导数学公式、证明数学定理的过程中发展逻辑推理、数学运算素养，在应用数学的知识、思想和方法解决实际问题的过程中发展数学建模、数据分析素养。在整个过程中，都要强化学生对创新与发现的情感体验，提升他们对自然结构的美妙、客观真理的力量的感受力。

---

① 丘成桐. 数理与人文[R/OL]. [2019 - 12 - 2]. http：//www. intlpress. net/mh/essay. php?id＝357.

2. 数学育人要用数学的方式

在观察现象、认识事物或处理问题时,"数学的方式"是与众不同的。首先,其目标取向是"追求最大限度的一般性模式,特别是一般性算法",而研究的起点是对面临的具体事物进行数学抽象;其次,数学的思考结构具有系统性、普适性,其"基本套路"大致可以概括为"抽象研究对象—探索数学性质—构建知识体系";再次,数学的思考方式具有结构性、一致性、连贯性,包括:抽象化、运用符号、建立模型、逻辑分析、推理、计算,不断地改进、推广,更深入地洞察内在的联系,在更大范围内进行概括,建立更为一般的统一理论等,这是一套严谨的、行之有效的科学方法,是在获得数学结论、建立数学知识体系的过程中必须使用的思维方式;最后,数学的表达方式具有统一性,使用一套世界通用的符号形式进行交流。

数学教学中,我们必须以一个个数学对象的研究过程为载体,将数学的目标取向、思考结构、思维方式和符号化表达等有机地融入于系列化的数学活动中,启发学生用数学的方式开展学习活动,逐渐形成数学的思维方式,并努力将这种思维方式转化为准确判断事物的行为方式,养成"用数学的眼光观察、用数学的思维思考和用数学的语言表达"的习惯,这是发展学生核心素养的应有之义。

以数系扩充为例。我们知道,自然数是人类为了"数个数"的需要而创造的体系,其最为原始、基本的结构是"+1"运算。任意一个自然数都可以由 1 起始(现代的自然数定义从 0 开始),逐步"+1"而得。由这一原始结构可以建立起皮亚诺算术系统,其中的归纳公设可以保证数学归纳法的正确性,而利用数学归纳法可以得出几乎所有关于自然数的代数法则,例如可以构造出序的概念(数的大小关系),可以合理地定义 "$a=b$,$b=c \Rightarrow a=c$",可以归纳地证明 $a+b=b+a$,$ab=ba$,$a(b+c)=ab+ac$,$(a+b)^n = \sum_{k=0}^{n} C_n^k a^{n-k} b^k$ 等。进一步,由同一个数的累加可以定义乘法;由加法可以考虑"反过来如何"(这是一种试探性思考,是创新思维),于是引入减法,从而得到负整数,进而将数系扩充为整数系。通过考虑乘法"反过来"的问题,得到除法运算,有了除法,我们可以构造出有理数,再以"使算术运算的运算律得以保持"为指导思想,定义有理数的加法、乘法和乘方,进而将数系扩充到有理数系。

当然,这还不够。数学内外都存在引入像 $\sqrt{2}$ 这样的数的需要,我们可以用反证法证明 $\sqrt{2}$ 不是有理数。于是,需要构造实数系。事实上,实数系的构造是非常困难的,充满了挑战性,体现了数学的创造性,同时也是用数学的方式处理问题的典范,其中涉及如何选择公理、建立定理、抽象结构等诸多数学的本质问题。

解方程的需要以及在解方程的过程中形成的对方程结构的认识,导致"虚数"的发现。一个最简单的问题就是解一元二次方程 $x^2+1=0$。如果把数的范围限制在实数范围,那么它就无解。四百多年前,西方数学家开始注意这个方程,文艺复兴后的意大利数学家发现它跟解三次和四次方程有关。他们知道上述方程没有实数解,但却大胆地假设它有解,并将这个想象中的解叫做"虚数"。令人惊奇的是,因为这个"虚无缥缈的数"的引入,多项式的理论成为了完美的理论。完美的数学理论很快就找到了用武之地:在数学之外,物理学家和工程学家发现虚数是用来解释所有波动现象最佳的方法,包括音乐、流体和量子力学里面波动力学的种种现象;在数学内部,柯西(A. L. Cauchy,1789—1857)和黎曼(G. F. B. Riemann,1826—1866)开始了复变函数论的研究,将数学的眼界由一维推广到二维,改变了现代数学的发展。正如丘成桐指出的:"虚数的发现,可了不起得很! 它可以媲美轮子的发现。"

数学家们为了使负数可以开方而引入虚数的概念,由此将数的范围扩充到复数系,而复数的引入充满了数学家的想象力、创造力和不屈不挠、精益求精的精神,充分体现了理性思维的力量。

在基础教育阶段,我们虽然不能让学生思考如何选择公理之类的问题,但可以让他们经历上述数系扩充的过程,在阐释"是什么""如何算"的过程中,把"如何构造新数系以满足解决现实问题和数学问题的需要""数系扩充的内容和过程是怎样的"等明确表达出来,使学生体验数系扩充的基本思想;可以利用"为什么分数加法不能定义为 $\dfrac{b}{a}+\dfrac{d}{c}=\dfrac{b+d}{a+c}$""为什么 $(-1)\times(-1)\neq -1$"等问题让学生体会数学推广的基本特征:使在原来范围内成立的规律在推广的范围中仍然成立;可以通过一些典型的事例,例如证明"$\sqrt{2}$ 不是有理数""质数有无穷多个",用数学归纳法证明二项式定理、证明等差数列的通项公式和前 n 项和公式以及一些有用的代数公式等,让学生体会初等代数中的问题和证明,进而逐步体会代数学所研究的是数系的结构和各种公式,它们在本质上是逐步归纳、复合的结果,"归纳乃是整个代数学的基本大法和基本功";还可以利用适当的载体(例如二项式定理),让学生领悟"归纳地去探索、发现,归纳地定义,然后再归纳地论证"这一代数思维方式。总之,在数系扩充的教学中,用数学的方式开展育人活动,就是要以数系扩充过程中体现的"数学的方式"为依据,创设与学生认知特点相吻合的教学情境,在学生思维最近发展区内提出具有数学含金量的问题,启发学生以数系扩充的基本思想为指导开展引入新数、扩充数系、定义运算、研究运算律的系列化数学活动,在获得"四基"、提高"四能"的同时,学习"用数学眼光观察世界,用数学思维思考世界，用数学语言表达世界"的方式方法，培养敢于质疑、善于思考、严谨求实的科学精神，体验数学的科学价值、应用价值、文化价值和审美价值。

3. 掌握数学知识是发展数学学科核心素养的前提

离开知识的理解和应用，核心素养的发展将成为一句空话。要让学生真正掌握数学知识，靠掐头去尾烧中段、靠大量解题训练是做不到的，必须让他们经历从数学研究对象的获得到研究数学对象再到应用数学知识解决问题的完整过程。数学对象的获得，要注重数学与现实之间的联系，也要注重数学内在的前后一致、逻辑连贯性，从"事实"出发，让学生经历归纳、概括事物本质的过程，提升数学抽象、直观想象等素养；对数学对象的研究，要注重让学生经历以"一般观念"（big idea）为引导发现规律、获得猜想，并通过数学的推理、论证证明结论（定理、性质等）的过程，提升逻辑推理、数学运算等素养；应用数学知识解决问题，要注重利用数学概念原理分析问题，体现数学建模的全过程，使学生学会分析数据，从数据中挖掘信息等，提升数学建模、数据分析素养。

以发展学生数学素养为追求，要根据学生的认知规律，螺旋上升地安排教学内容，特别是要让重要的（往往也是难以一次完成的）数学概念、思想方法得到被反复理解的机会；要以"事实—概念—性质（关系）—结构（联系）—应用"为明线，以"事实—方法—方法论—数学学科本质观"为暗线，并强调结合明线布暗线，形成数学基本思想和方法的"渗透—明确—应用"的有序进程，使学生在掌握"四基"、发展"四能"的过程中有效发展核心素养。

要做到"两个过程"的合理性，即从数学知识发生发展过程的合理性、学生认知过程的合理性上加强思考，这是落实数学学科核心素养的关键点。前一个是数学的学科思想问题，后一个是学生的思维规律、认知特点问题。

4. 推理是数学的"命根子"，运算是数学的"童子功"

与其他学科比较，数学学科的育人途径有什么独特性呢？陈建功（1893—1971）先生说："片段的推理，不但见诸任何学科，也可以从日常有条理的谈话得之。但是，推理之成为说理的体系者，限于数学一科……忽视数学教育论理性的原则，无异于数学教育的自杀。"[①]推理和运算是数学的两个车轮子。因此，数学育人的基本途径是对学生进行系统的（逻辑）思维训练，而训练的基本手段是让学生进行逻辑推理和数学运算，这就是数学育人区别于其他学科的独特途径。当然，数学的推理不是简单的按部就班，数学运算也不是机械的程序化操作，在推理的严谨性、简洁性和灵活性，运算的正

---

① 陈建功. 二十世纪的数学教育[J]. 中国数学杂志，1952，1(2).

确性、敏捷性以及算法的有效性和高效性上都要有所要求。这样,学生的理性思维会得到逐步发展,科学精神也能得到很好的培养。

5. 教好数学就是落实数学学科核心素养

怎样才是"教好数学"? 学生会解各种资料上的题目、考试成绩好就算教好了吗? 是,但又不全是,甚至不是最重要的。从学生的终身发展需要看,从落实数学学科核心素养的要求看,更重要的是:要以"研究一个数学对象的基本套路"为指导,设计出体现数学的整体性、逻辑的连贯性、思想的一致性、方法的普适性、思维的系统性的系列化数学活动,引导学生通过对现实问题的数学抽象获得数学对象,构建研究数学对象的基本路径,发现值得研究的数学问题,探寻解决问题的数学方法,获得有价值的数学结论,建立数学模型解决现实问题。要使学生掌握抽象数学对象、发现和提出数学问题的方法,要将此作为教学的关键任务,以实现从"知其然"到"知其所以然"再到"何由以知其所以然"的跨越。

一言以蔽之,教好数学就是以数学基础知识、基本技能为载体,使学生在领悟数学基本思想、积累数学基本活动经验的过程中,学会思考与发现,培养数学学科核心素养。

6. "四个理解"是落实核心素养的关键

理解数学、理解学生、理解教学、理解技术的水平是教师专业水平和育人能力的集中体现,是提高数学教学质量和效益的决定性因素,也是有效地提升学生数学学科核心素养的必备条件。

当前的问题,首先是有些教师在"理解数学"上不到位,数学基本功不扎实,缺少对数学知识的整体架构的认识,在数学上"玩不转";二是缺乏对学生是一个活生生的人的理解,对"学生到底是怎么想的"心中无数;三是缺乏独立思考,对社会上面对教育的极端功利化需求缺乏必要的理性批判。由此导致的问题是,数学课缺少数学知识的整体架构,缺少贯穿始终的"数学灵魂"(一般观念);教师在数学上"玩不转"导致教不好数学("如何想"讲得不够,讲不出数学味道,"我示范你模仿"太多);机械解题训练成为课堂主旋律,而大量题目又不能反映数学内容和思维的本质。其结果是使数学课堂越来越枯燥、无趣、艰涩,大量学生的感受是"数学不好玩"。我们认为,解决这些问题的关键是要在"四个理解"上狠下功夫,具体而言是:

理解数学,就是要把握数学内容的本质,特别是对内容所蕴含的数学思想和方法要有深入理解。要对一些具有统摄性的"一般观念"有深入理解并能自觉应用。例如:数学对象的定义方式(如何定义),几何图形的性质指什么,代数性质指什么,函数性质指什么,概率性质指什么,等等。

理解学生,就是要全面了解学生的思维规律,把握中学生的认知特点。例如,面对一个数学内容,学生会如何想?学生已经具备的认知基础有哪些(包括日常生活经验、已掌握的相关知识技能和数学思想方法等)?达成教学目标所需具备的认知基础有哪些?"已有的基础"和"需要的基础"之间有怎样的差异,哪些差距可以由学生通过努力自己消除,哪些差距需要在教师帮助下消除?学生喜欢怎样的学习方式?等等。

理解教学,就是要把握教学的基本规律,按教学规律办事。例如,对于教学活动的设计,关键词是:情境—问题—活动—结果。其中,"情境"是以数学内容的本质和学生的认知过程为依据设置教学情境,包括生活情境、数学情境、科学情境等。"问题"是与情境紧密结合的,从情境中生发的系列化问题,必须满足如下标准:①反映内容的本质,②在学生思维最近发展区内,③有可发展性,使学生能从模仿过渡到自主提问。"活动"是指在情境与问题引导下的系列化数学活动,是学生的独立思考、自主探究、合作交流等。教学的"结果",既要理解知识、掌握技能,又要领悟数学基本思想、积累数学思维和解决问题的经验,从而水到渠成地使学生的数学学科核心素养得到提升与发展。

理解技术,就是要懂得如何有效利用技术帮助学生的学和教师的教。例如,把抽象内容可视化,静态内容动态化,繁杂但没有数学思维含金量的内容通过信息技术简单化等;在人工智能时代,我们要借助技术改变课堂生态,实现大面积的个性化教学,实现优质资源共享。

以上阐述了我们对基于学科核心素养的数学教学的几点认识,其最核心的观点是数学育人要回归数学的学科本质,不搞花架子,实实在在地把数学教好,实现"用数学的方式育人"。事实上,所有的科学问题在本质上都是简单而有序的。人类的智慧表现在用简单的概念阐明科学的基本问题,用相似的方法解决不同的问题,而数学的方法就是这样的基本方法。中学数学中的研究对象多种多样,但研究的内容、过程和方法是一脉相承的,正所谓"研究对象在变,研究套路不变,思想方法不变"。因此,每一种数量和数量关系、图形和图形关系的教学,我们都应以"研究一个数学对象的基本套路"为指导设计和展开课堂教学,促使学生通过一个个数学对象的研究,体悟具有普适性的数学思想和方法,逐步掌握解决数学问题的那个"相似的方法",进而形成"数学的思维方式"。在这样的过程中,数学学科核心素养就潜移默化、润物无声地得到落实了。

第二节 核心素养立意的数学教学应关注的主要问题

核心素养立意的数学教学,应该在数学的整体观指导下,突出发展学生数学学科核心素养的目标要求,创设合适的问题情境,设计有数学含金量的学习活动,展示数学概念、结论、应用的形成发展过程,帮助学生在获得必要的基础知识和基本技能、感悟数学基本思想、不断积累数学基本活动经验的过程中,逐步提高发现和提出问题的能力、分析和解决问题的能力,发展理性思维、科学精神和数学实践能力及创新意识。

一、明确基本套路增强教学的整体性

《标准(2017 版)》中的"课程性质"指出:"数学是研究数量关系和空间形式的一门科学。数学源于对现实世界的抽象,基于抽象结构,通过符号运算、形式推理、模型构建等,理解和表达现实世界中事物的本质、关系和规律。"[①]这段话清晰地阐述了数学的研究对象及其来源、研究内容、过程与方法以及研究结果和作用,从宏观整体上指明了研究一个数学对象的基本套路、思想与方法,这也是贯穿每一个单元内容的主线。

1. 研究一个数学对象的基本套路

一般地,每一章内容都有特定的研究对象。在教学设计与教学实施过程中,首先需要构建相应的研究框架,设计研究路径,然后循序渐进地、有逻辑地安排具体内容,并选取适当的学习素材创设情境,引导学生从情境中发现和提出问题,探索研究方法,获得研究结果并用于解决问题。不同单元的研究对象、研究内容和具体方法都会有所不同,但整体框架和研究路径是基本相同的。以此作为每一单元教学中"谋篇布局"的指导思想,不仅可以使教学具有数学的整体性,而且能使学生通过一个个具体对象的学习,逐步明了研究一个数学对象的基本框架和路径,这对发展学生的理性思维有至关重要的作用。在此过程中,可以使学生更深入地体验"数学的方式",明确学习方向和学习重点,更加有的放矢地展开学习,从而有力地提高学习质量和效益。

这里我们要强调每一单元的开头和结尾、每一堂课的引入和小结的重要性。事实上,教材中的章、节引言和小结往往都给出了研究一个数学对象的基本套路。例如,人教 A 版必修第 3 章"函数的概念与性质"的章引言是:

客观世界中有各种各样的运动变化现象。例如……所有这些都表现为变量间的

---

① 中华人民共和国教育部. 普通高中数学课程标准(2017 年版)[S]. 北京:人民教育出版社,2018:1.

对应关系,这种关系常常可用函数模型来描述,并且通过研究函数模型就可以把握相应的运动变化规律。

随着学习的深入你会发现,函数是贯穿高中数学的一条主线,是解决数学问题的基本工具;函数概念及其反映的数学思想方法已渗透到数学的各个领域,是进一步学习数学的重要基础。同时,函数知识有广泛的实际应用,并且是学习其他学科的重要基础。

本章我们将在初中的基础上,通过具体实例学习用集合语言和对应关系刻画函数概念,通过函数的不同表示法加深对函数概念的认识,学习用精确的符号语言刻画函数性质的方法,并通过幂函数的学习感受研究函数的基本内容、过程和方法。在此基础上,学习运用函数理解和处理问题的方法。①

这一引言按"背景—概念—性质—应用"给出了函数的研究路径、主要内容,这就是研究一个数学对象的基本套路。

在人教 A 版的章小结中,包括"本章知识结构"和"回顾与思考"两部分。"本章知识结构"以框图形式呈现本章知识要点、发展脉络和相互联系,有结构图(内容的逻辑关系),也有流程图(内容的发展顺序),具体内容是本章主要知识点、内容反映的数学思想和方法。框图实际上是再一次更细致地呈现基本套路,它既反映了本章内容的结构、核心知识和研究路径,也是本章内容的思维导图,以帮助学生在学完全章后形成清晰的数学认知结构。例如,必修"概率"一章的知识结构图如图 1.2.1 所示②:

其中,随机现象、随机试验—样本点、样本空间—随机事件,体现了研究对象的抽象过程以及抽象出的相关概念。

接下来对随机事件的研究,一方面从随机事件的关系与运算的角度研究随机事件的性质;另一方面是研究随机事件的概率,这是对随机事件发生可能性大小的度量,其研究线索是:背景—概念—性质—计算—应用。其中概率的性质要用到随机事件的关系与运算等,而概率的计算包含古典概型计算和用频率估计概率两种。

"回顾与思考"包括"回顾"和"思考"两部分。"回顾"是对本章内容的整体概述,阐述本章的核心知识及相互联系、本章内容与相关内容之间的联系,明确本章内容反映的数学思想、研究方法等,注意在阐述核心内容及其蕴含的数学思想和方法的过程中,

---

① 人民教育出版社,课程教材研究所,中学数学课程教材研究开发中心. 普通高中教科书:数学 A 版　必修第一册［M］. 北京:人民教育出版社,2019.

② 人民教育出版社,课程教材研究所,中学数学课程教材研究开发中心. 普通高中教科书:数学 A 版　必修第二册［M］. 北京:人民教育出版社,2019.

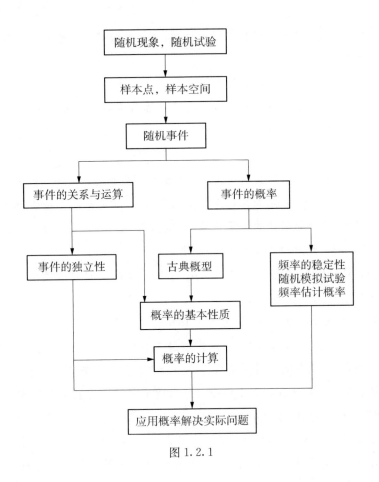

图 1.2.1

提出发展学生数学学科核心素养的策略和方法。例如,对于"函数的性质"的研究,人教 A 版的"回顾"中指出:

研究函数的基本性质不仅是解决实际问题的需要,也是数学本身的自然要求。例如:事物的变化趋势,用料最省、利润最大、效率最高,对称性等,这些特性反映在函数上,就是函数的基本性质,如单调性、最大(小)值和奇偶性等。在研究这些基本性质时,一般是先从几何直观(观察图象)入手,然后运用自然语言描述函数的图象特征,最后抽象到用数学符号刻画相应的数量特征。研究某个函数的性质,则要利用单调性、奇偶性等定义,通过推理、运算来实现。这是一个渐进的过程,也是数学学习和研究中经常使用的方法。[①]

---

① 人民教育出版社,课程教材研究所,中学数学课程教材研究开发中心.普通高中教科书:数学 A 版　必修第一册[M].北京:人民教育出版社,2019:99.

"思考"是以本章内容的结构和核心知识为线索,通过环环相扣的问题引导学生回顾全章内容,深化对本章核心内容及其反映的数学思想和方法的理解。强调"问题引导"的目的是加强学生的主动思维,通过学生自己的独立思考归纳概括出全章内容,进行反思性的再学习,形成对本章内容的更全面而完整的认识。

2. 基本套路与教材、教学的整体性

在课程标准的"教材编写建议"中提出了"教材编写应体现整体性"的要求,并指出:高中数学内容的四条主线既相对独立又相互联系,"教材各个章节的设计要体现三个关注:关注同一主线内容的逻辑关系,关注不同主线内容之间的逻辑关系,关注不同数学知识所蕴含的通性通法、数学思想。数学内容的展开应循序渐进、螺旋上升,使教材成为一个有机的整体"①。这个"建议"对教材编写和课堂教学都有指导意义。强调"基本套路",就是为了落实"三个关注"。

实际上,高中数学的函数、几何与代数、概率与统计等内容主线都有各自的基本路径。例如,函数主线的展开路径如下:

(1) 预备知识:与初中给出的函数描述性定义比较,对函数的更为严格和精确的定义是基于集合这一基本概念以及有关逻辑用语的。因此,定义函数概念需要先预备集合和逻辑用语的有关知识。

(2) 函数的一般概念:"函数是描述客观世界中变量关系和规律的最为基本的数学语言和工具,在解决实际问题中发挥重要作用"②;从概念学习的需要看,应该给学生提供典型丰富的具体例证,使学生经历具体事例共性的分析、归纳过程,概括得出函数的定义,并通过概念辨析深入理解概念的内涵。因此,函数概念的引入应从实际问题出发,以概念形成的学习方式安排教学内容。

(3) 函数的基本性质:在定义函数概念、理解函数的各种表示方法后,研究函数的值域、单调性、奇偶性、周期性、特殊点的取值等性质,它们从"关系"、"规律"等角度反映了函数的基本特征。

(4) 基本初等函数:针对某一类现象(如均匀变化、匀变速、指数增长、对数增长、周期现象等等)建立函数模型。其核心内容有两个:一是建立关于这种变化现象中量与量之间确切的对应关系,得到函数模型 $y = f(x)$,从而精确地刻画一个量与另一个量具有怎样的对应关系,据此就能准确地"预测未来";二是通过对 $y = f(x)$, $x \in A$

① 中华人民共和国教育部. 普通高中数学课程标准(2017 年版)[S]. 北京:人民教育出版社,2018:92.
② 同②18.

的"纯数学"研究,发现这类函数的性质,包括定义域、值域、单调性、最大(小)值、衰减率、增长速度、函数的零点等等,这些性质都是这类现象在某一方面变化规律的反映。

(5)研究方法:与初中的数学对象比较,高中数学对象的抽象性、复杂性比初中要大大提高,所以需要利用更多、更"高级"的研究方法。对函数的研究,除了初中使用的几何直观、代数运算,还要利用导数,通过极限运算实现对函数性质的精确、量化研究。

归结起来,高中阶段对函数主线的研究,其基本套路如下:

集合(概念、关系、运算)—函数的一般概念与基本性质—基本初等函数。

函数的一般概念:背景—概念—性质—应用;

基本初等函数:背景—概念—图象与性质—应用;

导数:物理背景、几何背景—概念—运算及运算法则—应用。

又如,研究立体几何的基本套路,归根到底是以认识几何图形的形状、大小和位置关系为目标,从现实背景出发,抽象概括几何概念、发现和提出几何命题(主要是几何体的性质与度量,空间点、直线、平面的位置关系的判定和性质)、探索和形成证明思路、进行数学推理论证形成几何定理、应用几何知识解决问题,其要点是:背景—概念—判定、性质—结构(联系)—应用。

类似地,研究向量的基本套路是:背景—概念—运算及其性质(运算的几何性质、运算律)—联系(向量基本定理及坐标表示)—应用。

研究概率的基本路径是:预备知识:样本点、样本空间,随机事件,事件的关系与运算;随机现象—概率的定义及表示—概率的性质、运算法则—古典概型、频率的稳定性等—概率的计算、随机模拟试验……

归纳以上各条主线的研究路径,其基本要点都是:

背景(现实世界中的一类现象)—概念(研究对象)—性质(要素、相关要素之间的关系、变化规律等)—结构(相关知识的联系)—应用。

值得注意的是,以上"基本套路"都是从内容角度给出的,是教学的明线。以明线为载体,在内容中反映出数学的思想和方法,明线中蕴含着"事实—方法—方法论—数学学科本质观"这一暗线。例如,在立体几何中,蕴含着几何概念的定义方式、几何体结构特征的抽象方法、位置关系的性质到底指什么、如何发现和提出位置关系的命题、如何用严谨的几何语言表述命题、证明几何命题的方法是如何想到的等等。类似的数学思想和方法在函数、代数、概率等的研究中同样发挥着作用。显然,对于发展数学学科核心素养而言,如何发挥"暗线"的育人价值,使"只可意会不可言传"的抽象思想变得具体化,能让学生切实感受到、体验到,从而增强其"可意会性",这是一件更加诱人的事情,当然也是一件更具挑战性的工作,这就是我们接着要讨论的问题。

二、加强一般观念的指导发展理性思维

1. 一般观念的重要性

新一轮数学课改旨在落实立德树人根本任务,发展学生的思维能力,培育学生的科学精神和创新意识,提升学生的数学素养。具体而言,通过高中数学课程的学习,学生要在获得"四基"、提高"四能"的过程中,学会用数学眼光观察世界、用数学思维思考世界、用数学语言表达世界;提高数学学习兴趣,增强学好数学的自信心,养成良好的数学学习习惯,使自主学习能力得到发展,并逐步树立敢于质疑、善于思考、严谨求实的科学精神,不断提高实践能力,提升创新意识,提高数学的科学价值、应用价值、文化价值和审美价值等的认识水平。[①] 基于这样的课程目标,数学教学必须围绕函数、几何与代数、概率与统计中那些具有统摄性的一般观念,把教学内容组织为连续的、紧密关联的学习进程。

所谓一般观念,是对内容及其反映的数学思想和方法的进一步提炼和概括,是对数学对象的定义方式、几何性质指什么、代数性质指什么、函数性质指什么、概率性质指什么等问题的一般性回答,是研究数学对象的方法论,对学生学会用数学的方式对事物进行观察、思考、分析以及发现和提出数学问题等都具有指路明灯的作用。显然,能自觉地运用一般观念指导数学学习与探究活动,是学生学会学习的标志,是从"知其然"到"知其所以然"再到"何由以知其所以然"的过程,也是理性思维得到良好发展的表现。

2. 一般观念统领下的数学教学需要考虑的主要问题

一般观念统领下的数学教学,主要涉及内容的选择和组织、内容所反映的数学思想与方法的渗透和提炼等问题。

首先,教学内容不应该是一些离散的、不连贯的碎片化知识,也不应该是数学概念、定理、公式、法则的堆砌。数学教学内容必须按课程标准所设的四条主线,围绕结构化、有联系的数学核心概念及其反映的数学基本思想和方法进行精心选择并妥加组织。其中,依数学知识的逻辑关系顺次展开的情境—概念—性质、公式、法则等显性化内容是教材所设计的学习进程明线,而统领这些显性化内容的却是蕴含其中贯穿始终的数学基本思想和方法。一般观念不仅能引领学生开展前后一致、逻辑连贯的学习活动,而且还能激发学生的创造性思维,使发现数学对象的本质、关系和规律成为可能。

---

① 中华人民共和国教育部. 普通高中数学课程标准(2017年版)[S]. 北京:人民教育出版社,2018:8.

为了使学生充分感受一般观念在研究数学对象、解决数学问题中的思想引领作用,从而更有力地培养学生的理性思维,教师要把挖掘内蕴性的一般观念作为教学创新的一项基本任务,通过适当的情境和问题,促使学生领悟其内涵。

其次,一般观念是高度抽象的,与具体对象的联系、在解决问题中的力量并不是显而易见的。因此,对一般观念的学习,必然是渗透式、浸润式,不能离开具体内容进行说教,不可能一蹴而就地学会,而是要经历一个从接触到熟悉、领悟再到自觉运用的长期过程。因此在教学中必须对此进行统筹安排,让学生有机会不断接触、反复领悟。

一般而言,学生从小开始就应该学习如何用数学的眼光观察周围的现象,如何用数学的方式提炼现象的本质并用数学的语言予以表达,学习如何发现和提出问题,如何探寻解决问题的思路和方法,由易到难,由浅入深。到高中阶段,学生对“如何思考”“如何发现”“如何解决”等已经有了较多的经验积累,在某些内容中,我们可以采用适当方式对一般观念予以明确呈现。

总之,在设计教学过程时,教师要注重以具体研究对象为载体,给出学生需要领悟的一般观念的明确提示,并通过适当的问题或变式情境,让学生应用一般观念解释较大范围内的一系列相关现象,从而感受一般观念的普适性以及在解决数学问题中的威力。

3. 在一般观念指导下研究数学对象

下面以“运算”为例说明如何利用一般观念的作用来提升学生的理性思维的。

我们知道,“代数学的根源在于代数运算,也即加、减、乘、除、乘方、开方等”[①],因此“运算”是数学中的一般观念。数系扩充中的核心问题就是为了解决加法、乘法和乘方逆运算的需要。“引进一种新的数,就要研究关于它的运算;定义一种运算,就要研究运算律”是代数的核心思想。同时,运算也是解决代数问题的基本方法,我们可以通过运算发现和提出问题,通过运算发现数据中的规律,通过运算归纳出代数定理……在函数、几何与代数等主线的教学过程中,要充分注意利用“运算”的纽带作用建构教学进程,引导学生通过“运算”发现规律,有效借助运算方法解决问题,通过运算促进学生数学思维的发展,进而形成规范化思考问题的品质,养成一丝不苟、严谨求实的科学精神。

例1 以“运算中的不变性就是性质”为指导,类比等式的性质,发现不等式的性质。

---

① 项武义. 基础数学讲义丛书:基础代数学[M]. 北京:人民教育出版社,2004:1.

第一步,让学生列举等式的性质:

如果 $a = b$,那么 $a \pm c = b \pm c$;

如果 $a = b$,那么 $ac = bc$;

如果 $a = b$,$c \neq 0$,那么 $\dfrac{a}{c} = \dfrac{b}{c}$。

第二步,让学生用文字语言表述等式的性质:

等式两边同时加、减、乘、除一个数或式(注意:除一个非零数或式),等式不变。

第三步,用"运算"替换"加减乘除",得出:

等式的性质就是等式在运算中的不变性。

第四步,让学生类比等式的性质,在"运算中的不变性就是性质"的指导下,类比等式的基本性质,猜想不等式的基本性质并加以证明。

三、加强获得数学研究对象的过程发展数学抽象、直观想象素养

抽象研究对象是数学研究的首要任务,是把握数学对象的第一步。抽象研究对象的过程就是学生获得数学核心概念的过程,对数学学习具有奠基性作用,也是发展学生数学抽象素养的主要契机。如果抽象过程不充分,数学对象不明确,那么后续研究就无法展开。但这个问题并没有引起广大教师的足够重视,许多教师认为这个过程中没有多少题目可以让学生做,没什么可教的,于是采取"一个定义,三项注意"的"告诉式"教学,致使学生对将要研究的对象不甚了了,这是导致学生数学学习困难的主要原因之一,必须引起高度警觉。

获得研究对象的过程就是使学生经历"从事实到概念"的数学化过程,即通过数学抽象而明确概念的内涵、要素,并用数学语言予以表征(下定义),再通过分类(划分)进而明确概念的外延。显然,这对发展学生的数学素养意义重大。例如,在函数的教学中,从"事实"到"定义",就是要让学生在具体事例支持下理解和把握函数的内涵,要使学生认识到 $y = f(x)$,$x \in A$ 的一般性,使他们能用函数的思想和方法去研究、表示现实世界中各种各样的变量关系和变化规律(如直线上升、指数爆炸、周期变化等等)。

数学有独特的抽象研究对象的方式,有基本套路可以遵循。下面我们讨论一下函数、几何与代数、概率与统计中几个典型数学对象的抽象过程。

1. 关于函数概念的抽象

函数是高中阶段最重要的数学概念,应该让学生理解,但老师们都觉得这个概念很难教,学生也理解不好。症结在哪里呢?我们认为,主要在于没有让学生充分经历

概念的抽象过程。学生头脑中的概念不是经过独立思考、通过自己主动的认识活动从具体事例的共性中抽象出来的,而是教师以定论的方式灌输进去的。

那么,在抽象函数概念的过程中,到底应该让学生抓住哪些要点呢?从数学发展史看,对函数的研究首先是因为自然科学对运动学、天文学、力学等的研究需要。在16世纪,实践的需要和各门科学自身的发展使自然科学转向对运动的研究,对各种变化过程和各种变化着的量之间的依赖关系的研究,导致了数学发展的新阶段——作为变化着的量的一般性质及它们之间依赖关系的反应而产生了变量和函数的概念。实际上,各种运动变化规律不是别的,只是这样一些命题(数学模型),这些命题说明了某些量中有一些变动时,其他量如何跟着变动。

因此,从"历史相似性原则"出发,函数的教学应从现实问题出发,以学生熟悉的运动学、力学和天文学中一些典型的问题为载体,紧紧抓住"变化过程""常量与变量""变量间的依赖关系"及其"数学模型"这些关键词的数学表达,引导他们通过主动的实践活动而获得建立函数概念的直接体验,进而掌握函数概念的精髓。

高中阶段的函数教学,强调从初中已学的函数概念(变量之间的对应关系)、一次函数、二次函数和反比例函数等出发,反思和提炼它们各自的抽象过程,并归纳它们的共性,从而形成一般函数概念的认识基础。这里,应该进一步明确如下四个要点:

(1) 这些函数的现实背景各是什么?它们分别刻画了哪类运动变化现象?

(2) 决定这些运动变化现象的要素是什么?

(3) 要素之间的相互关系如何?

(4) 可以用什么数学模型来刻画?

其中,(1)是搞清楚各类变化过程的基本特征,明确此现象与彼现象的差异点,从而精确区别不同变化现象,这是明确研究对象的过程;(2)、(3)是对这类运动变化现象的深入分析,从中析出常量、变量及其依赖关系,这里的"依赖关系"常常要借助于运算而建立对应关系(这个说法虽然狭窄,但反映了函数概念的最初发展状况:17世纪对函数的明确定义是"函数是从一些其他量经过一系列代数运算或其他可以想象到的运算而得到的量"①,因此这是与学生的认知发展水平相适应的);(4)是以"依赖关系"为导向,利用代数、几何中可以表示这些关系的数学式子、表格、图形等(中学阶段主要是多项式、指数式与对数式、三角式等)加以明确。

以初中学过的函数为载体,思考和解决上述问题,是深化函数概念的必要步骤。

---

① 克莱因 M. 古今数学思想:第二册[M]. 上海:上海科学技术出版社,2002:46.

类似的现象还有很多,例如:

从边长为 a 的正方形的四个角各剪去边长为 x 的正方形,再做成一个无盖小方盒,其容积 $V=x(a-2x)^2$,它使我们能从每一个高 $x\left(0<x<\dfrac{a}{2}\right)$ 求出盒子的容积;

一个质点 P 在平面内绕着一点 O 匀速旋转,角速度为 ω,那么经过的时间 t 与转过的角度 α 的关系是 $\alpha=\omega t$,它使我们能从每一个时刻 t 求出质点所转过的角度;……

显然,这样的现象不胜枚举。数学不满足于"逐类"研究函数,而是要在此基础上进行再抽象,得到用集合—对应关系语言表述的函数概念。这样定义函数概念,使它的应用范围大大扩展了。例如:

把平面内的所有三角形的集合记作 A,对于任一 $x\in A$,定义 $f(x)$ 为"x 的周长",那么 $y=f(x)$ 就定义了关于三角形 x 的一个函数,这时值域 $B=\mathbf{Q}^+$。这个函数就不像前面的函数那样可以用代数式表示。

数列 $1,3,5,\cdots,2k-1,\cdots$ 就是函数 $a_n=2n-1$ 的值按序排列而成的,这个函数的定义域是自然数集,自变量 n 是不连续变量。

北京某日的空气质量指数变化如图 1.2.2 所示:

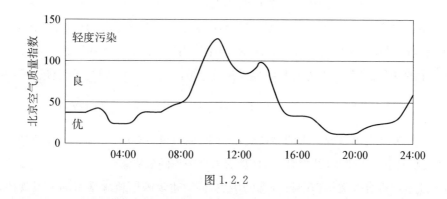

图 1.2.2

这个图也是一个函数,因为在这一日的 $00:00\sim24:00$ 内的每一个时刻都有唯一的一个空气质量指数,这是符合函数的定义的。

表 1.2.1 记录了我国某省城镇居民 $2006\sim2015$ 年恩格尔系数变化情况:

表 1.2.1

年份 y	2006	2007	2008	2009	2010	2011	2012	2013	2014	2015
恩格尔系数 $r(\%)$	36.69	36.81	38.17	35.69	35.15	33.53	33.87	29.89	29.35	28.57

这个表格也是一个函数,因为对每个年份,都有唯一的一个恩格尔系数与之对应。

　　尽管上述例子中,有的函数不能用一个明确的数学表达式来表示,像"恩格尔系数变化表"这样的函数甚至没有什么研究价值,但可以看到,在需要的时候,我们确实可以利用函数概念方便地表达事物中蕴含的各种关系,并由此出发,通过代数运算、几何直观等各种方法研究事物的性质,精准地把握事物的变化规律,从而为人类的科技创新奠定基础。[①]

　　以上我们呈现了这样一个抽象过程:

$$具体函数 —— 一类函数 —— 函数概念一般化。$$

这是一个逐步提高抽象程度的过程,具体而言是:

　　先以学生熟悉的运动变化问题为背景,仔细分析一次函数、二次函数和反比例函数概念的归纳过程;

　　在此基础上提出问题"这些函数的共性是什么? 如何表示?"引导学生进行再归纳;

　　利用函数的"变量说"判断"空气质量指数变化图""恩格尔系数变化表"等是否为函数,增强进一步学习函数概念必要性的认识;

　　归纳出自变量及其变化范围、因变量、对应关系等函数概念的内涵,并对内涵进行辨析。例如:对应关系常常用代数式表示,但不能用代数式表示的函数也大量存在;限制自变量的变化范围,是因为有些函数只在某个范围内有意义,如"空气质量指数变化图"只在某个确定的时间段内有意义,无盖方盒只在 $x \in \left(0, \dfrac{a}{2}\right)$ 时有意义等;

　　为了更方便地刻画现实中的运动变化现象,同时也更本质地反映变量之间的对应关系(依赖关系),需要采用"集合—对应"的语言刻画函数概念。

　　上述过程符合人类认识函数概念的历史,同时也反映了概念学习的一般规律,学生由此经历了概念形成的完整过程。

　　正如弗赖登塔尔(H. Freudenthal,1905—1990)指出的:"函数、映射概念的出现,要比正式的定义早得多,也自然得多。我们'能够'甚至'必须'运用实际中出现的函数

[①] 当然,"函数是一些公式:它们是明确可以用显式写下来的"观点属于 19 世纪。正如阿蒂亚在《二十世纪的数学》(《数学译林》2002 年第 2 期)中所说的,"接下来阿贝尔(N. H. Abel,1802—1829)、黎曼(G. F. B. Riemann,1826—1866)和其后许多人的工作使我们远离了这些,以至于函数变得可以不用明确的公式来定义,而更多地是通过它们的整体性质来定义:通过它们的奇异点的分布,通过它们的定义域位置,通过它们的取值范围。这些整体性质正是一个特定函数与众不同的特性"。

概念,而不必先去生造或定义函数、映射。在学生接触了许多函数,已经能作出函数以后,再让他们去归结出什么是函数,这才是数学活动的范例。这种新的基本概念的创造,才能明显地表现出活动水平的提高。"①在函数概念的教材组织和课堂教学中,首先要让学生从初中学习和日常生活经验中例举函数实例,再让学生经历归纳共性的过程,并概括到同类事物中而抽象出函数的一般概念。这里要重视对一般符号 $y = f(x)$ 的意义的理解,$y = f(x)$ 表示一种对应规则,$f(\ \ )$ 是一个数学运算符号,把它作用到 x 就得到一个结果 y;$f(\ \ )$ 也可以是一个图象,还可以是一个表格或其他的什么,从图、表中我们可以比较直观地看出 x 与 y 之间的对应关系。随着学习的深入,学生还可以接触到 $f(\ \ )$ 的更多表现形式。

另外,在概念抽象过程中,要让学生明白定义域是讨论函数性质的基础,也就是说,如果定义域不明确,那么我们就没有办法讨论性质。其实,在研讨事物之本质中用到的集合,往往是由符合某种给定性质的元素所组成的。任何一种严谨的讨论都是不可以漫无边际的。改用集合的观点来看,亦即在一个严谨的讨论中,所涉及的元素其实是具有明确范畴的。例如我们在讨论直线运动中路程随时间的变化而变化的规律时,一般应在非负数集合上;而讨论位移随时间的变化规律时,因为需要考虑方向,所以要在整个实数集上;讨论与长度、面积、体积等度量相关的问题时,应在非负数集上;等等。这是强调函数定义域的意义之一。对于函数的定义域、值域的意义,教学中要通过例子向学生说明。

2. 关于几何对象的抽象

我们知道,几何学研究现实世界中物体的形状、大小和位置关系。位置是空间的最原始概念,几何学中用点来标记位置,点就是位置的抽象化。连接空间两个位置的通路是空间第二个原始概念,几何学将之抽象为从一个点到另一个点的连线。两点之间的所有连线中,有且只有一条最短,我们将它称为直线段。"两点之间线段最短"是欧氏空间的基本特性(其他空间都不具有这个特性,例如球面上两点间的最短连线是过这两点的大圆的劣弧)。光由一点射向另一点而形成的光线可以一直向前无限延伸,射线这个基本概念可以看成是光线的抽象化。给定两点 A、B,射线 $\overrightarrow{AB}$ 和射线 $\overrightarrow{BA}$ 的并集就形成了由空间两点 A、B 所确定的唯一直线 AB。给定空间三点 A、B、C,其中 C 不在直线 AB 上,将直线 AB 分别沿射线 $\overrightarrow{AC}$ 和 $\overrightarrow{CA}$ 方向无限平移,它们的并集就形成了由空间不共线三点 A、B、C 所确定的唯一平面 ABC。

---

① 弗赖登塔尔.作为教育任务的数学[M].陈昌平,唐瑞芬,等编译.上海:上海教育出版社,1995:265.

以上我们抽象出了空间的基本图形——点、直线、平面，由此可得构成平面多边形、空间多面体的"基本要素"。下面我们来看几何图形的抽象过程。

首先，抽象一个（类）几何图形的逻辑顺序是：定义—表示—分类。其中，定义给出了几何图形本质特征的确切而简要的陈述。一个几何图形的本质特征是指其组成要素的形状及位置关系（如相交、平行、垂直等）。以此为指导思想，通过对典型实例的分析、归纳得出共性，再抽象、概括出几何图形的组成要素的形状及位置关系，然后用严谨的数学术语作出表述，就得到了几何图形的定义。

需要注意的是，仅仅从分析与综合、归纳与演绎、联系与类比等一般思维方法的角度阐释数学对象的抽象过程是不够的，因为这样并没有解决"如何分析""归纳什么""如何类比"等问题，而这些问题恰恰是启发学生展开数学思考与探究的关键。我们知道，点、直线、平面是空间基本图形，柱、锥、台、球是空间基本立体图形；多面体由直线形平面图形围成，部分旋转体的表面可以展开成平面图形（含圆、圆的一部分）；直线形平面图形由点、直线段围成。所以，几何图形组成要素的形状及位置关系归根到底要从点、线段、圆（或其部分）及其位置关系入手分析。这样，在几何图形定义的教学中，一定要让学生在明确"几何图形的要素、要素之间的关系各指什么"的基础上，对"这类图形的组成要素是什么""要素的形状如何""要素之间有什么位置关系"等展开分析、归纳、类比的思维活动，这样才能做到有的放矢。

第二，得到定义后，要给出几何图形要素的表示。几何对象的表示是与众不同的，有符号语言、文字语言和图形语言等多种方式。首先，作图是学习几何的首要之务，在一张纸（平面）上画一个立体图形，可以有效地促进学生的空间想象力的发展；其次，符号语言的使用，使数学表达具有简洁性、明确性、抽象性、逻辑性等融为一体的特点，可以极大地缩减数学思维过程，减轻大脑的负担，更有利于我们认识和表达数学对象的本质。所以，在抽象研究对象阶段，要重视数学对象的符号表示。

第三，以要素的特征与关系为标准对几何图形进行分类。

分类是理解数学对象的重要一环。一个数学对象的具体例子不胜枚举，按某种特征对它们"分门别类"，就使这一对象所包含的事物条理化、结构化，并可由此确定一种分类研究的路径，使后续研究顺序展开。分类就是把研究对象归入一定的系统和级别，形成有内在层级关系的"子类"系统结构，从而就进一步明确了数学对象所含事物之间的逻辑关系，由此可以极大地增强"子类特征"的可预见性，从而也就有利于我们发现数学对象的性质。

以上是一个完整的获得几何对象的过程，"定义—表示—分类"是"基本动作"，是学生学会用数学的眼光观察世界、用数学的语言表达世界的基础,教材和教学都应该以明确的方式告诉学生"如何观察""如何定义",以使学生逐渐学会抽象一个数学对象的方式方法。要注意通过恰当的问题情境,构建有利于学生观察与分析事物的数形属性、归纳共同本质属性并概括到同类事物中去的数学活动,让学生在具体情境中展开认识活动,并在"什么是几何对象的结构特征""如何观察""如何归纳"等方面加强引导,使学生经历完整的数学抽象过程,从而获得研究对象。

下面以"基本立体图形"结构特征的认识为例做进一步的说明。

我们把棱(圆)柱、棱(圆)锥、棱(圆)台和球叫做"基本立体图形",认识它们的结构特征的过程就是获得立体几何研究对象的过程。所谓"结构特征"是指组成相应立体图形的基本元素(点、线、面)及其位置关系,而认识结构特征则需要经历一个从宏观到微观逐步精细化的过程。其中的要点概述如下:

数学基本思想 立体图形组成元素之间的关系可以从不同角度进行刻画,因此其结构特征也可以有多种表现形式。要选择刻画一类立体图形的充要条件作为定义(包含的要素关系要尽量少,既有完备性又有纯粹性),实现对物体的数学抽象,再以此为出发点,研究其他特征,获得立体图形的性质。

研究内容 确定立体图形的组成元素,研究元素之间的基本关系,再通过不断增加条件(以"属+种差"的方式),实现对几何图形"从粗到细"的分类,获得基本立体图形结构特征的系统认识。

过程与方法 从观察与分析一些具体几何图形组成元素的形状、位置关系入手,归纳共同属性,抽象出本质属性而得到分类标准,再概括到同类物体而形成抽象概念。

研究结果

(1)基本立体图形的分类——从几何体的组成元素入手,把空间几何体分为多面体、旋转体。

(2)多面体的分类——从多面体组成元素的形状、位置关系入手。例如:有两个面互相平行,其余各面都是四边形,并且相邻两个四边形的公共边都互相平行,由这些面所围成的多面体叫做棱柱。类似的有棱锥、棱台。

(3)棱柱的分类——按"侧棱是否垂直于底面"把棱柱分为直棱柱、斜棱柱。

(4)直棱柱的分类——按"底面是否为正多边形"把直棱柱分为正棱柱和其他直棱柱。

(5)正棱柱的分类——按"底面正多形的边数"把正棱柱分为正三棱柱、正四棱柱、正五棱柱……。

当然,还可以根据需要给出其他分类,例如从直棱柱中分出长方体,再从长方体中分出正方体;从斜棱柱中分出平行六面体;等等。

这里,以"结构特征"为主题,以"组成元素及其形状、位置关系"为研究内容,从具体到抽象,通过具体例子的观察、分析,归纳出共性并概括到同类事物而得出结构特征,从而抽象出几何对象,这就是落实"四基""四能"的过程,也是直观想象、数学抽象等数学核心素养落地的过程。实际上,最终的目标都聚焦在理性思维上,要使学生逐步养成有结构地、有逻辑地思考的习惯。为此,应把培养学生"用数学的眼光观察世界"放在心上,要在"从哪些角度循序渐进地观察"上加强引导。例如,在"空间几何体"的分类中,人教 A 版就作了如下引导:"所谓空间几何体的结构,是指它由哪些基本几何元素组成,这些元素的形状如何,有怎样的位置关系,等等。观察一个物体,将它抽象成空间几何体,并描述它的结构特征,应先从整体入手,想象组成物体的每个面的形状、面与面之间的关系,并注意利用平面图形的知识。"又如,在对多面体结构特征的认识中,可作如下引导:所谓多面体的结构特征,主要指多面体组成元素的形状和位置关系。因此,观察一个多面体的结构特征,就是要观察它的各个面的形状,以及各个面及其交线的位置关系。[①]

3. 关于概率研究对象的抽象

我们知道,概率课程承担的主要育人任务是培养学生分析随机现象的能力,提升学生的数学抽象、数学建模、逻辑推理以及数学运算等素养。通过对随机现象(主要是古典概型)的探索,在构建随机现象的研究路径、抽象概率的研究对象、建立概率的基本概念、发现和提出概率的性质、探索和形成研究具体随机现象的思路和方法、应用概率知识解决实际问题的过程中,发展学生认识不确定性现象的思维模式,使学生学会辩证地思考问题,成为善于认识问题、善于解决问题的人。

反思以往的概率教学,主要问题是对概率的研究对象是什么、如何发现值得研究的问题、概念是如何抽象的、概率的性质是如何发现的等等缺乏必要的引导,由此导致学生知道是什么但不知道怎么想,从而极大地削弱了概率的育人功能。特别是对概率的研究对象的抽象过程不充分,导致学生对随机现象的特征及其数学表达的认识不牢固,从而使后续的概率学习缺乏必要基础,这是概率教学质量始终无法提高的主要原因之一。因此,提升概率的教学质量要从加强研究对象的抽象入手,具体包含如下几

① 人民教育出版社,课程教材研究所,中学数学课程教材研究开发中心.普通高中教科书:数学 A 版　必修第二册[M].北京:人民教育出版社,2019:97-99.

个方面：

（1）明确概率的研究对象

在代数、几何、函数的学习中，学生接触的问题都有这样的特征：在给定的条件下可以得出确定的结果，知道足够的信息就可以对未来任一时刻的状态作出正确、精准的预测。例如，运动着的物体，如果是作匀速直线运动，那么只要知道它的初始位置、运动速度，我们就可以计算出它在未来任何时刻所处的位置；又如，只要知道购买一套新房子的贷款金额、月利率和贷款的期限，就能计算出每个月需要还款的金额及剩余的欠款金额。

一般地，我们把在一定条件下能预知结果的现象称为确定性现象；这里的"确定性"有两层含义：一是在一定条件下必然发生，二是可以预知结果。例如，物体做自由落体运动，条件是"初速度为 0，只受重力的作用"，那么结果是"两个物体在相同高度做自由落体运动，它们在相同时间内下落的高度一定相同"，根据 $S = \dfrac{1}{2}gt^2$ 可以预知下落时间为 t_0 时物体的速度、加速度和下降的高度等。

然而，现实中还存在着大量的现象，由于受到人为不可控因素的影响，使得在一定的条件下，我们无法预知其结果。例如，今年上半年北京空气质量优良的天数，某地区明天出生的第一个婴儿的性别，今年我国的 GDP 增速、就业状况、物价指数、农作物的产量、居民人均年收入，某种产品的合格率，某种商品的销售额，抛掷一枚硬币是否正面朝上等等。类似的这些问题中都包含了不确定性或可能性。这类在一定的条件下事先不能预知结果的现象称为不确定性现象。"不确定性"的含义是指在一定条件下，某个结果可能发生也可能不发生，而且即使知道所有可能的结果，我们也无法预知某一次观测时哪一个结果会出现。

不确定性现象充斥于我们的生活，人类必须面对这些问题，并要想尽一切办法解决这些问题。但是，有些不确定性现象过于复杂，以目前人类的能力所及，这其中的许多现象都是毫无规律、无法认知的。于是设法缩小研究范围，把那些在相同条件下能进行重复观测且有规律的现象作为研究对象，数学家把这种现象定义如下。

随机现象：在一定条件下不能事先预知结果，且各个结果发生的频率都具有稳定性的现象。

上述"定义"给出了随机现象的内涵。如何使学生理解这些内涵呢？我们可以通过一些典型的具体例子，例如：抛掷 1 枚硬币，2 枚硬币；抛掷一颗骰子，一对骰子；摸球问题；从某段英文中随机挑出一个字母；彩票问题；甲、乙两个元件组成的并联（串联)电路的状态,从出现的所有可能的结果,这些结果的相互关系等角度,引导学生进行归纳,这是明确研究对象基本特征的基本方法。

这些试验都具有如下特性:

有限性:它们都有有限个有明确定义的可能结果。例如:抛一枚硬币,有"正面朝上"和"反面朝上"两个可能结果;掷一个骰子一定出现 1,2,3,4,5,6 中的一个点数,而且只出现一个点数;随机挑出的字母一定是 26 个英文字母中的某一个;等等。

随机性:在一次试验中,一定有一个结果发生,但哪个结果实际发生了是不确定的。例如:抛一枚硬币,我们无法预知是否正面朝上;某一次体育彩票的中奖号码,也是不可能预知的。

稳定性:直觉和常识告诉我们,抛一枚质地均匀的硬币,正面朝上的可能性是 50%;从装有颜色分别为红、黄、绿三个球(除颜色外没有其他区别)的袋子中随意摸出一个,摸到红色球、黄色球、绿色球的可能性大小是一样的,都是 $\frac{1}{3}$;一注体育彩票的中奖率是千万分之一;等等。

还有大量的随机现象,仅凭我们的经验无法判断某个结果的可能性大小。例如,某运动员射击命中 10 环的可能性有多大? 通过分析大量射击的结果,会发现命中 10 环的频率呈现出稳定的规律,由此可以通过频率来估计命中 10 环的可能性大小。

考虑到随机现象的高度复杂性以及学生的认知准备状况,同时也不失一般性,把高中概率必修课程的研究对象限制在有限结果的随机现象。具体而言,所研究的不确定现象具有的特征,用关键词表示如下:

结果有限性;不可预知性;频率稳定性。

顺便提及,即使所给具体实例的共性非常明显,对于大多数学生而言,从中概括出以上特征也是一件非常困难的事情。因此,在随机现象数学特征的教学中,比较明智的做法是教师加强引导,或者直接讲解,在此基础上再通过具体实例让学生进行辨析、理解。

(2) 随机现象的数学刻画

高中概率主要研究有限个可能结果的随机现象的规律性。因为具有频率的稳定性,所以随机现象各个结果发生可能性的大小是可度量的,这就是随机现象的数学特征。那么,用怎样的数学语言和工具刻画随机现象呢?

为了找到适当的数学工具,我们不妨分析一个具体的随机试验(事实上,这样的随

机试验排除了其他影响因素,是理想化的):

　　将 10 个质地和大小完全相同、分别标有编号 0,1,2,…,9 的球放入箱子中,充分搅匀后从中摸出一个球,观察这个球的号码,共有多少个可能的结果? 如何表示这些结果?

　　观察球的号码,共有 10 种等可能的结果。若用数字 m 表示"摸出的球的号码为 m",则所有可能结果可用集合 $\Omega=\{0,1,2,3,4,5,6,7,8,9\}$ 表示。这里,每一种可能的结果称为样本点,全体样本点的集合称为试验的样本空间。

　　以上方法很容易推广到一般情形:一个随机试验有 n 个可能的结果 ω_1,ω_2,…,ω_n,$\omega_i(i=1,2,…,n)$ 叫做样本点,$\Omega=\{\omega_1,\omega_2,…,\omega_n\}$ 叫做样本空间。我们利用集合这个数学语言和工具,引入样本点和样本空间概念来表达随机现象,在此基础上就可以用数学方法描述和研究随机现象了。

　　(3) 随机事件的数学表达

　　随机试验中的每个随机事件都可以用这个试验的样本空间的子集来表达。例如,上述摸球试验中,"球的号码不超过 5""球的号码为 3 的倍数"等都是随机事件。我们用 A 表示随机事件"球的号码不超过 5",则 A 发生当且仅当摸到的球的号码为 1,2,3,4,5 之一,即事件 A 发生等价于摸出的号码在集合 $\{1,2,3,4,5\}$ 中。因此可以用样本空间 Ω 的子集 $\{1,2,3,4,5\}$ 表示随机事件 A。类似地,可以用 Ω 的子集 $\{0,3,6,9\}$ 表示随机事件"球的号码为 3 的倍数"。

　　另外,由此也能较好地理解以随机现象为研究对象的前提下,没有随机性的必然事件、不可能事件的含义:Ω 作为自身的子集,包含了所有的样本点,在每次试验中总有一个样本点发生,所以 Ω 总会发生,称 Ω 为必然事件;空集 Φ 不包含任何样本点,在每次试验中都不会发生,称 Φ 为不可能事件。为了方便统一处理,将必然事件和不可能事件作为随机事件的两个极端情形。这样,每个事件都是样本空间 Ω 的一个子集。

　　顺便说明,在随机事件、必然事件、不可能事件的概念教学中,用"标准大气压下,水加热到 100℃ 沸腾是必然事件""太阳从西方升起是不可能事件"这样的例子是不合适的,因为这样的"事件"不是在随机现象中发生的,根本不在概率的研究范围中。

　　用集合语言定义随机事件,真正实现了随机现象的数学化,由此就可以用集合的关系与运算表达随机事件的关系,见表 1.2.2。

表 1.2.2

名称	含义	符号表示
包含	A 发生导致 B 发生	$A \subseteq B$
并(和)事件	A 与 B 至少一个发生	$A \cup B$
交(积)事件	A 与 B 同时发生	$A \cap B$
互斥事件	A 与 B 不能同时发生	$A \cap B = \varnothing$
互为对立事件	A 与 B 有且仅有一个发生	$A \cup B = \Omega, A \cap B = \varnothing$

我们可以通过事件的关系与运算构建一个新事件,进而为解决问题打下基础。例如,"袋子中装有 6 个球,其中有 2 个白球。从中随机摸出 2 个,求摸出白球的概率",我们设事件 $A =$ "摸出白球",事件 $A_1 =$ "第一次摸出白球",事件 $A_2 =$ "第二次摸出白球",那么事件 $A_1 A_2 =$ "两次都摸出白球",$A_1 \overline{A_2} =$ "第一次摸出白球,第二次不是白球",$\overline{A_1} A_2 =$ "第一次不是白球,第二次摸出白球",且 $A = A_1 A_2 \cup A_1 \overline{A_2} \cup \overline{A_1} A_2$。在此基础上再利用概率的性质就容易求出所要的概率了。

用样本空间概念刻画随机现象、用样本空间的子集表达随机事件后,我们就可以对随机事件发生的可能性大小进行度量了。特别是,对于有限样本空间,如果知道每个样本点发生的概率,那么任何随机事件(样本空间的子集)的概率都是可求的。例如,对于古典概型,我们设样本空间 Ω 包含 n 个样本点,则每个基本事件发生的概率都是 $\dfrac{1}{n}$。样本空间 Ω 的子集有且只有 2^n,利用概率的基本性质就可以求出所有随机事件的概率:若随机事件 A 含有 m 个基本事件,则 $P(A) = \dfrac{m}{n}$。

四、在探究数学对象性质的过程中发展逻辑推理、数学运算素养

抽象数学研究对象的过程,完成了对一类事物组成要素、本质特征的归纳与概括,得到了数学概念。其中,通过定义,明确了内涵;通过分类,明确了外延。通过这些认识活动,使此类事物与彼类事物得到了明确的区分,接着的任务是研究它的性质。

1. 数学性质指什么

探究一个数学对象的性质,一方面是为了更深入地认识这个对象,另一方面是为了能更好地解决与其相关的数学与现实问题。这里,首先要清楚数学性质的表现方

式,明确"性质"所要研究的问题是什么,这样才能使探究活动有的放矢、富有成效,使性质的发现成为必然而不是"撞大运"。

高中数学课程中的数学对象包括函数、几何、代数、概率与统计等。显然,不同类型数学对象的性质表现方式也会有所不同,因此我们可以先分门别类地进行分析。

(1)函数性质

课程标准指出,函数是描述客观世界中变量关系和规律的数学语言和工具[1],所以函数性质是以"关系""规律"的方式体现的,并且与"变"字联系在一起。我们可以分析一下高中阶段讨论的几个主要的函数性质:

单调性——在函数定义域上的某个区间内,函数值随自变量的增大而增大或减小,"增大""减小"是一种有序变化过程,表明了一种确定的变化趋势(定性的规律),这是函数的一种局部性质,实际上还有进一步的增大(或减小)的快慢等问题;

奇偶性——在函数的定义域内,当自变量取一对相反数时,对应的函数值之间是否也有特殊的关系,即互为相反数或相等,这是一种整体性质,在图象上表现为图形关于原点中心对称或关于 y 轴轴对称,由此可以使研究的范围缩减"一半"(只要研究 $x > 0$ 的情形);

周期性——在函数的定义域内,函数值随自变量的变化而呈现"周而复始"的变化规律,其图象可以看成是一个周期内图象的"自我复制",其性质也具有"自我复制"的特性;

特殊取值——特殊的函数值,如极大值、极小值、最大值、最小值、零点、特殊点的取值(如幂函数图象过点 $(1, 1)$,指数函数图象过点 $(0, 1)$,对数函数图象过点 $(1, 0)$,等等)。

归纳上述性质,可以发现,"变化中的规律性""变化中的不变性"是它们的共性,这是函数性质的基本表现形式。

函数性质的研究,另一个关键问题是对刻画变量关系、变化规律的数学方法的研究,即通过直角坐标系建立函数的不同表示之间的联系,通过数形结合(代数运算和图象直观相结合)的方法展开研究,最终结果是用精确的代数语言、微积分的语言表达。事实上,要实现对函数性质的精确研究,必须使用导数工具,通过极限运算才能完成。

(2)几何性质

几何学是研究几何图形的形状、大小和位置关系的科学。由此,图形的形状特征、

---

① 中华人民共和国教育部. 普通高中数学课程标准(2017 年版)[S]. 北京:人民教育出版社,2018:18.

大小度量及位置关系就是几何性质的基本问题。

对于"有界"几何图形的研究，抽象研究对象并给出定义，这就明确了对象的基本元素及其基本关系。例如，"不在同一直线上的三条线段 AB，BC，CA 首尾相接所成的图形叫做三角形，记作△ABC。其中，AB，BC，CA 叫做△ABC 的边；∠A，∠B，∠C 叫做△ABC 的内角。"这里，三条边、三个角是三角形的基本元素，"不在同一直线上""首尾相接"是位置关系。

接着是研究图形的性质。所谓几何性质，首先是组成几何图形的基本元素之间的位置关系、大小关系。例如，三角形的性质，就是以三角形的要素（三边、三内角）、相关要素（高、中线、角平分线、外角等）之间的相互关系以及几何量（边长、角度、面积等）为基本问题，从"形状、大小和位置关系"等角度展开研究。"形状"中，"特例"是重点。例如，等腰三角形和直角三角形是最重要的三角形，某种意义上甚至是最重要的几何图形。凡"特例"都有性质和判定两个基本问题，要研究的是这类特殊图形的基本元素之间所特有的关系，如勾股定理、等腰三角形的"三线合一"等等。所以，研究几何图形的性质，就是要研究它的组成元素之间的相互关系。

高中阶段还要研究点、直线和平面这些"基本几何图形"位置关系的性质，主要研究直线、平面相互平行或垂直时的性质。那么，这种性质又是如何表现的呢？我们只要把直线与平面平行或垂直的性质、平面与平面平行或垂直的性质放到一起，分析一下它们的共性就可以发现，这些性质都是在相应的位置关系下，空间中的基本图形（直线、平面等）之间确定的位置关系。例如，直线 a 垂直于平面 α 的性质，就是以 $a \perp \alpha$ 为前提，研究 a，α 与空间其他直线或平面的位置关系（主要是平行、垂直），可以得到一系列结论（如：对于空间中的直线 b 或平面 β，如果 $b \perp \alpha$，那么 $b \mathbin{/\mkern-5mu/} a$；如果 $b \mathbin{/\mkern-5mu/} \alpha$，那么 $b \perp a$；如果 $\beta \perp \alpha$，那么 $\beta \mathbin{/\mkern-5mu/} \alpha$；如果 $\beta \mathbin{/\mkern-5mu/} \alpha$，那么 $\beta \perp \alpha$；等等）。

总之，几何性质所研究的主题是与相应的几何对象相关的几何元素之间的相互关系——位置关系、（定性或定量的）大小关系。

不过，高中阶段的几何，重点在以向量、直角坐标系为工具，用代数方法研究几何图形的性质。例如，在直角坐标系中，我们利用确定椭圆的几何要素（焦距和长轴），建立椭圆的方程，再通过方程研究其性质。因此，熟悉代数工具的性质是前提。

（3）代数性质

代数性质比几何性质要庞杂得多。我们知道，代数的研究对象是数量关系。"代数学的根源在于代数运算，也即加、减、乘、除、乘方、开方等等"，因此代数性质也是与运算紧密关联的。例如：

关于实数大小关系的基本事实,即 $a > b \Leftrightarrow a - b > 0$, $a = b \Leftrightarrow a - b = 0$, $a < b \Leftrightarrow a - b < 0$ 是通过作差运算而得到表现的;

实数运算的运算律就是"运算的规律"的简称,因为加法、乘法和乘方是"基本运算",所以运算律也以这些运算中有哪些普遍成立的规律为主,而对于"到底哪些规律才称得上是运算律"的问题,则是从简化运算的需要来考虑的;

"等式的性质"和"不等式的性质",归根到底是"运算中的不变性、规律性";

代数式及其运算可看作是数及其运算的一种推广,各种各样的代数公式,都是"运算中的规律性"的归纳,例如二项式定理就是对 $(a+b)^2 = a^2 + 2ab + b^2$, $(a+b)^3 = a^3 + 3a^2b + 3ab^2 + b^3$, $(a+b)^4 = a^4 + 4a^3b + 6a^2b^2 + 4ab^3 + b^4$, … 中规律性的概括;

等差数列 $\{a_n\}$ 的前 n 项和公式是由 $a_1 + a_n = a_2 + a_{n-1} = \cdots = a_n + a_1$ 的规律得到启发,巧妙地将 S_n 用两种方式表示为

$$S_n = a_1 + a_2 + a_3 + \cdots + a_n, \qquad \text{①}$$

$$S_n = a_n + a_{n-1} + a_{n-2} + \cdots + a_1, \qquad \text{②}$$

再由 ① + ② 得 $2S_n = \underbrace{(a_1 + a_n) + (a_1 + a_n) + (a_1 + a_n) + \cdots + (a_1 + a_n)}_{n\text{个}} = n(a_1 + a_n)$,进而得到公式 $S_n = \dfrac{n(a_1 + a_n)}{2}$;

等等。

向量代数是高中数学的重点。因为直线上向量的坐标是一个实数,平面上向量的坐标是实数对 (x, y),而空间中向量的坐标是实数组 (x, y, z),所以在这个意义上,向量可以看作是实数的一种推广,因此以向量及其运算为对象的代数性质,主要是各种向量运算的运算律;另一方面,"向量集数与形于一身",因此这些运算律又有相应的几何意义,向量加法和三角形、平行四边形有密切联系,数乘向量和平行、图形的相似有密切联系,而向量的数量积与距离、夹角有密切联系,例如向量加法所满足的交换律就是"平行四边形的两组对边分别平行且相等"的向量表达形式,而 $k(\boldsymbol{a} + \boldsymbol{b}) = k\boldsymbol{a} + k\boldsymbol{b}$ 是"相似三角形对应边的比等于相似比"的代数化形式。

总之,代数性质总是与运算相关,通过归纳发现和证明"运算中的规律性,运算中的不变性"是代数性质的研究主题。

(4) 概率的性质

概率是对随机事件发生可能性大小的度量,度量的对象是样本空间。度量问题在几何中是核心问题,而且是学生熟悉的,所以我们可以从几何度量的性质中得到概率

性质的启发。例如,几何度量的基本性质是:非负性,运动不变性,叠合性,有限可加(减)性,不可公度性。概率中也有与几何度量的基本性质地位相当的最基本性质:非负性,即 $\forall A \subseteq \Omega$, $P(A) \geqslant 0$;完全性,即 $P(\Omega) = 1$;可加性,即若 A,B 是互斥事件,则 $P(A \bigcup B) = P(A) + P(B)$。概率的这些最基本性质是通过定义给出的。

另一方面,随机事件被定义为样本空间的子集,因此我们可以通过集合的关系与运算来研究事件的关系与运算,进而研究概率的性质。例如:

包含 $A \subseteq B$,即 A 发生导致 B 发生;

并事件(和事件)$A \bigcup B$,即 A 与 B 至少一个发生;

交事件(积事件)$A \bigcap B$,即 A 与 B 同时发生;

互斥(互不相容)$A \bigcap B = \varnothing$,即 A 与 B 不能同时发生;

互为对立 $A \bigcup B = \Omega$,$A \bigcap B = \varnothing$,即 A 与 B 有且仅有一个发生;

等等。

与此对应的,有如下概率的性质:

如果 $A \subseteq B$,那么 $P(A) \leqslant P(B)$;

特别地,对任意 A,因为 $\Phi \subseteq A \subseteq \Omega$,所以 $0 \leqslant P(A) \leqslant 1$;

$$P(A \bigcup B) = P(A) + P(B) - P(A \bigcap B);$$

如果 A,B 是互斥事件,那么 $P(A \bigcap B) = 0$;

如果 A 与 B 互为对立事件,那么 $P(B) = 1 - P(A)$,$P(A) = 1 - P(B)$;

等等。

交事件的性质是特别的,需要用到条件概率和事件的相互独立概念,我们有:

$$P(AB) = P(B \mid A) \cdot P(A), P(AB) = P(A \mid B) \cdot P(B).$$

特别地,当事件 A 与事件 B 相互独立时,有 $P(AB) = P(A)P(B)$。

分析上述性质的共性,可以发现,概率的性质基于随机事件的关系与运算,而事件的关系与运算实际上是集合的关系与运算。

再一方面,从函数的角度看,设随机试验的样本空间为 Ω,因为对于每个事件 $A \subseteq \Omega$,都有唯一确定的实数 $P(A) \in [0, 1]$ 与之对应,所以概率是从样本空间的子集(包括 Φ、Ω)到区间 $[0, 1]$ 上的"集函数"。这样,我们可以从函数性质的内容、过程和方法中得到概率性质的启发。

2. 数学性质的层次结构

一个数学对象的性质是有层次的,下面以多面体的结构特征为例予以说明。

（1）多面体的分类

首先，定义给出了数学对象的本质属性，这些本质属性就是最基础层次的性质。例如，研究"基本立体图形"的结构特征，获得立体几何的研究对象，这里的"结构特征"是指围成立体图形表面的基本元素（点、线、面）及其基本关系，具体体现在对图形的分类上，最终形成了一个有层次的立体图形系统：

① 基本立体图形的分类——以围成几何体表面的基本元素是否为平面图形为分类标准，得出多面体、旋转体等概念。

② 多面体的分类——从围成多面体表面的基本元素的形状、位置关系入手，得出棱柱、棱锥、棱台的概念。例如：有两个面互相平行，其余各面都是四边形，并且相邻两个四边形的公共边都互相平行，由这些面所围成的多面体叫做棱柱。

③ 棱柱的分类——按"侧棱是否垂直于底面"（位置关系）把棱柱分为直棱柱、斜棱柱。

④ 直棱柱的分类——按"底面是否为正多边形"（形状）把直棱柱分为正棱柱和其他直棱柱。

⑤ 正棱柱的分类——按"底面正多形的边数"（形状）把正棱柱分为正三棱柱、正四棱柱、正五棱柱……

当然，还可以根据需要给出其他分类，例如：从直棱柱中分出长方体，再从长方体中分出正方体；从斜棱柱中分出平行六面体；等等。

（2）多面体基本元素的相互关系

以上是从围成立体图形表面的基本元素的形状、位置关系所反映的最基本特征描述立体图形的结构，得出相应的概念。然后，从概念出发，再进一步从"基本要素、相关元素等的大小、形状、位置关系"入手对几何体的性质展开研究。例如，对于棱柱，我们有：

① 侧棱都相等，侧面都是平行四边形；

② 两个底面与平行于底面的截面是全等的多边形；

③ 过不相邻的两条侧棱的截面是平行四边形；

等等。

（3）特殊棱柱的特殊性质

接着，从一般到特殊，在研究一般棱柱的性质的基础上，再研究特殊棱柱的性质。例如，对于长方体，可以研究它的棱、底面、侧面，对角线、高、底面对角线、侧面对角线等之间的相互关系（可以包含异面直线、直线与平面的平行或垂直、平面与平面的平行或垂直、以及直线、平面的其他位置关系），得出大量的定性或定量性质。例如，设长方体一个顶点上的三条棱和对角线长分别为 a、b、c、d，则 $d^2 = a^2 + b^2 + c^2$；设长方体一条对角线与一个顶点上的三条棱所成角分别为 α、β、γ，则 $\cos^2\alpha + \cos^2\beta + \cos^2\gamma = 1$。

（4）从更广泛的联系的角度出现的性质

进一步从联系的角度研究其他性质。例如，课程标准给出的案例 11"正方体截面的探究"就是从联系的角度研究正方体的性质[①]：

① 给出截面图形的分类原则，找到截得这些截面形状的方法，画出这些截面的示意图。例如，可以按照截面图形的边数进行分类（如图 1.2.3）。

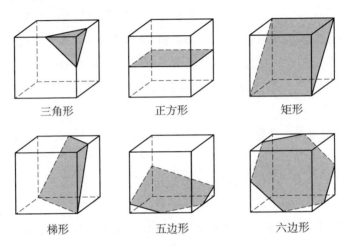

三角形　　　　　正方形　　　　　矩形

梯形　　　　　五边形　　　　　六边形

图 1.2.3　正方体截面图形示意图

② 如果截面是三角形，可以截出几类不同的三角形？为什么？

③ 如果截面是四边形，可以截出几类不同的四边形？为什么？

④ 还能截出哪些多边形？为什么？

⑤ 能否截出正五边形？为什么？

⑥ 能否截出直角三角形？为什么？

⑦ 有没有可能截出边数超过 6 的多边形？为什么？

⑧ 是否存在正六边形的截面？为什么？

⑨ 截面面积最大的三角形是什么形状的三角形？为什么？

（5）基本元素的数量关系

我们可以从基本元素的数量关系探寻不变量（式）。多面体、旋转体的表面积和体

---

① 中华人民共和国教育部. 普通高中数学课程标准（2017 年版）[S]. 北京：人民教育出版社，2018：123 - 124.

积是大家熟悉的(但严格地追究,却要用到积分工具),此外,可以在"基本元素的数量关系"的指引下研究其他性质,例如欧拉定理:一个多面体有 V 个顶点、E 条棱和 F 个面,则 $V-E+F=2$。等价地,如果从维数角度表达,一个三维凸多面体的组成元素包括 V 个顶点(0维)、E 条棱(1维)、F 个面(2维)、S 个体(3维),它们的数量之间有如下关系:$V-E+F-S=1$,其中 $S=1$。欧拉定理告诉我们,对于一个数学对象而言,它的基本元素、重要的相关元素一定存在内在联系,它们之间一定具有某些确定的关系,紧紧抓住这些元素,对它们的相互关系(定性、定量)展开研究,就是数学探究活动的主旋律。

还可以有更加深入细致的性质,篇幅所限就不再列举了。需要注意的是,有层次地认识数量和数量关系、图形和图形关系是数学地认识事物的方法论,是数学逻辑性的集中体现,可以帮助学生学会"有逻辑地思考",对于培养学生的思维品质(广阔性、条理性、深刻性、独创性和批判性等),使他们掌握自主探究的策略与方法,提高发现和提出问题的能力等,都非常重要。这种循序渐进、拾阶而上的过程和方法是数学育人的力量所在,是培养学生的理性思维、发展学生的数学学科核心素养的关键载体。

顺便指出,对基本几何图形结构的认识,实质是对几何图形的分类,关键是建立分类标准。更进一步,分类是理解数学结构的关键一环:一个数学结构的具体例子不胜枚举,按某种特征对它们分类,可以确定一种研究这个结构的逻辑顺序(按类各个击破),形成一个新方法来证明关于这个结构的结果。有时,分类本身就给出了某种结果的证明,例如正多面体只有五类:正四面体、正六面体、正八面体、正十二面体、正二十面体。正如陈省身先生在《从三角形到流形》的报告中指出的,考察某种数学对象的全部,并把它们加以分类,这是数学中的典型手法,这种手法在实验科学中是行不通的,因此它是理论科学和实验科学方法论上一个根本性的差别。从学科育人的角度看,也正是因为这种手法,使得数学在发展学生的理性思维、科学精神和个人智力上具有别的学科所不可替代的作用。

3. 数学性质的教学

合乎逻辑的、符合学生认知规律的教学内容安排,必须以数学知识的发生发展过程为基本依据。一个数学对象的性质的教学,应该按其内在的逻辑层次做出妥善安排,从最基本的性质(数学对象的基本元素之间的关系)开始,渐次向联系、综合的性质展开。这里我们以三角函数为例进行说明。

三角函数是由一个背景(单位圆上点的运动)确定了 6 种对应关系("课标(2017年版)"要求其中主要的 3 种),因此对其性质的研究有两个主要方向:一是每一种函数自己的特性,二是这些函数之间的相互关系。这里有一个主导思想,即在相同背景条件下形成的不同事物,它们之间一定具有内在联系,发现这种联系则是数学性质研究的主要议题。这个思想是发现数学性质的"指路明灯"。

三角函数性质非常明显地体现出从概念所界定的对象中要素间的关系,到相关概念间的联系,再到与其他知识间的联系(结构化)这样的层次性,据此可以作出循序渐进的教学安排。

(1)直接从定义推出的性质

这里有两组公式:公式一,终边相同的同一三角函数的值相等;公式二,同角三角函数的关系。对于同角三角函数的关系,我们可以提出如下问题:

公式一表明终边相同的同一三角函数值相等。那么,终边相同的角的 3 个三角函数值之间是否也有某种关系呢?

事实上,因为 3 个三角函数值都是由角的终边与单位圆交点所唯一确定,所以终边相同的角的 3 个三角函数一定有内在联系。由公式一可知,我们不妨讨论同一个角的三个三角函数值之间的关系。[①]

这样,从数学内容的自然发展出发,不仅可以使问题的提出水到渠成,而且给出了发现和提出问题的思想方法,能够很好地引领学生自己得出同角三角函数的关系。

(2)诱导公式:单位圆特殊对称性的解析表示

课程标准特别强调单位圆的作用,要求借助单位圆理解三角函数的定义,为此人教 A 版利用单位圆给出了三角函数的定义。在直角坐标系中,通过数形结合的方法,利用圆的几何性质发现和提出三角函数的性质是自然而然的,这也体现了三角函数的本质特征。

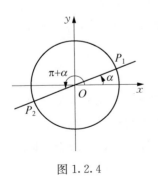

图 1.2.4

三角函数的诱导公式,实际上是单位圆特殊对称性的解析表示,即关于坐标轴、原点和 $y=x$,$y=-x$ 对称的点的坐标之间的关系。据此可以设计相应的探究性问题,例如:

如图 1.2.4,在直角坐标系中,设任意角 α 的终边与单位圆交于点 P_1。

①作 P_1 关于原点的对称点 P_2,以 OP_2 为终边的角 β

---

① 人民教育出版社,课程教材研究所,中学数学课程教材研究开发中心.普通高中教科书:数学 A 版 必修第一册[M].北京:人民教育出版社,2019:182.

与角 α 有什么关系？角 β 与角 α 的三角函数值之间有什么关系？

② 如果作 P_1 关于 x 轴（或 y 轴）的对称点 P_3（或 P_4），那么又可以得到什么结论？[1]

（3）三角恒等变换——圆的旋转对称性的解析表示

旋转对称性是圆的最重要特性，而三角恒等变换就是单位圆旋转对称性的解析表示，是旋转任意角的诱导公式。

从旋转变换的观点看：角 α 的终边，旋转整数周的性质，就是关于 $k\cdot 2\pi+\alpha$ 的诱导公式；旋转特殊角，就是关于 $\pi\pm\alpha$，$\dfrac{\pi}{2}\pm\alpha$ 的诱导公式；而旋转任意角 β，就是关于和（差）角的三角函数。根据这一认识，在"三角恒等变换"的教学中可以设计如下问题：

前面我们学习了诱导公式，利用它们对三角函数式进行恒等变形，可以达到化简、求值或证明的目的。这种利用公式对三角函数式进行的恒等变形就是三角恒等变换。观察诱导公式，可以发现它们都是特殊角与任意角 α 的和（或差）的三角函数与这个任意角 α 的三角函数的恒等关系。如果把特殊角换为任意角 β，那么任意角 α 与 β 的和（或差）的三角函数与 α、β 的三角函数会有什么关系呢？

如果已知任意角 α、β 的正弦、余弦，能由此推出 $\alpha+\beta$，$\alpha-\beta$ 的正弦、余弦吗？

然后引导学生探究 $\cos(\alpha-\beta)$ 与角 α，β 的正弦、余弦之间的关系：

不妨令 $\alpha\neq k\cdot 2\pi+\beta$，$k\in\mathbf{Z}$。

如图 1.2.5，设单位圆与 x 轴的正半轴相交于点 $A(1,0)$，以 x 轴非负半轴为始边作角 α、β、$\alpha-\beta$，它们的终边分别与单位圆相交于点 $P_1(\cos\alpha,\sin\alpha)$，$A_1(\cos\beta,\sin\beta)$，$P(\cos(\alpha-\beta)$，$\sin(\alpha-\beta))$。

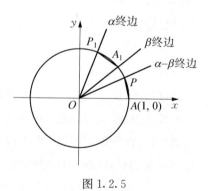

图 1.2.5

连接 A_1P_1、AP。若把扇形 OAP 绕着点 O 旋转 β 角，则点 A、P 分别与点 A_1、P_1 重合。根据圆的旋转对称性可知，$\overset{\frown}{AP}$ 与 $\overset{\frown}{A_1P_1}$ 重合，从而 $\overset{\frown}{AP}=\overset{\frown}{A_1P_1}$，所以 $AP=A_1P_1$。[2]

---

① 人民教育出版社，课程教材研究所，中学数学课程教材研究开发中心.普通高中教科书：数学 A 版　必修第一册[M].北京：人民教育出版社，2019：188.

② 同①215.

再利用两点间的距离公式就可以推出差角的余弦公式。在此基础上,利用诱导公式、任意角的代换等,就可以推导出和、差、倍、半角的三角恒等变换公式。

三角函数的图象与周期性、奇偶性、单调性等性质的层次性结构,与其他基本初等函数类似,但也有其本身的特点,主要是三角函数的这些性质是与单位圆上的点按逆时针方向旋转时其坐标的数量关系和变化规律,即与单位圆的几何性质紧密关联,由此可以得到丰富的性质。限于篇幅,不再赘述。

4. 小结

对于数学性质,我们首先聚焦在"元素""关系""结构""分类"这些关键词,对"什么是数学性质""数学性质有怎样的表现方式"等进行宏观性思考。我们认为,从这样的高度对"数学性质"形成一般性认识,才能真正把握"数学性质"的本质和育人价值,才能在此基础上设计出具有数学含金量的、对学生思维形成实质性挑战的情境和问题,以此启发学生的创新思维,引导学生展开系列化的数学性质探究活动,就能较充分地发挥数学的内在力量,在数学性质的探究与证明过程之中,把发展学生数学学科核心素养落在实处。

另一方面,"细节决定成败",在宏观思想指导下,还必须有切实的、可操作的具体方法,这样才能顺利地发现和提出性质。所以,我们接着又要把目光聚焦在数学性质的层次结构上,并要对"如何发现""如何才能想得到"等加强引导。例如,关于几何体的结构特征,我们以"基本元素的形状、位置关系、数量关系"为研究内容,从定性到定量,通过具体例子的观察、分析,归纳出共性并概括到同类事物而得出结构特征,并通过进一步考察基本元素、相关的重要元素的相互关系,以及几何体与其他图形的关系等,得出综合性更强的性质,这是对几何体结构特征认识上的不断深化,对于发展学生的理性思维,使学生逐步养成有结构地、有逻辑地思考的习惯是非常有利的。为此,教学中要在"从哪些角度循序渐进地观察几何体"上加强引导。例如,在"空间几何体"的分类中,可以作如下引导:所谓空间几何体的结构,是指它由哪些基本几何元素组成,这些元素的形状如何,有怎样的位置关系等等。观察一个物体,将它抽象成空间几何体,并描述它的结构特征,应先从整体入手,想象组成物体的每个面的形状、面与面之间的关系,并注意利用平面几何知识。又如,在对多面体结构特征的认识中,可作如下引导:所谓多面体的结构特征,主要指多面体基本元素的形状和位置关系。因此,观察一个多面体的结构特征,就是要观察它的各个面的形状、位置关系,以及相邻的面与面的交线的位置关系。这就是在宏观思想指引下的有的放矢的引导,可以有力地启发学生的观察、分析、归纳、猜想,为发现多面体的结构特征提供切实帮助。

总之,对数学性质的研究,既要有受数学性质的一般性认识所指引的整体架构,又要有洞察具体事例共性特征的敏锐直觉和抽象能力。正如杨振宁先生在《爱因斯坦:机遇与眼光》(载《科学文化评论》第 2 卷第 4 期)中指出的,爱因斯坦能够创建狭义相对论,是因为他对时空有更自由的眼光。"要有自由的眼光(free perception),必须能够同时近观和远看同一课题。远距离眼光(distant perception)这一常用词就显示了保持一定距离在任何研究工作中的必要性。可是只有远距离眼光还不够,必须与近距离的探索相结合。正是这种能自由调节、评价与比较远近观察的结果的能力形成了自由的眼光。"虽然学生在数学学习中的创造性活动与爱因斯坦创建相对论不可同日而语,但两者在发现和提出性质的"机理"上是一致的。我们应在数学教学中培养学生的"自由的眼光"。

五、创设情境提出问题引导学生开展系列化数学学习活动

前面我们结合具体内容,讨论了教学中需要关注的一些对落实数学学科核心素养具有关键意义的问题:以研究一个数学对象的基本套路为主线建构每一单元的教学过程,体现数学的整体性;加强一般观念的指导,提升教学的思想性,发展学生的理性思维;以数学地定义一个研究对象的基本方式(如通过几何图形的组成元素及其形状和位置关系定义几何图形)、数学概念的获得方式(概念形成、概念同化及其融合)为指导,以适当的素材为载体创设情境,构建数学基本概念的学习过程,使学生在完成一类事物组成要素、本质特征的归纳与概括的过程中深刻理解概念,同时发展数学抽象素养;在把握代数性质、几何性质、函数性质、概率性质等的表现方式,明确"数学性质"所要研究的问题是什么的基础上,有的放矢地设计探究活动,使学生富有成效地发现性质、提出猜想并进行推理论证,在获得数学知识的同时,提高"四能",发展逻辑推理、数学运算素养,提高创新意识;等等。这些设想的实现有一个共同的基础,这就是:从适当的学习素材(现实生活的、数学内部的、相关学科的等等)中引出的、对学生的思维具有挑战性的"问题串",引导学生开展系列化数学学习活动。

1. 评价"情境与问题"质量的指标

这里的"情境与问题"专指教材或教学中创设的教学情境及其相伴相随的数学问题。无论是教材还是教学,情境与问题的设计都具有关键的意义,如何提高教学情境的质量,使学生能够在情境的引导下发现和提出问题,是一个值得下大力气研究的问题。

下面我们先来看几个比较流行的"情境与问题",这些例子都是我们在听课调研中

收集到的,而且是反复看到的。

例1 (引入"椭圆的概念"的情境与问题)先播放"天宫二号"的太空飞行录像,然后问学生:"它的飞行轨迹是什么?"

例2 (引入"等差数列"概念的情境与问题)观察下列数列,它们有什么共同特点?

(1) 1, 3, 5, 7, 9;

(2) 15, 12, 9, 6, 3;

(3) 48, 53, 58, 63, 68;

(4) 8, 8, 8, 8, 8。

例3 ("正弦定理"的情境与问题)在△ABC 中,角 A、B、C 所对的边长分别为 a、b、c。

若△ABC 是直角三角形,不妨取 $C=90°$,则 $\sin A = \dfrac{a}{c}$,$\sin B = \dfrac{b}{c}$,从而 $\dfrac{a}{\sin A} = \dfrac{b}{\sin B} = c$。因为 $C=90°$,所以 $\sin C = 1$。所以 $\dfrac{a}{\sin A} = \dfrac{b}{\sin B} = \dfrac{c}{\sin C}$。

对于一般的三角形,上述优美的关系式还成立吗? 大家能否大胆猜想出一个普遍性的规律?

下面简要分析一下这几个例子。

对于例1,显然其目的应该是以情境为载体,通过观察飞行轨迹,得出"椭圆的几何特征",从而为建立椭圆的标准方程做好准备。但在这个情境中,既没有定点(焦点),也没有"到两个定点的距离之和为定值",学生要从中得到椭圆的这些几何特征,还需要去查阅"天宫二号"的飞行轨道资料,找出其飞行轨迹所满足的条件,而且即使是知道了飞行轨迹,也不一定就能直接得到"定点""定值"这些要素。所以,这是一种情境与问题脱节的设计,其结果只能是让学生看看热闹,并不能从情境中提出数学问题。

对于例2,首先,几个具体数列的"共同特点"很多,例如:都是由自然数组成的数列,都是正整数数列,都是由 5 个数组成的数列,当然也有"从第二项开始,后项减前项的差相等"的特点,因此与等差数列本质特征无关的"共性"太多,从这些实例中并不能抽象出等差数列的定义;其次,没有对"如何观察""从什么角度观察"作出必要引导,对于"等差"这个规律,学生的困难在于"不是做不到而是想不到",所设计的情境不能引导学生突破这个难点。

对于例 3,主要的问题是,在"则 $\sin A = \dfrac{a}{c}$,$\sin B = \dfrac{b}{c}$,从而 $\dfrac{a}{\sin A} = \dfrac{b}{\sin B} = c$。因

为 $C = 90°$,所以 $\sin C = 1$。所以 $\dfrac{a}{\sin A} = \dfrac{b}{\sin B} = \dfrac{c}{\sin C}$。" 中,"从而"、"因为 …… 所

以 …… 所以 ……" 都是"从天而降"的,这是一种强加于人的做法,没有解决"为什么
进行如此变形?""如何想到这样变形?"等问题,等同于把结论直接告诉给学生,导致
学生缺乏必要的创造性思考,后续对于一般三角形的猜想也就完全没有了"悬念",学
生只要简单模仿就可以得出结论。

也有一些老师这样设置情境:给出三角形三边长及其所对角的几组取值,让学生
计算 $\dfrac{a}{\sin A}$,$\dfrac{b}{\sin B}$,$\dfrac{c}{\sin C}$ 的值,然后问"通过上面的计算,你有什么发现?"把其中最具挑
战性的认知任务设计成了一个机械计算问题,从而把探究性的认知任务"成功"地降低
为简单操作性低水平认知任务,学生不需要思考就能猜到结论。

需要指出的是,上述教学设计与 2004 年版的"人教 A 版"必修 5 有较大关联[①]:

在 Rt$\triangle ABC$ 中,$\angle C$ 是最大的角,所对的斜边 c 是最大的边,要考虑边长之间的
数量关系,就涉及到了锐角三角函数。

根据正弦函数的定义,$\dfrac{a}{c} = \sin A$,$\dfrac{b}{c} = \sin B$。所以

$$\dfrac{a}{\sin A} = \dfrac{b}{\sin B} = c。$$

又 $\sin C = 1$,所以

$$\dfrac{a}{\sin A} = \dfrac{b}{\sin B} = \dfrac{c}{\sin C}。$$

那么,对于一般的三角形,以上关系式是否仍然成立呢?

所以,教材也需要改进。

那么,到底怎样的情境与问题才是"高质量"的呢?我们认为,并不是任何问题都
能激发学生有意义的学习心向的,也不是随便地把问题提出来,就算创设了问题情境。
教师必须在深入分析新知识与学生已有认知结构中有关知识之间关系的基础上,提出
学生力所能及但又富于挑战性的问题。

---

① 人民教育出版社,课程教材研究所,中学数学课程教材研究开发中心. 普通高中课程标准实验教科书:数
学 A 版 必修 5[M]. 北京:人民教育出版社,2004:2.

根据获得"四基"、提高"四能"、发展学生数学学科核心素养,以及提升创新意识的时代要求,我们提出如下衡量情境与问题质量的指标:

(1) **目的明确**,围绕当前的教学任务,能将学生的注意力吸引到教学任务上来;

(2) **反映本质**,情境中蕴含着新知识的要素,反映所学新知识的本质,能引导学生从情境中提出数学问题、发现数学规律,能有效促进学生领悟知识所蕴含的数学思想和解决问题的方法;

(3) **系统连贯**,以数学知识的发生发展过程为基本线索,形成一个循序渐进、具有内在逻辑关联的"情境与问题链",其中,第一个问题要有统摄性、贯通性,起到先行组织者的作用,随后的一系列问题要能引导学生的思维逐步走向所学知识的本质;

(4) **自然而然**,从知识的发生发展过程和相互联系中提出问题,使问题具有逻辑的必然性;

(5) **难易适度**,与学生认知水平相适应,在学生思维最近发展区内提出问题,对学生的思维形成适度的挑战性,为学生创造独立思考空间,满足"导而弗牵,强而弗抑,开而弗达"的要求,让学生自己"捅破窗户纸";

(6) **简明易懂**,问题清晰、明确且有启发性,语言准确、无歧义且有条理性,学生不会因为情境与问题的字面意思难懂而发生理解困难;

(7) **恰时恰点**,与学生的学习进程相协调,准确把握提问的时机,"想学生所想,问学生所问";

(8) **启迪创新**,"看过问题三百个,不会解题也会问",使学生逐渐学会自主提问。

2. 为抽象数学概念而设计的情境与问题

众所周知,理解了一个概念,意味着把握了一类事物的共同本质属性。例如,理解"棱锥"这个概念,就是掌握:凸多面体、底面是多边形、侧面是有一个公共顶点的三角形等几个本质属性。一类事物的本质属性可以由学生从典型丰富的背景材料中独立发现,这种概念获得的方式叫做概念形成;也可以由教师用定义的方式直接揭示概念的内涵,学生通过分析概念本质、用新概念辨析事物、判断正误等活动,将新概念纳入到已有的概念体系中,这种获得概念的方式叫做概念同化。概念形成与概念同化是两种基本的概念获得方式。无论用哪种方式进行概念学习,用于抽象概念内涵、理解概念本质的情境与问题都是非常重要的,它将在概念学习中给学生留下"第一印象"。事实上,对于数学概念这样的高度抽象化内容而言,缺乏具体背景材料支持的形式化理解是不可能深入的,在应用场景中也是不容易被提取的。

下面以"函数的概念"的教学为例,说明创设用于抽象数学概念的情境与问题时应关注的一些基本问题。

（1）典型性。

实践表明，概念的本质特征越明显，学习越容易，非本质特征越多、越明显，学习越困难。因此，在创设情境时，为了突出概念的本质特征，减少学习困难，可以采用强化有关特征的办法，并且对一个概念的本质特征可以作适当的归类练习。在初中"变量说"的基础上学习用集合与对应关系刻画函数，关注"变化范围"是最容易的着眼点。因此，我们可以设计如下情境与问题①：

① 某"复兴号"高速列车加速到 350 km/h 后保持匀速运行半小时。这段时间内，列车行进的路程 S（单位：km）与运行时间 t（单位：h）的关系可以表示为 $S=350t$。有人说："根据对应关系 $S=350t$，这趟列车加速到 350 km/h 后，运行 1 h 就前进了 350 km。"你认为这个说法正确吗？

在这个简单情境中，突出了"t 的变化范围"的重要性。接着给出如下比较性材料：

② 某电气维修公司要求工人每周工作至少 1 天，至多不超过 6 天。如果公司确定的工资标准是每人每天 350 元，而且每周付一次工资。显然，工资 w 是一周工作天数 d 的函数，其对应关系是 $w=350d$。

①、②中的函数有相同的对应关系，你认为它们是同一个函数吗？为什么？

上述两个情境既有典型性，又可用于比较，从而使"定义域"这一要素在学生头脑中产生强烈刺激，不仅为抽象函数概念的本质特征做好充分准备，而且能使定义域与对应关系在概念学习之初就形成一个不可分离的整体，在学生的记忆中留下深刻印记。

（2）丰富性。

强调情境与问题的丰富性，是为了使学生能经历完整的从数学的角度分析一类事物共性的过程，为顺利地抽象出数学概念的内涵打下坚实基础。

一般而言，满足"丰富性"要求的情境与问题应该包含概念的各种变式。通过提供变式情境，以突出对象的本质特征，使隐蔽的要素显性化，从而为学生建立起在变式中思维的认知环境，这样可以使学生更容易地区分本质属性与非本质属性，更深入地把握事物的本质和规律。

---

① 人民教育出版社，课程教材研究所，中学数学课程教材研究开发中心.普通高中教科书：数学 A 版　必修第一册［M］.北京：人民教育出版社，2019：60－61.

变式情境是概念由具体向抽象过渡的过程中,为排除一些由具体对象本身的非本质特征带来的干扰而设计的。一旦变更具体对象,那么与具体对象紧密相联的那些非本质特征就消失了,而本质特征就凸显出来。数学概念就是通过对变式的属性作比较,舍弃非本质特征并抽象出本质特征而建立的。

在"函数的概念"中,除上述①、②外,还可以设置如下问题:

③ 根据北京市某日空气质量指数变化图,确定这一天内任一时刻 t 的空气质量指数的值 I,判断 I 是否为 t 的函数,并模仿前面的对应关系语言进行刻画;

④ 按我国某省城镇居民恩格尔系数变化情况表给出的对应关系,判断恩格尔系数 r 是否为年份 y 的函数,并用适当的语言来刻画这个函数。

这两个情境与①、②不同,它们的对应关系不能用解析式表示,但满足"对于集合 A 中的任意一个数 x,通过图或表,在集合 B 中都有唯一确定的数与之对应",这样的图、表所给出的对应关系就是一个函数。设置这样的情境可以让学生认识到,对于函数 $y = f(x)$,$x \in A$,对应关系 f 的表示形式可以多种多样,但它们的本质特征都是"A,B 为两个非空数集,任给 $x \in A$,按照对应关系 f,在数集 B 中都有唯一确定的数 y 和它对应",这样可以有效排除"有解析式的对应关系才是函数"的定势,使学生更深刻地认识函数的本质。

另外,还可以给出其他形式表示的对应关系,让学生接触更加丰富的函数具体例证,形成对函数概念更全面的认知基础。

(3)反例。

概念的反例提供了最有利于辨别的信息,对深化概念认识有重要作用。反例的适当使用不但能使学生更精确地理解概念,建立概念的联系,而且还能排除无关特征的干扰,预防或澄清概念理解中的偏差。例如,在学习函数概念时,学生往往只注意函数的表达式而忽视定义域,表明学生没有把"$y = f(x)$,$x \in A$"作为一个整体,而是割裂了概念内涵的诸方面,这时可举反例:"因为 $y = \dfrac{x^2}{x} = x$,所以它与 $y = x$ 是同一个函数。"另外,学生容易在"任意"、"存在"、"唯一"等词义的理解上发生错误,主要原因是学生没有把注意指向概念内涵诸方面的关系,没有把这种关系当成关键特征来认识。举反例可以增强学生对这种关系的认识,帮助学生把概念内涵之间的关系作为关键特征纳入概念系统之中。

值得注意的是,上述几方面是有内在关联的,它们以"变式"为纽带。其中,反例是一种"非概念变式",而具体情境是否具有典型性、丰富性,主要看这些情境是否能全面反映概念的诸方面,是否包含了必须的概念变式和非概念变式。另外,为了引导学生经历完整的概念学习过程,应注意在概念获得的各环节为学生设计系列化的情境与问题,通过情境与问题的协调配合,使学生开展完整的抽象数学概念的思维活动:深入细致地分析具体实例的属性,比较各实例的属性之间的差异点和共同点,综合不同实例的共同属性从而建立属性之间的联系,最后,舍弃非本质属性,抽取共同本质属性,并用严谨的数学语言表示,得出概念的定义。显然,这个过程体现了人们从一类事物的具体实例出发,经历抽象概念的不同阶段而得出数学定义的基本过程,反映了数学概念抽象过程的整体性,对核心素养导向的数学概念教学具有直接的指导意义。

3. 为发现关系、规律提出数学命题而设计的情境与问题

从数学学科角度看,在数学概念的抽象阶段,学生在情境中经历了从数学的角度抽象一类事物本质特征的思维过程,明确了确定一类事物本质特征的要素及其基本关系,并用数学语言予以表征,给出了数学定义,必要时还进行了分类活动,其结果是获得了数学概念。其中,最基础的是从数量关系或空间形式的角度对一类事物进行数学抽象,得到数学研究对象。接下来的任务是从定义出发,通过对研究对象的要素、相关要素的关系以及相关概念之间的联系等方面的研究,发现事物内部以及事物之间的关系和规律,提出数学命题,并通过逻辑推理论证命题而获得数学定理。

从学生认知角度看,在概念学习的过程中,学生头脑中的初始概念是以原型方式表征的,没有精确定义。这时,学生可以识别概念所指对象的例证,但不能明确陈述其本质特征。例如,学生能从一堆图形中区分出三角形,但不能用精确的数学语言刻画三角形。这一阶段,学生对数学对象性质的研究也只能采用直观感知、操作确认的方式,或者通过不完全归纳进行猜想和确认。随着学习的深入、经验的积累,学生对一个数学对象的相关概念会变得越来越清晰,数学课程也会不失时机、螺旋上升地设置相关内容,提出抽象层次更高的学习要求。到了这个阶段,学生将学习用严谨的数学术语定义研究对象,给出精确的数学概念,并进一步在概念内外建立概念属性之间的各种联系,得出数学对象各要素、相关要素之间的相互关系,从而获得各种数学性质。例如,在给出三角形精确定义的基础上,对三角形的边与边、角与角、边与角以及外角与外角、外角与内角、三条高、三条中线、三条角平分线等之间的相互关系进行定性、定量的研究而得出三角形各种各样的性质。这时,需要我们设计基于数学对象的要素、相关要素的关系的情境与问题,引导学生以情境为载体对数学对象的要素、相关要素的关系展开分析、比较、组织和重新组织等,发现其中蕴含的数学规律以及概念之间的联系方式(如部分与整体、上位与下位、条件与结论等),得出猜想并通过逻辑推理进行证

明。在研究数学对象性质的过程中,要加强一般观念的指导,在明确数学性质所要研究的问题的前提下展开探究,这是提升情境与问题质量的关键,这一点在前文已经进行了详细讨论,这里不再赘述。

显然,在发现数学对象的要素、相关要素的关系、揭示一类事物的数学规律的过程中,从数学内部发现和提出数学问题,猜测合理的数学结论,提出解决问题的思路和方法,通过逻辑推理证明数学结论,等等,这些都是主要的认知活动。与此相适应的情境与问题,应当以数学情境为主。下面以余弦定理的教学为例进行说明。①

首先,从整体上给出贯穿余弦定理、正弦定理的情境与问题:

一个三角形含有各种各样的几何量,例如三边边长、三个内角的度数、面积等等,它们之间存在着确定的关系。例如,在初中,我们得到过勾股定理、锐角三角函数,这是直角三角形中的边、角定量关系。对于一般三角形,我们已经定性地研究过三角形的边、角关系,得到了 SSS, SAS, ASA, AAS 等判定三角形全等的方法。这些判定方法表明,给定三角形的三个角、三条边这六个元素中的某些元素,这个三角形就是唯一确定的。那么,三角形的其他元素与给定的某些元素有怎样的数量关系?

然后,设置如下情境,使问题进一步具体化:

我们知道,两边和它们的夹角对应相等的两个三角形全等。这说明,给定两边及其夹角的三角形是唯一确定的。也就是说,三角形的其他边、角都可以用这两边及其夹角来表示。那么,表示的公式是什么?

探究:在 $\triangle ABC$ 中,已知 $BC=a$,$CA=b$,$AB=c$,BC 和 AC 的夹角是 C,怎样用 a,b 和 C 表示 c?

接着是用于启发思路、探索方法的递进式问题:

(1)由已知的三角形两边的长和它们的夹角,你能联想到哪些知识?你想用什么方法解决问题?

(2)利用前面学习的平面向量,可以得到 $\overrightarrow{AB}=\overrightarrow{AC}+\overrightarrow{CB}$ 等各种关于 $\triangle ABC$ 的向量关系式,如何利用这些关系式,通过向量运算得出三角形的边角关系?

(3)从定理的推导过程你能感受到向量的力量吗?

(4)你能用其他方法推导余弦定理吗?

(5)余弦定理指出了三角形的三条边与其中的一个角之间的关系。应用余弦定

---

① 人民教育出版社,课程教材研究所,中学数学课程教材研究开发中心.普通高中教科书:数学 A 版 必修第二册[M].北京:人民教育出版社,2019:42-43.

理,我们可以解决已知三角形的三边确定三角形的角的问题,怎么确定呢?

然后从联系的角度提出问题,引导学生认识余弦定理与勾股定理之间一般与特殊的关系:

(6)勾股定理指出了直角三角形中三边平方之间的关系,余弦定理则指出了一般三角形中三边平方之间的关系。你能说说这两个定理之间的关系吗?

接着,从方便应用的角度设置情境,引出正弦定理的问题:

(7)余弦定理及其推论分别给出了已知两边及夹角、已知三边直接解三角形的公式。如果已知两角和一边,是否也有相应的直接解三角形的公式呢?

因为余弦定理、正弦定理的证明对建立知识之间的深层次联系、发展学生的逻辑推理素养都是很有作用的,所以还可以进一步给出基于联系与综合的证明题。例如:利用三角形的两边在第三边上的正投影证明余弦定理;利用三角形的面积公式证明正弦定理;用余弦定理推导正弦定理;利用三角形外接圆半径 R,先得出 $a=2R\sin A$,$b=2R\sin B$,$c=2R\sin C$,进而得出正弦定理;等等。

4. 以教材为依据创设系列化教学情境与问题

从教材到教学设计再到课堂实施是一个从宏观、理想的预设逐步走向微观、现实的生成的过程,而教学设计是连接理想与现实的纽带。由此,在理解数学、理解学生、理解技术的基础上,提高教学设计的能力也就成了提高教师专业化水平和教育教学能力的关键。前已述及,在教学过程的设计中,体现数学的整体性、逻辑的连贯性、思想的一致性、方法的普适性、思维的系统性的系列化情境与问题设计是重中之重。下面以"基本不等式"的系列化情境与问题设计为例给予说明。

基本不等式

基本不等式是不等关系的一种特殊而重要的表现形式,它包含有 n 个正数的平方平均数、算术平均数、几何平均数、调和平均数之间的不等关系,"预备知识"中只要求二元的算术平均数、几何平均数之间的不等关系,主要是了解基本不等式的代数、几何背景及用基本不等式解决最大值、最小值问题的基本方法。因此,在"预备知识"板块的教学重点是使学生掌握基本不等式的结构特征、代数证明和几何意义。

课程标准规定的内容要求是:掌握基本不等式 $\sqrt{ab} \leqslant \dfrac{a+b}{2}(a,b \geqslant 0)$。结合具体实例,能用基本不等式解决简单的最大值或最小值问题。这里的"掌握"显然不是在学生刚进高一不久就能达到的,应把它作为一个长期目标。

人教 A 版在实数大小关系的"基本事实"之后,以第 24 届国际数学家大会会标为背景,抽象出赵爽弦图,并从图中的面积关系得到重要不等式 $a^2+b^2 \geqslant 2ab$,及其等号成立的条件。在等式与不等式的性质之后,安排本节内容。具体安排是:

首先,通过对重要不等式进行代数变换,即在 $a,b>0$ 的条件下,用 $\sqrt{a}$,$\sqrt{b}$ 分别代换 a,b 得到基本不等式;

接着,先用分析法证明基本不等式,再以"只要把上述过程倒过来,就能直接推出基本不等式了"引导学生用综合法再次证明;

然后,以"同圆中直径是最大的弦"为依据构建几何图形解释基本不等式;

最后,以四个例题体现基本不等式的基本应用。

下面给出教学过程设计。

先行组织者:前面我们从赵爽弦图发现了隐含其中的重要不等式 $a^2+b^2 \geqslant 2ab$。事实上,这个不等式对于任意的实数 a,b 都成立,这是因为 $\forall a,b \in \mathbf{R}$,都有 $(a-b)^2 \geqslant 0$,即 $a^2-2ab+b^2 \geqslant 0$,也即 $a^2+b^2 \geqslant 2ab$。

我们知道,乘法公式在代数式的运算中有重要作用。有些乘法公式可以通过对已有的公式进行特殊化变形来得出。例如,在 $(a+b)(c+d)=ac+ad+bc+bd$ 中,令 $c=a$,$b=d$,则 $(a+b)(c+d)=(a+b)(a+b)=aa+ab+ba+bb$,即 $(a+b)^2=a^2+2ab+b^2$。那么,是否也可以通过对已有的不等式进行特殊化变形得出一些重要的不等式呢? 下面就来研究这个问题。

问题 1 在不等式 $a^2+b^2 \geqslant 2ab$ 中,$a,b \in \mathbf{R}$,如果限制 $a>0$,$b>0$,并用 $\sqrt{a}$,$\sqrt{b}$ 分别代替 a,b,可得不等式:

$$\sqrt{ab} \leqslant \frac{a+b}{2}。 \qquad (*)$$

你能利用不等式的性质证明这一不等式吗?

师生活动 让学生阅读教材,然后教师通过提问引导学生理解。

追问 1 回顾"充分条件与必要条件"中的相关知识,说一说"要证……,只要证……"是在做一件什么事情?

师生活动 在学生回答的基础上,教师要明确指出:这是在确认前者的成立的充分条件,例如 $\sqrt{ab} \leqslant \frac{a+b}{2}$ 成立的充分条件是 $2\sqrt{ab} \leqslant a+b$,这是因为当 $2\sqrt{ab} \leqslant a+b$ 成立时,在不等式两边同乘 $\frac{1}{2}$,不等式仍然成立,即 $\sqrt{ab} \leqslant \frac{a+b}{2}$ 成立。

追问 2 在推出一个显然成立的式子 $(\sqrt{a}-\sqrt{b})^2 \geqslant 0$ 以后,就可以断定最前面的基本不等式成立,为什么?

师生活动 先让学生思考、回答,再由教师明确:因为每一步都是充分条件,所以从"显然成立"的不等式出发,可以一步步倒推,而且每一步倒推都是正确的,所以可以断定基本不等式成立,这种证明的方法叫做分析法。相应地,从一个正确的条件出发,推出要证明的结果的方法叫做综合法。

追问3 你能用综合法证明基本不等式吗?证明时请写出每一步的推理依据。

师生活动 由学生独立给出证明。估计学生在代数推理格式上会有一些问题,教师要在点评时用适当方式进行纠正。

追问4 你能归纳一下基本不等式的结构特征吗?

师生活动 通过师生互动达成一些基本认识,例如,它是关于两个正数的四则运算结果的不等关系;$\frac{a+b}{2}$ 叫做两个正数的算术平均数,$\sqrt{ab}$ 叫做两个正数的几何平均数;算术平均数不小于几何平均数;等号成立的充要条件是这两个正数相等;等等。

[设计意图] 学生在代数变形上经验不多,而且从重要不等式到基本不等式有特定的变形方向,所以直接给出"用 $\sqrt{a}$,$\sqrt{b}$ 分别代替 a,b"而得出基本不等式。

学生没有用"分析法"证明一个命题的经验,通过提问让学生理解分析法的要义,并理解分析法的逻辑正确性。学生刚刚进入高中,他们的代数推理与证明的基础不太牢固,所以先让学生阅读教科书,再让他们说出自己的理解,教师着重在分析法的逻辑依据上进行引导。

根据课程标准对"预备知识"的设计意图,这里不仅要让学生知道这个知识,还要通过用不等式的性质证明基本不等式,培养学生的代数思维和逻辑推理能力。所以,在分析法的基础上再让学生自己写出综合法的证明,并强调写出每一步推理的依据。在此过程中使学生领会代数推理中,如何通过分析法探寻充分条件、形成证明思路,再通过综合法表达证明过程。

问题2 初中学习乘法公式时,我们通过构建几何图形,用图形中的几何元素之间的数量关系进行解释。基本不等式也可以这样做,例如图1.2.6中就蕴含了基本不等式的一个几何解释。你发现了吗?

师生活动 让学生自己观察图形后,得出 $a+b$ 为圆的直径 AB,$2\sqrt{ab}$ 为弦 DE。由圆中的直径长不小于弦长,得出基本不等式的几何意义是"圆的半弦不大于半径",当且仅

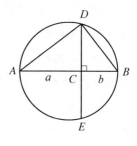

图 1.2.6

点 C 与圆心重合,即 $a=b$ 时等号成立。在学生观察过程中,教师要在"如何观察"上进行引导,就是以基本不等式为导向,看图中的哪些几何元素的数量分别表示了基本不等式中的量。

[设计意图] 从图形的度量关系得到基本不等式,再由代数形式给出新的几何解释,引导学生感悟数形结合思想。采取的教学策略是有步骤地变换因素。

例 1　$x>0$,求 $x+\dfrac{1}{x}$ 的最小值。

师生活动　先让学生独立思考后给出解答,再组织交流。学生对什么叫一个代数式的最小值还不太理解,教师可以利用二次函数的最大值、最小值进行引导,并要以基本不等式为导向引导学生进行分析:

求 $x+\dfrac{1}{x}$ 的最小值,就是要求出一个 $y_0\left(=x_0+\dfrac{1}{x_0}\right)$ 使 $\forall x>0$,都有 $x+\dfrac{1}{x}\geqslant y_0$。以基本不等式为指引,发现 $x\cdot\dfrac{1}{x}=1$,等号在 $x=\dfrac{1}{x}$ 即 $x=1$ 时取得,这时 $y_0=2$。

[设计意图] 这是一个具有模型意义的不等式,有非常广泛的应用。设计本题的目的是使学生进一步理解基本不等式的结构和应用条件(一正二定三相等)。这个问题看上去简单,但学生刚开始接触基本不等式,对其结构特点并不敏感,独立解决存在困难,所以教师要在"最小值"的理解、基本不等式的导向等方面加强引导。

变式:$x<0$,求 $x+\dfrac{1}{x}$ 的最大值。

师生活动　教师通过问题引导学生独立思考完成解答,如"能直接用基本不等式吗? 如何转化就可以使其具备使用条件?"要提醒学生,基本不等式的三个使用条件是化归的方向。

[设计意图] 通过简单变式,提出根据基本不等式使用条件进行化归的任务,目的仍是让学生通过应用理解基本不等式的结构。

例 2　(1)用篱笆围成一个面积为 $100\ \mathrm{m}^2$ 的矩形菜园,问:这个矩形的长、宽各为多少时,所用篱笆最短,最短的篱笆是多少?

(2)一段长为 $36\ \mathrm{m}$ 的篱笆围成一个矩形菜园,问:这个矩形的长、宽各为多少时,菜园的面积最大,最大的面积是多少?

师生活动　教师引导学生分析。对于(1),突出当面积确定时,长与宽取什么值时篱笆的长最短? 对于(2),强调当周长确定时,长和宽取什么值时篱笆围成的面积最大?

［设计意图］通过实际问题引出基本不等式最重要的应用，为后续归纳出相应的数学模型做准备。

问题 3 例 2 蕴含了基本不等式的一个非常重要的应用模型，你能概括出这个数学模型吗？

师生活动 教师引导学生归纳概括，得出如下具有普适性的数学模型：

设 x，y 是两个正数，如果积 xy 是定值 P，那么当 $x=y$ 时，和 $x+y$ 取最小值 $2\sqrt{P}$；如果和 $x+y$ 是定值 S，那么当 $x=y$ 时，积 xy 取最大值 $\frac{1}{4}S^2$。要强调"一正二定三相等"。

［设计意图］从具体的典型实例中概括出具有一般意义的数学模型，在得到有用的数学知识的同时，培养学生的建模能力。

例 3 某工厂要建造一个长方体形无盖贮水池，其容积为 4 800 m，深为 3 m，如果池底每平方米的造价为 150 元，池壁每平方米的造价为 120 元，怎样设计水池能使总造价最低，最低总造价是多少？

活动预设：先由学生独立完成，再进行全班交流。

［设计意图］通过应用，及时巩固基本不等式模型。

问题 4 请同学们回顾本节课的学习内容，并回答下列问题：

(1) 你能归纳一下基本不等式的研究过程吗？

(2) 你对基本不等式有哪些认识？特别是，其中体现了哪些数学思想方法？

(3) 在应用基本不等式解决实际问题时，需要注意哪些问题？

(4) 基本不等式是从 $a^2+b^2\geqslant 2ab$ 变形而来的，代数中，通过类似的变形得出有用结果的事例很常见。例如，在 $ab>0$ 时，在 $a^2+b^2\geqslant 2ab$ 的两边同除 ab 可得 $\frac{a}{b}+\frac{b}{a}\geqslant 2$。你能给出一些基本不等式的变式吗？

师生活动 先给学生时间自己总结，再由学生阐述，最后教师进行归纳概括。

［设计意图］引导学生对学习内容进行总结，反思学习过程，得出有条理的理性认识。总结后希望得到：

(1) 代数角度看，基本不等式反映了两个正数的和与积之间的大小关系；几何角度看，基本不等式反映了圆中直径与弦长之间的大小关系。

(2) 从代数角度考虑，基本不等式的推导过程利用了实数的性质和配方法；从几何角度考虑，可以从构造图形（正方形、圆等），由相应的度量关系得到基本不等式；基本不等式的推导过程中,体现了化归、数形结合等重要的数学思想方法。

(3)在应用基本不等式解决问题的过程中,要注意是否符合"一正二定三相等"这一结构特征。

(4)通过问题引导学生进行知识的结构化梳理,反思解决问题的策略,对学习过程进行批判性思考,等等,使学生头脑中形成完善的基本不等式的认知结构。通过对研究路径、方法与策略的总结,对基本不等式的结构特点和变式进行提炼概括,提升小结的思想性,确保学生在小结中的思维活动处于高阶认知层次,从而把内容蕴含的数学思想和方法明确出来,以有效发展学生的数学学科核心素养。

第二部分　课程教材

第二章　预备知识

前面从宏观上讨论了本次课程改革中的一些重要问题,从本章开始,我们以人教版《普通高中教科书:数学 A 版》研究与编写过程中思考和讨论的重点问题为背景,以问题解答的方式,对人教 A 版中的一些重点、难点、疑点进行较为详细的解读、讨论,希望给广大教师把握教材的编写意图,形成基于数学学科核心素养的教学策略与方法,开展核心素养导向的课堂教学提供帮助。在教材解读、讨论的过程中,我们将特别注意加强数学学科本质、数学教育本来面目的思考,着重从挖掘数学内容蕴含的育人资源角度阐释人教 A 版的编写意图并提出教学建议。

以下从"预备知识"板块的内容设置、教材解读和教学建议开始。

第一节　"预备知识"的设置意图

一、设置"预备知识"的必要性

为了帮助学生顺利完成初高中学习的过渡,《普通高中数学课程标准(2017 年版 2020 年修订)》(简称"课程标准")中设置了"预备知识"板块,作为高中入门阶段的学习内容,授课时数为 18 课时,要求:"以义务教育阶段数学课程内容为载体,结合集合、常用逻辑用语、相等关系与不等关系、从函数观点看一元二次方程和一元二次不等式等内容的学习,为高中数学课程做好学习心理、学习方式和知识技能等方面的准备,帮助学生完成初高中数学学习的过渡。"[①]我们知道,学段之间的衔接历来是课程建设的一个难点,是课程设计和教材编写中始终要面对的问题。本轮课程标准专门设置着眼于初高中过渡的学习内容,使"衔接教学"有章可循、有据可依,消除了五花八门的"初高中数学衔接教材",避免了教学秩序的混乱,减轻了各方面的负担。所以,设置"预备

---

① 中华人民共和国教育部. 普通高中数学课程标准(2017 年版 2020 年修订)[S]. 北京:人民教育出版社,2020:14.

知识"板块,无论在课程设计理念还是在实践操作上都具有创新意义。下面以课程标准的设计理念为指导,以"人教 A 版"中"预备知识"的编写为背景,讨论初高中数学衔接的内容和教学问题。

二、初高中数学衔接的基本任务

我们知道,影响学生数学学习的因素包括认知因素和非认知因素,因此确定初高中数学衔接任务也要从这两个方面入手。

(一)非认知因素方面

数学学习中的非认知因素,作为数学学习的一种心理准备状态,是长期的数学活动经验的结晶,是数学学习的"动力系统"对个体的认知活动产生直接影响,包括兴趣、动机、性格等。兴趣,在深度、广度及稳定性上都随着数学学习的深入而不断发展,这种发展一般要经历对数学的新事实或有趣现象的直接兴趣、对数学内容本质属性的兴趣到对数学理论(各种数学事物的因果关系、数学的基本规律等)的兴趣等几种水平。动机,特别是与数学学习直接相关的成就动机,是追求数学能力和期望取得数学学习成功的一种需要,是以取得数学成就为目标的数学学习内驱力。数学学习的兴趣、动机与数学能力发展密切相关,较高的数学能力可使学生以科学的方法高质、高效地完成学习任务,从而激发更大的兴趣,进一步形成积极的、高水平的数学学习动机;反之,浓厚的兴趣、积极的动机也能促进数学能力的高水平发展。性格,作为个性的核心,是人对客观现实的稳定态度以及与之相适应的习惯化行为方式,良好的性格特征表现为正直诚实、实事求是、尊重理性、追求真理、坚定自信、刻苦勤奋、责任心强、勇于创新、百折不挠、持之以恒、严谨细致、独立思考等。正如课程标准指出的,数学学习"在形成人的理性思维、科学精神和促进个人智力发展的过程中发挥着不可替代的作用",学生的良好性格养成与数学学习有密切关系,这在课程标准确定的课程目标中得到了充分反映:"通过高中数学课程的学习,学生能提高学习数学的兴趣,增强学好数学的自信心,养成良好的数学学习习惯,发展自主学习的能力;树立敢于质疑、善于思考、严谨求实的科学精神;不断提高实践能力,提升创新意识;认识数学的科学价值、应用价值、文化价值和审美价值。"[①]

从学生的年龄特征看,高中新生处于从少年到青年的过渡期,对数学内容本质的

① 中华人民共和国教育部.普通高中数学课程标准(2017 年版 2020 年修订)[S].北京:人民教育出版社,2020:8.

追求会逐渐成为他们的兴趣中心,成就动机也会逐步占据主导地位,他们渴望在数学学习中取得成功,希望自己具有高水平的数学能力,数学学习中的理性成分不断加大,这些都是由个体心理发展的年龄特征所决定的。同时,这是学习生涯的一个新起点,学生站在了一个共同的起跑线上。如何抓住学段升级和学生身心发展转折期的契机,点燃学生的数学兴趣,促使他们以积极的态度投入数学学习,从而顺利实现初高中数学学习的平稳衔接,这是高中入学教育的重要任务,是课程、教材和教学所要面对的共同问题。

不过,尽管非认知因素是数学学习的动力系统,重要性不言而喻,但空洞说教无济于事。只有当我们帮助学生切实解决了学习困难,使他们真正做好了高中数学学习的认知准备,能够听得懂、学得进、会解题,这样才能使他们对数学内容本身产生浓厚兴趣,才能产生持久的学习动力。因此,我们要采取非认知因素和认知因素相融合的观点,以加强"四基""四能"为抓手,使学生在打好学习基础、提高数学水平的过程中提升兴趣及动机水平,在取得数学学习成就的同时形成良好的性格。

(二) 认知因素方面

首先需要认清的一个问题是,从认知准备上看,"补知识点"是不是"衔接"的主要任务? 多次调研发现,高中教师认为学生的"知识欠缺"比较严重。例如以下是《普通高中数学课程标准(实验)》(简称《标准(实验)》)在 2004 年开始实施后比较流行的一份"初高中数学课程标准衔接问题"清单:

需要补充的内容

立方和公式,立方差公式,十字相乘法、分组分解法,含有字母的方程,三元一次方程组,根式的分母有理化、最简根式、根式化简,可化为一元二次方程的分式方程,分式乘方,无理方程,高次方程,二元二次方程组,一元二次不等式,一元二次方程根的判别式,韦达定理,换元法,平行线等分线段定理、平行的传递性、平行线分线段成比例定理,梯形中位线,截三角形两边或延长线的直线平行于第三边的判定定理,圆内接四边形的性质,轨迹定义,圆的有关定理(垂径定理及逆定理,弦切角定理,相交弦定理,切割弦定理,两圆连心线性质定理,两圆公切线性质定理)相切作图,正多边形的有关计算,等分圆周,三角形的内切圆,三角函数中的同角三角函数的基本关系式。

原初中要求低,现需要提高的内容

有理数混合运算只强调三步(最多),学生习惯性使用计算器,笔算、口算、心算能力弱;多项式相乘仅要求一次式间的相乘,无除法;因式分解只要求提取公因式法、公式法(平方差、完全平方),直接用公式法不超过两次;根式的运算要求低;绝对值符号内不能含有字母;配方法要求低,只在解一元二次方程中有简单要求,在二次函数中不要求用配方法,求顶点、最值时只要求用公式,且不要求推导和记忆公式(中考试卷中会给出公式);几何中大大减少定理的数量,几何证明要求低;只要求通过实例,体会反证法的含义,了解即可;辅助线,中考只要求添加一条辅助线。

显然,如果按照这份清单进行知识点补充,那么用一个学期的时间恐怕也补不完。

我们认为,大量补知识点既没有时间也没有必要。我们要区分清楚,哪些知识是高中学习必须的基础、需要专门补充,哪些是"过程性"的,用到时进行即时补充、或者通过学生自学就可以解决的。例如,十字相乘法是高中教师强烈要求补充的,但从本质上看,这种方法仅仅是针对一类特殊的二次三项式的分解技巧,不属于通性通法,而且初中教材中已经采取"拓展性资源"的方式予以解决,所以不需要进行专门补充。因为一元二次方程、一元二次不等式和二次函数在代数、函数中都具有基础地位,利用二次函数研究一元二次方程和一元二次不等式,不仅是一种重要的数学思想和方法,而且可以让学生理解函数在研究代数问题中的核心地位和关键作用,领悟数学的整体性、联系性。讨论函数定义和性质时,一般都以二次函数作为具体的模型;在微积分初步中,一般也都以二次函数为例。因此,"三个二次"必须得到加强,应作为重要内容,从概念、性质、思想和方法等角度进行全方位的"衔接教学"。

与"补知识点"紧密相关的另一个问题是如何加强"由内容所反映的数学思想和方法"。面对具体问题要调用某一知识时,能够"想得到,用得上",这是要以理解其本质、把握其蕴含的数学基本思想、形成基本活动经验为基础的,否则,即使记住了也难以达到迁移运用的水平。我们知道,数学思想方法不仅蕴含在一个个概念、原理中,更体现在概念的体系、知识的联系中,也就是在数学的整体性中才能更深刻地体现出数学基本思想和基本活动经验的意蕴。所以,在衔接教学中,通过一定的方式对已学知识进行回顾整理,用新的语言进行再表达,形成思想性、结构性、系统性更强的认识,这是更加关键的。

实际上,初高中数学课程真正存在"缺口"需要"硬补"的内容很少。老师们反响强烈的上一轮《全日制义务教育数学课程标准(实验稿)》(简称《标准(实验)》)和高中数学课程标准不衔接的内容,特别是韦达定理、乘法公式、十字相乘法、不等式、函数、二次函数、几何等,在《义务教育数学课程标准(2011年版)》中已经进行了修补,有的作为必学,有的作为选学。在基本技能方面,整体而言,世纪之交的课改确实令我国学生的运算和推理技能有较为明显的下降,但技能的提高不能靠短时间突击"恶补",这是一个潜移默化的过程。

另外,从初高中数学内容的差异看,主要是初中内容相对具体而高中内容的抽象程度较高。导致这种差异的原因是多方面的,语言表达方式的差异是其中很重要的一个原因。例如函数的概念,初中采用形象化的"变量说",与学生头脑中积累的日常经验比较吻合,而高中采用"对应关系说",不仅要用到集合的相关知识,引入抽象的符号 $f:A \rightarrow B$,$y = f(x)$,$x \in A$,而且使用逻辑用语"非空""任意""存在""唯一确定"等,从而使理解难度陡然上升,函数的概念成为拦路虎,导致大量学生在高中入门阶段就在数学上败下阵来,并进而失去学好数学的自信心。同时,函数的概念理解不到位也使高中数学学习缺失了最重要的基础。所以,在进入函数的概念学习之前,要让学生在所需要的知识与技能、语言表达、思想方法等基础方面有一个相对较长的时间准备,而不是像《标准(实验)》那样,把不等式、常用逻辑用语等都安排在函数的概念之后,导致学生刚入高中没几天就要直接面对这个高度抽象的函数概念。

总之,初高中衔接,不能以补充知识为主要任务。在认知因素方面,初高中数学学习的衔接任务应包含知识技能、语言表达、思想方法、思维方式等方面。

如何选择衔接的内容载体?因为函数是高中的第一条主线,函数的概念与基本性质历来都是高中数学首先要面对的,所以可以从函数学习的需要出发进行选择。课程标准对《标准(实验)》进行调整,将集合、常用逻辑用语、相等关系与不等关系、从函数观点看一元二次方程和一元二次不等式等初中已经有所接触的内容作为衔接的素材,让学生用新的语言表述,用新的观点看待与分析,并通过用等式、不等式及其性质表示日常生活中常见的相等关系、不等关系,以及建立"三个二次"直接的联系等,提升学生数学语言表达的抽象水平的同时,提升数学思想和对数学整体性的认识。所以,课程标准在这个内容的设计上是比较合理的。

以下我们分别就这几个内容的课程定位、内容理解以及教学中需要注意的问题进行讨论。

第二节　集合与常用逻辑用语

我们知道,现代数学的所有分支都建立在严格的集合理论基础上,用集合的语言表达数学的对象、问题和结果是数学的基本要求;同样,常用逻辑用语是数学语言的重要组成部分,借助常用逻辑用语进行数学表达、论证和交流也是数学的基本要求。所以,课程标准将常用逻辑用语从"选修"调整回到"必修",并置于"预备知识"中,与集合一起作为高中数学课程的开篇内容,这是高中数学课程回归数学的本质、凸显数学的内在逻辑和思想方法的需要,对发展学生的理性思维和逻辑推理素养都有非常重要的意义。

一、集合

(一) 课程定位

课程标准开宗明义地指出:"在高中数学课程中,集合是刻画一类事物的语言和工具。本单元的学习,可以帮助学生使用集合的语言简洁、准确地表述数学的研究对象,学会用数学的语言表达和交流,积累数学抽象的经验。"内容有集合的概念与表示、基本关系和基本运算。① 根据这一内容定位,人教 A 版引导学生通过利用集合语言对初中的一些重要概念进行再抽象并用符号表示对象(集合的元素)、对一些重要内容(特别是方程、不等式、函数)进行"再表述"等,在提高数学表达的抽象化过程中达到提升学生抽象思维水平的目的,从而为高中学习做好准备。

(二) 内容的理解与教学思考

1. 集合的概念与表示

课程标准提出的"内容与要求"是:(1)通过实例,了解集合的含义,理解元素与集合的属于关系;(2)针对具体问题,能在自然语言和图形语言的基础上,用符号语言刻画集合;(3)在具体情境中,了解全集与空集的含义。

我们知道,集合的定义是形式化、描述性的。集合作为数学中的最基本概念,采用了"名义定义"的方式。那么,如何理解这个定义呢?

一般地,集合是由具有某种共同特征的元素组成的,只要构成两个集合的元素一样,就称这两个集合相等。这说明,集合是由元素所唯一确定的,因此我们只关心集合中的元素是什么而不关心它们的顺序。所以,理解集合的定义,首先要抓住集合中元素的特征(确定性)及元素间的基本关系(互异性、无序性)。其次,要抓住元素与集合的关系,"属于""不属于"二者必居其一且只居其一(满足"排中律")。本质上,元素 x 与集合 A 之间的关系是指元素是否具有集合的"那个"共同特征,"是"用 "$x \in A$" 表

---

① 中华人民共和国教育部. 普通高中数学课程标准(2017 年版 2020 年修订)[S]. 北京:人民教育出版社, 2020:15.

示,"否"用"$x \notin A$"表示。

　　集合作为语言,学习它的最好方法是运用,为此要让学生通过练习熟悉并能准确使用集合语言。使用集合的语言简洁、准确地表述数学对象,这里要表述的内容是共性特征、规律性、关系,表述的方法有自然语言、列举法和描述法,其中描述法是重点。因为共同特征、规律性、关系都要通过归纳而得出,并要引进适当的符号表示,所以学习"集合的表示"有利于发展数学抽象素养。

　　这里要特别强调一下描述法,即 $\{x \in A \mid P(x)\}$。

　　首先,学生会忘记 $x \in A$ 这一限制条件。

　　例1　给定集合 $A = \{x \in \mathbf{N} \mid 2x < 5\}$,那么 $1.5, 2, 3 \in A$ 正确吗?

　　教学实践表明,学生的注意力往往集中在 $2x < 5$ 上,所以得出 $1.5, 2 \in A$,$3 \notin A$。同类的错误表现在函数学习中,学生往往不注意函数的定义域对所讨论问题的限制。更一般的意义上,就是不顾讨论问题的前提条件而导致错误结论。在更普遍的意义上看,就是因为不注意研究的范围、前提条件的限制,得出南辕北辙的错误结论。实际上这里涉及思维习惯的培养,教学中要通过适当的问题引起学生注意,使他们养成首先搞清楚问题的范围、边界的习惯。

　　其次,$\{x \in A \mid P(x)\}$ 中的 $P(x)$ 是指集合中元素所具有的共同特征,解题时往往需要学生针对具体问题进行归纳,因此可以利用集合的表示来梳理已学的知识。例如,初中学习的有理数概念采用"外延描述法":正整数、0、负整数统称为整数,正分数、负分数统称为分数。整数和分数统称为有理数。人教 A 版利用描述法表示有理数集,对有理数概念进行了再表述[①]:

　　实数集 $\mathbf{R}$ 中,有限小数和无限循环小数都具有 $\dfrac{q}{p}(p, q \in \mathbf{Z}, p \neq 0)$ 的形式,这些数组成有理数集,我们将它表示为

$$\mathbf{Q} = \left\{ x \in \mathbf{R} \,\middle|\, x = \frac{q}{p}, \; p, q \in \mathbf{Z}, \; p \neq 0 \right\}。$$

　　其中,$\dfrac{q}{p}(p, q \in \mathbf{Z}, p \neq 0)$ 就是所有有理数具有的共同特征。

　　在集合的表示中,通过符号化、表示法之间的互化可以培养学生的数学抽象素养,这里需要学生首先想清楚集合中元素的共同特征是什么,然后再做其他事情。

———————————

① 人民教育出版社,课程教材研究所,中学数学课程教材研究开发中心.普通高中教科书:数学 A 版　必修第一册[M].北京:人民教育出版社,2019:4.

2. 集合的基本关系与基本运算

课程标准提出的"内容与要求"是:(1)理解集合之间包含与相等的含义,能识别给定集合的子集;(2)理解两个集合的并集与交集的含义,能求两个集合的并集与交集;(3)理解在给定集合中一个子集的补集的含义,能求给定子集的补集;(4)能使用 Venn 图表达集合的基本关系与基本运算,体会图形对理解抽象概念的作用。

集合的基本关系与实数的大小关系有点类似,所以人教 A 版注意引导学生通过类比实数的关系提出集合之间相互关系的问题。这里要强调一下"相等"的重要性;通过相等定义说明在所讨论的对象中到底要关心什么。

在"集合的概念"中,人教 A 版说:

只要构成两个集合的元素是一样的,我们就称这两个集合是相等的。

在"集合的基本关系"中,人教 A 版又说:

如果集合 A 是集合 B 的子集,同时集合 B 是集合 A 的子集,就称集合 A 与集合 B 相等,记作 $A=B$。

如何理解以上两个"相等"? 这里,前一个是"集合相等"的定义,由此知道我们只关心集合的元素而不关心其他;后一个相当于"性质",它使"相等关系"具体化,具有可操作性,可用于推理证明。

研究集合基本关系的一般步骤:先搞清楚集合中元素的属性(研究对象是什么),再判定它们的关系。

例 2 已知 $A=\left\{x \mid y=\dfrac{1}{x-1}\right\}$,$B=\left\{y \mid y=\dfrac{1}{x-1}\right\}$,$C=\left\{(x,y) \mid y=\dfrac{1}{x-1}\right\}$,$D=\left\{(x,y) \mid y=\dfrac{1}{x-1},\ x \in \mathbf{Z}\right\}$,试判断 A、B、C、D 之间的关系。

这些集合,共同特征的表现形式都是 $y=\dfrac{1}{x-1}$,但它们的元素却有完全不同的意义。

分析集合中元素的共同特征需要调动已有知识,要有分析问题、理解内容本质的能力。

例 3 已知集合 $A=\{x \mid 0<x<a\}$,$B=\{x \mid 1<x<2\}$,若 $B \subseteq A$,求实数 a 的取值范围。

如何分析已知条件?

方法 1:由 $B \subseteq A$ 可知,$\forall x \in B$ 都有 $x \in A$,于是 $a \geqslant 2$。

方法 2:借助 Venn 图(图略),可以直观、方便地得出结果。

这个问题看上去很简单,但它与老师们热衷的"恒成立"之类的问题的本质是一致的:求实数 a 的值,使 $B \subseteq A$ 恒成立。这再一次说明,语言之间的互化对发展思维能力很重要,其实对解题也很重要。

如何理解集合的基本运算呢? 首先要关注两个集合中元素的属性。设:

$$A = \{x \in X \mid P(x)\},$$
$$B = \{y \in Y \mid Q(y)\},$$

要对 A、B 进行运算,集合 X、Y 应该有共性,例如都是数,或都是点(坐标)等等。

实际上,集合的运算与事物的分类有内在联系,或者说我们可以通过集合的运算得到分类的结果。

$A \bigcup B = \{x \mid x \in A \text{ 或 } x \in B\}$,"或"可以细分为三类:$x \in A$,$x \notin B$;$x \notin A$,$x \in B$;$x \in A$,$x \in B$。

$A \bigcap B = \{x \mid x \in A \text{ 且 } x \in B\}$,所以 $A \bigcap B \subseteq A \bigcup B$。

全集:讨论问题的范围约定。

补集:二分法,例如把整数集 $\mathbf{Z}$ 分为奇数集 A 和偶数集 B,则 A 与 B 互为补集。(对立事件,矛盾的对立统一)

例4 已知集合 $A = \{(x, y) \mid x、y \text{ 不全是正数}\}$,试将 A 中元素进行分类。

分类标准不唯一,由"x、y 不全是正数",可按 $x < 0$, $x = 0$, $x > 0$;$y < 0$, $y = 0$, $y > 0$ 为标准。因为情况复杂,可采取列表的方法进行分类,如表 2.2.1 所示:

表 2.2.1

	y 是正数	y 不是正数
x 是正数	$(+, +)$	$(+, -), (+, 0)$
x 不是正数	$(0, +), (-, +)$	$(0, -), (0, 0)$ $(-, 0), (-, -)$

集合 A 中的元素是 (x, y),所以可以将它看成直角坐标系中的点集。数形结合地看,集合 A 就是平面直角坐标系中除第一象限外的点组成的集合。

用集合的运算表示分类结果,可以作为复习有关概念、厘清数学对象之间关系的载体;分类是基本而重要的数学活动,在后续学习中将频繁地用到。

二、常用逻辑用语

（一）课程定位

课程标准指出：常用逻辑用语是数学语言的重要组成部分，是数学表达和交流的工具，是逻辑思维的基本语言。本单元的学习，可以帮助学生使用常用逻辑用语表达数学对象、进行数学推理，体会常用逻辑用语在表述数学内容和论证数学结论中的作用，提高交流的严谨性与准确性。内容有：必要条件、充分条件、充要条件，全称量词与存在量词，全称量词命题与存在量词命题的否定。① 根据这一定位，人教 A 版主要以初中学过的命题（特别是几何命题）为载体，引导学生分析命题的结构，理解数学命题的组成要素，提升理解命题的水平，从而提高学生数学思维的抽象程度。

我们知道，数学教育的核心任务是训练学生的逻辑思维。某种意义上，数学学习是数学语言的学习，特别是关于逻辑语言的学习与使用。"数学可以教会一个人，如何准确掌握词的含义，如何避免循环定义，如何正确运用语言来构造命题。各种数学语言的表达都具有确切的含义。"② 要使数学的语言表达成为一种思维训练的素材，就必须依赖于数学自身的方式，联系多方面的相关背景，来获得相应的数学专门语言。其中数学概念的语言建构（也就是命题）是一个方面，量词的明确化是另一个方面。所以，明确命题的结构、懂得量词的意义对理解数学内容的本质非常重要。例如，有大量学生对"恒成立""存在性"之类的问题感到困难，这是为什么呢？实际上问题就出在对命题结构、量词意义的理解上，还有一些逻辑用词的转化问题，例如相等与不等的转化、特殊与一般的转化、整体与局部的转化、正面与反面的转化……这些"转化"其实都是逻辑用语的问题。

（二）内容的理解与教学思考

1. 必要条件、充分条件、充要条件

课程标准提出的"内容与要求"是：(1)通过对典型数学命题的梳理，理解必要条件的意义，理解性质定理与必要条件的关系；(2)通过对典型数学命题的梳理，理解充分条件的意义，理解判定定理与充分条件的关系；(3)通过对典型数学命题的梳理，理解充要条件的意义，理解数学定义与充要条件的关系。人教 A 版主要以平面几何知识为载体，通过逻辑用语梳理几何定理，帮助学生理解有关逻辑用语，熟练使用有关符号，并使学生在用新的语言表述几何命题的过程中加深理解几何知识。

---

① 中华人民共和国教育部. 普通高中数学课程标准(2017 年版 2020 年修订)[S]. 北京：人民教育出版社，2020：15 - 16.

② 弗赖登塔尔. 作为教育任务的数学[M]. 陈昌平，唐瑞芬，等编译. 上海：上海教育出版社，1995：85.

我们知道,所谓命题,是指用语言、符号或式子表达的,可以判断真假的陈述句。为了避免不必要的歧义,人教A版的例子都是数学命题,其实这也是利用数学命题的确切性帮助学生理解逻辑用语的一个举措。

数学中命题的一般形式为"若 p,则 q","如果 p,那么 q",其中 p 称为命题的条件,q 称为命题的结论。"三种条件"实际上给出了"若 p,则 q"形式的命题中 p 和 q 的关系:

$p \Rightarrow q$:p 是 q 的充分条件,q 是 p 的必要条件;

$p \Leftrightarrow q$:p 是 q 的充要条件。

关于"三种条件"的理解,任何一本逻辑学教材中都有,这里主要就如何引导学生理解"充分"、"必要"谈一点想法。初次接触时,学生的困惑在于:q 明明是结论,怎么又成了条件? 对此,建议从以下几个方面进行解释:

首先,"若 p,则 q"是一个整体,p 是 q 的充分条件,q 就是 p 的必要条件;

第二,要通过梳理初中学过的数学知识,特别是几何知识,帮助学生加深理解命题的结构,通过对具体命题结构的分析(条件是什么,结论是什么,从谁推出谁等),归纳出命题的一般形式,进而从抽象的、整体的角度认识命题;

第三,应通过具体例子,帮助学生理解"充分"和"必要",例如:命题"全等三角形的周长相等",还原为"若 p:$\triangle ABC \cong \triangle DEF$,则 q:$\triangle ABC$ 和 $\triangle DEF$ 的周长相等",因为 p 能足以保证 q,所以 p 是 q 的充分条件;同时,如果 q 不成立(即两个三角形的周长不等),那么 p 不可能成立(即两个三角形不可能全等),但 q 成立不能保证 p 成立(即周长相等的两个三角形不一定全等),所以 q 是 p 的必要条件。

教学时还可以通过实例,引导学生对"充分不必要""必要不充分"等进行辨析,从而加深对"三种条件"的理解。

另外,课程标准第一次对理解三种条件与性质定理、判定定理和数学定义之间的关系提出要求,这里做一个简要说明。

性质定理与必要条件:任何一类数学对象都有自己特定的性质。设 A 是一类数学对象(如平行四边形)的集合,它的性质有 n 条,这 n 条性质组成集合 B(如对于平行四边形,对边平行、对边相等、对角相等、邻角互补、对角线相互平分等)。对于某一个体 x,只要不满足 B 中的任何一条,那么它就不可能属于 A,因此 B 中的任何一条都是 $x \in A$ 的必要条件。例如,x 是一个四边形,如果它有一组对边不相等,那么它就不可能是平行四边形;但我们不能由"一组对边相等"得出它就是平行四边形。因此,性质定理可以用于判定一个个体"不是"某一类,但不能用于判定它"是"某一类。

判定定理与充分条件：设 A 是一类数学对象的集合，判定定理给出了判定某一个个体 x 是否属于 A 的充分条件，只要满足判定定理的条件，那么 x 就一定属于 A。也就是说，判定定理可以用于判定某一个体"是"某一类；但因为充分条件不唯一，所以判定定理不能用于判定某一个体"不是"某一类。

数学定义与充要条件：数学定义给出了一类数学对象的共同本质特征。设 A 是一类数学对象的集合，B 是由定义给出的特征的集合，由定义可知，如果 $x \in A$，那么 x 一定具有 B 中每一条特征；反之，如果 x 具有 B 中每一条特征，那么 $x \in A$。所以，数学定义给出了区分此类对象与它类对象的判定标准，是一种充分条件。进一步地，我们可以将定义所给的充分条件区分为两类：

一类是有"冗余条件"的。例如，全等三角形的定义要求的是对应边、对应角都相等。因为要求的条件具有一般性，所以定义往往"不好用"。为此，需要从定义出发，进一步研究"条件不多不少"的那些充分条件，从而得出"好用"的判定定理，例如全等三角形的判定定理 SAS、ASA、SSS 等。

另一类是充要条件。例如，"两组对边分别平行的四边形叫做平行四边形"给出了平行四边形的一个充要条件。在这样的定义下，进一步研究判定定理，就是要寻找"替换条件"，如用"一组对边平行且相等"替换"两组对边分别平行"就能得到一个判定定理。

另外，定义所界定的一类对象的共同特征是这类对象的最基本性质，为了全面、深入地认识这类对象，我们需要从定义出发进一步地探究它的其他性质，进而得出性质定理。

还有一点需要说明的是，研究一类数学对象，定义是出发点，通过定义明确研究范围，性质、判定则是对定义"圈定"的范围内的对象展开研究。例如，以"有两条边相等的三角形是等腰三角形"为定义，再研究等腰三角形这类图形的性质，就是要以三角形的两边相等为前提条件，对三角形的边、角、高、角平分线、中线等之间的关系展开研究。

2. 全称量词与存在量词

课程标准提出的"内容与要求"是：通过已知的数学实例，理解全称量词与存在量词的意义。

全称量词，它表示在一个命题中对主项的全部外延作了断定，通常用"所有""一切"来表示。在命题的语言表达中，全称量词的语言标志（"所有""一切"等）可以省略。例如，"所有菱形是平行四边形"中的"所有"可以省略。

存在量词，它表示在一个命题中对主项作了断定，但未对主项的全部外延作出断定,通常用"有的"、"有些"来表示。在命题的语言表达中,存在量词的语言标志("有的"等)不能省略。例如,"有的三角形不是等腰三角形"中,"有的"不能省略。

将含有变量 x 的语句用 $p(x)$,$q(x)$,$r(x)$,…表示,变量 x 的取值范围用 M 表示。全称量词命题"对 M 中任意一个 x,$p(x)$ 成立"可用符号简记为 $\forall x \in M$,$p(x)$。存在量词命题"存在 M 中的元素 x,$p(x)$ 成立"可用符号简记为 $\exists x \in M$,$p(x)$。

以上内容,引进了抽象符号表示。教学中首先要通过梳理初中学过的知识,用这些符号进行表示,从而让学生熟悉符号;再要通过运用,提高学生数学思维的抽象水平。

要判定全称量词命题"$\forall x \in M$,$p(x)$"是真命题,需要对集合 M 中每个元素 x,证明 $p(x)$ 成立;如果在集合 M 中找到一个元素 x_0,使 $p(x_0)$ 不成立,那么这个全称量词命题就是假命题。

要判定存在量词命题"$\exists x \in M$,$p(x)$"是真命题,只需在集合 M 中找到一个元素 x,使 $p(x)$ 成立即可;如果在集合 M 中,使 $p(x)$ 成立的元素 x 不存在,那么这个存在量词命题是假命题。

教学中,要通过具体例子让学生感受逻辑的力量,这也是培养学生理性思维的契机,其中反映的思维方式需要受到重视。

3. 全称量词命题与存在量词命题的否定

课程标准提出的"内容与要求"是:(1)能正确使用存在量词对全称量词命题进行否定;(2)能正确使用全称量词对存在量词命题进行否定。

在面对具体问题时,学生的疑问是:到底要"否定"什么?

首先,这里的依据是形式逻辑中的排中律:一个命题和它的否定不能同时为真命题,也不能同时为假命题,只能一真一假。

要否定的是"量词":通过否定全称量词,将全称量词命题转化为存在量词命题;通过否定存在量词,将存在量词命题转化为全称量词命题。

对于含有一个量词的全称量词命题的否定,有下面的结论:

全称量词命题:$\forall x \in M$,$p(x)$;它的否定:$\exists x \in M$,$\neg p(x)$。

存在量词命题:$\exists x \in M$,$p(x)$;它的否定:$\forall x \in M$,$\neg p(x)$。

对全称量词命题与存在量词命题的否定,教学中要加强用"等值语言"转换的训练,即要引导学生多用"也就是说"的方式对命题进行重新叙述。例如,集合 $A = \{(x, y) \mid x,y$ 不全是正数$\}$,这是用全称量词命题的否定形式表述的,设集合 $B = \{(x,$

$y) \mid x, y$ 全是正数},那么集合 A 是集合 B 的补集。

三、小结

作为"预备知识",集合与常用逻辑用语以"语言""工具"为关键词,让学生在学习中以一种新的语言表达方式梳理已学过的数学内容,通过掌握一些简洁、准确的数学语言,提升学生用抽象符号语言进行数学表达的水平,从而提高数学推理论证的严谨性和准确性。

因为语言是思维的载体,所以在学习利用集合、常用逻辑用语等"专业术语"进行数学表达和交流的过程中,数学思维的抽象水平也会得到提高,从而就使学生的理性思维在潜移默化中得到发展。

总之,集合与常用逻辑用语为高中数学课程准备了必需的数学语言、数学推理的表达工具。教学中要根据语言学习的规律,让学生用集合、常用逻辑用语对初中的典型内容进行再理解、再表达,使学生在熟练运用集合语言和常用逻辑用语的过程中,加强思维的概括性、间接性和逻辑性,从而为后续学习做好准备。

思考题

(1)"集合"的研究路径是怎样的? 研究这一内容的过程中,类比对象是什么? 如何类比?

(2)集合的表示中,描述法是非常重要的。你认为描述法的本质是什么? 教学时应如何让学生理解描述法?

(3)元素与集合的关系的本质是什么? 集合与集合的关系的本质是什么?

(4)集合的运算的教学中,需要注意的主要问题有哪些? 集合与事物分类有紧密联系,你能举例说明吗?

(5)高中阶段,集合、常用逻辑用语都是作为数学表达与交流的语言,你认为在学生进入高中学习之初应如何让学生切实掌握好这些语言(举例说明)?

(6)你认为充分条件、必要条件和充要条件的学习难点是什么? 你能给出一些化解困难的方法吗?

(7)你是如何向学生揭示全称量词、存在量词的意义的?

(8)"全称量词命题和存在量词命题的否定"到底要"否定"什么? 你能举出几个以初中数学知识为载体的实例吗?

第三节　不等式的性质与"三个二次"

前面就如何根据"集合与常用逻辑用语"单元的课程定位和内容要求,以教材为依托,抓住"数学语言"这个要点,在掌握集合语言、常用逻辑用语的过程中对初中的相关知识进行梳理,在用集合语言、常用逻辑用语重新表达已学知识的过程中,提升抽象思维水平,从而为高中数学学习做好准备。接下来讨论如何根据"相等关系与不等关系""从函数观点看一元二次方程和一元二次不等式"的课程定位和内容要求,在掌握不等式的性质、以二次函数为纽带建立"三个二次"知识体系的过程中,促进学生用联系的观点看待问题,体会数学的整体性,提升思维严谨性和逻辑推理能力等。

一、相等关系与不等关系

(一)　课程定位

课程标准认为,相等关系、不等关系是数学中最基本的数量关系,是构建方程、不等式的基础。本单元的学习,可以帮助学生通过类比,理解等式和不等式的共性与差异,掌握基本不等式。内容包括:等式与不等式的性质、基本不等式。[①] 根据这一定位,人教 A 版注重利用学生在日常生活中积累的大量关于相等关系和不等关系的直觉经验,发挥初中已学的等式的基本性质、不等式的基本性质的作用,以代数学的一般观念和通性通法为指导,围绕"运算"这一核心,引导学生归纳等式性质中蕴含的数学思想和方法,类比等式的性质猜想和证明不等式的性质,然后用于研究基本不等式,并通过应用加深理解,从而为研究函数等做好准备。

(二)　内容的理解与教学思考

1. 等式的性质与不等式的性质

课程标准提出的"内容与要求"是:梳理等式的性质,理解不等式的概念,掌握不等式的性质。这里,"梳理等式的性质"意味着学生已经学了等式的性质,现在要对这些性质进行梳理,使其系统化、结构化,为学习不等式做好准备;"理解不等式的概念,掌握不等式的性质"意味着不等式的概念和性质是新内容,要通过类比等式的概念和性质展开学习。所以,这一单元的核心内容是不等式的概念和性质。

---

① 中华人民共和国教育部.普通高中数学课程标准(2017 年版 2020 年修订)[S].北京:人民教育出版社,2020:16.

（1）如何构建本单元的结构体系？

根据上述分析，本单元应围绕不等式的概念和性质构建教材体系。

因为不等式是刻画现实世界中不等关系的数学模型，所以不等式概念的抽象应当经历从现实中的不等关系到数学中的不等式的过程。同时，根据概念学习的一般规律，要让学生经历从具体实例的属性分析到不同实例共同属性的归纳，再概括到一般的不等关系中去，进而获得不等式概念的过程。

类比解方程要用等式的性质，可知解不等式要用不等式的性质，因此要先安排不等式的性质，再安排解不等式。

因为不等式表示的是式的大小关系，而式的大小关系是实数大小关系的一般化，所以研究不等式的性质要以实数大小关系的基本事实为逻辑基础。

由上述分析可知，本单元的结构体系应该是：

现实中的不等关系—不等式概念—实数大小关系的基本事实—不等式的性质。

为了给研究不等式的性质提供类比基础，应在不等式的性质之前安排"梳理等式的性质"这一内容。

（2）等式的性质与不等式的性质所研究的问题是什么？

教学中引导学生通过对问题的分析与归纳，明确要研究的具体内容，这是非常重要的一步。这样才能使学习方向明确、有的放矢，避免盲目学习、被动学习。

首先，等式表达了两式的相等关系，不等式表达了两式的不等关系，这种"关系"有什么特性？

其次，代数学的根源在于代数运算；解决各种各样的代数问题时，我们总是运用各种代数运算来分析量与量之间的代数关联。以"运算"为导向观察等式的性质、不等式的性质，归纳它们的共性，可以发现，这些性质反映的是"运算中的不变性、规律性"。

因此，相等关系、不等关系自身有怎样的特性，等式、不等式在运算中有怎样的不变性、规律性，就是"性质"所要研究的问题。

（3）研究等式的性质、不等式的性质的出发点在哪里？

我们知道，实数之间的关系，基本而重要的是大小关系，其现实原型是事物数量的多少关系。实际上，在将数量抽象成自然数的过程中，人们不仅用符号 1，2，3，…来表示事物的量，同时也从数量的多少关系中抽象出了自然数的大小关系，这一点可以从自然数系的结构中得到反映：自然数系是人们用来数"个数"的工具，其本质是一个顺序排列的体系，它是以 0 为起点，然后顺序排列的"后继者"表示比"前者"多 1 个，即 $1＝0＋1，2＝1＋1，3＝2＋1，4＝3＋1$，……。在将数的范围从自然数系逐步扩充到实数系的过程中,数的这种"顺序"特性一直都得以保持。

因为式的关系是数的关系的抽象化、一般化、类化,所以由实数的有序性得出的两个实数大小关系的基本事实就成为研究式的关系的逻辑基础。

因此,两个实数大小的基本事实是研究等式与不等式的性质的出发点。

(4) 两个实数大小关系的基本事实说明了什么?

从整体上观察"基本事实":

$$a > b \Leftrightarrow a - b > 0;$$
$$a = b \Leftrightarrow a - b = 0;$$
$$a < b \Leftrightarrow a - b < 0。$$

可以发现它们的共性是把实数 a、b 的大小关系统一转化成了 $a - b$ 与 0 的大小关系。这一转化看似简单但蕴含了深刻的代数思想。"要比较两个实数的大小,可以转化为比较它们的差与 0 的大小"这是对基本事实共性的归纳、思想的挖掘,不仅可以加深理解其本质,而且指出了如何运用:通过作差运算,实现问题的转化——统一地与 0 比较大小。正如人教 A 版指出的,"0 是正数与负数的分界点,它为实数比较大小提供了'标杆'"[①]。因此,教学中要注意引导学生认真体会这句话,使他们感悟"运算"在解决不等式问题中的作用。

(5)"梳理等式的性质"要梳理什么?

一般而言,对已学知识进行梳理,其目的是更深入地理解内容的本质、思想方法,通过建立知识的内外联系形成结构化、系统化的知识,从而优化学生头脑中的数学认知结构,提高知识的清晰性、可辨别性和可利用性水平。具体可以从如下几个角度展开:

① 知识内容(是什么);

② 由内容所反映的数学思想和方法——同类知识的共性;

③ 相关知识的联系,可以从知识的发生发展过程入手(怎么来的)。

这里的"梳理"还有一个目的:从中得到研究不等式性质所需的一般观念、研究内容、研究路径、研究方法等方面的启迪。人教 A 版正是按这一思路编写的。

首先,以"不等式与等式一样,都是对式的大小关系的刻画,所以我们可以从等式的性质及其研究方法中获得启发"为引导,提出任务:

---

① 人民教育出版社,课程教材研究所,中学数学课程教材研究开发中心. 普通高中教科书:数学 A 版 必修第二册[M]. 北京:人民教育出版社,2019:38.

请你先梳理等式的基本性质,再观察它们的共性。你能归纳一下发现等式基本性质的方法吗?

然后,列举等式的 5 条基本性质,并以"运算中的不变性就是性质"引导学生思考。

最后,给出"发现":性质 1、2 反映了相等关系自身的特性,性质 3、4、5 是从运算的角度提出的,反映了等式在运算中保持的不变性。

(6) 不等式的性质有怎样的结构?

任何一个(类)数学对象的性质都有层次性,这是数学对象的构成元素、相关要素之间关系以及与同类对象之间联系的反映,是数学结构与体系的具体化。定义所给出的一类数学对象的内涵,是这类对象的基本特性,处于性质的"内核",是研究其他性质的出发点(例如两个实数大小的基本事实是研究等式、不等式性质的出发点);由定义直接推出的性质,往往称为基本性质;接着是对象的相关要素之间的关系,以及通过建立相关知识之间的联系而得出的性质,这种联系有"远近"之分。所以,数学对象的性质一般都是一个有序多级的系统。

人教 A 版中给出的不等式性质分为三个层次:

第一层次:性质 1(自反性)、性质 2(传递性),这是不等式自身的特性,是实数顺序性的规律反映。

等式与不等式的自反性、传递性是代数推理的逻辑基础。因为它"太基本",在高一新生这个年龄段一般会"视而不见",在他们看来甚至是有点"没事找事",所以这两条性质学生不容易自主发现。教学时可以由教师直接提出来,并结合初中的相关知识让学生体会其必要性(如乘法公式和用公式法分解因式)。

这里的另一个问题是这两条性质的证明。学生在初中代数学习中,数与式的运算是主旋律,严格的代数推理证明训练不多。例如,有学生对"自反性"的证明如下:

要证 $b < a$,只要证 $b - a < 0$。

因为 $a > b$,所以 $a - b > 0$。

两边同乘 -1,得 $-(a-b) < 0$。($*$)

所以 $b - a < 0$。

同理可证:如果 $b < a$,那么 $a > b$。

所以, $a > b \Leftrightarrow b < a$。

其中步骤($*$)的依据是什么?学生往往说:以初中学过的"不等式两边同乘一个负数,不等号反向"为依据。但这里是不可以的,这里只能用"基本事实"。所以,本单元是培养逻辑推理素养的一个契机,教学时可以利用学生中出现的上述类似问题引导学生思考、辨析,以使他们逐步理解代数推理的逻辑严谨性要求。

第二层次:性质 3(加法运算)、性质 4(乘法运算)称为基本性质。

因为在数的运算中,加法、乘法是最基本的运算,所以在加法、乘法运算中的不变性、规律性是基本性质。

第三层次:由实数的性质、不等式的基本性质推出的常用性质。

为什么要研究"常用性质"? 这里我们给出一些理由:

首先,"常用性质"可以看成是基本事实、基本性质的推广、应用,它们丰富了不等式性质的内涵。例如,性质 5"如果 $a>b$,$c>d$,那么 $a+c>b+d$"是性质 3"如果 $a>b$,那么 $a+c>b+c$"的推广,性质 6"如果 $a>b>0$,$c>d>0$,那么 $ac>bd$"是性质 4"如果 $a>b$,$c>0$,那么 $ac>bc$;如果 $a>b$,$c<0$,那么 $ac<bc$"的推广,性质 7"如果 $a>b>0$,那么 $a^n>b^n(n\in\mathbf{N},n\geqslant 2)$"是性质 6 的特殊化。

其次,这些性质由基本事实、基本性质推出,它们离具体问题"更近",所以"更好用"。

再次,它们更深入地体现了"运算中的不变性、规律性"等等。

实际上还可以有一些"常用性质",教学中可作为用不等式的性质进行证明的例题,也可以作为探究性学习内容,让学生自己进行猜想、证明。例如:

若 $a>b>0$,则 $\dfrac{1}{a}<\dfrac{1}{b}$;若 $a<b<0$,则 $\dfrac{1}{a}>\dfrac{1}{b}$;……

(7) 如何在不等式性质的教学中发展学生的核心素养?

从前面的讨论可以看到,不等式性质的学习可以使学生的数学抽象、逻辑推理、数学运算等素养得到发展。从整体上看,本单元内容是按公理化思想编排的,所以有利于培养学生思维的逻辑严谨性。正如人教 A 版在本单元小结中指出的:以实数大小关系的基本事实为基础,先通过类比、归纳猜想出不等式的性质,再运用逻辑推理证明之,这个过程不仅可以使我们学习发现数学关系、规律的方法,而且可以培养借助直观理解数学内容、通过逻辑推理证明数学结论的思维习惯。[1]

2. 基本不等式

课程标准提出的"内容与要求"是:掌握基本不等式 $\sqrt{ab}\leqslant\dfrac{a+b}{2}(a,b\geqslant 0)$;结合具体实例,能用基本不等式解决简单的最大值或最小值问题。这里,对于基本不等

---

[1] 人民教育出版社,课程教材研究所,中学数学课程教材研究开发中心. 普通高中教科书:数学 A 版 必修第一册[M]. 北京:人民教育出版社,2019:56.

式要达到"掌握"的程度,也就是说不仅要知道它是怎么来,而且要能够证明,还要能熟练运用。不过,因为在高中数学课程的许多内容中都要涉及基本不等式,所以我们不能认为在这里就必须要求学生达到"掌握"的水平,而应该把它看成是一个整体要求。

（1）如何理解基本不等式的"基本"?

我们知道,代数学所研讨的是数系的结构和各种公式,它们本质上是逐步归纳、复合构造而得的。最基本的代数公式,例如 $a^2 + b^2 \pm 2ab = (a \pm b)^2$,$a^2 - b^2 = (a - b)(a + b)$,$a^2 + b^2 \geqslant 2ab$,$\sqrt{ab} \leqslant \dfrac{a+b}{2}(a,b \geqslant 0)$ 等,它们是逐步归纳、复合进而构造其他代数公式的基础,所以称为"基本"。

同时,$\sqrt{ab} \leqslant \dfrac{a+b}{2}(a,b \geqslant 0)$ 有明确的几何意义,可以它有多种有意义的变式,不仅可推广,并且可以联系多个领域,在数学内外都有广泛应用,所以是基本且重要。

另外,从运算的角度,基本不等式是两个正数在运算中出现的大小关系变化规律,是"运算中的规律性"。

根据以上认识,教学中可以引导学生对基本不等式的各种变式及其推广、几何意义等展开探究,努力使学生搞清楚相关的各种命题及其相互联系,形成以基本不等式为核心的结构体系（当然,有些内容需要随着学习的深入而不断补充、加强,例如两个正数的等差中项、等比中项及其关系等）。

（2）如何引导学生探索基本不等式?

像基本事实、基本性质一样,如果从形式上看,基本不等式没有什么难度,从 $\forall x \in \mathbf{R}$,$x^2 \geqslant 0$,到 $(a - b)^2 \geqslant 0 \Rightarrow a^2 + b^2 \geqslant 2ab$,再通过形式变化,得到 $(\sqrt{a} - \sqrt{b})^2 \geqslant 0 \Rightarrow a + b \geqslant 2\sqrt{ab} \Rightarrow \sqrt{ab} \leqslant \dfrac{a+b}{2}$,推理、运算的要求都不高,只要能想到相应的代换即可,但学生就是"想不到"。什么原因呢？追根究底,主要在于学生的符号意识,在于学生对代数的基本思想领悟还不够深入,积累的代数变换经验还比较少。实际上,学生还没有机会接触到相关的问题,对基本不等式在推导其他重要不等式、证明不等式问题、求解最大（小）值问题等中的威力还没有必要的体验。

对于这种处于基础而重要的位置,因为基本思想和基本活动经验准备不足导致"想不到",从而出现学习困难的问题,解决的途径大致有两种:一种是提供具体背景,使学生形成一定的直观经验基础,再进行归纳,抽象出结论,例如,有的教材设置不标准天平称重问题、购物问题等,或者给一些具体数据让学生计算算术平均数、几何平均数,从中发现规律得出猜想;另一种是直接从 $a^2 + b^2 \geqslant 2ab$ 进行变形,从一般到特殊推出基本不等式。

显然,"发现"基本不等式的不同设计各有千秋。考虑到学生自主发现的难度、预备知识的教学任务以及学生的认知规律,人教 A 版采用从代数公式在代数运算中的重要作用角度提出问题:"是否存在与乘法公式类似的重要不等式"? 再从 $a^2 + b^2 \geqslant 2ab$ 变形得出基本不等式,把重点放在不同证明方法和几何意义的探索上,帮助学生积累代数证明的经验,理解"几何平均"的含义等。同时,证明方法侧重在"用分析法探路,用综合法表达"上,这种"执果索因""由因导果"的方法是常用的,有利于发展逻辑推理素养。教学中要重视教材中的证明方法,引导学生认真体会并掌握书写格式。另外,可以让学生构造不同的几何图形解释基本不等式。

(3) 教材中的 4 个例子有怎样的教学功能?

人教 A 版所选的 4 个例子非常典型,有"数学模型"的味道。

例1 已知 $x > 0$,求 $x + \dfrac{1}{x}$ 的最小值。

$x + \dfrac{1}{x} \geqslant 2(x > 0)$ 是最简单的不等式,用语言表述就是"一个正数与其倒数之和的最小值为2",可以看成是 $x^2 - 2x + 1 = (x-1)^2 \geqslant 0$ 的变式。这个不等式简单但很有用,可以有许多变形,可以对 x 进行代数变换,能反映代数的特征 —— 运算、变换中体现的规律性。

教学实践表明,许多学生不能将"求 $x + \dfrac{1}{x}$ 的最小值"与基本不等式联系在一起,他们先想到的是 $x + \dfrac{1}{x} = \dfrac{x^2 + 1}{x}$,然后利用 $x^2 + 1 \geqslant 2x$ 求解。事实上,这个题目的提问方式也增加了思考难度。为了帮助学生思考,人教 A 版加强了对一个代数式的最大(小)值含义的分析。此外,教学时可以适当铺设认知台阶,例如先让学生证明 $x + \dfrac{1}{x} \geqslant 2(x > 0)$。

例2 已知 x、y 都是正数,求证:

(1)如果积 xy 等于定值 P,那么当 $x = y$ 时,和 $x + y$ 有最小值 $2\sqrt{P}$;(2)如果和 $x + y$ 等于定值 S,那么当 $x = y$ 时,积 xy 有最大值 $\dfrac{1}{4}S^2$。

某种意义上,这个命题可以作为一个定理。从这个题目可以概括出"一正二定三相等"。

与基本不等式相关的代数变形非常灵活,是培养学生逻辑推理、数学运算能力的好素材,应配套一些练习,使学生对一些基本变形达到"自动化"运用的水平。

例3、例4都是实际问题,通过建模,可以转化为基本不等式的问题。人教A版重视通过语言转换、数学符号的运用等明确题意,例如在例3的"分析"中给出:

(1)矩形菜园的面积是矩形的两邻边之积,于是问题转化为:矩形的邻边之积为定值,边长多大时周长最短。

(2)矩形菜园的周长是矩形两邻边之和的2倍,于是问题转化为:矩形的邻边之和为定值,边长多大时面积最大。

这样的转换,不仅使题意更加清楚了,而且也得出了一个更具普遍性的数学结论。

这里需要注意的问题是把握好基本不等式训练的"度",不要急于把复杂的变式、变形技巧很强的问题布置给学生。这里的训练主要从代数角度进行,与不等式的性质相联系,通过代数变换解决有关问题。所涉及的题目,应该是用基本不等式就能解决的。人教A版在例题、习题中给出了与基本不等式相关的主要变形,把这些题目处理好就可以了。

二、二次函数与一元二次方程、不等式

(一) 课程定位

课程标准指出,用函数理解方程和不等式是数学的基本思想方法。通过本单元的学习,可以帮助学生用一元二次函数认识一元二次方程和一元二次不等式。通过梳理初中数学的相关内容,理解函数、方程和不等式之间的联系,体会数学的整体性。内容包括:从函数观点看一元二次方程、从函数观点看一元二次不等式。可以发现,这一内容的课程定位与前面几个单元都有差异,强调了从知识的联系性出发梳理相关内容,从数学的整体性上提高认识。显然,这是从看问题的观点、数学基本思想上提出的明确要求。

(二) 内容的理解与教学思考

课程标准提出的"内容与要求"是:(1)从函数观点看一元二次方程,会结合一元二次函数的图象,判断一元二次方程实根的存在性及实根的个数,了解函数的零点与方程根的关系。(2)从函数观点看一元二次不等式,①经历从实际情境中抽象出一元二次不等式的过程,了解一元二次不等式的现实意义,能借助一元二次函数求解一元二次不等式,并能用集合表示一元二次不等式的解集;②借助一元二次函数的图象,了解一元二次不等式与相应函数、方程的联系。可以看到,课程标准强调在二次函数的统领

下研究相应的方程、不等式，其中特别注重发挥图象的作用，强调数形结合的思想方法。

1. 如何理解"从函数观点看"？

这里我们需要思考的问题包括：什么叫"函数观点"？"从函数观点看"，看什么？如何看？

一般而言，函数观点是指运动变化观点、对应思想、联系的观点、数形结合思想等等。

从函数观点看方程、不等式：解方程、解不等式是求未知数的值或范围，将未知数看成自变量，$f(x)=0$、$f(x)>0$、$f(x)<0$ 就是函数 $y=f(x)$ 的三类状态，并以 $f(x)=0$ 为分界点。如果我们已经对函数 $y=f(x)$ 的性质了解清楚了，那么就可以利用函数的变化规律解决相应的方程、不等式问题。显然，这是一种联系的观点。

从函数观点看方程：方程的解是当函数值为 0 时所对应的自变量的值（数），是函数图象与 x 轴交点的横坐标（形）；

从函数观点看不等式：不等式的解是当函数值在某个范围时所对应的自变量集合（数），是函数图象位于某个区域（如 x 轴上方或下方）时所对应的点的横坐标集合（形）。

"函数观点"带来的好处是可以借助函数的图象与性质，一般性地、程序化地解方程和不等式问题。这里，借助二次函数的图象和一元二次方程的解，可以"以静制动"，直观得出一元二次不等式的解，这比用代数方法解不等式要方便得多，由此可以让学生体会如何利用函数观点、数形结合的思想方法解决有关方程与不等式问题，体会数学的整体性、联系性。

2. 学生的认知困难在哪里？

函数观点属于数学思想层面。观念、思想之类的东西具有概括性、统摄性，往往是"可以意会不可言传"，用抽象语言说清楚是比较困难的，需要借助具体背景。所以，从内容本身看，需要学生积累较多的经验才能领悟"函数观点"的内涵。

学生的问题是"想不到那里去"，给出明确的提示后会有恍然大悟之感。这种"不是做不到，而是想不到"的状态就是素养不够的表现。所以，从认知过程的角度，"函数观点"需要经历"渗透—明确—运用"的过程，最终要使学生达到"自动化"运用的程度。正因为如此，课程标准在这里让"函数观点"小试牛刀，在学习了幂、指、对函数，掌握了更多类型的函数，积累了更丰富的函数知识后，将安排一般性的"二分法与求方程的近似解"。

3. 如何引导学生"从函数观点看"？

学生学习本单元的知识基础有：一元二次方程、二次函数的有关知识，从一次函数的观点看一元一次方程、一元一次不等式。所以，人教 A 版通过以下环节展开本单元内容。

首先,设计具体情境,引导学生从特殊到一般,抽象出一元二次不等式的定义。

然后,以"在初中,我们学习了从一次函数的观点看一元一次方程、一元一次不等式的思想方法。类似地,能否从二次函数的观点看一元二次不等式,进而得到一元二次不等式的求解方法呢?"引导学生进行类比,明确研究思路。

接着,以一元二次不等式 $x^2-12x+20<0$ 与二次函数 $y=x^2-12x+20$ 之间的关系为例引入二次函数的零点,研究如何利用二次函数的零点求不等式的解集。

最后,得出用二次函数解一元二次不等式 $ax^2+bx+c>0$ 或 $ax^2+bx+c<0(a\neq0)$ 的一般步骤:

(1)观察二次项系数 a 的符号,对于 $a<0$ 的一元二次不等式,把它的二次项系数化为正数;

(2)计算判别式 $\Delta=b^2-4ac$ 的值,如果 $\Delta\geqslant0$,求方程 $ax^2+bx+c=0$ 的根;如果 $\Delta<0$,说明方程 $ax^2+bx+c=0$ 无实数根;

(3)画出二次函数 $y=ax^2+bx+c$ 的图象,结合图象得不等式的解集。

上述过程,以二次函数为纽带,把"三个二次"联系起来,借助二次函数的图象与性质,一般性地、程序化地解一元二次方程和不等式问题,体现了数学的整体性、联系性。

要注意,将 $ax^2+bx+c=0$、$ax^2+bx+c<0$、$ax^2+bx+c<0(a\neq0)$ 统一起来,引入 $y=ax^2+bx+c$,对刚上高一的学生而言并不容易,需要加强引导。

三、小结

整体上看,本单元的知识结构如图 2.3.1 所示。

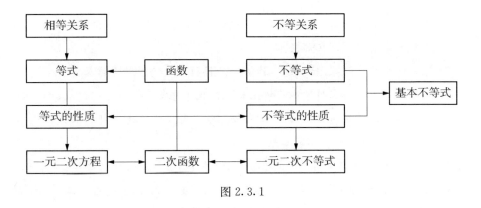

图 2.3.1

这里我们以"关系""联系""基本思想和方法"等为关键词,让学生通过类比,理解等式与不等式的共性和差异性,掌握不等式的性质及其蕴含的数学基本思想和方法,体会"运算"在研究代数性质中的作用;用函数观点看方程和不等式,把一元二次方程、一元二次不等式统一为相应的二次函数的问题,建立函数、方程和不等式之间的联系,这是用新思想、新观点看旧问题,是认识层次的提高,可以使学生体会数学的整体性,感悟函数的重要性,体验到数学的思考方式,并提升发现和提出问题、分析和解决问题的能力。在此过程中,学生的思维抽象水平和逻辑严谨性都会得到提高,从而在潜移默化中实现学习方法、思考习惯的过渡。

再次强调,初高中数学学习的差异是由学习内容的抽象程度所决定的,相伴相随的是对逻辑严谨性要求的提高。但从认知规律看,数学概念、定理的形成一般是"起始于直觉,完成于逻辑",因此"思想先行于逻辑,推理紧跟着直觉",使学生有一个逐步走向严谨的过程,不仅符合学生的认知规律,也与数学知识发展规律相吻合。

把课程内容与学生感兴趣的事物以及已具备的知识经验联系起来,这样才能使学生在面对学习任务时产生有数学意义的心理过程,在学习活动中将思考、感受和行动融合起来,使学生在克服困难、掌握知识、发展数学思维、提高数学能力的过程中培养数学学习兴趣,增强学好数学的自信心,养成良好的数学学习习惯,这是安排"预备知识"的价值所在。

思考题

(1) 不等式的性质的教材结构是怎样的? 如何引导学生构建不等式的研究框架?

(2) 等式的性质、不等式的性质所要研究的问题是什么? 如何引导学生发现和提出不等式的性质?

(3) 不等式性质的证明对于发展学生的理性思维有哪些作用? 请举例说明。

(4) 基本不等式"基本"在哪里?

(5) 基本不等式的引入方式很多,你认为怎样引入最能体现它的本质?

(6) 对不等式的不同证明方法的研究有什么教学意义?

(7) 你认为,在"预备知识"中,基本不等式的应用应该要求到什么程度? 怎样让学生从一开始就能用好"一正二定三相等"?

(8) 教科书在"基本不等式"一节设计了 4 个例题,它们各有什么功能?

(9) 什么叫"函数观点"? "从函数观点看"方程、不等式,到底要看什么? 如何看?

(10) 你认为"三个二次"的育人价值在哪里? 学生的认知困难在哪里? 如何让学生自己能想到"三个二次"之间的内在联系?

第三章　函数（必修）

在"预备知识"中学习的集合语言、常用逻辑用语和不等式的相关知识及由内容所反映的数学思想和方法，为函数的一般概念和性质的学习做好了比较充分的认知准备。根据课程标准的安排，接下来的内容是必修课程的"主题二　函数"，内容包括：函数的概念与性质，幂函数、指数函数、对数函数，三角函数，函数应用。正如课程标准指出的，函数是现代数学最基本的概念，是描述客观世界中变量关系和规律的最为基本的数学语言和工具，在解决实际问题中发挥着重要作用。函数是贯穿高中数学课程的主线。所以，本主题是高中数学课程中的重中之重。

整体上，高中阶段函数主线的基本架构是：

函数的概念与性质—基本初等函数—函数的应用—离散函数（数列）—导数及其应用。

下面按上述基本架构展开讨论，首先讨论函数的概念和性质。

第一节　函数的概念与性质

一、课程定位

课程标准规定的本单元核心任务是：帮助学生建立完整的函数概念，不仅把函数理解为刻画变量之间依赖关系的数学语言和工具，也把函数理解为实数集合之间的对应关系；能用代数运算和函数图象揭示函数的主要性质；在现实问题中，能利用函数构建模型，解决问题。内容包括：函数的概念、函数的性质、函数的形成与发展。

分析课程标准的这一表述，需要注意如下几点：

第一，"完整的函数概念"包括"变量说"和"对应关系说"。可以认为，这是认识函数概念的两个角度，但更重要的是两个抽象层次。"变量说"比较形象、直观，与"变化过程"联系紧密；"对应关系说"进一步舍弃了运动变化背景，抽象为两个实数集元素之间的对应关系，这样就不仅可以研究一类函数的性质、函数之间的关系（例如 $y = kx +$

b 中,k、b 取不同的值对函数图象、变化快慢的影响等),还可以研究不同函数类的关系,对不同函数类进行运算等,从而极大地拓展了函数的研究视野,函数的应用范围也得到扩展。

第二,函数性质的研究方法,强调代数运算和函数图象的综合运用,也就是要进一步加强数形结合的方法。实际上,初中主要是通过图象直观给出函数性质的定性描述,显然这是比较"粗糙"的。高中阶段应该在图象直观的基础上加强代数运算的方法,由此得到函数性质的定量刻画。进一步地,还要在选择性必修课程中利用导数进行研究,实现对函数性质的精确刻画。

第三,本单元的学习路径是:函数的概念—函数的性质—函数的应用。另外,"函数的形成与发展"是从数学史和数学文化的角度提出学习任务,借此使学生感悟数学的思想、精神、语言、方法、观点,了解函数在人类生活、科学技术、社会发展中的作用,以及与函数相关的人文活动。

二、内容和要求

1. 函数的概念

(1) 在初中用变量之间的依赖关系描述函数的基础上,用集合语言和对应关系刻画函数,建立完整的函数概念,体会集合语言和对应关系在刻画函数概念中的作用。了解构成函数的要素,能求简单函数的定义域。

(2) 在实际情境中,会根据不同的需要选择恰当的方法(如图象法、列表法、解析法)表示函数,理解函数图象的作用。

(3) 通过具体实例,了解简单的分段函数,并能简单应用。

2. 函数的性质

(1) 借助函数图象,会用符号语言表达函数的单调性、最大值、最小值,理解它们的作用和实际意义。

(2) 结合具体函数,了解奇偶性的概念和几何意义。

(3) 结合三角函数,了解周期性的概念和几何意义。

3. 函数概念的形成与发展

收集函数概念的形成与发展的历史资料,撰写论文,论述函数发展的过程、重要结果、主要人物、关键事件及其对人类文明的贡献。

上述内容和要求,体现了数学概念抽象的层次性,与学生的认知水平相适应。函数是贯穿高中数学课程的一条主线,所以本单元在高中数学中有奠基地位。定义抽象、符号抽象、具体函数类型多且复杂(连续的、离散的)、相关知识的联系性增强、用更多的工具(代数运算、几何直观、导数)讨论函数性质等是高中函数学习的特点。引入具有一般性的抽象符号 $f(x)$,使学生能通过建立模型刻画现实问题的数量关系,并通过讨论函数的性质而认识、把握和解释它的变化规律,这是学习函数的重要意义所在。本单元有利于学生的数学抽象、直观想象、数学运算和数学建模等素养的发展。

三、内容的理解与教学思考

本单元要在初中的基础上,引导学生利用"变量说"对典型事例进行分析,体悟引入"对应关系说"的必要性,并通过对具体实例共性的归纳,抽象概括出函数概念;引导学生体会不同表示法的特点,能根据问题的特点选择合适的表示法表示函数;让学生学会用严谨的符号语言刻画函数的单调性、奇偶性等性质的方法,并能用函数的概念与性质解决简单的问题。

1. 本章学习的认知基础在哪里?

(1)在初中学习的基础上展开新内容。初中阶段,学生已经历了"函数的一般概念——一次函数—二次函数—反比例函数"的学习过程。其中,函数的概念如下:

在一个变化过程中,如果有两个变量 x 与 y,并且对于 x 的每一个确定的值,y 都有唯一确定的值与其对应,那么我们就说 x 是自变量,y 是 x 的函数。如果当 $x=a$ 时 $y=b$,那么 b 叫做当自变量的值为 a 时的函数值。

分析定义可见,它强调了"变化过程",具有"对应关系"的内涵,但它是"变量之间的对应",所以这个定义不仅与具体背景结合紧密,而且变量都有单位(例如,匀速运动的变化过程,给定一个时间 t,就有唯一确定的路程 s 与之对应,这里 t 和 s 都有单位),从而对研究带来限制。因此,需要进一步抽象,舍弃"变化过程"、"变量"等,利用集合语言将变量与变量的对应抽象到实数集之间元素与元素的对应。这时,在初中用符号表示一类函数的基础上,进一步符号化表示一般函数就成为必然要求。例如学生熟悉了一次函数 $y=kx+b$,二次函数 $y=ax^2+bx+c$,反比例函数 $y=\dfrac{k}{x}$ 的符号表示,尽管它们是抽象的符号表示,但仍然是针对具体函数类的表示,另外还有一些没有解析式而只能用图象或表格等形式表示的函数,如果没有一般性的符号表示,那么不仅会给研究带来不便,而且会使研究无法深入。所以,要进一步归纳它们的共性,并引入抽象符号"$f:A \rightarrow B$","$y=f(x)$,$x \in A$"表示对应关系、函数。

(2)利用学生熟悉的现实问题引入新内容。现实中存在着大量蕴含函数关系的事例,它们都是有利于学生理解函数概念的素材。利用好这些素材,不仅可以使学生领悟函数概念的内涵,而且可以提高学习兴趣。教学中需要认真思考的是如何选择实例才能更有利于学生展开概念的抽象活动。一般而言,典型、简单、丰富是基本指标,人教A版中的4个实例就是从这几个角度考虑的。"典型"实例的本质特征突出,有利于学生观察与发现,教学中可以适当采用强化的办法突出有关特征;"简单"是为了避免因为背景的复杂化而导致理解困难,以利于学生把注意力集中到关键特征上;"丰富"的实例应该涵盖各种变式,以利于学生在非本质属性的变化中发现本质属性。

2. 如何设计函数概念的抽象概括活动?

我们知道,概念形成和概念同化是学生获得概念的两种基本方式。学生在初中完整地学习了"变量说",函数的本质特征是对应关系,具体实例中的对应关系一般都可以用这一"话语体系"进行刻画。"对应关系说"是刻画对应关系的另一套"话语体系",用集合语言、对应关系并引入抽象符号表述函数概念是非常数学化的,要求学生自己想到如此刻画函数本质特征的方式难度较大。

课程标准指出,函数是描述客观世界中变量关系和规律的最为基本的数学语言和工具。根据语言和工具的学习规律,从模仿、重复、记忆开始,在运用中加深理解,在理解的基础上强化记忆,形成技能,然后逐步走向灵活运用。对于学生而言,他们不必自己创造这些语言和工具,只要能够理解语言的含义,领会定义的精神实质,知道工具的特点和使用方法,能够在遇到问题时用出来就可以了。当然,为了有利于理解,需要经历一定的过程,使学生体会语言和工具的构成方式、使用方法等。

根据以上分析,人教A版安排了如下概念学习活动:

第一步,用"变量说"分析问题1:

某"复兴号"高速列车加速到 350 km/h 后保持匀速运行半小时。这段时间内,列车行进的路程 S(单位:km)与运行时间 t(单位:h)的关系可以表示为 $S=350t$。

在确认 S 是 t 的函数的基础上,提出问题:

如果有人说:"根据对应关系 $y=350x$,这趟列车加速到 350 km/h 后,运行 1 h 就前进了 350 km。"你认为这个说法正确吗?

再分析、归纳出这一说法不正确的原因是"没有关注到 t 的变化范围",然后给出实数集之间对应关系的表述:

列车行进的路程 S 与运行时间 t 的对应关系是

$$S=350t。$$ ①

其中，t 的变化范围是数集 $A_1 = \{t \mid 0 \leqslant t \leqslant 0.5\}$，$S$ 的变化范围是数集 $B_1 = \{S \mid 0 \leqslant S \leqslant 175\}$。对于数集 A_1 中的任一时刻 t，按照对应关系①，在数集 B_1 中都有唯一确定的路程 S 和它对应。

第二步，给出变式问题 2~4，其中问题 2 与问题 1 解析式相同但定义域不同（在分析过程中要求学生对两者是否为同一个函数进行辨析），问题 3 是北京市某天的空气质量指数变化图（只能用图象表示），问题 4 是我国某省城镇居民恩格尔系数变化情况表（没有解析式），让学生模仿刻画问题 1 的语言进行重复叙述，从中体会函数定义中的对应关系的本质特征，以逐步熟悉这种"话语方式"。

第三步，提出问题：

上述问题 1~4 中的函数有哪些共同特征？由此你能概括出函数概念的本质特征吗？

引导学生得出共同特征：

（1）都包含两个非空数集，用 A、B 来表示；（2）都有一个对应关系；（3）尽管对应关系的表示方法不同，但它们都有如下特性：对于数集 A 中的任意一个数 x，按照对应关系，在数集 B 中都有唯一确定的数 y 和它对应。

接着指出：

事实上，除解析式、图象、表格外，还有其他表示对应关系的方法。为了表示方便，我们引进符号 f 统一表示对应关系。

第四步，给出"对应关系说"。

上述四个步骤，既让学生体会用"对应关系说"重新定义函数的必要性，又给出了用更高层次的数学语言抽象具体问题中对应关系的示范。然后，在变化的情境中引导学生用同样的语言描述相应的变量关系和规律，认识函数的内涵（主要是对应关系的特征），从而形成归纳概括概念所需要的素材。在充分的具体事例铺垫的基础上，再给出形式化的函数定义。

顺便提及，有人认为，"称 $f:A \to B$ 为从集合 A 到集合 B 的一个函数"中的 B 本身就是一个抽象的集合，而且在函数的后续研究中，集合 B 再无用处，真正重要的是值域，所以这里的 B 应该统一规定为实数集 $\mathbf{R}$，即函数的定义可以改为：

设 A 是非空的数集，如果对于集合 A 中的任意一个数 x，按照某种确定的对应关系 $f:A \to \mathbf{R}$，都有唯一确定的实数 $f(x)$ 和它对应，那么就称 $f:A \to \mathbf{R}$ 为一个函数，记作

$$y = f(x), \ x \in A。$$

其中，x 叫做自变量，x 的取值范围 A 叫做函数的定义域；与 x 的值相对应的 y 值叫做函数值，函数值的集合 $\{f(x)\mid x\in A\}$ 叫做函数的值域。

这样定义确实简单而且不失严谨，避免了无关因素的干扰，但有一点瑕疵是符号 $f:A\rightarrow\mathbf{R}$ 重复出现。如何改进函数的定义，广大读者可以展开讨论。

3. 如何引导学生辨析概念？

根据认知心理学理论，概念辨析是获得概念的必须步骤，其目的是通过具体实例进一步理解概念关键词的含义，明确区分类似概念，避免模棱两可、似是而非，使新概念具有清晰性、可辨别性、可利用性。

实际上，在概念抽象环节，具体实例的选择就要注意到有利于学生认识概念的本质特征。例如，人教 A 版中的四个实例，涵盖了最常见的函数表示类型，包括解析式、图象和表格，连续的、离散的，值域 C 包含于集合 B，等等，通过这些例子让学生感受到函数的丰富性。在给出定义后，人教 A 版通过如下几个方面引导学生进行辨析：

（1）用新知识解释一次函数、二次函数、反比例函数定义（可以让学生独立完成）；

（2）回到实际中去：构建问题情境，解释函数 $y=x(10-x)$ 的对应关系，这是从抽象到具体的过程（实践表明，因为学生的现实经验不够丰富，所以他们根据解析式构建的实际问题情境较单一，教学时应鼓励学生举更多的例子）。

（3）对应关系的结果性。

例如：下列函数中哪个与函数 $y=x$ 相等？

① $y=(\sqrt{x}\,)^2$；　　② $u=\sqrt[3]{v^3}$；　　③ $y=\sqrt{x^2}$；　　④ $m=\dfrac{n^2}{n}$。

通过该题使学生理解，对于函数 $y=f(x)$，$x\in A$ 和函数 $u=g(v)$，$v\in B$，如果 $A=B$ 且 $\forall a\in A$，都有 $f(a)=g(a)$，那么这两个函数就是同一个函数，称它们相等。

对这个问题的辨析，可以让学生进一步体会函数的本质是两个数集元素之间的对应关系，而用什么符号或形式表示是非本质的。数学中，"相等"是非常重要的一种关系，两个函数相等的充要条件是对应关系一致、定义域相同，这里"对应关系一致"的含义是"任意一个自变量所对应的函数值相等"。

函数概念的辨析要围绕函数三要素这个整体，要聚焦在对应关系这个核心。

有人说，定义域相同对应关系不同的两个函数也可以是相同的函数，例如：$y=$

$x+1, x \in \{0, 1\}$ 和 $y=x^2+1, x \in \{0, 1\}$。你认为呢?

4. "函数的表示"有怎样的教学价值?

一般而言,给出数学对象的表示方法是定义数学概念的一部分,不需要专门讨论,而且数学对象的不同表示法之间可以互相转化。但对于函数概念,因为图象法、列表法、解析法等不同表示法各有特点,而且有的函数只能采取某种表示法(这时不同表示法之间不能转化),因此在函数概念的学习中需要专门讨论表示法,其重点是根据具体问题的需要选择恰当的表示法。

更重要的是,"函数的表示"给学生提供了一个从两个变量之间的依赖关系、两个实数集之间的对应关系、函数图象的几何直观等多个角度认识函数概念的机会,有利于学生在数学表达与抽象定义之间建立联系,全面理解 $y=f(x)$ 中 f 的意义。所以,教学中应加强"什么例子有利于说明不同表示法特点"的思考,要通过不同表示法的分析与比较,让学生体会它们各自的特点。

例如,人教 A 版中有这样一个例题:

某种笔记本的单价是 5 元,买 $x(x \in \{1, 2, 3, 4, 5\})$ 个笔记本需要 y 元。试用函数的三种表示法表示函数 $y=f(x)$。

这个例题很简单,但它具有如下功能:

(1) 解析式、表格和图象都是表示 $y=f(x)$ 的方法,它们都给出了从 $A=\{1, 2, 3, 4, 5\}$ 到 $B=\{5, 10, 15, 20, 25\}$ 的对应关系 f,即对于 A 中任意一个数,由解析式、表格或图象都能确定 B 中唯一的数与之对应,而且这个数相等,即表示法不同但对应结果相同。

调查发现,大量学生认为图象、表格表示的对应关系不是函数,本题的学习有利于消除这一理解偏差。

(2) 不同的表示法有不同的特点,解析式是精确的,图象是直观的,表格是直接的。课程标准强调"理解用图象表示函数的特点",其意图就是加强函数的直观性,这在讨论函数性质时非常有效。

为了更好地分析和解决问题,有时需要进行不同表示法的转化和综合使用。例如,人教 A 版中有如下例题:

下表(表 3.1.1)是某校高一(1)班三名同学在高一学年六次数学测试的成绩及班级平均分表。

表 3.1.1

测试序号 成绩 姓名	第 1 次	第 2 次	第 3 次	第 4 次	第 5 次	第 6 次
王伟	98	87	91	92	88	95
张城	90	76	88	75	86	80
赵磊	68	65	73	72	75	82
班级平均分	88.2	78.3	85.4	80.3	75.7	82.6

请你对这三位同学在高一学年的数学学习情况做一个分析。

这里，用表格给出了三名学生的成绩和班级平均分，其实是四个函数，为了分析三名学生的学习情况，转化为图象表示更有利。

5. 如何使学生掌握研究函数性质的方法？

建立客观世界中运动变化现象的函数模型，目的是要用数学知识和方法分析函数模型的形态，由此发现事物的变化规律，进而精确地"预测未来"。高中阶段学习的基本初等函数是现实世界中均匀变化、匀加速变化、指数增长、对数增长、周期性变化等最为基本而典型的运动变化现象的数学抽象，大量复杂的变化现象其实都是这些现象的复合与综合，这些函数模型的性质反映了现实世界中大量事物的变化规律，具有典型性、普遍性、一般性，所以探索和掌握基本初等函数的性质，无论对研究现实事物的变化规律还是对进一步研究更为复杂的函数等，都具有奠基性作用，是非常重要的。高中阶段要研究的函数性质有：单调性、最大（小）值、奇偶性、周期性、函数的零点、正增长或负增长、增长率或衰减率等。其中，单调性是最重要的性质。在进入基本初等函数研究之前，要让学生了解函数性质的大致研究架构，要在用日常语言描述函数性质的基础上，学会用符号语言表达函数性质。

（1）关于函数性质的内容、结构和研究方法

这里首先要解决：为什么要研究函数的性质？什么叫"函数的性质"？函数的性质主要有哪些？如何发现函数的性质等问题。

教学时可以通过具体例子，向学生说明如下几点：

① 通过研究函数的变化规律可以把握客观世界中事物的变化规律。

② 函数的性质，主要是函数值随自变量的变化而变化的规律，"变化中的不变性、规律性就是性质"，如随着自变量的增大函数值是增大还是减小（变化趋势），有没有最

大值或最小值(特殊意义的取值),函数图象有什么特征(主要是对称性),有没有其他特殊取值(如函数零点)等。

③ 数形结合是主要研究方法。如果能画出函数图象,那么通过观察和分析图象的特征,可以得到函数的一些性质;也可以利用代数的知识,通过对解析式的某些特征的分析得出一些性质。

例如观察反比例函数 $y=\dfrac{k}{x}$,$k>0$ 的解析式,由分式的性质就可以得到:

$x\neq 0$,$y\neq 0$,说明图象与坐标轴没有交点;

$xy=k>0$,说明图象在第一、三象限;

由 $k>0$ 且为定值可知,当 $x>0$ 时,随着 x 增大,y 减小,图象会越来越贴近 x 轴但不会与 x 轴相交;

如果点 (x,y) 在图象上,即 $y=\dfrac{k}{x}$,那么 $-y=\dfrac{k}{-x}$,说明点 $(-x,-y)$ 也在图象上,所以图象关于原点成中心对称;

如果点 (x,y) 在图象上,即 $y=\dfrac{k}{x}$,那么 $x=\dfrac{k}{y}$,说明点 (y,x) 也在图象上,所以图象关于直线 $y=x$ 成轴对称;

等等。

需要注意的是,学生(其实许多教师也一样)比较习惯于"观察图象,得出性质",所以教学中要有意识地渗透从代数角度研究函数性质的方法。在积累了一定知识后,还要让学生形成"由性质画图象"的观念(实际上,人教 A 版在指数函数与对数函数、三角函数以及后面的导数中都有这样的要求)。

(2)函数的单调性

函数的单调性是老师们特别关注的内容,可以有不同的处理方法。一段时间以来,大家都采用"例—规"法教学,希望通过适当的问题引领,使学生自主发现单调性的刻画方法,特别是试图把"函数值随自变量的增大而增大(减小)"转化为定量的不等式语言刻画,以及为什么要"$\forall x_1,x_2\in D$"这两个难点解决在给出判断规则之前,但实践表明,教学效果并不理想。究其原因,一是单调性判断规则本身的抽象性;二是定量化方法的构造性,学生在此之前没有学过类似的方法,他们的认知准备不充分;三是和"对应关系说"类似,这也是语言的学习,学生是否能自主探索出表达单调性的符号语言并不是重点,重要的是要让学生学会符号语言的表达方式,理解如此表达是严谨的、简洁的。所以,人教 A 版采用了"规—例"法,具体步骤如下:

第一步，以 $f(x)=x^2$ 为载体，叙述用符号语言表达单调性的方法：

图象在 y 轴左侧部分从左到右是下降的，也就是说，当 $x<0$ 时，$f(x)$ 随 x 的增大而减小。用符号语言表达，就是任意取 x_1，$x_2 \in (-\infty, 0]$，得到 $f(x_1)=x_1^2$，$f(x_2)=x_2^2$，那么当 $x_1<x_2$ 时，有 $f(x_1)>f(x_2)$。这时我们就说函数 $f(x)=x^2$ 在 $(-\infty, 0]$ 上是单调递减的。

这里实际上是数学语言的转换，从"从左到右下降"，到"$x<0$ 时，$f(x)$ 随 x 的增大而减小"，再到"用符号语言表达"。其中，符号语言是严格的数学语言，也是难点，所以人教 A 版采取了直接示范的方法。

第二步，通过用符号语言表达 $f(x)=x^2$，在 $(0, +\infty)$ 上单调递增，以及思考"思考"栏目中的问题：

函数 $f(x)=|x|$，$f(x)=-x^2$ 各有怎样的单调性？

使学生熟悉符号语言的表述方法（教学时要让学生模仿第一步的叙述完整写出单调递增的符号语言表达）。

第三步，给出严格的数学表达，包括符号语言表达和图示。

第四步，再通过"思考"栏目中的问题：

设 A 是区间 D 上某些自变量的值组成的集合，而且 $\forall x_1$，$x_2 \in A$，当 $x_1<x_2$ 时，都有 $f(x_1)<f(x_2)$，我们能说函数 $f(x)$ 在区间 D 上单调递增吗？你能举例说明吗？

引导学生进行辨析，从而理解规则中"$\forall x_1$，$x_2 \in D$"的必要性。

第五步，用新规则证明一次函数、给定区间上的反比例函数、函数 $y=x+\dfrac{1}{x}$ 的单调性等等。

函数单调性是数学的判断规则，但它也有概念的属性，所以上述内容的处理，体现了概念同化与概念形成相融合的方式，并且加强了符号语言表达方式的引导。

（3）函数的奇偶性

单调性是函数的"局部性质"，奇偶性是函数的整体性质；单调性是针对所有函数来讨论的，奇偶性是某些函数的特殊性质。

通过单调性的学习，学生已经了解研究函数性质的主要任务，即利用符号语言对函数的变化规律做出严谨表达，在此过程中理解它们的作用，能用于刻画实际问题中的变化规律。单调性刻画了在某一区间上，当自变量增大时函数值的变化趋势；奇偶性则是刻画了函数的对称性，把图象的对称性（几何特性）转化为代数关系，并用严格的符号语言表达,沟通了形与数,实现了从定性到定量的转化。偶函数的图象是轴对称图形,而且对称轴是固定的,即 y 轴,偶函数的判断规则就是利用 $y=f(x)$ 表达"图象是轴对称图形,对称轴是 y 轴";类似的,奇函数的判断规则就是利用 $y=f(x)$ 表达"图象是中心对称图形,对称中心是原点"。如果知道一个函数具有奇偶性,那么就可以通过研究 $x>0$(或 $x<0$)的情况而得到整体的情况。

因为奇偶性的几何特征和代数特征都比较明显,学生比较容易从具体实例中进行归纳,所以人教 A 版按如下步骤展开内容:

第一步,画出函数 $f(x)=x^2$ 和 $g(x)=2-|x|$ 的图象,要求学生观察图象,并说出这两个函数图象的共同特征。

第二步,安排"探究"栏目:

类比函数单调性,你能用符号语言精确地描述"函数图象关于 y 轴对称"这一特征吗?

让学生开展自主探究活动,通过从特殊到一般的方法归纳出:

$\forall x \in \mathbf{R}$,都有 $f(-x)=(-x)^2=x^2=f(x)$,这时称函数 $f(x)=x^2$ 为偶函数。

然后要求学生仿照已有过程,说明函数 $f(x)=2-|x|$ 也是偶函数。

第三步,用符号语言表示:

函数 $f(x)$ 的定义域为 I,如果 $\forall x \in I$,都有 $-x \in I$,且 $f(-x)=f(x)$,那么函数 $f(x)$ 就叫做偶函数。

顺便说明,与以往偶函数的定义稍有不同,这个定义明确了偶函数定义域的特征。

第四步,重复偶函数的研究过程,得出奇函数的定义。

因为奇函数的定义与偶函数的定义完全同构,所以教学时可以让学生自己提出问题,展开模仿性探究并给出定义。

总之,函数的基本性质的内容处理,从认知理论看,既有同化也有顺应,学生在教材的示范下进行模仿、归纳和抽象而形成性质的判断规则,并且安排了对关键词的辨析和应用规则判断函数性质的练习,从而落实判断函数性质的操作步骤,由此为学生铺设起合适的认知台阶,能使学生经历完整的学习过程,从而保证学生对函数性质判断规则的理解水平,并对"如何研究函数性质"有所感悟。

6. 关于函数概念的教学

函数概念,因为其高度的抽象性,面对的问题多样而复杂,涉及到许多代数、几何知识,而且要用数形结合的方法,因而使解决问题的思想方法具有很强的综合性,另外,也是特别重要的,函数所描述的是客观世界的变量关系和规律,所以需要学习者积累丰富的生活经验,对现实世界中相关的运动变化现象要有一定深度的了解,所有这些都是造成函数概念学习困难的因素。克服困难的方法是让学生参与到概念的建构过程中,要让学生完整地经历"具体事例—观察、实验—比较、分析—分类、综合—抽象、概括"的过程。

关于函数概念的教学已经有大量讨论,所以在此不做全面讨论,这里只强调认真讲好人教 A 版中 4 个实例的重要意义。具体的,应该以"对应关系说"为定向,通过逻辑连贯、前后一致的问题串引导学生体会概念的内涵。

首先,问题 1、2 是有解析式的,要引导学生关注自变量的取值范围。例如,根据问题 1 的背景,可以提出如下问题:

① 时间 t 的变化范围是什么?

② 你能回答"加速到 350 km/h 后,火车运行 1 小时所对应的距离是多少"吗? 为什么?

③ 你认为如何描述才能反映列车的真实运动过程?

其次,问题 3"空气质量指数变化图",借助这个例子要使学生了解:第一,图象给出了对应关系;第二,自变量的范围 A 是明确的,A 中任意一个数在 B 中都有唯一的数与之对应;第三,函数值所在的范围 B 可以比较"宽松",有的数可以没有自变量与之对应;第四,为了方便表示,需要引入新的符号。所以可以提出如下问题:

① 时间 t 在什么范围? I 是 t 的函数吗? 为什么? AQI 的值 I 在什么范围?

说明:时间 t 的范围 $[0, 24]$ 是确定的;利用"变量说"可以解释 I 是 t 的函数,因为"$\forall t \in [0, 24]$,都有唯一确定的 I 值与之对应"是一个事实;困难在于 I 的范围,学生可能会用测量的方法给出,这时教师可以追问:这样得出的范围能反映"$\forall t \in [0, 24]$,都有唯一确定的 I 值与之对应"这个事实吗? 如何改进一下? 通过讨论,使学生体会让集合 B 包含值域并不影响对应关系的本质(这个过程有利于发展学生思维的抽象性)。

顺便指出,这里要下功夫让学生理解"图象就是对应关系",这是促进学生理解函数概念的契机。所以,不能仅以"因为任意一个时间 t 都有唯一一个 AQI 的值与之对应"一语带过,应让学生说明:给定一个时间 t,如何借助图象找出与之对应的 AQI 的值。这里可以利用信息技术把对应过程表达出来。

② 从所给的图中能回答"11 月 24 日 8 时对应的 AQI 是多少"吗?

③ 这是一个函数,有解析式吗? 如果让你表示出这个函数,你会怎么做?

因为所给的图象只是 11 月 23 日的 AQI 变化情况,所以不能回答 11 月 24 日的情况;这是一个函数但没有解析式,要对它作出表示,那么就非引入符号语言不可。

再次,问题 4 恩格尔系数变化表的处理,与问题 3 基本一致,其难点仍然在函数值所在范围的确定上。根据表格,可以把恩格尔系数的变化范围列举,也可以是 $[0.2857, 0.3817]$,但更具一般性的是 $(0, 1)$。这里可以让学生通过恩格尔系数的定义 $\left(r = \dfrac{食物支出金额}{总支出金额}\right)$ 给出合理范围。实际上,数学追求简洁表达,针对每一个省份分别给 r 的范围不符合这个原则。

有了上述过程的详细铺垫,再让学生归纳共同特征、抽象概念就相对容易了。这里要注意让学生把 4 个对应关系放在一起以便于观察得出共性(可以用表格呈现),特别是要让学生用自己的语言说明这 4 个函数的对应关系的表示形式不同(解析式、图、表),但本质一样:对于集合 A 中任意一个数,在集合 B 中都有唯一一个数与之对应;还要让他们说明引入抽象的符号语言统一表达函数所带来的好处。

7. 如何研究函数 $y = x + \dfrac{1}{x}$?

这个函数是广大教师非常喜欢的,还给它命名为"耐克函数""对勾函数"。以往教材中,这个函数放在导数中研究。本次人教 A 版修订中,征求一线教师的意见时,大家比较一致地认为这个函数比较重要,希望把它放在高一,让学生早一点接触到,而且有的老师说:"教材中放不放都不影响老师教,一般地大家都会讲到 $y = ax + \dfrac{b}{x}$。"考虑到教学的实际,更重要的是在"预备知识"中已经学了"基本不等式",所以在"幂函数"学习之后,安排对这个函数的"研究性学习",还是可以考虑的。不过,教材不能将其拓展到 $y = ax + \dfrac{b}{x}$(其中 $ab \neq 0$)上去,教学中是否拓展,可以由教师根据学情自行决定。

这个函数的教学主要应把握好如下几点:

第一,内容的定位上,要注意从联系、结构、整体等观点出发,与初中正比例函数、反比例函数和刚刚学习的幂函数联系起来,以培养学生"利用已有知识解决新的问题"的思维习惯;同时,通过这个函数的研究,让学生体会通过运算构造新函数的方法。

第二,要在促进学生数学学科核心素养发展上加强思考,可以通过适当的教学设计,在研究这个函数的性质、图象的过程中,发展直观想象、数学运算、数学建模等素养。

第三,要认真领会人教 A 版的设计意图。实际上,教材是循着以下思路引导学生开展研究性学习的:

（1）面对一个对象，首先要明确需要研究的问题，所以提出问题"你认为可以从哪些方面研究这个函数？"

（2）研究一个函数是有基本套路的，这是培养学生"有逻辑地思考"的过程，所以提出问题"你认为可以按怎样的路径研究这个函数？"

（3）根据提示，把 $y = x + \dfrac{1}{x}$ 看成是 $y = x$ 与 $y = \dfrac{1}{x}$ 之和，想到利用它们的性质。根据前面确定的路径，先得出定义域、值域、奇偶性等。

（4）由基本不等式可得：当 $x > 0$ 时，$x + \dfrac{1}{x} \geqslant 2$，当且仅当 $x = \dfrac{1}{x}$，即 $x = 1$ 时取得等号；由奇函数的性质可得：当 $x < 0$ 时，$x + \dfrac{1}{x} \leqslant -2$，当且仅当 $x = \dfrac{1}{x}$，即 $x = -1$ 时取得等号。

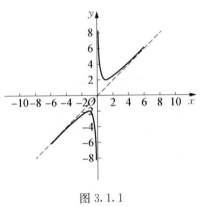

图 3.1.1

（5）从解析式 $y = x + \dfrac{1}{x}$ 可以得出：在区间 $(0, \infty)$ 上，当 $x \to 0$ 时，$y = x + \dfrac{1}{x}$ 的图象与 $y = \dfrac{1}{x}$ 的图象越来越靠近；当 $x \to \infty$ 时，$y = x + \dfrac{1}{x}$ 的图象与 $y = x$ 的图象越来越靠近。所以，y 轴和直线 $y = x$ 都是函数图象的渐近线。由此可以想象出函数图象的大致形状（如图 3.1.1 所示）。

四、小结

比较初高中阶段的两个函数定义，可以发现它们的本质是一致的，都以"对应关系"为核心，但它们使用的语言有很大区别，高中阶段利用集合语言、逻辑用语，引入抽象符号 $f : A \to B$，从而使函数概念的定义更加严谨，提高了抽象层次，使概念更具一般性。这样的语言表达，学生在以往的学习中很少接触到，也是学生学习的难点。因此，在函数概念的教学中，要充分注意"数学语言教学"的特征，引导学生通过具体实例，积累用集合与对应关系的语言表达数学规律的经验，体验引入抽象符号的必要性，在此基础上抽象出函数的定义，从而有效地化解难点，把精力集中到用数学的方式表达对应关系上。同理，函数的表示、函数的性质等内容的学习都有数学语言学习的特征，让学生掌握这样的"话语方式"是主要任务，所以可以适当采用"模仿＋练习"的方式，使学生在"用数学的语言表达世界"的过程中领悟函数概念的本质。

思考题

（1）你认为用"对应关系说"重新定义函数的必要性在哪里？如何使学生体会到这样的必要性？

（2）学生头脑中形成怎样的函数概念图式才算完整了？

（3）在函数概念的教学中,情境设计要注意哪些要点？如何引导学生展开函数概念的抽象活动？

（4）函数概念的辨析要辨析什么？如何引导学生开展辨析活动（创设怎样的问题串）？

（5）"函数的表示法"与"函数的概念"之间的关系怎样？教学中应注意哪些问题？

（6）人教 A 版用怎样的方式处理函数的单调性？这样处理的利弊得失如何？

（7）在函数奇偶性的教学设计中,常常见到引入时采用现实生活中的对称性图案,你觉得这样做合适吗,为什么？

（8）你是如何理解函数 $y = x + \dfrac{1}{x}$ 的？许多老师要求学生研究函数 $y = ax + \dfrac{b}{x}$,根据你的教学经验,这样做合适吗？

（9）你对"个税问题"（课本第 70 页例 8、第 93 页例 1）的教学有哪些思考？

第二节　指数函数与对数函数

前面讨论了一般的函数概念和性质的内容理解和教学问题,因为"函数是描述客观世界中变量关系和规律的最为基本的数学语言和工具",所以我们从语言学习的角度阐释了教学中应关注的问题,也就是要让学生学会这一套"数学的话语方式",理解其内涵,通过模仿、重复和运用等熟悉起来,逐步达到灵活运用。接下来就是运用这套"话语方式",从客观世界的变量关系和规律中去抽象基本初等函数,用函数的语言表达,用函数图象和代数运算的方法研究性质,并用于解决数学内外的问题。这个过程既是函数一般概念的应用,同时也在应用过程中加深函数概念的理解。

一、课程定位

课程标准指出,幂函数、指数函数与对数函数是最基本的、应用最广泛的函数,是进一步学习数学的基础。本单元的学习,可以帮助学生学会用函数图象和代数运算的方法研究这些函数的性质；理解这些函数中所蕴含的运算规律；运用这些函数建立模型,解决简单的实际问题,体会这些函数在解决实际问题中的作用。

课程标准强调了如下几点:

第一,这三个函数具有基础性地位,不仅应用广泛,而且是进一步学习数学的基础,所以非常重要。

第二,研究这些函数的方法是数形结合,即代数运算和图象直观。

第三,通过这些函数的研究,要使学生理解这些函数中所蕴含的运算规律,这里的运算规律主要是指数幂的运算规律、对数的运算规律,这些规律同时反映在指数函数和对数函数中。

第四,要加强运用这些函数建立模型解决实际问题。

二、内容与要求

1. 幂函数

通过具体实例,结合 $y=x$, $y=\dfrac{1}{x}$, $y=x^2$, $y=\sqrt{x}$, $y=x^3$ 的图象,理解它们的变化规律,了解幂函数。

2. 指数函数

(1) 通过对有理数指数幂 $a^{\frac{m}{n}}$($a>0$ 且 $a\neq1$;m,n 为整数,且 $n>0$)、实数指数幂 a^x($a>0$ 且 $a\neq1$;$x\in\mathbf{R}$)含义的认识,了解指数幂的拓展过程,掌握指数幂的运算性质。

(2) 通过具体实例,了解指数函数的实际意义,理解指数函数的概念。

(3) 能用描点法或借助计算工具画出具体指数函数的图象,探索并理解指数函数的单调性与特殊点。

3. 对数函数

(1) 理解对数的概念和运算性质,知道用换底公式能将一般对数转化成自然对数或常用对数。

(2) 通过具体实例,了解对数函数的概念。能用描点法或借助计算工具画出具体对数函数的图象,探索并了解对数函数的单调性与特殊点。

(3) 知道对数函数 $y=\log_a x$ 与指数函数 $y=a^x$ 互为反函数($a>0$ 且 $a\neq1$)。

(4) *收集、阅读对数概念的形成与发展的历史资料,撰写小论文,论述对数发明

---

* 本书中标有 * 的内容为人教 A 版的选学或阅读内容。

的过程以及对数对简化运算的作用。

4. 二分法与求方程的近似解

（1）结合学过的函数图象，了解函数零点与方程解的关系。

（2）结合具体连续函数及其图象的特点，了解函数零点存在定理，探索用二分法求方程近似解的思路并会画程序框图，能借助计算工具用二分法求方程的近似解，了解用二分法求方程近似解具有一般性。

5. 函数与数学模型

（1）理解函数模型是描述客观世界中变量关系和规律的重要数学语言和工具。在实际情境中，会选择合适的函数类型刻画现实问题的变化规律。

（2）结合现实情境中的具体问题，利用计算工具，比较对数函数、一元一次函数、指数函数增长速度的差异，理解"对数增长""直线上升""指数爆炸"等术语的现实含义。

（3）收集、阅读一些现实生活、生产实际或者经济领域中的数学模型，体会人们是如何借助函数刻画实际问题的，感悟数学模型中参数的现实意义。

从上述内容和要求可见，课程标准不要求对一般幂函数进行研究，只要通过五个具体函数了解幂函数即可。实际上，这五个具体函数都有现实背景，而且 $y=x$，$y=\dfrac{1}{x}$，$y=x^2$ 都是初中阶段研究过的，这里要从新的角度再进行研究。另外，研究一元函数的导数、导数公式和运算法则等，常以这五个函数为例。

指数函数与指数幂的概念和运算性质（指数律）紧密相关，对数函数与对数概念和运算性质紧密相关，指数函数与对数函数互为反函数，这是这一内容的显著特点，如何在教材编写和教学中体现好"用代数运算研究这些函数的性质"的要求，需要深入思考。

函数的应用，二分法与求方程的近似解是数学内部的应用，建立数学模型是数学用于解决实际问题的实践。因为现实中对数增长、直线上升、指数爆炸的现象大量存在，所以幂函数、指数函数和对数函数在实际应用中非常普遍，这是培养学生数学建模素养的重要载体。

三、本单元的认知基础分析

本单元内容的学习基础主要来自以下几方面：

初中阶段，在"有理数"一章中学习了乘方概念："求 n 个相同因数的积的运算，叫做乘方,乘方的结果叫做幂。在 a^n 中,a 叫做底数,n 叫做指数,当 a^n 看作 a 的 n 次方的结果时,也可读作 a 的 n 次幂。"这个概念是本单元的奠基。在整式的乘法中,学习了 $a^m \cdot a^n = a^{m+n}$,$(a^m)^n = a^{mn}$,$(a \cdot b)^n = a^n \cdot b^n$,其中 m、n 是正整数;通过正整数指数幂的运算性质和除法运算,定义了 0 指数幂;在"使正整数指数幂的运算性质在整数范围内也成立"的原则下,通过定义 $a^{-n} = \dfrac{1}{a^n}(n \in \mathbf{Z}, a \neq 0)$(其实是利用正整数指数幂定义负整数指数幂),把指数范围从自然数推广到全体整数。

在"预备知识"主题中,学生经历了梳理二次函数知识,学习用函数观点看一元二次方程和一元二次不等式,建立二次函数与一元二次方程、一元二次不等式的联系,进而用二次函数的性质解一元二次不等式的过程,从中感悟了数学知识之间的关联,认识了函数的重要性,积累了用函数图象、代数运算研究函数性质的经验。

在"函数的概念与性质"中,学生经历了分析具体实例、归纳共同特征、抽象概括函数的一般概念的过程,知道了函数不仅可以理解为刻画变量之间依赖关系的数学语言和工具,也是两个实数集之间的对应关系,感悟了数学抽象的层次性;在已有的通过图象直观研究函数性质的经验基础上,进一步学习了用代数运算揭示函数的单调性、奇偶性、最大(小)值等主要性质的方法。

所以,学生已经具有一定的学习本单元的认知基础,但在数学知识基础上,学生还没有实数指数幂的概念,所以应该先对整数指数幂概念进行推广,得出指数幂的运算性质,以使指数函数的定义域为 $\mathbf{R}$,成为连续函数,并为研究指数函数的性质打下基础。同样的,在对数函数之前需要先建立对数的概念,掌握对数的运算性质。

顺便提及幂函数与实数指数幂的位置问题。如果从严格的逻辑性要求考虑,归纳五个幂函数 $y = x$,$y = \dfrac{1}{x}$,$y = x^2$,$y = \sqrt{x}$,$y = x^3$ 的共性需要把 $\sqrt{x}$ 写成 $x^{\frac{1}{2}}$,这里要用到有理数指数幂的概念,所以幂函数应该安排在实数指数幂之后。但考虑到课程标准只要求通过这 5 个函数的图象理解它们的变化规律,而画函数 $y = \sqrt{x}$ 的图象不需要实数指数幂概念,归纳幂函数概念时只要说明一下 $\sqrt{x}$ 可以写成 $x^{\frac{1}{2}}$ 即可,更主要的是考虑到从实数指数幂到指数函数中间不要被打断,所以人教 A 版将幂函数安排在"函数的概念与性质"的后面,作为用函数的一般概念研究一类函数的具体例子,让学生了解具体函数类的研究内容、过程(定义、表示 — 图象与性质 — 应用)和方法,把指数与指数函数、对数与对数函数放在一起,让学生进行连续的学习。

四、内容的理解与教学思考

数学的育人价值蕴含于内容之中,解析数学内容的本质与挖掘内容的育人价值是相辅相成的。理解内容的本质、把握其育人价值是创设合适的教学情境、提出有数学含金量的问题的前提,只有这样才能引导学生聚焦内容的本质展开学习,启发和引导学生的数学思考和探索活动,才能真正发挥数学内容的育人功能,将学生数学学科核心素养的发展落实在具体内容的教学中。

本单元内容较多,包含实数指数幂及其运算性质、对数及其运算性质、指数函数和对数函数,以及二分法与求方程的近似解、函数与数学模型等。下面从内容本质的分析入手讨论这些内容的育人价值以及教学中需要注意的问题。

(一) 指数与对数及其育人价值

1. 实数指数幂及其运算性质

课程标准在本单元的"教学提示"中指出:"指数函数的教学,应关注指数函数的运算法则和变化规律,引导学生经历从整数指数幂到有理数指数幂、再到实数指数幂的拓展过程,掌握指数函数的运算法则和变化规律。"通常,我们习惯于把指数幂的推广看成是代数中数及其运算的问题,而这个"提示"实际上是把指数幂的拓展过程作为指数函数研究的一部分,把指数幂的运算法则看成是指数函数的性质,这是需要关注的。

从数及其运算的角度看,指数幂的最初含义是"自然数自相乘的缩写",a^n 就是 n 个 a 相乘的缩写,所以

$$a^1 = a, \ a^{n+1} = a^n \cdot a。$$

由这一定义出发,利用数学归纳法可以证明如下的指数律成立:

$$a^m \cdot a^n = a^{m+n}, \ (a^m)^n = a^{mn}, \ (a \cdot b)^n = a^n \cdot b^n, \qquad (*)$$

其中 a、b、m、n 都是自然数。

另一个显然的事实是 $a^n > 1$。

随着数从自然数集扩充到整数集,再扩充到有理数集、实数集,指数幂 a^n 的底数也逐步扩充到实数,其意义是"实数 a 的自相乘"。这时,指数律($*$)仍然成立,而且有

$$a^n > 1(a > 1,\ n \text{ 是正整数})。$$

接着的任务是把指数从自然数推广到有理数再推广到实数。在把指数 x 从自然数扩充到有理数时,扩充的原则仍然是"使幂的算术运算性质(指数律)仍然成立"。

初中阶段已经把指数范围从自然数推广到全体整数,其路径是根据除法是乘法的

逆运算,利用 $a^m \cdot a^n = a^{m+n}$,得出 $a^m \div a^n = a^{m-n}(m > n)$;再由 $m = n$ 得出 $a^0 = 1$,进而得出 $a^{-n} = \dfrac{1}{a^n}$。现在的任务是先把指数从整数扩展到分数,进而完成从整数指数幂到有理数指数幂的推广。

根据引进分数的经验,首先是定义单位分数指数幂,即 $a^{\frac{1}{n}}$ 的意义。联系到平方根、立方根的性质,即 $(\sqrt{a})^2 = a$,$(\sqrt[3]{a})^3 = a$,我们首先把根式的概念推广,即先定义 n 次根式,把使 $x^n = a$ 成立的 x 叫做 a 的 n 次方根,其中 $n > 1$ 且 $n \in \mathbf{N}^*$。当 n 是奇数时,正数的 n 次方根是正数,负数的 n 次方根是负数,用符号 $\sqrt[n]{a}$ 表示;当 n 是偶数时,正数的 n 次方根是两个互为相反数的数,写成 $\pm\sqrt[n]{a}\,(a > 0)$,负数没有偶次方根;0 的任何次方根都是 0,记作 $\sqrt[n]{0} = 0$。上述得到根式 $\sqrt[n]{a}$ 意义的过程具有完备性,对培养学生的理性思维很有用,特别是在归纳地定义 $\sqrt[n]{a}$ 的过程中,可以有效地培养思维的逻辑性。

根据 n 次方根的意义,可得 $(\sqrt[n]{a})^n = a$。一脉相承地,我们希望整数指数幂的运算性质对分数指数幂也适用。由 $(\sqrt[n]{a})^n = a^1 = a^{\frac{1}{n} \cdot n}$ 可见,规定 $\sqrt[n]{a} = a^{\frac{1}{n}}$ 是合理的,进而规定 $a^{\frac{m}{n}} = \sqrt[n]{a^m}\,(a > 0, m, n \in \mathbf{N}^*, n > 1)$ 也是自然的。于是,在条件 $a > 0, m, n \in \mathbf{N}^*, n > 1$ 下,根式都可以写成分数指数幂的形式;与负整数指数幂的意义相仿,可规定 $a^{-\frac{m}{n}} = \dfrac{1}{a^{\frac{m}{n}}} = \dfrac{1}{\sqrt[n]{a^m}}\,(a > 0, m, n \in \mathbf{N}^*, n > 1)$;与 0 的整数指数幂的意义相仿,可规定 0 的正分数指数幂等于 0,0 的负分数指数幂没有意义。这样,指数幂 a^x 中指数 x 的取值范围就从整数拓展到了分数。

在上述定义下,容易证明:

(1) 当 $a > 0, b > 0$ 时,对于任意有理数 r、s,均有:$a^r \cdot a^s = a^{r+s}$,$(a^r)^s = a^{rs}$,$(a \cdot b)^r = a^r \cdot b^r$;

(2) 当 $a > 1, r > 0$ 时,$a^r > 1$。

接下来的任务是认识无理数指数幂的意义,需要解决的问题仍然是:当 x 是无理数时,a^x 的意义是什么,它是否为一个确定的数? 如果是,它有什么运算性质? 解决的方法是,借鉴初中阶段学习中用有理数逼近无理数的经验,通过有理数指数幂认识无理数指数幂。因为中学阶段无法彻底解决这个问题,人教 A 版采取举例的办法,引导学生利用计算工具计算 $5^{\sqrt{2}}$,$2^{\sqrt[3]{3}}$ 的不足近似值和过剩近似值,感受无理数指数幂 a^α $(a > 0, \alpha$ 为无理数)是一个确定的实数,并指出整数指数幂的运算性质也适用于实数指数幂。

从上述分析可见,指数幂的研究任务是要明确指数幂的意义及其运算的性质。实际上,指数幂 a^x,除 x 为正整数外,它的意义不直观。与对有理数、无理数的研究重点有所不同,对指数幂 a^x,我们不太关心 $2^{\sqrt{2}}$ 到底是多少,重点是明确它的意义,研究它有什么"与众不同"的性质。得到的结论是:

(1) 对于任意一个 $x \in \mathbf{R}$,$a^x(a>0)$ 的值是唯一确定的;

(2) a^x 最重要的性质是 $a^x \cdot a^y = a^{x+y}(a>0,x,y \in \mathbf{R})$,由此可得 $(a^r)^s = a^{rs}(a>0,r,s \in \mathbf{R})$,$(a \cdot b)^r = a^r \cdot b^r(a>0,b>0,r \in \mathbf{R})$ 也成立;

(3) 当 $a>1$,$r>0$ 时,$a^r>1$。

其中,(3)叫做幂的基本不等式,由此出发可以推得如下结论:

① 当 $a>1$,$r<0$ 时,$0<a^r<1$;

② 当 $0<a<1$,$r>0$ 时,$0<a^r<1$;

③ 当 $0<a<1$,$r<0$ 时,$a^r>1$。

这些结论的完整证明需要用到极限理论,但我们可以借助信息技术,通过具体例子让学生建立直观感受。

根据上述结论可知,$y=a^x(a>0,x \in \mathbf{R})$ 就是一个函数。正因为如此,课程标准强调在 a^x 的指数 x 的拓展过程中掌握指数函数的运算法则和变化规律。

从更一般的角度看,上述扩展过程充满着理性精神,数学概念的延伸与拓展中体现出数学思维的严谨性、数学思想方法的前后一致性和数学知识发生发展过程的逻辑连贯性,可以使学生体会到数学对象的内涵、结构、内容和方法的建构方式,从而使学生体悟到"数学的方式",领会数学地认识问题、解决问题的思想方法,这对学生理解数学概念的发生发展过程,发展"四基""四能"进而提升数学素养等都具有非常积极的意义。

2. 对数及其运算性质

对数的发明与指数无关,而是源于数学家对简化大数运算的有效工具的追求,其关键是利用对应关系 $q^k \rightarrow k$:

$$\{q^0,q^1,q^2,\cdots,q^n,\cdots\} \rightarrow \{0,1,2,\cdots,n,\cdots\}$$

建立起如下对应法则:

(1) $q^m \cdot q^n \rightarrow m+n$;　　(2) $q^m \div q^n \rightarrow m-n$;

(3) $(q^m)^n \rightarrow m \cdot n$;　　(4) $\sqrt[n]{q^m} \rightarrow m \div n$。

利用上述对应法则可以降低运算层级,达到简化运算的目的。

那么,在研究"指数幂 a^x 的意义及其运算性质"的基础上研究"对数的意义及其运算性质",其育人价值如何体现呢?

我们认为,先借鉴已有经验,抽象出"对数"这一研究对象;再从"研究一个代数对象"的"基本套路"出发,发现和提出对数的研究内容,构建研究路径,得出结论,并用于解决问题。只要让学生完整经历"现实背景—概念(定义、表示)—性质—运算性质—应用"过程,鼓励学生采用独立思考、自主探究、合作交流等方式展开学习,就能充分发挥对数的育人功能。具体而言是:

(1) 通过数学内外的问题(例如 $2^x=1$,则 $x=0$;$2^x=2$,则 $x=1$;$2^x=4$,则 $x=2$;一般地,$2^x=N(N>0)$,则 $x=?$),抽象出数学问题:

在 $a^x=N(a>0,$ 且 $a\neq1)$ 中,已知 a,N,则 $x=?$ (以下默认 $a>0$,且 $a\neq1$。)

这是一个从具体到抽象的过程,对培养发现和提出问题的能力、发展数学抽象素养都有作用。

(2) 定义数学对象:就像为了解决"在 $x^n=a$ 中,已知 n,a,则 $x=?$ "而引入符号 $\sqrt[n]{a}$ 一样,通过引入符号 $\log_a N$ 表示 $a^x=N(a>0,$ 且 $a\neq1)$ 中的 x,并把它叫做以 a 为底 N 的对数,相应的把 a 叫做对数的底数,N 叫做真数,从而得到一个数学研究对象。

如何理解对数这个概念? 有人认为,"对数是求幂的逆运算","对数是指数的逆运算"。这些说法都不太准确。事实上,从运算角度看,对于乘方运算 x^y,设其结果是 z,即 $x^y=z$。如果问题是"已知 y,z,求 x",则 $x=\sqrt[y]{z}$;如果问题是"已知 x,z,求 y",则 $y=\log_x z$。所以,乘方运算的逆运算有两种,一种是开方运算,另一种是对数运算。另外,在实数范围内,就像方程 $10^x=100$ 存在唯一实数解 $x=2$ 一样,$10^x=3$ 也存在唯一实数解,我们把它记作 $\lg 3$,而且可以证明 $\lg 3$ 是无理数。从这个意义上讲,$\log_a N$ 是一个确定的数,没有什么运算的含义,就是表示数的一种方式,与用 -1 表示 1 的相反意义的量是类似的。可以想象,"对数"这个词与前述的对应关系 $a^x\to x$ 有一定关系,即 $\log_a N$ 是与 $a^x=N$ 中的 x 相对应的那个数,简称为"对数"。这样就给出了理解对数概念的三个角度:"乘方运算的逆运算"、"数的表示"和"对应"。

从上述内容可见,引入对数概念的过程反映了人类理性思维的力量。

(3) 研究 $\log_a N$ 的性质。从对数的定义出发,与 $a^x=N$ 相联系:由定义可得 $a^{\log_a N}=N$;又由 $a^0=1$ 和 $a^1=a$ 可知,$\log_a 1=0$,$\log_a a=1$ 对任意正数 a 都成立。这些是从对数的定义推出的最基本性质,是从 $\log_a N$ 涉及的要素 a,N 的特殊关系($N=$

a)、特殊取值($N=1$)入手而发现的。

（4）研究对数的运算性质。"引入一类新的数,就要研究它的运算性质",这是代数的基本任务。这里要联系指数幂的运算性质,而且只要把它们"反过来",用对数符号表示就可以了:

$$\log_a(MN)=\log_aM+\log_aN\,;\;\log_a\frac{M}{N}=\log_aM-\log_aN\,;\;\log_aM^n=n\log_aM(n\in\mathbf{R})\,.$$

上述性质表明,利用对数可以把乘法、除法和乘方(含开方)运算分别转化为加法、减法和乘法,从而实现"简化运算"。

（5）研究不同底的对数之间的关系,得出换底公式。由定义,任意不等于 1 的正数都可作为对数的底数。如果要针对每一个底数分别计算相应的对数,那么"简化运算"就是一句空话。于是自然提出,能否把其他数为底的对数都转化为某个数为底的对数? 数学史上,数学家就是这样干的:由于数系是十进制的,因此以 10 为底的对数(常用对数)在数值计算上具有优越性,于是他们制作了常用对数表,利用换底公式 $\log_aN=\dfrac{\lg N}{\lg a}$ 就可以求出以实数 a 为底的对数了。显然,这个过程对学生领会转化与化归思想、培养发现和提出问题的能力很有好处。

至于应用,信息技术的迅速发展使对数计算尺、对数表等体现对数应用的计算工具都不再重要,但利用对数函数建立数学模型解决实际问题则具有永久的生命力。

顺便指出,对数的教学要注重数学的整体性。近年来,因为 HPM 的兴起,对数的发展史充满着神奇,体现了理性思维的力量,而且对数的发明先于指数,这就吸引着许多老师致力于"对数教学的创新",在"还原历史"上进行了大量探索。但从与本单元内容的整体关系上看,这种历史还原意义不大。

在"指数幂 a^x 的意义及运算性质"的基础上学习"对数的概念及运算性质",可以走一条"捷径"。从"经过多少年游客人次翻番""已知生物体的碳 14 含量推测其死亡年数"是非常自然的问题,由此就能自然得出"对数"这一研究对象。再从"研究一个代数对象"的"基本套路"出发,发现和提出对数的研究内容,构建研究路径,得出结论并用于解决问题,也是顺理成章的。重要的是要让学生完整经历"现实背景—定义(包括符号表示)—性质—运算性质"的过程,鼓励学生采用独立思考、自主探究、合作交流等方式展开学习,不必另起炉灶,"重走发明对数之路"。教学中要加强定义对数概念的完整过程(定义—符号表示—读法—特例(常用对数、自然对数)—与相关概念的联系,即对数与指数的关系),从如何发现"对数的性质"和"对数的运算性质",如何利用指数幂的运算性质、通过代数推理得出对数运算性质从而培养学生的逻辑推理和数学运算素养,如何引导学生发现和提出换底公式等方面加强思考和教学设计创新。

(二) 指数函数刻画了哪类运动变化现象

我们知道,基本初等函数都有明确的现实背景,每一类函数都对应着现实世界中一类运动变化现象,是对这类现象变化规律的数学表达。掌握基本初等函数的概念与性质、理解这些函数中所蕴含的运算规律,其目的就是要运用这些函数建立相应的数学模型解决各种各样的实际问题。

分析课程标准对"函数与数学模型"提出的 3 条"内容和要求",可以发现,目标(1)需要在应用函数建立模型的过程中来实现,目标(3)要通过一定量的数学阅读来实现。而在面对实际问题时,能否选择合适的函数类型对其变化规律加以刻画,基础是对各类函数的特征有准确把握,对每类函数到底刻画了哪类现实问题的变化规律有深入了解;同时,对各类函数的增长差异要做到心中有数。由此可见,发展学生的数学建模素养,一是准确理解各类基本初等函数的概念、性质以及不同类型函数刻画了哪一类现实问题的变化规律,准确把握各类函数的增长差异,二是加强用函数建立数学模型解决实际问题的实践。前一个是数学知识基础,后一个是数学建模实践,两者缺一不可。

下面我们讨论一下指数函数刻画的运动变化规律。

现实中,呈指数变化的事例很多。例如:

一个细胞每次进行一分为二的分裂,其结果顺次是 2^0, 2^1, 2^2, 2^3, $\cdots$,第 n 次分裂后的细胞个数 $y = 2^n$。从运算的角度看,这个过程就是 2 的自乘。如果开始时有 y_0 个细胞,那么第 n 次分裂后的细胞个数是 $y = y_0 \cdot 2^n$。

国务院发展研究中心在 2000 年曾发表《未来 20 年我国发展前景分析》,这个分析预测 2001～2020 年,我国 GDP 年平均增长率可望达到 7.3%。如果把我国 2000 年 GDP 记为 y_0,那么,2001～2020 各年年底我国 GDP 的可望值可以表示为 $y = y_0(1 + 7.3\%)^x = y_0 \cdot 1.073^x$ ($x \in \mathbf{N}^*$, $x \leqslant 20$)。

类似以上事例的函数表达式,可以一般化地表示为 $y = y_0 \cdot a^x$。因为自变量 x 往往与次数或时间有关,所以这种表达是有序的。如果以连续的时间变化为序,从一般意义上考察表达式 $f(t) = a^t$($a > 0$,且 $a \neq 1$),可以发现,对于任意给定的时间间隔 Δt,$\dfrac{f(t + \Delta t)}{f(t)} = \dfrac{a^{t + \Delta t}}{a^t} = a^{\Delta t}$,由此可知这一类运动变化现象有如下规律:对于相同的时间改变量 Δt,其函数值按确定的比例 $a^{\Delta t}$ 在增长($a > 1$)或衰减($0 < a < 1$)。这就是指数函数所刻画的变化规律。

特别地，当 $a > 1$ 时，设 $a = 1 + \alpha$，则指数函数可表示为 $y = (1 + \alpha)^a (\alpha > 0)$；当 $0 < a < 1$ 时，设 $a = 1 - \alpha$，则指数函数可表示为 $y = (1 - \alpha)^a (\alpha > 0)$。这样的表达是更具实际意义的，它们表明了指数函数 $y = a^x$ 所刻画的事物变化规律是：按确定的增长率 $\alpha = a - 1 (a > 1)$ 呈指数增长，或按确定的衰减率 $\alpha = 1 - a (0 < a < 1)$ 呈指数衰减。

总之，指数函数刻画的现实事物变化规律的关键词是"增长率为常数"，发现规律的方法是作除法运算。理解指数函数，不仅要知道它的解析式、图象和性质，而且要知道它蕴含了一种怎样的运算规律以及如何发现这种规律，只有这样才能使学生懂得哪些实际问题可以通过建立指数函数模型进行解决，这是教学中需要特别注意和加强的地方。

顺便说明，指数函数所刻画事物变化规律的精确描述，需要利用微积分知识才能解决：某种物质的量 u 是时间 t 的函数 $u = f(t)$，并且量 u 在每一时刻的变化率与此刻的量 u 的数值成比例，即

$$u' = ku。$$

解这个微分方程，可得

$$u = c \, \mathrm{e}^{kt}。$$

如果知道 $t = 0$ 的量为 u_0，那么常数 $c = u_0$，所以

$$u = u_0 \mathrm{e}^{kt}。$$

因此，指数函数刻画的事物变化规律是：

事物的量在每一时刻的变化率与此刻的量的数值成比例。

由于同底数的对数函数和指数函数互为反函数，研究清楚指数函数的变化规律，那么对数函数的变化规律也就自然清楚了。

（三）如何抽象指数函数、对数函数概念

将 a^x 的指数 x 的范围拓展到 **R**，定义了对数的概念及其符号表示 $\log_a N$，并研究了指数幂的运算性质、对数的运算性质，我们就可以定义连续的指数函数、对数函数了。

一般而言，定义一类函数，应该明确如下四个要点：

（1）这类函数的现实背景是什么？它刻画了哪类运动变化现象？

（2）决定这类运动变化现象的要素是什么？

（3）要素之间的相互关系如何？

（4）可以用怎样的数学模型来刻画？

其中，（1）是搞清楚这类运动变化现象的基本特征，是明确研究对象的过程；（2）、（3）是对这类运动变化现象的深入分析，从中析出常量、变量及其依赖关系，这里的"依赖关系"常常要借助于运算而建立对应关系；（4）是以"依赖关系"为导向，利用代数、几何中可以表示这些关系的数学式子、表格、图形等（中学阶段主要是多项式、指数式与对数式、三角式等）加以明确。

1. 指数函数概念的抽象

根据以上要求，为了使学生明确指数函数反映了现实世界中哪类事物的变化规律，我们应该精心创设问题情境，让学生通过对具体实例中包含的各种量（常量、变量）及其关系的分析，发现并归纳它们的共性，在此基础上概括出指数函数定义并给出符号表示。为了使学生能顺利地展开抽象活动，我们可以通过设计不同类型的变化现象，为指数函数提供可类比的对象，使学生获得抽象指数函数概念的路径与方法的启发，在比较不同类型函数变化差异的过程中得出指数函数的定义。

基于这样的思考，人教 A 版创设了如下问题情境：

问题 1 随着中国经济高速增长，人民生活水平不断提高，旅游成了越来越多家庭的重要生活方式。由于旅游人数不断增加，A、B 两地景区自 2001 年起采取了不同的应对措施，A 地提高了景区门票价格，而 B 地则取消了景区门票。表 3.2.1 是 A、B 两地景区 2001 年至 2015 年的游客总人次和逐年增加量。比较两地景区游客人次的变化情况，你发现了怎样的变化规律？

表 3.2.1

时间/年	A 地景区		B 地景区	
	总人次/万次	年增加量/万次	总人次/万次	年增加量/万次
2001	600		278	
2002	609	9	309	31
2003	620	11	344	35
2004	631	11	383	39
2005	641	10	427	44
2006	650	9	475	48

时间/年	A 地景区		B 地景区	
	总人次/万次	年增加量/万次	总人次/万次	年增加量/万次
2007	661	11	528	53
2008	671	10	588	60
2009	681	10	655	67
2010	691	10	729	74
2011	702	11	811	82
2012	711	9	903	92
2013	721	10	1 005	102
2014	732	11	1 118	113
2015	743	11	1 244	126

如何发现数据中蕴含的变化规律呢? 可以先通过画散点图(图 3.2.1 与图 3.2.2)感受一下:

2001 年至 2015 年 A 地景区游客总人次数

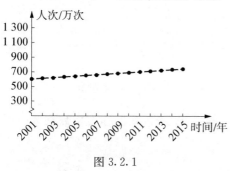

图 3.2.1

2001 年至 2015 年 B 地景区游客总人次数

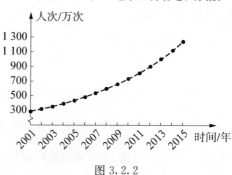

图 3.2.2

结合图、表可以发现,A 地游客人次近似于直线上升,年增加量基本稳定在 10 万人次;B 地游客人次变化规律看不出来。怎么办? 我们知道,代数运算是发现数据中蕴含规律性的基本方法,年增加量的计算用减法,而用除法则可得游客人次的"年增长率":

$$\frac{2002\,\text{年游客人次}}{2001\,\text{年游客人次}}=\frac{309}{278}\approx1.11,\ \frac{2003\,\text{年游客人次}}{2002\,\text{年游客人次}}=\frac{344}{309}$$

$$\approx1.11,\ \cdots,\ \frac{2015\,\text{年游客人次}}{2014\,\text{年游客人次}}=\frac{1\,244}{1\,118}\approx1.11。$$

于是，B 地游客人次的年增长率约为 $1.11-1=0.11$，是一个常数。增长（或衰减）率是一个常数，它是决定这种变化规律的要素，称为指数增长（衰减）。如果设经过 x 年后的游客人次数为 2001 年的 y 倍，那么

$$y=1.11^{x},\ x\in[0,+\infty)。\qquad\qquad ①$$

这是一个函数，其中指数 x 是自变量。

以上过程，通过作减法得到了游客人次数的年增加量，通过作除法得到了游客人次数的年增长率，而增加量、增长率恰是刻画事物变化规律的两个很重要的量。

接着，人教 A 版给出以下问题：

问题 2　当生物死亡后，它机体内原有的碳 14 含量会按确定的衰减比率（简称为衰减率）衰减，大约每经过 5 730 年衰减为原来的一半，这个时间称为"半衰期"。按照上述变化规律，生物体内碳 14 含量与死亡年数之间有怎样的关系？

设生物死亡年数为 x，死亡生物体内碳 14 含量为 y，那么 y 与 x 之间的关系为 $y=(1-p)^{x}$，即

$$y=\left(\left(\frac{1}{2}\right)^{\frac{1}{5730}}\right)^{x},\ x\in[0,+\infty)。\qquad\qquad ②$$

在这个函数中，指数 x 也是自变量。死亡生物体内碳 14 含量每年都以 $1-\left(\frac{1}{2}\right)^{\frac{1}{5730}}$ 的衰减率衰减。像这样衰减率为常数的变化方式，我们称为指数衰减。因此，死亡生物体内碳 14 含量呈指数衰减。

归纳①②的共性，并考虑到指数 $x\in\mathbf{R}$ 时 $a^{x}(a>0,\ a\neq1)$ 有意义，我们就可以在一般意义上给出刻画这类现象变化规律的函数定义：

函数 $y=a^{x}(a>0，且\ a\neq1)$ 叫做指数函数，其中指数 x 是自变量，定义域是 $\mathbf{R}$。

2. 对数函数概念的抽象

因为学生在对数概念的学习中已经掌握了对数与指数之间的内在关联，所以对数函数概念的抽象应该在此基础上展开，这是对数函数概念抽象过程的"与众不同"之处。

指数函数 $y = \left(\dfrac{1}{2}\right)^{\frac{x}{5730}} (x \geqslant 0)$ 给出了死亡生物体内碳 14 的含量 y 随死亡时间 x 的变化而衰减的规律，一个自然的问题是：已知死亡生物体内碳 14 的含量，如何判断它的死亡时间呢？进一步地，死亡时间 x 是碳 14 含量 y 的函数吗？根据指数与对数的关系可得 $x = \log_{\sqrt[5730]{\frac{1}{2}}} y (0 < y \leqslant 1)$，根据指数函数的性质可知，对于任意一个 $y \in (0, 1]$，通过对应关系 $x = \log_{\sqrt[5730]{\frac{1}{2}}} y$，在 $[0, +\infty)$ 上都有唯一确定的数 x 和它对应，所以 x 也是 y 的函数。也就是说，函数 $x = \log_{\sqrt[5730]{\frac{1}{2}}} y$，$y \in (0, 1]$ 刻画了时间 x 随碳 14 含量 y 的衰减而变化的规律。

一般地，根据指数与对数的关系，由 $y = a^x (a > 0$，且 $a \neq 1)$ 可以得到 $x = \log_a y (a > 0$，且 $a \neq 1)$。根据习惯，将解析式写成 $y = \log_a x (a > 0$，且 $a \neq 1)$，$x \in (0, +\infty)$，这样就得到了对数函数的定义。

值得指出的是，从抽象研究对象的过程与方法看，指数函数与对数函数概念的抽象具有典型性，教师应该在教学过程中引导学生进行仔细揣摩。在发现现实世界中呈指数增长（衰减）这类现象的变化规律的过程中，我们综合使用了表格、图象（散点图）、代数运算等数学方法，特别是通过运算得出精确表达的函数解析式。我们知道，函数的研究对象是现实世界中的确定性现象。如果某类确定性现象的变化规律可以用一个代数式来表达，那么得出这个表达式的数学方法就是加、减、乘、除、乘方、开方这样的初等数学运算。像"均匀变化""均匀加速"之类的现象，因为其规律是"增量保持不变"，所以利用减法运算；而指数爆炸、对数增长之类的现象，其规律是"增长率保持不变"，所以利用除法运算。另外，在发现规律的过程中，从特殊到一般、从定性（图象直观）到定量（用解析式表达数量关系）等也是基本的数学思想和方法。

顺便指出，对数函数教学中要加强从反函数角度发现和提出问题的引导。在数学中，"研究反过来的问题"是天经地义的，从命题与逆命题的角度入手是发现和提出问题的基本路径，体现了建立数学知识的内在联系性，借助指数函数的已有结果认识对数函数的过程，同时也能加深指数函数的认识。能够习惯性地问"反过来会怎样？"就是学会数学地发现和提出问题的表现之一。

从更一般的角度看，函数是两个数集元素之间的对应关系，本质上反映了自变量与函数值之间的代数关联，而数学运算是发现和建立这种关联的基本手段，对于基本初等函数则尤其如此。实际上，对应于指数幂的运算法则，我们可以形式化地给出如下指数函数和对数函数的定义：

指数函数是定义在实数集上,且满足 $f(x)f(y)=f(x+y)$ 的非常值连续函数;

对数函数是定义在正实数集上,且满足 $f(xy)=f(x)+f(y)$ 的非常值连续函数。

通过运算法则形式化地定义函数,这是理性思维的结果,更能说明函数的本质特征。例如,常常看到老师们争论 $y=a^{3x}$ 是不是指数函数,如果从上述定义出发,因为 $a^{3(x+y)}=a^{3x+3y}=a^{3x} \cdot a^{3y}$,满足定义,所以它是指数函数。这表明,采用上述定义就不会出现任何歧义。不过,形式化定义虽然纯粹但脱离了一切现实背景,与学生的认知基础距离很远,学生很难真正理解其意义,不符合高中学生的认知水平,所以人教 A 版采用了从学生熟悉的现实背景出发,引导学生利用数学运算发现规律,让学生感悟数学运算在研究指数函数和对数函数中的作用,并将这种做法贯穿始终。

(四) 如何用函数图象和代数运算的方法研究指数函数、对数函数的性质

从代数运算的视角看函数 $y=x^n$,$y=a^x$ 和 $y=\log_a x$,它们就是 $a^b=c$(其中 $a>0$,$a \neq 1$)中的三个数一个为常数、一个为自变量、一个为函数所得的三种结果。所以,用代数运算的方法研究这三个基本初等函数是由它们的代数背景所决定的。另外,指数函数与对数函数互为反函数,这种特殊关系也是在研究中可以利用的。顺便指出,数学中最基本的运算与现实中最常见的现象相对应,最基本的函数——线性函数、二次函数、幂函数、指数函数、对数函数和三角函数,与现实中最常见的运动变化现象相对应,这是学习数及其运算、基本初等函数的现实理由,当然也是进一步学习数学的必需。

下面我们列举通过代数运算得出指数函数、对数函数的性质,从代数关系获得函数图象之间关系的某些结论:

(1)由指数幂、对数的定义就可得出指数函数、对数函数的定义域、值域。

(2)由 $a^0=1$ 可知所有指数函数图象都过点 $(0,1)$,由 $\log_a 1=0$ 可知所有对数函数图象都过 $(1,0)$。

(3)由指数幂的运算性质、幂的基本不等式,可以证明:当 $0<a<1$ 时,若 $x<0$,则 $a^x>1$;若 $x>0$,则 $0<a^x<1$。当 $a>1$ 时,若 $x<0$,则 $0<a^x<1$;若 $x>0$,则 $a^x>1$。由此可推出,当 $0<a<1$ 时 $y=a^x$ 为减函数;当 $a>1$ 时 $y=a^x$ 为增函数。证明如下:

$\forall x_1, x_2 \in \mathbf{R}$,$x_1<x_2$,则 $x_1-x_2<0$。当 $0<a<1$ 时,$a^{x_1-x_2}>1$,即 $a^{x_1}>a^{x_2}$;当 $a>1$ 时,$0<a^{x_1-x_2}<1$,即 $a^{x_1}<a^{x_2}$。

根据指数函数与对数函数互为反函数,由指数函数的性质可以得出对数函数的性质。

（4）利用代数运算简捷地画函数图象。由 $a^{-x}=\left(\dfrac{1}{a}\right)^x$，可知函数 $y=a^x$ 的图象与函数 $y=\left(\dfrac{1}{a}\right)^x$ 的图象关于 y 轴对称，在画出 $y=a^x$ 的图象后，可以利用对称性画出 $y=\left(\dfrac{1}{a}\right)^x$ 的图象。类似的，可以利用 $y=\log_a x$ 的图象作函数 $y=\log_{\frac{1}{a}} x$ 的图象。

由 $y=\log_a x$ 可得 $x=a^y$。设 $(s,\ t)$ 是 $y=\log_a x$ 图象上的任意一点，则 $s=a^t$，这说明 $(s,\ t)$ 关于直线 $y=x$ 的对称点 $(t,\ s)$ 在函数 $y=a^x$ 的图象上；反之也对。所以，可以利用函数 $y=a^x$ 的图象作函数 $y=\log_a x$ 的图象。

以上从函数解析式入手分析函数图象之间关系的方法，可以让学生从具体到抽象进行归纳，人教 A 版中也给出了相应的示范。

五、加强背景和应用，发展学生数学建模素养

1. 把函数应用渗透在学习函数的全过程

函数是描述客观世界中变量关系和规律的最为基本的数学语言和工具，幂函数、指数函数与对数函数是最基本的、应用最广泛的函数，在学习这些函数的过程中，加强背景与应用，既是为了使学生了解这些函数的来源，有效地经历概念的抽象过程，更深刻地理解这些函数的本质，也是为了使学生明确这些函数分别描述了现实世界中哪一类变量关系和规律，从而为学生在面对具体问题时能正确选择函数类型、建立适当的数学模型解决实际问题打下坚实基础。同时，这也是为了把数学建模素养的培养落实在本单元学习全过程的需要。

首先，人教 A 版对指数函数、对数函数的现实背景与应用给予了充分关注。在章引言中指出，在自然条件下，细胞的分裂、人口的增长、放射性物质的衰减等问题，都可以用指数函数构建数学模型来描述它们的变化规律；在指数函数概念的建立过程中，人教 A 版以现实中的真实事例为背景，通过与"线性增长"的比较得出"指数增长"的规律进而引入指数函数的定义与表示；在研究指数函数、对数函数的图象与性质之后，人教 A 版加强了运用函数图象与性质解决实际问题的内容；最后，人教 A 版通过具体实例对不同函数的增长差异（直线上升、指数爆炸、对数增长）进行比较，并专门安排了"函数的应用"一节，在介绍了运用函数性质求方程近似解的基本方法（二分法）的基础上，安排了典型而丰富的实例，引导学生更深入地理解用函数构建数学模型的基本过程，学习运用模型思想发现和提出问题、分析和解决问题的方法。本单元安排了 40 多

个实际问题,涉及游客人次与旅游收入的指数增长、碳 14 考古、人口增长模型、产品产量增长率、储蓄利率(复利)、地震释放的能量与震级的关系、GDP 增长率、血液中酒精含量或药物含量的指数衰减、物价的增长率、溶液酸碱度、火箭飞行的运动规律、鲑鱼游速与耗氧量的关系、声强级别、动物或植物自然繁殖的规律、投资方案的选择、数据量的爆炸式增长、特定人群身高体重的关系、汽车耗油量、废气减排、物体冷却模型等各种各样的现实问题。

2. 不同函数增长差异的比较

面对实际问题时,为了准确地描述它的变化规律,需要选择恰当的函数类型来构建数学模型,为此就要先分析清楚不同类型函数的增长差异。从函数性质的角度看,增长差异的比较可以深化函数单调性的认识,不同函数增长差异刻画了它们的增长方式以及变化速度的差异。

由于学生对线性函数已经有了认知基础,其变化规律非常直观:在整个定义域上的瞬时变化率恒定,即 $\frac{\Delta y}{\Delta x}$ 为定值。因此,人教 A 版用线性函数作为一把尺子,来"度量"指数函数和对数函数的增长差异,从而帮助学生理解直线上升、指数爆炸和对数增长的含义。

一般而言,对于一个具体的现实问题,可以用于刻画其数量关系、变化规律的函数类型是不唯一的,应根据实际问题的需要进行权衡,并需要借助一定的数学工具对函数的拟合优度进行判断。

基本初等函数都是某一类运动变化现象的数学抽象,是理想化的。现实事物的运动变化往往不是那么纯粹,其增长方式也是丰富多彩的。例如,有平稳增长也有震荡增长,增长速度有的先慢后快有的先快后慢,等等。所以,在利用函数建立数学模型解决实际问题时,一般需要根据实际情况做出选择,有时还需要"分段处理",这时就要建立分段函数模型了。

3. 二分法与求方程近似解的育人价值

用数学解决实际问题时,经常需要解方程,但从现实问题中抽象出的方程往往很难得出准确解。同时,从实用角度考虑,达到一定精度的解就完全可以有令人满意的效果了。这样,在无法得出准确解时,设法求出满足精度要求的解就成为我们的追求。

在"预备知识"中曾经安排"从函数的观点看方程和不等式"。类比"一元二次方程 $ax^2+bx+c=0$ 有实根 $\Leftrightarrow$ 一元二次函数 $y=ax^2+bx+c$ 有零点 $\Leftrightarrow$ 一元二次函数 $y=$

ax^2+bx+c 的图象与 x 轴有公共点",得出"方程 $f(x)=0$ 有实数解 $\Leftrightarrow$ 函数 $y=f(x)$ 有零点 $\Leftrightarrow$ 函数 $y=f(x)$ 的图象与 x 轴有公共点",这个过程没有什么难点。

接下来,要把这种直观描述转化为可操作的代数表示,其难点在于"想不到"用"函数图象在区间 $[a,b]$ 连续不断"、"$f(a)f(b)<0$"实现转化。 实际上,由高中数学内容的抽象性导致的"不是做不到,而是想不到"的现象比较普遍,这体现了"数学的方式"的独特性,包括数学地看问题的视角、抽象事物本质的角度以及表达的方式等,这些是数学的理性思维的具体表现,恰是数学学科核心素养的精要所在。所以,教学中一定不要认为"说破了"学生就知道了而采取"告诉式教学",要通过适当的"情境+问题"引导学生经历过程,变"想不到"为"想得到",从而通过基本思想、基本活动经验以及从数学角度发现和提出问题能力的培养,使数学学科核心素养落地。

人教 A 版在这里安排了一个"探究"活动:

对于二次函数 $f(x)=x^2-2x-3$,观察它的图象(图 3.2.3),发现它在区间 $[2,4]$ 上有零点。这时,函数图象与 x 轴有什么关系? 计算 $f(2)$ 与 $f(4)$ 的乘积,这个乘积有什么特点? 在区间 $[-2,0]$ 上是否也有这种特点呢?

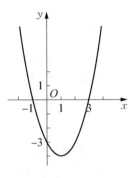

图 3.2.3

再任意画几个函数的图象,观察函数零点所在区间,并计算在区间端点的函数值的积,是否有同样的结论?

这个问题的引导性在于,观察"函数图象与 x 轴的关系"的角度,不仅"有公共点 $(3,0)$",而且是"穿过"x 轴。这样,在"图象连续不断"的条件下,把这两点结合起来,那么在零点所在区间内,零点的两边函数值一定异号。也就是说,"图象穿过 x 轴"(形)用"函数的取值规律"(数)来表达,就是"在 $x=3$ 的两侧函数值异号",可以取端点为代表,即 $f(2)f(4)<0$。

有了上述铺垫,再让学生自己举几个例子分析一下,归纳出共性而概括出"零点存在定理"就不难了。不过,这里还有一个问题也是属于"数学的方式"、逻辑的严谨性方面的,即从逻辑的角度对定理中两个条件的充分性、必要性的考察,这也是发展数学学科核心素养的契机,老师们可以由此体会一下"将核心素养的发展融于具体内容的学习中"的韵味。

利用"零点存在定理"可以判断一个有限区间内存在零点,接着的任务是求出其近似值。用二分法求方程的近似解,其想法直观、朴素但思想深刻,它不仅使求解过程程序化、步骤化,是体验算法思想、培养数学运算素养的好载体,同时也体现了逼近思想,和微积分思想如出一辙。同时,具体求解过程中常常具有构造性,所以也是培养学生创新思维的好素材。

六、小结

本单元内容按"背景—概念—图象和性质—应用"的路径安排学习过程,体现了研究函数的一般套路,有利于学生形成系统性、普适性的数学思维模式。让学生经历从具体的现实情境中抽象一般规律和结构的过程,有利于培养透过现象看本质的能力,使他们学会以简驭繁,养成一般性思考问题的好习惯,从而发展数学抽象、直观想象素养,逐渐学会用数学的眼光观察世界。通过数学运算、函数图象发现指数函数、对数函数所刻画现实世界中的变量关系和规律,研究指数函数和对数函数的性质,比较不同函数的增长差异,有利于学生把握相关数学内容的本质,提升数学运算、逻辑推理素养,使学生逐步学会用数学的思维思考世界。运用指数函数和对数函数建立数学模型解决实际问题,可以帮助学生切实感受数学与现实世界的联系,认识数学在科学、社会、工程技术等领域的作用,积累数学活动经验,发展数学建模素养,提高实践能力和创新意识,进而逐步学会用数学语言表达世界。以上这些就是通过本单元学习要达成的育人目标,也是教学中应重点关注的。

思考题

(1) 指数幂的研究与数系的扩充有怎样的内在一致性,又有怎样的不同? 对指数幂 a^x 的研究重点是什么?

(2) 如何加强指数幂拓展过程发展学生理性思维?

(3) 指数函数刻画了哪类现实问题的变化规律? 如何引导学生抽象指数函数概念?

(4) 课程标准提出:"指数函数的教学,应关注指数函数的运算法则和变化规律,引导学生经历从整数指数幂到有理数指数幂、再到实数指数幂的拓展过程,掌握指数函数的运算法则和变化规律。"我们应该如何理解课程标准的这一要求?

(5) 怎样构建对数的研究路径? 建立对数概念要完成哪几件事情? 如何引导学生研究对数的运算性质才更有利于发展学生的理想思维? 如何让学生感受研究对数换底公式的必要性?

(6) 与其他类型的函数概念的抽象过程比较,对数函数概念的抽象过程有怎样的特点?

（7）如何体现"用对数函数图象和对数运算研究对数函数性质"？

（8）如何创设情境，促使学生发现函数零点存在定理？

（9）为什么说用二分法求方程的近似解具有一般性？

（10）利用函数建立数学模型的教学中，怎样落实"引导学生理解如何用函数描述客观世界事物的变化规律"的要求？

第三节　三角函数

现实世界中存在各种各样的运动变化现象，基本初等函数是对其中基本的变量关系和规律的刻画，例如线性函数、指数函数和对数函数分别刻画了"直线上升""指数爆炸""对数增长"等现象。"周而复始"现象随处可见，要用周期函数进行刻画，其中最典型的则是三角函数。

一、课程定位

课程标准指出，三角函数是一类最典型的周期函数。本单元的学习，可以帮助学生在用锐角三角函数刻画直角三角形中边角关系的基础上，借助单位圆建立一般三角函数的概念，体会引入弧度制的必要性；用几何直观和代数运算的方法研究三角函数的周期性、奇偶性（对称性）、单调性和最大（小）值等性质；探索和研究三角函数之间的一些恒等关系；利用三角函数构建数学模型，解决实际问题。内容包括：角与弧度、三角函数概念和性质、同角三角函数的基本关系式、三角恒等变换、三角函数应用。

分析课程标准的上述表述，可得出如下几点认识：

第一，三角函数在刻画周期性现象中具有基础性作用，是非常重要的。实际上，绝大多数的周期性都可以用正弦函数、余弦函数构成的无穷级数予以表征，这就是傅里叶级数。

第二，单位圆是建立三角函数概念的理想载体。在各种各样的周期性现象中，匀速圆周运动具有典型性，而单位圆上点的单位速率运动又是不失一般性的，所以借助单位圆建立的函数概念具有简单性、一般性。

第三，三角函数概念与单位圆之间的紧密融合关系，表明三角函数性质与圆的几何性质有内在关联。实际上，三角函数的性质就是圆的几何性质的解析表达。所以，研究三角函数的性质要采用几何直观和代数运算相结合的方法。

第四，从三角函数概念可知，确定这些函数的要素（特别是对应关系）的背景条件是一样的,所以这些函数之间一定有内在联系,这是三角函数的"与众不同"之处。这样,探索和研究这些三角函数之间的一些恒等关系就成为研究三角函数的一个重要任务。

第五,掌握三角函数的主要目的之一是用于建立数学模型解决实际问题。

二、内容与要求

课程标准对三角函数提出了如下内容与要求。

1. 角与弧度

了解任意角的概念和弧度制,能进行弧度与角度的互化,体会引入弧度制的必要性。

2. 三角函数概念和性质

(1)借助单位圆理解三角函数(正弦、余弦、正切)的定义,能画出这些三角函数的图象,了解三角函数的周期性、单调性、奇偶性、最大(小)值。借助单位圆的对称性,利用定义推导出诱导公式 $\left(\alpha \pm \dfrac{\pi}{2}、\alpha \pm \pi \text{ 的正弦、余弦、正切}\right)$。

(2)借助图象理解正弦函数、余弦函数在 $[0, 2\pi]$ 上,正切函数在 $\left(-\dfrac{\pi}{2}, \dfrac{\pi}{2}\right)$ 上的性质。

(3)结合具体实例,了解 $y = A\sin(\omega x + \varphi)$ 的实际意义;能借助图象理解参数 ω、φ、A 的意义,了解参数的变化对函数图象的影响。

3. 同角三角函数的基本关系式

理解同角三角函数的基本关系式:$\sin^2 x + \cos^2 x = 1$,$\dfrac{\sin x}{\cos x} = \tan x$。

4. 三角恒等变换

(1)经历推导两角差余弦公式的过程,知道两角差余弦公式的意义。

(2)能从两角差的余弦公式推导出两角和与差的正弦、余弦、正切公式,二倍角的正弦、余弦、正切公式,了解它们的内在联系。

(3)能运用上述公式进行简单的恒等变换(包括推导出积化和差、和差化积、半角公式,这三组公式不要求记忆)。

5. 三角函数应用

会用三角函数解决简单的实际问题,体会可以利用三角函数构建刻画事物周期变化的数学模型。

分析上述内容与要求的框架可以发现：

第一，任意角的概念和弧度制的引入要讲"必要性"，其背景是周期性现象，可以围绕匀速圆周运动的刻画来展开。实际上，引入任意角概念和弧度制也是刻画周期性现象的一环。如图 3.3.1，圆上一点从点 A 开始，以角速度 ω 绕圆周运动到点 P，运动时间 t 与转过的角 α 之间的关系是 $\alpha = \omega t$。如果起始位置 A 对应于角 φ，那么有

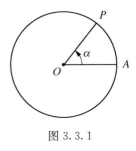

图 3.3.1

$$\alpha = \omega t + \varphi。$$

第二，要让学生充分认识单位圆在研究三角函数中的重要性，从内容到方法都应强调单位圆的"脚手架"作用，将单位圆作为研究三角函数的一个工具，让学生养成使用习惯。

第三，课程标准强调，诱导公式是三角函数的性质，在研究方法上要求借助单位圆的对称性、从定义出发进行推导。老师们习惯于从"任意角三角函数求值"的角度看待内容，"利用诱导公式将任意角的三角函数化为锐角三角函数"的定位根深蒂固，但这种观点要得到与时俱进的改变。

这里有一个问题需要讨论。$\alpha \pm \dfrac{\pi}{2}$、$\alpha \pm \pi$ 的几何变换的意义是将 α 的终边逆时针或顺时针旋转 $\dfrac{\pi}{2}$ 或 π，因为"将 α 的终边逆时针旋转 π"和"将 α 的终边顺时针旋转 π"效果是一样的，所以课程标准的表述有点瑕疵。我们认为，诱导公式"诱导"的是 α 的终边与 $\dfrac{\pi}{2} \pm \alpha$、$\pi \pm \alpha$ 的终边成轴对称、中心对称关系，归根到底是要将其他区间的三角函数与"主值区间"的三角函数建立联系，以便利用周期性简化研究，因此这里还是改为 $\dfrac{\pi}{2} \pm \alpha$、$\pi \pm \alpha$ 更好（人教 A 版采用这个表述）。实际上，如果要强调"几何变换的代数表示"，那么只要有 $-\alpha$ 和 $\alpha + \dfrac{\pi}{2}$ 这两个就可以，一个是关于 x 轴的轴对称，一个是逆时针旋转 $\dfrac{\pi}{2}$。

第四，课程标准要求借助单位圆的几何直观探索三角函数的周期性、单调性、奇偶性、最大（小）值等整体性质；而对一个特定周期内的函数性质则要求达到理解水平。

第五，要注意 $y = A\sin(\omega x + \varphi)$ 的实际意义，与 $y = \sin x$ 建立联系，借助图象变换

理解参数 ω、φ、A 的意义,并在此过程中"拆除"单位圆这个脚手架,为三角函数用于研究广泛的周期性现象打下基础。因为这个函数与现实世界中周期性现象紧密关联,所以可以结合三角函数的应用安排 $y = A\sin(\omega x + \varphi)$ 的学习。

第六,同角三角函数的基本关系式表明了三个三角函数之间的内在联系,要达到理解水平。这里,如何使学生想到研究"联系"的问题是首要的。

第七,三角恒等变换公式具有层次性,两角差余弦公式是奠基,要求学生掌握推导方法。由此出发推导两角和与差、二倍角的三角公式是第二层次,以任意角概念的理解、诱导公式、角的灵活表示等为基础,要让学生自己进行探索。第三层次是积化和差、和差化积、半角公式等,可以作为两角和与差、二倍角公式的应用结果。

上述七点顺次构成研究三角函数的整体架构,可以作为建构三角函数教材和教学的基本依据。

三、本单元学习的认知分析

下面我们分析一下本单元的认知基础。

1. 数学外部的基础

学生每天都能接触到周期性现象,这是日常生活中积累的对"周而复始"现象的认识经验。

物理中已经学习过圆周运动、简谐振动、交变电流等,地理中学习的季节轮替、潮汐变化等,生物中学习的各种动植物的生长规律等,总之,相关学科中积累的关于周期性变化规律的知识都可以成为三角函数的认知基础。

2. 数学内部的基础

数学内部积累的三角函数认知基础已经非常丰富。

(1)平面几何方面

在平面几何中学习的圆的性质、相似形的有关知识,初中对圆的研究,从中心对称图形、轴对称图形、旋转对称图形等多角度展开,将这些研究中得出的定性结果用三角函数概念表达出来,就可以直接得到三角函数的性质。同时,平面几何中的相关知识及其蕴含的思想方法也能给证明三角函数的性质提供思路,例如两角差余弦公式的证明。

(2)函数主题方面

在函数一般概念,幂函数、指数函数、对数函数的学习中积累的数学思想、数学活动经验都是本单元的认知基础:

从函数的一般概念、表示与性质等学习中，了解了研究函数的一般路径、方法；

通过幂、指、对函数的学习，基本掌握了研究一类函数的结构、内容、过程与方法。

特别重要的是，在这些学习中养成的一般性思考问题的习惯，例如如何构建一类函数的研究路径，抽象一类函数概念的内容、途径与方法，如何从函数定义出发研究函数性质，如何利用函数概念和性质建立数学模型解决实际问题，等等。

3. 认知困难分析

已学的多项式函数、幂函数、指数函数和对数函数等，它们的对应关系都是代数运算规律的反映，但三角函数不以"代数运算"为媒介，是几何量（角与有向线段）之间的直接对应，不是通过对 α 进行代数运算得到函数值，这是一个复杂、不良结构情境，学生不习惯于这样的对应关系，是主要的学习难点。因此，在"对应关系"的认识上必须采取措施破除定势，帮助学生搞清三角函数的"三要素"，特别是要在落实"给定一个角，如何得到对应的函数值"的操作过程的基础上再给出定义。

三角函数的性质，核心是周期性，由此引发丰富多彩的内容：丰富的对称性；以单位圆为媒介而建立起各三角函数之间的丰富关联，例如由定义直接推出同角三角函数之间的关系；结合单位圆上点的运动及其坐标的变化规律（非常直观）推出各种各样的三角公式、恒等变换公式等，这是其他函数所没有的。

研究三角函数性质的方法也有特殊性，即利用三角函数的定义，将圆的几何性质转化为三角函数值之间的关系，这就是通过几何直观研究函数性质，如单位圆关于原点成中心对称、关于坐标轴成轴对称、关于 $y=\pm x$ 成轴对称，转化为三角函数之间的关系，就是诱导公式。因此，研究三角函数性质时所使用的数形结合，与通过观察函数图象而得出性质所体现的数形结合，有较大的不同。总之，"正弦函数、余弦函数的基本性质是圆的几何性质的直接反映"，这种研究方法是学生不熟悉的，有的学生甚至会认为这样得到的不是函数性质。

三角函数概念与性质的学习中，与单位圆建立了非常紧密的联系，有利于学生理解三角函数的本质，但同时也带来不利影响。现实中的周期性现象并不一定以角为自变量，因此在用三角函数解决实际问题时，需要有更复杂的分析与转化工作。

四、内容的理解与教学思考

（一）本单元内容的整体构建

1. 三角函数发展概述

公元前的亚历山大里亚时期，为了建立定量的天文学，三角术在希腊定量几何学中应运而生,到托勒密(C. Ptolemaeus,约 100—170)出版《数学汇编》,希腊三角术及在天文学上的应用达到顶峰。这部著作中有大量三角恒等变形问题,包括和(差)角公式、和差化积公式等,证明采用了初等几何方法。

三角学的发展与天文学相互交织,且服务于天文学。到十六世纪,三角学开始从天文学里分离出来,并成为数学的一个分支。

应航海、天文、测量等实践之需,制作三角函数表成为三角学研究的核心工作。因为在制作过程中需要大量的三角恒等变形,所以三角恒等变形问题占据了主导地位。随着对数的发明,特别是微积分的创立,三角函数表的制作变得轻而易举,繁杂的三角恒等变形不再需要,曾经重要的三角公式也风光不再。在中学数学课程中,复杂的三角恒等变形似乎应逐渐退出历史舞台。

2. 课程内容的与时俱进

(1) 更加重视对 $y = A\sin(\omega x + \varphi)$ 的研究

从应用的角度看,应强调三角函数作为描述周期现象的重要数学模型的地位,因为"三角函数与其他学科的联系与结合非常重要,最重要的是它与振动和波动的联系,可以说,它几乎是全部高科技的基础之一"(齐民友)。因此,优化三角函数课程内容,应该围绕"与其他学科的联系与结合",在建立三角函数的基本概念、认识它的基本性质的基础上,对 $y = A\sin(\omega x + \varphi)$ 展开深入研究,重视它对学生数学抽象、逻辑推理和数学建模等素养发展中的作用。

(2) 发挥单位圆的作用

因为"正弦、余弦函数是一对起源于圆周运动,密切配合的周期函数,它们是解析几何学和周期函数的分析学中最为基本和重要的函数;而正弦、余弦函数的基本性质乃是圆的几何性质(主要是其对称性)的直接反映"[①],所以研究三角函数的性质,要充分发挥单位圆的作用,以利于提高学生的数形转化、直观想象能力。三角函数的研究中,一定要确立以单位圆为载体的几何直观方法的主导地位,这样才能达到聚焦本质、削支强干、以简驭繁的目的。

(3) 体现数学的现代思想

三角学是非常古老的内容,但可以用最先进的数学思想来处理它,主要是函数的变换(映射)与坐标系的变换及其关系、对称性与不变性等现代数学的主流思想和方

———————————
① 人民教育出版社,课程教材研究所,中学数学课程教材研究开发中心. 义务教育教科书:数学 七年级上册[M]. 北京:人民教育出版社,2012:82.

法。例如,把诱导公式作为"关于 x 轴的轴对称变换 $T_1:\theta \rightarrow -\theta$"和"将 θ 的终边绕原点逆时针旋转 $\dfrac{\pi}{2}$ 的旋转变换 $T_2:\theta \rightarrow \dfrac{\pi}{2}+\theta$"的合成;把和(差)角公式作为"角 α 旋转任意角 β 的旋转变换公式"等。

这样认识和处理内容,体现了三角函数性质的整体性,可以更充分地发挥三角函数在培养学生的直观想象、数学抽象、逻辑推理、数学运算和数学建模等核心素养的作用。

(4) 加强与复数、向量等内容的联系

从整体上看,三角函数处于高中数学课程内容的结合点上,"三角学其实就是三角形的解析几何,可以说是具体而微的解析几何,它是整个平面解析几何的基础所在,也是用解析法系统研究几何的基本工具"①。所以要强调三角函数与向量、复数、解析几何等的联系与综合,可以通过加强三角函数在后续相关内容中的应用来体现(例如解三角形),也可以通过用向量、复数的方法重新推导三角变换公式等来实现。本单元则要加强诱导公式、三角恒等变换公式与圆的性质(主要是对称性)的联系。

总之,定义三角函数的最好方式是利用直角坐标系中的单位圆。抓住三角函数作为刻画匀速圆周运动的数学模型,这就真正抓住了要领,就能以简驭繁。

3. 本单元的结构体系

三角函数的内容非常丰富,经过多轮课程改革,不断削支强干,其研究的内容、过程和方法都越来越简洁、清晰,但构建教材结构体系的指导思想仍然是一脉相承的:根据数学知识发生发展过程的内在逻辑,体现研究一个数学对象的"基本套路",使教材具有内容的连贯性、逻辑的严谨性;同时,要发挥核心概念及其蕴含的数学思想和方法的纽带作用,使教材具有思想的一致性。具体按照如下线索展开:

背景、任意角和弧度制—概念—基本性质(直接由定义推出的性质,要素的关系)—图象与性质—三角恒等变换(圆的几何性质的解析表示)—函数 $y=A\sin(\omega x+\varphi)$—应用(注重多样性,撤去单位圆这个"脚手架")。

(二) 具体内容的理解与教学

1. 如何引入本章内容

问题 1 三角函数刻画了客观世界中哪一类变量关系和规律? 如何引导学生分析周期性变化现象?

---

① 项武义.基础数学讲义丛书:基础几何学[M].北京:人民教育出版社,2004:82.

以往教材的习惯做法是将任意角三角函数作为锐角三角函数的形式推广,人教 A 版的上一版(2004 版)也是在锐角三角函数的基础上进行推广。然而,任意角的三角函数虽然与锐角三角函数有渊源,某种意义上可以把前者看成是后者的进一步发展,但它们研究的是两类不同的问题。"三角学所讨论的课题是三角形的各种各样的几何量之间的函数关系"[①],锐角三角函数是解三角形的工具;而任意角的三角函数却不限于此,它是一个周期函数,是研究现实世界中周期变化现象的"最有表现力的函数"。另外,从数学发展的历史看,任意角的三角函数在 18 世纪之所以得到系统研究(其中很重要的是函数的三角级数展开式问题),主要原因是三角函数具有周期性,这一特殊属性在天文学、物理学中有大量应用。三角级数"在天文学中之所以有用,显然是由于它们是周期函数,而天文现象大都是周期的"[②],而这种应用又与当时数学研究的中心工作——微积分紧密结合,人们在研究行星运动的各种问题时,需要确定函数的傅里叶展开式,而这种展开式(三角级数)的系数是用定积分表示的。

所以,锐角三角函数是研究三角形各种几何量之间的关系而发展起来的,任意角三角函数是研究现实中的周期现象而发展起来的。它们研究的对象不同,具有的性质也不同。我们既不能把任意角的三角函数看成是锐角三角函数的推广(或一般化),也不能把锐角三角函数看成是任意角的三角函数在锐角范围内的"限定"。

为了避免在三角函数入门时给学生造成错觉,人教 A 版直接从现实生活中典型的周期性现象引入,指出已有的函数都无法刻画这类现象,然后将学生的思路引到圆周运动的刻画,通过分析圆上点 P 在圆周上运动时与哪些因素有关,逐步把问题聚焦到圆心角的大小变化与点 P 之间的内在联系上。

实际上,人教 A 版这样处理,是为了引导学生经历一个完整的数学化过程,使他们知道三角函数的背景和应用,为掌握本单元知识、思想和方法打下坚实基础。

2. 任意角与弧度制

问题 2 如何理解角的范围的扩充? 需要完成哪几件事?

学生已经比较熟悉数系扩充的过程与方法,角的范围的扩充与数系扩充是完全类似的,只是关于角的运算只有加减。扩充过程中要完成的事情主要有:

(1)背景——引进大于 360°的角和负角的必要性,其要点是"角是转出来的",射线绕端点旋转时,确定一个旋转需要旋转量和旋转方向两个要素。

----

① 项武义. 基础数学讲义丛书:基础几何学[M]. 北京:人民教育出版社,2004:82.
② 克莱因 M. 古今数学思想:第二册[M]. 北京大学数学系数学史翻译组,译. 上海:上海科学技术出版社,1979:182.

（2）定义任意角概念（正角、负角和零角的意义），定义角的相等。要注意，定义一个对象，必须明确对象的集合中怎样的两个元素是"相同的"，这是后续研究的基础。

（3）角的表示，包括符号表示，图形表示等。

（4）角的运算，就像将数轴上的点在数轴上左右运动与实数的代数和统一起来一样，我们把角的终边的顺时针、逆时针旋转与角的加法联系起来，可以定义角的加法、相反角、减法，并将加减运算统一。需要注意的是，将角 α 的终边绕原点旋转任意角 β，无论是顺转还是逆转，终边所对应的结果都是 $\alpha+\beta$，其原因是 β 带有符号，符号就表示了角的旋转方向。用符号表示方向，在数学中是常用的、重要的。

顺便指出，有的老师认为角用弧度制度量，就是实数，而实数的运算早就定义了，所以这里不必要再定义角的加减。从上述讨论可以发现，这样的观点是偏颇的。

（5）象限角，让角的顶点与原点重合、始边与 x 轴非负半轴重合，从而使角的表示统一化、标准化、简单化，更重要的是使任意角成为刻画周而复始现象的数学工具。

这里的一个问题是，如何引导学生发现和提出"终边相同的角的表示"问题？

引入象限角表示后，出现的问题是：给定一个角，其终边唯一确定，但一条终边却可以对应无数个角。这时可以提出一个问题：两个角，其始边、终边都相同，那么它们之间一定有内在联系，有怎样的联系呢？一般地，确定同一事物两种表示之间的联系、转化，是数学的一个基本任务。

教学时，可以从上述一般性角度提出问题，再由形到数、从具体到抽象，把"角 α 的终边绕原点旋转整数周回到原来位置"用数量关系表示出来就得到结果。

问题3 为什么要引入弧度制？如何理解弧度制？

事物数量的度量是基本问题，数学的起源就是建立数（shǔ）数（shù）的规则。度量可以使用不同的进位制。例如，物体的重量可以公制、市制、金衡制、常衡制等等。角度制是六十进制。引入弧度制的一个形式化理由是函数的定义要求定义域、值域都是实数的集合，所以必须建立起一个度量角的十进制，才能满足要求。同时，引入弧度制后，三角函数与其他函数就可以进行运算，可以极大地拓展三角函数的应用范围，这是另一个理由。实际上，引入弧度制的必要性要在后续的数学分析中才能完全体现出来。

把握任何度量制，度量单位的理解是根本。1弧度的意义是什么？从名称上就可以知道这是用圆的弧长来度量角的大小，这里有一个问题要解决：如图 3.3.2，$\overset{\frown}{QQ_1}$ 和 $\overset{\frown}{PP_1}$ 所对圆心角都是 α，但它们的弧长显然不等，是与半径相关

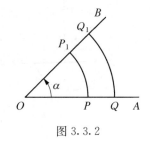

图 3.3.2

的。联系到初中阶段学过的弧长公式 $l=\dfrac{n\pi r}{180}$（其中 n 是 α 的度数），可以发现 $\dfrac{l}{r}=$

$n\dfrac{\pi}{180}$，这说明 $\dfrac{l}{r}$ 随 α 的确定而唯一确定。这样，利用圆的弧长与半径的关系度量圆心角，把长度等于半径的圆弧所对圆心角的大小定义为 1 弧度，就做到了度量上的完备性和纯粹性。其实，任何度量问题归根到底都是如何确定度量单位。在圆的研究中，无论是圆的定性性质还是面积、弧长等定量性质，半径这个确定圆的要素都发挥着决定性作用。圆心角的大小与弧长是一一对应的，以弧长等于半径的弧所对圆心角为 1 弧度，同样体现了半径的基准作用，就是一种标准化思想。

接下来自然要研究两种度量制的换算。对于学生而言，主要是能否提出"换算"这个问题。和前面终边相同的角的相互关系一样，要培养学生的一种意识：一个数学对象的两种表示，必然有内在联系。发现联系的关键是找到中间桥梁，这里自然是一个周角，即 $2\pi=360°$。

3. 三角函数概念的抽象

问题 4 抽象三角函数概念的主要环节有哪些？

对学生而言，获得研究对象必须经历从事实到概念的数学抽象，概念学习过程就是学会数学化的过程。这里就是要通过数学抽象，将匀速圆周运动归结到单位圆上点的运动规律的刻画，进而得出三角函数概念，具体应解决四个问题：(1)三角函数刻画了哪类运动变化现象，(2)决定这类运动变化现象的要素，(3)要素之间的依赖关系，(4)用什么数学模型来刻画。人教 A 版安排的抽象过程如下：

首先，以"不失一般性，先研究单位圆上点的运动"，明确："任务是：单位圆 $\odot O$ 上的点 P 以 A 为起点做逆时针方向旋转，建立一个数学模型，刻画点 P 的位置变化情况。"然后以直角坐标系为工具，将问题转化为数学问题：

如图 3.3.3，以单位圆的圆心 O 为原点，以射线 OA 为 x 轴的非负半轴，建立直角

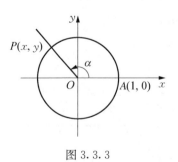

图 3.3.3

坐标系，点 A 的坐标为 $(1,0)$，点 P 的坐标为 (x,y)。射线 OA 从 x 轴的非负半轴开始，绕点 O 按逆时针方向旋转角 α，终止位置为 OP。点 P 的坐标是否能由 α 唯一确定？

第二步，设置"探究"栏目，引导学生以函数的一般概念为指导，从特殊到一般地认识三角函数对应关系的本质特征，确认"点 P 的横坐标 x、纵坐标 y 都是角 α

的函数"。

第三步，引入三角函数的符号表示，给出完整的三角函数概念。

第四步，设置"探究"栏目，将自变量范围限定到 $\left(0, \dfrac{\pi}{2}\right)$，引导学生探索任意角三角函数与锐角三角函数之间的关系。

第五步，通过例题辨析概念，其中特别安排了"设 α 是一个任意角，它的终边上任意一点 P（不与原点 O 重合）的坐标为 (x, y)，点 P 与原点的距离为 r。求证：$\sin\alpha = \dfrac{y}{r}$，$\cos\alpha = \dfrac{x}{r}$，$\tan\alpha = \dfrac{y}{x}$。"目的是沟通三角函数的"单位圆定义"与"终边上点的坐标比定义"，为后续拓展应用埋下伏笔。

上述内容处理有如下考虑：

（1）聚焦周期性现象的数学刻画，发挥单位圆的作用，使问题本质化、简单化、明确化、具体化，排除锐角三角函数的干扰；

（2）突出现实背景到数学概念的逻辑主线，直接针对角 α 的终边与单位圆交点坐标 $P(x, y)$ 之间的对应关系展开数学化活动，简捷地完成概念抽象过程，促使学生形成清晰的三角函数概念；

（3）体现学生思维的逻辑性，以认知心理学概念学习理论为指导，以概念形成的方式，引导学生完整经历概念的抽象过程：具体例证的属性分析—共性归纳—定义—符号表示—概念辨析—概念精致。

4. 三角函数的性质

问题 5 三角函数的性质要研究的问题是什么？应按怎样的逻辑顺序研究数学性质？

三角函数的性质有些"与众不同"，有两个不同角度。

第一个角度，从函数的一般性质入手，研究三角函数的图象与性质，探究"变化中的规律性、不变性"，单调性、奇偶性、最大（小）值等是"常规性质"，但这些"规律性"、"不变性"的表现形式又有自身特点——与周期性结合产生的变化，如最大值有无数个且呈周期性，对称轴有无数条也呈周期性等等。

第二个角度，由"正弦函数、余弦函数的基本性质乃是圆的几何性质（主要是对称性）的直接反映"所决定的性质，表现形式是各种各样的三角关系式，如此丰富的关系式是其他函数所没有的。这些关系式可以按如下层次结构展开：

（1）设 $P(x, y)$ 是单位圆上任意一点，角 α 的终边是 OP。让 OP 绕原点旋转

$k(k\in\mathbf{Z})$周，这时的终边所对应的角为$2k\pi+\alpha$。因为"单位圆上任意一点在圆周上旋转整数周回到原来的位置"，所以由定义可得 $\sin(2k\pi+\alpha)=\sin\alpha$ 等。

（2）圆的对称性与直角坐标系结合，形成单位圆关于原点、坐标轴、直线 $y=x$ 等的"特殊对称性"，用三角函数进行解析表达，就是诱导公式。

这里再次强调，为了使诱导公式的教学本质化、简单化，同时让学生感受现代数学的主流思想方法（对称、变换等），一定要注意按上述方法处理内容。诸如化任意角三角函数求值为锐角三角函数求值、"奇变偶不变，符号看象限"之类的应该扬弃。

（3）三角恒等变换公式

前面已经讨论了三角恒等变换公式的层次性，其中两角差余弦公式是奠基的，它的本质是什么呢？我们把公式

$$\cos(\alpha-\beta)=\cos\alpha\cos\beta+\sin\alpha\sin\beta \qquad (*)$$

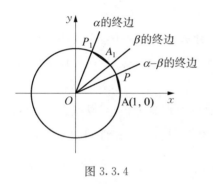

图 3.3.4

中相关的元素在单位圆上标示出来，如图 3.3.4。观察可见，$\triangle A_1OP_1$ 是由 $\triangle AOP$ 旋转 β 角得到的，由旋转不变性自然有 $|A_1P_1|=|AP|$，再由两点间距离公式即可得（*）。所以，两角差余弦公式的本质是圆的旋转对称性的解析表示。

我们知道，旋转对称性是圆的最重要特性，而三角恒等变换公式是圆的旋转对称性的解析表示，是旋转任意角的诱导公式，在研究三角函数深层次性质中具有重要地位。

总之，各种三角公式本质上是圆的基本性质的解析表示，这些公式可以用旋转变换的方法统一起来：

将角 α 的终边旋转整数周，得 $(2k\pi+\alpha)$ 的三角公式；

将角 α 的终边旋转特殊角，得 $\left(\pi\pm\alpha,\dfrac{\pi}{2}\pm\alpha\right)$ 的三角公式，即诱导公式；

将角 α 的终边旋转任意角 β，得 $(\alpha+\beta)$ 的三角公式。

用旋转的观点处理三角恒等关系式，再加上关于 x 轴的轴对称变换 $\alpha\to-\alpha$，可以进一步将诱导公式简化为关于 x 轴的反射对称变换 $T_1:\alpha\to-\alpha$ 和 α 的终边逆时针旋转 $\dfrac{\pi}{2}$ 的旋转变换 $T_2:\alpha\to\dfrac{\pi}{2}+\alpha$ 的合成。当然，更一般的是旋转任意角的变换、关于其他轴（例如 $y=x$）的反射对称变换。用这样的观点和思想方法研究三角恒等变换，可

以作为数学探究活动,让学生自主完成。

顺便提及,关于三角恒等变换的课题引入,目前大致有这样几类:①实际问题中的三角计算,例如求塔高;②"准特殊角"的求值,例如"能否利用 $30°$、$45°$ 的三角函数值求 $75°$ 的三角函数值?";③与诱导公式建立联系,从特殊到一般推广;等等。

考虑到实际问题引入过程较长,"准特殊角"求值中的问题 "$\sin 75° = \sin(30° + 45°) = \sin 30° + \sin 45°$ 成立吗? 如果不成立,那么 $\sin(30° + 45°) =?$ "人为痕迹重,而且不容易推广为一般情形,所以都不是理想的方法。人教 A 版采用了如下方法:

先以"观察诱导公式,可以发现它们都是特殊角与任意角 α 的和(或差)的三角函数与 α 的三角函数的恒等关系。如果把特殊角换为任意角 β,那么任意角 α 与 β 的和(或差)的三角函数与 α,β 的三角函数会有什么关系呢?"进行宏观引导,再设置"探究"栏目:"如果已知任意角 α,β 的正弦、余弦,能由此推出 $\alpha + \beta$、$\alpha - \beta$ 的正弦、余弦吗? "引导学生自主探究。这一处理方式,与旋转变换联系紧密,从特殊到一般思路比较清晰。

5. 三角函数的图象与周期性、奇偶性、单调性、最大(小)值

(1) 正弦函数、余弦函数的图象与性质

因为"单位圆定义法"非常直观而明确地给出了正弦函数、余弦函数的对应关系,从而使我们能方便地采用数形结合的思想讨论三角函数的性质。借助单位圆的几何直观,用数学语言将单位圆上点的坐标随角 α 的变化而变化的规律作出清晰表达,就可得出三角函数的性质。例如,"单位圆上的点旋转整数周就回到原来的位置"的三角函数表达式就是周期性;随着角 α 从 $0 \to \dfrac{\pi}{2} \to \pi \to \dfrac{3\pi}{2} \to 2\pi$,正弦函数值按 $0 \to 1 \to 0 \to -1 \to 0$ 的规律变化,由此容易得到正弦函数的单调性;由定义就可以直接得出奇偶性;等等。事实上,借助单位圆的直观,从三角函数的定义出发,许多重要的三角函数性质都可以直接看出来,非常有利于学生的直观想象、逻辑推理素养的发展。

这里重点说一下画图象的问题,实际上这是一个学习难点。函数图象就是由对应关系 $y = f(x)$ 所确定的点 $P(x, f(x))$ 的轨迹。据此,利用正弦函数的定义,先在一般意义上搞定图象上的一个点 $(x_0, \sin x_0)$,那么就可以通过对 x_0 进行赋值而得出图象上的点。人教 A 版就是按这一思路处理的:

第一步,以"思考"栏目"在 $[0, 2\pi]$ 上任取一个值 x_0,如何利用正弦函数的定义确定正弦函数值 $\sin x_0$,并画出点 $T(x_0, \sin x_0)$?"引导学生画出点 $T(x_0, \sin x_0)$(见图 3.3.5):

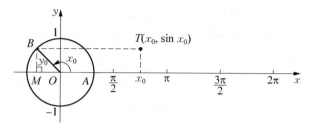

图 3.3.5

第二步,将单位圆 12 等分,再按上述画点 $T(x_0,\sin x_0)$ 的方法,画出自变量取这些值时对应的函数图象上的点(见图 3.3.6):

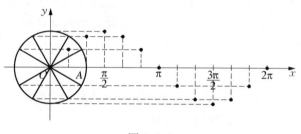

图 3.3.6

第三步,利用信息技术取更多的点,作出比较精确的图(见图 3.3.7):

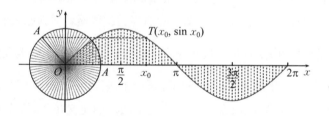

图 3.3.7

通过以上三步,画出一个最小正周期内的图象,然后再按照周期性拓展到整个定义域上。同样,先得出 $y=\sin x$,$x\in[0,2\pi]$ 的性质,再利用周期性进行拓展即可得出正弦函数的性质。

值得注意的是,由周期性、对称性可以生成正弦函数丰富的性质表现形式。例如,$x=k\pi$,$k\in\mathbf{Z}$ 都是函数的零点,且函数图象关于点 $(k\pi,0)$ 成中心对称;当 $x=2k\pi+\dfrac{\pi}{2}$,$k\in\mathbf{Z}$ 时函数取最大值,当 $x=2k\pi-\dfrac{\pi}{2}$,$k\in\mathbf{Z}$ 时函数取最小值,且图象关于 $x=$

$k\pi + \dfrac{\pi}{2}$，$k \in \mathbf{Z}$ 成轴对称；等等。

对于余弦函数的图象，根据诱导公式 $\cos x = \sin\left(x + \dfrac{\pi}{2}\right)$ 可知，只要把正弦函数的图象向左平移 $\dfrac{\pi}{2}$ 个单位长度就可得到。

（2）正切函数的性质与图象

在基本初等函数的研究中，我们已经反复说明，由图象到性质不是唯一的研究路径。在幂函数、指数函数和对数函数的研究中，通过代数运算得出函数性质是非常重要的方法；三角函数的研究中，根据定义和单位圆的性质就可以得出性质。在得出一些性质后，利用这些性质会使得作图更加精确、简捷。所以，人教 A 版在这里有意识地按"先性质再图象"的方式安排教材内容。正切函数的最小正周期、奇偶性由诱导公式直接得出，利用这些性质简化作图过程，即先画出 $x \in \left[0, \dfrac{\pi}{2}\right)$ 的图象，再根据奇偶性、周期性进行拓展。

因为课程标准已经去掉三角函数线，所以人教 A 版先利用正切函数的定义和单位圆给出 $\tan x$ 的图形表示：

如图 3.3.8，设 $x \in \left[0, \dfrac{\pi}{2}\right)$，在直角坐标系中画出角 x 的终边与单位圆的交点 $B(x_0, y_0)$。过点 B 作 x 轴的垂线，垂足为 M；过点 $A(1, 0)$ 作 x 轴的垂线与角 x 的终边交于点 T，则

$$\tan x = \frac{y_0}{x_0} = \frac{MB}{OM} = \frac{AT}{OA} = AT。$$

再利用线段 AT 画出函数 $y = \tan x$，$x \in \left[0, \dfrac{\pi}{2}\right)$ 的图象，如图 3.3.9。

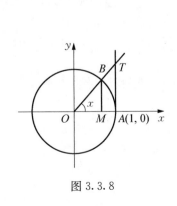

图 3.3.8

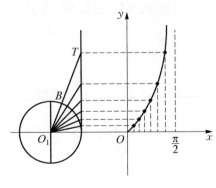

图 3.3.9

6. 同角三角函数的基本关系式

显然,这些基本关系式不难理解,主要问题是如何引导学生发现和提出同角三角函数的基本关系式?这就需要思考:同角三角函数的基本关系式与诱导公式、函数性质等的不同之处在哪里?

可以发现,这里研究的是三个函数之间的关系,而诱导公式、函数性质等研究的是三个函数各自的性质,例如公式一是"终边相同的同一三角函数值相等"。因为三个三角函数都是由"角 α 的终边与单位圆的交点 $P(x, y)$"这一共同背景所决定的,并且 x、y 之间有确定的关系 $x^2 + y^2 = 1$,所以这三个函数之间一定有内在联系。

这里的基本关系看上去不难,但蕴含的思想是深刻的:相同背景下的不同数学对象之间应该具有内在联系,发现这种联系的途径是探究这些对象的要素之间是否具有确定的关系。探究这种联系是数学研究的主要任务之一。

7. 三角函数的应用

三角函数的概念、图象与性质的研究是基于单位圆这一理想化背景的,用三角函数的知识解决实际问题,首先需要"拆除"单位圆这个"脚手架",将理想化的结果还原到现实去,这里就是要从实际问题出发,利用正弦函数建立数学模型 $y = A\sin(\omega x + \varphi)$,研究清楚它的性质,然后用于解释实际问题。这是一个完整的建立函数模型解决实际问题的过程。

在认识参数 A、ω、φ 的意义时,人教 A 版不仅借助函数图象,从函数变换的角度入手,而且注意结合函数 $y = A\sin(\omega x + \varphi)$ 的实际背景,这是与以往教材不同的处理方式。

例如,对于函数 $y = \sin\left(x + \dfrac{\pi}{6}\right)$,如图 3.3.10,在单位圆上,设两个动点分别以 Q_0、Q_1 为起点同时开始运动。如果以 Q_0 为起点的动点到达圆周上点 P 的时间为 x s,那么以 Q_1 为起点的动点相继到达点 P 的时间是 $\left(x - \dfrac{\pi}{6}\right)$ s。这个规律反映在图象上就是:如果 $F(x, y)$ 是函数 $y = \sin x$ 图象上的一点,那么 $G\left(x - \dfrac{\pi}{6}, y\right)$ 就是函数 $y = \sin\left(x + \dfrac{\pi}{6}\right)$ 图象上的点。这说明,把正弦曲线 $y = \sin x$ 上的所有点向左平移 $\dfrac{\pi}{6}$ 个长度单位,就得到 $y = \sin\left(x + \dfrac{\pi}{6}\right)$ 的图象。

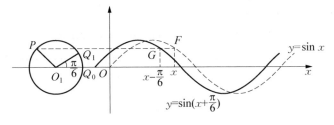

图 3.3.10

五、本单元教学的几个要点

本单元教学要注意以下几个方面:

1. 把握内容的主要变化

(1) 弧度制:强调引入弧度制的必要性,加强了用初中已学的弧长与半径的关系解释弧度制定义的合理性;

(2) 三角函数的定义:直接从建立周期现象的数学模型出发,利用单位圆上点的坐标定义三角函数,然后再建立与锐角三角函数的联系;

(3) 正弦线、余弦线和正切线:根据课程标准的设置,删除了正弦线、余弦线和正切线;

(4) 诱导公式:从单位圆关于原点、坐标轴、直线 $y = x$ 等的对称性出发探究诱导公式,即通过把圆的对称性"代数化",获得诱导公式;

(5) 正弦函数的图象:体现函数图象与三角函数定义之间内在的逻辑联系——图象是函数的一种表示法,先根据定义画出任意一点,掌握了任意一点的作法原理后,通过选择具体的、足够多的点进行描点,最后借助技术描任意多的点,连续成线画出三角函数的图象,这里加强了信息技术的应用;

(6) 三角恒等变换:一以贯之地强调单位圆的作用,两角差的余弦公式利用圆的旋转对称性进行推导;

(7) 函数 $y = A\sin(\omega x + \varphi)$:加强现实背景,通过实际意义和图象变换相结合,研究参数 A、ω、φ 对函数 $y = A\sin(\omega x + \varphi)$ 图象的影响;

(8) 三角函数的应用:体现三角函数应用的层次性,将三角函数应用的问题大致分成三类:第一类是匀速圆周运动的问题,如筒车匀速圆周运动的问题;第二类是弹簧振子、交变电流等物理学中的周期性现象的刻画;第三类是现实生活中仅在一定范围内呈现出近似于周期变化的问题,如温度随时间呈周期性变化的问题,港口海水深度随时间呈周期性变化的问题。

2. 发挥单位圆的作用,加强数学的整体性

前面已经指出,单位圆是研究三角函数的工具,在本单元教学中,要自始至终注重发挥单位圆的"脚手架"作用,在加强整体性的同时增强教学效果,降低学习难度,提高教学质量。例如:

(1) 利用单位圆直观感受 1 弧度的大小;

(2) 借助单位圆定义三角函数;

(3) 利用单位圆研究三角函数的基本性质;

(4) 利用圆的对称性研究诱导公式;

(5) 利用圆的旋转对称性推导和差角公式;

等等。

3. 在一般观念指导下展开研究

一般观念在本单元中的指导具体体现在如下方面:

(1) 以函数的一般概念与性质为线索;

(2) 类比指数函数、对数函数展开研究;

(3) 注重三角函数的特殊性——周期性;

(4) 加强几何直观(利用定义,把圆的对称性"翻译"为三角函数的关系式);

(5) 相同背景条件下的几个对象之间一定有内在联系,发现联系和转化方法是数学研究中的基本任务;

等等。

4. 加强三角函数的应用

三角函数的应用非常广泛,例如单摆运动、弹簧振子、圆周运动、交变电流、音乐、潮汐、波浪、四季变化、生物钟等,教学中要加强三角函数与其他学科的联系。对于函数 $y = A\sin(\omega x + \varphi)$ 要给予特别关注,要注意利用真实的背景材料,让学生在实际应用中加深对周期性的认识,把握 A、ω、φ 的实际意义。

5. 加强信息技术的应用

本单元教学必须借助信息技术,例如:

(1) 终边相同的角的概念的认识;

(2) 弧度制的认识,弧度与角度的互化,非特殊角的三角函数值的计算,$\sin^{-1}x$,$\cos^{-1}x$,$\tan^{-1}x$ 的使用;

(3) 任意角的三角函数的定义;

(4) 画三角函数的图象,用三角函数的图象研究三角函数的性质;

（5）画函数 $y = A\sin(\omega x + \varphi)$ 的图象，探索 A、ω、φ 对 $y = A\sin(\omega x + \varphi)$ 图象的影响；

（6）根据实际数据拟合函数图象；

等等。

6. 提高对三角恒等变换公式的认识水平

要加强从三角函数性质的角度认识三角恒等变换的思想，这些公式是圆的旋转对称性的解析表示，它们都可以借助单位圆作出几何解释。

六、结束语

本单元是必修课程函数主题的"收官"，具有综合性，可以系统应用各种方法对三角函数展开研究，在基本初等函数的研究中具有代表性。在建构本单元教材时，人教A版以"研究一个数学对象的基本套路"为指导，根据三角函数的内容特点，以圆周运动为主要背景，借助单位圆这一强有力的"脚手架"，建立三角函数的概念；用几何直观和代数运算的方法研究三角函数的周期性、奇偶性、单调性和最大（小）值等性质；以"三角函数的性质是圆的几何性质（主要是对称性）的直接反映"为指导，利用圆的几何性质得出三角函数之间的各种恒等关系；利用三角函数刻画一般周期性现象的规律，构建数学模型解决实际问题。这样的内容处理体现了数学的整体性、逻辑的连贯性、思想的一致性、方法的普适性和思维的系统性，实现了人教A版一以贯之的教材编写思想：构建系列化数学活动，引导学生通过对现实问题的数学抽象获得数学研究对象，构建研究数学对象的基本路径，发现值得研究的数学问题，探寻解决问题的数学方法，获得有价值的数学结论，建立数学模型解决现实问题；充分发挥"一般观念"对数学创新活动的引导作用，使学生掌握抽象数学对象、发现和提出数学问题的方法，以实现从"知其然"到"知其所以然"再到"何由以知其所以然"的跨越，把数学基本思想、基本活动经验落实在基础知识、基本技能的教学过程中，使数学学科核心素养真正落地。

思考题

（1）在三角函数的教学中，为什么要特别强调数形结合？

（2）角的范围的扩充要完成哪几件事？这一过程与数系扩充有哪些异同？任意角的学习中可以发展哪些数学素养？

（3）为什么要引入弧度制？理解弧度制的关键点是什么？建立弧度制的过程中蕴含了怎样的理性思维？

（4）如何引导学生完成从背景到三角函数概念的抽象过程？

（5）你认为三角函数概念的学习难点在哪里？你有哪些化解难点的举措？

（6）三角函数性质要研究的问题是什么？如何构建三角函数性质的研究路径？

（7）在三角函数性质的研究中，如何体现"从概念到性质"的研究思路？如何引导学生发现和提出同角三角函数的基本关系式？

（8）课程标准强调要"借助单位圆的直观，探索三角函数的有关性质"，你是如何理解这个要求的？你能给出一个仅借助单位圆的直观发现三角函数性质的教学设计吗？

（9）诱导公式、三角恒等变换的教学可以完整地体现单元整体设计的思想，你能给出教学过程的设计思路吗（给出问题串即可）？

（10）在正弦函数、余弦函数和正切函数图象与性质的研究中，教材给出了不同路径。你是如何理解教材的这种安排的？这样的安排对发展学生的数学素养由哪些好处？

（11）请你谈谈对函数 $y = A\sin(\omega x + \varphi)$ 的理解（内容的本质、育人价值等）。

（12）"三角函数的应用"的教学中，你认为应该注意的问题有哪些？

第四章　几何与代数（必修）

关于数与形的联系，华罗庚（1910—1985）先生有诗曰：

数与形，

本是相倚依，

焉能分作两边飞。

数缺形时少直观，形少数时难入微。

数形结合百般好，隔裂分家万事休。

切莫忘，

几何代数统一体，永远联系，切莫分离！

这说明，当我们把数、形统一起来考虑时，对这两者的认识都会变得更深刻；否则，将两者孤立起来，那么数与形都不会走得太远。"现代数学强调用代数的方法研究几何，其本质是通过几何图形建立直观，通过代数运算刻画规律。"①

以往高中数学课程都是将代数与函数放在一起。与此不同，《普通高中数学课程标准（2017 年版）》首次设置了"几何与代数"内容主线，必修内容包括平面向量、复数和立体几何初步，选择性必修内容包括空间向量与立体几何、平面解析几何。如此设置的理由："一是为代数、特别是线性代数的学习建立几何直观，这个几何直观对于学生的未来学习是非常重要的；二是让学生知道如何用代数运算解决几何问题，这是现代数学的重要研究手段。"②

显然，要使数与形结合起来，需要桥梁，需要有数形结合的研究工具。笛卡儿（R. Descartes，1596—1650）发明了直角坐标系，成功地在数与形之间搭建了桥梁，而向量概念的建立，则使我们有了"集数与形于一身的数学研究工具"。正如课程标准指出：向量理论具有深刻的数学内涵、丰富的物理背景。向量既是代数研究对象，也是几何

---

① 史宁中.数形结合与数学模型——高中数学教学中的核心问题[M].北京:高等教育出版社,2018:40.
② 同①51.

研究对象,是沟通几何与代数的桥梁。向量是描述直线、曲线、平面、曲面以及高维空间数学问题的基本工具,是进一步学习和研究其他数学领域问题的基础,在解决实际问题中发挥重要作用。

下面我们从平面向量开始讨论几何与代数主线的内容。

第一节　平面向量及其应用

一、课程定位

课程标准认为,本单元的学习,可以帮助学生理解平面向量的几何意义和代数意义;掌握平面向量的概念、运算、向量基本定理以及向量的应用;用向量语言、方法表述和解决现实生活、数学和物理中的问题。本单元的内容包括:向量概念、向量运算、向量基本定理及坐标表示、向量应用。

分析课程标准的上述表述,可以得出如下认识:

第一,向量是描述几何图形的基本工具,首先应让学生理解这是一种怎样的工具,掌握它的语言、方法;

第二,向量是一种量,类比数量的研究经验,需要研究它的运算,有了运算才能用来刻画几何对象,否则它就只是一个"路标";

第三,几何图形组成元素的相互关系(位置关系、大小关系)就是它的基本性质,所以如何用向量表示几何基本元素是首先要解决的问题,这就是向量基本定理及其坐标表示的内容;

第四,向量应用范围非常广泛,但在高中阶段,学习用向量法解决几何问题是基本任务。

二、内容与要求

1. 向量概念

(1) 通过对力、速度、位移等的分析,了解平面向量的实际背景,理解平面向量的意义和两个向量相等的含义。

(2) 理解平面向量的几何表示和基本要素。

2. 向量运算

(1) 借助实例和平面向量的几何表示,掌握平面向量加、减运算及运算规则,理解其几何意义。

(2) 通过实例分析,掌握平面向量数乘运算及运算规则,理解其几何意义;理解两个平面向量共线的含义。

（3）了解平面向量的线性运算性质及其几何意义。

（4）通过物理中的功等实例，理解平面向量数量积的概念及其物理意义，会计算平面向量的数量积。

（5）通过几何直观，了解平面向量投影的概念以及投影向量的意义。

（6）会用数量积判断两个平面向量的垂直关系。

3. 向量基本定理及坐标表示

（1）理解平面向量基本定理及其意义。

（2）借助平面直角坐标系，掌握平面向量的正交分解及坐标表示。

（3）会用坐标表示平面向量的加、减运算与数乘运算。

（4）能用坐标表示平面向量的数量积，会表示两个平面向量的夹角。

（5）能用坐标表示平面向量共线、垂直的条件。

4. 向量应用与解三角形

（1）会用向量方法解决简单的平面几何问题、力学问题以及其他实际问题，体会向量在解决数学和实际问题中的作用。

（2）借助向量的运算，探索三角形边长与角度的关系，掌握余弦定理、正弦定理。

（3）能用余弦定理、正弦定理解决简单的实际问题。

可以发现，课程标准按照"背景—概念—运算—联系—应用"的结构给出内容和要求，逻辑清晰、要求明确。

三、本单元的认知基础分析

本单元内容对学生而言是全新的，"既有方向又有大小的量"在以往的数学学习中没有正式接触过，但他们从许多途径已经积累了学习向量所需要的认知基础。无论对教材编写还是对教学，追溯一个数学内容的认知基础，都是为了明确教学的出发点。因此，我们应把它放到其所在的知识系统中进行分析。

应该从哪些角度分析本单元的认知基础？显然，我们应该从向量这个研究对象的特点入手。

首先，向量是代数研究对象，所以代数学习中积累的知识经验成为向量的认知基础之一。具体而言是运算对象的抽象与表示、运算体系的建立、通过运算解决问题的思想方法。所以，本单元内容的处理要始终强调通过类比数及其运算学习向量及其运算。

第二，向量是几何研究对象，所以在几何学习中积累的知识经验成为向量的另一个认知基础。具体而言是几何对象的抽象与表示、图形性质的内涵与发现等。特别是,向量运算法则、运算律都有确定的几何意义,而且是以平面几何的相关定理作为逻辑基础的。例如,向量加法的定义、交换律以平行四边形的性质定理为基础,数乘向量的分配律以相似三角形的性质定理为基础,数量积的定义、运算律以勾股定理(余弦定理)为基础,等等。

第三,向量集数与形于一身,所以在研究过程中始终要考虑数与形两个角度,从向量的表示,到向量的运算定义和性质,都是如此。向量是一个数形融合的工具,在应用向量解决问题(高中阶段主要是几何问题,如推导正弦定理、余弦定理)时,具有独特优势。但这是学生以往经验中不具备的。所以,"向量法"的奥秘需要我们有意识地引导学生加强体验。

第四,学生初次接触用向量的语言表示几何中的定性关系(例如直线、平面的平行、垂直)、定量关系(例如比例关系、三角形定理、平行四边形定理),对于其中蕴含的数学思想需要在解决问题的过程中逐步领会。学习语言的最好方法就是用语言去表达,要通过适当的解题训练,让学生形成向量语言的表达习惯。

第五,向量的概念、运算都有明确的物理背景,力、速度、位移、功等都是学生已经学习过的,这为本章的学习打下了很好的基础。

四、内容的理解与教学思考

1. 向量是一个怎样的数学对象?

理解研究对象是数学学习的首要一环,我们常说"理解基本概念",其含义首先是理解研究对象。

课程标准指出,向量既是代数研究对象,也是几何研究对象。由此,我们可以从这两种对象的特征入手做一些分析。

首先,几何对象是图形(点、线、面、体)和图形的关系。向量作为几何对象,主要是向量的几何表示,用向量的语言表示空间图形的概念、性质、关系和变换等,这就赋予了向量的几何属性。

其次,代数对象是数量和数量关系,代数的核心是运算。向量作为代数对象,是指向量作为一个运算对象,就要研究关于向量的运算法则和相应的运算律,以及通过向量运算解决数学和现实的问题。

2. 向量是怎样的基本工具?

课程标准认为,向量是描述几何图形的基本工具,这个工具有什么特点呢?

首先,向量集数与形于一身,因此数形结合成为它的内在之意。利用它可以方便地为代数(特别是线性代数)建立几何直观,同时也可以通过代数运算(向量运算)研究几何规律。因此,向量是数学研究中的一个基本工具。

第二,向量集大小与方向于一身,为解决数学中最本质的问题——度量,包括长度、角度,提供了有用、好用的工具。

第三,向量及其运算都有明确的物理背景,所以也是解决实际问题的重要工具。

3. 如何构建向量的研究路径?

尽管向量也是几何研究对象,但对它的研究是按代数对象的研究路径展开的:背景引入—向量的概念与表示—向量的运算与运算性质—向量基本定理及坐标表示—向量应用。其中,向量基本定理处于向量理论与应用的联结点位置。

4. 关于向量概念的教学

(1)引入向量概念要注意什么?

数学概念的引入要讲背景。向量概念的引入,背景材料的选择上要注意如下几点:

典型性:位移、力、速度是典型的、学生熟悉的既有大小也有方向的量;

丰富性:要尽量举不同领域的例子;

比较性:为了使概念清晰、可辨,比较是一个好方法,所以要提供比较对象,这里是以数量为比较对象,通过比较领悟向量的要素。

(2)向量概念的抽象要完成哪些事?向量的表示要"表示"什么?

这是向量概念教学要考虑的基本问题。向量概念的抽象按"共性特征的归纳—定义—表示—基本性质"的套路进行:

定义,要给出向量的内涵,规定向量相等的含义。要注意,定义一个研究对象,就是要明确一个研究范围,或者说给定一个集合。我们要求集合的元素具有互异性,但对集合中的元素个体而言,其具体属性是多样化的,因此必须在定义对象的时候明确"相等"或"相同"的含义,由此也清楚了我们到底关心什么。由向量相等的定义知道,我们最关心的是"大小""方向",而对它们的度量则是几何的最原始、本质所在。因为我们也可以用长度来度量角(角度度量了方向的差别),所以度量的本质是长度。正因为向量的这种特性,它表达了几何的本质,所以向量成为描述几何图形的基本工具。

表示,根据向量的要素有大小和方向,要用集大小和方向于一身的数学符号表示向量,而且有几何和代数两种表示,有向线段 $\overrightarrow{AB}$ 和代数符号 a 及其手写体 $\vec{a}$ 是数学共同体的约定。

向量的基本性质,是在定义一个研究对象时,我们总是要通过对基本性质的研究,进一步认识这个研究对象。"基本性质"是指对象要素之间的基本关系。这里可以引导学生思考:数的基本性质就是数的大小关系,向量的基本性质是什么?

从"大小"看,就是向量长度的大小,与数的大小关系类似,所以不必专门研究;

从"方向"看,由"特殊关系"入手(这是讨论基本性质的基本着眼点),有"同向"、"反向"和垂直,得到平行向量、共线向量等关系。

归纳起来,向量概念的教学就是要让学生完成向量概念的定义,认识"平面向量集合"中的元素,可以概括为如下流程:

现实背景(力、速度、位移等)—定义—表示(图形、符号、方向、大小)—特例(零向量、单位向量)—性质(向量与向量的关系,相等是最重要的关系;重点考虑"方向",得出平行向量、共线向量、相反向量等)。

(3) 为什么"向量是自由的"?

向量刻画了现实事物的两个最基本属性——大小和方向,两个向量如果方向相同,那么它们平行,而平行具有可传递性,所以向量可以"自由平移"。自由的向量才有力量!例如,如果向量不自由,那么"三角形法则"和"平行四边形法则"就无法统一。由向量"自由性",我们可以把向量平移,使所有向量的起点都与原点重合,这就可以使向量进一步代数化,将给问题的讨论带来方便。

5. 定义向量运算应遵循怎样的原则

(1) 如何定义带有方向的量的运算?

类比数及其运算的研究,引进一种量就要定义其运算,定义一种运算就要研究其运算律。

根据定义数的运算的经验,定义一种运算要讲合理性,具体体现在两个方面:数学内部的和谐性,即要符合运算的一般规律;与现实背景相吻合,即要反映现实中相应事物的规律性。

显然,定义向量运算法则的关键是定义"方向的运算"。在有理数的学习中,学生已经有这样的经验:定义有理数运算的关键是解决"符号法则",例如"负负得正""正负得负",而"符号"实际上代表了方向,只不过是两种特定的方向——相反方向;有理数的加减可以统一为加法,其根源是数带有符号,其本质可以归结为数轴上的向量运算:$\overrightarrow{AB}+\overrightarrow{BC}=\overrightarrow{AC}$,其中 A、B、C 为数轴上的点。因此,数的运算中的符号法则对定义向量运算法则有启发性,同时,共线向量的运算应该与数的运算保持和谐。

另一方面,位移、速度、力等是向量的现实背景,位移的合成、物体受力做功等反映了现实事物运动变化的客观规律性,定义向量运算法则应该与这些规律具有一致性。正因为如此,在定义向量运算法则时我们总是从相应的物理背景出发,从中得到启发并给出定义。

6. 关于向量的加减

（1）如何说明向量加减运算法则的合理性？

定义向量的加减运算,关键是解决“方向的加减”。对照物理背景可知,加法的最佳背景是位移的合成、力的合成,分别对应于三角形法则和平行四边形法则;减法的最佳背景是物体受力平衡。

因为向量线性运算结果仍然是向量,所以要结合运算的物理背景,加强运算法则和运算律的代数表示和几何意义。例如,结合力的合成和物体受力平衡看向量的加减运算。如图 4.1.1,设 $\overrightarrow{OA}$、$\overrightarrow{OB}$ 是加在物体 O 上的两个力,由力的平行四边形法则,有

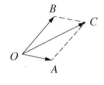

图 4.1.1

$$\overrightarrow{OA} + \overrightarrow{OB} = \overrightarrow{OC},$$

其中 OC 是 □$OACB$ 的对角线。这个法则表明,将两个力 $\overrightarrow{OA}$、$\overrightarrow{OB}$ 施加到一个物体上,那么这个物体受到的力是大小和方向为 $\overrightarrow{OC}$ 的大小和方向。这就是向量加法平行四边形法则的物理背景,这也说明向量加法的平行四边形法则与客观世界的规律性是无矛盾的。

这个法则的合理性也可以从几何角度进行说明,只要将 $\overrightarrow{OA}$、$\overrightarrow{OB}$ 向 $\overrightarrow{OC}$ 作垂直投影（因为 $\overrightarrow{OB} = \overrightarrow{AC}$,所以相当于作 A 点在 $\overrightarrow{OC}$ 上的投影）,那么这两个投影向量之和与 $\overrightarrow{OC}$ 相等。

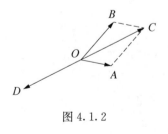

图 4.1.2

进一步,考虑物体 O 的受力平衡。显然,这时需要有第三个力,这个力与 $\overrightarrow{OC}$ 大小相等、方向相反。类比数的减法,先通过加法定义相反数,再利用相反数定义减法（实际上是把减法归结为加法）,我们先定义与向量 a 的大小相等方向相反的向量为 a 的相反向量,记为 $-a$。这个定义的物理模型就是力的平衡原理:如图 4.1.2,两个力 $\overrightarrow{OA}$、$\overrightarrow{OB}$ 的合力为 $\overrightarrow{OC}$,与 $\overrightarrow{OC}$ 大小相等、方向相反的力为 $-\overrightarrow{OC}$,这时物体 O 达到受力平衡,可以表示为

$$(\overrightarrow{OA} + \overrightarrow{OB}) - \overrightarrow{OC} = \mathbf{0}。$$

由此可以得到：$\overrightarrow{OC}-\overrightarrow{OB}=\overrightarrow{OA}$，$\overrightarrow{OC}-\overrightarrow{OA}=\overrightarrow{OB}$。

由图 4.1.2 还可得：$\overrightarrow{OC}+(-\overrightarrow{OB})=\overrightarrow{OA}$，$\overrightarrow{OC}+(-\overrightarrow{OA})=\overrightarrow{OB}$。

于是 $\overrightarrow{OC}-\overrightarrow{OB}=\overrightarrow{OC}+(-\overrightarrow{OB})$，$\overrightarrow{OC}-\overrightarrow{OA}=\overrightarrow{OC}+(-\overrightarrow{OA})$。

所以，把向量减法定义为"减去一个向量等于加上它的相反向量"，符合数学内部的和谐性、与客观世界规律无矛盾的要求。

根据向量加法、减法的定义，对于 $\triangle ABC$，我们有 $\overrightarrow{AB}+\overrightarrow{BC}=\overrightarrow{AC}$，于是 $\overrightarrow{AB}+\overrightarrow{BC}-\overrightarrow{AC}=\boldsymbol{0}$，即

$$\overrightarrow{AB}+\overrightarrow{BC}+\overrightarrow{CA}=\boldsymbol{0}。 \tag{$*$}$$

上述（$*$）式称为"三角形回路"，可以推广为

$$\overrightarrow{AB_1}+\overrightarrow{B_1B_2}+\overrightarrow{B_2B_3}+\cdots+\overrightarrow{B_nA}=\boldsymbol{0}，$$

这一"向量回路"在解决几何问题时既基本又重要。

（2）如何引导学生发现和提出运算性质？

学生对运算律是熟悉的，但他们可能并不知道为什么一定要研究运算律，对其重要性没有多大感觉。究其原因，一是运算律基本上就是"常识"，属于不学也会的知识；二是其重要性要在代数的理论构建中才能显示出来，对学生而言还没有到这个时候。对于这种观念性的东西，教师要从数学的严谨性角度加强引导。

运算性质与运算对象的特征有直接关系。因为向量有大小（代数）和方向（几何）两个要素，所以运算性质也要从代数和几何两个方面来考虑。

首先，类比数的加法运算律，容易想到向量加法的交换律、结合律，利用定义就可以验证。教学实践表明，有的学生不知道到底要验证什么，他们往往机械地画出如图 4.1.3 所示的两个图形加以说明。

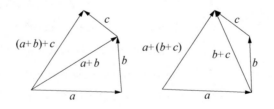

图 4.1.3

另外一点是学生不太清楚加法的交换律与平行四边形性质之间的逻辑关系（其实有的老师也不清楚），这里要让学生思考一下这个问题，使他们明确，加法交换律是平行四

边形性质的代数表示。也就是说,交换律的成立是以平行四边形性质为逻辑基础的。如图 4.1.4,根据平行四边形的性质,有

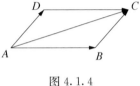

图 4.1.4

$$\overrightarrow{AB}=\overrightarrow{DC},\ \overrightarrow{AD}=\overrightarrow{BC}\,。$$

由向量加法定义,有

$$\overrightarrow{AB}+\overrightarrow{BC}=\overrightarrow{AC},\ \overrightarrow{AD}+\overrightarrow{DC}=\overrightarrow{AC}\,。$$

所以

$$\overrightarrow{AB}+\overrightarrow{BC}=\overrightarrow{AD}+\overrightarrow{DC}=\overrightarrow{BC}+\overrightarrow{AB}\,。$$

这里再次强调,因为向量集大小与方向这两个最基本的几何要素于一身,所以向量运算及其运算律也必然反映了最基本的几何性质,因此向量是描述和研究几何图形的基本工具。对此,人教 A 版在本单元的小结中进行了总结。形成这样的观念是具备数学学科核心素养的表现,教师应有意识地进行引导。

对运算律几何意义的考查,立足点在运算。直接从几何角度看运算,可以从两个向量的特殊关系入手,发现如下问题值得研究:共线向量的加法有什么特殊性,不共线向量的加法有什么几何特征?

对于共线向量的加法,实际上和实数的"代数和"完全一致,这个问题人教 A 版让学生自己探究,可以培养学生联系的观点、分类讨论的能力。

当 a、b 不共线时,$|a|$、$|b|$、$|a+b|$ 构成三角形的三边,可得三角形不等式。

7. 数乘向量

(1) 数乘向量运算律的逻辑基础是什么?

数与向量相乘,是两个不同数学对象之间的运算,运算结果是向量。也就是说,这里的"主角"是向量,为什么呢?

类比"自然数的乘法是自相加的缩写",可以提供直观背景:n 个向量 a 相加的和定义为 na,即

$$na=\underbrace{a+a+\cdots+a}_{n\uparrow},\ (n+1)a=na+a\,。$$

另外,$(-n)a=n(-a)=-(na)$,这可以根据相反向量的意义进行说明。

由上述定义,可以验证下列运算律:

$$① \ m\boldsymbol{a} + n\boldsymbol{a} = (m+n)\boldsymbol{a};$$
$$② \ m(n\boldsymbol{a}) = (mn)\boldsymbol{a}; \qquad\qquad (*)$$
$$③ \ n\boldsymbol{a} + n\boldsymbol{b} = n(\boldsymbol{a}+\boldsymbol{b})。$$

设 $\boldsymbol{a} = \overrightarrow{AB} \neq \boldsymbol{0}$，点 $B_i(i=1, 2, \cdots, n-1)n$ 等分 $\overrightarrow{AB}$，且 $B_i\{i=1, 2, \cdots, n-1\}$ 为等分点，那么

$$\overrightarrow{AB_1} = \overrightarrow{B_1B_2} = \overrightarrow{B_2B_3} = \cdots = \overrightarrow{B_{n-1}B}, \ n\overrightarrow{AB_1} = \overrightarrow{AB}。$$

所以，可以定义 $\dfrac{1}{n}\overrightarrow{AB} = \overrightarrow{AB_1}$，它是使 $n\boldsymbol{x} = \boldsymbol{a}$ 成立的唯一解。然后我们可以定义

$$\frac{m}{n}\boldsymbol{a} = m\left(\frac{1}{n}\boldsymbol{a}\right) = \frac{1}{n}(m\boldsymbol{a})。$$

在上述定义下，可以证明运算律($*$)依然成立。

最后，像从有理数集拓展到实数集一样，我们可以将数的范围扩展到实数，得到 $\boldsymbol{a}$ 的任意实数倍 $\lambda\boldsymbol{a}$，而且运算律($*$)仍然成立。

这里要特别提醒注意，运算律 $\lambda(\boldsymbol{a}+\boldsymbol{b}) = \lambda\boldsymbol{a} + \lambda\boldsymbol{b}$ 的本质就是相似三角形对应边成比例定理的代数化形式：

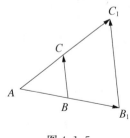

图 4.1.5

令 $\boldsymbol{a} = \overrightarrow{AB}$，$\boldsymbol{b} = \overrightarrow{BC}$，则 $\boldsymbol{a} + \boldsymbol{b} = \overrightarrow{AC}$。 如图 4.1.5，$\triangle ABC \backsim \triangle AB_1C_1$，相似比为 λ，那么

$$\overrightarrow{AB_1} = \lambda\boldsymbol{a}, \ \overrightarrow{B_1C_1} = \lambda\boldsymbol{b}, \ \overrightarrow{AC_1} = \lambda\boldsymbol{a} + \lambda\boldsymbol{b} = \lambda(\boldsymbol{a}+\boldsymbol{b})。$$

所以，数乘向量分配律的逻辑基础是相似三角形定理。

(2) 如何理解向量共线定理？

人教 A 版先给出向量共线定理：

设 $\boldsymbol{a}$ 是非零向量，则向量 $\boldsymbol{b}$ 与 $\boldsymbol{a}$ 共线的充要条件是存在唯一一个实数 λ，使 $\boldsymbol{b} = \lambda\boldsymbol{a}$。

然后说：设非零向量 $\boldsymbol{a}$ 位于直线 l 上，那么对于 l 上的任意一个向量 $\boldsymbol{b}$，都存在唯一一个实数 λ，使 $\boldsymbol{b} = \lambda\boldsymbol{a}$。也就是说，位于同一直线上的向量可以由位于这条直线上的一个非零向量表示。①

实际上，这就是"一维向量基本定理"。在此基础上，我们可以给出相应的坐标表

———————————

① 人民教育出版社，课程教材研究所，中学数学课程教材研究开发中心. 普通高中教科书：数学 A 版　必修第二册[M]. 北京：人民教育出版社，2019：15.

示,这与平面向量基本定理及坐标表示是一样的。

一维向量的坐标表示:设 e 是与数轴 Ox 的方向相同的单位向量,a 是数轴 Ox 上的一个任意向量,那么根据基本定理,存在唯一实数 λ,使 $a = \lambda e$。这样,以 e 为基底,直线 Ox 上的任一向量 a 都可以由一个实数 λ 唯一确定,这个 λ 就称为向量 a 的一维坐标。设 $\overrightarrow{OA} = \lambda e$($O$ 为原点,点 A 在数轴上),则 $\overrightarrow{OA}$ 的坐标就是终点 A 的坐标;反之,数轴上点 A 的坐标 λ 也就是向量 $\overrightarrow{OA}$ 的坐标。因为 $\overrightarrow{OA} = a$,所以终点 A 的坐标 λ 就是向量 a 的坐标。这样就建立了一维向量的坐标与数轴上点的坐标之间的联系:设 $\overrightarrow{AB} = xe$,$\overrightarrow{BC} = ye$,那么 $\overrightarrow{AB} + \overrightarrow{BC} = \overrightarrow{AC} = (x + y)e$。

因为一维向量基本定理及其坐标表示非常直观,人教 A 版为了削支强干没有详细讨论这一内容。但教学中可以让学生研究一下这个内容,让他们通过数轴上的单位向量,建立数轴上的向量与数轴上点的坐标之间的一一对应关系,既作为共线向量定理的应用,又为平面向量的坐标表示打下基础。

8. 向量的数量积

从前面的讨论可以看到,向量的线性运算有实数运算的"影子",共线向量的线性运算本质上就是实数的运算,但两个向量的乘法与数的乘法差异很大。数学中定义了两种向量乘法,一种是向量的数量积(也称内积、点乘),结果是一个实数;一种是向量的矢量积(也称外积、叉积),结果是一个向量。它们都有明确的物理意义和几何意义。

(1) 如何理解向量数量积运算法则的合理性?

向量数量积的物理背景是力对物体做功,即力 F 作用在物体上,并使物体在力的方向上产生位移 s,这个力对物体做了功,其大小是 $W = |F||s|\cos\theta$,其中 $F\cos\theta$ 是力 F 在位移 s 方向上的投影,θ 是向量 F 与 s 的夹角。

受此启发,定义向量的数量积概念:两个非零向量 a 与 b,它们的夹角为 θ,把数量 $|a||b|\cos\theta$ 叫做向量 a 与 b 的数量积,记为

$$a \cdot b = |a||b|\cos\theta。$$

规定:零向量与任意一个向量的数量积为 0。

显然,$|a|\cos\theta$ 是向量 a 在 b 方向上的投影,$|b|\cos\theta$ 是向量 b 在 a 方向上的投影。

向量数量积的上述定义,与物理规律相吻合,与数的乘法法则也不矛盾:

设 a、b 是共线向量,那么 $\theta = 0$ 或 π。当 $\theta = 0$ 时,$a \cdot b = |a||b|$;当 $\theta = \pi$ 时,$a \cdot b = -|a||b|$。这与"同号两数相乘得正,异号两数相乘得负"是异曲同工的。

（2）如何研究向量数量积的几何意义？

从定义可以直接发现，数量积的几何意义表现在向量的长度和夹角两个方面。如何研究几何意义呢？与研究向量线性运算的几何意义一样，我们从特殊情形（要素的特殊化、关系的特殊化）入手。观察定义，特殊情形包括：

① 两个向量有一个取"特殊值"单位向量，如 $\boldsymbol{b}=\boldsymbol{e}$，则有

$$\boldsymbol{a} \cdot \boldsymbol{e}=\boldsymbol{e} \cdot \boldsymbol{a}=|\boldsymbol{a}| \cos\theta,$$

这实际上就是一个向量在另一个向量方向上投影的数量。

② 两个向量的方向有特殊关系，有

i）当 $\boldsymbol{a} \perp \boldsymbol{b}$ 时，$\boldsymbol{a} \cdot \boldsymbol{b}=0$；

ii）当 $\boldsymbol{a}$ 与 $\boldsymbol{b}$ 同向时，$\boldsymbol{a} \cdot \boldsymbol{b}=|\boldsymbol{a}||\boldsymbol{b}|$；当 $\boldsymbol{a}$ 与 $\boldsymbol{b}$ 反向时，$\boldsymbol{a} \cdot \boldsymbol{b}=-|\boldsymbol{a}||\boldsymbol{b}|$。特别地，$\boldsymbol{a} \cdot \boldsymbol{a}=|\boldsymbol{a}|^2$ 或 $|\boldsymbol{a}|=\sqrt{\boldsymbol{a} \cdot \boldsymbol{a}}$，这里实际上已经给出了距离公式。

③ 由定义可得

$$\cos\theta=\frac{\boldsymbol{a} \cdot \boldsymbol{b}}{|\boldsymbol{a}| \cdot |\boldsymbol{b}|}=\frac{\boldsymbol{a} \cdot \boldsymbol{b}}{\sqrt{\boldsymbol{a}^2} \cdot \sqrt{\boldsymbol{b}^2}},$$

这实际上就是余弦定理。

④ 由 $|\cos\theta| \leqslant 1$ 还可以得到 $|\boldsymbol{a} \cdot \boldsymbol{b}| \leqslant |\boldsymbol{a}||\boldsymbol{b}|$，这就是三角形不等式。

⑤ 我们对数量积做如下变形（要用分配律）：

$$\boldsymbol{a} \cdot \boldsymbol{b}=\frac{1}{2}\{(\boldsymbol{a}+\boldsymbol{b})^2-\boldsymbol{a}^2-\boldsymbol{b}^2\},$$

这里 $\boldsymbol{a}$、$\boldsymbol{b}$、$\boldsymbol{a}+\boldsymbol{b}$ 是三角形的三边。由此可见数量积与三角形的三条边长 $|\boldsymbol{a}|$、$|\boldsymbol{b}|$、$|\boldsymbol{a}+\boldsymbol{b}|$ 之间的关系。

（3）向量数量积的运算律有什么重要意义？

类比数的乘法运算律，可以提出向量数量积是否也有运算律的问题。已知向量 $\boldsymbol{a}$、$\boldsymbol{b}$、$\boldsymbol{c}$ 和实数 λ，由向量的数量积定义可以推出下面的运算律：

① $\boldsymbol{a} \cdot \boldsymbol{b}=\boldsymbol{b} \cdot \boldsymbol{a}$；

② $(\lambda\boldsymbol{a}) \cdot \boldsymbol{b}=\lambda(\boldsymbol{a} \cdot \boldsymbol{b})=\boldsymbol{a} \cdot (\lambda\boldsymbol{b})$；

③ $(\boldsymbol{a}+\boldsymbol{b}) \cdot \boldsymbol{c}=\boldsymbol{a} \cdot \boldsymbol{c}+\boldsymbol{b} \cdot \boldsymbol{c}$。

运算律的证明不难，关键是要让学生在运用中逐步明白它们的价值。例如，利用分配律可以得到：

$$(a+b)^2 + (a-b)^2 = 2a^2 + 2b^2,$$

这是平行四边形的一条性质,用向量数量积的分配律非常容易地得到了证明。用向量法研究几何图形的度量性质,主要依靠数量积的分配律。

9. 向量基本定理及坐标表示

(1) 向量基本定理"基本"在哪里?

在中学数学里,冠以"基本"的定理不多见,足见这一定理的重要性。如前所述,因为这一定理给出了用向量表示平面上任意一点的充要条件,所以从理论上讲,我们就可以凭借它将平面图形的基本元素作出向量表示,这样就可以通过向量运算解决任何几何问题。

利用向量表示空间基本元素,将空间的基本性质和基本定理的运用转化成为向量运算律的系统运用,其要点是:

点——根据向量的自由性,选平面内的一个点 O 为"基准点",以 O 为向量的起点,这时就可以建立起向量的终点与平面内的点之间的一一对应关系。当然,这个对应与点 O 的选取有关,如图 4.1.6 所示,有

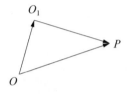

图 4.1.6

$$\overrightarrow{OP} = \overrightarrow{OO_1} + \overrightarrow{O_1P}。$$

直线——一个点 A、一个方向 a 就定性刻画了一条直线。引进数乘向量 ka,那么直线上任意一个点就可以用实数定量表示,进而得到一维向量的坐标表示。

平面——一个点 A、两个不平行(非零)向量 a、b 在"原则"上确定了平面(定性刻画,这与"两条相交直线确定一个平面"有异曲同工之效),因此把 $\{a, b\}$ 叫做平面的一个基底。引入向量的加法 $a+b$,结合数乘向量(向量伸缩),平面上的任意一点 X 就可以表示为 $\lambda a + \mu b$,从而成为可定量运算的对象。

(2) 给定一个基底,平面上的任意一个向量就可以由它唯一表示。怎样的基底更好用?

设 $\{e_x, e_y\}$ 是一个单位基底,e_x、e_y 的夹角为 θ。我们有

$$\overrightarrow{OP} = xe_x + ye_y。$$

如果 $\theta \neq \dfrac{\pi}{2}$,那么 x、y 的表达式会比较复杂,不利于计算;如果 $\theta = \dfrac{\pi}{2}$,则有

$$x = \overrightarrow{OP} \cdot e_x, \quad y = \overrightarrow{OP} \cdot e_y,$$

这就可以把点的向量表示和平面直角坐标系中的有序数对建立一一对应关系。也就是说,在平面直角坐标系中,我们不但可以用坐标(x,y)标记平面上点的位置,而且也可以用坐标表达平面上的向量:

在 x 轴、y 轴上分别取与坐标轴方向相同的单位向量 $\boldsymbol{i}$、$\boldsymbol{j}$,以 $\{\boldsymbol{i},\boldsymbol{j}\}$ 为基底,这时我们有

$$\boldsymbol{i}\cdot\boldsymbol{i}=\boldsymbol{j}\cdot\boldsymbol{j}=1,\ \boldsymbol{i}\cdot\boldsymbol{j}=\boldsymbol{j}\cdot\boldsymbol{i}=0。$$

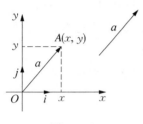

图 4.1.7

如图 4.1.7 所示,对坐标平面内的任意一个向量 $\boldsymbol{a}$,因为向量是自由的,所以可以想象它的起点在原点。由向量基本定理可知,有且只有一对实数 x、y,使得

$$\boldsymbol{a}=x\boldsymbol{i}+y\boldsymbol{j}。$$

这样,平面内的任一向量 $\boldsymbol{a}$ 都可由 x、y 唯一确定,而且有序数对 (x,y) 恰好就是向量 $\boldsymbol{a}$ 的终点坐标,这就是平面直角坐标系中向量与点的坐标之间的一一对应关系。其中,

$$\boldsymbol{i}=(1,0),\ \boldsymbol{j}=(0,1),\ \boldsymbol{0}=(0,0)。$$

x、y 分别叫做向量 $\boldsymbol{a}$ 在横轴和纵轴方向的分量。

(3) 为什么要研究向量的坐标表示?

一个明显而主要的理由是,利用向量的坐标表示,可以把向量的运算化归为其分量的运算,这样就实现了用向量表示几何基本元素,通过实数运算研究几何图形和图形的关系,从而也就彻底实现了几何对象的代数化。用代数方法刻画几何对象,进而用代数方法论证几何关系,其中间桥梁就是向量。具体而言我们有:

设 $\boldsymbol{a}=(x_1,y_1)$,$\boldsymbol{b}=(x_2,y_2)$,λ 为实数,θ 是 $\boldsymbol{a}$ 与 $\boldsymbol{b}$ 的夹角,那么

(i) $\boldsymbol{a}+\boldsymbol{b}=(x_1+x_2,y_1+y_2)$;

(ii) $\lambda\boldsymbol{a}=(\lambda x_1,\lambda y_1)$;

(iii) $\boldsymbol{a}\cdot\boldsymbol{b}=x_1x_2+y_1y_2$。

由向量运算的坐标表示,可以得出许多有用的结论,例如:

(i) 当且仅当 $x_1y_2-x_2y_1=0$ 时,向量 $\boldsymbol{a}$ 与 $\boldsymbol{b}$ 共线;

(ii) 若 $\boldsymbol{a}=(x,y)$,则 $|\boldsymbol{a}|^2=x^2+y^2$,或 $|\boldsymbol{a}|=\sqrt{x^2+y^2}$;

(iii) 两点间的距离公式:设 $P_1(x_1,y_1)$,$P_2(x_2,y_2)$。

由 $\overrightarrow{P_1P_2}=(x_1-x_2,y_1-y_2)$,即得

$$|\overrightarrow{P_1P_2}|=\sqrt{(x_2-x_1)^2+(y_2-y_1)^2}。$$

(iv) 夹角公式:

$$\cos\theta=\frac{\boldsymbol{a}\cdot\boldsymbol{b}}{|\boldsymbol{a}||\boldsymbol{b}|}=\frac{x_1x_2+y_1y_2}{\sqrt{x_1^2+y_1^2}\sqrt{x_2^2+y_2^2}},\theta\in[0,\pi]。$$

五、几何中的向量法

1. 向量法有哪些特点?

首先,用向量表示几何元素,本质是让几何量带上符号,"对比把长度、面积、体积考虑为绝对值的普通初等几何学,这样做有极大的好处。初等几何必须依照图形呈现的情况而区分许多情况,而现在用几个简单的一般定理就可以概括"[①]。例如,对于数轴上三个点 $A(x)$,$B(y)$,$C(z)$,如果求 $\overrightarrow{AB}+\overrightarrow{BC}$,那么无论三点的顺序如何,结果都是 $\overrightarrow{AC}=(z-x)$;如果求 $|AB|+|BC|$,那么就要分类讨论。这里,符号所表达的几何要素是方向,向量的不同方向就把这些点可能的不同顺序考虑在内了。

第二,向量法是利用运算律、通过向量运算解决几何问题,而代数运算是程序化的,这和平面几何中用演绎法、通过逻辑推理解决问题的味道大有不同。实际上,平面几何中的证明问题并没有通用方法。

第三,向量法中使用的几个"一般定理"是:向量加法法则及运算律;向量数乘的意义及其运算律;向量数量积的意义和运算律;向量基本定理。

为什么用这几个定理就可以概括了呢? 如前所述,由向量加法的三角形法则所导出的"向量回路" $\overrightarrow{AB}+\overrightarrow{BC}+\overrightarrow{CA}=\boldsymbol{0}$ 与三角形定义中"三条线段首尾相接"是完全一致的,而三角形是最基本、最重要的几何图形,它的基本性质是整个欧氏几何的基础;向量加法的交换律 $\boldsymbol{a}+\boldsymbol{b}=\boldsymbol{b}+\boldsymbol{a}$ 可以想象为平行四边形性质的向量表达;数乘向量运算就是共线向量的加减运算,其运算法则与实数的运算法则本质一致,而分配律 $\lambda(\boldsymbol{a}+\boldsymbol{b})=\lambda\boldsymbol{a}+\lambda\boldsymbol{b}$ 就是相似三角形对应边成比例的向量表达;平面向量基本定理与平行四边形的性质也有内在的一致;平面向量数量积与余弦定理等价,而余弦定理(勾股定理)是定量平面几何中最重要的定理;等等。

综上可见,这几个"一般定理"对最基本的几何图形性质作出了向量表达,从而也

[①] 克莱因 F. 高观点下的初等数学(第二卷)[M]. 舒湘芹,陈义章,杨钦樑,译,上海:复旦大学出版社,2008:6.

就奠定了解决几何问题的基础。由此出发,利用向量表达基本几何元素,通过向量运算解决问题,而运算的过程实际上就是利用基本几何图形性质的过程。所以我们说,向量集数与形于一身,向量运算既是数的运算,也是"图形的运算",根据图形的基本特征,利用图形中元素的基本关系列出向量等式,使计算与图形融为一体,这是体现向量法解题特点的关键。

2. 关于余弦定理、正弦定理的推导方法

课程标准提出:"借助向量的运算,探索三角形的边长和角度的关系,掌握余弦定理、正弦定理;能用余弦定理、正弦定理解决简单的实际问题。"根据这个要求,人教 A 版采用向量法证明这两个定理,并要求学生探究其他推导方法,再对不同方法进行比较。

调研发现,许多老师对用向量法推导余弦定理、正弦定理(以下简称"两个定理")颇有微词,认为无论从"历史原貌"还是从推导的简捷性考虑,这样做都很牵强,特别是用向量法推导正弦定理,明显是人为地"为用而用"。所以有的老师宣称:"处理这部分内容,我还是先讲正、余弦定理,再讲向量。"

到底该如何理解课程标准提出的要求呢?

显然,在解三角形这个局部中,从解直角三角形到解任意三角形,利用直角三角形的边角关系式推导两个定理,确实是顺理成章的。在修订教材的过程中,人教 A 版编委会也专门讨论过这个问题,形成的看法是:

(1) 正弦定理是三角形面积公式 $S = \frac{1}{2} ab \sin C = \frac{1}{2} bc \sin A = \frac{1}{2} ca \sin B$ 的推论;

(2) 余弦定理是勾股定理的推广。

所以,延续初中平面几何课程的内容和方法,从两个三角形全等的基本事实 SSS,SAS,ASA 中归纳出"给定三角形 6 个元素中的 3 个(其中至少有一个是边),这个三角形就唯一确定",得出"三角形的其他元素可以用其中一组元素加以表达"的定性结论,再通过三角形的高、两边在第三边上的垂直投影等,利用直角三角形的边角关系,通过逻辑推理得出两个定理,这样的教材体系是自洽的,也有思维的自然性。

然而,放在"平面向量及其应用"这个整体下,分析课程标准给定的"内容与要求",可以看到,这个单元的重点有 3 个:①向量方法,②两个定理,③定理的实际应用。因此,将两个定理安排在平面向量之中,意在为向量的应用提供一个重要载体(三角形是最重要的平面图形),在使学生进一步领悟向量法所蕴含的数学思想,掌握用向量运算解决几何问题的基本要领和方法的同时,完善三角形的认知结构。所以,选择两个定理的推导方法就不能拘泥于"哪一种方法更加自然",而应优先考虑如何有利于学生掌握向量方法。众所周知,向量几何是不依赖于坐标系的解析几何,在现代数学的研究中,向量及其运算是最基本的工具,采取积极举措促使学生更好更快地掌握向量法,对学生数学素养的发展有重要意义。另外,用向量法解决几何问题的意识和能力是需要专门培养的,我们要"一有机会就让学生运用向量法"。

基于上述考虑,人教 A 版以向量运算推导两个定理为主线,其他推导方法作为辅助,并作为"比较性材料",让学生通过比较体会向量方法的特点和优势。

下面我们基于人教 A 版对两个定理的处理,进一步讨论相关的教学问题。

首先,用向量方法推导两个定理,要以三角形三边的向量等式(例如 $\overrightarrow{AB}+\overrightarrow{BC}+\overrightarrow{AC}=\mathbf{0}$, $\overrightarrow{AB}=\overrightarrow{AC}+\overrightarrow{CB}$, $\overrightarrow{BC}=\overrightarrow{BA}+\overrightarrow{AC}$, $\overrightarrow{CA}=\overrightarrow{CB}+\overrightarrow{BA}$ 等)为基础,以通过向量运算探索三角形边角的确定关系为定向,借助数量积这一从向量通向数量的桥梁,在向量数量积的几何意义($a^2=|\boldsymbol{a}|^2$, $\boldsymbol{a}\cdot\boldsymbol{e}=|\boldsymbol{a}|\cos\theta$, $\boldsymbol{a}\perp\boldsymbol{b}\Leftrightarrow\boldsymbol{a}\cdot\boldsymbol{b}=0$) 的启发下,探索构建与三角形的边角相关的向量运算而得出两个定理的方法。

其次,由 $\boldsymbol{a}^2=|\boldsymbol{a}|^2$ 得到启发,对 $\overrightarrow{AB}=\overrightarrow{AC}+\overrightarrow{CB}$ 两边平方。由 $\overrightarrow{AB}^2=(\overrightarrow{AC}+\overrightarrow{CB})^2$ 可得 $c^2=a^2+b^2-2ba\cos C$;再由这个等式的对称性即得 $b^2=c^2+a^2-2ac\cos B$, $a^2=b^2+c^2-2bc\cos A$。这就是余弦定理。

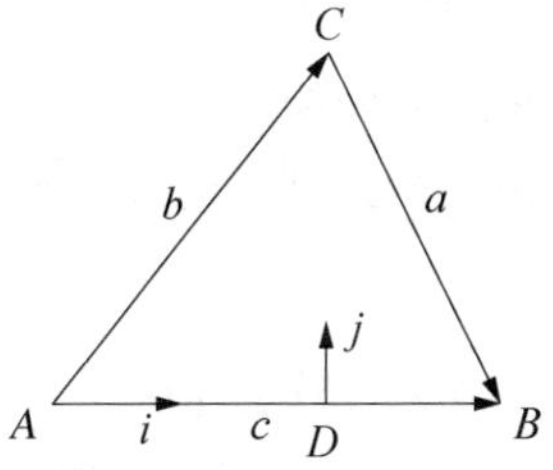

第三,由 $\boldsymbol{a}\cdot\boldsymbol{e}=|\boldsymbol{a}|\cos\theta$ 得到启发,设与 $\overrightarrow{AB}$ 共线的单位向量为 $\boldsymbol{i}$(如图 4.1.8)。由 $\boldsymbol{i}\cdot\overrightarrow{AB}=\boldsymbol{i}\cdot\overrightarrow{AC}+\boldsymbol{i}\cdot\overrightarrow{CB}$,可得 $c=a\cos B+b\cos A$;由对称性即得 $c=a\cos B+b\cos A$, $a=b\cos C+c\cos B$。这就是射影定理。

第四,由 $\boldsymbol{a}\perp\boldsymbol{b}\Leftrightarrow\boldsymbol{a}\cdot\boldsymbol{b}=0$ 得到启发,设与 $\overrightarrow{AB}$ 垂直的单位向量为 $\boldsymbol{j}$(如图 4.1.8)。由 $\boldsymbol{j}\cdot\overrightarrow{AB}=\boldsymbol{j}\cdot\overrightarrow{AC}+\boldsymbol{j}\cdot\overrightarrow{CB}$ 可得 $b\cos\left(\dfrac{\pi}{2}-A\right)=a\cos\left(\dfrac{\pi}{2}-B\right)$,即 $b\sin A=a\sin B$,即

图 4.1.8

$\dfrac{a}{\sin A}=\dfrac{b}{\sin B}$;由对称性可得 $\dfrac{c}{\sin C}=\dfrac{b}{\sin B}$。这就是正弦定理。

上述推导中,以"向量运算"一以贯之,是在深刻领悟向量数量积几何意义的基础上形成的,呈现了对三角形边角关系的整体把握而得出的对称性结果,反映了对定理表达形式的审美直觉,等等。虽然对大多数学生而言,想到这些并不容易,但在老师的引导下可以逐步领悟,可以使学生在潜移默化中形成对向量法的思维自觉,积累用向量方法解决几何问题的数学活动经验。

值得指出的是，以三角形的边、角为基础，利用与边平行或垂直的向量对 $\overrightarrow{AB} = \overrightarrow{AC} + \overrightarrow{CB}$ 等施以数量积运算，蕴含着深刻的数学思想。

在空间的种种性质中，最为基本而且影响无比深远者，首推对称性和平直性。两者在三角形上的表述分别是"SAS 叠合条件"和"三角形内角和恒为一个平角"；在立体几何中则表现为空间中的"平行"与"垂直"以及两者之间的密切关联。其实平行与垂直乃是整个定量立体几何的基础所在，当然也是学习立体几何的起点与要点所在。[①]

所以，在借助向量运算探索定量几何的问题时，通过平行向量或垂直向量进行数量积运算总能屡试不爽，无论平面几何还是立体几何都是如此。但正因为其思想深刻，所以试图让学生自己自然而然地想到这个方法，愿望很好但有较大困难。因此，在课堂教学中聚焦用向量法推导两个定理，将有限的时间用于解决关键问题，其他方法让学生自主探究，在探究中体悟向量方法的优势，这样的教学处理可能是一种明智的选择。

这里再次表达一个观点：在基础知识中让学生看到基本方法的应用是非常重要的，这对学生领悟数学基本思想、积累基本活动经验有奠基作用，也是提升"四能"的必由之路。越是基础的地方，蕴含的数学思想越深刻。这种地方往往需要教师在当前教学内容的本质及其蕴含的数学思想和方法的引导下，精心设计教学过程，通过巧妙的情境和问题，把学生"卷入"到探索活动中来，使他们在获得"四基"、提升"四能"的过程中发展数学学科核心素养。

六、教学建议

向量的数学内涵深刻、有明确的物理背景，是一种有用的数学语言，是数形结合的强有力工具。本单元的教学有两个基本任务，一是让学生理解这种语言，二是让学生通过用向量语言、方法表述和解决平面几何问题，初步掌握向量法，形成用向量的习惯。中学阶段主要通过解决几何问题，让学生体悟向量法的简捷，感受向量的力量。

1. 向量的教学中存在的主要问题

（1）对向量及其运算的理解还不够到位，特别是对"向量集数与形于一身"的含义、"方向"的重要性及其数学表达的意义、用向量研究图形位置关系和数量关系的优

---

① 项武义.基础数学讲义丛书——基础几何学[M].北京：人民教育出版社，2004：101.

势等缺乏必要的思考。

（2）没有反映向量法的本质,披着向量法的外衣,实际上还是综合几何的方法。

（3）把向量法中的代数化曲解为"坐标运算",窄化了向量法的应用范围。

为此,我们需要加深对"方向"的重要性的认识,加强从四个"一般定理"出发进行思考和解决问题的教学,加强"代数运算"和"图形运算"的结合。

2. 加强学科之间的联系

向量的概念、运算都有明确的物理背景,因此向量的教学必须引导学生借助物理背景,如:

位移、速度、力等——向量的定义与表示;

位移的合成——向量加法的三角形法则,力的合成——向量加法的平行四边形法则;

物体受力平衡——相反向量、向量的减法法则;

物体受力做功——向量的数量积;

力的分解——平面向量基本定理、"基底"概念和向量的坐标表示。

另外,还要加强应用向量解决物理问题,从而使学生体会向量与实际的联系。

3. 加强数学内部的联系与综合

由内容本身所决定,向量的学习必须注重形与数的结合,应该在一开始就采取措施让学生养成从形与数两方面看向量、用向量的习惯:

向量的概念与表示,相伴相随的是大小、方向、有向线段表示、代数表示,建立向量的直观形象和代数抽象表达;

建立向量的运算体系,"运算法则"和"几何定理"、"运算律"和"运算的几何性质"都是融合一起的;

向量投影、投影向量,向量基本定理的几何直观与代数表达;

用向量解决几何问题,对象是几何图形及其关系,方法是代数运算;

等等。

4. 加强类比,按研究一个数学对象的基本套路展开有序研究

与数及其运算的研究进行类比,与对一个几何图形的研究套路进行类比,形成向量的研究内容与架构、基本路径、基本方法等。

通过与数及其运算的类比,得出整体架构:运算对象—运算法则—运算性质—联系与综合—应用。

通过与研究几何图形的类比,得出整体架构:向量的图形表示—向量运算的几何

意义(性质)—几何图形元素与关系的向量表示—通过向量运算研究几何图形的性质与度量。

5. 在一般观念指导下展开研究

在本单元的教学中,要引导学生思考和体会一些基本问题,例如:

如何抽象一个运算对象,定义一个运算对象要完成哪几件事情;

引入一种量就要研究关于它的运算,定义一种运算就要研究运算律;

有了运算,向量的力量无限,若没有运算,向量只是一个路标;

向量运算的几何意义(几何性质),就是与特殊向量相关的运算、两个有特殊关系的向量的运算所表现的特殊性;

向量基底表示向量中体现的数学思想,特别是单位正交基的使用;

向量法——先用几何眼光观察,再用向量法解决;

等等。

6. 加强用"几个一般定理"解决问题的训练

向量的加法法则、数乘向量、向量的数量积和向量基本定理等几个"一般定理"的灵活应用需要一定的训练,要让学生养成用向量思考和解决几何问题的习惯。

三角形、平行四边形是最基本的几何图形,平行、垂直是最基本的关系,几个"一般定理"是对这些基本图形和基本关系的向量表达。要注意利用这几个"一般定理",加强用向量的语言和方法处理平面几何中基本问题的训练。例如,线段的定比分点,余弦定理、正弦定理的发现与证明,三角形的"心"的性质,平行四边形中边、对角线之间的关系,等等。

7. 关于投影向量

投影向量是本次课程标准修订中引入的概念。

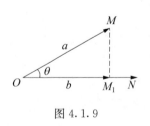

图 4.1.9

投影向量是与向量垂直有关的概念。如图 4.1.9,$\overrightarrow{OM}=\boldsymbol{a}$,$\overrightarrow{ON}=\boldsymbol{b}$。过点 M 作直线 ON 的垂线,垂足为 M_1,则 $\boldsymbol{a}=\overrightarrow{OM_1}+\overrightarrow{M_1M}$,其中 $\overrightarrow{OM_1}$ 与 $\boldsymbol{b}$ 共线,$\overrightarrow{M_1M}\perp\boldsymbol{b}$。可以发现,$\overrightarrow{OM_1}$ 与 $\boldsymbol{a}$、$\boldsymbol{b}$ 都有关系,这是需要研究的。

设与 $\boldsymbol{b}$ 方向相同的单位向量为 $\boldsymbol{e}$,$\boldsymbol{a}$ 与 $\boldsymbol{b}$ 的夹角为 θ。当 θ 为锐角时,容易得到 $\overrightarrow{OM_1}=|\boldsymbol{a}|\cos\theta\boldsymbol{e}$。由于 θ 的取值范围是 $[0,\pi]$,可以验证当 θ 为直角、钝角以及 $\theta=0$,$\theta=\pi$ 时此式仍然成立。

由向量数量积的定义可得 $\boldsymbol{a}\cdot\boldsymbol{e}=|\boldsymbol{a}|\cos\theta$,所以 $\overrightarrow{OM_1}=(\boldsymbol{a}\cdot\boldsymbol{e})\boldsymbol{e}$,此式揭示了投影

向量与向量数量积的联系。

$|\overrightarrow{OM_1}|$是点 O 到直线 MM_1 的距离,而 $|\overrightarrow{OM_1}|=|\boldsymbol{a}\cdot\boldsymbol{e}|$,这是用向量方法推导点到直线的距离公式的依据。

思考题

(1) 如何理解向量既是几何对象也是代数对象?

(2) 如何构建向量的研究路径?

(3) 向量概念的抽象要完成哪些事? 向量的表示要"表示"什么?

(4) 数的基本性质就是数的大小关系,向量的基本性质体现在哪里?

(5) 数学中为什么要让向量"自由"(这个特性在研究中有什么作用)?

(6) 向量的线性运算法则的定义关键要解决什么问题?

(7) 如何提出线性运算的性质?

(8) 如何发现向量数量积的性质?

(9) 向量的运算及其运算律的逻辑基础是什么?

(10) 向量基本定理"基本"在哪里?"基底"的作用是什么? 如何选择"基底"?

(11) 为什么要研究向量的坐标表示?

(12) 向量法的特点有哪些? 向量法与坐标法有怎样的异同? 你认为用向量法解决几何问题时需要注意哪些问题?

(13) 课程标准要求用向量法证明正弦定理、余弦定理,对此你有什么看法? 请你比较正弦定理、余弦定理的各种证明方法。

(14) 以"用向量法研究三角形的性质"为例,谈谈对"数学建模活动"和"数学探究活动"主题的教学认识与实施的思考。

第二节　复数

关于复数的教学,老师们一般都会觉得"容易",并且因为高考中的复数题非常容易,所以许多老师对复数的教学也不太上心。但如果我们看一下陈省身先生的话,相信大家的感觉会不一样。陈先生说:

一个数学家应当了解什么是好的数学,什么是不好的或不太好的数学。有些数学是有开创性的,有发展前途的,这就是好的数学。还有一些数学也蛮有意思,却渐渐地变成一种游戏……比如说,解方程就是好的数学。搞数学的都要解方程,一次方程容易解,二次方程就不同。$x^2-1=0$ 有实数解,而 $x^2+1=0$ 就没有实数解。后来就加进复数,讨论方程的复数解。大家知道的代数基本定理就是 n 次代数方程必有复数解。这一问题有很长的历史,当年有名的数学家欧拉(L. Euler,1707—1783)就考虑过这个问题,但一直没有证出来。后来还是高斯(C. F. Gauss,1777—1855)证出来的,还发现复数和拓扑有关系,有了新的理解。因为模等于1的复数表示一个圆周,在这一圆周上就有很多花样。如果从解 $f(x)=0$ 到解 $f(x,y)=0$,那就进到研究曲线,当然也可能没有解,一个实点也没有。于是花样就来了。假使你在 $f(x,y)=0$ 中把 x、y 都看成复数,则两个复数相当于四维空间,这就很麻烦,出现了复变函数论中的黎曼曲面。你要用黎曼曲面来表示这个函数,求解原来的方程 $f(x,y)=0$,那就要用很多的数学知识,其中最要紧的概念是亏格。你把 $f(x,y)=0$ 的解看成曲面之后,那么曲面有很多个圈,球面环面的不同等等花样,都和亏格有关。

此外,你也可以有另外的花样,比如 $f(x,y)=0$ 的系数都假定为整数,你也可以讨论它的整数解,这就很难了。[①]

从陈先生的这段论述中我们可以体会到,复数是有深远意义的。尽管中学阶段不可能让学生学习复变函数、复数域方程的内容,但教师自己要知道这个内容的意义,要帮助学生开好复数学习的头。其中的要点,根据菲利克斯·克莱因(F. Klein,1849—1925)的观点,"把复数解释为所熟悉的数的概念的扩张,避免任何神秘感。首要的是应当使学生立刻对复平面上的几何作图说明形成习惯"[②]。课程标准把复数置于"几何与代数"主题下,也体现了这样的意图。不过,从实数扩张为复数也会出现负迁移,即局限于一维实数的视野看二维的复数会限制人的思维,这样就会因为"一元三次方程的三个根都是实根,但在用公式求解的过程中会出现虚数"而产生"到底有解还是无解"的困惑。这说明,在复数的教学中,既要遵守已有数系扩充的规则,又要跳出"一维世界"的局限,引导学生到二维复平面上研究复数,这样就能使复数与向量、三角函数的联系成为自然而然,而且使研究范围大大拓展。

---

① 陈省身. 做好的数学[M]. 张奠宙,王善平,编. 大连:大连理工大学出版社,2020:11-12.
② 克莱因 F. 高观点下的初等数学(第一卷)[M]. 舒湘芹,陈义章,杨钦樑,译. 上海:复旦大学出版社,2008:80.

一、课程定位

课程标准提出:复数是一类重要的运算对象,有广泛的应用。本单元的学习,可以帮助学生通过方程求解,理解引入复数的必要性,了解数系的扩充,掌握复数的表示、运算及其几何意义。本单元的内容包括复数的概念、复数的运算、复数的三角表示。

分析课程标准的表述可以得出如下认识:

第一,从数学对象的属性看,和实数一样,复数是一类有广泛应用的运算对象,应按研究运算对象的套路展开本单元的学习。

第二,复数的引入是为了方程求解的需要,这是数学史的真实过程,而且这个过程充满曲折,前后经历几百年,直到高斯给出复数及其运算的几何解释、复数在解决物理问题中得到应用,其地位才最终确认。这个历程不仅可以让学生理解引入复数的必要性,还可以从中体验数学家的理性思维和科学精神,所以复数的背景和引入的教学是熏陶数学文化的好素材。

第三,要让学生了解数系扩充的规则和过程。尽管学生从小就学了数及其运算,初中也明确讲了运算法则和运算律,在指数的扩充和指数幂的运算性质中也强调了运算性质的重要性,但学生对此并不在意,其实他们也确实很难体会到其中的"味道"。不过,复数集是满足算术运算律的最大数集,我们要借着这最后一次数系扩充的机会,渗透数系扩充的基本思想,培育学生的理性思维。

第四,复数是一个"二元数",这个运算对象具有明确的几何意义,所以要时刻把"几何表示"、"几何意义"放在心上。从 $z = x + iy \Leftrightarrow Z(x,y) \Leftrightarrow \overrightarrow{OZ} \Leftrightarrow Z(|z|\cos\theta, |z|\sin\theta)$ 这些等价关系可以看到,复数与向量、三角函数之间具有天然联系,借此可以增强学生对数学整体性的认识,促进学生数学学科核心素养的发展。

事实上,一个数学对象,如果它处于不同对象的联结点处,表示方式可以多样化,那么它一定可以成为一个强有力的纽带,可以从中搞出很多"花样"来。

二、内容与要求

1. 复数的概念

(1)通过方程的解,认识复数。

(2)理解复数的代数表示及其几何意义,理解两个复数相等的含义。

2. 复数的运算

掌握复数代数表示式的四则运算,了解复数加、减运算的几何意义。

3. 复数的三角表示

通过复数的几何意义,了解复数的三角表示,了解复数的代数表示与三角表示之间的关系,了解复数乘、除运算的三角表示及其几何意义。

复数的三角表示是选学内容,但这个内容的难度不大、思想深刻,而且可以产生广泛联系,是"好的数学",所以应尽量让学生学习。

三、本单元学习的认知分析

1. 认知基础

数系扩充的内容、过程、基本思想与方法等;

解一元二次方程的知识经验。

2. 认知困难

学生在初中阶段建立的数系扩充经验,理性程度不高,特别是对扩充过程中蕴含的数学思想方法的理解并不深入;

自然数扩充到有理数、再扩充到实数,不是从解方程角度,而是从解决现实问题的需要,作为"相反意义的量"的数学表达而引入;

复数是"二维数",尽管有数轴上的点表示数的经验,但在平面直角坐标系中用有序数对表示一个数,这是经验上的一个飞跃;

等等。

四、内容的理解与教学思考

(一) 复数发展史概述

在古希腊学者丢番图(Diophantus,约214—约298)的时代,人们已经知道一元二次方程有两个根,但其中有一个根为虚数时,宁可认为方程不可解。直到16世纪,人们普遍认同丢番图的办法。

迫使人们认真对待复数的是因为求一元三次方程的解。意大利数学家卡尔达诺(G. Cardano,1501—1576)在1545年出版的著作《大术》中,全面介绍了求解一元三次方程的代数方法,给出了十三种求解的公式。在公式中出现了十分尴尬的情况:即便一元三次方程的三个根都是实根,但在用公式求解的过程中会出现虚数。例如,方程 $16+x^2+x^3=24x$ 的三个根都是实根,但直接用卡尔达诺一元三次方程求根公式,求解过程中会出现虚数。那么,这样的方程是有解还是无解呢?

虚数这个名称是笛卡儿在1637年出版的《几何》中给出的。欧拉在1777年的论文中首次使用符号 i 表示虚数。

1797 年,丹麦测量学家韦塞尔(C. Wessel,1745—1818)在一篇论文中引入了虚轴,并把复数表示为平面向量。瑞士数学家阿尔冈(J. R. Argand,1768—1822)在 1806 年出版的著作中把复数对应的向量的长度称为模,他还进一步利用三角函数表示复数。[①]

给出复数的几何表示后,使人真正"看到"了复数的存在,人们才逐渐接受复数。在 19 世纪,经柯西、高斯、黎曼、魏尔斯特拉斯(K. Weierstrass,1815—1897)等人的努力,复数才以漂亮的复变量函数论赢得历史地位。

在物理学界,一直认为能够测量的物理量只是实数,复数是没有现实意义的。尽管在 19 世纪,电工学中大量使用复数,有复数的动势、复值的电流,但那只是为了计算的方便。计算的最后结果也总是实数,并没有承认在现实中真有"复数"形态的电流。

牛顿力学中的量全都是实数量,但到量子力学,就必须使用复数量。1959 年,物理学家设计了一个实验,表明向量势和数量势一样,在量子力学中都是可以测量的,打破了"可测的物理量必须是实数"的限制,但这一实验相当困难,最后于 1982 年和 1986 年先后完成。这样,物理学中的可测量终于扩展到了复数。

复数源于纯粹的数学推理,是理性思维的产物。虚数以及复数概念的引入经历了一个曲折的过程,其中充满着数学家的想象力、创造力和不屈不挠、精益求精的精神。由于学生认知水平的限制,中学阶段对复数的运算和应用不能提出太多要求,因此在复数的教学中,通过介绍复数的发展历史,让学生感受数学的文化和精神,理解复数的概念和意义,应该成为重点。

(二)本单元的内容结构

本单元内容不多,但可以体现研究一个运算对象的"基本套路",即:

背景—概念—基本性质—运算及其几何意义、运算律—联系与应用。

背景:解方程的历史,遇到的挑战;

概念:数系扩充的思想、过程,复数的定义、表示和分类;

复数的基本性质:复数的几何意义,复数与向量的联系(复数就是向量,向量就是复数),复数之间的某些特殊关系(如共轭复数);

复数四则运算的定义、运算律及其几何意义;

---

① 中华人民共和国教育部. 普通高中数学课程标准(2017 年版 2020 年修订)[S]. 北京:人民教育出版社,2020:122 - 123.

复数的三角表示(相关概念、互化)、运算(乘、除、乘方、开方)及其几何意义;

应用:代数中的应用,联系向量、三角的综合应用,几何中的应用等。

(三) 内容的理解与教学

1. 引入复数要关注哪些要点?

要解决两个基本问题:一是引入复数的必要性,即要通过解方程历史的追溯,介绍数学家对这种"虚无缥缈的数"的认识过程,引发认知冲突,自然而然地提出问题;二是要引导学生回顾已有的数系扩充过程,归纳其中的基本思想,形成基本套路,从而构建本单元学习的先行组织者。

2. 如何从解方程中归结出将数系扩充到复数系所要解决的根本问题?

首先,分析遇到的难题,明确要解决的问题。在介绍解方程历史的基础上,先从一般的实系数一元二次方程 $ax^2 + bx + c = 0(\Delta = b^2 - 4ac < 0)$ 出发,用配方法进行同解变形,归结为 $x^2 = -a(a > 0)$ 的形式,最后归结出:只要能解 $x^2 + 1 = 0$,那么就能解决负数开方问题。

其次,梳理从自然数系逐步扩充到实数系的过程与方法,得到数系扩充的基本思想:在扩充后的数系中定义的加法、乘法法则,与原数系中的加法、乘法法则协调一致,并且使加法和乘法所满足的运算律仍然成立。

最后,在上述思想引导下,考虑通过扩充实数系而使方程 $x^2 + 1 = 0$ 有解,在扩充过程中,要强调"希望在扩大的数集中,新的加法、乘法运算保持原数集下的运算律"的关键性作用。

根据上述想法,引进一个新的数 i,其定义是 $i^2 = -1$。将 i 添加到实数集中,并和实数进行加、乘运算,就会产生新数。例如,把实数 a 与 i 相加,结果记作 $a+i$;把实数 b 与 i 相乘,结果记作 bi;把实数 a 与实数 b 和 i 相乘的结果相加,结果记作 $a+bi$;等等。把 $a+i$ 看作 $a+1i$, bi 看作 $0+bi$, a 看作 $a+0i$, i 看作 $0+1i$,总之,实数与 i 进行加、乘运算后的结果都可以写成 $a+bi(a, b \in \mathbf{R})$ 的形式。

为了促进学生领悟数系扩充思想,人教 A 版在这里给了一个"思考"栏目:[①]

把新引进的数 i 添加到实数集中,我们希望数 i 和实数之间仍然能像实数那样进行加法和乘法运算,并希望加法和乘法都满足交换律、结合律,以及乘法对加法满足分配律。那么,实数系经过扩充后,得到的新数系由哪些数组成呢?

---

① 人民教育出版社,课程教材研究所,中学数学课程教材研究开发中心. 普通高中教科书:数学 A 版 必修第二册[M]. 北京:人民教育出版社,2019:68.

教学中要注意落实,让学生开展独立思考,进行上述"思想上的数系扩充实践",发展理性思维。

3. 引入复数概念要完成哪些事情?

引入复数概念要完成的事情是:定义—分类—几何意义—基本性质。这里有几个问题要讨论一下。

(1) 定义:要说清楚复数的内涵、要素。从 $a+bi(a,b\in\mathbf{R})$ 的形式看,虚数单位 i 是关键性的,这是定义的核心;有两个组成部分 a 与 bi,称 a 为实部,b 为虚部(不是虚部系数)。

(2) 复数的相等:引入新对象后,为了保证对象的确定性,就要明确两个元素相等(或相同)的含义(定义)。这里,当 $a,b\in\mathbf{R}$ 时,$a+bi=0\Leftrightarrow a=0$ 且 $b=0$。由两个复数相等的定义,可以把复数看成一个有序实数对,从而为复数的几何意义奠定基础。在定义一个数学对象时必须说清楚什么叫"相等",学生可能没有这种意识,并不认为这一点很重要,教学时应给予说明。

(3) 如何引导学生研究复数的几何意义?

这里可以引导学生放宽思路展开想象。首先可以类比实数的几何意义,其次可以联系向量的坐标表示。类比用数轴上的点表示实数,提出是否可以对复数作出几何表示;由复数是二维数,引导学生从确定复数的条件出发思考复数的几何意义。

复数 $z=a+bi(a,b\in\mathbf{R})$ 由 a、b 唯一确定,而且 a、b 不能交换顺序,本质上是一对有序实数对 (a,b),所以复数集与直角坐标系上的点集之间可建立一一对应关系:$z=a+bi\leftrightarrow Z(a,b)$,这就是复数的一种几何意义。

关于"复平面"的教学,要注意如下几点:

① 复数 $z=a+bi(a,b\in\mathbf{R})$ 用复平面内的点 $Z(a,b)$ 表示。复平面内的点 Z 的坐标是 (a,b) 而不是 (a,bi),复平面内的纵轴的单位长度是 1 而不是 i;

② 没有必要强调复平面与一般坐标平面的区别;

③ 对于虚轴上的点表示的数,除原点外都表示纯虚数。不要在"y 轴叫做虚轴"、"y 轴(去除原点)叫做虚轴"哪种定义更"合理"上纠缠,这是没有意义的。

复数的向量表示:因为复数 $z=a+bi(a,b\in\mathbf{R})$ 与有序实数对 (a,b) 一一对应,即复数集与复平面内的点集一一对应,而有序实数对即为平面直角坐标系中向量的坐标,所以复数集 C 与复平面内以原点为起点的向量组成的集合也是一一对应的,这是复数的另一种几何意义。

注意,因为向量是自由的,所以我们规定相等的向量表示同一个复数。这样,复数

$z=a+bi(a,b\in\mathbf{R})$ 与复平面内的点 $Z(a,b)$ ——对应,复平面内的点 $Z(a,b)$ 与向量 $\overrightarrow{OZ}$ ——对应。由此,在讨论复数的运算、性质和应用时,可以在复平面内综合运用坐标法和向量方法。

复数的模与实数的绝对值具有内在一致性,由此可知模与距离概念的关联,可以表达平面上的距离问题。如果再与复数的辐角结合起来,那么复数就与"距离""角"这两个最基本的几何量建立起了内在关联,由此可以利用复数及其运算研究几何、三角的问题,其作用与向量是异曲同工的。

(4) 基本性质:已有的经验是数的基本性质指"数的大小关系",但复数没有大小关系,或者说:若两个复数都是实数,则可以比较大小;否则,不能比较大小。

实际上,"大小关系"的本源是自然数的大小关系:自然数源于对数量的抽象,因为"数量有多少",所以"自然数有大小",大小关系是自然数的最本质关系。所以,实数的大小关系基于生活直觉。由此,可以从皮亚诺公理出发,用数学归纳法证明:

① 对于任意两个自然数 a、b,$a<b$,$a=b$,$a>b$ 有且只有一种关系成立(称为"三歧性");

② 自然数的大小关系具有传递性;

③ 传递性在四则运算中仍然成立:用符号" $*$ "统一表示四则运算,用" $\approx$ "统一表示①中的三种关系,只要注意到乘或除一个负数要改变大小关系,那么对于有理数 a、b、c,有

$$a\approx b\Rightarrow a*c\approx b*c,$$

所以大小关系在有理数中仍然成立;

④ 根据实数理论,实数是通过有理数列的极限得到的,而有理数列四则运算的极限等于有理数列极限的四则运算,即

$$\lim_{n\to\infty}(a_n+b_n)\approx\lim_{n\to\infty}a_n+\lim_{n\to\infty}b_n,$$

所以,基于自然数的大小关系对于实数仍然成立。

因为复数不是源于度量的需要,而是源于解方程,解方程的运算一般不具有上述③、④所示的性质,所以就传递性而言,复数不能像自然数那样比大小。

进一步,数学推理论证的本质在于传递性,因此复数的"大小关系"是不能像实数那样,基于自然数的大小关系经过逻辑推理而得到。

我们可以定义复数的顺序,如

$$a+bi<c+di(a,b,c,d\in\mathbf{R})\Leftrightarrow a<c,\text{或}\ a=c\ \text{且}\ b<d,$$

这个顺序与实数的大小关系相容,似乎非常像大小关系,但它不是大小关系。

如果我们引导学生把眼光从一维直线提升到二维平面,在复平面上看,就会发现,对于复数的关系,可以从更广泛的"对称性"进行讨论。这样,引入"共轭复数"的概念就自然而然了:

复平面内关于 x 轴对称的两个点所对应的两个复数有特殊关系,称为共轭复数。

人教 A 版直接给出共轭复数的概念,然后让学生思考复平面内两个共轭复数所对应的点之间的关系。这个做法有点"不讲理",教学时可以如上所述地做些改变。另外,还可以在定义复数的运算法则后,让学生自己探索共轭复数的运算性质(例如,$z\bar{z}=a^2+b^2$,这个式子就可以搞出一些花样来),研究一下是否还有其他特殊关系等。

4. 复数的四则运算及其几何意义

引入一种新的数,就要研究关于它的运算;定义一种运算,就要研究其运算律(运算性质)。这里需要让学生思考的问题是:

如何定义复数加法、乘法的运算法则才是合理的?

(1)关于复数的加法

可以采用分析法:设 $z_1=a+bi$,$z_2=c+di(a,b,c,d\in\mathbf{R})$ 是任意两个复数,希望加法结合律成立,故

$$z_1+z_2=(a+bi)+(c+di)=(a+c)+(bi+di);$$

希望乘法对加法满足分配律,故

$$z_1+z_2=(a+c)+(bi+di)=(a+c)+(b+d)i。$$

按这样的法则,当 $b=0$,$d=0$ 时,复数的加法法则与实数的加法法则一致,这说明这样定义复数的加法法则与实数中的加法运算是和谐的。

乘法法则的分析类似。

定义运算法则后,如何引导学生研究运算的几何意义是需要重点考虑的一个问题。特别是,能不能让学生自己提出这个问题?

为此,可以从两个角度进行引导:一是从数及其运算的一般研究路径出发,提出需要研究的基本问题;二是从复数的几何表示出发,复数有几何意义,那么关于它的运算也一定有几何意义。在此基础上,联系向量运算的几何意义,就比较容易由学生自己发现和提出问题了。

那么,复数加法的几何意义的教学重点是什么呢?

教学重点是:引导学生探究复数加法与向量加法的统一性。可以从三个方面进行引导:①复数与复平面内以原点为起点的平面向量一一对应;②向量加法的坐标形式及其几何意义;③复数的加法法则。将这三个方面放在一起,并借助复平面进行分析,就能使学生领悟复数加法的几何意义就是复数的加法可以按照向量的加法来进行。

(2)关于复数的减法

首先,类比实数的减法,规定复数的减法是加法的逆运算;

然后,依据复数的加法、复数相等的定义,通过解实系数方程,得到复数的减法法则。

教学中可提醒学生,这里实际上使用的是待定系数法,它也是确定复数的一个一般方法。

复数减法的几何意义,等同于向量加法的几何意义。

(3)复数的乘、除运算

复数的乘、除运算与加、减运算的研究过程大同小异。

复数的乘法与多项式的乘法有很强的可比性,将复数 $a+bi$ 看成是关于 i 的"一次二项式",将复数的乘法按多项式的乘法进行,只要在所得的结果中把 i^2 换成 -1,并且把实部与虚部"合并同类项"即可。

复数的除法可以类比根式的除法,写成分数的形式后,关键是利用共轭复数进行"分母实数化"。

人教 A 版中给出了一些类似于 $(1+i)^2$,$(1-i)^2$,$\dfrac{1+i}{1-i}$ 的式子,可以提醒学生适当注意。

原则上,在完整地进行复数加法教学后,减法、乘法和除法可以让学生自学。

(4)共轭复数的性质

这是一个有意思的问题,可以引导学生在思考"具有特殊关系的复数在运算中是否也会出现什么特殊性"的基础上,自己展开探索活动,并注意从代数、几何两个角度作出解释。

设 $z=a+bi(a,b\in\mathbf{R})$,则 $\bar{z}=a-bi$。

① 如果 $z=\bar{z}$,则 z 是实数;

② $z+\bar{z}=2a$,是实数;

③ $z\cdot\bar{z}=a^2+b^2$,是非负实数;

④ $\overline{z_1 + z_2} = \overline{z_1} + \overline{z_2}$；

⑤ $\overline{z_1 z_2} = \overline{z_1} \ \overline{z_2}$；

等等。

5. 复数的三角表示

复数的三角表示是复数的一种重要表示形式，它沟通了复数与平面向量、三角函数等之间的联系，可以帮助我们进一步认识复数，也为解决平面向量、三角函数和平面几何问题提供了一种重要途径，同时还为今后在大学期间进一步学习复数的指数形式、复变函数论、解析数论等高等数学知识奠定基础。

比较强烈地建议：要把本节内容作为必学。

（1）复数的三角表示式

这里的首要问题仍然是：如何引导学生发现和提出"复数的三角表示式"这一问题？

从知识基础看，前面已经建立了复数与向量的坐标之间的联系。另外，三角表示式与三角函数相关联，三角函数中学生曾经研究过"水车模型"，求解过在半径为 2 的圆周上做匀速圆周运动的点的坐标问题，特别是在三角函数的概念一节，证明了

如果角 α 终边上任意一点 $P(x，y)$（不与原点重合）到原点的距离为 r，那么 $\sin\alpha = \dfrac{y}{r}$，$\cos\alpha = \dfrac{x}{r}$。

这些都为用三角函数表示半径为 r 的圆上的点的坐标做了较为充分的准备。如果教师直接讲解，那么学生听懂应该没有困难，但这样就失去了一次提高学生发现和提出问题能力的机会。所以，应该设法让学生自己来"捅破窗户纸"。为此，人教 A 版设置了一个"探究"栏目引导学生展开研究：

如图 4.2.1，复数 $z = a + bi(a，b \in \mathbf{R})$ 与向量 $\overrightarrow{OZ} = (a，b)$ 一一对应，复数 z 由向量 $\overrightarrow{OZ}$ 的坐标 $(a，b)$ 唯一确定。我们知道向量也可以由它的大小和方向唯一确定，那么能否借助向量的大小和方向这两个要素来表示复数呢？如何表示？

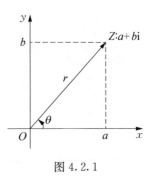

图 4.2.1

这个"探究"是如何提出来的呢？实际上，其背后的思想是：一个事物有多种表示方式，它们之间一定有内在联系，探索这些联系并得出相应的数学表达是数学研究的主要任务之一。教学中应引导学生仔细体会这一点，其实这是使学生领悟数学基本思想、积累基本活动经验的过程。

复数的三角表示式实际上是用另一种有序实数对 $(r，\theta)$ 确定一个复数，与极坐标

一样。因为复数的三角表示式有固定的结构,需要通过概念辨析活动让学生加深认识:

第一,直角坐标系中,设角 θ 的终边与半径为 r 的圆(圆心在原点)的交点坐标为 $Z(a,b)$,则有

$$r=\sqrt{a^2+b^2},\ a=r\cos\theta,\ b=r\sin\theta,$$

所以

$$z=a+bi=r\cos\theta+r\sin\theta=r(\cos\theta+i\sin\theta)。$$

学生可能会认为,含有正弦、余弦的复数就是复数的三角式,需要给一些反例。例如:

$$2\left(\cos\frac{\pi}{4}-i\sin\frac{\pi}{4}\right)=2\left(\cos\frac{7\pi}{4}+i\sin\frac{7\pi}{4}\right),$$

左边不是三角式,右边是三角式。

第二,辐角与象限角具有怎样的内在一致性?把复数 $z=a+bi=r(\cos\theta+i\sin\theta)$ 与象限角联系起来,可以发现,辐角 θ 是以向量 $\overrightarrow{OZ}$ 为终边的象限角,因为以 $\overrightarrow{OZ}$ 为终边的角组成集合 $\{\alpha\mid\alpha=\theta+2k\pi,\ k\in\mathbf{Z}\}$,所以一个复数的辐角具有多值性,具有以 2π 为周期的周期性。一般地,以辐角的主值为讨论的主题。可以要求学生记住辐角主值为特殊角的复数。复数的两种表示形式的互化中,辐角 θ 一般取主值,这样就是一一对应的关系。

(2)复数乘、除运算的三角表示及其几何意义

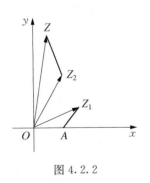

图 4.2.2

复数的乘法、除法、乘方和开方,用三角表示非常简洁,而且反映本质,特别是这些运算的几何意义非常明显、好用,在解决问题中威力巨大。另一个重要性是,与旋转变换、伸缩变换的联系,例如:

设 $z_1=r_1(\cos\theta_1+i\sin\theta_1)$,$z_2=r_2(\cos\theta_2+i\sin\theta_2)$。如图 4.2.2,设 $A(1,0)$,$\overrightarrow{OZ_1}$、$\overrightarrow{OZ_2}$ 分别为 z_1、z_2 所对应的向量。以线段 OZ_2 为一边作 $\triangle OZ_2Z$,使之相似于 $\triangle OAZ_1$,那么向量 $\overrightarrow{OZ}$ 所对应的复数

$$z=z_1z_2=r_1r_2\left[\cos(\theta_1+\theta_2)+i\sin(\theta_1+\theta_2)\right]。$$

这就是复数乘法的几何意义,是用旋转和伸缩变换来表示的。

另外,只要令 $z=z_1=z_2=r(\cos\theta+i\sin\theta)$,就有

$$z^2 = z_1 z_2 = \left[r(\cos\theta + \mathrm{i}\sin\theta)\right]^2 = r^2(\cos 2\theta + \mathrm{i}\sin 2\theta)。$$

这里,z 的次数可以推广到一般的 n,有

$$\left[r(\cos\theta + \mathrm{i}\sin\theta)\right]^n = r^n(\cos n\theta + \mathrm{i}\sin n\theta),$$

这就是棣莫佛定理。

利用三角表示作为知识的综合与联系的纽带,可以发现很多有意义的问题。例如:与解一元 n 次方程的联系,特别是 $x^n = 1$,其中蕴含的内容非常丰富;与三角函数的联系;证明一些几何题(实际上就是向量法);与旋转变换、伸缩变换等几何变换的联系;等等。

五、小结

我们以陈省身先生的一个故事来结束本文。2003 年岁次癸未,第二年是甲申(猴)年。陈先生突发奇想,要设计一套题为"数学之美"的挂历。他亲自构思、设计,用通俗的形式展示数学的深邃与美妙。挂历中的 12 幅彩色月份画页的主题分别为:复数、正多面体、刘徽(约 225—约 295)与祖冲之(429—500)、圆周率的计算、高斯、圆锥曲线、双螺旋线、国际数学家大会、计算机的发展、分形、麦克斯韦方程和中国剩余定理。……陈先生特别青睐复数,故把它作为挂历的首页主题。事实上,他发现的"陈示性类"就是复向量丛上的拓扑不变量。陈先生说:复数是一个神奇的领域。例如有了复数,任何代数方程都可以解,在实数范围就不可以……我的眼光集中在"复"结构上,"复丛"比"实丛"来得简单。在代数上复数域有简单的性质。群论上复线性群也如此,这大约是使得复向量丛有作用的主要原因。"几何中复数的重要性对我而言充满神秘。它是如此优美而又浑然一体。"[1]作为整体微分几何的开创者,他所领略到的复数之美、复数之用是我们所难以企及的,以陈先生的故事和论述来结尾,似乎扯得太远,但我的想法是要以此引起广大高中数学教师对复数教学的充分重视,彻底抛弃"考什么教什么"的习惯,着眼于学生的终身学习、致力于学生数学学科核心素养的发展进行教学,为学生奠定后续数学学习的良好基础。

思考题

(1) 以虚数和复数的概念引入为例,谈谈你对数学课堂中融入数学史的方式的

---

[1] 陈省身. 做好的数学[M]. 张奠宙,王善平,编. 大连:大连理工大学出版社,2020:22 - 23.

看法。

（2）复数概念的引入与已有的数系扩充过程有什么异同？如何利用数系扩充的已有经验构建复数的研究路径？

（3）有人说，"复数就是向量，向量就是复数"，对此你有什么认识？你能结合平面向量的内容作出解释吗？

（4）复数是联结数学知识的纽带，你能以复数为节点给出相应的"联系图"吗？

（5）为什么复数不能比较大小？（实数的哪个特征使它们之间可以比较大小？）

（6）在复数的四则运算教学中如何落实单元教学思想？你能以"由学生自主探究完成学习任务"的思路给出它的整体教学设计吗？

（7）复数的多种表示式是复数内涵丰富性的体现。你认为在这些表示式中，起桥梁纽带作用的是什么？为什么？

（8）复数的三角表示式是本次课程标准修订增加的选学内容，说明这个内容有其特殊的重要性。你对此有什么看法？

（9）"复数的三角表示"中蕴含了几何变换的工具，你认为可以如何发挥这一工具的育人功能？

第三节　立体几何初步

在义务教育阶段，学生学习的"图形与几何"内容主要有：空间和平面基本图形的认识，图形的概念、性质和度量；图形的平移、旋转、轴对称、相似和投影；平面图形基本性质的证明；运用坐标描述图形的位置和运动；等等。学生在掌握"图形与几何"的基础知识、基本技能的同时，空间观念得到了一定发展，在借助图形思考问题的过程中，初步建立了几何直观。因为初中几何课程主要以平面图形为研究对象，所以在高中几何课程中，首先需要建立基本立体图形的概念，认识点、直线和平面的位置关系，在此基础上再用适当的工具和方法展开空间图形性质与关系的研究。

实际上，立体几何所运用的数学思想方法与平面几何没有本质差别，不同的是研究对象，特别是要在一张纸上处理空间图形，借助"理念作图"展开思考，导致其抽象程度提高，对直观想象、逻辑推理和数学运算等方面的要求都大大提高了。

一、课程定位

课程标准提出：立体几何研究现实世界中物体的形状、大小与位置关系。本单元的学习,可以帮助学生以长方体为载体,认识和理解空间点、直线、平面的位置关系;用数学语言表述有关平行、垂直的性质与判定,并对某些结论进行论证;了解一些简单几何体的表面积与体积的计算方法;运用直观感知、操作确认、推理论证、度量计算等认识和探索空间图形的性质,建立空间观念。本章的内容有基本立体图形、基本图形位置关系、几何学的发展。

分析课程标准的上述表述,可以得出如下认识:

第一,立体几何的研究对象是空间图形①,研究内容是图形的形状、大小和位置关系,研究顺序是先从现实世界中抽象空间图形获得几何对象,再对其形状、大小和位置关系等性质展开研究。在本单元中,形状、大小是对有界图形(柱、锥、台、球等)的研究,位置关系是对点、直线、平面的研究。

第二,在认识点、直线、平面的位置关系中,长方体是一个好用的模型;直线、平面的位置关系主要研究平行、垂直的性质与判定,其重点是用数学语言(日常语言、符号语言和图形语言)表述和论证。之所以将位置关系的研究聚焦在平行和垂直上,是因为"在空间的种种性质中,最为基本而且影响无比深远者,首推对称性和平直性",而对称性和平直性在立体几何中的表现,"乃是空间中的'平行'与'垂直'以及两者之间的密切关联。其实平行与垂直乃是整个定量几何基础所在,当然也就是读者学习立体几何的起点与要点所在"②。

第三,就像平面几何中的度量问题一样,只要有了简单几何体的表面积和体积的度量公式,其组合体的度量就可以利用这些公式进行化归。

第四,对空间图形性质的研究,通过直观感知、操作确认、推理论证、度量计算,可以实现由表及里、从定性到定量的认识,在不断深化对空间图形认识的过程中,可以使学生逐步建立空间观念。

二、本单元内容与要求

1. 基本立体图形

(1)利用实物、计算机软件等观察空间图形,认识柱、锥、台、球及简单组合体的结构特征,能运用这些特征描述现实生活中简单物体的结构。

---

① 课程标准在这里的表述是"立体几何研究现实世界中物体的形状、大小与位置关系",笔者觉得这是一个"笔误"。现实世界中的物体不是几何的研究对象,几何的研究对象是从现实世界中抽象出来的空间形式,这种空间形式在现实世界中并不存在,例如现实世界中是不存在数学中的"直线""平面"这种东西的。
② 项武义.基础数学讲义丛书:基础几何学[M].北京:人民教育出版社,2004:101.

（2）知道棱柱、棱锥、棱台、球的表面积和体积的计算公式，能用公式解决简单的实际问题。

（3）能用斜二测法画出简单空间图形（长方体、球、圆柱、圆锥、棱柱及其简单组合体）的直观图。

2. 基本图形位置关系

（1）借助长方体，在直观认识空间点、直线、平面的位置关系的基础上，抽象出空间点、直线、平面的位置关系的定义，了解以下基本事实和定理。

基本事实 1：过不在一条直线上的三个点，有且只有一个平面。

基本事实 2：如果一条直线上的两个点在一个平面内，那么这条直线在这个平面内。

基本事实 3：如果两个不重合的平面有一个公共点，那么它们有且只有一条过该点的公共直线。

基本事实 4：平行于同一条直线的两条直线平行。

定理：如果空间中两个角的两条边分别对应平行，那么这两个角相等或互补。

（2）从上述定义和基本事实出发，借助长方体，通过直观感知，了解空间中直线与直线、直线与平面、平面与平面的平行和垂直的关系，归纳出以下性质定理，并加以证明。

① 一条直线与一个平面平行，如果过该直线的平面与此平面相交，那么该直线与交线平行。

② 两个平面平行，如果另一个平面与这两个平面相交，那么两条交线平行。

③ 垂直于同一个平面的两条直线平行。

④ 两个平面垂直，如果一个平面内有一条直线垂直于这两个平面的交线，那么这条直线与另一个平面垂直。

（3）从上述定义和基本事实出发，借助长方体，通过直观感知，了解空间中直线与直线、直线与平面、平面与平面的平行和垂直的关系，归纳出以下判定定理。

① 若平面外一条直线与此平面内的一条直线平行，则该直线与此平面平行。

② 若一个平面内的两条相交直线与另一个平面平行，则这两个平面平行。

③ 若一条直线与一个平面内的两条相交直线垂直，则该直线与此平面垂直。

④ 若一个平面过另一个平面的垂线，则这两个平面垂直。

（4）能利用以上已获得的结论证明空间基本图形位置关系的简单命题。

3. 几何学的发展

收集、阅读几何学发展的历史资料，撰写小论文，论述几何学发展的过程、重要结果、主要人物、关键事件及其对人类文明的贡献。

由课程标准的上述内容和要求可以发现,立体几何初步的教学重点并不是要建立结构完善、逻辑严密的立体几何知识体系。对柱、锥、台、球等空间几何体,强调从整体到局部、从具体到抽象的原则,通过丰富的实物模型或利用计算机软件呈现空间几何体,帮助学生认识它们的结构特征,进一步掌握在平面上表示空间图形的方法和技能,逐步形成空间观念。这就意味着,这里只要掌握柱、锥、台、球的基本概念,不要求掌握它们的性质。空间图形的性质将在选择性必修中以向量为工具进行研究。

对于点、直线、平面等基本图形的位置关系,强调通过对长方体等图形的观察和操作,发现和提出描述基本图形平行、垂直关系的命题,逐步学会用准确的数学语言表达这些命题,直观解释命题的含义和表述证明的思路,并证明其中一些命题;对相应的判定定理,只要求直观感知、操作确认,在选择性必修课程中再用向量方法对这些定理加以论证。

几何学的发展历史悠久,课程标准在这里安排了一个与数学史、数学文化相关的选学内容,让学生通过查阅几何学发展的资料、撰写小论文,在论述几何学发展历史、重要结果、主要人物、关键事件及其对人类文明的贡献等过程中,提高对数学的科学价值、应用价值、文化价值和审美价值的认识。

三、内容的理解与教学思考

(一) 基本立体图形的结构特征

1. 定义几何图形的数学方式

高中立体几何课程的研究对象可以分为两类:一类是基本立体图形,包括柱、锥、台、球及其组合体,它们是"有界图形";一类是点、直线和平面,它们是最基本的空间图形,直线、平面都具有无限延展性。定义这些数学对象的数学方式是怎样的呢? 我们可以分析一下几何图形的定义,看看它们有哪些共性。

三角形:由不在同一条直线上的三条线段首尾顺次相接所组成的图形,边、顶点、内角是其基本元素,外角、高、角平分线、中线、中位线是相关元素;

多边形:在平面内由一些线段首尾顺次相接组成的图形,边、顶点、内角是其基本元素,外角、对角线等是相关元素;

多面体:由若干个平面多边形围成的几何体叫做多面体,面、棱、顶点等是其基本元素;

棱柱:有两个面互相平行,其余各面都是四边形,并且相邻两个四边形的公共边都

互相平行,由这些面所围成的多面体叫做棱柱,棱柱的底面、侧面、侧棱、顶点等是其基本元素;

棱锥:有一个面是多边形,其余各面都是有一个公共顶点的三角形,由这些面所围成的多面体叫做棱锥,棱锥的底面、侧面、侧棱、顶点是其基本元素;

等等。

从以上定义可以发现,定义直线型图形、多面体图形的数学方式是:

利用组成图形的基本元素,将基本元素的形状、位置关系作为刻画图形结构特征的"要件"。

所以,认识一类立体图形的结构特征,就是抽象这类图形的组成元素及其形状和位置关系,并用准确的数学语言予以表达。教学中可以先引导学生回顾三角形、平行四边形以及圆等的定义,帮助学生总结出定义几何图形的数学方式,再让他们以此为指导去观察相应的实物、模型,并利用计算机软件展示更丰富的几何图形帮助学生进行多角度观察,在充分直观感知的基础上再进行本质特征的抽象,得出基本几何图形的结构特征。

2. 如何研究几何体的结构特征

几何体的结构特征从定性描述、定量刻画两个角度展开,因为定量的要求较低,而且是基于定性性质的,所以这里着重就定性描述进行讨论。

数学思想:几何体的结构特征有多种表现形式,选择刻画一类对象的充要条件作为定义,且要求包含的要素关系尽量少,实现对几何图形的数学抽象。再以此为出发点,研究其他特征,获得几何体的性质。

研究内容:以"属+种差"的方式对几何图形进行"从粗到细"的分类。

过程与方法:从观察与分析一些具体几何图形组成元素的形状、位置关系入手,归纳共性,抽象出分类标准,再概括到同类图形而形成抽象概念。

研究结果举例:

几何体的分类——以几何体的表面特征(是否都为多边形)为分类标准,把空间几何体分为多面体、旋转体。

多面体的分类——以组成元素的形状、位置关系为分类标准,分为棱柱、棱锥、棱台等等。例如:棱锥有一个面(底面)是多边形,其余各面(侧面)都是三角形,这是组成元素的形状;三角形有一个公共顶点,这是组成元素的位置关系。

对一类多面体的分类——以这类多面体的组成元素的某种特征或关系为标准进行分类。例如,以棱锥底面多边形的边数为标准将棱锥分为三棱锥、四棱锥、五棱锥……;以底面多边形的形状与顶点在底面的正投影的位置为标准,分为正棱锥和非正棱锥;等等。

另外,还要对一些特殊的图形进行特别的研究,例如正多面体。

可以看到,对几何体结构特征的认识是通过分类完成的。分类是理解数学对象的重要一环。一个数学对象的具体例子不胜枚举,按某种特征对它们"分门别类",就使这一对象所包含的事物条理化、结构化,并可由此确定一种分类研究的路径,使后续研究顺序展开。

分类就是把研究对象归入一定的系统和级别,形成有内在层级关系的"子类"系统结构,从而就进一步明确了数学对象所含事物之间的逻辑关系,由此可以极大地增强"子类特征"的可预见性,也就有利于我们发现数学对象的性质。

3. 关于作图

首先明确一个观点,即:作图是立体几何学习的"第一大事",在纸上画立体图形,是培养直观想象素养的重要契机。所以,立体几何教学中必须要求学生"认真读题,根据题意先作出直观图",并且要把图画得尽量准一点,以利于看出各种关系。然而,观察当下的课堂,发现"导学案"中不仅给出了命题,而且画好了图形,学生已经不需要"根据题意作出图形"了。鉴于目前"导学案"泛滥的实情,几何课不要求学生作图的做法应该不是个案。我们认为,这是导致当前立体几何教学质量不高的主要原因之一。

关于立体几何作图对培养直观想象素养的意义,我们可以与平面几何作图比较一下。

首先,平面几何作图在一个"平的面"上进行,一张纸、一块黑板都是这样的一个面,因此平面图形可以在纸上或黑板上用直尺、圆规真实地画出来,但立体几何作图做不到。因为立体图形是三维的,而"三维纸"或"三维黑板"是难以提供的。

其次,平面几何作图中,我们可以利用直尺和圆规完成那些"基本作图问题",例如用直尺在纸上画出两点所决定的那条直线的局部,用圆规画出给定圆心和半径的圆;但在立体几何作图中,我们没有这样的工具能方便地画出不共线三点所决定的那个平面的局部,只能画"示意图",而这种图原则上并不唯一。

第三,立体几何作图是"在二维平面上作三维立体图形",在本质上是"理念作图"。作出的"直观图"可以引导我们想象它所代表的"真实图形"的样子,但它不是平面几何中那样的实在图形。

在立体几何中,我们真正在做的是把某种真实存在的立体几何事物,在理念中逐步分解成平面上某些特定的平面图形的组合来加以明确刻画。正如项武义先生指出的：这种理念作图是在训练如何把立体几何中的基本图形归于平面几何作图来加以分析，唯有通过这种理念作图的练习，才能学会如何有效运用所学的平面几何知识去理解空间的本质。我们与生俱来的视觉是具有相当好的空间想象能力的，但是要把它提升到对于空间图形及其所蕴含的空间本质的洞察力，这种训练是不可缺少的！①

所以，在二维平面上画三维图形，对培养学生直观想象素养的意义是基本而重要的，对培养学生严谨的思维品质、优良的学习习惯以及审美情趣等也有作用。我们应该立即改变不重视作图的错误做法，在获得几何对象、定义概念、发现性质等各个环节中都要加强"理念作图"的训练，并在解题教学中把"根据题意作出图形"作为第一步。

4. "基本立体图形"的育人价值

"基本立体图形"的学习，理性思维的要求不高，以直观感知、操作确认的方式为主，通过对基本立体图形的分类，达到对柱、锥、台、球结构特征的认识。从数学思想和方法的角度看，本单元的教学应关注如下几个方面，这也是本单元的主要育人价值所在：

（1）掌握描述几何体结构特征的方法——以几何体的表面组成元素、形状、位置关系为"要件"得出结果；

（2）形成数学地认识、刻画几何图形结构特征的能力——抓关键要素及其基本关系（平行、垂直（对称））；

（3）掌握描述事物特征的逻辑方法——以"属＋种差"的方法对一类几何体进行逐层分类，从而有序地、有逻辑地认识事物的特征，培养理性思维。

（二）基本图形的位置关系

本单元的整体架构是：平面—直线、平面的平行（平直性）—直线、平面的垂直（对称性）。这是在定义空间基本图形的基础上，按位置关系逐类展开研究。研究过程中渗透着公理化思想，而对平面基本性质的描述（几何原始概念的定义方式）、基本图形位置关系的分类中体现着数学地认识事物的思维方式，对发展学生的理性思维能起到非常积极的作用。

1. 平面

点、直线、平面是构建几何图形的基本材料。根据欧氏几何公理体系的要求，对点、直线和平面等基本图形特征的描述是学习立体几何的出发点。这种处于原始出发点的图形特征的描述往往很困难，因为有"从无到有创生几何"的味道。这里的任务就

---

① 项武义. 基础数学讲义丛书：基础几何学[M]. 北京：人民教育出版社，2004：113-114.

是要设法描述清楚直线的"直"、平面的"平"到底是怎么回事。根据数学地刻画一个事物的基本方式,我们可以通过直线、平面的组成元素之间的基本关系进行描述,实际上这也就给出了"平面的基本性质"。需要特别指出的是,这里的"基本关系"就是元素与集合、集合与集合的关系,即"$\in$""$\subseteq$"等。

根据生活经验,"点动成线""线动成面"。设 A、B 是空间中两个确定的点,则有唯一的一条连接它们的最短通路,即直线段,记为 $\overline{AB}$。由 A 到 B 的最短通路可以向前无限延伸,称为由 A 射向 B 的射线,记为 $\overrightarrow{AB}$;同样,有由 B 射向 A 的射线 $\overrightarrow{BA}$。这两条射线的并集就是直线 AB,所以有"两点确定一条直线",一条直线有两个互为相反的方向。

显然,直线 AB 上的点、线段与直线 AB 有如下基本关系:

(1) $\overline{AB}$ 是 AB 的一个子集。如果不同于 A、B 的点 $C \in \overline{AB}$,那么称 C 位于 A、B 之间。显然,如果 $C, D \in \overline{AB}$,那么 $\overline{CD} \subseteq \overline{AB}$。

(2) 直线 AB 上任意一点 P 把直线分为两部分,称为 P 的两侧。如果 A、B 在 P 的同侧,那么 $P \notin \overline{AB}$;如果 A、B 在 P 的异侧,那么 $P \in \overline{AB}$。

(3) 设 A、B、C 是异于 P 的三个不同点,而且 $P \in \overline{AB}$,那么 $P \in \overline{AC}$,$P \in \overline{BC}$ 有且只有一个成立。

以上以"两点之间线段最短"为出发点,讨论了直线上的点、线段和直线的基本关系,即"$\in$""$\notin$""$\subseteq$"等,这种关系体现了直线的"直"的含义,也就是"直线的基本性质"。

一脉相承地,我们可以用这种思想方法讨论平面的"平"。

首先看点与平面的关系。设 A、B、C 是空间中给定的三个不共线的点,那么由三条线段 $\overline{AB}$、$\overline{BC}$、$\overline{CA}$ 可以围成一个三角形;由 $\triangle ABC$ 可以张成一个唯一确定一个平面(教学时,可以先将 $\overline{AB}$、$\overline{BC}$、$\overline{CA}$ 延展为直线,再以 A 与直线 BC 上的任意一点 D 都可以确定一条直线,这些直线就张成了一个平面。另外还可以给定两点 A、B,并让直线 AB 外的点 C 动起来,得出给定两点不能确定一个平面),由此确认"基本事实1"。

其次,看直线与平面的关系。显然,直线与平面的最基本关系是"直线在平面内"。那么到底需要直线上几个点在平面内就可以确定直线在平面内呢?由"两点确定一条直线"容易想到只要两个点即可,这就是"基本事实2"的内容。

再次,看平面与平面的关系。到处存在的直观材料和直觉经验告诉我们,两个平面有一个公共点,那么就有过这个公共点的一条公共直线,也就是说,两个平面不可能只交于一个点,这就是"基本事实 3"的内容。

由基本事实 2、3 可以发现,直线的"直"和平面的"平"具有内在的一致性。另外,反思刻画"直""平"的过程可以发现,得出"基本事实"的思想方法,是从"最少条件"出发来考虑的,这是数学的基本手法。

顺便指出,平面的基本事实及其推论的教材具有研究内容、过程和方法的统一性,都由三个环节组成:生活实例—基本事实—三种语言表示,教学时要注意加强实践性,让学生多想、多说、多画。另外,关于"基本事实",还可以引导学生进行多角度理解。例如:

不共线三点确定一个平面,如果两个平面有三个不共线的公共点,那么它们重合;

给定不共线三点 A、B、C,则向量 $\overrightarrow{AB}$ 与 $\overrightarrow{AC}$ 不共线,那么由 A、B、C 所确定的平面 α 就是满足 $\overrightarrow{AP} = \lambda\overrightarrow{AB} + \mu\overrightarrow{AC}$ 的点 P 的集合;

"两条相交直线确定唯一一个平面"与"平面内两个不共线向量组成一个基底"异曲同工;等等。

2. 如何定义基本图形的位置关系

为了概括定义基本图形位置关系中使用的数学思想方法,我们把空间直线、平面位置关系的定义放在一起,分析一下它们的共性。

空间两条直线的位置关系:

共面直线 { 相交直线:同一平面内,有且只有一个公共点;
平行直线:同一平面内,没有公共点;

异面直线:不同在任何一个平面内,没有公共点。

直线与平面的位置关系:

直线在平面内——有无数个公共点;

直线与平面相交——有且只有一个公共点;

直线与平面平行——没有公共点。

两个平面之间的位置关系:

两个平面平行——没有公共点;

两个平面相交——有一条公共直线。

可以发现,定义基本图形的位置关系,先从两个图形有无公共点及公共点的个数上进行分类,当仅从公共点角度不能确定位置关系时,再利用"公共直线"。

我们知道,点是 0 维的,是直线、平面的基本组成元素;直线是 1 维的,是平面的组成元素;平面是 2 维的。"公共点""公共直线"都是几何图形组成元素的一种相互关系。

所以，空间基本图形位置关系的定义方式是：

通过基本图形组成元素的相互关系定义它们的位置关系。

这样的定义也是基于直观的。基本图形的位置关系中，异面直线的定义比较"拗口"，"不同在任何一个平面内的两条直线"就是这两条直线既不平行也不相交。在一个平面内，既不平行也不相交的两条直线是不存在的。

空间直线、平面位置关系的教学，首先要利用好长方体模型，帮助学生建立相应的直观形象基础。其次，要重视"三种语言"的教学，要让学生动脑想、动嘴说、动手画。特别是画图，要让学生在观察相应的实物模型、动手操作等基础上进行作图，使学生体会如何才能使所作图形具有直观性。例如，可以要求学生作出不同的异面直线示意图（如图 4.3.1 就是三种直观性较好的示意图）。

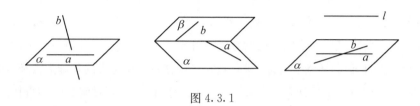

图 4.3.1

（三）空间直线、平面的平行关系

1. 空间中直线与直线的平行

平面几何中已经研究过平行线，立体几何中继续研究什么？

首先是将平面几何中关于平行的结论推广到空间，得到"基本事实 4"。也就是说，平行关系的传递性在空间仍然成立。

利用基本事实 4，可以将"等角定理"推广到空间（如图 4.3.2），其证明也是利用平行的传递性，通过构造全等三角形而得。

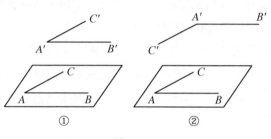

图 4.3.2

类比平面几何中平行线的性质与判定，可以得到空间中直线、平面平行的一些性质和判定，这是后话。

2. 直线、平面的平行关系

这里要研究直线与平面平行、平面与平面平行的判定定理、性质定理。判定定理、性质定理分别给出了直线、平面平行关系的充分条件和必要条件。

(1) 直线、平面平行的判定定理

有了定义为什么还要研究判定定理呢？这里我们要区分一下定义的对象。如果定义的对象是一类几何图形（例如三角形、圆、棱柱、圆锥、球等等），那么定义给出的条件一定是充要条件，只有这样才能做到简洁、正确，并且可以利用定义精确区分此类对象和他类对象。而定义的对象如果是一种几何关系，那么定义所给出的条件有时是有"多余"的。例如：全等三角形的定义要求两个三角形的所有元素都对应相等，但实际上只要有三组对应元素（其中至少有一组是边）相等即可；直线与平面平行的定义要求直线与平面没有公共点，但实际上只要直线与平面内的一条直线平行即可；直线与平面垂直的定义要求直线与平面内的所有直线都垂直，但实际上只要直线与平面内的两条相交直线垂直即可；等等。总之，研究判定定理就是要在定义的基础上去掉"多余条件"而得出充分条件，从而使条件更加具体、更有针对性，在面对问题时能直接匹配条件，不要"拐弯抹角"。

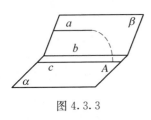

图 4.3.3

研究判定定理的基本思路是将新问题化归为已解决的问题，利用熟悉的工具、方法进行研究。对于平行关系的判定，就是利用平行关系的可传递性，将直线 a ∥ 平面 α，转化为直线 a ∥ 直线 b，$b \subset \alpha$。其实这里仍然利用了共面直线的平行：如图 4.3.3，从公理的推论可知，由 a、b 确定的平面 β 与 α 的唯一交线是 b，a 与 b 没有交点就能保证 a 与 α 没有公共点。否则，若 $a \bigcap \alpha = A$，则 $A \notin b$。在 α 内，过 A 可作直线 c ∥ b，这样就有 a、c 都与 b 平行，且 $a \bigcap c = A$，这是不可能的。这里引出矛盾的依据是"平行公理"，这个过程充分体现出直观想象、逻辑推理的作用。

两个平面平行的判定定理可以这么来思考：根据"两条相交直线确定一个平面"，可以猜想"a，$b \subset \alpha$，$a \bigcap b = A$，a ∥ β，b ∥ β"就是 α ∥ β 的充分条件。否则，如果 $\alpha \bigcap \beta = c$，那么由 a ∥ β，b ∥ β 就有 c ∥ a，c ∥ b，这就意味着过点 A 可以作两条直线 a、b 平行于 c。

以上过程，在研究判定定理时，都是沿着基本图形位置关系的逻辑链条不断地"往回找根子""回到公理去"。这个过程充满着直观想象、逻辑推理等,也是充满创造性的,而且是有套路的。新修订的人教 A 版在利用这个套路构建发现和提出判定定理的过程上作出了较多的努力。事实上,这个套路也是"单元-课时"设计的主线,抓住它就使课堂教学有了贯穿始终的思想灵魂,核心素养的培养就自然而然。老师们应该学会利用这些"简单"的问题,培养学生的理性思维。

(2) 直线、平面平行的性质定理

性质定理是更加重要的,性质定理的研究是有套路的。

一般的,空间直线、平面位置关系的性质定理要研究的问题是什么呢?

把空间基本图形位置关系的性质放在一起进行共性分析,可以看到,它们是以直线、平面的某种位置关系(例如 $a // \alpha$)为大前提,研究 a、α 与空间中其他直线、平面有什么确定的关系。

具体的,直线与平面平行的性质所研究的问题是:

以直线 $a //$ 平面 α 为条件,研究直线 a、平面 α 与空间中其他直线、平面所形成的确定的关系。简言之,空间元素与直线 a、平面 α 之间确定的关系(平行、垂直)就是性质。

设 b 是不在 α 内的一条直线,按照上述思路可以得到猜想:

如果 $b // a$(小前提),那么 $b // \alpha$;

如果 $b // \alpha$(小前提),那么 $b // \alpha$;

如果 $b \perp a$(小前提),那么 $b \perp \alpha$;

如果 $b \perp \alpha$(小前提),那么 $b \perp a$。

设 β 是不同于 α 的一个平面,可以得到猜想:

如果 $\beta // a$(小前提),那么 $\beta // \alpha$;

如果 $\beta // \alpha$(小前提),那么 $\beta // \alpha$;

如果 $\beta \perp a$(小前提),那么 $\beta \perp \alpha$;

如果 $\beta \perp \alpha$(小前提),那么 $\beta \perp a$。

也许有人认为,还没有到平面与平面平行、直线与平面垂直、平面与平面垂直,这里的猜想不是有点"乱"吗?其实,真正的猜想从来都是"乱"的,教材内容的"顺"是后来整理出来的。在以"领悟基本思想,积累活动经验,提高发现和提出问题能力"为追求的教学中,一定有一个从"乱"到"顺"的过程。

我们还可以通过知识之间的联系得出其他猜想。例如:

与"公理"相联系,以直线 $a//$ 平面 α 为条件,如果 a 与 α 内任意一点 A 确定了一个

平面 β,且 $\alpha \cap \beta = b$,那么 $b \,/\!/\, a$;

因为 $a \,/\!/\, \alpha$,所以 $a \cap \alpha = \varPhi$,如果 m 在 α 内,那么或者 $m \,/\!/\, l$,或者 m 与 l 是异面直线;

如果 $l \,/\!/\, \alpha$,$\beta \cap \gamma = l$,$\alpha \cap \beta = l_1$,$\alpha \cap \gamma = l_2$,那么 $l_1 \,/\!/\, l_2$;

等等。

对内容的如此理解,可以让学生明白"性质定理是如何发现的"。实际上,"以直线 $a \,/\!/\,$ 平面 α 为前提,研究空间基本图形与 a、α 之间的相互关系"就是"一般观念",在它的引导下,可以创设适当的问题系列,启发和帮助学生进行自主探究与发现。

有了探索直线与平面平行性质的经验,学生就可以通过类比,自主探索平面与平面平行的性质。因为两者的可类比性较强,所以教学中应该放手让学生自己去探索。

为此,人教 A 版构建了如下情境与问题,引导学生开展系列化探究活动[①]:

首先指出:"研究平面与平面平行的性质,也就是以平面与平面平行为条件,探究可以推出哪些结论。根据已有的研究经验,我们先探究一个平面内的直线与另一个平面内的直线具有什么位置关系。"

然后借助长方体,引导学生分析位于两个相对面内的直线之间的关系,得出"或者平行,或者异面"的结论,再进一步提出"分别在两个平行平面内的两条直线什么时候平行呢?"从而明确研究任务。

接着采用分析法,得出"两个平行平面同时与第三个平面相交,所得的两条直线平行",并给出证明。

最后提出问题:"如果直线不在两个平行平面内,或者第三个平面不与这两个平面相交,以两个平面平行为条件,你还能得出哪些结论?"

实际上,最后这个问题就是类比直线与平面平行的性质提出来的,具有广阔的探索空间,实质是以两个平面平行为前提,探索这两个平面与空间其他直线、平面的位置关系。例如,以平面 $\alpha \,/\!/\, \beta$ 为大前提,a 是空间的一条直线,且 $a \not\subset \alpha$,$a \not\subset \beta$,我们有:

如果 a 与 α 相交,那么也与 β 相交,且 a 与 α、β 的交角相等;特别的,若 $a \perp \alpha$,则 $a \perp \beta$。

如果 $a \,/\!/\, \alpha$,那么 $a \,/\!/\, \beta$。

同样的,设 γ 是一个平面,我们有:

---

① 人民教育出版社,课程教材研究所,中学数学课程教材研究开发中心. 普通高中教科书:数学 A 版　必修
第二册[M]. 北京:人民教育出版社,2019:141.

如果 γ 与 α 相交,那么 γ 也与 β 相交,且所成的二面角相等;特别地,若 $\gamma \perp \alpha$,则 $\gamma \perp \beta$。

如果 $\gamma \ /\!/ \ \alpha$,那么 $\gamma \ /\!/ \ \beta$。

以上猜想很容易获得,以长方体为模型进行观察就更加容易。让学生自主探索、猜想结论并给出证明,这样不仅可以激发学生的学习热情,形成完整的直线与平面平行、平面与平面平行的知识结构,而且还可以使学生从中体会"如何有逻辑地思考""如何探究""如何发现"等,这比盲目地让学生大量做题效果会好很多。

（四）直线、平面的垂直关系

整体而言,直线、平面的垂直关系与平行关系在研究的内容、路径以及思想方法等方面都是差不多的,而且空间的平行与垂直是可以相互转化的,不过在一些具体问题的处理上也有其自身特点。

1. 关于直线、平面垂直关系的定义

这里我们要提出的问题是:直线与直线、直线与平面、平面与平面相互垂直的定义有什么异同?

（1）直线与直线垂直的定义

对于两条相交线,平面几何中是先定义它们所成的角,然后以所成角为 $90°$ 时定义它们相互垂直。对于两条异面直线所成角,我们通过平移,将异面转化为共面,再以相交线所成角定义异面直线所成角。这样定义具有完备性、纯粹性,因为我们是在空间任选一点 O,过 O 分别作两条异面直线的平行线,所得角的大小不变性由等角定理来保证。

总之,对于两条直线的位置关系,我们先定义"所成角",再定义"垂直"。有了异面直线所成角,再加上异面直线的距离（这个问题将在空间向量与立体几何中讨论）,那么空间中两条异面直线的位置关系就完全确定了。

（2）直线与平面垂直的定义

研究直线与平面相交,原始问题是如何定义直线与平面所成的角,基本思路是转化为直线与平面内的直线所成的角。这时遇到的问题是到底选平面内的哪条直线才能满足纯粹性和完备性呢? 教学时可以把这个问题提出来（甚至可以先提出"你认为该如何定义直线与平面所成角",待学生说出"转化为直线与平面内的直线所成的角"以后,再提出这个问题让学生思考）。

我们可以利用信息技术引导学生思考:如图 4.3.4,平面 α 与其斜线 a 交于点 O,直线 a 上的点 A 在平面内的射影是 A',则 OA' 是 a 在 α 内的射影。过 O 在 α 内任作

直线 b，让 b 在 α 内绕 O 转动，并测量 b 与 a 所成角的大小。可以发现，a 与 OA' 所成的角是唯一存在的最小角。所以，利用直线 a 与其在平面 α 内的射影 OA' 所成的角定义 a 与 α 所成的角具有完备性和纯粹性。因为作一条直线在一个平面内的射影要借助平面的垂线，所以需要先定义直线与平面垂直。

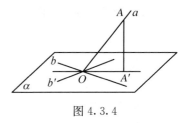

图 4.3.4

与定义两条直线的位置关系的方法不同，直线与平面的位置关系是先定义直线与平面垂直，再定义直线与平面所成的角。正因为如此，直线与平面垂直的概念要比直线与直线垂直难学。

（3）平面与平面垂直的定义

最后分析两个平面所成二面角的定义。定义二面角的大小需要考虑哪些问题？像其他度量问题一样，①要考虑存在性和唯一性，②把二面角的问题转化为平面角的问题，③要界定好在什么范围取值。

可以想象，二面角的棱、两个半平面，就像平面角的顶点和两边；过棱上一点在两个半平面内作棱的垂线，用等角定理容易证明，所得平面角的大小与该点的位置无关，所以这样定义的二面角具有纯粹性、完备性。在此基础上进一步定义两个平面相互垂直，即当两个相交平面所成的二面角是直二面角时，它们互相垂直。

总之，关于各种角的定义方式，其数学思想是一致的，都是要保证完备性和纯粹性。不过，直线与直线所成角、平面与平面所成角是同类元素所成角，直线与平面所成角是两类不同元素所成角，所以它们的定义路径是不同的。因为学生从相交线的学习开始，已经历多次定义直线、平面所成角的过程，所以教学时应注意为学生创造自主学习的机会，让他们尝试自己给出定义，从中领悟数学的思维方式。

2. 直线、平面垂直关系的判定

这里可以提出的问题仍然是："判定"要研究的问题是什么？发现判定定理的思想方法是什么？要让学生思考并明确：研究的问题是直线、平面垂直关系的充分条件，所采用的思想方法是从定义出发探究垂直关系所需要的"最少条件"，这对发展学生的理性思维、提升逻辑推理和直观想象素养都是非常有好处的。

（1）直线与平面垂直的判定

直线与平面的关系是维数不同的两类基本图形的关系，是联系维数相同的两类基本图形的桥梁，所以是非常重要的。

首先我们分析直线与平面垂直的问题。回顾直线与平面垂直的判定定理的探索

过程,可以发现,其关键有如下几点:

第一,将直线 a 与平面 α 垂直转化为直线 a 与平面 α 内的直线垂直;

第二,利用空间直线与直线垂直的定义;

第三,利用平面的基本性质及其推论(确定一个平面的条件);

第四,现实生活中,利用这个判定定理解决问题的例子很多,这些例子可以帮助学生形成确认定理正确性的直观基础。

分析直线与平面垂直的判定定理,可以看到,定理中充分条件涉及的"平面内的两条相交直线"实际上就是确定一个平面的充分条件。另外,两条平行线也是确定一个平面的充分条件,为什么不能把判定定理中的"相交"改为"平行"?

从向量的观点看,不共线的两个向量成为平面的一个基底。设直线 a 的方向向量为 $\boldsymbol{a}$,又设直线 b、c 是平面 α 内的两条相交直线,它们的方向向量分别为 $\boldsymbol{e}_1$、$\boldsymbol{e}_2$,且 $a \perp b$,$a \perp c$,则 $\boldsymbol{e}_1$、$\boldsymbol{e}_2$ 不共线且 $\boldsymbol{a} \cdot \boldsymbol{e}_1 = \boldsymbol{a} \cdot \boldsymbol{e}_2 = 0$。对于平面 α 内的任意一条直线 l,设其方向向量为 $\boldsymbol{e}$,根据向量基本定理,存在唯一一对实数 k_1、k_2,使 $\boldsymbol{e} = k_1 \boldsymbol{e}_1 + k_2 \boldsymbol{e}_2$。于是 $\boldsymbol{a} \cdot \boldsymbol{e} = \boldsymbol{a} \cdot (k_1 \boldsymbol{e}_1 + k_2 \boldsymbol{e}_2) = k_1 (\boldsymbol{a} \cdot \boldsymbol{e}_1) + k_2 (\boldsymbol{a} \cdot \boldsymbol{e}_2) = 0$,即 $a \perp l$。如果 $b /\!/ c$,那么 $\boldsymbol{e}_1 /\!/ \boldsymbol{e}_2$,两个平行向量不能成为基底,也就推不出 $a \perp l$。

因为位置关系归根到底是"方向的关系",所以用向量的观点看基本图形的位置关系是最清楚的。平行线的方向是一致的,平行关系具有传递性,所以与方向相关的问题中,平行线与一条直线等效。

(2)两个平面互相垂直的判定

我们要问的仍然是:探索平面与平面垂直的判定定理的指导思想是什么?

结合已有的经验可以发现,这里有三个要点:

① 两个平面相互垂直的定义;

② 将平面与平面垂直转化为直线与平面垂直;

③ 用向量的眼光看,因为一个点和一个方向(法向量)可以确定唯一一个平面,两个平面相互垂直等价于两个平面的法向量相互垂直。

在这里展开具体探究时,除了加强直观感知外,还可以引导学生"从定义出发研究判定"。例如,如图 4.3.5,设 $\alpha \cap \beta = a$,根据二面角的平面角定义,在 a 上取一点 O,过 O 在 α、β 内分别作直线 b、c,使 $b \perp a$,$c \perp a$,则 b、c 所成的角就是 α、β 所成二面角的平面角。这时,若 $b \perp c$,则 $b \perp \beta$(直线与平面垂直的判定),并且有 $\alpha \perp \beta$(两个平面垂直的

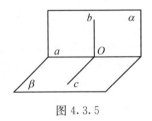

图 4.3.5

定义);同时,若 $b \perp \beta$,则 $b \perp c$,于是 $\alpha \perp \beta$。也就是说,如果 α 过 β 的一条垂线 b,那么 $\alpha \perp \beta$。

3. 直线、平面垂直关系的性质

(1) 直线与平面垂直的性质

对于直线与平面垂直的性质,可以类比直线与平面平行的性质来提出问题和发现性质。这里要研究的问题是:

以 $a \perp \alpha$ 为大前提,研究 a、α 与空间中的直线、平面具有怎样的确定关系,并且是以空间中的平行、垂直关系为主题。

例如,对于 α 外的直线 b:① 当 $b // a$ 时,是否有 $b \perp \alpha$? ② 当 $b // \alpha$ 时,是否有 $b \perp a$? ③ 当 $b \perp a$ 时,是否有 $b // \alpha$? ④ 当 $b \perp \alpha$ 时,是否有 $b // a$?

可以证明,上述命题都是成立的。其中④就是教材中给出的性质"同时垂直于一个平面的两条直线互相平行"。

又如,对于平面 β:① 当 $\beta // a$ 时,是否有 $\beta \perp \alpha$? ② 当 $\beta // \alpha$ 时,是否有 $\beta \perp a$; ③ 当 $\beta \perp a$ 时,是否有 $\beta // \alpha$? ④ 当 $\beta \perp \alpha$ 时,是否有 $\beta // a$?

……

通过这样的系统思考和探索,学生可以非常深切地感受到空间中的平行和垂直关系之间的内在联系,它们可以相互转化。实际上,这些关系正是欧氏空间的平直性和对称性的内在联系的体现。

(2) 平面与平面垂直的性质

一脉相承地,平面与平面垂直的性质所研究的问题是:

以 $\alpha \perp \beta$ 为大前提,研究 α、β 与空间中的直线、平面具有怎样的确定关系。

例如,对于直线 a:① 当 $a // \alpha$ 时,是否有 $a \perp \beta$? ② 当 $a \perp \alpha$ 时,是否有 $a // \beta$?

又如,对于平面 γ:① 当 $\gamma // \alpha$ 时,是否有 $\gamma \perp \beta$? ② 当 $\gamma \perp \alpha$ 时,是否有 $\gamma // \beta$?

……

在探索两个平面垂直的性质时,因为这两个平面的交线是两个平面的公共直线,具有特殊的地位,所以要关注交线这个桥梁,可以从两个平面内的直线与交线的位置关系入手展开探索。如图 4.3.6 所示,可以得到:

平面 $\alpha \perp \beta$,a 为它们的交线,那么平面 α 内的直线 b 与 β 有两种关系 —— 相交或平行。b 与 a 所成的角就是 b 与 β 所成的角(图 4.3.6①);当 $b \perp a$ 时,$b \perp \beta$(图 4.3.6②)。

如果平面 $\alpha \perp \beta$,a 为它们的交线,平面 α 内的任意一点 A 在平面 β 内的射影 B 都

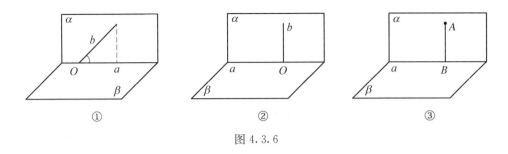

图 4.3.6

在 a 上。这时,直线 AB 在平面 α 内,且 $AB \perp \beta$(图 4.3.6③)。

以上实际上是以两个平面互相垂直为前提,以它们的交线为桥梁,讨论其中一个平面内的几何元素(直线、点)与另一个平面的位置关系。在此基础上,人教 A 版提出:"对于两个平面互相垂直的性质,我们探究了一个平面内的直线与另一个平面的特殊位置关系。如果直线不在两个平面内,或者把直线换成平面,你又能得到哪些结论?"[1]在这个问题的引导下,学生可以展开广泛的探究,得出许多猜想,而且通过这个问题的探究,可以把直线、平面位置关系的许多性质进行再组织,使之形成一个具有逻辑性的、内在关联很强的"直线、平面位置关系的性质体系"。

(五) 小结

回顾对空间中点、直线、平面位置关系的研究过程,我们发现,无论是平行关系还是垂直关系,其研究的内容、思路和方法都有极大的相似性。其中,一般观念"几何元素之间的确定关系就是性质"在探索性质的过程中具有"指路人"作用。正所谓"研究对象在变,'研究套路'不变,思想方法不变",这样的研究思路、方法等就体现了基本思想、基本活动经验的力量。所以,如果我们能在直线、平面位置关系的教学中让学生明白知识中蕴含的这些思想、方法,那么就会使学习变得比较容易,学生对立体几何建立起的整体架构也就非常清楚了。在这样的教学中,学生的直观想象、逻辑推理、数学抽象等素养就可以得到有效发展。

四、教学建议

1. 加强与平面几何的类比与联系,按研究一个几何对象的基本套路展开有序研究

平面几何不仅为立体几何的研究做好了知识的铺垫,也做好了思想与方法的准

---

① 人民教育出版社,课程教材研究所,中学数学课程教材研究开发中心.普通高中教科书:数学 A 版 必修第二册[M].北京:人民教育出版社,2019:160.

备。所以,立体几何的教学应该让学生类比平面图形的研究,建立空间基本图形的研究框架,发现值得研究的问题,找到研究的方法;类比相交线与平行线的研究,得到基本图形位置关系的研究内容、过程与方法;等等。

2. 在一般观念指导下展开研究

为了在课堂中有效落实数学学科核心素养,必须提高教学的品位,其中一个关键举措就是要加强一般观念的指导,因为这些一般观念可以给人以发现的眼光、洞察本质的智慧、用数学分析和解决问题的思想方法。这里我们可以列举一些与一般观念相关的问题:

(1)"认识空间几何体"的基本任务是什么?

基本任务是:从基本立体图形到组合体,主要是对基本立体图形进行分类。

(2)分类的方法是什么? 如何确定分类的标准?

分类方法:属+种差,"种差"就是分类标准,从组成元素的形状、位置关系中来确定。

(3)什么叫"基本立体图形的结构特征"?

结构特征是图形的最本质特征,也是最基本的性质,从组成元素的形状及其位置关系来反映。

(4)如何抽象一类几何图形的结构特征? 定义一类几何图形要完成哪几件事情?

定义一类几何图形要完成的事情是"定义—表示—分类"。要按照认识事物的一般规律,通过对具体实例的组成元素及其相互关系的观察、分析,归纳出共性,再概括到一般而形成一类几何图形的定义,在此基础上给出"三种语言"进行表示。最后以"特殊的组成元素""特殊的位置关系"入手对这类几何图形进行更细致的分类。

(5)如何定义基本图形的位置关系? 定义一种位置关系要完成哪几件事情?

(6)对于直线、平面的平行或垂直,判定定理所研究的问题是什么? 性质定理所研究的问题又是什么? 等等。

这些"观念"层面的东西,不仅对获得数学知识的实质性理解、落实"四基""四能"很重要,对转变教的方式、学的方式也很重要,而且也是发展学生数学学科核心素养的沃土。课堂中注意以此为指导,可以提高教学的深刻性,把引导学生自主探究与发现、提高学习的主动性和积极性、激发学生的学习兴趣等都落实到位。

推进高中育人方式的改革,关键是要加强综合实践活动。日常教学中,就是要以学习内容为载体,体现好启发性、探究性、实践性,给学生以自主创新实践的机会,这就需要教师通过有数学含金量的问题,帮助学生实现"从知其然到知其所以然,再到何由以知其所以然"的跨越。其中,一般观念的思维引领作用是非常重要的。

3. 关于基本立体图形的教学

首先,本单元的教学任务是对基本立体图形进行分类、用斜二测法作图和有关表面积、体积的公式,这里不要求在定义的基础上研究性质,相关的内容作为例题、习题,或者在后面利用空间向量进行研究。

这里要重视"如何描述几何体结构特征"的教学,使学生学会用数学的眼光观察世界。因为对任何几何体结构特征的研究套路都是一样的,所以可以先以棱柱为载体,把研究的整体架构、抽象的过程和方法、定义的方法等搞清楚,形成系统而有逻辑的认识,然后其他几何体的结构特征可以放手让学生自学。

还有一点需要再次强调:一定要重视画图,通过画图培养学生的空间观念,发展学生的直观想象素养。

基本立体图形的表面积、体积的计算公式建立在掌握它们的结构特征的基础上,教学时应该让学生明确这一点。

4. 关于空间基本图形的教学

高中数学课程中,像本单元这样明确体现公理化思想的内容并不多,所以这里要利用好这个素材进行公理化思想教学。具体展开教学时,要注意如下几点:

(1)四个基本事实、三个推论和等角定理处于立体几何的最基础位置,数学味道很浓,可以使学生体验数学地刻画一个基本对象的方式,但也是非常难的地方,所以要在"如何定义"上加强讲解和引导,努力使他们体会"利用图形组成元素的相互关系刻画图形的特征"的手法。为了加强理解,可以联系向量基本定理等进行解释。

(2)直线与平面的平行、垂直的教学,要注意整体架构,包括"直线与直线—直线与平面—平面与平面"的路径,以及每一种位置关系的研究套路。判定定理、性质定理的教学中,要让学生明白:要研究的问题是什么? 研究思路是什么? 定理所蕴含的数学思想和方法是什么? 要关注三类位置关系之间的关联,空间中平行与垂直关系的相互转化,以及直线与平面位置关系的纽带作用。

这里应采用"单元整体教学"的思路。在学习"平面的基本性质"和"点、直线、平面的位置关系"后,以直线与平面平行的定义、判定和性质为载体,帮助学生建立研究直线、平面位置关系的"整体架构",并体会研究过程中的"一般观念"。在此基础上,将平面与平面平行、直线与平面垂直及平面与平面垂直作为三个子单元,让学生展开自主探究性学习,把"研究对象在变,研究套路不变,思想方法不变"体现出来。

(3)要强调作图的重要性。立体几何教学要培养学生根据题意先想象、再作图,在作图的基础上再论证的习惯。想象的过程中,要让图形"动起来",这个过程是发展直观想象的契机。在平面上作立体图形,让学生动手作图可以增强直观想象的效果,可以培养几何直观能力。在作图和直观想象的过程中,可以使图形组成元素之间的相互关系清晰化,为推理论证提供思路。

5. 强调长方体、正四面体、正方体等典型图形的模型作用

典型图形具有模型的作用,在解决立体几何问题时可以成为分析几何元素相互关系的直观载体。其中,长方体是理解直线、平面的位置关系的最简单、好用的载体,长方体的棱、各种对角线、表面、截面等把空间基本图形的所有位置关系都包含在内了。借助长方体,可以帮助学生直观理解判定定理、性质定理。在许多问题中,将相应的条件放到长方体的背景中(长方体作为衬托),可以增强直观性,有利于发现问题中相关元素之间的关系,从而找到解决问题的思路,等等。

6. 加强与信息技术的融合

立体几何教学必须使用信息技术。例如,利用信息技术工具画出长方体,通过动态演示,观察其结构特征,观察其中的点、直线、平面的位置关系;在长方体的棱上取某些特殊点,连接出一些线段、截面,探索它们与长方体的棱、面之间的关系;通过动态演示,进行多角度观察,发现一些隐藏的直线、平面的位置关系;等等。总之,信息技术在立体几何的研究中具有重要作用,非常有利于培养学生的直观想象素养。

思考题

(1) 立体几何的研究对象是什么? 你能按"属+种差"的逻辑方法对基本立体图形进行分类吗?

(2) 空间多面体的结构特征指什么? 旋转体的结构特征又指什么? 课程标准要求"能运用这些特征描述现实生活中简单物体的结构",应该从哪些角度描述简单物体的结构?

(3) 你认为"立体图形的直观图"的育人价值是什么?

(4) 你能说说"平面的基本性质"的含义吗? 三个基本事实及其推理描述了平面的什么特征?

(5) 你能说说描述基本图形位置关系的数学方式吗?

(6) 你认为课程标准为什么强调借助长方体研究和认识空间直线、平面的位置关系(特别是平行、垂直关系)?

(7) 异面直线的基本特征是什么? 决定两条异面直线位置关系的要素有哪些?

(8) 空间直线、平面平行关系的判定要研究的问题是什么？性质要研究的问题又是什么？或者说，直线、平面平行关系的性质是如何表现的？

(9) 你能分析一下定义空间基本图形(点、直线、平面)之间距离的逻辑方法吗？同样地，定义空间直线、平面所成角的逻辑方法又是怎样的？

(10) 比较直线与直线所成角、直线与平面所成角、平面与平面所成角的定义方式，你能说说其中蕴含的数学基本思想吗？

(11) 直线、平面的垂直关系要研究的主要内容是什么？如何构建研究的路径？可以采取怎样的研究方法？

(12) 定义直线与平面垂直过程中体现了怎样的数学思想方法？你认为教学中可以采取哪些措施使学生感受定义的合理性？

(13) 直线、平面垂直关系的判定要研究的问题是什么？课程标准要求通过直观感知，让学生归纳出判定定理，如何引导学生在归纳过程中进行充分的说理？你认为在发现判定定理的过程中，平面的基本性质、平面向量基本定理能发挥怎样的作用？

(14) 直线、平面垂直关系的性质要研究的问题是什么？发现性质定理的思想方法是什么？

(15) 如何理解空间的平行、垂直关系相互转化？

(16) 以长(正)方体为背景，你能从中构造出一些常用的立体几何模型吗？

第五章　概率与统计（必修）

概率的研究对象是随机现象，为人们从不确定性的角度认识客观世界提供重要的思维模式和解决问题的方法。统计的研究对象是数据，核心是数据分析，概率为统计的发展提供理论基础。

在初中阶段学习的基础上，高中阶段的概率必修课程，以满足特殊条件的随机试验为背景，引入样本点、样本空间概念，利用样本空间定义随机事件，在定义随机事件的概率的基础上，通过古典概型计算随机事件发生的概率、研究概率的运算法则和性质等，进一步认识和理解随机现象；通过构建概率模型解决实际问题，提高用概率的方法解决问题的能力。

数据分析可以区分为不考虑数据随机性的描述统计和考虑数据随机性的推断统计，高中阶段的统计课程主要学习推断统计。为了使样本具有代表性，需要在掌握基本的抽样方法的基础上，研究如何根据实际问题的特点设计抽样方法的问题；接着，需要进一步用统计图表对数据进行可视化描述，以便从数据中获取准确的信息；在此基础上就可以通过样本对总体进行估计，包括用样本估计总体的取值规律、百分位数、集中程度参数（平均数、中位数、众数）和离散程度参数（标准差、方差、极差）等问题。由此可见，抽样、统计图表、用样本估计总体是必须掌握的基本内容。

以下我们对上述内容的教材设计进行分析，并在此基础上提出一些教学建议。

第一节　统计

统计以数据为研究对象，利用概率论进行数学建模，通过收集整理所观察对象的数据，进行量化分析，进而作出推断和预测，为决策提供依据和参考。统计中的"运用数据进行推断"的思想方法已成为现代社会的一种普遍使用且强有力的思维方式，统计无处不在，无所不用。高中必修课程"统计"单元主要学习收集数据的方法，解决单变量的统计问题（用样本估计总体）。本单元要通过一些典型案例，使学生经历数据处理的全过程,熟悉统计的基本思想方法,逐步形成统计观念,养成尊重事实、用数据说话的态度,在解决实际问题中发展数据分析素养。

一、课程定位

课程标准对概率统计的定位为:概率研究的对象是随机现象,为人们从不确定性的角度认识客观世界提供重要的思维模式和解决问题的方法。统计的研究对象是数据,核心是数据分析。概率为统计的发展提供理论依据。

课程标准指出,本单元的学习,可以帮助学生进一步学习数据收集和整理的方法、数据直观图表的表示方法、数据统计特征的刻画方法;通过具体实例,感悟在实际生活中进行科学决策的必要性和可能性;体会统计思维与确定性思维的差异、归纳推断与演绎证明的差异;通过实际操作、计算机模拟等活动,积累数据分析的经验。课程标准强调,统计的教学应通过典型案例进行,引导学生经历系统的数据处理全过程,学习数据分析方法,理解数据分析的思想,运用所学知识和方法解决实际问题;要注重利用计算器、计算机进行模拟活动、处理数据,帮助学生更好地体会统计思想。

二、内容与要求

1. 获取数据的基本途径及相关概念

(1)知道获取数据的基本途径,包括:统计报表和年鉴,社会调查,试验设计,普查和抽样,互联网等。

(2)了解总体、样本、样本量的概念,了解样本数据的随机性。

2. 抽样

(1)通过实例,了解简单随机抽样的含义及其解决问题的过程,掌握两种简单随机抽样方法:抽签法和随机数法。会计算样本均值和样本方差,了解样本与总体的关系。

(2)通过实例,了解分层随机抽样的特点和适用范围,了解分层随机抽样的必要性,掌握各层样本量比例分配的方法。结合具体实例,掌握分层随机抽样的样本均值和样本方差。

(3)在简单的实际情境中,能够根据实际问题的特点,设计恰当的抽样方法解决问题。

3. 统计图表

能够根据实际问题的特点,选择恰当的统计图表对数据进行可视化描述,体会合理使用统计图表的重要性。

4. 用样本估计总体

（1）结合实例，能用样本估计总体的集中趋势参数（平均数、中位数、众数），理解集中趋势参数的统计含义。

（2）结合实例，能用样本估计总体的离散程度参数（标准差、方差、极差），理解离散程度参数的统计含义。

（3）结合实例，能用样本估计总体的取值规律。

（4）结合实例，能用样本估计百分位数，理解百分位数的统计含义。

与初中阶段的统计内容相比较，本单元除了新增加的分层抽样、分层抽样样本均值和样本方差、百分位数等内容，相同的内容有不同的要求：例如，对总体、样本等概念，要求在结合具体问题进行描述性说明的基础上，适当引入严格定义；了解数据的随机性，了解样本和总体的关系；等等。

三、本单元的认知基础分析

在初中阶段，学生学习了随机抽样的必要性、简单随机抽样方法、用统计图表整理和表示数据，了解了平均数、方差等数字特征的意义及计算，学习了简单的统计推断以及用统计方法解决实际问题等，这些知识经验为本单元学习打下了一定的认知基础。不过，初中数学课程对统计的要求不高，总体、样本等概念仅仅是描述性的，学生对样本数据的随机性，样本均值、样本方差等数字特征的随机性还缺乏认识。在高中阶段的统计学习中，要结合实际问题，利用信息技术，使学生能够对样本估计总体效果的评价、样本容量对估计精度的影响、以及估计结果的解释等有新的认识，对平均数、中位数、百分位数、方差、标准差等数字特征，也要借助更加丰富的实际背景进行更深入的理解，在提高认识水平的基础上，能够用于解决实际问题。

四、内容的理解与教学思考

下面重点就随机抽样、总体、样本的概念，数字特征的刻画方法，百分位数的概念及应用，分析内容的本质及其蕴含的统计思想，讨论教学中需要注意的问题。

（一）随机抽样、总体、样本的概念

用统计方法解决实际问题，要明确研究对象的范围是什么？关心的指标是什么？这些指标是数值指标还是属性指标？将这些指标统称为变量，通过随机抽样得到变量

的一些具体值(样本观测数据),计算样本数据的特征值,由此估计总体的特征,最后提出决策与建议。因此,统计学习首先要抽象总体和样本的概念。课程标准指出:对统计中的基本概念(如总体、样本、样本量等),要结合具体问题进行描述性说明,在此基础上适当引入严格定义。

1. 总体和样本的概念

我们将总体直观描述为研究对象的全体,组成总体的每个对象称为个体。在实际问题中,我们往往关心调查对象的某些指标,这些指标大致可分为数量指标和属性指标。例如,学生的身高、居民家庭月用电量、空气污染指数等都是数量指标;性别、近视或不近视、等级成绩等都是属性指标。进一步,还可以把总体描述为全体个体的指标值,更一般地,将总体抽象为一个变量 X(随机变量),称其为总体变量。

从总体中按照等概率原则抽取的部分个体称为样本。一次抽样实际上得到的是一组个体指标值 x_1,x_2,$\cdots$,x_n,称为样本观测值。由于随机抽样要满足抽到每个个体的概率相同,在相同的样本量下,重复抽样得到的样本观测值不会完全相同,因此,样本具有随机性。样本的严格定义是:对总体变量 X 的 n 次观测 X_1,X_2,$\cdots$,X_n,满足独立同分布(与 X 具有相同的分布)。一次抽样就得到一组样本观测值 x_1,x_2,$\cdots$,x_n。

在教学中,不必追求概念的严格性,只要对研究的实际问题,能明确研究对象的范围以及考察的指标变量即可。例如,研究某中学全体学生的身高分布情况,范围是该中学全体学生,指标变量为身高。如果研究全体学生的近视情况,指标就是取值为近视和不近视两个值的属性变量。

2. 随机抽样

根据总体的规模和结构特点,有很多种抽样方法。课程标准要求了解简单随机抽样和比例分层抽样,简单随机抽样又分为有放回随机抽样和不放回随机抽样。不论哪种抽样方法都要满足每个个体被抽到的概率相等,这是为了保证统计推断不会产生系统性误差。

关于随机抽样的必要性,初中阶段已有了解,具体的抽样方法属于操作性知识,不难理解。为了发展学生的数据分析素养,教学中要引导学生思考下面的问题。

(1) 不同的抽样方法的适用范围及优缺点是什么?

有放回和不放回随机抽样,适用于总体规模和样本量都较小的情形。有放回随机抽样的优点是:各次抽样的结果互相不受影响,便于进一步统计分析,也便于计算机模拟实现;缺点是产生极端样本的可能性较大。比较而言,不放回随机抽样同一个体不会被重复抽到,产生极端样本的可能性要小,但各次抽样结果之间不独立,统计分析要困难一些。

比例分层抽样适合于总体包含多个子类,同一类中个体的变量值差异较小,但不同类之间个体的变量值差异较大。分层抽样可以避免极端样本的产生,在实际中也便于实施,是最常用的抽样方法。

(2)如何认识和理解估计结果的不确定性?如何评价估计的效果?

以样本均值估计总体均值为例,为了理解样本均值的随机性(不确定),可以就相同的样本量,进行重复多次抽样,观察这些样本均值是否相同,样本均值波动幅度的大小,以及和总体均值的关系。

首先看一个极端例子:

四名学生 A、B、C、D 的身高构成总体,其中 A、B 为女生,C、D 为男生。$h(A)=156\,\text{cm}$,$h(B)=160\,\text{cm}$,$h(C)=170\,\text{cm}$,$h(D)=174\,\text{cm}$,随机抽取 2 名学生,用样本平均值估计总体身高的平均值。总体 4 个身高的平均数为 165 cm。

采用有放回抽样,共有 16 种等可能的样本。如表 5.1.1 所示,有八分之一的可能出现极端样本(156,156),(174,174),由极端样本计算的样本平均数与总体平均数偏差很大。

表 5.1.1 有放回抽样的 16 种等可能样本

	A	B	C	D
A	(156,156)	(156,160)	(156,170)	(156,174)
B	(160,156)	(160,160)	(160,170)	(160,174)
C	(170,156)	(170,160)	(170,170)	(170,174)
D	(174,156)	(174,160)	(174,170)	(174,174)

采用不放回抽样,有 12 种等可能的样本,如果不考虑顺序,可合并为 6 种等可能的样本,不会出现上述极端样本。

比例分层抽样,只有 4 种等可能的样本(156,170),(156,174),(160,170),(160,174)。样本平均数与总体平均数都比较接近。

三种抽样方法的样本均值的波动情况如图 5.1.1 所示:

三种抽样方法的样本均值都围绕总体均值波动,直观看,波动幅度越大,表示估计误差较大的可能性也较大。定量评价估计的效果,是比较在相同限定误差下的概率大

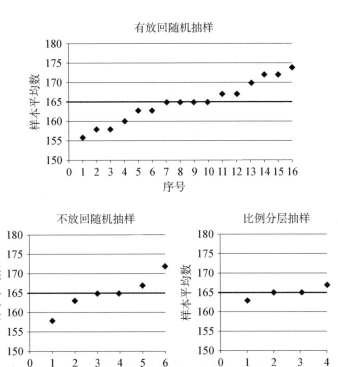

图 5.1.1

小。例如，限定误差为 2，比较样本均值落在区间 $[163, 167]$ 的概率 p，结果如表 5.1.2 所示。

表 5.1.2

抽样方法	有放回抽样	不放回抽样	比例分层抽样
概率	0.5	0.67	1

可以看到，用样本估计总体，不放回抽样效果好，但放回抽样方便统计分析，如何解决这个矛盾？实际上，当样本容量远小于总体容量时，两种抽样方法差别很小。

（3）样本容量的大小对估计结果的精确性有什么影响？

用样本估计总体，由于样本的随机性，估计的结果也具有随机性，误差是不可避免的。一般地，样本量越大，估计的效果也越好。如何描述样本容量对估计结果的影响呢？在高中阶段，概率知识还不足以支持进行严格的描述，可以结合具体问题，采用计算机模拟重复抽样，借助于统计图的直观来认识。

问题：某中学高一年级共有 700 名学生，其中男生 360 人，女生 340 人。全年级学生的平均身高为 165.0 cm。用简单随机抽样的方法，从这些数据中分别抽取容量为 25 和 100 的样本各 10 组，分别计算出样本平均数，绘制统计图如下(图 5.1.2)：

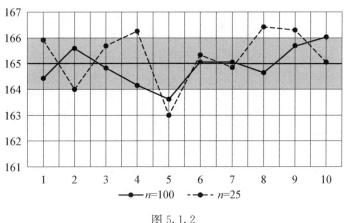

图 5.1.2

定性分析：观察图形发现样本均值围绕着总体均值波动，且具有随机性，但没有系统性偏差；样本量为 100 的样本均值的波动幅度明显小于样本量为 25 的。结论是：增加样本量使误差较小的可能性增大。但就一次抽样而言，样本量大的平均值未必一定比样本量小的平均值误差小。

定量分析：我们知道方差可以描述一组数据的波动大小，分别计算 10 个样本均值的方差。通过方差的大小，比较两组样本均值的波动大小。

$$S_1^2 = \frac{1}{10}\sum_{i=1}^{10}(\bar{x}_i - \bar{x})^2 = 1.07。 \qquad S_2^2 = \frac{1}{10}\sum_{i=1}^{10}(\bar{y}_i - \bar{y})^2 = 0.5。$$

容量为 100 的 10 个样本均值的方差明显要小，所以波动也小。

（二）数据集中程度、离散程度的刻画

1. 对数字特征的理解

统计最重要的思想是用样本推断总体。统计估计和假设检验是两种基本的推断方法，估计内容包括用样本数字特征估计总体特征。

描述一组数据的统计特征的量称为统计量，按其作用可分为以下几类：

（1）描述数据集中趋势的量：平均数、中位数、众数、百分位数。

（2）描述数据离散程度的量：方差、标准差、极差等。

（3）描述两组数据关系密切程度的量：相关系数。

其中，平均数、百分位数和方差是最重要的统计量。表5.1.3给出了这些统计量的意义、各自的优缺点及适用范围。

表5.1.3　各种统计量的意义、优缺点及适用范围

	平均数	百分位数/中位数	方差/标准差
意义	数据的代表值	描述数据百分位置的量	描述数据相对于平均数的离散程度的量
优点	计算方便,性质优良,应用广泛	受极端值影响小	计算方便,性质优良,应用广泛
缺点	数据中有极端值时,平均数的代表性差	没有利用数据的全部信息,不便计算	方差受数据单位或量纲的影响
适用范围	反映变量的一般水平,常用于比较	确定定额,制定标准	评价生产的稳定性,加工零件的精度等

2. 对数字特征认识的层次性

对于平均数和方差，学生在初中阶段已有初步认识。如何在初中的基础上引导学生进一步理解它们的意义和优缺点，掌握它们的适用范围，这是教学中需要认真思考的问题。下面通过具体案例进行说明。

案例1　对平均数认识的几个层次。

随着学生年龄增长、学习的深入，学生对平均数的认识层次也在不断提升。

（1）初中阶段：平均数是将数据之间的差异抹平后得到的一组数据的代表值，反映这组数据的整体水平。平均数作为一个度量性概念，主要用于不同总体某个指标的比较。一组数据的平均数定义为

$$\bar{x} = \frac{1}{n}(x_1 + x_2 + \cdots + x_n)。$$

性质：$x_1 + \cdots + x_n = n\bar{x}$，$(x_1 - \bar{x}) + (x_2 - \bar{x}) + \cdots + (x_n - \bar{x}) = 0$。

（2）高中阶段：要求理解样本平均数与总体平均数的关系，用样本平均数估计总体平均数，理解样本平均数的随机性。根据频率分布表或直方图近似计算平均数，由多组样本的平均数计算总的平均数。

作为拓展，在教学中还可以讨论如下的性质：

$$\sum_{i=1}^{n} (x_i - a)^2 \geqslant \sum_{i=1}^{n} (x_i - \bar{x})^2, 等号成立当且仅当 a = \bar{x}。$$

证明：

$$\begin{aligned}
\sum_{i=1}^{n} (x_i - a)^2 &= \sum_{i=1}^{n} (x_i - \bar{x} + \bar{x} - a)^2 \\
&= \sum_{i=1}^{n} (x_i - \bar{x})^2 + n(\bar{x} - a)^2 + 2\sum_{i=1}^{n} (x_i - \bar{x})(\bar{x} - a) \\
&= \sum_{i=1}^{n} (x_i - \bar{x})^2 + n(\bar{x} - a)^2 \\
&\geqslant \sum_{i=1}^{n} (x_i - \bar{x})^2, 等号成立当且仅当 a = \bar{x}。
\end{aligned}$$

这一性质揭示了平均数是一组数据与其偏差平方和最小的代表值，同时也说明方差的特殊性。证明过程用到的平方和分解的方法，在统计分析中具有广泛应用。换一个提问题的角度，就是用最小二乘法估计参数的思想。

例如，假设某段公路的长为 a（未知参数），n 次测量的数据为 $x_1, x_2, \cdots, x_n$，根据测量数据，如何估计参数 a？

一般测量值与 a 之间会存在一定的误差，这些误差或正或负，或大或小。选择使 $\sum_{i=1}^{n} (x_i - a)^2$ 达到最小的 $\hat{a}$ 作为 a 的估计值，由二次函数知识可得 $\hat{a} = \bar{x}$。

（3）大学阶段：大学"数理统计"课程中，大数定律严格描述了样本均值与总体均值（数学期望）的关系。

假设 X 是总体随机变量，$X_1, X_2, \cdots, X_n$ 是取自总体的一组样本（看成独立同分布的随机变量），且 $E(X) = \mu$，$D(X) = \sigma^2$，则

① $E(\overline{X}) = \mu$，$D(\overline{X}) = \dfrac{\sigma^2}{n}$；

② 大数定律：$\lim\limits_{n \to +\infty} P(|\overline{X} - \mu| < \varepsilon) = 1$。

样本均值的期望等于总体随机变量的期望，说明样本均值估计总体均值无系统误差，而样本均值的方差随着样本容量的增大而减小，即波动幅度越来越小，逐渐稳定到总体均值。频率稳定到概率是其特殊情形。

案例 2 构建一组数据的方差的过程。

这里的目标是构建一个统计量，用于描述一组数据相对于其平均数的离散程度，其基本思路和调整过程大致可以概述如下：

（1）求各数据与平均数的偏差：$x_i - \bar{x}$，$i = 1, 2, \cdots, n$，但 $\sum_{i=1}^{n} (x_i - \bar{x}) = 0$。

（2）为防止正负偏差相互抵消，对偏差取绝对值再求和 $\sum\limits_{i=1}^{n}|x_i-\bar{x}|$。

（3）绝对值不方便运算，改为偏差平方和 $\sum\limits_{i=1}^{n}(x_i-\bar{x})^2$。

（4）为消除数据个数的影响，取偏差平方的平均数得方差 $s_n^2=\dfrac{1}{n}\sum\limits_{i=1}^{n}(x_i-\bar{x})^2$。

（5）为了保持和原始数据单位一致，取方差的算术平方根得标准差 $s_n=\sqrt{\dfrac{1}{n}\sum\limits_{i=1}^{n}(x_i-\bar{x})^2}$。

另外，还有如下问题需要解决：

（6）如果要比较两组均值不等数据的离散程度，或者消除量纲的影响，该怎么做？

引进差异系数 $\dfrac{s_n}{|\bar{x}|}$ 就可以消除量纲的影响。例如，数据（1，2，3，4，5）和（10，20，30，40，50）的差异系数相同。

（7）为什么有时用 $s_n^{*2}=\dfrac{1}{n-1}\sum\limits_{i=1}^{n}(x_i-\bar{x})^2$ 计算方差呢？

当用样本方差 s_n^2 估计总体方差时，除了随机误差外，还存在系统误差，s_n^{*2} 是消除系统误差后的修正方差。

根据要刻画的数字特征的意义，从直观想法出发，逐步进行修正，是构造统计量的常用的思想方法。构造描述成对数据的相关系数、估计回归系数时的偏差平方和、独立性检验的统计量都用到这种思想。

（三）百分位数的概念及应用

总体百分位数的估计是新增加的内容。根据课程标准的要求，这一内容的教学也要结合一些典型的案例，使学生经历系统的数据处理全过程。具体而言，就是要从实际问题出发，通过收集数据，构建百分位数进行数据分析，并用样本推断总体，做出决策。

中位数是一个反映数据集中趋势的量，也就是50百分位数，它是一个描述数据中间位置的量。在实际中，仅用中位数反映数据的特征信息量还不够，需要将中位数推广到任意的百分位数。先看下面的实际问题：

问题： 某市政府为了减少水资源的浪费，计划对居民生活用水实施阶梯水价制度，即确定一户居民月用水量标准 a，用水量不超过 a 的部分按平价收费，超出 a 的部分按议价收费。如果希望80%的家庭能享受平价，应如何确定 a？

如果能获得全体居民月用水量数据,然后确定一个数值 a,使得不超过 a 的数据占 80%,那么问题得到解决。但实际中很难获得全部数据,可以通过随机抽样得到一组居民月用水量的样本数据 x_1,x_2,$\cdots$,x_n,然后确定一个值 $\hat{a}$,使得样本中不超过 $\hat{a}$ 的数据占 80%,然后用 $\hat{a}$ 估计 a。

这个 $\hat{a}$ 值是刻画数据 x_1,x_2,$\cdots$,x_n 百分位置的量。假设样本容量 $n=100$,将样本数据由有小到大排序,如果第 80 个和第 81 个数据分别为 13.6 和 13.8,取这两个数的平均数 13.7,则这 100 个数据中不超过 13.7 的恰好占 80%,大于或等于 13.7 的数据占 20%,称 13.7 这个数为这组数据的 80% 分位数。由此我们可以估计总体数据的 80% 分位数为 13.7 左右。

对于任意的 n 以及任意的百分数 $p\%$,如何给百分位数下一个确切的定义呢? 能否仿照中位数的定义进行直接推广呢?

由于中位数太特殊了,直接推广有难度,先看下面的两种特殊情形。

(1) 有重复数据的情形:测量 10 名同学的身高数据(单位:cm)如下:

> 165　168　170　172　172　175　176　176　176　180

10 个数据由小到大排列的第 8 个数和第 9 个数都是 176,如果把 176 作为 80% 分位数,这 10 个数据中小于或等于 176 的数至少占 80%(90%),而大于或等于 176 的数至少占 20%(40%)。

(2) $n \times p\%$ 不是整数的情形:测量 8 名同学的身高数据(单位:cm)如下:

> 165　168　170　172　172　175　176　178

$8 \times 80\% = 6.4$,取第 7 个数 176 作为 80% 分位数,这 8 个数据中小于或等于 176 的数占 87.5%,而大于或等于 176 的数占 25%。

对上面问题进行归纳,给出百分位数的定义:百分位数是位于由小到大排列的一组数据中某一百分位置的数值,一般用 P_p 表示。它使得这组数据中至少有 $p\%$ 的数据小于或等于这个值,且至少有 $(100-p)\%$ 的数据大于或等于这个值。显然 50% 分位数 P_{50} 也就是中位数。

根据定义,可得计算一组数据百分位数的方法。

(1) 由原始数据确定百分位数。

第 1 步,按从小到大顺序排列原始数据;

第 2 步,计算 $i = n \times p\%$;

第 3 步,若 i 不是整数,而大于 i 的比邻整数为 j,则 P_p 为第 j 项数据;若 i 是整数,则 P_p 为第 i 项与第 $(i+1)$ 项数据的平均数。

（2）由频率分布表估算百分位数。

表 5.1.4 是根据 100 户居民月用水量整理的频率分布表,试估计月用水量样本数据的 80% 分位数 P_{80}。

表 5.1.4

分组	频数	频率	累计频率
$[1.2,\ 4.2)$	23	23%	23%
$[4.2,\ 7.2)$	32	32%	55%
$[7.2,\ 10.2)$	13	13%	68%
$[10.2,\ 13.2)$	9	9%	77%
$[13.2,\ 16.2)$	9	9%	86%
$[16.2,\ 19.2)$	5	5%	91%
$[19.2,\ 22.2)$	3	3%	94%
$[22.2,\ 25.2)$	4	4%	98%
$[25.2,\ 28.2]$	2	2%	100%
合计	100	100%	

由累计频率列看到,月用水量在 13.2t 以下的居民用户所占比例为 77%,而月用水量在 16.2t 以下的居民用户所占比例为 86%。因此,如图 5.1.3 所示,第 80 百分位数位于 $[13.2,\ 16.2]$ 内,这个区间长度为 3,其中分布的数据占 9%,假设数据在区间内均匀分布,可得

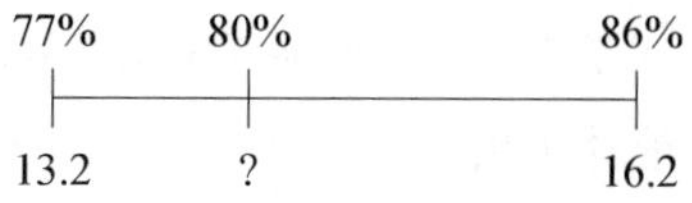

图 5.1.3

$$P_{80} \approx 13.2 + 3 \times \frac{0.80 - 0.77}{0.09} = 14.2。$$

一般地,我们有如下估算百分位数的公式:

$$P_p \approx L_{\min} + s \times \frac{p\% - m\%}{f}。$$

其中,$L_{\min}$ 为百分位数所在组的下限,s 为组距,$m\%$ 为小于 $L_{\min}$ 的频率。

需要注意的是,高中阶段对总体的百分位数的概念不做要求。对有限总体,可以

理解为全体个体对应指标值的百分位数。可使用 Excel 中的函数 PERCENTILE.EXC 计算百分位数。

五、教学建议

1. 注意初、高中内容的衔接

学生在初中阶段已经学习过一些统计知识,本单元是在此基础上的进一步学习。与初中阶段的统计比较,本单元有些内容是新增的,有些内容则是内容相同但要求不同。例如,对于抽样方法,初中只要求了解简单随机抽样方法;高中除了要求了解简单随机抽样,还要求了解分层随机抽样,并要求会设计恰当的抽样方法解决问题。对于简单随机抽样,高中不但要求了解它的含义及其解决问题的过程,还要掌握两种实现简单随机抽样的方法。又如,在初中只要知道方差可以刻画数据的离散程度,并会计算简单数据的方差;但高中需要理解方差的统计含义,对方差定义的合理性有所体会,会结合实例计算分层随机抽样的样本方差,以及会根据具体问题选择恰当的特征数(标准差、方差、极差)刻画数据的离散程度。因此,准确把握本单元的教学要求,除了要认真研读课程标准和教材,还需要了解初中的统计内容和要求。

2. 从统计的整体看局部的统计方法

一个统计问题的完整解决包括从收集数据到获得结论的一系列过程,而具体的统计方法往往是针对某个具体环节而言的。只有使学生在较为系统的数据处理过程中学习统计方法,才能理解其目的和本质。例如,抽样目的是为了估计总体,研究抽样方法是为了有效地抽取样本,从而更好地估计总体。只有在估计总体这个大目标下,才能体现出简单随机抽样的概率合理性和分层随机抽样的必要性。又如,画频率分布直方图的目的是为了观察样本数据的分布规律,进而估计总体的分布规律。因此组数多少应以是否有利于观察数据的分布规律以及估计总体的分布规律为标准。

3. 在问题的解决中培养数据分析素养

针对研究对象获取数据,运用数学方法对数据进行整理、分析和推断,形成关于研究对象的知识,这是高中统计需要重点培养的素养。数据分析素养的培养需要在具体问题的解决中逐渐形成。本单元的教学,应结合典型案例,引导学生根据实际问题的需求,选择不同的抽样方法获取数据,理解数据蕴含的信息;根据数据分析的需求,选择适当的统计图表描述和表达数据,并从样本数据中提取需要的数字特征,估计总体的统计规律,解决相应的实际问题。对统计中的基本概念(如总体、样本、样本量),应结合具体问题进行描述性说明,在此基础上适当引入严格的定义,并利用数字特征(平均数、方差等)和数据直观图表(直方图、散点图等)分析数据。

4. 合理使用信息技术

信息技术既是现代统计的组成部分,也是统计学习的有效手段。因此,在统计教学中,必须加强信息技术的使用,这不仅是为了提高教学的效率,同时也是为了更好地体现统计的学科特点。例如,绘制频率分布直方图涉及数据的分组、频率的计算、图形的绘制等大量工作,用统计软件可以快速绘制出不同组距和组数的直方图,节约重复计算、机械性操作的时间,把更多的精力花在直方图信息的提取上。又如,平均数、方差等特征数的计算,在学生已经知道如何计算的情况下,统计软件的使用就可以大大节约时间,进而把更多的精力花在理解特征数的统计含义上。在中学阶段,信息技术最大的优势在于可以实现随机模拟,它使大量重复试验成为可能,可以让学生直观观察样本的随机性和规律性,了解样本和总体之间的关系,弥补没有理论基础的不足。在教学中,应鼓励学生尽可能运用随机模拟的方法,更好地体会统计的思想。

思考题

1. 统计思维与确定思维的差异是什么?统计推断与演绎证明的差异是什么?试举例说明。

2. 关于随机抽样:

(1) 为什么要求每个个体被抽到的概率相等?

(2) 对于简单随机抽样,有放回和不放回抽样的区别及联系是什么?

(3) 不同的抽样方法的适用范围及优缺点是什么?

(4) 以样本平均数估计总体平均为例,如何认识和理解估计结果的不确定性?如何评价估计的效果?

(5) 样本容量的大小对估计结果的精确性有什么影响?

3. 课程标准在"教学提示"中强调,对总体、样本等基本概念,应结合具体问题进行描述性说明,在此基础上适当引入严格的定义。谈谈你对这些概念的理解,以及在教学中如何把握好"度"?

4. 百分位数的内涵是什么?有哪些应用?

5. 用频率分布表或频率分布直方图刻画数据取值规律时,从中可以获得哪些信息?

6. 平均数、中位数、众数各自的特点是什么?如何利用它们进行正确的数据分析解决实际问题?

7. 方差和标准差的含义是什么？它们各自的特点是什么？如何利用它们进行正确的数据分析解决实际问题？

8. 本章内容和初中统计内容有许多交叉重叠，在教学中，如何做好衔接并进一步提升？

第二节　概率

概率课程承担的主要育人任务是培养学生分析随机现象的能力。通过对随机现象（主要是古典概型）的分析，在构建研究随机现象的路径、抽象概率的研究对象、建立概率的基本概念、发现和提出概率的性质、探索和形成研究具体随机现象的思路和方法、应用概率知识解决实际问题的过程中，发展学生认识不确定性现象的思维模式，使学生学会辩证地思考问题，提升学生的数学抽象、数学建模、逻辑推理以及数学运算素养。

一、课程定位

课程标准指出，本单元学习可以帮助学生结合具体实例，理解样本点、有限样本空间、随机事件等概念；通过计算古典概型中简单随机事件的概率，加深对随机现象的认识和理解；通过解决一些简单的实际问题，提升数学抽象、逻辑推理和数据分析、数学运算素养。

课程标准首次引入样本点和有限样本空间的概念，为用数学语言描述随机现象、随机事件提供了工具。课程标准提出，本单元主要研究有限个可能结果的随机现象，强调应通过古典概型，引导学生认识样本空间，理解随机事件发生的含义以及概率的意义。

二、课程标准提出的内容与要求

1. 随机事件与概率

（1）结合具体实例，理解样本点和有限样本空间的含义，理解随机事件与样本点的关系。了解随机事件的并、交与互斥的含义，能结合实例进行随机事件的并、交运算。

（2）结合具体实例，理解古典概型，能计算古典概型中简单随机事件的概率。

（3）通过实例，理解概率的性质，掌握随机事件概率的运算法则。

（4）结合实例，会用频率估计概率。

2. 随机事件的独立性

结合有限样本空间,了解两个随机事件独立性的含义。结合古典概型,利用独立性计算概率。

课程标准提出的上述内容和要求,实际上也给出了研究概率的基本路径:

首先,通过具体实例抽象样本点、样本空间的概念,并将样本空间的子集定义为随机事件,再利用集合的关系和运算研究事件的关系和运算。这样,就为概率的定义准备好了数学工具。

然后,按照"概率的事实(随机现象)—古典概型的特征、定义及计算—概率的基本性质—频率的稳定性、随机模拟—事件的特殊关系(独立性)—利用独立性简化概率计算"展开对概率的研究。

三、本单元的认知基础分析

概率的研究对象是随机现象,这对学生来说比较陌生,但概率的结论是确定的,研究确定性现象的一般方法同样适用于概率的研究。例如,类比研究函数的一般路径,可以构建研究本单元的整体架构。

另外,等可能条件下求随机事件的概率、频率估计概率等知识,学生在初中已有初步认识。集合概念与集合的关系和运算,为描述随机现象的数学模型——样本空间、随机事件、事件的关系和运算提供了必要的认知基础。

四、内容的理解与教学思考

本单元的核心内容包括:预备知识、古典概型、概率的基本性质、事件的独立性、频率与概率的关系。下面从内容本质的分析入手讨论这些内容的育人价值以及教学中需要注意的问题。

（一）预备知识

1. 随机现象、样本点、有限样本空间的概念抽象

随机现象是指在一定条件下不能事先预知结果,一次观测结果的发生具有随机性,大量重复观测下各个结果发生的频率都具有稳定性的现象。

面对一个实际问题(随机现象),我们首先通过观察随机现象(随机试验)的所有可能结果,并用适当的符号表示结果,再将所有可能结果用集合表示,从而构建起试验的样本空间;然后根据随机事件发生的意义,定义随机事件是样本空间的子集。

样本点是随机试验的每个可能的基本结果,样本空间是全体样本点的集合。样本

点的概念是描述性的,在具体的随机试验中,确定样本点应遵循的原则是:(1)样本点不能再细分;(2)如果是古典概型问题,则要保证各样本点是等可能发生的,便于确定事件的概率。

例如,抛掷一对骰子,求事件 A:"两个点数之和为 5"的概率。建立样本空间 $\Omega = \{(m, n) \mid m = 1, 2, 3, 4, 5, 6, n = 1, 2, 3, 4, 5, 6\}$,在这个样本空间中,所有事件的概率都可以确定,容易得到,$P(A) = \dfrac{4}{36} = \dfrac{1}{9}$。但如果把"点数之和为 k",$k = 2, 3, \cdots, 12$ 看成样本点,那么样本空间为 $\Omega = \{2, 3, \cdots, 12\}$,这对确定事件的概率没有任何作用。

对随机试验,用适当的符号表示试验的样本点、列举样本空间,既是重点也是难点。不同的随机试验,样本空间的复杂性有很大的差别。在教学中应从最简单的试验开始(例如,抛掷一枚硬币,抛掷一枚骰子,抛掷两枚硬币,等等),引导学生经历用语言描述试验的基本结果,并用符号表示,进而思考更简洁的表示等过程,同时要提醒学生注意等可能性。

例如,列举"抛掷两枚硬币"试验的样本空间。

语言描述:两个正面朝上,两个反面朝上,一个正面朝上一个反面朝上,但这 3 个结果不是等可能的。借助树状图,容易看出只有看成 4 个样本点时,才是等可能的。

字母表示:用 h 表示正面朝上,用 t 表示反面朝上,样本空间包含 4 个等可能的样本点:tt,th,ht,hh。

数对(串)表示:用 1 表示正面朝上,用 0 表示反面朝上,样本空间包含 4 个数对或数字串,即 $\Omega = \{00, 01, 10, 11\}$。

把简单的问题看透了,对于较复杂的试验,按模型归类可轻而易举得以解决。例如:

掷一枚硬币,出生的新生儿性别,射击命中与否,产品抽样检验是正品还是次品等,这些试验的样本空间具有相同的结构;

抛掷 3 枚硬币,抛掷 3 次骰子,观察三个元件构成电路是否通畅等,都是 3 次重复试验的问题,类似的可以得出 n 次重复试验的模型。

相同结构的样本空间要关注样本点是否等可能。

重复掷硬币、掷骰子、生日问题、放球入盒问题、两人比赛问题等都可以化为有放回摸球问题;抽签问题、随机抽样问题等都可以化为不放回摸球问题。

这里还可以引导学生进一步思考:对有两个可能结果的试验,为什么选择用"0"和"1"表示?

事实上，对于只有两个可能结果的试验（伯努利试验），选择任意两个不同的字母或数字都可以描述试验的结果，但采用 0 和 1 表示试验的结果不仅具有简洁性，而且具有实际意义，会给后续研究带来极大的方便。

例如，估计学生的近视率，设 $X = \begin{cases} 1, & \text{近视,} \\ 0, & \text{不近视.} \end{cases}$ $P(X=1)=p$，$P(X=0)=1-p$。

抽取容量为 n 的样本 $x_1, x_2, \cdots, x_n$，则样本均值 $\bar{x} = \dfrac{1}{n}(x_1 + x_2 + \cdots + x_n)$ 就是样本近视率。此时用样本均值 $\bar{x}$ 估计总体均值 p，实际上就是用频率估计概率。

2. 随机事件概念的抽象

初中的概率中将随机事件描述为"在一定的条件下，可能发生也可能不发生的事情"，有了样本空间的概念后，随机事件可以用样本空间的子集表示。从语言描述到样本空间的子集表示，思维跳跃很大，抽象度高。如何使学生理解"随机事件"的数学描述？关键是结合简单的随机试验，理解事件发生的含义是什么。例如，掷一枚骰子，事件"掷出的点数为奇数"发生的意义是什么？彩票摇奖，事件"摇出的彩球的号码是 3 的倍数"发生的意义是什么？通过归纳，使学生认识到事件的发生当且仅当满足某种条件的样本点出现，所以事件可用样本空间的子集表示。

事件 A 是样本空间的子集，事件 A 发生当且仅当 A 中的某个样本点出现。这对理解空集是不可能事件，Ω 是必然事件，以及理解事件的关系和运算的意义至关重要。

3. 事件的关系与运算的意义

事件是样本空间的子集，类比集合的关系和运算，自然要研究事件的关系和运算的含义。这里要以简单的随机试验为例，由特殊到一般给出事件之间的包含、互斥、互相对立的含义，以及事件的并、交运算的意义。还可以从集合论角度，根据事件发生的意义来认识。

例如，两个事件并事件的意义：两个事件 A 和 B 的并集 $A \cup B$ 仍然是 Ω 的子集，它是随机事件。$A \cup B$ 发生当且仅当 A 发生或 B 发生，或者说 A 和 B 至少一个发生。

用简单事件的运算表示复杂事件，是概率学习的一个难点，采用不同的语言转换，通过多种不同的方法，可有效地突破这一难点。

例 1 设计考查"两个元件组成的并联电路的工作状态"的简单问题情境，抽象出样本点、样本空间，并研究事件的关系及运算。这个问题情境简单但内涵丰富，可以让学生思考很多问题，例如：

(1)"电路的工作状态"的含义是什么?

(2)如何表示这一随机试验的样本点?样本空间含有哪些样本点?

(3)如何用语言表述基本事件?

(4)事件 A＝"甲元件正常"如何表示?事件 $\overline{A}$ 的含义是什么?

(5)如何从基本事件出发构建随机事件?如何用集合的关系表示所列事件的关系?如何用事件的运算得到新的事件?等等。

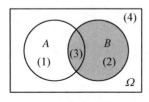

图 5.2.1

例2 设 A、B 是两个事件,如图 5.2.1 所示,如果 A、B 将样本空间分割为四部分,则

(1)"A 发生而 B 不发生"＝"A 和 $\overline{B}$ 同时发生"＝$A\overline{B}$;

(2)"B 发生而 A 不发生"＝"B 和 $\overline{A}$ 同时发生"＝$\overline{A}B$;

(3)"A 和 B 同时发生"＝AB;

(4)"A 不发生且 B 也不发生"＝"$\overline{A}$ 和 $\overline{B}$ 同时发生"＝$\overline{A}\,\overline{B}$。

由此得

"A 和 B 恰好一个发生"＝$A\overline{B} \cup \overline{A}B$;

"A 和 B 至少一个发生"＝$AB \cup A\overline{B} \cup \overline{A}B = A \cup \overline{A}B = A \cup B$。

例3 从不同角度认识事件的对偶原理:$\overline{A \cup B} = \overline{A}\,\overline{B}$,$\overline{AB} = \overline{A} \cup \overline{B}$。

(1)根据事件的关系与运算的意义理解。事件 A 和 B 至少一个发生的对立事件为两个事件都不发生。

(2)结合并联(串联)电路(如图 5.2.2)是否是通路来认识。

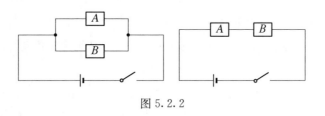

图 5.2.2

"并联电路是通路"＝"至少一个元件正常"＝$A \cup B$,"并联电路不通"＝"两个元件都失效"＝$\overline{A}\,\overline{B}$,"串联电路是通路"＝$AB$,"串联电路不通"＝"至少一个元件失效"＝$\overline{A} \cup \overline{B}$。

"电路是通路"与"电路不通"是互为对立事件。

(3)借助 Venn 图理解(参见例2)。

(4) 通过两个集合互相包含进行严格证明(不作要求)。

(二) 概率的古典定义

1. 概率定义的严谨化过程

概率定义的产生和发展经历了漫长的过程。概率的描述性定义为"概率是随机事件发生的可能性大小的度量",但这个定义对确定具体随机事件的概率没有任何帮助。早期研究的概率问题绝大多数是古典概型,由于所有结果的等可能性,自然把随机事件 A 发生的可能结果数 k 与试验的可能结果总数 n 的比值作为事件 A 的概率定义。法国数学家拉普拉斯(P. -S. Laplace, 1749—1827)把它作为概率的一般定义,现在称为古典概率定义。随着人们遇到问题的复杂程度的增加,许多随机现象不符合古典概型的特征,而且对于同一事件,从不同的等可能性角度算出了不同的概率,从而产生了种种悖论。随着经验的积累,人们逐渐认识到,在做大量重复试验时,随着试验次数的增加,一个事件出现的频率总在一个定数 p 的附近摆动,显示出一定的稳定性。瑞士数学家伯努利(J. Bernoulli, 1654—1705)对这一规律给予严格的描述和数学证明,奥地利数学家米泽斯(R. von Mises, 1883—1953)把这个稳定值定义为事件的概率,称之为概率的频率定义。1777 年法国科学家蒲丰(G. -L. L. Buffon, 1707—1788)提出了著名的"投针问题",引进了几何概率。但是无论是古典概率定义、频率定义还是几何概率定义,都有其局限性和不完善之处。于是,1933 年,苏联数学家柯尔莫哥洛夫(A. H. Колмогóров, 1903—1987)在总结前人的成果基础上提出了概率的公理化结构,使概率成为严谨的数学分支。

2. 概率的定义

对于有限样本空间,概率的公理化结构为:设随机试验 E 的样本空间为 Ω,随机事件是样本空间的子集,所有事件构成的集类 F 称为事件域,定义在事件域 F 上的"集合函数"P 称为概率,满足如下三个条件:

① 非负性:$P(A) \geqslant 0$;

② 规范性:$P(\Omega) = 1$;

③ 可加性:如果 A, $B \in \mathrm{F}$,且 $A \cap B = \varnothing$,那么 $P(A \cup B) = P(A) + P(B)$。

对每个事件 A 按照某种规则赋于一个实数 $P(A)$,满足①②③,称 $P(A)$ 为 A 的概率。

在公理化定义中,把①②③作为公理,概率的其他性质均由这三条公理推出。

概率的公理化定义是高度抽象的,这对深刻理解问题本质是重要的,但它是以舍弃直观为代价的。由于在高中阶段不要求学生了解概率的公理化定义,故以日常生活中对随机现象发生可能性的定性陈述为基础,结合所有样本点的等可能性特点,给出古典概率定义。

设随机试验 E 有 n 个可能结果,且它们是等可能发生的,样本空间 Ω 包含 n 个等可能的样本点,若事件 A 包含其中的 k 个样本点,则定义事件 A 的概率为

$$P(A) = \frac{k}{n} = \frac{n(A)}{n(\Omega)},$$

其中,$n(A)$ 和 $n(\Omega)$ 分别表示事件 A 和样本空间 Ω 包含的样本点个数。

这是基于经验的数学抽象。抽象试验的关键特征,建立概率的理论模型,计算随机事件的概率,是概率的重要研究方法之一,其重点是理解定义的合理性,只有满足所有样本点都是等可能发生的这一条件,才能定义古典概型中随机事件发生的概率。这个定义既给出了概率的算法(对应规则),也符合概率的公理化定义的要求。

3. 用古典概型解决问题中要注意的问题

在解决具体问题时,判断样本点的等可能发生是难点。可以从以下两个方面考虑:

(1)根据问题表述中所含的信息进行判断。例如,抛掷"质地均匀"的硬币,抛掷一枚"质地均匀"的骰子,从 n 个"大小质地完全相同"的球中随机摸出一个球等,这样的表述本身含有基本结果的等可能性。

(2)对有些试验,为建立理论模型,等可能性是一种假定。例如,假定生男孩和生女孩是等可能的,随机调查一个人的出生月份,假定出生在每个月份是等可能的。

对于两次或多次重复试验,利用二维表或树状图表示试验的所有结果,也有利于对样本点等可能性的判断。对于"等可能性",教学中必须给予足够的重视,要通过具体实例加强辨析。

因为古典概型是最简单的概率模型,便于解释相关概念,有利于学生体会概率的意义,为研究概率的基本性质提供了一个具体的案例支撑,建立事件的独立性、条件概率等重要概念,也都是以古典概型为背景的,所以教学中一定要注意发挥古典概型的直观示例作用,引导学生借助古典概型,从特殊到一般地理解概率的概念,得出概率的非负性、规范性、可加性、单调性、加法公式等性质,理解事件的独立性、条件概率等重要概念等。

(三)概率的基本性质

给出了一个数学对象的定义,就可以从定义出发研究这个数学对象的性质。例

如，在给出指数函数的定义后，我们从定义出发研究了指数函数的单调性、特殊点的函数值等性质，这些性质在解决问题时可以发挥很大的作用。因此，在给出了概率的定义后，就要进一步研究概率的基本性质。

1. 从哪些角度研究概率的性质？

我们可以从以下角度进行思考。

（1）基于直观。例如，必然事件的概率为 1，不可能事件的概率为 0，随机事件的概率的取值范围为$[0, 1]$等。

（2）类比函数的性质。因为概率是一个映射，是自变量为集合的一种"集函数"，所以可以类比函数的性质发现和提出概率的性质。例如，类比函数的值域、特殊值、单调性等，可以从概率的取值范围，必然事件、不可能事件等特殊事件的概率，概率的单调性等角度研究概率的性质。

（3）类比度量的性质。因为概率是对事件发生可能性大小的一种度量，所以可以通过类比几何的度量性质提出问题，例如类比几何度量的可加性研究概率的可加性。

2. 用什么方法研究概率的性质？

可采用归纳推理和演绎推理相结合的方法研究性质。例如：可以肯定，具有某种特定关系的两个事件的概率一定具有确定的关系。下面以互斥事件为例进行说明。

（1）设 A、B 是两个互斥事件，通过具体实例容易发现 $n(A \bigcup B) = n(A) + n(B)$，这是因为事件 A 和事件 B 不含有相同的样本点。根据定义，可以推出

$$P(A \bigcup B) = P(A) + P(B)，$$

这就是互斥事件的概率加法公式，这是一条非常有用的概率性质。

（2）进一步地，将加法公式推广到一般情形也成立，即

如果事件 A_1，A_2，$\cdots$，A_n 两两互斥，那么事件 $A_1 \bigcup A_2 \bigcup \cdots \bigcup A_n$ 发生的概率等于这 n 个事件分别发生的概率之和，即

$$P(A_1 \bigcup A_2 \bigcup \cdots \bigcup A_n) = P(A_1) + P(A_2) + \cdots + P(A_n)。$$

（3）再进行特殊化，当 $A \bigcup B = \Omega$，即当事件 A 和事件 B 互斥时，有 $1 = P(A \bigcup B) = P(A) + P(B)$。于是又有：

如果事件 A 与 B 互为对立事件，则 $P(B) = 1 - P(A)$，或 $P(A) = 1 - P(B)$。

（4）我们还可以利用对立事件将事件"分解"为互斥事件，再利用互斥事件的概率性质进行概率计算：

由 $B = (AB) \bigcup (\overline{A}B)$，$(AB) \bigcap (\overline{A}B) = \Phi$，得 $P(B) = P(AB) + P(\overline{A}B)$。

总之,从概率的定义出发,类比函数的性质、度量的性质,以及联系事件的关系和运算,可以获得概率性质的研究思路,找到探索概率性质的方法。只要我们在教学中加强引导,学生就一定能通过独立思考、自主探究,得出概率的这些性质。

（四）事件的独立性

事件的独立性,试验的独立性,随机变量的独立性,这些都是概率论的重要概念,具有重要的作用。高中阶段主要讨论两个事件的独立性。

两个事件独立的直观意义为:无论其中一个事件发生与否都不影响另一个事件发生的概率。独立性与条件概率有密切联系,但课程标准将随机事件的独立性安排在必修部分,而将条件概率放在选择性必修部分,这就意味着要不借助于条件概率,理解随机事件的独立性概念。如何落实课程标准提出的"结合有限样本空间,了解两个随机事件独立性的含义"的要求呢?

1. 两个事件独立性的教材设计

人教 A 版对两个事件独立性概念设计了如下路径:

第一步,分析有放回和不放回摸球试验,直观认识事件独立性的意义;

第二步,通过计算相关概率,发现规律;

第三步,抽象概括事件独立性的定义,进行概念的辨析;

第四步,结合古典概型,利用独立性计算概率。

下面举一个例子:

袋子中有 3 个红球(标号为 1,2,3),2 个白球(标号 4,5),从中随机摸球 2 次。设事件 A＝"第一次摸到红球",B＝"第二次摸到红球"。

(1)直观判断:有放回方式摸球,事件 A 发生与否不影响 B 发生的概率,A 和 B 独立;不放回方式摸球,事件 A 发生与否会影响 B 发生的概率,A 和 B 不独立。

(2)两种摸球方式下分别计算 $P(A)$、$P(B)$ 和 $P(AB)$,它们之间有怎样的关系?

有放回摸球:$P(AB)=\dfrac{9}{25}=\dfrac{3}{5}\times\dfrac{3}{5}=P(A)P(B)$;

不放回摸球:$P(AB)=\dfrac{6}{20}\neq\dfrac{3}{5}\times\dfrac{3}{5}=P(A)P(B)$。

(3)从特殊到一般,抽象出两个事件独立性概念:

对于同一个试验中的两个随机事件 A 和 B,若 $P(AB)=P(A)P(B)$,则称事件 A 和 B 相互独立,简称独立。

为了概念的完备性,我们还需要讨论一些特殊情形。直观上,必然事件总会发生,它不影响任何事件发生的概率,所以必然事件和任意事件相互独立,从定义验证也正确。同样地,不可能事件和任意事件相互独立。

(4) 概念的辨析:事件的互斥与事件的独立的关系。

不同于事件的互斥、互相对立,两个事件的独立性要借助于概率来定义。两个事件互斥,是指它们不能同时发生,当事件 A 和 B 的概率都大于 0 时,如果已知事件 A 发生,那么事件 B 一定不发生,所以 A 和 B 不可能独立;反之,如果 A 和 B 不独立,那么积事件的概率不为 0,所以 A 和 B 不互斥。只有当其中一个事件为不可能事件时,两个事件才能既互斥又独立。

2. 独立性概念的拓展

后续的概率学习会用到三个或三个以上事件的独立性、两个或多个试验的独立性、两个分类变量的独立性。在高中阶段,不要求对这些概念进行严格定义,只要求会直观描述和进行判断即可。那么,该如何描述呢?

对于三个事件相互独立的定义,自然想到如下两种方式:

方式一:对任意的三个事件 A、B、C,若

$$P(ABC) = P(A)P(B)P(C) \qquad \text{①}$$

成立,则称事件 A、B、C 相互独立。

方式二:如果事件 A、B、C 两两独立,则三个事件 A、B、C 相互独立。

从直观意义看,如果三个事件 A、B、C 相互独立,它们应该两两独立,即有

$$\begin{cases} P(AB) = P(A)P(B), \\ P(AC) = P(A)P(C), \\ P(BC) = P(B)P(C)。 \end{cases} \qquad \text{②}$$

但是我们可以举出②式成立但①式不成立的反例,也可以举出①式成立但②式不成立的反例。通过上面的分析,看来这两种定义的方式都不合理。实际上,将方式一和方式二相结合,可以得到三个事件相互独立的定义:对任意的三个事件 A、B、C,如果①式和②式同时成立,则称事件 A、B、C 相互独立。

定义 3 个事件的独立需要 4 个等式同时成立,直接推广,定义 n 个事件独立需要 $2^n - n - 1$ 个等式同时成立。

随机试验的独立性直观描述为,各次试验的结果之间互相不受影响;两个随机变量的独立性直观描述为,其中一个变量取任何值都不影响另一个变量的分布。

（五）频率稳定到概率的教学

1. 频率稳定性的地位与作用

频率的稳定性在概率论中具有重要的地位和作用,它是概率论的理论基础。具体表现在:

由频率的稳定性表明,事件发生的可能性大小是客观存在的,是可以度量的;

大量随机事件的概率是用频率来估计的;

只有理解了频率与概率的关系,才能更好地理解概率的意义;

在概率的研究中,我们可以通过重复试验发现规律,进而建立理论模型,也可以用频率来验证理论模型是否合理;

样本均值与随机变量的期望之间的关系,建立正态分布模型,独立性假设检验,都是以频率的稳定性为理论依据。

2. 频率稳定性的教学

通过初中阶段的学习,学生对频率稳定到概率已有初步认识,但认识肯定是比较肤浅的。对频率的稳定性,直观描述有一定的难度,而严格的数学表达是大数定律的内容,又超出了高中学生的认知水平。那么应该采用什么教学策略使学生能够有进一步较深刻的理解呢? 下面给出一种教学设计的思路。

第一步,设计一个学生能操作的随机试验(例如掷两枚硬币的试验),先让学生根据古典概型求事件 A 的概率;

第二步,每位同学独立做相同次数的试验,得出相应的频率,再让学生进行比较,发现试验次数相同但频率不同,从中感受频率的随机性;

第三步,逐步将试验结果按 2 人一组、4 人一组……进行合并,相当于增加试验次数,在合并的过程中让学生比较频率的波动情况,发现其中的规律;

第四步,利用计算机模拟试验,通过数据分析、直观表示及观察,引导学生进一步验证自己的发现。

通过以上教学,要使学生认识到:

(1)频率具有随机性,即使相同次数的试验,频率未必完全相同;

(2)频率围绕着概率波动;

(3)试验次数增大时,波动的幅度减小。

在学生对频率与概率的关系有了基本理解后,再通过解决实际问题,并利用计算机模拟复杂试验,从中体会试验次数对估计精度的影响,理解用频率估计概率的合理性。

例 在某一次男子羽毛球比赛中,甲、乙两名运动员进行决赛。根据以往的比赛记录,发现每局比赛甲获胜的概率为 0.6,乙获胜的概率为 0.4。试利用计算机模拟试验,估计甲获得冠军的概率。

(1) 简化试验:羽毛球比赛的规则是 3 局 2 胜制。甲获得冠军的可能结果是甲先胜 2 局,或者前 2 局 1∶1 平且第 3 局甲胜。为了便于计算机模拟试验,设用事件 B 表示"甲获得冠军",则 $P(B)$ 与打满 3 局,甲胜 2 局或 3 局的概率相同(先认可结论)。

(2) 利用随机函数模拟一局比赛的结果。

单局比赛甲获胜的概率为 0.6,利用随机函数产生 1—5 之间的随机数,当出现奇数时表示甲胜。在 A1,B1,C1 单元格键入"=RANDBETWEEN(1,5)",得到一组 3 个随机数。当这组数有 2 个或 3 个奇数时,表示事件 B 发生,即甲获得冠军。

(3) 利用 Excel 中的函数自动计算重复多次试验时事件 B 发生的次数以及频率。

函数=MOD(n,2)输出的结果为 n 被 2 除的余数,n 是奇数时输出为 1,n 是偶数时输出结果为 0。经过变换后,单局比赛中,"1"表示甲获胜,"0"表示乙获胜。将变换后的 3 个数求和,和大于或等于 2,表示事件 B 发生。

由函数=FREQUENYC(G1:Gn,1)自动统计指定范围 G1:Gn 内小于等于 1 的频数 m,则事件 B 发生的频率为 $1-\dfrac{m}{n}$。

(4) 重复模拟试验,绘制频率折线图。

将次数为 300 的模拟试验,重复做 10 次,事件 B 的频率折线图如图 5.2.3 所示:

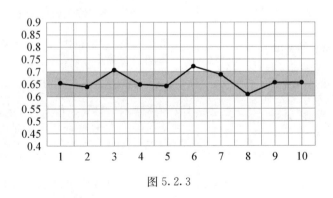

图 5.2.3

$P(B)$ 的精确值为 0.648。由图 5.2.3 看出:试验次数为 300 时,频率在 0.65 附近波动,与概率的误差大约为 0.05。通过多次模拟试验,可使学生体会模拟试验的快速高效,并感悟频率估计概率的误差大小。

五、教学建议

1. 根据概率的特点,选择合适的类比对象,建立研究概率的整体架构

前已指出,虽然概率的研究对象是随机现象,但研究确定性数学的一般方法仍然适用于概率。根据概率的定义,设一个随机试验的样本空间为 Ω,对于每个事件 $A \subseteq \Omega$,都有唯一确定的实数 $P(A) \in [0, 1]$ 与之对应。这说明,概率是建立在样本空间全体子集所成集合到集合 $\{x \mid 0 \leqslant x \leqslant 1\}$ 的一个映射。函数也是一个映射,所以,类比函数的研究路径构建概率的研究架构,是一条可供选择的思路。事实上,人教 A 版构建的结构体系,即

随机现象的数学刻画:样本点、样本空间—随机事件—随机事件的关系和运算;

概率:古典概型的特征、定义及计算—概率的基本性质—频率的稳定性、随机模拟—事件的特殊关系(独立性)、利用独立性简化概率计算—条件概率、全概率公式、贝叶斯公式—……

与函数的研究路径颇为相似,即

预备知识:集合(概念、关系、运算)、常用逻辑用语、不等式;

函数:函数的背景—函数的概念(定义、表示)—函数的性质—基本初等函数—……

在具体的研究内容上也可进行一定的类比,例如下表 5.2.1 所示。

表 5.2.1

函数 $y = f(x)$ 的性质	概率 $P(A)$ 的性质
(1) 定义域:x 的取值范围 I。	(1) 事件 A 的"取值范围",A 是样本空间 Ω 的子集,A 中元素取自 Ω。
(2) 值域:$f(x)$ 的取值范围。	(2) $P(A)$ 的取值范围:$0 \leqslant P(A) \leqslant 1$。
(3) 特殊点的取值:如对于 $y = a^x$,$(a > 0, a \neq 1)$,$a^0 = 1$。	(3) 特殊事件的概率:① $P(\varnothing) = 0$;② $P(\Omega) = 1$;③ 设 Ω_i 为基本事件,并且 $P(\Omega_i) = p_i$,$i = 1, 2, \cdots, n$,那么 $p_1 + p_2 + \cdots + p_n = 1$。
(4) 单调性:任意 $x_1, x_2 \in D$,当 $x_1 < x_2$ 时,有 $f(x_1) < f(x_2)$(或 $f(x_1) > f(x_2)$)。	(4) 单调性:如果 $A \subseteq B$,那么 $P(A) \leqslant P(B)$。

在教学中我们可以引导学生通过类比函数的研究得到研究概率的一些思路和启发。当然,毕竟函数的研究对象是确定性现象,而概率的研究对象是随机现象,所以概

率有自己独特的研究内容，像频率与概率的关系、各种概率计算问题等等，都是概率中特有的重要内容。

2. 通过典型、丰富的具体实例，引导学生认识随机现象

对于随机现象，每个结果的发生都具有偶然性，但是在大量重复观测下又呈现出必然规律。在学生的数学学习经历中，以往接触的问题主要是确定性现象，很少有意识地思考随机现象的特点，又由于概率内容自身的特点，例如①概率概念比较抽象，②对随机性的不同理解会导致不同的结果，③利用概率进行一次决策，合理的决策未必一定得到好的结果等，所以对大多数学生而言，"随机性"是一个难于把握的概念。

认知心理学的研究表明，对于抽象内容的理解，必须得到具体例子的支持。所以，概率的教学自始至终都要注意结合实例来展开。教学中应通过丰富的、典型的随机现象实例，引导学生分析归纳随机现象的特征，同时鼓励学生提出有价值的概率问题。具体教学中，可以引导学生分类列举随机现象，例如，游戏中的随机现象（抛掷硬币、抛掷骰子、抽取扑克牌、电脑游戏等），生活中的随机现象（彩票、出生月份、摸球抽签、上学迟到等），实际应用中的随机现象（随机抽样、保险问题、投资理财等）。

要注意避免人为虚构、脱离概率本质的情境，情境也不宜过于复杂，更不能将生活常识、数学定理、成语俗语等当成事件。例如，下列例子用于随机事件、必然事件、不可能事件的教学是不合适的：

（1）太阳从西方升起（不可能事件）；

（2）在标准大气压下，将水加热到 100℃，水就沸腾（必然事件）；

（3）$|x-3|<1$ 的解集是 $\{x\mid 2<x<4\}$（必然事件）；

（4）一分耕耘一分收获（随机事件）；

……

这些例子，或者不是"不确定性现象"，或者不是概率所能定量描述的不确定性现象。

3. 重视核心概念"随机事件"的数学抽象

"随机事件"是概率论的核心概念之一，如果理解不深刻，将影响整个概率的学习。而引入样本点、有限样本空间概念，再用样本空间的子集表示随机事件，这是随机现象数学化的关键一步，教学中必须给予重视。

教学中，要注意利用典型例子，以"随机现象数学化"为导向，以"不同语言的相互转化"为手段，针对随机现象的特征、样本点、样本空间、随机事件及其关系等提出问题，并要让学生自己提出问题。这样的训练是基础性的，对于认识和理解随机现象有

重要意义,不能匆匆而过。

例如,并不是任意的不确定性现象都能成为概率的研究对象,高中阶段的概率课程中研究的是具有"有限性""随机性""稳定性"等特征的随机现象。对这些特征的感悟就不是一件容易的事情,教学中应该通过具体实例让学生进行分析、表述。

又如,随机现象一般是现实情境化的,例如抛掷一枚硬币、抛掷一个骰子、购买一次"七星彩"彩票、从装有颜色分别为红黄白的三个球(除颜色外没有其他区别)的袋子中随意摸出一个球等,将它们"数学化"得出样本空间,学生比较习惯的是用自然语言,例如 $\Omega = \{$正面朝上,反面朝上$\}$,$\Omega = \{$红,黄,白$\}$,等等。教学中要有意识地引导学生用符号语言表达。例如:

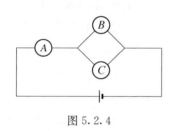

图 5.2.4

如图 5.2.4,一个电路中有 A、B、C 三个电器元件,每个元件可能正常,也可能失效。把这个电路是否为通路看成是一个随机现象,观察这个电路中各元件是否正常。如果用自然语言表达,那么会非常繁琐;如果引入符号语言,那么便会非常简洁:

分别用 x_1,x_2 和 x_3 表示元件 A,B 和 C 的可能状态,则这个电路的工作状态可用 (x_1, x_2, x_3) 表示。进一步地,分别用 1 和 0 表示"正常"、"失效"状态,则样本空间为

$$\Omega = \{(0, 0, 0), (1, 0, 0), (0, 1, 0), (0, 0, 1),$$
$$(1, 1, 0), (1, 0, 1), (0, 1, 1), (1, 1, 1)\}。$$

由此,就可以用集合表示与这个背景相关的任意一个随机事件,例如:

事件 $M = $"恰好两个元件正常"等价于 $(x_1, x_2, x_3) \in \Omega$,且 x_1、x_2、x_3 中恰有两个为 1。所以

$$M = \{(1, 1, 0), (1, 0, 1), (0, 1, 1)\};$$

事件 $N = $"电路是通路"等价于 $(x_1, x_2, x_3) \in \Omega$,$x_1 = 1$,且 x_2、x_3 中至少有一个是 1。所以

$$N = \{(1, 1, 0), (1, 0, 1), (1, 1, 1)\};$$

事件 $T = $"电路是短路"等价于 $(x_1, x_2, x_3) \in \Omega$,$x_1 = 0$;或 $x_1 = 1$,$x_2 = x_3 = 0$。所以

$$T = \{(0, 0, 0), (0, 1, 0), (0, 0, 1), (0, 1, 1), (1, 0, 0)\}。$$

加强用数学语言描述随机现象的教学,对于促进学生理解样本点和样本空间的含义、随机事件和样本点的关系、随机事件的发生、随机事件的关系和运算等等都是非常有用的。事实上,除了用符号(字母、数字或数对)表示试验结果,抽象出样本点、样本空间,由事件发生的意义抽象出"随机事件"是样本空间的子集之外,本单元有许多培养学生数学抽象素养的契机,例如:抽象概括随机试验的本质特征,建立各种概率模型;借助树状图表示试验的所有可能结果,判断样本点的等可能性;从两个事件的发生互相不影响中抽象事件的独立性;等等。

　　4. 引导学生根据知识的发生发展过程自然而然地提出问题

　　学生在学习确定性数学的时候,因为长期的经验积累,所以在面对一个新的数学对象时,对如何发现和提出值得研究的问题,还能做到"心中有数",但在概率的学习中,因为已有经验的不足,他们往往不知道该如何入手、从哪些角度去思考问题。因此,教学中应加强引导,帮助学生运用类比、归纳、一般化、特殊化等推理方法,逐步领悟概率的研究内容和方法。我们可以根据概率的必修课程内容,循着人教 A 版构建的整体架构,循序渐进地提出一些问题:

　　(1)概率论是研究随机现象的数学分支,概率是对随机事件发生可能性大小的度量。什么叫随机现象? 随机现象的数学特征是什么?

　　(2)什么叫样本空间? 人们说,利用样本空间定义随机事件真正实现了随机现象的数学化,对此你有什么认识? 由"随机事件是样本空间的子集"你能提出哪些值得研究的问题?

　　(3)古典概型的研究对象有怎样的特征? 概率的古典定义是什么? 有人说"概率是客观存在的,虽然随机事件发生的概率是未知的,但它本身是不变的",你能利用古典概型对此作出解释吗?

　　(4)求解古典概型问题的一般思路是怎样的?

　　(5)类比确定性数学的研究,在给出概率的定义后,应该研究它的基本性质。你认为可以从哪些角度研究概率的性质?

　　(6)具有某种特殊关系的事件,它们的概率一定有特定的关系,例如互斥事件、对立事件的概率有特定关系,事件 $A \cup B$ 发生的概率可以通过事件 A、B 发生的概率进行计算。同样的,积事件 AB 发生的概率一定与事件 A、B 发生的概率有关。那么,这种关系会是怎样的呢?

　　(7)如果事件 A 与事件 B 相互独立,那么它们的对立事件也相互独立吗?

　　(8)对于样本点等可能的试验,我们可以用古典概型公式计算有关事件的概率。

现实中,很多试验的样本点往往不是等可能的或者等可能性不容易判断,这时该怎么办?

（9）概率与频率之间是一种怎样的关系? 如何理解"频率的稳定性"? 是不是试验的次数越多,频率就越接近概率?

5. 要加强"统计与概率的联系"的教学

统计与概率既有联系,又有区别。我们知道,采用随机抽样、用样本推断总体,其结果也具有随机性。评价推断结果的精确程度、推断方法的"好"与"坏"都需要概率知识。在概率的教学中,要适当地关注二者的联系。例如:

（1）统计中的总体与概率中的样本空间之间的联系,总体没有随机性,只有采用随机抽样,其结果才具有随机性;

（2）从概率角度比较有放回简单随机抽样、不放回简单随机抽样、按比例分层随机抽样三种抽样方式对总体均值的估计效果;

（3）在频率与概率的教学中,可以利用"孟德尔遗传规律",引导学生认识,一方面可以通过统计发现规律提出遗传机理的概率模型(正态分布模型也采用这种方式构建),另一方面也可以利用统计方法,用频率来验证理论模型的正确与否。

6. 重视信息技术的应用

信息技术使大量重复试验成为可能。在本单元教学中,可以发挥信息技术的优势,通过产生随机数,随机模拟掷硬币、掷骰子、摸球等试验。通过这些模拟的大量重复试验,揭示频率既具有随机性,又具有稳定性,理解频率与概率的联系与区别。

思考题

（1）概率的研究路径是怎样的? 与以往有很大的不同,教材通过类比函数的研究路径构建概率的研究路径,对此你有什么看法?

（2）课程标准引入了"有限样本空间"概念,这对建立概率的知识体系有什么意义?

（3）定义样本空间的子集为随机事件后,事件的关系和运算的教学应注意什么问题?

（4）古典概型的内涵是什么? 如何结合实例让学生理解古典概型的定义? 教材在这方面采取了哪些举措?

（5）"概率的性质"指什么? 如何引导学生从样本空间、事件和概率的定义出发探索概率的性质? 应用这些性质能解决哪些问题?

（6）独立性是概率的重要概念，定义独立性时要用到条件概率，但课程标准要求："结合有限样本空间，了解两个随机事件独立性的含义；结合古典概型，利用独立性计算概率。"教材是如何落实这一要求的？你认为可以如何引导学生领会事件独立性的含义？

（7）如何理解频率与概率之间的关系？频率的稳定性在概率的知识体系中有怎样的地位和作用？初中阶段已经讲过频率与概率的关系，你认为应如何在初中的基础上展开这一单元的教学？

（8）与统计一样，概率教学要注重概率与现实的联系。你认为如何在概率教学中加强用数学方法解决概率问题？

第六章　几何与代数（选择性必修）

在必修课程中,学生系统地学习了平面向量的概念、运算、平面向量基本定理及坐标表示,并用向量方法探索三角形的边角关系,推出了余弦定理、正弦定理等重要公式。通过复数的学习,建立了复数、向量、三角函数之间的联系。通过立体几何初步的学习,从综合几何的角度认识了基本立体图形的结构特征,掌握了刻画点、直线、平面位置关系的方法,得出了直线、平面的平行、垂直的判定定理和性质定理。

本主题将帮助学生类比平面向量的内容、过程和方法,学习空间向量。在此基础上,学习用向量方法解决立体几何中的问题,包括证明立体几何初步中未加证明的直线、平面位置关系的判定定理,利用空间向量进行空间距离、角度的计算等。

解析几何是数学发展过程中的标志性成果,是微积分创立的基础。本主题也将学习平面解析几何,通过建立坐标系,借助直线、圆与圆锥曲线的几何特征,导出相应的方程;用代数方法研究它们的几何性质,体现形与数的结合。

第一节　空间向量与立体几何

一、课程定位

课程标准提出:本单元的学习,可以帮助学生在学习平面向量的基础上,利用类比的方法理解空间向量的概念、运算、基本定理和应用,体会平面向量和空间向量的共性和差异;运用向量的方法研究空间基本图形的位置关系和度量关系,体会向量方法和综合几何方法的共性和差异;运用向量方法解决简单的数学问题和实际问题,感悟向量是研究几何问题的有效工具。本单元内容:空间直角坐标系、空间向量及其运算、向量基本定理及坐标表示、空间向量的应用。

分析课程标准的上述表述,可以得出如下认识:

第一,本单元的内容与平面向量"同构",包括空间向量的概念与运算、空间向量基本定理与空间向量运算的坐标表示和用空间向量解决立体几何问题等三个子单元,按空间向量知识的准备、建立空间向量与立体图形的桥梁和用空间向量解决问题顺次展开。

第二,正因为与平面向量"同构",所以本单元的学习要强调类比,充分调动平面向量学习中积累的数学活动经验,通过类比建立本单元的整体架构,形成研究思路,获得研究方法,并且要注意维数的变化所产生的差异性。

第三,用向量方法解决空间基本图形的位置关系和度量关系有明显优势,应通过适当的载体(问题)引导学生对向量方法和综合几何方法进行比较,以帮助学生体会它们的共性和差异。

二、内容与要求

1. 空间直角坐标系

(1) 在平面直角坐标系的基础上,了解空间直角坐标系,感受建立空间直角坐标系的必要性,会用空间直角坐标系刻画点的位置。

(2) 借助特殊长方体(所有棱分别与坐标轴平行)顶点的坐标,探索并得出空间两点间的距离公式。

2. 空间向量及其运算

(1) 经历由平面向量推广到空间向量的过程,了解空间向量的概念。

(2) 经历由平面向量的运算及其法则推广到空间向量的过程。

3. 向量基本定理及坐标表示

(1) 了解空间向量基本定理及其意义,掌握空间向量的正交分解及其坐标表示。

(2) 掌握空间向量的线性运算及其坐标表示。

(3) 掌握空间向量的数量积及其坐标表示。

(4) 了解空间向量投影的概念以及投影向量的意义。

4. 空间向量的应用

(1) 能用向量语言描述直线和平面,理解直线的方向向量与平面的法向量。

(2) 能用向量语言表述直线与直线、直线与平面、平面与平面的夹角以及垂直与平行关系。

(3) 能用向量方法证明必修内容中有关直线、平面位置关系的判定定理。

(4) 能用向量方法解决点到直线、点到平面、相互平行的直线、相互平行的平面的距离问题和简单夹角问题,并能描述解决这一类问题的程序,体会向量方法在研究几何问题中的作用。

从课程标准的上述要求可以看到,让学生经历由平面向量的概念、运算及其法则推广到空间向量的过程,是学习本单元的基本要求。实际上,由于"向量是自由的",所以空间任意两个向量都是共面的,所以空间向量的概念、运算法则、运算性质与平面向量有很强的可类比性,但空间向量是三维的,平面向量是二维的,这是有本质差别的。

直线的方向向量、平面的法向量是两个重要的概念,也是向量法中的关键工具;这里要求用向量法证明直线、平面的位置关系的判定定理;距离、夹角是两个最基本的几何量,这里要求用向量法解决之,并要从中体会向量法的解题程序。

与以往的课程内容比较,空间"向量投影"和"投影向量"是课程标准作出的明确区分。

三、内容的理解和教学思考

（一）本单元的研究路径

与平面向量的内容类似,本单元按照"背景—空间向量及其运算—空间向量基本定理—空间直角坐标系—空间向量及其运算的坐标表示—空间向量的应用"的线索展开。

"空间向量及其运算"是基础,人教 A 版引导学生类比平面向量及其运算,经历向量由平面向空间推广的过程。因为平面向量与空间向量具有一致性,因此空间向量及其运算的学习可以非常简捷。

"空间向量基本定理"揭示了空间中三个不共面的向量构成三维空间的一个"基底",这是用向量法解决几何问题的基础。人教 A 版将这一内容单设一节,在学习空间向量基本定理的过程中边学边用,以突出空间向量基本定理的承上启下作用,使学生更好地体会"基底法",为后续学习坐标表示奠定基础。

"空间向量及其运算的坐标表示"含空间直角坐标系和空间向量运算的坐标表示,前者是后者的基础。为了帮助学生更深入地感悟"基"的思想,人教 A 版在空间向量基本定理之后,类比利用平面单位正交基底建立平面直角坐标系,安排利用空间单位正交基底建立空间直角坐标系,在充分发挥向量基本定理作用的同时,使学生进一步体会其本质,促使学生体会向量在空间图形与实数之间的桥梁作用。在此基础上,类比平面向量及其运算的坐标表示,就可以由学生独立完成空间向量及其运算的坐标表示,从而让学生切实经历向量及其运算由平面推广到空间的过程。

"空间向量的应用"主要是利用向量方法解决简单的立体几何问题,包括用空间向量描述空间直线、平面间的平行、垂直关系,证明直线、平面位置关系的判定定理,用空间向量解决空间距离、夹角问题等,向量方法是这部分的重点。这里,人教 A 版注意了如下几点:(1)选择典型的立体几何问题;(2)让学生自己归纳"三部曲"的过程中体会向量方法的作用;(3)引导学生归纳向量法、综合法与坐标法的特点,根据具体问题的特点选择合适的方法。

(二)关于本单元内容处理的几点思考

与平面向量一样,空间向量既是代数研究的对象,也是几何研究的对象,是沟通几何与代数的桥梁,因此在构建本单元内容框架时始终以联系性、整体性为主旋律,努力突出几何直观与代数运算之间的融合,通过形数结合,引导学生感悟数学知识之间的关联,加强对数学整体性的理解。具体地,重点关注了以下几个方面的问题。

1. 以向量空间理论为指导

无论是教材编写还是课堂教学,除了确保知识之间逻辑关系合理、每一个知识点讲解正确,还要注意以相关的数学理论为指导,这样才能体现好内容所反映的数学思想和方法,从而提高教材和教学的品味。本单元所呈现的从空间向量的概念到线性运算再到数量积运算的过程,其内容展开的路径遵循了向量空间理论。

首先,以位移、速度等为背景,抽象空间向量的概念,定义空间向量的线性运算,给出线性运算的运算性质,这时空间中的向量所组成的集合就构成了一个实数域上的向量空间。

其次,在实数域上的向量空间里定义"数量积"运算并给出其性质,那么这个向量空间就是一个有度量概念的欧氏向量空间。欧氏空间中,空间向量的加法、数乘、数量积等运算建立了空间向量与立体几何中的位置关系与度量问题之间的联系。(建议老师们查阅有关文献,了解"实数域上的向量空间""欧氏向量空间"的有关内容。)

2. 使学生理解空间向量基本定理的"基本性"

在建立了欧氏向量空间后,接着就要研究它的特征,具体表现为空间向量基本定理,即这个向量空间可以由三个线性无关的向量生成,这是将空间向量的运算化归为数的运算的基础。这样,虽然空间向量是无穷的,但它们都可以表示成三个不共面向量所成基底的线性组合,于是就可以利用这个基底表示空间图形中的任意元素,并使这些元素之间建立起"标准化的联系",从而可以通过代数运算解决立体几何问题。这个过程是"程序化"的,理论上讲,只要我们根据问题中几何图形的特征选定基底,那么任何几何问题都可以得到解决,这就是空间向量基本定理的"基本"所在。

3. 通过类比与推广引导学生展开独立思考

空间向量与平面向量相比,维数从二维增加到三维,应用对象也从平面图形推广到空间图形,但"研究对象在变,研究套路不变,思想方法不变"。因此,对空间向量的处理可以充分利用它与平面向量的"相似性",在内容安排上突出主线,进行简洁化的集中处理。人教A版就是这样,空间向量及其线性运算的内容一气呵成,相关概念和线性运算性质通过类比平面向量的方式呈现,空间向量的数量积也做了简化处理,从而既增强了局部内容的整体性,也使知识的纵向联系更加紧密。

当然,我们必须注意到空间向量与平面向量的区别。"平面向量"是在一个"确定的平面"上研究向量问题,所有向量共面是前提;空间向量是在三维空间中研究向量,虽然空间中"任意两个向量共面",但三个向量却不一定共面。空间的两个不共线向量可以形成无数个相互平行的平面,如图6.1.1所示。在解决问题时,为了让两个不共线向量确定的平面"确定"下来,还需要有一个确定的点,我们可以根据需要在空间中取一点 O,将表示 a、b 的有向线段的起点平移到点 O(如图6.1.2),这样就将两个空间向量限定在"一个平面内";而对于空间的三个向量 a、b、c,一般是要在平行六面体上考虑问题(如图6.1.3),例如加法结合律 $(a+b)+c=a+(b+c)$ 的证明,就需要借助平行六面体证明等式两边的和向量都是其对角线所在的向量。

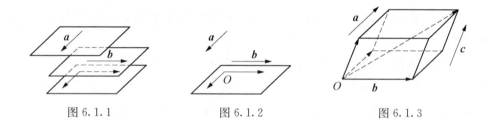

图 6.1.1   图 6.1.2   图 6.1.3

教学中要注意通过类似上述的分析,让学生理解空间向量与平面向量的联系与区别,并通过适当的练习让学生熟练"在空间任取一点 O 作 $\overrightarrow{OA}=a$"的做法,逐步加深对自由向量的便利性的认识。

4. 空间向量与立体几何相互为用

平面向量的基础理论(运算和运算律的几何意义)以平面几何的相关定理为逻辑基础,空间向量的基础理论也以立体几何中的基本事实、基础理论为基础。例如,在定义空间向量的相关概念时,利用了正方体的基本性质;对空间向量共面问题的解释,利用了空间直线与平面的平行关系;与利用平行四边形定理、相似三角形定理证明平面向量线性运算的运算律一样,我们利用平行六面体的性质解释向量线性运算的运算律(本质上仍然是平行四边形定理的应用);利用直线与平面的垂直关系解释空间向量基本定理、空间向量的坐标表示；等等。

反之，本单元特别强调发挥向量的语言和工具作用解决立体几何问题。例如：利用数量积证明直线与平面垂直的判定定理以及其他一些简单的立体几何问题；利用空间向量基本定理证明直线与直线垂直或平行以及求两条直线所成角的余弦值等；运用空间向量研究空间直线、平面的位置关系和距离、夹角等度量的问题；等等。这些都体现了课程标准"让学生知道如何用代数运算解决几何问题"的设计意图，为学生后续学习打下了基础。

（三） 强调向量方法是否会削弱空间想象力的培养？

加强用向量法解决立体几何，体现了时代发展对数学课程改革的要求，但有老师认为这会导致把立体几何演化为"算的几何"，从而削弱它的培养学生空间想象力的功能。我们认为这是一种误解。

我们知道，完整的向量法是：先用几何眼光观察，再用向量运算解决。这里首先要搞清楚面对的几何图形、几何问题的基本特征，分析清楚几何图形的基本元素、基本关系，然后再选择适当的基底，并利用基底表示出相应的几何元素和基本关系，然后再进行运算。"用几何眼光观察"的过程中，就需要空间想象、几何直观等能力。

下面我们具体讨论一下向量方法。向量方法的本质，首先是用符号表示方向，由此有 $\overrightarrow{AB}+\overrightarrow{BC}=\overrightarrow{AC}$。 这个定理看上去很不起眼，但在数学中非常重要，称为沙尔定理，其实质意义是让几何量带上符号。菲利克斯·克莱因指出："对比把长度、面积、体积考虑为绝对值的普通初等几何学，这样做有极大的好处。初等几何必须依照图形呈现的情况而区分许多情况，而现在用几个简单的一般定理就可以概括。"[①]中学阶段，这几个"一般定理"就是向量加法法则（向量回路）及运算律、向量数乘的意义及其运算律、向量数量积的意义和运算律（特别是相互垂直的向量数量积为 0）、空间向量基本定理。

向量集数与形于一身，向量运算既是数的运算，也是图形的运算，根据图形中几何元素之间的基本关系列出向量等式，使计算与图形特征融为一体，这是体现向量方法特点的关键。向量方法的"三部曲"，首要的是根据图形的特征，用向量表示几何元素及其基本关系。这一步很重要，其关键是选好"基"，建立空间向量与立体图形的联系，实际上就是向量基本定理的应用，它反映了空间向量及其应用的本质。以此为基础，接着的向量运算以及运算结果的几何意义解释就水到渠成了。

---

① 项武义.基础数学讲义丛书：基础几何学[M].北京：人民教育出版社，2004：6.

立体几何中,空间的直线、平面位置关系的主题是平行与垂直,其本质是方向的关系;直线、平面的位置关系用角度来定量刻画,而角度是对两个方向差的度量。所以,刻画直线、平面的位置关系时,"方向"是基本要素。相应地,刻画方向的量,即直线的方向向量和平面的法向量,就具有很重要的基础性地位。

定性地看,空间的直线、平面都是由一个点和一个方向所确定的。对直线而言是一个点和它的方向向量,对平面而言是一个点和它的法向量。进一步地,这是欧氏空间的本质"过空间一点能作且只能作一条直线与已知直线平行"和"过空间一点能作且只能作一个平面与已知直线垂直"的代数表示。

总之,用向量方法解决几何问题,要以对立体图形结构特点(组成要素及其形状、位置关系)的分析为基础。向量方法的第一步是用向量表示几何元素,"表示"合理才能保证后续运算的简捷。"合理表示"的本质是准确反映立体图形的特征,这要以正确把握图形结构特征为基础,这当然是空间想象力的直接反映。

因为向量的"自由性",解题时不必考虑向量的起点在哪里,可以随心所欲地将相关向量平移到共起点或形成向量回路,但用综合法研究问题时,常常需要添加辅助线才能把相关几何元素联系起来。所以,向量方法是解决立体几何问题的简便且本质之法。

(四) 投影向量与距离的本质

向量的投影是高维空间到低维子空间的一种线性变换,得到的投影向量是变换的结果,是低维子空间中的向量。空间向量投影概念的建立对于学生利用投影向量研究立体几何问题有重要的意义。

距离是空间中的重要度量。本单元涉及的距离有:两点间的距离,点到直线的距离,平行线之间的距离,点到平面的距离,直线到平面的距离,平行平面之间的距离等。

1. 两点之间的距离

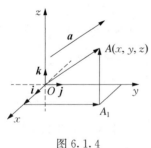

图 6.1.4

我们知道,几何的本质在于度量,度量的本质在于长度。如图 6.1.4,设 a 是空间直角坐标系中的任一向量,将其始点移到原点,得 $a = \overrightarrow{OA}$,其中 A 的坐标是 (x, y, z),点 A 在平面 Oxy 内的投影是 $A_1(x, y, 0)$。根据勾股定理,有

$$|a|^2 = |\overrightarrow{OA}|^2 = |\overrightarrow{OA_1}|^2 + |\overrightarrow{A_1A}|^2 = x^2 + y^2 + z^2 。$$

一般地,设 $P_1(x_1, y_1, z_1)$,$P_2(x_2, y_2, z_2)$,则有

$$|\overrightarrow{P_1P_2}| = |\overrightarrow{OP_2} - \overrightarrow{OP_1}| = \sqrt{(x_2 - x_1)^2 + (y_2 - y_1)^2 + (z_2 - z_1)^2},$$

这就是空间两点间的距离公式,即

$$|P_1P_2| = \sqrt{(x_2-x_1)^2 + (y_2-y_1)^2 + (z_2-z_1)^2}。$$

从推导过程可以看到,上述公式是基于勾股定理的,这样的距离叫做欧几里得距离。进一步地,垂直反映了距离的本质,因此借助勾股定理可以直观地研究距离问题。

一般地,设 x、y 是集合 A 中的两个元素,距离 $d(x,y)$ 是定义在集合 A 上的二元函数,满足以下条件:

(1) 自反性:$d(x,y)=0$,当且仅当 $x=y$;

(2) 对称性:$d(x,y)=d(y,x)$;

(3) 三角不等式:$d(x,y) \leqslant d(x,z)+d(z,y)$。

如果 A 是实数集,那么这个距离就是欧几里得距离,其中条件(3)就是三角形两边之和大于第三边。

2. 点到直线的距离

投影向量的几何意义和代数表示,不仅为研究立体几何的距离问题提供了便利,而且还提供了研究距离的方法。

如图 6.1.5,P 为直线 l 外的一点,$\boldsymbol{u}$ 为直线 l 的单位方向向量。设 $\overrightarrow{AP} = \boldsymbol{a}$,则向量 $\overrightarrow{AP}$ 在直线 l 上的投影向量的长 $|\overrightarrow{AQ}| = |\boldsymbol{a} \cdot \boldsymbol{u}|$。在 Rt$\triangle APQ$ 中,由勾股定理,得点 P 到直线 l 的距离为

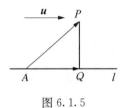

图 6.1.5

$$|PQ| = \sqrt{|\overrightarrow{AP}|^2 - |\overrightarrow{AQ}|^2} = \sqrt{\boldsymbol{a}^2 - (\boldsymbol{a} \cdot \boldsymbol{u})^2}。$$

3. 点到平面的距离

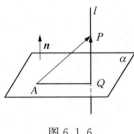

图 6.1.6

如图 6.1.6,求点到平面的距离,需要利用法向量和投影向量,其一般步骤如下:

第一步,确定法向量;

第二步,选择参考向量(向量 $\overrightarrow{AP}$);

第三步,确定参考向量到法向量的投影向量;

第四步,利用向量运算求投影向量的长度:

$$PQ = \left| \overrightarrow{AP} \cdot \frac{\boldsymbol{n}}{|\boldsymbol{n}|} \right| = \frac{|\overrightarrow{AP} \cdot \boldsymbol{n}|}{|\boldsymbol{n}|}。$$

总之,从向量的角度看,无论是平面还是直线,法向量都是反映垂直方向的最为直

观的表达形式,法向量刻画了表示"距离"的有向线段的方向。法向量的方向和法向量上投影向量的长度既体现了几何直观,又提供了代数定量刻画的依据,因此利用法向量和向量投影可以研究距离问题。

(五) 方向向量、法向量与夹角

角度是另一个重要的度量。空间直线、平面间的夹角问题,包括异面直线所成的角、直线与平面所成的角、平面与平面所成的角。因为角度是对两个方向差的度量,而直线的方向可以利用它的方向向量来刻画,平面的方向可以利用它的法向量来刻画,所以空间直线、平面间的夹角问题就转化为直线的方向向量、平面的法向量间的夹角问题,进而可以利用空间向量的数量积运算加以解决。

在"立体几何初步"中,我们安排了用综合法求两条异面直线所成的角,即通过平移把两条异面直线转化为相交直线,再构造三角形进行计算。有了向量工具,两条直线的方向能用它们的方向向量表达,这样就不需要平移直线而直接求出夹角,既体现了"角"的本质,也简化了求解过程。

对于两条异面直线 l_1、l_2,设它们的方向向量分别是 $\boldsymbol{u}$ 和 $\boldsymbol{v}$,直线 l_1 与 l_2 所成的角为 θ,则

$$\cos\theta = |\cos\langle\boldsymbol{u}, \boldsymbol{v}\rangle| = \left|\frac{\boldsymbol{u} \cdot \boldsymbol{v}}{|\boldsymbol{u}| \cdot |\boldsymbol{v}|}\right|。$$

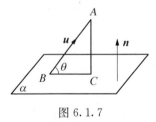

图 6.1.7

如图 6.1.7,直线 AB 与平面 α 相交于点 B,设直线 AB 与平面 α 所成的角为 θ,直线 AB 的方向向量为 $\boldsymbol{u}$,平面 α 的法向量为 $\boldsymbol{n}$,则

$$\sin\theta = |\cos\langle\boldsymbol{u}, \boldsymbol{n}\rangle| = \left|\frac{\boldsymbol{u} \cdot \boldsymbol{n}}{|\boldsymbol{u}| \cdot |\boldsymbol{n}|}\right|。$$

如图 6.1.8,平面 α、β 的法向量分别是 $\boldsymbol{n}_1$ 和 $\boldsymbol{n}_2$,则向量 $\boldsymbol{n}_1$ 和 $\boldsymbol{n}_2$ 的夹角(锐角)即为平面 α 与平面 β 的夹角。设平面 α 与平面 β 的夹角为 θ,则

$$\cos\theta = |\cos\langle\boldsymbol{n}_1, \boldsymbol{n}_2\rangle| = \left|\frac{\boldsymbol{n}_1 \cdot \boldsymbol{n}_2}{|\boldsymbol{n}_1| \cdot |\boldsymbol{n}_2|}\right|。$$

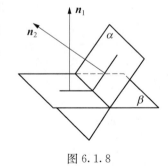

图 6.1.8

四、教学建议

（一）加强类比、联系与推广，为学生创造更大的自主学习空间

向量是具有大小和方向的量，这一概念既适用于平面，也适用于空间。平面上的向量都可以看作空间中的向量，因此空间向量的概念、表示和平面向量没有本质性区别。由于空间两个向量都可以平移到一个平面内，因此空间两个向量的运算可以看作平面上两个向量的运算，它们的加法、数乘、数量积运算也没有本质性区别。当然，由于维数的变化，空间向量和平面向量又有差异性。

由"自由向量"所决定的空间向量与平面向量的这种关系，使空间向量成为学生可以自学的内容。让学生自学空间向量，也可以促使他们思考空间向量与平面向量的共性和差异，对维数增加所带来的影响形成切身体验，在此过程中可以提升学生的空间想象力。

（二）通过应用，提升对向量方法的认识水平

教学中，要注意以具体的立体几何问题为载体，通过问题的解决加深对向量方法和立体几何内容的理解，逐步养成"用向量"的习惯。

加强向量方法，一是要注意使用"向量回路"、数乘向量、数量积、向量基本定理等解决空间元素的平行、垂直、角度、长度等问题；二是要强调基本定理的核心地位，其中加深对"基底"思想的理解是关键。

综合运用向量及其运算解决几何问题的过程中，方向向量、法向量的作用很重要，在此过程中需要较强的几何直观能力。当前教学中普遍存在着把向量法等同于坐标法的现象，这是没有体会向量方法特点的表现。

（三）加强通过向量及其运算表示和研究几何问题的体验

人教 A 版指出，向量是躯体，运算是灵魂；如果没有运算，向量只是一个路标。通过向量及其运算，不仅能表示空间中的点、直线和平面等基本元素，而且能使空间基本元素的位置关系、大小度量得到表达：

（1）向量 a、$b(b \neq 0)$ 平行 $\Leftrightarrow a = \lambda b$；

（2）向量 p 与向量 a、b 共面 $\Leftrightarrow p = \lambda a + \mu b$；

（3）取定空间任意一点 O，空间一点 P 位于平面 ABC 内 $\Leftrightarrow$ 存在实数 x、y，使 $\overrightarrow{OP} = \overrightarrow{OA} + x\overrightarrow{AB} + y\overrightarrow{AC}$；

（4）设 u_1、u_2 是直线 l_1、l_2 的方向向量，那么

$$l_1 /\!/ l_2 \Leftrightarrow u_1 /\!/ u_2 \Leftrightarrow u_1 = k u_2；$$

（5）设 u 是直线 l 的方向向量，n 是平面 α 的法向量，$l \not\subset \alpha$，那么

$$l \parallel \alpha \Leftrightarrow u \perp n \Leftrightarrow u \cdot n = 0;$$

(6) 设 n_1、n_2 是 α、β 的法向量,那么

$$\alpha \parallel \beta \Leftrightarrow n_1 \parallel n_2 \Leftrightarrow 存在 k,使 n_1 = kn_2;$$

(7) 设 u_1、u_2 是直线 l_1、l_2 的方向向量,那么

$$l_1 \perp l_2 \Leftrightarrow u_1 \perp u_2 \Leftrightarrow u_1 \cdot u_2 = 0;$$

(8) 设 u 是直线 l 的方向向量,n 是平面 α 的法向量,那么

$$l \perp \alpha \Leftrightarrow u \parallel n \Leftrightarrow 存在 k,使 n = ku;$$

(9) 设 n_1、n_2 是 α、β 的法向量,那么

$$\alpha \perp \beta \Leftrightarrow n_1 \perp n_2 \Leftrightarrow n_1 \cdot n_2 = 0。$$

距离问题,除两点间距离公式外,点到直线的距离、点到平面的距离等与向量投影有关,其中涉及"参考向量"的选择等,需要根据问题的条件确定,是不同于综合几何方法的,需要进行专门训练,养成习惯。

夹角问题,利用直线的方向向量、平面的法向量可以方便地对夹角作出表达。因为向量方法是坐标原点可以任意移动的坐标法,所以向量法为解决问题提供了更大的自由度。

(四) 通过具体例子引导学生体会维数对向量推广的影响

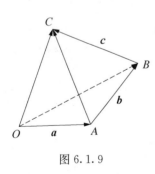

图 6.1.9

最关键的是只要涉及 3 个以上的向量,就要考虑这些向量不共面的问题。例如,空间向量加法的结合律,证明过程中就要注意把图形画成"立体的"(如图 6.1.9 所示,a、b、c 不共面)。当然,代数推理时与平面向量加法结合律没有太大差异:

$$\overrightarrow{OC} = \overrightarrow{OA} + \overrightarrow{AC} = \overrightarrow{OA} + (\overrightarrow{AB} + \overrightarrow{BC}) = a + (b + c),$$
$$\overrightarrow{OC} = \overrightarrow{OB} + \overrightarrow{BC} = (\overrightarrow{OA} + \overrightarrow{AB}) + \overrightarrow{BC} = (a + b) + c,$$

所以 $(a + b) + c = a + (b + c)$。

思考题

(1) 课程标准指出,空间向量的学习要利用类比平面向量的方法来完成,你认为类比过程中要注意哪些问题?

（2）平面向量的运算和运算律是以平面几何的一些基本定理（如平行四边形定理、相似三角形定理、勾股定理等）为逻辑基础的，那么空间向量的运算和运算律又以哪些几何定理为逻辑基础？

（3）空间向量基本定理"基本"在哪里？课程标准强调要让学生体会"基"的思想，你能举例说明什么叫"'基'的思想"吗？

（4）你是如何理解向量方法的？有人说，现在的课程设计把立体几何变成了"算的几何"，削弱了空间想象力的培养，对此你有什么评论？

（5）确定空间中直线、平面位置关系的要素是什么？你认为利用向量方法解决空间的位置关系和度量问题的优势表现在哪些方面？为什么会有这样的优势？

（6）归纳点到直线的距离、点到平面的距离、平行直线之间的距离、直线与平面的距离、平行平面之间的距离等的共性，你对距离的本质有什么发现？由此你能谈谈研究投影向量的意义吗？

第二节　直线与圆的方程

众所周知，近代数学的第一个里程碑是解析几何的诞生，这也是因应了时代发展的需要。文艺复兴使得科技文明获得新生，近代科学技术的发展使运动变化规律成为自然科学的中心问题，由此而迫切需要一种新的数学工具。这样，数学就再一次"扮演了先行者、奠基者的角色"，"而其中影响无比深远者首推坐标解析几何和微积分，它们奠定了对于各种各样自然现象作深刻的数理分析的基本工具"。①

由解析几何的重要性决定了它在高中数学课程中的地位。除 20 世纪 50 年代外，我国高中数学课程中历来有解析几何的内容，其课程目标和要求，都围绕着使学生理解和掌握坐标法，并用坐标法研究直线、圆锥曲线以及其他重要曲线的方程、性质和作图等来考虑。例如，1986 年的《全日制中学数学教学大纲》中提出，解析几何教学要使学生：(1)了解解析几何研究的对象、方法和意义。(2)掌握直角坐标系中曲线和方程的相互关系；能根据所给条件选择适当的坐标系求曲线方程；通过对方程的讨论掌握曲线的性质，画出曲线；能运用坐标法解决有关问题。(3)掌握直线和圆锥曲线的方程、性质及其画法；能利用坐标轴的平移化简圆锥曲线方程；了解一些重要曲线的极坐

---

① 项武义.基础数学讲义丛书:基础几何学[M].北京:人民教育出版社,2004:164.

标方程和参数方程。(4)使学生能够用运动、变化和对立统一的辩证观点去分析问题。[①] 一如既往地,《普通高中数学课程标准(2017年版)》强调解析几何的学习是要让学生通过建立坐标系,借助直线、圆与圆锥曲线的几何特征,导出相应方程;用代数方法研究它们的几何性质,体现形与数的结合。下面我们根据新课程标准的上述要求,讨论基于数学学科核心素养的解析几何教材与教学问题。

一、课程定位

课程标准提出:本单元的学习,可以帮助学生在平面直角坐标系中,认识直线、圆、椭圆、抛物线、双曲线的几何特征,建立它们的标准方程;运用代数方法进一步认识圆锥曲线的性质以及它们的位置关系;运用平面解析几何方法解决简单的数学问题和实际问题,感悟平面解析几何中蕴含的数学思想。本单元内容包括直线与方程、圆与方程、圆锥曲线与方程、平面解析几何的形成与发展。

分析课程标准的上述表述,可以得出如下认识:

首先,解析几何的研究对象是几何图形,以平面直角坐标系为研究工具,通过代数运算研究几何问题。这是解析几何的特征。实践中,有的教师热衷于用平面几何的方法讨论解析几何中的问题,有的老师把坐标法简单化为"算",这都背离了解析几何的思想。坐标法的要点确实是通过代数运算和推理研究几何图形,但这里的运算是带有几何直观的。

第二,课程标准强调"在平面直角坐标系中认识平面图形的几何特征",这句话的含义需要认真领会。在直角坐标系中研究几何图形必须发挥直角坐标系的力量,这就要以理解直角坐标系的特征为基础。类比数轴,可以发现平面直角坐标系也有"三要素",即原点、单位长度和方向。这里,原点起"基准点"作用,平面直角坐标系下的方向有两个维度。与我们的日常经验相吻合,水平的横轴对应于正东、正西方向,铅锤的纵轴对应于正北、正南方向,而第Ⅰ、Ⅱ、Ⅲ、Ⅳ象限分别对应于东北、西北、西南、东南等方向。平面直角坐标系是一个参照系,由此建立了一个讨论几何图形性质的统一标准,其中的"基准点"、"方向"在几何问题代数化中起着关键作用。

第三,用坐标法研究几何问题的步骤是:在直角坐标系中认识图形的几何特征—建立标准方程—运用代数方法研究曲线的性质—通过代数运算研究曲线的位置关

---

① 课程教材研究所.20世纪中国中小学课程标准·教学大纲汇编:数学卷[M].北京:人民教育出版社,2001:547.

系—应用。

结合课程标准提出的本单元学业要求:"能够掌握平面解析几何解决问题的基本过程:根据具体问题情境的特点,建立平面直角坐标系;根据几何问题和图形的特点,用代数语言把几何问题转化成为代数问题;根据对几何问题(图形)的分析,探索解决问题的思路;运用代数方法得到结论;给出代数结论合理的几何解释,解决几何问题。"可以发现,课程标准特别强调完整地理解坐标法,在用代数语言转化几何问题、用代数运算推导结论之前,一定要注意用几何的眼光分析面临的问题,要在直角坐标系中把握几何问题和图形特点的基础上,再进入到形数转化、代数运算。

二、"直线与圆的方程"的内容与要求

1. 直线与方程

(1) 在平面直角坐标系中,结合具体图形,探索确定直线位置的几何要素。

(2) 理解直线的倾斜角和斜率的概念,经历用代数方法刻画直线斜率的过程,掌握过两点的直线斜率的计算公式。

(3) 能根据斜率判定两条直线平行或垂直。

(4) 根据确定直线位置的几何要素,探索并掌握直线方程的几种形式(点斜式、两点式及一般式)。

(5) 能用解方程组的方法求两条直线的交点坐标。

(6) 探索并掌握平面上两点间的距离公式、点到直线的距离公式,会求两条平行直线间的距离。

2. 圆与方程

(1) 回顾确定圆的几何要素,在平面直角坐标系中,探索并掌握圆的标准方程与一般方程。

(2) 能根据给定直线、圆的方程,判断直线与圆、圆与圆的位置关系。

(3) 能用直线和圆的方程解决一些简单的数学问题与实际问题。

3. 对上述内容与要求的认识

初中平面几何中,通过直观感知、操作确认的方式,学生了解了两点确定一条直线,两点之间线段最短,点到直线的距离的意义及其度量,过一点有且只有一条直线与这条直线垂直,过直线外一点有且只有一条直线与这条直线平行等基本事实;重点研究了相交线与平行线,知道了用两条直线所成的角的关系可以刻画相交线的性质,掌握了平行线的判定定理和性质定理等;知道了平行线的传递性。教学中的一个明显感

受是:很难给出直线的确切定义,因此关于直线及其相互关系的结论也都给人以"直观描述"的印象。解析几何中,借助平面直角坐标系,我们可以确切地给出确定直线位置的几何要素,进而通过代数语言——二元一次方程,确切地表达直线这一几何学的基本概念。在此基础上,就可以通过方程判断两条直线的位置关系,通过解方程组得到两条直线的交点,通过代数运算得到点到直线的距离公式等等。这样得出的结论就达到了"入微"状态,课程标准提出的内容与要求就是按这个思想给出的。同样的,对于直线与圆的位置关系,平面几何中只是给出了定性刻画,现在我们可以通过直线的方程、圆的方程、点到直线的距离、圆心距等对直线与圆、圆与圆的位置关系作出精确定量的判断。

课程标准要求在平面直角坐标系中,结合具体图形,探索确定直线位置的几何要素。这里关键是要让学生懂得如何利用直角坐标系刻画直线的"方向"这个要素,这是与平面几何有质的不同的地方,也是学生不习惯的。倾斜角从几何角度刻画了直线的方向,斜率从代数角度刻画了直线的方向。

4. "直线和圆的方程"的教学重点

直线与方程、圆与方程的教学,关键是要使学生形成对坐标法的基本认识,掌握用坐标法解决问题的步骤,形成对坐标法与综合法的联系与差异的深刻体验。这就要注重引导学生经历完整的用坐标法研究几何图形的过程:结合情境描述直线的几何特征与问题,两点决定一条直线,或一个点和一个方向确定一条直线;在直角坐标系中用倾斜角(几何)和斜率(代数)刻画直线的方向;建立直线的方程,用代数语言描述这些特征与问题;借助几何图形的特点,形成解决问题的思路,利用直线方程、通过直观想象和代数运算求解有关问题。例如:直线的位置关系、交点坐标、点到直线的距离、平行线间的距离等。圆的方程的教学重点与此类似。在此基础上,利用方程讨论直线与圆的位置关系。

三、"直线和圆的方程"的内容理解与教学思考

1. 如何利用平面直角坐标系认识确定直线位置的几何要素?

前已指出,平面直角坐标系是一个"参照系",在平面直角坐标系中认识确定几何图形的要素,就是要利用好坐标系的基准作用,其中有两个关键要素:位置、方向。

在给定的直角坐标系中,点 P 的位置与其坐标(x, y)一一对应,两个点 $P_1(x_1, y_1)$,$P_2(x_2, y_2)$的位置差异用距离公式

$$d(P_1, P_2) = \sqrt{(x_1 - x_2)^2 + (y_1 - y_2)^2}$$

来度量。那么直线的方向该如何刻画呢？

我们还是回到最原始的地方。在平面直角坐标系中,坐标轴具有确定的方向,有基准作用。因为刻画"方向差异"的几何量是角度,选择与人的直觉一致的水平线(横轴)为基准,将 x 轴正向与直线向上的方向之间所成的角——倾斜角作为刻画直线方向的几何量,其取值范围是 $[0, \pi)$。这样,平面直角坐标系中,每一条直线都有一个确定的倾斜角,且方向相同的直线,其倾斜程度相同,倾斜角相等;方向不同的直线,其倾斜程度不同,倾斜角不相等。因此,以横轴为基准,用倾斜角表示平面直角坐标系中一条直线的倾斜程度,也就表示了直线的方向。如果再加上一个定点,那么就能唯一确定一条直线。所以,用"倾斜角"来刻画直线的几何特征是非常完美的,这也是解析几何中为什么将"点斜式方程"作为直线方程的"基本式"的原因。

在平面直角坐标系中探索确定直线位置的几何要素有浓厚的解析几何味道,并且可以和不需要参照系的"两点确定一条直线"的平面几何方法进行对照,从而使学生领悟如何发挥坐标系的作用。所以,教学中要注重利用倾斜角概念的发生发展过程,引导学生体验坐标法的内涵。

2. 如何引导学生研究斜率公式?

传统上,人们用"坡度"作为斜率的现实原型,这是合理的。但在倾斜角到斜率中间插入"坡度",在数学内容的连续性上稍有逊色。从数学知识的发生发展过程看,这里有两个想法:

第一,根据解析几何的"基本套路",从几何角度引入倾斜角概念后,接着的任务是"代数化",斜率是倾斜角的代数化;

第二,平面几何的"基本事实"是"两点确定一条直线",这里是"一个点和一个方向"确定一条直线,因此它们有内在联系,这个"内在联系"的表达就是斜率公式。

基于以上两点,人教 A 版给出了一种新的处理方法[①]:

以"由两点确定一条直线可知,直线 l 由点 P_1,P_2 唯一确定。所以,可以推断,直线 l 的倾斜角一定与 P_1,P_2 两点的坐标有内在联系"提出问题。这是通过"有逻辑地思考"合理地提出问题,教师要重视利用这个问题进行"如何发现和提出问题"的教学。

安排"探究"栏目,引导学生利用向量展开有层次的探索:

---

① 人民教育出版社课程教材研究所,中学数学课程教材研究开发中心. 普通高中教科书:数学 A 版 选择性必修 第一册[M]. 北京:人民教育出版社,2020:52 - 54.

探究 在平面直角坐标系中,设直线 l 的倾斜角为 α。

(1) 已知直线 l 经过 $O(0,0)$,$P(\sqrt{3},1)$,α 与 O,P 的坐标有什么关系?

(2) 类似地,如果直线 l 经过 $P_1(-1,1)$,$P_2(\sqrt{2},0)$,α 与 P_1,P_2 的坐标又有什么关系?

(3) 一般地,如果直线 l 经过两点 $P_1(x_1,y_1)$,$P_2(x_2,y_2)$,$x_1 \neq x_2$,那么 α 与 P_1,P_2 的坐标有怎样的关系?

三个问题循着由特殊到一般、由具体到抽象的路径,其中第一个问题是基础,由于平移后直线的倾斜角不变,后面两个问题都可以转化为第一个问题,即转化为通过原点的直线。运用向量方法,结合正切函数的定义,可以得出结论。

前两个问题对学生没有难度,但需要认识问题的立意,进行一般性思考,即通过直线上两点的坐标定量刻画这条直线的倾斜角,把直线的倾斜程度代数化,并且要从这两个具体例子中得到启发,想到对一般化的两个点需要分 4 种情况进行讨论。教材没有事先给出图示,是为了给学生留出充分的自主探究空间。实际上,这就是数学学习的基本方法,即从具体事例中发现和抽象一般规律,与下面的第三问相结合,可以促进学生数学抽象、直观想象素养的发展。

教材以向量为工具,在具体例子的基础上,一般化得出倾斜角的正切值与直线上任意两点坐标之间的关系。用向量方法推导,其过程和结论都具有一般性,即无论向量 $\overrightarrow{P_1P_2}$ 的方向如何,结论都是一样的。通过以上讨论可以得出结论:

$$k = \tan\alpha = \frac{y_2 - y_1}{x_2 - x_1},$$

从而利用正切函数把倾斜角(几何)对应到 **R** 上的实数——斜率 k(代数),实现了用代数方法表示方向这一几何要素的目标。

教学中要提醒学生注意,斜率是把方向代数化的一个量,带有符号。符号所表达的几何要素是方向,所以几何量带上符号,就使几何量的运算包含了"方向的运算"。

上述过程的逻辑性很强,在思维上是自然而然的,不过对学生的能力要求比较高。具体体现是:

(1) 以联系的观点发现和提出问题。确定一个数学对象的两种方式一定有内在联系,并且可以互化。

(2) 需要调动相关知识才能发现联系。这里要调动向量、三角函数等相关知识,并且要有分类讨论的意识。斜率与方向向量的坐标表示具有内在的一致性,这也是学生不容易想到的。

值得指出的是,直线的倾斜角和斜率是解析几何的开端,其难点在于学生不熟悉"方向的代数化"中的数学方法,根子还是在对直角坐标系、角以及向量的特征等最基本概念内涵的理解。"方向的代数化"是理解解析几何方法的重要契机。

下面简单讨论一下在直角坐标系中刻画点与直线相对位置的方法。除与坐标轴平行的直线外,这种相对位置可以区分为点在直线的"左上方""左下方""右上方""右下方"等情况,这里的任务是要利用坐标轴的方向,把"上下左右"代数化。

以"点 $P_0(x_0, y_0)$ 在直线 $l: Ax + By + C = 0$ 的左上方"为例。如图 6.2.1 所示,在直角坐标系中,上下左右是以坐标轴为参照系的,其中横轴以左右论之,纵轴以上下论之。因此,"点 P_0 在直线 l 的左上方"这一几何关系,意味着过点 P_0 作 x 轴的平行线交直线 l 于点 $P_1(x_1, y_1)$,则有 $x_0 < x_1$,$y_0 = y_1$;过点 P_0 作 y 轴的平行线交直线 l 于点 $P_2(x_2, y_2)$,则有 $x_0 = x_2$,$y_0 > y_2$。由此就可以得到"同侧同号"的结论,即对于直线 $Ax + By + C = 0$ 同一侧的任意一点 $P_0(x_0, y_0)$,把它的坐标代入 $Ax + By + C$,所得的符号都相同。

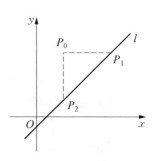

图 6.2.1

可以发现,以往的教材以及针对这一内容的教研论文,都没有以坐标轴的左右、上下为参照,将为什么过点 P_0 作坐标轴的平行线的道理解释清楚,而是以"$Ax + By + C$ 中有两个参数 x,y,先在直线 $Ax + By + C = 0$ 的一侧取点 $P(x, y_1)$,固定 y_1,考察 x 变化时 $Ax + By_1 + C$ 的取值符号变化情况,可以发现……"的方式得出结论。显然,这个过程没有体现好坐标法的真谛:利用平面直角坐标系,将几何语言表达的点与直线的位置关系(方位),转化为代数语言(不等式)表达的坐标之间的关系。

3. 如何进行点斜式方程的教学?

直线的点斜式方程是学生在解析几何中遇到的第一个"图形的方程",它在直线的方程中具有奠基作用。可以看到,直线的点斜式、斜截式、两点式、截距式方程都有明确的几何意义,都涉及确定直线位置的两个基本要素:两个点或一点和斜率。建立直线的方程时,直线的斜率处于核心地位,而其他形式的直线方程都可以看成是点斜式方程的变式。

同时,建立点斜式方程的过程也具有示范意义。从几何角度看,在平面直角坐标系中,给定一点和一个方向(倾斜角),就唯一确定了一条直线。转化为代数语言,就是

给定一点 P_0 的坐标 (x_0, y_0) 和斜率 k，就可以唯一确定一条直线 l。

什么叫"唯一确定"？如何用代数方法表达"唯一确定"？

我们可以这样解释：在平面直角坐标系中，直线 l 上任意一点 P 的坐标 (x, y) 与点 P_0 的坐标 (x_0, y_0) 和斜率 k 之间存在唯一确定的关系，也就是说，如果 $P_1(x_1, y_1)$，$P_2(x_2, y_2)$ 是 l 上的两个点，那么 (x_1, y_1) 与 (x_0, y_0) 及 k 之间的关系和 (x_2, y_2) 与 (x_0, y_0) 及 k 之间的关系是完全一致的。设 $P(x, y)$ 是 l 上不同于 $P_0(x_0, y_0)$ 的任意一点，那么由 P，P_0 所确定的斜率必然等于 k，即 $k = \dfrac{y - y_0}{x - x_0}$，由此得

$$y - y_0 = k(x - x_0)。 \qquad\qquad (*)$$

因为 l 上任意一点的坐标满足方程（ $*$ ），同时满足（ $*$ ）的解所确定的点在 l 上，所以方程（ $*$ ）就是直线 l 的方程。

这是几何语言到代数语言的转换，其中蕴含着发展直观想象、逻辑推理等素养的契机。这个"转换"是难点，教学中要解释得细致些，要让学生认真体会其中的"味道"。不过，实践中许多教师认为这里"没什么好讲的"，直接以"设 $P(x, y)$ 是直线 l 上的任意一点，那么 $k = \dfrac{y - y_0}{x - x_0}$，即 $y - y_0 = k(x - x_0)$"一语带过。这是一种不讲道理的教学，应该得到改进。

顺便说明，在得出点斜式方程后，可以引导学生思考：如果给出的几何条件具有特殊性，那么相应的直线的方程也有特殊性，你认为哪些情况比较特殊？让学生通过自主探究得出其他形式的直线方程。

4. 直线的"直"与线性方程

直线是基本几何图形，其根本特征是"直"。如何刻画直线的直？平面几何的文献或教科书中为此做出过各种努力，例如：

点是没有部分的，线只有长度没有宽度，直线是它上面的点一样的平放着的线（欧几里得，《几何原本》）；

置一线的一部分于他部分上，没有一处不相重的，这叫做直线（《国定教科书初中几何（一）》，教育部编审委员会编，华中印书局，1941）；

一线，打着滚，但其中两点不离原处，若此线在打滚中各新位置始终与原位置相合，则此线叫做直线（《中国初中教科书几何学　上册》，吴在渊编，中国科学图书仪器公司，1947）；

线只有一个向度——长；点只有位置而无向度；直线是线上的任何一点都不变更

其方向的线;直线由两条或两条以上之直线所构成;曲线上之每一点均改变其方向(《新三 S 平面几何学》,Schultze, Sevenoak, Stone 著,许彦生译,开明书店,1948);

仅有位置、长短而无宽狭、厚薄者为线。线上任意二点间之一部分,以任意之方法置于他部分上,能与他部分密密相合者,谓之直线(《高中几何学》,陈建功,郦福绵编著,开明书店,1949)。

人们发现,再怎么努力也无法和初中学生说清楚"直"的含义,于是就采用"混"的办法,用"包围着体的是面""面和面相交的地方形成线""线和线相交的地方是点",而对什么时候线是"直"的,就描述为:"一条拉得很紧得线,给我们以直线的形象。直线是向两方无限延伸的。"(《几何(第一册)》,人民教育出版社中学数学室编,2001)

用纯粹几何的方法定义清楚点、直线、平面等几何基本元素困难重重,但用数形结合的方法就可以比较好地解决这个问题。

设 A、B 是空间两个点,由"两点之间线段最短"可知,存在唯一一条线段 $\overline{AB}$。以 A 为端点,沿着从 A 到 B 的方向将线段 $\overrightarrow{AB}$ 无限延伸,得到射线 $\overrightarrow{AB}$;再以 B 为端点,沿着从 B 到 A 的方向将线段 $\overline{BA}$ 无限延伸,得到射线 $\overrightarrow{BA}$。两条射线的并集就是直线 AB。

显然,上述关于直线特征的描述是凭借直觉经验的,特别是"从 $A(B)$ 到 $B(A)$ 的方向无限延伸"的含义不太符合数学定义的完备性、纯粹性要求。在平面直角坐标系中,设 $A(x_1, y_1)$,$B(x_2, y_2)$,直线 AB 的斜率为 k,则

$$k = \frac{y_2 - y_1}{x_2 - x_1}。$$

这样,"从 $A(B)$ 到 $B(A)$ 的方向无限延伸"可以表述为:对于延伸线上异于 A、B 的任意一点 $P(x, y)$,都有

$$\frac{y - y_1}{x - x_1} = \frac{y_2 - y_1}{x_2 - x_1} = k。 \tag{$*$}$$

由此可见,用斜率表示方向,将直线上任意两点所确定的方向相同或相反表示为斜率相等,这就是直线的"直"的代数表示。

把($*$)式化为 $y - y_1 = k(x - x_1)$,这是二元一次方程,是最简单基本的二元代数方程,它对应于一条直线。这是把二元一次方程称为"线性方程"的理由。

5. 如何认识各种直线方程之间的关系?

这里讨论斜率存在且不为 0 的直线方程。直线的方程有不同的形式,一个自然的

想法是这些不同形式的方程一定有内在联系,相互之间可以转化。教材一般都以点斜式方程为基础,通过"点的特殊化"、"斜率的不同表达"而得出特定条件下直线方程的特定形式,这些形式的方程反映了直线的某种几何特征。例如,斜截式 $y = kx + b$ 中,"斜"指斜率 k,"截"指截距 b,是点斜式方程中的"点"取直线与 y 轴交点 $(0, b)$ 时的特例;两点式中,斜率由两个定点坐标确定;截距式中的"截距"就是直线与两坐标轴交点的横、纵坐标,是两点式的特例;等等。

虽然直线方程的各种形式都有自己的特殊意义,但教学的重点应该放在点斜式上,而且在得到点斜式方程后,可以通过问题引导学生思考,在点斜式方程中,"点"可以有哪些特殊性? 当斜率用不同条件给出时方程会有怎样的不同形式? 等等。另外,两点式方程

$$\frac{y - y_1}{y_2 - y_1} = \frac{x - x_1}{x_2 - x_1}$$

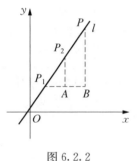

图 6.2.2

具有对称性,教学中应让学生体会表达形式的优美和几何意义的关联。如图 6.2.2 所示,两点式方程可以理解为"$\mathrm{Rt}\triangle P_1AP_2$ 相似于 $\mathrm{Rt}\triangle P_1BP$"的代数表达。

因为点斜式、斜截式、两点式、截距式方程都是在某种特定条件下的方程形式,如果不满足这一特定条件,那么就不能用这种形式表示,而方程 $Ax + By + C = 0$(其中 A,B 不同时为 0) 不受什么条件限制,所以叫做"一般式方程"。

6. 如何教点到直线的距离公式?

首先,度量是几何的本质所在,而长度是度量的根本。"两点之间线段最短"是欧氏几何的本质所在,把两点所确定的线段长度定义为这两点间的距离,再以此为基础,利用空间元素的垂直关系,解决各种各样的距离问题,这就是几何中解决距离问题的基本思路。点到直线的距离公式是知识的一个交汇点,是一个内涵丰富的内容,这一点要让学生体会到。

(1) 从定义出发推导公式。

为了充分发挥这一内容的育人价值,引导学生领悟坐标法的真谛,使他们学会灵活运用数形结合思想解决问题,人教 A 版从点到直线距离的定义出发,基于定义所给定的几何要素,利用垂线求交点,再用两点间距离公式推导出点到直线的距离公式。这个方法本质上就是一步一步地把点到直线距离的几何定义翻译成代数表达,其特点是思路自然、方法"大众化",不涉及什么策略性知识,可以程序化,但解方程组的操作过

程复杂,需要熟练的代数变换技能,其价值是:"常规思路"往往代表了"通性通法",大巧若拙,其中蕴含的智力价值应当引起重视。

(2)反思过程,改进方法。

另外,方法的"繁"与"简"可以相互转化,"简"是从"繁"中演化出来的。为此,人教A版设置了一个"思考"[①]:

上述方法中,我们根据定义,将点到直线的距离转化为两点之间的距离,思路自然但运算量较大。反思求解过程,你发现引起复杂运算的原因了吗? 由此能否给出简化运算的方法?

接着做了如下引导:

若设垂足 Q 的坐标为 (x, y),则 $|PQ| = \sqrt{(x-x_0)^2 + (y-y_0)^2}$。你能给出这个式子的几何意义吗? 结合方程组

$$\begin{cases} Ax + By + C = 0, \\ Bx - Ay = Bx_0 - Ay_0, \end{cases}$$

能否直接求出 $(x-x_0)^2 + (y-y_0)^2$?

上述问题意在引导学生梳理和反思解题过程,找出引起复杂运算的原因,并进一步探寻简化运算的方法。不难发现,推导过程中有许多"无用功",原因是整个运算过程非常机械,没有做到"瞻前顾后"。如果从整体上考虑 $(x-x_0)$ 和 $(y-y_0)$,就可得到以下简化思路:

如图 6.2.3,设点 $P(x_0, y_0)$,过点 P 作 l 的垂线,$Q(x, y)$ 是垂足,过 P、Q 分别作 y 轴和 x 轴的平行线交于 R,则 $|QR| = |x_0 - x|$,$|RP| = |y_0 - y|$。将方程组

$$\begin{cases} Ax + By + C = 0, \\ Bx - Ay + Ay_0 - Bx_0 = 0, \end{cases}$$

变形为

$$\begin{cases} A(x-x_0) + B(y-y_0) = -(Ax_0 + By_0 + C), \\ B(x-x_0) - A(y-y_0) = 0, \end{cases}$$

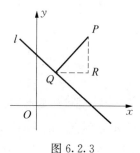

图 6.2.3

———————————

① 人民教育出版社课程教材研究所,中学数学课程教材研究开发中心.普通高中教科书:数学 A 版　选择性必修　第一册[M].北京:人民教育出版社,2020:75.

就能容易地求出 $x_0 - x$，$y_0 - y$，进而得到点到直线的距离公式。

（3）数形结合，巧妙转化。

也可以从特殊到一般地进行推导。显然，最特殊的情形是直线与坐标轴平行：

$$P(x_0, y_0), \ l:Ax + C = 0(A \neq 0), \ x_1 = -\frac{C}{A}, \ d = |\ x_0 - x_1\ | = \left|\frac{Ax_0 + C}{A}\right|;$$

$$P(x_0, y_0), \ l:By + C = 0(B \neq 0), \ y_1 = -\frac{C}{B}, \ d = |\ y_0 - y_1\ | = \left|\frac{By_0 + C}{B}\right|.$$

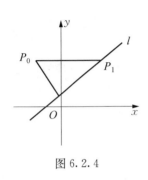

图 6.2.4

对于一般情形，设 $l:Ax + By + C = 0(AB \neq 0)$，如何利用"特殊"情形？也就是如何将"一般"化归为"特殊"？如图 6.2.4，过 $P_0(x_0, y_0)$ 作平行于 x 轴或 y 轴的直线，可以发现，通过作 x 轴的平行线交 l 于 $P_1(x_1, y_1)$ 而实现的转化比较简单：

设直线 l 的倾斜角为 α，则点 P_0 到直线 l 的距离 $d = |\ P_0 P_1\ |\sin\alpha$。

由 $\tan\alpha = -\dfrac{A}{B}$ 可得

$$\sin^2\alpha = \frac{\tan^2\alpha}{1 + \tan^2\alpha} = \frac{A^2}{A^2 + B^2}.$$

又 $|\ P_0 P_1\ | = |\ x_0 - x_1\ | = \left|\ x_0 + \dfrac{By_0 + C}{A}\ \right| = \left|\dfrac{Ax_0 + By_0 + C}{A}\right|$，所以，

$$d = \frac{|\ Ax_0 + By_0 + C\ |}{|\ A\ |} \times \sqrt{\frac{A^2}{A^2 + B^2}} = \frac{|\ Ax_0 + By_0 + C\ |}{\sqrt{A^2 + B^2}}.$$

由上所述，数形结合地考虑，要实现"简化"，主要是利用平行于坐标轴的线段长来表示点到直线的距离，通过特殊与一般之间的关联实现转化，而在转化过程中又要利用三角函数的有关知识，使距离的表示更加简单。所以，教学中，教师应利用数形结合思想，在如何用相关元素表示距离的问题上进行引导，并在调动三角函数的有关知识上加以点拨。

（4）借助向量，反映本质。

人教A版提供的另一种方法是向量法，利用向量投影，通过向量运算得出结果，这一方法充分利用了反映距离本质的垂直概念。如图 6.2.5 所示，不失一般性，设直

线 l 经过原点。给定点 $P(x_0, y_0)$，向量 $\overrightarrow{OP}$ 在直线 l 上的投影是 $\overrightarrow{OQ}$，则 $\overrightarrow{OP} - \overrightarrow{OQ} = \overrightarrow{QP}$，$\overrightarrow{QP} \perp \overrightarrow{OQ}$，即 $\overrightarrow{OQ}$、$\overrightarrow{QP}$、$\overrightarrow{OP}$ 构成以 $\overrightarrow{OP}$ 为斜边的直角三角形。设 $R(x, y)$ 是 l 上的任意一点，则有

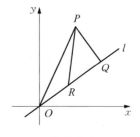

$$|\overrightarrow{QP}| = \min\{\overrightarrow{RP}\}。$$

（5）广泛联系，探寻简捷方法。

图 6.2.5

一个好的问题是值得不断挖掘的，在探寻各种解决方法的过程中总会有新的发现，同时也会促进不同知识之间的联系，从而优化认知结构，促进思维品质的发展，这是因为不同求解方法的实质是知识的不同联系方式，学生能想到新方法，就说明他对相关知识及其蕴含的数学思想方法具有较为深刻的理解。

以各种各样的距离问题为核心，可以将函数、几何与代数、极限与导数等各种相关概念（如均值不等式、二次函数的最值、直角三角形、向量投影、导数等）联系起来，进而形成一个结构化的知识体系，可以有效促进学生理解数学的整体性，所以教师要重视距离问题的教学，加强不同求解方法的引导。人教 A 版在完整呈现利用定义将问题转化为求两点间距离、利用向量投影等推导点到直线的距离公式后，设置"思考"栏目，在对两种方法进行比较的基础上，要求学生探索其他推导方法。教学中，可以将这个内容处理成一个小的"数学探究活动"。

7. 圆的标准方程和一般方程

从 $(x-a)^2 + (y-b)^2 = r^2$，$x^2 + y^2 + Dx + Ey + F = 0$ 可以看到，三个独立条件唯一确定一个圆的方程，这与"三个不共线的点确定唯一一个圆"是一致的。

圆的方程的两种形式各有特点。圆的标准方程直接体现了确定圆的两个几何要素，即圆心的位置和圆的半径；圆的一般方程代数特征明显，是 $Ax^2 + Bxy + Cy^2 + Dx + Ey + F = 0$ 中 $B = 0$，$A = C \neq 0$ 的特例。

显然，刻画"圆"这一特征要比刻画"直"容易得多，因此求圆的方程也是比较容易的。另外，圆有许多漂亮的几何性质，在三角函数、复数和平面向量中，学生已经有了一些在直角坐标系中讨论圆的问题的经验，这些都为丰富圆的方程的学习内容奠定了基础。实际上，人教 A 版在例题和习题中对此已经给予了关注。更加丰富的内容体现在直线、圆之间的位置关系上。

8. 直线、圆的位置关系

理论上，联立直线的方程和圆的方程，通过方程组的解即可判断直线和圆之间的

位置关系,也可以利用圆心到直线的距离判断它们之间的位置关系。同样的,我们也可以通过解两个圆的方程联立的方程组判断圆与圆的某些位置关系,不过具体求解时还要根据问题的条件。在研究圆与圆的位置关系时,利用圆的几何性质的方法更加明显,如圆心距、两圆相交时两圆圆心所在直线垂直平分两圆的公共弦等等,利用这些性质都可以达到简化运算的目的。另外,相切这一特殊的位置关系有更大的研究价值,相切常常与优化问题相连,很多优化问题可转化为相切问题,如最短距离、最大角度等等。

思考题

（1）数轴有"三要素",平面直角坐标系有几要素? 每个要素各起怎样的作用?

（2）在直角坐标系中确定直线位置的几何要素是什么? 与平面几何中确定直线的几何要素比较,有什么差异和联系?

（3）新教材处理直线斜率公式的思路是怎样的? 蕴含了怎样的数学思想?

（4）直线是基本几何图形,根本特征是"直"。点斜式方程从代数角度刻画了直线的"直",你能说说其中的道理吗?

（5）如何认识各种形式的直线方程之间的关系?

（6）距离的本质是垂直,刻画垂直可以有不同的工具和方法,因此求点到直线的距离公式可以有多种方法。你是如何认识这些方法的? 你认为可以怎样设计这个公式的探究路径?

（7）在用坐标法研究圆的问题时,需要利用平面几何的相关知识,请梳理这些知识,并用代数方法进行表示。

（8）与平面几何中研究直线与圆的位置关系相比较,用坐标法研究直线与圆的位置关系有什么特点? 如何根据这些特点设计"直线与圆的位置关系"这节课?

第三节　圆锥曲线与方程

一、"圆锥曲线"的内容和要求

课程标准提出,本单元将在"直线和圆的方程"的基础上,通过行星运行轨道、抛物运动轨迹等,使学生了解圆锥曲线的背景与应用;帮助学生在平面直角坐标系中,认识椭圆、抛物线、双曲线的几何特征,建立它们的标准方程;运用代数方法进一步认识圆锥曲线的性质以及它们的位置关系;运用平面解析几何方法解决简单的数学问题和实际问题,感悟平面解析几何中蕴含的数学思想;提升直观想象、数学运算、数学建模、逻辑推理和数学抽象素养。本单元的内容和要求是:

(1)了解圆锥曲线的实际背景,例如,行星运行轨道、物体运动轨迹、探照灯的镜面,感受圆锥曲线在刻画现实世界和解决实际问题中的作用。

(2)经历从具体情境中抽象出椭圆的过程,掌握椭圆的定义、标准方程及简单几何性质。

(3)了解抛物线与双曲线的定义、几何图形和标准方程,以及它们的简单几何性质。

(4)通过圆锥曲线与方程的学习,进一步体会数形结合的思想。

(5)了解椭圆、抛物线的简单应用。

另外,课程标准还要求收集、阅读平面解析几何的形成与发展的历史资料,撰写小论文,论述平面解析几何发展的过程、重要结果、主要人物、关键事件及其对人类文明的贡献。

分析课程标准的上述内容和要求,可以得到如下认识:

首先,圆锥曲线与客观世界事物的运动规律、人类生活实际联系紧密,本单元的学习有坚实的现实背景和应用的支撑,教学中应充分利用这些素材,引导学生认识学习圆锥曲线的意义。

第二,本单元的研究对象是圆锥曲线(几何图形),研究过程中,数形结合思想和坐标法统领全局。因为椭圆、双曲线、抛物线的研究内容、过程和方法是"同构"的,所以对每一种圆锥曲线都可以按照"曲线的几何特征—曲线的标准方程—通过方程研究曲线的性质—应用"的过程展开,并把椭圆作为重点,要求学生通过椭圆的学习掌握圆锥曲线的研究架构,理解圆锥曲线的研究内容、研究过程以及蕴含在内容中的数学思想和基本方法,双曲线、抛物线的研究通过类比椭圆来完成。

第三,用坐标法研究几何问题,其理论基础是曲线与方程的关系(一种充要条件),这是讨论各种具体问题的基础,也是数形结合思想的主要载体。以往的处理方法都是先讲"曲线与方程"的理论,再用以研究各种曲线。为了降低抽象程度,同时体现"边用边学"的理念,课程标准删去了"曲线与方程"的概念,要求在建立圆锥曲线标准方程后,就着方程的建立过程讨论"曲线上点的坐标都满足方程"、"以方程的解为坐标的点都在曲线上"。这样处理,既不失科学性,又不让学生感到过于抽象,可以使学生在潜移默化中体验曲线与方程之间的一一对应关系,进一步理解通过方程研究曲线性质的合理性,使数形结合思想融入具体内容中。

第四,圆锥曲线是解析几何中的核心内容,是平面几何没有涉及的。用数形结合思想研究这些曲线,应贯彻"先用几何眼光观察与思考,再用坐标法解决"的策略。对于每一种圆锥曲线,要加强概念的抽象过程,即要在探索、明确其几何特征(主要是对称性)的基础上,再利用几何特征建立坐标系、求出标准方程,然后通过方程、运用代数方法进一步认识圆锥曲线的性质以及它们的位置关系。

第五,从几何角度看,圆锥曲线是平面截圆锥所得的截线,因此三种曲线具有内在的紧密联系,可以利用离心率给出它们的统一定义。同时,每一种曲线又有各自的"个性特征",相应的"个性定义"就描述了这些个性特征,并且我们可以根据这些个性特征分别得到其图形,通过直观就能发现每一种圆锥曲线的基本特征——对称性。因此,如何处理好"个性特征"与"统一定义"之间的关系,是教材和教学需要认真思考的问题。人教 A 版以三种曲线的"个性特征"为明线,分别定义三种曲线;同时,以"具体例子＋拓展性素材"的方式渗透和明确"统一定义",并在引出抛物线概念时进行适当归纳,就体现了这样的思考。

第六,用代数方法研究圆锥曲线有一般套路可以遵循:背景—概念—方程—性质—应用;同时,每一个环节也有一定的程序性,这就体现出用坐标法研究几何问题的优势——程序化、机械化。特别是求曲线的方程,所遵循的一般步骤是:

(1) 建立适当的坐标系,用有序实数对 (x, y) 表示曲线上任意一点 M 的坐标;

(2) 写出适合条件 p 的点 M 的集合 $P = \{M \mid p(M)\}$;

(3) 用坐标表示条件 $p(M)$,列出方程 $f(x, y) = 0$;

(4) 化方程 $f(x, y) = 0$ 为最简形式;

(5) 说明以化简后的方程的解为坐标的点都在曲线上。

人教 A 版没有明确给出这些步骤,但在求每一种曲线方程的过程中进行了渗透,并通过"思考""探究"等栏目,让学生自己推出不同坐标系下的标准方程,以达到既熟练推导过程又加强代数运算的训练,并使学生把握标准方程的多样性表示。

第七,圆锥曲线的范围、对称性、顶点、离心率等几何性质的研究,需要发挥"几何图形的性质指什么""如何利用方程研究几何图形的性质""先直观感知图形的性质,再用方程进行论证"等一般观念的引领作用,要将坐标法具体结合到几何性质的研究过程中去,这样才能增强教学的思想性,从而也就把直观想象、逻辑推理等素养的培养和理性思维的发展落到实处。离心率刻画了圆锥曲线的扁平程度,通过适当的问题引导学生将"扁平程度"(形)与确定椭圆的"基本量"(数)联系起来,设法使他们想到用"基本量之比"刻画"程度",有利于发展学生的直观想象和逻辑推理素养。虽然"渐近线"

在函数中已经出现(例如反比例函数、指数函数和对数函数的图象特征),但双曲线的渐近线仍然是一个教学难点,需要通过精心的教学设计进行化解。例如可以通过从特殊到一般的过程,利用信息技术增强直观性和操作性,使学生体会"渐近"的含义,并利用双曲线上的点到渐近线的距离随 x(或 y)的不断增大而逐渐减小进行推理。

第八,用坐标法解决几何问题,其基础是利用坐标系将点表示为有序数组,建立起平面内点与有序数组之间的一一对应,由此可以将曲线表示为一个方程,几何问题就归结为代数问题;然后借助于代数运算和逻辑推理,对这些数、代数式及方程之间的关系进行讨论;最后再把讨论的结果利用坐标系翻译成相应的几何结论。这就是我们熟悉的三部曲:几何问题翻译为代数问题—代数运算与推理—代数结论翻译为几何结论。与圆锥曲线相关的主要问题是:(1)求有某种几何特征的曲线的方程;(2)根据曲线的方程,用代数方法证明(或讨论)曲线的几何性质;(3)赋予代数方程以几何意义,用几何方法研究它的代数性质,例如通过方程研究直线与圆锥曲线的位置关系等。这里,问题(1)、(2)是基本的。与圆锥曲线相关的题目浩如烟海,但让学生做太多的题目对他们理解圆锥曲线的特征没有多大好处,所以圆锥曲线教学中特别要注意精选题目。人教 A 版特别注意把圆锥曲线丰富多彩的性质选作例题和习题,不仅使题目的思想内涵得到增强,而且通过这些题目加强了知识间的相互联系,从而帮助学生建立对圆锥曲线的整体认识。例如,椭圆的例题中,就包含了椭圆与圆的联系、定义椭圆的其他方式、椭圆的光学性质等,这些题目的"数学含金量"是非常高的,同时这些题目的可拓展性也是很强的。

第九,因为圆锥曲线在现实中有大量的应用,特别是圆锥曲线的光学性质的应用,要注意通过这些应用落实课程标准提出的"通过行星运行轨道、物体运动轨迹等,使学生了解圆锥曲线的背景与应用"的要求。

第十,动态几何软件在探索圆锥曲线性质中可以大显身手,不仅可以有效地降低学习难度,而且能发现很多性质,有利于提高学生的学习兴趣,所以要特别注意发挥信息技术的作用。人教 A 版不仅在正文中明确提出利用信息技术进行探究的要求,而且安排了利用信息技术探究圆锥曲线性质的栏目、拓展性材料等。

第十一,人类对圆锥曲线的兴趣古已有之,在 2 000 多年前的古希腊时期,阿波罗尼奥斯(Apollonius,前 262—前 190)的《圆锥曲线论》中就已经用综合几何的方法得出了现在高中阶段涉及的几乎所有的圆锥曲线性质(这从一个侧面说明老师们乃至高考题中"创造"出大量圆锥曲线题目是一件很没意思的事情,除了给学生制造不必要的麻烦,别的意义很少)。解析几何的创立是数学史上的里程碑,也给圆锥曲线的研究插上了翅膀,解析几何的发展中蕴含了丰富的数学文化元素,是高中数学课程中提升学生对数学的科学价值、应用价值、文化价值和审美价值认识水平的不可多得的好载体。因此,教材和教学都要重视解析几何发展史的这一育人功能。人教 A 版在本单元安排了"文献阅读与数学写作 解析几何的形成与发展",要求学生查阅与解析几何有关的文献,了解析几何形成与发展的过程,以及解析几何对人类文明的主要贡献,其目的就是为了体现本单元内容在数学文化中的特殊作用。

二、"圆锥曲线"的内容理解与教学思考

圆锥曲线是传统内容,对它的改革思路,总体上看是"削支强干",以"精简"为基调,并注重用向量方法进行拓展。因此人教 A 版在编写本单元教材时,注意吸收以往教科书的优点,强调在继承的基础上进行创新。具体的,在内容的选择上,围绕圆锥曲线的核心概念,以椭圆、双曲线、抛物线的主要性质及其应用为重点,做到削支强干;在结构体系上,强调知识发生发展的逻辑合理性,加强背景和应用,从而使学生在三种曲线的学习中经历完整的研究过程;注重按照学生学习心理组织教科书内容,加强数学思想的引导和解题方法的分析,循序渐进地逐步提高论理要求;注重坐标法思想内涵的理解和应用,减少机械套用、死记硬背;注重与平面几何、函数等相关主线的联系与综合,强调代数运算与逻辑推理的融合,体现解析几何的学科特征;注重利用数学史料,渗透数学文化;等。贯彻"问题引导学习"思想,通过"观察""思考""探究""信息技术应用"等栏目,以层层递进、逻辑连贯的"问题串"为载体创设系列化数学活动,引导学生开展创造性学习活动;强调根据学生的认知规律,采用"归纳式"呈现学习内容,引导学生自己归纳和概括数学结论;注意使用"先行组织者"手段,从方法论高度,对如何观察、发现圆锥曲线的几何特征,如何构建研究路径,如何发现圆锥曲线的性质,如何用坐标法研究几何问题等加强指导,从而提高教科书的思想性;注重学习经验的积累和应用,在用坐标法研究一个几何对象的统一思想统领下,以直线与圆的方程的学习为基础,从椭圆、双曲线到抛物线顺次展开内容,逐渐增强开放性,引导学生通过类比已有经验展开学习活动;等等。以下就几个主要问题,通过教科书设计思路的讨论,阐释本单元内容的理解与教学问题。

(一) 如何定义三种圆锥曲线

我们知道,一个数学对象的本质特征可以有多种等价的表现形式,所以数学对象的定义是不唯一的。数学定义是选择的结果。这就带来一个问题:如何选择才更有利于后续研究? 对这个问题的回答可能是没有统一标准的。事实上,数学定义是一代代

数学家不断研究、改进的结果,特别是一些处于基础地位的概念,例如函数的定义。有时,对一个数学对象的不同定义也反映了人们对其本质属性认识的不同抽象层次。因为要考虑学生的可接受性,所以对于教材和教学而言,不一定是越严谨的定义就越好。这样,就需要思考怎样的定义才能既反映数学对象的本质特征,又能与学生的认知水平相适应。

在阿波罗尼奥斯的《圆锥曲线论》中,三种圆锥曲线的定义是基于平面截圆锥的。由平面与圆锥的轴所成角的不同范围,可将截线区分为三类,阿波罗尼奥斯将它们分别称为齐曲线(抛物线)、超曲线(双曲线的一支)、亏曲线(椭圆)。利用相似三角形、圆的有关性质,通过一系列的几何推理,他分别推出三类曲线的性质:

(1)椭圆:$y^2 = \dfrac{p}{2a} \cdot x(2a - x)$;

(2)抛物线:$y^2 = px$;

(3)双曲线:$y^2 = px + \dfrac{p}{2a}x^2$。

用解析几何的语言叙述,就是:以圆锥曲线的轴为 x 轴、顶点为原点建立直角坐标系,上述三个性质就是对称轴与 x 轴重合的圆锥曲线方程,$2a$ 就是椭圆的长轴长(或双曲线的实轴长),$p = 2 \cdot \dfrac{b^2}{a}$($b$ 是短半轴长)。

得到上述圆锥截线的性质后,就无须再利用圆锥曲面,直接可以从这三条性质推出其他性质,"椭圆上任意一点到两个焦点的距离之和为 $2a$""椭圆上任意一点到焦点的距离与到准线的距离之比为大于 0 小于 1 的常数"等都可由此推出。[1]

综上所述可见,由平面截圆锥得到三种截线,这是最原始的定义。由这个定义可以容易地区分截线的类型,但每一种截线的几何特征却不明显。由此出发推导圆锥曲线的方程,需要用到较多的几何知识,推理过程比较复杂,对大多数学生而言难度太大,显然不合适。其他定义实际上都是从这个原始定义推出的性质。因为"平面内,与两个定点 F_1,F_2 的距离的和等于常数(大于 $|F_1F_2|$)的点的轨迹叫做椭圆"的几何特征非常明确,可以与圆的定义相衔接(当两个定点的位置逐渐接近时,椭圆的形状就逐渐接近圆),容易作图,其基本几何性质(对称性)也易于直观想象,由此就方便于我们合理地建立直角坐标系求出椭圆的方程,再由"距离的和等于常数"联想到"距离的差等于常数"也是非常自然的,所以一直以来,解析几何教科书都以此作为椭圆的定义,

---

① 阿波罗尼奥斯. 圆锥曲线论:卷 Ⅰ—Ⅳ[M]. 朱恩宽,等译. 西安:陕西科学技术出版社,2007:汉译者序.

对称地把双曲线定义为"平面内,与两个定点 F_1,F_2 的距离的差的绝对值等于非零常数(小于 $|F_1F_2|$)的点的轨迹叫做双曲线"。

不过,这样的选择存在一个缺陷,即与抛物线的定义无法衔接。为了解决这个问题,人教 A 版在椭圆、双曲线的内容设置中做了一定的铺垫。

在"椭圆"一节设置例题和信息技术应用:

"动点 $M(x,y)$ 到定点 $F(4,0)$ 的距离和它到定直线 $l:x=\dfrac{25}{4}$ 的距离的比是常数 $\dfrac{4}{5}$,求动点 M 的轨迹。"

"用信息技术探究点的轨迹:F 是定点,l 是不经过点 F 的定直线,动点 M 到定点 F 的距离和它到定直线 l 的距离的比 e 是小于 1 的常数。用信息技术软件画出动点 M 的轨迹,观察这个轨迹,可以发现它是一个椭圆。在 $0<e<1$ 的范围内,改变 e 的大小,或改变点 F 与直线 l 的相对位置,可以发现动点 M 的轨迹仍然是一个椭圆。"

在"双曲线"一节设置例题和习题:

"动点 $M(x,y)$ 与定点 $F(4,0)$ 的距离和它到定直线 $l:x=\dfrac{9}{4}$ 的距离的比是常数 $\dfrac{4}{3}$,求动点 M 的轨迹。"

"设动点 M 与定点 $F(c,0)(c>0)$ 的距离和它到定直线 $l:x=\dfrac{a^2}{c}$ 的距离的比是 $\dfrac{c}{a}(a<c)$,求动点 M 的轨迹方程,并说明轨迹的形状。"

在"抛物线"的节引言中先进行引导:

"在前面的学习中我们发现:设动点 M 到定点 F 的距离与动点 M 到定直线 l 的距离的比为常数 k,当 $0<k<1$ 时,动点 M 的轨迹是椭圆;当 $k>1$ 时,动点 M 的轨迹是双曲线。一个自然的想法是,如果 $k=1$,即动点 M 到定点 F 的距离与到定直线 l 的距离相等,那么动点 M 的轨迹是什么形状?"

然后通过"探究"栏目,让学生用信息技术画出动点的轨迹,在此基础上再给出抛物线的定义。

这样的处理方式,兼顾了三种圆锥曲线的"个性"与"共性",使概念的引入、定义的给出基本做到了衔接自然、顺畅。

（二）如何认识解析几何的学科特点

解析几何的创建是为了科学发展的需要，而从数学内部看，则是出于对数学方法的追求。认识清楚这一点，对于我们理解解析几何的基本思想特别重要。追溯笛卡儿创立解析几何的心路历程，可以明显看出这种追求。

笛卡儿不仅在数学上做出了重要的开创性贡献，而且在哲学、生物学、物理学等众多领域都有杰出贡献。他是机械自然观的第一个系统表述者，被誉为近代哲学的开创者。他以大哲学家的眼光审视数学，认为数学立足于公理上的证明是无懈可击的，而且是任何权威所不能左右的。数学提供了获得必然结果以及有效证明其结果的方法。数学方法"是一个知识工具，比任何其他由于人的作用而得来的知识工具更为有力，因而它是所有其他知识工具的源泉……所有那些目的在于研究顺序和度量的科学，都和数学有关"。他研究数学，目的是想寻找一种能在一切领域里建立真理的方法。他认为，以往的几何、代数研究都存在很大缺陷：欧氏几何中没有那种普遍适用的证明方法，几乎每一个证明都需要某种新的、技巧性很强的想法；代数的方法具有一般性，其推理程序也是机械化的，但它完全受法则和公式的控制，以至于"成为一种充满混杂与晦暗、故意用来阻碍思想的艺术，而不像用来改进思想的科学"。所以，代数与几何必须互相取长补短。不过，他推崇代数的力量，认为代数方法在提供广泛的方法论方面要高出几何方法，因此代数具有作为一门普遍的科学方法的潜力。于是，他提出了一个计划，即：

任何问题 — 数学问题 — 代数问题 — 方程求解。

他把精力集中在把代数方法用于解决几何问题的研究，其结果是创立了解析几何。

笛卡儿的理论建立在两个观念的基础上：坐标观念；利用坐标方法把带有两个未知数的任意代数方程看成是平面上的一条曲线的观念。基于坐标法思想，给出了一系列新颖的结论，例如：曲线的次与坐标轴的选择无关，因此选择的坐标轴要使得方程越简单越好；在同一坐标系内写出两条不同曲线的方程，联立方程组并求解可得两条曲线的交点；用方程的"次"给几何曲线分类，圆锥曲线的方程是二次的（没有证明）；等等。

总之，笛卡儿创立解析几何的原动力是他对普适性方法的追求，"创造一种方法，以便用来解决所有的几何问题，给出这些问题的所谓一般的解法"的思想指引着他的创新之路，而几何、代数和一般变量概念的结合是坐标法的起源，所以解析几何具有浓厚的"方法论"色彩。了解这一点很重要，因为这能使我们理解为什么在解析几何的教学中要把重点放在对坐标法的理解和应用上,而不是把精力浪费在一些复杂的求曲线方程的代数变换上。

基于上述分析,我们认为,教师要把"解析几何是一种方法论"作为解析几何的一个核心定位,而且在教学中要把如何讲好"方法论"作为一个关键问题进行思考。事实上,人教 A 版正是基于这样的定位对教材内容作出安排的:

首先,在章、节引言及小结中,用明确的语言表述数形结合思想、坐标法的内涵。例如,本章小结中明确指出:

用坐标法研究几何问题,首先要注意观察相应几何图形的特征,认识确定几何图形的要素,例如椭圆是平面内到两个定点的距离之和等于定长的点的轨迹,这里"两个定点""距离之和为定长"等就是确定椭圆的几何要素;然后再用坐标法解决,即利用几何特征合理建立坐标系,用坐标表示点,用方程表示几何要素的关系。在此基础上,利用方程研究曲线的性质。可以看到,解析几何中研究椭圆、双曲线、抛物线的过程和方法是一致的。这表明,用代数方法研究几何问题(如圆锥曲线的性质),其处理方法具有统一性。实际上,通过运算来发现几何图形的性质,不但能迅速地证明曲线的性质,而且这种解决问题的方式基本上是程序化的,这是解析几何的优势所在,是体现数形结合思想威力的典范。用坐标法研究几何图形时,代数式的化简、方程的变形与等价转化等起着很重要的作用。例如,当我们把椭圆的方程化简为标准方程后,就能容易地看出椭圆的范围、对称性、顶点等,发现长轴、短轴、焦距之间的关系,并由此得到刻画椭圆扁平程度的离心率,等等。所以,学习解析几何需要较强的逻辑推理、数学运算等能力。

第二,在正文的表述中,随时随地强调坐标法的基本思想,加强"先用平面几何眼光观察,再用坐标法解决"的过程,并在"如何以直角坐标系为参照,确定问题中的几何要素"上加强引导,体现"从推理几何到解析几何"的过渡。按"直线与圆的方程"小结中给出的坐标法基本步骤呈现标准方程的推导过程、例题的解答过程,强调用坐标法研究问题的规范,完整地给出利用方程讨论图形的几何性质的示范,并以"三部曲"为指导,在小结中进一步给出用坐标法解决圆锥曲线问题的基本思路。

第三,从圆锥曲线的标准方程出发,用坐标法研究圆锥曲线的性质及数学内外的各种应用问题,引导学生理解解析几何的基本思想,体会坐标法的力量。为使学生集中精力于坐标法的学习,在素材选择上,人教 A 版特别关注了圆锥曲线的性质,把那些通过不太复杂的代数运算就能得出的性质及其在现实中的应用设计为例题、习题。例如,鉴于三种圆锥曲线的定义都是从"距离"间的关系给出的,在例题中专门设置了从"角度"间的关系反映的性质：

设 A，B 两点的坐标分别为 $(-5, 0)$，$(5, 0)$。直线 AM，BM 相交于点 M，且它们的斜率之积是 $-\dfrac{4}{9}\left(或 \dfrac{4}{9}\right)$，求点 M 的轨迹方程。

事实上，把这个题目反过来，就是圆锥曲线的一条性质：椭圆、双曲线上的点（长轴端点除外）与长轴的两个端点连线所成角是定值。同时，这条性质还具有可推广性，给教学留下了空间。

另外，与其他单元比较，本单元设置了更多的拓展性资源，其目的也是为了给学生提供从不同角度感悟解析几何思想与方法的机会。

以上从数学的角度讨论了对本单元内容的理解及教学中应关注的问题，下面再从学习心理的角度讨论一下本单元的教材内容处理和教学问题。

（三）根据学生学习心理安排教学内容

与以往比较，在强调教科书的科学性、逻辑性、结构性的同时，特别关注学生的学习心理，注意按学生的心理逻辑组织教学内容，这是新人教 A 版的一个总体特色。本单元内容的教材处理注意了如下一些问题。

1. 强调"先行组织者"的使用

认知心理学认为，"先行组织者"有助于学生形成有意义学习的心向，能为学生提供一个学习的整体架构，避免学习的盲目性，同时也能为新旧知识搭建联系通道。前已指出，解析几何具有"方法论"的学科特征，在解决具体问题之前明确其结构、方向和主要过程正是"先行组织者"的"强项"。所以，在本单元内容的展开过程中，特别是在章节的开篇、内容之间的衔接与过渡等地方，人教 A 版赋予"先行组织者"以重要地位，特别注重用坐标法讨论问题基本思路的引导。实际上，这既是解析几何思想的教学，又是一种思维策略的教学，对于学生获得数学基本思想、积累基本活动经验，增加发现和提出问题的可能性，以及培养理性思维等都能起到非常重要的作用。

2. 循序渐进地引导学生领悟数学基本思想

我们知道，坐标法、数形结合思想、运动变化思想等都是数学中关于"怎么想"、"怎么做"的知识，属"默会知识"范畴。这种知识的掌握，更多地依赖于实践中的体悟，需要有一个"渗透—明确—应用"的过程。因此，本单元在"直线与圆的方程"中明确坐标法思想、提供用坐标法解决平面几何问题的示范和练习的基础上，进一步明确了坐标法和数形结合思想，并加强了用坐标法解决综合性问题的训练，使学生在实践中加深理解，逐步养成用数形结合思想思考和解决问题的思维习惯。

3. 用"归纳式"呈现内容引导学生经历概念抽象过程

针对一些较为抽象的概念，人教 A 版特别注意从简单到复杂、从单一到综合地组织内容，按照从具体到抽象、从特殊到一般的方式，给学生提供归纳、概括的机会。例如，对"曲线的方程""方程的曲线"概念的处理，虽然它在培养学生思维的逻辑性和严谨性方面都是很好的载体，但这也是一个不容易把握的概念，没有足够的知识准备，不仅会导致学生理解的困难，还会使他们产生"为什么要这样来要求"的疑问。因此，教科书根据课程标准的要求，在圆锥曲线方程的推导中，继续采取"结合具体曲线呈现相关内容"的方式，最后再在本章小结中对"曲线与方程的关系"进行归纳，并指出"利用坐标系建立曲线与方程的这种关系，是解析几何的基础，在今后的学习中可以进一步体会到"。

（四） 设计系列化的数学活动引导学生开展有结构有逻辑的系统学习

以发展学生数学学科核心素养为导向，创设合适的教学情境、提出数学问题，引导学生以独立思考、自主学习、合作交流等多样化的方式开展数学学习，是课程标准的基本理念。为此，人教 A 版强调构建系列化数学活动，注重创设与学生的现实紧密关联的真实问题情境，引导学生开展体验学习、合作学习、建构学习，通过有结构、有逻辑的系统学习，逐步形成数学学科观念、数学思维方式和探究技能，促进数学知识和技能的持续结构化，使学生的理性思维不断走向成熟。系列化的数学活动涵盖了通过数学抽象获得研究对象，构建研究数学对象的基本路径，发现和提出值得研究的数学问题，探寻解决问题的数学方法，获得有价值的数学结论，直至建立数学模型解决现实问题，这是通盘考虑课程内容基础上作出的设计。

在本单元的数学活动设计中，人教 A 版根据圆锥曲线的内容特点，首先注意发挥"史料"的作用，从整体上提出圆锥曲线的产生以及所要研究的问题。如前所述，解析几何的发明既是为了解决人类实践活动中提出的问题，又是为了探寻科学研究的普适性方法。教科书以历史资料为素材，以用坐标法研究几何图形的过程与方法为导向，从宏观上提出系列问题，引导学生感受坐标法。这样的处理对学生把握解析几何的基本思想和学习方向很有好处，这是教师在分析和理解教科书编写意图时需要关注的一个问题。

在每一种圆锥曲线的研究中，人教 A 版从节引言开始，通过"观察""思考""探究"等栏目，根据知识的发生发展需要提出层层递进的问题，从而形成环环相扣的系列化数学活动。这些问题是学生在学习具体内容时普遍都会遇到的，教科书通过它们来引导学生的思考方向，为学生独立思考、自主探究构建平台。例如，在"椭圆"一节中，教科书按知识的发展过程顺次提出了如下问题：

（1）节引言"椭圆到底有怎样的几何特征？我们该如何利用这些特征建立椭圆的方程，从而为研究椭圆的几何性质奠定基础？"从宏观上提出问题，给出研究目标。

（2）在引入椭圆概念时，以"探究：移动的笔尖（动点）满足的几何条件是什么？"引导学生探究椭圆的几何特征，为抽象椭圆概念、展开后续内容做好必要准备。

（3）以"思考：观察椭圆的形状，你认为怎样建立坐标系可能使所得的椭圆方程形式简单？"引导学生思考如何利用椭圆的几何特征合理建立坐标系。

（4）以"思考：观察图 6.3.1，你能从中找出表示 a，c，$\sqrt{a^2-c^2}$ 的线段吗？"引导学生思考 a，c，$\sqrt{a^2-c^2}$ 的几何意义，使学生理解引入 b^2 的合理性。

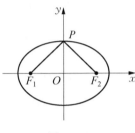

图 6.3.1

（5）以"思考：如果焦点 F_1，F_2 在 y 轴上，且 F_1，F_2 的坐标分别为 $(0，-c)$，$(0，c)$，a，b 的意义同上，那么椭圆的方程是什么？"引导学生通过类比，自主推导焦点在 y 轴上时的椭圆的标准方程。

（6）以"先用几何眼光观察，再用坐标法解决"为指导，以"与利用直线的方程、圆的方程研究它们的几何性质一样，我们利用椭圆的标准方程研究椭圆的几何性质，包括椭圆的范围、形状、大小、对称性和特殊点等"为引导语，设置"观察"栏目，提出问题："观察椭圆的形状，你能从图上看出它的范围吗？它具有怎样的对称性？椭圆上哪些点比较特殊？"从整体上明确椭圆性质的主要研究内容，再以系列化的栏目引导学生具体探究性质：

① 探究：观察椭圆的形状，可以发现椭圆既是轴对称图形，又是中心对称图形。如何利用椭圆的方程描述椭圆的对称性？

② 思考：你认为椭圆 $\dfrac{x^2}{a^2}+\dfrac{y^2}{b^2}=1(a>b>0)$ 上哪些点比较特殊？为什么？如何得到这些点的坐标？

③ 思考：不同形状的椭圆的扁平程度不同，相同形状的椭圆的扁平程度相同。扁平程度是椭圆的重要形状特征，你能用适当的量定量刻画椭圆的扁平程度吗？

④ 在"边空"中提出问题：你能运用三角函数的知识解释，在 e 的可取范围内，为什么 $e=\dfrac{c}{a}$ 越大，椭圆越扁平？$e=\dfrac{c}{a}$ 越小，椭圆越接近于圆吗？

教科书以上述系列化情境与问题为载体，构建了"分析背景—探索几何特征—选择坐标系、建立标准方程—探索不同形式的标准方程—通过方程研究几何性质"的系列化数学活动。

（五）加强背景和应用，完善学习过程

我国数学教学有以练习促理解、以技能训练代替思维训练的习惯，解析几何教学也以解答大量题目为主，这是一种"掐头去尾烧中段"的做法，对学生形成全面的数学理解没有好处。解析几何是一门"方法论"色彩浓厚的学科，应当以"用坐标法研究问题"为主线，以让学生领会数形结合思想为主要任务，仅靠做题目是无法达成这一目标的。为此，加强背景和应用，使学生经历完整的用坐标法解决问题的过程，变"掐头去尾烧中段"为"接头续尾烧全鱼"，是解析几何教学中必须予以充分重视的问题。人教A版在这方面加强了引导。

1. 加强对图形的几何特征的分析

完整的坐标法是在清晰地描述图形的几何特征、搞清楚要解决的问题是什么的基础上，再进入建立直角坐标系、求方程及利用方程讨论图形性质等环节。实际上这是"先用几何眼光观察"的体现，在建立几何直观的基础上，再进行代数表达与运算、推理，可以提高运算效率，这也是化解解析几何学习中运算、代数推理难点的举措。

2. 加大用数形结合思想分析问题的力度

从简洁性考虑，以往的教科书往往直接呈现逻辑过程，这是一种思考的"结果"，而对"为什么这样思考"则需要学生自己去体会，但这对学生而言是比较困难的。为此，人教A版特别加强了用数形结合思想分析问题的环节，既展示了过程，又体现了对学生思维的引导。

例如，在"抛物线的简单几何性质"一节中专门安排了两个例题（例4、例5），通过这两个例题，一方面让学生体会在用坐标法解决问题时，如何利用圆锥曲线的定义和性质去研究相关图形的性质、解决问题；另一方面，通过不同解法的比较，使学生体会坐标法中的运算所具有的特点：先分析清楚研究对象的几何特征，将几何元素及其关系代数化，在运算过程中还要充分利用相应的几何特性以简化运算。教科书就是想通过示例，使学生逐步建立起这样的观念：用坐标法解决问题，建立在几何直观基础上的运算是有效解题的关键，这里的运算具有"数形结合"的特征，而不仅仅是代数运算。

（六）体现单元教学设计思想

发展学生的数学学科核心素养是当前数学课程改革的核心目标，也是数学教学中立德树人的抓手。那么，一个基于核心素养的教学到底应该包括哪些要素呢？

首先，从教学目标看，应当以发展数学学科核心素养为目标导向，使学生在掌握知

识与技能的同时,体悟知识所蕴含的数学思想和方法,积累数学地思考和解决问题的经验,发展理性思维。

第二,实现上述目标,有赖于高水平的教学活动设计,要根据数学知识的本质和学生的认知规律,设计教学情境(生活情境、数学情境、科学情境等)并提出数学问题,用以激发学生的学习欲望,开展独立思考、自主探究、合作交流等学习活动。

第三,高水平的教学设计,有赖于教师"理解数学,理解学生,理解教学"的水平。把握教学内容的本质,了解学生的数学思维过程,懂得学生的数学学习心理,是设计高质量数学教学活动的前提。

显然,围绕碎片化的知识点,以"知识点讲解+例题+练习"的方式设计教学活动,已经无法承载数学基本思想和基本活动经验教学的要求,对"四能"的提高不利,对核心素养发展更不利。总之,这样的教学是无法实现核心素养教学目标的,这个陈旧落后的教学习惯必须破除。为了帮助教师提升"三个理解"的水平,根据课程标准提出的"教材编写应体现整体性","要便于教师把握知识本质,驾驭课程内容;要便于教师把握知识结构,统筹教学安排;要便于教师教学设计,创设教学情境、提出合适问题、有效组织教学;要为教师自主选择、增补和调整教学内容预留必要空间"等要求,人教 A 版特别注意引导教师在整体把握圆锥曲线内容的基础上,展开教学活动的整体设计。教科书将圆锥曲线内容分为三个单元,以每一种圆锥曲线的几何特征、方程、性质和应用为明线,以坐标法和数形结合思想为暗线,以逻辑连贯、环环相扣的"问题串"为脚手架,设计系列化的数学活动,引导学生充分调动已有经验展开探究性学习。这是一种以单元整体设计思想为指导的设计思路,可以比较好地实现课程标准提出的要求。

具体地,在"椭圆"一节中,如前所述,教科书用前后连贯、循序渐进的十多个问题组成"问题串",将内容连成一体,引导学生有逻辑地展开学习与探究。这些问题既有针对整体思路的,也有针对具体内容的;既有针对思想方法、研究策略的,也有操作性的、针对特例或细节的。它们是以椭圆知识的内在逻辑为依据而设置的自然而然的学习主线,解决了这些问题就可以形成思想内涵丰富的"椭圆与方程"知识体系。在"问题串"的引导下,学生可以完整地经历如下过程:

通过具体情境(如行星运行轨道),了解椭圆的背景与应用;

结合情境、通过动手操作清晰地描述图形的几何特征与问题,即椭圆是到两个定点的距离之和为定长的动点的轨迹;

结合几何特征合理地建立坐标系,用代数语言描述这些特征与问题;

借助几何图形的特点,形成研究椭圆性质的思路,利用方程,并通过直观想象和代数运算得到结果；

给出代数结果的几何解释，解决问题。

显然，教师只要按照教科书设计的上述过程进行教学设计并展开教学，就可以引导学生展开结构化的系统学习，建立清晰、稳定和可利用的"椭圆与方程"的认知结构。

双曲线、抛物线两节内容与椭圆同构，所以设计思路完全一致。如果椭圆的基础扎实，那么就可以让学生通过类比椭圆的研究过程展开双曲线和抛物线的自主学习，只要在双曲线的渐近线、抛物线的背景和定义等几个点上适当启发指导即可。

（七）发挥信息技术的作用，为几何直观提供方便

解析几何是形数结合的学科，"通过几何建立直观，通过代数予以表达"是其基本理念。[①] 在圆锥曲线的研究中，对它们的几何特征的直观认识是第一步，但要画出这三种曲线以及相关的图形并非易事。所以，人教 A 版根据本单元内容的特点，较充分地发挥信息技术的作用，注意利用动态几何软件，既为作图提供方便，又向学生展示动点的运动变化规律，引导学生观察方程中参数的变化对方程所表示的曲线形状、大小的影响，并通过信息技术软件探究图形之间的关系。例如，研究椭圆的离心率、双曲线和抛物线的定义、双曲线的渐近线等都利用了信息技术软件的优势，让学生在获得充分的直观认识基础上，再进行代数运算得出结果。

三、"圆锥曲线"教学的几点建议

（一）以坐标法为核心和纽带

在本单元教学中，只有体现好解析几何的学科特点，抓住它的核心，才能真正发挥这一课程内容的作用，达成它的教学目标。圆锥曲线的内容非常丰富，教材中只是最基础的、最简单的部分，但其中蕴含的思想具有一般意义。因此，教学中应以圆锥曲线与方程为载体，把让学生掌握坐标法这一工具去解决一些几何问题作为核心和重点。

坐标法是数形结合思想的完美体现。面临具体问题，用数形结合的眼光去看，从几何、代数的不同角度去分析，就使我们对问题的条件、结论以及它们的联系和转化方式有了多角度的理解，从而也就可以使条件、结论得到不同形式的表达，形成多样化的解题方法，使得几何直观、代数推理综合地发挥作用，这就是解析几何中解决问题的方法总是不唯一，且有方法的难易、代数运算的繁简之分的原因。事实上，用坐标法解决问题的过程中，引导学生数形结合地看问题，探寻简洁的解题方法并深入思考其原因，

---

① 史宁中. 数形结合与数学模型——高中数学教学中的核心问题[M]. 北京：高等教育出版社，2018：前言Ⅳ.

就是在解析几何中发展学生直观想象、逻辑推理、数学运算等素养的关键举措。

（二）重视对研究对象几何特征的分析

解析几何是"以代数方法研究几何问题"，但教学中要注意代数运算与几何直观的相互为用。因为研究对象是几何图形，所以把握所研究对象的几何特征、明确面临的几何问题，这是首要的一步，然后才是用代数方法研究之。所以，教学中一定要注意"先用几何眼光观察，再用坐标法推理、论证和求解"的基本思路，不要忽视"几何要素的分析"这一环。实际上就是要处理好"代数求解"与"几何直观"之间的关系。如果只把注意力集中在代数角度研究，虽然能达到细致入微的境界，但没有直观形象的支撑，最后还是不能很好地把握几何性质。所以，教学中适当地进行"代数关系的几何意义"的训练也是很有必要的。

下表 6.3.1 给出了中学平面解析几何中的主要对象和问题：

表 6.3.1

基本图形	点，直线，圆，椭圆，双曲线，抛物线
特征量	距离，斜率，半径，长轴，短轴，实轴，虚轴，焦距，离心率，焦半径等
位置关系	平行，垂直，相交，相切等
度量和计算	长度，角度，面积
研究的主要问题	直线、圆、圆锥曲线的方程及其几何性质，位置关系，图形在运动变化中的不变性、不变量等。

（三）使学生正确理解解析几何中的运算

解析几何的学习对运算能力的要求颇高。对学生而言，代数运算是主要拦路虎之一。解题过程中，许多学生都是因为不能顺利完成代数运算而导致失败。鉴于当前学生运算技能水平不高的实际状况，为了使学生更好地把握坐标法的基本思想，控制代数运算的难度和技巧是必须的。但必要的运算是不可避免的，这是由解析几何的学科特点决定的。关键是要把握解析几何中运算的特点。解析几何中的运算是建立在几何背景下的代数运算，所以先用几何眼光观察，分析清楚几何图形的要素及其基本关系，再用代数语言表达，而且在运算过程中时刻注意利用图形的几何特征及图形间的关系来简化运算，这是突破运算难点的关键举措。解析几何教学中，提高运算能力不能仅仅从代数角度入手，还要努力提高学生的几何图形分析能力，也就是要在落实数形结合思想上下功夫。

（四）注意用好教科书中的例题、习题

从当前教学实际看，各种教辅资料中充斥着大量解析几何题，诸如单动点轨迹问题、双动点轨迹问题、多动点轨迹问题，圆锥曲线中参数的取值范围问题、最值问题、定值问题、对称问题、存在性问题……这些题目的解答往往需要一些特定技巧，需要学生投入大量时间和精力，但对理解圆锥曲线的定义与性质却起不了多大作用。这种现状需要改变。

教科书中的例题与习题，其选编的原则是帮助学生深入理解圆锥曲线的几何特征，熟练运用坐标法研究圆锥曲线的性质以及它们的位置关系，并能解决有一定综合性的问题，通过解题感悟解析几何中蕴含的数学思想。具体的题目主要是研究圆锥曲线的性质。教学中应注意这些题目的教学功能，使学生认识到认真解答这些题目的重要性，必要时可以对有关题目进行适当的变式拓展。

（五）注意循序渐进地提高综合和联系的要求

解析几何的学科特点就在于它的综合性，但对学生而言，综合解决问题的能力需要逐步培养。有些问题，虽然其需要的基础知识学生都具备，但由于综合与联系会极大地提高问题的复杂程度、抽象层次，需要综合运用各种思想方法，伴随着的是对学生思维能力的高要求，因此这样的问题也不能过早出现。同时，要注意正确理解"综合与联系"的含义，通过知识点的叠加、加大题目的难度并不是日常教学所需要的，综合与联系的目光要聚焦在核心概念上，目的在于促使学生从整体上更好地把握圆锥曲线。

例如，在本单元的小结教学中，可以引导学生针对圆锥曲线的统一、整体认识展开综合研究：

我们知道，"运算"是代数的核心概念，"距离""角度"是几何的核心概念，"斜率"是几何概念代数化的结果，是解析几何的核心概念……前面分别研究了椭圆、双曲线、抛物线，获得了许多结论，初步学会了用坐标法研究几何问题。在"个别研究"的基础上，如果把这些曲线的定义放到一起，从这几个关键词出发考察它们的共性，会不会有所发现？

椭圆：到两个定点的**距离之和**为常数的点的轨迹；

双曲线：到两个定点的**距离之差**为常数的点的轨迹；

抛物线：到定点的距离与到定直线的**距离相等**的点的轨迹；

统一定义：动点到定点的距离与到定直线的**距离之比**为常数的点的轨迹。

可以发现，它们都是以几何基本元素（点、直线）的相互关系为考察对象，以"距离"为纽带，以"运算"为方法，通过"运算中的不变性"发现各种圆锥曲线的几何特征，给出

定义。

我们知道,定义揭示了概念的内涵,给出了数学对象的本质属性,是数学对象基本性质的反映。类似地,能否以"角度"换"距离",通过"运算"发现规律呢?

平面几何中有"直径所对的圆周角是直角",稍作改造就能得到如下结论:

动点 $P(x, y)$ 与定点 $A(-a, 0)$ 和 $B(a, 0)$ 的连线的斜率之积是 -1,则动点的轨迹是圆。由 $\dfrac{y}{x+a} \cdot \dfrac{y}{x-a} = -1 \Leftrightarrow x^2 + y^2 = a^2 (x \neq -a \text{ 且 } x \neq a)$ 获得启发,对椭圆方程做适当变换:

$$\frac{x^2}{a^2} + \frac{y^2}{b^2} = 1 \Leftrightarrow \frac{y^2}{b^2} - 1 = -\frac{x^2}{a^2}$$

$$\Leftrightarrow \frac{y^2 - b^2}{b^2} = -\frac{x^2}{a^2} \Leftrightarrow \frac{y^2 - b^2}{x^2} = -\frac{b^2}{a^2}$$

$$\Leftrightarrow \left(\frac{y-b}{x}\right) \cdot \left(\frac{y-(-b)}{x}\right) = -\frac{b^2}{a^2}, \text{其中 } x \neq 0。$$

这说明,平面直角坐标系中,动点 $P(x, y)$ 与定点 $A(0, -b)$ 和 $B(0, b)$ 的连线的斜率之积是 $-\dfrac{b^2}{a^2}$,则动点的轨迹是椭圆,其方程是 $\dfrac{x^2}{a^2} + \dfrac{y^2}{b^2} = 1$。把定点换为 $A(-a, 0)$ 和 $B(a, 0)$ 也有同样结果。实际上,当 AB 是过椭圆中心的弦时有类似结论。

同理,可以得到双曲线的类似结论。

解析几何的结论体现了数与形的内在统一性。将已有的几何元素、几何关系代数化,通过代数运算可以发现几何性质。因为代数变形可以有不同途径,通过考察不同途径下代数运算的几何意义,也可以发现几何性质,这对深化理解内容也很有好处。例如,在推导椭圆标准方程时,中间一步是 $a\sqrt{(x-c)^2 + y^2} = cx - a^2$。用"距离"的眼光看待,可以把它变形为 $\dfrac{\sqrt{(x-c)^2 + y^2}}{x - \dfrac{a^2}{c}} = \dfrac{c}{a}$,这说明从"个性定义"可以推出"统一定义"。事实上,也可以从"统一定义"推出"个性定义",所以两种定义是等价的。

根据圆锥曲线的方程,a、b、c、p、e 等是决定圆锥曲线性质的关键量。圆锥曲线的焦点、顶点、轴、准线、弦及其中点、切线、焦距、长(短)轴的长、焦半径、面积、内接图形(特别是内接三角形、内接矩形等)、角(与焦点、中心等相关)等以及它们之间的相互关系,都可以用这些不变量来表示。对此展开一番研究,能极大地提升学生对圆锥曲线的认识水平,这比盲目地做一大堆没有什么主题、杂乱无章的题目要好得多。

总之,解析几何的教学一定要注重综合性,以单元整体教学帮助学生认识数学的整体性,这是由解析几何的内容特征所决定的。以上的教学思路,先是把握圆锥曲线的基本要素、不变量,再从"相互关系""相互转化"等角度发现和提出问题、获得性质,然后通过逻辑推理证明其正确性。在发现曲线性质的过程中,运算、距离、角度、斜率、不变量等核心概念提供了基本思路和方法。这样的教学比较准确地体现了圆锥曲线的整体性,以数形结合思想和坐标法为核心,围绕"以圆锥曲线的不变量表示几何元素或几何关系"这个主题,将直观想象、逻辑推理、数学运算以及数学抽象等数学学科核心素养有机融入于内容之中,构建了一个连贯持续的探索过程,引导学生利用已有的知识和学习经验,通过代数运算得出图形的各种各样性质,不仅把"四基""四能"落实到位,而且渗透了学习方法指导,可以有效地帮助学生养成良好的数学学习习惯,包括理解概念、把握本质,数形结合、明晰算理,厘清知识的来龙去脉,建立知识之间的关联,等等,从而为学生铺设了一条发展数学学科核心素养的康庄大道。

思考题

(1) 在"圆锥曲线的方程"的教学设计中,应该如何体现数学的整体性? 如何体现单元-课时教学设计的基本思想?

(2) 有人主张在本章的起始课专门进行一次解析几何发展历史的教学,对此你有什么看法? 如果让你以这样的想法设计这节课,你认为应该从哪几个角度"讲历史"?

(3) "先用几何眼光观察,再用代数方法解决"是用坐标法解决几何问题的基本指导思想,你认为怎样才能在圆锥曲线的教学中体现好这一指导思想?

(4) "通过方程研究圆锥曲线的性质"的认知基础有哪些? 难点有哪些?

(5) 离心率是圆锥曲线的重要性质,离心率分别刻画了椭圆、双曲线的什么特征? 抛物线的离心率为 1 意味着什么?"率"的数学含义是什么? 你认为如何才能使学生想到用 $\dfrac{c}{a}$ 来刻画离心率?

(6) 在求椭圆的标准方程的过程中,对

$$\sqrt{(x-c)^2+y^2}+\sqrt{(x+c)^2+y^2}=2a$$

进行化简的过程中,有的步骤蕴含着椭圆的某种性质,怎样让学生发现这些性质?

（7）距离是几何的本质所在，所以圆锥曲线的定义利用了距离及其运算。角度是几何的另一个基本量，能否利用角度(斜率)定义圆锥曲线？

（8）圆锥曲线的光学性质是非常重要的，你能以此为主题设计一个"数学探究活动"或"数学建模活动"吗？

第七章　函数（选择性必修）

在必修课程中，学生学习了函数的概念和性质，掌握了通过数形结合的方法（利用函数图象和代数运算）研究函数的基本方法，掌握了幂函数、指数函数与对数函数、三角函数等基本初等函数，并初步掌握了利用函数建立数学模型解决实际问题的方法。在本主题中，学生将学习数列和一元函数导数及其应用。数列是一类特殊的函数，是数学重要的研究对象，在研究其他类型函数中具有重要作用，在日常生活中也有着广泛的应用。导数是微积分的核心内容之一，是现代数学的基本概念，蕴含微积分的基本思想；导数定量地刻画了函数的局部变化，是研究函数性质的基本工具。

第一节　数列

在处理现实中的变化问题（例如存款利率、购房贷款、放射性物质的衰变、人口增长等）时，通常采用按时序间隔一定时间记录数据的方法收集数据。如果将第 n 次记录的数据表示为 a_n，那么就得到了一个数列：a_1，a_2，a_3，$\cdots$，a_n，$\cdots$。在此基础上，以时间为自变量进行数学建模，就可以得出相应的函数模型以刻画变化规律。所以，数列是一类特殊的函数，与函数的研究内容、过程和方法类似，高中阶段对数列的研究也是以"数列的背景—概念（定义、表示、分类）—性质—特例"为基本架构，其中"特例"是指等差数列、等比数列这两类有明确的现实背景、可以给出精确的规律表达、在解决实际问题和数学问题中有重要应用价值的数列，对它们的研究按照"背景—概念—表示—性质—求和公式—应用"的路径展开。其中，数列求和是数列独特的研究内容，不仅与现实生产生活联系紧密，自古以来都是人们感兴趣的话题，求和过程中需要的代数变形技巧对人的智力具有挑战性，因此非常引人入胜，而且其中蕴含着差分、微积分等基本思想，从而使数列成为研究函数问题的一个有力工具。在研究方法上，一列数中蕴含的规律一般是从具体到抽象，通过运算发现规律，通过代数推理证明规律，因而具有鲜明的代数特点。数列的学习能有效提升学生的数学运算、逻辑推理、数学抽象等素养。下面根据新课程标准的要求,讨论基于数学学科核心素养的数列教材与教学问题。

一、课程定位

课程标准认为,数列是一类特殊的函数,是数学重要的研究对象,是研究其他类型函数的基本工具,在日常生活中也有着广泛的应用。本单元的学习,可以帮助学生通过对日常生活中实际问题的分析,了解数列的概念;探索并掌握等差数列和等比数列的变化规律,建立通项公式和前 n 项和公式;能运用等差数列、等比数列解决简单的实际问题和数学问题,感受数学模型的现实意义与应用;了解等差数列与一元一次函数、等比数列与指数函数的联系,感受数列与函数的共性与差异,体会数学的整体性。本单元课程内容包括:数列的概念、等差数列、等比数列、数学归纳法。

分析上述表述可以发现,课程标准特别强调数列的函数属性,不仅强调它是一类特殊的函数,而且要求把等差数列、等比数列分别和一次函数、指数函数联系起来,由此感受数列与函数的共性和差异。事实上,对于任意一个函数 $y = f(x)$,$x \in A$,只要 $\mathbf{N} \subseteq A$,那么 $f(1)$,$f(2)$,$f(3)$,… 就是一个数列。不过,数列的研究内容和方法还是有自己的特性的。例如,对于函数的研究,对应关系、图象与性质是重点,研究方法上强调数形结合,几何直观是非常重要的手段;而数列的研究中,通项公式(相对于函数的解析式)、求和公式是重点,更强调通过代数运算解决问题,其中数列的迭代问题是非常重要的。

如何理解"数列是研究其他类型函数的基本工具"?确切地说,在研究函数的变化规律时,一般是通过离散的形式(数列),用数列的极限研究函数,这一点在高等数学中才能表述清楚。另外,如前所述,研究一个现实中的变化问题,往往要从处理这个变化过程中的数据入手,这些数据一定都是离散的,处理数据要用到数列这个工具。

与函数的研究类似,对数列的研究,也是在了解数列的一般概念基础上,着重对有规律的、在现实中有大量应用的数列——等差数列、等比数列展开研究。

二、内容与要求

1. 数列的概念

通过日常生活和数学中的实例,了解数列的概念和表示方法(列表、图象、通项公式),了解数列是一种特殊的函数。

2. 等差数列

(1) 通过生活中的实例,理解等差数列的概念和通项公式的意义。

(2) 探索并掌握等差数列的前 n 项和公式,理解等差数列的通项公式与前 n 项和公式的关系。

(3) 能在具体的问题情境中,发现数列的等差关系,并解决相应的问题。

(4) 体会等差数列与一元一次函数的关系。

3. 等比数列

(1) 通过生活中的实例,理解等比数列的概念和通项公式的意义。

(2) 探索并掌握等比数列的前 n 项和公式,理解等比数列的通项公式与前 n 项和公式的关系。

(3) 能在具体的问题情境中,发现数列的等比关系,并解决相应的问题。

(4) 体会等比数列与指数函数的关系。

4. *数学归纳法

了解数学归纳法的原理,能用数学归纳法证明数列中的一些简单命题。

从课程标准的内容和要求中可以发现,对数列的研究,重点在等差数列和等比数列,当然要在了解数列的一般概念和表示的基础上。课程标准规定的等差数列、等比数列的内容和要求是同构的,因此两者的教材结构、学习过程具有很强的可类比性。这两类数列是最基本而有用的,对它们的概念、取值规律与应用的研究,将为学生研究其他类型的数列提供工具——我们往往通过代数变形将其他类型的数列化归为等差或等比数列。"等差""等比"的规律表现形式非常丰富,理解并能运用这些规律解决问题,需要有比较强的代数思维、推理和运算能力。

等差数列、等比数列的许多结论,例如通项公式、前 n 项和公式等,都是通过不完全归纳法得出的,其正确性需要利用数学归纳法进行证明。数学归纳法本质上是把一个涉及无穷的问题转化为一个递推关系命题 $P(n) \Rightarrow P(n+1)$,通过具体例子让学生明白第二步要证明的是一个新命题:以 $P(n)$ 为条件,推出 $P(n+1)$,这是重点,也是难点。

三、内容理解与教学思考

(一) 研究路径的构建

与函数的整体架构完全类似,本单元包括数列的一般概念和特殊的数列两部分,按照研究一个数学对象的基本路径展开,即数列的事实—数列的概念(定义、表示、分类)—性质。

其中,数列的表示有通项公式、图象、表格、列举、递推公式等,递推公式体现了数列的迭代特点,是一种重要形式。

等差数列与等比数列的研究路径是:

事实—概念—通项公式—性质—前 n 项和公式—应用。

等差数列的性质本质上是自然数及其运算的性质,特别是"平均数",其特例是等差中项;等比数列的性质本质上是指数幂及其运算的性质,其特例是等比中项。具体的将在后面阐释。

(二) 研究数列这个数学对象的一般观念是"运算"

代数学的根源在于运算,运算是发现和证明数列所蕴含规律的基本手段。例如,三角形数、正方形数、五边形数……的规律如图 7.1.1 所示。

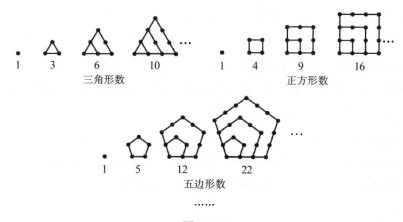

三角形数

正方形数

五边形数

……

图 7.1.1

以运算的方式对这些多边形数进行表达,规律就非常明显:

三角形数:$1, 1+2, 1+2+3, 1+2+3+4, \cdots$

其中蕴含的规律是 $a_1=1, a_n=a_{n-1}+n(n>1, n \in \mathbf{N})$;

正方形数:$1, 1+3, 1+3+5, 1+3+5+7, \cdots$

其中蕴含的规律是 $a_1=1, a_n=a_{n-1}+(2n-1)(n>1, n \in \mathbf{N})$;

五边形数:$1, 1+4, 1+4+7, 1+4+7+11, \cdots$

其中蕴含的规律是 $a_1=1, a_n=a_{n-1}+(3n-2)(n>1, n \in \mathbf{N})$;

……

由此可以容易地得到任意的 k 边形数的排列规律:

$$a_1=1, a_n=a_{n-1}+(k-2)n-(k-3)(n>1, n \in \mathbf{N})。$$

分析"等差数列"这个词可以发现，"等差"是先通过减法运算发现"差相等"，然后再用严谨的数学语言表达这个规律而形成的；同样，"等比数列"中的"等比"也是通过除法运算发现"比相等"，再用严谨的数学语言表达这个规律而形成的。

等差数列、等比数列的性质就是数列的项与项之间确定的关系，发现这种关系要依靠代数运算。

（三） 如何帮助学生建立数列的基本概念

建立数列的一般概念，其困难在于想到在数列的项与序号之间建立对应关系。数列中的每一项都有特定的位置，同样的一些数，顺序变了就是不同的数列。因此给定一个序号（即"数列中的第几位"）就有唯一确定的数与之对应，这表明"数列是一类特殊的函数"。

为了引导学生理解数列的上述本质特征，人教 A 版先引入数学符号（h_i 或 s_i）表示数列中的数，再揭示下标 i 的数学含义：下标 i 表示数列中的数按一定顺序排列时的位置，或者说第 i 个位置的数只能是 h_i，这就从数学的角度说明了数列中的数是不能交换位置的，从而明确具体实例的本质特征——"具有确定顺序的一列数"，然后顺理成章地抽象出数列的一般形式 $\{a_n\}$，并用符合表示为 $a_n=f(n)$，从而与函数概念建立联系。以下是人教 A 版构建的数列概念形成过程：

1. 具体实例的分析

用数学的方式分析 3 个实例（生活、科学、数学），分别得出"具有确定顺序的一列数"的结论，在此过程中让学生通过模仿熟悉这样的表达方式。

2. 给出定义

归纳具体实例的共同特征，给出定义，并明确相关概念（项、首项），给出记号 a_1，a_2，…，a_n，简记为 $\{a_n\}$。

3. 用函数的观点进行再认识

明确序号与项之间的对应关系 $a_n=f(n)$ 以及如何从一个函数中"导出"一个数列。

4. 数列的表示

通项公式、表格、图象、递推公式等。

数列的表示中，递推公式反映了数列中项之间的迭代关系，是非常重要的表示形式。另外，数列的前 n 项和公式 S_n 与通项公式 a_n 之间存在的关系在研究数列问题时具有特别的作用，是用构造法进行代数证明的主要依据。

5. 数列的分类

递增数列、递减数列、常数列,有限数列和无穷数列等。

(四) 关于等差数列

1. 引导学生抽象等差数列的本质特征

用数学的方式观察一类事物,在空间形式上,一般从物体的组成元素(以点、直线、平面为基本元素)及其形状和位置关系入手;在数量关系上,一般通过运算发现其共性、规律性,进而得出本质特征。

一个数列 $\{a_n\}$ 具有"等差"的特性,是指其相邻两项之间具有确定的关系,即 $a_{n+1}-a_n=d$ 对任意 $n\in \mathbf{N}^*$ 都成立,其中 d 是一个定值。如果写为 $a_{n+1}=a_n+d$,那么就和自然数系的结构具有本质的一致性。自然数系中,$n+1$ 称为 n 的后继数,数列 $\{a_n\}$ 中,a_{n+1} 是 a_n 的后继项。因此,等差数列的"原型"就是自然数列。这个观点的意义是:在研究等差数列时,可以从对自然数的研究中得到启发。

人教 A 版构建的等差数列概念形成过程如下:

第一步,通过"北京天坛圜丘坛地面从内到外各圈的石板数 9,18,27,36,45,54,63,72,81"等具体实例,设置"思考"栏目

在代数的学习中,我们总是通过运算来发现规律。例如,在指数函数的学习中,我们通过运算发现了 A,B 两地旅游人数的变化规律。类似地,你能通过运算发现以上数列的取值规律吗?

该栏目把学生的思维引到"运算",通过运算发现数列的取值规律或相邻两项之间的关系。

学生比较自然地想到数列 9,18,27,36,45,54,63,72,81 蕴含的规律是"18=9+9,27=18+9,…,81=72+9",教材把表达方式改成"18-9=9,27-18=9,…,81-72=9",并在"边空"中提示"改变表达方式使数列的取值规律更突出了",再用字母代替得到 $a_2-a_1=9$,$a_3-a_2=9$,…,$a_9-a_8=9$,从而使"规律"有了一般性,由此得出取值规律:从第 2 项起,每一项与它的前一项的差都等于同一个常数。

第二步,再以"数列②~④是否也有这样的规律"引导学生自己验证。

第三步,在学生充分感知等差数列本质特征的基础上,抽象出等差数列的定义。

第四步,通过迭代的方法得出等差数列的通项公式。

第五步,与一次函数建立联系。

2. 关于等差数列的性质

以往的教材没有专门对"等差数列的性质"展开研究,其原因不太清楚,可能是等

差数列的性质太简单，也可能是研究某些具体的等差数列更有价值。但我们认为，对一个数学对象的完整研究应该包括"性质"。

那么，"等差数列的性质"所研究的问题是什么呢？从系统观出发，一个对象的性质首先表现在其要素之间的关系上。所以，"等差数列的项与项之间的关系"就是等差数列性质的研究主题。

等差数列的定义已经给出了相邻两项之间的关系，是研究性质的出发点。可以研究的问题是：

(1) 等差数列 $\{a_n\}$ 中，相邻三项有什么关系？相邻四项呢？……可以得到 $2a_k = a_{k-1} + a_{k+1}$，$a_k + a_{k+3} = a_{k+1} + a_{k+2}$ 等。

(2) 把(1)中的"相邻"改为"等距"，如

a_m，a_p，a_n 满足 $p - m = n - p$，有 $2a_p = a_m + a_n$；

a_m，a_p，a_q，a_n 满足 $q - m = n - p$，有 $a_m + a_n = a_p + a_q$；

特别地，有 $a_1 + a_n = a_2 + a_{n-1} = a_3 + a_{n-2} = \cdots$；

等等。

研究这些问题，可以增强学生对"等差"含义的理解，同时也为推导前 n 项和公式埋下伏笔。

3. 关于等差数列的前 n 项和

求和问题是历史上人们感兴趣的问题。公元前 1800 年古埃及"加罕纸草书"中就有等差数列求和问题；刘徽为《九章算术》作注时给出了等差数列求和公式；我国古代数学家对"垛积术"有专门研究。特别是与自然数相关的求和问题，例如 $\sum\limits_{i=1}^{n} i$，$\sum\limits_{i=1}^{n} i^2$，$\sum\limits_{i=1}^{n} i^3$ 等等，都推导出了公式，其中 $\sum\limits_{i=1}^{n} i = \dfrac{n(n+1)}{2}$ 是基础。

我们知道，推导等差数列前 n 项和公式中，发现"倒序求和"这个巧妙的方法是关键。问题是，如何才能使"发现"做到自然而然呢？我们认为，这应该从分析"倒序求和"的本质入手。

对于等差数列 $\{a_n\}$，因为 $a_1 + a_n = a_2 + a_{n-1} = \cdots = a_n + a_1$，用两种方式表示 S_n：

$$S_n = a_1 + a_2 + a_3 + \cdots + a_n, \qquad ①$$

$$S_n = a_n + a_{n-1} + a_{n-2} + \cdots + a_1。 \qquad ②$$

由 ① + ②，得

$$2S_n = (a_1 + \underbrace{a_n) + (a_1 + a_n) + (a_1 + a_n) + \cdots + (a_1}_{n\text{个}} + a_n)$$

$$= n(a_1 + a_n)。$$

由此得到等差数列 $\{a_n\}$ 的前 n 项和的公式。分析这个过程可以发现,推导等差数列 $\{a_n\}$ 前 n 项和公式的核心思想是:

用等差数列的性质"等差数列 $\{a_n\}$ 中,当 $m+n=p+q$ 时,$a_m + a_n = a_p + a_q$",将不同数求和化归为相同数求和。

数量关系上看是利用了"平均数"概念:

由 $S_n = \dfrac{n(a_1 + a_n)}{2}$,可得 $\dfrac{a_1 + a_n}{2} = \dfrac{a_1 + \cdots + a_n}{n}$,于是得:(1) $\dfrac{a_1 + a_n}{2}$ 是 a_1,a_2,$\cdots$,a_n 的平均数;(2)"倒序求和"所利用的就是等差数列前 n 项的平均数。

从等差数列的概念和通项公式出发,由 $S_n = na_1 + d[1 + 2 + \cdots + (n-1)]$,可知求等差数列的前 n 项和归根到底是求 $1 + 2 + \cdots + n$。

在等差数列 $\{a_n\}$ 中,看看 $a_1 = 1$,$d = 1$ 这一特例,考察一下它与一般等差数列的关系,不难发现:最简单、最本质的等差数列就是 $1,2,3,\cdots,n,\cdots$,这就是等差数列的原型。其他都是它的"变式"——a_1 代表不同"起点",d 代表不同"步长"。研究等差数列时,想想自然数列的性质是很有启发的。

数列求和是代数中的基本问题。自古以来,人们对"求和"问题乐此不疲,而且得出了许多求和公式。你知道如何推导这个公式吗?

推导等差数列 $\{a_n\}$ 的前 n 项和公式,就是要用确定等差数列的基本量 a_1、d、n(或 a_1、a_n、n)表示 S_n。代数学中的各种公式和定理绝大部分都是用归纳法由具体到抽象、由低次到高次、由一元二元到多元逐步归纳而发现,再通过数学归纳法去论证其正确性的。

（五）关于等比数列

1. 利用研究等差数列的经验研究等比数列

观点:等比数列所研究的内容、过程和方法与等差数列是"同构"的,因此,从等比数列的概念、性质到前 n 项和以及应用,都可以让学生通过类比展开自主学习。

（1）从"等差"到"等比"。

只要将"如果一个数列从第 2 项起,每一项与它的前一项的差等于同一个常数,那么这个数列叫做等差数列,这个常数叫做等差数列的公差"中的"差"换为"比",就得到了等比数列的定义。

只要将"如果在 a 与 b 中间插入一个数 A，使 a，A，b 成等差数列，那么 A 叫做 a 与 b 的等差中项"中的 A 换为 G，"差"换为"比"，就得到了等比中项的定义。

（2）从减法运算到除法运算。

请参看表 7.1.1。

表 7.1.1

等差数列通项公式的归纳	等比数列通项公式的归纳
$a_2 - a_1 = d$， $a_3 - a_2 = d$， …… $a_n - a_{n-1} = d$ 左右两侧分别依次相加，得到 $$a_n = a_1 + (n-1)d。$$	$\dfrac{a_2}{a_1} = q$， $\dfrac{a_3}{a_2} = q$， …… $\dfrac{a_n}{a_{n-1}} = q$， 左右两侧分别依次相乘，得到 $$a_n = a_1 q^{n-1}。$$

（3）从算术平均到几何平均。

等差数列的性质主要体现在算术平均数的各种性质上，等比数列的性质主要体现在几何平均数的性质上。请参看表 7.1.2。

表 7.1.2

等差数列	等比数列
若 a，A，b 成等差数列，则 $2A = a + b$。	若 a，G，b 成等比数列，则 $G^2 = a \cdot b$。
若 $m + n = p + q$，则 $a_m + a_n = a_p + a_q$。	若 $m + n = p + q$，则 $a_m \cdot a_n = a_p \cdot a_q$。
$a_n = a_m + (n-m)d$	$a_n = a_m \cdot q^{n-m}$

另外，比例性质在等比数列的研究中也有用武之地：

由 $\dfrac{a_2}{a_1} = \dfrac{a_3}{a_2} = \dfrac{a_4}{a_3} = \cdots = \dfrac{a_n}{a_{n-1}} = \dfrac{a_2 + a_3 + a_4 + \cdots + a_n}{a_1 + a_2 + a_3 + \cdots + a_{n-1}} = q$，得

$$a_2 + a_3 + a_4 + \cdots + a_n = q(a_1 + a_2 + a_3 + \cdots + a_{n-1})。$$

于是

$$S_n - a_1 = q(S_n - a_n) = q(S_n - a_1 q^{n-1})。$$

可得

$$S_n = \frac{a_1(1-q^n)}{1-q},\ q \neq 1。$$

2. 等比数列的前 n 项和公式

首先要明确研究的问题:用等比数列的基本量 a_1、q、n 表示前 n 项和。

与等差数列前 n 项和公式的推导类似,等比数列前 n 项和公式的推导本质上是利用等比数列的定义和性质进行代数变形。

从 $S_n = a_1 + a_2 + a_3 + \cdots + a_n = a_1(1 + q + q^2 + \cdots + q^{n-1})$ 可知,数列

$$1,\ q,\ q^2,\ \cdots,\ q^n$$

是等比数列的"原型"。由

$$S_n = 1 + q + q^2 + \cdots + q^n,$$
$$qS_n = q + q^2 + \cdots + q^n + q^{n+1},$$

等式两边分别相减可得

$$(1-q)S_n = 1 - q^{n+1},$$

于是

$$S_n = \frac{1 - q^{n+1}}{1-q},\ q \neq 1。$$

除利用比例性质外,求上述结果还可以有其他方法。例如:

由公式

$$a^{n+1} - b^{n+1} = (a-b)(a^n + a^{n-1}b + a^{n-2}b^2 + \cdots + ab^{n-1} + b^n),$$

令 $a = 1$,$b = q$,即得

$$1 + q + q^2 + \cdots + q^n = \frac{1 - q^{n+1}}{1-q},\ q \neq 1。$$

(六)关于数学归纳法

1. 数学归纳法的理论基础

皮亚诺公理:

(1)1 是一个正整数;

(2)每个正整数 a 都有一个后继数(即 $a+1$)仍是正整数;

(3)1 不是任何正整数的后继数;

（4）若 a 与 b 的后继数相等，则 a 与 b 相等；

（5）设 S 是正整数集合 $\mathbf{N}^*$ 的子集，若 1 属于 S，且当 k 属于 S 时，k 的后继数（即 $k+1$）一定也属于 S，则 $S = \mathbf{N}^*$。

这几条公理反映了正整数集合有序性的本质特征，由此可推出：正整数集合是一个无限的良序集，它的任何非空子集中的元素都可以依大小关系排序，并在其中存在最小数。

第 5 条也称为数学归纳法原理，它给出了证明一个集合是正整数集合的一种方法，是数学归纳法的理论基础。

2. 数学归纳法是演绎推理还是归纳推理

在形式逻辑中，从"特殊"到"一般"的推理，叫做归纳推理；从"一般"到"特殊"的推理，叫做演绎推理。

演绎推理的一般形式是三段论，即"大前提—小前提—结论"。其中，大前提（M-P）是一个一般性的命题（凡满足条件 M 的对象都有性质 P），小前提（S-M）是指某个特殊对象满足大前提中的条件（对象 S 满足 M），结论（S-P）是指这个对象符合大前提中的结论（S 有性质 P）。

用数学归纳法证明一个具体命题 P 对于全体正整数成立时，大前提正是皮亚诺公理中的数学归纳法原理，这是一个公认的一般性真命题，需要证明的是小前提，即适合具体命题 P 的正整数集合 S 满足大前提中的条件①和②，由此得出结论 $S = \mathbf{N}^*$，即任意正整数 n 都满足命题 P。

因此，数学归纳法是按照三段论展开的严格的演绎推理，即在确立一般性大前提的基础上，针对具体命题证明小前提，获得关于具体命题的结论。

数学归纳法中，第（1）步（证明"$n=1$ 时命题 P 成立"）称为"奠基"，第（2）步（证明"若 $n=k$ 时 P 成立，则 $n=k+1$ 时 P 也成立"）称为"递推"。第（1）步多为验证的形式，而第（2）步的实质是证明一个"递推关系"：

以"$n=k$ 时 P 成立"为前提，推证"$n=k+1$ 时 P 成立"。事实上，这是一个新的命题。

3. 教材对数学归纳法的处理

（1）通过具体实例"已知数列 $\{a_n\}$ 满足 $a_1=1$，$a_{n+1}=\dfrac{1}{2-a_n}$，计算 a_2，a_3，a_4，猜想其通项公式，并证明你的猜想"引导学生探究，产生无法进行无穷验证的困惑。

（2）确立思想方法：通过有限个步骤的推理，证明 n 取所有正整数都成立。

(3) 思考使所有多米诺骨牌全部倒下的条件,得出:第一块骨牌倒下;任意相邻的两块骨牌,前一块倒下一定导致后一块倒下。

(4) 类比多米诺骨牌问题,回顾猜想 $a_n = 1$ 的过程:

由 $a_1 = 1$,利用递推关系 $a_{n+1} = \dfrac{1}{2 - a_n}$,推出 $a_2 = 1$;

由 $a_2 = 1$,利用递推关系 $a_{n+1} = \dfrac{1}{2 - a_n}$,推出 $a_3 = 1$;

由 $a_3 = 1$,利用递推关系 $a_{n+1} = \dfrac{1}{2 - a_n}$,推出 $a_4 = 1$;

……

归纳共性,得出推理的一般结构:

以 $a_k = 1$ 为条件,结合已知 $a_{n+1} = \dfrac{1}{2 - a_n}$,推出 $a_{k+1} = 1$。   （＊）

这样,在 $a_1 = 1$ 和 （＊）成立的条件下,就可以由 $n = 1$ 成立,得出 $n = 2$ 成立;由 $n = 2$ 成立,得出 $n = 3$ 成立;…… 所以,对于任意正整数 n,猜想都成立。

(5) 给出数学归纳法的原理。

(6) 通过"思考:数学归纳法的本质是什么? 两步之间有什么关系?"引导学生辨析原理,得出:

记 $P(n)$ 是一个关于正整数 n 的命题。把数学归纳法的证明形式改写为:

条件:(1) $P(n_0)$ 为真;(2) 若 $P(k)$ 为真,则 $P(k+1)$ 也为真。

结论:$P(n)$ 为真。

接着教材强调:在数学归纳法的两步中,第一步验证(或证明)了当 $n = n_0$ 时结论成立,即命题 $P(n_0)$ 为真;第二步是证明一种递推关系,实际上是要证明一个新命题:

若 $P(k)$ 为真,则 $P(k+1)$ 也为真。

将这两步交替使用,就有 $P(n_0)$ 真,$P(n_0 + 1)$ 真,…,$P(k)$ 真,$P(k+1)$ 真 … 从而完成证明。

值得一提的是,人教 A 版明确指出"第二步是证明一种递推关系,实际上是要证明一个新命题:若 $P(k)$ 为真,则 $P(k+1)$ 也为真",并且在用数学归纳法证明具体问题的过程中,先引导学生具体写出第二步要证明的命题。例如,证明等差数列的通项公式为

$$a_n = a_1 + (n-1)d。 \qquad ①$$

证明该通项公式正确性的第二步是证明一个命题：

如果 $n=k$ 时 ① 式是正确的，那么 $n=k+1$ 时 ① 式也是正确的。

这对学生理解数学归纳法的本质具有很好的促进作用。教学时应注意落实教材的这个意图，先让学生明确写出第二步要证明的新命题，分析清楚得出结论时需要使用的条件。

四、小结

综上所述，数列单元要以"运算"为一般观念，通过运算发现和提出问题，通过运算得出数列的取值规律，通过运算发现解决问题的方法。例如，在明确"数列的性质就是数列各要素、相关要素之间关系"的基础上，通过运算发现等差数列、等比数列的性质。

在等差数列、等比数列的研究中，通过推导各种各样的代数公式，利用等差数列、等比数列的性质，特别是灵活运用"平均数"研究"等差"问题，灵活运用"比例性质"研究"等比"问题，可以进一步提升学生的代数推理和数学运算的素养。

数列是一种特殊的函数，要注意引导学生以函数的观点看数列，体会数学的整体性。等差数列与一次函数、等比数列与指数函数之间存在着密切的联系，所以教学中要注意让学生有意识地把数列纳入函数的体系中，从函数的观点看数列的概念，发现和理解数列的性质，认识数列的应用价值等。

另外，要使学生意识到，在数列中推导各种各样公式的方法是不完全归纳法，这种方法并不严密，所得出的公式需要通过数学归纳法进行证明。所以，建议把数学归纳法作为必学内容。

思考题

（1）课程标准强调"数列是一种特殊的函数"，但数列的研究内容又有很强的代数属性，你是如何认识这个问题的？

（2）数列的研究路径是怎样的？如何引导学生建立数列单元的整体架构？

（3）你认为抽象数列的概念的过程中有什么难点？如何帮助学生突破难点？

（4）数列的各种表示各有什么特点？递推公式在数列的研究中有哪些重要作用？

（5）数列的性质所研究的问题是什么？

（6）新教材对等差数列进行了较为深入的改革，你认为具体表现在哪些方面？其合理性表现在哪里？有值得商榷的内容吗？

（7）教材构建的等差数列前 n 项和公式的探究路径是怎样的？

(8)"倒序相加"妙在何处？在什么条件下才能运用？

(9)在等差数列的研究中,"平均数"起了重要作用,你对此有怎样的认识？

(10)推导等比数列前 n 项和公式可以有多种方法,你能说出这些方法的内在联系吗？

(11)与以往教材比较,新教材对数学归纳法的处理有明显的不同,你认为不同在哪些方面？

(12)你认为可以从怎样的角度引导学生理解数学归纳法第二步的本质？

第二节　一元函数导数及其应用

在数学中,为了描述现实世界中的运动、变化现象引入了函数。刻画静态现象的数与刻画动态现象的函数都是数学中非常重要的概念。在对函数的深入研究中,数学家创立了微积分,这是具有划时代意义的伟大创造,被誉为数学史上的里程碑。

众所周知,微积分的创立与处理四类科学问题直接相关。一是已知物体运动的路程作为时间的函数,求物体在任意时刻的速度与加速度,反之,已知物体的加速度作为时间的函数,求速度与路程;二是求曲线的切线;三是求函数的最大值与最小值;四是求长度、面积、体积和重心等。几百年中,科学家们对这些问题的兴趣和研究经久不衰,终于在 17 世纪中叶,牛顿(I. Newton, 1643—1727)和莱布尼茨(G. W. Leibniz, 1646—1716)在前人探索与研究的基础上,凭着他们敏锐的直觉和丰富的想象力,各自独立地创立了微积分。

导数是微积分的核心内容,是现代数学的基本概念,蕴含着微积分的基本思想。导数定量地刻画了函数的局部变化,是研究函数增减、变化快慢、最大(小)值等性质的基本方法,因而也是解决诸如增长率、膨胀率、效率、密度、速度、加速度等实际问题的基本工具。

本单元将通过丰富的实际背景和具体实例,引导学生学习导数的概念和导数的基本运算,体会导数的内涵与思想,感悟极限的思想;通过具体实例感受导数在研究函数和解决实际问题中的作用,体会导数的意义。

一、课程定位

课程标准提出,导数是微积分的核心内容之一,是现代数学的基本概念,蕴含着微积分的基本思想;导数定量地刻画了函数的局部变化,是研究函数性质的基本方法。

本单元将帮助学生通过丰富的实际背景理解导数的概念,掌握导数的基本运算,运用导数研究函数的性质,并解决一些实际问题。本单元内容包括导数概念及其意义,导数运算,导数在研究函数中的应用,微积分的创立与发展。

分析课程标准的上述表述,可以得出如下认识:

第一,微积分是现代数学的基础,正如丘成桐所说:归根结底,一切高级的数学都是微积分和线性代数的各种变化。而导数又是微积分的核心概念,蕴含着微积分的基本思想,所以导数的学习非常重要。

第二,函数 $y=f(x)$ 的导函数 $f'(x)$ 定量刻画了函数 $f(x)$ 的局部性质。林群说:把一个案例学好,你就把整个微积分的精神掌握了,这个案例就是"某一时刻 t_0 的速度 v_0"的刻画。"某一时刻"是一个点,一个点的"路程"等于0,似乎"某一时刻的速度"都等于0,但这不符合事实。由 $v=\dfrac{s}{t}$,有 $v_0=\dfrac{0}{0}$。那么 $\dfrac{0}{0}$ 到底怎么运算呢?

数学家的智慧表现在:构造一个过程——从"平均变化率"到"瞬时变化率",引入一个概念——导数,从而不仅使一个"难以描述的问题"得到了准确的数学表达,而且以此为根基建立了整个微积分的大厦。这就是思想! 因此,想方设法使学生经历"从平均变化率到瞬时变化率"这个过程,进而理解导数概念的精神实质,就成为本单元的核心。

二、内容与要求

1. 导数的概念及其意义

(1)通过实例分析,经历由平均变化率过渡到瞬时变化率的过程,了解导数概念的实际背景,知道导数是关于瞬时变化率的数学表达,体会导数的内涵与思想。

(2)体会极限思想。

(3)通过函数图象直观理解导数的几何意义。

2. 导数运算

(1)能根据导数定义求函数 $y=c$,$y=x$,$y=x^2$,$y=x^3$,$y=\dfrac{1}{x}$,$y=\sqrt{x}$ 的导数。

(2)能利用给出的基本初等函数的导数公式和导数的四则运算法则,求简单函数的导数;能求简单的复合函数(限于形如 $f(ax+b)$)的导数。

(3)会使用导数公式表。

3. 导数在研究函数中的应用

（1）结合实例，借助几何直观了解函数的单调性与导数的关系；能利用导数研究函数的单调性；对于多项式函数，能求不超过三次的多项式函数的单调区间。

（2）借助函数的图象，了解函数在某点取得极值的必要条件和充分条件；能利用导数求某些函数的极大值、极小值以及给定闭区间上不超过三次的多项式函数的最大值、最小值；体会导数与单调性、极值、最大（小）值的关系。

4. ＊微积分的创立与发展

收集、阅读对微积分的创立和发展起重大作用的有关资料，包括一些重要历史人物（牛顿、莱布尼茨、柯西、魏尔斯特拉斯等）和事件，采取独立完成或者小组合作的方式，完成一篇有关微积分创立与发展的研究报告。

由课程标准的上述内容和要求可知：

第一，高中阶段并不要求学生用严格的极限理论研究导数，而是通过具体实例、用直观感受的方法了解“瞬时变化率”的刻画方法。所以，本单元的教材和教学要充分利用斜率、增长率、膨胀率、效率、密度、速度、加速度等现实背景问题，引导学生通过具体实例建立理解导数概念的直观基础。

第二，平均变化率是学生熟悉的，而且比较直观，从平均变化率到瞬时变化率的过程，是一个从量变到质变的过程，反映了导数刻画瞬时变化率的本质，其核心思想是极限的思想，这个过程需要学生的想象力和辩证思维，对学生的理性思维要求很高，需要通过各种手段（特别是几何直观）帮助学生理解。

第三，从定义出发推导 5 个幂函数的导数，主要是通过代数变形消除分母中的 Δx；在给出基本初等函数的导数公式、得出导数的四则运算法则以及复合函数求导法则后，就可以求出其他函数的导数。

第四，在高中阶段研究与导数有关的问题中，涉及的函数都是可导函数，这样有利于学生掌握导数的核心知识。所以，教学中要注意聚焦核心知识，避免对一些细节问题过分纠缠。例如，构造一些“怪异函数”来否定函数在某一点的导数大于 0 从而在此点附近函数单调递增的结论。

第五，导数的作用和意义要在用导数研究函数和解决实际问题中才能显示出来，所以要加强应用，特别是用导数解决实际问题。

第六，微积分的创立是数学史上的里程碑，对学生认识数学的科学价值、应用价值、文化价值和审美价值都有重要意义，所以要让学生通过收集、阅读对微积分创立和发展起重大作用的有关人和事，写出心得体会，提高对数学的价值的认识水平。

三、内容的理解与教学思考

（一）如何帮助学生理解导数概念及其蕴含的数学思想

1. 均匀变化的变化率

导数概念的引入，源于对变化率的研究。一个函数 $y=f(x)$ 描述了现实世界中一个变量随另一个变量的变化而变化的方式。例如，一个物体以速度 v 在一条直线上匀速运动，其路程 s 是时间 t 的函数：$s=vt$。当 t 由 t_1 变到 t_2 时，s 由 vt_1 变到 vt_2。s 的改变量 $\Delta s=v(t_2-t_1)$ 与 t 的改变量 $\Delta t=t_2-t_1$ 之比值就等于 v。用函数的观点看就是：

对于一次函数 $y=kx+b$，函数值 y 的改变恒等于其自变量 x 的改变的 k 倍，即

$$\frac{\Delta y}{\Delta x}=\frac{(kx_2+b)-(kx_1+b)}{x_2-x_1}=k。$$

反之，设 $y=f(x)$ 的变化率是一个常数 k，即 $\dfrac{f(x)-f(0)}{x-0}=k$ 对任意非零 x 都成立，则有 $y=f(x)=kx+f(0)$，其图象是一条斜率为 k，y 轴上的截距为 $f(0)$ 的直线。

2. 不均匀变化的变化率

现实世界中的运动现象往往是"变速运动"，即变化率也是随时间的改变而改变的，如何刻画呢？一个基本思想是：用均匀变化率去逼近不均匀变化率。为此，人教 A 版通过两个具体实例，引导学生感受和理解从平均速度到瞬时速度的研究方法。

问题 1 高台跳水运动员的速度。

在一次高台跳水运动中，某运动员在运动过程中的重心相对于水面的高度 h（单位：m）与起跳后的时间 t（单位：s）存在函数关系：

$$h(t)=-4.9t^2+4.8t+11。$$

如何描述运动员从起跳到入水的过程中运动的快慢程度？

对于这个问题，人教 A 版构建了如下过程：

（1）提出"把整个运动时间段分成许多小段，用运动员在某段时间内的平均速度 $\bar{v}$ 近似地描述运动状态"，并在计算 $[0，0.5]$、$[1，2]$ 时间段内平均速度的基础上，给出 $t_1 \leqslant t \leqslant t_2$ 这段时间里的平均速度：

$$\bar{v}=\frac{h(t_2)-h(t_1)}{t_2-t_1}=-4.9(t_1+t_2)+4.8。 \qquad (*)$$

(2)设置"思考:计算运动员在$\left[0,\dfrac{48}{49}\right]$这段时间里的平均速度,你发现了什么?你认为用平均速度描述运动员的运动状态有什么问题吗?"学生将数据代入($*$)得出$\bar{v}=0$,由此发现用平均速度不能准确反映运动员的运动状态,所以需要研究瞬时速度。

(3)设置"探究:瞬时速度与平均速度有何关系?你能利用这种关系求运动员在$t=1$ s时的瞬时速度吗?"通过"设运动员在某一时间段的平均速度是$\bar{v}$。可以想象,如果不断缩短时间段的长度,那么$\bar{v}$将越来越接近瞬时速度。"引导学生想象,把运动员在时间段$[1,1+\Delta t]$,$[1+\Delta t,1]$内近似看成做匀速直线运动,然后计算$\Delta t=-0.1,-0.1^2,-0.1^3,-0.1^4\cdots$时运动员在时间段$[1+\Delta t,1]$内的平均速度$\bar{v}$,以及$\Delta t=0.1,0.1^2,0.1^3,0.1^4\cdots$时运动员在时间段$[1,1+\Delta t]$内的平均速度,再通过计算工具计算$|\Delta t|$取更小值时的$\bar{v}$值,让学生充分感受随着$|\Delta t|$的不断减小,$\bar{v}$越来越接近$-5$。

(4)在$\bar{v}=\dfrac{h(1+\Delta t)-h(1)}{(1+\Delta t)-1}=-4.9\Delta t-5$中,让$\Delta t\to 0$,从而使平均速度趋近于$t=1$ s时的瞬时速度,并指出,"数学中把-5叫做$\bar{v}=\dfrac{h(1+\Delta t)-h(1)}{\Delta t}$在$\Delta t$趋近于0时的极限,记为$\lim\limits_{\Delta t\to 0}\dfrac{h(1+\Delta t)-h(1)}{\Delta t}=-5$"。接着让学生模仿计算$t$取其他值时的瞬时速度。

问题2 抛物线的切线的斜率。

(1)因为学生没有曲线切线的一般概念,所以先设置"探究:你认为应该如何定义抛物线$f(x)=x^2$在点$P_0(1,1)$处的切线?"引导学生类比瞬时速度的刻画,通过信息技术进行几何直观,直观想象切线与割线的关系,得出"当点P趋近于点P_0时,割线P_0P趋近于确定的位置,这个确定位置的直线P_0T称为抛物线$f(x)=x^2$在点$P_0(1,1)$处的切线。"

(2)设置"探究:我们知道,斜率是确定直线的一个要素。如何求抛物线$f(x)=x^2$在点$P_0(1,1)$处切线PT的斜率k呢?"由切线的定义可知,曲线上一点处的切线斜率与此点处割线的斜率有关。设$\Delta x=x-1$(Δx可正可负但不为0),则点P的坐标是$(1+\Delta x,(1+\Delta x)^2)$。于是,割线$P_0P$的斜率是

$$k = \frac{f(x) - f(1)}{x - 1} = \frac{(1 + \Delta x)^2 - 1}{(1 + \Delta x) - 1} = \Delta x + 2。$$

（3）引导学生类比瞬时速度的研究，先计算 $|\Delta x| = 0.1，0.1^2，0.1^3，0.1^4 \cdots$ 时割线 $P_0 P$ 斜率的变化趋势，然后指出："由 $k = \Delta x + 2$ 可以直接看出，当 $\Delta x \to 0$ 时，$\Delta x + 2 \to 2$。我们把 2 叫做割线 $P_0 P$ 的斜率在 $\Delta x \to 0$ 时的极限，记为 $k = \lim\limits_{\Delta x \to 0} \dfrac{f(1 + \Delta x) - f(1)}{\Delta x} = 2$。"

3. 导数的概念及其意义

上述问题 1，2 的解决，不仅思想方法具有内在的一致性，而且数学语言的表达方式也是完全相同的。归纳它们的共性，就可以抽象出导数的概念：

对于函数 $y = f(x)$，设自变量 x 从 x_0 变化到 $x_0 + \Delta x$，相应地，函数值 y 就从 $f(x_0)$ 变化到 $f(x_0 + \Delta x)$。这时，x 的变化量为 Δx，y 的变化量为 $\Delta y = f(x_0 + \Delta x) - f(x_0)$，把比值

$$\frac{\Delta y}{\Delta x} = \frac{f(x_0 + \Delta x) - f(x_0)}{\Delta x}$$

叫做函数 $y = f(x)$ 从 x_0 到 $x_0 + \Delta x$ 的平均变化率。如果当 $\Delta x \to 0$ 时 $\dfrac{\Delta y}{\Delta x}$ 有极限，则称 $y = f(x)$ 在 x_0 处可导，并把这个极限叫做 $y = f(x)$ 在 x_0 处的导数。

当 x 变化时，$f'(x)$ 就是 x 的函数，叫做 $f(x)$ 的导函数。

设 $y = f(x)$，$x \in A$ 是可导函数。根据函数和导数的定义，对于任意 $x_0 \in A$，都有唯一确定的 $f'(x_0)$ 与之对应。$f'(x_0)$ 的意义可以从如下几个角度理解：

（1）$f'(x_0)$ 是函数 $y = f(x)$，$x \in A$ 图象上点 $P_0(x_0，f(x_0))$ 处切线的斜率。在点 P_0 附近，函数图象与点 P_0 处的切线是无限贴近的，因此可以用点 P_0 处的切线近似代替点 P_0 附近的函数图象。

（2）如果 $f'(x_0) < 0$，那么函数 $y = f(x)$ 在 x_0 附近单调递减；如果 $f'(x_0) > 0$，那么函数 $y = f(x)$ 在 x_0 附近单调递增。

（3）$|f'(x_0)|$ 的大小刻画了函数 $y = f(x)$ 在 x_0 附近变化速度的快慢，$|f'(x_0)|$ 越大，函数 $y = f(x)$ 的图象在 x_0 附近越陡，函数的变化速度越快；反之，$|f'(x_0)|$ 越小，函数 $y = f(x)$ 的图象在 x_0 附近越缓，函数的变化速度越慢。

导数概念中蕴含的思想主要是"以直代曲""以静制动""无限夹逼"（极限）等，需要在具体实例中进行不断体验和感悟。

4. 两点教学思考

(1) 让学生亲自动手计算。

导数的概念基于极限。史宁中认为："极限是一种运算,是四则运算以外的第五种运算。""极限运算是现代数学的基础,是数学的研究从有限到无限、从平直到弯曲的不可或缺的手段,是不可替代的。"极限运算的数学语言表达是极其严格的,体现了现代数学的基本特征,即"研究对象符号化,证明方法形式化,论证逻辑公理化"。对高中生而言,学习导数的主要目的是让学生掌握基本的解决"无限""弯曲""变速"等问题的工具的同时,感悟极限思想。"感悟"不能凭空获得,其基本途径就是要让学生亲自动手进行极限运算。在"高台跳水问题"和"$y=x^2$的切线"的教学中,应要求学生依序计算$|\Delta x|=0.1,\ 0.1^2,\ 0.1^3,\ 0.1^4\cdots$时$\dfrac{\Delta y}{\Delta x}$的取值,从中切实感受"无限逼近"的过程,形成极限的切身体验。

(2) 充分利用信息技术。

根据人教 A 版的设计,在导数概念的生成过程中,有如下几个利用信息技术的"节点":

在"问题 1　高台跳水运动员的速度"中,计算时间段$[1,1+\Delta t]$内的平均速度$\bar{v}$,用平均速度$\bar{v}$近似表示运动员在$t=1$时的瞬时速度。给出Δt更多的值,利用计算工具计算对应的平均速度$\bar{v}$的值,可以让学生"看到"当$\Delta t \to 0$时,$\bar{v}$的变化趋势。

在"问题 2　抛物线的切线的斜率"中,研究抛物线$f(x)=x^2$在点$P_0(1,1)$处的切线,在点$P_0(1,1)$的附近任取点$P(x,x^2)$,利用信息技术工具,也可以让学生"看到"割线P_0P的变化趋势,确认点P无限趋近于点P_0时,割线P_0P无限趋近于切线。在列表计算割线P_0P的斜率值时,利用计算工具计算更多割线P_0P的斜率的值,可以增强学生对割线斜率变化规律的感受。

在得出导数的几何意义后,利用信息技术工具将点P_0附近的曲线不断放大,可以发现点P_0附近的曲线与切线越来越靠近,由此可以增强学生对"在点P_0附近,曲线$y=f(x)$可以用点P_0处的切线近似代替"的认同感。

(二) 如何引导学生研究导数的运算

1. 建立研究导数的运算的整体架构

从导数的定义可知,导数是一种借助极限的运算。根据已有的关于运算的经验,需要先给出运算对象,再研究运算法则,得出一些运算公式,从而建立起运算体系,如此才能具有实用价值。导数的研究对象是函数,而各种各样的函数都是通过基本初等函数的加、减、乘、除等运算或复合而得到的。因此,先求出基本初等函数的导数,然后给出导数的"运算法则",这样就可以利用导数的运算法则和基本初等函数的导数求出其他函数的导数。所以,导数的运算的整体架构应该是:

基本初等函数的导数—导数的运算法则—应用。

2. 基本初等函数的导数公式

利用定义求函数 $y=c$,$y=x$,$y=x^2$,$y=x^3$,$y=\dfrac{1}{x}$,$y=\sqrt{x}$ 的导数只涉及代数变形,除求 $y=x^3$ 的导数需用到 $(a+b)^3=a^3+3a^2b+3ab^2+b^3$,其他都是学生熟悉的,可以让学生独立推导。

这里的教学需要注意两个问题:一是让学生自己动手计算,并归纳出运算步骤;二是要注意与导数概念的产生背景相呼应,要让学生在计算得出结果后,思考和解释相应导函数的物理意义或几何意义,如 $y=c$,$y=x$ 的导数的物理意义,$y=x^2$ 的导数的几何意义和物理意义,$y=x^3$ 的导数的几何意义,从而促进学生对导数内涵的认识。引导学生用具体实例解释一个抽象概念或数学表达式的意义,可以有效加深对概念本质的理解程度,并可以培养用数学眼光观察和解释现实事物规律的习惯。

由于没有两个重要极限,所以三角函数、指数函数、对数函数的导数只能直接给出。

3. 导数的四则运算法则

导数的四则运算法则的严格证明需要极限理论,所以人教 A 版只能采取通过具体实例"说明"的方式,让学生体会法则的合理性。具体的,教材设置了如下栏目:

探究 设 $f(x)=x^2$,$g(x)=x$,计算 $[f(x)\pm g(x)]'$,它们与 $f'(x)$,$g'(x)$ 有什么关系? 再取几对函数试试,上述关系仍然成立吗? 由此你能想到什么?

思考 设 $f(x)=x^2$,$g(x)=x$,计算 $[f(x)g(x)]'$,$f'(x)g'(x)$,它们是否相等? $f(x)$ 与 $g(x)$ 商的导数是否等于它们导数的商呢?

这些探究都比较容易,教学时应该让学生独立完成。

4. 复合函数的导数

首先,分解复合函数,明确复合过程是正确进行复合函数求导的前提。人教 A 版采用从特殊到一般的方法,先分析几个具体函数的结构特点,使学生初步感知"复合"的含义,再给出"复合函数"的一般概念。教学中应将重点放在引导学生理解简单复合函数的复合过程,即因变量通过中间变量表示为自变量的函数的过程,并明确复合过程中的自变量、因变量以及中间变量分别是什么。

在给出复合函数定义后，人教 A 版做了如下引导：函数 $y = \sin 2x$ 由 $y = \sin u$ 和 $u = 2x$ "复合"而成。一个合理的想象是，函数 $y = \sin 2x$ 的导数一定与函数 $y = \sin u$，$u = 2x$ 的导数有关。在此基础上再从两个角度计算它的导数：

$$(\sin 2x)' = (2\sin x \cos x)' = 2(\sin x)'\cos x + 2\sin x(\cos x)' = 2(\cos^2 x - \sin^2 x) = 2\cos 2x;$$

$y'_u = (\sin u)' = \cos u$，$u'_x = (2x)' = 2$。于是，

$$y'_x = 2\cos 2x = \cos u \cdot 2 = y'_u \cdot u'_x。$$

最后给出复合函数求导法则：

一般地，对于由函数 $y = f(u)$，$u = g(x)$ 复合而成的函数 $y = f(g(x))$，它的导数和函数 $y = f(u)$，$u = g(x)$ 的导数间的关系为

$$y'_x = y'_u \cdot u'_x。$$

5. 导数的运算的育人价值

"导数的运算"基于极限运算，同时与代数运算有紧密联系；导数的运算法则、复合函数的求导法则，与代数运算法则有较大差异。所以，学习导数的运算能提升学生对"运算"的认识水平，从而加强"运算"这个一般观念，发展数学运算、逻辑推理等素养。

（三）在利用导数研究函数性质的过程中认识导数的意义和作用

1. 用导数研究函数的单调性

由于高中阶段不介绍微分中值定理，因此无法证明函数导数的正负与函数单调性的关系。人教 A 版借助一些典型实例，通过图象直观，引导学生认识函数的单调性与导函数值的正负之间的关系。具体过程如下：

（1）通过对高台跳水问题的直观分析，得出函数 $h(t)$ 的单调性与 $h'(t)$ 的正负之间的关系；

（2）引导学生观察函数 $y = x$，$y = x^2$，$y = x^3$，$y = x^{-1}$ 的图象，探讨函数的单调性与导数的正负的关系，强化认识；

（3）用一个一般性函数图象（如图 7.2.1）进行分析，得出结论：

在 $x = x_0$ 处，$f'(x_0) > 0$，切线是"左下右上"的上升式，函数 $f(x)$ 的图象也是上升的，函数 $f(x)$ 在点 x_0 附近单调递增；

在 $x = x_1$ 处，$f'(x_1) < 0$，切线是"左上右下"的下

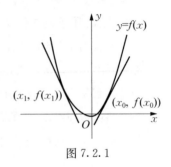

图 7.2.1

降式,函数 $f(x)$ 的图象也是下降的,函数 $f(x)$ 在点 x_1 附近单调递减;

(4) 给出用导数符号判断函数单调性的充分条件;

(5) 与"函数的概念与性质"中用代数运算方法判断函数单调性的规则建立联系;

(6) 通过例题,明确给出用导数判断函数单调性的步骤:

第 1 步,确定函数的定义域;

第 2 步,求出导数 $f'(x)$ 及 $f'(x)$ 的零点;

第 3 步,用 $f'(x)$ 的零点将 $f(x)$ 的定义域分划为若干个区间,列表得出 $f'(x)$ 在各区间的符号,由此得出函数 $y=f(x)$ 在定义域上的单调性。

需要注意的是,函数在区间 (a,b) 上单调递增,其导数不一定恒正,可用函数 $f(x)=x^3$ 加以说明;同样,函数在区间 (a,b) 上单调递减,其导数不一定恒负,可用函数 $f(x)=-x^3$ 加以说明。

教材构建的上述过程是一个从具体到抽象、从特殊到一般的过程,通过数形结合帮助学生形成函数单调性与导数正负之间内在联系的直观认识。同时,教材强调知识的综合贯通,引导学生对两种判断方法——通过解不等式判断函数单调性和利用导数判断函数单调性进行比较,从中体会利用导数判断函数单调性的优越性。

2. 用导数研究函数的极值与最大、最小值

与用导数研究函数的单调性类似,人教 A 版构建了如下用导数研究函数的极值与最值的过程:

(1) 通过高台跳水的例子说明 $h'(a)=0$ 附近函数的变化情况;

(2) 推广到一般函数进行直观分析;

(3) 给出极大值、极小值的定义;

(4) 通过函数 $f(x)=x^3$,说明导数为 0 是函数取极值的必要条件;

(5) 在直观探究极值的基础上,通过具体例子说明求连续函数的极值的方法和步骤:

解方程 $f'(x)=0$,当 $f'(x_0)=0$ 时:

① 在 x_0 附近的左侧 $f'(x)>0$,右侧 $f'(x)<0$,那么 $f(x_0)$ 是极大值;

② 在 x_0 附近的左侧 $f'(x)<0$,右侧 $f'(x)>0$,那么 $f(x_0)$ 是极小值。

求函数 $y=f(x)$ 在 $[a,b]$ 上的最大值与最小值的步骤:

① 求函数 $y=f(x)$ 在 (a,b) 内的极值;

② 将函数 $y=f(x)$ 的各极值与端点处的函数值 $f(a)$,$f(b)$ 比较,其中最大的一个是最大值,最小的一个是最小值。

3. 导数在研究函数性质中的意义和作用

高中阶段要研究的函数性质有:单调性,最大值、最小值,奇偶性,周期性,函数的零点,增长率、衰减率,增长(减少)快慢等。其中,单调性是最重要的性质。导数是关于瞬时变化率的数学表达,定量刻画了函数的局部变化规律,利用导数可以精确地研究函数的这些性质。

导数是研究函数性质的通性通法,其一般步骤是:

第一步,求出函数 $f(x)$ 的定义域;

第二步,求导数 $f'(x)$ 及函数 $f'(x)$ 的零点;

第三步,用 $f'(x)$ 的零点将 $f(x)$ 的定义域分划为若干个区间,列表给出 $f'(x)$ 在各区间的正负,并得出 $f(x)$ 的单调性与极值;

第四步,确定 $f(x)$ 的图象所经过的一些特殊点,以及图象的变化趋势;

第五步,画出 $f(x)$ 的大致图象。

另外,在用导数研究函数性质、解决数学内外问题的过程中,有一些由基本初等函数演化而得的不等式是非常有用的,例如:

$(1) 1 - \dfrac{1}{x} \leqslant \ln x, x > 0; (2) x - 1 \geqslant \ln x, x \in (0, +\infty); (3) e^x > 1 + x, x \neq 0; (4) \ln x < x < e^x, x > 0; (5) \sin x < x, x \in (0, \pi);$ 等等。

这些不等式应该让学生会证明、会应用。

四、小结

直觉上,瞬时速度,$t = a$ 时的速度,这是一个 0 比 0 的问题。没有时间,就没有路程,那么路程比时间,速度就是 0 比 0。牛顿的智慧在于:把它变换成一个在很短的时间里面走过的很短路程,即 $v\big|_{t=a} \approx \dfrac{\Delta s}{\Delta t}$,再通过取极限,就得到 $v\big|_{t=a} = \lim\limits_{\Delta t \to 0} \dfrac{\Delta s}{\Delta t}$。这其中蕴含的思想有极限思想、以直代曲、以不变代变等,反映了"以动窥静、以静制动"的智慧。

M·克莱因(M. Kline,1908—1992)说:"微积分问题至少被十七世纪十几个最大的数学家和几十个小一些的数学家探索过。位于他们全部贡献的顶峰的是 Newton 和 Leibniz 的成就。""数学和科学中的巨大进展,几乎总是建立在几百年中作出一点一滴贡献的许多人的工作之上的。需要有一个人来走那最高和最后的一步,这个人要能足够敏锐地从纷乱的猜测和说明中清理出前人的有价值的想法,有足够想象力地把这些碎片重新组织起来,并足够大胆地制定一个宏伟计划。在微积分中,这个人就是 Isaac Newton。"

龚升(1930—2011)说:微积分的内容是由三个部分组成,即:微分、积分与指出微分与积分是一对矛盾的微积分基本定理这三部分。微分与积分的概念古已有之,如阿基米德(Archimedes,前287—前212)就知道求 $y=x^2$ 的切线,刘徽的割圆术就是用无穷小分割求面积,等等。在牛顿与莱布尼茨之前,人们甚至已知道如何求 $y=x^n$ 的切线及由它覆盖的曲边梯形面积(n 为正整数)。但所有这些还不能说建立了微积分,直到牛顿和莱布尼茨证明了微积分基本定理 $\dfrac{\mathrm{d}}{\mathrm{d}x}\displaystyle\int_a^x f(t)\mathrm{d}t = f(x)$,$\displaystyle\int \dfrac{\mathrm{d}}{\mathrm{d}x}f(x)\mathrm{d}x = f(x)+c$,微分与积分互为逆运算,也就是指出微分与积分是一对矛盾时,才算建立了微积分这门学科。正是由于牛顿和莱布尼茨的功绩,使得微积分成了一门独立的学科,而不再像以前那样作为几何学的延伸;也正是由于牛顿和莱布尼茨的功绩,求微分或积分的问题不再是以一个个问题来处理,而是有了统一的方法来处理。

数学家、数学史家对微积分的创立在人类科学史、思想史、文明史上的作用给予了高度评价。在中学阶段,掌握一些微积分的初步知识,对发展学生的理性思维、增强数学应用能力等都是非常有用的。教学中,应通过具体情境,引导学生在直观理解导数概念,掌握导数的基本运算规则,学会求简单函数和简单复合函数的导数,以及运用导数研究简单函数的性质和变化规律,利用导数解决简单的实际问题等过程中,感悟极限思想,体会极限思想在人类深入认识和表达现实世界中的作用,理解导数是一种借助极限的运算,知道微积分的创立过程,以及微积分对数学发展的作用,从而促进学生的数学抽象、数学运算、直观想象、数学建模和逻辑推理等素养的发展。这是学习本单元的意义所在,也是需要强调的教学重点。

思考题

(1)课程标准要求"通过实例分析,经历由平均变化率过渡到瞬时变化率的过程,体会导数的内涵与思想",你认为导数的内涵是什么?导数的思想又是什么?

(2)学生对导数概念的认知困难有哪些?如何构建导数概念的认知过程,促使学生认识导数概念的内涵?

(3)"极限是不同于加减乘除的第五种运算。"那么,极限运算与四则运算的不同点体现在哪些方面?由此出发,你能举例说明"极限思想"的含义吗?

(4)导数的几何意义是帮助学生直观理解导数思想的重要载体。你认为在导数几何意义的教学中应把握哪些要点？

（5）"导数的运算"的内容架构是怎样的？其中蕴含怎样的思维逻辑？

（6）高中阶段不要求学生对导数的运算法则、复合函数的求导等进行理论推导，但课改的要求是通过加强过程帮助学生领悟基本思想、积累活动经验，你认为应该如何解决这个矛盾？

（7）为什么通过导数可以研究函数的性质？

（8）有些老师常常纠缠于"函数的导数大于 0 是否为函数单调递增的充要条件"之类的争论，你认为这种争论是由什么原因引起的？在高中数学的教学中应该如何避免这种争论？

第八章　概率与统计（选择性必修）

概率必修课程中，因为把重点放在对样本点、有限样本空间、随机事件的理解以及加深对随机现象的认识和理解上，所以在古典概型的概率计算、基本性质和运算法则等研究中，有意识地选取了简单背景，使样本空间、随机事件所涉及的计数问题，可以采用列表、树状图等进行列举的方法加以解决。在概率选择性必修课程中，仅用列举的方法已经满足不了解决随机变量分布列问题的需要，因此先要学习计数原理。

随着学习的深入，容易发现，仅用随机事件的语言不容易把概率的问题讨论清楚，进而很难把握统计推断的本质。为此，在选择性必修中，课程标准要求学生在了解离散型随机变量概念的基础上，理解离散型随机变量分布列及其数字特征，并设置了以伯努利模型为代表的离散型模型和以误差模型为代表的连续型模型，前者可以导出二项分布，后者可以导出正态分布。

在统计的必修课程中研究的是单变量统计问题，在选择性必修中，将以样本估计总体为主要思想，利用成对样本数据的统计相关性研究两个变量之间的统计相关性，并通过建立一元线性回归模型进行预测。对于一定范围内的两种现象之间是否存在关联性或相互影响的问题，统计学的做法是先将它抽象为两个分类变量的独立性问题，再利用 2×2 列联表表示数据，采用假设检验的方法进行推断。这些问题涵盖了估计和假设检验两种基本推断方法。

第一节　计数原理

计数问题在日常生活、生产中是普遍存在的。例如，幼儿会通过一个一个地数的方法，计算自己拥有玩具的数量；学校要举行班际篮球比赛，在确定赛制后，体育老师要算一算共需要举行多少场比赛；用红、黄、绿三面旗帜组成航海信号，颜色的不同排列表示不同的信号，需要知道共可以组成多少种不同的信号……数量很少时，一个一个地数不失为一种好方法；但如果数量很大，一个一个地数不仅效率低而且容易出错。

所以,需要研究高效且准确的数个数的方法。

实际上,自然数系就是人类在生产、生活中,通过长期的"数个数"实践而逐渐发展起来的数学工具,自然数是人类的发明创造,其对人类文明的贡献可以与火的使用相媲美。为了使自然数系在计量中更加有用、好用,人们定义了具有交换律、结合律和分配律的加法、乘法,这是将若干个"小的数"结合成"较大的数"的最基本方法。这两种方法经过推广就成了本单元的分类加法计数原理和分步乘法计数原理。这两个原理是解决计数问题的最基本、最重要的方法,应用它们,还可以得到两类特殊计数问题的计数公式,即排列数公式和组合数公式,应用公式就可以方便地解决一些计数问题;应用计数原理与计数公式,还可以推出二项式定理,这是一个在数学的许多领域都有重要应用的定理。下面对本单元的课程内容和教学进行概要讨论。

一、课程定位

课程标准指出,分类加法计数原理和分步乘法计数原理是解决计数问题的基础,称为基本计数原理;排列与组合是两类特殊且重要的计数问题;二项式定理是重要的代数公式,在数学中有重要的应用,可以通过两个基本计数原理进行推导。本单元的学习可以帮助学生理解两个基本计数原理,学会运用计数原理探索排列、组合、二项式定理等问题。本单元的内容包括两个基本计数原理,排列与组合,二项式定理。课程标准要求学生通过本单元的学习,能结合具体实例,识别和理解分类加法计数原理和分步乘法计数原理及其作用,并能运用这些原理解决简单的实际问题;能结合具体实例,理解排列、组合、二项式定理与两个计数原理的关系,能运用两个计数原理推导排列、组合、二项式定理的相关公式,并能运用它们解决简单的实际问题,特别是概率中的某些问题。

分析课程标准的上述内容和要求,可以得到如下的一些认识:

首先,就像加法、乘法是所有运算的基础一样,两个计数原理是解决计数问题的基础,课程标准将它们称为基本计数原理。高中阶段被冠以"基本"二字的定理只有基本不等式、向量基本定理等少数几个,足见其重要性。

第二,排列与组合是两个特殊的计数问题,可以利用两个基本计数原理推导出计数公式。事实上,研究一类数学对象时,往往要在研究一般性问题后考察特例,由此得出的结论是具有特别意义的。例如各种乘法公式就是特殊多项式相乘的结果,它们在代数学中具有重要地位;等腰三角形和直角三角形的相关结论在几何中也有特殊的重要性;等等。

第三,二项式定理是有广泛应用的代数公式,二项式定理的推导就是两个计数原理、组合数公式的应用。

顺便指出,两个基本计数原理近乎常识,容易理解,但具有极大的灵活性,所以要熟练掌握并不容易。

二、内容与要求

1. 两个基本计数原理

通过实例,了解分类加法计数原理、分步乘法计数原理及其意义。

2. 排列与组合

通过实例,理解排列、组合的概念;能利用计数原理推导排列数公式、组合数公式。

3. 二项式定理

能用多项式运算法则和计数原理证明二项式定理,会用二项式定理解决与二项展开式有关的简单问题。

三、内容的理解与教学思考

(一) 对内容的整体分析

我们知道,两个基本计数原理是处理计数问题的两种基本思想方法。面对一个复杂的计数问题时,通过分类或分步将它分解为若干个简单计数问题,在解决这些问题的基础上,将它们整合起来而得到原问题的答案,这在日常生活中也被经常使用。通过对复杂计数问题的分解,将综合问题化解为单一问题的组合,再对单一问题各个击破,可以达到以简驭繁、化难为易的效果。

返璞归真地看两个计数原理,它们实际上是加法运算与乘法运算的推广,是解决计数问题的理论基础。

由于两个计数原理的基础地位,并且在应用它们解决问题时具有很大的灵活性,是训练学生逻辑推理的好素材,所以需要在教学中给予充分重视。另外,学生还不习惯用它们来分析和解决问题,所以需要通过具体实例概括出两个计数原理,并通过由易到难、由单一到综合的解题训练,使学生有较多的机会来熟悉原理及其基本应用。

排列、组合是两类特殊而重要的计数问题,而解决它们的基本思想和工具就是两个计数原理,其内容安排可以按如下思路展开:从简化运算的角度提出排列与组合的学习任务,通过具体实例的概括得出排列、组合的概念;应用分步乘法计数原理得出排列数公式;应用分步计数原理和排列数公式推出组合数公式。对于排列与组合,有两个基本想法贯穿始终,一是根据一类问题的特点和规律寻找简便的计数方法,就像乘法作为加法的简便运算一样;二是注意应用两个计数原理思考和解决问题。

二项式定理的学习过程是应用两个计数原理解决问题的典型过程,其基本思路是"先猜后证"。"猜想"是直接应用两个计数原理对展开式的项的特征进行分析得出的,这个分析过程不仅使学生对二项式的展开式与两个计数原理之间的内在联系获得认识的基础,而且也为证明猜想提供了基本思路。

两个计数原理几乎是一种常识,这样简单朴素的原理易学、好懂、能懂、好用,但要达到会用的境界,则需要经过一定量的应用性训练。所以,需要选择恰当的应用问题,引导学生用两个计数原理进行分析、推理和论证,使学生在应用中加深对原理的理解,提高思维的缜密性。

用排列、组合概念解决问题的过程中,困难在于问题背景不易把握而导致重复或遗漏,为此需要让学生掌握一些基本问题类型的计数技巧。

二项式定理的猜想,困难主要是学生很难想到把"展开式"与"计数"挂起钩来,因此用计数原理对 $(a+b)^2$ 的展开过程进行细致分析非常重要,需要加强引导。

(二) 关于两个基本计数原理

在思想方法上,用分类加法计数原理解决问题就是将一个复杂问题分解为若干"类别",然后各个击破,分类解决;用分步乘法计数原理则是将一个复杂问题的解决过程分解为若干"步骤",先分析每一个步骤,再整合为一个完整的过程。其目的都是为了分解问题、简化问题。因为排列、组合及二项式定理的研究都是作为两个计数原理的典型应用而设置的,所以理解和掌握两个计数原理是学好本章内容的关键。

1. 如何帮助学生理解"完成一件事"?

两个基本计数原理都是讨论"完成一件事情"所有不同方法种数的问题。"完成一件事情"是一个比较抽象的概念,它比"完成一件工作""完成一项工程"等的含义要广泛得多。某些问题的实际背景以及文字表达中一些关键词的语义往往会引起学生的困惑,造成理解困难,需要我们在教学中结合实例引导学生进行辨析。例如:

从甲地到乙地;从甲地经丙地再到乙地。

从所有教科书中任取一本;从所有教科书中任取数学书、语文书各一本。

从 $1\sim9$ 这九个数字中任取两个组成没有重复数字的两位数;2 160 有多少个不同的正因数。

排列、组合中的"确定一个满足条件的排列""确定一个满足条件的组合"也是指"完成一件事情"。

学生容易把"完成一件事情"与"计算完成这件事情的方法总数"混同。例如：

在分析"从 $1\sim 9$ 这九个数字中任取两个，共可组成多少没有重复数字的两位数"时，学生容易把要完成的"一件事情"误解成"求满足条件的两位数的个数"；把"2 160有多少个不同的正因数"要完成的"一件事情"误解为"计算 2 160 正因数的个数"；在解决"求 $(a_1+a_2+a_3)(b_1+b_2+b_3+b_4)(c_1+c_2+c_3+c_4+c_5)$ 展开式的项数"时，大多数学生都不清楚这里要完成的"一件事情"应为"得到展开式的一项"。

2. 两个计数原理的区别

分类计数原理与"分类"有关，类与类之间互不相容，用任何一类中的任何一种方法都可以完成这件事；

分步计数原理与"步骤"有关，只有依次完成每一个步骤，才能完成这件事情。

利用集合进行抽象表示，可以得到如下结果：

设完成一件事的方法的集合是 U，且 $\operatorname{card}(U)=N$。

如果完成这件事的方法可以区分为互不相同的 A、B 两类，即 $A\bigcup B=U$，$A\bigcap B=\varnothing$。记 $\operatorname{card}(A)=m$，$\operatorname{card}(B)=n$，则

$$N=\operatorname{card}(U)=\operatorname{card}(A\bigcup B)=\operatorname{card}(A)+\operatorname{card}(B)=m+n。$$

如果完成这件事需要分成 A、B 两个步骤，即 $U=A\times B=\{(a,b)\mid a\in A,b\in B\}$。记 $\operatorname{card}(A)=m$，$\operatorname{card}(B)=n$，那么

$$N=\operatorname{card}(U)=\operatorname{card}(A\times B)=\operatorname{card}(A)\times\operatorname{card}(B)=m\times n。$$

分类要做到不重不漏：分类加法计数原理中的"完成一件事有两类不同方案"，是指完成这件事的所有方法可以分为两类，即任何一类中的任何一种方法都可以完成任务，两类中没有相同的方法，且完成这件事的任何一种方法都在某一类中。

分步要做到步骤完整：分步乘法计数原理中的"完成一件事需要两个步骤"，是指完成这件事的任何一种方法都要分成两个步骤，在每一个步骤中任取一种方法，然后相继完成这两个步骤就能完成这件事，即各个步骤是相互依存的，每个步骤都要做完才能完成这件事。

3. 两个基本计数原理的教学

基本计数原理看似简单，但要真正把握其本质并不容易，教学中应注意使学生充分经历从具体实例中概括出计数原理的过程，特别是要在分析问题的本质特征上多给学生一些时间和空间。为了使学生更好地概括和领悟计数原理，教学中要注意使用典型例子，例如从 A 地到 B 地的不同路线问题、参加某项活动的人员组合问题等，也可

以让学生自己举一些例子。

两个计数原理的教学应该在同一课时中进行,这样可以让学生进行对比,在比较中加深认识。一般地,学生在刚刚接触一个概念时所留下的印象是最深刻的,这里进行对比学习,可以让学生先入为主地明白两个计数原理的差异及其相互联系。

这里再次强调,关键是要让学生分析清楚要完成的"一件事"是什么。为此,教学中应当采取一些措施,例如"树状图"的使用可以使思路的梳理更加清晰,应要求学生学会使用"树状图"分析问题。

(三) 排列

数学研究中,大致都会经历这样的过程:先在一般意义上定义研究对象(问题),再研究关键性的特例。"一般性寓于特殊性",通过特例的研究,达到对研究对象(问题)的基本认识,获得相应的数学模型。在解决具体问题的过程中,通过转化,将问题化归为能够应用模型加以解决的形式。例如,一般意义上研究函数的概念与性质后,研究基本初等函数,在给出数列的一般概念后再研究等差数列、等比数列,在一般性地讨论空间基本图形位置关系后重点研究直线、平面的平行与垂直等。

排列、组合是两个基本的计数模型,在解决计数问题时有非常重要的作用。

1. 排列的定义

排列的定义包含两个步骤:取出元素,按一定顺序排列。这里,"元素"的意义是非常广泛的,通常可以抽象为集合语言进行表示,即从集合$\{a_1, a_2, \cdots, a_n\}$中取出 m 个元素,再按一定顺序排列。因此,确定一个排列要完成的"一件事"是:取出 m 个元素,再按顺序排列。

学生可能对"一定顺序"的理解会有困难,可以结合具体实例进行解释。例如:

(1) 甲、乙、丙 3 人中选 2 人,一人参加上午的活动,一人参加下午的活动,"甲上午、乙下午"与"乙上午、甲下午"是不同的,这样,"上午在前、下午在后"就是"一定的顺序";

(2) 1,2,3,4,5 中选 3 个数字组成三位数,尽管 123 与 132,213,231,312,321都由相同的 3 个数字组成,但却是互不相同的三位数,因为其中数字的顺序不同,这样,"百位、十位、个位"就是"一定的顺序"。

所以,元素不同或元素相同但顺序不同的排列都是不同的排列,当且仅当两个排列的元素和顺序都相同才是同一个排列。

2. 排列数公式

从 n 个不同元素中取出 m 个元素排成一个排列要完成的"一件事情"包含两个动作:一是"取",二是"排"。完成这两个动作可以用两种方法:一种是"取一个排一个",

另一种是"取出 m 个,再将这 m 个元素按顺序排成一列",就是把 m 个元素的全排列。

按前一种方法,根据分步乘法计数原理可以得到

$$A_n^m = n(n-1)(n-2) \cdot \cdots \cdot (n-m+1);$$

按后一种方法,根据分步乘法计数原理可以得到

$$A_n^m = C_n^m \cdot m!。$$

3. 排列数公式的变式

对排列数公式进行一些变形,可以得到一些变式,这些变式往往蕴含了一定的实际意义。例如:

$$A_n^m = \frac{n!}{(n-m)!};$$

$$A_n^m = nA_{n-1}^{m-1};$$

$$A_{n+1}^{n+1} - A_n^n = n^2 A_n^{n-1};$$

$$A_n^k - A_n^{k-1} = \frac{1}{n-k+1} A_n^{k+1};$$

……

4. 带有限制条件的排列问题

对于有限制条件的计数问题,由于对限制条件的处理不同,通常有两种计数方法:一种是直接计数,即根据限制条件分解问题(往往是进行分类),把符合限制条件的排列数直接计算出来;另一种是先不考虑限制条件而计算出所有排列数,再从中减去不符合条件的排列数,从而得出符合条件的排列数。

如果不符合限制条件的情况较少,那么往往采用第二种方法,这有点"正难则反"的味道。

(四)组合

1. 组合的概念

组合要完成的"一件事情"是"从 n 个不同元素中取出 m 个",所以,组合可以看成是排列的一个步骤。用集合的语言表达,就是从集合 $\{a_1, a_2, \cdots, a_n\}$ 中取出 m 个元素,得到它的一个子集。

排列与组合都要"从 n 个元素中,任取 m 个元素",所不同的是,排列要"按照一定的顺序排成一列",而组合却是"不管顺序地并成一组"。因为集合的元素具有无序性,所以用集合的语言解释组合是非常恰当的。

教学中可以通过具体问题的比较，启发学生抓住"顺序"这个关键来区分排列问题与组合问题。

2. 组合数

从 n 个不同元素中取出 m 个元素的所有不同组合的个数就是组合数，并表示为 C_n^m。从组合与排列的关系，容易联想到通过排列数公式推导组合数公式：$A_n^m = C_n^m \cdot m!$。

3. 组合数的性质

分析得到一个排列的两个步骤，可以发现"将取出的 m 个元素排成一列"可能出现的排列共有 $m!$ 种，它们元素相同、顺序不同。所以，以"元素相同"作为分类标准，那么"从 n 个不同元素中取出 m 个元素的排列"恰好有 C_n^m 类。由此看到，组合与分类有关，所以对组合数的性质进行一番研究是非常有必要的。

首先，对于一个代数等式，本质上反映了"一个事物的两种等价形式"。解决计数问题，往往可以用不同的方案，而不同计数方案得出的结果应该相同，其数学表达也就是相应的组合等式。所以，证明组合恒等式可以从纯粹的代数运算进行，也可以通过构建实际背景得出。

例如，从对应的思想出发，对于一个有 n 个元素的集合 $\{a_1, a_2, \cdots, a_n\}$，从中取出 m 个元素所成的子集与剩下的 $(n-m)$ 个元素所成的子集是一一对应的，因此从 n 个不同元素中取出 m 个元素所成的组合数 C_n^m 与从 n 个不同元素中取出 $(n-m)$ 个元素所成的组合数 C_n^{n-m} 相等，即 $C_n^m = C_n^{n-m}$。

又如，对于集合 $\{a_1, a_2, a_3, \cdots, a_{n+1}\}$，含有 m 个元素的子集可以分为两类，一类含有 a_1，一类不含 a_1。前一类要从 $\{a_2, a_3, \cdots, a_{n+1}\}$ 中取出 $m-1$ 个元素，有 C_n^{m-1} 种取法；后一类要从 $\{a_2, a_3, \cdots, a_{n+1}\}$ 中取出 m 个元素，有 C_n^m 种取法。所以 $C_{n+1}^m = C_n^m + C_n^{m-1}$。

类似的性质，还有：

$mC_n^m = nC_{n-1}^{m-1}$ ；

$C_n^m \cdot C_m^k = C_n^k \cdot C_{n-k}^{m-k}$ ；

$C_n^m + C_{n+1}^m + \cdots + C_{n+k}^m = C_{n+k+1}^{m+1} - C_n^{m+1}$ ；

$C_n^0 C_m^k + C_n^1 C_m^{k-1} + \cdots + C_n^{k-1} C_m^1 + C_n^k C_m^0 = C_{m+n}^k$ ；

等等。

可以让有余力的学生进行思考、证明。

（五）排列与组合的教学

排列与组合是有内在联系的两类特殊计数问题,教学时应加强对比。"从 n 个不同元素中取出 m 个元素",这是最简单也是基本而重要的,取出的元素是互不相同的,与概率中的不重复抽取样本对应;其变式是"可重复排列",例如"学校食堂的一个窗口共卖 5 种菜,3 名同学每人从中选一种,共有多少种不同的选法?"

排列、组合的问题,困难在于对问题背景的理解,这是一个数学化的过程,需要通过不同情境加强训练(有时还需要一定的有迷惑性的问题进行辨析)。

要让学生掌握一定的技巧。例如:先分类,后分步;特殊元素、特殊位置先排;"插空法""捆绑法"……

（六）二项式定理

二项式定理源于解决高次幂开方的问题,当帕斯卡(B. Pascal,1623—1662)建立了正整数次幂的二项式定理之后,这个定理又运用到了自然数幂和、组合理论及概率计算等方面;牛顿则把指数从整数推广到了有理数,而他的弟子泰勒(B. Taylor,1685—1731)则将其进一步推广到泰勒定理,这个定理是引进多项式的微分学的一个重要起点。

中学阶段,二项式定理安排在计数原理、排列组合之后,随机变量及其分布之前,可以让学生感受到二项式定理作为联系不同领域数学知识的纽带作用。二项式定理的课程定位是既作为计数原理和组合知识的应用,也为解决有关概率问题奠定基础。

1. 二项式定理的起源

在古代,解方程是重大问题,这就必然需要解决开方问题。

古代的开方算法中,二项式系数扮演着重要角色。为了发现各项系数所遵循的规律,人们将这些系数按 n 的取值顺次排成三角形,我国称为"杨辉三角",西方称为"帕斯卡三角"。经过长期观察,人们从这个算术三角形中发现了二项式展开式系数的各种性质,乃至一般规律,由此建立了二项式定理。

2. 二项式系数取值规律的发现

首先,二项式定理是一个数学公式。归根到底,它是一个多项式乘法问题。所以,多项式乘法法则是推导二项式定理的"本源"之一。结合组合数公式可以得出每一项的系数,但从多项式乘法问题联系到组合问题,跨度很大,难。

其次,这是一个特殊的多项式乘法问题。"特殊"在它的因式都是相同的"二项式",由此决定了其展开式的规律性。

第三,因为多项式乘多项式的结果是多项式,所以分析展开式的规律,应从多项式概念的要素出发:项、次数、项数。

第四,对于"项"的规律,关键看结构特征,具体表现在系数、a 的次数、b 的次数各有什么规律,因此这一分析也包含了展开式各项次数的规律。

第五,如果不合并同类项,那么展开式有 2^n 项,其中有 $(n+1)$ 类同类项 $a^{n-k}b^k(k=0,1,2,\cdots,n)$,所以合并同类项后有 $(n+1)$ 项。而 $a^{n-k}b^k$ 的个数,就是相应的二项式系数,可以根据多项式乘法法则和组合数公式得到。

3. 二项式定理的教学设计

背景引入:前面学习了排列组合知识,下面我们运用这些知识推导一个用途很广的公式——二项式定理,即 $(a+b)^n$ 的展开式。它是我们在初中学过的乘法公式 $(a+b)^2=a^2+2ab+b^2$ 的推广。

请大家先回顾一下多项式的概念,多项式乘法法则,以及我们是如何推出乘法公式的。

设计意图:让学生明确要研究的问题,提取长时记忆中关于多项式乘法的相关概念。

问题 1 代数公式往往是从具体实例中归纳共性而发现的。为了得到二项式定理,我们可以先分析一下 $n=2,3,4$ 时二项式 $(a+b)^n$ 的展开式的共同特征。

你能从 $(a+b)^2=a^2+2ab+b^2$ 出发,得到 $(a+b)^3$、$(a+b)^4$ 的展开式吗?

预设:希望学生能想到如下方法

$$
\begin{aligned}
(a+b)^3 &= (a+b)(a+b)^2 \\
&= (a+b)(a^2+2ab+b^2) \\
&= a^3+2a^2b+ab^2+0+ba^2+2ab^2+b^3 \\
&= a^3+3a^2b+3ab^2+b^3;
\end{aligned}
$$

$$
\begin{aligned}
(a+b)^4 &= (a+b)(a+b)^3 \\
&= (a+b)(a^3+3a^2b+3ab^2+b^3) \\
&= a^4+3a^3b+3a^2b^2+ab^3+0+ba^3+3a^2b^2+3ab^3+b^4 \\
&= a^4+4a^3b+6a^2b^2+4ab^3+b^4.
\end{aligned}
$$

追问:(1)根据多项式的概念,你认为应从哪些角度观察三个公式的共同特征?(2)由此你能得到关于 $(a+b)^n$ 的展开式的哪些猜想? (3)你能用上述递推方法得到 $(a+b)^n$ 的展开式吗?

设计意图:引导学生有目的地观察、有逻辑地思考,而不是"撞大运"。在概念的指引下,观察多项式的"要素",即项数、次数、项及其系数的规律,教师要在"项的特征"上加强引导,如每一项的次数都是 n,a 的次数从 n 到 0 降幂排列,b 的次数从 0 到 n 升幂排列,等等。

问题 2 用上述递推的方法得出展开式的各项系数有困难,能否换个角度看问题呢?

追问 1:对于 $(a+b)^2=a^2+2ab+b^2$,你能抽象出展开式各项的一般形式吗?

预设:估计学生独立得出 $a^{2-k}b^k(k=0,1,2)$ 有困难,可以安排一个合作学习,必要时也可以由教师讲解。

追问 2:你能结合多项式乘法的过程,利用组合知识解释 ab 项的系数为什么等于 2 吗?

预设:这是本堂课的主要难点所在。教师可以通过如下追问引导学生思考:

追问 1:这里要完成的"一件事"是什么? ——得到展开式的 ab 项。

追问 2:如何完成? ——对于 $(a+b)(a+b)$,根据多项式乘法法则,可以分为两步,先从一个因式中取 a,有 C_2^1 种取法;再从另一个因式中取 b,因为只要 a 取定,b 就唯一确定。所以取法共有 C_2^1 种,也即 ab 的系数是 C_2^1。

追问 3:类比上述分析,你能用组合数表示 $(a+b)^2$ 的展开式各项的系数并写出展开式吗?

问题 3 仿照上述过程,你能给出 $(a+b)^3$、$(a+b)^4$ 的展开式吗?

预设:这个问题由学生独立完成后再进行全班交流,因为有 $(a+b)^2$ 的研究经验,估计学生可以完成。

问题 4 归纳 $n=2,3,4$ 时二项展开式的共性,你能得出关于 $(a+b)^n$ 的展开式的猜想吗? 你能证明吗?

设计意图:课堂教学线索一定要反映学生的认知规律,这个规律也是与数学公式的归纳过程一致的。从具体到抽象而展开,也就是先对 $n=2,3,4$ 时 $(a+b)^n$ 的展开式进行结构分析,发现规律进而归纳出一般结论。在对 $(a+b)^2$、$(a+b)^3$、$(a+b)^4$ 的观察中,最容易得到的规律是展开式的项数、每一项的次数。困难在于项的结构和系数,教师要在从一般角度看特殊事例上加强引导,概括各项的共性得出结构 $a^{n-k}b^k$,这里体现了代数的基本思想 —— 从具体到抽象地归纳一般结论。

发现系数的取值规律是困难的。要回到基础去,利用多项式乘法法则进行分析:

如何得到 $a^{n-k}b^k$ 呢? 在 $(a+b)^n$ 的 n 个因式中,从 $(n-k)$ 个因式中取 a,再从剩下的 k 个因式中取 b,而且只要 a 取定,b 也就随之确定了。由此能较容易地想到用组合数公式求系数:要完成的"一件事"是"得到 $a^{n-k}b^k$",因为单项式乘法满足交换律,所以是组合问题,相当于从 n 个因式中取 k 个 b 的组合,因此这样的项共有 C_n^k 个,这样就得到了展开式的通项 $T_{k+1} = C_n^k a^{n-k}b^k$。

4. 二项式系数的性质

二项式系数的性质,是指 C_n^0,C_n^1,C_n^2,$\cdots$,C_n^n 之间的相互关系。

从 $(a+b)^n = \sum\limits_{k=0}^{n} C_n^k a^{n-k}b^k$ 出发,令 a、b 为某些特殊值,就可以得到一些有用的结论。例如:

令 $a = b = 1$,则有 $\sum\limits_{k=0}^{n} C_n^k = 2^n$;

令 $a = 1$,$b = -1$,则有 $C_n^0 + C_n^2 + C_n^4 + \cdots = C_n^1 + C_n^3 + C_n^5 + \cdots$。

令 $f(k) = C_n^k$,可以从函数的角度研究其性质。例如,单调性,最大值,对称性,等等。

进一步,可以研究一些组合恒等式。

（七）关于**杨辉三角**的数学探究活动

人教 A 版以杨辉三角性质的探究为数学探究活动的一个主题,一是杨辉三角的直观性和性质的丰富性,既有"一目了然"的性质,也有"深藏不露"的性质,所以它可以让不同发展水平的学生都能探究,并有所收获;二是杨辉三角所蕴含的数学学科价值,以及数学思维和数学文化上的魅力。

在教学中,要加强探究方法的指导,例如"观察"和"实验"的指导,要引导学生在数字三角形中圈一圈、连一连、算一算等手段的尝试;要加强观察的目的性,以"行与行的二项式系数的关系"为导向,以运算为手段,对相邻行之间、各行数字的和等进行观察。

下面是基于杨辉三角的一些结论。

对称性:每行中与首末两端"等距离"之数相等,即

$$C_n^k = C_n^{n-k}。$$

递归性:除 1 以外的数都等于肩上两数之和,即

$$C_{n+1}^k = C_n^k + C_n^{k-1}。$$

第 n 行,奇数项之和和偶数项之和相等,即

$$C_n^0 + C_n^2 + C_n^4 + \cdots = C_n^1 + C_n^3 + C_n^5 + \cdots;$$

第 n 行数的和为 2^n,即

$$C_n^0 + C_n^1 + \cdots + C_n^n = 2^n。$$

如图 8.1.1,第 n 行各数平方和等于第 $2n$ 行中间的数:

$$(C_n^0)^2 + (C_n^1)^2 + (C_n^2)^2 + \cdots + (C_n^n)^2 = C_{2n}^n。$$

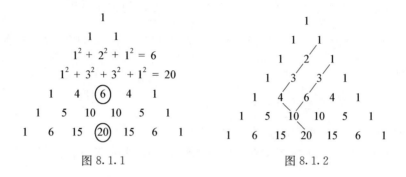

图 8.1.1   图 8.1.2

如图 8.1.2,自腰上的某个 1 开始平行于腰的一条线上的连续 n 个数的和等于最后一个数斜右下方的那个数,即

$$C_k^k + C_{k+1}^k + C_{k+2}^k + \cdots + C_{n-1}^k = C_n^{k+1}。$$

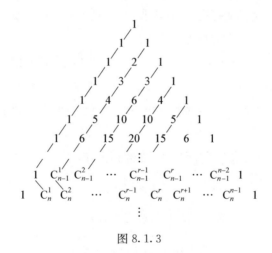

图 8.1.3

数列求和,如图 8.1.3,我们有:

$$1 + 1 + 1 + \cdots + 1 = C_n^1,$$

$$1 + 2 + 3 + \cdots + C_{n-1}^1 = C_n^2,$$

$$1+3+6+\cdots+C_{n-1}^2=C_n^3,$$
$$1+4+10+\cdots+C_{n-1}^3=C_n^4,$$
$$\cdots\cdots$$

斐波那契数列:如图 8.1.4,按照这种方式,依次画下去,并将各条虚线上的数分别相加,得到

$$1,\ 1,\ 2,\ 3,\ 5,\ 8,\ 13,\ 21,\ 34,\ \cdots$$

这就是斐波那契数列。

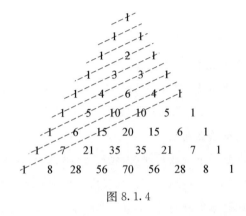

图 8.1.4

如果从第 n 行的"1"开始沿图中的虚线将各数依次相加,得到的结果为 $F(n)$,那么根据杨辉三角,可得

$$F(n)=C_n^0+C_{n-1}^1+C_{n-2}^2+\cdots$$

于是有

$$F(n+1)+F(n)=F(n+2)。$$

高尔顿板:如图 8.1.5,一个小球向下跌落,碰到第一层阻挡物后等可能地向两侧跌落;碰到第二层阻挡物再等可能地向两侧的第三层跌落;如此下去,小球一直跌到容器底层。利用杨辉三角,可求得小球从第一层的通道向下运动跌落到第 $n+1$ 层的第 m 个通道里的概率为 $\dfrac{C_n^{m-1}}{2^n}$。

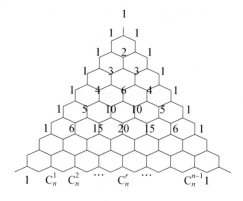

图 8.1.5

思考题

1. 两个基本计数原理都是讨论"完成一件事"所有不同方法种数的问题。"完成一件事"是一个比较抽象的概念,它比"完成一件工作""完成一项工程"等的含义要广泛得多。你认为应该如何帮助学生理解"完成一件事"的含义?

2. 两个计数原理有哪些区别?

3. 为了帮助学生理解两个计数原理,你觉得可以采取哪些教学策略与方法?

4. 排列、组合是两个基本的计数模型,在解决计数问题时发挥着基础性作用。确定一个排列或组合所要完成的"一件事"各是什么?你能举例说明排列概念中"按一定顺序"的含义吗?

5. 组合数有许多重要的性质,这些性质除了通过代数推理证明外,还可以通过构建分类计数背景进行证明,你能举例说明吗?

6. 人教 A 版采用从特殊到一般进行归纳的方式,应用组合计数法得出 $n = 2, 3, 4$ 时 $(a+b)^n$ 的展开式,再归纳共性得出二项式定理。另一方面,二项式定理是一个特殊的多项式乘法问题,"特殊"在于它的因式都是相同的"二项式",由此决定了其展开式的规律性。如果按照这个观点,你能设计出一个从一般到特殊的二项式定理推导方法吗?(提示:一般的 n 个二项式相乘可以表述为 $(a_1+b_1)(a_2+b_2)\cdots(a_n+b_n)$)

第二节　随机变量及其分布

在必修课程中,通过引入样本点和样本空间的概念,完成了对随机事件的数学刻画;类比集合关系和运算,给出了事件的关系与运算的意义;在定义古典概型的基础上,结合古典概型研究了概率的性质、随机事件概率的运算法则;结合有限样本空间,给出了两个事件独立性的含义,并结合古典概型,利用独立性计算概率;在研究频率与概率的关系的基础上,给出了用频率估计概率的方法,为确定随机事件的概率提供了多种工具和方法。

本单元是必修概率课程的继续,包含的内容有:结合古典概型,采用归纳的方式建立条件概率的概念,导出一般的概率乘法公式和全概率公式,为计算复杂事件的概率提供有力工具;引入随机变量概念,在更高的观点下,利用数学工具,采用统一的方式系统、全面地研究离散型随机变量取值的概率分布以及数字特征;通过研究二项分布、超几何分布两个离散型随机变量的分布,进一步理解离散型随机变量在描述随机现象中的作用,更深入地理解随机思想在解决实际问题中的作用;根据频率稳定到概率的事实,借助误差数据频率分布直方图,建立正态分布模型,并用于解决有关实际问题。

一、课程定位

课程标准指出,本单元的学习,可以帮助学生了解条件概率及其与独立性的关系,能进行简单计算;感悟离散型随机变量及其分布列的含义,知道可以通过随机变量更好地刻画随机现象;理解伯努利试验,掌握二项分布,了解超几何分布;感悟服从正态分布的随机变量,知道连续型随机变量;基于随机变量及其分布解决简单的实际问题。

课程标准强调了如下几点:

第一,结合具体实例,理解随机事件的独立性和条件概率的关系。事件的独立性和条件概率都是概率论的重要概念,通过对二者之间关系的探究,可以加深对这两个概念的认识。

第二,理解离散型随机变量在描述随机现象中的作用,引入随机变量,使我们可以用量化的方法对各种随机现象进行数学抽象,并利用数学工具和方法,系统全面地研究随机现象的规律。

第三,通过二项分布和超几何分布两个离散型概率模型和正态分布这个连续型概率模型的学习,进一步理解随机思想在解决实际问题中的作用。

二、内容与要求

1. 随机事件的条件概率

(1)结合古典概型,了解条件概率,能计算简单随机事件的条件概率。

(2)结合古典概型,了解条件概率与独立性的关系。

（3）结合古典概型，会用乘法公式计算概率。

（4）结合古典概型，会用全概率公式计算概率。* 了解贝叶斯公式。

2. 离散型随机变量及其分布

（1）通过具体实例，了解离散型随机变量的概念，理解离散型随机变量分布列及其数字特征（均值、方差）。

（2）通过具体实例，了解伯努利试验，掌握二项分布及其数字特征，并能解决简单的实际问题。

（3）通过具体实例，了解超几何分布及其均值，并能解决简单的实际问题。

3. 正态分布

（1）通过误差模型，了解服从正态分布的随机变量。通过具体实例，借助于频率直方图的直观，了解正态分布的特征。

（2）了解正态分布的均值、方差及其含义。

对于条件概率、乘法公式、全概率公式，课程标准都要求结合古典概型来理解，当然它们对一般情形也是成立的。对于随机变量，我们重点研究取有限个值的离散型随机变量。对于连续型随机变量，只以正态分布为例，让学生知道这是一种取值不能一一列举且取任何单点值的概率为 0 的随机变量。

本单元内容分为两部分：一是结合具体试验，揭示条件概率是缩小的样本空间上的概率，导出乘法公式，求积事件的概率；在深刻理解事件的关系与运算的基础上，用简单事件的运算结果表示复杂事件，归纳得到全概率公式和贝叶斯公式，从而丰富完善了概率的运算法则，为求一类复杂事件的概率提供了有力工具，并体现了化难为易的转化思想。二是用随机变量刻画随机现象，建立概率模型解决实际问题，这是培养学生数学抽象和数学建模素养的重要载体。

三、本单元的认知基础分析

本单元内容的学习基础主要来自以下几方面：

在"概率"必修课程中，建立试验的样本空间，将随机事件定义为样本空间的子集，在此基础上得出事件的关系与运算的含义、加法公式等，这些知识为构建条件概率概念、推导全概率公式建立了基础。

随机变量是由样本空间到实数集上的一个映射，而函数是从实数集到实数集上的一个映射。因此，函数概念的学习过程（分析具体实例—归纳共同特征—抽象概括函数的一般概念），为抽象离散型随机变量及其分布列的概念提供了类比对象。当然，随机变量与函数是有本质区别的,随机变量的取值依赖于样本点,取值具有随机性,取值的概率是研究的重点。

统计中总体的均值,虽然没有严格定义,但通过重复模拟试验,发现样本均值(观测值的平均值)稳定到总体均值,实际上这个稳定值就是随机变量的均值,这为我们揭示离散型随机变量均值的意义、抽象离散型随机变量的定义提供了重要思路。同样地,用方差刻画一组数据离散程度的过程为定义离散型随机变量方差奠定了基础。

统计中的频率直方图直观地表示了连续数据的分布规律,它是用小矩形的面积表示变量落在某个区间内的频率,根据频率稳定到概率的事实,为我们建立正态分布模型提供了直观。

四、内容的理解与教学思考

本单元内容包括条件概率与全概率公式、离散型随机变量及其分布、离散型随机变量的数字特征、二项分布与超几何分布、正态分布。下面从内容本质的分析入手讨论这些内容的育人价值以及教学中需要注意的问题。

(一) 条件概率与全概率公式

1. 随机事件的条件概率

研究条件概率有什么必要性? 在概率研究中的作用是什么? 我们已经知道,对于事件 A 和事件 B,当它们互斥时,和事件 $A \bigcup B$ 的概率 $P(A \bigcup B) = P(A) + P(B)$;当它们不互斥时,有 $P(A \bigcup B) = P(A) + P(B) - P(AB)$;当它们相互独立时,积事件 AB 的概率 $P(AB) = P(A)P(B)$。一个自然的问题是:当它们不独立时,如何计算积事件的概率 $P(AB)$ 呢? 这就需要研究在某些限制条件下的随机事件的概率 —— 条件概率。

随机事件的条件概率是概率论的重要概念之一,是概率论的理论基础,在理论和实践中都有重要应用。从知识的角度看,由条件概率可以得到两个不独立事件的概率乘法公式、全概率公式,它们是求一类复杂事件概率的有力工具;从认知角度看,学会利用条件概率、概率乘法公式和全概率公式计算较复杂事件的概率,可以有效提高学生对概率的理解。

许多教师反映,学生对条件概率的理解上有困难。我们认为,以往的概率课程中没有样本空间的概念,仅通过直观描述,缺乏数学刻画,这是造成困难的根本原因。条件概率顾名思义是指在一个事件 A 已经发生的条件下另一个事件 B 发生的概率,也就是说,它是以 A 为样本空间(缩小的样本空间),看事件 B 发生的概率。这样的解释应该是非常直观的,所以理解的困难也会大大降低。

为了降低学习难度,人教 A 版采取"问题情境—思考探究—抽象概括"的方式,结合古典概型实例,通过列举试验的样本空间,引导学生比较事件的有条件和无条件的概率,促使他们认识到,如果附加某个事件 A 发生的条件,试验的可能结果一定是 A 中某个样本点,而 A 的对立事件一定不会发生,所以条件概率 $P(B|A)$ 本质上就是在缩小的样本空间 A 上计算事件 AB 的概率,然后抽象概括得出条件概率的定义。

例如,三张奖券编号为 1、2、3,其中 1 号和 2 号有奖,甲、乙、丙三人依次从中随机抽取一张,令 A、B、C 分别表示甲、乙、丙中奖的事件。样本空间包含 6 个等可能的样本点,用数字串表示,即

$\Omega = \{123,\ 132,\ 213,\ 231,\ 312,\ 321\}$;

$A = \{123,\ 132,\ 213,\ 231\}$;

$B = \{123,\ 213,\ 312,\ 321\}$;

$AB = \{123,\ 213\}$。

根据古典概型知识可知,$P(B) = \dfrac{n(B)}{n(\Omega)} = \dfrac{2}{3}$,已知甲中奖的条件下,乙中奖的条件概率为 $P(B|A) = \dfrac{n(AB)}{n(A)} = \dfrac{2}{4} = \dfrac{1}{2}$。事件 B 的概率与条件概率对比如图 8.2.1 所示:

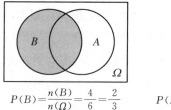
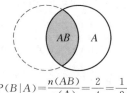

$$P(B) = \frac{n(B)}{n(\Omega)} = \frac{4}{6} = \frac{2}{3} \qquad P(B|A) = \frac{n(AB)}{n(A)} = \frac{2}{4} = \frac{1}{2}$$

图 8.2.1

下面我们再来分析一下条件概率的定义:设 A,B 为两个随机事件,且 $P(A) > 0$,我们称 $P(B|A) = \dfrac{P(AB)}{P(A)}$ 为在事件 A 发生的条件下,事件 B 发生的概率,简称条件概率。

从概念体系上看,无条件概率 $P(B)$ 可以看成特殊的条件概率 $P(B|\Omega)$。显然,条件概率也具有概率的三条基本性质。在古典概型中,条件概率很容易通过缩减样本空间得到。进一步地,条件概率的概念及其相关公式对于一般随机事件的概率都适用,具有普遍意义。

通过实例分析可知,求条件概率有两种方法:一是基于样本空间 Ω,先计算 $P(A)$ 和 $P(AB)$,再利用条件概率公式求 $P(B|A)$;二是根据条件概率的直观意义,增加了 "A 发生"的条件后,样本空间缩小为 A,求 $P(B|A)$ 就是以 A 为样本空间计算 AB 的概率。如果两个事件的发生是有先后次序的,则先发生的事件可以是后发生事件的条件,这为我们处理较复杂的概率问题提供了方法。

2. 条件概率与独立性的关系

事件 A 和事件 B 相互独立的直观意义是 A 是否发生不影响 B 的概率。这样,由 $P(B|A)=P(B)$ 等价变形得到 $P(AB)=P(A)P(B)$,将其作为两个事件独立的定义显得很自然。课程标准将两个事件的独立性移到了必修课程中,因为没有条件概率的概念,所以当时只能采用分析具体的随机试验,先直观判断,再计算相关事件的概率发现规律,归纳得出事件独立的定义。现在有了条件概率概念后,再来讨论条件概率与独立性的关系,就可以从理论上作出严密的表述。

根据独立的直观意义,容易猜想:事件 A 和事件 B 独立的充要条件是 $P(B|A)=P(B)$。教学中应先通过具体例子引导学生进行直观判断,再根据定义作出推理。要提醒学生注意以下两点:

(1) 作为条件的事件 A 的概率必须大于 0,但在事件的独立性定义中没有这个要求;

(2) 如果事件 A 和事件 B 独立,概率都大于 0,那么事件 A 发生不影响事件 B 发生的概率,同时事件 B 发生也不影响事件 A 发生的概率。这样我们就可以得到

$$P(AB)=P(A)P(B)\Leftrightarrow P(B|A)=P(B)\Leftrightarrow P(A|B)=P(A)。$$

3. 全概率公式蕴含的数学思想

课程标准增加了全概率公式和贝叶斯公式的内容,要求结合古典概型,学会用全概率公式计算概率。用简单事件的运算表示复杂事件,利用概率的运算法则简化概率的计算,这种思想方法具有普遍性。全概率公式蕴含的数学思想是:如果某个事件 B 的概率不易直接计算,那么可以用与事件 B 有联系的 n 个两两互斥事件 A_1,A_2,…,$A_n(A_1 \cup A_2 \cup \cdots \cup A_n=\Omega)$ 分割事件 B,然后利用加法公式和乘法公式求得事件 B 的概率,这个过程体现了化难为易的转化思想。

4. 如何推导全概率公式

显然,这里的关键是如何选择事件组 A_1,A_2,…,A_n,这组事件要满足:两两互斥,和为必然事件,且 $P(A_i)$,$P(B|A_i)(i=1,2,\cdots,n)$ 容易求得。人教 A 版设计

了一个摸球问题：

从有 a 个红球和 b 个黄球的袋子中，每次随机摸出 1 个球，摸出的球不再放回。显然，第 1 次摸到红球的概率为 $\dfrac{a}{a+b}$。那么第 2 次摸到红球的概率是多大？如何计算这个概率呢？

这个问题的困难是，第二次摸球受到第一次摸球结果的影响，而第一次摸球的结果具有随机性。但在已知第一次摸到红球或黄球的条件下，就容易求得第二次摸到红球的概率（条件概率）：

设 $R_i=$"第 i 次摸到红球"，$B_i=$"第 i 次摸到黄球"，$i=1,2$。利用第一次摸球的结果，将 R_2 分解为两个互斥事件的和事件，即 $R_2=R_1R_2 \bigcup B_1R_2$，然后利用概率的加法公式和乘法公式就顺利求得了 $P(R_2)$。

这个问题虽然可以直接利用古典概型求解，但利用全概率公式计算概率，简洁且条理清晰。将这种方法一般化就可以得到全概率公式。

根据课程标准的要求，对于全概率公式，我们只对发现的规律做了一般性的推广，并没有对全概率公式进行严格的证明。其实，特殊情形的全概率公式证明过程同样可以推广到一般情形。教学中，由具体实例，通过数学抽象得出一般性的数学结论，是培养学生数学抽象素养的重要途径。

5. 全概率公式应用举例

利用全概率公式可以解决许多复杂的概率问题，下面举一个例子。

问题：甲口袋中装有 2 个黑球和 1 个白球，乙口袋中装有 3 个白球。现从甲、乙两个口袋中各任取一个球交换放入另一个口袋，重复 n 次这样的操作，记甲口袋中黑球个数为 X_n，恰有 2 个黑球的概率为 p_n，恰有 1 个黑球的概率为 q_n，没有黑球的概率为 r_n。

（1）求 $p_1 \cdot q_1$ 和 $p_2 \cdot q_2$；

（2）求 $2p_n+q_n$ 与 $2p_{n-1}+q_{n-1}$ 的递推关系式和 X_n 的数学期望 $E(X_n)$（用 n 表示）。

解：显然，$q_1=P(X_1=1)=\dfrac{2}{3}$，$p_1=P(X_1=2)=\dfrac{1}{3}$。

$q_n=P(X_n=1)$，$p_n=P(X_n=2)$，$r_n=P(X_n=0)=1-q_n-p_n$。

利用全概率公式建立 q_n 与 q_{n-1}，p_n 与 p_{n-1} 之间的递推公式。

$$P(X_n = k) = \sum_{i=0}^{2} P(X_{n-1} = i) P(X_n = k \mid X_{n-1} = i), \; k = 0, 1, 2$$

这里共有 9 个条件概率 $P(X_n = k \mid X_{n-1} = i)$，$i$，$k = 0, 1, 2$，分析如图 8.2.2 所示。

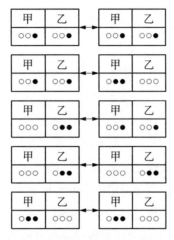

图 8.2.2

根据题意及古典概型可得：

$P(X_n = 2 \mid X_{n-1} = 0) = P(X_n = 0 \mid X_{n-1} = 2) = 0$。

$P(X_n = 1 \mid X_{n-1} = 1) = \dfrac{2}{3} \times \dfrac{2}{3} + \dfrac{1}{3} \times \dfrac{1}{3} = \dfrac{5}{9}$。

$P(X_n = 2 \mid X_{n-1} = 1) = \dfrac{2}{3} \times \dfrac{1}{3} = \dfrac{2}{9}$。 $\quad P(X_n = 1 \mid X_{n-1} = 2) = \dfrac{2}{3}$。

$P(X_n = 1 \mid X_{n-1} = 0) = \dfrac{2}{3}$，$P(X_n = 0 \mid X_{n-1} = 1) = \dfrac{1}{3} \times \dfrac{2}{3} = \dfrac{2}{9}$。

$P(X_n = 0 \mid X_{n-1} = 0) = \dfrac{1}{3}$。

$P(X_n = 2 \mid X_{n-1} = 2) = \dfrac{1}{3}$。

于是

$$q_n = P(X_n = 1) = \dfrac{2}{3} \times r_{n-1} + \dfrac{5}{9} \times q_{n-1} + \dfrac{2}{3} \times p_{n-1},$$

$$p_n = P(X_n = 2) = 0 \times r_{n-1} + \dfrac{2}{9} \times q_{n-1} + \dfrac{1}{3} \times p_{n-1}。$$

进一步，得 $2p_n+q_n=\dfrac{1}{3}(2p_{n-1}+q_{n-1})+\dfrac{2}{3}$，即 $2p_n+q_n-1=\dfrac{1}{3}(2p_{n-1}+q_{n-1}-1)$。

所以 $$2p_n+q_n-1=\left(\dfrac{1}{3}\right)^{n-1}(2p_1+q_1-1)=\left(\dfrac{1}{3}\right)^{n}。$$

所以 $$E(X_n)=2p_n+q_n=\left(\dfrac{1}{3}\right)^{n}+1。$$

6. 贝叶斯公式蕴含的数学思想

贝叶斯公式在概率统计中有着多方面的应用，其本质上是求条件概率，但蕴含着深刻的数学思想。假定 A_1，A_2，$\cdots$，A_n 是导致试验结果的"原因"，$P(A_i)$ 称为先验概率，它反映了各种"原因"发生的可能性大小，它们在试验之前是已知的。现在试验结果是事件 B 发生了，这个信息将有助于探究事件发生的"原因"。条件概率 $P(A_i\mid B)$ 称为后验概率，它反映了试验之后对各种"原因"发生的可能性大小的新的认识。历史上，以贝叶斯公式为基础，发展出了系统的统计推理与决策方法。

按课程标准的要求，贝叶斯公式是选学内容。建议教学中结合典型的例题，对贝叶斯公式的思想进行渗透，有条件的学校应尽量将其作为必学内容。

（二）离散型随机变量及其分布列

概率论研究随机现象的数量规律，其中包含两层意思，一是用数值刻画随机事件发生的可能性大小，二是研究某个数量指标（随机变量）取值的概率规律及这个变量的数字特征。研究方法为：首先建立随机试验的样本空间，构建概率模型，直接计算或估计随机事件的概率，或利用概率的运算法则，解决更复杂的概率计算问题；然后在此基础上，进一步抽象，引入随机变量的概念，借助于数学工具和方法系统全面地研究随机变量取值的概率分布以及数字特征，为决策提供依据。

1. 离散型随机变量概念的抽象

现实世界中的许多随机试验，样本点与某个数量指标有关。例如，抛掷一枚骰子的点数 X_1；将一个试验重复 n 次观察某个事件发生的次数 X_2；随机抽样时样本中某类个体的个数 X_3；10 000 个意外伤害保险保单在一年内的理赔次数 X_4；某市一年内发生的交通事故次数 X_5；某电商一个月内销售的笔记本电脑的台数 X_6；等等。这些数量指标随试验的结果而变化，与普通变量最大的区别是它们的取值具有随机性，事先无法预知。对某些与数值没有直接联系的随机试验，也可以根据需要对可能出现的样本点进行赋值。

如何抽象离散型随机变量的概念呢？可以完全仿照函数概念的抽象过程进行。

从分析简单的随机试验入手,建立样本空间,直观表示试验的样本点与相应变量之间的对应关系,认识到变量的取值依赖于样本点,其取值具有随机性。在归纳共性的基础上定义随机变量是样本空间到实数集上的一个映射,而取值可以一一列举的随机变量称为离散型随机变量。

2. 引入随机变量的好处

随机变量的引入是概率论发展史上的重大事件,也是对概率研究对象的进一步抽象。随机变量是对随机试验可能结果的量化表示,本质上是样本空间到实数集上的映射。引入随机变量概念后,可以用随机变量的表达式表示相关的随机事件,类比函数的表示方法表示离散型随机变量的分布列,计算随机变量的数字特征,进行决策。

现实中的随机现象数不胜数,有的简单,有的很复杂,但具有研究价值的只有有限的几类。重要的是可以按照随机现象的本质特征,将随机变量进行分类(如离散型、连续型等),选择不同的数学工具表示随机变量的概率分布,从而建立各种概率分布模型(二项分布、超几何分布、正态分布等)。在这个过程中,逐步理解用随机变量可以更好地描述随机现象。

对于有限样本空间,它的所有子集都是随机事件,但我们只关心其中某些事件的概率。例如,抛掷 10 枚硬币,样本空间包含 $2^{10} = 1024$ 个等可能的样本点,样本空间所有子集的个数为 2^{1024}。但我们关心的是正面朝上的次数分别为 $0, 1, 2, \cdots, 10$ 这些事件的概率。如果定义 X 为掷 10 枚硬币正面朝上的次数,只要知道概率 $P(X=0)$,$P(X=1)$,$\cdots$,$P(X=10)$ 就足够了。如果要了解掷 10 次硬币,正面朝上的频率在 $[0.4, 0.6]$ 之间的概率,由概率的可加性,只需计算

$$P(4 \leqslant X \leqslant 6) = P(X=4) + P(X=5) + P(X=6)$$

就可以了。

下面我们用一个具体例子说明利用随机变量解决问题的好处:

为了推广一种新饮料,某饮料生产企业开展了有奖促销活动:将 6 罐这种饮料装一箱,每箱都放置 2 罐能中奖的饮料,若从中随机抽出 2 罐,能中奖的概率为多少?

这个问题本质上是一个不放回摸球试验模型,我们可以用多种方法解决它,例如:

方法一 设事件 A 表示中奖的事件,用古典概型可求事件 A 的概率。

方法二 借助于树状图,合理设简单事件,将事件 A 表示为简单事件的运算,利用概率的运算法则可求 A 的概率,过程如下:

设 A_1＝"第一罐有奖"，A_2＝"第二罐有奖"，则 $A = A_1 A_2 \bigcup A_1 \overline{A_2} \bigcup \overline{A_1} A_2$，或 $A = A_1 \bigcup \overline{A_1} A_2$，或 $\overline{A} = \overline{A_1}\ \overline{A_2}$。

利用概率运算法则可求得事件 A 的概率为 $P(A) = \dfrac{3}{5}$。

方法三 若用随机变量来解决这个问题，则具有了一般性。设 X 表示抽取的 2 罐中有奖的罐数，则 X 的可能取值为 0，1，2。

$$P(X=0) = \frac{C_4^2}{C_6^2} = \frac{6}{15}, \ P(X=1) = \frac{C_4^1 C_2^1}{C_6^2} = \frac{8}{15}, \ P(X=2) = \frac{C_2^2}{C_6^2} = \frac{1}{15}。$$

中奖的概率为 $P(A) = P(X \geqslant 1) = P(X=1) + P(X=2) = \dfrac{8}{15} + \dfrac{1}{15} = \dfrac{3}{5}$。

利用随机变量容易推广到：已知 N 罐中有 M 罐有奖，从中任意抽取 n 罐，则至少有 k 罐中奖的概率为

$$P(X \geqslant k) = \sum_{i=k}^{n} P(X=i) = \sum_{i=k}^{n} \frac{C_M^i C_{N-M}^{n-i}}{C_N^n}。$$

（三）离散型随机变量的数字特征

随机变量的概率分布完整地描述了随机变量的规律性，但在实际问题中，我们往往还需要知道一些从某个方面刻画随机变量特征的数量。例如：

一批产品的次品率为 p，随机抽取 n 件，其中的次品数 X 是一个离散型随机变量，在某些假定之下，可以得到 X 的分布列，但有时我们更关心次品数的平均值是多少。

对某一物理量进行测量，测量误差是一个连续型随机变量，我们既需要知道测量的平均误差，也关心误差分布的离散程度。如果平均误差接近 0，而且离散程度较小，说明测量结果比较精确。

这些例子表明，一些与随机变量有关的数值，虽然不能完整地描述随机变量的规律性，但能集中反映随机变量在某些方面的重要特征。在高中我们重点研究离散型随机变量的均值（期望）、方差。

1. 随机变量均值概念产生的历史背景

17 世纪中叶，法国数学家帕斯卡和费马（P. de Fermat，1601—1665）通信讨论"赌本分配"问题，下面是他们讨论中提出的一个问题：

甲、乙两人通过掷硬币进行赌博，每局正面朝上甲胜，反面朝上乙胜。双方各出 50 个金币，约定的规则是先胜三局者获得全部 100 枚金币，当赌博进行到第三局的时

候,甲胜了两局,乙胜了一局,这时由于某种原因中止了赌博,那么该如何分配这 100 枚金币才比较公平?

　　帕斯卡和费马通过长时间的通信讨论,得出了相同的解决方案。设想继续进行赌博,甲先胜 3 局的概率为 $\frac{1}{2}+\frac{1}{4}=\frac{3}{4}$,乙先胜 3 局的概率为 $\frac{1}{2}\times\frac{1}{2}=\frac{1}{4}$,按最终获胜的概率的比例进行分配,甲得 $100\times\frac{3}{4}=75$ 个金币,乙得 $100\times\frac{1}{4}=25$ 个金币。

　　在讨论过程中,他们提出了"赌本值"(value)的概念,即获胜的概率与得到赌金的乘积。后来荷兰数学家惠更斯(C. Huygens, 1629—1695)将"值"改称为"期望"(Expection)。

　　对于离散型随机变量,自然地就将其所有可能取值与相应的概率乘积之和定义为随机变量的数学期望,也称为随机变量的均值。

　　2. 如何抽象离散型随机变量的均值概念

　　采用如上方法直接定义的方式,符合概念产生的历史,但学生缺少认知基础,不易理解。统计中对某个变量进行 n 次观测,观测值的平均数具有稳定性(或频率的稳定性)可以作为理解随机变量均值的认知基础。下面我们具体来看人教 A 版是如何呈现的[1]:

　　(1) 问题情境:甲、乙两名射箭运动员射中目标箭靶的环数的分布列如表 8.2.1 所示,如何比较他们射箭水平的高低呢?

表 8.2.1

环数 X	7	8	9	10
甲射中的概率	0.1	0.2	0.3	0.4
乙射中的概率	0.15	0.25	0.4	0.2

　　(2) 计算观测值的平均值:类似两组数据的比较,首先比较击中的平均环数,如果平均环数相等,再看稳定性。计算某人 n 次射箭的平均环数(样本均值)。例如,设甲射箭 n 次,射中 7 环、8 环、9 环和 10 环的频率分别为 $\frac{n_1}{n}$、$\frac{n_2}{n}$、$\frac{n_3}{n}$、$\frac{n_4}{n}$,则甲 n 次射箭射中的平均环数为

① 人民教育出版社,课程教材研究所,中学数学课程教材研究开发中心. 普通高中教科书:数学 A 版　选择性必修　第三册[M]. 北京:人民教育出版社,2020.

$$\bar{x} = 7 \times \frac{n_1}{n} + 8 \times \frac{n_2}{n} + 9 \times \frac{n_3}{n} + 10 \times \frac{n_4}{n}。$$

（3）根据频率稳定到概率的事实，当 n 足够大时，甲射中的平均环数 $\bar{x}$ 稳定于

$$7 \times 0.1 + 8 \times 0.2 + 9 \times 0.3 + 10 \times 0.4 = 9。$$

即甲射中平均环数的稳定值为 9，这个平均值的大小可以反映甲运动员的射箭水平。

（4）一般地，将离散型随机变量的均值定义为：可能取值与取相应值的概率乘积之和，它是样本均值的稳定值。

统计中的随机抽样，本质上是对某个随机变量进行的 n 次观测，将这 n 个观测值整理成频率分布表，计算得观测值的平均数（样本平均数）。由于离散型随机变量的分布列与频率分布类似，根据频率稳定到概率的事实，将随机变量的均值定义为样本均值的稳定值，形式上就是随机变量的可能取值与取相应值的概率乘积之和。

这种展开方式有如下优点：

第一，揭示了随机变量的均值与样本均值的关系；其表达式是随机变量可能取值的加权平均数，所以均值也称为期望；

第二，在未知随机变量的分布列的情况下，可以用样本均值估计随机变量的均值。

3. 离散型随机变量均值的应用

对随机变量的均值和方差，重点要关注这些数字特征的意义是什么，概念是怎样抽象的，在决策中如何应用等。如果仅仅会计算简单随机变量的均值和方差，就失去了它应有的育人价值。所以，教学中应突出概念的抽象过程，揭示均值和方差的意义，初步了解随机变量的均值与观测值平均数的关系，通过解决实际问题，了解随机变量的均值在决策中的应用。下面看一个利用均值（期望值）进行决策的问题。

问题：某公司计划购买一台机器，该种机器使用 5 年后即被淘汰，机器有一易损零件，在购进机器时，可以额外购买这种零件作为备件，每个 200 元。在机器使用期间，如果备件不足再购买，则每个 500 元。假设这台机器在使用期内更换的易损零件数为随机变量 X，根据历史记录的数据，估计得 X 的分布列为

X	8	9	10	11
P	0.2	0.3	0.3	0.2

现需要决策在购买机器时应同时购买的易损零件的个数。

首先明确决策的准则是购买易损零件总费用最少。设购买易损零件的费用为 Y，则 Y 是 X 的函数，仍是一个离散型随机变量，所以应选择使 $E(Y)$ 达到最小的购买零件数 n。若在购买机器时同时购买 n 个易损零件，显然 n 可取 8，9，10，11，对应 n 的每个取值，可求出 Y 的分布列，进而求出 $E(Y)$，结果如下：

n	8	9	10	11
$E(Y)$	2 350	2 150	2 100	2 200

由此可知，在购买机器时同时购买 10 个易损零件，可使平均费用最少。

利用随机变量的期望值进行决策，适用于在大量重复试验的场合。例如，保险公司面对大量的保险客户，估计平均理赔金额，设计合理的费率是有意义的。仅就一次试验来说，用期望值决策未必是最好的选择。

4. 离散型随机变量的方差

对于离散型随机变量方差的概念，我们采用通过典型问题情境，在问题引导下，类比定义一组数据方差的方式进行。随机变量的均值反映变量取值的平均状况，它是将变量不同取值的差异抹平的结果。如果要刻画随机变量分布的离散程度，则要突出变量不同取值的差异。为了防止正、负偏差相互抵消，将每个可能取值与其均值的偏差平方后再取加权平均。因此，定义离散型随机变量的方差为其可能取值相对于均值的偏差平方的均值，即 $D(X)=\sum_{i=1}^{n}(x_i-E(X))^2 p_i$。本质上，方差是随机变量 X 的函数 $[X-E(X)]^2$ 的均值（期望），即 $D(X)=E[X-E(X)]^2$。

根据目的，从直观出发，逐步修正，直到构造出一个合理的数值指标，这种方法在概率统计中非常重要，在此过程中可以有力地促进学生的抽象思维的发展。例如，在后续统计学习中，构造成对数据的相关系数，用于刻画两组数据线性关系的密切程度，在独立性检验中，构造检验的统计量等，都用到类似的思想。

（四）建立二项分布与超几何分布模型，解决实际问题

二项分布是最常见的一种离散型分布，19 世纪以前的概率统计可以说就是二项分布的天下。我们知道保险业是最早应用概率论的领域，在有关保险的问题中涉及大量的二项分布的概率计算问题。另外，在很长的一个时期内，统计方法在社会问题中的应用主要限于人口统计，特别是出生的男、女婴儿的性别比例问题，这是一个典型的二项分布问题。

就像函数中的基本初等函数一样,二项分布是离散型概率模型的代表,其研究的整体架构是:

背景—n 重伯努利试验的特征—二项分布模型—应用。

超几何分布的研究也有类似的架构。

1. 抽象 n 重伯努利试验的特征

只有两个可能结果的一类最简单的试验,称为伯努利试验。例如,掷硬币有正面和反面两个可能结果,射击有中靶和脱靶两种可能,观察学生的视力情况分为近视和不近视,等等。这两个结果用 A 表示"成功",$\bar{A}$ 表示"失败",事件 A 的概率已知为 p。为了方便,有时"成功"也可用"1"表示,"失败"用"0"表示。当用频率估计概率,或通过随机抽样,用样本中的次品率估计总体的次品率时,都需要做大量重复试验,即要把一个伯努利试验重复 n 次,同时为了了解估计的精确程度及可信度,就需要了解频率的特性。因此,我们最关心的是 n 次重复试验中事件 A 发生的次数 X 的分布列。一般地,将一个伯努利试验独立重复进行 n 次的试验,称为 n 重伯努利试验。

在抽象 n 重伯努利试验的特征时,要特别关注"重复"和"独立"这两个关键词的含义。"重复"是指每次试验的条件完全相同,且事件 A 的概率保持不变;"独立"指的是各次试验的结果互相不受影响。

为了充分展开 n 重伯努利试验特征的抽象,教学中应提供更多的实例,引导学生进行思考:每个问题中的伯努利试验是什么?定义"成功"的事件为 A,那么 A 的概率是多大?重复试验的次数是多少?各次试验的结果是否独立,如何判断?关注的随机变量是什么?这样的训练有助于学生提升数学抽象素养。

下面我们通过 5 个实际问题情境的分析,讨论如何引导学生思考问题。

(1)掷一枚质地均匀的硬币 10 次,恰好有 4 次正面朝上的概率是多少?

(2)图 8.2.3 是高尔顿板的示意图。将小球从顶端放入,小球下落的过程中,每次碰到小木钉后都等可能地向左或向右落下,最后落入底部的格子中。求小球落入从左到右第 3 号格子内的概率。

(3)(随机游动问题)如图 8.2.4,一个质点在随机外力的作用下,从原点 0 出发,每隔 1 s 等可能地向左或向右移动一个单位,共移动 8 次。求质点回到原点的概率。

(4)1000 名中学生购买了"意外伤害保险",假设一年内出险的概率为 0.001,那么一年内恰好 2 人发生意外伤害事故的概率是多少?

(5)袋子中有 4 个红球,6 个白球,从中不放回地抽取 4 个球,那么其中有 2 个红球的概率是多少?

图 8.2.3

图 8.2.4

将问题的思考结果列出如下表 8.2.2。

表 8.2.2

问题编号	伯努利试验	事件 A	$P(A)$	重复试验次数 n	各次试验是否独立	关注的随机变量 X
1	掷硬币	正面朝上	0.5	10	是	正面朝上的次数
2	小球下落的方向	向右下落	0.5	10	是	小球向右下落的次数
3	质点移动方向	向右移动	0.5	8	是	质点向右移动的次数
4	观察个人是否出险	发生意外	0.001	1 000	是	发生意外的人数
5	摸球试验	摸到红球	0.4	4	否	摸到红球的个数

其中问题 1、2、3 虽然情境不同,但试验的本质特征完全相同,都可以归为重复掷硬币试验。关于试验独立性的判断,有时是根据实际问题情境来判断(问题 1 和问题 4),有时是合理的假定(问题 2 和问题 3),问题 5 由于是不放回摸球,所以各次试验的结果不独立,不满足 n 重伯努利试验的特征。

2. 二项分布分布列的推导

人教 A 版采用由特殊到一般的方法,推导二项分布的分布列。先设计探究栏目,引导学生考虑特殊情形,以 3 次射击为例,求中靶次数 X 的分布列。借助树状图表示事件 $\{X=k\}$,利用概率的加法公式及独立事件的乘法公式求 $P(X=k)$。接着思考:射击次数为 4 时,如何表示事件 $\{X=k\}$? 如何求 $P(X=k)$? 最后由特殊到一般,得到 X 的分布列。

在这个过程中,用到了事件的表示、概率的运算法则、组合计数等知识,以及由特殊到一般的推理方法。教学中要让学生独立思考、相互交流,充分经历这个探究过程,提升学生数学抽象、逻辑推理和数学运算的素养。

我们还可以类比二项式定理的推导过程，直接从一般情形推导 X 的分布列：

设每次试验，"成功"用 1 表示，"失败"用 0 表示，则 n 重伯努利试验的样本空间为

$$\Omega = \{x_1 x_2 \cdots x_n \mid x_i = 0 \text{ 或 } 1; i = 1, 2, \cdots, n\}。$$

可以得到如表 8.2.3 所示的结果。

表 8.2.3

求 $(a+b)^n$ 的展开式	求 $P(X=k)$，$k = 0, 1, \cdots, n$
根据多项式乘法，展开式共有 2^n 项，每一项都是一些 a 与 b 的乘积，次数为 n。	样本空间包含 2^n 个样本点（基本事件），每个样本点都是长度为 n 的由 1 和 0 构成的数组。
根据组合计数原理，包含 k 个 a、$n-k$ 个 b 的项 $a^k b^{n-k}$ 共 C_n^k 项，合并同类项得展开式的一般项为 $C_n^k a^k b^{n-k}$。	事件 $\{X=k\}$ 包含所有的有 k 个 1、$n-k$ 个 0 的样本点，共有 C_n^k 个，由独立性条件，每个样本点的概率均为 $p^k(1-p)^{n-k}$，由概率的加法公式得 $P(X=k) = C_n^k p^k (1-p)^{n-k}$。
$(a+b)^n = \sum\limits_{k=0}^{n} C_n^k a^k b^{n-k}$	$\sum\limits_{k=0}^{n} C_n^k p^k (1-p)^{n-k} = (p+(1-p))^n = 1$

3. 二项分布与超几何分布的联系与区别

超几何分布主要用于不放回简单随机抽样中概率的计算，其中对抽取的每个个体只考虑是否具有某种特征。例如，抽取的产品是否合格，选择的学生代表是男生还是女生，观察某电子产品的使用寿命是否超过 5 000 小时，等等。对于不放回简单随机抽样，每次抽取时条件不同，且各次抽取的结果不独立，不满足 n 重伯努利试验的特征。

我们可以用具体的摸球试验来描述超几何分布模型的特征。

袋子中有大小相同的 N 个球，其中有 M 个红球，$N-M$ 个白球，不放回随机摸出 n 个球，设 X 表示摸出的 n 个球中红球的个数，则 X 所服从的分布称为超几何分布。

问题：100 个球中有 40 个红球，60 个白球，采用有放回和不放回两种方式随机抽样，分别抽取 20 个球，设 X 为这 20 个球中红球的个数。采用有放回随机抽样，显然 X 服从二项分布 $B(20, 0.4)$；采用不放回抽样，由于各次抽样结果之间不相互独立，不符合 n 重伯努利试验的特征，可以根据古典概型求 X 的分布列。

$$P(X=k) = \frac{C_{40}^k C_{60}^{20-k}}{C_{100}^{20}}, \quad k = 0, 1, 2, \cdots, 20。$$

无论采用有放回抽样还是不放回抽样,每次抽取一个个体,都是一个伯努利试验,区别是有放回抽样时各次试验结果相互独立,而不放回抽样时各次试验结果不独立。

令 $p = \dfrac{M}{N}$,设 X 表示摸出的 n 个球中红球的个数。二项分布和超几何分布的均值、方差对比如下表 8.2.4 所示。

表 8.2.4

摸球方式	X 的分布	$E(X)$	$D(X)$
有放回摸球	二项分布 $B(n, p)$	np	$np(1-p)$
不放回摸球	超几何分布 $h(N, M, n)$	np	$np(1-p)\dfrac{N-n}{N-1}$

(1) 对应同一个摸球模型,两个分布的均值相同,但超几何分布的方差较小,反映超几何分布概率更集中于均值附近。

(2) 当 N 充分大,且 n 远远小于 N 时,各次抽样结果彼此影响很小,可近似认为是独立的,所以,超几何分布可以用二项分布近似。从方差的角度看,由于 $\dfrac{N-n}{N-1} \approx 1$,两个分布的方差近似相等。

(3) 计算超几何分布列必须同时知道 N 和 M,而计算二项分布列只需知道 $p = \dfrac{M}{N}$ 即可。

在上面的摸球问题中,总体中红球的比例为 0.4,即任取一球,取到红球的概率为 0.4,样本中红球的比例为 $\dfrac{X}{n}$,我们取不同的样本容量 n,分别计算 $P\left(\left|\dfrac{X}{n} - 0.4\right| \leqslant 0.1\right)$,结果如下表 8.2.5 所示。

表 8.2.5

样本容量	有放回抽样 $P\left(\left\|\dfrac{X}{n} - 0.4\right\| \leqslant 0.1\right)$	不放回抽样 $P\left(\left\|\dfrac{X}{n} - 0.4\right\| \leqslant 0.1\right)$
$n=20$	0.746 9	0.798 8
$n=40$	0.854 7	0.939 9

样本容量	有放回抽样 $P\left(\left\|\dfrac{X}{n}-0.4\right\|\leqslant 0.1\right)$	不放回抽样 $P\left(\left\|\dfrac{X}{n}-0.4\right\|\leqslant 0.1\right)$
$n=60$	0.914 2	0.993 6
$n=80$	0.948 4	1

由此看到：用样本中红球的比例估计总体中红球的比例，在相同的样本容量误差限定下，不放回抽样估计的可信度要高；同时，两种抽样方式，样本容量越大，估计的可信度越高。

（五）由误差模型构建正态分布模型

正态分布是概率论中最重要的一种分布。一方面，正态分布是自然界最常见的一种分布，例如，测量误差，射击时弹落点的分布，人的生理特征的量（身高、体重等），自动流水线生产的各种产品的质量指标（如零件的尺寸、袋装食盐的质量）等，都近似服从正态分布。一般来说，若影响某一数量指标的因素很多，而每个单一因素影响非常微小时，则这个指标近似服从正态分布。另一方面，正态分布有许多优良的性质，许多分布可用正态分布来近似，在统计中一些重要的分布可以通过正态分布来导出。因此在理论研究中，正态分布十分重要。

1. 如何刻画连续型随机变量的分布

现实世界中多数随机变量可分为离散型随机变量和连续型随机变量。我们知道一维几何概型是一个连续型分布模型，考虑到学生的认知基础，课程标准删除了几何概型，而且不要求对连续型随机变量做一般研究，只要求通过误差模型，借助直方图的直观，了解服从正态分布的随机变量，知道连续型随机变量。

由于对连续型随机变量不进行严格定义，所以教学中通过典型随机试验，直观认识连续型随机变量的特征很有必要。这类变量的主要特征有：

（1）取值不能一一列举；

（2）取值充满某个区间（整个实轴）；

（3）取每个单点值的概率都为 0；

（4）不能使用分布列来描述其概率分布规律，在实际应用中，主要关注的是变量的取值落在任意区间内的概率。

2. 如何建立正态分布模型

必修课程中,我们用频率分布表整理数据,用频率直方图直观描述连续数据的分布,这给我们构建连续分布模型提供了重要的思路。人教 A 版建立正态分布模型的过程如下:

(1) 对误差随机变量 X 进行观测,获得误差样本数据;

(2) 借助直方图的直观,描述样本数据的分布规律;

(3) 根据频率与概率的关系进行直观想象,得到一条钟形曲线;

(4) 对这条曲线的特征作出描述:在 x 轴上方,具有对称性且曲线与 x 轴围成的面积为 1。

上述过程可以用图 8.2.5 表示。由此就可用任意区间 $[a,b]$ 上对应的曲边梯形的面积表示概率 $P(a \leqslant X \leqslant b)$,只要给出曲线对应的解析表达式(密度函数),就可完成模型的构建过程。这是由经验分布模型过渡到理论模型的建模过程。

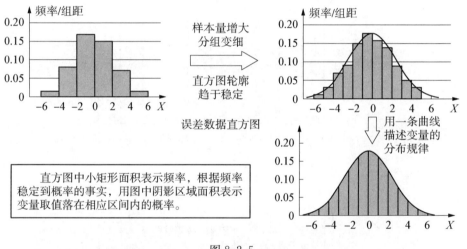

图 8.2.5

接着考察密度曲线的特征,参数对密度曲线的影响及意义,通过正态分布的 3σ 原则,加深对正态分布的认识。

必须注意的是:

(1) 由于中学数学知识的限制,正态分布的许多结论无法严格证明或直接计算。例如,密度曲线与 x 轴围成的面积为 1,概率 $P(a \leqslant X \leqslant b)$ 的计算,3σ 原则的证明,连续型随机变量的均值和方差没有严格定义等。教学中可以借助数学软件加以弥补。

(2) 就像各种基本初等函数一样,正态分布也是一个理论模型,现实中的一些变量一般只是近似服从正态分布。对于有的随机变量,可以通过观测获得样本数据,根据直方图的形状大致判断是否服从正态分布。例如,根据 100 户居民用户的月均用水量数据(人教 A 版统计必修中的例子)的直方图明显不符合正态分布;再比如,我们经常假设学生的考试成绩服从正态分布,这需要试卷的试题数目、难度系数的分布、各题的区分度等都符合一定要求的条件下,这个假定才合理。

下面我们举一个不服从正态分布的连续型随机变量的例子。

例:在近似计算中,需要按规定的精度对实数进行四舍五入,如果对任意取得的一个实数四舍五入保留整数,那么舍入误差 X 是连续型随机变量。请问,X 服从什么样的分布?

对任意得到的 n 个实数,四舍五入保留到整数,误差的取值范围为 $[-0.5, 0.5]$,直方图如图 8.2.6 所示。

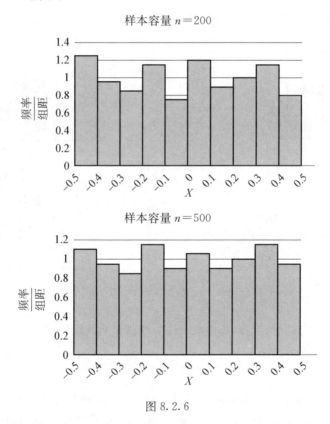

图 8.2.6

观察直方图看到,X 的取值落在每个小区间内的频率(小矩形的面积)随着样本容量的增大,都在 0.1 附近波动,所以推测 X 取值于任何长度为 0.1 的区间内的概率为 0.1,称 X 服从区间 $[-0.5,0.5]$ 上的均匀分布。

可以用密度函数

$$f(x)=\begin{cases}1, & -0.5\leqslant x\leqslant 0.5,\\ 0, & \text{其他}\end{cases}$$

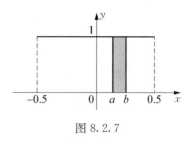

图 8.2.7

描述 X 的概率分布。如图 8.2.7 所示,我们有

$$P(a\leqslant X\leqslant b)=\int_a^b f(x)\mathrm{d}x=b-a。$$

五、在解决实际问题的过程中渗透随机思想

概率研究随机现象的规律性,为人们从不确定性的角度认识客观世界提供重要的思维模式和解决问题的方法。所以概率教学应以理论联系实际为导向,利用概率知识解释客观事实,解释某些规则的合理性,进行风险决策,促使学生在解决实际问题的过程中,提高数学抽象、数学建模的素养,渗透解随机思想。下面举例说明概率的实际应用。

例1 为了比较甲、乙两种新药哪种更有效,进行动物试验方案如下:每一轮选择两只白鼠对药效进行对比试验,随机选取一只施以甲药,另一只施以乙药。一轮的治疗结果得出后,再安排下一轮试验,当其中一种药治愈的白鼠比另一种药治愈的白鼠多 4 只时就停止试验,并认为治愈只数多的药更有效。约定:对于每轮试验,若施以甲药的白鼠治愈且施以乙药的白鼠未治愈,则甲药得 1 分,乙药得 -1 分;若施以乙药的白鼠治愈且施以甲药的白鼠未治愈,则甲药得 -1 分,乙药得 1 分;若都治愈或都未治愈,则两种药都得 0 分。

设甲、乙两药的治愈率分别 0.5 和 0.8,若甲药和乙药在试验开始时都赋予 4 分,p_i 表示"甲药的累计得分为 i 时,最终认为甲药更有效的概率",求 p_4 并根据 p_4 的值解释这种试验方案的合理性。

从直观分析,甲药的治愈率明显低于乙药,但经过多轮试验,事件 $A=$"甲药比乙药多治愈 4 个"是有可能发生的,如果 A 的概率很小,说明试验方案合理,如果事件 A 的概率较大,则说明试验方案不合理。概率决策不可能做到百分之百正确,只要可控制发生错误的概率在一个较小的范围内就是合理的。

容易计算,每轮试验甲药得分 X 的分布列为

X	1	0	1
P	0.4	0.5	0.1

由全概率公式得

$$p_i = 0.4p_{i-1} + 0.5p_i + 0.1p_{i+1}, \ i = 1, 2, \cdots, 7, \ p_0 = 0, \ p_8 = 1。$$

根据上面的递推公式,可求得 $p_4 = \dfrac{1}{257}$,约为 0.4%,因此试验方案合理。

例2 设某种疾病的自然痊愈率为 20%,试验一种新药,在有关部门批准后,某医院把此药给 10 位病人服用,试验方案为:若这 10 个病人中至少有 6 治愈了,则认为这种药有效,提高了治愈率;否则认为这种药无效。

如果新药的确有效,把治愈率提高到了 80%,求通过试验却认定该药无效的概率 p,并根据 p 值的大小解释试验方案是否合理。

将 10 人服用新药视为 10 重伯努利试验,在每次试验中,此病人痊愈的概率为 0.8,且这 10 个人每个人是否痊愈是相互独立的。设 X 表示这 10 个人中痊愈的人数,则 $X \sim B(10, 0.8)$。设事件 $B =$ "经过试验该药被认定无效",事件 B 发生等价于 $\{X \leqslant 4\}$。

$$p = P(X \leqslant 4) = \sum_{k=0}^{4} C_{10}^{k} 0.8^k 0.2^{10-k} \approx 0.006\ 4。$$

由题意,实际上新药是有效的;当痊愈的人数不超过 4 人时,认定新药无效,此时做出了错误的判断;因为这个概率很小,所以试验方案是合理的。

在问题 2 中,如果给 100 位病人服用,结果至少有 40 人痊愈了,请判断这种新药是否有效。

假设新药无效,由于该疾病的自愈率只有 20%,根据频率的稳定性,100 人大约有 20 个左右的人痊愈。现在至少有 40 人痊愈了,因此直观判断新药是有效的。

对这个问题,应该如何进行严格的数学描述呢?

设 100 个人服药后治愈的人数为 X,假设新药无效,则 $X \sim B(100, 0.2)$。那么 100 个人至少有 40 人痊愈的概率为

$$p = P(X \geqslant 40) = \sum_{k=40}^{100} C_{100}^{k} 0.2^k 0.8^{100-k} \approx 3.61 \times 10^{-6}。$$

依据小概率原理,这么小概率的事件认为是不会发生的,一旦发生了,则认定假设"新药无效"是一个错误的判断,所以认为新药有效。

六、教学建议

1. 通过典型实例帮助学生理解概念,培养数学抽象素养

在本单元中,条件概率、随机变量、随机变量的均值和方差等都是不容易理解的概念,教学中要通过丰富的、有趣的、学生熟悉的问题情境,引导学生经历具体实例的分析到共性特征的归纳再到本质特征的抽象的完整过程,使抽象概念建立在具体背景的基础上。

(1) 对于条件概率的概念,可以按如下步骤展开教学:

先选择从 2×2 分类的总体中抽样的问题,使学生认识到附加事件 A 发生的条件下,试验的样本空间缩小了,即事件 A 发生的条件下,事件 B 的条件概率本质上是在缩小的样本空间 A 上求事件 B 发生的概率;

再引导学生考虑一般的古典概型,进一步认识条件概率的意义;

最后从特殊到一般,归纳出条件概率的定义。

从这个抽象过程中,可归纳出求条件概率的两种方法。

对随机事件的独立性与条件概率之间的关系,也要采用先直观描述再进行数学推理的方法。

(2) 引入随机变量的概念,即将随机试验的样本点数量化,建立样本空间到实数集的对应关系,这是对随机现象的进一步抽象,为利用丰富的数学工具全面、系统地研究随机现象的规律性提供了新方法。对离散型随机变量概念的教学,应结合典型的随机试验,引导学生建立样本空间,根据需要建立样本点到实数的对应关系,在共性分析的基础上归纳概括出随机变量的定义。同时,要让学生通过用随机变量的关系式表示随机事件,用分布列描述变量的概率取值规律,充分理解基于随机变量及其分布解决实际问题的一般方法。

(3) 随机变量的均值与方差都是度量性概念,度量性概念一般因比较而产生。教学中可选择有关比较的问题情境,例如为比较两名运动员的射箭水平,从 n 次射箭命中环数的均值出发,根据频率稳定到概率的原理,引入随机变量均值的概念。

总之,对于随机变量这样的抽象程度高的概念,多举例子,通过例子帮助学生理解,这是基本的教学策略。

2. 引导学生经历抽象随机试验的特征、推导分布列的过程

在二项分布、超几何分布、正态分布的教学中,要通过设计恰当的教学情境,让学生经历归纳概括随机试验的特征、推导分布列的过程,从而理解每一种分布的本质特征,这对学生在面对实际问题时能否正确选择概率模型起着关键作用。

（1）二项分布的教学

可以通过不同背景的随机试验，引导学生思考：

问题中的伯努利试验是什么？

定义"成功"的事件为 A，那么 A 的概率是多大？

重复试验的次数是多少？各次试验的结果是否独立？关注的随机变量是什么？

对于分布列的推导，可以借助树状图，利用事件的关系与运算、概率的加法公式、独立事件的乘法公式、排列组合等知识，由特殊到一般的方式展开。

（2）超几何分布的教学

要借助有放回抽样和不放回抽样的对比，重点是判断各次试验结果是否独立。可以让学生思考：

建立二项分布和超几何分布模型的过程与建立古典概率模型的过程有什么不同之处？

实际上，古典概率模型是根据试验的特征，用定义的方式规定了事件的概率计算公式；二项分布是根据试验的特征，利用概率的加法公式与乘法公式推导出分布列，而超几何分布是一个特殊的古典概型。

（3）正态分布的教学

从描述误差数据的分布引入，首先应引导学生认识误差随机变量的取值不能一一列举，不能用分布列描述其概率分布，从而使他们认识到寻找新的工具来刻画变量的概率分布的必要性。在问题的引导下，从频率分布直方图，过渡到分布密度曲线，根据密度曲线的特征，建立用分布密度函数刻画概率分布的正态分布，在此过程中使学生体会由经验模型建立理论模型的思想方法。

3. 在适当的数学思想方法指导下研究相关性质，培养直观想象和推理能力

本单元内容基于随机变量描述随机现象，侧重概念、模型。在对相关对象的性质的教学中，要运用类比、从特殊到一般、直观想象加计算验证等方法，培养学生的推理能力。例如：

（1）对于条件概率的性质，根据条件概率是缩小样本空间上的概率的意义，可得其具有和概率相同的性质——非负性、规范性、可加性等，再由条件概率的定义进行验证。

（2）对于分布列的性质，由于分布列中的项是随机变量取某个值的概率，因此由概率的非负性得到 $p \geqslant 0$，由概率的规范性得到 $\sum_{i=1}^{n} p_i = 1$，由概率的可加性得到 $P(a$

$$\leqslant X \leqslant b) = \sum_{a \leqslant x_i \leqslant b} P(X = x_i)。$$

（3）对于随机变量均值和方差的性质，可以先根据数字特征的意义以及随机变量的实际意义猜想结果，再计算验证。可以引导学生类比函数性质（单调、最值、对称），观察二项分布的各种不同的概率分布图，猜想二项分布有哪些性质，再进行证明。

4. 加强与信息技术的融合，加深对概率分布的理解

二项分布、超几何分布、正态分布有关概率的计算、概率分布图或正态密度曲线的绘制等都需要借助信息技术工具来完成。例如，利用电子表格或 GeoGebra 软件计算二项分布和超几何的分布列，了解二项分布与超几何分布的区别与联系；通过随机模拟试验，了解样本均值（方差）与随机变量的均值（方差）的关系；利用正态分布随机数函数产生随机数，绘制频率分布直方图，了解正态分布的特征；利用 GeoGebra 软件计算正态分布相关概率等等。

思考题

1. 条件概率的内涵是什么？条件概率与事件的独立性有怎样的关系？你认为条件概率不好理解的原因是什么？人教 A 版是如何化解这个难点的？

2. 全概率公式的意义是什么？蕴涵着怎样的数学思想？应用全概率公式能解决哪些问题？

3. 就像确定性数学中从数到代数再到函数的逐级抽象一样，引入"随机变量"概念使概率的研究达到了更高层次的抽象。类比函数的研究，你认为可以如何构建概率的研究路径？你认为可以从哪些方面来理解"用随机变量可以更好地刻画随机现象的规律"？

4. 离散型随机变量的均值和方差的意义是什么？随机变量的均值、方差与样本观测数据的平均值、方差的区别和联系是什么？人教 A 版采用依据频率稳定到概率的事实定义离散型随机变量的均值有什么好处？

5. 二项分布是重要的概率模型。建立概率模型的关键是抽象相应随机试验的特征。你认为可以怎样构建研究二项分布模型的整体架构？确定一个二项分布模型的基本步骤是什么？

6. 二项分布和超几何分布的区别与联系是什么？你认为可以采用什么方法、从哪些角度引导学生认识两者之间的区别与联系？

7. 建立正态分布模型的过程与建立二项分布、超几何分布模型的过程有何本质区别？你认为可以怎样引导学生认识正态分布模型的本质特征？正态分布的许多结

论(包括概率的计算)在高中阶段无法给出证明,在教学中如何弥补这一缺陷?

第三节　成对数据的统计分析

在必修课程中,学生学习了样本数据的直观表示方法、样本数据的统计特征(集中趋势参数、离散程度参数)的刻画方法,并根据样本数据的统计特征估计总体的相应特征。这些方法属于单变量统计问题,其核心思想是用样本估计总体。接下来以样本估计总体为主要思想,结合典型实例,利用成对样本数据的统计相关性研究两个变量之间的统计相关性,采用的方法是先直观描述后定量刻画,重点研究变量间的线性相关关系。例如,先借助成对数据散点图,直观观察相关关系的类型、方向和强弱;再构造相关系数定量刻画线性相关关系的密切程度;最后建立一元线性回归模型,进行预测。为了回答一定范围内的两种现象或性质之间是否存在关联性或相互影响的问题,我们先将它抽象为两个分类变量的独立性问题,利用 2×2 列联表表示数据,采用假设检验的方法进行推断。这些问题涵盖了估计和假设检验两种基本推断方法,并蕴含着丰富的统计思想和方法。例如,刻画数据特征的方法、最小二乘思想、小概率原理、频率估计概率、假设检验基本原理等。本单元可以引导学生在解决问题的过程中,了解统计分析的一般方法,提高数据分析素养。

一、课程定位

课程标准指出,本单元的学习,可以帮助学生了解样本相关系数的统计含义,了解一元线性回归模型和 2×2 列联表,运用这些方法解决简单的实际问题。会利用统计软件进行数据分析。课程标准强调了如下几点:

第一,通过具体案例,引导学生理解两个随机变量的相关性可以通过成对样本数据进行分析。第二,理解利用一元线性回归模型可以研究变量之间的随机关系,进行预测。第三,理解利用 2×2 列联表可以检验两个随机变量的独立性。

另外,课程标准特别强调要通过具体案例,引导学生参与数据分析的全过程,并使用相应的统计软件。

二、内容与要求

1. 成对数据的统计相关性

(1) 结合实例,了解样本相关系数的统计含义,了解样本相关系数与标准化数据向量夹角的关系。

(2) 结合实例,会通过相关系数比较多组成对数据的相关性。

2. 一元线性回归模型

(1) 结合具体实例,了解一元线性回归模型的含义了解模型参数的统计意义,了解最小二乘原理,掌握一元线性回归模型参数的最小二乘估计方法,会使用相关的统计软件。

(2) 针对实际问题,会用一元线性回归模型进行预测。

3. 2×2 列联表

(1) 通过实例,理解 2×2 列联表的统计意义。

(2) 通过实例,了解 2×2 列联表独立性检验及其应用。

从上述内容和要求可见,成对数据的相关性与一元回归模型紧密联系,都是研究两个数值型变量间的相关关系。只有通过样本系数判断出两个变量之间具有较强的线性关系时,建立一元回归模型才有意义。

三、本单元的认知基础分析

本单元内容的学习基础主要来自以下几方面:

通过必修课程的学习,学生已经初步建立样本估计总体的思想,从而为学生理解用样本相关系数推断变量间的相关性、估计回归系数奠定了认知基础。利用两个事件的独立性定义两个变量的独立性,根据频率稳定到概率的事实,利用频率推断两个事件是否独立,可以降低理解的难度。

统计中刻画数据特征(均值、方差)的一般方法,为构造样本相关系数、用偏差平方和最小估计回归系数、构造独立性检验的统计量等提供了可资借鉴的思想方法。

假设检验的基本原理是本单元的学习难点,可以引导学生类比反证法来理解。

四、内容的理解与教学思考

本单元内容包括成对数据的统计相关性、一元线性回归模型及其应用、列联表与独立性检验。下面从内容本质的分析入手讨论这些内容的育人价值以及教学中需要注意的问题。

(一) 成对数据的统计相关性

1. 相关关系——变量间的不确定关系

两个变量之间的数量关系有两种不同的类型:一种是我们非常熟悉的函数关系,

一种是相关关系。对变量间的相关关系可作如下直观描述：当一个变量取一定的数值时，与之对应的另一个变量的值虽然不完全确定，但它按某种规律在一定的范围内变化。变量间的这种关系称为不确定性的相关关系。严格的数学刻画为：

设样本空间 $\Omega=\{\omega\}$，将 Ω 上的两个随机变量 $(X(\omega)，Y(\omega))$ 称为随机向量，在概率论中，可以根据 $(X(\omega)，Y(\omega))$ 的分布判断 X 和 Y 是否独立，如果不独立，就具有某种相关性。在实际中，我们常常利用成对样本观测数据 $(x_i(\omega_i)，y_i(\omega_i))(i=1，2，\cdots，n)$ 推断变量间的相关性。

之所以 X 和 Y 之间是相关关系，是因为变量 X 可能是影响变量 Y 的主要因素，但不是唯一因素，还有其他种种因素，而这些因素我们又不能完全把握。

研究函数关系，可以用数学分析的方法。例如，已知 y 和 x 之间具有线性关系，即 $y=a+bx$，此时只要知道变量的两组取值就可以确定函数表达式。研究相关关系就必须对变量进行多次观测，借助统计的相关思想和方法进行解决。

2. 散点图—描述相关关系的直观工具

由于相关关系的不确定性，寻找变量 X 和 Y 之间的相关关系时，首先要对变量进行观测。设 n 次观测值为 $(x_i，y_i)$，$i=1，2，\cdots，n$。在直角坐标系中，横轴代表变量 X，纵轴代表变量 Y，将观测数据用坐标点的形式描绘出来，得到的图形称为散点图。散点图是研究相关关系的直观工具，可以定性判断相关的类型、方向和相关关系的强弱。

如果散点大致分布在一条直线附近，又不完全在一条直线上，说明变量间具有线性相关关系；如果这些点大致分布在一条曲线附近，说明变量间具有非线性相关关系；如果这些点的分布几乎没有什么规则，说明两个变量间没有相关关系。对于线性相关，如果散点从左下角到右上角沿直线分布，那么两个变量正相关；如果散点从左上角到右下角沿直线分布，那么两个变量负相关。散点在整体上和某一直线越接近，两个变量间的线性相关关系越强。

3. 相关分析与回归分析的关系

对变量间的相关关系，在定性分析的基础上，需要进行定量分析。定量分析有相关分析和回归分析两种方法。相关分析是用一个指标（称为相关系数）来反映变量间相关关系的密切程度。回归分析就是根据相关关系的具体形态，选择一个合适的数学模型，来近似表达变量间的平均变化关系。相关分析和回归分析具有共同的研究对象，在具体应用时，需要互相补充。作相关分析需要依靠回归分析表明变量相关的具体形式，而进行回归分析需要通过相关分析表明变量间的相关程度，只有变量间存在高度相关时,由回归分析得到的变量间的具体形式才有意义。

相关分析研究变量间的相关方向和相关程度,它不提供相互关系的具体形式,也无法从一个变量的变化来推测另一个变量的变化情况。相关分析不必确定哪个变量是自变量,哪个是因变量,所涉及的两个变量可以都是随机变量。回归分析根据观测数据,确定一个数学方程式(回归方程),根据这个方程式可以由已知量推测未知量,为估算和预测提供一个重要方法。回归分析必须事先确定具有相关关系的变量中哪个为自变量,哪个为因变量。一般来说,自变量是普通变量(人为可以控制其取值),因变量是随机变量。

4. 如何构造样本相关系数

在定性刻画的基础上,需要构造一个数值指标(统计量)来刻画成对数据相关性的强弱,进而推断两个变量间相关关系的强弱,这是一个有一定难度的任务,可以借鉴必修中构造一组数据的方差的方法。具体构造过程中,可以从直观出发,先构造一个量,一边研究其性质一边不断修正,直到得到一个合适的统计量。

例如:假设图8.3.1是依据对变量x和y进行观测得到的观测值(x_i, y_i),$i = 1$,2,$\cdots$,n 所绘制的散点图。

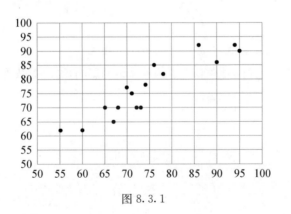

图 8.3.1

直观观察,散点大致分布在从左下到右上一条直线附近,由此判断x和y之间是线性相关关系、正相关。设$\bar{x}$,$\bar{y}$分别是$x_1, x_2, \cdots, x_n$和$y_1, y_2, \cdots, y_n$的均值,将数据以$(\bar{x}, \bar{y})$为零点进行平移,得到平移后的成对数据为

$$(x_1 - \bar{x}, y_1 - \bar{y}), (x_2 - \bar{x}, y_2 - \bar{y}), \cdots, (x_n - \bar{x}, y_n - \bar{y})$$

并画散点图(如图8.3.2所示)。可以发现散点大部分分布在第一象限和第三象限,平移后的成对数据多数为同号,所以散点的横、纵坐标之积多数为正。同理,如果变量

x 和 y 之间是线性负相关,那么平移后的成对数据散点图将大部分分布在第二象限和第四象限,平移后的成对数据多数为异号,所以散点的横、纵坐标之积多数为负。这样,平移后的成对数据横纵坐标之积的和的正负可以反映两个变量是正相关还是负相关。

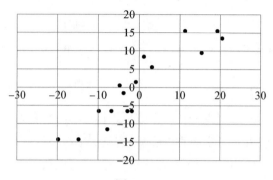

图 8.3.2

为了消除样本量 n 的影响,构造

$$L_{xy} = \frac{1}{n} \sum_{i=1}^{n} (x_i - \bar{x})(y_i - \bar{y})。$$

显然,L_{xy} 符号为正时正相关,L_{xy} 符号为负时负相关。

但是 L_{xy} 受数据量纲的影响,为了消除量纲的影响,可以对数据进行标准化。用

$$s_x = \sqrt{\frac{1}{n} \sum_{i=1}^{n} (x_i - \bar{x})^2} \,, \ s_y = \sqrt{\frac{1}{n} \sum_{i=1}^{n} (y_i - \bar{y})^2}$$

分别除以 $x_i - \bar{x}$ 和 $y_i - \bar{y}(i=1, 2, \cdots, n)$,得

$$\left(\frac{x_1 - \bar{x}}{s_x}, \ \frac{y_1 - \bar{y}}{s_y} \right), \ \left(\frac{x_2 - \bar{x}}{s_x}, \ \frac{y_2 - \bar{y}}{s_y} \right), \ \cdots, \ \left(\frac{x_n - \bar{x}}{s_x}, \ \frac{y_n - \bar{y}}{s_y} \right)。$$

为简单起见,把上述"标准化"处理后的成对数据分别记为

$$(x_1', y_1'), \ (x_2', y_2'), \ \cdots, \ (x_n', y_n'),$$

得到

$$r = x_1' y_1' + x_2' y_2' + \cdots + x_n' y_n'$$

$$= \frac{\displaystyle\sum_{i=1}^{n}(x_i - \bar{x})(y_i - \bar{y})}{\sqrt{\displaystyle\sum_{i=1}^{n}(x_i - \bar{x})^2}\,\sqrt{\displaystyle\sum_{i=1}^{n}(y_i - \bar{y})^2}}。$$

r 是否能度量成对数据的相关关系的强弱呢? 需要进一步研究 r 的几何意义及相关性质。

设"标准化"处理后的成对样本数据 (x_1', y_1'), (x_2', y_2'), …, (x_n', y_n') 的第一分量构成 n 维向量

$$\boldsymbol{x}' = (x_1', x_2', \cdots, x_n'),$$

第二分量构成 n 维向量

$$\boldsymbol{y}' = (y_1', y_2', \cdots, y_n'),$$

则有

$$r = \boldsymbol{x}' \cdot \boldsymbol{y}' = |\boldsymbol{x}'||\boldsymbol{y}'|\cos\theta = \cos\theta。$$

所以,r 等于向量 $\boldsymbol{x}'$,$\boldsymbol{y}'$ 夹角的余弦。

相关系数的性质:

(1) $|r| \leqslant 1$;

(2) $|r| = 1$ 时,向量 $\boldsymbol{x}'$ 与 $\boldsymbol{y}'$ 平行,即 $\lambda\boldsymbol{x}' = \boldsymbol{y}'$,$\dfrac{y_i - \bar{y}}{s_y} = \lambda\dfrac{x_i - \bar{x}}{s_x}$。此时,点 $(x_i, y_i)(i = 1, 2, \cdots, n)$ 都在直线 $y = \bar{y} + \lambda\dfrac{s_y}{s_x}(x - \bar{x})$ 上。

由此可以看到,相关系数刻画成对数据线性相关的密切程度。一般地,$|r|$ 越接近 1,表明线性关系越密切(或越强)。在回归模型诊断中,通过平方和分解,构造决定系数 R^2 的过程中,可对 r 的意义有进一步认识。

在统计中,我们用样本相关系数估计两个变量的相关系数。由于样本具有随机性,由两个变量的不同样本数据得到的相关系数一般也不同。当样本量 n 较小时,样本相关系数波动较大;但当样本量 n 较大时,样本相关系数波动幅度较小,呈现出稳定性规律,此时用于推断两个变量间线性关系强弱具有较高的可信度。

需要注意的是:

(1) 相关系数只衡量变量间线性关系的密切程度,即使变量间具有确定的非线性函数关系,$|r|$ 也可能非常接近 0;

（2）当 n 很小时，即使 $|r|$ 非常接近1，也不表明变量间的线性关系强。

例如，无论 x 和 y 之间是何种关系，只要两组数据对应的点的连线与坐标轴不平行，成对数据的相关系数 $|r|$ 恒为1。

相关系数是变量间线性关系密切程度的度量，刻画了两组成对数据的相似性，在现实中有许多应用。例如，在教育测量中，测验的统计指标有难度、区分度、信度和效度。利用这些指标，可以对测验分数的可靠性、有效性、测验目的达到的程度，以及根据测验结果所获得的信息做出科学性的决策等给出定量的回答。

区分度是衡量试题对学生实际学习水平区别程度的指标，可用学生在某试题上的得分与测验总分之间的相关系数 r 作为该题的区分度。

信度是刻画试卷可靠性程度的指标。测验作为测量学生学习水平的工具，也存在一个测验的成绩是否稳定、是否可靠的问题。试卷的信度就是指该试卷对同一组被试实施两次或多次测试，所得结果的一致性程度。一致性程度越高，试卷的信度就越高。实际中可使用两份等价的试卷，对同一组被试相继实施两次测验，求两次测验成绩的相关系数，将这个值作为两份试卷其中任何一份的信度系数。

效度是测量的准确性和有效性指标，也就是测量的结果与所要达到的目标之间相符合的程度，或者说测验本身所能达到测验目的的程度。由于测量目的的不同，效度有不同的类型。具体分类为：内容效度、校标效度、结构效度。其中校标效度所表示的是该测验成绩与作为标准的另一个测验（校标）的成绩之间的相关程度。效度系数是两次测验成绩之间的相关系数。例如，高考模拟测验以高考试卷作为校标，如果某模拟测验成绩与未来高考成绩的相关系数很高，说明该模拟试卷的效度高。

5. 变量的相关性教学思考与建议

相关关系的概念是描述性的，不必追求形式化上的严格。建议采用案例教学法，对比函数关系，重点突出相关关系的两个本质特征：关联性和不确定性。关联性是指当一个变量变化时，伴随另一个变量有一定的变化趋势；不确定性是指当一个变量取定值时，与之相关的变量的取值仍具有随机性。因为有关联性，才有研究的必要性，因为其不确定性，从少量的变量观测值，很难估计误差的大小，因此必须对变量作大量的观测，但每个观测值都有一定误差，为了消除误差的影响，揭示变量间的本质联系，就必须要用统计分析方法。

判断两个变量间是否具有相关关系，一是凭经验及学科专业知识，二是借助散点图。如可以用到学生对下表8.3.1中的4个例子逐一分析其关联性和不确定性，然后结合散点图，进一步判断相关关系的类型和方向。

表 8.3.1

	变量 X 和 Y	关联性	不确定性	相关类型
例 1	家庭收入 X，消费支出 Y	收入高的家庭消费支出相应也较高。	收入相同的家庭，消费支出未必相同。	正线性相关
例 2	人的身高 X，脚的长度 Y	一般身材较高者，脚的尺寸也较大。	同样身高的人，脚的尺寸不一定相同。	正线性相关
例 3	数学成绩 X，英语成绩 Y	数学成绩高者，一般英语成绩也较高，反之也对。	存在数学成绩高(低)而英语成绩低(高)的学生。	正线性相关（虚假相关）
例 4	气温 X，热饮销量 Y	随着气温的升高，热饮的销量相应会减少。	温度相同的日期内，热饮的销量也未必相同。	负线性相关

例 5 （非线性相关和不相关的例子）对 0 到 18 岁之间的未成年人来说，年龄和身高之间具有非线性的相关关系。对成年人来说，年龄和身高之间没有相关关系。

例 6 吸烟和患肺部疾病之间不具有因果关系，但具有相关关系。引入两值变量 X 和 Y：

$$X = \begin{cases} 1, & \text{吸烟,} \\ 0, & \text{不吸烟。} \end{cases} \qquad Y = \begin{cases} 1, & \text{患肺部疾病,} \\ 0, & \text{不患肺部疾病。} \end{cases}$$

大量调查发现吸烟对患肺部疾病有一定的影响。但不吸烟者也可能患肺部疾病，吸烟者也可能不患肺部疾病，因此 X 和 Y 之间具有相关关系。

适当举一些非线性相关和不相关的例子，有助于对相关关系的全面了解，但我们研究的重点是线性相关关系，而且正相关或负相关只对线性相关有意义。

在构造样本相关系数的教学中，首先要让学生明确这里的任务是构造一个统计量，用以刻画成对数据间线性相关的强弱；要让学生理解数据的平移不影响成对数据线性相关的强弱，但可以突出数据的特征；标准化可以消除数据量纲的影响。另外，通过几何解释及性质的讨论，可以使学生进一步明确样本相关系数的统计意义。

（二）一元线性回归模型

当两个变量之间具有线性相关关系时，根据成对样本数据绘制的散点图中的点大致分布在一条直线附近，可以利用观测数据确定一个数学方程式（回归方程），由这个方程式可以从已知量推测未知量，为估算和预测提供一个重要方法。

1. 数学模型

假设因变量 Y 主要受自变量 x 的影响,它们之间的数量关系为 $Y=a+bx+e$,其中 x 是非随机变量,a,b 是未知的常数,e 是随机误差项,它反映了未列入方程的其他各种因素对 Y 的影响。因此 Y 是随机变量,它可以用由 x 的值完全确定的部分 $a+bx$ 和随机误差 e 来解释。假定随机误差 e 的均值为 0,方差为 σ^2。

将样本观测数据 $(x_i,\ y_i)$,$i=1$,2,$\cdots$,n,代入 $Y=a+bx+e$ 中,得数据结构模型:

$$\begin{cases} y_i=a+bx_i+e_i,\ i=1,\ 2,\ \cdots,\ n; \\ e_1,\ e_2,\ \cdots,\ e_n \text{ 独立同分布}; \\ E(e_i)=0,\ D(e_i)=\sigma^2 。 \end{cases}$$

求解模型:求未知参数 a,b 的估计值,估计误差方差 σ^2(高中不要求)。

2. 最小二乘思想

当两个变量之间存在相关关系时,由于其不确定性,如果只有很少几组变量观测值,很难估计误差的大小。法国数学家勒让德(A. M. Legendre,1752—1833)在根据测量数据预测彗星轨道的问题时,发现了有效利用全部测量数据的方法,即通过计算得出一组数值,在使数据组的偏差达到最小的意义下,这些数值是最优的。勒让德的方法得出的数值充分利用了所有数据信息,这个方法现在叫做最小二乘法。

1809 年,德国数学家高斯在一篇论文中分析了如何充分利用一系列测量数据来预测天体轨道的问题,其中也叙述了最小二乘法。事实上,勒让德第一个发表了最小二乘法思想,并影响了统计学;高斯也使用了最小二乘法,并且考虑了最小二乘法的误差分析问题,他还发现了最小二乘法理论中的重要结果,它从统计学的角度回答了最小二乘法在缩小误差上的优势,使得在勒让德那里只是处理测量数据的代数方法逐渐渗透到统计数据分析的领域,最小二乘法对统计学就像微积分对于数学中的影响一样深远。高斯的巨大声望使一些历史学家把最小二乘法归功于他。

下面通过一个简单问题,阐述最小二乘思想。

一段公路,实际长度为 a 千米,a 是未知的,对公路进行 n 次实际测量,假设测量值为 x_1,x_2,$\cdots$,x_n。每次测量都有一定的误差,这些误差或正或负,或大或小。那么,应该如何估计 a 的值呢? 直观的想法是 a 的值应该最接近这些测量数据,数学描述就是:a 的值应该使所有的误差平方和 $\sum\limits_{i=1}^{n}(x_i-a)^2$ 达到最小。

由 $f(a) = \sum\limits_{i=1}^{n}(x_i - a)^2 = na^2 + 2a\sum\limits_{i=1}^{n}x_i + \sum\limits_{i=1}^{n}x_i^2$ 可以得到,当 $a = \dfrac{1}{n}\sum\limits_{i=1}^{n}x_i$ 时,

$f(a)$ 达到最小,即用测量数据的平均值作为 a 的估计值。这里估计参数 a 所采用的就是最小二乘法的思想。

上面结果的另一种表示为 $\sum\limits_{i=1}^{n}(x_i - a)^2 \geqslant \sum\limits_{i=1}^{n}(x_i - \bar{x})^2$,等号成立当且仅当 $a = \bar{x}$。可用平方和分解的方法证明,这说明平均数是一组数据与其偏差平方和最小的代表值。

3. 回归系数的最小二乘估计

如何确定回归直线方程,使得这条直线在整体上与数据点最接近?

许多统计思想和方法都比较直观,采用探究式教学,学生可能提出各种不同的方法。为了防止漫无边际的想法,对确定回归直线的方法应提出一些基本要求:尽可能利用全部数据,体现整体偏差最小,便于数学计算,结果确定等。通过对有些方法进行逐步修正,最后引导到使用最小二乘法估计参数得到回归直线方程。下面对一些可能想到的方法逐一分析。

方法 1:逐渐移动直线,测量各点到直线的距离,使距离和最小。该方法体现了整体偏差最小的思想,缺点是难以实现,而且测量的方法很难得到确定的结果。

方法 2:选择两点画直线,使直线两侧的点的个数基本相同。这种方法没有利用全部数据信息,其结果会因人而异。

方法 3:用多条直线的斜率和截距的平均值作为回归直线的斜率和截距。这种方法既没有利用全部数据信息,也没有体现整体误差最小的思想,结果也不确定。

设回归方程为 $\hat{y} = bx + a$,$|y_i - \hat{y}_i|$ 是第 i 个观测值的偏差,d_i 是第 i 个观测点到回归直线的距离。设 α 是回归直线的倾斜角,则 $d_i = |y_i - \hat{y}_i|\cos\alpha$。

方法 4:距离和最小。求 a,b 使 $\sum\limits_{i=1}^{n}d_i$ 达到最小,这是方法 1 的数学严格化。

方法 5:求 a,b 使 $\sum\limits_{i=1}^{n}|y_i - \hat{y}_i|$ 达到最小。方法 5 和方法 4 是等价的,方法 5 利用了全部数据,体现整体偏差最小的思想,结果是唯一确定的,唯一的缺点是不便数学计算。

方法 6:偏差平方和最小。求 a,b 使 $\sum\limits_{i=1}^{n}(y_i - bx_i - a)^2$ 达到最小。

这种方法称为最小二乘法,最小二乘法的优点是:有效利用了全部测量数据,使误差平方和达到最小,防止了某一极端误差对决定参数估计值取得支配性地位。用数理统计知识可以证明这样的估计也是最佳的。

下面我们分析依据最小二乘思想求 a，b 的值，使 $\displaystyle\sum_{i=1}^{n}(y_i-bx_i-a)^2$ 达到最小的方法。直接配方比较复杂，用求导法超出了要求，是否有较简便的方法？

根据模型的假定，$E(e)=0$，说明 n 个误差观测值的和近似为 0，即 $\displaystyle\sum_{i=1}^{n}e_i\approx0$。因为

$$\frac{1}{n}\sum_{i=1}^{n}y_i=a+b\left(\frac{1}{n}\sum_{i=1}^{n}x_i\right)+\frac{1}{n}\sum_{i=1}^{n}e_i,$$

所以有 $\bar{y}\approx a+b\bar{x}$，回归直线过点 $(\bar{x}，\bar{y})$，以 $(\bar{x}，\bar{y})$ 为中心平移可消去模型中的常数项。另外，容易证明，$y_i=a+bx_i+e_i$，$i=1，2，\cdots，n$ 与 $y_i-\bar{y}=b(x_i-\bar{x})+e_i$，$a=\bar{y}-b\bar{x}$，$i=1，2，\cdots，n$ 是等价的。于是有

$$Q(a，b)=\sum_{i=1}^{n}e_i^2=\sum_{i=1}^{n}(y_i-bx_i-a)^2=\sum_{i=1}^{n}\left[(y_i-\bar{y})-b(x_i-\bar{x})\right]^2。$$

上式右边展开后是关于 b 的二次三项式，根据二次函数的性质可以得到，

当 $$\hat{b}=\frac{\displaystyle\sum_{i=1}^{n}(x_i-\bar{x})(y_i-\bar{y})}{\displaystyle\sum_{i=1}^{n}(x_i-\bar{x})^2}，\hat{a}=\bar{y}-\hat{b}\bar{x}$$

时，$Q(a，b)$ 达到最小。

4. 一元线性回归模型的诊断

理论上，任意 n 组成对数据，都可以按最小二乘法得到一个回归方程。它能否较好地描述 x 和 Y 之间的关系呢？这个问题需要通过模型诊断进行回答。

我们仍然采用先定性后定量的方法进行模型诊断。

称 $\hat{y}_i=\hat{a}+\hat{b}x_i$，$i=1，2，\cdots，n$ 为回归值，称 $y_i-\hat{y}_i$，$i=1，2，\cdots，n$ 为残差，使用相关软件绘制残差图。残差有正有负，根据一元线性回归模型中对随机误差的假定，残差是均值为 0，方差为 σ^2 的随机变量的观测值。如果残差点比较均匀地分布在横轴的两边，则直观判断基本符合模型的假定。

定量诊断的方法，首先想到的是：残差平方和越小，回归直线拟合的效果也越好。但残差平方和受样本容量 n 的影响，为了消除样本量的影响，可取 $\dfrac{S_e}{n-2}=\dfrac{1}{n-2}\displaystyle\sum_{i=1}^{n}(y_i-\hat{y}_i)^2$，它是回归模型中随机误差 e、方差 σ^2 的无偏估计。

用残差平方和 S_e 与总偏差平方和 $S_{yy} = \sum\limits_{i=1}^{n} (y_i - \bar{y})^2$ 的比值描述回归直线拟合的效果更为合适。S_{yy} 描述 Y 的观测值 y_1，y_2，$\cdots$，y_n 的总变差。将其分解为两部分，其中残差平方和 $S_e = \sum\limits_{i=1}^{n} (y_i - \hat{y}_i)^2$ 描述随机误差引起的变差大小，回归平方和 $S_R = \sum\limits_{i=1}^{n} (\hat{y}_i - \bar{y})^2$ 反映由于 x 和 Y 之间存在的线性关系所引起的变差大小。则有如下的平方和分解公式（证明从略）：

$$\sum_{i=1}^{n} (y_i - \bar{y})^2 = \sum_{i=1}^{n} (y_i - \hat{y}_i)^2 + \sum_{i=1}^{n} (\hat{y}_i - \bar{y})^2 。$$

引入符号 $S_{xx} = \sum\limits_{i=1}^{n} (x_i - \bar{x})^2$，$S_{xy} = \sum\limits_{i=1}^{n} (x_i - \bar{x})(y_i - \bar{y})$，$S_{yy} = \sum\limits_{i=1}^{n} (y_i - \bar{y})^2$，可得

$$S_R = \sum_{i=1}^{n} (\hat{y}_i - \bar{y})^2 = \sum_{i=1}^{n} [\hat{b}(x_i - \bar{x})]^2 = \hat{b}^2 S_{xx} = \frac{S_{xy}^2}{S_{xx}} = \hat{b} S_{xy} 。$$

考虑回归平方和占总偏差平方和的比例，构造统计量

$$R^2 = \frac{S_R}{S_{yy}} = \frac{\hat{b} S_{xy}}{S_{yy}} = \frac{S_{xy}^2}{S_{xx} S_{yy}} = \frac{\left[\sum\limits_{i=1}^{n} (x_i - \bar{x})(y_i - \bar{y}) \right]^2}{\sum\limits_{i=1}^{n} (x_i - \bar{x})^2 \times \sum\limits_{i=1}^{n} (y_i - \bar{y})^2} 。$$

我们把 R^2 称为决定系数或回归贡献率，它是线性相关系数的平方。$0 \leqslant R^2 \leqslant 1$，特别的，当 $R^2 = 1$ 时，残差平方和等于 0，所有数据点都在回归直线上，此时 x 和 Y 之间具有确定的线性关系。R^2 的大小反映 x 与 Y 之间线性关系的密切程度，R^2 越接近 1，x 与 Y 之间线性关系越密切。

一元线性回归分析中出现非常多的参数、变量、统计量，教学中可分类归纳。其中所有的统计量都可用 $\bar{x}$，$\bar{y}$，S_{xx}，S_{xy}，S_{yy} 这 5 个量表示。例如，未知参数 a，b 的估计 $\hat{a} = \bar{y} - \hat{b}\bar{x}$，$\hat{b} = \dfrac{S_{xy}}{S_{xx}}$，回归平方和 $S_R = \hat{b} S_{xy} = \dfrac{S_{xy}^2}{S_{xx}}$，残差平方和 $S_e = S_{yy} - \hat{b} S_{xy}$，决定系数 $R^2 = \dfrac{S_{xy}^2}{S_{xx} S_{yy}}$。

5. 利用数学软件进行回归分析

一元回归分析要绘制散点图、残差图及进行复杂的数值计算，Excel、R-软件、GeoGebra 都有回归分析的功能。而 GeoGebra 作为一个开源软件，功能强大、操作简

便。下面通过实际问题说明如何用 GeoGebra 进行回归分析。

例 经验表明,对于同一树种,一般树的胸径(树的主干在地面以上 1.3 m 处的直径)越大,树就越高。由于测量树高比测量胸径困难,因此研究人员希望由胸径预测树高。在研究树高与胸径之间的关系时,某林场收集了某种树 12 组成对数据,试根据数据建立树高关于胸径的经验回归方程。

打开 GeoGebra,在菜单中选择表格区,在表格区 A,B 列输入数据,选中 A,B 列,然后选择"双变量回归分析"。分别点选"散点图"或者"残差图"显示图形,在回归模型点选"线性"显示回归方程。点选 $\sum x$ 可显示各种统计量的值。经过上述操作,得出结果如图 8.3.3 所示。

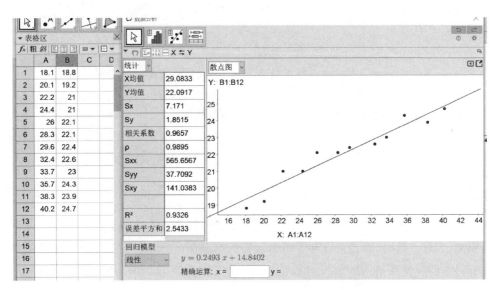

图 8.3.3

其中,$S_x = \sqrt{\dfrac{1}{n-1}\sum_{i=1}^{n}(x_i-\bar{x})^2} = \sqrt{\dfrac{1}{n-1}S_{xx}}$,$S_y = \sqrt{\dfrac{1}{n-1}\sum_{i=1}^{n}(y_i-\bar{y})^2} = \sqrt{\dfrac{1}{n-1}S_{yy}}$。

(三)2×2 列联表与独立性检验

估计和假设检验是两种基本的统计推断方法。假设检验的基本原理类似于反证法。先对研究的总体提出某种假设 H,根据样本数据构造一个统计量 T,直观上可根据统计量取值范围做出拒绝或接受假设 H 的判断。定量的方法是依据小概率原理

(实际推断原理),给定一个小概率 α,在 H 成立的条件下,求得统计量 T 的分布,确定拒绝域 D 满足 $P(T \in D) = \alpha$,一旦 $\{T \in D\}$ 发生,则拒绝假设 H。

独立性检验是非参数假设检验 χ^2 分布拟合检验的一个特例,所研究的问题是如何根据成对样本数据判断两个 2×2 分类(属性)变量是否独立,可以用图 8.3.4 概括检验的步骤:

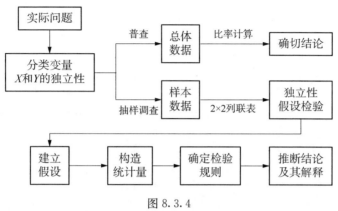

图 8.3.4

学生已有的认知基础有:古典概率模型,条件概率,频率稳定到概率,两个事件的独立概念。解决问题的依据是小概率原理以及假设检验的基本原理。理解其中蕴含的思想方法是培养学生数据分析素养的重要途径。

1. 问题的数学抽象

在现实中有一类问题也属于变量的相关性问题,例如,不同年级的学生的近视情况是否有明显的差异?某学校男生和女生在体育锻炼的经常性是否有差异?吸烟与患肺部疾病是否有关?等等。对这类问题,需要给出一个统一的数学描述。

例如,对于男生和女生体育锻炼的经常性是否有差异的问题,我们可以作如下数学描述:

用 Ω 表示该校全体学生构成的集合(总体),从总体中任意选择一名学生,定义变量 X 和 Y 如下:

$$X = \begin{cases} 0, & \text{该学生是女生,} \\ 1, & \text{该学生是男生。} \end{cases} \qquad Y = \begin{cases} 0, & \text{该学生不经常锻炼,} \\ 1, & \text{该学生经常锻炼。} \end{cases}$$

X 和 Y 是两个只取 2 个值的分类变量。

如果 $P(Y=1 \mid X=0) \neq P(Y=1 \mid X=1)$,说明体育锻炼的经常性有性别差异;

如果 $P(Y=1 \mid X=0)=P(Y=1 \mid X=1)$，说明体育锻炼的经常性没有性别差异。

容易证明 $P(Y=1 \mid X=0)=P(Y=1 \mid X=1)$ 等价于 $P(X=0, Y=1)=P(X=0)P(Y=1)$，即事件 $\{X=0\}$ 与 $\{Y=1\}$ 相互独立。根据两个事件独立的性质得：$\{X=0\}$ 与 $\{Y=0\}$，$\{X=1\}$ 与 $\{Y=0\}$，$\{X=1\}$ 与 $\{Y=1\}$ 都相互独立。因此，对于 2×2 随机变量，如果 $\{X=1\}$ 与 $\{Y=1\}$ 独立，则称变量 X 和 Y 相互独立。

这样，我们研究的问题就抽象为判断两个变量 X 和 Y 是否独立的问题。

对于普查获得的全部数据，容易判断变量 X 和 Y 是否独立。如果是随机抽样获得的样本数据，该如何进行推断呢？

2. 假设检验基本思想方法

先分析一个简单的问题，了解假设检验的基本思想与一般步骤。

问题：抛掷一枚六面体骰子，重复 120 次试验，各点数出现的频数如表 8.3.2 所示：

表 8.3.2

点数	1	2	3	4	5	6
观测频数	26	24	22	16	18	14

能否认为这个骰子质地均匀？

用 X 表示骰子出现的点数，问题就是检验假设 $P(X=k)=\dfrac{1}{6}$，$k=1, 2, \cdots, 6$ 是否成立。

如果骰子质地均匀，出现每个点数都是等可能的，理论上每个点数出现的频数都是 20，但由于随机性，观测频数应在 20 附近波动，根据频率稳定到概率的事实，当重复试验次数足够大时，波动幅度不会太大。如果波动幅度太大，就难以用随机性来解释了，此时怀疑骰子的质地不均匀。

一般地，设随机变量 X 的可能取值为 $x_1, x_2, \cdots, x_k$，做 n 次重复试验，出现的频数分布为 $m_1, m_2, \cdots, m_k$，$m_1+m_2+\cdots+m_k=n$。检验假设 $H_0: P(X=x_i)=p_i$，$i=1, 2, \cdots, k$。

在 H_0 成立的条件下，事件 $\{X=x_i\}$ 发生的期望频数为 $np_i(i=1, 2, \cdots, k)$，构造统计量

$$\chi^2 = \sum_{i=1}^{k} \left(\frac{m_i}{n} - p_i \right)^2 \frac{n}{p_i} = \sum_{i=1}^{k} \frac{(m_i - np_i)^2}{np_i}.$$

χ^2 是反映频率与概率(或观测频数与期望频数)之间整体相对偏差大小的统计量。直观上,当 χ^2 的值过大时,怀疑 H_0 不真。χ^2 多大才算过大呢? 需要给出一个定量的标准。统计学家证明了当 H_0 成立时,χ^2 近似服从自由度为 $k-1$ 的 χ^2 分布,给定一个小概率 α,确定临界值 χ_α,使得 $P(\chi^2 \geqslant \chi_\alpha) = \alpha$。依据小概率原理,当 $\{\chi^2 \geqslant \chi_\alpha\}$ 发生时,怀疑 H_0 不真,做出拒绝 H_0 的判断;当 $\{\chi^2 < \chi_\alpha\}$ 发生时,接受 H_0。

在检验骰子质地是否均匀的问题中,χ^2 统计量近似服从自由度为 5 的 χ^2 分布(如图 8.3.5)。给定 $\alpha = 0.05$,利用 GeoGebra 软件,得到

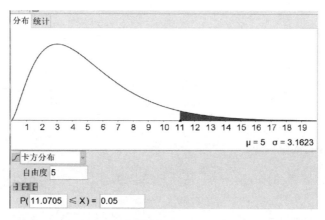

图 8.3.5

$$P\{\chi^2 \geqslant 11.07\} = 0.05,$$

$$\chi^2 = \frac{1}{20}(36 + 16 + 4 + 16 + 4 + 36) = 5.06。$$

$$\chi^2 = 5.06 < 11.07,$$

不拒绝 H_0,没有理由认为骰子质地不均匀。

如果重复 120 次试验,观测到各点数出现的频数如表 8.3.3 所示:

表 8.3.3

点数	1	2	3	4	5	6
观测频数	30	24	16	10	26	14

计算 $\chi^2 = \frac{1}{20}(100 + 36 + 16 + 100 + 16 + 36) \approx 15.2$,$\chi^2 = 15.2 > 11.07$。此时

应拒绝 H_0，认为骰子质地不均匀。

从上面的分析看到，假设检验的一般步骤为：建立假设—构造统计量—确定检验规则—作出判断并解释。

3. 如何进行独立性检验

(1) 建立假设　H_0：2×2 分类变量 X 和 Y 独立。

通过随机抽样得到 X 和 Y 的样本数据，用列联表表示，如表 8.3.4 所示。

表 8.3.4

X	Y		合计
	$Y = 0$	$Y = 1$	
$X = 0$	a	b	$a + b$
$X = 1$	c	d	$c + d$
合计	$a + c$	$b + d$	$a + b + c + d$

(2) 构造检验的统计量

用频率估计概率，例如，用 $\dfrac{a+b}{n}$ 估计 $P(X=0)$，用 $\dfrac{a+c}{n}$ 估计 $P(Y=0)$。由独立性假定，用 $\dfrac{(a+b)(a+c)}{n^2}$ 估计 $P(X=0, Y=0)$，于是得到事件 $\{X=0, Y=0\}$ 的期望频数 $\dfrac{(a+b)(a+c)}{n}$。

同理可以求得事件 $\{X=0, Y=1\}$，$\{X=1, Y=0\}$，$\{X=1, Y=1\}$ 的期望频数。

假设 H_0 成立，四个事件的观测频数与期望频数如表 8.3.5 所示。

表 8.3.5

事件	$\{X=0, Y=0\}$	$\{X=0, Y=1\}$	$\{X=1, Y=0\}$	$\{X=1, Y=1\}$
观测频数	a	b	c	d
期望频数	$\dfrac{(a+b)(a+c)}{n}$	$\dfrac{(a+b)(b+d)}{n}$	$\dfrac{(c+d)(a+c)}{n}$	$\dfrac{(c+d)(b+d)}{n}$
期望频数符号	m_{00}	m_{01}	m_{10}	m_{11}

$$\text{构造统计量 } \chi^2 = \frac{(a - m_{00})^2}{m_{00}} + \frac{(b - m_{01})^2}{m_{01}} + \frac{(c - m_{10})^2}{m_{10}} + \frac{(d - m_{11})^2}{m_{11}}。$$

对于 2×2 列联表数据,χ^2 的具体表达式为

$$\chi^2 = \frac{n(ad-bc)^2}{(a+b)(c+d)(a+c)(b+d)}。$$

在零假设 H_0 成立的条件下,观测频数与期望频数整体应比较接近,χ^2 的值不应太大。

（3）确定检验规则

零假设 H_0 成立的条件下,随机变量 χ^2 近似服从自由度为 1 的 χ^2 分布。

对于给定的小概率 α,求得临界值 χ_a,使得 $P(\chi^2 \geqslant \chi_a) = \alpha$。依据小概率原理,当事件 $\{\chi^2 \geqslant \chi_a\}$ 发生时,拒绝 H_0,认为 X 和 Y 不独立;否则不拒绝 H_0,认为 X 和 Y 独立。

$s\times t$ 独立性检验,χ^2 近似服从自由度为 $(t-1)(s-1)$ 的 χ^2 分布。

（4）推断结论的解释

拒绝零假设 H_0 可能犯错误,但犯错误的概率不超过 α;不拒绝零假设,也并不意味着 X 和 Y 一定独立,只是对这组样本数据没有充分的理由拒绝零假设;不拒绝 H_0 时也可能犯错误,此时犯错误的概率 β 无法控制。一般 α 小,β 就较大;α 大,β 就小。当作出不拒绝的判断时,可取较大的 α 值。

五、几点教学建议

回归分析是应用非常广泛的一种统计分析方法。所涉及到的建立统计模型思想、最小二乘思想、方差分析思想（构造统计量,评价回归拟合效果）,在统计中占有重要地位。独立性检验则是利用概率知识,综合考虑样本容量、显著性水平（犯错误的概率）的一种定量统计分析方法。本单元内容按"实际问题背景—抽象统计模型—构造统计量进行数据分析—得出结果并解释"的路径,普遍采用从直观描述到数学刻画、先定性后定量的统计分析方法,引导学生在解决实际问题的过程中,体会统计思想、积累数学活动经验,发展数学建模、数据分析素养。下面提出本单元教学的几点建议。

1. 加强用样本估计总体的思想

用样本估计总体是统计的基本思想,也是发展学生数据分析素养的主要载体。

学生在初中学习了用统计图表表示数据、用平均数和方差等数字特征刻画数据的特征,虽然也涉及了样本估计总体,但重点在于对数据本身的统计特征的描述和刻画,对数据的随机性考虑不多。高中的统计内容开始强调数据的随机性,要求通过随机样

本数据对总体作出估计。估计的目标是得到总体的有关结论,此时对样本数据本身进行刻画不再是目标,而是达到目标的一种手段或载体。因此,在高中的统计教学中,应加强用样本估计总体的思想。

必修课程的统计主要是关于单变量总体的估计,例如通过样本数据的均值、方差、百分位数估计总体相应的数字特征。在选择性必修统计中,我们仍然用样本估计总体的基本思想展开研究,只是数据由一维变为二维,总体由单变量变为双变量。在本章,通过样本相关系数估计两个变量的关系,通过一元线性回归模型刻画两个变量的线性关系,通过 χ^2 统计量检验两个分类变量的独立性,都是关于两个变量这个总体的估计,教学中应充分重视。

2. 准确把握统计的学科逻辑

我们知道,函数、代数、几何、概率等内容是从定义出发,主要使用演绎推理的方法证明结论。演绎推理是从一般到特殊的推理,只要前提正确、推理形式正确,得到的结论必然正确,因此得出的结论具有确定性。而统计是从样本数据出发,根据样本数据的结论推断总体的结论,这是一个从部分到总体、特殊到一般的推理,在推理方法上属于不完全归纳。不完全归纳的特点是前提正确并不意味着得到的结论正确,也就是说统计的推断有可能犯错误,结论具有不确定性。由于出发点和推理方法的不同,统计与函数、代数等内容在对结论的判断标准上也不一样,前者是好与坏,后者是对与错。教学中要准确把握统计学科的这些特点,只有从整体上准确把握统计学科逻辑的特点,才能准确理解统计的内容和方法,才能更好地发挥统计的育人功能。

3. 注重统计概念和方法的产生和形成过程

统计中每一个概念和方法的引入都有其必要性,之所以成为目前的形式也都有其合理性。教学中体现好这个过程,不但有利于明确学习的目标和任务,让学生感受到知识的产生是自然的、合理的,还有利于在概念和方法的形成过程中让学生体会统计的思想方法,积累数据分析的经验。

我们知道,数据分析是一个透过数据探索客观事物本质和规律的过程,可以概括为:(1)面向实际背景,凝练统计问题;(2)明确问题目标,收集整理数据;(3)合理构建模型,优化推断结论;(4)回归实际问题,形成决策知识。本单元的教学要特别注意落实这个过程,注重从统计的直观到数学化表达的转化,并让学生参与其中。例如,对于估计一元线性回归模型参数所用的最小二乘法,教学中可以启发学生先从直觉出发,寻找整体上与散点最接近的直线,然后逐步过渡到对"整体最近"的数学刻画,再从实际意义、数学运算等角度考虑,在若干表达式中选择"平方和最小"作为标准。在此过程中,学生既可以体会从统计直观到数学表达的转化过程,从中理解统计方法;又可以体会针对同一个问题可以有不同标准,由不同标准得出的不同结论都有一定的合理性,由此体会统计的特点和统计思想,积累数据分析的经验,培养数据分析核心素养。

4. 强调使用统计软件进行数据分析

课程标准在本单元的"内容要求"中明确提出"会利用统计软件进行数据分析"的要求。事实上,如果不用统计软件,那么就无法完成本单元的教学任务。因此,为了有效展开本单元的教学,应该要求学生掌握几种常用的统计软件,明确要求学生在学习本单元内容时使用统计软件探索数据的规律。例如,利用统计软件对一组样本数据进行排序等整理,计算出各种特征数,画各种统计图等;又如,在用一元线性回归模型刻画两个变量之间关系时,利用统计软件画散点图、计算样本相关系数、求经验回归方程、画残差图等。

思考题

1. 两个变量间的相关关系与两个变量间的函数关系的本质区别是什么? 研究的方法有何不同? 本单元研究了相关关系的哪些问题?

2. 样本相关系数的意义是什么? 样本容量的大小对相关系数的影响是什么? 用相关系数推断两个变量之间的相关时应注意什么问题? 你对人教 A 版构建样本相关系数的方法是如何理解的?

3. 对一元线性回归模型参数的估计,人教 A 版引导学生经历了一个从分析各种直观想法的优缺点,到逐步确立最小二乘估计思想,得出参数估计公式的过程,使学生在获得一元线性回归模型的同时,理解最小二乘法是估计参数的最优方法。你认为教学中应采取哪些措施落实上述过程?

4. 样本量对参数估计的结果有何影响? 如何定性和定量评价所建立的回归模型的有效性?

5. 对现实世界中涉及到的两个现象是否有关联的问题,如何利用古典概型、条件概率、事件的独立性等抽象为两个取值为 0 和 1 变量的独立性问题?

6. 理解假设检验基本原理是难点。如何在理解频率与概率的关系的基础上,理解独立性检验的意义? 其中包括:构造检验的统计量、确定检验规则以及对结论的解释。

第九章　数学建模活动

　　数学建模活动是基于数学思维运用模型解决实际问题的一类综合实践活动,是高中阶段数学课程的重要内容。总体而言,人们对数学建模活动的认识尚处于发展过程中,因此本章我们将针对数学建模活动,在讨论其内涵和意义的基础上,从课程论视角讨论它的课程定位、目标要求和内涵要素;从教学论视角讨论它的教学要求、实施策略和操作步骤。为了有利于落实,我们将在讨论过程中以人教 A 版数学建模活动的内容设置为依托,在介绍其编写思路的基础上,提出教学建议。

第一节　为什么要特别重视数学建模活动

　　在课程标准中,课程内容突出四条主线,"数学建模活动与数学探究活动"是其中之一,必修 6 课时,选择性必修 4 课时,这是前所未有的。整体而言,数学建模活动和数学探究活动主要在于数学应用,前者侧重于数学的外部应用,后者侧重于数学的内部应用。本文主要讨论数学建模活动,为了方便,我们不对数学建模和数学建模活动作严格区分。

　　将数学建模正式列入必修内容,是我国中学数学课程发展中的第一次,说明数学建模在当前的人才培养中具有重要地位。这是为什么?

　　我们知道,制约数学课程内容的主要因素是社会需求、学生发展需要和数学的学科规律。首先,人类社会进入人工智能时代,数学已经渗透到人类社会的各个角落,得到前所未有的广泛应用,无论是科技领域、各行各业的生产活动还是人类的日常生活,数学都是"必需品",这对人才培养中的数学应用能力提出了前所未有的高要求。为了回应社会、科学、技术的发展对人才的需求,特别是新时代对学生实践能力和应用能力的需要,高中数学课程设置了"数学建模活动与数学探究活动",以全面提升学生的数学素养,提高学生的实践能力和数学应用能力。第二,从学生心理发展规律看,高中阶段学生处于抽象逻辑思维发展的关键期、辩证思维的初步发展期,为了促进学生的思维发展,需要为他们提供更加抽象、严谨且系统的数学学习内容。具体而言,高中阶段不仅要给学生提供语言表达更加抽象、概念更具一般性、联系性更广、综合性更强的数学内容,而且要加强数学与现实的联系,不仅在数学概念、原理中要加强现实背景,而且要设置专门的数学应用内容,为学生提供一个"现实的出口",使学生能经历完整、系统的从知识到应用的学习过程,这样才能满足学生数学思维发展的需求。第三,数学的现代发展,一方面是一些重大的基础理论不断取得突破,另一方面是与信息化社会相适应的数学应用得到高速发展,"数学已经从幕后走到台前,直接为社会创造价值",高中数学课程必须对此作出回应,重视数学应用、加强数学建模活动课程建设就是重点之一。

实际上,在 2003 年颁布的《普通高中数学课程标准(实验)》中,已经对"培养数学建模能力"给予了重视,强调在整个高中课程内容中渗透数学建模,并要求高中阶段至少安排一次建模活动。经过十几年的努力,无论从理论还是实践层面,都对数学建模活动的教学积累了一定经验。在此基础上,课程标准对数学建模活动的要求进一步具体化,明确规定了学习要求及课时,这是我国高中数学课程发展史上的一个创新举措。

《关于新时代推进普通高中育人方式改革的指导意见》(国办发[2019]29 号)中强调,在全面实施新课程、使用新教材的过程中,"要积极探索基于情境、问题导向的互动式、启发式、探究式、体验式等课堂教学,注重加强课题研究、项目设计、研究性学习等跨学科综合性教学,认真开展验证性实验和探究性实验教学。提高作业设计质量,精心设计基础性作业,适当增加探究性、实践性、综合性作业。"育人方式改革不仅是简单地改进课堂教学方式,更主要的还要关注学生成长的机制和途径。所以,这次新课程修订以后,特别强调了学生综合实践能力的培养,由此来推动高中阶段整体的育人方式改革。数学建模活动是一种综合实践活动,加强数学建模活动与改革育人方式密切相关。

不过,尽管在教育改革的方针政策上,加强数学建模等综合实践活动的力度很大,《普通高中课程方案(2017 年版)》中规定的综合实践活动学分是 14 学分,差不多占了高中毕业学分 144 分中的十分之一,在所有科目里,综合实践活动课程占分最高,但我国学生的综合实践能力并没有得到有效提升,由此甚至影响到学生的职业取向。例如,在 PISA2015 调查中,问及"30 岁时希望从事的工作",我国京沪苏粤参加测试的学生中仅有 16.8% 希望从事科学类事业(包括科学、医院、电脑、工程等),在 72 个参测国家(地区)中排名靠后。全球都在强调 STEM(科学、技术、工程、数学)的重要性,我们在这方面的差距明显。①

　　另外,许多教师对数学建模的教学还比较陌生。数学教学中,我们总是习惯于让学生做现成的、条件封闭的题目,全国每年仅从各种名目繁多的模考中就产生出五花八门的"数学建模题",这些题目与数学建模没有什么关系,对学生理解数学内容的本质、获得"四基"、提高"四能"也没多大好处。所以,如何加强数学建模等综合实践活动以落实育人方式改革的要求,对广大数学教育工作者和一线教师都是一件任重而道远的事情。

第二节　数学建模活动的课程定位和教学要求

　　为了认识数学建模活动的课程定位和教学要求,需要先讨论一下如何理解数学建模素养的问题。

一、对数学建模素养的理解

　　课程标准对数学建模素养的描述如下:

　　数学建模是对现实问题进行数学抽象,用数学语言表达问题、用数学方法构建模型解决问题的素养。数学建模过程主要包括:在实际情境中从数学的视角发现问题、提出问题,分析问题、建立模型,确定参数、计算求解,检验结果、改进模型,最终解决实际问题。②

　　第一句话表明,数学建模的内涵包含三个要素:一是对现实问题的数学抽象,二是用数学语言表达问题,三是用数学方法构建模型解决问题。第二句话表明,数学建模的主要步骤是:

　　第一步,对现实问题进行数学抽象。这里的抽象不是针对数学概念及概念之间的关系,而是用数学的概念、原理和思想方法,从事物的具体背景中抽象出一般规律,并用数学语言表达为数学问题,这是一个"用数学的眼光观察世界"发现和提出问题的过程。需要注意的是,在同一个背景下,可以从不同角度发现和提出不同问题。

　　第二步,分析问题、建立模型。对问题的分析不仅局限在数学上,还需要调动其他学科的知识或生活经验,常常还需要查阅资料,以数学与现实问题及相关学科知识相

---

① 侯杰泰. 教育体检 PISA 的启示:成绩卓越但仍需努力[R/OL]. (2019 - 12 - 04)[2020 - 05 - 15]. http://www.moe.gov.cn/jyb_xwfb/moe_2082/zl_2019n/2019_zl94/201912/t20191204_410710.html.
② 中华人民共和国教育部. 普通高中数学课程标准(2017 年版)[S]. 北京:人民教育出版社,2018:5.

融合的方式,确定影响问题的关键因素和相关因素,找到合适的数学概念、原理来描述相应问题的数学规律,进而作出模型假设,这是一个"用数学的思维思考世界"的过程。

第三步,确定参数、计算求解。参数的确定需要以高质量的数据为基础,收集数据常常是数学建模活动的重要一环。数据的来源,一是从网络、教科书或其他书籍资料上获得,二是通过亲自的测量、实验等获得数据。利用数据确定假设模型中的参数,通过计算求解得出数学模型,这个过程中体现出与数据分析、数学运算、逻辑推理等素养的直接关联。

最后一步,检验结果、改进模型并解决问题。一般而言,通过有限的数据信息确定的参数取值、求解出的数学模型不一定能完全描述相应现实问题的规律,因此需要根据问题的实际意义检验结果,利用其他信息对模型作出"微调"、完善。另外,因为现实问题的影响因素复杂多变,存在许多偶然因素,因此任何数学模型都有其适用范围,这个范围需要通过模型的假设前提、初始条件对现实问题中事物变化的影响以及对模型中参数的某些限制等方式给出。显然,这个过程中体现出与数据分析、直观想象、逻辑推理等核心素养的直接关联。

从上述分析可以看到,理解数学建模素养的内涵,可以聚焦在如下几个关键点:面对现实问题,经历完整过程,构建数学模型,检验改进模型,从而发展"四能"(发现和提出问题的能力,分析和解决问题的能力),达到"三会"(会用数学的眼光观察世界,会用数学的思维思考世界,会用数学的语言表达世界)。

二、数学建模活动的课程定位

课程标准对数学建模活动的定位是:数学建模活动是对现实问题进行数学抽象,用数学语言表达问题、用数学方法构建模型解决问题的过程。主要包括:在实际情境中从数学的视角发现问题、提出问题,分析问题、构建模型,确定参数、计算求解,检验结果、改进模型,最终解决实际问题。数学建模活动是基于数学思维运用模型解决实际问题的一类综合实践活动,是高中阶段数学课程的重要内容。[1]

可以发现,数学建模活动的这个定位是与发展学生数学建模素养的需要完全适应的。它是一类体现数学学科特点的综合实践活动,面对的是实际问题,要应用数学的知识、思想方法,通过数学思维,建立数学模型对问题加以解决。因此,数学建模活动的教材编写及教学实施应着重思考如何使数学建模素养落地的问题。

---

[1] 中华人民共和国教育部. 普通高中数学课程标准(2017年版)[S]. 北京:人民教育出版社,2018:34.

三、数学建模活动的教学要求

课程标准在"教学提示"和"学业要求"中对数学建模活动提出了明确的教学要求，其要点如下。

1. 活动内容

解决一个有意义的现实问题，所选的问题应该是真实的、具体的、用学生已掌握的数学知识可以解决的。

2. 活动性质

运用数学知识、思想方法，构建一个数学模型解决实际问题。要注意的是，这里的活动不同于解一个应用题，是基于数学思维运用数学模型解决实际问题的一类综合实践活动。

3. 活动形式

以课题研究的形式展开，包含四个环节：选题、开题、做题、结题。

4. 活动过程

与数学知识的教学不同，数学建模活动重在"活动"，以学生活动为主。与课题研究四个环节相适应的教学过程是：

（1）确定课题

可以由教师根据学生的具体情况布置给学生研究的课题，也可以让学生自己确定选题并报教师同意后开展探究。

（2）撰写开题报告

学生撰写开题报告，教师组织开题交流活动。一般而言，开题交流活动应该以班级报告会的方式进行。开题报告应包括选题的意义、文献综述、解决问题思路、研究计划、预期结果等，特别是要说明需要用哪些数学知识，建模的方法和步骤及其合理性、可行性、有效性，并对不同实施方案进行预设和比较分析等。

在学生撰写开题报告时，教师要采取适当方式进行指导。

（3）构建模型解决问题

适当利用"综合实践活动"的课时，并鼓励学生利用课余时间开展数学建模活动，包括描述问题、数学表达、建立模型、求解模型、得到结论、反思完善等。

这是数学建模的具体实施阶段，学生要按预设的方案，开展自主探究、合作学习、实地考察、实验观察、过程记录、建模解模等活动，真实地投入解决实际问题中。教师要注意了解学生活动进展情况，观察学生的表现，帮助有困难的小组解决问题，在用数学方法描述问题、设计建模方案、回到现实中检验模型等环节要加强指导。教师要注重引导学生使用信息技术,注意从学生的活动中发现生成性课程资源,例如存在的普遍性问题、出现的困难及其原因、学生的讨论过程及思维碰撞、突破困难得出结果的关键思路等,教师可以利用这些资源展开最生动、有效的建模活动教学。

(4) 撰写研究报告

在学生自主开展小组活动、得出结果的基础上,指导学生撰写研究报告。研究报告的形式应根据选题的内容,采用专题作业、测量报告、算法程序、制作的实物、研究报告或小论文等多种形式。

在学生撰写研究报告时,教师应给予具体帮助,特别应提醒学生注意规范化地撰写研究报告,诚实地报告研究过程与结果,不能弄虚作假,并加强研究成果表达的逻辑性。

(5) 研究报告的交流与评价

在完成上述步骤后,由教师组织学生开展结题交流,并给出评价。要注意采用多样化的交流方式,例如举行答辩会,成果展览,专题墙报等。

对于研究报告或小论文的评价,教师应组织评价小组,可以组织学生互评,也可以邀请教研组的老师、校外专家、社会人士、家长等参与评价。教师要引导学生遵循学术规范,坚守诚信底线,并纳入评价内容。研究报告或小论文及其评价应当作为文件存入学生个人学习档案。

让学生进行反思性自我评价与交流是使学生学会建立数学模型解决问题的重要手段,教师要在"如何反思""如何评价"上加强引导。例如,对各小组的研究方案的评价,可以从设计的周密性、实施的方便性、是否便于操作、存在哪些缺陷或不足等方面展开;对获得的结果,可以从数据的可靠性、推导过程的严谨性、模型的适用范围等进行评价;等等。另外,还要让学生对参与建模活动的过程和收获作出评价,例如,小组分工合作,发挥成员的特长,遇到哪些困难或问题,如何克服困难和解决问题,数学知识在解决问题中有怎样的作用,对有关数学知识的新理解,有哪些能力得到提升,等等。

5. 活动结果

根据课程标准的规定,学生通过参与数学建模活动的全过程,在得到数学建模活动研究报告等成果的同时,学习方式也能得到切实的转变,能以多样化的方式开展学习与实践活动,如网络搜索、田野调查、问卷调查、仿真实验等等,进而逐步实现数学建模素养的发展:能有意识地用数学语言表达现实世界,发现和提出问题,感悟数学与现实之间的关联;学会用数学模型解决实际问题,积累数学实践的经验;认识数学模型在科学、社会、工程技术诸多领域的作用,提升实践能力,增强创新意识和科学精神。①

第三节　数学建模活动的教科书设计

一、数学建模活动的整体设计

数学模型是数学与现实世界紧密联系的具体表现形式,数学建模活动则是促进学生认识数学与现实的关联,学会用数学语言表达现实世界,提高用数学模型解决实际问题能力的主要手段。整体上看,学生在高中数学学习中经历的数学建模活动可以区分为两类:一是发现一类事物中与数量关系、空间形式有关的一般规律,并通过适当的数学语言将这种规律表示出来,形成一般模型;二是面对一个现实情境,通过调动相关学科知识分析问题,特别是通过对其中的数量和数量关系、图形和图形关系的分析,判断它满足某种数学模型的条件(如各种基本初等函数模型),再利用给定情境中的数据具体确定模型中的参数及其限制范围等,最终得出数学模型解决实际问题。显然,后一类就是前面讨论的用数学知识解决现实问题的数学建模活动;前一类活动实际上就是数学知识的学习过程,通过学习获得的数学概念、公式、法则等,在某种意义上也是一种数学模型,这是由高中数学课程内容的特点决定的。事实上,数学模型通常都与数学概念、公式、法则、性质等紧密关联。高中课程中的基本初等函数、概率与统计等,其本身就是与现实问题紧密关联的,是现实世界中变量关系和运动变化规律的抽象。所以,在高中数学知识的教学中渗透数学建模的思想,用数学建模活动过程的要素指导教材与教学设计,既是高中数学内容特点的反映,也是转变学生的学习方式、发展学生的数学学科核心素养的需要,这是数学教材编写和教学实施需要特别关注的。

因此,数学建模活动教材的整体设计包含两个方面,一是在函数、几何与代数、概率与统计等内容中体现数学建模的要素,渗透数学建模活动的过程和方法;二是设置专门的数学建模活动专题,让学生完整经历用数学知识建立数学模型解决实际问题的过程。这样的设计也体现了数学学科核心素养发展的连续性和阶段性特点,能够满足培养数学建模素养的需要。

---

① 中华人民共和国教育部. 普通高中数学课程标准(2017 年版)[S]. 北京:人民教育出版社,2018:6.

二、数学建模在其他主题中的渗透

1. 在抽象研究对象过程中渗透数学建模

高中数学课程中的数学对象一般都对应着明确的现实背景。例如：

线性函数、等差数列与均匀变化现象；

二次函数与匀加速变化现象；

指数函数、等比数列与固定增长率的变化现象（更精确的描述是：指数函数刻画了事物的量在每一时刻的变化率与此刻的量的数值成比例的规律）；

对数函数与"对数增长"现象（这个描述有点自我循环的味道，但明确了指数函数所刻画的现实背景，对数函数其实也就随之确定了，因为它们互为反函数）；

三角函数与周期运动现象；

导数与瞬时变化率问题；

向量与物理学中的矢量，向量加法与位移的合成、力的合成，向量减法与物体受力平衡，向量的数量积与物体受力做功等；

圆锥曲线与行星运动、抛物运动、光学性质等；

概率与随机现象，二项分布与产品质检，正态分布与测量误差等；

统计与数据分析，独立性检验、回归分析与现实问题等；

……

因此，在抽象研究对象时，人教 A 版特别注意借助适当的现实背景素材创设情境，引导学生通过观察、分析其中的数量关系或空间形式，利用适当的数学语言作出描述，再通过同类事物共性的抽象得出相应的概念及其数学表示。

例如，"正态密度函数"的抽象[1]，人教 A 版先给了一组"自动流水线食盐包装的误差数据"，这是通过随机抽样得到的真实数据；然后通过问题引导学生用频率分布直方图描述数据分布；再根据频率的稳定性，通过直观想象得出其分布接近于一条光滑的钟形曲线；再根据频率与概率的关系，得出用钟形曲线描述袋装食盐质量误差的概率分布；最后给出正态密度函数表达式及相关概念。"建立数学模型刻画误差分布"的过程就比较充分地体现出数学建模的"味道"。

2. 在数学化的过程中渗透数学建模

创设情境与问题，引导学生通过观察、分析、归纳、概括等思维活动，抽象出数学概

---

[1] 人民教育出版社，课程教材研究所，中学数学课程教材研究开发中心. 普通高中教科书：数学 A 版　选择性必修　第三册[M]. 北京：人民教育出版社，2020：83－84.

念、命题或模型,这是人教 A 版编写的指导思想之一。在用数学的方式表达给定的情境、问题及其蕴含的数量关系或图形关系,特别是在处理与实际问题或其他学科相关的问题时,首先需要有一个数学化的过程,这个过程往往伴随着对情境与问题中所蕴含的数学关系或结构的判断,其中就体现出数学建模的韵味。例如,三角函数概念的建构过程①,人教 A 版在例举现实世界中四季轮替、圆周运动、简谐振动、交变电流等周期变化现象后,以圆周运动为"代表"创设情境,引入任意角和弧度制;接着提出如何刻画圆上一点 P 的运动规律问题,并将问题描述为"单位圆⊙O 上的点 P 以 A 为起点做逆时针方向旋转,建立一个数学模型,刻画点 P 的位置变化情况";然后进一步地在直角坐标系中将问题描述为"以单位圆的圆心 O 为原点,以射线 OA 为 x 轴的非负半轴,建立直角坐标系,点 A 的坐标为$(1,0)$,点 P 的坐标为(x,y)。射线 OA 从 x 轴的非负半轴开始,绕点 O 按逆时针方向旋转角 α,终止位置为 OP。……任意给定一个角 α,它的终边 OP 与单位圆交点 P 的坐标能唯一确定吗?"最后利用函数概念判断这个对应关系满足函数关系的要求,进而得出结论:点 P 的横坐标 x、纵坐标 y 都是角 α 的函数。上述过程,在明确了从(弧度制下)任意角的集合到单位圆上点的纵坐标的集合、横坐标的集合或坐标比值的集合之间的对应关系是函数的基础上,再给出三角函数的定义,这是建立数学模型刻画周期运动规律的过程,是在层层递进的数学化过程中完成的。

  3. 加强应用数学知识解决实际问题

  真正意义上的数学建模活动,面对的是现实中存在的问题,建立数学模型解决实际问题一般是从数据的收集开始,而日常学习中,学生的主要任务还是掌握数学知识。显然,知识的学习并不需要回到原点去从收集数据开始,学生需要在短时期内学习大量知识,所以在学习时间上也不允许这么做,但数学建模素养的培养又不可能仅凭几个综合实践活动课时来完成。为了解决数学建模素养发展的连续性、阶段性与数学知识学习之间的这种矛盾,人教 A 版特别注重通过数学应用为学生提供经历某些数学建模环节的机会,从而使数学建模素养得到连续发展。

  首先,在数学知识讲解过程中加强将现实问题转化为数学问题,注重引导学生经历从现实背景的分析中归纳、提炼数量关系、空间形式的数学表达并得出模型(如基本初等函数的解析式)的过程,这样的过程中就包含了与数学建模有直接关联的内容与

---

① 人民教育出版社,课程教材研究所,中学数学课程教材研究开发中心. 普通高中教科书:数学 A 版 必修第一册[M]. 北京:人民教育出版社,2019:177-178.

环节,这在前面已经述及。

其次,注意通过例题、习题的内容表述来渗透"建立数学模型,解决实际问题"的要求。例如,在必修第一册中,具有实际背景的题目有130个左右,这些题目都以"应用题"的面目出现。其中既包含具有确定性模型及其结果的问题,例如:

"假设有一套住房的中间价从2002年的20万元上涨到2012年的40万元。表9.3.1给出了两种价格增长方式,其中 P_1 是按直线上升的房价,P_2 是按指数增长的房价,t 是2002年以来经过的年数。

表 9.3.1

t	0	5	10	15	20
P_1/万元	20		40		
P_2/万元	20		40		

(1)求函数 $P_1 = f(t)$ 的解析式;(2)求函数 $P_2 = g(t)$ 的解析式;(3)完成上表空格中的数据,并在同一平面直角坐标系中画出两个函数的图象,然后比较两种价格增长方式的差异。"[①]
还有让学生根据题意自己收集数据,然后通过数据分析构建函数模型解决问题的题目,例如:

"北京天安门广场的国旗每天是在日出时随太阳升起,在日落时降旗。请根据年鉴或其他参考资料,统计过去一年不同时期的日出和日落时间。(1)在同一直角坐标系中,以日期为横轴,画出散点图,并用曲线去拟合这些数据,同时找到函数模型;(2)某同学准备在五一长假时去看升旗,他应当于几点前到达天安门广场?"[②]

这里顺便指出,曾经有老师提出意见,认为人教A版中的应用题太多了,会影响学生掌握数学知识。我们认为,不是教科书中的应用题多了,而是有些老师需要提高对数学应用的育人价值的认识水平。加强数学与现实的联系是课改的一个基本理念,也是数学教材改革的一个基本方向。我们需要努力的是进一步把应用题编好,从而更好地发挥数学的育人功能,而不是减少数学的应用。老师们也要注意转变教学方

① 人民教育出版社,课程教材研究所,中学数学课程教材研究开发中心.普通高中教科书:数学A版 必修第一册[M].北京:人民教育出版社,2019:141.
② 人民教育出版社,课程教材研究所,中学数学课程教材研究开发中心.普通高中教科书:数学A版 必修第二册[M].北京:人民教育出版社,2019:149.

式,逐步习惯于应用题的教学,加强应用题的教学研究,以适应加强数学应用的课改要求。

第三,在相关主题中专门设置"数学应用"的内容。事实上,为了加强数学与现实的联系,课程标准在必修主题二"函数"中设置了"函数应用",特别指出"函数应用不仅体现在用函数解决数学问题,更重要的是用函数解决实际问题"。要求学生通过学习,"理解函数模型是描述客观世界中变量关系和规律的重要数学语言和工具;在实际情境中,会选择合适的函数类型刻画现实问题的变化规律。收集、阅读一些现实生活、生产实际或者经济领域中的数学模型,体会人们是如何借助函数刻画实际问题的,感悟数学模型中参数的现实意义"[①]。在其他内容中一般也都提出数学应用的要求,例如:"会用向量方法解决简单的力学问题以及其他实际问题,体会向量在解决数学和实际问题中的作用";"能用余弦定理、正弦定理解决简单的实际问题";"能运用等差数列、等比数列解决简单的实际问题,感受数学模型的现实意义与应用";"通过丰富的实际背景理解导数的概念,……并解决一些实际问题";"运用平面解析几何方法解决实际问题";等等。显然,这些要求都是与加强数学建模活动直接相关的,实际上也是对知识学习中渗透数学建模活动提出了明确要求,从而也就为各主题中全面渗透数学建模活动提供了可能。

例如,在"函数的应用(二)"中,人教 A 版设计了利用马尔萨斯人口增长模型解决实际问题的例题。这个例题按如下步骤展开[②]:

第一步,给出我国 1950 年末和 1959 年末的人口总数,让学生根据马尔萨斯人口增长模型 $y = y_0 e^{rt}$,建立我国在 1950 ~ 1959 年的具体人口增长模型。

第二步,通过模型计算 1951~1958 年各年末的人口总数,并查阅国家统计局网站公布的我国在 1951~1958 年各年末的实际人口总数,检验所得模型与实际人口数据是否相符。

第三步,利用模型预测我国人口总数达到 13 亿的时间,得出结果为 1990 年后再提出问题:"事实上,我国 1990 年的人口数为 11.43 亿,直到 2005 年才突破 13 亿。对由函数模型所得的结果与实际情况不符,你有何看法?"引导学生认识函数模型是有适用范围的,在用数学模型解决实际问题时要注意根据问题的前提假设进行判断。这个例题对于理解数学模型的意义具有较好的示范作用。

---

① 中华人民共和国教育部. 普通高中数学课程标准(2017 年版)[S]. 北京:人民教育出版社,2018:23.
② 人民教育出版社,课程教材研究所,中学数学课程教材研究开发中心. 普通高中教科书:数学 A 版 必修第一册[M]. 北京:人民教育出版社,2019:148.

4. 选取适当的内容呈现数学建模全过程

前已述及,高中数学课程内容与现实世界的联系非常紧密,由此决定了在数学知识的教学中,可以选取某些适当的内容,采用数学建模活动的方式加以组织和呈现,从而有机渗透数学建模思想,加大培养数学建模素养的力度。下面我们以两个具体例子来说明人教 A 版的做法。

例 1 函数 $y = A\sin(\omega x + \varphi)$ 及其应用。①

这个函数的现实背景非常明确,而且现实世界中周期变化现象普遍存在。通过适当的现实背景设置情境与问题,引导学生结合具体实例建立模型 $y = A\sin(\omega x + \varphi)$,理解参数 A、ω、φ 的意义,通过研究参数变化对函数图象的影响把握模型的性质,并用模型解决同类问题,这就是一个相对完整的数学建模活动过程。人教 A 版正是按照这一思路展开内容:

第一步,以我国古代发明并沿用至今的水利灌溉工具"筒车"的运动为背景创设情境,通过适当的理想化(假设每一个盛水筒都做匀速圆周运动,将盛水筒视为质点等),将实际问题转化为数学问题,并选择三角函数模型来刻画盛水筒的运动规律。这是一个从数学的视角发现和提出问题的过程。

第二步,通过问题"与盛水筒运动相关的量有哪些? 它们之间有怎样的关系?"引导学生将问题进一步数学化:

如图 9.3.1,将筒车抽象为一个几何图形,设经过 t s 后,盛水筒 M 从点 P_0 运动到点 P。由筒车的工作原理可知,这个盛水筒距离水面的高度 H,由以下量所决定:筒车转轮的中心 O 到水面的距离 h,筒车的半径 r,筒车转动的角速度 ω,盛水筒的初始位置 P_0 以及所经过的时间 t。

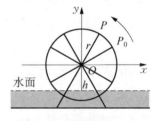

图 9.3.1

第三步,在适当的直角坐标系下,分析这些量的相互关系,进而建立盛水筒运动的数学模型 $H = r\sin(\omega t + \varphi) + h$。

第四步,研究参数 A、ω、φ 的变化对 $y = A\sin(\omega x + \varphi)$(其中 $A > 0$,$\omega > 0$)图象的影响,得出从正弦函数图象出发,通过图象变换得到 $y = A\sin(\omega x + \varphi)$($A > 0$,$\omega > 0$)图象的过程与方法,从而认识这个函数模型的性质。

---

① 人民教育出版社,课程教材研究所,中学数学课程教材研究开发中心. 普通高中教科书:数学 A 版 必修第一册[M].北京:人民教育出版社,2019:231 - 248.

第五步，回到现实中去，应用模型解决摩天轮的运动、弹簧振子的运动、交变电流、简谐运动、海水涨落与船舶靠港作业等实际问题。这是一个根据具体数据确定参数、计算求解的过程。

由此可见，人教 A 版将函数 $y=A\sin(\omega x+\varphi)$ 设计成了一个较为完整的数学建模过程，其中通过分析问题背景发现和提出问题，将现实问题理想化，再通过分析与盛水筒运动相关的量及其相互关系而使问题数学化，得出模型后研究其性质，最后回到现实中，应用模型解决各种周期变化问题等，是数学建模活动过程的主要环节。

例 2 用数学建模活动方式组织"统计"一章内容。

我们知道，"统计"教学的主要目标是培养学生的数据分析素养。课程标准指出，数据分析过程主要包含：收集数据，整理数据，提取信息，构建模型，进行推断，得出模型。将它与数学建模过程进行比较，可以发现两者有较大的一致性。数据分析中的"分析"是针对数据而言的，"是一个透过数据探索客观事物本质和规律的过程"，可以概括为：(1)面向实际背景，凝练统计问题；(2)明确问题目标，收集整理数据；(3)合理构建模型，优化推断结论；(4)回归实际问题，形成决策知识。[①] 尽管统计中对数据的收集有专门要求和特定方法，也有专门的整理数据的方法和工具，构建的统计模型也是专有所指(如随机现象的概率分布、两个随机现象的相关关系等)，对统计模型中未知参数进行估计也有特定的方法(如最小二乘法)，对由统计模型作出的推断是否能精确地反映所研究的随机现象的特性和内在规律进行验证时也有自己特有的方法，必要时也要对模型作出改进，但从通过数据分析解决实际问题的过程看，确实具有数学建模的特征。实际上，作为一种综合实践活动，数学建模活动的内容范围可以涵盖高中数学的所有主题，这是数学建模素养丰富内涵的体现。另外，课程标准提出："统计的教学活动应通过典型案例进行。教学中应通过对一些典型案例的处理，使学生经历较为系统的数据处理全过程，在此过程中学习数据分析的方法，理解数据分析的思路，运用所学知识和方法解决实际问题。"[②]用数学建模活动的方式组织统计教材内容，有利于体现上述要求。下面我们看人教 A 版的具体处理。[③]

首先，教科书提出问题 1：

某市政府为了节约生活用水，计划在本市试行居民户生活用水定额管理，即确定

① 史宁中，王尚志. 普通高中数学课程标准(2017 年版)解读[M]. 北京：高等教育出版社，2018：136 - 140.
② 中华人民共和国教育部. 普通高中数学课程标准(2017 年版)[S]. 北京：人民教育出版社，2018：33.
③ 人民教育出版社，课程教材研究所，中学数学课程教材研究开发中心. 普通高中教科书：数学 A 版　必修第二册[M]. 北京：人民教育出版社，2019：192 - 202.

一个居民户月用水量标准 a，用水量不超过 a 的部分按平价收费，超出 a 的部分按议价收费。如果希望确定一个比较合理的标准以使大部分居民户的日常生活用水不受影响，你认为需要做哪些工作？

这是一个有实用价值的问题。由于居民用水量是一个随机现象，应该用统计模型来确定合理的用水标准。但问题的提法还不是一个统计问题，需要进一步将其凝练为统计问题。于是教科书进一步明确问题：

采用抽样调查的方式，通过分析样本观测数据来估计全市居民户月均用水量的分布情况。

上述过程就是在实际情境中从统计的视角发现和提出问题的过程。

接着是根据统计问题的目标设计有效的抽样方法，收集数据、整理数据。根据生活经验，全年不同季度的用水量是不一样的，如果按季度阶梯定价，则需要每个季度的用水量分布情况，需要获得每个季度的平均用水量，困难较大。如果用全年用水量的平均值，则会出现每年用水量高峰季节阶梯水价的第一阶梯受众面减少而影响一些用户生活的情况，也存在供水量不足的风险。所以应该选择合适的月份收集数据。教科书为了简化问题，以"假设通过简单随机抽样，获得了 100 户居民的月均用水量数据"，给出数据，并用"因为我们更关心月均用水量在不同范围内居民户占全市居民户的比率，所以选择频率分布表和频率分布直方图来整理和表示数据，即用各个小组数据在数据总量中所占比率的大小来表示数据的分布情况"，引导学生选择数据整理的方法，画出居民用户月均用水量的频率分布表和直方图。

接着，教科书引导学生分析表、图中的信息以及居民户月均用水量的样本观测数据分布规律，并据此推测该市全体居民户月均用水量的分布情况，得出"大部分居民用水量都少于 $10.2\,\mathrm{t}$"等推断，然后进一步提出问题 2：

如果当地政府希望使 80% 的居民生活用水费用支出不受影响，根据频率分布表中的样本数据，你能给市政府提出确定居民户月用水量标准的建议吗？

与问题 1 的处理一样，人教 A 版先将问题凝练为如下统计问题：

根据市政府的要求确定月均用水量标准，就是要寻找一个数 a，使全市居民户月均用水量中，不超过 a 的占 80%，超过 a 的占 20%。

然后引导学生根据样本数据的第 80 百分位数估计出总体的第 80 百分位数为 13.7，并指出：由于样本的取值规律与总体的取值规律之间会存在偏差，而决策问题只要临界值近似为第 80 百分位数即可。因此，为了实际中操作的方便，可以建议月均用水量标准定为 $14\,\mathrm{t}$，或者年用水量为 $168\,\mathrm{t}$。

上述过程是在"合理构建模型,优化推断结论"的基础上,回归实际问题,利用统计模型进行分析,为实际决策提供方案。在这个过程中,教师还可以进一步引导学生从不同角度分析确定合理用水量及阶梯价格的原则和方法,从而有效促进学生统计思维的发展。可以发现,这个过程比较完整地体现了数学建模中的"分析问题、构建模型,确定参数、计算求解,检验结果、改进模型,最终解决实际问题"等环节,可以帮助教师实现"通过典型案例,使学生经历较为系统的数据处理全过程,在此过程中学习数据分析的方法,理解数据分析的思路,运用所学知识和方法解决实际问题"的教学要求。

总之,在人教 A 版中,以数学知识及其蕴含的数学思想和方法为主要学习任务的课程内容中渗透数学建模的学习,使学生在潜移默化中了解了数学建模的基本思想、基本过程与步骤,掌握了建模活动不同环节的"操作要领",并使建立数学模型解决实际问题的技能得到了循序渐进的锻炼,从而为开展数学建模课题研究做好了必要准备。

三、设置"数学建模"专题活动

根据课程标准的规定,数学建模活动的课程定位是"作为基于数学思维运用模型解决实际问题的一类综合实践活动",教学要"以课题研究的形式开展,课题研究的过程包括选题、开题、做题、结题四个环节"。因此,尽管可以在数学知识的教学中渗透甚至让学生经历较为完整的数学建模活动过程,但常规教学却不能体现上述定位,同时也无法完成其教学任务,必须通过设置专门的数学建模专题活动才能达成其课程目标。

1. 确定数学建模活动选题的几条原则

因为课程标准只给出了数学建模活动的过程、要素及活动方式,没有规定具体课题,所以教材编写的首要任务是选择课题,为数学建模活动提供载体。

怎样的选题是适当的呢? 我们认为,在确定数学建模活动选题时应考虑如下几条原则:

(1) 所选课题是有现实意义的,能使学生感受到数学建模活动的意义和乐趣,能充分激发学生的研究兴趣;

(2) 课题背景是学生熟悉的,要尽量贴近学生生活实际,方便学生操作;

(3) 学生有必要的知识储备,但做课题所需要的数学模型是新近学习的,能使建模活动过程成为理解和综合运用相应数学知识的过程;

(4) 课题能对学生形成挑战性,能使学生经历完整的数学建模活动过程,从而形

成"做研究"的体验,初步熟悉"做课题"的基本过程、方法和步骤;

(5)能有效发挥信息技术的作用,方便教师观察和指导学生活动,有利于学生分享、交流研究成果,便于开展评价。

2. 数学建模活动课题的确定

(1)建立函数模型解决实际问题。

函数是贯穿高中数学课程的主线。学生在学习集合、常用逻辑用语等数学语言和数学表达工具的基础上,在必修课程"主题二 函数"的学习中,掌握了几种基本初等函数,研究了它们的图象与性质,掌握了现实世界中几种典型的变量关系和运动规律的数学表达,从而为用函数建立数学模型解决实际问题做好了知识准备;同时,通过函数的一般概念及幂函数、指数函数、对数函数等概念的学习,学生的数学抽象能力得到了进一步提高;通过函数图象与性质的研究与应用,学生的直观想象能力和数学表达能力得到了增强。所以,学生已经具备了用函数建立数学模型解决实际问题所需要的知识和能力。另外,课程标准在这一主题中专门提出"函数与数学模型"的内容,要求学生理解函数模型是描述客观世界中变量关系和规律的重要数学语言和工具,并能在实际情境中选择合适的函数类型刻画现实问题的变化规律。所以,设置一个利用函数建立模型解决实际问题的数学建模活动也符合课程标准的要求。基于以上考虑,人教A版在"指数函数与对数函数"之后,紧接着安排了"建立函数模型解决实际问题"的数学建模活动,以"特定室温条件下刚泡好的茶水多长时间可以达到最佳口感"为课题,给出"建立茶水温度随时间变化的函数模型解决实际问题"的示范,并给出了"应在炒菜之前多长时间将冰箱里的肉拿出来解冻""根据某一学生的身高和体重,判断该同学是否超重""用微波炉或电磁炉烧一壶开水,找到最省电的功率设定方法"等备选课题。

(2)建立统计模型进行预测。

在"概率与统计"主题中加强数学建模活动的理由在前面已有阐述,这里不再赘述。在选择性必修第三册统计一章之后,我们安排了第二个数学建模专题"建立统计模型进行预测",以"建立汽车流量与PM2.5浓度之间关系的统计模型,并利用模型进行统计预测或控制"为例,引导学生开展统计建模活动。这是人教A版的"收官"内容,学生已经全部学完高中数学知识,无论从知识储备(包括其他学科的知识,特别是信息技术应用)、积累的数学建模活动经验还是分析和解决问题的能力等,都已经具备解决较为复杂的现实问题的基础,所以这个专题活动的综合程度较高,难度也较大。考虑到中学生开展数学建模活动的实际,人教A版通过给定课题、呈现完整的研究过程,以课题研究案例的方式,先给学生以完整的课题研究示范,再让学生按照要求开展小组合作的课题研究。

3. 数学建模专题的内容设计

作为一种综合实践活动,数学建模学习的要义在于"过程""实践""活动"。要以课题研究的形式开展活动,要让学生经历完整的选题、开题、做题和解题过程。教师的责任在于给学生营造研究氛围,提供自主探究、合作学习、个性展示、协作支持、工具选择、信息挖掘、交流分享、归纳提升、反思拓展的机会,使学生经过学习和实践,"提高学习数学的兴趣,增强学好数学的自信心,养成良好的数学学习习惯,发展自主学习的能力;树立敢于质疑、善于思考、严谨求实的科学精神;不断提高实践能力,提升创新意识;认识数学的科学价值、应用价值"[①]。数学建模的学习载体不需要特别指定,可以根据学校当时当地的条件灵活确定。因此,数学建模专题的教材并不需要像其他内容那样"讲知识、讲例题",而是要给教师和学生一个数学建模活动的"操作指南"。

根据数学建模活动的特性,人教 A 版设计了如下结构:

一、标题

二、概述

选题的目的、意义,建模的主要内容、过程和方法。

三、范例

一个完整的建立数学模型解决实际问题的案例,以"现实问题—数学问题—建立模型—检验模型—解决问题"的完整过程呈现。

四、数学建模活动选题

给出若干个与"范例"的选题类似的、相关的或延续的参考选题,并说明"也可以根据自己的兴趣,与老师协商确定选题"。

五、数学建模活动的要求

1. 组建合作团队

数学建模实践活动需要团队协作。首先,在班级中组成 3～5 人的研究小组,每位同学参加其中一个小组。在小组内,要确定一个课题负责人,使每位成员都有明确的分工。拟定研究课题、确定研究方案、规划研究步骤、编制研究手册,然后在班里进行一次开题报告。

[①] 中华人民共和国教育部. 普通高中数学课程标准(2017 年版)[S]. 北京:人民教育出版社,2018:8.

2. 开展研究活动

根据开题报告所规划的研究流程,通过背景分析、数据收集、数据分析、数学建模、获得结论等过程,完成课题研究。在研究过程中,可以借助信息技术解决问题。

3. 撰写研究报告

以小组为单位,撰写一份研究报告。

4. 交流展示

(1)对同一个课题,先由3~4个小组进行小组交流,每个小组都展示自己的研究成果,相互借鉴、取长补短。在小组报告的基础上形成大组的研究报告。选定代表,制作向全班汇报的演示文稿。

(2)与老师一起进行全班研究成果展示与交流,在各大组代表作研究报告的基础上,通过质疑、辩论、评价,总结成果,分享体会,分析不足。进行自我评价、同学间相互评价和老师评价,完成本次数学建模活动。

六、数学建模研究报告的参考形式

略。

第四节　教学建议

前面的讨论中已经渗透了关于数学建模活动教学的思考,这里结合教科书中"建立统计模型进行预测",再概括地给出一些教学建议。

一、关于"范例"的说明

人教A版给出了一组基于大气污染物PM2.5的浓度及汽车流量、气候状况等因素的真实观测数据,要求学生运用所学统计知识和思想方法,通过建立统计模型进行因素之间关系的分析,并作出判断和预测,从而让学生经历数学建模的一般过程,进一步理解一元线性回归模型的含义,理解模型参数的统计意义,学会使用相关的统计软件,能用回归模型进行预测。

1. 背景分析,凝练统计问题

从数学的视角对实际情境进行背景分析,将实际问题凝练为统计问题是统计建模的第一步。主要包括以下两个方面:

(1)了解与问题背景有关的知识。

要解决的问题是通过对观测数据的分析,定量探究影响PM2.5浓度的相关因素,为作出控制空气污染的决策提供依据。因此,我们需要事先了解影响 PM2.5 浓度的因素有哪些,分析各种可能因素是如何影响 PM2.5 浓度的,以及各种因素之间相互影响的情况,进而区分出主要因素、次要因素。在此基础上,对 PM2.5 浓度与各种影响因素之间的关系进行定量刻画,这是数学建模的目的。因为要考察各种影响因素对 PM2.5 浓度的影响程度,所以 PM2.5 浓度是因变量,而自变量则是可能与因变量有关的那些变量,如汽车流量、气候状况等。

与问题背景有关的知识一般不是现成的,需要通过查阅相关资料或请教相关学科的专业人士来获得,教师应加强引导。本案例中的背景知识可以从相关专业网站上得到。

(2)将问题凝练为统计问题。

一般而言,现实问题并不是真正的数学问题,需要一个数学化的过程,从现实背景中提炼出数学问题,这是需要专门培养的一种能力。我国学生的数学应用能力弱,主要就是面临现实情境时提炼不出数学问题,也就是缺乏数学的眼光。

本案例是要从背景中凝练出统计问题,具体的就是要根据问题背景分析,确定研究的目标,并将目标的达成分解成若干具体的步骤,在每个步骤中解决一个具体的统计问题。本课题需要解决的统计问题有:

① PM2.5 浓度与汽车流量之间是否存在线性相关关系?如何判断?

② 如果 PM2.5 浓度与汽车流量之间存在线性相关关系,如何建立线性回归方程进行刻画?

③ 所建立的线性回归方程是否有效、可靠?用什么方法判断?

④ 如何利用模型帮助决策?

2. 分析问题,构建模型

教科书提供的实际情境是多因素影响的复杂多元关系,需要在数学建模活动中抓住主要矛盾,才能建立有效的模型。因此,教科书选择了 PM2.5 浓度与汽车流量之间的关系问题进行研究,并根据数据用统计方法判断变量之间的关系。在本课题中,利用散点图直观判断两个变量之间是否存在线性相关关系,利用样本相关系数刻画线性相关的程度,以决定能否用线性回归模型刻画这种关系,实际上这是统计模型选择和建立的基础。

3. 确定参数,计算求解

这个环节中,应该重视信息技术的作用,应明确要求学生结合建立统计模型的过程学习有关统计软件。教科书有意识地给出了统计软件输出结果的图片,以增强现实感。另外,图片中出现了一些学生可能没有接触过的信息,例如用统计工具求解经验回归方程时所出现的很多显著性检验结果,呈现这些内容的目的是想让学生明白,在数学建模过程中可能需要新知识。教学时要提醒学生,对于新知识应保持不断学习的态度,在数学建模中必须运用信息技术,它可以延伸我们的双手和大脑,极大地拓展我们的视野和能力。要鼓励学生通过查阅资料自主学习相关的统计知识,以更好地了解统计结果的含义和作用。

4. 检验结果,改进模型,解决实际问题

在统计建模活动中,这个环节就是统计推断,即对建立的统计模型进行统计评价,统计评价也称显著性检验。显著性检验是对模型中的参数进行统计推断,主要检查自变量对因变量的影响是否显著,线性回归是否显著,建立的统计模型是否有效。用统计软件建立统计模型的过程中,在得出回归方程的同时,一般都会给出显著性检验的结果。教科书结合案例的回归分析输出结果,简单介绍了各种检验结果的意义,这有利于对回归模型的有效性进行判断。

二、几点教学建议

1. 体现数学建模的“过程”“活动”特性

数学建模活动重在数学应用和学生活动,教学中要努力体现数学建模活动的这一特点。为此,教学中要贯彻好如下操作理念:

(1)让学生动起来,采取有效措施促使学生主动地做数学、学数学、用数学;

(2)要经常提醒学生留意身边的事物,用数学的眼光观察,积极尝试从中发现和提出值得研究的问题,为数学建模活动中的选题提供思路、奠定基础;

(3)要为学生营造课题研究的氛围,采取有效措施使学生参与到数学建模活动的全过程中去,从中感受用数学模型解决实际问题的“味道”;

(4)要培养学生做过程记录的习惯,加强数学论文写作的教学,使学生能顺利地完成结题报告,培养“用数学的语言表达世界”的素养。

当然,要指导好学生的课题研究和论文写作,教师自己首先要有课题研究的经历和论文写作的能力。对于许多老师来说,课题研究和论文写作的经验尚有欠缺,所以数学建模的教学对他们而言是一个巨大的挑战。因此,教师要落实终身学习的理念,在开展数学建模活动教学之前,自己先完整地做一遍有关课题的研究,从而使自己在教学中做到心中有数。

2. 以小组合作学习的方式开展活动

在教学组织上建议采用小组合作学习的方式,分组工作要由学生自己完成,但教

师要加强协调,使每个组的成员数量适当,并能优势互补。各小组根据研究规划开展协作研究,建议按如下步骤完成:

(1) 小组集体讨论建模方案,确定研究思路;

(2) 小组成员相互协作开展探究,并以专题作业的形式撰写建模的过程记录;

(3) 小组内进行交流讨论,完善建模过程与结果,并形成一份小组研究报告;

(4) 全班进行成果交流、评价。

3. 重视形成性评价

建模活动与做一道题目是不一样的,课题研究任务的完成要依靠小组的集体力量,要求每位成员积极参与,从不同角度贡献力量,所以对建模活动的学习评价必然是既要关注结果更要关注过程。交流与评价是数学建模学习的必要环节,建议分数学评价和非数学评价两部分,可视具体情况进行比例分配,一般而言可以数学评价占60%,非数学评价占40%。数学评价主要由教师作评价,评价的依据是现场观察、学生上交的作品或研究报告。评价的关注点可以集中在如下几方面:

(1) 提出的问题是否合理、切合研究的目的;

(2) 在建立数学模型的过程中,数学知识的运用是否正确;

(3) 建立的数学模型是否能有效拟合已有数据信息;

(4) 利用模型进行预报的结果是否已在现实中得到证实,或能被有关部门接受;

(5) 建模过程是否有创意,是否用到新的数学知识。

非数学评价主要是同学之间相互评价,包括小组成员互评和给其他小组结题汇报打分,并写出评价的简单理由。评价成果展示环节中学生的表现,可以按满意原则和加分原则进行。

4. 要鼓励学生自己提出选题

设置数学建模活动意在加强数学与学生现实生活的联系,培养学生数学地观察周围世界,逐步学会从数学的角度发现和提出问题,用数学的方法分析和解决现实问题,从而改变单纯而机械的解题操练,形成多样化的学习方式。因此,在数学建模专题活动教学中,一方面要注意对教科书给出的背景和问题情境、解决问题的方法和途径进行拓展,例如在统计建模活动中可以引导学生考虑建立多元线性回归模型,也可以考虑建立非线性回归模型等;另一方面要鼓励学生自己提出研究课题。教师要在选题阶段对学生加强指导,在提出问题到确立课题的过程中,引导学生做好收集资料、整理信息、反思提问等工作,在充分展开背景分析的基础上,从现实情境中凝练出建模的选题。在建模活动初始阶段加强指导,对学生顺利完成整个建模学习是至关重要的。

5. 要重视信息技术的运用

数学建模需要处理大量信息,学生自己提出选题的时候还需要收集信息,现实问题中的数据一定是量多且复杂的,所以离开了信息技术的支持,建模活动是很难开展的。特别是统计建模活动,数据的处理通常都要利用统计软件。因此,为了开展好数学建模活动,教师自己首先要熟练掌握相关的数学软件工具的使用方法,例如几何画板、geogebra、R 软件和 Excel 等;同时,要提醒学生注意加强信息技术课程的学习,在建模活动前可以指定某些数学软件工具要求学生先自主学习,在建模活动中教师再进行应用指导。

三、结束语

对广大教师而言,数学建模活动纳入正式教学内容并要求在数学课上具体实施,可能也是"教学老手遇到了新问题",挑战性也不小。本章基于我们的教材编写实践以及编写之前的专题研究,在讨论数学建模素养的内涵和意义的基础上,从课程论的视角讨论了数学建模活动的课程定位、目标要求和内涵要素;从教学论的视角讨论了数学建模活动的教学要求、实施策略和操作步骤。我们根据课程标准的要求和对数学建模活动课程的理解,结合高中数学内容的特点及数学学科核心素养发展的连续性和阶段性特征,确定了数学建模活动人教 A 版的编写思路:在函数、几何与代数、概率与统计等主题中,通过加强数学研究对象的抽象过程、加强现实背景的数学化过程、加强数学知识的应用环节、选取适当内容呈现数学建模全过程等的措施,有计划地安排数学建模活动的某些环节,渗透数学建模思想,体现核心素养发展的连续性,以使学生的数学建模素养得到持续培养;在高中数学学习的适当阶段,在学生有了相当的知识、能力和活动经验储备的基础上,安排数学建模专题活动,给学生提供课题研究的机会,让学生经历完整的选题、开题、做题、结题等课题研究过程。

数学建模素养是一种综合素养,数学建模活动是一种综合实践活动,涉及的知识、方法和能力其实不只在数学中。所以,做好数学建模活动的教学,也需要以教师的综合能力为保障。提高数学建模活动教学能力的最直接途径就是投身其中,积极开展数学建模活动的教学案例研究。一个高品质的数学建模活动设计及教学实施案例,就是一项高水平的教科研成果。期待在本轮新课程、新教材的实施中涌现出更多更精彩的数学建模教学案例。

思考题

1. 课程标准将数学建模活动定位在"一种综合实践活动",你是如何理解这个定位的?

2. 数学建模活动的主要步骤是什么?

3. 课程标准强调要按照课题研究的方式组织数学建模活动的教学,这与我们习惯的日常教学活动差异很大。你认为应该如何根据课程标准的要求和教材的安排来设计数学建模活动的教学?

4. 高中数学的大多数内容都有明确的现实背景,这为数学建模活动的教学提供了很好的机会。举例说明如何在日常教学中渗透数学建模思想,引导学生熟悉数学建模活动的主要环节。

5. 数学建模活动的学业评价应关注哪些问题?

数学核心素养研究丛书

核心素养立意的
高中数学课程教材
教法研究

Research on Core-Literacies-Based Senior High
School Mathematics Curriculum, Teaching
Materials and Methods

章建跃

主编

下册

华东师范大学出版社

·上海·

下　篇

第三部分 教学设计案例

第十章 基于数学整体性的"单元-课时"教学设计

众所周知,课程标准、教材都是"理想课程",必须通过课堂教学才能转化为数学育人的行动。课堂教学是落实核心素养的关键,而教学设计则是从课程标准、教材到课堂教学的桥梁。某种意义上,教学设计的质量决定着课堂教学的质量,而教学设计的质量又取决于教师的专业化发展水平。教学设计的能力与水平是教师专业化水平和教学能力的集中体现。

课程标准在"实施建议"中指出:"教师要以数学学科核心素养为导向,抓住函数、几何与代数、概率与统计、数学建模活动与数学探究活动等内容主线,明晰数学学科核心素养在内容体系形成中表现出的连续性和阶段性,引导学生从整体上把握课程,实现学生数学学科核心素养的形成和发展。"[①]为此,课程标准强调教师要努力提升教学设计和实施能力,"首先要把握数学知识的本质、理解其中的教育价值,把握教学中的难点,理解学生认知的特征;在此基础上,探索通过什么样的途径能够引发学生思考,让学生在掌握知识技能的同时,感悟知识的本质,实现教育价值;最后能够创设合适的情境、提出合适的问题,设计教学流程、写好教案"[②]。

为了落实课程标准的这些要求,我们在长期实践研究的基础上,总结出"高中数学'单元-课时'教学设计体例与要求"。下面我们先给出这个教学设计的框架,再以数学的整体观为指导,对这些框架中各栏目的含义和具体编写进行详细解读,最后给出一个案例。

第一节 单元-课时教学设计体例与要求

主题、单元教学是本次课改强调的一个重点,相应地,教学设计也应强调在单元教

---

① 中华人民共和国教育部. 普通高中数学课程标准(2017年版)[S]. 北京:人民教育出版社,2018:82.
② 同①98.

学设计基础上再给出课时教学设计,以充分体现数学的整体性、逻辑的连贯性、思想的一致性、方法的普适性、思维的系统性,切实防止碎片化教学,通过有效的"四基""四能"教学,使数学学科核心素养真正落实于数学课堂。具体而言,就是要在课时教学设计之前,先进行单元教学设计,对本单元内容及其蕴含的数学思想和方法、本单元着重培养的数学学科核心素养、本单元的学习重点和难点等作出全面分析,并将《普通高中数学课程标准(2017年版)》规定的本单元内容按知识的发生发展过程、学生的认知过程(从概念、原理等的学习到练习再到目标检测等)分解到课时,同时将相应的"内容要求"(即单元目标)分解为课时目标。

"单元-课时教学设计"的栏目和设计要求如下:

单元课题名称

一、内容和内容解析

1. 内容:对单元教学内容的内涵和外延作简要说明,并给出单元课时及内容的课时分割。

2. 内容解析:重点是在揭示概念内涵的基础上,说明概念的核心之所在,并要对概念的地位进行分析,其中蕴含的数学思想和方法要作出明确表述。在此基础上阐明教学重点。

这里要在章节整体知识结构中,对教学内容进行深入分析。"内容"部分,只要列举课程标准中相应单元的内容即可。为了便于一线教师的理解和落实,把"内容解析"进一步明确为如下几个方面:①内容的本质,②内容蕴含的数学思想和方法,③知识的上下位关系,④内容的育人价值(着重在数学学科核心素养的发展),⑤本单元教学重点。

这部分内容是要指明"教什么",主要完成"理解数学"的任务。

二、目标和目标解析

1. 目标:用"了解""理解""掌握"以及有关行为动词"经历""体验""探究"等表述目标。

2. 目标解析:对"了解""理解""掌握"以及"经历""体验""探究"的含义进行解析。

教学目标是教学设计的"灵魂"。应注意单元教学目标与课时教学目标的内在一致性。单元教学目标是通过一个阶段教学要达成的目标,而课时教学目标是一个课时要达到的目标;课时目标的积累就成为单元目标的达成。

在解析单元教学目标时,应基于教学内容及其解析,着重解析课程标准中的"内容与要求"的具体含义。具体操作时,可以与单元教学内容解析相对应,给出学生在学完本单元后在知识、技能、思想方法等方面达到的要求(学会了哪些以往不会的方面)。

三、教学问题诊断分析

应根据自己以往的教学经验,数学内在的逻辑关系以及思维发展理论,对本内容在教与学中可能遇到的障碍进行预测,并对出现障碍的原因进行分析。在上述分析的基础上指出教学难点。

具体的,可以从认知分析入手,即分析学生已具备的认知基础(包括知识、思想方法和思维发展基础),对照教学目标,发现已有基础和目标之间的差异,分析学生学习中可能出现的障碍,在此基础上给出教学难点。

本栏目的内容应当做到言之有物,以具体数学内容为载体进行说明。另外,不同的学生会出现不同的问题,需要在分析过程中加以注意。

四、教学支持条件分析

为了有效实现教学目标,要根据问题诊断分析的结果,决定采取哪些教学支持条件,以帮助学生更有效地进行数学思维,使他们更好地发现数学规律。

这个栏目不做硬性要求,可根据需要设置。当前,可以适当地侧重于信息技术的使用,以构建有利于学生建立概念的"多元联系表示"的教学情境。

五、课时教学设计

第 n 课时

(一) 课时教学内容

指本课的数学内容。例如:集合的含义与表示。

(二) 课时教学目标

课时教学目标的呈现方式要注意过程与结果的融合、隐性目标与显性目标的融合。具体写作时,可以考虑以下格式:

通过(经历)X,能(会)Y,发展(提高、体会)Z。

其中 X 表示数学活动过程,Y 表示应会解决的问题(显性目标,主要是具体知识点目标),Z 表示数学思想和方法、数学关键能力(隐性目标)。

一堂课的几条目标要对等,下位目标可以在目标解析中阐述。要注意目标的可达成(操作性)、可分解(具体化)和可检测的特性。

课时教学设计中,不必对内容和目标再做解析。

（三）教学重点与难点

"重点"是指本节课中的核心概念及其蕴含的数学思想和方法。

"难点"主要指学生在学习过程中可能遇到的困难和问题。可以根据以往的教学经验,指出学生在学习本节课内容时可能出现的困难,特别是在理解概念(原理)的过程中可能出现的问题。

需要注意的是,重点、难点要落实在"点"上,特别是"难点"要与学生学习的普遍情况相吻合(不能主观臆测),主要以知识点的方式来表现(根据需要也有思想方法、研究方法),直接列出条目即可。

（四）教学过程设计

要强调教学过程的内在逻辑线索,这一线索应当从数学概念和思想方法的发生发展过程(基于内容解析)、学生数学思维过程两方面的融合来构建。学生数学思维过程应当以认知分析为依据,即在对学生应该做什么、能够做什么和怎样做才能实现教学目标进行分析的基础上得出思维过程的描述。可以利用问题诊断分析中得出的结论,基于自己以往教学中观察到的学生学习状况,通过分析学生学习本内容的思维活动过程,给出学生学习过程的具体描述。其中,应突出核心概念的思维建构和技能操作过程,突出数学基本思想的领悟过程,突出数学基本活动经验的积累过程。

教学过程设计以"问题串"方式呈现为主,而且"问题串"就是整节课的教学主线。所提出的问题应当注意适切性,对学生理解数学概念、形成基本技能和领悟基本思想有真正的启发作用,达到"跳一跳摘果子"的效果。在每一个问题后,要写出设计意图(基于教学问题诊断分析、学生学习行为分析等阐明为什么要设计这样的问题),还要给出师生的活动预设,以及这一环节需要重点关注的问题(需要概括的概念要点、思想方法,需要进行的技能训练,需要培养的能力)等。这里,要特别注意对如何渗透、概括和应用数学思想和方法作出明确表述。

教学过程设计需注意如下问题:

（1）教学过程的设计就是阐述怎么教,一定要建立在前面诸项分析的基础上,贯彻落实分析结果,做到前后呼应。

（2）按每课时 45 分钟安排内容,注意课堂的容量,应以中等学生一节课的容量为标准。

（3）注意教学过程中练习、习题的难度,围绕目标解析中的要求进行训练,回避偏、难、繁的题目,以中等学生的教学要求为标准。

（4）对于"问题串"，要具体，强调适切性，不能只照搬教材中的例题或观察、思考、探究栏目中的问题。要呈现具体的问题情境，通过问题引导学生的思维过程。问题不一定都是"问"，可以根据需要给出引导性陈述。

（5）教学过程设计应注意体现内容特点。例如，基于问题解决的设计，讲授式教学设计，自主探究式教学设计，合作交流式教学设计，等等。

（6）本部分内容大致可分为"教学环节""问题""追问"三个层级。要注意同一层级问题的对等性，使读者可以从"问题串"中归结出本节课的流程。

（7）"问题"呈现的方式：问题—师生活动（预设）—追问—设计意图。

（五）目标检测设计

课堂教学目标是否达成，需要以一定的习题、练习进行检测。值得强调的是，对每一个（组）习题或练习都要写明检测目标，以加强检测的针对性、有效性。

注意目标检测与布置作业的区别。在教学过程设计中，布置作业主要是通过习题巩固概念，使学生知识技能、综合能力得到提升；目标检测设计则重在通过题目检测本堂课的目标完成情况，此步也可以使用教材中的习题或同类问题，数量一般在1~3个。

第二节　数学的整体性与单元划分

一、对数学的整体性的理解

众所周知，加强对数学整体性的认识，强调以具有整体性的知识单元为载体、从知识的联系性出发进行教学设计并展开课堂教学，是这一轮课程改革的显著特点，也是本次课程改革中切实发挥数学育人功能、转变数学育人方式、落实数学学科核心素养的关键抓手。究其原因，主要是长期以来，在高考评价"唯分数"指挥棒下的数学教学，以高考分数为目标，将数学内容碎片化为知识点，采用"灌输＋记忆"的方式强加给学生，再通过刷题提高解题技巧"秒杀"高考题，可以提高分数，但不利于学生获得"四基"、提高"四能"，不利于发展数学学科核心素养，更不利于"提高学习数学的兴趣，增强学好数学的自信心，养成良好的数学学习习惯，发展自主学习的能力；树立敢于质疑、善于思考、严谨求实的科学精神；不断提高实践能力，提升创新意识；认识数学的科学价值、应用价值、文化价值和审美价值"[1]等课程目标的实现。所以，基于全面实现数学育人目标的教学，必须强调数学的整体性、逻辑的连贯性、思想的一致性、方法的

---

① 中华人民共和国教育部.普通高中数学课程标准（2017年版）[S].北京：人民教育出版社，2018：8.

普适性、思维的系统性。

可以相信,广大教师对上述观点的认同度会非常高,但从观点的认同到课堂的行动并不能划等号,而且提出观点似乎也没什么难度。细究起来,现在流行的形形色色的教育理论,但凡有道理的,大概都可以从《论语》《学记》等我国传统教育理论中找到源头,甚至与我们一线教师从自己实践中形成的直觉也不会有太大的出入。正如伟大的英国数学家、哲学家和教育理论家怀特海所说的:非常接近真理和真正懂得它的意义是两回事,每一个重要的理论都被它的发现者之前的人说过。教育改革的理论不能像复数理论那样,超越现实需要,通过纯粹的理性思维构造而得到发展并在几百年后才找到用武之地,我们需要的是"真正懂得它的意义"的教育家提出的、能用具体学科事例说清楚如何在课堂教学中进行实践的理论,而不是放之四海而皆准的空洞说教。总之,教育理论不能纸上谈兵,"自己闹着玩",必须以解决教学实践中的问题为目标导向。因此,现在亟需把基于数学整体性的单元教学到底该如何实施的问题说清楚。

首先是对"数学整体性"的认识。以下我们列举《普通高中数学课程标准(2017年版)》中涉及这个词的主要表述。

用函数理解方程和不等式是数学的基本思想方法。"从函数观点看一元二次方程和一元二次不等式"的学习,可以帮助学生用一元二次函数认识一元二次方程和一元二次不等式。通过梳理初中数学的相关内容,理解函数、方程和不等式之间的联系,体会数学的整体性。[①]

教师应把"函数"主题的内容视为一个整体,引导学生从变量之间的依赖关系、实数集合之间的对应关系、函数图象的几何直观等角度整体认识函数概念;通过梳理函数的单调性、周期性、奇偶性(对称性)、最大(小)值等,认识函数的整体性质;经历运用函数解决实际问题的全过程。[②]

几何与代数是高中数学课程的主线之一。在必修课程与选择性必修课程中,突出几何直观与代数运算之间的融合,即通过形与数的结合,感悟数学知识之间的关联,加强对数学整体性的理解。[③]

数列单元的学习,可以帮助学生了解等差数列与一元一次函数、等比数列与指数函数的联系,感受数列与函数的共性与差异,体会数学的整体性。[④]

[①] 中华人民共和国教育部. 普通高中数学课程标准(2017年版)[S]. 北京:人民教育出版社,2018:17.

[②] 同[①]23.

[③] 同[①]25.

[④] 同[①]38.

从上述内容可见,课标从如下几个方面强调了数学整体性:

(1) 同一主题内容中体现的数学整体性,主要包括一个内容的不同认识层次、不同角度的认识之间内在的一致性、关联性,以及认识不同方面内容所采用的类似过程与思想方法。例如,"变量说"、"集合与对应说"、图象所呈现的自变量与因变量之间的对应关系(依赖关系),它们从不同角度描述了函数概念,具有内在的一致性,由此构成了函数的内涵与外延的整体性;对各种函数性质的认识,具有类似的主题、过程与思想方法,"变化中的规律性、不变性"就是它们的共性。

(2) 整合具有内在联系的不同内容所体现的数学整体性。例如一元二次方程、不等式与函数中,以二次函数为主线可以把三者"编织"成一个整体,把方程、不等式看成函数的某种(类)特定状态下的特性;又如,等差数列与一元一次函数、等比数列与指数函数的联系,其实是同一种数量关系分别在离散和连续下的两种状态。

(3) 不同数学思想与方法之间相互融合,形成具有统一性、内在一致性的数学一般观念,这是在最高层面上体现的数学整体性,其统摄性最强、适用性最广。例如,几何直观与代数运算的融合,形成解析几何、向量代数、向量几何等具有综合性的新学科与新思想,其结果是在更高层次上体现了数学的整体性。

二、关于单元的划分

课程标准基于数学的整体性,设置了函数、几何与代数、概率与统计、数学建模活动与数学探究活动等四个主题,再在每个主题下设置若干单元,通过每一单元的学习,帮助学生在获得"四基"、提高"四能"的过程中,发展数学学科核心素养,形成理性思维、科学精神,并使个人智力获得发展。那么单元教学该如何组织呢? 下面以必修"几何与代数"主题下的"平面向量及其应用"[①]单元为例进行探讨。

首先是明确单元目标。单元目标是"中观目标",由课程标准给定,以"单元整体目标+内容与要求+学业要求"的结构呈现:

单元整体目标:理解平面向量的几何意义和代数意义;掌握平面向量的概念、运算、向量基本定理以及向量的应用;用向量语言、方法表述和解决现实生活、数学和物理中的问题。

内容与要求:为了实现上述目标,选择向量概念、向量运算、向量基本定理及坐标表示、向量应用与解三角形等内容,并提出相应的学习要求,例如"通过几何直观,了解

---

① 中华人民共和国教育部. 普通高中数学课程标准(2017年版)[S]. 北京:人民教育出版社,2018:25-26.

平面向量投影的概念以及投影向量的意义"。

学业要求:给出通过学习要达到的结果,能够从多种角度理解向量概念和运算法则,掌握向量基本定理;能够运用向量运算解决简单的几何和物理问题,知道数学运算与逻辑推理的关系。

显然,单元整体目标和学业要求是"结果性"的,两者相互呼应,规定了学完本单元内容后学生应达到的水平;内容与要求则是"过程与结果"融合的,以了解、理解、掌握、能、会、知道等区分目标层次,以探索、体会、感悟等强调过程性要求,如"借助向量的运算,探索三角形边长与角度的关系,掌握余弦定理、正弦定理"。有时还以概括的语言给出"过程与结果"的完整描述,例如在立体几何初步单元中有如下表述:"从上述定义和基本事实出发,借助长方体,通过直观感知,了解空间中直线与直线、直线与平面、平面与平面的平行和垂直的关系,归纳出以下性质定理,并加以证明。"[①]

上述内容要求与课堂教学目标还有差距,需要教师在教学设计时进行分解,这个问题待后面再讨论,这里先讨论适合课堂教学的单元划分问题。从课程标准给出的单元内容可以看到平面向量及其应用单元下的子单元,即向量概念、向量运算、向量基本定理及坐标表示、向量应用与解三角形。显然,这样的子单元是根据数学内容的特性以及知识之间的逻辑关系划分的。从学习任务上看,向量的概念是抽象数学对象;向量运算研究向量的线性运算和数量积;向量基本定理及坐标表示是建立向量与数量及几何基本图形的联系;向量应用是用向量方法解决几何、物理等问题。

从学生学习心理出发,一个单元的课时不宜太多,因此在保证单元内容完整性的前提下,常常需要对子单元做进一步划分。例如,上述向量运算可以再分为线性运算和数量积运算,线性运算又可以再分为加减运算和数乘运算。当然,子单元的进一步划分不能破坏单元内容的整体性,并且要有明确的一般观念为统领。向量运算就是以"运算"这一观念来统领,在研究每一种运算时,都以如下统一的结构展开:

物理背景—运算规则及几何意义—运算性质及几何意义—应用。

所以,划分单元时,要按照从宏观到微观的顺序,以知识的逻辑顺序进行逐级划分,同一个层级的单元都以上一级单元中的一般观念为统领,形成一个从上到下的知识体系。在此基础上,自然而然地形成从下到上的教学体系。例如,与"向量及其运算"相关的宏观体系可参看图 10.2.1。

---

① 中华人民共和国教育部. 普通高中数学课程标准(2017 年版)[S].北京:人民教育出版社,2018:28.

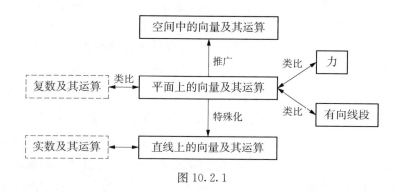

图 10.2.1

从下到上的教学体系是：

第一单元　向量的概念；

第二单元　向量的线性运算；

第三单元　向量的数量积；

第四单元　向量基本定理及坐标表示；

第五单元　向量的应用。

其中，第二、三单元以"运算"为统领，建立运算规则、研究运算性质，其实也是为用向量方法解决问题做好语言与工具的准备。

这里，无论是一维向量、二维向量还是三维向量乃至 n 维向量，其研究的结构都是完全一致的。

总之，基于数学整体性的单元教学，反对把数学内容碎片化，不再片面强调知识点的"讲深讲透"，搞什么"堂堂清、日日清"，而是注重把同类研究对象、相似的研究内容整合在一起，形成具有思想一致性的学习单元，而单元之间又形成环环相扣、逻辑连贯的"单元链"。在这样的结构化单元系列教学中，引导学生在一般观念的统领下，通过一个个数学对象的研究，逐步形成"研究对象在变，思想方法不变，研究套路不变"的切实体验，在掌握基础知识、基本技能的过程中，领悟基本思想、积累基本活动经验，这样也就使发展学生数学学科核心素养有了具体抓手。

第三节　对教学设计框架中各栏目的解读

一、关于内容解析

在对一个单元划分了子单元，并确定了相应的课时后，接着的任务是对单元内容进行解析。

众所周知,教好数学的前提是自己先理解好数学内容。教师对数学内容的理解,不仅要搞清楚内容的本质,而且要明确内容蕴含的育人价值,进而明确数学学科核心素养融入教学内容和教学过程的载体和具体方式,这样才能为达成数学育人目标奠定坚实的基础。同时,在学生已有基础上展开教学是一条基本的教学原则,这样,教师必须将当前的内容放到与其相关的知识体系中去,在概念的系统中理解概念,在知识的整体中理清其来龙去脉,在知识的发生发展过程中理解内容所蕴含的数学思想和方法。例如,如何从情境中抽象出数学概念,如何发现和提出数学命题,如何探索命题的论证方法,如何概括知识体系等等。基于这样的考虑,所以我们给出的内容解析要点是:①内容的本质,②内容蕴含的数学思想和方法,③知识的上下位关系,④内容的育人价值(着重在数学学科核心素养的发展),⑤教学重点。当然,具体呈现时不一定一一列举,可以将它们融合一起进行分析。

观察发现,一线教师特别需要加强对数学整体性的认识,提高解读内容蕴含的数学思想与方法的能力,在如何构建数学对象或问题的研究思路,数学定理是如何发现的,研究方法是如何想到的等等问题上加强思考,这样才能使后续的创设情境、提出问题形成扎实的基础。下面以"向量的运算"为例进行说明。

从发展核心素养的高度看,向量的运算自然应聚焦在数学运算素养上。但因为向量的运算具有明确的几何意义,从而使向量运算蕴含了更强的逻辑推理韵味,所以在向量运算及其应用中,可以使学生更好地感受数学运算与逻辑推理的关系。对向量运算在整体提升数学学科核心素养上的作用,可以从如下几个方面来分析:

(1)运算对象:与实数、集合等运算对象不同,向量是集数与形于一身的一个量,因此它的运算自然有代数和几何两种意义,运算的性质也要从代数、几何两个角度进行研究;向量来源于物理,每一种运算都有明确的物理背景,因此在定义其运算时要强调物理背景。实际上,向量的运算非常丰富,不仅有加法、减法、向量的数乘、向量的数量积,而且有向量的叉乘、混合积等,这是由运算对象的特性所决定的。

(2)研究路径:建立向量运算体系,首先要遵循代数运算的一般套路,即背景—运算法则—运算律—应用,因此可以类比实数运算的研究过程展开向量运算的研究;其次,向量是几何对象,因此要从几何角度考虑运算法则和运算律的意义;再次,向量的概念源自物理学,每一种向量运算都有相应的物理背景,这就能使向量运算的定义建立在明确的现实背景上,当然数学中的向量运算已经脱离了现实背景的束缚,是一种抽象的结果。综合以上三个方面,形成如下基本路径:物理背景—运算法则及几何意义—运算性质及几何意义—联系与应用。

（3）运算法则及其几何意义：与实数的运算类比，可以提出向量运算的问题；向量运算是"带方向的量的运算"，因此如何进行方向的运算是定义向量运算法则的关键，我们可以从物理学的矢量的合成、力做功等得到启发。虽然每一种向量运算都有明确的物理背景，但数学中的向量运算法则是一种规定，而且这种规定是和谐的。所谓和谐，一是符合大自然的客观规律性，这就是向量加法法则符合位移合成、力的合成的规律，向量减法法则符合力的平衡原理，向量数量积符合力做功原理等等；二是数学内在的和谐性，可以这样理解：唯有如此规定运算法则，才能使平面向量及其运算构成简单而重要的数学模型，成为任意的 n 维向量空间的一个"看得见摸得着"的实例（事实上，在研究 n 维向量空间时往往用二维、三维向量空间为例进行直观说明）；同时，每一种向量运算都有相应的几何意义，例如，"向量加法的定义植基于空间的平直性（平行性或三角形内角和恒为平角）"[①]，数量积的几何意义 $a \cdot a = |a|^2$，$a \cdot b = 0 \Leftrightarrow a \perp b$，$a \cdot b = \frac{1}{2}\{|a+b|^2 - |a|^2 - |b|^2\} = |a| \cdot |b| \cos\theta$（$\theta$ 为 a，b 的夹角）（这就是余弦定理，也就是说，平面向量数量积与余弦定理是等价的），都体现出向量运算与几何性质的内在一致性，由此我们才可以用向量及其运算刻画空间图形的概念、性质、关系和变换等等。

（4）运算性质及其几何意义：由运算对象的特征所决定，向量的运算性质表现在代数和几何两个方面。类比实数运算的运算律，可以获得向量运算的运算律。线性运算的运算律有明确的几何意义，例如向量加法的交换律与平行四边形的性质、数乘向量的分配律 $\lambda(a+b) = \lambda a + \lambda b$ 与相似三角形的性质；数量积运算的运算律与关于长度、角度的勾股定理、余弦定理等。

（5）联系与应用：课程标准指出，向量是沟通几何与代数的桥梁，是描述直线、曲线、平面、曲面以及高维空间数学问题的基本工具，是进一步学习和研究其他数学领域问题的基础，在解决实际问题中发挥重要作用。由此看到，研究向量及其运算的目的是为了利用向量的语言和方法描述并解决一维、二维、三维……空间中的数学问题以及有关实际问题。在此过程中，我们可以领悟到有关数学思想和方法，例如向量代数中的数学运算与平面几何中的逻辑推理之间的关系。因此，在平面向量运算的研究中，从物理、几何、代数等多角度理解向量运算法则，通过类比探索向量运算与实数运算的共性和差异性，通过对向量运算、运算律的几何意义的探索建立与平面几何的联

---

① 项武义. 基础数学讲义丛书：基础几何学[M]. 北京：人民教育出版社，2004：153.

系等,都是向量运算的应有之义。

例如,由向量的数乘运算定义可以得到向量 $a(a \neq 0)$ 与 b 共线的充要条件是存在唯一一个实数 λ,使 $b = \lambda a$。这个定理可称为一维向量基本定理,与向量加法运算结合,可以得到平面向量基本定理。另外,当向量 a、b 不共线时,由初中已学的投影知识可知,我们将 a 向 b 做正投影,如图 10.3.1 所示,$\overrightarrow{A_1B_1}$ 称作向量 a 在向量 b 上的投影向量。设向量 a、b 的夹角为 α,与 b 方向相同的单位向量为 e,将 a 平移到 $\overrightarrow{A_1B_2}$,易得 $\overrightarrow{A_1B_1} = |a| \cos\alpha e$。这里,我们联系几何中的投影变换,得出了一个非常有用的向量投影变换,并得到了一个很重要的投影向量概念。

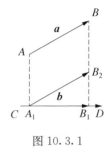

图 10.3.1

总之,向量及其运算、运算性质,反映了力、速度、位移等客观现实的规律性,反映了物理与数学之间的内在联系,也反映了代数、几何、三角函数等数学内部知识之间的联系,为用向量表示几何对象、通过向量运算解决几何问题铺平了道路,并且为建立向量空间与线性代数之间的联系架设了桥梁。从数学学科核心素养发展上看,向量运算拓展了学生对运算的理解,为学生理解数学运算与逻辑推理的关系提供了载体;研究运算法则、探究运算性质的过程,可以帮助学生理解直观、抽象的作用,为推理、运算奠定基础的同时,也为数学抽象、逻辑推理、数学运算、直观想象等素养的发展提供了契机。

二、关于单元目标解析

单元内容与教学要求都由课程标准规定。在对单元内容进行教学解析并确定教学重点后,接着的任务是对教学要求进行解析,使单元目标得到分解,为制定具体的、具有可操作性和可检测性的课时教学目标打下基础。

上一轮课改提出"三维目标",因为没有在理论上阐释清楚课程目标、单元目标、课时目标三者之间的关系,导致教师在教学实践中的极大困惑,课时目标"三维分裂",形式化表述、对教学的定向功能弱、无法操作、无法检测等现象严重存在,结果是情感态度价值观喊口号,过程性目标走过场,扎扎实实搞知识与技能训练,大量老师的课堂教学中只有题目而没有数学,"三维目标"实际上退化为"一维目标"。

本轮课改提出核心素养目标导向。应该说,《普通高中数学课程标准(2017 年版)》界定的数学学科核心素养的六个要素及其内涵、价值、表现与评价等,比上一版课程标准的三维目标更加科学、清晰,在教学建议中,对教学目标如何突出数学学科核心素养的建议较好地反映了数学的学科特征,更贴近于数学教学实际,因此也更具操作性。课程标准强调,要在深入理解数学学科核心素养的内涵、价值、表现、水平及其相互联系的基础上,结合特定教学任务,思考相应数学学科核心素养在教学中的孕育点、生长点,注意数学学科核心素养与具体教学内容的关联,关注数学学科核心素养目标在教学中的可实现性,研究其融入教学内容和教学过程的具体方式及载体,在此基础上确定教学目标。特别值得注意的是,课程标准强调了数学学科核心素养与"四基"的关系,认为"四基"是培养学生数学学科核心素养的沃土,是发展学生数学学科核心素养的有效载体,要在引导学生获得"四基"的过程中促进学生数学学科核心素养的不断提升,这就给核心素养的落实提供了非常具有操作性的建议。

根据课程标准的要求,我们对单元教学设计中的教学目标设计提出如下一些要点。

(1) 单元目标的水平层次:课程标准认为,学生数学学科核心素养水平的达成有阶段性、连续性和整合性等特点。为了准确反映这些特点,所制定的教学目标首先要与数学概念抽象水平的螺旋上升保持一致,体现出概念抽象水平的层次性;其次,要与学生认知发展水平相适应,体现出不同年龄阶段学生概念理解水平的层次性;第三,针对具体内容提出的学习目标,要体现不同学习阶段应达到的学习结果的层次性,从而体现出核心素养水平的阶段性。

单元目标的水平层次,课程标准沿用了"了解"、"理解"、"掌握"和"运用",但对它们的含义没有进行具体解释,也许是这几个词本身的含义已经清楚了,抑或是给出进一步解释难度太大了。不过,给一点具体解释对一线教师把握教学要求还是有好处的。这里我们引用 1992 年颁布的《九年义务教育全日制初级中学数学教学大纲》(试用)中的解释:

了解:对知识的含义有感性的、初步的认识,能够说出这一知识是什么,能够(或会)在有关的问题中识别它;

理解:对概念和规律(定律、定理、公式、法则等)达到了理性认识,不仅能够说出概念和规律是什么,而且能够知道它是怎么得出来的,它与其他概念和规律之间的联系,有什么用途;

掌握:一般地说,是在理解的基础上,通过练习,形成技能,能够(或会)用它去解决一些问题;

灵活应用:是指能够综合运用知识并达到了灵活的程度,从而形成了能力。

上述解释使用了思维心理学的语言,以学习进程为参照,具有阶段性,和解决问题时的行为表现相配合,可操作性还是比较强的。

（2）单元目标的解析：课程标准在"内容要求"和"学业要求"中给出了单元目标，是通过一个阶段教学要达到的。我们需要通过目标解析，将一个抽象性的目标描述转化为一个含行为动词的表现性目标表述，从而发挥其目标整合的作用，为单元目标分解为课时教学目标奠定基础。

单元目标解析应基于教学内容及其解析，并要结合相关教材，着重解析课程标准中的"内容要求"、"学业要求"相关条目的具体含义，给出达到要求的具体表现。所以，单元目标解析事实上是一个以教材为载体的深入理解课程标准并明确教学评价的过程。具体操作时，可以与单元教学内容解析相对应，给出学生在学完本单元后在"四基""四能"和数学学科核心素养发展等方面获得的结果。

下面以"平面向量运算"为例。课程标准给出的"内容要求"是：

① 借助实例和平面向量的几何表示，掌握平面向量的加、减运算及运算规则，理解其几何意义。

② 通过实例分析，掌握平面向量的数乘运算及运算规则，理解其几何意义。理解两个平面向量共线的含义。

③ 了解平面向量的线性运算性质及其几何意义。

④ 通过物理中"功"等实例，理解平面向量数量积的概念及其物理意义，会计算平面向量的数量积。

⑤ 通过几何直观，了解平面向量投影的概念以及投影向量的意义。

⑥ 会用数量积判断两个平面向量的垂直关系。

目标解析：

① 能借助位移的合成、力的合成、力的平衡和向量的几何表示，类比数的加减运算，解释向量的加法法则、减法法则；能画图表示两个向量的和向量、差向量；能类比数的加法运算律提出向量加法的运算律，并能通过作图进行证明。

② 能类比数的乘法与加法的关系，解释向量数乘的运算法则及其几何意义；能类比数的乘法运算律提出向量数乘运算的运算律，并能通过作图进行证明；能从向量概念和向量数乘运算的定义出发，解释两个向量共线的充要条件。

③ 能将向量的加、减、数乘的运算性质概括为统一的表达形式，得出向量线性运算的性质。

④ 能以物理中的"功"为背景，解释平面向量数量积的内涵，会计算平面向量的数量积。

⑤ 能作出向量 *a* 在向量 *b* 上的投影，并能结合图形直观解释向量 *a* 在向量 *b* 上的

投影向量;能根据向量投影的概念得出向量 a 在向量 b 上的投影向量的表达式。

⑥ 能类比数的乘法运算律和向量线性运算的运算律,提出平面向量数量积的运算律,并能通过作图和代数运算进行证明;能根据平面向量数量积的定义发现数量积的几何意义(向量的长度、向量的夹角),会用数量积判断两个向量的垂直关系。

⑦ 能不断加深对运算对象的理解,能总结定义向量运算法则的数学思想、研究向量运算性质的数学方法,能说出定义向量运算的基本套路,能举例说明数学运算与逻辑推理的关系。

以上①～⑥与内容紧密结合,⑦是从基本思想、基本活动经验角度作出解析,在整个向量运算教学中要经历渗透、明确和应用的过程才能实现。

在解析的基础上,再根据教学内容的逻辑顺序,就可以将单元目标依次分解到课时中去。当然,在课时目标的表述上还有一定之规。对此,我们将结合具体内容进行阐释。

三、关于教学问题诊断

基于数学内容解析和教材的内容设计,对课程标准规定的内容要求和学业要求进行解析后,接下来需要进行教学问题的诊断分析。

为了加强教学的针对性,从而提高教学质量和效益,教学设计时必须进行以学情分析为核心的教学问题诊断分析。所谓教学问题诊断,就是在教学内容解析、教学目标解析的基础上,教师根据自己的已有教学经验、数学知识的内在逻辑关系以及有关学习理论,对当前内容在学与教中可能遇到的问题进行预测,并对出现问题的原因进行分析,确定哪些问题可以由学生自己努力得到解决,哪些问题需要教师启发引导进行突破,哪些问题必须通过教师讲解才能解决。这样,不仅明确教学难点,而且对突破难点的方式方法做到心中有数。

应当说,教学问题诊断较多地依赖于教师的教学经验,这也是强调教学反思重要性的意义所在,因为反思是最有利于积累教学经验、形成教学思想的举措。"教学是科学,也是艺术",对每一个具体内容的教学问题了然于胸并能"见招拆招",就是教学艺术高超的表现。这里我们着重以教学内容为载体,从学生的认知心理入手进行诊断分析,即通过分析学生已经具备的认知基础(包括知识、思想和方法、能力水平等),对照完成学习内容所需具备的认知基础,找到其中存在的差异,以此作为学生学习中可能出现问题的依据,然后从数学内部寻找解决问题的方法。事实上,通过这样的分析,我们也就从数学思维的内在过程明确了学生的思维最近发展区,这对教学过程中的情境创设和问题提出都是非常重要的。当然,对于同一内容的学习,不同学生会出现不同问题,这也需要在分析过程中加以注意。

下面仍以平面向量的运算为例进行分析。

向量是代数对象,所以代数学习中积累的知识经验成为向量的认知基础之一,具体而言是运算对象的抽象与表示、运算体系的建立。所以我们始终通过类比数及其运算学习向量及其运算。

向量是几何对象,所以平面几何学习中积累的知识经验成为向量的另一个认知基础,具体而言是几何对象的抽象与表示、图形性质的内涵与发现等等。特别是,向量运算法则、运算律都有几何意义,而且是以平面几何的相关定理(平行四边形定理、相似三角形定理、勾股定理等等)为逻辑基础的。

学生从小学就开始学习数的运算,并且逐步经历了数系扩充的过程,初中学习了式的运算,高中学习了指数、对数的运算,特别是高一学习了集合的运算,使学生不仅对运算对象的丰富性有了一定认识,而且知道研究运算问题的一般套路,具有"引入一种量,就要研究它的运算;定义了一种运算,就要研究相应的运算律"的初步观念。在集合运算的学习中,学生经历过类比数的运算研究集合运算的过程,知道对于不同于数的运算对象,该如何定义其运算规则,对其中的主要内容和方法也有了基本了解。

向量和每一种向量运算都有明确的物理背景。力、速度、位移等是学生熟悉的概念,学生也有关于它们的合成、分解以及力做功等方面的知识储备,这些都为学生理解向量及其运算奠定了基础,成为学习平面向量运算的又一个认知基础。

尽管学生的已有学习为向量运算打下了一定基础,但学习中仍然会遇到许多问题。

首先,从一般观念的角度看,学生对运算的认知往往停留在"按规则操作"层面,对于建立运算法则所要完成的"事情"有哪些、过程中需要遵循的一般原则等理解并不深刻,这就会造成学生的被动学习。实际上,教师在教学设计中对数学运算的本质也缺乏深入思考,这对通过向量运算发展学生的数学运算、逻辑推理等素养是非常不利的。所以,教师转变观念非常重要,要重视一般观念的思维引领作用,在教学的起始,要引导学生通过回顾数系扩充、集合的运算等学习过程,帮助学生在整体上归纳出向量运算的内容、路径和方法等,从而为学习向量的运算建立起先行组织者。

其次,向量用有向线段表示;物理背景中,力有作用点、方向和大小,位移也有起点、终点、大小,能够同时表示这三个要素的数学符号就是有向线段——规定了起点和终点的线段。因此,可以说力、位移、速度等的数学表达就是向量。然而用向量表示这一类物理量时有一个问题:数学中的向量可以自由地平移,向量的起点是非本质的(所以在后续的研究中会把起点都"集中"到原点),而在物理学或实际应用中,向量的起点成为要素,很重要。向量的"自由性"和物理背景及向量几何表示的"限定性"之间的"矛盾",会给向量运算的学习带来困扰。例如,在运算律的证明中,学生往往不理解"在平面内任取一点 O"的含义,因此也就很不习惯这种做法。这个困扰的消除需要通过较长时间的学习积累,通过应用向量及其运算解决问题,不断增强直观想象来消除起点的"限定性",深刻领会向量自由性带来的好处,最终使学生能根据条件灵活运用向量解决问题。

第三,向量的线性运算是封闭的,运算结果是向量,含大小和方向两个要素。这样,如何进行方向的加减,带有方向的量进行加减后其大小和方向该如何规定才是和谐的,这些都是学生没有经验的。通过作图的方式定义向量线性运算,从代数、几何两个方面考虑运算和运算性质,用几何方法证明运算性质(运算性质以平面几何的有关定理为逻辑基础),这些都是学生不习惯的,他们甚至没有这方面的意识。例如,学生在证明向量加法结合律时,往往想不到通过整体作图,而是画出两个图形,如图10.3.2 所示。

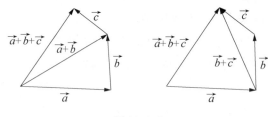

图 10.3.2

为了化解这些困难,一方面要加强物理背景、与数的运算的类比(实际上,有理数加法的定义也利用了直线上质点运动的背景,规定"左负右正"而建立定义的直观理解),另一方面要引导学生关注运算对象和运算结果都要考虑大小和方向两个要素,并要充分利用向量的几何表示以形成几何直观。

第四,两个平面向量共线的充要条件,形式简单但含义深刻,其中的数学思想并不容易理解。其实它就是一维向量基本定理,直线上的非零向量就是基底,其基本思想对于任意 n 维向量都是一脉相承的。基的概念和向量基本定理是向量内容中贯穿始终的结果,是几何与代数之间的桥梁。也正因如此,它被冠以"基本定理"之名。这里,"存在唯一一个实数 λ"到底意味着什么? 在实际应用中,将"给定一点和一个方向就唯一确定一条直线"（几何）转化为"给定一个点和一个非零向量,可以唯一确定过此点且与向量平行的直线",再进一步与数轴联系起来,得到"数轴上向量的坐标表示"（代数）,其中体现的数学思想、用联系的观点看待和认识问题的方法等,都属于一般观念层次,需要教师加强引导。

第五,数量积运算是不封闭的,两个向量做点乘的结果是一个实数,这是学生以往经历中没有的,教学时可以引导学生思考物理中学过的力做功公式,从中获得启发而引入数量积定义。数量积的运算性质非常丰富,"这些性质是如何想到的?"是学生困惑的问题。教学时要在"数量积的运算性质到底指什么"、"如何发现"等方面加强引导,与数的乘法运算律类比是一方面,更重要的是利用研究几何性质通过"特殊化"发现性质的经验,例如:有一个向量是单位向量,两个向量的方向相同或相反,更特殊的是两个向量相等,还有是两个向量相互垂直等等,由此就能得到数量积的运算性质,发现数量积与向量的长度、两个向量夹角的关系也就成了必然。

第六,尽管在平面几何中学过线段向投影面的正投影,但向量的投影变换需要考虑投影向量与其所在直线的方向,要在分类讨论的基础上进行抽象,这个过程需要较强的几何直观和归纳抽象能力,对数学抽象、逻辑推理的要求也较高。教学时应根据投影变换的定义,在"如何确定投影向量的大小和方向""影响投影向量大小和方向的因素有哪些""如何根据这些影响因素对投影向量进行分类"等问题上加强引导。

另外,需要注意的一点是向量投影与数量积没有本质联系,向量投影源于距离。正因为如此,课程标准对传统的定义进行了修改。事实上,向量投影与高维空间问题向低维空间问题转化有关。向量投影是指高维线性空间的一个向量向其子空间做投影,其结果是子空间上的向量。如图 10.3.3 所示,在空间直角坐标系中,一个向量 $\boldsymbol{a}=\overrightarrow{OA}$ 向平面 $O\text{-}xy$ 投影,O 为原点保持不动,A

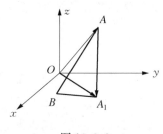

图 10.3.3

的投影为 A_1,得到平面 $O\text{-}xy$ 上的向量 $\boldsymbol{b}=\overrightarrow{OA_1}$。向量 $\boldsymbol{b}=\overrightarrow{OA_1}$ 的大小和方向是由 $\overrightarrow{OA}$ 的大小和方向决定的,而且 $|\overrightarrow{AA_1}|$ 是点 A 与平面 $O\text{-}xy$ 中的任意点 B 之间的最短距离,也就是 $|\overrightarrow{AA_1}|\leqslant|\overrightarrow{AB}|$,因为 AB 是 $\mathrm{Rt}\triangle ABA_1$ 的斜边,所以向量投影是高维空间到其子空间的最短距离(这里所说的向量,起点都是原点。这也是"向量是自由的"所带来的好处 —— 其实我们只要考虑起点与原点重合的向量就可以了。)在三维线性空间中,投影的几何解释其实就是 $\overrightarrow{OA}$,$\overrightarrow{OA_1}$,$\overrightarrow{AA_1}$ 构成直角三角形。

投影与向量的分解之间的关系,这是向量投影的一个重要应用。这时就要和数量积联系起来,最重要的当然是正交分解。其实,这就是用线性空间的基底将向量进行线性表出,这样就沟通了向量空间与线性代数。在平面中,如果取基底为标准正交基 $\{i,j\}$,那么对于平面内的任意一个向量 a,若 $a=xi+yj$,就有 $x=a\cdot i$,$y=a\cdot j$。也就是说,向量对应的有序数对就是这个向量在 x 轴、y 轴上的投影向量的系数,而且这种对应是一对一的。

对向量投影和投影向量的这些理解,需要随着后续内容的展开逐步加深,这里不必深究。

以上我们从高中数学课程的主题、单元角度对教学设计问题进行了宏观层面的讨论。下面从微观操作层面讨论一堂课的教学设计问题,我们聚焦在课时教学目标和教学过程设计这两个关键问题上,并结合具体内容展开讨论,以增强操作性。

四、从单元目标到课时教学目标

课堂教学是数学育人的主阵地,学生数学学科核心素养的发展是通过一个个具体内容的教学,在潜移默化中实现的。我们始终认为,教好数学就是落实核心素养。具体教学中就是要使数学学科核心素养植根于“四基”的沃土,在获得“四基”、提高“四能”的过程中茁壮成长。因此,如何使数学学科核心素养与具体教学内容关联起来,将数学学科核心素养目标融入教学内容和教学过程,这是确定课时教学目标时要着重考虑的。

我们知道,数学教学目标包括推理、运算、作图等可观察的表现性目标和基本思想、基本活动经验、关键能力等难以观察的内隐性目标。表现性目标给出了教学后学生应出现的行为变化的精确陈述。这一类目标所回答的问题是:学生有怎样的行为表现就可以认定他已经达成了目标。例如:学生会用平面向量共线定理判别两个向量是否共线。

数学教学目标中更大量的是归纳、类比、抽象、概括等分析性思维所涉及的高级学习的具体目标,这些目标的出现是内隐性的,并不表现为外在的可测行为。对于这类教学目标的描述,通常的做法是先把学生应该学到什么描述出来,再设计具有测量信度和效度的问题情境,通过观察学生在解决问题过程中的行为表现去推测学生是否已经达成了目标。例如对于“理解两个平面向量共线的含义”这一目标,“理解”是一种理性认识,将其转化为“能通过具体例子说明平面向量共线定理,能解释其几何意义,会用于判断两个向量是否共线”,这样就把理性认识转化为一种行为描述,再据此设计出相应的问题,通过观察学生解决问题的行为表现、作业成绩来判断学生是否达到"理解"。通常我们将这样经过转化的表述作为课时教学目标。

前面讨论单元目标时,我们分析了单元目标与课时目标之间的关系,通过单元目标解析,用更具操作性的行为动词对"了解""理解""掌握"等的含义进行界定,从而为单元目标分解为课时目标奠定了基础。接下来我们进一步讨论课时目标的表述问题。

首先要明确,课时目标是本课时教学要到达的"目的地",着重描述学生经过本节课的学习所产生的变化。根据"'四基'是学生发展数学学科核心素养的沃土"的理念,我们始终认为课堂教学一定要把"教好数学"作为关键任务,数学学科核心素养的发展只能在理解和应用数学知识的过程中才能实现的,很难想象一个数学功底弱、用数学解决问题的本领不强的人会是一个数学素养好的人。所以,这里提出课时目标表述的总体要求是:

以内容为载体,在掌握知识、熟练技能的过程中领悟数学基本思想、积累基本活动经验、发展"四能"。

其次,虽然我们面对的学生千差万别,学情制约着具体教学目标,但这里讨论的是根据国家课程设置的目标及内容要求进行教学设计的问题,我们的目的是要按照教学计划循序渐进地开展教学,提高课堂教学效率,培养学生的学习能力,促进学生系统掌握数学的基础知识、基本技能、基本方法,培养适应终身发展和社会发展需要的正确价值观念、必备品格和关键能力[①],所以在制定课时目标时,一般应以课程标准既定的内容要求和学业要求为"终点目标",结合教学内容,通过"逆向设问法",反复提问并回答:学生要在完成这一学习任务的过程中达到这一目标,需要预先具备的"四基"有哪些,一直分析到教学的起点所需要的"四基"为止,这样就可以形成本课时教学目标。所以,目标设计的最终结果是按一定类别、层次呈现的"目标树"。

第三,在制定具体目标时需要注意以下问题[②]:

(1)目标指向学生的变化。教学目标是学生要到达的"目的地",不是教师的教学程序或活动安排,因此必须指向学生的学习结果,主要是学生通过教学要达到的"四基"变化。按此理解,"使学生理解向量加法法则"、"培养学生的数形结合思想"等表述,指向了教师计划做的事情,所以是不正确的。

(2)与教师教的任务和学生学的任务相区别。教师教的任务、学生学的任务是达

---

① 引自国办发〔2019〕29号《国务院办公厅关于新时代推进普通高中育人方式改革的指导意见》。
② 章建跃. 中学数学课程论[M]. 北京:北京师范大学出版社,2011:141.

成教学目标的载体,不是教学目标本身。任务的完成并不一定意味着目标的达成,就像许多老师采取"告诉定义"的方式把概念直接抛给学生再让学生齐读、背诵那样,学生虽然会流利地说出定义,但他们不一定达到"理解"的目标。例如,"教给学生向量加法的三角形法则"、"学生经历学习向量数量积的过程"等,都只给出了"任务"而不是要达到的"目标"。

(3)与内容紧密结合,避免抽象、空洞。从属于理性思维、数学基本思想或基本活动经验以及"四能"、数学学科核心素养的教学目标,往往要通过不同内容的学习,经历较长时间才能实现。这样的教学目标,在表述时必须注意目标与内容相互匹配。否则,脱离内容特征的目标,或者失之于千人一面、抽象空洞,例如"发展数学抽象素养""培养分析问题、解决问题的能力""提高学习数学的兴趣"等;或者根本无法通过当前学习达成所设目标,例如数据分析素养就不能成为函数应用中的目标,因为数据分析是特指"研究随机现象的重要数学技术",而函数是描述确定性现象内在规律的数学模型,尽管函数应用中要处理大量数据,但它与数据分析所采用的思维方式是不同的。

(4)目标表述要明确。表述教学目标,就是要指明学生通过学习而产生的变化,以便教师设计一定的教学活动来达到目标。明确表述的目标为教学指明了方向。

这里的困难是:数学思想、理性思维、数学学科核心素养等目标很难给出显性化行为表现的描述,但它们又是数学教学的核心目标。显然,实现这样的目标,是一个潜移默化、从量变到质变的过程,这就要求教师在深入理解数学学科特点、知识结构、思想方法并科学把握学生认知规律的基础上,通过创设反映数学内容本质和学生思维规律的教学情境,提出恰当的数学问题,采用启发式、互动式、探究式教学,讲清重点难点、知识体系,激发学生的好奇心、想象力和求知欲,引导学生主动思考、积极提问、自主探究、合作交流,从而使学生在理解知识、熟练技能的过程中,感悟知识蕴含的数学思想,积累数学思维经验,发展数学学科核心素养。总之,这样的目标只有通过改变教学方式、长期坚持不懈才能有效达成,其实这就是将隐性目标融入日常教学内容与过程的含义。

体现数学学科核心素养融入教学内容和教学过程的课时教学目标,具体表述可用以下格式:

通过(经历)X,能(会)Y,发展(提高、体会)Z。

其中,X表示数学活动过程,Y表示知识、技能(显性目标),Z表示数学思想和方法、数学关键能力等(隐性目标)。例如:

通过物理中功等实例,能给出平面向量数量积概念,能解释其物理意义,会计算平面向量的数量积,体会向量数量积的定义方式。

通过类比向量线性运算的运算性质和数的乘法运算律,提出平面向量数量积的运算律,并能通过作图和代数运算进行证明;能根据平面向量数量积的定义发现数量积的几何意义(向量的长度、向量的夹角);会用数量积判断两个向量的垂直关系;领悟研究向量运算性质的数学思想,体会数学运算与逻辑推理的关系。

顺便指出,一般教育理论中对教学目标的"科学表述"有专门研究,作为一线教师,我们不一定按那样的要求去做。其实,对于一堂课的教学目标,有经验的老师一般都是心中有数的。这里的讨论,其意义在于教师在理解教学内容本质及其蕴含的数学思想和方法的基础上,努力说清楚达成目标的标志,即学生能解决哪些之前不会解决的问题,从而既为加强教学的针对性以提高课堂教学效率提供保障,也为提高作业设计质量提供依据。显然,"单元-课时教学设计"的这种追求,只能依靠对数学内容有深入理解的广大教师的长期教学实践积累才能逐步实现。

五、关于教学过程的设计

数学教学过程是学生在教师主导下进行的有目的、有意识、有计划的学习过程,包括认识活动和实践活动两方面,是知行统一的过程。数学教学过程的设计,必须为学生提供有价值的、富有挑战性的数学学习过程,为学生形成数学的思维方式提供有效载体,以激发学生对数学的广泛兴趣,促使学生认识数学在信息化、智能化社会中的重要性,提高学生有效地使用数学思想、方法和技术处理问题的自信心,使学生掌握数学地认识和解决问题的智慧与方法。这样,数学教学过程设计必须以"过程与结果的完美结合"为目标指向,以"事实—概念(本质)—性质(关系)—结构(联系)—应用"为明线,以"事实—方法—方法论—数学学科本质观"为暗线,给学生开展如下数学活动提供载体:

获得数学对象 从数学与现实的联系和数学内在的前后一致、逻辑连贯性中发现和提出问题,经历分析、归纳、抽象、概括等思维活动而获得数学概念;

研究数学对象 在"一般观念"的引导下,发现数学对象的本质、规律、关系等,获得猜想,并通过数学的运算、推理,证明结论,获得数学的定理、性质、公式、法则等;

应用数学知识 利用数学概念、原理,分析和解决数学内外的各种问题。

这是一个完整的数学认识过程,只有让学生经历这样的完整过程,才能使"四基""四能"真正落地,学生数学学科核心素养发展才有保障。实际上,"事实—概念"主要是"抽象",即对典型而丰富的具体事例进行观察、比较、分析,归纳共性,抽象本质,并概括到同类事物而形成概念;"概念—性质"主要是"推理",包括运用概念通过归纳推理发现性质,通过(逻辑)演绎推理证明性质;"性质—结构"主要也是"推理",其结果是发现关系、建立联系而形成清晰的、可辨别的、可利用且可迁移的数学认知结构;"概念、性质、结构—应用"蕴含了"建模",是用数学知识解决数学内外的问题。同时,教学过程的设计要注重"一般观念"的引领,加强"如何思考""如何发现"的启发和引导,特别是在概念的抽象要做什么,几何性质、代数性质、函数性质、概率性质等指什么以及如何发现性质等问题上"启发学者,示以思维之道"。

按照这样的要求反观当下的课堂教学,可以发现,需要大力加强的是:概括概念所必须的"事实"、归纳性质所需要的素材、训练应用能力所需要的好问题。这里的"事实""素材""好问题"等是学生获得"四基"的源泉,就像品质优良的果实必须有肥沃的土地提供丰富且优质的营养一样,缺少这些就会使数学育人先天不足。由此造成的教学问题是:教学过程功利化、形式化,不能有效调动学生的各种感官参与数学活动,学习过程单一,学习活动缺乏灵活性,让学生"悟"的过程太短,甚至没有。常常是直接告诉学生知识,立即进行大量重复性训练。这样的教学中,学生对知识的兴趣、主动学习的热情、专注于数学问题的习惯等都难以形成,理性思维、科学精神以及实践能力、创新意识等也不容易得到培养。

所以,基于数学学科核心素养的教学设计和实施,必须从完善学习过程、加强实践环节入手,其中主要是:增加概括概念、发现性质所需的素材,提供丰富的、真实的情境与问题;安排动眼观察、动手操作、动脑思考的实践活动,使学生通过自主活动获取理解概念所需的"事实",从而形成对概念本质的深刻体悟;有意识地延长知识的获得过程,给学生提供感悟知识精髓的时间和空间;培养学生渴求知识的感觉,使学生获得"如何思考"的智慧。特别值得注意的是,越是看上去简单的知识,越要让学生去亲身感悟,从中获得"如何思考"的体验,这样才能使知识变成智慧。真正的学习必须经历"感知—感悟—知识"的过程,"掐头去尾烧中段"的方式不可能使学生把知识转化成认识和解决问题的智慧。

具体进行"单元-课时"教学设计时,要强调教学过程的内在逻辑线索,这一线索应从数学知识及由内容反映的数学思想方法的发生发展过程(基于内容解析)、学生数学思维过程两方面的融合来构建。学生数学思维过程应以认知分析为依据,即通过对学生应该做什么、能够做什么和怎样做才能实现教学目标进行分析,从中得出思维过程的描述。可以利用问题诊断分析中得出的结论,基于自己以往教学中观察到的学生学习状况,通过分析学生学习本内容的思维活动过程,给出学生学习过程的具体描述。其中,应突出核心概念的思维建构和技能操作过程,突出数学基本思想的领悟过程,突出数学基本活动经验的积累过程。

教学过程设计主要以"问题串"方式呈现,而且"问题串"就是整节课的教学主线。所提出的问题应当注意适切性,对学生理解数学概念、形成基本技能和领悟基本思想有真正的启发作用,达到"跳一跳摘果子"的效果。问题适切性的衡量标准是:①反映内容的本质,②在学生思维最近发展区内,③有可发展性,使学生能从模仿过渡到自主提问。在每一个问题后,要写出设计意图(基于教学问题诊断分析、学生学习行为分析等阐明为什么要设计这样的问题),还要给出师生活动预设,以及这一环节需要重点关注的问题(需要概括的概念要点、思想方法,需要进行的技能训练,需要培养的能力)等。这里,要特别注意对如何渗透、概括和应用数学思想方法作出明确表述。

教学过程设计需注意如下一些基本问题:

(1)教学过程的设计就是阐述怎么教,一定要建立在前面诸项分析的基础上,贯彻落实分析结果,做到前后呼应。

(2)教学过程设计应注意与教学方式相呼应。例如,基于问题解决的设计,讲授式教学设计,自主探究式教学设计,合作交流式教学设计等。

(3)注意课堂的容量,应以中等学生一节课能完成的任务为标准。

(4)教学过程设计的要素是:教学环节—问题 n —师生活动预设—追问—设计意图。

(5)教学环节应根据不同课型作出安排,例如概念课的教学环节是:

创设情境,提出问题;

抽象概念,内涵辨析;

例题练习,巩固新知;

小结提升,形成结构;

目标检测,检验效果;

布置作业,应用迁移。

(6)问题要有连贯性,使"问题串"形成本节课的教学主线。要根据当地现实环境和学情,在教科书的章节引言、观察、思考、探究栏目以及边空问题的引导下创设问题情境,通过问题引导学生的思维活动。问题不一定都是"问",也可以根据需要给出引导性陈述。

(7)"师生活动预设"是对教学活动的描述,例如学生可能的回答或疑问、老师如何组织学生讨论、如何应对学生出现的问题等等。因为具体对话是难以预设的,所以"师生活动预设"不以师生对话方式呈现。

(8) 注意控制课堂练习、习题的难度,要围绕目标解析中的行为表现进行训练,以中等学生能达成的教学要求为标准。

第四节　一个教学过程设计案例

下面以"向量的数乘运算"(2 课时)为例给出示例。

向量的数乘运算　第一课时

一、复习旧知,引出问题

问题 1　前面研究了向量的加法和减法运算,你能从研究的内容、路径、方法、结果等说说我们是如何研究的吗?

　　师生活动　先由学生独立思考,再全班交流,教师帮助完善得出:类比数的加减运算提出问题;以物理学中位移合成、力的合成、物体受力平衡等为背景,定义运算法则及其几何意义;从代数角度提出运算律,并用几何方法进行证明。

　　追问 1　我们发现,向量的加减运算与数的加减运算既有相同的地方,也有不同的地方。你觉得有哪些异同?

　　师生活动　先由学生思考、回答,再由师生共同总结:研究的套路和思想方法一致,主线索是"背景—运算法则—运算律—运用";不同点是向量的加减运算要考虑"方向的运算",运算法则和运算律都要从代数、几何两个角度进行研究。

　　追问 2　类比数的运算,你觉得接下来研究什么?(在学生回答"向量的乘法"后)你认为与向量有关的乘法运算有哪些?

　　师生活动　学生思考讨论后,教师指出:现在我们有数和向量两类运算对象,向量与向量相乘是同类对象的运算,肯定值得研究,但数与向量相乘是否也有意义呢?下面我们就来研究这个问题。

　　[**设计意图**]从研究的路径、思想方法等引导学生进行再总结,使学生体会数学的整体性,为向量数乘运算做好思想方法的准备(这是统领向量运算的一般观念)。通过教师引导,提出数与向量相乘是否有意义的问题,使学生感受运算的多样性,并引发学生的探究兴趣。事实上,研究向量的数乘运算在向量代数中有特殊意义,这一点要在后面的向量基本定理中才能得到体现,而完整的意义要在线性代数中体现,这里只要提出问题,后续再从几何直观上了解其意义即可。

二、抽象概念,辨析理解

问题 2 我们知道,一个数 a 的整数倍 $n \cdot a$ 其实就是 n 个 a 相加的和。类似地,已知非零向量 a,你认为 $n \cdot a$ 的意义是什么? 你能用已有的知识作出合理解释吗?

师生活动 先让学生通过类比,用向量加法法则及其几何意义,通过作图,对 $n \cdot a$ 的意义作出解释。教师还可以借助信息技术工具作出 $2a$,$3a$,$4a$,…,使学生建立向量数乘运算的直观理解。

追问 1 (1)如果把非零向量 a 的长度伸长到原来的 3.2 倍,或者缩短为原来的一半,方向不变,得到向量 b,该如何表示 b? a,b 之间有怎样的关系?

(2)我们知道,向量 a 的相反向量是 $-a$。你认为 $3a$ 的相反向量是什么? 如果我们定义 $(-1) \times a = -a$,那么你怎么理解 $(-3) \times a$ 的意义,你能作图说明吗?

(3)一般地,对于实数 λ 和向量 a,你认为可以如何解释 λa 的意义?

师生活动 先让学生画图,分析、表达 $b = 3.2a$,$b = 0.5a$ 等,得出 b 与 a 的方向、大小的关系;$3a$ 的相反向量是 $-3a$;$(-3) \times a = -3a$,所以 $(-3) \times a$ 与 a 的方向相反,长度是 a 的长度的 3 倍,是 $3a$ 的相反向量。教师还可以让学生再举一些例子。

在对 λa 的意义(λa 与 a 的大小、方向的关系)进行直观解释的基础上,给出向量的数乘运算定义。

[**设计意图**] 以一个实数的整数倍的意义为类比对象,引导学生理解向量的数乘就是一个向量的倍数,从而为理解向量的数乘结果是一个向量提供直观基础;通过从自然数倍到小数倍,再到负数倍,最后抽象到任意实数倍,为抽象向量的数乘概念做好充分准备,从而自然而然、水到渠成地引入向量的数乘概念,并使学生体会代数中的归纳思想。

追问 2 分析向量的数乘定义,你觉得它指出了哪几件事情? 说说你对这个定义的理解。

师生活动 学生独立思考、讨论交流后,师生共同总结得出:首先明确 λa 是一个向量;再定义 λa 的大小与方向,从而明确 λa 与 a 的关系;最后对特例 $\lambda = 0$,$\lambda = -1$ 进行讨论,从新的角度认识零向量、相反向量,以沟通知识的联系。

[**设计意图**] 通过概念辨析,使学生更清晰地理解向量的数乘运算的同时,对定义向量运算的方法形成体验,体现数学基本思想、基本活动经验的教学。

三、探究性质，深化认识

问题3 根据已有经验，定义了一种运算，就要研究这种运算的性质，得出运算律（运算的规律），为利用运算解决问题打下基础。你认为向量的数乘会有怎样的运算律？为什么？

提醒一下，向量的数乘涉及数和向量两类不同的对象。

师生活动 先由学生通过类比数的运算律，提出向量数乘运算律的猜想，并利用向量的数乘定义及几何意义进行证明。

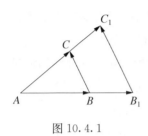

图 10.4.1

因为涉及数和向量两类对象，所以学生需要思考"怎样的运算律才有意义"这个问题。对学生而言，说清楚这个问题有困难，教师要从定义出发进行说明：λa 解释为"向量 a 的 λ 倍"，直观上好理解，但 $a\lambda$ 的意义不好解释；$\lambda(\mu a)=(\lambda\mu)a$，$(\lambda+\mu)a=\lambda a+\mu a$，$\lambda(a+b)=\lambda a+\lambda b$，以及 $(-\lambda)a=-(\lambda a)=\lambda(-a)$，$\lambda(a-b)=\lambda a-\lambda b$ 的几何意义都非常明确。特别是分配律 $\lambda(a+b)=\lambda a+\lambda b$，本质上它是相似三角形定理的代数化表示，只要画个图（如图 10.4.1）就一目了然了。因为相似三角形定理是关于相似变换的基本定理，所以这个分配律也是非常重要的。

［**设计意图**］根据数系扩充和向量的加减运算的研究经验，学生猜想向量的数乘运算律有一定基础。因为学生第一次接触涉及两类不同对象的运算，并且向量的数乘运算律与数的乘法运算律有较大的不同，所以教师要加强引导，必要时可以直接讲解。

问题4 到目前为止，我们学习了向量的加、减和数乘运算。你能归纳一下这些运算的共性吗？

师生活动 教师引导学生讨论，先明确从哪些角度进行归纳，再具体探究共性的表现形式，并总结出：从运算的法则看，运算结果都是向量；从运算性质看，相互之间也有内在联系（例如向量数乘可以看成是向量的"自相加"），并且对于任意向量 a、b，以及任意实数 λ、μ_1、μ_2，恒有 $\lambda(\mu_1 a\pm\mu_2 b)=\lambda\mu_1 a\pm\lambda\mu_2 b$；这些运算性质的几何意义都可以由向量运算的定义，通过三角形、平行四边形的有关定理进行证明；数学中，把向量的加、减、数乘运算统称为向量的线性运算。教师可以指出：有了向量的线性运算，就可以用向量表示平面中的基本元素（点、线段、直线），从而为用向量方法解决几何问题奠定基础。

［**设计意图**］让学生归纳三种运算及其运算性质的共性，可以促使学生从联系的观点认识向量运算，提高对向量线性运算的认识水平，发展学生的数学抽象素养。

四、例题练习,巩固新知

例1 计算:

(1) $(-3) \times 4a$; (2) $3(a+b)-2(a-b)-a$; (3) $(2a+3b-c)-(3a-2b+c)$。

例2 如图10.4.2,$\square ABCD$ 的两条对角线相交于点 M,且 $\overrightarrow{AB}=a$,$\overrightarrow{AD}=b$,用 a、b 表示 $\overrightarrow{MA}$,$\overrightarrow{MB}$,$\overrightarrow{MC}$ 和 $\overrightarrow{MD}$。

(为了节省篇幅,略去"师生活动""设计意图")

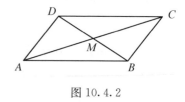

图10.4.2

五、小结提升,形成结构

问题5 回顾本课内容,并回答下列问题:

1. 本节课我们研究了哪些内容?

2. 我们是按怎样的路径对向量的数乘运算展开研究的? 采用了哪些思想方法?

3. 你能结合具体实例说说自己是如何理解向量数乘的运算法则、几何意义、运算律及其几何意义的吗?

4. 你认为向量的数乘有什么作用?

师生活动 学生独立思考后进行全班交流,教师根据学生回答情况进行追问,补充完善,梳理出本课的内容是向量的数乘运算及运算法则、几何意义、运算律;研究路径是从具体例子中分析运算结果,给出向量数乘的定义、运算法则及几何意义,再研究向量数乘的运算律及几何意义,最后建立向量的线性运算概念,认识向量线性运算的几何意义。研究过程中,在"如何研究一类代数对象的运算"的指导下,类比数的乘法运算、向量的加减运算,从特殊到一般,归纳得出向量数乘运算的运算法则和运算律。对于问题4,可以作为悬念留给学生课后思考,为引出下节课内容做准备。

[**设计意图**] 从研究的内容、路径及思想方法等角度引导学生梳理本课内容,使学生形成研究一种运算的整体架构,在理清知识及其来龙去脉的同时,感悟数学基本思想,积累基本活动经验,提高发现和提出问题、分析和解决问题的能力。

六、目标检测,检验效果

题1 计算下列各式:

(1) $-\dfrac{1}{2} \times 6a$; (2) $3(a-b)+\left(-\dfrac{1}{2}a\right)$。

［设计意图］考查学生掌握向量数乘运算的情况。

题2 把下列各小题中的向量 b 表示为实数与向量 a 的积：

(1) $a = \dfrac{2}{5}e$, $b = \dfrac{9}{5}e$；   (2) $a = 2e$, $b = -\dfrac{1}{2}e$。

［设计意图］考查学生掌握向量数乘运算的情况。

向量的数乘运算 第二课时

一、探究定理，辨析理解

问题1 设 λ 是实数，a 是非零向量。对于向量 λa 与 a，从向量数乘的定义我们知道了它们的要素（大小、方向）之间的关系。结合向量的有关概念，你认为我们可以利用向量的数乘运算研究向量的哪些问题？

师生活动 在学生独立思考的基础上进行交流。因为学生还没有学习过利用向量的运算研究几何关系，所以教师可进一步启发。

［设计意图］先从宏观上提出问题，引导学生关注用向量的数乘运算研究向量之间的关系。

问题2 在向量概念的学习中我们知道，平面内的向量 a 与向量 b 有共线和不共线两种位置关系。根据向量的数乘定义，如果存在实数 λ，使 $b = \lambda a$，那么 a 与 b 共线。数学中，我们常常通过思考一个问题的反面来发现和提出问题，获得对问题全面而深入的认识。这里，反过来的问题是什么？

师生活动 学生独立思考，再进行小组交流；教师可以借助信息技术工具演示，让学生直观感知共线向量定理。然后师生共同归纳出问题：

当 a 与 b 共线时，是否一定存在实数 λ，使 $b = \lambda a$ 成立？这样的 λ 是唯一的吗？

这里，教师要提醒学生注意共线向量定理的研究方法，即考察两个向量共线的充分条件和必要条件，后续学习中经常这样做。对于"唯一性"，教师可引导学生给出证明：如果另有 μ 使 $b = \mu a$，则由 $\lambda a = \mu a$，可得 $\lambda a - \mu a = 0$，即 $(\lambda - \mu)a = 0$。因为 $a \neq 0$，所以 $\lambda - \mu = 0$，即 $\lambda = \mu$。

在充分讨论的基础上，给出共线向量定理：

向量 $a(a \neq 0)$ 与 b 共线的充要条件是：存在唯一一个实数 λ，使 $b = \lambda a$。

［设计意图］一般地，学生比较容易想到同一平面内的两个向量有共线、不共线两种位置关系，但他们没有利用向量运算研究图形关系的经验，所以通过从宏观到微观的问题串引导学生思考，从一般观念的高度引导学生发现和提出问题（对一个对象要

素之间的关系,通过充要条件、充分条件、必要条件等进行全面考察,得出全面认识),并通过教师的启发式讲解,在得出定理的过程中,注重研究方法的渗透和明确,使学生逐步体会利用向量运算研究图形位置关系的方法。

问题3 设非零向量 a 位于直线 l 上,那么对于直线 l 上的任意一个向量 b,都存在唯一的一个实数 λ,使 $b = \lambda a$。也就是说,位于同一直线上的向量可以由位于这条直线上的一个非零向量表示。我们将这种表示与数轴联系起来,设 e 是与数轴 Ox 的方向相同的单位向量,数轴上的点 A 表示实数 a。你能建立数 a、向量 e 和 $\overrightarrow{OA}$ 之间的关系吗?

师生活动 学生通过自主探究,得出 $\overrightarrow{OA} = ae$。

[设计意图] 实际上,任意一个非零向量构成一维向量的一个基。通过数轴上的单位向量,建立数轴上的向量与数轴上点的坐标之间的一一对应关系,既作为共线向量定理的应用,又为平面向量的坐标表示打下基础。

二、例题练习,巩固新知

例1 如图 10.4.3,已知任意两个非零向量 a、b,试作 $\overrightarrow{OA} = a + b$,$\overrightarrow{OB} = a + 2b$,$\overrightarrow{OC} = a + 3b$。猜想 A、B、C 三点之间的位置关系,并证明你的猜想。

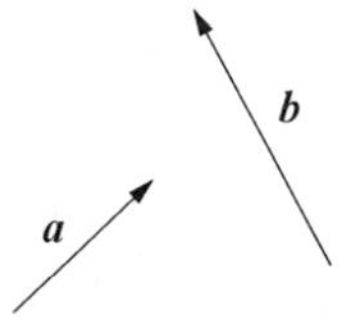

例2 已知 a、b 是两个不共线的向量,且向量 $b - ta$,$\dfrac{1}{2}a - \dfrac{3}{2}b$ 共线,求实数 t 的值。

图 10.4.3

课堂练习: 教科书(《普通高中教科书:数学 A 版必修第二册》)第 16 页练习第 1,2,3 题。

(限于篇幅,师生活动、设计意图从略。)

三、小结提升,形成结构

问题4 回顾本课内容,并结合上一节课的内容,回答下列问题:

1. 梳理向量的数乘运算的研究路径。

2. 向量共线定理的内容是什么?你认为向量共线定理有什么作用?

3. 利用数轴上的单位向量(与数轴的方向相同),可以建立数轴上的向量与实数之间的一一对应关系。由此自然想到,数轴上向量的线性运算与实数的加减运算等具有内在联系。你能得出这种联系吗?

师生活动 提出问题后,先让学生思考并作适当交流,然后师生共同总结,得出:

1. 向量的线性运算按"物理背景—运算法则及其几何意义—运算律及其几何意义—应用"的路径。其中,运算法则及其几何意义、运算律及其几何意义体现了向量这个运算对象的特征,即"向量集数与形于一身"。由此,研究中总是从代数、几何两个角度考虑。

2. 向量共线定理表明,共线向量可以由这条直线上的一个非零向量唯一表示。这样,在解决几何中的共线问题时,我们可以先用一个非零向量表示问题中的相关几何元素,再通过运算得出这些向量之间的关系,最后就可以得到相关几何元素的共线关系(其实就是直线上的向量法)。

3. 在初中阶段研究有理数加法时,曾经利用如下情境:

一个物体作左右方向的运动,规定向左为负,向右为正。如果物体向右运动 5 个单位,再向右运动 3 个单位,结果可以用怎样的算式表示? 在数轴上如何表示?(类似的,向左运动 5 个单位,再向左运动 3 个单位;向右运动 5 个单位,再向左运动 3 个单位等等)

图 10.4.4

用算式表示是 $(+5)+(+3)=(+8)$,用数轴表示如图 10.4.4 所示。(类似的,$(-5)+(-3)=(-8)$,$(+5)+(-3)=(+2)$ 等等,图略)

设数轴上的单位向量为 e,用向量表示上述运动过程,从 O 出发向右运动 5 个单位到达 A,结果是 $\overrightarrow{OA}=5e$;再向右运动 3 个单位,结果是 $\overrightarrow{AB}=3e$。最终结果用向量的数乘运算表示,就是 $\overrightarrow{OB}=5e+3e=8e$。(类似的,$5e+(-3e)=5e+(-3)e=(5+(-3))e=2e$;$(-5e)+(-3e)=((-5)+(-3))e=-8e$;等等)所以,向量的数乘运算与实数的运算是"异曲同工"的。

[**设计意图**] 通过概括向量线性运算的研究路径,讨论共线向量定理的作用,并把向量的数乘运算与实数运算联系起来,使学生理解向量运算与实数运算的共性与差异,体会数学的整体性。

四、目标检测，检验效果

题 1 已知 e_1、e_2 不共线，若 $2e_1 - e_2$ 与 $e_1 - te_2$ 共线，求实数 t 的值。

［**设计意图**］检测学生灵活运用向量共线定理，通过代数运算解决问题的能力。

题 2 已知 $\overrightarrow{AB} = 6a + 3b$，$\overrightarrow{BC} = 2a + b$，求证：$A$、$B$、$C$ 三点共线。

［**设计意图**］检测学生运用数乘向量运算和共线向量定理进行推理的能力。

题 3 如图 10.4.5，$\overrightarrow{AM} = \dfrac{1}{2}\overrightarrow{MB}$，$\overrightarrow{AN} = \dfrac{1}{2}\overrightarrow{NC}$，且 $\overrightarrow{MN} = \lambda(\overrightarrow{AC} - \overrightarrow{AB})$ 成立，则 $\lambda = ($ $)$。

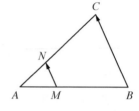

图 10.4.5

(A) $\dfrac{1}{2}$ (B) $\dfrac{1}{3}$ (C) $\dfrac{2}{3}$ (D) $-\dfrac{1}{3}$

［**设计意图**］考查学生运用向量线性运算求解问题的能力。

五、布置作业，应用迁移

教科书习题 6.2 第 $1 \sim 9$ 题，14 题。

第十一章 教学设计案例（一）

本章含"预备知识"中的集合的概念与表示、不等式的性质，"函数"必修主题下的函数的概念、函数的单调性、指数、对数函数的概念与性质、三角函数的概念与基本性质、诱导公式、函数 $y = A\sin(\omega x + \varphi)$、数学建模活动等十个教学设计。这些内容的选择基于如下考虑：

集合是刻画一类事物的语言和工具，了解集合的含义，理解元素与集合的属于关系，能在自然语言和图形语言的基础上，用符号语言刻画集合，这是整个高中数学学习的基础。

不等式的性质是研究函数的必备基础，内容的组织以公理化思想为指导，是培养学生的代数思维和推理能力的载体，也是衔接初高中数学的重要载体。

函数的概念贯穿高中数学课程的始终，用集合语言和对应关系刻画函数，建立完整的函数概念，是整个高中数学的基础。函数的概念不仅重要，而且是一个公认的难点。

函数的单调性既是一个概念，也是一个判断规则，内涵非常丰富，历来是一个教学难点。化解难点需要有新思路，按课程标准强调的"要引导学生正确使用符号语言清晰地刻画函数的性质"，从语言学习的规律入手设计教学是需要重视的。

指数是高中阶段与代数运算直接相关，同时又与指数函数的概念、性质交织在一起的内容，指数幂的拓展过程对学生领悟代数思想、发展代数思维等有重要作用。领悟从整数指数幂到有理数指数幂、从有理数指数幂到实数指数幂的拓展过程中所蕴含的逻辑、遵循的原则，与理性思维相关，是需要得到加强的内容。

从课程标准的要求看，对数函数的处理需要加强代数运算、逻辑推理，以指数函数与对数函数互为反函数为暗线，借助对数与指数的关联，利用指数函数的概念、图象与性质研究对数函数，这是一种全新的教学设计思路。

三角函数的概念与基本性质、诱导公式、函数 $y = A\sin(\omega x + \varphi)$ 是体现人教 A 版三角函数创新设计的三个关键点，如何通过单元教学设计，使学生能够经历完整的"概

念 — 性质 — 应用"的过程,需要深入研究。

数学建模活动的教学是本次课程改革中最具挑战性的内容。如何在日常教学中开展数学建模活动,如何使数学建模课具有数学建模的味道,需要下大力气研究。"体重与脉搏的关系"是课程标准中的一个案例,对此进行教学设计与实施的研究,有利于教师把握数学建模活动课的要领。

一、内容及其解析

1. 内容

集合的概念与表示、集合的基本关系、集合的基本运算。

2. 内容解析

集合是刻画一类事物的语言和工具,具有高度的概括性和广泛的应用性;集合由元素确定,可以进行交、并、补运算。集合内容中,蕴含着类比、分类讨论、转化与化归、数形结合等数学思想方法。

本单元知识按照"集合的含义—表示—基本关系—基本运算"展开。其中,集合是原始概念,"属于关系"是集合的基本关系,由此可以定义集合的相等、子集以及集合的运算;"描述法"是"三种语言"的纽带。

本单元以集合语言的学习为基本任务,以初中学过的内容为载体,在现实情境或数学情境中,概括出数学对象的一般特征,并用集合语言予以表达,在抽象的数学符号语言的学习和运用中可以促进抽象思维的发展;通过学习集合的表示和不同表示之间的相互转化、集合的关系与运算,可以促进数学抽象、数学运算及逻辑推理等素养的发展;等等。

3. 教学重点

用集合语言表达数学对象,元素与集合、集合与集合的关系,集合的运算。

二、教学目标及其解析

1. 单元目标

(1) 了解集合、全集、空集的含义,理解元素与集合的属于关系,理解集合之间的包含与相等的含义,能识别给定集合的子集,能用 Venn 图表达集合的基本关系。通过对现实情境或数学情境的数学抽象与集合语言表达,发展数学抽象素养。

(2) 能用自然语言、图形语言、集合语言(列举法或描述法)描述不同的具体问题,初步感受集合语言的意义和作用。

(3) 理解两个集合的并集与交集的含义;理解在给定集合中一个子集的补集的含义,能用 Venn 图表达集合的基本运算。在求两个简单集合的并集与交集或求给定子集的补集过程中,发展数学运算素养。

2. 目标解析

达成以上目标的标志是:

（1）能根据集合元素的确定性、互异性和无序性判断某些元素的全体是否能组成集合，知道元素与集合之间的关系，会用符号"∈""∉"表示元素与集合的关系，能用常用数集的符号表示有关集合，能举例说明全集的含义，能在具体问题中合理地定义全集，能说出空集的特征，并能举出空集的例子，能举例说明集合之间包含的含义，能求一个集合的子集（含真子集），并能用 Venn 图表示，体会图形对理解抽象概念的作用，感悟几何图形的直观性，发展学生的数学抽象素养。

（2）会根据具体问题的条件，用列举法表示给定的集合；能在具体情境中概括出数学对象的一般特征，并会用描述法表示集合；能根据具体问题的条件，选择恰当的符号语言表示给定的集合。

（3）能举例说明两个集合的交集与并集的含义；会用符号语言描述两个集合的交集与并集，并能用 Venn 图表示，体会图形对理解抽象概念的作用，感悟几何图形的直观性；会求给定集合的补集；能举例说明全集与补集的含义，并能用 Venn 图表示，体会图形对理解抽象概念的作用，感悟几何图形的直观性；能求出给定集合的交集与并集。

三、教学问题诊断分析

1. 问题诊断

（1）本单元中新概念、新符号多，针对不同问题，要求选用适当的集合表示法，这些可能成为学习难点。教学时可以先引导学生阅读课本，然后进行交流，让学生在阅读与交流中理解概念并熟悉符号的使用。对于常见的数集及记法应直接给出，避免出现不必要的混乱。

（2）就像大小关系是实数的基本关系一样，"属于关系"是集合的基本关系，由此可以定义集合的相等、子集以及集合的运算。因为集合是一个全新的学习对象，学生不容易想到其研究内容和研究方法，这又是一个学习难点。教学中，在理解元素与集合的"属于关系"的基础上，可以引导学生通过类比数及其运算发现和提出值得研究的问题，让学生逐步体会集合的研究内容、研究路径和研究方法。

（3）集合的表示中，描述法既是重点也是难点，这是因为描述法涉及对数学对象一般特征的抽象，并且要用合适的语言表示一般特征，集中体现了数学语言学习的特点，并且需要学生对相应的数学对象有较为深刻的把握。教学中，要注意引导学生调动已学过的知识经验，加强用符号语言表达数学对象一般特征的分析，并要注意选择典型的例子。

2. 教学难点

构建集合的整体架构，描述法，元素 A 与由元素 A 组成的集合 $\{A\}$ 之间的差异。

四、教学支持条件分析

1. 在初中,学生已经接触过与集合有关的知识,比如,自然数集、有理数集,一元一次不等式 $x-1>2$ 的解集,圆的定义,等等,以及"数的认识 — 数的大小关系 — 数的运算",这些都为本单元的学习提供了知识上的支持。

2. 通过网络平台进行课前检测、学生阅读课本后的交流、课堂练习、目标检测等环节中,由教师给出问题或者测试题,让学生回答或者解答,再由教师给出评价。

五、课时教学设计

集合的概念与表示

1. 课时教学内容

集合的概念与表示。

2. 课时教学目标

(1) 通过具体的实例,能根据集合中元素的确定性、互异性和无序性判断某些元素的全体是否能组成集合,发展数学抽象素养。

(2) 知道元素与集合之间的关系,会用符号"$\in$""$\notin$"表示元素与集合的关系;能用常用数集的符号表示有关集合。

(3) 会根据具体问题的条件,用列举法表示给定的集合;能概括给定数学对象的一般特征,并用描述法表示集合,提高语言转换和抽象概括能力,增强用集合表示数学对象的意识,发展数学抽象素养。

3. 教学重点与难点

(1) 教学重点:集合的概念与表示方法。

(2) 教学难点:描述法。

4. 教学过程设计

环节一　创设情境,提出问题

问题 1　思考并回答下面的问题:

(1) 你能求出方程 $x^2=2$ 的解吗?

(2) 到定点的距离等于定长的点的集合是什么?

师生活动　学生经过思考,依据不同的研究范围,给出不同的答案。教师指明,明确研究对象,确定研究范围是研究数学问题的基础。为了简洁、准确地表述数学对象及研究范围,我们需要使用集合的语言和工具;为了准确地进行数学表达和交流,我们需要学习一些常用逻辑用语。这就是本章我们要学习的两个内容。

［设计意图］了解本章所学内容及为什么要学习集合。

追问　我们在初中已经接触过一些集合,你能举出一些例子吗?

师生活动　学生结合已有知识例举自然数集、整数集、实数集和不等式解集等。教师指明,为了更有效地使用集合语言,需要进一步了解集合的有关知识,我们先从集合的概念开始。

［设计意图］回顾初中所学知识,为学习集合的概念做准备;点明本节课所学内容。

环节二　抽象概念,内涵辨析

问题2　下述例子都能组成集合吗? 它们的元素分别是什么?

(1) 1~10 之间的所有偶数;

(2) 立德中学今年入学的全体高一学生;

(3) 所有的正方形;

(4) 到直线 l 的距离等于定长 d 的所有点;

(5) 方程 $x^2 - 3x + 2 = 0$ 的所有实数根;

(6) 地球上的四大洋。

师生活动　教师引导学生分析(1)、(2),给出相应的描述;学生模仿给出(3)~(6)的描述。在分析的基础上,给出集合的描述性定义:

一般地,我们把研究对象统称为**元素**(element),把一些元素组成的总体叫做**集合**(set)(简称为**集**)。

［设计意图］让学生能够仿照着描述出集合的定义,培养学生的数学抽象能力。

问题3　请大家阅读《普通高中教科书:数学 A 版必修第一册》(以下简称《必修一》)①第 2 页有关内容,思考并回答下列几个问题:

(1) "我们班高个子的同学"能构成集合吗? "我们班最高个子的同学"能构成集合吗?

(2) 由实数 0, 1, 2, 3, 1 组成的集合有几个元素?

---

① 本书中《普通高中教科书:数学 A 版》的 5 册图书,简称为《必修一》《必修二》《选择性必修一》《选择性必修二》和《选择性必修三》。

(3) 由实数 1，3，5 组成的集合记为 M，由实数 3，1，5 组成的集合记为 N，这两个集合中的元素相同吗？

师生活动 教师引导学生阅读教科书中的相关内容，并进行个别辅导与答疑。同时，引导学生概括出集合中的元素的特点：确定性、互异性、无序性。

追问 让学生再举出一些实例（能构成或者不能构成集合的例子），并要求说明理由。

[**设计意图**] 引导学生阅读相关教材，体会集合的本质。通过对问题 3 及追问的回答，明确集合元素的确定性、互异性和无序性，培养抽象概括能力。

请大家继续阅读教材的有关内容，并思考：

问题 4 如果用 A 表示我们学校高一（1）班全体同学组成的集合，用 a 表示高一（1）班的一位同学，b 表示高一（2）班的一位同学，那么 a、b 与集合 A 分别是什么关系？

师生活动 学生阅读教材中的相关内容，思考问题 4，以具体问题作铺垫，让学生明确元素与集合的关系。

追问 你知道如何表示元素与集合之间的关系吗？

课堂练习 1：

（1）下列各组对象不能组成集合的是（　　）。

（A）1～20 之间的所有质数 　　（B）被 5 除余 3 的所有整数

（C）太阳系的八大行星 　　（D）我国生产的较大的轮船

（2）用符号"$\in$"或"$\notin$"填空：

① 设 A 表示所有亚洲国家组成的集合，则中国 _____ A；美国 _____ A；印度 _____ A；英国 _____ A。

② 若方程 $x^2 = x$ 的实数根组成集合 A，则 1 _____ A；

③ 若方程 $x^2 + x - 6 = 0$ 的实数根组成集合 B，则 3 _____ B。

[**设计意图**] 明确元素与集合的关系，学习用符号"$\in$""$\notin$"表示元素与集合之间的关系。

问题 5 你知道常用数集如何表示吗？

师生活动 学生阅读《必修一》第 3 页的有关内容，引导学生回忆常用数集的含义，并请学生说出常用数集的符号表示：

全体非负整数组成的集合称为非负整数集（或自然数集），记作 **N**；

全体正整数组成的集合称为正整数集，记作 **N*** 或 **N**$_+$；

全体整数组成的集合称为整数集,记作 **Z**;

全体有理数组成的集合称为有理数集,记作 **Q**;

全体实数组成的集合称为实数集,记作 **R**。

课堂练习 2:

(1) 用符号"$\in$"或"$\notin$"填空:

0____**N**;-3____**N**;0.5____**Z**;$\sqrt{2}$____**Z**;$\dfrac{1}{3}$____**Q**;π____**R**。

(2) 由大于 1 且小于 10 的自然数组成集合 **C**,则 8____**C**,9.1____**C**。

[设计意图] 认识并掌握常用数集的符号表示。

环节三 阅读理解集合的表示法

问题 6 从上面常用数集的例子看到,可以用自然语言描述一个集合。除此之外,还可以用什么方式表示集合呢?请同学们阅读《必修一》第 3 页的有关内容,然后回答问题:你能用列举法表示下列集合吗?

(1) 小于 10 的所有自然数组成的集合;

(2) 方程 $x^2 = x$ 的所有实数根组成的集合。

师生活动 学生阅读教材,教师可以举例引导。例如,所有小于 10 的自然数组成的集合,就是将满足条件的所有数写在大括号"{   }"内,即为{0,1,2,3,4,5,6,7,8,9},这种表示集合的方法是列举法;用列举法表示集合时,虽然不必考虑元素的前后次序,但为了不重不漏地列出,还是要注意按一定的逻辑顺序进行列举;相同的元素不能出现两次;要注意区分 a 与 $\{a\}$。

[设计意图] 帮助学生学习用列举法表示有关的集合。

问题 7 从《必修一》第 3 页的两道思考题中,你能感悟到什么?

(1) 你能用自然语言描述集合{0,3,6,9}吗?

(2) 你能用列举法表示不等式 $x - 7 < 3$ 的解集吗?

师生活动 通过(1),引导学生领悟自然语言与符号语言之间的转化;通过(2),引导学生思考、讨论用列举法表示相应集合的困难,同时,让学生思考不能用列举法表示有关集合的理由:不等式 $x - 7 < 3$ 的解集,即不等式 $x < 10$ 的解集,这个集合中的元素有无数个,不适合用列举法表示。

追问 1 我们该如何表示"不等式 $x - 7 < 3$ 的解集"呢?

师生活动 引导学生阅读教材,在思考、讨论后得出:首先,明确这个集合中元素的共同特征:x 是实数,且使 $x-7<3$(即 $x<10$)成立;然后,再给出这种共同特征的表示方法:$x \in \mathbf{R}$,且 $x<10$;最后,写出集合 $\{x \in \mathbf{R} \mid x<10\}$,或者 $\{x \mid x<10\}$。

追问 2 整数集可以分为奇数集和偶数集。你能用符号语言表示"奇数集"吗?

师生活动 教师通过问题引导学生思考:奇数能否表示成 $x=2k+1$,$k \in \mathbf{Z}$ 的形式? 反之,形如 $x=2k+1$,$k \in \mathbf{Z}$ 的整数,是否为奇数? 然后得出结论:

奇数集中元素的共同特征是被 2 除余 1,用符号表示即为:$x=2k+1$,$k \in \mathbf{Z}$。

同理,可再让学生用类似的方法表示偶数集。

在上述活动的基础上,给出集合表示的描述法:

一般地,设 A 是一个集合,我们把集合 A 中所有具有共同特征 $P(x)$ 的元素 x 所组成的集合表示为 $\{x \in A \mid P(x)\}$,这种表示集合的方法就是**描述法**。

课堂练习 3:

(1) 在实数集 $\mathbf{R}$ 中,有限小数和无限循环小数都具有 $\dfrac{q}{p}$($p,q \in \mathbf{Z}$,$p \neq 0$)的形式,这些数组成有理数集。那么,有理数的共同特征是什么? 你能用描述法表示有理数集吗?

(2) 已知集合 $A=\{x \in \mathbf{N} \mid 2x-1<0\}$,$1.5 \in A$ 吗? $2 \in A$ 吗? $3 \in A$ 吗?

(3) 如果 $y \in \{x \in A \mid P(x)\}$,那么你能得到哪些结论? 请你举例说明。

(4) 试分别用描述法和列举法表示下列集合:

① 方程 $x^2-2=0$ 的所有实数根组成的集合 A;

② 由大于 10 且小于 20 的所有整数组成的集合 B。

(5) 用适当的形式表示下列集合:

① 绝对值不大于 4 的整数组成的集合;

② 所有被 5 整除的数组成的集合;

③ 方程 $(x-1)^2(x+3)(2x-1)=0$ 的实数解组成的集合;

④ 二次函数 $y=x^2+1$ 图象上的点组成的集合;

⑤ 数轴上离原点的距离大于 3 的点组成的集合。

在学生完成练习的基础上,给出约定:如果从上下文的关系看,$x \in \mathbf{R}$,$x \in \mathbf{Z}$ 是明确的,那么 $x \in \mathbf{R}$,$x \in \mathbf{Z}$ 可以省略,只写其元素 x。

例如,集合 $D=\{x \in \mathbf{R} \mid x<10\}$ 也可表示为 $D=\{x \mid x<10\}$;

集合 $E=\{x \in \mathbf{Z} \mid x=2k+1,k \in \mathbf{Z}\}$ 也可表示为 $E=\{x \mid x=2k+1,k \in \mathbf{Z}\}$。

[设计意图]使学生体会用描述法表示集合的必要性,学会用描述法表示集合;会针对具体问题的特点,选择恰当的表示方法表示集合。一般情况下,对有限集,在元素不太多的情况下,宜采用列举法,它具有直观明了的特点;对无限集,一般采用描述法表示。

环节四 目标检测,检验效果

用适当的方法表示下列集合:

(1)由方程 $2x^2 + x - 3 = 0$, $x \in \mathbf{N}$ 的所有根组成的集合。

[设计意图]以方程内容为载体,检测集合的表示,此处列举法更简便。

(2)不等式 $3x \geqslant 4 - 2x$ 的解集。

[设计意图]以不等式内容为载体,检测集合的表示,此处只能应用描述法。

(3)一次函数 $y = x + 3$ 与二次函数 $y = -2x^2 + 6$ 图象的交点组成的集合。

[设计意图]以函数内容为载体,检测集合的表示,此处列举法和描述法皆可。

环节五 小结提升,布置作业

问题8 请你带着下列问题回顾一下本课学习的内容:

(1)你认为用集合表示数学的研究对象有什么好处?

(2)你是如何理解符号 $A \in \{A\}$ 的?

(3)你能举例说明用自然语言、列举法和描述法表示集合时各自的特点吗?

(4)你认为用描述法表示集合的关键是什么?

师生活动 由学生独立思考后回答,教师带领学生归纳总结,得出:

(1)用集合表示研究对象具有简洁、明确的特点,通过后续学习还可以看到,利用集合的关系和运算,可以得出数学对象的性质、关系等。事实上,集合是现代数学的基本语言和工具,在计算机、人工智能、语言学等大量领域中都有重要应用。

(2)由 $A \in \{A\}$ 可知,A 是一个元素,$\{A\}$ 是一个集合,且 A 是 $\{A\}$ 中的元素,A 与 $\{A\}$ 是不同的。

(3)在学生举例说明的基础上指出,不同的表示方法各有特点,在表达研究对象时各有长处,要注意三种语言的转换。

(4)描述法表示集合的关键是要准确概括数学对象的一般特征,这就需要对相应对象有较为深刻的理解,并能用恰当方式表示出来。因此,描述法可以促进我们对数学内容的理解,可以提升我们的数学抽象水平。

[设计意图] 在问题引导下,促使学生进一步认识学习集合的必要性,理解属于关系是集合的基本关系,明确元素 A 与由元素 A 组成的集合 $\{A\}$ 之间的差异,注意不同表示法的特点,重视不同表示法之间的转换,强调描述法与对数学内容的本质理解与符号化表达之间的关系。

课后作业

作业 1:《必修一》第 5 页,习题 1.1,第 2,3,4 题。

[设计意图] 第 2、3 题练习用指定的方法表示所给集合,第 4 题是选用恰当的方法表示所给集合。

作业 2:元素与集合的关系有多少种?如何表示?类似地,集合与集合之间的关系又有多少种?如何表示?请同学们通过预习课本来解答。

[设计意图] 巩固本节课所学知识,运用类比的思想方法预习下节课内容。

教学设计说明

本节课既是章节起始课,又是初高中的第一节"过渡课",更是一节概念课和数学语言课。本教学设计以"问题串"的方式引导学生阅读教材,在阅读教材的过程中领会概念、学习集合语言的表达方式。"问题串"的设计是整节课的教学主线,也是"理解学生"的具体体现,希望通过问题引导学生开展自主学习,启发学生理解数学概念、形成基本技能、领悟数学基本思想。

1. 给学生归纳、概括的机会,加强过程性

与原来的教材比较,人教 A 版有许多变化。例如,集合的课程定位更加明确,即作为数学语言的学习,用集合语言表示数学对象,抽象层次就提高了,为高中阶段数学内容的抽象表达奠定了基础。本教学设计通过"问题串"的设置,引领学生充分阅读教材,如让学生阅读教科书第 2 页的 6 个例子及有关的内容,并通过问题 2 和问题 3,引导学生进行自主的归纳、概括,得出集合的描述性定义以及集合中元素的 3 个特征,从而加强了过程性,提高了学生数学语言表达的抽象层次,培养了学生的数学抽象素养。

再如,人教 A 版对"描述法"定义更加具体明确,并给出了符号化表达,这种变化,突出了"元素共同特征的数学符号表示"。为了体现教材的编写意图,教学设计中结合教科书第 3 页的两道思考题提出问题,引导学生通过阅读教材,归纳、概括"不等式 $x-7<3$ 的解集"这个集合中元素的共同特征:x 是实数,且使 $x-7<3$(即 $x<10$)

成立,然后,再给出这种共同特征的表示方法:$x \in \mathbf{R}$,且 $x < 10$,最后写出集合:$\{x \in \mathbf{R} \mid x < 10\}$,或者 $\{x \mid x < 10\}$。在此基础上,通过追问,促进学生逐步加深对"描述法"本质 ——"元素共同特征的数学符号表示"的理解。

2. 加强数学抽象的过程和语言转换的教学

本轮课改以核心素养为导向,课程标准给出了 6 个数学学科核心素养要素。集合是学生在高中阶段学习的第一个内容,主要在发展学生数学抽象、数学运算等素养中发挥作用。

本教学设计以学生熟悉的现实情境、数学情境为载体,选取了丰富的实例,包括学生在初中已经学过的数、方程、不等式、函数、几何图形等内容,也有贴近学生生活的实际问题,如问题 2 中的 6 个例子,既有偶数集、正方形集、点集,又有学校中的学生、四大洋等组成的集合,然后让学生在这些实例中,通过自主活动概括出数学对象的一般特征,并用集合语言表示,加强了数学抽象的过程。

语言学习的最好方法就是运用,由此达到熟练的目的,这样就可以在今后的学习中有效地用于解决问题了。集合这一数学语言具有符号化、抽象化等特点,本教学设计通过情境,引导学生在用自然语言、图形语言、符号语言表示数学对象的基础上进行语言转换。例如,在 8 个"问题"中,多次提到的"用集合表示方程的解或简单不等式的解",就是将方程(组)的解或简单不等式的解用适当的集合语言进行表示,学生不仅可以从中体会出不同语言的特点,而且可以学习根据问题情境适时地进行语言间的转换。

3. 帮助学生完成初高中数学学习的过渡

课程标准将本单元内容放在"预备知识"中,其目的是借助集合的学习,帮助学生梳理初中学过的相关知识,再用抽象的符号语言进行表达,从而提高数学抽象的层次,为高中数学课程的学习做好学习心理、学习方式和知识技能等方面的准备,帮助学生完成初高中数学学习的过渡。

本教学设计注意落实课程标准的上述设计意图,利用人教 A 版提供的资源,促使学生用集合语言、符号对相关内容进行再抽象、再表达。例如,有理数的符号表示初中没有强调,偶数、奇数的符号表示是学生不熟练的,"二次函数 $y = x^2 - 4$ 的函数值组成的集合""二次函数 $y = x^2 - 4$ 图象上的点组成的集合"的联系与区别也是学生不太注意的等等,对这些内容进行分析并用集合语言表示,从而在新的层次上帮助学生提高理解水平。

人教 A 版给出了描述法的抽象表示,即 $\{x \in A \mid P(x)\}$,在加强了符号化表达的同时也增加了学习难度。同时，因为这里的 $P(x)$ 需要通过对研究对象的共同特征进行归纳才能得到，所以既能加深对已有知识的理解程度，也能使学生从中学习如何抽象一类对象的共同特征，从而促进数学抽象素养的发展。所以，描述法是初高中衔接教学的一个良好契机。为了突破这个学习难点，本教学设计采用从特殊到一般的方法，先引导学生通过具体例子的分析，初步理解 $P(x)$ 表示"元素的共同特征"、$\{x \in A \mid P(x)\}$ 的意义是"集合 A 中满足 $P(x)$ 的那些元素组成的集合"等之后，再给出"已知集合 $A = \{x \in \mathbf{N} \mid 2x - 1 < 0\}$，$1.5 \in A$ 吗？$2 \in A$ 吗？$3 \in A$ 吗？"，让学生依据元素的共同特征判断哪些元素属于集合，哪些元素不属于集合，然后再提出抽象的问题："一般地，如果 $y \in \{x \in A \mid P(x)\}$，那么你能得出哪些结论？"这样处理后，学生对于符号 $\{x \in A \mid P(x)\}$ 的含义就比较清楚了。

观察我国的数学课堂，不难发现，数学教学中少有让学生阅读教材的机会，不少老师甚至抛开教材搞教学，以解题代替一切。我们认为，这是导致我国数学课改理念不能落实、学生学习负担重但学习效果差的重要原因之一。本教学设计强调"问题串"引领下的数学阅读，如集合的描述性定义及集合中元素的 3 个特性、元素与集合的符号表示及关系、常用数集的符号表示、列举法、描述法等，都安排了学生自主阅读、理解教材。例如，对于集合的 3 个特性，先让学生阅读教材中的相关内容，然后以"问题 3"引导学生对集合中元素的 3 个特性进行探究和理解。实际上，集合中元素的"确定性"，是定义一个数学对象、给出数学概念的基本要求，内涵很深刻，需要学生在后续学习中不断体会。

一、内容和内容解析

1. 内容

不等关系与不等式，两个实数大小关系的基本事实，等式性质与不等式的性质。

2. 内容解析

相等关系、不等关系是数学中最基本的数量关系，是构建方程、不等式的基础；等式的性质是研究方程问题的基础，不等式的性质是研究不等式问题的基础；关于实数大小关系的基本事实是研究等式的性质、不等式的性质的基础。

两个实数大小关系的基本事实是由实数系的有序性所决定的，是研究等式性质和不等式性质的逻辑基础。根据基本事实，我们把两个实数的大小比较转化为判断它们的差的符号，这是解决代数问题的最基本方法，其中蕴含着代数学的一般观念，即通过代数运算解决代数问题。

等式性质可分为相等关系自身的特性和相等关系在"运算中的不变性"两类，前者包括等式的"自反性"和"传递性"，这是整个代数推理的逻辑基础所在，后者包括等式在四则运算中的不变性，其中最基本的是相等关系在加法、乘法运算中的不变性。

不等式的基本性质与等式的基本性质具有"同构性"，蕴含着相同的数学思想方法，也包括不等关系自身的特性和不等关系在"运算中的不变性"两类。不等关系也有"自反性"和"传递性"，前者是不相等的两个实数大小关系的两种等价表达形式，后者反映了三个不相等实数的大小关系的内在联系，它们是由实数的有序性所决定的。不等关系在各种代数运算中具有不变性、规律性，由于"正数乘正数大于 0""负数乘正数小于 0"，所以不等式对于乘法运算不具有"保序性"，这也是不等式性质与等式的性质的主要差异。

不等式的基本性质与等式的基本性质都是"式的性质"，具有相似性，所以可类比等式基本性质中蕴含的数学思想来研究不等式的基本性质。

不等式的性质具有层次结构性：不等关系自身的特性—基本性质—常用性质。其中，不等关系自身的特性也是整个代数推理的逻辑基础，由此可以推出基本性质，进一步地又可以通过不同的运算、变式、推广或特殊化推出一些常用性质，常用性质在解决具体问题时往往更好用。实数大小关系的基本事实和不等式的性质都是解决不等式问题的基本依据。

3. 教学重点

实数大小关系的基本事实的理解和运用,梳理等式基本性质中蕴含的思想方法,探究不等式的基本性质。

二、目标和目标解析

1. 目标

梳理等式的性质,理解不等式的概念,掌握不等式的性质。

2. 目标解析

达成上述目标的标志是:

(1)能发现实际问题情境中蕴含的不等关系,并用不等式表达。

(2)能归纳出基本事实中蕴含的数学思想(通过运算解决代数问题),并能用于比较大小、证明不等式的基本性质,体会基本事实中蕴含的"作差法"是比较大小的基本方法。

(3)能通过梳理等式的基本性质,归纳出等式的基本性质研究的问题是相等关系自身的特性、相等关系在运算中的不变性。

(4)能运用等式基本性质中蕴含的思想方法,类比等式的基本性质,猜想并证明不等式的基本性质;能通过比较,说出不等式的基本性质与等式的基本性质的共性与差异性。

(5)能从不等式的基本性质出发,猜想并证明不等式的一些常用性质。

(6)能利用不等式的性质证明简单的不等式。

三、教学问题诊断分析

1. 问题诊断

不等式性质的探究是以实数大小关系的基本事实为依据,以"运算中的不变性就是性质"为指导,通过类比等式的基本性质而展开的。学生在初中通过特殊到一般的方式学过等式、不等式的某些性质,但没有进行严格的证明,也没有挖掘性质中蕴含的数学思想。高中阶段要通过逻辑推理,构建等式、不等式性质的完整体系,学生在学习过程中会出现以下几方面的问题。

(1)意识不到实数大小关系的基本事实的重要性。事实上,本单元内容是以公理化方式组织的,基本事实是逻辑起点,其中蕴含着"通过运算研究代数问题"的深刻思想。由于学生的认知水平所限,他们对此没有多少"感觉",往往只停留在机械运用基本事实层面。教学中,教师要加强引导和讲解,让学生体会到基本事实所蕴含的数学思想,认识运算在解决大小比较中的关键作用,逐步养成通过运算发现和解决代数问题的思维习惯。

（2）学生不知道该从哪些角度梳理等式的基本性质。在学生思考和解决数学问题时，"自反性"和"传递性"一直在无意识状态下使用，但他们不明白这是性质；虽然熟知等式的性质3～5，但他们对性质中蕴含的数学思想方法缺乏上位思考。教学中，教师可以采取直接讲解的方式给出性质1和性质2，对性质3～5的共性的归纳，要通过适当的问题，把学生的思维引导到"运算"上来。

（3）学生对不等式基本性质的证明存在困难。这里是根据公理化思想的要求构建不等式性质的逻辑体系，从实数大小关系的基本事实出发，按照"不等关系自身的特性—基本性质—常用性质"的逻辑顺序，通过逻辑推理顺次得出性质。由于初中学过不等式的性质3和性质4，这种经验会形成负迁移，导致学生对证明过程中哪些知识可用、哪些不能用产生困惑和误用。教学中，要强调知识的逻辑顺序、从已知到未知进行逻辑推理，还要帮助学生梳理出证明"自反性"可用的知识。

（4）学生缺少代数推理的经验，会给不等式性质的证明与应用带来困难。教学中，要帮助学生学会一些基本的证明方法，例如先用"分析法"进行分析，再用"综合法"写出证明；先将条件、结论转化为更明确的表达，再通过相关概念、性质建立条件与结论之间的联系；等等。

2. 教学难点

理解实数大小关系的基本事实中蕴含的数学思想；梳理等式基本性质中蕴含的思想方法；类比等式的基本性质及其蕴含的思想方法，猜想性质5、性质6；证明不等式的基本性质。

四、教学支持条件分析

在进行不等式的基本性质教学时，为了帮助学生理解不等式性质的几何意义，可利用信息技术制作数轴上的点动态平移的图形。

五、课时教学设计

探索和证明不等式的性质

1. 课时教学内容

梳理等式的性质；探索和证明不等式的性质。

2. 课时教学目标

（1）梳理等式的基本性质，能从中归纳出等式的基本性质中蕴含的数学思想方法。

（2）能类比等式的基本性质，猜想并证明不等式的基本性质，体会等式基本性质与不等式基本性质的共性与差异性。

(3) 能利用不等式的基本性质,猜想并证明不等式的一些常用性质。

3. 教学重点与难点

(1) **教学重点**:梳理等式基本性质中蕴含的思想方法;猜想和证明不等式的基本性质。

(2) **教学难点**:梳理等式基本性质中蕴含的思想方法;猜想和证明不等式的基本性质;发现不等式的一些常用性质。

4. 教学过程设计

环节一　确定研究内容,明确研究方法

引导语　我们知道现实世界的大小关系包括相等关系和不等关系两类,数学中用"等式"和"不等式"表达这两类关系。上节课我们提到,与解方程要用等式的性质一样,解不等式要用不等式的性质。不等式到底有哪些性质呢? 今天我们就来研究这个问题。

因为不等式和等式一样,都是对式的大小关系的刻画,所以我们先来复习等式的性质,并尝试归纳其中蕴含的数学思想方法,以便从中获得研究不等式性质的启发。

[设计意图]　从单元整体入手构建研究路径,唤醒学生头脑中已有的相关知识,直接引入课题,使学生明确学习目标。

环节二　梳理等式的基本性质,归纳其中蕴含的数学思想方法

问题 1　你能回忆出初中学过的等式的性质吗?

师生活动　学生独立思考、回答并相互补充,说出等式的性质 3、4、5,教师引导学生用严格的数学符号语言表达,并按学生所说的顺序板书。

追问 1　这些性质有什么共性?

如果学生不能回答,教师再继续问:这些性质中,不同的是"加""减""乘""除",你能用一个词来概括它们吗?

师生活动　学生在教师引导下独立思考,归纳出这些性质是从运算角度给出的,即等式两边加、减、乘、除同一个数或式(其中,除同一个非零的数或式),等式仍然成立。教师总结:这些性质反映了等式在运算中保持的不变性,运算中的不变性就是

性质。

追问 2 我们知道,字母可以表示任意实数,因此减法、除法可以分别化归为加法、乘法。由此,请你进一步梳理这些性质,并说说哪些性质更为"基本"。

师生活动 学生在教师的引导下进行分析:等式两边减同一个数 c 可以看成是等式两边加同一个数 $-c$;等式两边除同一个数 $c(c \neq 0)$ 可以看成是等式两边乘同一个数 $\dfrac{1}{c}$。所以,性质1、3更为基本,性质2、4可以看作是由性质1、3"派生"出来的,性质1、3可称为等式的"基本性质"。教师指出:由以上分析可知,我们可以把刚才梳理的四条性质合并为两条:

性质1　如果 $a=b$,那么 $a+c=b+c$。

性质2　如果 $a=b$,那么 $ac=bc$。

追问 3 等式乘方、开方的性质是否可以看作是由等式的基本性质"派生"出来的?(备用,在有学生回答等式乘方、开方的性质时使用)

师生活动 学生思考后回答:乘方运算是特殊的乘法运算,开方运算可以看作是乘方运算的"逆运算",它们都可以看作是由乘法运算派生出来的。

追问 4 等式是否还有其他性质?

师生活动 估计这个问题学生回答不出来,教师在学生稍作思考后直接讲解:等式的有些性质我们一直在无意识地使用,之所以大家没有意识到它们是性质,是因为它们太显然了,是相等关系本身蕴含的性质。例如,实数 a 与 b 相等,既可以写成 $a=b$,也可以写成 $b=a$,于是就有了等式的性质"如果 $a=b$,那么 $b=a$"。另外,"如果 $a=b$, $b=c$,那么 $a=c$",这条性质也很显然。这两条性质是相等关系本身蕴含的性质,它反映了相等关系自身的特性。回顾一下初中的数学学习过程就会发现,这两条性质可以说是随时随地都在使用着的。

教师边讲解边板书:

性质3　如果 $a=b$,那么 $b=a$。

性质4　如果 $a=b$, $b=c$,那么 $a=c$。

然后教师说明:在研究数学对象的性质时,应该按照先研究数学对象自身具有的性质,再研究其他性质的顺序。所以,我们要把这些性质重新排序,即:

性质1　如果 $a=b$,那么 $b=a$。

性质2　如果 $a=b$, $b=c$,那么 $a=c$。

性质3　如果 $a=b$,那么 $a+c=b+c$。

性质 4 如果 $a=b$,那么 $ac=bc$。

[设计意图]通过问题和追问,引导学生梳理等式的性质,探究并发现这些性质中蕴含的数学思想方法,提高学生从同类数学结论中归纳、概括数学思想方法的能力。对于性质 1、2,学生并不知道它们是等式的重要性质,教学中采用教师直接讲解的方式,只要学生了解它们的本质和作用就可以了。让学生从"基本运算"的角度解释为什么这些性质是"基本性质",可以为不等式基本性质的探究奠定基础。

环节三 类比等式的基本性质,探究不等式的性质

问题 2 刚才,我们回顾了等式的基本性质并从中归纳概括出了数学思想方法,下面我们来研究不等式的基本性质。你打算如何研究?

师生活动 在学生独立思考的基础上,教师引导学生得出:可类比等式性质猜想出不等式的性质。

追问 如何类比?

师生活动 由学生独立思考、课堂交流后给出。类比等式的性质,可以从不等关系"自身的特性"和"运算中的不变性"两个角度研究不等式的基本性质。

[设计意图]加强学法的引导,让学生通过类比得到研究问题的方法,体会类比不仅仅是形式上的类比,更是研究问题思路和方法的类比。

问题 3 类比相等关系"自身的特性",你能猜想并证明不等关系"自身的特性"吗?

师生活动 由学生独立思考后,表达猜想及提出证明方法。

追问 1 你能证明"如果 $a>b$,那么 $b<a$"?

师生活动 学生先尝试证明。因为学生的代数证明经验不足,对用实数大小关系的基本事实进行证明会出现问题。教师可以从学生的证明中找出典型错误进行分析,并给出证明的示范,要注意使用常用逻辑用语的有关知识。

(注:我们在课堂观察中看到了学生给出的证明:

根据基本事实,由 $a>b$ 可得 $a-b>0$。

在 $a-b>0$ 两边乘 -1,不等号反向,得 $(-1)(a-b)<0$。

由分配律可得 $-a+b<0$,即 $b-a<0$。

由基本事实可得 $b<a$。

这个证明书写得非常工整,从学生自己的角度来说也很完美,因为他们在初中学过"不等式两边乘同一个负数,不等号反向"。这是一个难得的课堂生成,我们可以抓

住这个契机,向学生说明初中阶段是凭借直观得出不等式的性质,现在我们要对它们进行严格的逻辑推理论证,这就必须讲究性质的逻辑顺序,还没有经过严格论证的结论是不能用的,比如:在 $a-b>0$ 两边乘 -1,不等号反向,得 $(-1)(a-b)<0$。通过这样的教学,可以培养学生思维的逻辑性,发展他们的理性思维。)

[设计意图] 性质 1 的证明是本课的难点之一,该证明对其他性质的证明有示范作用。教学中,教师可以先引导学生回顾实数的一些基本性质,例如:

① 若 $a>0$,则 $-a<0$;若 $a<0$,则 $-a>0$;

② 若 $a>0$,$b>0$,则 $a+b>0$;若 $a<0$,$b<0$,则 $a+b<0$;

③ 若 a、b 同号,则 $ab>0$;若 a、b 异号,则 $ab<0$;等等。

指出这些性质以及实数大小关系的基本事实是证明不等式性质的基础,帮助学生在已知与所证之间搭建"桥梁",既使学生感受到数学证明要符合逻辑、有理有据,体会到实数大小关系基本事实的重要作用,又使学生感受"分析法"在证明不等式中的作用。

追问 2 类比等式的性质 2,你得到了什么? 你能证明吗?

师生活动 由学生类比得出"性质 2 如果 $a>b$,$b>c$,那么 $a>c$",再各自独立给出证明,并进行全班交流。交流过程中,要注意展示不同的证明方法。

[设计意图] 有了性质 1 的猜想和证明经验,性质 2 的猜想和证明可以由学生独立完成。通过性质 2 的学习,可以使学生进一步体会数学证明的逻辑性和严谨性,深化对"分析法"的理解。

问题 4 以"运算中的不变性就是性质"为指导,类比等式的基本性质 3 和性质 4,你能猜想出不等式的哪些性质? 能给出证明吗?

师生活动 先让学生独立思考,得出猜想,再进行全班交流、讨论。因为学生在初中已经学过不等式的基本性质 3 和 4,所以得出猜想并不困难,因此要把重点放在证明上。教师可以通过巡视,发现学生给出的比较典型的证明,通过讲评,在完善证明步骤、规范书写格式的过程中,培养学生的代数思维和逻辑推理的严谨性。

追问 1 用文字语言表达性质,有助于加深对性质的理解。你能用文字语言表述性质 3 吗?

师生活动 学生尝试用文字语言表达,教师点明文字语言表达明确指出了不等式对于加法运算具有"不变性",有助于理解其本质。

追问 2 从几何角度"直观"解释性质,有助于我们数形结合地理解性质。你能利用数轴来解释性质 3 吗?

师生活动 教师利用课件,展示在 c 的变化过程中 $a+c$ 与 $b+c$ 大小关系的不变性,让学生感受不等式性质的几何意义。

　　[设计意图]　用符号语言、文字语言、图形语言等多种形式表达不等式的性质,帮助学生理解和掌握不等式的性质。

　　追问3　类比等式的基本性质4,你得到了什么结论? 能给出证明吗?

　　师生活动　在学生给出猜想的基础上,明确证明的任务是:"如果$a>b$,$c>0$,那么$ac>bc$","如果$a>b$,$c<0$,那么$ac<bc$",再让学生独立思考并进行证明。教师通过课堂巡视,帮助有困难的学生,最后通过全班展示交流,完善证明步骤,给出规范表达,得出完美的证明。

问题5　加法、乘法是数学的基本运算,因此上述四条性质是不等式的基本性质。你能比较一下不等式的基本性质与等式的基本性质,说说它们的共性与差异性吗?

　　师生活动　先让学生思考、归纳,再全班交流,得出两者的共性是都有"自身的特性"和"运算中的不变性、规律性";差异性在于不等号是有方向的而等号没有方向,在不等式两边乘同一个数时需要分类讨论,在等式两边乘同一个数时不需要分类讨论。

　　[设计意图]　通过比较,进一步实现等式的基本性质与不等式的基本性质的可辨别性,并从本质上理解不等号改变方向的原因,从而为学生更准确地使用性质打下基础。

问题6　在不等式的性质3中,不等式两边所加的数是相同的。如果两边所加的数不同,你能得出什么结论?

　　师生活动　先让学生独立思考,如果学生得不到结论,再进行提示性提问。

　　追问　当不等式两边所加的数不同但有确定的大小关系时,例如在$a>b$的两边分别加上c和d,且$c>d$,这时$a+c$和$b+d$是否具有确定的大小关系?

　　师生活动　学生在追问的提示下,得出猜想"性质5　如果$a>b$,$c>d$,那么$a+c>b+d$",教师可以让学生用文字语言表述(大数加大数大于小数加小数),在此基础上让学生独立证明。要鼓励学生给出不同的证明方法,例如,要证$a+c>b+d$,只需证$(a+c)-(b+d)>0$,与已知联系,也就是证明$(a-b)+(c-d)>0$;又如,由性质3,得$a+c>b+c$,$c+b>d+b$,由性质2,得$a+c>b+d$;等等。

　　[设计意图]　不等式的性质比等式的性质丰富得多,先提出相对宏观的问题6,使学生体会从变化的观点发现和提出问题的方法,再通过"追问"进一步明确思考方向,从而帮助学生得到猜想。

　　鼓励学生采用不同的证明方法,是为了培养学生的代数推理能力。教师可以提醒学生,不同的证明方法来自于建立已知和求证之间的不同联系方式,其中对条件、结论的表达方式的转化,可以给我们以思路的启发,所以在代数证明中,对面临的代数式进行恒等变形是基本手段。

问题7 性质5的发现方法对你有什么启发?你能由此对性质4进行变式,得出类似的结论吗?证明你的猜想。

师生活动 学生独立思考,进行各种尝试,提出各自的猜想。例如:如果 $a>b$, $c>d$,那么 $ac>bd$;如果 $a<b$, $c<d$,那么 $ac<bd$;等等。教师可以提醒学生用具体数字进行验证,在讨论、修正后得出"性质6 如果 $a>b>0$, $c>d>0$,那么 $ac>bd$"。

得出正确结论后,仍然要求学生独立给出证明,并鼓励用不同的方法。

追问 我们知道,不等式的性质反映了"运算中的不变性",我们还有哪些运算没有研究?你能从已有的性质出发得出新的性质吗?

师生活动 估计学生在提示性追问下可以想到将性质6中的 c 和 d 特殊化,即令 $c=a$, $d=b$,从而得出"如果 $a>b>0$,那么 $a^2>b^2$"。若学生有困难,教师可以进一步提示:我们还没有研究乘方和开方。对于乘方,性质6给你什么启发?如果将它特殊化,你能得出什么结论?

在学生得出"如果 $a>b>0$,那么 $a^2>b^2$"后,教师再提示学生将结论推广到一般情形,得出"性质7 如果 $a>b>0$,那么 $a^n>b^n (n \in \mathbf{N}, n \geqslant 2)$"。

[设计意图] 类比性质5的得出过程,引导学生从性质4出发得出性质6和性质7,这个过程可以让学生感受"类比""特殊化""一般化"等思想方法在发现数学结论中的作用。在此过程中,学生的代数推理能力、发现和提出问题的能力都能得到培养。同时,对"运算"在研究代数性质中的作用也会有更深刻的体会,这就使不等式性质中蕴含的数学基本思想在学习过程中得到落实。另外,通过类比、猜想、证明等完整的过程,学生的数学基本活动经验也就得到了自然而然的积累。

环节四 应用性质证明问题,巩固加深性质的理解

例题 已知 $a>b>0$, $c<0$,求证: $\dfrac{c}{a} > \dfrac{c}{b}$。

师生活动 教师引导学生分析所证不等式的特点,明确证明思路。由学生独立完成证明,教师进行点评。

[设计意图] 本题利用不等式基本性质,体现"分析法"的证明思路和"综合法"的表达方式,提高学生分析解决问题的能力,提升学生的数学应用意识。

环节五　课堂小结

问题 8　请你带着下面的问题,对本课的学习进行总结。

(1) 等式的基本性质反映了相等关系哪些方面的特性? 我们是如何归纳概括出其中蕴含的数学思想方法的?

(2) 我们经历了怎样的不等式性质的探究过程? 由此反映出不等式性质具有怎样的层次性?

(3) 在不等式性质的证明过程中需要注意哪些问题?

师生活动　先由学生回顾学习过程,给出自己的回答,再由教师进行提炼概括。

(1) 等式的基本性质表明,相等关系具有"自反性"和"传递性",它们在代数推理中随处有用;通过将等式的基本性质列举在一起,并观察它们的共性和差异性,将"加、减、乘、除"抽象为"运算"进而消除差异,概括出等式的基本性质就是"运算中的不变性"。

(2) 在梳理等式的基本性质及蕴含的思想方法的基础上,利用不等式性质与等式性质的"同构性",类比等式的基本性质,先猜想和证明不等式的"自反性"和"传递性",再猜想和证明不等式在加法和乘法运算中的不变性,最后通过一般化、特殊化,猜想并证明不等式的一些常用性质。从中可以看到不等式性质具有"不等关系自身的特性—基本性质—常用性质"的层次结构性。

(3) 证明不等式的性质时,要注意性质的逻辑结构,前面的性质是后面的性质的逻辑基础,后面的性质不能用于证明前面的性质。实数大小关系的基本事实是猜想和证明不等式性质的出发点,在证明过程中要注意恰当应用实数的性质。

环节六　布置作业

《必修一》第 42 页,习题 2.1,第 6, 7, 8, 10, 11 题。

5. 目标检测题

(1) 用不等号">"或"<"填空:

① 如果 $a > b$, $c < d$,那么 $a - c$ _____ $b - d$;

② 如果 $a > b > 0$，$c < d < 0$，那么 ac ＿＿＿＿＿＿ bd；

③ 如果 $\sqrt{a} > \sqrt{b}$，那么 a ＿＿＿＿＿＿ b；

④ 如果 $a > b > 0$，$\dfrac{1}{a^2}$ ＿＿＿＿＿＿ $\dfrac{1}{b^2}$；

⑤ 如果 $a > b > c > 0$，那么 $\dfrac{c}{a}$ ＿＿＿＿＿＿ $\dfrac{c}{b}$。

[设计意图] 考查学生对不等式性质的简单应用能力。

（2）已知 $a > b > 0$，$c > d > 0$，求证：$\left(\dfrac{a}{d}\right)^3 > \left(\dfrac{b}{c}\right)^3$。

[设计意图] 考查学生对不等式的证明方法的探究水平，以及综合运用不等式性质的能力。

教学设计说明

课程标准将"相等关系与不等关系"作为预备知识，内容包括等式与不等式的性质、基本不等式，其目的是帮助学生通过类比，理解等式和不等式的共性与差异性，掌握基本不等式，为学习高中数学课程做好学习心理、学习方式和知识技能等方面的准备，帮助学生完成初高中数学学习的过渡。本节课不仅要掌握不等式的性质，还要感悟性质中蕴含的数学基本思想，即"运算中的不变性"，初步掌握代数性质的研究方法，即通过运算发现规律，得出运算中的不变性，以及类比、一般化、特殊化等研究问题的一般方法，促使学生在发现和证明不等式性质的过程中获得"四基"、提高"四能"，发展逻辑推理、数学运算、数学抽象等素养。

1. 深入挖掘等式与不等式性质中蕴含的数学一般观念

代数学的根源在于代数运算，因此"运算"是代数学的一般观念，而等式与不等式的性质中蕴含着的正是这个一般观念。为了使学生领悟到这个一般观念，本教学设计通过问题 1 及 4 个追问，引导学生分析初中学过的 4 条等式的性质的共性，并归纳出"这些性质是从运算的角度提出的，反映了等式在运算中的不变性"，进而得出"运算中的不变性就是性质"的结论。

等式的性质 1 和性质 2 是相等关系自身的特性，即自反性和传递性，虽然在代数推理、数学运算中随时都在用，但学生意识不到这就是性质，这是由学生的数学基础和认知水平所决定的。为此，本教学设计采取由教师直接讲解并指出其重要性的方式给出这两条性质。在此基础上，再进一步把等式的性质分为两类，一类是关于相等关系自身的性质，另一类是等式在运算中的不变性，从而为类比等式的性质得出不等式的性质做好准备。

　　我们知道，"性质"是学生日常所学的主要内容之一。通过一个单元的学习，学生对"有哪些性质"的回答会比较顺利，但对于"性质所研究的问题是什么""研究性质的过程中用了什么思想方法"以及"性质中蕴含了怎样的数学思想"等，学生可能会一头雾水。本教学设计特别注重这些问题的解决，想方设法引导学生透过现象看本质、基于知识感悟思想，通过层层递进的问题促使学生得出等式性质中蕴含的数学思想——"运算中的不变性"，从而为猜想不等式的性质点亮了指路明灯。

　　2. 加强通过类比、一般化、特殊化发现不等式性质的过程性，提高学生发现和提出问题的能力

　　不等式的性质与等式的性质基本同构，可以分为三个层次：一是性质1（自反性）、性质2（传递性），是不等关系自身的特性；二是性质3、性质4，是不等式关于加法和乘法的不变性，因为加法和乘法是基本运算，所以把这两条性质称为基本性质；三是性质5、性质6和性质7，是在前4条基本性质的基础上推出的，这些性质在解决不等式问题时非常有用而且经常使用，所以把它们称为常用性质。本教学设计注重通过引导学生类比等式的性质1和性质2，猜想出不等式的性质1和性质2；类比等式的性质3（加法）和性质4（乘法），猜想出不等式的性质3和性质4。在此基础上，通过提示性问题串，引导学生将"加同一个数"一般化为"加不同的数"，进而猜想出性质5；将"乘同一个数"一般化为"乘不同的数"，进而猜想出性质6。最后，通过对性质6进行特殊化，得出性质7。类比、推广、特殊化是研究数学问题常用的逻辑思考方法，本教学设计抓住契机，引导学生利用等式与不等式性质的共性和差异性，在猜想出不等式性质的同时，让学生领悟、掌握这些数学推理中常用的逻辑思维方法，从而实现由"知其然"到"知其所以然"再到"何由以知其所以然"的跨越。

　　3. 注重以公理化思想为指导，在证明不等式性质的过程中加强逻辑性，有效发展学生的代数思维和逻辑推理能力

　　本教学设计认真贯彻人教A版的编写意图，使猜想与证明紧密配合，得出一个猜想就要求学生给出证明，其目的是让学生体会"猜想—证明"这一逻辑严谨性的要求，从而发展学生的理性思维，丰富学生的数学学习经验，培养学生的逻辑推理素养。不等式基本性质的证明中，要让学生深刻认识的不单是"作差法"这种技巧，还有"作差法"的理论基础——"两个实数大小关系的基本事实"，这是证明不等式性质的理论起点，体现了公理化思想。本教学设计紧紧抓住这个"基本事实"，以此为出发点，再结合实数的一些基本性质（如正数的相反数是负数，两个正数之和仍为正数，等等），引导学

生在证明不等式性质的过程中体会数学证明的逻辑性。事实上,对学生而言,越是看上去很简单明确的性质,那些处于起始阶段的命题,因为可用的知识不多,所以证明起来越困难。例如证明不等式的性质 1 时,学生"自然而然地"就用了"不等式两边乘以同一个负数,不等号改变方向"。抓住这一课堂生成,顺势而为,教师就可以对不能用这一性质的理由、可以用哪些已有知识等进行讲解,这样不仅能使学生明白证明要讲逻辑、要注意性质使用的前后顺序,而且能提高教学效果,因为针对学生切身感受的讲解最能引发学生的兴趣,也最能使学生记忆深刻。

随着性质的增加,证明性质的方法也在增加。本教学设计根据数学知识发展过程的这一特点,在后续性质的证明中,都提出"用不同方法证明"的要求。这样做,既可以加深对已有性质的认识,又可以加强性质之间的联系,还可以培养学生思维的灵活性,可谓是一举多得。

4. 创设情境与问题,引导学生开展系列化的性质猜想和证明活动

对于教学过程的设计,我们一直在强调通过设计问题串引导学生开展系列化的数学活动的重要性。本教学设计中,根据知识的发生发展过程,设计了环环相扣的 8 个问题,必要时在问题下面设计追问,引导学生开展自主探究活动。这样的设计,既体现了等式与不等式的性质的整体性,又体现了研究这些性质的过程中所使用的数学思想方法的一致性,不仅能使学生有效地理解等式与不等式的性质,掌握证明方法,而且还能使他们领悟发现和提出问题的方法,逐步学会有逻辑地思考、创造性地学习。

单元三　函数的概念及其表示

一、内容和内容解析

1. 内容

（1）函数的三个要素：定义域，值域，对应关系；

（2）"对应说"的函数概念；

（3）函数的表示法：解析法，图象法，表格法；

（4）分段函数的概念及其表示。

本单元需要 4 课时，具体分配如下：第 1、2 课时，函数的概念；第 3、4 课时，函数的表示。这里给出第 1、2 课时的教学设计。

2. 内容解析

在两个数集之间建立对应关系（单射）是函数概念的本质，会用集合语言和对应关系刻画函数概念是数学抽象素养得到提升的一个标志。在理解和运用解析式、图象与表格等不同方法表示函数的过程中，可以进一步加深对函数概念的理解，特别是对学生更深刻地认识对应关系 f 的本质具有重要意义，也是数学地认识问题的重要方式。

运用函数观察、研究事物的运动与变化及其规律是一种重要的数学思想方法；函数的不同表示法之间的相互转化，渗透着数形结合、转化与化归的思想；同时，函数与方程、不等式之间的相互联系，体现了数学的整体性。

函数是现代数学最基本的概念，是刻画现实世界中变量关系和规律的最为基本的数学语言和工具，在解决实际问题中发挥着重要作用。函数贯穿了高中数学课程的始终，是学习方程、不等式、数列、导数等内容的必备基础和有力工具，在物理、化学、生物等其他领域也有广泛的应用；函数也是高等数学中基本的研究对象。

函数所蕴含的集合间的"对应"是一种重要的数学思想与方法，它能帮助人们在不同事物之间建立联系，并运用这种联系去研究、发现事物的变化规律，把握事物的性质，这对提高人们对事物本质的认识水平、指导日常行为有着重要的意义与价值。函数的表示是数学表示的典范，反映了数学的高度抽象性特征，通过函数的表示的学习，可以提高学生的抽象能力，帮助学生进一步体会函数概念的本质，有利于发展学生的数学抽象、直观想象等素养。

3. 教学重点

通过实例归纳概括函数的要素，建立用集合语言与对应关系刻画的函数概念，选择适当的表示法表示函数。

二、目标和目标解析

1. 单元目标

（1）在初中用变量之间的依赖关系描述函数的基础上，用集合语言和对应关系刻画函数，建立完整的函数概念，体会集合语言和对应关系在刻画函数概念中的作用。了解构成函数的要素，能求简单函数的定义域。

（2）在实际情境中，会根据不同的需要选择恰当的方法（如图象法、列表法、解析法）表示函数，理解函数图象的作用。

（3）通过具体实例，了解简单的分段函数，并能简单应用。

2. 目标解析

达成上述目标的标志是：

（1）能用集合语言与对应关系刻画函数，能说出定义域、对应关系、值域的含义和作用。

（2）能求出简单函数的定义域。

（3）能用例子（如图象、表格、解析式等）说明抽象符号 f 的意义，能根据问题的特征选择恰当方式表示具体函数的对应关系。

（4）在具有明确的函数关系的实际问题中，能选用适当的方法表示函数，并能用于解释实际意义。

（5）会用具体例子说明分段函数的含义。

（6）能用分段函数表示某些具体函数。

（7）能用分段函数构建数学模型，刻画简单实际问题中的变化规律。

三、教学问题诊断分析

1. 问题诊断

（1）初中学习的函数概念的"变量说"，强调了在一个变化过程中变量之间的依赖关系与对应方式，没有强调自变量的取值范围，学生对函数定义域的重要性没有必要的认识，这是教学中首先遇到的难点。因此，教学中应通过恰当的例子，让学生充分感受到确定自变量变化范围的重要性。

（2）高中阶段采用"对应关系说"定义函数，这个定义强调对应的结果而不管对应关系的表达形式或对应过程。例如，对于函数 $f(x)=|x|$，$x \in \{-1, 0, 1\}$ 和 $g(t)=t^2$，$t \in \{-1, 0, 1\}$，因为 $f(-1)=|-1|=1=1^2=g(-1)$，$f(0)=|0|=0=0^2=g(0)$，$f(1)=|1|=1=1^2=g(1)$，即对于任意 $a \in \{-1, 0, 1\}$，都有 $f(a)=g(a)$，所以尽管 $f(x)$ 和 $g(t)$ 有完全不同的对应关系的表达形式（由此也带来对应过程的不同），但它

们是同一个函数,或者称这两个函数相等。对函数对应关系本质的认识,是理解函数概念中存在的第二个难点,也是最大的一个难点。教学中,要引导学生通过具体实例,理解"$\forall x \in A$,$\exists$ 唯一的 $y \in B$ 与之对应"的含义,分清函数的对应关系与对应关系的表示形式之间的区别与联系。

(3)"对应关系说"是一种用集合语言和对应关系表达的数学语言和工具,这种"话语方式"是学生之前很少接触的,是学生会遇到的第三个难点。我们知道,学习语言的最好方式是"模仿十运用",因此教学中可以先通过具体实例给出示范,再让学生在变式情境中进行模仿运用,在此基础上再通过适当方式(例如,将各实例的三个要素表格化,突出关键属性),帮助学生归纳具体实例的共同特征,最后抽象出函数的一般概念。

(4)函数的定义文字多、符号多,包含的逻辑用语多,特别是"称 $f:A \rightarrow B$ 为从集合 A 到集合 B 的一个函数,记作 $y = f(x)$,$x \in A$"的表达方式是高度抽象化的数学语言,在学生的经验中很少遇到,是学生会遇到的第四个难点,也是一个需要较长时间才能克服的难点。本单元的教学中,要着重帮助学生理解 f 的含义,让学生认识到 f 在形式上可以是多样化的(解析式、图象、表格或其他形式),但其实质都是相同的。另外要帮助学生认识为什么必须记作"$y = f(x)$,$x \in A$",实际上定义域和对应关系是两个本质要素,是判断两个函数是否相等的标准,如果没有定义域,那么就无法讨论函数性质。

(5)一般而言,从具体实例中抽象数学概念是学生习惯的,而用抽象的函数模型重新认识已经学习过的具体函数,或者从抽象好的函数模型(例如 $y = \dfrac{1}{2}ax^2$)出发构建对应的现实背景(基于学生对这一类函数模型对应于哪一类现实问题的认识),是学生会遇到的第五个难点。这样的问题在以往的教材中没有出现过,修订后的人教 A 版增加了这方面的问题,目的是为了提高学生对函数模型的认识,培养学生的数学建模素养。教学中,应对这个问题给予充分重视,除课本中的例题、习题外,可以适当增加一些与学生生活周围相关的问题。

(6)面对具体问题时,如何根据具体条件选择恰当的表示法表示函数,并通过函数的表示进一步理解函数中的对应关系,是本单元学生会遇到的第六个难点。教学中,应选择典型实例,或者让学生选择恰当的表示法,或者让学生对同一个背景给出不同的表示法,或者进行不同表示法的转化,通过这样的活动,促进学生理解不同表示法的特点、联系和差异,体会如何根据具体条件选择恰当的表示法表示函数。

(7) 分段函数在现实中有大量的应用,在函数性质的研究中也往往通过构造分段函数给出反例,例如在函数零点存在性定理中就通过构造分段函数帮助学生理解定理的条件。对分段函数对应关系的理解是学生在本单元会遇到的第七个难点,有些学生会对分段函数到底是一个函数还是由多个函数组合在一起的产生疑问。教学中可以通过具体实例,例如个人所得税、出租车计费等,帮助学生理解分段函数刻画了一个完整的变量关系和规律,只是在定义域的不同区间上有不同的对应关系。

总之,本单元的难点较多,而引起困难的原因也是多方面的,例如:由 $f(x)$ 的形式化表达方式所带来的高度抽象性;变量的概念涉及到用运动、变化的观点看待和思考问题,具有辩证思维特征;有许多下位概念(如自变量、因变量、定义域、值域、表示法、单调性、奇偶性……),是派生数学概念的强大"固着点";函数具有广泛的应用性,建立函数模型不仅要具备较强的数学能力,而且与学生的人生阅历有关;等等。其中最根本的还是其高度抽象性。为了突破难点,需要教师采取多样化的教学策略与方法,例如多使用具体例子,借助信息技术把抽象内容可视化、静态内容动态化等等。

2. 教学难点

函数概念的抽象,符号"$y=f(x)$, $x \in A$"的理解,对应关系的表达形式与本质之间关系的理解,选择适当的表示法刻画具体情境中的函数关系,分段函数。

四、教学支持条件分析

学生在初中学过"变量说",并对一次函数、二次函数、反比例函数等有一定的认识,这是学习"对应关系说"的基础。教学时应通过具体情境,先让学生用"变量说"判断其中的变量关系是否为函数,再通过适当问题揭示不指明自变量取值范围所存在的问题,引发认知冲突,为建立"对应关系说"提供心理基础。

本单元的教学需要引导学生在具体情境中对变量关系和规律进行观察的基础上,归纳、概括不同实例的共同特征,进而抽象出函数的概念。为了有利于学生观察,可以考虑利用信息技术呈现情境并进行动态演示;为了了解学生对相关概念的理解情境,可以考虑使用信息技术互动平台;同时,在计算函数值、画函数图象的过程中,可以借助于计算工具或作图软件解决问题。

五、课时教学设计(一)

函数的概念(第 1 课时)

1. 课时教学内容

函数的概念。

2. 课时教学目标

(1) 能用集合语言与对应关系刻画函数,能说出定义域、对应关系、值域的含义和作用,发展数学抽象素养。

(2) 能用具体实例说明对应关系 f 的含义,能区分对应关系 f 与对应关系的表示形式。

3. 教学重点与难点

(1) 教学重点

函数的三要素。

(2) 教学难点

用集合语言和对应关系刻画函数,对抽象符号"$y=f(x)$,$x \in A$"的理解,特别是对 f 的含义的理解。

4. 教学过程设计

环节一　创设情境,提出问题

引导语　我们知道,客观世界中存在着各种各样的运动变化现象。例如,嫦娥五号在发射过程中,离发射点的距离随时间的变化而变化;一个装满水的蓄水池在使用过程中,水面高度随时间的变化而不断降低;我国高速铁路营运里程逐年增加,已突破3万公里……所有这些都表现为变量间的对应关系,这种关系常常可用函数模型来描述,并且通过研究函数模型就可以把握相应的运动变化规律。在初中我们学过函数,知道函数的定义是:

在一个变化过程中,如果有两个变量 x 与 y,并且对于 x 的每个确定的值,y 都有唯一确定的值与之对应,我们就说 x 是自变量,y 是 x 的函数。

例如,正方形的周长 l 与边长 x 的对应关系是 $l=4x$,而且对于每一个确定的 x 都有唯一的 l 与之对应,所以 l 是 x 的函数。如果我们问:这个函数与正比例函数 $y=4x$ 相同吗? 你该怎么回答? 又如,你能用已有的函数知识判断 $y=x$ 与 $y=\dfrac{x^2}{x}$ 是否相同吗? 要解决这些问题,就需要进一步学习函数的概念。

环节二　函数概念的抽象与内涵辨析

下面我们先来看几个问题。

问题1 某"复兴号"高速列车加速到 350 km/h 后保持匀速运行半小时。

(1) 这段时间内,列车行进的路程 S(单位:km)与运行时间 t(单位:h)的关系如何表示? 这是一个函数吗?

(2) 有人说:"根据对应关系 $S=350t$,这趟列车加速到 350 km/h 后,运行 1 h 就前进了 350 km。"你认为这个说法正确吗? 你能确定这趟列车运行多长时间前进 210 km 吗?

(3) 你认为应该如何刻画这个函数?

师生活动 教师给出问题题干和(1)后,提醒学生先不要看教科书,在信息技术平台上提交自己的答案(设计成书写答案),教师点评答案,引导学生用"变量说"表述。

第(2)问以判断题的方式让学生在信息技术平台上提交答案,教师就学生提交的答案进行点评后,引导学生讨论所给说法不正确的原因,以及为什么无法确定列车前进 210 km 所需的运行时间,从而使学生认识到给定自变量变化范围的重要性。

第(3)问设计成书写格式,让学生思考如何表述 S 与 t 的对应关系,教师在与学生一起讨论的基础上给出表述的示范。

[**设计意图**] 问题1中,通过(1)引导学生回顾"变量说",培养用定义做判断的思维习惯;通过(2)激发认知冲突,发现"变量说"不严谨;通过(3)让学生在关注到 t 与 S 的变化范围后,尝试用更精准的语言表述函数概念。

问题2 某电气维修公司要求工人每周工作至少 1 天,至多 6 天。公司确定的工资标准是每人每天 350 元,而且每周付一次工资。

(1) 你认为该怎样确定一个工人的每周工资所得?

(2) 一个工人的工资 w 是他工作天数 d 的函数吗? 为什么?

(3) 你能仿照问题1的方式刻画这个函数吗?

师生活动 教师给出问题后,让学生在信息技术平台上提交答案。

对于(1),平台上设计成学生书写答案的题。多数学生可能给出 $w=350d$,教师可以引导学生用表格表示对应关系,如表 11.3.1 所示。

表 11.3.1

工作时间/天	1	2	3	4	5	6
所得工资/元	350	700	1050	1400	1750	2100

对于(2),信息平台上设计成判断题,要求学生说出判断依据。

对于(3),可以让学生模仿问题 1 的表述给出。

学生在信息技术平台上书写并提交自己的答案,教师在点评学生答案的基础上给出规范的表述。

追问 问题 1 和问题 2 中的函数对应关系相同,你认为它们是同一个函数吗?为什么?你认为确定一个函数需要哪些要素?

师生活动 让学生在信息技术平台上提交自己的答案,教师引导学生讨论后得出结论:判断两个函数是否相同,不能只看对应关系是否相同,还要看自变量的变化范围是否一样。

[**设计意图**] 让学生先用"变量说"判断 w 是 d 的函数,再尝试用不同方法表示函数,为认识函数对应关系作准备,最后让学生模仿问题 1 的表述方法描述函数,在熟悉"对应关系说"表述方式的同时,训练抽象概括能力。通过追问,促使学生思考确定函数的基本要素,进一步认识自变量取值范围的重要性。

问题 3 图 11.3.1 是北京市 2016 年 11 月 23 日的空气质量指数(Air Quality Index,简称 AQI)变化图。

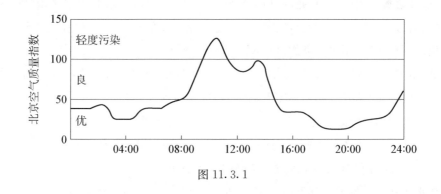

图 11.3.1

(1) 你能从图 11.3.1 中找到中午 12 时的 AQI 值 I 吗?如何确定任一时刻 t 的 I 值?

(2) 你认为这里的 I 是 t 的函数吗?如果是,你能仿照前面的说法刻画这个函数吗?

师生活动 给学生适当时间阅读思考。教师将中午 12 时的 I 值设计成填空题,让学生测量后在信息技术平台上提交。学生提交的答案可能不一样,教师点评时要帮助学生理解其原因(测量有误差),并让学生思考、回答 12 时的 I 值是否唯一存在。在此基础上,再让学生思考如何确定任一时刻 t 的 I 值,引导学生体会图象表示的对应关系的实质,明确由确定的 t 值找出对应的 I 值的方法与步骤。

对于(2),因为不能用解析式表示对应关系,所以有些学生可能会认为 I 不是时间 t 的函数。为此,教师可以通过如下追问进行引导:

追问 1 时间 t 的变化范围是什么? 空气质量指数(AQI)的值 I 在什么范围变化?

师生活动 时间 t 的变化范围容易确定,可以由学生思考得出 $A_3 = \{t \mid 0 \leqslant t \leqslant 24\}$。$I$ 的范围,学生可能想到的是从图 11.3.1 中找到最小值 I_1、I_2。教师可以在肯定学生想法的基础上进行启发式讲解:根据问题的实际意义可以断定,I_1、I_2 的取值是唯一确定的。不过,前面的实践告诉我们,从图 11.3.1 不容易得到它们的精确值。如果我们设 I 的取值范围为 C,那么从图 11.3.1 可知 $C \subseteq B_3 = \{I \mid 0 < I < 150\}$。

追问 2 任给 $t \in A_3 = \{t \mid 0 \leqslant t \leqslant 24\}$,根据图 11.3.1,是否有唯一确定的 $I \in B_3 = \{I \mid 0 < I < 150\}$ 与之对应? 从函数的观点看,图 11.3.1 给出了什么?

师生活动 学生在问题引导下展开思考,教师可利用信息技术帮助学生从函数的观点分析图 11.3.1 所确定的对应关系,具体过程可以如下。

在区间 $[0, 24]$ 内取一个数 t,过点 $P(t, 0)$ 作横轴的垂线,交空气质量指数曲线于点 $P_1(t, I)$,提问学生:I 是否唯一存在。根据生活经验,通过直观想象,学生可以确认 I 是唯一存在的。然后,让点 P 在横轴上运动,引导学生观察、想象,得出结论:对于数集 $A_3 = \{t \mid 0 \leqslant t \leqslant 24\}$ 中的任意一个值 t,在集合 $B_3 = \{I \mid 0 < I < 150\}$ 中都有唯一确定的 I 值与之对应。因此,从函数观点看,图 11.3.1 中的空气质量指数曲线给出了一个函数的对应关系。

通过上述过程,学生就能清楚地认识到 I 是 t 的函数,然后得出规范表达:

对于数集 A_3 中的任一时刻 t,按照图 11.3.1 中的曲线所给定的对应关系,在数集 B_3 中都有唯一确定的 AQI 的值 I 与之对应,因此 I 是 t 的函数。

[**设计意图**] 学生理解用图象表示的函数,确定其中的对应关系有困难,特别是在值域不能精确给定时,通过引入一个较大范围的集合,使函数值"落入其中",这是学生经验中不具备的。实际上,如果以映射观点看,这时的映射就是非满射。为此,通过问题 1,先让学生知道如何利用图象确定某一时刻的 I 值,然后再通过问题 2 及其追问,得出对应关系的描述方法,从而化解难点。这里,只要学生能够理解 I 是 t 的函数并接受这种描述方式就可以了。

值得注意的是,确认图象就是函数的对应关系需要通过想象才能完成,这也是培养学生理性思维的一个契机。

问题 4 国际上常用恩格尔系数 $r\left(r=\dfrac{\text{食物支出金额}}{\text{总支出金额}}\times100\%\right)$ 反映一个地区人民生活质量的高低,恩格尔系数越低,生活质量越高。表 11.3.2 是我国某省城镇居民恩格尔系数变化情况,从中可以看出,该省城镇居民的生活质量越来越高。

表 11.3.2　我国某省城镇居民恩格尔系数变化情况

年份 y	2006	2007	2008	2009	2010	2011	2012	2013	2014	2015
恩格尔系数 $r(\%)$	36.69	36.81	38.17	35.69	35.15	33.53	33.87	29.89	29.35	28.57

(1) 你认为按表 11.3.2 给出的对应关系,恩格尔系数 r 是年份 y 的函数吗?

(2) 如果是函数,你能仿照前面的说法刻画这个函数吗?

师生活动　先让学生通过信息技术平台对(1)中的问题"恩格尔系数 r 是年份 y 的函数吗?"进行"是"与"不是"的选择性投票,教师根据投票情况,分别请答案为"是"和"不是"的学生说明理由。在学生回答的基础上,教师强调一定要根据函数的定义进行判断。

对于(2),让学生在不看课本的情况下,分组练习用集合语言与对应关系刻画函数,然后让各组学生代表回答问题,教师根据学生的回答进行点评。

估计学生给出的函数值取值范围是表中 r 的 10 个值,教师可以在肯定的基础上进行引导性追问:

追问 1　根据日常生活经验,再由恩格尔系数的定义,你认为 r 的取值范围应该是什么?

追问 2　我国有 30 多个省、市、自治区,另外还有可能要研究某些特定地区的居民生活质量,为了使得研究方便以及可以在不同地区进行比较,你认为如何给定 r 的取值范围更有利?

通过上述追问,学生对 r 的变化范围为 $B_4=\{r\mid0<r\leqslant1\}$ 的认可程度就会比较高了。在此基础上再让学生给出相应的描述。然后,教师可以引导学生进一步明确,对于表中的任意一个年份 y,都有唯一的 $r\in B_4$ 与之对应,虽然 B_4 中的数不一定都有对应的 y,但 $\{2006,2007,\cdots,2015\}$ 中任意一个 y 在 B_4 中对应的 r 具有存在性和唯一性。

[**设计意图**] 通过问题 4 使学生明确函数对应关系不仅可以用解析式、图象表示,

还可以用表格表示,为抽象出函数对应关系 f 作准备,并且进一步体会确定函数需要哪些要素。另外,通过此问题还要让学生明确,对于一类实际问题,往往很难给定函数值的精确范围,为了方便,我们采取扩大范围的方法把函数值包含在内。

问题 5 上述问题 1~问题 4 中的函数有哪些共同特征? 你能由此概括出函数的本质特征,并给出新的函数定义吗?

师生活动 给学生充分思考的时间,引导学生重新回顾用集合与对应语言刻画函数的过程。

如果学生归纳、概括有困难,可以给出表 11.3.3 帮助学生思考。

表 11.3.3

问题情景	自变量的集合	对应关系	函数值所在集合	函数值的集合
实例(1)	$A_1 = \{t \mid 0 \leqslant t \leqslant 0.5\}$	$S = 350t$	$B_1 = \{S \mid 0 \leqslant S \leqslant 175\}$	B_1
实例(2)	$A_2 = \{1, 2, 3, 4, 5, 6\}$	$w = 350d$	$B_2 = \{350, 700, 1\,050, 1\,400, 1\,750, 2\,100\}$	B_2
实例(3)	$A_3 = \{t \mid 0 \leqslant t \leqslant 24\}$	图 11.3.1	$B_3 = \{I \mid 0 < I < 150\}$	$C_3\,(C_3 \subseteq B_3)$
实例(4)	$A_4 = \{2006, 2007, 2008, 2009, 2010, 2011, 2012, 2013, 2014, 2015\}$	表 11.3.2	$B_4 = \{r \mid 0 < r \leqslant 1\}$	$C_4 = \{0.366\,9, 0.368\,1, 0.381\,7, 0.356\,9, 0.351\,5, 0.335\,3, 0.338\,7, 0.298\,9, 0.293\,5, 0.285\,7\}$

在学生独立思考的基础上,再进行小组交流,然后小组派代表向全班汇报交流。通过独立思考、合作学习和汇报交流等,教师再引导学生归纳出共同特征:

(Ⅰ)都包含两个非空数集,我们用 A、B 来表示;

(Ⅱ)都有一个对应关系;

(Ⅲ)尽管对应关系的表示方法不同,但它们都有如下特性:对于数集 A 中的任意一个数 x,按照对应关系,在数集 B 中都有唯一确定的数 y 和它对应。

接着,教师讲解:事实上,除解析式、图象、表格外,还有其他表示对应关系的方法。为了表示方便,我们引进符号 f(即英文单词 function 的第一个字母)统一表示对应关系。这样,我们可以把函数定义为:

一般地,设 A,B 是非空的数集,如果按照某种确定的对应关系 f,使对于集合 A 中的任意一个数 x,在集合 B 中都有唯一确定的数 $f(x)$ 和它对应,那么就称 $f:A \rightarrow B$ 为从集合 A 到集合 B 的一个**函数**(function),记作

$$y = f(x), \ x \in A。$$

其中,x 叫做自变量,x 的取值范围 A 叫做函数的**定义域**(domain);与 x 的值相对应的 y 值叫做函数值,函数值的集合 $\{f(x) \mid x \in A\}$ 叫做函数的**值域**(range)。

追问 对于 $y = f(x)$,$x \in A$,你有怎样的理解?能举例说明你的想法吗?

师生活动 先让学生独立思考,再进行全班交流,可以多叫几个学生回答。在学生回答的基础上,教师作适当总结即可。

[**设计意图**] 让学生通过归纳、概括 4 个实例中函数的共同特征,体会数学抽象的过程,概括出用集合语言与对应关系刻画的函数概念。其中,着重突破"如何在 4 个实例基础上让学生进行归纳、概括、抽象出函数概念,并以此培养学生数学抽象素养"这一难点,突出"在'变量说'的基础上,通过实例归纳概括出函数的本质特征(要素),用集合语言与对应关系刻画函数"这一教学重点。

"追问"是一个开放性的概念辨析问题,只要学生把前面的 4 个例子和这个抽象表示联系起来,说出自己的理解即可,例如:$y = f(x)$ 与 $x \in A$ 是一个整体,可以说问题 1 和问题 2 的解析式都是 $y = 350x$,因为定义域不同,所以它们是不同的函数,这说明看一个函数不能只看 $y = f(x)$;f 表示对应关系,像前面 4 个例子那样,f 可以是解析式、图象、表格,但形式不同本质相同;等等。当然,也可以让学生举出函数的例子并说明为什么这个例子就是函数。

环节三 例题练习,巩固理解

例 1 用新的函数定义重新表述一次函数、二次函数与反比例函数。

师生活动 对于(1),教师在学生用自己的语言进行表述的基础上,帮助学生完善表述。这个问题的困难在对应关系的刻画,教师应提醒学生按新的函数定义的叙述方式,先确定定义域、值域,再明确对应关系把自变量 x 对应到哪个函数值。为了促进学生理解,可以从具体数字开始。例如,对于一次函数 $y = ax + b$,定义域、值域都是 $\mathbf{R}$,对应关系 f 把 0 对应到 b,把 1 对应到 $a + b$,把 2 对应到 $2a + b$,……,把任意一个 $x \in \mathbf{R}$ 对应到 $ax + b$。

例 2 函数的解析式是舍弃问题的实际背景而抽象出来的,它所反映的两个量之间的对应关系,可以广泛地用于刻画一类事物中的变量关系和规律。例如,正比例函数 $y=kx(k\neq0)$ 可以用来刻画匀速运动中路程与时间的关系、一定密度的物体的质量与体积的关系、圆的周长与半径的关系等。

试构建一个问题情境,使其中的变量关系可以用解析式 $y=x(10-x)$ 来描述。

师生活动 在学生阅读题目后,教师先对题目的含义进行讲解,帮助学生明确题意,再让学生独立思考、小组交流,在此基础上进行全班交流,教师可以穿插点评。

[**设计意图**] 函数概念源于对现实世界中变量关系和变化规律的数学抽象;同时,作为一个模型,函数 $y=f(x)$ 可以用来刻画现实中同类事物的变量关系和变化规律。本题可以让学生进一步体会函数的广泛应用性,从另一个侧面加深对函数概念的理解。

说明: 课堂观察发现,因为以往的数学教学联系实际不够,学生自主的时间少,业余时间也少,接触社会、开展综合实践活动的机会不多,导致学生的阅历不够丰富、生活经验比较贫乏,所以学生给不出多少精彩的好情境。因此,为了更好地实现本题的教学任务,教师要加强引导,也可以事先布置本题,让学生有较充足的时间作准备,必要时可以查阅一些资料。

环节四　小结提升,形成结构

问题6 你认为正方形的周长 l 与边长 x 的关系 $l=4x$ 是正比例函数 $y=4x$ 吗? 函数 $y=x$ 与 $y=\dfrac{x^2}{x}$ 是相同的函数吗? 请说明你的理由。

师生活动 让学生独立思考后在信息技术平台上提交自己的答案,教师根据答案引导学生从函数的定义与要素进行判断。然后,结合问题 6 引导学生回顾本节课的学习内容,并追问以下问题:

(1) 函数的三要素指什么?

(2) 对于对应关系 f,你有哪些认识?

(3) 与初中的函数概念相比,通过本节课的学习,你对函数有什么新的认识?

(4) 结合函数概念的学习,你能谈谈建立一个数学概念大致要经历怎样的过程吗?

教师出示以上问题后,先由学生思考、交流,最后教师进行归纳总结,并强调如下几点:

（1）函数的定义是判断一个对应关系是不是函数的根本依据；函数的对应关系 f 的表示形式多种多样，常用的是解析式、图象、表格，但形式不同本质相同，在后续的学习中要逐步认识不同表示法的特点，积累根据问题背景选择函数表示法的经验。

（2）本节课给出的函数定义与初中的定义最大的不同就是明确了自变量的变化范围，从而能更精确地刻画变量关系和规律。在接下来的学习中可以进一步看到明确定义域的重要性。

（3）建立函数概念的大致过程是：具体实例—属性分析、共性归纳—下定义—概念辨析—应用。其中，对每一个具体实例的属性分析、共性归纳是非常关键的一步。建立其他数学概念的过程与此基本类似。

［设计意图］通过问题回应本节课引言中的问题，并对本节课内容进行小结，由此进一步加深对函数概念的理解，形成函数概念的基本结构。

环节五　目标检测，检验效果

题1　一枚炮弹发射后，经过 26 s 落到地面击中目标。炮弹的射程为 845 m，且炮弹发射后，它距地面的高度 h（单位：m）随时间 t（单位：s）变化的函数对应关系为

$$h = 130t - 5t^2。$$

求函数的定义域与值域，并用函数的定义描述函数。

题2　2016 年 11 月 2 日北京的温度走势如图 11.3.2 所示。

（1）求对应关系为图 11.3.2 中曲线的函数的定义域与值域；

（2）根据图象，求这一天 12 时所对应的温度。

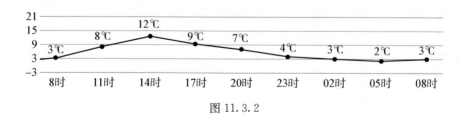

图 11.3.2

题3　集合 A、B 与对应关系 f 如图 11.3.3 所示。

$f:A \rightarrow B$ 是否为从集合 A 到集合 B 的函数？如果是，定义域、值域与对应关系各是什么？

[**设计意图**] 以上三个题检测对函数三要素的认识和用函数定义刻画函数的掌握程度。

（4）构建一个问题情境，使其中的变量关系能用解析式 $y=\sqrt{x}$ 来描述。

[**设计意图**] 检测用函数模型刻画实际问题中变量关系的能力。

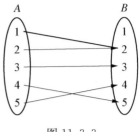

图 11.3.3

课后作业

《必修一》第72～73页，习题3.1，第3，11，14题。

六、课时教学设计（二）

函数的概念（第2课时）

1. 课时教学内容

区间的概念，求简单函数的定义域、函数值，函数的相等关系。

2. 课时教学目标

（1）能用区间的概念表示变量的变化范围；

（2）能求出简单函数的定义域、函数值；

（3）能说出两个函数相等的含义，能判断两个函数是否相等。

3. 教学重点与难点

（1）教学重点：求函数的定义域，两个函数相等的含义。

（2）教学难点：两个函数相等的含义。

4. 教学过程设计

环节一 复习旧知，引入新课

问题1 上一课我们学习了用集合语言和对应关系刻画的函数概念，请你先完成如下填空，再举一个函数的实例，要尽量与前面已出现过的不同。

设 A，B 是_____，如果按照某种确定的对应关系 f，使对于集合 A 中的_____，在集合 B 中_____，那么就称_____为从集合 A 到集合 B 的 一个_____，记作_____。其中，x 叫做_____，x 的取值范围 A 叫做函数的_____；与 x 的值相对应的 y 值叫做_____，函数值的集合叫做函数的_____。

师生活动 教师把填空题设计成书写格式，发到信息技术平台，学生作答后上传，教师视学生作答情况进行点评,并问一问记忆效果好的学生是如何记住函数概念的。对于学生举出的函数实例,教师可以选择其中比较典型的与学生进行互动,特别是要让学生说说自己举的例子是函数的理由。

[设计意图] 通过填空,了解学生对函数概念的记忆情况。一般而言,对这样关键词多、文字冗长的定义,靠死记硬背的话记忆效果不会好。记忆效果好的学生一般是在理解基础上的记忆,让这些学生说说记忆的经验,可以启发其他学生。教师要强调按照"三要素"及其意义来记忆。

希望学生举出与以往不同的例子,并说明理由,可以看出学生是不是真正理解了函数概念的本质。能举出好的例子是学生已经理解概念的表现。

环节二　阅读教材,自学区间的概念

问题2　研究函数时经常要用区间的概念。请同学们阅读教科书,并回答如下问题:

　　　　(1) 请你用适当的方式归纳一下区间有哪些形式,指出它们的含义,并给出相应的几何表示。

　　　　(2) 请你就每一种形式的区间举出一个例子。

师生活动　学生阅读教科书、整理出区间的形式,指出每一种区间中的实数范围,并给出相应的几何表示,在此基础上进行全班交流、点评。

[设计意图] 区间的表示方法是一种规定,让学生自学,知道如何表示,记住并会应用就可以了。让学生用适当方式整理区间的各种形式,可以培养学生思维的条理性。学生中肯定会出现条理清晰的整理结果,特别是用表格形式给出结果,教师可以给予表扬。

环节三　例题练习,深化理解

例1　已知函数 $f(x) = \sqrt{x+3} + \dfrac{1}{x+2}$。

　　(1) 求函数的定义域;

　　(2) 求 $f(-3)$ 与 $f\left(\dfrac{2}{3}\right)$ 的值;

　　(3) 当 $a > 0$ 时,求 $f(a)$ 与 $f(a-1)$ 的值。

师生活动 教师给出题目后,先说明:函数的定义域通常由问题的实际背景确定。如果只给出解析式 $y=f(x)$,而没有指明它的定义域,那么函数的定义域就是指能使这个式子有意义的实数的集合。然后让学生独立解答,再从中选出规范表述的和不完善表述的进行全班交流。

对于求函数的定义域,要强调书写的规范,在解答完本题后,可以问学生:

初中学过的代数式有哪些? 什么时候这些代数式有意义?

对于(2)、(3),可以问学生:

$f(3)$ 的含义是什么? 你能求出 $f(-5)$ 的值吗? 为什么? 等等。

另外,也可以让学生辨析一下 $f(a)$ 与 $f(x)$ 的区别。这里,a 是定义域中一个确定的数,所以 $f(a)$ 是一个确定的数;x 是定义域中的任意一个数,所以 $f(x)$ 就不是一个确定的数。

[**设计意图**] 通过求定义域,使学生进一步理解定义域的含义及其表示方法;通过求 $f(a)$ 与 $f(a-1)$ 的值,进一步理解符号 $y=f(x)$,$x\in A$ 的含义,这里 $a>0$ 保证了 a 与 $a-1$ 是定义域中的数,这样 $f(a)$ 与 $f(a-1)$ 就都有意义了。

环节四 辨析相等函数,深化概念理解

问题 3 通过前面的学习可知,一个函数的构成要素为:定义域、对应关系和值域。请回答如下问题:

(1) 给定一个函数的对应关系和定义域,这个函数的值域是否唯一确定?

(2) 如果给定对应关系和值域,定义域唯一确定吗? 举例说明。

(3) 以 **R** 为定义域,以 $\{y \mid y>0\}$ 为值域的函数是否唯一确定? 请举例说明。

(4) 根据(1)～(3),你有什么想法?

师生活动 由学生独立思考后,先进行小组交流,再小组派代表全班交流。然后师生一起总结得出:对应关系和定义域给定后,值域就唯一确定了,这说明值域是由定义域和对应关系决定的。

追问 1 如果两个函数的定义域相同,而且相同的自变量对应的函数值也相同,那么这两个函数的图象有什么关系?

师生活动 先由学生独立思考,再进行小组交流,然后小组派代表发言,最后师生一起总结得出结论。在此基础上,教师给出:

如果两个函数的定义域相同,而且相同的自变量对应的函数值也相同,也就是它

们的对应关系完全一致,那么我们就说这两个函数是同一个函数,也可以简称为两个函数相等。

追问2 函数①$y=350x$,$\{x\mid 0\leqslant x\leqslant 0.5\}$;②$y=350x$,$x\in\{1,2,3,4,5,6\}$;③$y=350x$,$x\in\mathbf{R}$是同一个函数吗?

函数①$u=t^2$,$t\in(-\infty,+\infty)$,②$x=y^2$,$y\in(-\infty,+\infty)$,③$y=x^2$,$x\in(-\infty,+\infty)$相等吗?

师生活动 学生独立思考,给出答案,再请几个学生说一说。交流后师生一起总结得出:对应关系相同但定义域不同的两个函数不是同一个函数;对应关系和定义域都相同,但表达对应关系的字母不同的两个函数仍相等。

[**设计意图**] 通过以上一个问题两个追问,引导学生进一步认识函数的三要素,并明确它们之间的相互关系,加深对函数概念的本质理解,培养透过现象看本质的本领,在此过程中培养学生的理性思维以及数学抽象和直观想象素养。

例2 下列函数中存在与函数$y=x$相等的函数吗?

(1) $y=(\sqrt{x})^2$; (2) $u=\sqrt[3]{v^3}$; (3) $y=\sqrt{x^2}$; (4) $m=\dfrac{n^2}{n}$。

师生活动 由学生独立完成后,再全班交流,教师给予适当点评。

环节五　课堂小结

问题4 请你带着下面的问题回顾一下本节课的学习过程。

(1) 函数的三要素之间有什么相互关系?

(2) 你是怎么理解两个函数相等的?将两个相等函数的图象画在同一个坐标系中,这两个图象会有什么关系?

(3) 分别求函数$y=x^2$,$x\in\{-1,0,1\}$和$u=|v|$,$v\in\{-1,0,1\}$的值域。这两个函数相等吗?为什么?

师生活动 先由学生独立思考并给出答案,再让几个学生发言、补充,最后由教师提炼、概括。其中,第(3)问学生可能会被两个函数不同的解析式表示所困惑,教师可以进行适当点拨,突出"相同的自变量对应的函数值也相同",以帮助学生突破难点。

环节六　目标检测,检验效果

题1 求下列函数的定义域:

$$(1) \; f(x) = \frac{1}{4x + 7}; \quad (2) \; f(x) = \sqrt{1 - x} + \sqrt{x + 3} - 1 .$$

题2 已知函数 $f(x) = 3x^3 + 2x$。

(1) 求 $f(2)$，$f(-2)$，$f(2) + f(-2)$ 的值；

(2) 求 $f(a)$，$f(-a)$，$f(a) + f(-a)$ 的值。

题3 判断下列各组中的函数是否相等，并说明理由：

(1) 炮弹飞行高度 h 与时间 t 关系的函数 $h = 130t - 5t^2$ 和二次函数 $y = 130x - 5x^2$；

(2) $f(x) = 1$ 和 $g(x) = x^0$。

课后作业

《必修一》第 72，74 页，习题 3.1，第 1，2，4，6 题，17 题（选做）。

教学设计说明

函数是数学的核心概念，通过这两节课要引导学生在"变量说"的基础上，认识用"对应关系说"刻画函数的必要性；在具体情境中，通过归纳不同实例的共性，抽象出用集合语言和对应关系刻画的函数概念，并通过具体例子引导学生理解函数的三要素；通过各种方式理解对应关系 f 的本质，特别是通过两个函数相等，使学生认识"对应关系强调的是结果而不是过程"。

本教学设计关注了如下一些主要问题。

1. 加强与学生已有经验的联系，实现"变量说"与"对应关系说"的光滑衔接

以学生的现有认知水平为依据、在学生已有知识经验基础上展开教学，这是教学心理学的基本原则。学生在初中学习了"变量说"，同时在生活实践中积累了许多关于变量关系和规律的经验，本教学设计强调利用学生这两方面的知识和经验。

首先，从"变量说"的定义可知，学生已经知道"对于 x 的每一个确定的值，y 都有唯一确定的值与其对应"的表述，本课要做的是在此基础上的进一步抽象，用集合语言具体指明 x、y 的变化范围，引入抽象符号 $f : A \rightarrow B$ 和 $y = f(x)$ 表示对应关系。为此，本教学设计从初高中衔接的角度给出了如下处理：

(1) 引入环节，通过学生熟悉的一次函数 $y = 4x$ 与现实背景中抽象出的函数 $l = 4x$ 是否相同、函数 $y = x$ 与 $y = \frac{x^2}{x}$ 是否相同，引发认知冲突，激发进一步学习函数的需要；

(2) 通过真实的事例（复兴号高铁运行）创设问题情境，引导学生先用"变量说"进行判断，再通过"追问"引起认知冲突，促使学生认识到不关注自变量的变化范围就可

能出现无法用函数准确刻画变量关系、运动规律的问题,在此基础上再给出用集合语言与对应关系刻画函数的示范;

(3)通过变式情境,让学生模仿和运用集合语言和对应关系刻画函数,完成从"变量说"到"对应关系说"的过渡。

其次,在创设情境时,注重选择学生熟悉的现实问题。事实上,现实中存在着大量蕴含函数关系的问题,这些问题为本课的情境创设提供了丰富的素材,利用这些素材,不仅可以使学生加深函数概念的理解,而且可以提高学习兴趣。例如,引入环节用了嫦娥五号的发射过程、蓄水池放水过程、我国高速铁路运营里程的逐年变化等情境;函数概念的归纳概括过程中,精选了高铁运行、工资报酬、空气质量指数、城镇居民恩格尔系数变化状况等生产、生活实例;等等。

2. 用概念形成与概念同化相结合的方式设计函数概念抽象过程,落实数学抽象素养

函数概念的抽象要让学生经历"从事实到概念"的认识过程,使他们获得数学研究对象。如何引导学生在原有知识特别是在"变量说"的基础上,进一步深入和完善,逐步学会用集合语言和对应关系刻画函数,这是教学设计要考虑的关键问题。

首先,"变量说"和"对应关系说"具有内在的一致性,后者是对前者的完善和补充,因此利用"变量说"分析情境中的变量关系,再通过适当的情境变式引发学生思考"变量说"需要进一步严谨化的原因,可以有效地激发学生的认知需求,明确学习的方向。

其次,用集合语言和对应关系刻画函数概念,这是非常数学化的,试图让学生抽象出这种表达方式不太现实。另外,函数概念的学习有较大的语言学习成分,而语言学习的最好方式是模仿加运用。所以,先设法使学生知道如何表达,再让他们用于刻画具体情境中的函数,等学生熟悉了要点再进行归纳,抽象成形式化的符号语言,这样安排函数概念的学习过程是比较合理的。

基于这一认识,本教学设计依据人教 A 版的教材设计,在用"变量说"分析复兴号列车行驶问题的基础上,提出问题:"如果有人说:'根据对应关系 $y = 350x$,这趟列车加速到 350 km/h 后,运行 1 h 就前进了 350 km。'你认为这个说法正确吗?"再分析、归纳出这一说法不正确的原因是"没有关注到 t 的变化范围",然后给出两个实数集合之间对应关系的表述。这样,既使学生体会用集合语言和对应关系重新定义函数的必要性,又给出了用抽象层次更高的"对应关系说"刻画具体情境中的函数的示范。然后,在变化的情境中引导学生用同样的语言描述相应的变量关系和规律,从而形成归纳概括概念所需的素材。

第三,抽象符号 $f:A{\rightarrow}B$ 和 $y=f(x)$，$x\in A$ 的引入。实际上,函数类型各种各样,而数学追求具有一般化的、简单的表达形式。为了使学生建立起理解抽象化符号表达所需的认知基础,本教学设计利用人教 A 版给出的典型且丰富的现实情境(涵盖解析式、图象和表格,连续的、离散的,值域 C 包含于集合 B 的等等),提出环环相扣的问题串,通过问题引导学生感受函数表示法的丰富性以及各种表示法的本质一致性,在此基础上引进符号 f 统一表示对应关系,并给出"对应关系说"的严格定义。

总之,本教学设计构建的函数概念教学主线是:具体实例—属性分析、共性归纳—下定义—概念辨析—应用,它反映了"概念形成"的一般过程;同时,在概念形成的每一个环节上,又特别注意利用学生已有的函数概念认知基础。这样的设计可以使认知过程实现顺应与同化相互为用、相互促进,从而更有利于对函数概念内涵的理解。

3. 通过多样化辨析,引导学生认识函数概念的本质

根据概念形成的学习方式,给出定义后,应通过具体例子对概念进行辨析,使学生更细致精确地把握概念的内涵;要通过用概念作判断的练习,使学生熟悉相应的操作步骤并形成技能。为了满足概念辨析的要求,在给出函数概念后,本教学设计安排了以下活动:

(1) 用新的方式阐述一次函数、二次函数和反比例函数,使学生熟悉新的语言,并与原来的表示方式进行比较;

(2) 构建问题情境,解释函数 $y=x(10-x)$ 的对应关系,这是从抽象到具体的过程,也可以看成是不同表示方式之间的相互转换,可以使学生体会函数的三要素,以及一个一般函数表达式的广泛适用性;

(3) "函数的相等"及其判断,目的是为了让学生体会函数的本质是两个数集的元素之间的对应关系,而用什么符号或形式表示是非本质的。函数 $y=f(x)$，$x\in A$ 与函数 $u=g(v)$，$v\in B$ 相等的充要条件是:①$A=B$,②$\forall t\in A$,都有 $f(t)=g(t)$。

上述辨析过程,一是用新知识解释旧问题,二是"回到实际中去",三是关注对应关系的"结果性"。这些都是针对函数三要素这个整体,聚焦对应关系这个核心的,可以有效地促进学生理解函数概念的本质。

4. 注重信息技术与数学教学的融合,提高教学质量和效益

因为函数的概念抽象程度高,两节课的教学内容多、难度大,所以本教学设计注重发挥信息技术的力量。具体而言有如下几个方面的考虑:

(1) 利用信息技术呈现教学内容,给学生发布学习任务;

(2) 通过信息技术演示对应关系,引导学生进行动态观察;

（3）通过信息技术了解全班学生的学习进程，有效实现了"面向全体"；

（4）利用信息技术对学生回答问题的情况进行即时统计分析，教师可以根据统计数据，并结合预设去生成后续的教学过程，使教学更符合学生实际；

（5）利用信息技术加强师生互动的效率和有效性，不仅使课堂中的信息在师生之间及时双向流动，还能使课堂练习高效，教师点评的针对性更强。

一、内容和内容解析

1. 内容

函数的单调性;函数的最大值、最小值。

本单元分 2 课时。第 1 课时为函数的单调性,第 2 课时为函数的最大值、最小值。

2. 内容解析

我们知道,函数是实数集合之间的对应关系,$y=f(x)$ 刻画了变量 y 随 x 的变化而变化的规律。这里的"规律"有着各种各样的表现方式,我们把它们统称为函数的性质,其实它们也是客观世界万事万物变化规律的反映。在函数的各种各样的性质中,单调性是最为基本的性质之一(其余的如连续性,变化率与总和等,要在微积分中借助极限运算、用微分、积分来研究,即"极限刻画连续性,微分求变率,积分求总和")。

单调性是函数的一种定性性质,反映了函数 y 随自变量 x 的增大而增大或减小的一种变化趋势。因为绝大部分常见的函数都是单调或分段单调的,现实中的事物也是随着时间的增加而不断变化的,所以函数的单调性具有基本的重要性。

在必修课程的函数主题中,要在初中通过图象直观、用日常语言描述函数增减性的基础上,利用代数运算和图象直观相结合的方法研究函数的单调性,并用更加精确的符号语言描述之。在选择性必修课程中,将进一步利用导数语言来精确刻画函数在局部上的单调性。所以,本单元的学习具有数学语言学习的属性。

需要注意的是,"设函数 $f(x)$ 的定义域为 I,区间 $D\subseteq I$:如果 $\forall x_1$,$x_2\in D$,当 $x_1<x_2$ 时,都有 $f(x_1)<f(x_2)$,那么就称函数 $f(x)$ 在区间 D 上单调递增"等,既是定义,同时也是判断规则,并且给出了判断步骤:

第一步,明确函数的定义域 I 和区间 $D\subseteq I$;

第二步,在区间 D 上任取两个自变量的值 x_1,x_2,并规定 $x_1<x_2$;

第三步,作差变形,即将 $f(x_1)-f(x_2)$ 变形为可以直接判断符号的形式;

第四步,判断,即根据 $f(x_1)-f(x_2)$ 的符号判定 $f(x)$ 在区间 D 上的单调性。

另外,上述定义和判断中,$x_1<x_2$ 可以变形为 $x_1-x_2<0$,将自变量、函数值的大小关系统一在比的形式中,即 $\dfrac{\Delta f(x)}{\Delta x}=\dfrac{f(x_1)-f(x_2)}{x_1-x_2}$,这个表达方式称为"增量比",有明确的几何意义,可以作为直线的斜率、平均变化率的一个伏笔。

显然,函数的最大值、最小值可以看成是函数单调性的一个"派生"性质,只要在讨论函数单调性的基础上,从大小关系上进一步确定函数值中的最大或最小者即可。不过,这个性质非常实用,在具体确定这个值的时候还需要进行一番数学运算。

从上所述可见,本单元内容有利于发展学生的数学抽象、逻辑推理、数学运算以及直观想象等素养。

3. 教学重点

用符号语言表达函数的单调性,用定义证明函数的单调性。

二、目标和目标解析

1. 目标

借助函数图象,会用符号语言表达函数的单调性、最大值、最小值,理解它们的作用和实际意义。

2. 目标解析

达成上述目标的标志是:

(1)知道用符号语言刻画函数单调性时,"任意""都有"等关键词的含义,会用符号语言正确表达函数的单调性、最大值和最小值;能利用函数图象或通过代数推理,得出函数的单调递增、单调递减区间;知道函数单调性的现实意义(反映现实世界中一个量随另一个量的增加而变化的趋势)。

(2)知道判断函数单调性的基本步骤,会用函数单调性的定义证明函数的单调性。

(3)知道求函数最大值、最小值的基本步骤,会用函数最大值、最小值的定义求函数的最大(小)值,能举例说明解决简单最优化问题的一般步骤。

(4)经历从图象直观到自然语言描述再到符号语言表达函数单调性的过程,感悟通过引入"$\forall x_1, x_2 \in D$"的符号表示,把一个含有"无限"的问题转化为一种"有限"方式表达的思想,感受数学符号语言的作用和力量。

三、教学问题诊断分析

1. 问题诊断

在初中阶段,学生已经在一次函数、反比例函数和二次函数等函数的学习中研究过函数的增减性问题,能通过直观的方法理解函数图象从左到右上升或下降这一性质,可以用"y 随 x 的增大而减小(增大)"这样的文字语言描述函数的增减性。本单元要用"$\forall x_1, x_2 \in D$,当 $x_1 < x_2$,都有 $f(x_1) > f(x_2)(f(x_1) < f(x_2))$"的符号方式表达函数的单调性,这样的语言学生第一次接触,对他们而言是一个很大的难点。

我们知道,语言学习的基本规律是"示范—模仿—熟练运用",因此函数的单调性宜采用"规—例"法教学,设置概念同化与概念形成相结合的学习过程,即先由教师在具体情境中示范如何用符号语言表达函数的单调性,再让学生模仿,在熟悉相应的符号语言表达方式的基础上,再给出严格的定义,并在应用定义证明具体函数单调性的过程中,更深入地理解符号语言。

教学中还要注意使用一些支持手段,例如借助信息技术展示函数值随自变量变化而变化的情况,用表格形式加强自变量从小到大变化时函数值的大小变化趋势等,数形结合地提出问题,设置一个从定性到定量、从粗糙到精确的归纳过程,引导学生逐步抽象出函数单调性的定义,再通过辨析、练习帮助学生理解定义。

本单元的第二个难点是函数单调性的证明,这是因为学生在代数推理、证明上的经验不足,特别是不等式的性质应用还不太熟练。教学中要注意循序渐进,利用简单而典型的具体函数单调性证明问题,帮助学生熟悉证明的步骤,逐步掌握通过代数变换、利用不等式的性质(包括基本不等式)进行证明的过程和方法,在获得证明技能的过程中积累相应的活动经验。

2. 教学难点

用符号语言表达函数的单调性;利用定义证明函数的单调性。

四、教学支持条件分析

本单元可以用信息技术工具绘制函数图象,并动态演示函数值随自变量变化而变化的情况。

五、课时教学设计(一)

函数的单调性

1. 课时教学内容

函数的单调性。

2. 课时教学目标

(1)通过具体实例,经历函数单调性概念的抽象过程,能准确说出单调递增(增函数)、单调递减(减函数)定义及其图象特征;能用例子说明"任意""都有"等关键词的含义;发展数学抽象素养。

(2)能说出用函数单调性定义证明函数单调性的步骤,能用函数单调性的定义解决问题,发展逻辑推理、数学运算素养。

3. 教学重点与难点

(1)教学重点

函数单调性的定义及应用。

(2)教学难点

用符号语言表达函数的单调性,证明函数的单调性。

4. 教学过程设计

引导语　前面我们学习了函数的定义和表示法,知道函数 $y=f(x)$, $x \in A$ 描述了客观世界中变量之间的一种对应关系,这样我们就可以通过研究函数的变化规律来把握客观世界中事物的变化规律,通过函数"预测未来"。

研究函数的性质,如随着自变量的增大函数值是增大还是减小,有没有最大值或最小值,函数图象有什么特征等,是认识客观规律的重要方法。

问题1　我们知道,"运算中的不变性就是性质"是研究代数性质的重要指导思想。函数性质的研究也有类似的指导思想。阅读课本第 76 页节引言及旁白中的内容,回答下列问题:

(1) 什么是函数的性质?

(2) 你认为可以用怎样的方法发现函数的性质?

师生活动　学生阅读并回答问题。

(1) 函数描述了现实世界中的变量关系和规律,所以函数的性质也表现在变化中的不变性、规律性。

(2) 可以通过观察函数图象、分析函数解析式等,寻找其中的规律,发现性质。

[**设计意图**] 了解研究函数性质的指导思想,并确定研究的大致思路,以指导接下来的具体研究过程。

问题2　观察图 11.4.1 中各个函数图象的几何特征,你能说出它们分别反映了相应函数的哪些性质吗?

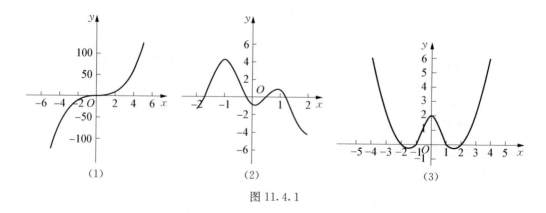

图 11.4.1

师生活动　教师引导学生观察图象,尽可能多地说出函数的性质。只要不是错误的,教师都给予肯定的评价。在观察过程中,教师适当地给予"如何观察"的提示,例如在直角坐标系中看"几何特征",往往从图象与坐标轴或原点有没有特殊关系、图象的"走势"、图象的分布、有没有最高点或最低点等角度入手。

图(1)中的函数图象从左至右是上升的,且关于原点成中心对称;图(2)的函数图象有升有降,有最高点;图(3)中的函数图象关于 y 轴成轴对称,有升有降,有最低点;等等。

教师点评:同学们说的函数图象的升与降、对称性、最高点、最低点等,都是函数性质在图象上的反映。除此以外,函数还有其他性质。今天我们从如何精确地描述函数图象的上升、下降所反映的性质开始。

[**设计意图**] 整体感知函数的性质,规划单元整体研究方案,明确本节课的学习任务,了解本节课的地位作用。

环节二　抽象概括,形成概念

问题 3　在初中已经利用函数的图象研究过函数值随自变量的增大而增大(或减小)的性质,我们把它叫做函数的单调性。因为初中只是对单调性进行了直观描述,"形少数时难入微",所以我们需要进一步用符号语言表达函数的单调性。下面先研究刻画二次函数 $y = x^2$ 单调性的符号语言。 如图 11.4.2,对于 y 轴左侧的图象部分,你能用函数的自变量与函数值的关系描述图象从左至右是下降的吗?

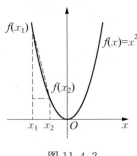

图 11.4.2

师生活动　学生根据初中学习经验和对图象的观察分析,老师在"如何观察"上加强启发和引导。

比如,先将图象直观与函数的自变量和函数值对应起来:"从左到右"其实就是自变量 x 增大;"下降"就是函数值 y 减小。

教师再利用课件引导学生观察:①当 x_1 不断增大时,对应的点 $(x_1, f(x_1))$ 沿函数图象在下降,表明与 x_1 对应的函数值 $f(x_1)$ 的值不断减小;②只要 $x_1 < x_2$,对应的点 $(x_1, f(x_1))$ 总在 $(x_2, f(x_2))$ 的左上侧,所以总有 $f(x_1) > f(x_2)$。

追问 1 如何用符号语言精确刻画函数值随自变量的增大而减小呢？请同学们阅读《必修一》第 76 页下半部分，并在表 11.4.1 的左半栏填上合适的内容。

表 11.4.1

	$f(x) = x^2, x \leqslant 0$	$f(x) = x^2, x \geqslant 0$
图象特征		
文字语言		
符号语言		
结论		

师生活动 学生阅读、填表，教师通过巡视了解学生作答情况，再请学生代表进行课堂交流，教师点评并在 PPT 上给出在表 11.4.1 上填写好的内容，见表 11.4.2。

表 11.4.2

	$f(x) = x^2, x \leqslant 0$	$f(x) = x^2, x \geqslant 0$
图象特征	如图 1，图象在 y 轴左侧部分从左到右是下降的。	
文字语言	y 随 x 的增大而减小。	
符号语言	任意取 $x_1, x_2 \in (-\infty, 0]$，得到 $f(x_1) = x_1^2$，$f(x_2) = x_2^2$，那么当 $x_1 < x_2$ 时，$f(x_1) > f(x_2)$。	
结论	函数 $f(x) = x^2$ 在区间 $(-\infty, 0]$ 上是单调递减的。	

[**设计意图**] 通过教师引导，逐步完成从图象直观到文字语言描述再到符号语言表达的过程，让学生通过阅读教科书、填表，了解函数单调性的符号语言表达方式。

追问 2 对于函数 $f(x) = x^2$，你能仿照表 11.4.2 中左半栏部分的内容，把 $x \geqslant 0$ 时函数的单调性填写在右半栏中吗？

师生活动 学生根据要求完成任务，并展示交流。教师通过追问引导学生进一步理解。

追问 3 利用全称量词命题如何解释上表中的"符号语言"？你能判断这个命题的真假吗？（以单调递减为例）

师生活动 先由学生独立思考、作答，然后进行全班交流，得出正确答案。

根据全称量词的含义，要针对区间 $(-\infty, 0]$ 上任意一对 x_1, x_2 判断"当 $x_1 < x_2$ 时，$f(x_1) > f(x_2)$"是否为真命题。

可以利用不等式的性质，或者实数的基本事实和性质来判断。

方法一：$\forall x_1, x_2 \in (-\infty, 0]$，$x_1 < x_2$ 时，有 $-x_1 > -x_2 > 0$，所以 $(-x_1)^2 > (-x_2)^2$，即 $x_1^2 > x_2^2$。

又因为 $f(x_1) = x_1^2$，$f(x_2) = x_2^2$，所以 $f(x_1) > f(x_2)$。

所以，$\forall x_1, x_2 \in (-\infty, 0]$，得到 $f(x_1) = x_1^2$，$f(x_2) = x_2^2$，"当 $x_1 < x_2$ 时，$f(x_1) > f(x_2)$"是真命题。

方法二：$\forall x_1, x_2 \in (-\infty, 0]$，$x_1 < x_2$ 时，有 $x_1 - x_2 < 0$，$x_1 + x_2 < 0$。

所以 $x_1^2 - x_2^2 = (x_1 - x_2)(x_1 + x_2) > 0$。

所以，$\forall x_1, x_2 \in (-\infty, 0]$，得到 $f(x_1) = x_1^2$，$f(x_2) = x_2^2$，"当 $x_1 < x_2$ 时，$f(x_1) > f(x_2)$"是真命题。

[设计意图] 通过教师引领、阅读教材，使学生初步感受用符号语言刻画函数单调性的方法；让学生通过语言转换，用全称量词命题表述，再给出命题正确性的证明，让学生感受如此定义的合理性，培养理性思维，体验符号语言的魅力。

追问4 函数 $f(x) = |x|$，$f(x) = -x^2$ 各具有怎样的单调性？你能仿照 $f(x) = x^2$ 单调性的讨论给出解答吗？

师生活动 学生独立完成，之后小组内交流。教师巡视、指导，特别要关注符号语言表述的规范性和准确性。

[设计意图] 通过简单变式，让学生模仿，熟悉用符号语言表达函数单调性的方式，积累用符号语言表达函数单调性的经验，为抽象单调性定义做好准备。

问题4 前面我们用符号语言表达了函数 $f(x) = x^2$，$f(x) = |x|$，$f(x) = -x^2$ 的单调性，归纳它们的共性，你能给出函数 $y = f(x)$ 在区间 D 上单调性的符号语言表达吗？

师生活动 先由学生独立思考、作答，教师通过课堂巡视，发现有表达错误的表达，通过投屏、讨论，纠正错误，然后让学生阅读教科书中对应的内容，教师板书、投屏完整的单调性定义：

一般地，设函数 $f(x)$ 的定义域为 I，区间 $D \subseteq I$：

如果 $\forall x_1, x_2 \in D$，当 $x_1 < x_2$ 时，都有 $f(x_1) < f(x_2)$，那么就称函数 $f(x)$ 在区间 D 上单调递增(图 11.4.3(1))。

特别地,当函数 $f(x)$ 在它的定义域上单调递增时,我们称它为增函数。

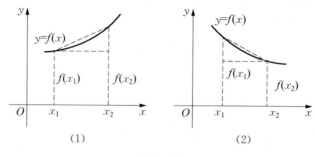

图 11.4.3

如果 $\forall x_1, x_2 \in D$,当 $x_1 < x_2$ 时,都有 $f(x_1) > f(x_2)$,那么就称函数 $f(x)$ 在区间 D 上单调递减(图 11.4.3(2))。

当函数 $f(x)$ 在它的定义域上单调递减时,我们称它为减函数。

如果函数 $y = f(x)$ 在区间 D 上单调递增或单调递减,那么就说函数 $y = f(x)$ 在这一区间具有(严格的)单调性,区间 D 叫做 $y = f(x)$ 的单调区间。

[设计意图] 在经历了多个具体函数单调性的符号语言表达的基础上,归纳共性、抽象出一般性的函数单调性符号语言表达已经水到渠成。这里先安排学生自主进行归纳、概括,给出抽象的符号语言表达,可以暴露学生语言表达的问题(估计学生在设函数的定义域为 I,区间 $D \subseteq I$,语言的严谨性等方面都会出现一些问题),再让学生阅读教科书,给学生对照改进的机会。这是一个"示范—模仿—改进—完善⋯⋯"的过程,既有教师的引导,又有学生的独立思考,兼顾了学生自主和教师主导,使质量和效率都得到保证。

环节三 辨析概念,加深理解

问题 5 (1) 设 A 是区间 D 上某些自变量的值组成的集合,而且 $\forall x_1, x_2 \in A$,当 $x_1 < x_2$ 时,都有 $f(x_1) < f(x_2)$,我们能说函数 $f(x)$ 在区间 D 上单调递增吗?你能举例说明吗?

(2) 函数的单调性是对定义域内某个区间而言的,你能举出在整个定义域上是单调递增的函数例子吗?你能举出在定义域的不同区间上都单调递增但在整个定义域上却不是单调递增的函数例子吗?

师生活动 学生先独立思考、举例,再进行小组交流、班级展示交流,老师可以提醒学生用多种方式表示函数,特别是通过函数图象举反例,说明问题。

[**设计意图**] 问题(1)是引导学生辨析定义中的"任意"二字;问题(2)既是为了区分"单调递增"与"增函数"、"单调递减"与"减函数"等概念,同时也是为了引导学生认识函数在不同区间上单调递增(递减)时,在它们的并集上不一定保持单调递增(递减)的性质。

环节四 初步应用,培养技能

例1 根据定义,研究函数 $f(x) = kx + b(k \neq 0)$ 的单调性。

师生活动 先让学生独立思考研究思路,再进行全班讨论,确定研究思路,然后学生给出严格的表述(可以让几个学生板书),再通过学生互评、教师点评完善解答过程。

教师应强调:(1)研究一个函数的单调性,需要利用单调性的定义,考察在定义域的哪些区间上单调递增、哪些区间上单调递减;(2)具体的操作方法是,在条件 $x_1 < x_2$ 下,考察不等式 $f(x_1) < f(x_2)$ 是否成立,这里往往要用不等式的性质和代数变形。另外,还可以告诉学生,虽然像一次函数这样的简单函数,作出图象不困难,所以通过作图、观察图象也能得到函数的性质,但这是不严谨的,更何况当函数比较复杂、不容易作图时,通过代数运算得出函数的单调性就更有其优势了。今后我们还会有更先进的办法来刻画函数的单调性。

[**设计意图**] 关于一次函数的单调性,初中阶段是通过观察图象得到的,现阶段是利用定义通过严格的逻辑推理证明结论。由此,不仅体现了形式化定义的作用,而且通过比较简单的推理过程,让学生理解用单调性定义研究函数单调性的基本方法。

例2 物理学中的玻意耳定律 $p = \dfrac{k}{V}$ (k 为正常数)告诉我们,对于一定量的气体,当其体积 V 减小时,压强 p 将增大。试对此用函数的单调性证明。

师生活动 先让学生独立思考"体积 V 减小时,压强 p 增大"的含义,建立物理意义与函数单调性的联系;再让学生独立给出证明,可让几个学生进行板书,完成后再进行点评完善。

追问 你能总结例1、例2的解题过程,并归纳一下用单调性定义研究或证明一个函数单调性的基本步骤吗?

[**设计意图**] 例2是一个物理学中的公式,本例要使学生体会函数模型可以用来

刻画现实世界中的现象。而且数学研究的不是一个现象而是从中抽象概括出来的一般问题,将一些不同的现象抽象成一类函数,通过研究这一类函数的性质获得事物的变化规律。

另外,通过追问,要让学生总结出证明函数单调性的基本步骤:

第一步,确定函数的定义域 I;

第二步,$\forall x_1, x_2 \in I$,设 $x_1 < x_2$,将 x_1,x_2 代入 $f(x)$,得 $f(x_1)$,$f(x_2)$;

第三步,将 $f(x_1) - f(x_2)$ 进行代数变形,转化为可以直接用实数大小关系、不等式的基本性质等判断其符号的式子;

第四步,得出相应的单调区间。

例 3 根据定义证明函数 $y = x + \dfrac{1}{x}$ 在区间 $(1, +\infty)$ 上单调递增。

师生活动 先由学生独立思考并写出证明过程,可选几名学生板书,然后再进行全班交流。要引导学生进一步总结证明步骤,明确代数变形的方向。

[设计意图] 利用单调性的定义,通过严格的代数推理,获得函数在 $(1, +\infty)$ 上单调递增的性质,这在没有函数单调性定义的时候是做不到的,可以使学生进一步体会到定义的作用;同时,也可以使学生体会代数证明的一般方法,培养学生的逻辑推理、数学运算等素养。

环节五　课堂小结,总结提升

问题 6 回顾本节课的学习过程,回答下列问题:

(1) 如何用符号语言刻画函数的单调性?

(2) 用单调性的定义证明函数单调性,有哪几个主要步骤?

(3) 你认为,在理解函数的单调性时应把握好哪些关键问题?

(4) 结合本节课的学习过程,你对函数性质的研究内容和方法有什么体会?

师生活动 在学生独立思考的基础上回答,教师再进行归纳。

[设计意图] (1) 让学生准确叙述单调递增、单调递减、增函数、减函数等定义,并归纳它们的共性,从而进一步把握函数单调性的要点;

(2) 主要步骤见前述内容;

(3) 引导学生进一步理解函数单调性的内涵,如它是针对函数定义域上的一个区间的,"$\forall x_1, x_2 \in D$,设 $x_1 < x_2$"的含义,如何对 $f(x_1) - f(x_2)$ 进行代数变形等;

（4）要使学生体会"从定性到定量"的研究思路,即通过图象直观及自然语言定性刻画函数性质,再用符号语言进行定量刻画,从而使函数性质得到严谨的数学表达。

环节六　目标检测,检验效果

题1　根据定义证明函数 $f(x) = -3x + 2$ 是减函数。

题2　证明函数 $f(x) = -\dfrac{2}{x}$ 在区间 $(-\infty, 0)$ 上单调递增。

［**设计意图**］检测学生利用函数单调性定义进行证明的掌握情况。

课后作业

《必修一》第 85～86 页,习题 3.2,第 1,2,3,6,8,9 题。

六、课时教学设计(二)

函数的最大值、最小值

1. 课时教学内容

函数的最大值、最小值。

2. 课时教学目标

知道求函数最大值、最小值的基本步骤;会用函数最大值、最小值的定义求函数的最大值、最小值;能举例说明解决简单最优化问题的一般步骤。

3. 教学重点与难点

（1）教学重点

函数最大值、最小值的定义及应用。

（2）教学难点

函数最大值、最小值的符号表示及存在性。

4. 教学过程设计

引导语　上一节课我们研究了函数的单调性,研究的路径是:图象直观描述—数量关系刻画—符号语言表达。具体研究时,我们采取从具体到抽象的方法,从一些具体函数的研究中归纳共性,再抽象成定义。本节课仍按这一路径研究函数的最大值、最小值问题。

环节一　抽象概括,形成概念

问题1　观察函数 $f(x) = x^2$ 的图象,可以发现,除了单调性以外,还有一些其他的特征,例如它有一个最低点,而且这个点其实是与函数的单调性有关系的。我们把与这个点有关的特征梳理成表 11.4.3 左边栏的内容。对于函数 $f(x) = -x^2$,你能仿照 $f(x) = x^2$ 的情况填写该表的右边栏吗?

表 11.4.3

函数	$f(x) = x^2$	$f(x) = -x^2$
图象特征	图象上有一个最低点 $(0, 0)$。	
数量刻画	其他点的纵坐标都不小于该点的纵坐标。	
符号语言	$\forall x \in \mathbf{R}$,都有 $f(x) \geqslant f(0)$。	
结论	函数 $f(x) = x^2$ 有最小值 0。	

师生活动 学生自主完成,再选学生代表进行全班展示、交流,给出正确结果。

追问 1 函数 $f(x) = -|x| \, (x \neq 0)$ 有最大值吗? 为什么?

师生活动 学生独立完成后,由学生代表发言,给出正确答案。因为不存在最大的负数,所以这个函数没有最大值。

追问 2 函数 $f(x) = \begin{cases} -|x|, & x \neq 0, \\ 1, & x = 0 \end{cases}$ 有最大值吗? 为什么?

师生活动 学生独立完成后,由学生代表发言,给出正确答案。

因为当 $x \neq 0$ 时,$f(x) = -|x| < 0 < 1$;又 $f(0) = 1$,所以,$\forall x \in \mathbf{R}$,都有 $f(x) \leqslant 1 = f(0)$。所以该函数有最大值 1。

[**设计意图**] 通过具体函数的分析,积累感性经验,为形成定义做铺垫。通过正反两方面的例子,帮助学生理解函数存在最大值、最小值的充要条件。

问题 2 你能归纳上述几个例子的共性,类比用符号语言表达单调性的方式,用符号语言表达函数 $y = f(x)$ 的最大值吗? 请你给出自己的定义,然后与教科书 80 页的相关内容对照。

师生活动 学生先给出自己的定义,再与教科书中相关内容对照,检查、完善。

追问 你能仿照函数最大值的定义,给出函数 $y = f(x)$ 的最小值的定义吗?

师生活动 由学生类比完成。

[**设计意图**] 借鉴函数单调性的研究经验,从具体到一般抽象出函数最大值的定义,并类比得出函数最小值的定义。

例1　"菊花"烟花是最壮观的烟花之一。制造时一般是期望在它达到最高点时爆裂。如果烟花距地面的高度 h(单位:m)与时间 t(单位:s)之间的关系为 $h(t) = -4.9t^2 + 14.7t + 18$,那么烟花冲出去后什么时候是它爆裂的最佳时刻? 这时距地面的高度是多少(精确到 $1\,\mathrm{m}$)?

师生活动　先让学生读题、分析题意,教师可以通过问题引导学生思考,例如,题中的函数关系描述了实际问题中哪两个量之间的对应关系? 什么是"爆裂的最佳时刻"? 依据函数的哪个性质求解? 再由学生独立求解,然后进行全班展示、交流。

本题中的函数关系描述了实际问题中烟花距地面的高度 h(单位:m)与时间 t(单位:s)之间的关系。"爆裂的最佳时刻"就是烟花轨迹最高点对应的时间,因此该实际问题转化为二次函数的最大值问题。

追问　你能说说计算烟花爆裂最佳时刻的实际意义吗?

师生活动　学生独立思考、作答。有了这个时间点,烟花设计者就可以设定其他的一些相关因素的参数,例如延时引信的长度、发射管的推进燃料量、烟花药剂量等,以达到施放烟花的最佳效果。可以让学生课后查阅一些相关资料了解烟花的有关制作原理。

[设计意图]体会函数模型的现实应用,利用函数性质就可以进行有效的规划和设计,感受函数的应用价值。

例2　已知函数 $f(x) = \dfrac{2}{x-1}$, $x \in [2, 6]$,求函数的最大值和最小值。

师生活动　学生先独立进行题意分析,再交流解题思路。教师可以通过问题引导学生分析解题思路,例如求解的依据是什么? 按怎样的步骤进行? 如何确保满足最大值、最小值定义中的两个条件? 等等。

在学生自主完成解答后,投屏展示学生的典型解题过程,规范解题格式,总结解题的一般思路。教科书中给出的思路是先作图象草图发现函数 $f(x) = \dfrac{2}{x-1}$ 在 $[2, 6]$ 上单调递减,再用单调性定义证明。这个过程体现了"图象直观确定方向,代数推理精确解答"的解题路径,具有一般意义。

另外,也可以让学生分享一下如何作出这个函数的草图。最理想的方式是通过图象变换,即先作函数 $g(x) = \dfrac{2}{x}, x \in [1, 5]$ 的图象,再平移得到 $f(x) = \dfrac{2}{x-1}, x \in [2, 6]$ 的图象。

追问 求函数最大(小)值的步骤大致是怎样的?

师生活动 师生一起梳理出求解步骤。

第一步,根据问题条件确定函数的定义域;

第二步,通过图象直观、代数推理判断(证明)函数的单调性;

第三步,将定义域区间端点值代入函数中求值;

第四步,比较大小,给出最大(小)值。

[**设计意图**] 在应用中理解函数最大(小)值的定义,培养思维的严谨性,表达的规范性,提升数学运算素养。

课堂练习:《必修一》第 81 页,练习 1,2。

环节三 单元小结,形成结构

问题3 回顾本单元的学习过程,回答下列问题:

(1) 函数的单调性、最大值、最小值分别刻画了什么问题? 我们是按怎样的路径学习这些概念的?

(2) 一般而言,发现函数性质的指导思想是什么?

(3) 以常用逻辑用语的有关知识为指导,用命题的方式梳理函数的单调性、最大值、最小值的所有定义,从符号语言的角度归纳这些定义的共性,你有什么体会?

(4) 用定义求解函数的单调性问题或最大值、最小值问题的一般步骤是怎样的?

师生活动 先由学生自主小结,再进行全班交流,教师通过提问与学生互动,促进学生思考,最后教师给出总结。归纳各种定义的共性时,可以采用表格的形式呈现。

(1) 首先,函数的性质建立在函数有意义的前提下,因此明确函数的定义域是首要的。函数的单调性所描述的是在函数定义域的某个区间上函数值随自变量的增大而增大或减小的规律,这里自变量总是增加的,函数值保持了一种确定的变化趋势;最大值、最小值是函数的一个整体性质,是指函数的所有取值中那个最大或最小的值,在具体确定这个值时往往要借助于函数的单调性。

因为这里的任务主要是掌握一种刻画函数性质的数学符号语言,所以采取了"模仿—练习—运用"的学习路径,但在这个过程中还是要注意从具体实例中体会抽象概念的本质,体会符号语言的力量的同时要仔细领会这样的"话语方式",特别是它通过运用全称量词、充要条件等逻辑用语,将一个涉及"无限"的问题转化为一种"有限"的数学命题表达,这是具有一般意义的。

(2)由函数这个对象的特征决定了发现它的性质时所使用的一般方法,即"变化中的不变性和规律性",这样,多研究几个具体事例,从中归纳共性,就是得到性质的基本手段。

(3)将几个定义放在一起看,可以得出命题中的条件有同一种语言结构,即"任给……都有……",是从大小关系给出的。

(4)解题步骤见教学过程。

[设计意图]着重从数学语言学习的角度对本单元的内容、过程和思想方法进行梳理,从而落实课程标准提出的"会用符号语言表达函数的单调性、最大值、最小值,理解它们的作用和实际意义"的要求。其中,特别注意了从逻辑用语的视角、从命题结构的角度进行归纳总结。当然,它们的作用和实际意义还需要在后续研究基本初等函数的过程中得到充分体现,这里是"牛刀小试"。

环节四 目标检测,检验效果

求函数 $f(x) = \dfrac{1}{x-1}$,$x \in [-8, 0]$ 的最大值和最小值。

[设计意图]检测学生对求最大(小)值方法的掌握情况及思维的严谨性和表达的规范性。

课后作业

1.《必修一》第 86 页,习题 3.2,第 4,7,10 题。

2. 学习了函数的单调性及函数的最大(小)值,你能对初中学过的函数进行一个梳理吗?请你完成下表 11.4.4,表格中列出的是基本要求,你可以根据自己的研究修改表格的样式。

表 11.4.4

	单调性	单调区间	最大(小)值
常函数 $y = c$			
一次函数 $y = kx + b(k \neq 0)$			
二次函数 $y = ax^2 + bx + c(a \neq 0)$			
反比例函数 $y = \dfrac{k}{x}(k \neq 0)$			

教学设计说明

单调性是中学阶段学习的最基本的函数性质。这是高中阶段学习的第一个性质,具有示范性。这里的主要任务是在初中阶段用图象直观、日常语言描述的基础上,进一步用更加严谨、简洁的符号语言表达函数的单调性、最大值、最小值。因此,本单元的学习目标不是要去研究一个(类)函数的单调性,而是要借助于描述一个具体函数的单调性,学会这样的"数学表达方式",以便在后续研究基本初等函数时进行运用。当然,从数学认知规律出发,教学中要让学生经历从直观描述到精确表达的过程,所以本教学设计特别注意了以下几点。

1. 遵循语言学习的基本之道,构建一个效果和效益双保证的学习过程

明确本单元的教学定位——数学语言教学,对本教学设计具有决定性的意义。分析以往对这个内容的教学处理,可以发现是把"学习用符号语言表达性质"与"研究函数的性质"混淆了,没有把精力用在"如何表达才准确无误、简洁明确"上,所以出现教学重点偏移,从而加大了学习难度。本教学设计认为,语言学习的基本之道是"示范—模仿—运用",也就是要先让学生知道"该怎么说",然后通过模仿学会"这么说",最后能在合适的地方"用出来"。在这样的指导思想下,本教学设计给出了注重教师引导、强调发挥教材媒介作用的如下过程:

(1) 通过阅读教科书和教师的引导,给出表达函数 $y = x^2$ 在 $x < 0$ 时单调递减的符号语言示范,并用表格形式呈现;

(2) 让学生模仿,用符号语言表达 $y = x^2 (x > 0)$,$y = |x|$,$y = -x^2$ 的单调性;

(3) 让学生归纳共性,给出表达一般函数 $y = f(x)$,$x \in I$ 单调性的符号语言;

(4) 对照教科书,纠正、补充、完善表达;

(5) 通过举例进行关键词辨析;

(6) 通过运用,进一步熟悉符号语言,并总结出用定义判断、通过代数运算证明单

调性或求最大值和最小值的基本步骤。

当然，数学语言的教学有自己的独特性，这就是数学语言必须与它所描述的数学对象或问题融合在一起，使语言的形式表达和对象的特定意义、作用密切关联起来，这样才能达到语言的正确性、表达的准确性。同时，这里的模仿并不是机械模仿，不能靠死记硬背，必须把符号语言所表达的函数性质的作用、实际意义等融入其中，所以本教学设计通过适当的载体，安排了阅读、模仿性表达、共性归纳、用概念作判断等丰富的活动，让学生体会如此表达的妙处，感悟抽象化数学表达的力量。

2. 从几何直观到文字语言再到符号语言，使学生充分感受数学符号语言的简洁，体验数学表达方式的力量

学生对函数性质（特别是单调性）并不陌生，研究方法上采取"结合图象讨论性质"。例如，$y = x^2$ 的增减性，初中教材给出了这样的描述："从图象可以看出，在对称轴的左侧，抛物线从左到右下降；在对称轴右侧，抛物线从左到右上升。也就是说，当 $x < 0$ 时，y 随 x 的增大而减小；当 $x > 0$ 时，y 随 x 的增大而增大。"显然，这是一种粗略的"大概描述"，形象直观，但无法用数学工具进行更深入的研究，如果仅用这种表达方式，那么函数单调性概念的抽象程度不够，可用性也就不强。为此，本教学设计在概念形成阶段就通过具体例子，让学生在模仿符号语言表达的同时进行单调性的推理证明，让学生感受有了符号表达，就可以运用不等式的性质，通过代数运算，给出函数单调性的严格证明；利用符号表达可以对一个（类）函数的性质展开逻辑严谨的精细化研究，例如可以直接通过代数推理得出一次函数 $y = kx + b (k \neq 0)$ 的性质。

3. 将用概念作判断的过程步骤化，将概念性知识转化为程序性知识，有效落实技能的同时，积累基本活动经验

基础知识、基本技能的教学是课堂教学的基本任务，这也是让学生领悟基本思想、积累基本活动经验的载体，所以必须给予重视，特别是在新课教学期间更是要特别重视把这个任务落实到位。按照数学学习的认知理论，要把形式化的概念转化为解决问题过程中的可操作方法，其基本手段是将概念性知识转化为程序性知识。为此，本教学设计强调了如下两个方面：一是通过问题引导学生思考利用单调性、最大值、最小值的定义解决相关问题的基本步骤，在适当的时候要求学生归纳出解题（证明）步骤；二是加强了利用单调性、最大值、最小值的判断规则解决问题的训练，在解题过程中要求学生结合具体问题的解决回顾解题步骤，从而不断地强化应用定义求解问题的程序。

一、内容和内容解析

1. 内容

指数,包括 n 次方根与分数指数幂,有理数指数幂、实数指数幂和它们的运算性质。

本单元需 2 课时,第 1 个课时,从 n 次方根、根式到分数指数幂,将整数指数幂拓展到有理数指数幂;第 2 课时,实数指数幂、幂的运算。这里给出第一课时的教学设计。

2. 内容解析

从数学内部看指数函数,本质上是一个给定的实数 $a(a > 0, a \neq 1)$ 的 n 次方 a^n,从"n 个 a 相乘之积"的原始意义出发,得到其运算性质

$$a^m a^n = a^{m+n}, \ (a^m)^n = a^{mn}, \ (ab)^n = a^n b^n \text{。}$$

再逐步推广,使得 a^x 对任意实数 x 都有意义,这样就得到了一个对应关系:

$$x \to a^x, \ x \in \mathbf{R} \text{。}$$

把这个对应关系作为一个函数,记为

$$f(x) = a^x, \ x \in \mathbf{R},$$

称为以 a 为底的指数函数。

由指数幂的运算性质,自然地就有指数函数的如下性质:

$$f(x_1 + x_2) = f(x_1) \cdot f(x_2) \text{。}$$

同时,只要一个函数满足上式,那么它就是一个指数函数

$$f(x) = a^x, \ a = f(1) \text{。}$$

所以,指数函数是与指数运算和运算性质紧密关联的一个函数,这也是课程标准在"教学提示"中强调"指数函数的教学,应关注指数函数的运算法则和变化规律"的缘由。

另外,需要指出的是,这里有一个问题没有解决,即对应关系 $x \to a^x$, $x \in \mathbf{R}$ 是满足函数定义的,也就是任给实数 x,有唯一的 a^x 与之对应,这等价于 a^x 是严格单调的。当然,这个问题的解决需要用到极限理论,这是后话。

从上述分析可见,从数学角度看,指数函数的基础是实数指数幂的意义和运算性质。

在初中数学课程中,数系已经扩充到实数,但指数幂的定义只推广到整数指数幂,本单元的任务就是要把指数幂推广到实数指数幂。

指数幂的推广实质上是将指数的范围进行逐步推广,使其对任意实数都有意义,推广的思想方法与数系扩充的思想基本一致,就是将 a^x 的指数 x 的范围逐步推广到全体实数,而在推广过程中要使指数运算性质得到保持,其具体过程是从自然数的乘方是自然数自相乘的缩写出发,逐步解决几个“关节点”问题。

设 $a \in \mathbf{R}$,$a > 0$,$a \neq 1$,a^n 是 n 个 a 相乘之积,所以自然有

$$a^m \cdot a^n = a^{m+n}, \ (a^m)^n = a^{mn}。\ (m, n \in \mathbf{N})$$

(1) 0 和负整数指数幂的定义

$$a^0 = 1, \ a^{-n} = \frac{1}{a^n}。$$

这一步与引进 0 和 a 的相反数 $-a$ 从而将自然数系扩充到整数系的想法有些类似。

(2) 有理数指数幂的定义

联系平方根、立方根具有的性质,即 $(\sqrt{a})^2 = a$,$(\sqrt[3]{a})^3 = a$,首先把根式的定义推广到 n 次根式,把使 $x^n = a$ 成立的 x 叫做 a 的 n 次方根,其中 $n > 1$ 且 $n \in \mathbf{N}^*$。当 n 是奇数时,正数的 n 次方根是正数,负数的 n 次方根是负数,用符号 $\sqrt[n]{a}$ 表示。当 n 是偶数时,正数的 n 次方根是两个互为相反数的数,写成 $\pm\sqrt[n]{a}\,(a > 0)$,负数没有偶次方根;0 的任何次方根都是 0,记作 $\sqrt[n]{0} = 0$。上述得到根式 $\sqrt[n]{a}$ 意义的过程具有完备性,对培养学生的理性思维很有用,特别是在归纳地定义 $\sqrt[n]{a}$ 的过程中,可以有效地培养思维的逻辑性。

根据 n 次方根的意义,可得 $(\sqrt[n]{a})^n = a$。一脉相承地,我们希望整数指数幂的运算性质对分数指数幂也适用。由 $(\sqrt[n]{a})^n = a^1 = a^{\frac{1}{n} \cdot n}$ 可见,规定 $a^{\frac{1}{n}} = \sqrt[n]{a}$ 是合理的,进而规定 $a^{\frac{m}{n}} = \sqrt[n]{a^m}\,(a > 0, m, n \in \mathbf{N}^+, n > 1)$ 也是自然的。于是,在 $a > 0$,$m, n \in \mathbf{N}^+$,$n > 1$ 的条件下,根式都可以写成分数指数幂的形式。与负整数指数幂的意义相仿,可规定 $a^{-\frac{m}{n}} = \frac{1}{a^{\frac{m}{n}}} = \frac{1}{\sqrt[n]{a^m}}\,(a > 0, m, n \in \mathbf{N}^+, n > 1)$;与 0 的整数指数幂的意义相仿,可

规定0的正分数指数幂等于0,0的负分数指数幂没有意义。这样,指数幂a^x中指数x的取值范围就从整数拓展到了分数。

在上述定义下,可以证明:当$a>0$,$b>0$时,对于任意有理数r,s,均有

$$a^r a^s = a^{r+s}, \quad (a^r)^s = a^{rs}, \quad (ab)^r = a^r b^r。$$

(3)无理数指数幂的定义

这里需要解决的问题仍然是:当x是无理数时,a^x的意义是什么,它是否为一个确定的数? 如果是,它有什么运算性质? 解决的方法是,利用初中学习中借助有理数认识无理数的经验,通过有理数指数幂认识无理指数幂,需要用有理数指数幂夹逼无理数指数幂。篇幅所限,而且中学阶段也无法彻底解决这个问题,这里不再赘述。

总之,指数幂的推广是数系扩充的一部分,主要是明确指数幂的意义及其运算的性质。实际上,指数幂a^x,除x为正整数外,它的意义不明显。与对有理数、无理数的研究重点有所不同,对指数幂a^x,我们不太关心$2^{\sqrt{2}}$到底是多少,重点是对它有什么"与众不同"的性质进行考察。a^x的最重要的性质是$a^x a^y = a^{x+y}(a>0,\ x,\ y \in \mathbf{R})$,再加上$(a^r)^s = a^{rs}(a>0,\ r,\ s \in \mathbf{R})$,$(ab)^r = a^r b^r (a>0,\ b>0,\ r \in \mathbf{R})$等少数几个性质,$a^x$就完全确定了。

需要说明的是,要彻底解决从一个给定的正实数a的整数指数幂到它的实数指数幂的逐步推广,需要用到实数系的连续性、正有理数指数幂的单调性以及指数的左右夹逼性(实质是用有理数列左右夹逼定义实数),这是中学生力所不能及的。

3. 教学重点

指数幂的推广,指数幂的运算性质。

二、目标和目标解析

1. 目标

通过对有理数指数幂$a^{\frac{m}{n}}(a>0,\ a \neq 1,\ m,\ n \in \mathbf{N},\ n>0)$、实数指数幂$a^x(a>0,\ a \neq 1,\ x \in \mathbf{R})$含义的认识,了解指数幂的拓展过程,掌握指数幂的运算性质。

2. 目标解析

达成上述目标的标志是:

(1)经历从整数指数幂到有理数指数幂的拓展过程,能说出a的n次方根的意义,能说出$\sqrt[n]{a}$,$\sqrt[n]{a^m}$,$a^{\frac{1}{n}}$,$a^{\frac{m}{n}}$等符号的意义以及它们之间的逻辑关系,能说出0的分数指数幂的意义。

(2)能说出有理数指数幂的运算性质,能用有理数指数幂的定义和运算性质进行

有理数指数幂的化简、求值。

(3) 通过具体实例，感受用一对有理数指数幂左右夹逼无理数指数幂的过程，认识无理数指数幂的含义，能说出实数指数幂的运算性质。

三、教学问题诊断分析

1. 问题诊断

学生在初中阶段经历了从正整数指数幂到整数指数幂的推广过程，已经学习了整数指数幂及其运算性质，积累了一定的数系扩充经验，为本单元的学习奠定了一定基础。但学生往往把注意力集中在具体运算上，对数系扩充的原则、指数幂的含义和运算性质等缺乏必要的关注，而本单元的内容主要是"定规则"，着力点在指数幂 a^x 的指数 x 的范围扩充后的意义，不仅抽象而且逻辑性强，所以存在较大困难。

首先，学生不清楚从整数指数幂到有理数指数幂推广的整体架构。这样，他们对从哪里入手推广、按怎样的逻辑顺序展开、每个环节如何实施才能做到逻辑严谨等都会比较茫然。也就是说，学生对该做什么和如何做都不太清楚，从而造成被动学习。为了解决这个难点，教学中要引导学生回顾从有理数到实数（主要是平方根和立方根）、正整数指数幂到整数指数幂的推广过程，通过适当的讲解，为学生搭建适当的脚手架，使他们在适当的类比对象下展开学习，从而增强学习的主动性。

其次，从根式的意义到有理数指数幂的含义的理解，其中涉及数学符号表达方式的转换，转换要满足等价性，其抽象性、逻辑性都很强，需要较强的代数思维和逻辑推理能力，这对学生具有挑战性。教学中，要注意通过类比数系的扩充过程（特别是从整数到分数的扩充过程中，先引入分数单位，再定义分数的意义，然后研究分数的性质和运算等过程），通过具体实例，引导学生理解定义 $a^{\frac{m}{n}} = \sqrt[n]{a^m}$ 的合理性，并按照数学定义的完备性要求给出完整的有理数指数幂的定义，从而建立起理解有理数指数幂含义的基础。

第三，因为学生的运算技能、代数思维等方面的欠缺，他们在进行根式、有理数指数幂的运算等过程中经常会出现错误。教学中要注意发挥这个内容在提升学生数学运算素养上的作用，让学生充分经历从具体实例到运算法则的归纳过程，使他们在理解根式的意义、有理数指数幂的含义基础上，通过适当的从根式到分数指数幂的解题训练，形成较好的运算技能。

第四，无理数指数幂的含义涉及数列的极限，具有构造性，也是本单元的一个学习难点。教学时要注意借鉴初中阶段用有理数夹逼无理数的经验，通过信息技术手段提供直观理解的支持，帮助学生更好地体验无理数指数幂的唯一确定性。

2. 教学难点

建立指数幂推广的整体架构；根式性质的理解；分数指数幂的理解、有理数指数幂的运算性质及无理数指数幂的意义。

四、教学支持条件分析

通过计算工具计算、展示 $\sqrt{2}$，$5^{\sqrt{2}}$ 等的不足近似值、过剩近似值夹逼 $\sqrt{2}$，$5^{\sqrt{2}}$ 的过程，并在数轴上进行动态演示。

五、教学过程设计

引导语 在第三章我们学习了函数的概念和性质，并初步应用它研究了"幂函数"。大千世界中很多的现象、规律都可以用函数刻画，从本章开始，我们将利用上一章的知识研究几个具体的函数。

环节一 了解背景，整体把握

问题 1 请同学们先阅读《必修一》第 103 页的章头图和章引言，回答问题(1)和(2)；再阅读 104 页的节引言，回答问题(3)。

(1) 本章将要学习的内容是什么？可以解决哪些现实问题？

(2) 研究路径是怎样的？

(3) 为完成如上任务，需要做好哪些知识准备？本节课的学习基础是什么？

师生活动 学生带着问题阅读、思考并回答，教师予以点拨，并揭示课题。教师可以通过适当讲解，揭示本章的整体架构和学习路径，并着重给出本单元的学习内容和过程：

第一步，将根式的概念推广到 n 次方根；

第二步，利用 n 次方根的定义和数学运算，定义分数指数幂，把幂 a^x 中指数 x 的范围推广到有理数；

第三步，类比从有理数扩充到实数的过程，把有理数指数幂推广到实数指数幂。

[**设计意图**] 引导学生在整体把握本章内容的整体架构的基础上，揭示本单元的内容和研究路径，为学生提供适当的先行组织者。

环节二 类比归纳，探究新知

问题 2 初中阶段我们学过平方根、立方根的概念，你能回顾出这些概念吗？请举例说明。

若 $x^2 = a$, 则 x 叫做 a 的_____, 记作:_____, 例如_____。

若 $x^3 = a$, 则 x 叫做 a 的_____, 记作:_____, 例如_____。

师生活动 学生独立完成。可能出现的问题是: a 的平方根只写正的, 不写负的。这是本单元的易错点, 教师要及时指出, 并让学生思考如何才能不出现这样的错误。

追问 1 类比平方根、立方根, 你能给出 4 次方根, 5 次方根, ……, n 次方根的定义吗?

若_____, 则 x 叫做 a 的 4 次方根, 记作:_____, 例如_____。

若_____, 则 x 叫做 a 的 5 次方根, 记作:_____, 例如_____。

……

若_____, 则 x 叫做 a 的 n 次方根, 其中 $n > 1$, 且 $n \in \mathbf{N}^*$。

师生活动 学生独立完成, 然后进行全班交流, 教师进行点评的基础上, 给出完整的定义。教师要注意学生在写 a 的 4 次方根时可能出现的错误。此外, 要收集整理不同类型的例子, 为追问 2 的解决做铺垫, 如: $2^4 = 16$, 则 $2 = \sqrt[4]{16}$; $(-2)^4 = 16$, 则 $-2 = -\sqrt[4]{16}$; $3^5 = 243$, 则 $3 = \sqrt[5]{243}$; $(-3)^5 = -243$, 则 $-3 = \sqrt[5]{-243}$; 等等。

追问 2 想一想, 一个实数 a 的 n 次方根一定存在吗?

师生活动 学生独立思考、作答, 在互动交流的基础上, 阅读《必修一》第 104 页的相关内容, 然后让学生梳理出一个表格, 如表 11.5.1 所示。

表 11.5.1

	a 的 n 次方根	
	n 为奇数	n 为偶数
$a > 0$	存在, 有一个, 是正数 $\sqrt[n]{a}$	存在, 有两个, 互为相反数 $\pm\sqrt[n]{a}$
$a < 0$	存在, 有一个, 是负数 $\sqrt[n]{a}$	不存在
$a = 0$	$\sqrt[n]{0} = 0$	

［**设计意图**］由初中已学的知识开始, 从具体到抽象逐步推广, 归纳得到 n 次方根的定义, 再通过具体实例, 辨析一个实数 a 的 n 次方根的存在性。

问题 3 我们把式子 $\sqrt[n]{a}$ 称为根式, n 叫做根指数, a 叫做被开方数。初中阶段学过的二次根式, 就是 $n=2$ 时的特例。你能回顾一下二次根式的学习过程, 想一想, 定义了根式以后, 接下来我们要研究什么?

师生活动 估计学生已经遗忘二次根式的内容,教师可以提示并给出二次根式的性质,然后让学生研究 $\sqrt[n]{a}$ 的性质。学生类比二次根式的性质,可以得出

$$\left(\sqrt[n]{a}\right)^n = a \text{。}$$

追问 $\sqrt[n]{a^n}$ 表示 a^n 的 n 次方根,你能通过分类讨论得出它的取值情况吗?

师生活动 先由学生自主探究,教师可以提示,如果对抽象的字母一时拿不准,可以先举一些具体数字,不过举例要考虑到各种情况。学生独立研究得出结果后,再进行全班交流,最后得出正确结论。

[设计意图] 学习 a 的 n 次方根的表示,并将数的 n 次方根推广到式。通过求解具体的根式求值问题,初步理解根式的意义,并观察运算中的规律,抽象根式的性质。同时培养学生类比研究的能力,分类讨论的思维习惯。

例1 求下列各式的值:

(1) $\sqrt[3]{(-8)^3}$; (2) $\sqrt{(-10)^2}$; (3) $\sqrt[4]{(3-\pi)^4}$;

(4) $\sqrt{(a-b)^2}$; (5) $\sqrt[3]{a^{12}}$; (6) $\sqrt[4]{a^{12}}$。

师生活动 先让学生独立解答,再进行全班展示、交流。估计学生在(3)(4)(6)三个题目上会出现错误,在展示、交流的过程中,教师可以从求解的依据、步骤以及易错点等方面引导学生反思、总结,强调紧扣根式的性质,通过分类讨论得出结果。

[设计意图] 在应用中理解根式的意义和性质,培养思维的严谨性,在解题中消灭易错点,并为后续分数指数幂的学习做铺垫。

教师讲解 从 n 次方根的定义出发,我们得到了它的性质

(1) $\left(\sqrt[n]{a}\right)^n = a$;

(2) $\sqrt[n]{a^n} = \begin{cases} a, & \text{当 } n \text{ 为奇数时,} \\ a, & \text{当 } n \text{ 为偶数时,} a \geqslant 0, \\ -a, & \text{当 } n \text{ 为偶数时,} a < 0 \text{。} \end{cases}$

我们的目标是要利用根式的意义,将幂 a^x 中的指数 x 的取值范围从整数推广到有理数。为了讨论问题方便,同时也不失一般性,我们先将根式的被开方数限定在正数范围。根据 n 次方根的定义和数的运算,当根式的被开方数(看成幂的形式)的指数能被根指数整除时,根式可以表示为分数指数的形式,例如例1(5)(6)可以分别写为

$$\sqrt[3]{a^{12}} = \sqrt[3]{(a^4)^3} = a^4 = a^{\frac{12}{3}};$$
$$\sqrt[4]{a^{12}} = \sqrt[4]{(a^3)^4} = a^3 = a^{\frac{12}{4}} \text{。}$$

同理，$\sqrt[n]{a^n}$ 可以写为 $\sqrt[n]{a^n} = a = a^{\frac{n}{n}}$。

问题 4 当根式的被开方数的指数不能被根指数整除时，根式是否也可以表示为分数指数幂的形式？你能举出一些例子吗？

师生活动 先由学生独立思考、举例，然后阅读《必修一》第 $105 \sim 106$ 页的相关内容，再让学生梳理出分数指数幂的定义。在此基础上，教师说明：

我们利用正数 a 的 n 次方根定义分数指数幂，将幂 a^x 中的指数 x 的取值范围从整数推广到了有理数。推广过程中希望整数指数幂的运算性质在有理数指数幂中仍然适用。可以证明，把分数指数幂定义为

(1) $a^{\frac{m}{n}} = \sqrt[n]{a^m}$，

(2) $a^{-\frac{m}{n}} = \dfrac{1}{a^{\frac{m}{n}}} = \dfrac{1}{\sqrt[n]{a^m}}$，

(3) 0 的正分数指数幂等于 0，0 的负分数指数幂没有意义。

整数指数幂的运算性质确实适用于有理数指数幂，即对于任意有理数 r，s 及 $a > 0$，$b > 0$，均有运算性质：

(1) $a^r a^s = a^{r+s}$，　　(2) $(a^r)^s = a^{rs}$，　　(3) $(ab)^r = a^r b^r$。

（说明：实际上，这里对 0^0 的意义没有说，当然也无法说，因为它是不确定的）

环节三　初步应用，深化理解

例 2 (1) 用根式的形式表示下列各式，其中 $a > 0$：① $a^{\frac{3}{4}}$；② $a^{-\frac{3}{5}}$。

(2) 用分数指数幂的形式表示下列各式：① $\sqrt[3]{x^2}$ $(x > 0)$；② $\sqrt[5]{(m-n)^4}$ $(m > n)$。

师生活动 学生自主完成。

[**设计意图**] 简单应用中，初步理解分数指数幂与根式的统一性，为后续的运算奠基。

练习 1 《必修一》第 107 页练习。

环节四　课堂小结，形成结构

问题 5 请你带着下列问题回顾本课的学习内容，并给出回答：

(1) 我们是按怎样的路径将整数指数幂推广到有理数指数幂的? 你能绘制一个图来表示这个过程吗?

(2) 解释有理数指数幂 $a^{\frac{m}{n}}$ ($a>0$, $a\neq 1$, m, $n\in\mathbf{N}$, $n>0$) 的含义。

(3) 如果先定义 $a^{\frac{1}{n}}=\sqrt[n]{a}$,你能利用根式的性质给出 $a^{\frac{m}{n}}=\sqrt[n]{a^m}$ 的含义吗?(这里 $a>0$, $a\neq 1$, m, $n\in\mathbf{N}$, $n>0$)

师生活动 学生独立思考、作答,再全班展示、交流,教师予以补充完善。

(1) 知识结构如图 11.5.1 所示:

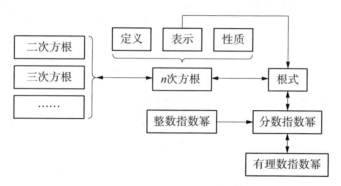

图 11.5.1

(2) 因为分数指数幂是利用非负数 a 的 n 次方根来定义的,所以 $a^{\frac{m}{n}}$ 的含义也要通过 a 的 n 次方根来解释。

(3) 在 $a>0$, $a\neq 1$, m, $n\in\mathbf{N}$, $n>0$ 的限定下,$(\sqrt[n]{a})^m=\sqrt[n]{a^m}$。定义 $a^{\frac{1}{n}}=\sqrt[n]{a}$,那么 $(a^{\frac{1}{n}})^m=(\sqrt[n]{a})^m$,于是有 $a^{\frac{m}{n}}=(a^{\frac{1}{n}})^m=(\sqrt[n]{a})^m=\sqrt[n]{a^m}$。

[**设计意图**] 通过梳理从整数指数幂推广到有理数指数幂的过程,并用流程图表示,可以在学生头脑中形成清晰的知识结构,在此过程中更进一步明确分数指数幂的含义。在定义非负数的 n 次方根的基础上,直接定义 $a^{\frac{1}{n}}=\sqrt[n]{a}$,这样也可以给出有理数指数幂的定义,可以促进学生对有理数指数幂含义的理解。

环节五　目标检测,检验效果

求值:(1) $8^{\frac{2}{3}}$;(2) $\left(\dfrac{16}{81}\right)^{-\frac{3}{4}}$。

［设计意图］检测学生对分数指数幂的掌握情况。

课后作业

《必修一》第 109 页,习题 4.1,第 1,2,4,5 题。

教学设计说明

1. 注重数学内容本质,构建一条清晰的指数幂推广主线

整体而言,指数定义的推广是数系扩充的一部分。从自然数系出发,数系的每一次扩充都可以看成是为了解决运算的可行性进而使方程有解的问题,即

(1) 自然数系→整数系,引入负数,使对任意的 $a,b \in \mathbf{N}$,方程 $x+b=a$ 有解;

(2) 整数系→有理数系,引入比例数 $\frac{a}{b}$,使对任意的 $a,b \in \mathbf{Z}$,$b \neq 0$,方程 $x \cdot b = a$ 有解;

(3) 有理数系→实数系,引入无理数,使对任意的 $a \geqslant 0$,方程 $x^2 = a$ 有解;

(4) 实数系→复数系,引入虚数单位 i,使对任意实数 a,方程 $x^2 = a$ 有解。

在每一次扩充过程中,都遵循着同一个原则:在扩充的数系中依然保有各个运算律,因为这些运算律是数系有用、好用的根基所在。

类似地,从自然数 a 的 n 次方 a^n 是 n 个 a 自相乘的缩写出发,对指数幂进行逐步推广:

首先,将正整数指数幂推广到整数指数幂(初中阶段已经完成);

接着,从乘方的逆运算入手,把满足 $x^n = a$ 的 x 称为 a 的 n 次方根,记为 $\sqrt[n]{a}$,即 $(\sqrt[n]{a})^n = a$,定义 $a^{\frac{m}{n}} = (\sqrt[n]{a})^m = \sqrt[n]{a^m}$,$a^{-\frac{m}{n}} = \frac{1}{a^{\frac{m}{n}}} = \frac{1}{\sqrt[n]{a^m}}$ 等,将整数指数幂推广到有理指数幂;

最后,通过有理指数幂左右夹逼无理数指数幂,定义实数指数幂。

在每一次推广过程中,都遵循着同一个原则:原有的指数幂运算性质适用于推广后的指数幂运算。

上述过程实际上遵循着代数推广的同一个路径:以运算为统领,通过引入新的符号定义新数,再通过运算性质把新数与原有的数联系起来,使得指数幂和运算性质的内涵得到拓展。本教学设计按这样的研究线索设计课堂教学的整体框架、展开具体研究,既体现了数系扩充的内在逻辑,又使学生能在一个指导思想明确、研究思路清晰、研究方法可迁移的课堂进程中展开学习。

2. 注意处理好学生自主探究和教师讲授引导的关系

能否让学生自主探究,要看学习内容而定。本单元的内容,n 次方根的概念可以从二次方根、三次方根推广而来,接着分类讨论 n 次方根的取值、n 次根式概念的引入,都有比较强的规定性。所以,本教学设计先让学生回顾已学的二次方根、三次方根的概念,然后让学生自主推广到 n 次根式。完成这个任务后,接着就让学生通过阅读教科书,再填写表格,梳理有关知识,明确知识之间的逻辑关系。这是在教材、教师引导下的学习活动。

特别是,把根式写成分数指数,然后倒过来,利用根式定义分数指数幂,在定义过程中"希望整数指数幂的运算性质,例如 $(a^k)^n = a^{kn}$,对分数指数幂仍然适用",在给出定义后指出"整数指数幂的运算性质对于有理数指数幂也同样适用",以及后续的无理数指数幂的研究内容和方法(用 $\sqrt{2}$ 的不足近似值和过剩近似值,构造 $5^{\sqrt{2}}$ 的左右夹逼有理数指数幂级数),等等,这些内容的"数学味"很浓,一般而言学生不容易想到,让学生自主探究就不太合适,所以本教学设计采取了"阅读教科书 — 交流阅读心得 — 教师讲解 — 练习巩固"的方式,希望学生能够知道推广指数幂的数学方式,认识有理数指数幂、实数指数幂的含义,会用指数幂的运算性质进行化简、求值,解决一些问题,这样就可以了,至于背后的"为什么"则不要求做过多追究。

3. 注重培养学生的数学运算素养

本节课是概念课,但每一个概念都与运算有关,教材中设置了相应的例题、练习和习题,这是为了发挥指数和对数在培养学生的数学运算素养上的作用。所以,本教学设计比较重视教材的这个意图,在教学的相关环节中设计了根据定义、性质解题的内容,在促进理解相关概念的同时,有效地训练数学运算技能,把理解运算定义、熟练运用运算性质的目标落实到位。

一、内容和内容解析

1. 内容

对数函数的概念、图象和性质。

本单元用 2 课时，第 1 课时，对数函数的概念、图象与性质；第 2 课时，对数函数的概念、图象与性质的简单应用。这里给出第 1 课时的教学设计。

2. 内容解析

我们知道，对数函数是指数函数的反函数，它所研究的问题自然也是指数函数"反过来的问题"。例如，指数函数 $y = \left(\dfrac{1}{2}\right)^{\frac{x}{5730}}(x \geqslant 0)$ 刻画了死亡生物体内碳 14 的含量 y 随时间 x 变化而变化的规律，据此可以确定任意一个时刻 x 的死亡生物体内碳 14 的含量 y。但现实中要解决的真实问题是，根据检测到的死亡生物体内碳 14 的含量去判定它的死亡时间，也就是说要由 y 的值去求 x 的值。

由指数函数 $y = a^x$ 的单调性（以及连续性）可知，任给一个 $y \in (0, \infty)$，都有唯一确定的 $x \in \mathbf{R}$ 与之对应，所以 x 是 y 的函数，以符号 $x = \log_a y$ 记之。因为对数函数与指数函数互为反函数，不难想象，对数函数的性质就是指数函数性质的反映。所以，对于对数函数的研究，无论从函数的定义还是图象与性质，都要考虑如何根据这种关系，利用指数函数的已有结论得出对数函数的结论，而不是去简单重复指数函数的研究过程，这样也能把这个内容处理得简洁明快而且富有数学内涵。当然，像指数函数一样，这里也要强调利用对数的运算性质和变化规律。

3. 教学重点

对数函数的概念、图象和性质。

二、目标和目标解析

1. 目标

（1）通过具体实例，了解对数函数的概念，能用描点法或借助计算工具画出具体对数函数的图象，探索并了解对数函数的单调性与特殊点。

（2）知道对数函数 $y = \log_a x$ 与指数函数 $y = a^x$ 互为反函数$(a > 0, a \neq 1)$。

2. 目标解析

达成上述目标的标志是：

（1）能通过具体实例，利用指数函数、指数与对数的关系，得出对数函数的对应关系,能说出对数函数与指数函数对应关系之间的特殊关系。

（2）能利用对数与指数的相互关系,利用指数函数的图象和性质,探索对数函数的图象与性质,能说出对数函数的主要性质,能利用对数函数解决简单的实际问题。

三、教学问题诊断分析

1. 问题诊断

对数函数是高中阶段学生学习的第三个基本初等函数,学生已经具备了较好的函数认知基础。因为对数函数是在其反函数——指数函数得到完整研究的基础上展开的,要借助对数与指数的内在联系,利用指数函数研究对数函数,这是学生以往经验中没有的,所以从这个角度说,学生会遇到一些困难。也就是说,这里的困难主要来自看问题的观点、研究问题的方法。教学中,要通过对数与指数的内在联系,采取适当的教学手段（例如列表对照、将图象画在同一个坐标系中进行比较等）,借助指数函数认清对数函数的对应关系,强调通过代数运算的方法研究对数函数的性质,在画对数函数的图象时也要注意引导学生把它与指数函数的图象联系起来,使学生在借助指数函数研究对数函数的过程中领会这种研究方法的特点。

2. 教学难点

借助对数与指数的相互关系、利用指数函数研究对数函数。

四、教学支持条件分析

利用信息技术工具画出对数函数的图象,在解决实际问题中利用计算工具计算对数值等等。

五、教学过程设计

环节一 创设情境,认识对数函数

问题 1 我们知道,指数函数 $y = \left(\dfrac{1}{2}\right)^{\frac{x}{5730}}$ $(x \geqslant 0)$ 描述了死亡生物体内碳 14 的含量 y 随死亡时间 x 的推移而不断衰减的规律。结合考古工作的实际情况,你认为,利用这个函数可以解决什么问题? 为什么?

师生活动 学生独立思考、作答,再全班交流。教师可以适时引导,使学生明确:

实际上,考古工作中真正面临的问题是用科学仪器测出死亡生物体内碳 14 的含量,再利用这个数据去判断该生物死亡了多长时间。

追问 1 利用函数 $y = \left(\dfrac{1}{2}\right)^{\frac{x}{5730}}(x \geqslant 0)$ 解决这个问题,实际上就是要做什么?

师生活动 在学生独立思考、互动交流的基础上明确要解决的问题是:

给定一个 y 的值,利用函数关系,求出对应的 x 的值。例如,已知死亡生物体内碳 14 的含量为 0.5,0.7,或任意一个 $y(0 < y \leqslant 1)$,求对应的 x 的值。

再让学生具体求解,得出相应的答案。

追问 2 从函数的观点分析上述求解过程,你能得出什么结论?

师生活动 先由学生思考、作答,如果学生不理解问题,教师可以提示:从函数的观点出发进行分析,就是看给定一个碳 14 含量值 y,是否有唯一确定的死亡时间 x 与之对应。这个问题从直观上可以给出肯定的回答,但如何通过对应关系进行分析?

根据指数与对数的关系,由 $y = \left(\dfrac{1}{2}\right)^{\frac{x}{5730}}(x \geqslant 0)$ 得到 $x = \log_{\sqrt[5730]{\frac{1}{2}}} y(0 < y \leqslant 1)$。任给一个 $y_0(0 < y_0 \leqslant 1)$,过 y 轴正半轴上的点 $(0, y_0)$ 作 x 轴的平行线,根据指数函数的单调性,这条直线与 $y = \left(\dfrac{1}{2}\right)^{\frac{x}{5730}}(x \geqslant 0)$ 的图象有且只有

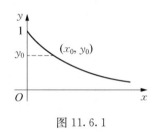

图 11.6.1

一个交点 (x_0, y_0),如图 11.6.1 所示。这就说明,对于任意一个 $y \in (0, 1]$,通过对应关系 $x = \log_{\sqrt[5730]{\frac{1}{2}}} y$,在 $[0, +\infty)$ 上都有唯一确定的数 x 和它对应,所以 x 也是 y 的函数。也就是说,函数 $x = \log_{\sqrt[5730]{\frac{1}{2}}} y$,$y \in (0, 1]$ 刻画了时间 x 随碳 14 含量 y 的衰减而变化的规律。

［设计意图］通过一个问题两个追问,引导学生从考古研究的真实情况出发提出问题,培养学生的发现和提出问题的能力。在此基础上联系指数与对数的关系,借助指数函数解决对数的问题,推广到一般,由指数函数引出对数函数。

环节二　数学抽象,给出对数函数的概念

问题 2 以上我们从函数 $y = \left(\dfrac{1}{2}\right)^{\frac{x}{5730}}(x \geqslant 0)$ 出发,利用对数与指数的相互关系,得出函数 $x = \log_{\sqrt[5730]{\frac{1}{2}}} y$,$y \in (0, 1]$,对于测得的任何一个死亡生物体碳 14 含量数据,都可以由此函数推出其死亡年份。一般地,对于指数函数 $y = a^x (a > 0,$

且 $a \neq 1$)，根据指数与对数的运算关系得到的 $x = \log_a y (a > 0$，且 $a \neq 1$) 是一个函数吗？为什么？

师生活动　学生独立思考、作答，再进行班级展示、交流，教师与学生互动交流，完善学生的认识。

追问　阅读《必修一》第 130 页例 1 之前的内容，并完成下列问题：

(1) 对数函数的对应关系是什么？它与指数函数的对应关系有什么内在联系？

(2) 对数函数底数的取值范围是什么？为什么？

(3) 对数函数的定义域是什么？为什么？

师生活动　学生独立完成，再进行班级交流，在此基础上教师强调：

根据指数函数的定义以及指数与对数之间的关系，可以得到如下对照表（表 11.6.1）：

表 11.6.1

	指数函数	对数函数
对应关系	$y = a^x (a > 0$，且 $a \neq 1$)	$y = \log_a x (a > 0$，且 $a \neq 1$)
定义域	**R**	$(0, +\infty)$
值域	$(0, +\infty)$	**R**

对数函数与指数函数的底数相同；定义域和值域相互交换。教师要提醒学生注意，对数函数的定义表明了它与指数函数具有紧密联系，我们可以利用这种"互换"关系，用已有的指数函数知识来研究对数函数的问题。

[**设计意图**]　在问题 1 的基础上，从特殊到一般，直接抽象出对数函数的概念。通过与指数函数关系的分析，明确两者的内在关联性，为后续利用互为反函数的关系研究对数函数做好铺垫。

环节三　探索对数函数的图象和性质

问题 3　根据前面研究幂函数、指数函数的经验，在得出函数的概念后，接着要研究什么？你认为可以按什么路径和方法来研究？

师生活动 先由学生回顾研究一类函数的基本路径,即"背景—概念—图象与性质—应用",确定接下来要研究对数函数的图象和性质,并用于解决问题。

对于对数函数图象与性质的研究路径和方法,学生一般会想到"列表—描点—作图—观察图象得出性质"。教师给予肯定的基础上,可以提出问题引导学生思考新的方法。

追问 1 我们知道,对数函数的概念是在学习指数函数的基础上,通过提出"反过来的问题",并利用指数与对数的内在联系而建立起来的。所以,就像利用指数幂的运算性质证明对数的运算性质那样,我们完全有理由相信,可以通过对数函数与指数函数的联系,利用指数函数的图象和性质,得出对数函数的图象与性质。你能在回顾指数函数图象与性质的基础上,通过对数与指数的关系,得出对数函数的图象与性质吗?

师生活动 师生一起回忆指数函数的图象与性质,然后教师可以示范通过指数函数图象得出对数函数图象的方法,期间可以问一问学生:要通过描点法比较准确地画出 $y = a^x$ 的图象,在取点时需要注意什么? 提醒学生注意,要根据指数、对数的性质($\log_a 1 = 0$,$\log_a a = 1$),把特殊点取上。

教师示范画函数 $y = 2^x$ 和函数 $y = \log_2 x$ 的图象:

第一步,先取点,再列表(见表 11.6.2)。

表 11.6.2

$y = 2^x$		$y = \log_2 x$	
x	y	x	y
-1	0.5	0.5	-1
0	1	1	0
1	2	2	1
2	4	4	2
3	8	8	3
4	16	16	4

上述取点、列表的过程,利用了指数与对数的如下关系:当点 $P(a, b)$ 满足 $y = 2^x$ 时,有 $b = 2^a$,于是 $a = \log_2 b$,说明点 $Q(b, a)$ 满足 $y = \log_2 x$。

第二步,在同一个直角坐标系中,用描点法画出 $y = 2^x$ 和 $y = \log_2 x$ 的图象,如图

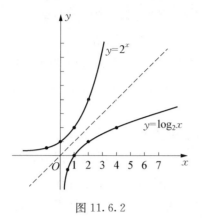

图 11.6.2

11.6.2所示。

追问2 观察图11.6.2,你能说一说 $y=2^x$ 的图象和 $y=\log_2 x$ 的图象之间有什么关系吗?你能解释理由吗?在已知 $y=2^x$ 的图象的基础上,不用描点法,你将如何画出 $y=\log_2 x$ 的图象?

师生活动 由学生观察图象,得出 $y=2^x$ 的图象和 $y=\log_2 x$ 的图象关于 $y=x$ 对称。其理由是

设点 $P(a,b)$ 是函数 $y=2^x$ 图象上的任意一点,则 $b=2^a$,于是 $a=\log_2 b$,所以点 $Q(b,a)$ 满足 $y=\log_2 x$,即点 Q 在 $y=\log_2 x$ 的图象上;反之,设点 $Q_1(c,d)$ 是 $y=\log_2 x$ 图象上的任意一点,则 $d=\log_2 c$,于是 $c=2^d$,所以点 $P_1(d,c)$ 是函数 $y=2^x$ 图象上的一点。综上可知,$y=2^x$ 的图象和 $y=\log_2 x$ 的图象关于 $y=x$ 对称。

这样,知道 $y=2^x$ 的图象,就可以利用这种对称性得出 $y=\log_2 x$ 的图象。

这个过程有一定的难度,如果学生不能回答,可以由教师直接讲解。

[**设计意图**] 把取点和列表对照起来,并将 $y=2^x$ 的图象和 $y=\log_2 x$ 的图象画在同一个坐标系中,有利于学生进一步体会这两个函数之间的内在联系,发现它们的图象之间的对称关系,增强学生建立指数函数与对数函数之间的联系,进而利用指数函数研究对数函数的意识。

追问3 在研究指数函数的图象和性质时,我们已经知道了底数互为倒数的两个指数函数的图象关于 y 轴对称。那么对于底数互为倒数的两个对数函数,比如函数 $y=\log_2 x$ 和 $y=\log_{\frac{1}{2}} x$,它们的图象是否也有某种对称性呢?请你利用这两个函数的解析式进行分析,再依据你得到的结论,借助已经画出的函数 $y=\log_2 x$ 的图象,画出函数 $y=\log_{\frac{1}{2}} x$ 的图象。

师生活动 学生类比指数函数中的研究方法进行分析。如果有困难,教师可以通过问题引导:

利用换底公式有 $y=\log_{\frac{1}{2}} x=-\log_2 x$,由此你能想到什么?

类比 $y=2^x$ 的图象与 $y=\log_2 x$ 的图象关系的分析,学生可以想到,函数 $y=\log_2 x$ 图象上任意一点 $P(x,y)$ 关于 x 轴的对称点 $P_1(x,-y)$ 都在 $y=\log_{\frac{1}{2}} x$ 的图象上,反之也对。通过这种对称性,可以利用 $y=\log_2 x$ 的图象画出 $y=\log_{\frac{1}{2}} x$ 的图象,如

图 11.6.3 所示。另外,学生也可以利用 $y = \left(\dfrac{1}{2}\right)^x$ 的图象与 $y = \log_{\frac{1}{2}} x$ 的图象关于 $y = x$ 对称作出 $y = \log_{\frac{1}{2}} x$ 的图象。

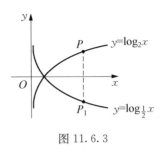

图 11.6.3

[**设计意图**]一般而言,学生会把作函数图象简单化为描点作图,通过追问 3,可以让学生再一次意识到,利用指数与对数之间的关系,可以改变函数图象的作图方式,实际上这是利用了代数性质简化作图。通过不同途径作图,可以增强学生对知识联系性的认识,从而理解用指数函数的性质研究对数函数的意义,更深刻地把握它们的性质。

追问 4 类比 $a = 2$ 和 $a = \dfrac{1}{2}$ 时的作图过程,先想象底数为 $a = 3$, $a = \dfrac{1}{3}$ 以及 $a = 4$, $a = \dfrac{1}{4}$ 时,对数函数图象的关系和形状,再在同一坐标系内画出这些函数的图象。

师生活动 学生独立完成,再由教师通过信息技术作出图象,在此基础上还可以利用信息技术作出更多图象,由此可以从整体上突出对数函数的特征,清晰地呈现出对函数图象的类型,从而促使学生想到分类讨论对数函数的图象与性质。

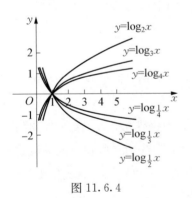

图 11.6.4

追问 5 类比指数函数性质的研究过程,先思考可以从哪些角度观察如图 11.6.4 所示的这些函数的图象,再自己设计一个表格,写出对数函数 $y = \log_a x (a > 0,$ 且 $a \neq 1)$ 的性质。

师生活动 学生独立思考、作答,教师通过课堂巡视帮助有困难的学生,再进行班级交流互动,得出对数函数的性质。在前面已有的充分准备下,估计学生都能够得出正确的结论。

追问 6 对照指数函数的图象与性质表(表 11.6.3)和对数函数的图象和性质表(表 11.6.4),你有什么发现?你能解释其中的原因吗?

	表 11.6.3	
	$0 < a < 1$	$a > 1$
图象		
定义域	**R**	
值域	$(0, +\infty)$	
性质	(1) 过定点$(0, 1)$，即 $x = 0$ 时，$y = 1$	
	(2) 减函数	(2) 增函数

	表 11.6.4	
	$0 < a < 1$	$a > 1$
图象		
定义域	$(0, +\infty)$	
值域	**R**	
性质	(1) 过定点$(1, 0)$，即 $x = 1$ 时，$y = 0$	
	(2) 减函数	(2) 增函数

师生活动 教师将两张表并列投影。

学生观察,有了发现后进行发言、讨论,最后由师生一起进行总结,得出如下结论。

对于指数函数 $y = a^x (a > 0,$ 且 $a \neq 1)$ 和对数函数 $y = \log_a x (a > 0,$ 且 $a \neq 1)$:

(1) 定义域和值域相互互换;

(2) 所过定点的横纵坐标相互交换;

(3) 单调性都分 $0 < a < 1, a > 1$ 两类情况,而且单调性相同;

(4) 两个函数图象关于直线 $y = x$ 对称。

然后教师指出:指数函数 $y = a^x (a > 0,$ 且 $a \neq 1)$ 和对数函数 $y = \log_a x (a > 0,$ 且 $a \neq 1)$ 具有上述的特殊关系,完全是由这两个函数的对应关系之间的特殊关系决定的,我们称具有这种特殊关系的两个函数互为反函数。

[**设计意图**] 在一个问题的统领下,通过 6 个追问,先构建研究对数函数的图象与性质的整体架构,然后始终以指数与对数的内在联系为纽带,先由教师示范建立函数 $y = 2^x$ 和函数 $y = \log_2 x$ 的联系,利用函数 $y = 2^x$ 的图象画出函数 $y = \log_2 x$ 的图象,并在此过程中认识它们关于直线 $y = x$ 对称;再利用对数换底公式建立 $y = \log_{\frac{1}{2}} x$ 与 $y = \log_2 x$ 的联系,并利用 $y = \log_2 x$ 的图象画出 $y = \log_{\frac{1}{2}} x$ 的图象。接着,让学生仿照这个过程作出底数为 $a = 3, a = \frac{1}{3}, a = 4, a = \frac{1}{4}$ 等的函数图象。 在充分研究函数图象后,先让学生类比指数函数的性质,明确观察函数图象的角度,再观察、归纳具体的对数函数图象的共同特征,进而概括出对数函数的性质。最后让学生把两张指数函数、对数

函数的图象与性质表放在一起进行对照,得出它们之间的内在关联。这样设计图象与性质的研究,数形结合非常紧密,而且突出了代数运算的作用,可以让学生充分体会指数函数与对数函数的特殊关系,领悟通过代数运算和函数图象认识函数性质的方法,提高研究函数问题的逻辑性,增加理性思维的成分。

环节四　课堂小结,形成结构

问题 4　请同学们带着下列问题回顾本节课的学习内容,并给出回答:

(1) 我们是按照怎样的路径研究对数函数的?

(2) 获得对数函数概念的过程与获得幂函数、指数函数概念的过程有怎样的异同?

(3) 与幂函数、指数函数的图象与性质的研究过程相比,得出对数函数图象与性质的过程与方法有很大的不同,你能指出不同在哪里吗?

(4) 由指数与对数之间的密切关联决定了指数函数与对数函数之间的特殊关系,你能从函数的定义、图象与性质等各方面给出这些特殊关系吗?

师生活动　先由学生独立思考、作答,再进行全班交流,教师和学生互动、点评后进行总结。

(1) 幂函数、指数函数是通过对现实世界中同类运动变化现象中的变量关系和规律的归纳、概括得出的,对数函数是通过分析指数函数"反过来的问题",利用指数函数的单调性、指数与对数的关系而获得的,这是很不相同的。当然,无论是哪一种方式,最终得出概念都聚焦在两个实数集的元素之间的对应关系上。

(2) 幂函数、指数函数的图象与性质的研究,是通过描点法作图象,再通过观察图象,结合解析式的代数意义和相关运算得出函数性质;对数函数的图象与性质的研究,主要通过指数与对数的内在联系,利用指数函数的图象与性质得出对数函数的相关结论。

[**设计意图**] 从结构化、联系性等角度归纳总结本课的学习内容,进一步认识函数的研究内容、过程和方法,突出对数函数与指数函数的内在关联,渗透反函数的观点,强调利用对数与指数的关系简化研究过程,体现更高的函数观点,更本质的数学思维方式。

环节五　目标检测,检验效果

题 1　设对数函数 $y=f(x)$ 的底数为 a,如果 $f(16)=2$,那么 $a=$ _____ , $f(256)=$

_____。

题2 在同一直角坐标系中画出函数 $y=3^x$，$y=\log_3 x$ 和 $y=\log_{\frac{1}{3}} x$ 的图象,并说明它们的关系。

题3 函数 $f(x)=-3\log_a x(a>0,\text{且 } a\neq 1)$ 的图象经过点 $(3,3)$。

  (1) 求该函数的解析式,并画出函数图象;

  (2) 判断该函数的单调性。

[设计意图] 题1检测对数函数概念的掌握情况;题2检测学生利用指数函数图象及指数与对数的关系、对数的性质等解决问题的能力;题3检测学生对对数函数的图象和性质的掌握。

课后作业

《必修一》第140、141页,习题4.4,第1,2,3,4,5,7,8,9,10题。

教学设计说明

1. 函数概念的学习是否只有"从典型丰富的具体实例中归纳共性,概括本质特征,抽象出函数概念"这一条路径?

曾经有老师质疑,人教A版只用一个具体例子就给出对数函数的概念,这不符合概念学习的认知规律,也不符合概念教学的基本要求。如何认识这个问题呢?

一般而言,认知心理学给出的概念形成、概念同化两种概念获得的基本方式应该成为概念教学应遵循的基本模式,所以概念教学的基本环节可参看图11.6.5所示[①]:

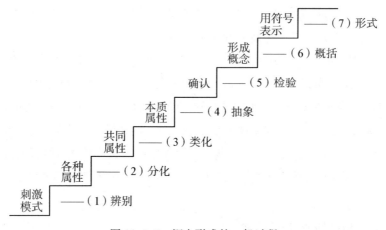

图11.6.5 概念形成的一般过程

---

① 曹才翰,章建跃.数学教育心理学[M].北京:北京师范大学出版社,2006.

但是,这个一般过程不能成为一种教条,需要针对具体内容进行适当的调整。也就是说,我们要在深入分析面临的教学内容本质的基础上,根据当前教学内容的特点作出恰当的教学设计。

人教 A 版充分注意到对数函数与指数函数是互为反函数这个特征,注重利用对数与指数的内在关联,以死亡生物体内碳 14 含量衰减规律为背景,通过分析指数函数 $y=\left(\dfrac{1}{2}\right)^{\frac{x}{5730}}(x \geqslant 0)$ 的对应关系,利用其单调性得出 $x=\log_{5730}\sqrt{\frac{1}{2}} y(0 < y \leqslant 1)$ 也是一个函数,然后推广到一般,根据指数与对数的关系,由 $y=a^x(a>0,$ 且 $a \neq 1)$ 的对应关系特征和单调性得出 $x=\log_a y(a>0,$ 且 $a \neq 1)$ 也是一个函数。这样的内容处理,不拘泥于概念学习的一般方式,注意了具体问题具体分析,从整体上反映了指数函数与对数函数的本质,从而充分发挥了这个内容独特的育人价值。

本教学设计充分关注到教材的这个编写意图,为学生构建了一个全新的函数研究路径,引导学生把更多精力放在数理分析、逻辑推理上,从而为学生提供了一条研究函数问题的新途径。

2. 函数的图象与性质的研究是否必须"画出函数图象—观察图象,得出性质"? 作函数图象是否只能"列表—描点—用光滑的曲线连接"?

学生从初中获得的经验就是"列表—描点—画图—观察图象、得出性质",这个经验在幂函数、指数函数的研究中被强化了。所以函数图象与性质的研究中,数形结合并没有反映其全貌,画图之前从代数角度研究解析式,得出性质,并用于指导作出函数图象,这一点没有得到重视。实际上,像幂函数图象都过点$(1,1)$,指数函数图象都过点$(0,1)$,对数函数图象都过点$(1,0)$,等等,这些性质不需要通过图象得出。所以,我们必须注意不能让学生形成思维定势,认为必须先画图象然后从图象得出性质,因为这种方法是很粗糙的,精确的方法还是要通过代数推理。

本教学设计充分注意到对数函数与指数函数的内在一致性,设计了一条新的函数图象与性质的研究路径:

(1) 类比已有经验,构建研究对数函数的图象与性质的整体架构。

(2) 类比利用指数幂的运算性质研究对数的运算性质,提出新思路并给出示范:通过对数函数与指数函数的联系,利用指数函数的图象和性质,得出对数函数的图象与性质;然后由教师示范利用函数 $y=2^x$ 的图象画出函数 $y=\log_2 x$ 的图象,并在此过程中明确它们关于直线 $y=x$ 对称;再利用对数换底公式建立 $y=\log_{\frac{1}{2}} x$ 与 $y=\log_2 x$ 的联系,并利用 $y=\log_2 x$ 的图象画出 $y=\log_{\frac{1}{2}} x$ 的图象。

（3）学生仿照教师示范的过程，研究底数 a 取具体值时的函数图象。

（4）教师通过信息技术画出更多的函数图象。

（5）类比指数函数性质的几个方面，明确观察对数函数图象的角度，再观察、归纳具体的对数函数图象的共同特征，进而概括出对数函数的性质。

（6）把两张指数函数、对数函数的图象与性质表放在一起进行对照，得出它们之间的内在关联，并指出这样的两个函数叫做互为反函数。

可以看到，本教学设计的暗线实际上就是指数函数与对数函数互为反函数的关系，把指数函数的定义、图象与性质中自变量与函数值的位置倒过来，再用函数语言表达出来，就得到了对数函数的所有内容。尽管其中涉及对称性问题的图象特征和代数推理，有一定难度，但这样做是值得的，而且只有这样做才体现出这个内容的本质，其育人功能才能得到充分发挥。

另外，本教学设计将对数函数的概念、图象与性质放在一堂课内，中间没有安排求定义域、值域、比较函数值大小之类的例题、练习，这样安排的意图非常明显，就是为了体现数学的整体性，让学生完整地经历研究一个数学对象的基本过程，从而有效地避免碎片化知识点教学的弊端，使学生建立起结构化、简约化的指数函数与对数函数的认知结构。

切记，如果把对数函数的教学处理成"重复指数函数的故事"，那么这个内容的育人价值将被极大削弱。

一、内容和内容解析

1. 内容

三角函数的概念,三角函数的基本性质:三角函数值的符号、公式一、同角三角函数的基本关系。

本单元含 3 课时:第 1 课时,三角函数的概念;第 2 课时,三角函数的基本性质;第 3 课时,概念和性质的简单应用。

2. 内容解析

三角函数是一类最典型的周期函数,是解决实际问题的重要工具,是学习数学和物理、天文等其他学科的重要基础。

传统上,人们习惯把三角函数看成是锐角三角函数的推广,利用象限角终边上点的坐标比定义三角函数。因为这一定义方法出自欧拉,因此更具权威性。然而,锐角三角函数的研究对象是三角形,是三角形中边与角的定量关系(三角比)的反映;而任意角三角函数的现实背景是周期变化现象,是"周而复始"变化规律的数学刻画。如果以锐角三角函数为基础进行推广,那么三角函数概念发生发展过程的完整性将受到破坏。因此,整体上,任意角三角函数知识体系的建立,应与其他基本初等函数类似,强调以周期变化现象为背景,构建从抽象研究对象(即定义三角函数概念)到研究它的图象、性质再到实际应用的过程,与锐角三角函数的联系可以在给出任意角三角函数定义后再进行考察。

一般地,概念的形成应按"事实—概念"的路径,即学生要经历"背景—研究对象—对应关系的本质—定义"的过程。本单元的学习中,学生在经历这个过程而形成三角函数概念的同时,"顺便"就可得到值域、函数值的符号、公式一及同角三角函数的基本关系等性质。需要注意的是,这些性质看上去简单,但反映了三角函数本质特征。其中,公式一体现了三角函数的取值具有周期性,这是三角函数的最重要的性质;同角三角函数的基本关系体现了三角函数的内在联系性。

3. 教学重点

正弦函数、余弦函数、正切函数的定义,公式一,同角三角函数的基本关系。其中,正弦函数、余弦函数的定义是重中之重。

二、目标和目标解析

1. 目标

（1）了解三角函数的背景，体会三角函数与现实世界的密切联系。

（2）经历三角函数概念的抽象过程，借助单位圆理解任意角三角函数（正弦、余弦、正切）的定义，发展数学抽象素养。

（3）掌握三角函数值的符号。

（4）掌握公式一，初步体会三角函数的周期性。

（5）理解同角三角函数的基本关系式：$\sin^2 x + \cos^2 x = 1$，$\dfrac{\sin x}{\cos x} = \tan x$，体会三角函数的内在联系性，通过运用基本关系式进行三角恒等变换，发展数学运算素养。

2. 目标解析

达成上述目标的标志是：

（1）学生能如了解线性函数、反比例函数、二次函数、幂函数、指数函数、对数函数的现实背景那样，知道三角函数是刻画现实世界中"周而复始"变化规律的数学工具，能体会到匀速圆周运动在"周而复始"变化现象中的代表性。

（2）学生在经历"周期现象—圆周运动—单位圆上点的旋转运动"的抽象活动中，明确研究的问题（单位圆 $\odot O$ 上的点 P 以 A 为起点作旋转运动，建立一个数学模型，刻画点 P 的位置变化情况），使研究对象简单化、本质化；学生能分析单位圆上点的旋转中涉及的量及其相互关系，获得对应关系并抽象出三角函数概念；能根据定义求给定角的三角函数值。

（3）学生能根据定义得出三角函数在各象限取值的符号规律。

（4）学生能根据定义，结合终边相同的角的表示，得出公式一，并能据此描述三角函数周而复始的取值规律，求某些角（特殊角）的三角函数值。

（5）学生能利用定义以及单位圆上点的横、纵坐标之间的关系，发现并提出"同角三角函数的基本关系"，并能用于三角恒等变换。

三、教学问题诊断分析

1. 问题诊断

三角函数概念的学习，其认知基础是函数的一般观念以及对幂函数、指数函数和对数函数的研究经验，另外还有圆的有关知识。这些认知准备对于分析"周而复始"变化现象中涉及的量及其关系、认识其中的对应关系并给出定义等都能起到思路引领作用。然而，前面学习的基本初等函数，涉及的量（常量与变量）较少，解析式都有明确的运算含义,而三角函数中,影响单位圆上点的坐标变化的因素较多,对应关系不以"代数运算"为媒介,是"α 与 x、y 直接对应",无须计算。虽然 α、x、y 都是实数,但实际上是"几何元素间的对应"。所以,三角函数中的对应关系,与学生的已有经验距离较大,由此产生第一个学习难点:理解三角函数的对应关系,包括影响单位圆上点的坐标变化的因素分析,以及三角函数的定义方式的理解。

为了破除学生在"对应关系"认识上的定势,帮助他们搞清三角函数的"三要素",应该根据函数一般概念引导下的"下位学习"的特点,先让学生明确"给定一个角,如何得到对应的函数值"的操作过程,然后再下定义。这样不仅使三角函数定义的引入更自然,而且由三角函数对应关系的独特性,可以使学生再一次认识函数的本质。具体地,可以先让学生完成"给定一个特殊角,求它的终边与单位圆交点的坐标"的任务,例如,当 $\alpha = \dfrac{\pi}{6}$ 时,让学生找出相应点 P 的坐标,并体会到点 P 的坐标的唯一确定性;再借助信息技术,让学生观察任意给定一个角 $\alpha \in \mathbf{R}$,它的终边与单位圆的交点坐标是否唯一,从而为理解三角函数的对应关系奠定基础。利用信息技术,可以很容易地建立单位圆上点的横坐标、纵坐标、角、弧之间的联系,并且可以在角的变化过程中进行观察,发现其中的规律性。所以,信息技术可以帮助学生更好地理解三角函数的本质。

对于三角函数的定义,可以通过以下几点帮助学生理解:

第一,α 是一个任意角,同时也是一个实数(弧度数),所以"设 α 是一个任意角"的意义实际上是"对于 **R** 中的任意一个数 α"。

第二,"它的终边 OP 与单位圆相交于点 $P(x, y)$",实际上给出了两个对应关系,即

① 实数 α(弧度)对应于点 P 的纵坐标 y,

② 实数 α(弧度)对应于点 P 的横坐标 x,

其中 $y, x \in [-1, 1]$。因为对于 **R** 中的任意一个数 α,它的终边唯一确定,所以交点 $P(x, y)$ 也唯一确定,也就是纵坐标 y 和横坐标 x 都由 α 唯一确定,所以对应关系①② 分别确定了一个函数,这是理解三角函数定义的关键。

第三,引进符号 sinα、cosα 分别表示"α 的终边与单位圆交点的纵坐标""α 的终边与单位圆交点的横坐标",于是:对于任意一个实数 α,按对应关系①,在集合 $B = \{z \mid -1 \leqslant z \leqslant 1\}$ 中都有唯一确定的数 sinα 与之对应;按对应关系 ②,在集合 B 中都有唯

一确定的数 $\cos\alpha$ 与之对应。所以，$\sin\alpha$、$\cos\alpha$ 都是一个由 α 所唯一确定的实数。

这里，对符号 $\sin\alpha$、$\cos\alpha$ 和 $\tan\alpha$ 的认识是第二个难点。可以通过类比引进符号 $\log_a b$ 表示 $a^x = b$ 中的 x，说明引进这些符号的意义。

本单元的第三个学习难点是对三角函数内在联系性的认识。出现这个难点的主要原因在于三角函数联系方式的特殊性，学生在已有的基本初等函数学习中没有这种经验，以及学生从联系的观点看问题的经验不足，对"如何发现函数的性质"的认识不充分等而导致的发现和提出性质的能力不强。为此，教学中应在思想方法上加强引导。例如，可以通过问题"对于给定的角 α，点 $P(\cos\alpha, \sin\alpha)$ 是 α 的终边与单位圆的交点，而 $\tan\alpha$ 则是点 P 的纵坐标与横坐标之比，因此这三个函数之间一定有内在联系。你能从定义出发，研究一下它们有怎样的联系吗"引导学生探究同角三角函数的基本关系。

2. 教学难点

三角函数对应关系，三角函数符号的含义，三角函数的内在联系性。

四、教学支持条件分析

为了加强学生对单位圆上点的坐标随角(圆心角)的变化而变化的直观感受，需要利用信息技术工具建立任意角、角的终边与单位圆的交点、角的旋转量、交点坐标等之间的关联。教学中，可以动态改变角 α 的终边 OP(P 为终边与单位圆的交点)的位置，引导学生观察 OP 位置的变化所引起的点 P 坐标的变化规律，感受三角函数的本质，同时感受终边相同的角具有相同的三角函数值，以及各三角函数在各象限中符号的变化情况。

五、课时教学设计(一)

三角函数的概念

1. 课时教学内容

三角函数的概念。

2. 课时教学目标

(1) 知道三角函数是刻画现实世界中"周而复始"变化规律的数学工具。

(2) 经历"周期现象—圆周运动—单位圆上点的旋转运动"的抽象过程，能抽象研究的问题，通过分析单位圆上点的旋转运动中涉及的量及其相互关系，获得对应关系并抽象出三角函数概念。

(3) 能应用定义解决简单问题。

3. 教学重点和难点

(1) 教学重点：三角函数的对应关系。

（2）教学难点：三角函数的对应关系。

4. 教学过程设计

说明：三角函数概念的学习，应在一般函数概念的指导下，按"概念形成"的方式展开，即要安排"情境—共性归纳—定义—辨析—简单应用"的过程。由于周期现象的复杂性，还需要通过适当的引导，将问题进行简化而归结到单位圆上点的运动规律的研究。

环节一　创设情境，明确问题

引导语　我们知道，现实世界中存在着各种各样的"周而复始"变化现象，圆周运动是这类现象的代表。如图 11.7.1，⊙O 上的点 P 以 A 为起点做逆时针方向旋转。在把角的范围推广到任意角后，我们可以利用角 α 的大小变化刻画点 P 的位置变化。根据弧度制的定义，角 α 的大小与⊙O 的半径无关，因此，不失一般性，我们可以先研究单位圆上点的运动。现在的任务是：

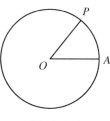

图 11.7.1

如图 11.7.1，单位圆⊙O 上的点 P 以 A 为起点做逆时针方向旋转，建立一个函数模型，刻画点 P 的位置变化情况。

问题1　根据已有的研究函数的经验，你认为可以按怎样的路径研究上述问题？

师生活动　学生在独立思考的基础上进行交流，通过讨论得出研究路径是：明确研究背景—对应关系的特点分析—下定义—研究性质。

［**设计意图**］明确研究的内容、过程和基本方法，为具体研究指明方向。

环节二　分析具体事例，归纳共同特征

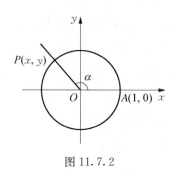

图 11.7.2

引导语　下面我们利用直角坐标系来研究上述问题。如图 11.7.2，以单位圆的圆心 O 为原点，以射线 OA 为 x 轴的非负半轴，建立直角坐标系，点 A 的坐标为$(1, 0)$，点 P 的坐标为(x, y)。射线 OA 从 x 轴的非负半轴开始，绕点 O 按逆时针方向旋转角 α，终止位置为 OP。

问题 2 当 $\alpha = \dfrac{\pi}{6}$ 时,点 P 的坐标是什么? 当 $\alpha = \dfrac{\pi}{2}$ 或 $\dfrac{2\pi}{3}$ 时,点 P 的坐标又是什么?

它们是唯一确定的吗?

一般地,任意给定一个角 α,它的终边 OP 与单位圆交点 P 的坐标能唯一确定吗?

师生活动 在学生求出当 $\alpha = \dfrac{\pi}{6}$ 时点 P 的坐标后追问以下问题。

追问 (1) 求点 P 的坐标要用到什么知识?(直角三角形的性质)

(2) 求点 P 的坐标的步骤是什么? 点 P 的坐标唯一确定吗? $\Big($画出 $\dfrac{\pi}{6}$ 的终边 OP,过点 P 作 x 轴的垂线交 x 轴于 M,在 Rt$\triangle OMP$ 中,利用直角三角形的性质可得点 P 的坐标是 $\Big(\dfrac{\sqrt{3}}{2},\ \dfrac{1}{2}\Big)$。$\Big)$

(3) 如何利用上述经验求当 $\alpha = \dfrac{2\pi}{3}$ 时点 P 的坐标? $\Big($可以发现,$\angle MOP = \dfrac{\pi}{3}$,而点 P 在第二象限,可得点 P 的坐标是 $\Big(-\dfrac{1}{2},\ \dfrac{\sqrt{3}}{2}\Big)$。$\Big)$

(4) 利用信息技术,任意画一个角 α,观察它的终边 OP 与单位圆交点 P 的坐标,你有什么发现? 你能用函数的语言刻画这种对应关系吗?(对于 **R** 中的任意一个角 α,它的终边 OP 与单位圆交点为 $P(x,\ y)$,无论是横坐标 x 还是纵坐标 y,都是唯一确定的。这里有两个对应关系:

f:实数 α(弧度)对应于点 P 的纵坐标 y,

g:实数 α(弧度)对应于点 P 的横坐标 x。

根据上述分析,f:**R**$\rightarrow[-1,\ 1]$ 和 g:**R**$\rightarrow[-1,\ 1]$ 都是从集合 **R** 到集合 $[-1,\ 1]$ 的函数。)

[**设计意图**] 以函数的对应关系为指向,从特殊到一般,使学生明确任意角集合中的元素与单位圆上点的坐标的集合之间是如何对应的,确认相应的对应关系满足函数的定义,角的终边与单位圆交点的横、纵坐标都是圆心角 α(弧度)的函数,为给出三角函数的定义做好准备。

说明:有些人认为,"给定角 α,那么它的终边是唯一确定的,所以终边与单位圆的交点坐标也是唯一确定的",这个很好理解,所以让学生求 $\dfrac{\pi}{6}$、$\dfrac{2\pi}{3}$ 等具体角的终边与单位圆的交点坐标是多余的。但课堂观察发现,有不少学生在求角 $\dfrac{\pi}{6}$、$\dfrac{2\pi}{3}$ 的终边与单位圆的交点坐标时出现了困难。这个问题老师们应加以反思,为什么这样一个"简单"问题,学生出现困难?我们认为,原因主要有两个方面:一是前面任意角、象限角、弧度制的知识基础不扎实,二是没有形成"按部就班"分析和解决问题的技能,学生不知道从哪里入手。当前的教学,有许多老师急于求成,在知识教学中不重视"四基""四能"的落实,这是造成学生学习困难的重要原因。

环节三 任意角三角函数的定义与辨析

问题3 请同学们先阅读《必修一》第178～179页,再回答如下问题:

(1) 正弦函数、余弦函数和正切函数的对应关系各是什么?

(2) 符号 $\sin\alpha$、$\cos\alpha$ 和 $\tan\alpha$ 分别表示什么?在你以往的学习中有类似的引入特定符号表示一种量的经历吗?

(3) 为什么说当 $\alpha \neq \dfrac{\pi}{2} + k\pi,k \in \mathbf{Z}$ 时,$\tan\alpha$ 的值是唯一确定的?

(4) 为什么说正弦函数、余弦函数的定义域是 $\mathbf{R}$?而正切函数的定义域是

$$\left\{ x \in \mathbf{R} \mid x \neq \dfrac{\pi}{2} + k\pi, k \in \mathbf{Z} \right\}?$$

师生活动 学生独立阅读教科书,思考问题给出答案,再进行小组交流,最后各小组派代表发言,老师给予点评。

[**设计意图**] 在问题引导下,通过阅读教科书、辨析关键词等,使学生明确三角函数的"三要素";引导学生类比已有知识(引入符号 $\log_a b$ 表示 $a^x = b$ 中的 x),理解三角函数符号的意义。

环节四 任意角三角函数与锐角三角函数的联系

问题4 在初中我们学了锐角三角函数,知道它们都是以锐角为自变量,以比值为函数值的函数。设 $\alpha \in \left(0, \dfrac{\pi}{2}\right)$,把按锐角三角函数定义求得的锐角 α 的正弦记为 z_1,并把按本节三角函数定义求得的 α 的正弦记为 y_1。z_1 与 y_1 相等吗?对于余弦、正切也有相同的结论吗?

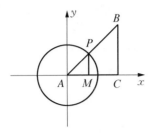

图 11.7.3

师生活动 首先,教师引导学生回顾锐角三角函数的定义,然后分析解决问题的步骤(如图 11.7.3):

第一步,作出 $\text{Rt}\triangle ABC$,其中 $\angle A=\alpha$,$\angle C=90°$,得到

$$z_1=\sin\alpha=\frac{BC}{AB};$$

第二步,以点 A 为原点,AC 为 x 轴的正半轴建立直角坐标系,作单位圆,得 AB 边与单位圆交点 $P(x_1,y_1)$;

第三步,证明 $y_1=z_1$。

在上述分析的基础上,让学生独立完成证明。

[**设计意图**] 建立锐角三角函数与任意角三角函数的联系,使学生体会两个定义的和谐性;通过上述步骤化的分析,培养学生的逻辑思维和推理能力;另外,也为解决例题 2 做好铺垫。

环节五 任意角三角函数概念的初步应用

例1 利用三角函数的定义求 $\frac{5\pi}{3}$ 的正弦、余弦和正切值。

师生活动 先由学生发言,再总结出从定义出发求三角函数值的基本步骤,并得出答案。

[**设计意图**] 通过概念的简单应用,明确用定义求三角函数值的基本步骤,进一步理解定义的内涵。

练习:在例 1 之后进行课堂练习:

(1) 利用三角函数定义,分别求 π 与 $\frac{3\pi}{2}$ 的三个三角函数值。

(2) 说出几个使 $\cos\alpha=1$ 的 α 的值。

师生活动 由学生逐题给出答案,并要求学生说出解答步骤,最后可以总结为"画终边,找交点坐标,算比值(对正切函数)"。

[**设计意图**] 检验学生对定义的理解情况。

例2 如图 11.7.4,设 α 是一个任意角,它的终边上任意一点 P(不与原点 O 重合)的坐标为 (x,y),点 P 与原点的距

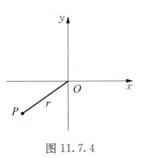

图 11.7.4

离为 r。求证：$\sin\alpha = \dfrac{y}{r}$，$\cos\alpha = \dfrac{x}{r}$，$\tan\alpha = \dfrac{y}{x}$。

师生活动 给出问题后，教师可以引导学生思考如下问题，再让学生给出证明：

(1) 你能根据三角函数的定义作图表示 $\sin\alpha$ 与 $\cos\alpha$ 吗？

(2) 在你所作图形中，$\dfrac{y}{r}$、$\dfrac{x}{r}$、$\dfrac{y}{x}$ 各表示什么，你能找到它们与任意角 α 的三角函数的关系吗？

[**设计意图**] 通过问题引导，使学生找到 $\triangle OMP$ 与 $\triangle OM_0P_0$（如图 11.7.5 所示），并利用它们的相似关系，根据三角函数的定义得到证明。

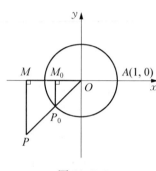

图 11.7.5

追问 例 2 实际上给出了任意角三角函数的另外一种定义，而且这种定义与已有的定义是等价的。你能用严格的数学语言叙述一下这种定义吗？

师生活动 可以由几个学生分别给出定义的表述，在交流的基础上得出准确的定义。

[**设计意图**] 加深学生对三角函数定义的理解。

练习：在例 2 之后进行课堂练习：

(3) 已知点 P 在半径为 2 的圆上按顺时针方向做匀速圆周运动，角速度为 $1\,\text{rad/s}$。求 $2\,\text{s}$ 时点 P 所在的位置。

师生活动 由学生独立完成后，让学生代表展示作业。

[**设计意图**] 三角函数是刻画匀速圆周运动的数学模型，通过练习使学生从另一个角度理解三角函数的定义。

环节六 目标检测，检验效果

题 1 利用三角函数定义，求 $\dfrac{7\pi}{6}$ 的三个三角函数值。

题 2 已知角 θ 的终边过点 $P(-12,5)$，求角 θ 的三个三角函数值。

[**设计意图**] 考查学生对三角函数定义的理解情况。

布置作业

(1)《必修一》第 184 页，习题 5.2，第 1 题。

(2) 梳理抽象三角函数概念的过程，指出三角函数的对应关系与幂函数、指数函数、对数函数的对应关系有怎样的共性和差异性。

(3) 有了三角函数的定义,就要研究三角函数的性质。由定义可知,三角函数与单位圆有密不可分的联系。你能借助单位圆的性质提出一些三角函数性质的猜想吗?

[设计意图] 把课堂小结作为课后作业留给学生,让学生通过梳理概念的抽象过程,进一步理解三角函数概念的内涵;通过与已学函数的比较,进一步明确三角函数对应关系的特征;让学生从三角函数特点出发,借助单位圆猜想三角函数的性质,为下一课的学习做准备,培养学生发现和提出问题的能力。

六、课时教学设计(二)

三角函数的基本性质

1. 课时教学内容

三角函数值的符号,公式一,同角三角函数的基本关系。

2. 课时教学目标

(1) 能根据定义得出三角函数在各象限取值的符号规律。

(2) 能根据定义,结合终边相同的角的表示,得出公式一,并能据此描述三角函数周而复始的取值规律,求某些角(特殊角)的三角函数值。

(3) 能利用定义以及单位圆上点的横、纵坐标之间的关系,发现并证明"同角三角函数的基本关系",并能用于三角恒等变换。

3. 教学重点与难点

(1) 教学重点:公式一,同角三角函数的基本关系。

(2) 教学难点:同角三角函数基本关系的发现。

4. 教学过程设计

环节一 复习回顾,明确问题

问题 1 上一节课布置的课后作业,目的是让同学们通过梳理三角函数概念的抽象过程、与幂函数、指数函数、对数函数的对应关系进行比较等,进一步明确三角函数的特性。你得到了什么结果?请大家发言。

师生活动 (1)先由学生归纳上一节课的学习过程,得出如下流程:

首先,将现实中的周而复始现象抽象为单位圆上点 P 的运动,明确要研究的问题;

第二,在直角坐标系中,建立点 P 与以 OP 为终边的任意角 α 的联系;

第三,从特殊到一般,认识角 α 与点 $P(x, y)$ 的坐标之间的对应关系,得出:$\forall \alpha \in \mathbf{R}$,都有唯一确定的点 $P(x, y)$ 与之对应,这里 $x, y \in [-1, 1]$,所以,点 P 的横坐标 x、纵坐标 y 都是任意角 α 的函数;

第四,给出三角函数的定义。

(2) 共性:与函数的一般概念相吻合;差异性:三角函数是"几何对应",不需要进行代数运算,而幂函数、指数函数、对数函数都有明确的代数运算意义。

[设计意图] 通过回顾三角函数定义的形成过程,并和已学的基本初等函数比较,进一步认识三角函数对应关系的特征。

问题 2 课后作业还要求大家思考接下来应研究三角函数的哪些问题,你有什么想法?

师生活动 先由学生发言。一般而言,学生会直接指向"图象与性质"。教师可以在肯定学生想法的基础上,指出三角函数的特殊性:

单位圆上点的坐标或坐标比值就是三角函数,而单位圆具有对称性,这种对称性反映到三角函数的取值规律上,就会呈现出比幂函数、指数函数和对数函数等更丰富的性质。所以,我们可以从定义出发,结合单位圆的性质直接得到一些三角函数的性质。

[设计意图] 明确研究的问题和思考方向。一般地,学生不习惯于借助单位圆的性质研究三角函数的性质,所以需要教师的讲解和引导。

环节二 自主探究三角函数的基本性质

问题 3 由三角函数的定义以及任意角 α 的终边与单位圆交点所在的象限,你能发现正弦函数、余弦函数和正切函数的值的符号有什么规律吗? 如何用集合语言表示这种规律?

师生活动 由学生独立完成。用集合语言表示的结果是:

当 $\alpha \in \{\beta \mid 2k\pi < \beta < 2k\pi + \pi, k \in \mathbf{Z}\}$ 时,$\sin\alpha > 0$;当 $\alpha \in \{\beta \mid 2k\pi + \pi < \beta < 2k\pi + 2\pi, k \in \mathbf{Z}\}$ 时,$\sin\alpha < 0$;当 $\alpha \in \{\beta \mid \beta = k\pi, k \in \mathbf{Z}\}$ 时,$\sin\alpha = 0$。其他两个函数也有类似结果。

[设计意图] 在直角坐标系中标出三角函数值的符号规律不难,可由学生独立完成。用集合语言表示时,可以复习象限角、终边相同的角的集合表示等。

例 3 求证:角 θ 为第三象限角的充要条件是

$$\begin{cases} \sin\theta < 0, & ① \\ \tan\theta > 0。 & ② \end{cases}$$

师生活动 先引导学生明确问题的条件和结论,再由学生独立完成证明。

[设计意图] 通过联系相关知识,培养学生的推理论证能力。

问题4 联系三角函数的定义、象限角以及终边相同的角的表示,你能发现什么?

师生活动 学生在问题引导下自主探究,发现公式一。

追问 (1)观察公式一,对三角函数的取值规律你有什么进一步的发现? 它反映了圆的什么特性?

(2)你认为公式一有什么作用?

[设计意图] 引导学生通过建立相关知识的联系发现公式一及其所体现的三角函数周期性取值的规律,这是"单位圆上的点绕圆周旋转整数周仍然回到原来位置"的特征的反映。利用公式一可以把求任意角的三角函数值,转化为求 $0\sim2\pi$ 角的三角函数值。同时,由公式一可以发现,只要讨论清楚三角函数在区间 $[0, 2\pi]$ 上的性质,那么三角函数在整个定义域上的性质就清楚了。在此过程中,可以培养学生用联系的观点看问题,以及发展直观想象等素养。

问题5 公式一表明,终边相同的角的同一三角函数值相等。因为三个三角函数的值都是由角的终边与单位圆的交点坐标所唯一确定的,所以它们之间一定有内在联系。那么,终边相同的角的三个三角函数之间有什么关系呢?

师生活动 教师引导学生讨论,利用公式一,先把问题转化为"同一个角的三个三角函数之间的关系";然后让学生自主探究,得出同角三角函数的基本关系。

[设计意图] "终边相同的角的三个三角函数的值都由单位圆上同一点的坐标所唯一确定,它们之间一定有内在联系"是发现问题的关键思想;由"终边相同的角的同一三角函数的值相等"引出"终边相同的角的不同三角函数之间有什么关系"的问题,再转化为"同一个角的三个三角函数之间关系"的研究,可以培养学生发现和提出问题的能力。借助单位圆上点的坐标的意义,由三角函数定义可以直接得出"同角三角函数的基本关系"。

环节三　归纳总结研究方法

问题6 总结上述研究过程,你能说说我们是从哪些角度入手发现三角函数性质的?

你认为还可以从哪些方面入手研究三角函数的性质?

师生活动　先由学生独立思考、交流讨论,再由教师帮助学生总结。

[设计意图]引导学生归纳三角函数性质的表现方式,培养学生的"数学眼光"。借助单位圆,从三角函数的定义出发,我们从三角函数值的符号规律、终边相同的角的三角函数的关系入手发现了公式一和同角三角函数的基本关系。自然而然地,我们还可以研究"终边不同的角的三角函数有什么关系",结合圆的对称性,容易把研究方向指向"终边具有轴对称关系""终边具有中心对称关系"或"终边具有某种特殊对称关系(如关于直线 $y=x$ 对称)"的角的三角函数的关系,这就是下一单元要研究的诱导公式二 ~ 五。这是三角函数"与众不同"的性质。

环节四　目标检测,检验效果

题 1　设 α 是三角形的一个内角,在 $\sin\alpha$、$\cos\alpha$、$\tan\alpha$、$\tan\dfrac{\alpha}{2}$ 中,哪些有可能取负值?

[设计意图]考查学生对三角函数值的符号规律的掌握情况。

题 2　确定下列三角函数值的符号:$\sin 156°$;$\cos\dfrac{16}{5}\pi$;$\tan\left(-\dfrac{17}{8}\pi\right)$。

[设计意图]考查学生对公式一和三角函数值的符号规律的掌握情况。

题 3　已知 $\tan\varphi=-\sqrt{3}$,求 $\sin\varphi$ 与 $\cos\varphi$ 的值。

[设计意图]考查学生对三角函数值的符号规律、同角三角函数基本关系式的掌握情况。

布置作业

《必修一》第 $184\sim186$ 页,习题 5.2,第 4,5,6,10,14 题。

七、课时教学设计(三)

三角函数概念和基本性质的简单应用

1. 课时教学内容

三角函数概念、三角函数值的符号规律、公式一、三角函数基本关系式的简单应用。

2. 课时教学目标

能应用三角函数概念、三角函数值的符号规律、公式一、三角函数基本关系式等解决简单问题。

3. 教学重点与难点

选择适当知识解决问题，用不同方法解决问题。

4. 教学过程设计

引导语 前面学习了三角函数的定义，由定义，结合单位圆的性质，我们发现了三角函数的一些"与众不同"的性质。下面我们利用这些知识解决一些问题。

环节一 例题教学

例 4 确定下列三角函数值的符号：

(1) $\cos 250°$；　　　　　　　　(2) $\sin\left(-\dfrac{\pi}{4}\right)$；

(3) $\tan(-672°)$；　　　　　　　(4) $\tan 3\pi$。

例 5 求下列三角函数值：

(1) $\sin 1\,480°10'$（精确到 0.001）；　(2) $\cos\dfrac{9\pi}{4}$；

(3) $\tan\left(-\dfrac{11\pi}{6}\right)$。

例 6 已知 $\sin\alpha = -\dfrac{3}{5}$，求 $\cos\alpha$ 与 $\tan\alpha$ 的值。

例 7 求证 $\dfrac{\cos x}{1-\sin x} = \dfrac{1+\sin x}{\cos x}$。

师生活动 以上都是教科书中的例题，难度不大，可以由学生独立完成，并作课堂展示。教师可以鼓励学生采用不同的变形方法得出答案。可以利用计算器验证结果，要提醒学生注意角度制的设置。

对于例 6，在学生给出答案后，应该要求学生总结解题步骤，明确这类题目应该先根据条件判断角所在的象限，确定各三角函数值的符号，再利用基本关系求解。在此基础上，可以让学生归纳用同角三角函数的基本关系求值问题的主要类型。

例 7 实际上是 $\sin^2 x + \cos^2 x = 1$ 的变形，采用分析法、综合法都可以证明，还可以从不同方向进行推导。可以要求学生至少给出两种证明方法。

[设计意图] 提高对三角函数基本性质的理解水平，通过灵活运用性质的训练，提升数学运算素养。

(1)《必修一》第182页,练习第1,3(3)(5)(6),4(1)(2)题;

(2)《必修一》第184页,练习第3,4(1)(2)题。

师生活动　上述题目都比较简单,学生解答完成后,公布答案自我检查即可。

[**设计意图**]　检验学生对定义的理解情况,通过应用三角函数的基本性质解决一些简单问题,进一步理解这些性质。

环节三　单元小结

教师引导学生回顾本单元学习内容,并回答下面的问题:

(1) 概述本单元知识发生发展过程的基本脉络。

(2) 任意角三角函数的现实背景是什么?

(3) 叙述任意角三角函数的定义过程,说明任意角三角函数与锐角三角函数的区别与联系。

(4) 我们是如何发现公式一和同角三角函数的基本关系的? 在发现这些性质的过程中,有哪些值得总结的思想方法或有益经验?

师生活动　提出问题后,先让学生思考并作适当交流,再让学生发言,教师帮助完善。

[**设计意图**]　(1) 基本脉络是"现实背景—获得研究对象—分析对应关系的本质—下定义—研究性质",通过不断重复这一过程,使学生逐步掌握研究一个数学对象的基本套路。

(2) 明确三角函数的现实背景,可以使学生明白这类函数区别于其他基本初等函数的主要特征,为三角函数的应用奠定基础。

(3) 定义过程包括背景的简化、本质化,借助单位圆进行对应关系的分析,确认弧度制下角的集合 $\mathbf{R}$ 到区间 $[-1, 1]$(角的终边与单位圆交点的横、纵坐标的取值范围)的对应关系是函数关系,引进符号 $\sin\alpha$、$\cos\alpha$ 表示函数值,进而引进函数 $\tan\alpha$,完善函数的定义域等。

强调任意角三角函数与锐角三角函数的区别,主要是它们的研究背景(要解决的现实问题)不同,是两类完全不同的函数;建立它们的联系,可以把锐角三角函数纳入到任意角三角函数的系统中(对角的取值范围作出限制即可),从而形成清晰的、可辨别的三角函数认知结构,有利于三角函数的应用。

(4) 对"如何发现性质"的反思,可以培养数学基本思想,积累基本活动经验,发展发现和提出问题的能力,这是落实数学学科核心素养的重要环节。要关注如下几点:

① 从定义出发。

② 发挥单位圆的作用,从中体会"三角函数的性质是圆的几何性质的解析表示"的观点。

③ 三角函数与其他基本初等函数的最大不同点是它的周期性,由此并结合定义可以得到公式一;三角函数是"一个背景定义三个函数",因此可以预见它们一定有内在联系,而且可以相互转化,这是发现同角三角函数基本关系的指路明灯,其中蕴含的思想具有可迁移性,有利于提升核心素养。

环节四　单元目标检测设计

题 1　已知 $\alpha = \dfrac{5\pi}{4}$,求 α 的终边与单位圆交点的横坐标,并求 $\tan\alpha$ 的值。

〔**设计意图**〕考查三角函数的定义。

题 2　求下列三角函数的值: $\cos\left(-\dfrac{23\pi}{6}\right)$;$\tan\dfrac{25\pi}{6}$。

〔**设计意图**〕考查公式一,特殊角的三角函数值。

题 3　角 α 的终边与单位圆的交点是 Q,点 Q 的纵坐标是 $\dfrac{1}{2}$,说出几个满足条件的

角 α。

〔**设计意图**〕考查正弦函数的定义,公式一。

题 4　已知 $a \neq 0$,点 $P(3a,4a)$ 在角 α 终边上,分别说出 $\sin\alpha$、$\cos\alpha$、$\tan\alpha$ 的值。

〔**设计意图**〕考查三角函数的定义,数学推理的严密性。

题 5　对于 ①$\sin\theta > 0$,②$\sin\theta < 0$,③$\cos\theta > 0$,④$\cos\theta < 0$,⑤$\tan\theta > 0$ 与 ⑥$\tan\theta < 0$,选择恰当的关系式序号填空:

角 θ 为第三象限角的充要条件是_____;

角 θ 为第四象限角的充要条件是_____。

〔**设计意图**〕考查三角函数值的符号规律。

题 6 已知 $\tan\alpha = \sqrt{3}$，$\pi < \alpha < \dfrac{3}{2}\pi$，求 $\cos\alpha - \sin\alpha$ 的值。

［**设计意图**］考查同角三角函数的基本关系。

题 7 求证：$\tan^2\alpha - \sin^2\alpha = \tan^2\alpha\sin^2\alpha$。

［**设计意图**］考查同角三角函数的基本关系，代数变形能力。

布置作业

(1)《必修一》第 185～186 页，习题 5.2，第 7，8，13，16，18 题。

(2) 我们从三角函数定义出发，借助单位圆研究了终边相同的角的三角函数之间的关系。从角的终边考虑，"终边相同"是角的一种特殊关系，那么角的终边还有哪些特殊的关系？在这种特殊关系下的两个角的三角函数值会有什么特殊关系？

［**设计意图**］让学生在研究"终边相同"这一特殊关系下的两个三角函数值之间关系的基础上，顺势研究"终边具有其他特殊关系"的两个角的三角函数值之间的关系，体会发现和提出问题的方法。实际上这是让学生自主研究"诱导公式"。只要学生能得出一些结果就可以。

教学设计说明

1. 注重一般观念引领，同时突出三角函数的"个性"

通过前面的学习，学生已经知道如何抽象一类函数的概念，对抽象的过程，即"具体例证的属性分析—共性归纳—定义—符号表示—概念辨析—概念应用"，也已经比较熟悉了。整体上，三角函数概念的抽象也要经历这个过程。在此过程中所展开的活动，需要在"函数的内涵指什么"、"如何归纳具体实例的本质特征"、"如何用集合语言和对应关系刻画函数概念"等一般观念引领下才能保持应有的认知水平。

但是，三角函数"个性"突出。正如前面的教学问题诊断分析中指出的，之前学习的函数，它们的对应关系都具有代数意义，$y = f(x)$ 是代数运算规律的反映，而三角函数不以"代数运算"为媒介，是几何量（角与有向线段）之间的直接对应，不是通过对角 α 的计算得到函数值，在学生的经验中还没有这样的事例。为了让学生顺利把握这种对应关系的本质，本教学设计注重如下几个方面：

首先，从贯穿前面章引言、任意角、弧度制始终的现实背景出发，紧扣对单位圆上点的运动规律的刻画提出问题，从而明确研究任务；

然后，将问题进一步数学化，即在直角坐标系中利用象限角将问题具体化，如"单位圆上点 P 的坐标与以 OP 为终边的任意角 α 之间的对应关系"；

接着，从特殊到一般，引导学生理解"给定一个角 $\alpha \in \mathbf{R}$，它的终边 OP 与单位圆交

点 P 的坐标,无论是横坐标 x 还是纵坐标 y,都是唯一确定的",从而确认点 P 的横坐标 x、纵坐标 y 都是角 α 的函数,在此过程中特别强调"角 α——α 的终边——终边与单位圆的交点 P 的坐标"的对应过程;

再接着,让学生阅读教科书,并通过"问题串"引导学生理解三角函数定义的内涵,其中特别注意引导学生借鉴已有的基本初等函数研究经验,特别是引入对数的符号表示经验,使学生理解 $\sin\alpha$、$\cos\alpha$ 和 $\tan\alpha$ 等符号的意义;

最后,在概念辨析和应用阶段,通过与锐角三角函数建立联系、用"单位圆定义"证明"坐标比定义"等,促使学生建立三角函数概念的多元联系表示。

2. 突出概念和性质的内在联系,加强数学的整体性

一个数学对象的性质,可以从不同层次上表现出来。首先是概念所界定的对象中要素间的关系,其次是概念间的联系,再次是与其他知识间的联系(结构化)。三角函数性质非常明显地体现出这种层次性。本教学设计注意利用这种层次性创设情境,循着从概念到性质到联系的路径,自然而然地提出层层递进的问题,并通过布置课后探究性作业,架设课时之间的桥梁,引导学生自主探究三角函数的性质,具体做法是:

在第 1 课时得出三角函数的定义后,布置了课后作业:"由定义可知,三角函数与单位圆有密不可分的联系。你能借助单位圆的性质提出一些三角函数性质的猜想吗?"这个思考题是开放性的,其目的不是要学生得出多少条性质,而是要让学生形成一种观念:借助单位圆的性质可以得到三角函数的性质,从而为这个三角函数性质的研究提供思想方法的基础。

在第 2 课时中,通过问题:"联系三角函数的定义、象限角以及终边相同的角的表示,你能发现什么?"和两个追问:"(1)观察公式一,对三角函数的取值规律你有什么进一步的发现? 它反映了圆的什么特性? (2)你认为公式一有什么作用?"引导学生发现公式一及其作用,认识它与圆的性质的关系。然后再提出问题:"公式一表明终边相同的同一三角函数值相等,那么,终边相同的角的三个三角函数值之间是否也有某种关系呢?"接着,进行引导:"因为三个三角函数值都是由角的终边与单位圆交点的坐标所唯一确定,所以终边相同的角的三个三角函数一定有内在联系。由公式一可知,我们不妨讨论同一个角的三个三角函数值之间的关系",得出同角三角函数的基本关系式。

在第 3 课时的课后作业中,提出了如下问题:"终边相同"是角的一种特殊关系,那么角的终边还有哪些特殊的关系? 在这种特殊关系下的两个角的三角函数值会有什么特殊关系? 这里实际上是引导学生进行"诱导公式"的研究。

在诱导公式之后,还可以提出问题:诱导公式给出了特殊角与任意角 α 之和(差)

的三角函数与 α 的三角函数之间的关系,如果把特殊角推广为任意角 β,那么 α 与 β 的和(差)的三角函数与 α、β 的三角函数之间又有什么关系呢?

上述问题情境呈现的研究路径如图 11.7.6 所示:

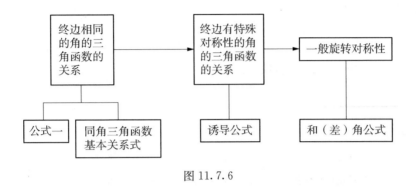

图 11.7.6

一、内容和内容解析

1. 内容

诱导公式 $\left(\pi\pm\alpha,\dfrac{\pi}{2}\pm\alpha,-\alpha\right.$ 的正弦、余弦和正切$\left.\right)$。

本单元内容分为 2 个课时:第 1 课时, $\pi\pm\alpha$, $-\alpha$ 的正弦、余弦和正切;第 2 课时, $\dfrac{\pi}{2}\pm\alpha$ 的正弦、余弦和正切。

2. 内容解析

诱导公式是三角函数的基本性质,是单位圆的特殊对称性(关于原点、坐标轴和直线 $y=x$ 等对称)的解析表达。例如,如图 11.8.1 所示,根据三角函数的定义,对于任意角 α,其终边与单位圆的交点为 $P(\cos\alpha,\sin\alpha)$。借助单位圆的特殊对称性可以发现:

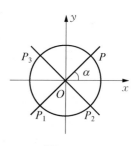

图 11.8.1

点 P 关于原点的对称点为 $P_1(-\cos\alpha,-\sin\alpha)$;同时,将 OP 逆时针旋转 π 到 OP_1,以 OP_1 为终边的角是 $\pi+\alpha$,所以又可得 $P_1(\cos(\pi+\alpha),\sin(\pi+\alpha))$。于是有

$$\cos(\pi+\alpha)=-\cos\alpha,$$
$$\sin(\pi+\alpha)=-\sin\alpha,$$
$$\tan(\pi+\alpha)=\frac{\sin(\pi+\alpha)}{\cos(\pi+\alpha)}=\tan\alpha。$$

其他对称性(如点 P 关于 x 轴的对称点为 P_2,点 P 关于 y 轴的对称点为 P_3)可以类似地得到。

从上述分析可以看到,诱导公式的研究路径可以归结为:

圆的对称性—角的终边的对称性—点的坐标间的关系—三角函数的关系。

整体上,各种各样的三角函数关系式所研究的问题是:

角的终边具有某种特殊关系时,相应的三角函数值之间具有怎样的特殊关系,本质上都是圆的几何性质(主要是对称性)的直接反映。

前面得到的公式一和三角函数的基本关系式,研究的是"角的终边相同"时同名三角函数、三个三角函数之间的关系(由公式一,只要研究同角的三个三角函数之间的关系即可）；诱导公式研究的是直角坐标系下"角的终边具有某种特殊对称性"时三角函数之间的关系。推导诱导公式的过程中，从三角函数的定义出发，利用单位圆模型，数形结合地进行探究，不仅思路自然，而且蕴含着对称、坐标变换、函数变换等丰富的数学思想。在研究方法上，借助单位圆的特殊对称性进行图形直观，得出各组诱导公式，不仅可以有效地得出相关结果，而且能帮助破解长期困扰教师的诱导公式记忆难问题（只要记住图 11.8.1 等即可），非常有利于发展学生的直观想象素养。如果在诱导公式的基础上，把 $k \cdot 2\pi + \alpha (k \in \mathbf{Z})$、$\pi \pm \alpha$、$\dfrac{\pi}{2} \pm \alpha$、$0 - \alpha$ 推广为 $\beta \pm \alpha$，继续研究 $\beta \pm \alpha$ 的三角函数与 α、β 的三角函数之间的关系，得出和（差）角的三角函数，那么所有三角公式就形成了一个有机整体。

通过上述分析可以看到，各种各样的三角公式是一个整体，它们从不同角度反映了三角函数的对称性，是圆的各种对称性（中心对称、轴对称、旋转对称）的解析表达。如此理解三角公式，既体现了数学的整体观，又反映了函数的变换（映射）与坐标系的变换及其关系、对称性与不变性等数学的主流思想和方法。这样的本质认识对提高诱导公式教学设计和课堂教学的立意，充分发挥三角函数在培养学生的数学抽象、直观想象、逻辑推理、数学运算和数学建模等核心素养的作用，都是至关重要的。

3．教学重点

利用圆的对称性探究诱导公式。

二、目标和目标解析

1．单元目标

（1）借助单位圆的特殊对称性，利用定义推导出 $\pi \pm \alpha$，$\dfrac{\pi}{2} \pm \alpha$，$-\alpha$ 的正弦、余弦和正切。

（2）能综合运用诱导公式将任意给定的三角函数值转化为锐角三角函数值，能运用诱导公式解决三角函数式的化简、求值和证明。

2．目标解析

（1）能利用定义，借助单位圆上关于原点、x 轴、y 轴、直线 $y = x$ 对称的点的横、纵坐标之间的关系，推导诱导公式。

（2）能归纳出运用诱导公式解题的基本步骤：先确定角的象限，再选择恰当的诱导公式，并按照一定的顺序进行运算，求得运算结果。

三、教学问题诊断分析

1. 问题诊断

（1）诱导公式的推导基于三角函数定义，需要借助单位圆的特殊对称性，在直角坐标系中利用点的坐标关系表达各种几何对称性。尽管学生对圆的对称性比较熟悉，对直角坐标系中关于原点、坐标轴以及 $y=x$ 对称的两个点的坐标之间的关系也有基本的了解，但要以三角函数定义为纽带将两者联系起来，困难较大。这个困难属于"不是做不到，而是想不到"之列。所以，教学中要设计恰当的情境和问题，在思想方法上加强引导，帮助学生发现联系、得出公式。

（2）公式三、四与公式二具有较强的可类比性，所以在得出公式二以后可以让学生进行自主探究得出这两组公式，并且可以尝试用不同方法进行推导。公式五的推导比较困难，其原因有两个：①终边关于直线 $y=x$ 对称的两个角之间的关系，学生不易得到；②直角坐标系中关于直线 $y=x$ 对称的两个点之间的关系比关于原点、坐标轴对称的两个点之间的关系复杂一些。教学中，可以采取从特殊到一般的策略，引导学生发现当角 α、β 的终边关于 $y=x$ 对称时具有 $\beta=\dfrac{\pi}{2}-\alpha$ 的关系。

（3）数形结合是研究函数性质的主要方法，但借助单位圆的几何性质研究三角函数的性质，与学生熟悉的利用函数图象研究函数的性质，其中体现的数形结合有较大的不同，这对学生而言会产生较大的困扰。教学中要加强从定义出发研究性质的引导，通过三角函数的定义建立起单位圆与三角函数性质之间的紧密联系，使学生逐渐养成借助单位圆研究三角函数性质的思维习惯。

2. 教学难点

建立借助圆的对称性研究三角函数性质的基本思想；终边关于直线 $y=x$ 对称的两个角之间的关系。

四、教学支持条件分析

利用师生交互平台及时交流想法和结果，及时进行评价分析。

在利用单位圆的特殊对称性研究角之间的关系时，借助几何软件呈现两个角的终边在特殊对称关系下的旋转，帮助学生观察"变化中的不变性"，从而得出两个角之间的特殊数量关系。

五、课时教学设计（一）

诱导公式（第 1 课时）

1. 课时教学内容

公式二～公式四及其证明。

2. 课时教学目标

(1) 从三角函数的定义出发,借助单位圆关于原点的对称性,推导 $\pi + \alpha$ 的正弦、余弦和正切,发展直观想象、逻辑推理素养。

(2) 类比公式二的推导过程,自主探究 $-\alpha$,$\pi - \alpha$ 的正弦、余弦和正切,得出公式三、公式四,获得基本思想,积累基本活动经验。

(3) 建立公式一～公式四之间的联系,能利用公式将任意角三角函数转化为锐角三角函数,会用公式一～公式四进行简单三角函数式的化简求值,发展数学运算的素养。

3. 教学重点与难点

(1) 课时教学重点

诱导公式所研究的问题,推导公式二～公式四。

(2) 课时教学难点

发现诱导公式所研究的问题,建立单位圆的对称性与 $\pi + \alpha$ 的正弦、余弦和正切之间的联系。

4. 教学过程设计

环节一 课前检测,了解学情

(1) 归纳公式一和同角三角函数的基本关系式的共性,指出它们所研究的问题。

(2) 回答下列问题:

① 点 $A(1, 2)$ 关于坐标原点的对称点 A_1 的坐标是什么?

② 写出与点 $M(x, y)$ 有如下对称性的点的坐标:关于原点对称的点＿＿＿＿＿＿,关于 x 轴对称的点＿＿＿＿＿＿,关于 y 轴对称的点＿＿＿＿＿＿。

师生活动　对于第(1)问,教师可以引导学生从条件和结论两个角度进行分析,得出条件的共性,然后给出结论:它们研究的是“角的终边相同”时同名三角函数、三个三角函数之间的关系(由公式一,只要研究同角的三个三角函数之间的关系即可)。

对于问题(2),让学生代表发言,有问题时进行修正、补充。

[**设计意图**] 通过问题(1),提升学生对公式一和三角函数基本关系式的理解水平,并为提出新问题做好铺垫;通过问题(2),检查学生对直角坐标系中具有特殊对称性的两个点的坐标间关系的掌握情况,为得到公式二～公式四做好准备。

问题 1　前面我们从三角函数的定义出发,研究了角的终边相同时同名三角函数以及各三角函数之间的相互关系。"角的终边相同"是一种非常特殊的位置关系。一个自然的想法是:角的终边不同时,有什么特殊的关系值得研究? 请同学们思考、回答。

师生活动　由学生独立思考后进行小组交流,再进行全班交流,得出值得研究的问题:当角 α、β 的终边关于原点、坐标轴对称时,它们的三角函数有什么关系?

因为三角函数的定义是以单位圆为背景的,所以可以借助单位圆的对称性,研究角 α、β 的三角函数之间的关系。

[**设计意图**]　从已有知识出发,自然而然地发现和提出问题,在宏观上明确学习任务,即单位圆的对称性(图)—三角函数的关系(数)。

问题 2　如图 11.8.2,设任意角 α 的终边与单位圆的交点为 P,作 P 关于原点的对称点 P_1,以 OP_1 为终边的角 β 与角 α 有什么数量关系? 角 β 与角 α 的三角函数值有什么关系?

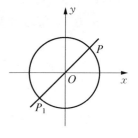

图 11.8.2

师生活动　第一步,教师引导学生思考并明确要研究的问题:

(1)终边关于原点对称的两个角的数量关系;(2)这两个角的三角函数的关系。

第二步,教师带领学生分析如何解决问题,得出研究思路:

圆的对称性—角的数量关系—点的坐标间的关系—三角函数间的关系。

第三步,学生先独立思考、推导公式,再进行小组交流,最后进行全班展示、交流,得出公式:

以 OP_1 为终边的角 β 与角 $\pi+\alpha$ 终边相同的,所以有

$$\beta = k \cdot 2\pi + (\pi + \alpha), k \in \mathbf{Z}。$$

由公式一知,只要探究 $\pi+\alpha$ 与 α 的三角函数值之间的关系即可。

利用三角函数的定义,有

$$P(\cos\alpha,\sin\alpha)。$$

由圆的对称性可知 P_1 在单位圆上,于是有

$$P_1(\cos(\pi+\alpha),\sin(\pi+\alpha))。$$

又因为 P、P_1 关于原点对称,于是又有

$$P_1(-\cos\alpha,-\sin\alpha)。$$

从而有

$$\sin(\pi+\alpha)=-\sin\alpha,$$
$$\cos(\pi+\alpha)=-\cos\alpha,$$
$$\tan(\pi+\alpha)=\tan\alpha。$$

追问 1 如何理解 α 是任意角呢?

师生活动 学生独立思考、讨论,再进行全班交流,得出:无论角 α 的终边在什么位置,点 P、P_1 关于原点对称的位置关系不变,因此坐标间的关系也不变,$\pi+\alpha$ 与 α 的三角函数值的关系就不会改变。

追问 2 归纳推导公式二的过程,你能给出主要的思路吗?

师生活动 学生独立思考后进行全班交流,教师引导学生得出如图 11.8.3 所示的关系:

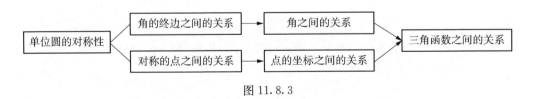

图 11.8.3

[**设计意图**] 带领学生梳理探究思路,进一步明确探究的方向和步骤。在探究过程中,引导学生从三角函数定义出发,使他们认识到可以利用圆的对称性研究三角函数的性质,感受由形到数的转化,体现数形结合的思想方法。同时,探究过程中注意引导学生进行一般性思考,在得出公式的同时培养学生的理性思维,并在思想方法上为后续的自主探究打下基础。

问题3 你能类比公式二的探究过程和方法,自主探究终边关于坐标轴对称的角的三角函数关系吗?

师生活动 学生自主探究,小组讨论,教师巡视观察小组讨论情况,适时、适度参与其中,寻找典型问题进行全班展示,并组织学生辨析。学生可能对终边关于 y 轴对称时,相应的角之间的关系不会找,或对获得结论的解释不正确,教师应从任意角的概念和运算的角度引导学生思考。

[**设计意图**] 有了公式二的经验,估计大多数学生可以独立完成公式三、四的推导。

将角的终边关于坐标轴对称时的三角函数关系一起让学生探究,既突出了诱导公式的整体研究架构,又检验了学生对公式二的学习效果。教师可以组织学生开展自主探究、组内交流、典型问题展示、质疑思辨等多样化学习活动,给学生充足的自主学习空间,从而把这一内容的育人功能充分发挥出来。

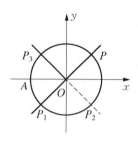

图 11.8.4

说明:课堂观察发现,有的学生在"由终边的对称性得出角之间的关系"上出现困难。例如,研究终边关于 y 轴对称的问题时,如图 11.8.4 所示,教师问学生:为什么以 OP_3 为终边的一个角是 $\beta = \pi - \alpha$?学生的回答是"因为 $\angle AOP_3 = \alpha$"。出现问题的原因是学生没有正确理解任意角、象限角等概念。

实际上,确定角之间的数量关系,需要用到任意角的加法运算概念,本质上就是角的终边绕着原点旋转的过程。这里,以 OP_3 为终边的角 β 可以看成是先由 x 轴的非负半轴绕着原点旋转到 OP_2,旋转方向与 α 的方向相反,旋转量与 α 的大小相同,然后再将 OP_2 旋转 π 弧度到 OP_3,就得到 $\beta = \pi - \alpha$。从这个旋转的过程看终边与单位圆交点的相应变化,可以发现,变化的过程相当于先将点 P 变换到关于 x 轴对称的点 P_2,再将点 P_2 变换到关于原点对称的点 P_3。这个过程可以表示为:

$$P(\cos\alpha, \sin\alpha) \to P_2(\cos(-\alpha), -\sin(-\alpha))$$
$$\to P_3(\cos(\pi + (-\alpha)), -\sin(\pi + (-\alpha)))。$$

所以我们有:

$$\sin(\pi - \alpha) = \sin(\pi + (-\alpha)) = -\sin(-\alpha) = \sin\alpha;$$
$$\cos(\pi - \alpha) = \cos(\pi + (-\alpha)) = -\cos(-\alpha) = -\cos\alpha;$$
$$\tan(\pi - \alpha) = \tan(\pi + (-\alpha)) = \tan(-\alpha) = -\tan\alpha。$$

另外,由上述分析可以看到,关于 y 轴对称的问题可以看成是关于 x 轴对称和关于原点对称的合成,这个认识可以为构建公式六的研究路径打下基础。

环节四　在练习中归纳公式的用法

练习　利用公式求下列三角函数值:

(1) $\cos 225°$;

(2) $\sin \dfrac{8\pi}{3}$;

(3) $\sin\left(-\dfrac{16\pi}{3}\right)$;

(4) $\tan(-2\,040°)$。

师生活动　先由学生独立思考,分析运算对象,选择运算公式,求得运算结果;再让学生分组讨论,交流求解方法。教师巡视观察,发现典型解法,展示交流选择诱导公式的方法。

追问　通过上面四个题目的解答,你对公式一~公式四的作用有什么进一步的认识? 你能归纳一下把任意角的三角函数转化为锐角的三角函数的步骤吗?

师生活动　先由学生阐述自己的想法,老师带领学生一起总结出:

任意负角的三角函数	公式三或一 →	任意正角的三角函数	公式一 →	0~2π 的角的三角函数	公式二或四 →	锐角的三角函数

基本步骤:明确角所在的象限,选择恰当的诱导公式,按照程序进行运算,求得运算结果。

[**设计意图**] 让学生在自主选择公式求解问题的过程中,体会公式一~公式四各自的作用,总结根据题目的条件选择公式的方法和步骤,获得解题技能,发展数学运算的素养。

环节五　课堂小结,形成结构

问题 4　回忆本节课的学习内容,回答下面的问题:

(1) 本节课你学会了哪些知识,运用公式二~公式四将任意角的三角函数化归为锐角的三角函数的基本步骤是怎样的?

(2) 我们是如何发现和提出本节课所要研究的问题的?

(3) 探索公式二~公式四,我们经历了怎样的过程? 用了哪些方法?

(4) 你认为还有哪些问题值得研究?

师生活动 教师用 PPT 呈现上述问题,给学生思考的时间,然后让学生给出答案、发表看法,教师在学生回答的基础上进行适当归纳。

[**设计意图**] (1) 通过回顾,进一步明确诱导公式的结构和运用步骤,提升对诱导公式的整体认识,提高解题技能。

(2) 回顾从"角的终边相同"时三角函数的关系,到"角的终边具有特殊对称性"时三角函数的关系,进一步落实发现和提出问题的能力。

(3) 诱导公式是三角函数的基本性质,本节课从三角函数定义出发,借助单位圆的对称性,先探索终边关于原点对称的两个角之间的数量关系,再利用单位圆上关于原点对称的点的坐标关系得出公式二。研究过程中,运用了对称、坐标变换、函数变换等思想和方法。探究公式二的思想和方法具有普适性。

(4) 接下来要探究的是角的终边关于直角坐标系中特殊直线对称的问题。

环节六 目标检测,检验效果

题1 利用公式二~公式四求下列三角函数值:

$$(1)\cos(-420°);(2)\sin\left(-\frac{7}{6}\pi\right);(3)\tan(-1\,140°)。$$

[**设计意图**] 检测学生恰当选择公式进行三角函数求值的达成情况。

题2 化简:$\sin(-\alpha-180°)\cos(-\alpha)\sin(-\alpha+180°)$。

[**设计意图**] 检测学生恰当选择公式、同角三角函数关系式进行三角函数式化简的达成情况。

布置作业

《必修一》第191页,练习第1,5题;第194页,习题5.3,第1,2,3题。

六、课时教学设计(二)

诱导公式(第2课时)

1. 课时教学内容

公式五、公式六。

2. 课时教学目标

(1) 从三角函数的定义出发,借助单位圆的对称性,推导 $\frac{\pi}{2}\pm\alpha$ 的正弦、余弦和正切,发展直观想象、逻辑推理素养。

（2）通过分析公式五、公式六之间的关系，以及公式一～公式六之间的联系，形成诱导公式的整体架构，能利用诱导公式进行三角函数式的化简、求值与证明，发展数学运算的素养。

3. 教学重点与难点

（1）课时教学重点

公式五、公式六的探究。

（2）课时教学难点

终边关于直线 $y=x$ 对称的两个角之间关系。

4. 教学过程设计

环节一　复习回顾，引入问题

问题1　上一节课我们研究了公式二～公式四，你能说说我们是如何得到这些公式的吗？

　　师生活动　由学生发言，回顾公式二～公式四的研究内容、过程和方法，教师适时补充完善。

　　追问　两个角的终边除了关于原点、x 轴和 y 轴对称外，你认为还有哪些对称关系值得研究？你打算怎样研究？

　　师生活动　学生思考、讨论后，确定值得研究的问题：两个角的终边关于 $y=x$，或 $y=-x$ 对称时，这两个角的三角函数之间的关系。研究方法与前面的类似。

　　[设计意图]通过回顾公式二～公式四的研究内容、过程和方法，为研究公式五、公式六做好思想方法的准备；通过追问，引导学生发现和提出值得研究的问题，培养发现和提出问题的能力。

环节二　探究得出公式五、公式六

问题2　你能类比公式二～公式四的研究过程，探究终边关于直线 $y=x$ 对称的两个角的三角函数的关系吗？

　　师生活动　先由学生独立思考，得出思路和方法，然后展开自主探究。

　　探究的内容：

（1）设角 α 的终边为 OP，角 γ 的终边为 OP_4，OP_4 与 OP 关于直线 $y=x$ 对称，那么角 γ 与角 α 有怎样的数量关系？

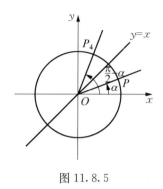

（2）角 γ 与角 α 的三角函数之间有怎样的关系？

探究方法：由三角函数的定义，借助单位圆的对称性，得出有关结论。具体探究时，如图 11.8.5 所示，先在直角坐标系中画一个单位圆，作出任意角 α 的终边 OP，且 P 为终边与单位圆的交点，再作点 P 关于直线 $y=x$ 的对称点 P_4，接下来就是利用该图研究上面的两个问题。

学生先自主探究，再小组交流，最后各小组选代表展示，师生评价，完善研究结果，得出公式五。

图 11.8.5

[**设计意图**] 通过问题引导、师生互动交流，在明确探究的问题和方法的基础上，放手让学生自主探究，在推导出公式五的过程中，发展直观想象、逻辑推理等素养。

说明：公式五与公式二～公式四的研究思路和方法是一致的，所以教学设计时加强了学生的自主探究。但是，以直线 $y=x$ 为对称轴时，其探究难度比关于原点、坐标轴对称要大得多。课堂观察发现，学生在探索角 γ 与角 α 间的关系时遇到困难，需要教师加强引导。例如：

先让学生探索 $\alpha \in \left(0, \dfrac{\pi}{4}\right)$ 时的情况，由图 11.8.5 容易得到 $\gamma = \dfrac{\pi}{2} - \alpha + k \cdot 2\pi$，$k \in \mathbf{Z}$。根据前面的经验，只要研究 $\gamma = \dfrac{\pi}{2} - \alpha$ 的情况即可。接下来让学生逆时针旋转角 α 的终边一周，观察 $\gamma = \dfrac{\pi}{2} - \alpha$ 是否仍然成立。

由上面的结果得到启发，可以按如下方法得到 γ 的值：先将与 x 轴非负半轴重合的射线绕原点旋转，旋转方向与角 α 的方向相反，旋转的大小与 α 相等，得到角 $-\alpha$ 的终边 OP_1'，再将 OP_1' 逆时针旋转 $\dfrac{\pi}{2}$ 到 OP_5。利用图 11.8.5 可知，OP_5 与 OP_1 关于直线 $y=x$ 对称。根据任意角加法的定义，有 $\gamma = \dfrac{\pi}{2} - \alpha$。这个方法融入了旋转变换、带有方向的量的运算等思想，更具有一般性。

为使学生更好地理解上述方法，教师可以借助信息技术进行演示，让学生感受在角 α 的变化过程中，$\gamma = \dfrac{\pi}{2} - \alpha$ 始终成立。

问题3 在探究公式二～公式五的过程中,都是将点 P 作了一次对称变换,如果对点 P 连续作两次对称变换,又能得到三角函数的哪些关系式呢?我们不妨在图 11.8.6 中,作 P_4 关于 y 轴的对称点 P_5,如图 11.8.6 所示,你能得到什么结论?

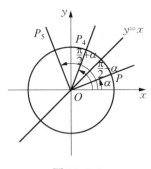

图 11.8.6

　　师生活动 由学生根据公式四的探究过程,自主探究得出以 OP_5 为终边的角 θ 与角 α 之间的关系为 $\theta = \dfrac{\pi}{2} + \alpha$,进而得出公式六。

　　[**设计意图**] 基于公式五的背景增加新的研究条件,提出探索性问题,有利于培养学生发现和提出问题的能力。这里的重点是启发学生利用前面的学习经验,通过适当的几何变换、坐标变换,得出角 θ 与角 α 的数量关系,以及点 P 和点 P_5 坐标之间的关系,让学生进一步熟悉研究的一般方法。

　　追问1 前面我们通过两次对称变换,将 α 先变换到 $\dfrac{\pi}{2} - \alpha$,再变换到 $\dfrac{\pi}{2} + \alpha$,进而得到公式六。能不能从代数变换角度,利用已有公式直接推出公式六?

　　师生活动 由学生独立思考,得出

$$\sin\left(\frac{\pi}{2} + \alpha\right) = \sin\left[\pi - \left(\frac{\pi}{2} + \alpha\right)\right] = \sin\left(\frac{\pi}{2} - \alpha\right) = \cos\alpha;$$

$$\cos\left(\frac{\pi}{2} + \alpha\right) = \cos\left[\pi - \left(\frac{\pi}{2} + \alpha\right)\right] = -\cos\left(\frac{\pi}{2} - \alpha\right) = -\sin\alpha。$$

教师可以进一步指出,在三角函数恒等变形中,对角的变形是需要经常使用的技巧。

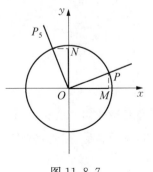

图 11.8.7

　　追问2 能否直接通过角 α 的终边与角 $\dfrac{\pi}{2} + \alpha$ 的终边的关系,得出相应的公式?

　　师生活动 先由学生根据已有的经验,画出图形(如图 11.8.7 所示),得出两个角的终边与单位圆交点坐标之间的关系,从而得到公式。教师可以在学生自主探究过程中予以适当点拨,例如添加辅助线,由 $\triangle MOP \cong \triangle NOP_5$,再结合 P、P_5 在坐标系中的位置,可得它们坐标之间的关系。

追问3 你能从公式六出发推导公式五吗?

师生活动 由学生独立完成。

[**设计意图**] 通过上述追问,引导学生用不同方法推导公式,从不同角度认识公式,建立公式之间更紧密的联系,从而提升对诱导公式整体性的认识,为灵活运用公式解决问题打下基础。

环节三 例题练习,巩固理解

例1 化简:$\dfrac{\sin(2\pi-\alpha)\cos(\pi+\alpha)\cos\left(\dfrac{\pi}{2}+\alpha\right)\cos\left(\dfrac{11\pi}{2}-\alpha\right)}{\cos(\pi-\alpha)\sin(3\pi-\alpha)\sin(-\pi-\alpha)\sin\left(\dfrac{9\pi}{2}+\alpha\right)}$。

例2 已知 $\sin(53°-\alpha)=\dfrac{1}{5}$,且$-270°<\alpha<-90°$,求 $\sin(37°+\alpha)$ 的值。

师生活动 由学生独立完成,再让学生展示解答过程。

对于例2,在学生展示解答过程时,要让学生说说思考步骤。要强调在利用诱导公式解决问题时,注意三角函数恒等变形与代数恒等变形的差异,即三角恒等变形不仅仅是对三角函数式进行改变,角之间的特殊关系也是变形的重要关注点,角的特殊关系表现在它们的和、差是特殊角上。因此,在解答例2后,可以给出如下问题:

追问 观察公式一~公式六,你能归纳一下各公式中两个角之间各有什么特定关系吗? 由此给你什么启发?

师生活动 先由学生独立思考,再进行小组讨论,最后通过全班交流得出结果。

设两个角是 α、β,我们有

公式一 $\beta-\alpha=k\cdot2\pi,k\in\mathbf{Z}$; 公式二 $\beta-\alpha=\pi$;

公式三 $\beta+\alpha=0$; 公式四 $\beta+\alpha=\pi$;

公式五 $\beta+\alpha=\dfrac{\pi}{2}$; 公式六 $\beta-\alpha=\dfrac{\pi}{2}$。

所以,诱导公式中的两个角都有特殊关系,即它们的和或差是特殊角。这样,在利用诱导公式解决问题时,首先要观察所给的三角式中角的特点,是否满足"和或差是特殊角"。

[**设计意图**] 两个例题虽然类型不同,难易程度也有差异,但都要注意数学运算素

养的培养。例 1 比较简单,学生都有思路,教学中要把重点放在恰当选择公式上。例 2 的难点是学生观察不到已知和所求中两个角之间的特殊关系,所以本例的教学要把重点放在引导学生观察角之间的特殊关系上,并且在解决例 2 后,通过追问引导学生归纳出诱导公式中两个角的特定关系,从而使学生掌握运用诱导公式解决问题的一般思路。这个设计关注了对三角函数这个特殊运算对象的理解,而根据角之间的特殊关系选择诱导公式,则是一个探究运算思路的过程。所以,这样的教学有利于数学运算素养的落实。

环节四　单元小结

问题 4　回顾整个诱导公式的探究过程,回答如下问题:

(1) 我们是如何发现和提出本单元所研究的问题的? 你能从形和数两个角度表述诱导公式所研究的问题吗?

(2) 探索诱导公式,我们经历了怎样的过程? 用了哪些数学思想和方法?

(3) 公式一~公式六有怎样的结构? 一般地,可以按怎样的顺序运用这些公式?

(4) 诱导公式数量很多,你觉得用什么方法可以达到不仅有效记忆,而且能灵活运用的效果?

(5) 在平面几何中我们学习过轴对称、旋转和平移,知道它们是最基本的几何变换。在"任意角"中我们学习过 $\beta+\alpha$ 的定义:将任意角 α 的终边 OP 旋转任意角 β 到 OP_1,以 OP_1 为终边的角就是 $\beta+\alpha$。根据这些知识,我们可以把诱导公式分为关于 x 轴的轴对称变换(即公式三将 α 变换为 $-\alpha$)、以及绕原点逆时针旋转特殊角 $\dfrac{\pi}{2}$(公式六将 α 变换为 $\dfrac{\pi}{2}+\alpha$)和 π 的旋转变换的代数表达。又因为旋转 π 可以看成是连续两次旋转 $\dfrac{\pi}{2}$,所以诱导公式最终可以归结为关于 x 轴的轴对称变换和绕原点逆时针旋转 $\dfrac{\pi}{2}$ 的旋转变换的代数表达。你能根据这个观点给出以公式三和公式六为基础的诱导公式整体结构吗?

　　师生活动　问题(1)~(4)由学生独立思考后进行小组讨论,然后各小组派代表进行全班交流;问题(5)由教师进行启发式讲解。

［设计意图］（1）在上一课小结的基础上，进一步从形和数两个角度归纳诱导公式研究的问题，从而形成诱导公式的整体架构。

形的角度：角的终边具有某种特殊对称性时，它们的三角函数值之间的关系；

数的角度：两个角之和或差是特殊角时，它们的三角函数值之间的关系。

（2）诱导公式的探究过程可以归结为图 11.8.8 所示。

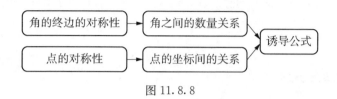

图 11.8.8

随着公式的增加，新的公式的探究路径可以逐渐多样化，这种多样化的途径，是终边的对称变换可以通过不同途径实现的反映，这一点在公式四～公式六的探究中都有体现。

探究诱导公式的过程中使用了非常丰富的数学思想方法，函数变换、对称变换（包括轴对称、旋转对称）、坐标变换、不变量等思想都用到了。

（3）从变换的观点出发，公式一～公式六的结构可以这样来看：公式一～公式四是同名三角函数之间的变换，这是因为如果两个角的终边关于原点或坐标轴对称，那么它们与单位圆的交点 $P(u, v)$，$Q(s, t)$ 的坐标有 $u = \pm s$，$v = \pm t$ 的关系；公式五、公式六是正弦函数与余弦函数之间的变换，这是因为如果两个角的终边关于直线 $y = x$ 或 $y = -x$ 对称，那么它们与单位圆的交点 $P(u, v)$，$Q(s, t)$ 的坐标有 $u = t$，$v = s$ 或 $u = -t$，$v = -s$ 的关系。

诱导公式的运用顺序以将角的范围变到 $\left[0, \dfrac{\pi}{2}\right]$ 为定向，具体顺序见前面。

（4）公式的记忆建立在理解的基础上，要强调以单位圆为载体数形结合地进行记忆，例如只要记住图 11.8.1 和图 11.8.5，那么所有公式都在其中了。

（5）设角 α 的终边为 OP，以公式三和公式六为基础，可以按如下方式得到其余公式：

① 将 OP 逆时针旋转两次 $\dfrac{\pi}{2}$ 即得公式二；

② 先作 OP 关于 x 轴对称的射线 OP_1，再将 OP_1 连续两次逆时针旋转 $\dfrac{\pi}{2}$ 就得到

公式四；

③ 先作 OP 关于 x 轴对称的射线 OP_1，再将 OP_1 逆时针旋转 $\dfrac{\pi}{2}$ 就得到公式五。

［设计意图］从诱导公式所研究的问题、过程、方法和公式的整体架构等角度进行梳理，并注意从不同视角进行分析和总结，从而达成对公式的结构化认识。

环节五　单元检测，检验效果

题 1　化简：(1) $\cos^2(-\alpha) - \dfrac{\tan(2\pi + \alpha)}{\cos\left(\dfrac{\pi}{2} + \alpha\right)}$；　(2) $\dfrac{\cos(\alpha - 3\pi) \cdot \cos\left(\dfrac{3\pi}{2} - \alpha\right)}{\sin^2\left(\alpha - \dfrac{\pi}{2}\right)}$。

［设计意图］检测学生恰当选择诱导公式和同角三角函数关系式进行三角函数式化简的达成情况。

题 2　在单位圆中，已知角 α 的终边与单位圆的交点为 $P\left(-\dfrac{3}{5}, \dfrac{4}{5}\right)$，分别求角 $\pi + \alpha$，$-\alpha$，$\dfrac{\pi}{2} + \alpha$ 的正弦、余弦函数值。

［设计意图］检测学生利用三角函数的定义和诱导公式二、三、六进行三角函数求值的达成情况。

题 3　在 $\triangle ABC$ 中，试判断下列关系是否成立，并说明理由。

(1) $\cos(A + B) = \cos C$；　　　　(2) $\sin(A + B) = \sin C$；

(3) $\sin\dfrac{A + B}{2} = \sin\dfrac{C}{2}$；　　　　(4) $\cos\dfrac{A + B}{2} = \cos\dfrac{C}{2}$。

［设计意图］检测学生挖掘隐含条件、恰当选择诱导公式四和公式五推导三角恒等式的达成情况。

布置作业

《必修一》第 194 页，习题 5.3，第 5，6，8，9，10 题。

教学设计说明

本单元的内容是大家非常熟悉的，可以算得上"轻车熟路"，按"公式—例题—练习"的方式逐个展开，大约需要 5～6 课时。虽然用这么多课时学这一内容，但"公式难记"仍是解决不好的老大难问题。我们认为，学习时间长、耗费精力多却学习效果不佳的主要原因是对诱导公式的本质没有理解、对公式间的关系认识不清楚，没有利用好单位圆模型进行几何直观,囿于代数恒等关系,以"奇变偶不变,符号看象限"的口诀进行机械强记。

本教学设计打破传统,在创设情境发现和提出问题,借助单位圆的对称性数形结合地探究公式,建立公式之间的联系加强整体性,提炼数学思想提升学生对诱导公式本质的理解水平等方面进行了积极的探索。

本教学设计经过课堂教学的实践检验,结果表明,教学效果良好,不仅大大地缩短了教学时间,而且极大地增强了公式的整体性,记忆效果也比较理想,体现了基于数学整体性的"单元-课时"教学的优势,实现了在获得"四基""四能"的过程中发展学生数学学科核心素养的目标。

具体而言,本教学设计关注了如下问题:

(1)注重数学的整体性。先以"角的终边相同—角的终边不同—角的终边具有特殊的对称性"为线索发现和提出问题,再以"角的终边关于原点、x 轴、y 轴对称—角的终边关于直线 $y = x$ 对称"探究和解决问题,这个整体设计基于诱导公式的本质(两个角的和或差是特殊角、或两个角的终边具有特殊的对称性时,它们的三角函数之间的关系),以数学知识发生发展过程的自然性为追求,促进学生感悟发现和提出数学问题的方法,同时也为学生主动学习、自主探究提供机会。

(2)注重一般观念的引领。诱导公式是三角函数的性质,所以本教学设计强调以"数学对象要素之间的相互关系就是性质"为指导,研究角(自变量)的终边具有某些特殊关系时,对应的三角函数值有怎样的特殊关系,也就是借助单位圆的对称性,从角的终边相同,到角的终边关于原点对称,再到关于坐标轴对称,最后到关于象限角的平分线对称,渐次展开探究,得出相应的三角函数值之间的特殊关系。这个过程不仅自然,而且反映诱导公式的本质,蕴含了深刻的数学思想。

(3)本教学设计以数学内部知识发生发展过程为线索创设情境,并提出有数学含金量的问题,突出了情境与问题的配合。教学活动具体展开过程中,通过环环相扣的问题串引导学生开展系列化、有内在逻辑关联的数学学习活动,这样不仅可以使学生获得诱导公式,而且可以增强他们的学习兴趣,激发他们进一步深入探究的欲望。

(4)注意发挥学生的主体作用和教师的主导作用。对于"诱导公式到底要研究什么"这个问题,学生不容易解决,所以本教学设计强调教师引导学生归纳公式一和同角三角函数的基本关系式所研究的问题,并以"'角的终边相同'是一种非常特殊的位置关系"为提示,促使学生想到"角的终边不同,但具有某种特殊的对称性"。公式二的探究具有示范性,所以本教学设计加强了教师的全面指导,使学生领会研究的内容、过程和方法；其他公式则让学生开展自主探究基础上的合作学习，教师在学生自主探究的过程中注意给那些需要帮助的学生以学法指导。另外，在单元小结阶段，因为诱导公式蕴含的数学思想比较深刻，学生在以往的学习中没有多少经验积累，所以本教学设计也加强了引导。

（5）本教学设计在发现值得研究的问题、公式的推导、公式本质的理解、公式之间的联系上狠下功夫，课堂上没有留多少时间用于解题。如此设计是基于这样的想法：这些问题的解决对于学生获得"四基"、提高"四能"具有更大的意义，其中所发挥的育人价值是解再多的题目也无法达到的。同时，诱导公式蕴含的数学思想很深刻，凭借学生的现有认知水平还无法独立完成概括任务，所以课堂中要将更多的时间用在这些高水平认知任务的教学上。一旦学生领会了这些思想和方法，在这些思想方法的指导下进行解题，就会有事半功倍的效果。

一、内容和内容解析

1. 内容

建立数学模型刻画一般的匀速圆周运动；探究参数 A、ω、φ 的变化对 $y = A\sin(\omega x + \varphi)$ 图象的影响；$y = A\sin(\omega x + \varphi)$ 的简单应用。

本单元内容用两课时完成，宜采用两课连堂的方式。内容安排的顺序是：

(1) 经历筒车运动的数学建模过程，得出函数模型；

(2) 讨论、明确研究 $y = A\sin(\omega x + \varphi)$ 的过程和方法；

(3) 分别探究参数 φ、ω、A 的变化对 $y = A\sin(\omega x + \varphi)$ 图象的影响；

(4) 梳理从正弦曲线出发，通过图象变换得到 $y = A\sin(\omega x + \varphi)$ 图象的方法和步骤；

(5) 联系作正弦曲线简图的方法，得出用五点法作 $y = A\sin(\omega x + \varphi)$ 简图的方法；

(6) 用 $y = A\sin(\omega x + \varphi)$ 的图象与性质解决问题。

2. 内容解析

函数 $y = A\sin(\omega x + \varphi)$ 具有丰富的现实背景，是描述现实中周期现象的重要数学模型，在解决实际问题中有重要作用。正弦函数 $y = \sin x$ 是刻画"单位圆上的点 P 从 $A(1, 0)$ 开始作逆时针方向的单位速度的运动"的数学模型，函数 $y = A\sin(\omega x + \varphi)$ 是刻画"一般匀速圆周运动"的数学模型，反映了在圆半径为 A、角速度为 ω、起始位置为 φ 等条件下，圆周上点的位置随时间的变化而变化的规律。

在自然界、生活和生产实际及科学技术中，周期现象俯拾皆是，从天体运动到"摩天轮"旋转、"取水车"运作、车轮转动、车床作业，再到高科技领域中的振动、波动等，都是周期运动现象，而刻画这些现象的数学基础就是函数 $y = A\sin(\omega x + \varphi)$，其中 A、ω、φ 都有特定的实际意义。因此，本单元以广泛而丰富的周期现象为背景引入，既体现函数 $y = A\sin(\omega x + \varphi)$ 的现实需要，也符合概念引入的自然性原则，能让学生体会到学习的必要性，同时也加强了数学与现实生活的联系，体现了函数 $y = A\sin(\omega x + \varphi)$ 的应用价值。从实际问题中抽象函数 $y = A\sin(\omega x + \varphi)$，是一个非常典型的函数建模过程，可以作为提升数学抽象、数学建模、直观想象和逻辑推理等数学素养的重要平台。

研究 $y = A\sin(\omega x + \varphi)$ 的性质，关键就是研究参数 A、ω、φ 的变化对函数图象的影响。从 $y = \sin x$ 的图象出发，依次研究各参数对图象的影响，进而从整体上把握从正弦曲线通过图象变换得到 $y = A\sin(\omega x + \varphi)$ 图象的过程，体现了从特殊到一般的方法。当然，在研究过程中，要利用函数 $y = \sin x$ 的图象、性质等知识，并要借鉴相应的研究经验。

3. 教学重点

通过数学建模得出函数 $y = A\sin(\omega x + \varphi)$；参数 A、ω、φ 对函数 $y = A\sin(\omega x + \varphi)$ 图象的影响；从正弦曲线到 $y = A\sin(\omega x + \varphi)$ 图象的变换过程。

二、目标和目标解析

1. 目标

(1) 结合具体实例，了解 $y = A\sin(\omega x + \varphi)$ 的实际意义。

(2) 能借助图象理解参数 A、ω、φ 的意义，了解参数的变化对函数图象的影响。

(3) 会用 $y = A\sin(\omega x + \varphi)$ 解决简单的实际问题，感悟 $y = A\sin(\omega x + \varphi)$ 在解决现实问题中的作用。

2. 目标解析

达成上述目标的标志是：

(1) 能在现实背景（如筒车）中，分析出匀速圆周运动涉及的各种量，利用匀速圆周运动的变化规律得出这些量的相互关系，进而抽象出函数 $y = A\sin(\omega x + \varphi)$，能说出参数 A、ω、φ 以及变量 x、y 的物理意义。

(2) 能借助信息技术，从正弦曲线出发，经过坐标变换（含平移变换、横坐标的伸缩变换即周期变换、纵坐标的伸缩变换即振幅变换等）得到 $y = A\sin(\omega x + \varphi)$ 的图象；能准确解释参数 A、ω、φ 对 $y = A\sin(\omega x + \varphi)$ 图象的影响；能用"五点法"作 $y = A\sin(\omega x + \varphi)$ 的简图。

(3) 能运用 $y = A\sin(\omega x + \varphi)$ 解决一些简单的实际问题（限定在具有匀速圆周运动特征的实际问题）。

三、教学问题诊断分析

1. 问题诊断

首先，筒车运动模型的背景比较复杂，综合性强，需要有较强的数学建模能力，这是学生所欠缺的，也是教学需要加强的。教学中，可以借助信息技术呈现筒车运动的现实情境，明确要研究的问题。建模的第一步是将实际问题抽象为数学问题，这个数学化的过程中要采用数形结合方法，分析运动过程中的常量与变量以及相互关系，这是学习中可能出现的第一个难点。教学中要启发学生利用有关匀速圆周运动的物理知识，并调动已有的数学建模经验，在直角坐标系中表达相关元素，达到从数学的角度表达问题的目标。

其次，研究参数 φ、ω、A 对函数 $y = A\sin(\omega x + \varphi)$ 图象的影响时，参数多，解析式、图象中各要素之间的关系比较复杂，相互关联比较隐蔽，学生可能不知道从哪里入手，也不知道按怎样的路径展开研究，这是学习中可能出现的第二个难点。教学中要注意启发学生借鉴已有的学习经验，引导他们按从已知到未知、从简单到复杂、从特殊到一般的路径展开研究。例如，在二次函数 $y = ax^2 + bx + c$ 的图象与性质的学习中，学生经历过从 $y = ax^2$ 到 $y = a(x - h)^2 + k$ 再到 $y = ax^2 + bx + c$ 逐步拓展的过程，类比这个过程，可以考虑先分别研究参数 A、ω、φ 的变化对函数图象的影响方式，然后再将它们"合成"。同时，可以利用 $y = \sin x$ 的图象和性质，从图象平移到图象伸缩，由易到难、由单一到综合地进行探究。

第三，从正弦曲线出发，经过图象变换得出 $y = A\sin(\omega x + \varphi)$ 的图象，学生可能出现的困难有两个：一是与参数 ω 相关的 x 轴方向的伸缩变换；二是按不同顺序进行变换时出现的不同变换方式，即从 $y = \sin x$ 变换到 $y = \sin(\omega x + \varphi)$，有先左右平移再横向伸缩和先横向伸缩再左右平移两种方式，顺序不同会导致变换方式有所不同。教学中需要通过具体实例让学生进行图象变换的实践，并且要借助信息技术呈现变化过程，然后再抽象出一般化的变换过程描述。

2. 教学难点

建立模型 $y = A\sin(\omega x + \varphi)$，从 $y = \sin x$ 到 $y = A\sin(\omega x + \varphi)$ 的变换路径，由 $y = \sin x$ 变换到 $y = \sin(\omega x + \varphi)$ 的不同顺序引起的不同变换方式的理解。

四、教学支持条件分析

利用信息技术展示 $y = A\sin(\omega x + \varphi)$ 的现实背景，使学生充分感受这个函数的广泛应用性；借助信息技术控制参数 A、ω、φ 的变化，动态呈现参数对 $y = A\sin(\omega x + \varphi)$ 图象的影响，从而增强直观性。

五、教学过程设计

环节一　创设情境，引入课题

问题 1　如图 11.9.1，单位圆 $\odot O$ 上的动点以 $A(1, 0)$ 为起点按逆时针方向旋转角 α 到达点 P，那么点 P 的坐标 (x, y) 可以由三角函数 $x = \cos\alpha$，$y = \sin\alpha$ 确定。在物理中，人们往往更关注动点 P 的坐标与运动时间 t 之间的关系，例如，点 P 的纵坐标 y 与运动时间 t 之间的关系。如果已知动点以 A 为起点，以单位角速度 $\omega = 1$ 按逆时针方向运动，经过时间 t 到

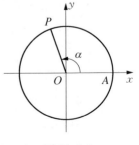

图 11.9.1

达点 P，角 α 与 t 之间有什么关系？点 P 的纵坐标 y 是时间 t 的函数吗？

师生活动 先由学生思考、回答，然后教师再引导：现实世界中存在大量圆周运动的问题，能否将刻画单位圆上点的运动规律的数学模型推广到一般的匀速圆周运动中去呢？这就是本节课要研究的内容。下面先看一个实际问题。

［设计意图］承上启下，从已知推广到未知，让学生感受研究一般的匀速圆周运动数学模型的必要性，从而明确目标、激发兴趣。

环节二　数学抽象，建立模型

问题 2 筒车（图 11.9.2）是中国古代发明的一种灌溉工具，它省时、省力、环保、经济，现代农村至今还在大量使用。明朝科学家徐光启在《农政全书》中用图示描绘了人们利用筒车轮的圆周运动进行灌溉的工作原理（用信息技术呈现筒车运动的实际情境）。

图 11.9.2

假定在水流量稳定的情况下，筒车上的每一个盛水筒都作匀速圆周运动。如果将这个筒车抽象成一个圆，水筒抽象成一个质点，你能用一个合适的函数模型来刻画盛水筒距离水面的相对高度与时间的关系吗？

师生活动 这一环节提前作为预习作业布置给学生，课堂上利用多媒体展示学生的预习结果，并让学生阐释自己的想法，在全班课堂交流的基础上得出变量 H 与 t 之间的函数关系：$H = r\sin(\omega t + \varphi) + h$。因为建立函数关系的关键是正确把握情境中涉及的量及其关系，所以教师可以在课堂上通过追问引导学生进一步思考。

追问 与盛水筒运动相关的量有哪些？它们之间有怎样的关系？

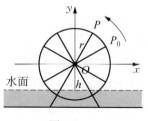

图 11.9.3

师生活动 先由学生独立思考，再进行全班交流，最后明确如下问题：

将筒车抽象为一个几何图形（如图 11.9.3 所示），设经过 $t\,\mathrm{s}$ 后，盛水筒 M 从点 P_0 运动到点 P。由筒车的工作原理可知，这个盛水筒距离水面的高度 H，由以下量所决定：筒车转轮的中心 O 到水面的距离 h，筒车的半径 r，筒车转动的角速度 ω，盛水筒的初始位置 P_0 以及所经过

的时间 t。

如图 11.9.3，以 O 为原点，与水平面平行的直线为 x 轴建立平面直角坐标系。设 $t=0$ 时，盛水筒 M 位于点 P_0，以 OP_0 为终边的角为 φ，经过 t s 后运动到点 $P(x，y)$。于是，以 OP 为终边的角为 $\omega t+\varphi$，并且有 $y=r\sin(\omega t+\varphi)$。所以，盛水筒 M 距离水面的高度 H 与时间 t 的关系是

$$H=r\sin(\omega t+\varphi)+h。$$

由于 h 是常量，我们可以只研究形如 $y=A\sin(\omega x+\varphi)$ 的性质。

[**设计意图**] 以筒车运动规律的刻画为背景，利用三角函数建立数学模型，获得研究对象。

说明：课堂观察发现，在对问题中涉及的常量、变量及其相互关系的分析中，学生因为关注点不同，提出了不同的函数关系；因为选取的坐标系不同（有的以过圆心的水平线为 x 轴，有的以水平面为 x 轴），同一对变量有不同的函数解析式；等等。例如，在本教学设计的课堂检验中，就有如下表 11.9.1 所列的结果：

表 11.9.1

变量	函数解析式	人数
转过的弧长 l	$l=r(\omega t)$	1
转过的角度 θ	$\theta=\omega t$	2
质点的坐标 $(x，y)$	$\begin{cases} x=\cos t，\\ y=\sin t，\end{cases}\begin{cases} x=r\cos(\omega t)，\\ y=r\sin(\omega t)，\end{cases}\begin{cases} x=r\cos\left(\omega t-\dfrac{\pi}{3}\right)，\\ y=r\sin\left(\omega t-\dfrac{\pi}{3}\right)+h，\end{cases}$ 等	28
离水面的高度 H	$H=r\sin(\omega t+\varphi)+h，H=\vert r-s-r\sin(\omega t)\vert$ 等	10

应当说，这是开放性问题教学必然出现的情况，而且是好现象。只要老师适当点拨，把学生的注意力引到 $y=A\sin(\omega x+\varphi)$ 上来就可以。

在上述过程中，对现实问题做了理想化假设，这是一般建模活动都需要的，这一点要让学生明确。同时，对于参数 A、ω、φ 的引入，因为半径、角速度是常量，不随坐标系的改变而改变，而初相 φ 不仅与坐标系的选取有关，更本质的是它是运动的初始条件，学生在这方面的经验较少，因此 φ 的引入有较大难度，教师需要在这里加强引导。

另外，在建立模型的过程中，信息技术构建了动态环境，在学生对运动变化中涉及

的各种量的观察、因变量的选择、参数值的自主选择等多方面都可以发挥很大作用。

环节三　研究参数 A、ω、φ 的变化对 $y = A\sin(\omega x + \varphi)$ 图象的影响

问题3　显然,参数 A、ω、φ 确定了 $y = A\sin(\omega x + \varphi)$。因此,只要了解这些参数的意义,知道它们的变化对函数图象的影响,就能把握这个函数的性质。从解析式看,$y = \sin x$ 就是 $y = A\sin(\omega x + \varphi)$ 在 $A = 1$,$\omega = 1$,$\varphi = 0$ 时的特殊情形。

(1) 能否借助我们熟悉的 $y = \sin x$ 的图象与性质研究参数 A、ω、φ 对 $y = A\sin(\omega x + \varphi)$ 图象的影响呢?

(2) $y = A\sin(\omega x + \varphi)$ 中含有三个参数,你认为应按怎样的思路进行研究? 以前研究过涉及多个参数的函数吗? 由此你能得到什么启发?

师生活动　教师启发学生回顾二次函数 $y = ax^2 + bx + c$ 的研究路径,从中归纳出两个关键想法:一是分别就参数 a、b、c 对函数图象的影响进行研究,然后进行"合成";二是对每一种情况都采取从具体到抽象的方法得出结果,例如研究 $y = ax^2$ 的图象,先研究 $y = 2x^2$,$y = -2x^2$ 等,再归纳得出 $y = ax^2$ 的图象特征。类似地,我们可以先分别研究参数 A、ω、φ 对 $y = A\sin(\omega x + \varphi)$ 图象的影响,然后再"合成"。

[**设计意图**] 通过回顾二次函数图象的研究过程,类比形成研究 $y = A\sin(\omega x + \varphi)$ 的思路和方法。

数学实验1　为了更加直观地观察参数 φ 对函数图象的影响,我们借助信息技术做一个数学实验。

如图 11.9.4, Q_0 为单位圆与横轴的交点。取 $A = 1$, $\omega = 1$,动点 M 在单位圆 O_1 上以单位角速度按逆时针方向运动。

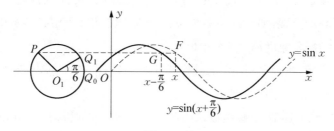

图 11.9.4

如果动点 M 以 Q_0 为起点(此时 $\varphi = 0$),经过 x s 后运动到点 P,那么点 P 的纵坐标 y 就等于 $\sin x$。以 (x, y) 为坐标描点,可得正弦函数 $y = \sin x$ 的图象。

追问 1 在单位圆上拖动起点 Q_0，使 Q_0 绕 O_1 按逆时针方向旋转 $\frac{\pi}{6}$ 到 Q_1。当起始位置在 Q_1 时，你发现图象有什么特点？它与 $y = \sin x$ 的图象有什么关系？你能说明原因吗？

师生活动 教师利用信息技术边演示边引导学生观察：如图 11.9.4，在单位圆上，设两个动点分别以 Q_0，Q_1 为起点同时开始运动。如果以 Q_0 为起点的动点到达圆周上点 P 的时间为 x s，那么以 Q_1 为起点的动点到达点 P 的时间是 $\left(x - \frac{\pi}{6}\right)$ s。这个规律反映在图象上就是：如果 $F(x, y)$ 是函数 $y = \sin x$ 图象上的一点，那么 $G\left(x - \frac{\pi}{6}, y\right)$ 就是函数 $y = \sin\left(x + \frac{\pi}{6}\right)$ 图象上的一点。这说明，把正弦曲线 $y = \sin x$ 上的所有点向左平移 $\frac{\pi}{6}$ 个长度单位，就得到 $y = \sin\left(x + \frac{\pi}{6}\right)$ 的图象。

为了使学生理解上述研究过程的实际意义，教师可以让学生回到筒车运动情境。假设筒车的半径、角速度都为 1 个单位，将 Q_0、Q_1 视为两个相邻的盛水筒，通过信息技术模拟它们的运动，并画出相应的运动轨迹，可以发现所得的轨迹与画出的函数图象完全一致。

追问 2 仿照上述过程，你能说说将起始点 Q_0 绕点 O_1 分别旋转 $-\frac{\pi}{6}$、$\frac{\pi}{3}$、$-\frac{\pi}{3}$，即起始位置 Q_0 对应的 $\varphi = -\frac{\pi}{6}$，$\frac{\pi}{3}$，$-\frac{\pi}{3}$ 时，$y = \sin(x + \varphi)$ 的图象与 $y = \sin x$ 的图象的关系吗？

师生活动 学生模仿按逆时针方向旋转 $\frac{\pi}{6}$ 时的情况进行说明，可以让学生在小组内开展互动交流。在学生互动过程中，让他们把 φ 的各个取值对应的 Q_0 位置看成相应的盛水筒所在的位置，那么得出的图象就是水车转动过程中各盛水筒的运动轨迹（假设筒车的半径、角速度都为 1 个单位）。

在得出结论后，教师再利用动态几何软件对 φ 进行一般性变化，让学生观察 φ 的变化对 $y = \sin(x + \varphi)$ 图象的影响。

追问 3 归纳上述情况，你能概括一下 φ 的变化是如何影响 $y = \sin(x + \varphi)$ 的图象的吗？

师生活动 先让学生独立思考并小组交流，再请小组代表进行全班交流，最后师生共同总结出结论：

一般地,当动点 M 的起始位置 Q 对应的角为 φ 时,对应的函数是 $y = \sin(x + \varphi)(\varphi \neq 0)$,把正弦曲线上所有点向左($\varphi > 0$)或向右($\varphi < 0$)平移 $|\varphi|$ 个长度单位就得到 $y = \sin(x + \varphi)$ 的图象。

[设计意图] 本环节设计成数学实验,让学生借助信息技术开展从特殊到一般的探究。先利用动态几何软件实现 $\varphi = \dfrac{\pi}{6}$ 与 $\varphi = 0$ 的"联动",得出 $y = \sin\left(x + \dfrac{\pi}{6}\right)$ 的图象与 $y = \sin x$ 的图象之间的关系;再让 φ 变化起来,从而让学生清楚地看到 φ 的变化对函数 $y = \sin(x + \varphi)$ 图象的影响。

数学实验 2 类似于研究 φ 的变化对 $y = \sin(x + \varphi)$ 图象的影响,下面我们借助信息技术继续研究 $\omega(\omega > 0)$ 的变化对 $y = \sin(\omega x + \varphi)$ 图象的影响。

如图 11.9.5,取圆的半径 $A = 1$。为了研究方便,不妨令 $\varphi = \dfrac{\pi}{6}$。当 $\omega = 1$ 时得到 $y = \sin\left(x + \dfrac{\pi}{6}\right)$ 的图象。

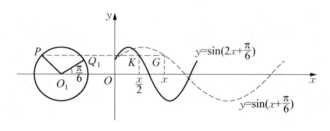

图 11.9.5

追问 1 取 $\omega = 2$,图象有什么特点?与 $y = \sin\left(x + \dfrac{\pi}{6}\right)$ 的图象有什么关系?你能类比前面的探究,结合筒车运动给出解释吗?

师生活动 条件允许时,让学生模仿数学实验 1 开展自主探究。否则,类似实验 1 的处理,教师边演示边引导学生观察,并让学生联想筒车运动给出解释。通过学生观察、思考,得出如下结论:

在单位圆上,设以 Q_1 为起点的动点,当 $\omega = 1$ 时到达点 P 的时间为 x_1 s,当 $\omega = 2$ 时到达点 P 的时间为 x_2 s。因为 $\omega = 2$ 时动点的转速是 $\omega = 1$ 时的 2 倍,所以 $x_2 = \dfrac{1}{2}x_1$。这样,设 $G(x, y)$ 是 $y = \sin\left(x + \dfrac{\pi}{6}\right)$ 图象上的一点,那么 $K\left(\dfrac{1}{2}x, y\right)$ 就是 $y = \sin\left(2x + \dfrac{\pi}{6}\right)$ 图象上的相应点,如图 11.9.5 所示。这说明,把 $y = \sin\left(x + \dfrac{\pi}{6}\right)$ 图象上

所有点的横坐标缩短到原来的 $\frac{1}{2}$（纵坐标不变），就得到 $y=\sin\left(2x+\frac{\pi}{6}\right)$ 的图象。$y=\sin\left(2x+\frac{\pi}{6}\right)$ 的周期为 π，是 $y=\sin\left(x+\frac{\pi}{6}\right)$ 的周期的 $\frac{1}{2}$。

追问 2 取 $\omega=\frac{1}{2}$, 3, $\frac{1}{3}$, $y=\sin\left(\omega x+\frac{\pi}{6}\right)$ 的图象各有什么特点？与 $y=\sin\left(x+\frac{\pi}{6}\right)$ 的图象分别有什么关系？

师生活动 学生模仿 $\omega=2$ 时的情况进行说明，可以让学生在小组内开展互动交流。在学生互动过程中，让他们把 ω 的每一个取值对应于筒车的一个盛水筒以 Q_1 为起始点的一次运动，借助动态几何软件做成几个动画演示，让学生观察这些图象的变化情况，归纳 ω 的变化对函数 $y=\sin\left(\omega x+\frac{\pi}{6}\right)$ 图象的影响。

在得出结论后，教师再利用动态几何软件对 ω 进行一般性变化，让学生观察 ω 的变化对 $y=\sin\left(\omega x+\frac{\pi}{6}\right)$ 图象的影响。

追问 3 归纳上述情况，你能概括一下 ω 的变化是如何影响函数 $y=\sin(\omega x+\varphi)$ 图象的变化的吗？

师生活动 先让学生独立思考并小组交流，再请小组代表进行全班交流，最后师生共同总结出结论：

一般地，函数 $y=\sin(\omega x+\varphi)(\omega>0)$ 的周期是 $\frac{2\pi}{\omega}$，把 $y=\sin(x+\varphi)$ 图象上所有点的横坐标缩短（当 $\omega>1$ 时）到原来的 $\frac{1}{\omega}$ 或伸长（当 $0<\omega<1$ 时）到原来的 $\frac{1}{\omega}$ 倍，纵坐标不变，就得到 $y=\sin(\omega x+\varphi)$ 的图象。

[设计意图] 本环节仍以数学实验的方式展开教学活动，让学生利用动态几何软件开展从特殊到一般的探究。教师先利用动态几何软件对 $y=\sin\left(2x+\frac{\pi}{6}\right)$ 的图象与 $y=\sin\left(x+\frac{\pi}{6}\right)$ 的图象进行比较，得出相应的结论；然后再让学生利用动态几何软件分别作出 $\omega=\frac{1}{2}$, 3, $\frac{1}{3}$ 时 $y=\sin\left(\omega x+\frac{\pi}{6}\right)$ 的图象，并将这些图象放在一起进行比较，从而让学生清楚地看到 ω 的变化对函数 $y=\sin\left(\omega x+\frac{\pi}{6}\right)$ 图象的影响。

数学实验 3 类似于研究 φ、ω 的变化对 $y=A\sin(\omega x+\varphi)$ 图象的影响一样,请同学们借助信息技术继续研究 $A(A>0)$ 的变化对 $y=A\sin(\omega x+\varphi)$ 图象的影响。

师生活动 先说出研究路径和方法,再进行自主探究,得出结论后进行全班展示、交流,最后形成结论。

首先,以 $\omega=2$,$\varphi=\dfrac{\pi}{6}$ 为基础展开新的探究。当 $A=1$ 时,如图 11.9.6,可得 $y=\sin\left(2x+\dfrac{\pi}{6}\right)$ 的图象。

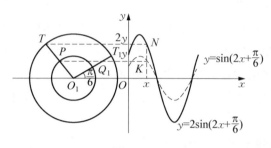

图 11.9.6

当 $A=2$ 时,借助信息技术可以画出函数 $y=2\sin\left(2x+\dfrac{\pi}{6}\right)$ 的图象。

如图 11.9.6,设射线 O_1Q_1 与以 O_1 为圆心、2 为半径的圆交于点 T_1。如果单位圆上以 Q_1 为起点的动点,以 $\omega=2$ 的角速度经过 x s 到达圆周上点 P,那么点 P 的纵坐标是 $\sin\left(2x+\dfrac{\pi}{6}\right)$;相应地,点 T_1 在以 O_1 为圆心、2 为半径的圆上运动到点 T,点 T 的纵坐标是 $2\sin\left(2x+\dfrac{\pi}{6}\right)$。这样,设 $K(x,y)$ 是函数 $y=\sin\left(2x+\dfrac{\pi}{6}\right)$ 图象上的一点,那么点 $N(x,2y)$ 就是函数 $y=2\sin\left(2x+\dfrac{\pi}{6}\right)$ 图象上的相应点。这说明,把 $y=\sin\left(2x+\dfrac{\pi}{6}\right)$ 图象上所有点的纵坐标伸长到原来的 2 倍,横坐标不变,就得到 $y=2\sin\left(2x+\dfrac{\pi}{6}\right)$ 的图象。

接着,让学生利用动态几何软件,在同一个坐标系内作出 $A=\dfrac{1}{2}$,3,$\dfrac{1}{3}$ 时的图象,从中观察参数 A 的变化对函数 $y=A\sin\left(2x+\dfrac{\pi}{6}\right)$ 图象的影响。在此基础上再对

A 进行一般性变化,观察相应的函数图象的变化。最后给出一般结论:

一般地,$y = A\sin(\omega x + \varphi)$ 的图象,可以看作是把 $y = \sin(\omega x + \varphi)$ 图象上所有点的纵坐标伸长(当 $A > 1$ 时)到原来的 A 倍或缩短(当 $0 < A < 1$ 时)到原来的 A,横坐标不变而得到。从而,函数 $y = A\sin(\omega x + \varphi)$ 的值域是 $[-A, A]$,最大值是 A,最小值是 $-A$。

[设计意图] 因为在函数 $y = \sin(\omega x + \varphi)$ 图象的基础上研究 A 的变化对函数 $y = A\sin(\omega x + \varphi)$ 图象的影响比较简单,所以完全放开让学生进行自主探究。

问题 4 前面我们已经分别对参数 φ、ω、A 的变化对 $y = A\sin(\omega x + \varphi)$ 图象的影响进行了研究,下面进行"合成"。你能总结一下从 $y = \sin x$ 的图象出发,通过图象变换得到 $y = A\sin(\omega x + \varphi)(A > 0,\ \omega > 0)$ 图象的过程与方法吗?

师生活动 先由学生独立思考给出结论,再进行小组交流,然后小组派代表发言,要求学生在发言时边用动态几何软件演示边说明。

一般地,函数 $y = A\sin(\omega x + \varphi)$(其中 $A > 0$,$\omega > 0$)的图象,可以用下面的步骤得到:

第一步,画出函数 $y = \sin x$ 的图象;

第二步,把正弦曲线向左(或右)平移 $|\varphi|$ 个单位长度,得到函数 $y = \sin(x + \varphi)$ 的图象;

第三步,把曲线上各点的横坐标变为原来的 $\dfrac{1}{\omega}$ 倍 $\left(\text{或}\dfrac{1}{\omega}\right)$,得到函数 $y = \sin(\omega x + \varphi)$ 的图象;

第四步,把曲线上各点的纵坐标变为原来的 A 倍(或 A),这时的曲线就是函数 $y = A\sin(\omega x + \varphi)$ 的图象。

[设计意图] 因为分别就参数 φ、ω、A 的变化对函数 $y = A\sin(\omega x + \varphi)$ 图象的影响进行讨论时,具体例子具有连续性,$y = \sin x \rightarrow y = \sin\left(x + \dfrac{\pi}{6}\right) \rightarrow y = \sin\left(2x + \dfrac{\pi}{6}\right) \rightarrow y = 2\sin\left(2x + \dfrac{\pi}{6}\right)$ 都是在已有基础上进行变化的,这个过程为抽象到一般的参数连续变化过程打下坚实基础,所以让学生自己完成图象变换的步骤化总结,这样也给学生提供了再理解、再提高的机会。

环节四 例题练习,巩固理解,形成技能

例1 说出从正弦曲线出发,通过图象变换得到 $y = 2\sin\left(3x - \dfrac{\pi}{6}\right)$ 图象的过程,并在

每一个步骤上作出相应的简图。

师生活动 先由学生独立思考、完成每一个步骤的作图,过程如图 11.9.7 所示,然后进行全班展示交流。最后的结果如图 11.9.8 所示。

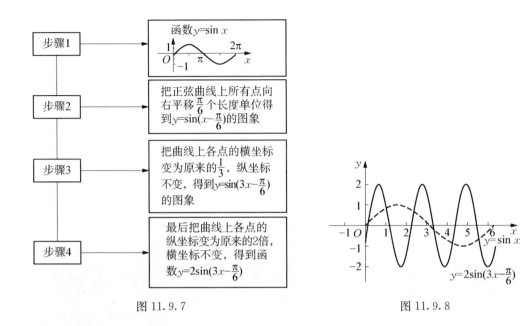

图 11.9.7   图 11.9.8

追问 观察图 11.9.8 的图形特征,回顾用五点法画正弦函数图象简图的过程,你能用五点法画出这个函数图象的简图吗?

师生活动 先由学生独立思考,通过观察图象,联系函数的基本性质,得出确定五个关键点的方法,再进行全班交流,明确方法后再让学生独立完成作图。最终要使学生认识到:

从形的角度,对 $y = 2\sin\left(3x - \dfrac{\pi}{6}\right)$ 的图象进行观察,把握其周期性和单调性,类比正弦曲线的五个关键点,从图象的最高点、最低点、零点得出五个关键点;

从数的角度,这些关键点的横坐标就是方程 $3x - \dfrac{\pi}{6} = 0$, $\dfrac{\pi}{2}$, π, $\dfrac{3\pi}{2}$, 2π 的解。

在上述活动的基础上,要求学生总结用五点法画图的步骤:

第一步,取点:令 $X = 3x - \dfrac{\pi}{6}$,取 $X = 0$, $\dfrac{\pi}{2}$, π, $\dfrac{3\pi}{2}$, 2π,得 x 的相应值;

第二步,列表(见表 11.9.2):

表 11.9.2

X	0	$\dfrac{\pi}{2}$	π	$\dfrac{3\pi}{2}$	2π
x	$\dfrac{\pi}{18}$	$\dfrac{4\pi}{18}$	$\dfrac{7\pi}{18}$	$\dfrac{10\pi}{18}$	$\dfrac{13\pi}{18}$
y	0	2	0	-2	0

第三步,描点、画图(图略)。

[设计意图] 先通过图象变换的方法画出 $y = 2\sin\left(3x - \dfrac{\pi}{6}\right)$ 的图象,利用正弦函数图象与性质的研究经验,观察所画出的图象形状,发现五个关键点的坐标特征;再类比五点法作正弦曲线的方法,从数的角度得到确定五个关键点的横坐标的方法;最后得出画图步骤。这个过程中,既进一步理解了图象变换,又联系了正弦函数的图象与性质,并且培养了解题技能。

例 2 摩天轮是一种大型转轮状的机械建筑设施,游客坐在摩天轮的座舱里慢慢地往上转,可以从高处俯瞰四周景色。如图 11.9.9,某摩天轮最高点距地面高度为 120 m,转盘直径为 110 m,设置有 48 个座舱,开启后按逆时针方向匀速旋转,游客在座舱转到离地面最近的位置进舱,转一周大约需要 30 min。

图 11.9.9

(1)游客甲坐上摩天轮的座舱,开始转动 t min 后离地面的高度为 H m,求在转动一周的过程中,H 关于 t 的函数解析式;

(2)求游客甲在开始转动 5 min 后离地面的高度;

(3)若甲、乙两人分别坐在两个相邻的座舱里,在运行一周的过程中,求两人距离地面的高度差的最大值(精确到 0.1 m)。

师生活动 对于(1),先让学生思考用什么数学模型来刻画。学生应该能回答:摩天轮上座舱运动可以近似地看作是质点在圆周上做匀速旋转,在旋转过程中,游客距离地面的高度 H 呈现周而复始的变化,因此可以考虑用三角函数模型来刻画。在此基础上,再让学生确定问题中涉及的常量、变量及其相互关系,然后独立解决问题,最后选几个学生进行课堂展示,得出正确答案。

对于(2),由学生解答即可。

对于(3),解答之前可以先让学生想象一下,摩天轮旋转过程中,相邻两个座舱的高度差到底会怎样变化,然后再根据(1)中的解析式进行求解,接着再让学生把自己想象的结果和答案进行比较,看看有什么差异,说说自己的感受。

[设计意图]本例与开篇的筒车问题相呼应,可以让学生进一步体会用函数 $y = A\sin(\omega x + \varphi)$ 刻画一般圆周运动的方法,感受数学建模思想,同时也让学生经历一次用已知模型解决实际问题的过程,也是对知识学习效果的一次检测。

环节五　单元小结

问题 5 请同学们带着下列问题,回顾本单元的学习过程,并给出回答:

(1) 本单元我们研究了哪一类问题? 按怎样的路径展开研究?

(2) 结合筒车的运动情境,你能解释一下参数 φ、ω、A 的实际意义吗?

(3) 就参数 φ、ω、A 的变化对函数 $y = A\sin(\omega x + \varphi)$ 图象的影响,我们按怎样的路径展开研究? 得出了哪些结论? 你能利用动态几何软件演示这些图象变换吗?

(4) 你认为从 $y = \sin x$ 的图象出发,还可以按怎样的顺序进行图象变换得到 $y = A\sin(\omega x + \varphi)$ 的图象? 如果按 $y = \sin x \rightarrow y = \sin(\omega x) \rightarrow y = \sin(\omega x + \varphi) \rightarrow y = A\sin(\omega x + \varphi)$ 的顺序进行变换,你能说出具体是如何变换的吗?

(5) 以筒车为背景,构建一个真实情境,解释参数 ω 的变化对函数 $y = \sin(\omega x)$ 图象的影响;类似地,构建一个真实情境,解释参数 A 的变化对函数 $y = A\sin\left(3x + \dfrac{\pi}{6}\right)$ 图象的影响。

师生活动 (1)～(3)由学生在独立思考的基础上进行全班交流,再由老师进行总结;(4)和(5)可以作为课后拓展让学生探究,时间允许也可以在课堂中进行讨论,然后在课外完成。

[设计意图] (1)像其他基本初等函数一样,某种意义上,$y = A\sin(\omega x + \varphi)$ 也可以看成是一类特别的基本初等函数,它是三角函数与其他学科的联系与结合,特别是与振动和波动联系的直接产物,从而具有"全部高科技的基础之一"①②的地位。要通

---

① 齐民友.三角函数 向量 复数[J].数学通报,2007,46(10):1-7.
② 齐民友.三角函数 向量 复数(续)[J].数学通报,2007,46(11):1-8.

过小结让学生进一步理解研究这个函数的重要意义及其研究的路径。

（2）对于 $y=A\sin(\omega x+\varphi)$ 的理解，关键是把握参数 A、ω、φ 的实际意义和数学意义。让学生结合筒车做匀速圆周运动的背景对这些参数的实际意义进行再解释，可以帮助学生进一步把握决定周期性运动的主要因素，为用 $y=A\sin(\omega x+\varphi)$ 解决实际问题打下基础。

（3）参数 A、ω、φ 的数学意义就是它们的变化对 $y=A\sin(\omega x+\varphi)$ 图象的影响，其实也就是 $y=A\sin(\omega x+\varphi)$ 的性质。研究过程中体现的主要思想方法是：先给某些参数赋值以"固定参数"，分别讨论清楚每一个参数对函数图象的影响，再进行"合成"得出整体情况；从具体到抽象，寓一般于特殊之中；借助信息技术开展数学实验，进行动态观察，使抽象问题可视化；等等。

（4）不同的图象变换顺序对变换方法会产生影响，这对学生而言是一个难点，需要通过分析图象变换的本质加以解决。例如，$y=\sin x \rightarrow y=\sin(\omega x)$，本质是将正弦曲线上的点 (x,y) 的横坐标伸长（或缩短）为原来的 $\dfrac{1}{\omega}$ 倍（或 $\dfrac{1}{\omega}$），纵坐标不变，即把点 (x,y) 变换到点 $\left(\dfrac{x}{\omega},y\right)$；$y=\sin(\omega x) \rightarrow y=\sin(\omega x+\varphi)$，是一个平移变换，把 $y=\sin(\omega x)$ 图象上的点 (x,y) 平移到 $\left(x-\dfrac{\varphi}{\omega},y\right)$。让学生思考这样的问题，既可以加深对函数变换的认识，也能提升直观想象素养。

（5）对学生而言，从具体实例中抽象共性得出数学表达式是比较熟悉的，给抽象的函数表达式赋予实际背景则是困难的，其主要原因是学生的生活经验比较缺乏，不习惯在动态的过程中思考问题。这里将参数的变化与其实际意义结合起来，可以在促进学生理解参数意义的同时，培养数学建模能力。例如，角速度 ω 的变化带来圆周上点的运动快慢的变化，与筒车背景联系，可以构建如下实际情境：雨季水量充沛，水流速度加快；旱季水量减少，水流速度减慢。

环节六　单元目标检测

题 1 已知函数 $y=3\sin\left(x+\dfrac{\pi}{5}\right)$ 的图象为 C。

（1）为了得到函数 $y=3\sin\left(x-\dfrac{\pi}{5}\right)$ 的图象，只要把 C 上所有的点 _____。

（2）为了得到函数 $y = 3\sin\left(2x + \dfrac{\pi}{5}\right)$ 的图象，只要把 C 上所有的点 _____。

（3）为了得到函数 $y = 4\sin\left(x + \dfrac{\pi}{5}\right)$ 的图象，只要把 C 上所有的点 _____。

题 2 函数 $y = \dfrac{2}{3}\sin\left(\dfrac{1}{2}x - \dfrac{\pi}{4}\right)$ 的图象与正弦曲线有什么关系？

题 3 画出函数 $y = 2\sin\left(2x - \dfrac{\pi}{4}\right)$ 在长度为一个周期的闭区间上的简图。

布置作业

《必修一》第 240～241 页，习题 5.6，第 1，2(4)，3(1)，4，6 题。

教学设计说明

新一轮课程改革强调通过综合实践活动推动高中育人方式的改革，高中数学课程中设置数学建模活动，就是为了使综合实践活动在数学课程中得到具体落实。本单元教学设计强调以数学建模思想为指导，通过"周期性变化现象 — $y = A\sin(\omega x + \varphi)$ — 实际问题"的过程，引导学生在现实情境中开展抽象数学模型，借助现实背景和函数图象理解参数的意义，在周期性现象中了解参数的变化对函数图象的影响，从而使学生领悟到 $y = A\sin(\omega x + \varphi)$ 的本质特征及其实际意义。本教学设计主要关注了如下问题。

1. 函数 $y = A\sin(\omega x + \varphi)$ 有丰富的现实背景，是刻画匀速圆周运动的重要数学模型

作为函数 $y = \sin x$ 的一般拓展，有着更加广泛的实用价值。前面借助单位圆研究三角函数的图象与性质，有利于从数学理论上理解和把握三角函数的本质，但用于解决实际问题时，需要去掉单位圆这个脚手架。本单元从现实情境中抽象出 $y = A\sin(\omega x + \varphi)$，再结合现实背景认识参数 A、ω、φ 的意义，研究参数变化对函数图象的影响，就达到了"拆掉单位圆脚手架"的目的，进而为研究一般性周期变化现象奠定基础。

本内容有较高的育人价值，它是提升数学抽象、数学建模、直观想象和逻辑推理等素养的良好载体，对于培养学生的"四基""四能"，提高数学表达和交流能力，发展数学应用能力，以及培养良好的数学学习习惯与兴趣等都有重要作用。

2. 落实函数建模思想是实现这一内容育人价值的关键

本教学设计利用人教 A 版设计的简车运动背景，创设情境、提出问题，引导学生经历应用三角函数知识建立数学模型的过程，并采取适当开放的形式（问题变式），先

引导学生分析清楚确定这一运动变化现象的要素(常量A、ω、φ以及时间t,圆周上的动点坐标(x,y)),再明确它们之间的相互关系,然后利用三角函数知识作出表达。在此过程中,注意引导学生调动物理中关于匀速圆周运动的知识,借鉴正弦函数的研究经验,并注意引导学生关注起始条件(这是数学建模过程的一个要点),从而帮助学生突破难点,得出函数解析式。

3. 设计探究参数A、ω、φ的变化对函数图象的影响

在设计探究参数A、ω、φ的变化对函数图象的影响的活动中,首先强调通过类比已有的研究经验,构建研究路径,提出"先分后合"的研究思路;在具体展开研究时,注意直接从函数$y=A\sin(\omega x+\varphi)$出发,采用从特殊到一般的方式,通过对参数赋值,发现各参数对函数图象的影响;因为参数A、ω、φ都有实际意义,结合这些实际意义讨论函数变换问题,既能让学生感受到学习的必要性,又能让他们看清变换过程,更清晰地把握变换前后函数图象间的关系,更准确地认识变换结果,对提高内容的可理解性也有很大帮助,所以在探究参数变化对函数图象的影响时,本教学设计注意引导学生"回到现实背景中去",用筒车运动中盛水筒的运动规律来解释参数的实际意义。

4. 本单元的学习必须使用信息技术

信息技术能帮助学生化解函数的高度抽象性带来的学习困难,借助动态几何软件可以实现图象变换过程的可视化、动态化,使参数变化可操作,从而增强学习活动的探索性。本教学设计注意通过信息技术为学生提供观察、归纳的机会,包括提供真实的学习素材、开放性的问题、探索性的学习过程、操作性的学习手段,还有探索过程的动态化、可视化,学习体验的形象化、可表达,学习结果的创造性,从而使信息技术成为学生建立函数模型、发现参数A、ω、φ的变化对函数图象的影响的有力工具。具体的使用方向有:

(1)展示现实情境;

(2)画函数图象;

(3)对参数A、ω、φ赋值并进行动态跟踪;

(4)对匀速圆周运动、函数图象、函数解析式进行动态关联;

(5)拓展应用范围,为学生提供更大的创新思维空间。

总之,除作图外,本教学设计根据函数$y=A\sin(\omega x+\varphi)$的物理背景和几何背景,在呈现圆上点的运动、匀速圆周运动中各要素间的数量关系以及参数取不同值时函数图象间的相互关系等方面,都融入了信息技术。

单元十　数学建模活动

——以"体重与脉搏"的关系为例

一、内容和内容解析

1. 内容

选自《普通高中数学课程标准(2017年版2020年修订)》案例28,结合体重与脉搏的实例,经历用函数建立数学模型解释生物现象、解决实际问题的基本过程。

2. 内容解析

函数模型是描述客观世界中变量关系及规律的重要数学语言和工具。结合对"体重与脉搏的关系"的数学建模,通过分析比较各种函数模型的差异,可引导学生进一步理解函数的性质,并确定合适的函数类型构建数学模型。

结合目前所学,学生已具备了从现实情境中抽象出研究对象、提炼数量关系、简单应用等与数学建模相关的知识经验,其中就蕴含了丰富的数学建模思想,但还未经历过数学建模活动的全过程。本案例要求学生完整经历数学建模的过程,掌握数学建模的基本方法与步骤,提高"四能",培养数学应用意识,提升数学抽象、数学建模、数学运算、直观想象等素养。同时,在后续学习中,学生还会不断经历和强化数学建模过程,培养用数学解决实际问题的能力和意识。

3. 教学重点

经历完整的数学建模过程,掌握数学建模的一般方法与步骤,体会每一个环节的必要性与重要性。

二、目标与目标解析

1. 目标

(1)根据生物常识找出目标变量间的关系,构建"比例模型",将实际问题转化为数学问题,提高逻辑推理能力,提升数学抽象素养;

(2)结合函数图象,通过数据分析建立合适的数学模型,求解数学模型并检验,提高直观想象、数学运算与数据分析能力;

(3)通过数学建模活动,归纳与掌握数学建模的一般方法与步骤,理解数学模型的多样性,进一步提升数学建模素养。

2. 目标解析

达成上述目标的标志是:

(1)学生能通过科普阅读,了解"血流量""脉搏率"等生物学中的专业术语,能从素材中找出诸如"消耗能量与血流量""体重与体积""表面积和体积"等的数量关系,初步构建"比例模型",学会将实际问题转化为数学问题;

(2)学生能结合收集到的数据,求解出具体的函数模型,并通过图象直观和数学运算,检验数学模型是否符合实际问题;

(3)学生能回答"选什么函数模型""为什么选这个函数模型""这个模型是否合理"等设问,归纳与掌握数学建模的一般步骤,能提出或者理解数学模型的多样性。

三、教学问题诊断分析

1. 问题诊断

首先,由于涉及到跨学科知识,学生会出现理解偏差与困难,在现实问题数学化中遇到困难。虽然学生对应用题并不陌生,但直接给出数学应用问题和学生自己从现实中抽象出数学问题还是有较大的差异,学生缺乏现实问题数学化的经验和数学抽象能力。

其次,在分析问题的过程中,学生对"比例模型"的分析与表述还比较陌生,尤其是几次比例模型叠加使用,更增加了思维难度。

再次,在利用函数模型解决实际问题的过程中,学生还未形成借助信息技术求解函数模型的能力。

教学中可以采用分步骤启发的方式,引导学生将实际问题抽象成数学问题;先给学生一个简单示范性操作,让学生模仿与应用;引导学生通过定性和定量两个角度判断函数模型是否合理;鼓励学生利用信息技术进行复杂的运算求解,多维度分析问题,逐步培养学生利用信息技术解决实际问题的意识。

2. 教学难点

(1)选择合适的函数建立数学模型;(2)借助数理分析和信息技术求解模型。

四、教学支持条件分析

为了帮助学生克服分析问题背景的困难,启发学生从跨学科角度思考问题,通过视频播放的形式多渠道获取素材;利用信息技术软件(如 GGB、Excel 等)快捷地进行作图、数据处理与运算,让学生把主要的精力放在定性和定量分析数学问题上,帮助学生通过数形结合研究函数模型的变化规律;采用希沃授课助手等辅助技术,及时分享学生的研究成果,实时反馈,增强课堂互动效果。

五、教学过程设计

环节一 观察情境,提出问题

背景情境:视频展示(一)

采访者:今天我们非常有幸请到生物方老师来到我们的课堂。首先我想请教一下方老师,生物学中怎样理解动物的脉搏率?

方老师:脉搏是由心脏的收缩引起的血管壁一张一缩的搏动,像波浪一样沿着动脉壁向远处传播而形成的。脉搏率是每分钟的脉搏数,正常情况下,脉搏率与每分钟心跳的次数是一样的。动物的脉搏率与它的体重是密切相关的。

问题1 方老师说动物的脉搏率与它的体重密切相关,那么两者之间究竟具有怎样的关系呢?

师生活动 师生共同观看视频,了解生物学基础概念,明确本节课要研究的对象和探索的问题。

[**设计意图**]"体重与脉搏"中涉及到一些生物学知识,由于兴趣和阅历所限,学生对跨学科的概念在理解上存在一定难度。通过邀请生物老师视频讲解,能够保证专业性,并吸引学生注意力,帮助和引导学生尽快从情境中提出问题,明确本节课的研究对象与任务,为后续数学建模活动打下基础。

环节二 收集数据,挖掘关系

问题2 观察表 11.10.1 中的数据,你发现了什么?

表 11.10.1 一些动物体重与脉搏率的对应数据

动物名称	体重/g	脉搏率/(心跳次数·min^{-1})
鼠	25	670
大鼠	200	420
豚鼠	300	300
兔子	2 000	205
小狗	5 000	120
大狗	30 000	85
羊	50 000	70

师生活动 师生共同分析数据,引导学生经历"观察表格,寻找规律—描点绘图,观察图象—提出猜想—初步判断"的过程。教师借助 GGB 软件,帮助学生利用已学函

数的图象与性质,提出合理猜想与初步判断:

反比例函数——积为定值,通过直接运算即可检验;

指数函数——等间距比值为定值,由于体重的无规律性,并不能直接观察出来;

幂函数——形如 x^{α},α 为负数的情形,但不能确信。

[设计意图] 从观察表格数据发现规律过渡到绘制函数图象,使学生经历现实问题转化为数学问题的过程;GGB 软件的应用让学生体会到信息技术在数学建模中的作用;引导学生体会"看数据—绘图象—先猜想—再判断"的过程,为建立函数模型打下基础。

环节三　定性分析,选择模型

问题3　像刚才这样通过两组数据的观察与图象分析,是一种较为直观的研究体重与脉搏关系的方式。那么体重与脉搏之间真的有联系吗?这样的猜测合理吗?有没有什么科学依据?这个联系具体又是什么呢?下面我们继续研究。

　　作为现实问题,我们不能忽略了两者在生物学上存在的某些内在联系,为此我们不妨回顾方老师对脉搏率的定义,并回答下面的问题:

　　在生物学中,血流量 Q 表示单位时间(每分钟)流过的血量,q 是心脏每次收缩挤压出来的血量,f 是脉搏率(心跳次数/分),请找出这三者存在的关系。

师生活动　通过学生分组讨论,易得出 $f = \dfrac{Q}{q}$。

追问　事实上,在现实生活中,血流量 Q 与心脏每次收缩挤压出来的血量 q 都不易测量与获得,所以需要寻找一个常见且容易测量的身体指标,用它来刻画恒温动物的脉搏率,于是研究对象的体重就成了不二之选。那么血流量 Q 和 q 与体重 W 之间又分别有什么关系呢?

[设计意图] 前一环节通过数据分析进行初步判断,问题 3 的设置是从定性分析转向数理分析。体重与脉搏之间有关系是之前通过视频告知学生们的,作为对现实问题的数学建模还需要考虑其科学性。数学模型的确立不能仅仅停留在数据分析和拟合,必须有联系实际的数学推导,从而增强模型的数学内涵。

　　教师引导:为了研究血流量 Q 和 q 与体重 W 的关系,更好地建立数学模型,我们还需要了解更多的生物学常识与假设,请大家继续观看视频。

视频展示(二)

生物学家认为,睡眠中的恒温动物依然会消耗体内能量,主要是为了维持体温,消耗的能量与通过心脏的血流量成正比;由于动物通过身体表面散发热量,表面积越大,散发热量越多,为了保持体温所需的能量也就越大,所以动物体内消耗的能量与身体表面积成正比。

研究还表明,动物表面积大约与体积的 2/3 次方成正比;体重与体积成正比。同时,心脏每次收缩产生的血量与心脏大小成正比,动物心脏大小与动物体积也成正比。

问题 4 通过专家的讲述,我们可以抽象出哪些数学关系?

追问 1 为了研究方便,将能量与血流量用字母 E 和 Q 表示,如何用数学关系式表示"正比关系"?

追问 2 同理,将这里的表面积、体积等关键词用字母来表示,这段话中还包含哪些数学关系?请用数学关系式表达。

追问 3 借助正比关系,即可研究 Q、q 与体重 W 的联系,请将这其中的逻辑关系填入图 11.10.1 左侧的方框中。可见,Q、q 均可用 W 表示,f 是关于 W 的函数,请大家推导出函数关系。

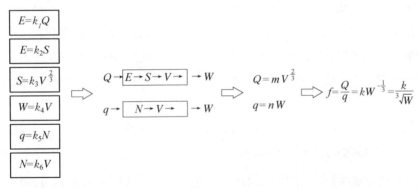

图 11.10.1

师生活动 通过师生互动,从专家的讲解中提炼出生物学知识和假设,学生很容易获取高频次出现的"正比关系"。教师通过问题引导学生用数学语言标记各种研究对象,用数学语言刻画"正比关系",逐步应用"比例模型"得出血流量 Q 和 q 与体重的关系式(含待定系数)。同时,借助希沃电子设备展示学生自主推导出来的表达式,对于存在困难的小组和个人,予以适当的指导,让他们通过模仿达到预期的效果。最后,让学生以小组为单位,通过合作探究得到 f 关于 W 的表达式。由于此处研究对象较

多,可以借助如图 11.10.1 所示的方式引导学生逐步推导得出结果:

$$Q = mW^{\frac{2}{3}}; \quad q = nW; \quad f = \frac{Q}{q} = kW^{-\frac{1}{3}} = \frac{k}{\sqrt[3]{W}} \text{(其中 } k \text{ 为正的待定系数)。}$$

[设计意图] 在问题 3 的基础上,本环节提供了生物学的知识背景,让学生通过独立思考解决"建立脉搏率与体重关系"的核心问题,逐步引领学生突破"比例模型"的难点。在数学表达式的最终推导环节,对学生的逻辑推理能力有一定的要求,通过框图帮助学生梳理信息,得出各对象间的关系。

环节四 科学计算,求解模型

问题 5 马是恒温动物。根据上述模型,能否算出一匹体重为 450 000 g 的马的脉搏率?

追问 1 为什么这个函数模型不能直接应用?

追问 2 如何完善这个模型?

追问 3 通过代入数据计算,可得出不同种类恒温动物的系数 k,模型中的 k 如何取值?

师生活动 教师在学生初步得到数据规律,利用正比关系推出模型的基础上,进一步提出追问,启发学生发现系数 k 未知带来的问题,引导学生用数据去完善之前的数学模型。在学生遇到计算问题时,鼓励学生使用信息技术解决复杂的运算,逐步求解出数学模型。对于模型中 k 的取值如何确定,让学生分组讨论后汇报讨论结果,教师与学生进行互动得出答案。在求解 k 的过程中,及时肯定"取平均值"这种常见的解决实际问题的方法,同时也可告诉学生,统计学中还有很多"取平均值"以外的计算系数 k 的方法,有待课后进一步探究。

以求均值方式求解 k,可得 $f = kW^{-\frac{1}{3}} = 2\,325W^{-\frac{1}{3}}$。由此可得表 11.10.2:

表 11.10.2

名称	体重/g	脉搏率/分	体重的(1/3)次幂	k
鼠	25	670	2.924 017 738	1 959.091 885
大鼠	200	420	5.848 035 476	2 456.174 9
豚鼠	300	300	6.694 329 501	2 008.298 85
兔子	2 000	205	12.599 210 5	2 582.838 152

名称	体重/g	脉搏率/分	体重的(1/3)次幂	k
小狗	5 000	120	17.099 759 47	2 051.971 136
大狗	30 000	85	31.072 325 06	2 641.147 63
羊	50 000	70	36.840 314 99	2 578.822 049
				2 325.477 8

［**设计意图**］鼓励学生使用信息技术进行复杂的运算求解，化解计算中的难题。在求解 k 的过程中，肯定学生提出的方法，同时指明更专业的方法，让学生有更进一步发展的空间，也让不同层次的学生在学习过程中得到不同的发展。

环节五　检验模型，初步应用

问题 6　如何检验所求数学模型的合理性？

追问　通过表 11.10.3 中马的体重与脉搏率，你能判断出模型的合理性吗？

表 11.10.3

动物名称	体重/g	脉搏率/(心跳次数 · min^{-1})
马	450 000	38

师生活动　先让学生独立思考，给出检验方法，例如：绘制数学模型的函数图象，与之前绘制的散点图进行比对，根据吻合程度来验证；代入更多的其他的动物数据进行检验；等等。教师可以引导学生利用信息技术绘制出函数模型 $f = 2\,325W^{-\frac{1}{3}}$ 的图象，观察离散的点与图象的关系，直观判断拟合程度是否合理。

引入马的数据，让学生借助信息技术进行计算，检验脉搏率的吻合程度。同时，教师要向学生指出，统计学中有更为合适且专业的检验方法，后面将会学到这些方法。

［**设计意图**］检验函数模型是通过数学建模解决实际问题的一个重要环节，与建立的模型是否合理、是否能推广应用等相关，因此必不可少。模型检验的方法不唯一，可代数运算，也可几何直观。最后，通过马的数据，再次验证模型的合理性，让学生体会数学建模是源于生活，并最终解决实际问题的。同时，由于马的体重数据与其他动

物的差别很大,在 GGB 作图时有意将"很难找到坐标为(450 000,38)的点"的困难呈现出来,引发学生的思考,为问题 7 的提出做好准备。

问题 7 在上述合理性的判断过程中,无论是计算还是作图,我们发现自变量(体重)的数字跨度非常大,从 25 到 450 000,纵坐标数据也不小,给操作带来了困难。有什么数学方法或者数学运算,可以有效缩小横纵坐标的数据,从而简化作图与研究过程呢? 请各小组讨论。

师生活动 学生分组讨论,从简化图形和计算的角度出发,思考不同的方法。教师适时鼓励学生思考不同方法,并利用 GGB 软件进行计算与演示,帮助学生对不同方法进行判断与评价,最终引导学生选择两边取对数运算的方法进行简化和优化模型。

[设计意图] 引入对数运算简化模型的思路,它的本质是从数据处理的角度,将非线性模型进一步变为线性模型,即将 $f = kW^{-\frac{1}{3}}$ 转化为 $\ln f = \ln k - \dfrac{\ln W}{3}$ 的形式(如图 11.10.3),简化亦是优化数学模型。它的产生并不是偶然的,在第四章的阅读材料《对数的发明》中展示了对数产生的背景与发展,为这里奠定了基础。在自主探究的过程中,重视学生的不同想法,数学模型的建立本就不是唯一确定的,唯有经过尝试和对比、不断检验与修正的过程,不断提高逻辑的严密性,才会得到相对满意与适合的数学模型。

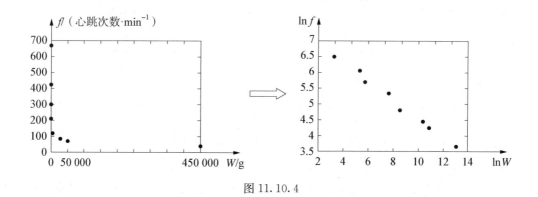

图 11.10.4

环节六 总结归纳,凝练所学

问题 8 回顾探索脉搏率和体重关系的过程,我们经历了哪些步骤?

师生活动 先让学生自己总结,再进行交流互动,最后得出基本步骤,并利用框图表示(如图 11.10.4):

观察现实情境—发现和提出问题—收集数据(生物背景常识)—选择函数模型—求解函数模型(方法多样性)—检验模型—实际问题求解(不符合则返回至选择函数模型环节)。

[设计意图] 数学建模活动的教学重在带领学生经历数学建模的全过程,明确数学建模的一般方法与步骤,从而加强学生的数学思维,提升数学抽象、数学建模、数学运算等素养。通过学生先合作总结出研究路径,教师再补充的形式,充分发挥学生的自主性,也是检验和培养学生数学素养与综合能力的好机会。

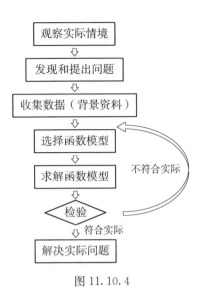

图 11.10.4

环节七 目标检测设计(课后完成)

钓鱼比赛中,出于保护的目的,垂钓俱乐部鼓励会员钓到鱼之后马上放生,同时,该俱乐部还希望根据钓到的鱼的总质量给予奖励。垂钓者怎么确定所钓到的鱼的质量呢?如果采用便携秤,一方面称起来不方便,另一方面对于小鱼质量的测量并不准确。请你提供一种方案,能够快速有效地测量鱼的质量。

根据上述材料,模仿研究"体重与脉搏"的关系的过程开展一次建立函数模型解决问题的活动,以小组为单位,撰写一份研究报告,并进行交流展示。

[设计意图] 在课堂上经历完整的数学建模过程后,学生有了初步的认知与感受,只有通过学生自己独立自主的设计方案与操作,方能够将理论转化为实践,让数学建模的思想渗透到学生的内在,领悟到数学重要与实用。

教学设计说明

数学建模活动作为一种综合实践活动课,与以获取"四基"为主要目的的课有很大的不同,课程标准强调要以课题研究的方式开展。但是,就目前我国中学数学教学现状看,课题研究的方式实施难度很大。本教学设计采取了一点新的尝试,就是以数学建模的主要环节为依据,设计探索性问题,引导学生开展建模活动,使学生掌握数学建模的基本要领后,再让学生独立开展数学建模活动。本教学设计关注了以下几个问题。

1. 设置适当台阶，帮助学生突破难点

"体重与脉搏"的数学建模需要突破的难点不少，比如跨专业背景的理解、"比例模型"的得出、函数模型的选择、计算和检验等。如果开门见山直接提出找寻脉搏率与体重关系的核心问题，学生很难找到方向提出明确的想法。为此，本教学设计以问题串的形式，引导学生经历从背景知识入手，通过几何直观提出猜想，利用数形结合初步判断，教师示范比例关系，借助框图串联变量，初步得出模型，最后进行计算与优化模型等过程，这是一个完整的数学建模过程，可以让学生形成建立函数模型解决实际问题的完整体验。

2. 重视课堂生成问题

数学建模是一个思维发散的过程，学生会因为个人的阅历、知识储备与思维方式的不同，产生各种不同的想法，如：学生在通过图象选择函数模型时会提出不同的猜测，有反比例函数、幂函数、指数函数以及对数函数等，对于较容易辨别的要及时引导进行初步判断与筛选，对于不易判断合理性的函数模型，留作备选，引导学生建模成功后让其进行再认知与判断；在求解模型时，参数的确定方法不唯一，对学生提出的"求平均值"系列方法，给予及时的肯定；在检验模型合理性的同时，也允许存在不同的判断方式，"合理"与"不合理"的思考过程远比最终结果重要。

3. 注重知识的延续性

数学建模虽然作为独立的专题呈现在教材当中，但是它的研究内容与探究方法不是全新和陌生的，这一点在教材中有很多体现。诸如从现实情境中抽象出数学问题及数量关系，这是学习新概念、公式等的常用研究方法；对于函数图象的观察与猜测，完全可以借助初、高中学习的各类函数的性质展开，既是巩固也是应用；从一组比例关系过渡到学生自主完成所有比例关系，类比操作在平时的数学学习中屡见不鲜；优化函数模型时的对数运算，在教材的阅读材料中即可获取灵感。可见，活动过程中用到的知识、技能、思想、经验，在日常学习中都已经有大量积累，这里主要是把它们调动起来进行综合运用。

4. 信息技术融入教学

数学建模活动必须使用信息技术，这是由这个内容的特点所决定的。本教学设计中使用了多样化的信息技术，例如：使用 Excel 存储和整理数据，应用多媒体播放视频素材，利用 GGB 软件绘制函数图象、进行数学运算，通过西沃授课助手同步学生的课堂讨论成果等等，这对数学课堂的推进、学生思维的拓展有着不可忽视的作用。

下面结合本教学设计对数学建模活动的教学提出一些思考。

思考1:数学建模课要上出数学建模的味道

数学建模活动不同于数学应用或数据分析等,它不仅仅局限于数据的处理,需要从实际问题出发,经历收集数据、挖掘关系、定性定量分析、选择模型、求解模型、检验模型到应用模型的过程。

课堂上对课程标准中给出的各种动物脉搏与体重数据的使用处理,显得尤为重要。通过将数表转化为图表,让数据更直观地呈现出来,从中容易得出体重越大,脉搏率越低(图象上呈现单调递减)的定性分析结论,然后引导学生发现体重与脉搏之间具有类似于反比例(幂函数)的关系。这是由图中所给的数据进行合理的猜想,从而自然地选择幂函数作为研究本问题的基本数学模型。但是这个幂函数 $f = k \cdot W^a$ 具体到底是怎样的,不能简单地用信息技术拟合一下,然后去讨论拟合程度的优劣,这样就变成数据统计分析课了。应该在有了大致模型方向的基础上,根据实际的生物学假设,提取数学关系式,进行数学推理,用数学的符号和语言来表述建立的数学模型,进一步探讨选取幂函数模型 $f = k \cdot W^{-\frac{1}{3}}$ 的科学性。

思考2:模型的选择和求解是两件事

模型的选择是基于数据、图表的大致选择,而获得更精确的模型则需要更精细的求解。于是,如何求解系数 k 的值,就成了求解体重与脉搏关系模型的关键一环。

以学生现有的知识储备,学生可以想到利用已有数据给出的8个点分别求出8个对应的 k 值,但是8个值之间差异很大。于是利用"求平均值"这一最朴素的统计思想,求8个值的平均数作为常数是学生最容易想到的处理方法。虽然这一方法较统计学中拟合回归的方法精确度低一些,但作为高中生初步接触统计学的相关内容,求平均值的方法应该予以充分的肯定,并在课堂中予以实施。

思考3:模型的最终确定需要进一步的检验

模型的最终确定还需要进一步的检验,如果符合实际情况才能继续下去。这里要特别注意,不建议使用某一个人的数据来作为检验的依据。因为本问题的研究有一个大前提,是基于恒温动物在睡眠状态下测得的脉搏率和体重的关系,如果课堂中使用学生的心跳和体重的关系,就背离了研究的假设,连研究的对象都变了,检验就变成了一种假检验,科学性将大打折扣。从课程标准的案例中给出的数据可以发现马对应的数据显得特别突兀,所以建议以前面7种动物的数据建立模型,用马的数据进行检验。当然更好的是通过查阅资料,找到其他更多的动物相关数据来检验。

如果数据检验偏离非常明显,那说明要么是模型的选择出了问题,需要重新选择模型,要么是求解模型的方式精确度不够,需要进一步优化。本教学设计中的模型选择没有问题,但选择平均数求 k 值的方法可能不够精确,于是可以让学生在课后继续研究有没有其他求 k 值的方法,鼓励学生通过学习统计学的相关知识,采用方差分析等方法取得相对更精确的模型数据。

思考 4:模型及呈现方式可以优化,使之更为“直观、亲切”

由于本问题所给的数据偏差很大,所以在同一个坐标系内呈现并不那么“友好”,小数全挤在一起,大数又离得太远。有什么办法可以让这些数据的范围压缩,使数据呈现更加直观亲切呢?对数函数的变化特征是“先快后慢”,所以通过横、纵坐标分别取对数,可以将横坐标的范围从 25—450000 压缩到 2—14,纵坐标的范围从 0—700 压缩到 3.5—7,而且数据的分布近似于线性分布,于是形成了对数线性模型,使得数据的呈现更加直观,更加“亲切”。当然也可能有同学会想到转换比例尺,求根号等方式压缩范围,这些都是很好的课堂生成。

思考 5:数学建模过程要完整,尽量避免“缩水”

显然,数学建模的教学不宜采用“讲练”的模式,课程标准要求采用课题研究的形式,通过选题、开题、做题、结题四环节来推进建模活动。所以,数学建模活动课应该是不同于日常教学的课,是在多节课中围绕着一个主题开展丰富多彩的数学活动,需要课内外的结合,通过多样化的方式、以“长作业”的形式完成。要开好用足必修课程中的 6 个课时和选修课程中的 4 个课时的数学建模活动,切不可让数学建模课程“缩水”。

思考 6:数学建模评价宜采取满意原则和加分原则

数学建模是一个有一定难度的学习过程,因此评价要注重过程评价,而不以最后的结果作为唯一的评判依据。教学过程重在学生经历建模过程,如果学生提出的方法有理有据、思路清晰、表达准确,那么就可以给予满意评价。如果在分析论证的过程中能有一些创意,那么就适用于加分原则。同时,数学建模是一种将数学知识与现实世界紧密联系的综合实践活动,与育人方式的改革密切相关。在数学建模活动过程中,学生的能力和核心素养的提升将是全方位的。

第十二章 教学设计案例（二）

　　本章含"几何与代数"和"概率与统计"两个必修主题下的平面向量的数量积、复数的三角表示、基本立体图形的结构特征、直线与平面垂直、平面与平面垂直、分层随机抽样、有限样本空间与随机事件等七个教学设计。这些内容的选择基于如下考虑：

　　在向量的运算中，数量积运算的不封闭性对学生而言是一个大挑战。数量积有非常丰富的性质；虽然其结果是一个数，但仍然有明确的几何意义，一是向量的长度，二是向量的夹角，而通过数量积可以定义两点间的距离，这在数学中有基本的重要性。

　　复数是有深远意义的内容。复数的三角表示是复数的一种重要表示形式，它沟通了复数与平面向量、三角函数等之间的联系，可以帮助我们进一步认识复数，也为解决平面向量、三角函数和平面几何问题提供了一种重要途径，同时还为今后在大学期间进一步学习复数的指数形式、复变函数论、解析数论等高等数学知识奠定基础。利用三角表示作为知识的综合与联系的纽带作用，可以发现很多有意义的问题。其中，欧拉公式 $e^{i\theta}=\cos\theta+i\sin\theta$ 使原来被认为不可能有联系的指数与三角函数联了起来，而 $e^{i\pi}+1=0$ 更是把数学中最重要的 5 个数"整"在一起，美妙绝伦。

　　基本图形的结构特征是老师们不太重视的内容，原因之一是认为这个内容简单，其实这是对其内涵的理解不到位所致。如何发挥这个内容在发展学生空间观念上的作用，需要我们有新的认识角度，其关键是教师在理解结构特征含义的基础上，在定义和分类上创设有数学含金量的直观感知、操作确认的认知活动。

　　直线与平面垂直是两类不同几何元素之间的位置关系，如何理解这种位置关系的定义，对学生具有挑战性，对教学设计也有挑战性。从定义和基本事实出发归纳判定定理，这个过程需要调动广泛的知识经验，需要创设恰当的情境，还需要安排直观感知、操作确认与逻辑推理相融合的认知活动，对教师提出了很高的要求。从定义和基本事实出发探究性质，这里正好处于承前启后的节点，归纳出空间基本图形位置关系性质的含义，再进行性质的猜想与证明，这对"四基""四能"的教学都具有重要意义。

　　平面与平面垂直是立体几何初步的"收官"内容，内涵丰富、方法多样、可拓展的空间很大,是探究性学习的良好载体,因而也是改革教学方式的一个试验点。

比例分配的分层随机抽样适合于总体包含多个子类,同一类中个体的变量值差异较小,但不同类之间个体的变量值差异较大。分层随机抽样可以避免极端样本的产生,在实际中也便于实施,是最常用的抽样方法。

课程标准首次引入样本点和有限样本空间的概念,为用数学语言描述随机现象、随机事件提供了工具。首先,通过具体实例抽象样本点、样本空间概念,并将样本空间的子集定义为随机事件,再利用集合的关系和运算研究事件的关系和运算,从而为概率的定义准备好数学工具;然后,按照“概率的事实(随机现象)—古典概型的特征、定义及计算—概率的基本性质—频率的稳定性、随机模拟—事件的特殊关系(独立性)、利用独立性简化概率计算”展开对概率的研究。所以,有限样本空间与随机事件在概率中具有奠基意义。

一、内容和内容解析

1. 内容

平面向量的加法运算、减法运算和向量数乘运算,平面向量的数量积,平面向量投影和投影向量。具体要研究每一种运算的运算规则、几何意义及运算律,以及利用向量运算判断向量的位置关系等。这里给出"平面向量的数量积、向量投影和投影向量"的教学设计。

2. 内容解析

由运算对象的特征所决定,向量运算是"带有方向的量的运算",所以运算结果不仅要考虑大小,还要考虑方向。向量线性运算的结果还是向量,运算是封闭的;向量数量积运算的结果是一个实数,运算是不封闭的。

向量既有大小又有方向,是沟通代数、几何与三角函数的桥梁,这座"桥梁"要通过向量运算才能建立起来,这是因为用向量表示几何元素后,只有通过运算才能把几何元素之间的关系表示出来,几何图形的性质也需要转化为向量运算来研究,所以向量运算在向量的研究中居于核心地位。

向量有大小,数量也有大小,所以可以类比数的运算引入向量运算;向量有方向,数量没有方向,所以向量运算又与实数运算不同。这样,在定义向量的运算法则、研究向量的运算性质时,可以从数的运算中得到启发,但又要特别注意它们之间的区别。

在高中阶段,向量是学生遇到的又一种不同于实数的运算对象(另外还有集合、导数等),所以向量运算的学习可以极大地拓展学生对运算对象的理解,也可以有效地加深对运算法则、运算律的理解,特别是可以使学生在用向量解决几何问题的过程中体验运算的力量。所以,本单元的学习对发展学生的数学运算、逻辑推理等素养有重要意义。

3. 教学重点

向量的线性运算、运算性质及其几何意义,向量数量积运算及其物理意义、几何意义,向量投影的概念及投影向量的意义。

二、目标和目标解析

1. 单元目标

(1)借助实例和平面向量的几何表示,掌握平面向量加、减运算及运算规则,理解其几何意义。

(2)通过实例分析,掌握平面向量数乘运算及运算规则,理解其几何意义。理解两个平面向量共线的含义。

（3）了解平面向量的线性运算性质及其几何意义。

（4）通过物理中的功等实例，理解平面向量数量积的概念及其物理意义，会计算平面向量的数量积。

（5）通过几何直观，了解平面向量投影的概念以及投影向量的意义。

（6）会用数量积判断两个平面向量的垂直关系。

2. 目标解析

达成上述目标的标志是：

（1）能借助位移的合成、力的合成、力的平衡和向量的几何表示，类比数的加减运算，解释向量的加法法则、减法法则；能画图表示两个向量的和向量、差向量；能类比数的加法运算律提出向量的加法运算律，并能通过作图进行证明。

（2）能类比数的乘法与加法的关系，解释向量数乘运算的运算法则及其几何意义；能类比数的乘法运算律提出向量数乘运算的运算律，并能通过作图进行证明；能从向量概念和向量数乘运算的定义出发，解释两个向量共线的充要条件。

（3）能将向量的加法、减法、数乘的运算性质概括为统一的表达形式，得出向量线性运算的性质。

（4）能以物理中的功为背景，解释平面向量数量积的内涵，会计算平面向量的数量积。

（5）能说出向量 a 向向量 b 的投影变换，并能结合图形直观解释向量 a 在向量 b 上的投影向量；能根据向量投影的概念得出向量 a 在向量 b 上的投影向量的表达式。

（6）能类比数的乘法运算律和向量线性运算的运算律，提出平面向量数量积的运算律，并能通过作图和代数运算进行证明；能根据平面向量数量积的定义发现数量积的几何意义（向量的长度、向量的夹角），会用数量积判断两个向量的垂直关系。

（7）能不断加深对运算对象的理解，能总结定义向量运算法则的数学思想、研究向量运算性质的数学方法，能说出定义向量运算的基本套路，能举例说明数学运算与逻辑推理的关系。

以上（1）～（6）与内容紧密结合，（7）是从基本思想、基本活动经验角度作出解析，在整个向量运算的教学中要经历渗透、明确和应用的过程才能实现。

三、教学问题诊断分析

1. 问题诊断

本单元的认知基础有如下几个方面：

首先，向量是代数对象，所以代数学习中积累的关于运算的知识经验是向量运算的认知基础之一，可以通过类比数及其运算学习向量及其运算。

其次，向量是几何对象，所以平面几何学习中积累的知识经验成为向量运算的另一个认知基础。特别是向量运算法则、运算律都有几何意义，而且是以平面几何的相关定理（平行四边形定理、相似三角形定理、勾股定理等等）为逻辑基础的。

第三，向量和每一种向量运算都有明确的物理背景。力、速度、位移等是学生熟悉的概念，学生也有关于它们的合成、分解以及力做功等方面的知识储备，这些都为学生理解向量及其运算奠定了基础，成为学习平面向量运算的又一个认知基础。

尽管学生的已有学习为向量运算打下了一定基础，但学习中仍然会遇到许多问题。

首先，从一般观念的角度看，学生对运算的认知往往停留在"按规则操作"层面，对于建立运算法则要完成哪些"事情"、过程中有哪些一般原则要遵循等理解并不深刻，这就会造成学生的被动学习。教学中要重视一般观念的思维引领作用，帮助学生类比已有的代数运算体系，在整体上归纳出向量运算的内容、路径和方法等，从而为学习向量的运算建立起先行组织者。

其次，数学中的向量可以自由地平移，向量的起点是非本质的（所以在后续的研究中会把起点都"集中"到原点），而在物理学或实际应用中，向量的起点成为要素，很重要。向量的"自由性"和物理背景及向量几何表示的"限定性"之间的"矛盾"，会给向量运算的学习带来困扰。

第三，"方向的运算"是学生比较陌生的。向量的线性运算是封闭的，运算结果是向量，含大小和方向两个要素。这样，如何进行方向的加减，带有方向的量进行加减后其大小和方向该如何规定才是和谐的，这些都是学生没有经验的。通过作图的方式定义向量线性运算，从代数、几何两个方面考虑运算和运算性质，用几何方法证明运算性质（运算性质以平面几何的有关定理为逻辑基础），这些都是学生不习惯的，他们甚至没有这方面的意识。

为了化解这些困难，一方面要加强物理背景、与数的运算的类比（实际上，有理数加法的定义也利用了直线上质点运动的背景，规定"左负右正"而建立定义的直观理解），另一方面要引导学生关注运算对象和运算结果都要考虑大小和方向两个要素，并要充分利用向量的几何表示以形成几何直观。

第四，两个平面向量共线的充要条件，形式简单但含义深刻，其中的数学思想并不容易理解。其实它就是一维向量基本定理，直线上的非零向量就是基底，其基本思想

对于任意 n 维向量都是一脉相承的。基的概念和向量基本定理是向量内容中贯穿始终的结果，是几何与代数之间的桥梁。也正因为此，它被冠以"基本定理"之名。这里，"存在唯一一个实数 λ"到底意味着什么？在实际应用中，将"给定一点和一个方向就唯一确定一条直线"（几何）转化为"给定一个点和一个非零向量，可以唯一确定过此点且与向量平行的直线"，再进一步与数轴联系起来，得到"数轴上向量的坐标表示"（代数），其中体现的数学思想、用联系的观点看待和认识问题的方法等，都属于一般观念层次，需要教师加强引导。

第五，数量积运算是不封闭的，两个向量做点乘的结果是一个实数，这是学生以往经历中没有的，教学时可以引导学生思考物理中学过的力做功公式，从中获得启发而引入数量积定义。数量积的运算性质非常丰富，"这些性质是如何想到的？"是学生困惑的问题。教学时要在"数量积的运算性质到底指什么""如何发现"等方面加强引导。

第六，尽管平面几何中学过线段向投影面的正投影，但向量的投影变换需要考虑投影向量与其所在直线的方向，要在分类讨论的基础上进行抽象，这个过程需要较强的几何直观和归纳抽象能力，对数学抽象、逻辑推理的要求也较高。教学时应根据投影变换的定义，在"如何确定投影向量的大小和方向""影响投影向量大小和方向的因素有哪些""如何根据这些影响因素对投影向量进行分类"等问题上加强引导。

2. 教学难点

向量运算定义的理解，运算性质的发现与证明，投影向量表达式的推导。

四、教学支持条件分析

为了加强向量运算的物理背景，可以借助信息技术呈现位移的合成、力的合成等过程。在探究向量运算的几何意义、运算性质等问题时，可以借助动态几何软件呈现向量在运动变化过程中所出现的不变性。可以通过信息技术给出一个向量向另一个向量投影的过程，在一个连续变化的过程中，观察投影向量的大小和方向的变化，发现其中的规律。

五、课时教学设计

平面向量的数量积

1. 课时教学内容

平面向量数量积的概念及其物理意义，数量积的几何性质和代数性质；向量投影的概念，投影向量的意义。

2. 课时教学目标

（1）通过物理中的功等实例，能给出平面向量数量积的概念，能解释其物理意义，会计算平面向量的数量积，体会向量数量积的定义方式。

（2）通过类比向量线性运算的运算性质和数的乘法运算律，提出平面向量数量积的运算律，并能通过作图和代数运算进行证明。

（3）能根据平面向量数量积的定义发现数量积的几何意义（向量的长度、向量的夹角）。

（4）会用数量积判断两个向量的垂直关系；领悟研究向量运算性质的数学思想，体会数学运算与逻辑推理的关系。

（5）能作出向量 a 向量 b 所在直线上的投影，并能结合图形直观解释向量 a 在向量 b 上的投影向量；能根据向量投影的概念得出向量 a 在向量 b 上的投影向量的表达式。

3. 教学重点与难点

（1）**教学重点**：平面向量数量积的概念及其物理意义，数量积的几何性质和代数性质；向量投影的概念，投影向量的意义。

（2）**教学难点**：平面向量数量积的概念及其几何性质，投影向量的意义。

4. 教学过程设计

环节一　归纳线性运算整体架构，明确研究任务

问题1　前面学习了向量的加法、减法和数乘运算，我们把这些运算统称为向量的线性运算。你能总结一下我们是如何研究这些运算的吗？

　　追问1　类比数的运算，你认为接下来还可以研究向量的什么运算？

　　追问2　如果向量能够做乘法运算，那么你认为应按怎样的路径研究这种运算？

　　师生活动　在提出问题1后，先由学生独立思考，总结出研究线性运算的整体架构，再进行全班交流，在此基础上确定接下来的学习任务，并明确研究路径。

　　[**设计意图**]　引导学生归纳研究向量运算的"基本套路"，包括内容、路径、方法等，得出"背景—定义—性质—应用"，形成研究"向量乘法运算"的先行组织者，同时培养学生的一种思维习惯：在面对一个研究对象或数学问题时，先从整体上规划研究思路，找准需要研究的问题，然后再展开具体研究，从而发展学生的理性思维。

环节二　揭示背景,给出概念

问题 2　向量及其线性运算有明确的物理背景,在你学过的物理知识中,你认为哪一个概念可以作为"向量乘法"的物理背景?

追问 1　你能分析一下功的定义中所涉及的要素吗?

追问 2　受此启发,你觉得要定义向量的乘法,我们需要先定义什么?

师生活动　由学生独立思考后给出回答。由功的定义得到启发,需要先定义两个向量的夹角,可以在教师引导下让学生讨论,得出向量夹角的概念。

[**设计意图**]　向量的概念来自于物理,向量的运算也有明确的物理背景(当然也有几何背景),甚至向量数量积的称谓也来自于物理学,用以区别矢量积。通过本问题唤醒学生头脑中相关的物理知识,让学生分析物体受力做功公式中的 4 个要素——力、位移、夹角、功,其中力和位移是矢量,功是标量,为定义向量数量积概念做好认知准备的同时,引出向量夹角的概念。

问题 3　有了上述准备,你能给出向量乘法的定义吗?

师生活动　先由学生类比功的定义,给出向量数量积的概念,教师再进行补充完善。

学生在物体受力做功公式的引导下,容易给出"向量乘法"的定义。在学生自主探究的基础上,教师再进行总结并给出严格的数量积定义:从大家给出的定义中可以得到,两个向量相乘,结果是一个实数。其实两个向量相乘,结果也可以是一个向量,只不过这是另外一种"向量乘法",同学们将在今后学习。为了区别这两种向量乘法运算,我们把大家给出的运算叫做**向量的数量积**。教师要提醒学生,先定义两个非零向量的数量积,再补充"规定:零向量与任一向量的数量积为 0",从而达到定义的纯粹性和完备性,这是数学定义的一种手法,也是数学严谨性的体现。

[**设计意图**]　先让学生尝试自己给出数量积的定义,学生在定义中容易出现不完备的情况,然后在教师引导下进行补充完善,可以让学生体会数学地定义一个概念的方式方法,培养学生数学思维严谨性的同时,促进数学抽象素养的提升。

环节三　辨析概念,得出向量投影概念,明确投影向量的意义

问题 4　下面对数量积的概念作进一步辨析。为了更深入地理解数量积概念,我们回

过头来再看一下功的定义。结合图 12.11.1,你能解释一下 $|\boldsymbol{F}|\cos\theta$ 的物理意义吗?

追问 1 类比 $|\boldsymbol{F}|\cos\theta$ 的物理意义,结合向量数量积的定义,观察图 12.11.2,你能说一说 $|\boldsymbol{b}|\cos\theta$ 的几何意义吗?

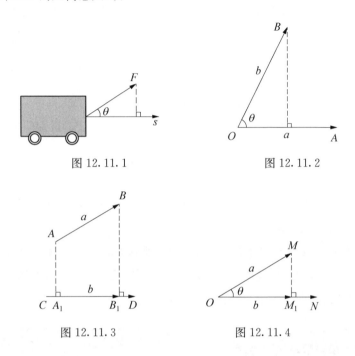

图 12.11.1   图 12.11.2

图 12.11.3   图 12.11.4

师生活动 教师提出问题 4 以后,由学生思考、回答,容易得到 $|\boldsymbol{F}|\cos\theta$ 就是力 $\boldsymbol{F}$ 在位移 $\boldsymbol{s}$ 方向上的投影。在此基础上由学生得出,对于图 12.11.2 所示的情况,$|\boldsymbol{b}|\cos\theta$ 就是向量 $\boldsymbol{b}$ 在向量 $\boldsymbol{a}$ 所在直线上投影的长度。

追问 2 $|\boldsymbol{b}|\cos\theta$ 就是向量 $\boldsymbol{b}$ 在向量 $\boldsymbol{a}$ 所在直线上投影的长度。对于任意两个向量(板书画出任意两个向量,如图 12.11.3),如何得到一个向量向另一个向量的投影?

师生活动 在学生思考的基础上,教师引导学生讨论,给出向量投影的概念。教师要提醒学生注意,向量 $\boldsymbol{a}$ 向向量 $\boldsymbol{b}$ 投影,就是初中平面几何中学过的"正投影",其结果是向量 $\boldsymbol{b}$ 所在直线上的一个向量。

追问 3 如图 12.11.4,设与向量 $\boldsymbol{b}$ 方向相同的单位向量为 $\boldsymbol{e}$,向量 $\boldsymbol{a}$ 与 $\boldsymbol{b}$ 的夹角为 θ,那么 $\overrightarrow{OM_1}$ 与 $\boldsymbol{e}$、$\boldsymbol{a}$、θ 之间有怎样的关系?

师生活动 教师提出问题后,先让学生独立思考,再通过互动交流明确研究任务,然后再由学生自主探究向量 $\boldsymbol{a}$、$\boldsymbol{b}$ 在各种位置关系下的投影向量,最后总结出投影向量公式。这里可以引导学生带着如下问题展开探究：$\overrightarrow{OM_1}$ 是一个与 e 共线的向量，于是

$$\overrightarrow{OM_1} = \lambda e。$$

那么 λ 的大小与 a、θ 到底有怎样的关系？

同时，可以通过信息技术动态演示 $\overrightarrow{OM_1}$ 的变化情况：给定向量 a、b 的大小，让 θ 在 $[0, \pi]$ 上连续变化，测量 $|\overrightarrow{OM_1}|$，并让学生观察。可以发现，随着 θ 的变化，出现的情况分为 $\theta = 0$，$0 < \theta < \dfrac{\pi}{2}$，$\theta = \dfrac{\pi}{2}$，$\dfrac{\pi}{2} < \theta < \pi$，$\theta = \pi$ 等几类。

通过学生自主探究、总结，得出投影向量公式：

已知向量 a 与 b 的夹角为 θ，$\overrightarrow{OM_1}$ 是向量 a 在向量 b 上的投影向量，则有

$$\overrightarrow{OM_1} = \frac{|a|}{|b|} \cos\theta \cdot b。$$

［设计意图］研究向量数量积的性质是深入理解数量积定义的过程，但这需要一个前提，即要用到一个向量在另一个向量上的投影的概念，而其物理背景就是物体受力做功时力 F 在位移方向的分量。通过问题 4 及其追问，从理解数量积定义的需要出发，借助力在位移方向的分量概念，自然地提出问题，引导学生通过类比引入向量投影概念，分类讨论投影向量的大小和方向，得出投影向量公式。

环节四　探究数量积的性质

问题 5　接下来我们要研究数量积运算的性质。根据已有的研究经验，你认为可以从哪些角度研究数量积的性质？

师生活动　先由学生独立思考，再师生共同总结出性质的研究内容。

［设计意图］数量积具有丰富的性质，在用向量法解决几何问题时，这些性质都有重要作用。因为向量集数与形于一身，自然地，其运算性质也应该从几何与代数两个角度展开研究。先让学生思考具有统领性的问题，有利于学生养成从一般性角度思考问题的习惯，有利于学生获得数学基本思想、基本活动经验。

追问 1　因为向量既是几何对象也是代数对象，所以向量运算的性质一定既有几何性质也有代数性质。你认为应该怎样入手研究几何性质？

在学生思考的基础上，提出如下"探究"任务：

从投影向量的探究中我们看到，两个非零向量 a 与 b 相互平行或垂直时的投影具

有特殊性。这时,它们的数量积又有怎样的特殊性?

师生活动 先由学生进行自主探究,得出结果后再进行全班交流得到结论。

追问2 回顾上面研究性质的过程,你能说说研究一种向量运算的几何性质时所采用的思想方法吗?

师生活动 先由学生通过回顾说出自己的思路,再师生一起总结得出数量积几何性质的研究路径及其思想方法,即:从向量的要素出发,通过考察两个向量特殊的位置关系、特殊的大小取值,得出相应的性质。

[设计意图] 通过追问,引导学生及时总结发现和提出问题的方法,有利于巩固知识、领悟基本思想、积累基本活动经验,使学生掌握研究一种运算性质的方法,学会有逻辑地思考,同时对提高"四能"也有较大的促进作用。

对于向量运算几何性质的探究,就是针对向量的两个要素,从"特殊的大小取值、特殊的位置关系"入手展开研究。具体而言就是研究相等向量、共线向量、两个向量相互垂直等特殊关系时的数量积特性,以及与单位向量相关的数量积问题。在一般情况下,要从数量积的定义出发,通过变形得出 $\cos\theta = \dfrac{a \cdot b}{|a||b|}$,再联系 $|\cos\theta| \leqslant 1$,得出 $|a \cdot b| \leqslant |a||b|$ 等等。

问题6 前面从向量的特殊取值及两个向量的特殊几何关系入手研究了数量积的性质,你认为从代数角度应研究数量积的什么性质?

追问 类比数的乘法运算律,结合向量的线性运算的运算律,你能得到数量积运算的哪些运算律? 你能证明吗?

师生活动 由学生独立思考,猜想数量积的运算律,并给出证明,教师在探索的思路上给予适当引导。其中,交换律、分配律容易得到正确结果,对这两条性质的证明可以先让学生独立完成再进行全班交流;结合律是特殊的,可以先放手让学生猜想,在学生给出猜想 $(a \cdot b)c = a(b \cdot c)$ 后,让学生举出正例和反例,从而得出否定结论。还可以让学生讨论一下 $(\lambda a) \cdot b = \lambda(a \cdot b) = a \cdot (\lambda b)$ 的几何意义。

[设计意图] 先让学生思考从代数角度研究数量积运算性质到底该研究什么,再引导学生通过类比数的乘法运算律猜想和证明数量积的运算律,这是在一般观念引领下的学习活动,可以在学习过程中提升思想性和系统性。

环节五 课堂小结

问题7 请你带着下面的问题,对本节课进行总结。

（1）你能归纳一下本节课我们是如何研究向量的数量积运算的吗？

（2）你认为定义向量的数量积时，应注意哪些问题？

（3）你认为我们可以利用投影向量解决怎样的问题？

（4）向量数量积的性质要研究的问题是什么？我们是如何发现这些性质的？

师生活动　先由学生独立思考，给出总结要点，再进行小组交流，然后小组派代表发言，在学生发言的基础上，教师进行点评、总结。

（1）在归纳向量线性运算的研究内容、研究路径和研究方法的基础上，明确本节课的研究任务是"向量乘法"，再类比给出研究内容和研究路径。在此整体框架下，进一步展开具体探究。

（2）定义向量的数量积概念时，注意从物理背景中得到启发，先定义两个非零向量的夹角，然后在定义两个非零向量的数量积的基础上，再补充规定零向量与任一向量的数量积。要注意定义的纯粹性和完备性。

（3）投影向量和"垂直"有关系，可以利用它解决与距离相关的问题。

（4）向量数量积的性质从代数和几何两个角度反映出来，代数角度研究的是运算律，几何角度研究的是两个向量有某种特殊关系时数量积有什么特殊性，得出的结果体现了数量积在解决几何度量问题时的重要作用，即可以利用数量积求距离和角度。

［**设计意图**］通过问题引导学生进行知识的结构化梳理，反思解决问题的策略，对学习过程进行批判性思考等等，使学生头脑中形成完善的平面向量数量积的认知结构。通过对研究路径、方法与策略的总结，对发现向量运算性质的基本方法的提炼概括，提升小结的思想性，确保学生在小结中的思维活动处于高水平认知层次，从而把内容蕴含的数学思想和方法明确出来，以有效发展学生的数学学科核心素养。

环节六　目标检测

题1　已知向量 a、b、c 满足 $|a|=1$，$|b|=2$，$|c|=3$，向量 a 与 b 的夹角为 $\dfrac{\pi}{6}$，向量 b 与 c 的夹角为 $\dfrac{\pi}{4}$。计算：(1)$(a \cdot b) \cdot c$；(2)$a \cdot (b \cdot c)$。

题2　已知 $|a|=\sqrt{2}$，$|b|=1$，且 $a-b$ 与 $a+2b$ 互相垂直，求证：$a \perp b$。

题3　求证：$(a+b)^2-(a-b)^2=4ab$。

［**设计意图**］根据教学目标，检测数量积的定义，投影向量定义的落实情况。

布置作业

《必修二》第 23～24 页,习题 6.2,第 11,12,18,19 题。

<h2 align="center">教学设计说明</h2>

1. 基于内容的本质创设情境与问题

课堂教学中,学生高水平的探究活动依赖于数学含金量高的情境和问题。因此,教学设计中,如何提高教学情境的质量,使学生能够在情境的引导下发现和提出问题,是一个值得下大力气研究的问题。课程标准认为,数学教学中的情境应该具有多样化,包括生活情境、数学情境、科学情境等,应该根据内容的需要设计恰当的情境。

平面向量数量积是学生在完整学习了线性运算的基础上进行的,学生对于向量运算已经有了丰富的经验,对其中的数学思想和方法也有了比较全面的认识,所以本教学设计强调以数学知识的发生发展过程为基本线索,从数学内部设计情境、提出问题,形成一个循序渐进、具有内在逻辑关联的"情境与问题链"。本教学设计包含 7 个问题及问题下的若干追问,这些问题的功能是:

(1)问题 1 及其追问引导学生回顾向量线性运算的研究路径,然后让学生提出接下来可以研究的向量运算及其研究路径,这个问题具有统摄性、贯通性,起到先行组织者的作用。学生在这一情境和问题中展开回顾、思考和探究,可以比较自然想到"向量的乘法"的研学任务以及"背景—定义—性质—应用"的研学路径,从而能够激发学生的学习主动性,并使发现和提出问题的能力得到有效培养。

接下来的问题 2～问题 6 围绕平面向量数量积的概念及其辨析、向量数量积的物理意义和性质展开,目的是引导学生逐步理解数量积运算的本质。

(2)问题 2 及其追问,以向量运算都有明确的物理背景为指引,引导学生提出"向量乘法"的物理背景是物体受力做功,再从向量运算的视角观察 $W=|\boldsymbol{F}||\boldsymbol{s}|\cos\theta$,舍去力和位移的物理属性,那么功的定义所揭示的就是两个向量以及它们的夹角间的一个关系。由此自然想到,"要定义向量 $\boldsymbol{a}$ 与 $\boldsymbol{b}$ 的乘法,首先要定义它们的夹角 θ"。有了这些准备,学生自行给出两个向量数量积的定义已水到渠成。这一问题情境及其问题解决的过程,可以促进学生数学抽象、逻辑推理素养的发展。

(3)问题 3 的设计,希望学生以功的定义为引导自行定义"向量乘法",在此基础上,教师针对学生给出的定义中不严谨之处进行补充完善,并指出:如此定义所得结果是一个数量,所以把它叫做"数量积",两个向量相乘的结果也可以是一个向量,这在今后可以学到。这样的设计既尊重了学生的认知水平,又具有开放性、拓展性,对激发学生的创新思维有好处。

（4）与其他概念辨析不同,数量积概念的辨析从物理意义切入。所以,问题 4 及其追问先让学生思考 $|F|\cos\theta$ 的意义,使学生意识到这个量很重要,从而自然地引出"向量投影变换、投影向量"的一连串问题,使学生在问题引导下推导出一个向量向另一个向量投影所得投影向量的公式。这个过程中既有几何直观又有逻辑推理,既有数形结合又有分类与整合,在提高学生分析和解决问题的能力的同时,可以有力促进学生的数学运算、逻辑推理素养的发展。

（5）问题 5 和问题 6 针对数量积的性质进行设问,先问从哪些角度研究性质,再问如何入手研究几何性质,接着问采用的数学思想方法是什么,促使学生从思维策略、基本思想和基本活动经验层面进行思考,得出"从向量的要素出发,通过考察两个向量特殊的位置关系、特殊的大小取值,得出相应的性质"这样的具有广泛迁移价值的结论。

（6）问题 7 是为了引导学生进行反思、总结和对数量积的机构化理解而设置的,这个设计的与众不同之处是针对数量积的整体结构、重点和难点内容、思维策略和思想方法等设计问题,从而提高了小结的思维层次,将数量积在培养学生的理性思维上的作用充分发挥出来。

2. 设计多样化的活动,促进教与学的方式的改革

因为学生已经获得了向量线性运算的知识和技能,积累了许多向量运算的活动经验,对运算中蕴含的数学思想也有了领悟,所以本教学设计在每一个问题之后,都强调让学生先进行独立思考,在自己有了结论后,再进行小组合作学习。在此基础上,通过全班交流、教师点评,归纳概括出有关结论。具体活动中,既有师生问答、又有生生互动,既有教材阅读、又有学生陈述,既有学生板演、讲解和小结、又有教师点拨和归纳概括等等,多样化的活动形式,不仅能使学生较好地理解平面向量数量积的概念、物理意义,准确地提炼出蕴含在知识中的数形结合、特殊与一般以及分类与整合等思想方法和思维策略,而且使学生通过相关活动的参与,切身体验数量积的概念、向量投影变换和投影向量的意义以及数量积的性质等知识的形成过程,从而使"思维的教学"落在实处。数学课堂中,教学方式的改革是育人方式改革的具体化,只有放手让学生开展多样化的数学学习活动,让学生动手操作、动眼观察、动脑思考,并且注意借助信息技术的支持,才能使学生在获得"四基"、提高"四能"的过程中实现数学学科核心素养的发展。

3. 加强一般观念的指导,促进学生学会学习

本教学设计贯穿始终的一个理念是要让学生领悟蕴含在向量运算中的一般性数

学思想和方法,以此作为促进学生学会学习的抓手。具体体现在如下几个方面:

首先,注重构建先行组织者,通过问题引导学生归纳概括线性运算的研究内容、过程和方法,类比构建"向量的乘法运算"的整体架构,使学生的后续学习能在一条清晰的逻辑线索下展开,做到"既见树木又见森林"。

其次,数学运算的核心是运算规则,向量运算规则的建立,既有明确的物理背景,又遵循代数运算的一般套路。以此为指导,本教学设计围绕运算规则,提出了"在你学过的物理知识中,你认为哪一个概念可以作为'向量乘法'的物理背景?""你能分析一下功的定义中所涉及的要素吗?""受此启发,你觉得要定义向量的乘法,我们需要先定义什么?"等问题,在小结中进一步提出了"你能归纳一下本节课我们是如何研究向量的数量积运算的吗?""你认为定义向量的数量积时,应注意哪些问题?"这些问题,对于引发学生的结构化、系统性思考,明晰算理,厘清知识的来龙去脉,进而促进学生自主学习,培养学生良好的学习习惯和有效的学习方法等,都能起到作用。

第三,对于运算性质,本教学设计强调在"什么是运算性质""根据运算对象的特点思考运算性质的研究内容"等指导下开展研究。通过问题,引导学生总结出"从向量的要素出发,通过考察两个向量特殊的位置关系、特殊的大小取值,得出相应的性质。"有了这些关于运算性质的一般观念指导,学生独立发现性质就变得水到渠成。

一、内容和内容解析

1. 内容

复数的三角表示式,复数乘、除运算的三角表示及其几何意义。

本单元需 2 课时:第 1 课时,复数的三角表示式;第 2 课时,复数乘、除运算的三角表示及其几何意义。

2. 内容解析

复数的三角表示是复数的一种重要表示形式,它沟通了复数与平面向量、三角函数等之间的联系,可以帮助学生进一步认识复数,也为解决平面向量、三角函数和平面几何问题提供了一种新途径,同时还为今后在大学期间进一步学习复数的指数形式、复变函数论、解析数论等高等数学知识奠定基础。

前面学习过复数的代数表示及其几何意义。复数集 **C**、复平面上点的集合、复平面内以原点为起点的向量集合具有一一对应关系,如图 12.12.1 所示。

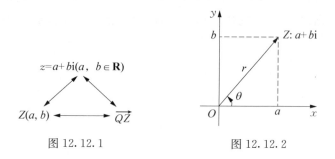

图 12.12.1　　　　　　　　　图 12.12.2

从联系的观点看,如图 12.12.2,在复平面内将向量 $\overrightarrow{OZ}$ 的要素——大小和方向表示出来。因为 $\overrightarrow{OZ}$ 是唯一确定的,所以 r 和 θ 也是唯一确定的,这样又可以在有序数对 (r,θ) 和 $\overrightarrow{OZ}$ 之间建立一一对应。为了和最初的复数代数表示 $z=a+bi(a,b\in \mathbf{R})$ 建立联系,我们考虑以原点为圆心、r 为半径的圆上的点 $Z(a,b)$,利用三角函数可以表示为 $Z(r\cos\theta,r\sin\theta)$,于是就有 $z=a+bi=r(\cos\theta+i\sin\theta)$。

数学中,一个对象用不同领域的方式表示并不是数学游戏,它标志着看问题角度的变化,会带来实质性的内容变化,解析几何这一数学的里程碑就来源于数与形的相互表示。当我们把复数与向量、三角联系起来以后,就给数学打开了广阔的领域,例如可以把三角函数与指数函数统一在一起,由欧拉公式 $e^{i\theta}=\cos\theta+i\sin\theta$ 可知,整个三角函数理论,本质上是关于具有纯虚数指数的指数函数 $re^{i\theta}$ 的理论,也就是说,三角函数本质上是研究一类特殊的指数函数 $re^{i\theta}$。当然,这些是后话。

在中学阶段学习复数的三角表示,一个明显的好处是可以让学生看到用三角表示复数的乘法、除法、乘方和开方等运算非常简洁,而且反映本质,特别是这些运算的几何意义非常明显、好用,在解决问题中威力巨大。另一个重要性是,与旋转、对称、位似等变换的联系,例如:设 $z_1 = r_1(\cos\theta_1 + i\sin\theta_1)$, $z_2 = r_2(\cos\theta_2 + i\sin\theta_2)$,如图 12.12.3,又设 $A(1, 0)$,$\overrightarrow{OZ_1}$、$\overrightarrow{OZ_2}$ 分别为 z_1、z_2 所对应的向量,以线段 OZ_2 为一边作 $\triangle OZ_2Z$,使之相似于 $\triangle OAZ_1$,那么向量 $\overrightarrow{OZ}$ 所对应的复数

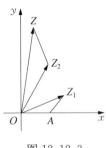

图 12.12.3

$$z = z_1 z_2 = r_1 r_2 [\cos(\theta_1 + \theta_2) + i\sin(\theta_1 + \theta_2)]。$$

这就是复数乘法的几何意义,是用旋转和位似变换来实现的。如果再加上对 x 轴的反射就是求共轭复数,也就是改变 $z = r(\cos\theta + i\sin\theta)$ 辐角的符号得 $\bar{z} = r(\cos(-\theta) + i\sin(-\theta)) = r(\cos\theta - i\sin\theta)$,这时的横坐标不变而纵坐标变号。可以发现关于平面上的所有几何变换都可以用复数的运算来表示。

另外,只要令 $z = z_1 = z_2 = r(\cos\theta + i\sin\theta)$,就有

$$z^2 = z_1 z_2 = [r(\cos\theta + i\sin\theta)]^2 = r^2(\cos 2\theta + i\sin 2\theta)。$$

这里,z 的次数可以推广到一般的 n,有

$$[r(\cos\theta + i\sin\theta)]^n = r^n(\cos n\theta + i\sin n\theta),$$

这就是棣莫佛定理。

利用复数的三角表示作为知识综合与联系的纽带,可以发现很多有意义的问题。例如,与解一元 n 次方程的联系,特别是 $x^n = 1$,其中蕴含的内容非常丰富;与三角函数的联系;证明一些几何题(实际上就是向量法);与旋转、位似等几何变换的联系;等等。

3. 教学重点

复数的三角表示式,复数乘、除运算的三角表示及其几何意义。

二、目标和目标解析

1. 目标

(1) 通过复数的几何意义,了解复数的三角表示式;

（2）了解复数的代数表示式与三角表示式之间的关系；

（3）了解复数乘、除运算的三角表示及其几何意义。

2. 目标解析

达成目标的标志是：

（1）能通过复数的几何意义，从联系的观点出发建立复数 $z = a + bi(a, b \in \mathbf{R})$ 与复平面内向量 $\overrightarrow{OZ}$ 的大小和方向的联系，并用刻画向量大小的模 r 和刻画向量方向的角 θ 表示复数 z，得出 $z = r(\cos\theta + i\sin\theta)$；能说出复数三角表示式的结构特点，能辨别一个复数的表示式是否为三角表示式；能说出辐角的概念，解释辐角的多值性，知道辐角主值的范围，以及非零复数辐角主值的唯一性；会画出复数三角表示式所对应的向量。

（2）能根据运算的需要，将复数的三角表示式和代数表示式进行互化；能判断两个复数的三角表示式是否相等。

（3）能推导复数乘、除运算的三角表示，能说出复数乘、除运算的几何意义；会依据复数乘、除运算的三角表示及其几何意义进行相关的计算，能解决简单的复数、三角和平面向量问题。

（4）在探究复数的三角表示式和复数乘、除运算的三角表示及其几何意义的过程中，感悟联系的观点，体会用不同的表示方式表达同一个数学对象的意义，并能发现和提出与复数三角表示相关的一些问题。

三、教学问题诊断分析

1. 问题诊断

学生已学习了复数的概念及其几何意义，知道复数 $z = a + bi(a, b \in \mathbf{R})$、复平面内的点 $Z(a, b)$ 与复平面内向量 $\overrightarrow{OZ}$ 三者之间的一一关系；掌握了代数表示下的复数四则运算的运算法则及加减运算的几何意义；在三角函数概念的学习中，学生已经证明了"如果角 α 终边上任意一点 $P(x, y)$（不与原点重合）到原点的距离为 r，那么 $\sin\alpha = \dfrac{y}{r}$，$\cos\alpha = \dfrac{x}{r}$"。这些都为本单元的学习奠定了基础。

本单元的难点主要来自看问题的观点上。从复数的几何意义联系三角函数，建立复数各种表示形式之间的关联，进而得出复数的三角表示式，对学生而言有较大的难度。另外，复数的三角表示式的结构是固定的，复数的辐角具有多值性，这些与学生的认知习惯有一定矛盾。教学中，应以复数的几何意义为背景，创设恰当的情境与问题，把学生的思路引导到利用三角函数表示向量的两个要素上来，帮助学生建立复数、向量、三角函数之间的内在关联,进而得出复数的三角表示式。同时,要注意在概念形成过程中强调用三角函数表示平面内的点时,其表达形式具有固定的结构$(r\cos\theta, r\sin\theta)$,再由终边相同的同名三角函数值相等得$(r\cos\theta, r\sin\theta) = (r\cos(k \cdot 2\pi + \theta), r\sin(k \cdot 2\pi + \theta))$,促使学生形成先入为主的概念。

本单元的第二个难点来自于学生认知水平的限制,导致对复数乘、除运算的三角表示与几何变换内在联系的认识达不到应有的高度。教学中,可以通过比较的方式引导学生逐步加深认识。在建立复数的三角表示式后,要引导学生从复数、向量、三角函数之间的内在一致性上加强理解,使学生认识"复数就是向量"的含义,也就是向量$(r\cos\theta)\boldsymbol{i} + (r\sin\theta)\boldsymbol{j}$与复数$r\cos\theta + \mathrm{i}r\sin\theta$是一一对应的。但是,采用复数的三角表示式就不仅允许作乘、除运算,而且对复数的乘、除运算可以研究其几何意义,可以把复数的运算和平移、旋转、位似、轴对称等几何变换联系起来;而向量不可以作除法运算,其"乘法"——向量数量积的几何意义则是与此完全不同,是关于距离和角度的度量问题。考虑到学生的认知水平,不能在一般意义上进行讨论,但可以利用一些特例来增强学生的感受,例如让学生解释$\mathrm{i}^2 = -1$,$(-1)^2 = 1$的几何意义等。

2. 教学难点

建立复数、向量、三角函数的联系,探究、理解复数的三角表示式;理解复数乘、除运算的三角表示及其几何意义。

四、教学支持条件分析

利用信息技术工具建立$\overrightarrow{OZ}$的要素与三角函数之间的联系,帮助学生探究并理解辐角的多值性和辐角主值的唯一性;使用动态几何软件表示复数乘、除运算的三角表示,引导学生感受模和辐角的变化情况,加深理解复数乘、除运算的几何意义。

五、课时教学设计(一)

复数的三角表示式

1. 课时教学内容

复数的三角表示式。

2. 课时教学目标

(1) 能通过复数的几何意义,从联系的观点出发建立复数$z = a + bi (a, b \in \mathbf{R})$与复平面内向量$\overrightarrow{OZ}$的大小和方向的联系,并用刻画向量大小的模$r$和刻画向量方向的角$\theta$表示,得出$z = r(\cos\theta + \mathrm{i}\sin\theta)$;能说出复数三角表示式的结构特点,能辨别一个复数的表示式是否为三角表示式;能说出辐角的概念,解释辐角的多值性,知道辐角主值的范围,以及非零复数辐角主值的唯一性;会画出复数的三角表示式所对应的向量。

（2）能根据运算的需要，将复数的三角表示式和代数表示式进行互化；能判断两个复数三角表示式是否相等。

（3）在探究复数的三角表示式的过程中，感悟联系的观点，体会复数的三角表示式对认识复数的本质的意义，并能发现和提出与复数的三角表示式相关的一些问题。

3. 教学重点与难点

（1）教学重点

复数的三角表示式。

（2）教学难点

建立复数、向量、三角函数的联系，探究、理解复数的三角表示式。

4. 教学过程设计

环节一　复习旧知，提出问题

问题 1　前面我们学习了复数的概念，通过复平面，建立了复数 $z = a + bi(a, b \in \mathbf{R})$ 与复平面内的点 $Z(a, b)$ 以及向量 $\overrightarrow{OZ}$ 之间的一一对应关系，这是复数的两种几何意义。我们发现，在复数的四则运算中，加、减运算有明确的几何意义，但乘、除运算却没有几何意义。同学们对此有什么想法？你认为复数的乘、除运算就是没有几何意义还是因为别的什么原因导致这里还无法讨论几何意义？

师生活动　学生思考、小组讨论，再进行班级交流。因为这个问题比较宏观且涉及后续知识，估计学生不会有具体想法，教师可以进行引导：既然加、减运算有几何意义，可以大胆猜想乘、除运算也有几何意义。追本溯源，这里无法讨论乘、除运算的几何意义，可能与复数 $z = a + bi(a, b \in \mathbf{R})$ 的表达形式及其几何意义没有得到充分挖掘有关系。

［设计意图］从宏观上提出问题，培养学生发现和提出问题的能力。这里追本溯源，显然不能从运算本身着手，把目光聚焦到复数的代数形式不利于得出乘、除运算的几何意义上是合理的。

环节二　引导探究，得出概念

问题 2　因为复数 $z = a + bi(a, b \in \mathbf{R})$ 与向量 $\overrightarrow{OZ} = (a, b)$ 一一对应，所以复数可以

由向量 $\overrightarrow{OZ}$ 的坐标 (a,b) 唯一确定。我们知道,向量也可以由它的大小和方向唯一确定。请你在复平面内画出向量 $\overrightarrow{OZ}=(a,b)$,标出它的大小和方向,并思考:能否借助向量的大小和方向这两个要素来表示 $\overrightarrow{OZ}$ 的坐标? 由此你能得出新的复数表示式吗?

师生活动 学生先画出图形(如图 12.12.4 所示),观察图形,思考、讨论。对于向量的大小就是复数模的大小,学生比较容易理解,但对于方向该用哪个量表示,学生会一时拿不准。教师可以通过追问提示学生:

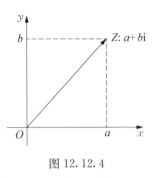

图 12.12.4

追问 1 方向的刻画需要借助参照系,在直角坐标系中刻画方向,坐标轴就是方向的"基准"。联系三角函数中的象限角概念,你认为可以用哪个量来刻画以原点为起点的向量的方向?

师生活动 学生在"追问"的引导下,应该能够发现可以用以 x 轴的非负半轴为始边、以向量 $\overrightarrow{OZ}$ 所在射线(射线 OZ)为终边的角 θ 来刻画。

[**设计意图**] 利用教科书上的探究问题,借助复数的几何意义,联系象限角概念,引导学生尝试定量刻画向量的大小和方向,为得出复数的三角表示式奠基,这也是得出复数三角表示式的第一个关键环节。

追问 2 在图 12.12.2 中,向量 $\overrightarrow{OZ}$ 的终点 Z 的坐标是 (a,b),你能用上述表示向量 $\overrightarrow{OZ}$ 的大小和方向的量 r 和 θ 表示点 Z 的坐标吗?

师生活动 学生独立思考,得出结果,再进行班级交流发言,教师与学生一起互动交流。这里需要做的工作比较细致,教师要在学生发言、全体学生都理解后给出完整的复数三角表示式:

复数 $z=a+bi(a,b\in\mathbf{R})$,向量 $\overrightarrow{OZ}=(a,b)$;

$|\overrightarrow{OZ}|=|a+bi|=\sqrt{a^2+b^2}=r$;

$a=r\cos\theta,b=r\sin\theta$;

$a+bi=r\cos\theta+ir\sin\theta=r(\cos\theta+i\sin\theta)$。

[**设计意图**] 使用多元联系表示策略,引导学生进一步借助图形,以复平面内的点 $Z(a,b)$ 为桥梁,建立复数 $z=a+bi(a、b\in\mathbf{R})$、向量 $\overrightarrow{OZ}$ 及其坐标表示、表示向量的大小和方向的量 r 与 θ 等之间的联系,从中感受复数、平面向量、三角函数之间的联系,这是得出复数三角表示式的另一个关键环节。

追问 3 刚才画图时,有没有同学画出了与图 12.12.2 不一样的图形? 如果不一样,你根据图形得出的表示式是怎样的?

师生活动 如果有不一样的,教师要给予表扬。如果没有不一样的,教师应指出,对于复数 $z=a+bi$,因为 a、b 可以取任意实数,所以点 $Z(a, b)$ 可以落在复平面的任意位置,同学们应该想到这些。然后让学生自主探究角 θ 的终边落在其他象限以及实轴、虚轴上时,是否都可以有三角表示式。

[**设计意图**] 让学生分析角 θ 的终边落在各个象限或实轴、虚轴的情况,再归纳出复数的三角表示式,感受数学的严谨性,培养抽象概括能力。

追问 4 请同学们阅读《必修二》第 84 页中的相关内容,并回答如下问题:

(1) 一个复数的辐角的值有多少个? 它们之间有什么关系?

(2) 0 的辐角是什么?

(3) 为什么要规定辐角的主值? 规定辐角的主值时需要考虑什么问题? 把辐角的主值范围规定在 $[0, 2\pi)$ 的合理性在哪里?

(4) 复数的三角形式和代数形式都表示同一个对象,所以它们之间可以互化。因为 $\frac{\sqrt{3}}{2}+\frac{1}{2}i=\sin\frac{\pi}{3}+i\cos\frac{\pi}{3}$,所以该复数的模是 1,辐角是 $\frac{\pi}{3}$。你认为这个结论正确吗? 如果不正确,那么是由什么原因引起的? 由此,你认为在互化过程中要注意的问题是什么?

师生活动 (1)(2)可以由学生自主回答。

对于(3),可以让学生在独立思考的基础上进行小组合作学习,小组讨论后派代表进行班级交流发言。教师与学生互动后,得出共识:

复数辐角的多值性会给研究问题带来不必要的麻烦,因为一个复数的辐角取值具有周期性,而且在区间 $[0, 2\pi)$ 上,正弦函数 $y=\sin x$ 和余弦函数 $y=\cos x$ 可以取遍它们值域 $[-1, 1]$ 内的所有值。这样,对于任意一个复数 $z\in\mathbf{C}$,就有唯一确定的辐角 $\theta\in[0, 2\pi)$ 和模 r 与之对应;反之,给定一个辐角 $\theta\in[0, 2\pi)$ 和模 r,也有唯一确定的复数 $z\in\mathbf{C}$ 与之对应。

这样,我们就在复数集 $\mathbf{C}$ 与有序数对 (r, θ) 的集合 $\{(r, \theta)\mid r\geqslant 0, 0\leqslant\theta<2\pi\}$ 之间建立了一一对应的关系。

我们把在区间 $[0, 2\pi)$ 上的复数 z 的辐角称为辐角的主值,记作 $\arg z$,即 $0\leqslant\arg z<2\pi$。这样,我们就可以不失一般性地利用辐角的主值讨论复数的问题。这个思路与三角函数性质的研究思路是一样的,实际上任何具有周期性变化的现象都可以按这个思路进行简化研究。

对于(4),先通过一个具体实例,引导学生辨析复数的三角表示式的结构,然后让学生思考和讨论复数的代数形式 $a+b\mathrm{i}$ 和三角形式 $r(\cos\theta+\mathrm{i}\sin\theta)$ 互化中需要注意的问题,最后形成共识:

① r 是复数的模,$r=\sqrt{a^2+b^2}$;

② $r(\cos\theta+\mathrm{i}\sin\theta)$ 的形式固定,含同一个辐角值 θ 的余弦和正弦;

③ 由直角坐标系中角 θ 的终边 OZ 上点 Z 的坐标 (a,b) 与 r(即 $|OZ|$)、θ 之间的关系 $a=r\cos\theta$,$b=r\sin\theta$,只能 $\cos\theta$ 在前,$\sin\theta$ 在后;

④ $\cos\theta$ 和 $\mathrm{i}\sin\theta$ 之间必须用"+"连接。

所以,$\dfrac{\sqrt{3}}{2}+\dfrac{1}{2}\mathrm{i}=\cos\dfrac{\pi}{6}+\mathrm{i}\sin\dfrac{\pi}{6}$,即复数 $\dfrac{\sqrt{3}}{2}+\dfrac{1}{2}\mathrm{i}$ 的辐角是 $\dfrac{\pi}{6}$,而不是 $\dfrac{\pi}{3}$。

[设计意图] 通过"一个问题+四个追问",先引导学生从复数的几何意义出发,通过向量的多元联系表示提出问题,利用三角函数建立向量的坐标表示 $Z(a,b)$ 与向量的要素表示 $(r\cos\theta,r\sin\theta)$ 之间的联系,从而有效突破难点;再让学生带着问题阅读教材,并通过辐角的多值性、建立辐角主值区间的必要性和以 $[0,2\pi)$ 为主值区间的合理性的讨论,使学生在获得相关知识的同时,领悟其中的数学思想和方法;最后,通过具体事例引导学生对复数三角表示式进行辨析,得出复数三角表示式的结构特点。

环节三 概念应用,巩固新知

例1 判断下列复数是不是三角形式? 如果不是,把它们表示成三角形式。

(1) $\dfrac{1}{2}\left(\sin\dfrac{\pi}{6}+\mathrm{i}\cos\dfrac{\pi}{6}\right)$;　　　　(2) $-\dfrac{1}{2}\left(\cos\dfrac{\pi}{6}+\mathrm{i}\sin\dfrac{\pi}{6}\right)$。

师生活动 学生独立作答,再进行展示、交流,总结得出:①转化的依据是复数三角表示式的结构特征,②用三角函数的诱导公式进行恒等变换是转化为三角表示式的关键。

例2 画出下列复数对应的向量,并把这些复数表示成三角形式:

(1) $\dfrac{1}{2}+\dfrac{\sqrt{3}}{2}\mathrm{i}$;　　　　(2) $\dfrac{\sqrt{2}}{2}-\dfrac{\sqrt{2}}{2}\mathrm{i}$。

师生活动 先由学生思考发言,师生共同分析解题思路,再让学生独立完成后进行展示。这里要注意,画复数对应的向量时,方法不唯一;把一个复数表示为三角形式时,辐角也不唯一。

例3 分别指出下列复数的模和一个辐角,画出它们对应的向量,并把这些复数表示成代数形式:

(1) $\cos \pi + i\sin \pi$；

(2) $6\left(\cos \dfrac{11\pi}{6} + i\sin \dfrac{11\pi}{6}\right)$。

师生活动 学生独立完成,再进行展示交流。

问题3 我们知道,相等在把握一个数学对象时是非常重要的。两个用代数形式表示的非零复数相等是它们的实部和虚部分别相等。那么,两个用三角形式表示的非零复数的相等问题,除了用实部、虚部分别相等的方法,还可以用什么条件来判断?

师生活动 引导学生利用类比的方法思考、回答。自然的思路是利用模和辐角分别相等,这时教师可以追问:辐角一定要相等吗? 为了简便,我们可以把辐角限定在什么范围?

[**设计意图**] 让学生运用类比的研究方法,得出两个三角形式的非零复数相等的充要条件。

环节四　目标检测,检验效果

题1 画出下列复数对应的向量,并把这些复数表示成三角形式:

(1) $-i$；

(2) $-\dfrac{1}{2} - \dfrac{\sqrt{3}}{2}i$。

[**设计意图**] 检测学生将复数的代数形式化为三角形式的掌握情况。

题2 下列复数是不是三角形式? 如果不是,把它表示成三角形式。

(1) $\dfrac{1}{2}\left(\cos \dfrac{\pi}{4} - i\sin \dfrac{\pi}{4}\right)$；

(2) $3\left(\cos \dfrac{11\pi}{5} + i\sin \dfrac{11\pi}{5}\right)$；

(3) $-2\left(\cos \dfrac{\pi}{3} + i\sin \dfrac{\pi}{3}\right)$。

[**设计意图**] 检测学生对复数三角形式的掌握程度。

题3 将下列复数表示成代数形式:

(1) $6\left(\cos \dfrac{3\pi}{2} + i\sin \dfrac{3\pi}{2}\right)$；

(2) $2\left(\cos \dfrac{5\pi}{3} + i\sin \dfrac{5\pi}{3}\right)$。

[**设计意图**] 检测学生将复数的三角形式化为代数形式的掌握情况。

布置作业

《必修二》第 86 页练习;第 89 页,习题 7.3,第 1,2 题。

六、课时教学设计(二)

复数乘、除运算的三角表示及其几何意义

1. 课时教学内容

复数乘、除运算的三角表示及其几何意义。

2. 课时教学目标

(1)能推导复数乘、除运算的三角表示,能说出复数乘、除运算的几何意义;会依据复数乘、除运算的三角表示及其几何意义进行相关的计算,能解决简单的复数、三角和平面向量问题。

(2)在探究复数乘、除运算的三角表示及其几何意义的过程中,感悟联系的观点,体会复数的三角表示式对认识复数乘、除运算的本质和研究复数乘、除运算几何意义的价值,并能发现和提出与复数乘、除运算的三角表示相关的一些问题。

3. 教学重点与难点

(1)教学重点

复数乘、除运算的三角表示及其几何意义。

(2)教学难点

利用复数乘、除运算的三角表示解释复数乘法、除法的几何意义。

4. 教学过程设计

环节一 复数乘法运算的三角表示及几何意义的探究

问题1 有了复数的三角表示式,自然要研究在这种表示式下的运算问题。你认为,在这样的表示下,复数的哪些运算是值得再研究的? 为什么?

师生活动 学生先独立思考,再进行小组讨论,有了一定的认识后进行班级交流互动,最后形成共识:

对于两个复数的三角表示式

$$z_1 = r_1(\cos\theta_1 + i\sin\theta_1),$$
$$z_2 = r_2(\cos\theta_2 + i\sin\theta_2),$$

作加、减法运算时,与复数的代数表示式没有什么区别,因为 $z_1 + z_2$ 可以化为 $a + bi$ 的

形式,但将 $z_1 + z_2$ 的结果转化为三角形式会非常复杂。作乘、除法运算时,结果的表达形式可能会不一样。

追问1 你能计算 $z_1 \cdot z_2$,并将结果表示成三角形式吗?

师生活动 由学生独立推导后,再进行交流,得出结果:

$$z_1 \cdot z_2 = r_1(\cos\theta_1 + i\sin\theta_1) \cdot r_2(\cos\theta_2 + i\sin\theta_2)$$
$$= r_1 r_2 [\cos(\theta_1 + \theta_2) + i\sin(\theta_1 + \theta_2)]。$$

追问2 你能用文字语言来表述复数乘法的三角表示公式吗?

师生活动 学生回答,教师补充完善,得出:

两个复数相乘,积的模等于各复数的模的积,积的辐角等于各复数的辐角的和,可以简述为"模相乘,辐角相加"。

追问3 你能由复数乘法运算的三角表示探索复数乘法的几何意义吗?

师生活动 教师可以通过问题引导学生分析,例如:

(1) 要得出几何意义,应该先做什么?(画出向量)

(2) 为了得出结论,应该画出哪些向量?(利用辐角和模分别画出复数 z_1、z_2、$z_1 \cdot z_2$ 对应的向量)

在学生画出草图后,进行独立思考和小组讨论交流,再进行全班交流。教师可以进一步通过问题引导学生思考、讨论:

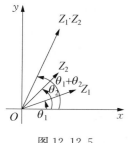

图 12.12.5

(3) $z_1 \cdot z_2$ 的模如何由 z_1、z_2 的模来得到? 辐角又可以如何得到? 如何把这两个过程联系起来?

教师还可以借助动态几何软件画出 z_1、z_2 对应的向量,演示乘法运算的过程,如图 12.12.5 所示。学生由此归纳得出复数乘法运算三角表示的几何意义。

[**设计意图**] 通过"一个问题+三个追问",先让学生思考在复数的三角表示下,四则运算中的哪些运算值得重新研究,再让学生自己得出乘法运算的结果,并用文字语言、图形语言做出表示,由此促进学生发现复数乘法的几何意义。这里仍然使用多元联系表示策略,由此不仅使学生获得知识,而且想到方法,培养了发现和提出问题的能力,以及有逻辑地分析问题的思维习惯。

问题2 你能解释 $i^2 = -1$ 和 $(-1)^2 = 1$ 的几何意义吗?

师生活动 学生独立思考、作答,通过相互补充,得出结论:

将 $i^2 = -1$ 写为 $i\left(\cos\dfrac{\pi}{2} + i\sin\dfrac{\pi}{2}\right) = -1$，可见其几何意义是"将 i 对应的向量 $\overrightarrow{OZ} =$ $(0，1)$ 绕原点 O 逆时针旋转 $\dfrac{\pi}{2}$，得到向量 $\overrightarrow{OZ_1} = (-1，0)$"；同理，$(-1)^2 = 1$ 可以写为 $(-1)(\cos\pi + i\sin\pi) = 1$，其几何意义是"将 -1 对应的向量绕点 O 逆时针旋转 π，得到 1 对应的向量"。

[设计意图] 让学生利用复数乘法运算的三角表示及其几何意义解释算式，巩固复数乘法运算的几何意义。

例 4 已知 $z_1 = \dfrac{3}{2}\left(\cos\dfrac{\pi}{6} + i\sin\dfrac{\pi}{6}\right)$，$z_2 = 2\left(\cos\dfrac{\pi}{3} + i\sin\dfrac{\pi}{3}\right)$，求 $z_1 \cdot z_2$，并把结果化为代数形式，做出几何解释。

师生活动 学生独立完成，再进行交流展示。

例 5 已知向量 $\overrightarrow{OZ}$ 对应的复数为 $1 + i$，把 $\overrightarrow{OZ}$ 绕点 O 按逆时针方向旋转 $120°$，得到 $\overrightarrow{OZ'}$。求与向量 $\overrightarrow{OZ'}$ 对应的复数（用代数形式表示）。

师生活动 先让学生独立思考，分析思路，再进行交流，得出：根据复数乘法的几何意义，向量 $\overrightarrow{OZ'}$ 对应的复数是复数 $1 + i$ 与模为 1、辐角的主值为 $120°$ 的复数的乘积。然后由学生独立完成解题。

追问 由本题的解答，你能给出复平面内的向量旋转与复数运算的联系吗？

师生活动 由学生给出回答，教师强调，平面向量和复数有着非常紧密的联系，将向量 $\overrightarrow{OZ}$ 绕原点 O 旋转 θ，其复数表达式就是 $z(\cos\theta + i\sin\theta)$。

[设计意图] 让学生了解利用复数乘法的几何意义可以解决某些与向量旋转、伸缩有关的复数运算问题，体会利用复数乘法的几何意义数形结合地解决问题的思想方法。

环节二　复数除法运算的三角表示及几何意义的探究与应用

问题 3 除法运算是乘法运算的逆运算。根据复数乘法运算的三角表示，你能得出复数除法运算的三角表示吗？你能用文字语言加以表述吗？

师生活动 教师引导学生讨论将复数除法运算转化为乘法运算的方法，然后由学生独立完成推导，再通过展示、交流，得出结果：

设两个复数是

$$z_1 = r_1(\cos\theta_1 + \mathrm{i}\sin\theta_1),$$
$$z_2 = r_2(\cos\theta_2 + \mathrm{i}\sin\theta_2),$$

z_1 与 z_2 相除得复数 $z = r(\cos\theta + \mathrm{i}\sin\theta)$，则有

$$r_1(\cos\theta_1 + \mathrm{i}\sin\theta_1) = r(\cos\theta + \mathrm{i}\sin\theta) \cdot r_2(\cos\theta_2 + \mathrm{i}\sin\theta_2)$$
$$= r \cdot r_2[\cos(\theta + \theta_2) + \mathrm{i}\sin(\theta + \theta_2)]。$$

根据复数相等的条件，不妨取 $r_1 = r \cdot r_2$，$\theta_1 = \theta + \theta_2$，即

$$\begin{cases} r = \dfrac{r_1}{r_2}, \\ \theta = \theta_1 - \theta_2。 \end{cases}$$

于是有

$$z = \frac{z_1}{z_2} = \frac{r_1(\cos\theta_1 + \mathrm{i}\sin\theta_1)}{r_2(\cos\theta_2 + \mathrm{i}\sin\theta_2)} = \frac{r_1}{r_2}[\cos(\theta_1 - \theta_2) + \mathrm{i}\sin(\theta_1 - \theta_2)]。$$

用文字语言可表述为：两个复数相除，商的模等于被除数的模除以除数的模所得的商，商的辐角等于被除数的辐角减去除数的辐角所得的差。

追问 你还有其他的推导方法吗？

师生活动 教师引导学生利用 $\cos\theta_2 + \mathrm{i}\sin\theta_2$ 的共轭复数 $\cos\theta_2 - \mathrm{i}\sin\theta_2$ 将 $\dfrac{r_1(\cos\theta_1 + \mathrm{i}\sin\theta_1)}{r_2(\cos\theta_2 + \mathrm{i}\sin\theta_2)}$ 的分母"实数化"，可以得出

$$z = \frac{z_1}{z_r} = \frac{r_1(\cos\theta_1 + \mathrm{i}\sin\theta_1)}{r_2(\cos\theta_2 + \mathrm{i}\sin\theta_2)}$$
$$= \frac{r_1(\cos\theta_1 + \mathrm{i}\sin\theta_1) \cdot (\cos\theta_2 - \mathrm{i}\sin\theta_2)}{r_2(\cos\theta_2 + \mathrm{i}\sin\theta_2) \cdot (\cos\theta_2 - \mathrm{i}\sin\theta_2)}$$
$$= \frac{r_1}{r_2} \frac{[\cos(\theta_1 - \theta_2) + \mathrm{i}\sin(\theta_1 - \theta_2)]}{(\cos^2\theta_2 + \sin^2\theta_2)}$$
$$= \frac{r_1}{r_2}[\cos(\theta_1 - \theta_2) + \mathrm{i}\sin(\theta_1 - \theta_2)]。$$

[**设计意图**] 在复数乘法运算三角表示的基础上，引导学生借助已有知识推导复数除法运算的三角表示，体会化归与转化和类比的数学思想，提升数学运算素养。

问题 4 类比复数乘法的几何意义，由复数除法运算的三角表示，你能得出复数除法的几何意义吗？

师生活动 教师引导学生思考,由 $\theta_1 - \theta_2 = \theta_1 + (-\theta_2)$,可以将问题转化为乘法的几何意义,再由学生自己画图并观察图形,得出复数除法运算的几何意义。教师可以借助动态几何软件演示,如图 12.12.6 所示。

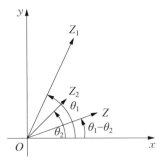

图 12.12.6

追问 设复数 $z = r(\cos\theta + i\sin\theta)$ 对应的向量为 $\overrightarrow{OZ}$。将 $\overrightarrow{OZ}$ 绕点 O 旋转任意角 α 到 $\overrightarrow{OZ'}$,那么 $\overrightarrow{OZ'}$ 对应的复数是什么?

师生活动 学生思考、讨论后回答:$\overrightarrow{OZ'}$ 对应的复数是

$$r(\cos\theta + i\sin\theta) \cdot (\cos\alpha + i\sin\alpha) = r[\cos(\theta + \alpha) + i\sin(\theta + \alpha)]。$$

需要提醒学生注意的是,α 是任意角,所以无论将 $\overrightarrow{OZ}$ 绕 O 顺时针旋转还是逆时针旋转,$\overrightarrow{OZ'}$ 对应的辐角都是 $\theta + \alpha$,这个结论在三角函数一章中已经得到了。

[设计意图] 通过复数除法的几何意义的探究,让学生进一步感受乘法和除法相互转化的关系,感受向量与复数之间的联系。让学生思考复数乘法运算几何意义的反向应用,培养逆向思维能力,进一步感受平面向量和复数之间可以互相转化的关系。

例 6 计算 $4\left(\cos\dfrac{4\pi}{3} + i\sin\dfrac{4\pi}{3}\right) \div 2\left(\cos\dfrac{5\pi}{6} + i\sin\dfrac{5\pi}{6}\right)$,并把结果化为代数形式。

师生活动 学生独立完成,再展示交流。

[设计意图] 让学生利用复数除法运算的三角表示进行运算,进一步熟练运算。

课堂练习:《必修二》第 89 页,练习 1(1)(3),2(1)(2)。

环节三 单元小结,形成结构

问题 5 请同学们带着下列问题回顾本单元的学习过程,并给出回答:

(1) 回顾并叙述得出复数三角表示式的思路和过程,重点说说我们是如何提出问题的,得出表示式的关键是什么? 蕴含着哪些数学思想和方法?

(2) 复数三角表示式的结构特征是什么? 为什么会有这样的结构? 辐角和辐角的主值的概念和特点是什么?

(3) 三角形式表示的两个复数相等的充要条件是什么? 是如何得出的?

(4) 复数乘、除运算的三角表示及其几何意义分别是什么? 是如何推导出来

的? 请简述研究思路和方法。

  (5) 简述复数的代数形式和三角形式的区别与联系,它们在运算上各有什么优势? 分别适合哪些运算?

  师生活动 教师提出问题,学生独立思考、小组讨论,然后学生代表发言,教师进行点评,最后形成比较完整的认识。

  [设计意图] 帮助学生梳理本单元的重点知识以及主要的研究思路和方法。

  (1) 由复数的加、减运算有几何意义而乘、除运算没有几何意义,提出问题、探寻原因,得出原因是因为复数的几何意义没有得到充分挖掘。因为复数 $z = a + bi(a$, $b \in \mathbf{R}$) 与向量 $\overrightarrow{OZ} = (a, b)$ 一一对应,所以复数可以由向量 $\overrightarrow{OZ}$ 的坐标(a, b) 唯一确定。而向量的要素是大小和方向,于是想到用向量的模 r 和表示方向的量 θ(实际上就是向量 $\overrightarrow{OZ}$ 对应的象限角) 来表示,联系任意角的三角函数得到 $a = r\cos\theta$, $b = r\sin\theta$, 从而得出复数的三角表示式 $z = r(\cos\theta + i\sin\theta)$。由此可以看出,得出复数三角表示式的关键是建立向量 $\overrightarrow{OZ}$ 的坐标表示(a, b) 与其大小和方向这两个要素之间的联系。其中蕴含的数学思想方法,除了大家熟悉的数形结合外,用联系的观点看问题,一个数学对象的多种表示之间一定有内在联系的观念等都起到关键作用。通过回顾研究过程,归纳其中的关键点,概括数学思想方法,有利于培养学生的理性思维,领悟数学基本思想,积累基本活动经验。另外,这里可以提醒学生注意,复数有代数表示式、三角表示式,还可以用复平面内点的坐标表示,也可以用起点在原点的向量表示,用不同领域的方式表示复数并不是数学游戏,它标志着看问题的角度的变化,本单元的学习表明,由此带来了实质性的变化,这是非常重要的。

  (2) 让学生进一步理解复数三角表示式和辐角、辐角的主值等核心概念,使学生对概念形成清晰的认识,有利于复数三角形式的后续应用。复数的三角表示式有固定的结构,这是因为复数 $z = a + bi(a、b \in \mathbf{R})$ 所对应的向量 $\overrightarrow{OZ}$ 的坐标(a, b) 用它的大小和方向这两个要素表示时,其形式是$(r\cos\theta, r\sin\theta)$,所以三角表示式只能是 $r(\cos\theta + i\sin\theta)$。另外,辐角、辐角的主值要注意联系任意角的概念和三角函数的知识。

  (3) 让学生进一步明确两个复数相等的充要条件,体会类比的研究方法。

  (4) 让学生进一步明确复数乘、除运算的三角表示及其几何意义,进一步体会类比、化归与转化、数形结合等数学思想方法,有利于提升学生直观想象、逻辑推理等素养。这里可以提示学生注意复数运算和平面内最基本的几何变换之间的关联,指出这些联系在后续的研究中是非常有用的。另外,还可以介绍一下前面"内容解析"中给出的复数乘法几何意义的另一种解释(这种解释是更精准的)。

(5) 通过比较,让学生体会复数代数形式和三角形式各自的特点,体会复数的三角形式给复数的乘、除运算带来的便利,以及复数三角形式与平面向量、三角函数之间的紧密联系。

环节四　目标检测,检验效果

题 1　计算下列各式,并做出几何解释:

(1) $2\left(\cos\dfrac{4\pi}{3}+\mathrm{i}\sin\dfrac{4\pi}{3}\right)\times 4\left(\cos\dfrac{5\pi}{6}+\mathrm{i}\sin\dfrac{5\pi}{6}\right)$;

(2) $3(\cos 18°+\mathrm{i}\sin 18°)\times 2(\cos 54°+\mathrm{i}\sin 54°)\times 5(\cos 108°+\mathrm{i}\sin 108°)$;

(3) $2\div\left(\cos\dfrac{\pi}{4}+\mathrm{i}\sin\dfrac{\pi}{4}\right)$;

(4) $-\mathrm{i}\div[2(\cos 120°+\mathrm{i}\sin 120°)]$。

[**设计意图**] 检测学生对复数乘、除运算的三角表示及其几何意义的掌握程度。

题 2　在复平面内,把与复数 $3-\sqrt{3}\,\mathrm{i}$ 对应的向量 $\overrightarrow{OZ}$ 绕 O 顺时针方向旋转 $30°$ 到 $\overrightarrow{OZ'}$,求 $\overrightarrow{OZ'}$ 对应的复数(用代数形式表示)。

[**设计意图**] 考查学生对复数除法运算几何意义的理解与应用情况。

布置作业

《必修二》第 90 页,习题 7.3,第 4,5,7,8,10。

教学设计说明

我们知道,复数是二元数,自然要在二维的平面上才能把它的几何意义表示出来,这就必须使用平面坐标系。复数 $z=a+bi(a,b\in\mathbf{R})$ 和复平面上的点 $Z(a,b)$ 一一对应,也和平面向量 $\overrightarrow{OZ}$ 一一对应,于是又可以和向量的大小和方向这两个要素所组成的有序数对 (r,θ) 建立一一对应关系。我们可以用图 12.12.7 来表示这种一一对应的关系。

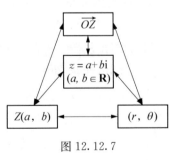

图 12.12.7

一个对象有如此丰富的表示形式,说明这个对象联系着丰富的领域,是可以玩出许多花样来的。

由复数的这些表示可以想到,复数不仅是一个代数对象,也是一个几何对象,“复数就是向量",与解析几何(包括直角坐标系和极坐标系)等都有紧密联系,对复数的研究可以看成是学习解析几何的前奏。本单元的复数的三角表示式是建立向量的坐标表示与复平面上向量的大小和方向这两个要素之间联系的结果,由新的表示形式就可以得到复数乘、除运算的几何意义,这是非常美妙的。

所以,本教学设计特别注重在"联系"二字上下功夫。通过联系,把复数三角表示的来龙去脉说清楚,把引入各种概念的合理性说清楚。特别是,以复平面内以原点为起点的向量为纽带,建立多元联系表示,通过联系三角函数中的象限角、(广义)三角函数的定义,把点 $Z(a,b)$ 表示为另一种形式 $(r\cos\theta,r\sin\theta)$,从而使学生理解复数的三角表示式的来龙去脉。

另外,联系丰富且建立这些联系所需知识都已具备的内容,教学上要在看问题的观点上加强引导,换个角度看问题,使学生能"想到那里去"。这种内容的教学设计,其挑战性在于创设的情境和提出的问题,既要有数学味,又能使学生理解,还不能把"窗户纸"捅破。也就是说,所提出的问题要有思维的启发性,还要给学生留有恰当的独立思考空间。本教学设计在这方面也下了较大功夫。例如:

在引入阶段,提出的问题是"复数的乘、除运算就是没有几何意义还是因为别的什么原因导致这里还无法讨论几何意义?"然后追本溯源到复数的表示和几何意义上,这是从数学内部提出问题,引出本单元内容的同时,也可以培养学生从数学的角度发现和提出问题的能力。

在研究复数的三角表示式时,通过"一个问题+四个追问",环环相扣地引导学生从复数的几何意义出发,通过向量的多元联系表示,利用三角函数建立向量的坐标表示 $Z(a,b)$ 与向量的要素表示 $(r\cos\theta,r\sin\theta)$ 之间的联系,再讨论辐角的多值性、建立辐角主值区间的必要性和以 $[0,2\pi)$ 为主值区间的合理性,最后对复数三角表示式进行辨析,得出复数三角表示式的结构特点。

有了复数的三角表示式,不是直接进入复数乘、除运算及其几何意义的学习,而是先让学生思考针对三角表示式的复数四则运算是否都值得重新研究,在明确了加、减运算与代数表示式区别不大,而且把结果化为三角表示式困难大、没有什么意义后,再研究乘、除运算及其几何意义,有利于发展学生的理性思维。对复数乘法的三角表示及其几何意义,也设计了"一个问题+三个追问",让学生自己得出乘法运算的结果,并用文字语言、图形语言做出表示,由此促使学生发现复数乘法的几何意义。在此过程中,不仅使学生获得了知识,而且培养了发现和提出问题的能力,有利于学生养成有逻辑地分析问题的思维习惯。

　　基本立体图形的结构特征

一、内容和内容解析

1. 内容

（1）空间几何体的相关概念：空间几何体，多面体，旋转体；

（2）多面体（棱柱，棱锥，棱台）的结构特征；

（3）旋转体（圆柱，圆锥，圆台，球）的结构特征；

（4）简单组合体的结构特征。

本单元需要 2 课时：第 1 课时，空间几何体的相关概念和多面体的结构特征；第 2 课时，旋转体、简单组合体的结构特征。这里给出第一课时的教学设计。

2. 内容解析

现实世界中的各种物体都有其形状、大小和位置，将物体抽象成几何图形，再对图形的形状、大小和位置关系进行研究，由此去认识和理解空间图形的本质，这就是立体几何的基本课题。几何学"是我们认识大自然、理解大自然的自然起点和基石所在；它也是整个自然科学的启蒙者和奠基者，是理所当然的第一科学。不论在自然科学的发展顺序上，还是在全局的基本重要性上，几何学都是当之无愧的先行者与奠基者，也是种种科学思想和方法论的自然发祥地。它源远流长，历经数千年世代相传精益求精的研究和逐步逐阶的进展，至今依然根深干粗、蓬勃苗壮。在现今 21 世纪它会继续是开拓新知的有力工具，而自然科学的拓展又必然对于空间几何学的理解深度和广度提出新的要求和问题，总之自然科学和几何学的进展是密切相关、相辅相成的"①。这段话深刻揭示了几何学的根本重要性，也是我们理解立体几何育人功能的基本指南。

人类认识事物基本遵循着从整体到局部、从具体到抽象、从感性到理性的过程，因此课程标准和教科书都强调先安排基本立体图形结构特征的认识，再安排点、直线、平面等空间基本图形位置关系的认识。将现实世界的一类物体抽象成基本立体图形，再以直观感知、操作确认的方式认识图形的组成元素及其基本关系，给出结构特征的描述，然后以"属＋种差"的逻辑方法对图形进行分类，形成多面体、旋转体的知识体系，这是一个"用数学的眼光观察世界，用数学的思维思考世界，用数学的语言表达世界"的过程，是发展学生数学抽象、直观想象等素养的过程。

就像三角形、平行四边形、圆是基本平面图形，研究清楚这些图形（特别是三角形）

---

① 项武义.基础几何学[M].北京：人民教育出版社，2004：1.

的基本性质就基本掌握了平面图形的性质一样,柱、锥、台、球是基本立体图形,复杂多样的立体图形都是由这些图形组合而成的,研究清楚这些图形的基本性质就基本掌握了立体图形的性质。与平面基本图形的研究一样,认识基本立体图形的结构特征,从两个方面入手:一是认识它的组成元素(表面图形的特征),二是明确组成元素的基本关系(如棱柱表面的平行、相交、垂直关系)。在这个"一般观念"的指导下,依据围成空间几何体表面图形的基本特征(平面、曲面),将基本立体图形分为多面体和旋转体;再从多面体、旋转体组成元素的形状、位置关系入手,对多面体和旋转体作进一步分类,达到更深入细致地认识基本立体图形结构特征的目的。认识基本立体图形的结构特征时,必然涉及点、直线、平面的位置关系,这里采用直观感知、操作确认的方式,随着学习的进展可以逐步提出逻辑严谨性的要求。

3. 教学重点

基本立体图形的结构特征。

二、目标和目标解析

1. 目标

利用实物、计算机软件等观察空间图形,认识柱、锥、台、球及简单组合体的结构特征,能运用这些特征描述现实生活中简单物体的结构。

2. 目标解析

达成上述目标的标志是:

(1)能将典型的实物、模型抽象成空间几何体,能用文字语言、图形语言和符号语言(简称"三种语言")描述多面体和旋转体的结构特征。

(2)能通过直观感知、操作确认,抽象出棱柱、棱锥、棱台的表面组成元素及其位置关系,能用三种语言表示,能用"属+种差"的方法对它们进行分类。

(3)能通过直观感知、操作确认,抽象出圆柱、圆锥、圆台、球的结构特征,能用三种语言表示。

(4)能说出简单组合体是由哪些基本立体图形、通过怎样的方式组合而成的;能用这些特征描述现实生活中简单物体的结构。

(5)能从基本立体图形结构特征的抽象过程中归纳出刻画立体图形的数学方式。

三、教学问题诊断分析

1. 问题诊断

学生在初中阶段已经初步认识了几何图形,知道立体图形和平面图形的区别与联系,特别是已经比较系统地学习了平面几何知识,对几何的研究对象、内容、过程和方法都有了一定的了解,在日常生活中积累了大量关于空间物体结构特征的直观经验,这些都为本单元的学习提供了基础。

本单元的学习难点主要来自于对抽象几何体结构特征的数学方式的理解,包括结构特征的含义是什么,从哪些角度观察几何体,如何用严谨的几何语言描述,如何确定几何体的分类标准,如何有逻辑地分类等等。显然,这些难点与学生的空间观念比较薄弱有直接的关系,因此突破难点的过程就是促进学生形成空间观念的过程。为此,教学中要遵循从整体到局部、从具体到抽象的原则,提供丰富的实物、模型,或利用计算机软件呈现空间几何体,帮助学生认识空间几何体结构特征的含义,进一步掌握在平面上表示空间图形的方法和技能。要给学生以"如何观察""如何描述"的明确指导,通过回顾三角形、四边形等平面图形的定义方式,明确"几何体组成元素的形状和基本的位置关系就是结构特征"这个"一般观念",然后在它的引领下展开观察、分析、归纳、概括活动,在抽象出结构特征的同时,空间观念也得到有效发展。

2. 教学难点

观察实物、模型的角度,理解几何体结构特征的含义,描述基本立体图形的语言。

四、教学支持条件分析

基本立体图形的实物模型,利用计算机软件呈现空间几何体,用动态几何软件展示几何体组成元素的形状、位置关系的不变性等等。

五、课时教学设计

棱柱、棱锥、棱台的结构特征

1. 课时教学内容

空间几何体的相关概念;棱柱、棱锥、棱台的结构特征。

2. 课时教学目标

(1)能将典型的实物、模型抽象成空间几何体,能用文字语言、图形语言和符号语言(简称"三种语言")描述多面体和旋转体的结构特征。

(2)能通过直观感知、操作确认,抽象出棱柱、棱锥、棱台的表面组成元素及其位置关系,能用三种语言表示,能用"属＋种差"的方法对它们进行分类。

(3)能从基本立体图形结构特征的抽象过程中归纳出刻画立体图形的数学方式。

3. 教学重点与难点

(1)教学重点

多面体的结构特征。

(2)教学难点

抽象多面体结构特征的数学方式,包括如何观察、从哪些角度抽象、如何用精确的几何语言表达等等。

4. 教学过程设计

环节一　整体概览,提出问题

课堂导入　先用 PPT 播放卢浮宫博物馆、肯尼迪图书馆、苏州博物馆、香港中银大厦等著名的建筑,问学生是否认识这些建筑物,是否知道它们是由谁设计的。教师指出:这些建筑都是被誉为"当代鲁班"的华人建筑师贝聿铭(I. M. Pei, 1917—2019)设计的,这些富含几何元素的建筑一经建成立刻引起世界震撼,贝聿铭也因这些建筑而名垂青史。那么,设计师在设计建筑时用到的数学知识主要是什么呢? 那就是几何学!

问题1　我们从小学开始就学习几何知识了。回顾初中的几何学习过程,你能说一说几何学是研究什么的吗? 我们是按怎样的路径研究一个平面图形的?

　　师生活动　先由学生回顾、作答,教师在学生回答的基础上指出:几何学研究几何图形的形状、大小与位置关系,一般按"背景—概念—性质(判定)—特例(概念、判定与性质)—应用"的路径展开研究。然后提出,今天开始我们进入立体几何的学习。

问题2　(1) 阅读《必修二》第 96 页,本章的研究对象是什么? 研究路径是什么? 有哪些基本方法?

　　　　(2) 阅读《必修二》第 97 页第一段,本单元的研究对象是什么? 从哪个角度进行研究?

　　师生活动　学生阅读教科书中相应的内容,在书上做出关键词、句的标注,思考、作答,再进行班级交流,教师针对其中的重要内容作适当讲解,特别要提醒学生注意一些关键词、句,例如"从几何体的组成元素及其相互关系的角度"认识基本几何体。

　　教师强调,学习立体几何要多动眼看(实物、图形)、多动手做(模型、度量、实验)、多动脑想(想图、推理论证、计算),即通过观察或操作实物、图片、模型,直观感知、操作确认,再通过推理论证、度量计算给出逻辑严谨的结论,这是认识空间几何体的基本方法,然后引出课题:今天我们从整体入手,通过观察、操作、归纳、概括研究"空间几何体的结构特征"。

　　[设计意图]　构建本章的先行组织者,使学生对本章的研究对象、内容、过程和方法有一个概要了解。

问题3　如图 12.13.1,这些图片中的物体具有怎样的形状? 在日常生活中,我们把这些物体的形状叫做什么? 如何描述它们的形状?

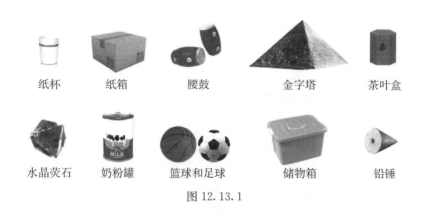

纸杯　　　纸箱　　　　腰鼓　　　　　　金字塔　　　　茶叶盒

水晶荧石　奶粉罐　篮球和足球　　　　储物箱　　　　铅锤

图 12.13.1

师生活动　先由学生观察、思考并作答。学生应该能说出这些物体的形状,但究竟如何描述它们的结构特征,可能会有困难,教师可以进行适当引导:

观察一个物体,将它抽象成空间几何体,并描述它的结构特征,应先从整体入手,想象围成物体的每个面的形状、面与面之间的位置关系,并注意利用平面图形的知识。

然后再和学生一起分析,找到分类标准,将这些图形先分成两大类——多面体和旋转体。

追问1　这两类几何体的根本区别是什么?

师生活动　由学生说出根本区别是围成几何体的表面图形的形状:围成多面体的所有面都是平面图形;旋转体的表面不都是平面图形。

追问2　阅读教科书,说出多面体、旋转体各组成要素的名称,并在图 12.13.2 中标注出来。

师生活动　学生阅读后,在图 12.13.2 中标出名称。

［设计意图］在具体研究方法的指导下,带领学生从整体走向局部,认识空间几何体。具体而言,通过观察围成几何体的面的最基本形状特征——平的还是曲的,依此为标准对几何体进行分类,给出各类的名称,并给它们下定义,经历数学抽象的过程,体会刻画几何体结构特征的数学方式。

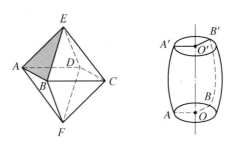

图 12.13.2

问题 4 多面体是由平面图形围成的,我们将它们称为多面体的组成元素,多面体的结构特征自然与这些平面图形的特征和关系有关。你认为从哪些角度描述组成元素的特点就可以将多面体的特征表达清楚?

师生活动 开展小游戏,教师只让一个学生看到"卢浮宫的金字塔",即四棱锥(配图),让他来描述此几何体的特点(不能说出有多少个面),其他同学想象或画出图形,并猜出是什么几何体。

预设方案一:学生描述一个面是矩形,其余各面为三角形,教师举反例,让学生补充。

预设方案二:学生能直接说出一个面是矩形,其余各面为三角形,这些三角形有公共顶点。

追问 你能总结一下描述多面体结构特征的角度吗?

师生活动 学生思考、总结,教师帮助归纳得出:从多面体每个面的形状、面与面之间的位置关系来描述。

[设计意图] 为了使学生能自主探究多面体的结构特征,学生必须明晰结构特征的含义,从哪些角度描述结构特征。以比较容易描述的四棱锥为例,归纳描述的要点及方法,形成探究结构特征的指导思想。

问题 5 我们在初中就已经知道,这些图形均为棱柱(教师出示教具)。你能描述出棱柱的结构特征吗?或者说一个几何体满足什么条件就是棱柱?

师生活动 教师给出直三棱柱、直四棱柱、斜四棱柱和正六棱柱的教具或用计算机软件呈现这些几何体的图片,让学生按照"面的形状、面与面之间的位置关系"进行有目的的观察,得出自己的结论,再组织讨论。

有的学生可能给出:有两个面互相平行,其余各面均为平行四边形,由这些面所围成的多面体叫做棱柱;也有的学生可能通过看书直接给出棱柱的定义。无论怎样,教师都可以指出:

在几何学的发展历史上,前一个"定义"被用了很长时间,但后来人们发现,这个定义是不对的。然后教师给出反例,并问学生:增加什么条件就可以消除反例?让学生再观察、讨论,过程中教师可以提醒学生观察面与面的关系、面与面的交线之间的关系,发现增加"相邻两个侧面的公共边互相平行"这个条件就可以消除反例。接着,教师给出完整的定义,并就着图形介绍棱柱的底面、侧面、侧棱、顶点的概念,借助图形说明表示方法。

追问1 大家再观察一下棱柱,它的侧面一定是什么图形?两个底面图形有什么关系?

师生活动 学生观察发现是平行四边形,两个底面全等。

追问2 下列几何体(图12.13.3)是否为棱柱?

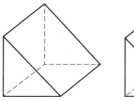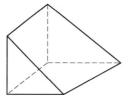

图 12.13.3

师生活动 学生辨析图形。教师用问题引导学生:观察一个几何体是否为棱柱,先看什么?后看什么?

[设计意图] 此问题采用学生合作探究与教师引导相结合的方式,用举反例的方法帮助学生改进、完善描述方法,使学生体会如何准确描述立体图形的结构特征。通过变式问题进行概念辨析,让学生想象图形、在头脑中使图形动起来,培养学生从不同角度观察、想象几何图形的能力,提高几何直观能力和数学表达能力。

问题6 回顾平面几何中研究多边形的过程,在定义多边形的概念后,我们以组成多边形的线段条数为标准,将多边形进行分类,然后又以多边形组成元素的特殊性——各个内角相等、各条边相等为标准分出正多边形。类似的,给出棱柱的定义后,我们也要对它进行分类。你认为应该如何确定分类标准?

师生活动 先由学生独立思考、小组讨论分类标准,再进行全班交流,师生讨论后得出确定分类标准的方法,即以棱柱的组成要素、要素的位置关系为分类标准,因为侧面的形状已经确定,所以看底面的形状,可以得到

标准一:以底面多边形的边数为分类标准,把棱柱分为三棱柱、四棱柱、五棱柱……

也可以利用侧棱与底面的位置关系为分类标准,得出

标准二:以侧棱与底面是否垂直为标准,把侧棱垂直于底面的棱柱叫做直棱柱(图12.13.4①③),侧棱不垂直于底面的棱柱叫做斜棱柱(图12.13.4②④)。

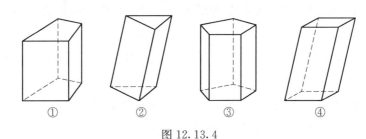

图 12.13.4

类似于正多边形,可以把底面是否为正多边形作为分类标准,再与侧棱的位置关系相结合,得到

特例:底面是正多边形的直棱柱叫做正棱柱,如图 12.13.4③是正五棱柱;底面是平行四边形的四棱柱也叫做平行六面体(图 12.13.4④),平行六面体每一对相对的面都可以作为底面。

追问1 你认为在正棱柱中,哪些图形是最特殊的?

师生活动 学生独立思考、作答,课堂交流后,得出统一认识:正方体是最特殊的。

追问2 回顾平面几何的研究可以发现,等腰三角形、直角三角形,平行四边形、矩形、菱形、正方形等是平面图形的主角,研究清楚这些图形的特征性质,平面图形的特征就基本把握清楚了。与此类比,你能说说上述分类的意义吗? 你认为在后续的立体几何研究中,我们应该抓住哪些基本图形?

师生活动 学生独立思考、发言、讨论,得出共识:通过分类,使棱柱这一类基本立体图形的结构特征更加明确、具体,区分出更加基本的——正方体、长方体、平行六面体等图形,这些图形就相当于平面图形中的正方形、长方形、平行四边形,抓住这些图

形的结构特征就能抓住棱柱的要点。

［设计意图］分类使棱柱形成层级结构,是对棱柱结构特征认识的深化,可使学生更清晰、更有条理地把握棱柱,形成对棱柱的整体认识,为后续研究确定逻辑顺序,明确研究重点。通过与平面图形的分类作类比,可使学生知道如何形成分类标准,同时也梳理了平面几何的相关知识,联通了平面图形和立体图形,从而使学生从更上位的整体性看待几何图形。

问题 7 请你梳理一下前面的学习、研究过程,给出研究棱柱结构特征的结构图。

师生活动 学生独立思考、画图,然后进行班级交流,展示所画的结构图,教师点评、总结,得出完整的结构图。

基本路径:实物、模型—概念(定义、表示)—分类—特例。

研究棱柱结构特征的结构图,如图 12.13.5 所示。

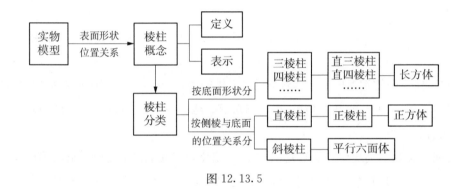

图 12.13.5

接下来,我们可以按照这个路径继续研究其他几何体。

［设计意图］对棱柱结构特征的研究具有示范性,在完整研究的基础上,对研究过程与方法进行梳理,并画出结构图,帮助学生形成更加清晰的几何体结构特征的研究思路和方法,从而为接下来的棱锥、棱台结构特征的自主探究做好充分准备。

问题 8 你能类比棱柱的研究内容、过程和方法,自己研究棱锥的结构特征吗?请同学们先不看书,通过自主探究,写出自己的研究成果,然后和小组内的同学交流,再阅读《必修二》第99页至100页关于棱锥的内容,完善研究成果。

师生活动 给学生适当时间,让学生自主完成,教师进行课堂巡视,给有困难的学生适当指点。等所有学生都完成后,进行班级展示,形成完整的结论。

追问 (1)有一个面是多边形,其余各面都是三角形,由这些面所围成的几何体是棱锥吗?

(2) 下列几何体(图 12.13.6)是棱锥吗?

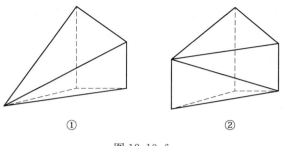

图 12.13.6

(3) 你认为棱锥中哪些类型的图形是非常重要的? 其中有没有类似于等腰三角形、直角三角形、等边三角形这样的重要图形?

师生活动 (1) 由学生想象图形、举出反例从而否定结论,教师用实物或图形展示反例;

(2) 学生辨析图形,教师可以用问题引导,如,观察一个几何体是不是棱锥,可以先看什么? 再看什么?

(3) 棱锥中的正三棱锥、鳖臑、正(长)方体的一角、正四棱锥等图形有基本的重要性,就像等腰三角形、直角三角形、等边三角形的地位一样。这些图形都可以和正方体或长方体建立联系。

[设计意图] 类比棱柱的研究,学生应该能比较容易地得出棱锥的结构特征,所以完全让学生通过自主探究完成学习,如此既能获得新知、享受自主学习的快乐,又能巩固已有的思想方法,熟悉研究路径,提升自主探究的能力。追问是为了检验自主学习的效果,其中(3)是为了提醒学生注意棱锥中的“基本图形”,这些图形的性质是特别重要的,在后续位置关系的研究中,它们是重要的载体。

问题9 如图 12.13.7 所示,用一个平行于棱锥底面的平面去截棱锥,我们把底面和截

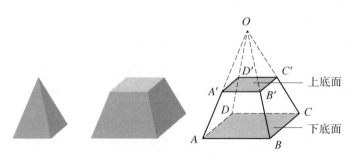

图 12.13.7

面之间的那部分多面体叫做棱台。在棱台中,原棱锥的底面和截面分别叫做棱台的下底面和上底面。

请同学们仿照前面的研究,自己给出关于棱台的所有结论,然后阅读教科书第100页,检查自己的结论。

师生活动 学生自主完成。

追问 图 12.13.1 中的储物箱给我们以棱台的形象,它一定是棱台吗? 图 12.13.8 也给我们以棱台的形象,它是棱台吗? 你能画出一个看上去像棱台但并不是棱台的图形吗?

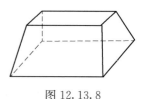

图 12.13.8

师生活动 由学生独立思考、作答,再进行班级交流,教师指出一个多面体是否为棱台要根据定义作判断。教师要强调,棱台是在棱锥的基础上定义的,所以一定要注意它们之间的内在联系。

[设计意图] 让学生通过阅读,应用类比、对比的方法研究棱台,获得棱台的基本知识,并巩固研究方法。追问是为了检验学习效果,在用概念作判断的过程中深化对棱台概念的理解。

环节五 例题练习,巩固理解

例 1 将下列各类几何体之间的关系用 Venn 图表示出来:

多面体,长方体,棱柱,棱锥,棱台,直棱柱,四面体,平行六面体。

师生活动 学生根据要求,先对几何体进行分类,再用 Venn 图表示,如图 12.13.9 所示。

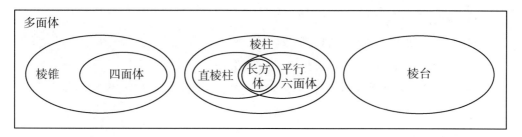

图 12.13.9

[设计意图] 变换一种方式表达多面体之间的关系,帮助学生理解本节课所学知识之间的关系。

练习：

(1) 观察下列物体，说出它们的主要结构特征。

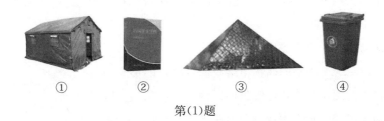

第(1)题

(2) 如图所示的几何体中，①是不是棱柱？②是不是棱锥？③是不是棱台？为什么？你能说说如何识别棱柱、棱锥、棱台吗？

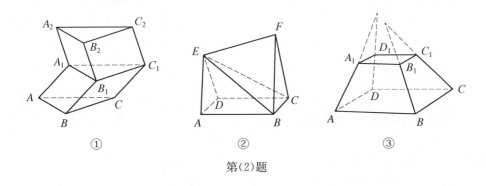

第(2)题

(3) 下列关于棱柱的说法中，正确的是_____。

① 所有的面都是平行四边形；

② 每一个面都不会是三角形；

③ 两底面平行，并且各侧棱也平行；

④ 被平面截成的两部分可以都是棱柱。

(4) 下列关于棱锥、棱台的说法中，正确的是_____。

① 用一个平面去截棱锥，底面和截面之间的部分组成的几何体叫棱台；

② 棱台的侧面一定不会是平行四边形；

③ 棱锥的侧面只能是三角形；

④ 由四个面围成的封闭图形只能是三棱锥；

⑤ 棱锥被平面截成的两部分不可能都是棱锥。

问题 10　请同学们带着如下问题回顾本节课的学习过程，并给出回答：

(1) 本节课我们研究了什么问题？按怎样的路径展开？获得了哪些知识？

(2) 通过学习，你对基本立体图形的结构特征的含义有什么理解？

(3) 分类是深入认识基本立体图形结构特征的重要途径，你能具体说说分类的重要性体现在哪些方面吗？如何确定分类标准？

(4) 基本立体图形之所以"基本"，是因为它们是组成各种各样立体图形的"基本元件"，就像造房子的一砖一瓦一样。棱柱、棱锥中又有一些更加基本的图形，你能类比平面几何中的有关图形，说一说它们的重要性吗？

(5) 如果用动态变化的观点看棱柱、棱锥和棱台，我们会发现它们具有内在关联，你能描述一下吗？

师生活动　(1) 先由学生独立思考，再展示交流。有棱柱的知识结构图做铺垫，又在例 1 中从集合的视角对图形之间的关系进行了总结，学生应该可以梳理出本节课的知识结构图。

(2) 几何图形的结构特征是指组成图形的元素的形状和基本关系。多面体的组成元素是平面图形，位置关系有平行、垂直、交于一点等，这些是最基本的位置关系。

(3) 分类的重要性主要体现在两个方面，一是梳理清楚了图形的层次结构、逻辑关系，二是为后续研究提供了逻辑顺序，例如对于棱柱，我们可以按照棱柱—直棱柱—正棱柱—长方体—正方体的顺序渐次展开研究，就像四边形—平行四边形—矩形—菱形—正方形的研究顺序一样。分类标准要和图形的定义联系起来，从组成元素的形状特征、位置关系的特征中寻找，例如棱柱底面多边形的形状、侧棱与底面的关系（是否垂直）。

(4) 长方体、正方体、正四面体、正三棱锥、鳖臑等图形是"基本中的基本"，就像三角形中的等腰三角形、直角三角形，四边形中的平行四边形、矩形、菱形和正方形一样，把握了这些图形的基本性质，就基本把握了空间立体图形的主要性质，这在后续的学习中会逐渐显现出来。

[**设计意图**] 通过小结，对本节课的内容、过程和思想方法进行梳理，形成基本立体图形的整体结构，特别是在数学基本思想上加强总结，使学生进一步明确研究的问题、要研究的具体内容、表达结构特征的数学方式等，从而提高学生对基本立体图形的认识水平。

题1 判断下列命题是否正确？正确的在括号内画"√"，错误的画"×"。

(1) 长方体是四棱柱，直四棱柱是长方体。(　　　)

(2) 四棱柱、四棱台、五棱锥都是六面体。(　　　)

题2 填空题：

(1) 一个几何体由 7 个面围成，其中两个面是互相平行且全等的五边形，其他各面都是全等的矩形，则这个几何体是_____。

(2) 一个多面体最少有_____个面，该多面体是_____。

[设计意图] 检测对棱柱、棱锥、棱台相关概念的理解程度。

课后作业

(1)《必修二》第 101 页练习第 4 题；

(2) 请你类比棱柱、棱锥和棱台结构特征的研究，自主研究圆柱、圆锥和圆台，写出研究成果，然后阅读教科书，对照教科书内容修改、完善自己的研究成果。

教学设计说明

教学观察发现，许多老师对本单元的育人功能认识不充分。他们认为，本单元的内容简单，题目也简单，没有什么可教的，也教不出什么味道，让学生自己看看书，把概念记一记就差不多了。因为认识不到位、教学不扎实，结果给后续学习留下隐患。例如，有大量学生因为对基本立体图形的结构特征不清楚，导致作图不准，说不清表面积公式为什么是这样的，对以基本立体图形为背景的直线和平面的位置关系、空间距离和夹角等问题的学习都出现困难。

如果仅仅把"基本立体图形是什么"作为教学任务，那么这个内容确实是比较简单的，但如果把眼光聚焦在"如何用数学的方式定义一个几何对象"上，那么这个内容就有浓厚的数学味，通过教学可以使学生形成解决空间几何图形问题的基本思想和方法。实际上，课程标准对"几何与代数"主线的安排，其基本思路是先在"立体几何初步"中，从定性角度认识清楚基本立体图形的结构特征以及直线、平面的平行和垂直的关系，在推理论证上不提过高要求，然后再利用空间向量、空间直角坐标系，通过向量运算、坐标运算解决立体几何问题。某种意义上，基本立体图形是立体几何中的基本模型，是认识和解决立体几何问题的一种"工具"，在解决立体几何问题时，或者直接利用这个"工具"，或者设法化归为基本立体图形以及直线、平面的基本位置关系。这个思路是非常明确的,也是非常简约的,这样的思想方法是普遍适用的。因此,认识基本立体图形的结构特征在几的学习中具有奠基作用。

接下来的问题是,如何进行基本立体图形结构特征的教学才能充分发挥其育人功能? 本教学设计强调了如下几点:

首先,通过问题引导、类比平面几何中研究三角形、四边形等经验、阅读章节引言等,从宏观上建立本单元的整体架构,形成先行组织者;

第二,在明确"从几何体的组成元素及其相互关系的角度"并采取直观感知、操作确认的方法认识基本几何体的基础上,展开具体图形的认识;

第三,通过创设情境、学生活动等,得出"从多面体每个面的形状、面与面之间的位置关系来描述其结构特征",再以此为指导开展基本立体图形结构特征的认识活动;

第四,教师着力引导学生认识棱柱的结构特征,通过解决棱柱的概念(定义、表示)和棱柱的分类这两个关键问题,把结构特征的含义是什么、从哪些角度观察几何体、如何用严谨的几何语言描述、如何确定几何体的分类标准、如何有逻辑地分类等渗透其中,并在完成棱柱的认识任务后,及时总结研究的内容、路径和思想方法,使学生认识棱柱结构特征的同时,学会刻画几何图形的方法;

第五,让学生类比棱柱结构特征的研究套路,自主探究棱锥、棱台的结构特征;

第六,在课堂小结中,通过 5 个问题,对基本立体图形结构特征所研究的问题、研究路径、结构特征的含义、分类的意义和方法、基本立体图形"基本"在哪里以及棱柱、棱锥、棱台的联系性等进行全面梳理,从而使学生形成整体性、结构化的基本立体图形认知结构。

另外,本教学设计还强调了与平面几何中三角形、四边形等相关内容的类比,特别是在分类活动中,通过类比四边形、三角形中的关键图形,引导学生明确棱柱、棱锥中的关键图形,并思考分类的意义,这对学生把握棱柱、棱锥的结构特征,学会抓主要图形及其相互联系等,都有非常积极的意义,并且可以促进学生体会立体几何与平面几何的内在一致性,在更高层次上体现了数学的整体观。

总之,本教学设计抓住几何图形结构特征所研究的问题是什么、结构特征的含义是什么、基本立体图形的概念和分类、立体几何与平面几何的联系、基本立体图形的相互关联等基本问题,创设情境,提出有数学含金量的问题,引导学生开展循序渐进的系列化数学活动,使他们逐步学会自主探究基本立体图形的结构特征,在掌握知识的同时学会研究方法,从而使这个内容的育人价值得到充分发挥。这样的教学,不仅能提高学习效率,而且非常有利于学生的数学学科核心素养的发展。

一、内容和内容解析

1. 内容

（1）直线与平面垂直的定义，点到直线的距离；

（2）直线与平面垂直的判定，平面的斜线与平面所成的角；

（3）直线与平面垂直的性质，与平面平行的直线到平面的距离，两个平行平面间的距离。

本单元需要 2 课时：第 1 课时，直线与平面垂直的定义与判定；第 2 课时，直线与平面垂直的性质。这样划分课时保证数学内容相对的完整性，但是两课时容量不均衡，在教学中，可以根据实际情况将第一课时中的部分内容放到第二课时完成。

2. 内容解析

项武义说，在空间的种种性质中，最为基本而且影响无比深远者，首推对称性和平直性。两者在三角形上的表述分别是"SAS 叠合条件"和"三角形内角和恒为一个平角"；在立体几何中则表现为空间中的"平行"与"垂直"以及两者之间的密切关联。其实平行与垂直乃是整个定量立体几何的基础所在，当然也就是学习立体几何的起点与要点所在。[1] 所以，在对空间基本图形位置关系的研究中，我们要把目光聚焦在平行和垂直上。

首先我们来看直线、平面的垂直关系。直线与直线垂直、平面与平面垂直是同类图形的垂直关系，而直线与平面垂直是不同类图形之间的垂直关系。这个差异反映在垂直的定义上，两个同类图形的垂直关系是在定义它们所成角的基础上，再把所成角为 90°时的特殊位置定义为相互垂直；而直线与平面的位置关系是先定义垂直关系，再利用垂直关系定义直线与平面所成的角。

整体上看，直线、平面的位置关系中，"平行"以两个图形没有公共点为关键特征，以两个图形的方向和距离为基本要素；直线与平面相交有唯一公共点，平面与平面相交有一条公共直线，以两个图形的方向差，也就是交角作为基本要素。所以，直线与平面相交的原始问题应该是如何定义直线与平面所成的角，基本思路是转化为直线与平面内的直线所成的角。这时遇到的问题是到底选平面内的哪条直线才能满足纯粹性和完备性呢？正因为如此，直线与平面垂直的概念要比直线与直线、平面与平面垂直

---

[1] 项武义. 基础几何学[M]. 北京：人民教育出版社，2004：101.

难学。

再看直线与平面垂直的判定。直线与平面的关系是维数不同的两类基本图形的关系,是联系维数相同的两类基本图形的桥梁,所以是非常重要的。回顾直线与平面垂直的判定定理的探索过程,可以发现,其关键有如下几点:

第一,将直线 a 与平面 α 垂直转化为直线 a 与平面 α 内的直线垂直;

第二,利用空间直线与直线垂直的定义;

第三,利用平面的基本性质及其推论(确定一个平面的条件)。

分析直线与平面垂直的判定定理,可以看到,定理中充分条件涉及的"平面内的两条相交直线"实际上就是确定一个平面的充分条件,本质上是与两个不共线的方向垂直。

最后看直线与平面垂直的性质。我们反复强调,一个几何图形的性质首先是其组成要素、相关要素之间的位置关系、大小关系,而直线、平面的某种位置关系的性质则是在这种位置关系下的直线、平面与空间其他直线、平面所呈现的确定关系。所以,这里要研究的问题是:

以 $a \perp \alpha$ 为大前提,研究 a、α 与空间中的其他直线、平面具有怎样的确定关系,并且是以空间中的平行、垂直关系为主题。在这样的认识下,我们就可以通过引进第三个元素,研究这个元素与 a、α 之间的关系。例如,对于一个平面 β,当 $\beta \perp a$ 时,β 与 α 有什么确定关系($\beta \parallel \alpha$);反之,当 $\beta \parallel \alpha$ 时,β 与 a 有什么关系($\beta \perp a$)。

从上述分析可以看到,对立体几何问题的研究,虽然在整体上采用"直观感知、操作确认、推理论证、度量计算"的方法,但在研究直线与平面垂直、平面与平面垂直时,因为有了前面较多的知识和研究经验的准备,所以在让学生明确"直线、平面位置关系的性质到底指什么"的基础上,可以直接采取"猜想+论证"的方法展开探究,这样可以更充分地发挥这个内容的育人价值,更好地培养学生的空间观念,促进直观想象、逻辑推理等素养的发展。

当然,在引导学生展开具体研究时,需要把细节问题处理好。例如,如何使学生理解直线与平面垂直的定义方式;如何归纳研究直线、平面位置关系的"一般观念";如何促进学生在"一般观念"引领下,猜想判定定理、性质定理,找到证明方法,特别是如何使学生领会在什么条件下需要使用反证法;等等。

3. 教学重点

直线与平面垂直的定义、判定和性质。

二、目标和目标解析

1. 单元目标

(1) 在直观认识空间点、直线、平面的位置关系的基础上，抽象出空间点、直线、平面的位置关系的定义。

(2) 从定义和基本事实出发，借助长方体，通过直观感知，了解空间中直线与平面垂直的关系，归纳并证明性质定理：垂直于同一个平面的两条直线平行。

(3) 从定义和基本事实出发，借助长方体，通过直观感知，了解空间中直线与平面垂直的关系，归纳出判定定理：如果一条直线与一个平面内的两条相交直线垂直，那么该直线与此平面垂直。

(4) 能用已获得的结论证明空间基本图形位置关系的简单命题。

2. 目标解析

达成上述目标的标志是：

(1) 能通过实例，类比直线与平面平行的定义方式（线面平行转化为线线平行），抽象出直线与平面垂直的定义，能说出直线与平面垂直的条件和结论；能用"三种语言"表达直线与平面垂直的定义；能利用定义研究点到平面的距离。

(2) 能从直线与平面垂直的定义和基本事实出发，明确判定定理所研究的问题，探究并得出直线与平面垂直的判定定理，能说出判定定理的条件和结论，能用判定定理证明空间基本图形位置关系的简单命题。

(3) 能说出平面的斜线与平面所成角的定义；能解释定义中蕴含的数学思想，即线面所成角转化为线线所成角，并要满足存在性和唯一性；能利用定义在简单的情境中求出直线与平面所成的角。

(4) 能从直线与平面垂直的定义和基本事实出发，明确性质定理所研究的问题，探究并证明直线与平面垂直的性质定理，能说出性质定理的条件和结论，能用性质定理证明空间基本图形位置关系的简单命题。

(5) 能利用直线与平面垂直的性质定理证明与给定平面平行的直线（或平面）上各点到平面的距离相等，并由此给出直线到平面的距离、两个平行平面间的距离的定义。

三、教学问题诊断分析

1. 问题诊断

(1) 直线与平面的垂直是空间中两类不同的基本图形的垂直关系，定义这种位置关系没有多少已有经验可以借鉴，学生会对为什么要与平面内所有直线都垂直产生疑感,这是本单元教学中会遇到的第一个难点。教学中,首先要加强几何直观,使学生形成较强的直观感知;同时,教师要加强引导,可以向学生说明,数学定义是一种选择的结果,如此定义就使得直线与平面垂直关系的研究有了最一般的出发点,由此可以方便地研究判定、性质等问题。无论是几何图形还是图形的位置关系,定义都是研究的出发点和基本依据。

（2）本单元的第二个难点来自于对"判定定理要研究的问题是什么"的理解,尽管学生在平面几何中学习过许多判定定理,前面还研究过直线、平面平行关系的判定定理,但他们对判定定理到底要研究什么还是不甚了了。当然,出现这样的认知困难也与教师在教学中只关注定理内容而不关注内容蕴含的数学思想和方法有极大关系。教学中,首先要注意引导学生梳理已有的判定定理,让学生从中归纳出判定定理所研究的问题,并确定本单元中要研究的问题——从定义出发,研究直线 a 与平面 α 垂直的充分条件,然后再具体化为:a 至少与 α 内的多少条直线垂直才可以确保 $a \perp \alpha$。在这个目标的指引下,再通过适当的情境,让学生展开直观感知、操作确认,猜想出定理。另外,还要注意利用定义对判定定理的正确性进行说理。

（3）与判定定理的学习难点类似,性质定理的学习困难主要也来自于对"性质定理要研究什么问题"的理解。与判定定理的教学一样,首先要通过梳理已有的性质定理,让学生从中归纳出性质定理所研究的问题,并确定本单元中要研究的问题——从定义出发,研究直线 a 与平面 α 垂直的必要条件,然后再具体化为:以 $a \perp \alpha$ 为大前提,研究 a、α 与空间其他直线、平面的平行、垂直问题。具体探究过程中,可以引导学生类比平面几何中直线与直线垂直的性质,也可以通过观察长方体中的线面关系,还可以让学生在明确要研究的问题后直接展开猜想与证明活动。

（4）本单元的定理证明中要用到反证法,这是学生会出现的第四个学习难点。教学中要注意在反证法的逻辑结构上加强解释,使学生明确证明的目标、推理的结构、书写表达的格式等,并要选择适当的题目让学生进行训练。

2. 教学难点

直线与平面垂直的定义方式,对判定定理、性质定理要研究的问题的理解,性质定理的证明(反证法)。

四、教学支持条件分析

利用学生身边的实物、生活场景作为直观对象,比如旗杆与地面的垂直关系,教室的墙面交线与地面的垂直关系,桌子的桌面与桌腿垂直等等,帮助学生建立直线与平面垂直的几何直观;利用正方体、长方体模型,引导学生观察其中的线面关系、提出猜想;利用动态几何软件,通过线面关系的动态演示,帮助学生建立几何直观;折纸等可以用于具体操作的学具;等等。

五、课时教学设计(一)

<h3 style="text-align:center">直线与平面垂直的定义、判定</h3>

1. 课时教学内容

(1) 直线与平面垂直的定义,点到直线的距离;

(2) 直线与平面垂直的判定,平面的斜线与平面所成的角。

2. 课时教学目标

(1) 能通过具体实例,类比直线与平面平行的定义方式(线面平行转化为线线平行),抽象出直线与平面垂直的定义,能说出直线与平面垂直的条件和结论;能用"三种语言"表达直线与平面垂直的定义;能利用定义研究点到平面的距离。

(2) 能从直线与平面垂直的定义和基本事实出发,明确判定定理所研究的问题,探究并得出直线与平面垂直的判定定理,能说出判定定理的条件和结论,能用判定定理证明空间基本图形位置关系的简单命题。

(3) 能说出平面的斜线与平面所成角的定义;能解释定义中蕴含的数学思想,即线面所成角转化为线线所成角,并要满足存在性和唯一性;能利用定义在简单的情境中求出直线与平面所成的角。

3. 教学重点与难点

(1) 教学重点:直线与平面垂直的定义、判定。

(2) 教学难点:直线与平面垂直的定义方式,对判定定理要研究的问题的理解。

4. 教学过程设计

环节一　创设情景,提出问题,构建先行组织者

引导语　在日常生活中,我们对直线与平面垂直有很多感性认识。比如,旗杆与地面的位置关系,大桥的桥柱与水面的位置关系,相邻墙面交线与地面的位置关系等,都给我们以直线与平面垂直的形象。接下来我们就以这些日常经验为基础展开"直线与平面垂直"的研究。

问题1　类比直线、平面平行的研究,对于直线与平面垂直,你认为要研究哪些内容?按怎样的线索展开研究? 研究方法是什么?

师生活动　先由学生回顾直线、平面平行关系的研究,归纳总结并回答,教师帮助完善:研究内容是直线与平面垂直的定义、判定、性质等;先给出定义,再利用定义、基本事实,借助实物、模型等进行直观,归纳、猜想判定定理、性质定理,再用适当方法进行证明;"空间问题平面化"是基本的研究方法,这里是将直线与平面的垂直关系转化为直线与平面内的直线的垂直关系进行研究。

追问 回顾直线与直线垂直的定义,我们发现,它是在定义两条直线所成角的基础上,把所成角为 90° 时的两条直线称为相互垂直。如果按照这个思路,我们要先定义直线与平面所成的角,你认为该如何定义?

师生活动 学生思考、小组讨论,再进行全班交流互动。估计学生会提出:"转化为直线与平面内的直线所成的角",这时教师可以追问:选平面中的哪条直线呢? 然后再让学生讨论。教师可以利用信息技术引导学生思考:

根据初中学过的正投影概念,如图 12.14.1,平面 α 与其斜线 a 交于点 O,直线 a 上的点 A 在平面 α 上的正投影是 A',则 OA' 是 a 在 α 上的正投影。过 O 在 α 内任作直线 b,让 b 在 α 内绕 O 转动,并测量 b 与 a 所成角的大小。可以发现,b 与 a 所成角中,a 与 OA' 所成的角是唯一存在的最小角。所以,利用直线 a 与其在平面 α 上

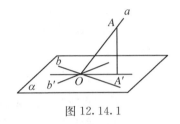

图 12.14.1

的正投影 OA' 所成的角定义 a 与 α 所成的角具有唯一性和存在性。为此,需要先定义直线与平面垂直,这样才能得到平面的斜线在平面内的正投影。

[设计意图] 通过情境,引导学生认识现实中普遍存在着的直线与平面垂直的位置关系问题;通过类比已有的直线、平面位置关系的研究,思考研究的路径,找到出发点。

环节二 抽象直线与平面垂直的定义

问题 2 如图 12.14.2,在阳光下观察直立于地面的旗杆 AB 及它在地面的影子 BC。随着时间的推移,影子 BC 的位置在不断地变化,旗杆所在直线 AB 与其影子 BC 所在直线是否保持垂直?

师生活动 学生结合生活经验进行判断,达成共识:

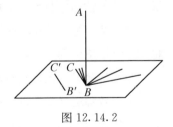

图 12.14.2

随着时间的推移,尽管影子 BC 的位置在不断地变化,但是旗杆 AB 所在直线始终与影子 BC 所在直线垂直。也就是说,旗杆 AB 所在直线与地面上任意一条过点 B 的直线垂直。

追问 对于地面上不经过点 B 的直线,旗杆 AB 所在直线还与它垂直吗?为什么?

学生依据异面直线所成角的定义,可以做出判断:

对于地面上不过点 B 的任意一条直线 $B'C'$,总能找到地面上过点 B 的一条直线与之平行,根据异面直线所成角的定义,可知旗杆 AB 所在直线与直线 $B'C'$ 也垂直。因此,旗杆 AB 所在直线与地面上任意一条直线都垂直。

[**设计意图**]借助旗杆与地面垂直、旗杆在地面上的影子与旗杆垂直等直觉经验,以及异面直线所成角的定义,直观感知可以通过直线与平面内的所有直线垂直来定义直线与平面垂直,为抽象出定义做好准备。

问题3 旗杆与旗杆在地面上的影子之间的关系给我们定义直线与平面垂直以启发。

阅读《必修二》第 149 页的相关内容,并回答下列问题:

(1)直线与平面垂直的定义是什么?

(2)如何用符号表示直线与平面垂直?

(3)如何画图表示直线与平面垂直?

师生活动 由学生独立完成。

追问1 依据定义,当直线 l 与平面 α 互相垂直时,若直线 $c \subset \alpha$,那么直线 l 与 c 之间有怎样的位置关系?

师生活动 由学生作答。教师可以指出,平面可以看成是由直线组成的。这样,直线与平面垂直的定义,就是通过直线与平面的组成元素之间的垂直关系给出的。定义中,"直线 l 与 α 内的任意一条直线都垂直"使 α 内的直线与 l 具有同等关系,从而为后续研究判定和性质提供了基础。这个思想在定义几何对象、研究几何图形的关系以及发现几何性质中是普遍适用的。

追问2 我们知道,在同一平面内,过一点有且只有一条直线与已知直线垂直。将这一结论推广到空间,过一点垂直于已知平面的直线有几条?为什么?

师生活动 学生通过直观感知,得出猜想:过一点垂直于已知平面的直线有且只有一条。教师引导学生进行证明。

条件:P 是空间一点,直线 a 过点 P,且 a 垂直于 α;

结论:a 是唯一存在的。

教师可以提示学生,"唯一性"命题的证明一般用反证法:假设命题不成立,即过点 P 垂直于 α 的直线不唯一,比如还有一条直线 b,那么就会产生矛盾。这个矛盾可以是和已知条件的矛盾,也可以是和已经证明了的确切结论、基本事实或定义等矛盾。然后让学生尝试证明,通过展示、点评等得出正确的证明过程:

如图 12.14.3,假设过点 P 有两条直线 a、b 垂直于同一平面 α。设直线 a、b 确定的平面为 β,且 $\alpha \cap \beta = c$,所以 $c \subset \alpha$。由直线与平面垂直的定义,知 $a \perp c$,$b \perp c$。

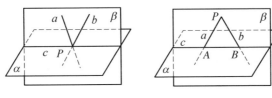

图 12.14.3

这与"在同一平面内,过一点有且只有一条直线与已知直线垂直"矛盾,所以,过一点垂直于已知平面的直线有且只有一条。

追问 3 在平面几何中,得出平面内过一点有且只有一条直线与已知直线垂直后,我们定义了点到直线的距离。类似的,有了过一点有且只有一条直线与已知平面垂直后,我们可以定义什么?

师生活动 学生回答后,让他们阅读教科书第 150 页,对照答案。

[**设计意图**] 通过阅读获得直线与平面垂直的定义、表示。在画一个平面的垂线时,类比初中的知识提出问题,形成猜想并给出证明,通过简单例子让学生了解反证法的要点,在此过程中,引导学生类比点到直线的距离的定义给出点到平面的距离的定义。

环节三 直观感知、操作确认,探究判定定理

过渡语 按照空间基本图形位置关系的研究路径,接下来要研究直线与平面垂直的判定,也就是探究直线与平面垂直的充分条件。根据定义可以进行判断,但无法验证一条直线与一个平面内的所有直线都垂直。那么,能否通过直线与平面内的有限条直线垂直来判定呢?下面我们仍然通过直观的方法来感知一下。

问题 4 如图 12.14.4,准备一块三角形的纸片 ABC,过 $\triangle ABC$ 的顶点 A 翻折纸片,得到折痕 AD,将翻折后的纸片竖起放置在桌面上(BD、DC 与桌面接触)。

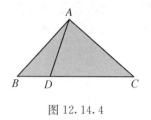

图 12.14.4

（1）折痕 AD 与桌面垂直吗？

（2）如何翻折才能使折痕 AD 与桌面垂直？为什么？

师生活动 给学生适当时间进行操作。学生通过操作发现，当且仅当 $AD \perp BC$ 时，即按图 12.14.5① 中的折痕翻折纸片，AD 与桌面才垂直。

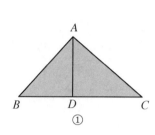
①

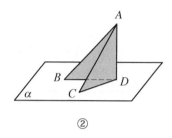
②

图 12.14.5

追问 1 图 12.14.5② 中的直线 AD 与平面 α 垂直，你能给出解释吗？

师生活动 学生独立思考、小组讨论，再进行全班发言，得出正确的解释：在 BD 与 CD 不重合且 $AD \perp BD$，$AD \perp CD$ 的条件下，固定 $\triangle ABD$，让 $\triangle ACD$ 绕 AD 旋转，这时 CD 的任意一个位置都与 AD 垂直。这说明，折痕 AD 所在的直线与平面 α 内的两条相交直线 BD、CD 垂直，就能保证 AD 与平面内过交点 D 的所有直线都垂直，从而也就能保证直线 AD 与平面 α 垂直。（这个解释要注意逻辑性，即要说清楚前提是什么，得出的结论是什么）

追问 2 受上述操作的启发，你能得出直线与平面垂直的判定方法吗？联系前面关于确定一个平面的条件，你能给自己得出的判定方法一个合理的解释吗？

师生活动 学生独立思考，归纳出判定方法，即"一条直线与平面内的两条相交直线垂直，那么直线与该平面垂直"，再联想到基本事实的推论 2，把平面 α 看成是由两条相交直线 BD、DC 所唯一确定的，所以当直线 AD 垂直于这两条相交直线时，就能保证直线 AD 与 α 内所有直线都垂直。

在上述充分的直观感知、操作确认的基础上，给出判定定理，并要求学生用"三种语言"表示。

追问 3 两条相交直线可以确定一个平面，两条平行直线也可以确定一个平面，那么定理中的"两条相交直线"可以改为"两条平行直线"吗？你能从向量的角度解释原因吗？如果改为"无数条直线"呢？

师生活动 学生独立思考、作答，然后进行班级展示、交流。

（1）如果改为"两条平行直线"，那么可以举出反例：
如图12.14.6，$a \perp b$，$a \perp c$，且$b /\!/ c$，$b \subset \alpha$，$c \subset \alpha$，但
是$a \subset \alpha$。

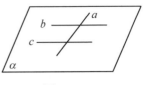
图 12.14.6

（2）从向量角度看，两条平行直线的方向向量平行，
因为两条直线相互垂直本质上是两个方向相互垂直，所以
在垂直关系上，两条平行线垂直于一条直线等价于一条直线垂直于一条直线。另外，
根据平面向量基本定理，两个不共线向量可以表示这两个向量所在平面上的任意一个
向量，于是一条直线的方向向量与这两个向量相互垂直时，就与由这两个不共线向量
所确定的平面内的任意一个向量都垂直。

（3）改为"无数条直线"依然不成立，因为这无数条直线可以是相互平行的一组直线。

［设计意图］ 通过三角形纸片的折叠，对直线与平面垂直的判定定理进行直观感
知和操作确认；通过说理，用定义对判定定理的合理性作出解释；联系基本事实的推论
2，使学生从确定平面的充分条件确认直线垂直于平面的充分条件（其实这是一个充要
条件）；再从向量角度，把直线与直线的垂直问题归结到两条直线的方向向量相互垂直
这个本质上，由平面向量基本定理推出直线的方向向量与两条相交直线所在平面内的
任意一个向量垂直。通过这些活动，促使学生用多样化的认知方式、在知识的广泛联
系中深入理解判定定理，并建立起定理的多元联系表示。

例1 求证：如果两条平行直线中的一条直线垂直于一个平面，那么另一条直线也垂直
于这个平面。

师生活动 首先要求学生仔细读题，转化为符号语言和图形语言，提醒学生"由已
知想性质，由求证想判定"，沟通条件和结论，进而得出证明。

［设计意图］ 本题既可以利用定义证明，也可以利用判定定理证明，虽然难度不
大，但它却表明了空间平行与垂直之间的内在联系、相互转化，所以要让学生认真体
会，并给出精确的分析以及规范的表达。

环节四 定义斜线与平面所成的角

教师讲解 有了直线与平面垂直的定义，我们就可以来定义直线与平面所成角的
概念了。如图12.14.7，一条直线l与一个平面α相交，但不与这个平面垂直，这条直

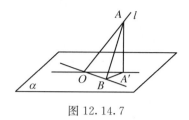

图 12.14.7

线叫做这个平面的斜线,斜线和平面的交点 O 叫做斜足。过斜线上斜足以外的一点 A 向平面引垂线 AA',垂足为 A',过 A' 和斜足 O 的直线 $A'O$ 叫做斜线在这个平面上的射影。我们把平面的一条斜线和它在平面上的射影所成的角叫做这条直线和这个平面所成的角。

问题 5 如图 12.14.7,过点 O 在平面 α 内任意做一条不同于 $A'O$ 的直线 OB。你能证明 $\angle AOA' < \angle AOB$ 吗?

师生活动 学生独立思考、证明,然后再进行展示、交流,教师点评。如图 12.14.7,这里只要过 A' 作 $A'B \perp OB$ 于点 B,连接 AB,先证明 $AB > AA'$,即可得证。在此基础上,教师说明:因为平面的一条斜线在平面内的射影是唯一存在的,而且斜线和它在平面上的射影所成的角是斜线与平面内所有直线所成角中的最小角,所以这样定义直线与平面所成角是合理的。

一条直线垂直于平面,我们说它们所成的角是 $90°$;一条直线和平面平行,或在平面内,我们说它们所成的角是 $0°$。直线与平面所成的角 θ 的取值范围是 $0° \leqslant \theta \leqslant 90°$。

[设计意图] 衔接本课开头提出的问题,让学生用直线与平面垂直的定义证明平面的一条斜线与它在这个平面上的射影所成的角是这条直线与这个平面内所有直线所成角中的最小角,得到其唯一性、确定性,由此得出斜线与平面所成角定义的合理性。这样,在获得直线与平面所成角定义的同时,领悟了定义一个对象的数学方式,培养了学生的理性思维。

例 2 如图 12.14.8,在正方体 $ABCD - A_1B_1C_1D_1$ 中,求直线 A_1B 和平面 A_1DCB_1 所成角的大小。

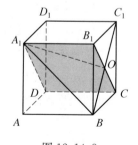

图 12.14.8

师生活动 教师强调先理解题意,再具体求解。学生依据定义分析,要求直线 A_1B 和平面 A_1DCB_1 所成的角,关键是找出直线 A_1B 在平面 A_1DCB_1 上的射影。要找射影,关键是找到线面垂直关系,因此要充分利用正方体中的垂直关系。

分析题意后,由学生独立思考、作答,然后进行展示交流。

[设计意图] 巩固直线与平面垂直的判定定理,并初步应用直线与平面所成角的定义求角的大小。

环节五　目标检测,检验效果

题1　如果两条直线和一个平面所成的角相等,那么这两条直线一定平行吗?

题2　如图 12.14.9,四棱锥 S - $ABCD$ 的底面是正方形,$SD \perp$ 平面 $ABCD$。求证:$AC \perp$ 平面 SDB。

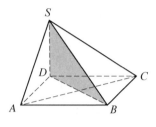

图 12.14.9

[**设计意图**]检测学生对直线与平面垂直的定义和判定定理的掌握程度。

课后作业

梳理直线与平面平行、平面与平面平行的性质的学习过程,并归纳"性质"所研究的问题,类比提出直线与平面垂直的性质所要研究的问题,猜想性质定理并尝试证明猜想。

六、课时教学设计(二)

直线与平面垂直的性质

1. 课时教学内容

直线与平面垂直的性质,平面的平行线到平面的距离,两个平行平面间的距离。

2. 课时教学目标

(1)从定义和基本事实出发,借助长方体,通过直观感知,了解空间中直线与平面垂直的关系,归纳并证明性质定理:垂直于同一个平面的两条直线平行。

(2)能用已获得的结论证明空间基本图形位置关系的简单命题。

3. 教学重点与难点

(1)教学重点:直线与平面垂直的性质。

(2)教学难点:直线与平面垂直的性质定理的发现和证明。

4. 教学过程设计

环节一　展示探究成果,猜想和证明性质

问题1　上一节课的课后作业让大家梳理直线与平面平行、平面与平面平行的性质的学习过程,并归纳"性质"所研究的问题,然后通过类比,提出直线与平面垂直的性质所要研究的问题,猜想性质定理并尝试证明猜想。哪位同学来说一说

直线与平面垂直的性质所要研究的问题是什么？

师生活动　学生发言，相互补充，教师通过点评的方式与学生一起确定要研究的问题：

以 $a \perp \alpha$ 为大前提，研究 a、α 与空间中的其他直线、平面具有怎样的确定关系，并且是以空间中的平行、垂直关系为主题。

追问　明确了要研究的问题后，大家对直线与平面垂直的性质有哪些猜想？有哪位同学愿意展示一下你的猜想？请你在展示猜想时，利用长方体给予说明。

师生活动　学生发言，相互补充，教师进行点评，最后梳理出有结构的性质猜想成果：

已知直线 $a \perp$ 平面 α，直线 b 不在平面 α 内，β 是和 α 不重合的平面，直线 a 不在平面 β 内。

(1) 当 $b /\!/ a$ 时，$b \perp \alpha$；

(2) 当 $b /\!/ \alpha$ 时，$b \perp a$；

(3) 当 $b \perp a$ 时，$b /\!/ \alpha$；

(4) 当 $b \perp \alpha$ 时，$b /\!/ a$；

(5) 当 $\beta \perp a$ 时，$\beta /\!/ \alpha$；

(6) 当 $\beta /\!/ a$ 时，$\beta \perp \alpha$；

(7) 当 $\beta /\!/ \alpha$ 时，$\beta \perp a$；

(8) 当 $\beta \perp \alpha$ 时，$\beta /\!/ a$；

等等。

这些猜想都可以利用长方体中的棱和面的关系得到形象化展现。

[**设计意图**] 先让学生通过展示、讨论自己对"直线与平面垂直的性质所要研究的问题"的理解，在教师的引导下确定性质的研究思路，然后通过学生自主探究、合作学习得出性质的猜想，并通过交流，梳理成有结构的系列化命题，这个过程不仅能使学生学会探究与发现，有效提升学生的发现和提出问题的能力，而且也有利于他们领悟研究空间图形的性质中所运用的数学思想，丰富他们的数学活动经验。

问题2　大家通过探究，猜想出了很多直线与平面垂直的性质，其中有些猜想甚至涉及了我们还没有学到的两个平面垂直的位置关系。这说明，只要知道了直线、平面位置关系的性质到底要研究什么，掌握了研究位置关系的数学思想方法，那么我们就可以自己发现性质。这样的数学学习才是具有挑战性的、充满智慧的学习，它能给我们带来无穷的乐趣。

请同学们再观察一下这些猜想,你发现它们之间的一些关系了吗? 你认为哪一条猜想最能体现直线与平面垂直关系的本质特征? 你能给出证明吗?

师生活动 学生独立思考、小组交流,再进行全班发言。可以发现,这些猜想中,(1)、(4),(2)、(3),(5)、(7),(6)、(8)都体现了充要条件的关系。教师进行点评,最后确定:因为第(4)条都是以直线与平面垂直为条件,而且反映了直线的平行关系与平面垂直关系的相互转化,所以这条性质是最基本的。

接着让学生探究证明方法。第(4)条命题的证明不太容易,可以先让学生尝试已有的证明两条直线平行的方法。因为直接证明都需要将 a、b 放在同一个平面内,但这里做不到这一点,所以无法应用平行直线的判定知识,也无法应用基本事实 4。在学生尝试后,由教师提出用反证法,并让学生思考、讨论证明思路,明确要证的问题是:

如果 b 与 a 不平行,那么 b 与 a 或者相交,或者异面,这样都会产生矛盾。

如果 b 与 a 相交于一点,那么过此点有两条直线垂直于 α,这是不可能的。

如果 b 与 a 异面,只要利用异面直线的性质,过 b 作一个平面 β,使 $a \ /\!/ \ \beta$ 即可推出矛盾。

如图 12.14.10,设 $b \cap \alpha = O$,显然点 O 不在直线 a 上,所以点 O 与直线 a 可确定一个平面,在该平面内过点 O 作直线 $b' /\!/ a$,则直线 b 与 b' 是相交于点 O 的两条不同的直线,所以直线 b 与 b' 可确定平面 β。显然,β 是过 b 且平行于 a 的唯一一个平面。利用平面 β 就可以得出矛盾了:

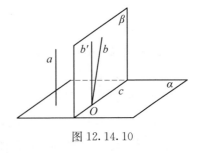

图 12.14.10

设 $\alpha \cap \beta = c$,则 $O \in c$。因为 $a \perp \alpha$,$b \perp \alpha$,所以 $a \perp c$,$b \perp c$。又因为 $b' /\!/ a$,所以 $b' \perp c$。这样在平面 β 内,经过直线 c 上同一点 O 有两条直线 b、b' 与 c 垂直,显然不可能。

追问 直线与平面垂直的这条性质定理体现了直线、平面位置关系怎样的联系? 能用来解决什么问题?

师生活动 学生类比直线与平面垂直的判定定理进行回答,在学生回答的基础上,教师指出:直线与平面垂直的性质定理揭示了"平行"与"垂直"之间的内在联系。可以由两条直线与一个平面垂直判定这两条直线互相平行。因此,我们又多了一种判定两条直线平行的方法。请同学们课后梳理一下证明两条直线平行的方法,整理出基于什么条件使用什么方法。另外,课后对其他猜想继续研究,正确的给出证明,错误的举出反例。

[**设计意图**] 让学生对猜想出的命题进行梳理,分析它们的逻辑结构,得出其中最基本的性质,再给出相应的证明,这个过程可以使学生的逻辑思维得到有效培养。在课堂上解决最基本的、证明也比较困难的猜想,其他让学生在课后解决,可以提高教学效率。

环节二　初步应用,巩固理解

例 3　已知直线 l 平行于平面 α,求证:直线 l 上各点到平面 α 的距离相等。

师生活动　首先让学生根据条件作出图形,然后分析题意,写出已知、求证,再"由已知想性质,由求证想判定",确定证明思路,写出证明,最后进行展示、交流。

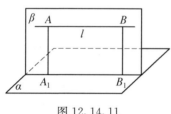

图 12.14.11

根据条件作出图形,如图 12.14.11 所示。

已知:$l \parallel \alpha$,

求证:直线 l 上各点到平面 α 的距离相等。

思路:只要证明 l 上任意两点 A、B 到平面 α 的距离相等即可。

根据点到平面的距离的定义,过 A、B 分别作平面 α 的垂线段 AA_1、BB_1,点 A_1、B_1 为垂足,问题具体化为:

以 $AB \parallel \alpha$,$AA_1 \perp \alpha$,$BB_1 \perp \alpha$ 为条件,求证 $AA_1 = BB_1$。

这个问题是容易证明的。

追问　根据例 3 的结论,该如何定义直线到平面、两个平行平面之间的距离呢?请你先提出自己的观点,然后阅读教科书第 154 页,回答问题,并结合基本立体图形解释定义。

师生活动　先由学生独立思考,给出定义,然后进行发言、展示。学生应该能想到怎样定义直线与平面之间的距离,但是对于两个平行平面之间的距离如何定义,有一部分学生是直观感知,并不能说明这样定义的合理性。为此,教师可作以下引导:

设 $\alpha \parallel \beta$,$a \subset \alpha$,$b \subset \alpha$,$a \bigcap b = O$。只要在 a 或 b 上任取点 P,证明点 P、O 到 β 的距离相等即可。

举例:在柱体、台体的体积公式中,它们的高就是它们的上、下底面间的距离。

[**设计意图**] 通过例 3 的解答,初步应用直线与平面垂直的性质定理解决问题,并在例 3 所得结论的基础上给出直线与平面之间距离的定义,由例 3 的结论看到如此定

义的合理性。通过引导,让学生思考两个平行平面之间距离定义的合理性,培养学生思维的批判性。

例4 推导棱台的体积公式

$$V_{棱台} = \frac{1}{3}h(S' + \sqrt{S'S} + S),$$

其中 S'、S 分别是棱台的上、下底面面积, h 是高。

师生活动 由学生根据棱台的定义,独立完成公式的推导。

[设计意图] 提高学生综合应用相关知识求解问题的能力。

练习:《必修二》第155页练习第3题。

环节三 单元总结,形成结构

问题3 请同学们带着下列问题回顾一下本单元的学习过程,并给出回答。

(1) 我们是按照怎样的路径展开直线与平面垂直的研究的?

(2) 对比直线与直线垂直的定义过程,直线与平面垂直的定义过程有什么不同? 你能说说其中的原因吗?

(3) 直线与平面垂直的判定要研究的问题是什么? 判定定理中所蕴含的数学思想方法是什么?

(4) 直线与平面垂直的性质要研究的问题是什么? 我们是如何得出性质的猜想的? 证明猜想的过程中运用了反证法,你能说说我们是如何构建矛盾条件的吗?

(5) 在应用定义、判定定理和性质定理证明命题、求解问题时,大致的步骤是怎样的? 需要注意哪些问题?

师生活动 先由学生独立思考、小组交流,再进行班级发言。教师点评、互动后,给出要点说明。

[设计意图] (1) 几何的研究中,无论是几何图形还是位置关系,其研究套路都是类似的,按照"背景—定义—判定—性质—应用"的路径展开。但是,每一类对象又有自己的"个性",需要具体问题具体处理。直线与平面的位置关系是两种不同空间基本图形的位置关系,与同一类图形的位置关系有很大的不同,所以在定义位置关系时采取了两种相反的过程,这也给直线与平面垂直的定义带来困难。定义直线与平面垂直

的过程中采用的数学思想,一是将直线与平面垂直的问题转化为直线与直线的垂直,二是以最一般的关系作为定义从而给后续研究提供广泛的空间(实际上,若定义为"如果 $a \bigcap \alpha = O$, $b \subset \alpha$, $O \in b$, $a \perp b$,那么 $a \perp \alpha$"也是可以的,由此可以推出 a 与 α 内的任意一条直线垂直,但这样在定义中不包含不过交点 O 的直线,这是有缺陷的),这样的思想具有普适性。

(2) 判定定理给出了直线与平面垂直的充分条件,某种意义上就是在定义的基础上给出直线垂直于平面的"最少条件",其实也是"不多不少的条件"。这个过程中,如果能够联想到基本事实,再通过简单推理就可以得到正确的命题。更本质的是把问题归结为方向之间的关系,那么学生的认识就会更加深刻。从"空间向量与立体几何"中可以看到,空间基本图形的位置关系就是直线的方向向量和平面的法向量的关系。当然,这里利用平面向量基本定理也可以对判定定理作出合理性解释。

实际上,这样的教学处理,主要是不想让判定定理成为"不讲道理的定理",在"直观感知、操作确认"中通过多种途径的说理,体现出逻辑推理的成分,使判定定理的教学成为逻辑思维的培养过程。

(另外,对称性和平直性是空间种种性质中最基本也是最重要的,对称性与垂直是紧密关联的。在平面内,与两个给定点 A、B 距离相等的点的轨迹是线段 AB 的垂直平分线;任给平面 α 内的一条直线 l,α 内的两点 P、Q 关于 l 对称的充要条件是 l 为线段 PQ 的垂直平分线。这个简洁的关系推广到空间,就是非常直观的定理:

给定空间两点 A、B,空间中所有与 A、B 距离相等的点所成的集合是一个平面,记为 α,则 α 过线段 AB 的中点 O,而且 α 内任意过 O 点的直线都与 AB 垂直。)

(3) 性质所要研究的问题,整体上说都是"元素之间的相互关系",包括位置关系、大小关系。如果对象是一个立体图形,那么"元素"是指这个图形的组成元素、相关元素;如果对象是空间基本图形,那么"元素"就是点、直线、平面。让学生先明确直线与平面垂直的性质所要研究的问题,再展开性质的猜想、证明,这样可以有效地促进学生主动学习,也能极大地增强发现性质的可能性,这也是充分发挥本单元内容育人价值的必然要求。

(4) 几何中的解题活动要把握好几个基本步骤和要点:

首先,要认真读题,根据题意画出图形;

第二步,写出"已知""求证"并在图上标出已知条件;

第三步,"由已知想性质,由求证想判定",将条件、结论用明确的形式表达出来;

第四步,沟通条件和结论,一般可以用"由条件……可以推出……""要证……只要

证……"进行推理;

第五步,写出具体证明过程。

在新知识的教学中,以"简单"题目为载体,让学生在"按部就班"地解题的过程中形成有逻辑地思考的基本规范,在形成基本技能的过程中养成良好的思维习惯,这对后续灵活运用知识技能解决综合性问题是非常重要的。

环节四　目标检测,检验效果

题1 已知直线 a、b 和平面 α,且 $a \perp b$,$a \perp \alpha$,则 b 与 α 的位置关系是 _____。

题2 已知 A、B 两点在平面 α 的同侧,且它们与 α 的距离相等,求证:直线 $AB \mathbin{/\mkern-5mu/} \alpha$。

课后作业

《必修二》第 162～164 页,习题 8.6,第 1～5,11～16,19,20 题。

教学设计说明

直线与平面垂直是两类不同空间基本图形之间的位置关系,在空间点、直线、平面的位置关系中具有纽带作用。

本单元的内容是新的,但研究过程、思想方法与之前是一致的。所以,本教学设计注重引导学生梳理直线、平面平行关系的研究架构,形成本单元的先行组织者,使学生能按照逻辑自然的过程循序渐进地展开学习。在开篇第一个问题中,不仅让学生回顾平行关系的研究过程,梳理出直线、平面位置关系的研究内容、路径和方法,并类比得出直线与平面垂直的研究内容、研究线索和研究方法,而且让学生讨论应该如何定义直线与平面所成的角,借助信息技术直观,使学生发现需要在定义直线与平面垂直的基础上,才能定义直线与平面所成的角,从而形成本单元的切入点。

接着,在"将直线与平面的垂直关系转化为直线与平面内直线的垂直关系进行研究""研究判定定理就是要研究直线与平面垂直的充分条件""性质所要研究的问题是在 $a \perp \alpha$ 的大前提下,研究 a、α 与空间中的其他直线、平面具有怎样的确定关系,并且是以空间中的平行、垂直关系为主题"等等"一般观念"的指导下,创设系列化的情境、提出环环相扣的问题,引导学生完整地经历"定义—判定—性质—应用"的全过程。

本教学设计强调在"一般观念"引领下的学生自主探索与发现,不仅在性质定理、判定定理的教学中注重引导学生自主发现,而且在概念的教学中也注意从定义的合理性角度引导学生展开探索,像直线与平面所成的角、点到平面的距离等都提出了这样的问题。

直线与平面垂直的性质,本教学设计给出了如下过程:

(1)在定义和判定定理之后,安排课外探究性作业:从平行关系的性质中归纳出"性质"所研究的问题,类比提出直线与平面垂直的性质所要研究的问题,猜想性质定理并尝试证明猜想。

(2)在第二节课开头,让学生交流探究成果,明确直线与平面垂直的性质所要研究的问题,并提出自己的猜想,在教师的带领下,将猜想出的性质整理成有逻辑的体系。

(3)通过合作学习、教师指导,确定各猜想中最基础、最本质的那一个,在教师带领下用反证法给出证明。

(4)再让学生分析"垂直于同一个平面的两条直线平行"所体现的空间平行和垂直关系的本质,明确定理的作用。

(5)其他猜想作为课后作业进行证明或证伪(正确的给出证明,不正确的给出反例)。

这样的教学设计,在明确"性质要研究的问题"的基础上再让学生展开探究,可以极大地增强发现性质的必然性;在得出猜想后,对各猜想的逻辑关系进行梳理,在证明性质后思考性质所体现的空间平行与垂直关系的本质等,可以促进学生把握性质定理的本质。总之,其数学味很浓、思想性很强,体现了"教好数学就是落实核心素养"的理念。

单元十五　平面与平面垂直

一、内容和内容解析

1. 内容

二面角的概念，二面角大小的度量，两个平面垂直的定义、判定定理和性质定理。

本单元需要 2 课时，这里给出两堂连上的教学设计。

2. 内容解析

空间中直线、平面的位置关系，主要研究平行、垂直以及它们之间的密切联系，其原因在于空间的两大基本而重要的特性——平直性和对称性在立体几何中的表现就是空间基本元素的平行和垂直。本单元研究两个平面的垂直关系，按照"背景—二面角（定义、表示和度量等）—特例（直二面角）—两个平面垂直"的顺序安排，并把重点放在两个平面垂直的研究上。对两个平面垂直的研究，按"背景—概念（定义与表示）—判定—性质—应用"的路径展开。

借鉴定义空间直线、平面位置关系的经验，通过"空间关系平面化"，以"定义数学对象必须满足纯粹性、完备性"的思想为指导，抽象二面角的平面角概念，体现了定义一个数学对象的一般套路，有助于学生理解数学对象的定义方式。

平面与平面垂直的判定所研究的问题是两个平面在什么条件下互相垂直，判定定理给出了两个平面垂直的充分条件；性质所研究的问题是在两个平面垂直的条件下，空间中的直线、平面与这两个平面的位置关系，性质定理给出了两个平面垂直的必要条件。无论是性质还是判定，都是"空间基本元素确定的位置关系"的表现。这里"空间中基本图形的位置关系就是性质"是发现性质的指导思想，是研究空间图形位置关系的"思维之道"，也是提高"四能"的重要契机。

本单元是空间点、直线、平面位置关系的"收官"内容，因为有了较多的知识准备，所以具有较强的综合性。本单元教学，不仅可以引导学生系统利用已有知识经验猜想关于两个平面垂直的各种各样的性质和判定，以不同方法证明猜想，而且可以引导学生对空间直线、平面的平行、垂直进行相互转化，从而提高他们对空间的平行、垂直及其密切联系的认识水平，更加深入地认识立体几何的本质，促进直观想象、逻辑推理素养以及创新思维的发展。

3. 教学重点

二面角的概念及大小度量；平面与平面垂直的定义、判定定理和性质定理。

二、目标和目标解析

1. 单元目标

（1）从空间点、直线、平面的位置关系的定义及基本事实出发，借助长方体，通过直观感知，了解空间中平面与平面垂直的关系，归纳出两个平面垂直的性质定理，并加以证明。

（2）从空间点、直线、平面的位置关系的定义及基本事实出发，借助长方体，通过直观感知，了解空间中平面与平面垂直的关系，归纳出两个平面垂直的判定定理。

（3）能用已获得的结论证明空间基本图形位置关系的简单命题。

2. 目标解析

达成上述目标的标志是：

（1）学生能通过类比直线与平面垂直、直线与直线垂直的定义过程，构建平面与平面垂直的定义过程，能说出二面角及二面角的平面角概念，能说出定义二面角的平面角的基本原则；

（2）学生能在定义二面角的平面角的基础上，给出两个平面互相垂直的定义；

（3）学生能利用生活经验，借助长方体，归纳出平面与平面垂直的判定定理；

（4）学生能类比已有的直线、平面位置关系的性质，猜想出平面与平面垂直的性质，并给出证明；

（5）学生能用平面与平面垂直的判定定理和性质定理证明空间中直线、平面位置关系的简单命题；

（6）学生能在探究平面与平面垂直关系的过程中，领悟定义一种位置关系的数学方式，理解空间基本图形位置关系的判定定理、性质定理所研究的问题，领悟平面与平面垂直的判定和性质中蕴含的数学思想，积累研究空间基本图形位置关系的基本活动经验，发展直观想象、逻辑推理、数学抽象等素养。

三、教学问题诊断分析

1. 问题诊断

二面角是从一条直线出发的两个半平面所组成的图形，这与从一个点出发的两条射线组成的角具有可类比性；学生已经学过空间的直线与直线、直线与平面所成角的概念，知道它们都是通过平行的传递性，把空间角转化成平面角而给出定义的，这些经验为二面角的平面角定义提供了思想基础。但是，在定义过程中，如何构建一个逻辑连贯的"概念链"——"二面角—二面角的平面角—直二面角—两个平面互相垂直"，以及如何确保二面角的平面角定义的逻辑严密性，是学生可能遇到的第一个难点。教学中要注意引导学生全面回顾空间直线、平面所成角的定义过程,特别是要让学生再解释定义两条异面直线 a, b 所成角时为什么要"经过空间任意一点 O 作 a, b 的平行线",使学生明确定义一个几何元素要满足"存在性和唯一性",从而获得思想方法的启迪。

本单元是空间图形位置关系的最后一部分,前面学习中积累的丰富知识、学会的研究方法为学生展开本单元的探究活动提供了坚实基础,学生可以通过多样化的途径解决问题,这为学生的创造性学习提供了条件,但同时对学生的能力提出了极大的挑战,这是因为要解决的问题综合性增强了,方法的灵活性也提高了。特别是在前面的学习中,因为对"空间基本元素的位置关系所研究的问题是什么""位置关系的性质是如何表现的""如何从定义出发研究判定"等问题缺乏一般性思考,教师结合内容引导学生归纳概括思想方法的力度也不够,所以在自主探究两个平面垂直的判定和性质的过程中,学生可能不知从哪里入手,对如何有序地、有逻辑地展开探究活动也会比较茫然。教学中,要注意引导学生回顾直线与平面平行、平面与平面平行、直线与平面垂直的研究过程,对"判定""性质"所研究的问题以及具体内容、过程和方法等进行归纳,从而得出研究空间基本元素的判定、性质的一般性思想方法,再开展两个平面垂直的相关探究,这样就可以提高探究的质量和效益。

另外,本单元在证明有关结论时使用了"同一法",学生对此比较陌生。教学时要通过分析有关条件,必要时可以通过演示帮助学生建立几何直观,引导学生用联系的眼光看问题,建立相关知识之间的联系,利用"垂直"中蕴含的确定性和唯一性给出证明。

2. 教学难点

建立平面与平面垂直关系的研究架构,二面角的平面角,平面与平面垂直充分条件的发现,两个平面相互垂直的性质的发现,用"同一法"证明命题。

四、教学支持条件分析

利用长方体教具、教室、书本等直观工具,引导学生进行动态观察,从中发现确定二面角大小的要素,以及确定两个平面垂直的条件;利用书脊与桌面垂直时每一页书与桌面都有垂直关系、门轴与地面垂直保证了门在开关过程中始终与地面垂直等情境,引导学生感受两个平面垂直的判定;在书本与桌面垂直的条件下,利用笔杆、小棒等进行动态演示,帮助发现性质定理;等等。

还可以借助动态几何软件制作课件,在动态演示中帮助学生建立两个平面垂直关系的几何直观,引导学生发现"变化中的不变性"。

五．课时教学设计(一)

平面与平面垂直(第1课时)

1．课时教学内容

二面角及二面角的平面角的概念；平面与平面垂直的定义及判定定理。

2．课时教学目标

(1) 能说出二面角、二面角的平面角的定义,能解释二面角的平面角定义中蕴含的数学思想；

(2) 能说出平面与平面垂直的定义；

(3) 能借助实物、模型探索平面与平面垂直的判定定理,并能用定义解释定理；

(4) 能应用判定定理证明平面和平面垂直的简单问题,能求二面角的平面角。

3．课时教学重点与难点

(1) 教学重点:二面角的平面角的定义,平面与平面垂直的判定定理。

(2) 教学难点:刻画二面角大小的数学方式,判定定理的发现。

4．教学过程设计

环节一　创设情境,引入问题

问题1　前面我们研究了空间直线、平面的平行关系,还研究了直线与平面的垂直关系。你能归纳一下这些位置关系的研究路径吗？

师生活动　学生独立思考、给出回答,教师让学生代表发言,并帮助学生总结得出研究路径：

现实背景——位置关系的定义、表示(三种语言)—判定—性质。

追问1　你认为接下来要研究什么位置关系？按什么路径展开研究？

师生活动　由学生类比得出平面与平面垂直的研究路径,即

现实背景——平面与平面垂直的定义、表示(三种语言)—判定—性质。

追问2　你能回顾一下空间直线与直线垂直的定义过程吗？受此启发,你认为应如何给出平面与平面垂直的定义？

师生活动　先由学生回顾,并类比给出定义平面与平面垂直的路径,再经过全班交流,交流过程中,教师要注意引导学生思考为什么要"经过空间任一点 O 分别作直线 $a' \parallel a, b' \parallel b$",以强化其中的数学思想,最后教师帮助总结得出结果。

空间直线与直线垂直的定义：

经过空间任一点 O 分别作异面直线 a、b 的平行线 a'、b'，将 a'、b' 所成角定义为 a、b 所成角（角的大小由 a、b 唯一确定，与 O 的位置无关）。当 a、b 所成角为直角时，称 a 与 b 相互垂直。

因此，空间直线与直线垂直的定义以平面内两条直线相互垂直为基础，而平面内两条相交直线垂直的定义又以两条相交直线所成角的定义为基础：

平面内的两条直线 a 与 b 相交形成 4 个角，把其中不大于 90° 的角称为直线 a、b 所成的角。当 a、b 所成角为直角时，称 a 与 b 相互垂直。

可以发现，上述定义过程是"同构"的。类似地，应该先定义"两个平面所成角"，再"特殊化"，用"两个平面所成角为直角"定义"平面与平面相互垂直"。

［设计意图］通过回顾空间两条异面直线、平面内两条相交直线相互垂直的定义过程，引导学生发现"定义的方式"，进而通过类比找到定义平面与平面垂直的数学方式，渗透研究垂直关系的一般思路，培养前后一致、逻辑连贯地思考问题的习惯。

环节二　探究二面角的概念和度量，给出两个平面相互垂直的定义

问题 2　为了定义空间两个平面互相垂直，需要先定义"空间两个平面所成的角"。类比平面内两条相交直线所成角的定义，我们应该先干什么？

师生活动　教师提出问题，引导学生分析两个平面相交时的一般情况，再类比角的定义，确定先要定义二面角。教师可以引导学生通过图形（如图 12.15.1）、表格（表 12.15.1）等形式给出类比结果。

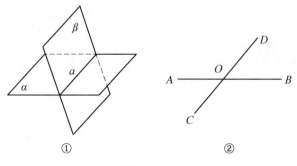

图 12.15.1

表 12.15.1

角	二面角
直线 AB 与 CD 相交于点 O	平面 α 与 β 相交于直线 a
从点 O 出发的射线 OA、OD 组成角	从直线 a 出发的两个半平面组成二面角
O 称为顶点,射线 OA、OD 称为角的边	直线 a 称为棱,两个半平面称为二面角的面
记号:$\angle AOD$	记号:$\alpha - a - \beta$,$P - AB - Q$

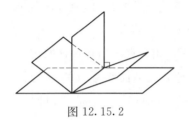

图 12.15.2

追问 你能根据定义画出各种类型的二面角吗?

师生活动 学生根据定义作出各种可能的二面角(如图 12.15.2 所示),然后让学生解释。

[**设计意图**] 二面角概念与角的概念具有很强的可类比性,通过图形、表格的方式进行对比,能给学生留下更深刻的印象,使学生理解定义合理性的同时,体会数学中定义一个数学对象的方式,实现"学会用数学的语言表达世界"的目标。

通过追问,一方面是为了培养学生根据定义作图的能力,另一方面为后面确定二面角的平面角的范围做准备。

问题 3 根据角的研究经验,在定义了二面角的概念后,你认为接下来应该做什么?

师生活动 教师结合现实情境(例如开门的过程、翻开一页书的过程等),引导学生进一步理解二面角有大小之分;通过引导学生回顾角的研究过程,即"背景—角的概念—角的大小比较与度量—角的性质—特殊的角",使学生想到接下来应该研究二面角的大小度量。然后再继续问:

追问 1 你认为应该如何度量二面角的大小呢?前面的学习中有没有类似的经验?

师生活动 教师引导学生回顾异面直线所成角、直线与平面所成角的定义,从中总结出思想方法:利用"平面角"定义"空间角"。

追问 2 根据已有经验,用"平面角"度量二面角的大小时,应满足什么条件?

师生活动 教师引导学生回顾,得出两条异面直线所成的角、直线与平面所成的角都具有唯一确定性。

追问 3 如何才能做到"唯一确定"?

师生活动 教师可以引导学生进行如下分析:

(1)"平面角"应该和二面角的组成要素有内在联系；

(2)因为棱是联系两个半平面的桥梁,所以平面角的顶点应该在棱上；

(3)角的两边应该分别在两个半平面内,而且与棱的位置关系是"唯一确定"的。

通过这样的分析,可以使学生比较自然地想到二面角的平面角的定义方式。

在给出二面角的平面角定义后,继续提问:

追问 4 二面角的平面角需要满足哪些条件? 你能证明如此定义的二面角的平面角是唯一确定的吗?

师生活动 教师引导学生分析,得出如下 3 个条件:

(1)角的顶点在棱上；

(2)角的两边分别在两个半平面内；

(3)角的两边分别与棱垂直。

在此基础上,由学生利用等角定理给出证明。

追问 5 二面角的平面角所在平面与二面角的棱有什么关系?

师生活动 由学生独立思考得出结论,并利用直线与平面垂直的判定定理给出证明。在此基础上归纳出结论:二面角的平面角就是垂直于二面角的棱的平面与二面角相交所得两条射线所成的角。

追问 6 二面角的大小可以用它的平面角来度量,二面角的平面角是多少度,就说这个二面角是多少度。你能根据二面角的平面角定义,给出其取值范围吗?

师生活动 在追问 5 的基础上,教师通过信息技术制作动态图形(如图 12.15.3),让二面角 $B-AD-C$ 的面 BAD 固定,面 CAD 绕 AD 旋转,引导学生观察 $\angle BDC$ 的取值范围,得出结论。

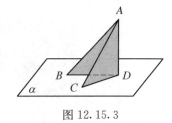

图 12.15.3

追问 7 类比空间两条直线相互垂直的定义,你能给出平面与平面垂直的定义吗?

师生活动 通过类比直线与直线垂直的定义,学生可以自主给出定义。在此基础上,让学生阅读教科书,并画出两个平面垂直的直观图。

[**设计意图**]二面角的平面角的定义中蕴含了重要的数学思想,也是一个学习难点。通过一个问题加 7 个追问,引导学生归纳"空间角"定义方式——用"平面角"定义"空间角",抽象出数学思想——平面角的大小唯一确定,再在"唯一确定"的要求下,以二面角的要素与平面角的要素之间的内在关联为导向给出二面角的平面角定义,并根据定义得出取值范围,最后顺理成章地给出两个平面相互垂直的定义。这个过程的逻

辑性很强,通过追问环环相扣地引导学生开展探索性思考,使学生在得出相关结论的过程中发展理性思维,促进逻辑推理、直观想象等素养的发展。

环节三　探究两个平面相互垂直的判定

问题 4　我们已经得出了平面与平面垂直的定义,接下来研究什么?

在学生回答接下来要研究两个平面相互垂直的判定和性质后,教师进一步提问。

追问 1　为了使同学们感受判定两个平面互相垂直的方法,我们先来看一个实际例子。如图 12.15.4,建筑工人在砌墙时,常用铅锤来检测所砌的墙面与地面是否垂直。如果系有铅锤的细线紧贴墙面,工人师傅就认为墙面垂直于地面,否则他就认为墙面不垂直于地面。你能说说这种方法蕴含的道理吗?

师生活动　教师可以通过问题引导学生思考,例如:系有铅锤的细线与地面有什么关系?"细线紧贴墙面"是什么意思? 如果把细线看成直线,墙面看成一个平面,那么这时的直线和平面有什么关系? 通过课堂互动得出结论:

如果墙面经过地面的一条垂线,那么墙面与地面垂直。

 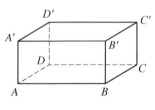

图 12.15.4　　　　　　　　　　　　图 12.15.5

追问 2　类似的结论也可以在长方体中发现。如图 12.15.5,在长方体 $ABCD$-$A'B'C'D'$ 中,平面 $ABB'A'$ 经过平面 $ABCD$ 的一条垂线 AA',此时,平面 $ABB'A'$ 垂直于平面 $ABCD$。你能利用长方体中的线面关系说明理由吗?

师生活动　学生从两个平面相互垂直的定义出发不难给出说明:在二面角 A'-AB-D 中,$AA' \subset ABB'A'$,$AD \subset ABCD$,AB 为棱,且 $AA' \perp AB$,$AD \perp AB$,所以 $\angle A'AD$ 为二面角 A'-AB-D 的平面角。由 $A'A \perp AD$,得二面角 A'-AB-D 为

直二面角,所以平面 $ABB'A'$ 垂直于平面 $ABCD$。

追问 3 你能将上面的结论推广到一般情形吗?你能给出证明吗?

师生活动 通过回答"追问 2"的问题,学生应该能比较容易地作出推广,得到两个平面垂直的判定定理:如果一个平面过另一个平面的垂线,那么这两个平面垂直。

在此基础上,让学生独立思考,给出判定定理的证明:

如图 12.15.6,如果平面 β 经过平面 α 的一条垂线 a,设 $\beta \cap \alpha = c$,$a \cap c = O$,在 α 内过 O 作直线 $b \perp c$,那么 $a \perp b$,且 a 与 b 所成的角就是平面 α 与平面 β 所成二面角的平面角。根据定义,可得 $\alpha \perp \beta$。

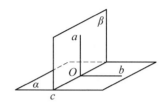

图 12.15.6

在学生给出证明后,教师可以带领学生进一步明确证明思路,即:

以 $a \perp \alpha$,$a \subset \beta$ 为条件,利用二面角的平面角的定义、直线与平面垂直的定义和两个平面相互垂直的定义,推出 $\alpha \perp \beta$。

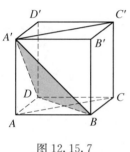

图 12.15.7

例 1 如图 12.15.7,在正方体 $ABCD$-$A'B'C'D'$ 中,求证:平面 $A'BD \perp$ 平面 $ACC'A'$。

师生活动 教师可以通过问题引导学生分析证明思路,例如:

(1)由条件你能想到什么?——正方体的性质,如棱、面之间的关系,体对角线、面对角线、棱等线段组成的图形的特征等等。

(2)由要证明的结论,你又想到了什么?——找出平面 $A'BD$ 或平面 $ACC'A'$ 中与另一个平面垂直的直线。

(3)你能发现在平面 $A'BD$ 与平面 $ACC'A'$ 中有哪些直线与垂直有关吗?

在思路分析的基础上,由学生独立完成证明。

例 2 AB 是 $\odot O$ 的直径,PA 垂直于 $\odot O$ 所在的平面,C 是圆周上不同于 A,B 的任意一点。求证:平面 $PAC \perp$ 平面 PBC。

师生活动 先让学生根据题意作出图形(如图 12.15.8 所示),再通过问题引导学生分析思路,例如:

(1)要证平面 $PAC \perp$ 平面 PBC,只要证什么?

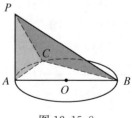

图 12.15.8

（2）由"AB 是 $\odot O$ 的直径，C 是圆周上不同于 A，B 的一点"你能想到什么？由"PA 垂直于 $\odot O$ 所在的平面"又想到什么？

教师提醒，在"求证"的指引下，将条件具体化，就可以发现条件与结论之间的联系。

在学生完成证明后，教师可以进一步提出问题：

追问 1 例 2 中的四面体 $P\text{-}ABC$ 的四个面中有几个直角三角形？有哪些平面与平面垂直？

师生活动 先由学生独立解决问题，再全班交流，得出正确答案，然后教师指出：四个面都为直角三角形的三棱锥很特别，自古以来受到人们的喜爱，在我国古代数学名著《九章算术》中还专门给它起了一个名字，叫做鳖臑。

追问 2 你能以长方体为背景构造出一些鳖臑吗？

师生活动 由学生独立完成。

［设计意图］探究两个平面相互垂直的条件是一个难点。按照研究一个数学对象的基本套路，应从定义出发展开探索。例如，由定义可作出如下分析：

设 $\alpha \cap \beta = a$，$O \in a$，$OA \subset \alpha$，$OB \subset \beta$，$\angle AOB$ 为 α 与 β 所成的二面角的平面角。

要使平面 $\alpha \perp \beta$，只要 $\angle AOB$ 为直角；

要使 $\angle AOB$ 为直角，只要 $OA \perp \beta$，这是因为当 $OA \perp \beta$ 时，就有 $OA \perp a$，$OA \perp OB$。

所以，当平面 β 的一条垂线在平面 α 内，或者说平面 α 过平面 β 的一条垂线，那么 $\alpha \perp \beta$。

但是在这个分析中，"要使 $\angle AOB$ 为直角，只要 $OA \perp \beta$"是不容易想到的一个转换。为此，人教 A 版借助建筑工人检验墙面是否垂直于地面的操作过程，试图引导学生"想到这里去"。为了发挥好这个情境的作用，本教学设计通过几个问题引导学生把实际情境数学化，从而为发现判定所需条件提供了直观基础，再结合正方体中面与面、棱与面、棱与棱的关系，就比较容易得出判定条件。

虽然课程标准不要求证明判定定理，但这个定理的证明并没有难度，所以本教学设计安排了证明环节。实际上，对于学有余力的学生，让他们给出所有判定定理的证明都是可以的。

两个例题都需要有一定的几何直观、条件转化能力才能解决，本教学设计强调了例题教学的要领：要先引导学生阅读题目，作出图形，有利用概念、定理分析条件和结论的含义,"由条件想性质,由结论想判定",把题目中隐含的东西充分揭露出来、明确起来,这样就能比较容易地建立条件、结论之间的关联从而得出解题策略和方法。

例 2 的解答,首先要求学生自己根据题意作出图形,这是为了培养学生的作图能力,其实也是为了培养学生仔细读题的习惯,在此过程中也可以发展空间想象力。其中的四面体 $P\text{-}ABC$ 是四个面都为直角三角形的特殊四面体,可以作为一种几何模型看待,所以在解决问题后进行适当拓展,指出其历史文化价值,并让学生以长方体为背景自己构建出一些鳖臑。

六、课时教学设计(二)

平面与平面垂直(第 2 课时)

1. 课时教学内容

平面与平面垂直的性质。

2. 课时教学目标

(1) 能在两个平面相互垂直的条件下,探索空间直线、平面之间的相互关系,得出平面与平面垂直的性质,并能进行证明;

(2) 能用已获得的结论证明空间基本图形位置关系的简单命题。

3. 教学重点与难点

(1) 教学重点:平面与平面垂直的性质定理的探究和证明。

(2) 教学难点:平面与平面垂直的性质定理的探究思路;用同一法证明命题。

4. 教学过程设计

环节一 创设情境,提出问题

问题 1 前面我们在定义二面角概念的基础上,给出了平面与平面垂直的定义,探究了平面与平面垂直的判定定理。显然,接下来要研究平面与平面垂直的性质。根据前面研究直线与平面、平面与平面平行的性质,以及直线与平面垂直的性质所积累的经验,你认为"平面与平面垂直的性质"到底要研究什么问题?

师生活动 教师引导学生回顾已有的性质,归纳它们的共性,得出要研究的问题是:在平面 α 与平面 β 垂直的条件下,空间的直线、平面与 α、β 有哪些确定的位置关系。

追问 你认为应该从哪里入手?

师生活动 教师引导学生分析前面已有的研究性质的思路,指出可以循着从特殊到一般的路径展开研究,进而明确研究的起始问题:

以 $\alpha \perp \beta$ 为条件,探索平面 α 内的直线与 β 的位置关系。

[**设计意图**] 通过归纳已有的性质,发现共性,进而明确要研究的问题,为探索性质提供具体思路。事实上,把已经得到的各种性质放在一起,分析它们的共性,就可以归纳出空间基本图形位置关系的性质所要研究的问题,这样就为性质的探究指明了方向,从而使学生发现和提出性质的猜想成为必然。这个过程注重的是基本思想的提炼、基本活动经验的积累,指向了理性思维、科学精神的发展。

环节二　性质定理的探究与证明

问题 2 设 $\alpha \perp \beta$,$\alpha \cap \beta = a$。在平面 β 内任意画一条直线 b(b 不在 α 内),b 与 α 有哪些位置关系?

师生活动 先让学生画出可能的图形,再在每一种情况下让 b 动起来,观察运动中的不变性。

因为 b 不在 α 内,所以 b 与 α 有两种位置关系:

(1) $b \parallel \alpha$,如图 12.15.9①,这时 $b \parallel a$;

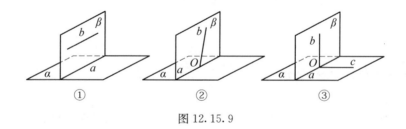

图 12.15.9

(2) b 与 α 相交,如图 12.15.9②,交点 O 在交线 a 上,即 $b \cap \alpha = O = b \cap a$。

因为 a 是 α 联系 β 的桥梁,所以它有特殊的地位。一个自然的想法是:当 $b \perp a$ 时 b 与 α 有没有特殊关系。如图 12.15.9③,在平面 β 内,过 O 作直线 $c \perp a$,那么 b 与 c 所成的角就是二面角 $\alpha\text{-}a\text{-}\beta$ 的平面角,由 $\alpha \perp \beta$ 知,$b \perp c$。又 $b \perp a$,a 和 c 是 α 内的两条相交直线,所以 $b \perp \alpha$。

通过上面探究,可以得出平面与平面垂直的一个性质的猜想。

追问 1 你能证明这个猜想吗?

师生活动 先让学生独立思考、写出证明,再进行全班交流,教师进行点评。在证明的基础上,再要求学生用图形语言和符号语言表示性质定理。

追问 2 下面我们看一个性质定理的应用。装修房子时,如果要在墙壁上画出与地面垂直的直线,应该怎样做?

师生活动 由学生回答。运用性质定理解决问题,这时只要在墙面上画出地面与墙面的交线的垂线即可。

[**设计意图**] 在明确要研究的问题是"在 $\alpha \perp \beta$ 的条件下,β 内的直线 b 与 α 有什么关系"后,引导学生按直线与平面的位置关系实施探究,自然得到 b 与 α 平行和 b 与 α 相交两种情况。相交时,因为 α 与 β 的公共点都在交线 a 上,自然得到 b 与 a 相交,然后再考察特例 $b \perp a$ 就顺理成章了。这样设计探究过程,实现了学生自己发现性质的基础上再进行证明,从而把"四能"的提高、创新精神的培养落实在课堂中。

问题 3 前面研究的是在 $\alpha \perp \beta$ 的条件下,β 内的直线 b 与 α 的关系。我们知道,"几何图形组成元素的相互关系就是性质"。如果将直线 b 这一元素换为 β 内的一点 P,你认为有什么问题可以研究?

师生活动 先由学生思考回答,教师可以适时点拨:因为这里研究的是两个平面相互垂直的性质,所以自然要从"垂直"的角度思考,例如过点 P 作 α 的垂线 b,b 与 β 有什么关系?

提出问题后,可以让学生通过作图、模型操作等进行确认并展开想象,也可以让学生进行小组合作学习,通过相互启发得出猜想:

设平面 $\alpha \perp$ 平面 β,点 P 在平面 β 内,过点 P 作平面 α 的垂线 b,则直线 b 在平面 β 内。

这个猜想的证明有难度,教师要加强引导。例如,先让学生用图形语言、符号语言进行表示,写出已知、求证。

如图 12.15.10,$\alpha \perp \beta$,点 $P \in \beta$,过点 P 作直线 b,$b \perp \alpha$,求证:$b \subset \beta$。

然后引导学生:我们已经知道,过点 P 作 α 的垂线是唯一的。假如 b 不在 β 内,则根据已证的性质定理,在平面 β 内过点 P 作交线 a 的垂线 c,则有 $c \perp \alpha$。这样,过点 P 就有两条直线 b,c 垂直于 α,这是不可能的。

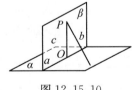

图 12.15.10

追问 （1）延续前面的条件,点 P 在 α 内的射影为 P',那么 P' 与 a 有什么关系? 为什么?

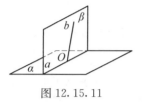

图 12.15.11

（2）如图 12.15.11,设 b 是 β 内的一条直线,也是 α 的一条斜线。那么,斜线 b 在 α 内的射影是什么? 为什么?

师生活动 由学生独立完成后进行全班交流,得出结论:β 内与 a 相交但不垂直的任意一条直线在 α 内的射影都是 α 与 β 的交线 a。

［设计意图］用"几何图形组成元素的相互关系就是性质"为指导,通过将 β 内的直线 b 换成点 P,以"垂直关系"为导向,过点 P 作 α 的垂线,再探索垂线与 β 的关系,这样就使猜想比较自然,可以让学生感受发现性质的基本思路。证明猜想的方法不容易想到,本设计从过空间一点作一个平面的垂线的唯一性入手进行引导,让学生比较自然地想到如果所作的垂线不在 β 内的话,那么在 β 内可以过 P 作出一条 α 的垂线（只要在 β 内过 P 作交线 a 的垂线即可）,由此即可引出矛盾。

两个追问的目的是引导学生进一步思考,得出结论:α 的斜线如果在 β 内,那么斜线在 α 上的射影都是 α 与 β 的交线。这个结论在一定意义上解释了为什么要研究"过一个平面内的点作另一个平面的垂线"这一问题。

另外,在追问 2 的基础上可以把问题进行变式,例如:

直线 $b \cap \alpha = O$,b 在 α 内的射影是 a,则 a,b 所确定的平面与 α 垂直;

进一步的,可以研究 α 内的直线 c 与 a 有某些特殊关系时,与 b 会有什么确定的关系,这就可以让学生自己发现"三垂线定理"。

也可以与正方体联系,通过切割、动态变化等,得出一些有价值的命题,例如《必修二》第 164 页,习题 8.6 第 21 题:

如图 12.15.12,在四棱锥 $P\text{-}ABCD$ 中,底面 $ABCD$ 为正方形,$PA \perp$ 底面 $ABCD$,$PA = AB$,E 为线段 PB 的中点,F 为线段 BC 上的动点。平面 AEF 与平面 PBC 是否互相垂直? 如果垂直,请证明;如果不垂直,请说明理由。

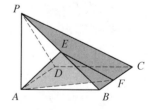

图 12.15.12

题目中的四棱锥 $P\text{-}ABCD$ 就是从正方体中"切"下来的,AE 是正方体面对角线的一部分,平面 PBC 是体对角线所确定的平面,从而有 $AE \perp PBC$。这样,无论 F 位于直线 BC 上的什么位置,EF 都是 AF 在平面 PBC 内的射影,因此平面 AEF 与平面 PBC 互相垂直。

问题 4 下面我们对平面与平面垂直的性质作更一般的思考。实际上,空间基本图形位置关系的性质,就是在这种位置关系下的空间基本图形的相互关系。所以,探索平面 α, β 互相垂直的性质,就是以 $\alpha \perp \beta$ 为大前提,探索空间中的直线 l(或平面 γ)在与 α 具有某种关系(例如平行或垂直)时,直线 l(或平面 γ)与 β 会有怎样的特定关系。据此,你能猜想出平面与平面垂直的哪些性质?

师生活动 学生在明确的问题引导下,类比前面讨论直线在平面内的情况开展自主探究,然后进行小组交流,整理出思路和结果,再进行全班交流。在充分交流后,教师带领学生一起总结出结构化的猜想:

已知 $\alpha \perp \beta$, $\alpha \cap \beta = a$,直线 l 不在 α、β 内,γ 是不同于 α、β 的一个平面,则有:

(1) 当 $l \parallel \alpha$ 时,$l \perp \beta$;

(2) 当 $l \perp \alpha$ 时,$l \parallel \beta$;

(3) 当 $\gamma \perp \alpha$ 时,$\gamma \parallel \beta$,或 γ 与 α 的交线 b 与 β 垂直;

(4) 当 $\gamma \parallel \alpha$ 时,$\gamma \perp \beta$;

(5) $\gamma \perp \alpha$,且 $\gamma \cap \alpha = b$,$\gamma \cap \beta = c$,则 $a \perp b$,$b \perp c$,$c \perp a$;

等等。

得出猜想后,可以让学生证明其中的一个,其余作为课后作业。要注意的是,猜想不一定正确,这时可以先让学生举反例,再让学生添加条件变为正确的命题。例如对于猜想(1),很容易作出反例(如图 12.15.13);如果再加上条件"$l \perp a$",则就成为正确的命题(如图 12.15.14)。

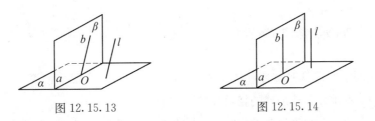

图 12.15.13   图 12.15.14

[**设计意图**]平面与平面垂直的性质,基本而重要的是其中一个平面内的几何元素(直线、点)与另一个平面的关系,这两个平面的交线起着桥梁作用,这就像三角形的性质以其元素(边、内角)之间的相互关系最为基本而重要一样。在此基础上,对空间基本元素与这两个相互垂直的平面之间的关系作进一步的探究,就像对三角形的相关要素(外角、高、角平分线、中线等)与要素之间的关系进行探究一样,是对空间基本图形位置关系进行全面而深入的认识的需要。问题 4 是在明确空间基本图形位置关系的性质到底指什么的前提下,进一步明确平面与平面垂直的性质所研究的问题,在此

基础上展开探究活动,就可以极大地提高发现性质的逻辑性、可能性。这是一般观念引领下的探究活动,是一种有逻辑的思考活动,旨在实现真正的探究性学习,并把理性思维的发展落在实处。

环节三　例题练习,获得技能

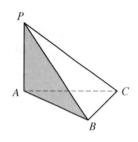

图 12.15.15

例 3 已知 $PA \perp$ 平面 ABC,平面 $PAB \perp$ 平面 PBC,求证:$BC \perp$ 平面 PAB。

师生活动　先让学生读题,并根据题意作出图形(如图 12.15.15 所示),在此基础上再进行解题分析,分析中要强调"由已知想性质,由求证想判定"。因此,由"求证"而明确要在平面 PAB 内找两条与 BC 都垂直的相交直线。由"已知"想到直线与平面垂直的性质、平面与平面垂直的性质,前者得出 $PA \perp BC$,后者得出过点 A 作 PB 的垂线 AE,$AE \perp BC$。

练习:《必修二》第 161 页,练习第 1,2,3 题。

[**设计意图**] 一如既往地,先要求学生认真读题,并根据题意作出图形。在分析题意的过程中,强调"由已知想性质,由求证想判定",是为了培养学生从概念、定理出发思考问题的习惯,这是基本的数学思维之道。

环节四　归纳小结,形成结构

问题 5 请同学们带着下面的问题回顾本单元的学习过程,并给出回答。

（1）本单元是按怎样的路径展开研究的?

（2）二面角与平面角类似吗? 二面角的平面角与异面直线所成角、直线与平面所成角有怎样的相似性? 定义中的关键思想是什么?

（3）平面与平面垂直的判定要研究的问题是什么? 我们是如何发现判定定理的?

（4）平面与平面垂直的性质要研究的问题是什么? 我们是如何发现性质定理的?

（5）我们已经完整地探究了空间中直线、平面的平行关系和垂直关系,它们之间有怎样的联系? 两者可以怎样进行相互转化?

师生活动 先由学生带着问题回顾、整理,再让学生代表分别发言,在此基础上教师和学生一起进行总结,得出有结构性的结论。

[设计意图] (1) 本单元是一个比较完整的研究一种空间元素位置关系的过程,其路径是:

背景—二面角的概念与度量(二面角的平面角)—平面与平面垂直的定义与表示—平面与平面垂直的判定—平面与平面垂直的性质。

(2) 二面角与平面角是非常类似的,二面角的棱与角的顶点地位相当,二面角的面与角的边相当。

定义"空间角"的思想方法是一脉相承的,其中关键的思想有两条,一是以平面角定义空间角,二是所定义的角是唯一存在的,要具有完备性、纯粹性。另外,二面角的平面角的组成元素要与二面角的组成元素相联系,即顶点在棱上,两边分别在两个半平面内。

(3) 判定要研究的问题是平面与平面垂直的充分条件,分析平面与平面垂直的定义,可以发现这时平面角的一边与另一个面垂直,换句话说就是"一个平面经过另一个平面的垂线",而且这个过程"可逆"。

(4) 性质要研究的问题是平面与平面垂直的必要条件,也就是以两个平面垂直为条件,研究其中一个平面中的几何元素(直线、点)与另一个平面的相互关系,在此基础上拓展到不在平面内的其他空间基本元素。

(5) 空间直线、平面的平行、垂直关系的内在联系和相互转化可以用图 12.15.16 来表示。

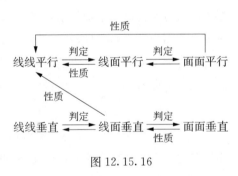

图 12.15.16

环节五 目标检测,检验效果

题 1 已知直线 a、b 与平面 α、β、γ,能使 $\alpha \perp \beta$ 的条件是(　　)。

(A) $\alpha \perp \gamma$, $\beta \perp \gamma$ (B) $\alpha \cap \beta = a$, $b \perp a$, $b \subset \beta$

(C) $a /\!/ \beta$, $a /\!/ \alpha$ (D) $a /\!/ \alpha$, $a \perp \beta$

[设计意图] 考查学生对平面与平面垂直判定定理的理解。

题 2 已知平面 α、β、γ,且 $\alpha \perp \gamma$, $\beta \perp \gamma$, $\alpha \cap \beta = l$,求证:$l \perp \gamma$。

［**设计意图**］考查学生对平面与平面垂直性质定理的理解。

布置作业

《必修二》第 162 页，习题 8.6，第 3，6，7，9，18 题。

教学设计说明

本单元按"背景—概念—特例—判定—性质"的整体架构，完整研究了平面与平面垂直这一空间基本元素的位置关系。本单元处于立体几何初步的"收官"阶段，所以不仅内容丰富、思想性强，而且可用的知识多、可探究的问题多。通过前面的学习，学生已经领悟了研究直线、平面位置关系的基本思想，积累了许多研究经验，本单元为这些思想、经验提供了用武之地，学生可以通过这些思想和经验，构建研究平面与平面垂直的整体框架，明确这种位置关系需要研究的问题，发现和提出各种命题，通过证明得到判定定理、性质定理等。所以，本教学设计特别注重引导学生回顾和总结已有的位置关系研究经验，抽象出基本思想，得出研究位置关系的一般观念，然后在一般观念的引领下开展具体研究，从而发挥好本单元内容的育人价值。

1. 注重构建研究一个数学对象的整体架构，形成学习的先行组织者

本单元作为空间点、直线、平面位置关系的最后一节，其研究的内容、过程与方法都可以通过类比已有学习而获得，所以人教 A 版在本节的开头用了这么一句话："像研究直线与平面垂直一样，我们首先应给出平面与平面垂直的定义。"这个"一样"实际上就是研究平面与平面垂直的"整体架构"，教材没有具体指明（其实也是给教学留出的空间），需要教师引导学生进行归纳，从而形成本单元的先行组织者。因此，本教学设计的第一个问题是：

前面我们研究了空间直线、平面的平行关系，还研究了直线与平面的垂直关系。你能归纳一下这些位置关系的研究路径吗？

在这个问题的引导下，要让学生总结出研究空间基本元素位置关系一般路径：

现实背景——位置关系的定义、表示（三种语言）—判定—性质。

接着，通过两个追问：

你认为接下来要研究什么位置关系？如何研究？

你能回顾一下空间直线与直线垂直的定义过程吗？受此启发，你认为应该按怎样的路径给出平面与平面垂直的定义？

引导学生建构起研究的整体架构：

二面角、二面角的平面角—平面与平面垂直的定义、表示（三种语言）—判定—性质。

通过一个问题两个追问得出这个整体架构,给出了强有力的先行组织者,使后续学习有了明确的逻辑性,确保了整个学习过程的理性思维高度。

2. 在一般观念引领下设计探究活动,提高学生独立发现的可能性

"一般观念"给出了数学地定义一个对象、从数学的角度发现和提出问题等等的方法论,核心是强调"数学的方式",这就是数学的眼光、数学的思维、数学的语言的源泉,因而是发展学生数学学科核心素养的沃土。

本单元中,首先是如何定义二面角、二面角的平面角。距离和角度是几何中两个最基本而重要的度量问题,定义各种各样的距离、角度的数学手法都是一样的,本质上就是要具有唯一存在性。本教学设计在这里可谓是"浓墨重彩",设计了一个问题加七个追问,从宏观到微观,既有数学思想的引领,又有逻辑严谨的细节处理,环环相扣地提出问题,引导学生层层递进地得出完整的二面角的平面角概念。

判定、性质各有自己独特的研究问题。回顾前面的判定定理,在"空间问题平面化"、"线、面关系线线化"等思想方法的指引下,对直线与平面平行的判定,自然是把直线与平面内直线的平行关系作为充分条件,而且这个判定方法很直观;两个平面平行的判定,则是联系基本事实,利用了确定一个平面的充分条件——两条相交直线(再联系平面向量基本定理,可知本质上是两个不共线的方向);直线与平面垂直,同样也是利用确定一个平面的充分条件。而平面与平面垂直的充分条件则没有前面这些条件来得直观,本教学设计给出了一个问题加三个追问,引导学生将生活实例数学化,并借助长方体,"回到定义去",用平面垂直于平面的定义分析它们的本质,最终概括出判定定理。这里,用数学的眼光看真实现象(铅垂线紧贴墙面——垂直于地面的直线在墙面里)、回到定义去,就是一般观念指导下的探究活动。

发现性质过程中的一般观念是一脉相承的,都是"几何元素之间确定的关系就是性质",而且以平行、垂直为要点。本教学设计结合这里的研究对象进行明确化,得出要研究的问题是:在 $\alpha \perp \beta$ 的条件下,研究空间基本元素与 α 有某种关系时,与 β 有怎样的特定关系,而研究的路径是"从 α 内到 α 外",从而给学生指明了性质的探究方向。然后,以 3 个问题及相应的追问构建了不断开拓的发现空间,引导学生通过自主探究发现和证明性质。

3. 注意提问方式,为学生创造发现和提出问题的机会

课堂教学中发展学生的数学学科核心素养、提高学生的创新精神和实践能力,其基本策略和方法是落实"四基"、提高"四能"。因此,创设情境、基于情境提出数学问题,并要设法促进学生从数学的角度发现和提出问题,这是本教学设计特别关注的。

其中运用了这样一个策略,先从宏观上提出具有统摄性、贯通性的问题,再通过追问逐步具体化,从而引导学生的思维走向深入。例如:

问题2 为了定义空间两个平面互相垂直,需要先定义"空间两个平面所成的角"。类比平面内两条相交直线所成角的定义,我们应该先干什么?

问题3 根据角的研究经验,在定义了二面角的概念后,你认为接下来应该做什么?

追问1 你认为应该如何度量二面角的大小呢? 前面的学习中有没有类似的经验?

追问2 根据已有经验,用"平面角"度量二面角的大小时,应满足什么条件?

追问3 如何才能做到"唯一确定"?

追问4 二面角的平面角需要满足哪些条件? 你能证明如此定义的二面角的平面角是唯一确定的吗?

追问5 二面角的平面角所在平面与二面角的棱有什么关系?

追问6 二面角的大小可以用它的平面角来度量,二面角的平面角是多少度,就说这个二面角是多少度。你能根据二面角的平面角定义,给出其取值范围吗?

追问7 类比空间两条直线相互垂直的定义,你能给出平面与平面垂直的定义吗?

其中,问题2指向二面角的概念,问题3指向二面角的度量,后面的七个追问,先引导学生总结已有的用平面角定义空间角的经验,然后把二面角的平面角定义中涉及的细节问题按其逻辑顺序逐个提出,在这样的问题串中,学生就可以展开抽丝剥茧式的探究活动,在形成二面角的平面角概念的同时,对如何从数学的角度提出问题也能产生非常深刻的体验。

总之,我们要给学生一些想法,给一些如何思考的示范,以启迪学生提出自己的想法。要使这样的"想法"具有数学的含金量,则要以教师对所教内容的实质性理解为基础,要基于对数学对象的定义方式、"判定"要研究的问题是什么、性质到底指什么等问题的思考,基于对"组成元素的相互关系""关系"的体现方式等等的把握。要给学生一些"想法的酵母",从而使学生能在这些"思想的酵母"激发下,酝酿产生自己的想法,这是培养学生创造性思维的需要,也是本教学设计的追求。

一、内容和内容解析

1. 内容

随机抽样的概念及抽样方法。

2. 内容解析

数据是统计的关键要素之一,如何获取数据是统计中的首要问题。抽样的目的是要用样本估计总体,为了提高样本的代表性,需要充分利用已有信息,恰当选取不同的抽样方法。在统计的研究中,用样本估计总体的思想贯穿始终,但样本具有随机性,所以为了数据分析的科学性,要求样本数据的获取尽可能地排除人为因素的干扰,尽可能排除系统误差的影响,这就需要研究如何合理收集数据的问题,这也就是本单元要学习的内容。通过本单元的学习学生要理解如下问题:为什么要抽样? 如何进行抽样? 抽样的标准是什么? 对抽样所得数据如何看待? 在此过程中,可以促使学生体会统计思维与确定性思维的差异,培养数据分析和数学抽象等素养。

3. 教学重点

通过丰富的实例,经历统计过程,体会统计思想,感受统计的价值,了解随机抽样的两种方法,根据实际需求选取恰当的抽样方法获取具有代表性的样本。

二、目标和目标解析

1. 目标

(1) 了解总体、样本、样本量的概念,能从现实生活或其他学科中提出具有一定价值的统计问题;

(2) 了解简单随机抽样的含义及其解决问题的过程,掌握两种简单随机抽样的方法:抽签法和随机数法。

(3) 会计算样本均值,了解样本和总体的关系以及数据的随机性;

(4) 了解分层随机抽样的特点、适用范围及必要性;掌握各层样本量比例分配的方法,掌握分层随机抽样的样本均值和总体均值。

(5) 通过经历分层随机抽样收集数据、分析数据的过程,感受样本的随机性,提升数据分析素养;在简单的实际情境中,能根据实际问题的特点,设计恰当的抽样方法解决问题。

(6) 知道获取数据的基本途径,包括:统计报表和年鉴、社会调查试验设计、普查和抽样、互联网等。通过实际操作和计算机模拟操作等活动,积累数据分析的经验。

2. 目标解析

达成上述目标的标志是：

（1）通过分析"人口普查""人口变动调查"等具体实例，学生能明确统计问题中总体、样本和样本量等基本概念，能从现实生活或其他学科中提出具有一定价值的统计问题。结合现实情境，感悟随机抽样的必要性和重要性。

（2）通过"摸小球"等试验，学生能抽象概括出简单随机抽样的本质；能用抽签法、随机数法获取样本数据。

（3）在分析用随机数法获取的简单随机样本过程中，学生会计算样本的均值，能说出样本和总体、样本均值与总体均值的关系，通过多次抽样以及改变样本容量的多次抽样获得不同样本均值的比较，体会数据的随机性。

（4）能通过抽样调查的具体实例，说明对于个体差异较大的总体，实施简单随机抽样时可能出现"极端"样本；能利用辅助信息进行合理分层，进而改进抽样方法；能说出分层随机抽样的特点和适用范围，以及分层随机抽样的方法和步骤。通过总样本均值计算公式的简单推导，明确总样本均值等于每层的样本均值的加权平均，并会用比例分配分层随机抽样的样本均值估计总体均值，提升数据分析的素养。

（5）能利用多次模拟抽样方法抽取的样本观测值说明样本的随机性和规律性；能借助统计图表比较两种抽样方法得到的样本均值估计总体均值的效果，说明简单随机抽样和分层随机抽样的区别和联系，体会统计思维与确定性思维的差异；能根据实际需要，设计恰当的抽样方法获取样本。

（6）能举例说明获取数据的基本途径，包括：统计报表和年鉴、社会调查试验设计、普查和抽样、互联网等；在收集数据的活动中，积累数据分析的经验。

三、教学问题诊断分析

1. 问题诊断

在用样本数据估计总体均值时，学生已具备一定经验，但对于在比例分配的分层随机抽样中为什么可以用样本均值估计总体，一般的分层随机抽样中如何估计总体等问题的认识非常有限，将给本单元学习带来困难。教学中，应通过具体实例的分析，从以下两个方面引导学生理解：

第一，因为总体均值等于各层均值的加权平均，即 $\dfrac{M}{M+N}\overline{X}+\dfrac{N}{M+N}\overline{Y}$，其中 M 和 N 为第一层子总体和第二层子总体的个体数，$\overline{X}$ 和 $\overline{Y}$ 分别为第一层子总体的均值和第二层子总体的均值；而在每层中是采用简单随机抽样方法获得该层的样本数据，可以用每层的样本平均数估计该层的总体平均数,所以可以用$\dfrac{M}{M+N}\bar{x}+\dfrac{N}{M+N}\bar{y}$估计总体均值,其中$\bar{x}$和$\bar{y}$分别为第一层子总体的样本平均数和第二层子总体的样本平均数。

第二,当每一层按比例分配时,总样本平均数也可以作为总体平均数的估计,并且与$\dfrac{M}{M+N}\bar{x}+\dfrac{N}{M+N}\bar{y}$相等。

由于分层随机抽样是对简单随机抽样的改进,按确定性思维习惯,学生很容易认为针对同一总体的分层随机抽样一定优于简单随机抽样。从统计意义上理解在合理分层的情况下,分层随机抽样的估计效果优于简单随机抽样,这是本单元的又一个学习难点。教学中,要选择恰当的例子,引导学生进行分层随机抽样和简单随机抽样所得样本均值与总体均值的比较,从中体会分层随机抽样的估计效果并不是每一次都优于简单随机抽样,而是从整体意义上优于简单随机抽样。

2. 教学难点

分层抽样中"层"的均值与总体均值之间的关系,从统计意义上理解分层抽样的估计效果。

四、教学支持条件分析

借助 Execl、GGB 软件制作课件,供教师演示的同时,让学生动手进行简单随机抽样和分层随机抽样,并进行数据处理,借助信息技术进行不同抽样方法的比较,增强比较效果,使学生更强烈地感受分层随机抽样的优势。

五、教学过程设计

1. 课时教学内容

分层随机抽样。

2. 课时教学目标

(1)能通过具体实例说明分层随机抽样学习的必要性,并概括出比例分配的分层随机抽样实施的具体步骤,体验分层随机抽样方法的特点和适用条件;

(2)能通过实例分析分层随机抽样的估计效果,能举例说明,在用样本估计总体时分层随机抽样优于简单随机抽样的含义,提升数据分析、数学抽象素养。

3. 教学重点与难点

分层抽样方法,比例分配的分层随机抽样的样本均值和总体均值的估计,简单随机抽样和分层随机抽样效果的比较。

4. 教学过程设计

环节一　创设情境,引入问题

引导语　上一节课,为了完成估计我校高一年级 712 名学生平均身高的问题,我们学习了简单随机抽样。用这种抽样方法获得了样本量为 50 和 100 的多个简单随机样本,计算这些样本平均身高并绘制成折线图,发现样本平均数往往不同但都在总体平均数附近波动。这说明,样本平均数具有随机性,但同时又具有规律性。下面我们再来仔细地分析一下用简单随机抽样抽取的容量为 50 和 100 的 10 个样本。计算出样本平均数见表 12.16.1,并画出如图 12.16.1 所示的样本平均数折线图。

表 12.16.1　　　　　　　　　　　　　　　　　　　　　（单位：cm)

	抽样序号									
	1	2	3	4	5	6	7	8	9	10
样本量为 50 的平均数	165.2	166.1	167.2	166.8	165.2	166.6	166.6	166.7	163.2	166.2
样本量为 100 的平均数	166.6	165.3	166	166.4	167.3	166	165.7	167.3	165.4	165.9

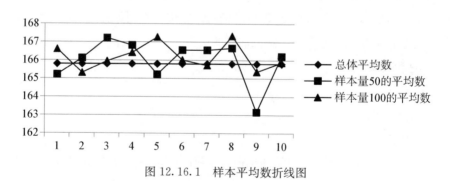

图 12.16.1　样本平均数折线图

对比样本量为 50 和 100 的样本平均数折线图,你看到了什么?

师生活动　由学生进行观察,给出结果后,教师帮助学生一起总结:样本量为 50 的第 9 次抽样的样本均值偏离总体均值比较大,这种样本称为"极端样本"。而随着样本容量的增加,样本平均值在总体均值附近大幅度波动的可能性变小,即增加样本容量就可以减小"极端样本"出现的可能性。

问题 1　如果追加信息:这 712 名学生中有 326 名男生、386 名女生,你认为这个信息可以用来改进抽样方法,减少"极端"样本出现的可能性吗? 为什么?

　　师生活动　学生独立思考,根据生活经验作出判断:可以将 712 人分为男生、女生两组,再分别在两组进行抽样。因为高一的男生普遍比女生高,所以分开抽样就可以避免出现样本中大多数是高个子男生或者大多数是矮个子女生这样的"极端"样本。

　　追问 1　如何分配样本量才更合理? 理由是什么?

　　师生活动　先由学生独立思考后进行小组讨论,再进行班级发言交流,师生一起总结得出:按照男、女生两个子总体的比例分配样本量。样本的结构与总体的结构尽可能一致。这样无论是男生还是女生,每个学生都有相同的可能性被抽到。

$$男生样本量 = \frac{男生人数}{全体学生数} \times 总样本量,$$

$$女生样本量 = \frac{女生人数}{全体学生数} \times 总样本量。$$

　　追问 2　在高一年级的 712 名学生中,男生有 326 名,女生有 386 名。我们要从中抽取一个容量为 50 的样本。请问男生和女生各抽取多少人?

　　师生活动　由学生尝试进行计算,给出如下结论。

从男生、女生中分别应抽取的人数为

$$n_男 = \frac{326}{712} \times 50 \approx 23,$$

$$n_女 = \frac{386}{712} \times 50 \approx 27。$$

教师总结:根据上面的计算,接下来我们就可以按照这样的样本量分配方式,在男生和女生中用简单随机抽样分别抽取样本,合在一起就可以得到一个容量为 50 的样本。

　　[**设计意图**]引导学生在对简单随机抽样的回顾中,感受简单随机抽样中样本均值具有的随机性和规律性,从折线图中观察样本均值的波动情况,发现虽然整体上样本均值在总体均值附近波动,但用简单随机抽样获得的样本数据,有时会出现"极端"情况。通过比较,学生可以发现,增加样本容量就可以减小"极端样本"出现的可能性。接着给出男生、女生的人数,这个新信息比较典型,而且特征很明显,也就是女生和男生的身高有群体差异,由此容易想到对男生、女生分别抽样可以减少"极端"样本出现

的可能性,然后进一步引入分层抽样方法就比较自然了。

教师示范 下面我们按上述方法抽取一个容量为 50 的样本(可以用随机数法进行抽样,也可以用信息技术进行简单随机抽样),获得具体数据如下:

23 名男生的身高(单位:cm)

173.0　174.0　166.0　172.0　170.0　165.0　165.0　168.0　164.0　173.0

172.0　173.0　175.0　168.0　170.0　172.0　176.0　175.0　168.0　173.0

167.0　170.0　175.0

27 名女生的身高(单位:cm)

163.0　164.0　161.0　157.0　162.0　165.0　158.0　155.0　164.0　162.5

154.0　154.0　164.0　149.0　159.0　161.0　170.0　171.0　155.0　148.0

172.0　162.5　158.0　155.5　157.0　163.0　172.0

通过计算,得出男生和女生身高的样本均值分别为 170.6、160.6。根据男生、女生的样本均值以及他们各自的人数,可以估计总体均值为

$$\frac{170.6 \times 326 + 160.6 \times 386}{712} \approx 165.2,$$

即估计我校高一年级学生的平均身高在 165.2 cm 左右。

问题 2　请同学们按照上述方法,采用小组合作方式,利用信息技术分别对男生和女生进行简单随机抽样,生成样本,并通过自己获得的样本进行总体估计。你们得出的估计值是 165.2 cm 左右吗?各小组相互比较一下,结果是否一样?

师生活动　学生模仿教师的操作获得各自的样本,并结合自己的样本得出总体均值的估计值,然后进行小组之间的互动。

学生可能通过三种方法进行估计:

① 运用所有样本数据直接计算平均数,并以此作为总体平均身高的估计值;

② 运用样本中男、女生身高的平均数 $\bar{x}$、$\bar{y}$ 和样本量计算总样本平均数

$$\frac{\bar{x} \times 23 + \bar{y} \times 27}{50},$$

并以此作为总体平均身高的估计值;

③ 运用总体中男、女生身高平均数的估计值 $\bar{x}$、$\bar{y}$ 和各子总体的人数计算总体平均数

$$\frac{\bar{x} \times 326 + \bar{y} \times 386}{712},$$

并以此作为总体平均身高的估计值。

教师收集学生的结果,并用折线图呈现,然后提出问题。

追问 各小组通过抽样得出了不同的样本,有些小组用不同的计算方法得出样本平均身高,并据此估计出总体平均身高。请大家思考:

(1) 以上三种计算方法是不是等价的?

(2) 老师将大家得出的结果作成了一张折线图,请同学们观察折线图,从中你发现了什么?

师生活动 学生分析三种方法,发现可以等价转化。然后观察折线图,思考后给出解释。因为样本具有随机性,所以不同小组得到了不同样本,也就得出了对总体的不同估计值,但虽然有一定差异,它们却在总体均值附近波动。因此,整体上看,用这样的方法可以得出比简单随机抽样更好的估计。

[**设计意图**]通过具体实例,让学生开展合作学习,利用信息技术进行分层抽样的实际操作,用自己的方法计算样本平均数,并用样本估计总体,这是一个比较完整的统计过程,可以使学生形成分层抽样的切身体验。在此基础上,教师把各小组的总体估计值收集起来,绘制成折线图,让学生观察图形,解释图形的特点并说明原因,可以使学生感受到样本的随机性和稳定性,促进数据分析素养的发展。另外,在此过程中学生对比例分配的分层抽样步骤以及相应的样本估计总体的方法也形成了较好的认识。

问题3 上面我们按性别指标,把高一学生划分为男生、女生两个身高差异较小的子总体分别进行抽样,进而得到总体的估计,这是一种新的抽样方法,我们把它叫做分层随机抽样。你能归纳一下前面处理问题的过程,自己给出分层随机抽样的定义并给出抽样步骤吗?

师生活动 先由学生独立思考给出定义,教师通过巡视发现典型的说法,对这些典型说法进行展示、分析并补充、完善,最后得出完整的定义。

定义:按一种或多种指标把总体划分成若干个子总体,每个个体属于且仅属于一个子总体,在每个子总体中独立地进行简单随机抽样,再把所有子总体中抽取的样本合在一起作为总样本,这样的抽样方法称为**分层随机抽样**。每一个子总体称为一个**层**。在分层随机抽样中,如果每层的样本量与层的大小成比例,那么这种样本量的分配方式叫做**比例分配**。

步骤:

(1) 根据已掌握的信息,将总体分成互不相交的 L 层,N_1,N_2,$\cdots$,N_L;

(2) 根据总体中的个体数 N,各层中的个体数 N_1,N_2,$\cdots$,N_L 和样本容量 n,计算第 i 层抽取的个体数 $n_i = \dfrac{N_i}{N} \times n$,$i = 1, 2, \cdots, L$,使得各 n_i 之和为 n;

(3) 在各层中,用简单随机抽样方法抽取步骤(2)确定的个体数,合在一起得到容量为 n 的样本。

[设计意图] 因为抽象的分层随机抽样定义与具体实例比较接近,所以先让学生从一般意义上归纳具体的分层随机抽样过程,并用自己的语言表达分层随机抽样的定义,然后教师再引导学生进行完善,得出准确的定义,这个过程可以培养学生的数学语言表达能力,同时在归纳总结中可以更深入地理解抽样方法。

环节三　归纳计算方法,探究不同估计方法的等价性

问题 4　前面例子中,在计算分层抽样所得样本数据的平均数并对总体进行估计时,大家提出了三种不同的方法。你能将这些方法推广到一般情形吗?为了讨论方便,不失一般性,我们以总体分成两层为讨论对象。

师生活动　先由学生独立思考,再进行小组讨论,在此基础上让学生阅读教科书,然后进行全班交流,分享自己的理解,最后教师帮助总结出一般方法:

设层数分为 2 层,第 1 层和第 2 层包含的个体数分别为 M 和 N,抽取的样本量分别为 m 和 n。

用 X_1, X_2, $\cdots$, X_M 表示第 1 层各个体的指标值,用 x_1, x_2, $\cdots$, x_m 表示第 1 层样本的各个体的指标值;用 Y_1, Y_2, $\cdots$, Y_N 表示第 2 层各个体的指标值,用 y_1, y_2, $\cdots$, y_n 表示第 2 层样本的各个体的指标值,则各层总体和样本平均数及总体和样本平均数如表 12.16.2 所示(学生回答表中第三列的内容,教师用 PPT 给出结果):

表 12.16.2

第一层总体和样本平均数	第二层总体和样本平均数	总体和样本平均数
$\overline{X} = \dfrac{X_1 + X_2 + \cdots + X_M}{M}$ $= \dfrac{1}{M}\sum_{i=1}^{M} X_i$ $\overline{x} = \dfrac{x_1 + x_2 + \cdots + x_m}{m}$ $= \dfrac{1}{m}\sum_{i=1}^{m} x_i$	$\overline{Y} = \dfrac{Y_1 + Y_2 + \cdots + Y_N}{N}$ $= \dfrac{1}{N}\sum_{i=1}^{N} Y_i$ $\overline{y} = \dfrac{y_1 + y_2 + \cdots + y_n}{n}$ $= \dfrac{1}{n}\sum_{i=1}^{n} y_i$	$\overline{W} = \dfrac{\sum_{i=1}^{M} X_i + \sum_{i=1}^{N} Y_i}{M+N}$ $= \dfrac{M}{M+N}\overline{X} + \dfrac{N}{M+N}\overline{Y}$ $\overline{w} = \dfrac{\sum_{i=1}^{m} x_i + \sum_{i=1}^{n} y_i}{m+n}$ $= \dfrac{m}{m+n}\overline{x} + \dfrac{n}{m+n}\overline{y}$

由于用第 1 层的样本平均数 $\bar{x}$ 可以估计第 1 层的总体平均数 $\overline{X}$,用第 2 层的样本平均数 $\bar{y}$ 可以估计第 2 层的总体平均数 $\overline{Y}$,因而我们可以用 $\dfrac{M}{M+N}\bar{x}+\dfrac{N}{M+N}\bar{y}$ 估计总体平均数 $\overline{W}$。

追问 $\dfrac{M}{M+N}\bar{x}+\dfrac{N}{M+N}\bar{y}$ 的值与样本平均数有什么关系?

师生活动 由学生独立进行计算,然后让学生代表给出结果:

当每一层的样本量按比例分配确定时,有

$$m=\dfrac{M}{M+N}\times(m+n), \ n=\dfrac{N}{M+N}\times(m+n),$$

所以

$$\dfrac{m}{m+n}=\dfrac{M}{M+N}, \ \dfrac{n}{m+n}=\dfrac{N}{M+N},$$

所以

$$\dfrac{M}{M+N}\bar{x}+\dfrac{N}{M+N}\bar{y}=\dfrac{m}{m+n}\bar{x}+\dfrac{n}{m+n}\bar{y}=\bar{w}.$$

因此,在比例分配的分层随机抽样中,用样本平均数 $\bar{w}$ 估计总体平均数 $\overline{W}$ 与用 $\dfrac{M}{M+N}\bar{x}+\dfrac{N}{M+N}\bar{y}$ 估计总体平均数 $\overline{W}$ 是等价的。

[设计意图] 引导学生把具体问题解决的结果一般化,对应得到一般情况下比例分配的分层随机抽样样本估计总体平均数的三种方法,提升数学抽象素养。学生通过代数推理,得出比例分配的条件下三种估计方法的等价性,提升数学运算素养。

环节四　比较不同抽样方法的估计效果

问题 5 从样本平均数估计总体平均数的角度,请评价一下比例分配的分层随机抽样的估计效果好不好? 与简单随机抽样的估计效果比较哪种抽样更好?

师生活动 教师把课件发到学生的信息技术工具上,学生操作 GGB 课件,围绕下列问题进行探究。

探究 1　样本量相同,多次分层随机抽样观察样本平均数与总体平均数的关系。

探究 2　样本量不同,进行不同样本量的多次分层随机抽样,对比样本平均数与总体平均数的关系。

探究 3　样本量相同,分别用分层抽样和简单随机抽样进行多次抽样,对比样本平均数与总体平均数的关系。

师生活动　学生动手操作,获得体验,再进行交流,然后教师通过如下问题引导学生对结果进行观察、归纳,得出两种随机抽样方法各自的特点。

追问　与考察简单随机抽样的估计效果一样,小明也想通过多次抽样考察一下分层随机抽样的估计效果。他用比例分配的分层随机抽样,从高一年级学生中抽取 10 个样本量为 50 的样本,计算出样本均值如表 12.16.3 所示。与上节探究中相同样本量的 10 次简单随机抽样比较,小明有了一个重要的发现。你是否也有发现?

表 12.16.3　　　　　　　　　　　　　　　　　　　(单位:cm)

	抽样序号									
	1	2	3	4	5	6	7	8	9	10
男生样本的平均数	170.0	170.7	169.8	171.7	172.7	171.9	171.6	170.6	172.6	170.9
女生样本的平均数	162.2	160.3	159.7	158.1	161.1	158.4	159.7	160.0	160.6	160.2
总样本的平均数	165.8	165.1	164.3	164.3	166.4	164.6	165.2	164.9	166.1	165.1

与探究简单随机抽样的估计效果一样,我们将数据用如图 12.16.2 所示的图形进行表示,其中粗实线表示整个年级学生身高的均值。

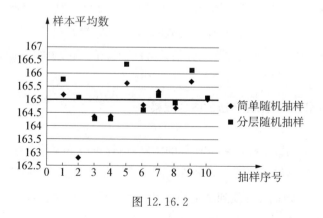

图 12.16.2

(1) 可以看到,分层随机抽样的样本均值围绕总体均值波动。与简单随机抽样的结果比较,分层随机抽样并没有明显优于简单随机抽样,但相对而言分层随机抽样的样本平均数波动幅度更均匀,简单随机抽样出现了一个"极端"的样本,而分层随机抽样没有出现。这说明,分层随机抽样出现"极端"样本的可能性更小些。

(2) 选取合适的分层变量,使得分层后各层间差异明显、层内差异不大,如此分层随机抽样的效果会好于简单随机抽样,也好于很多其他抽样方法。

(3) 分层随机抽样除了可以对总体做出估计,还可以对每层做出估计。

(4) 分层随机抽样实施起来更简单方便些。

[设计意图]继续引导学生理解样本的随机性,使他们认识到一次抽样的结果不能作为评判抽样方法好坏的标准。引导学生正确认识分层随机抽样和简单随机抽样的特点,从而使他们在解决实际问题时能够根据问题的特点设计合适的抽样方法。

环节五 课堂小结

问题6 请同学们带着下列问题,回顾我们本节课所学的内容:

(1) 本节课我们学了哪些内容? 是按怎样的路径展开学习的?

(2) 分层随机抽样的估计效果一定优于简单随机抽样吗? 在什么情况下用分层随机抽样更好? 能举例说明吗?

师生活动 先由学生思考、回答,在学生发言的基础上,教师帮助学生进行整理。

[设计意图]通过小结,梳理本节课的学习内容,形成结构化的知识。

(1) 本节课学习的主要内容有分层随机抽样的概念,比例分配的分层随机抽样的操作步骤;分层随机抽样的样本均值与总体均值的估计;分层随机抽样的估计效果分析。

我们首先分析了简单随机抽样中由样本随机性所导致的出现"极端"样本的可能性,并提出改进抽样方法以提高样本代表性的两条途径,一是增加样本容量,二是充分利用额外信息。然后,在已知学校男女生人数的条件下,提出对男生、女生分别进行抽样的方法,将其推广到一般就是分层随机抽样。接下来我们研究了分层随机抽样的操作步骤,用分层随机抽样所得样本的平均值估计总体均值的计算方法,并用比较的方法分析了分层随机抽样的估计效果。

(2) 一般意义上,分层随机抽样的估计效果并没有明显优于简单随机抽样,但对于各层间差异明显、层内差异不大的总体,分层随机抽样的效果会好于简单随机抽样。在实际抽样中,由于实际问题的复杂性,除了要考虑获得样本的代表性,还要考虑调查实施中人力、物力、时间等因素,因此通常会把多种抽样方法组合起来使用。例如,分层抽样中,不同的层内除了用简单随机抽样,还可以用其他的抽样方法,甚至层内还需要再进行分层,等等。

环节六　目标检测设计

已知高二年级男生为 490 人,女生为 510 人,张华通过分层随机抽样的方法,得到男生、女生的平均身高分别为 170.2 和 160.8。

(1)张华按比例分配样本,总样本量为 100,那么男生、女生中应分别抽取多少名?请估计高二年级学生的平均身高。

(2)张华从男生、女生中分别抽取的样本量为 30 和 70,请估计高二年级的平均身高。

布置作业

《必修二》第 184 页,练习第 1,2,4 题;第 188 页,习题 9.1,第 5,7 题。

教学设计说明

1. 通过典型案例引导学生经历分层随机抽样的全过程

课程标准强调,统计的教学活动应通过典型案例进行。教学中应通过对一些典型案例的处理,使学生经历较为系统的数据处理全过程,在此过程中学习数据分析的方法,理解数据分析的思路,运用所学知识和方法解决实际问题。

根据课程标准的这一要求,本教学设计以人教 A 版中给出的"树人中学高一年级学生平均身高的估计"为载体,设计简单随机抽样和分层随机抽样的连贯学习过程。本节课在指出"简单随机抽样"容易产生"极端"样本的基础上,提出改进抽样方法以减少"极端"样本出现可能性的目标。这样的课堂引入,由实际问题驱动,体现分层随机抽样概念、方法引入的必要性和合理性,符合统计学科的特点,同时可以增强学生对统计方法的直观感知,然后设计从具体到抽象的过程,引导学生探究比例分配的分层抽样各层样本量的计算公式、用样本平均数估计总体平均数的方法以及对分层随机抽样估计效果的评价等,从而让学生经历了一个相对完整的数据处理过程。

2. 强调用信息技术处理数据

在统计的教学中,用信息技术处理数据是必须的,它对学生体会统计思想(例如样本的随机性、用样本估计总体等)有很大的促进作用。本教学设计特别关注了这一点,注重信息技术的充分使用,不仅要求教师进行演示操作,还要求学生利用信息技术进行数据处理,在本节课的几个关键环节都安排了学生用信息技术处理数据的活动。例如,要求学生用 Excel 软件,通过分层随机抽样获取一个容量为 50 的样本,并通过计算机算出各层样本均值、总样本均值,这样可以让学生从机械、烦琐的数据运算中解放出来,把更多精力放到对分层随机抽样概念和方法的理解上。又如,在分层随机抽样的效果估计环节,设计了三个用 GGB 软件进行探索的活动:①样本量不变,多次进行分层随机抽样,然后进行效果比较;②增大或减少分层随机抽样的样本量,进行效果比较;③样本量一定时,对分层随机抽样与简单随机抽样效果进行比较。信息技术的使用,不仅让学生非常直观地看到分层随机抽样的效果估计,而且使学生切实感受到样本的随机性和稳定性。

3. 结合具体内容落实数据分析素养

在统计的教学中,要结合数据处理过程发展学生的数据分析素养,本教学设计作了如下努力:首先让学生亲自动手抽取样本,不同学生得到的样本数据是不同的,但结果具有稳定性,这个过程可以使学生体验样本的随机性和稳定性;其次让学生利用自己获得的分层抽样数据估计总体均值,引导学生采用多种方法估计高一年级全体学生的平均身高,促进学生体会统计推断思想;最后让学生结合具体问题分析统计结果——比较不同抽样方法得到的样本平均数围绕总体平均数波动的情况,在此过程中理解统计推断结果的或然性,体会如何正确运用统计结果解释实际问题等。总之,让学生经历数据处理的过程,在此过程中,学生的数据分析素养可以得到潜移默化的提升。

一、内容和内容解析

1. 内容

（1）随机试验的特点，样本点、有限样本空间的定义；

（2）随机事件、基本事件、必然事件、不可能事件与样本点、样本空间的关系。

2. 内容解析

概率论是研究随机现象规律性的数学分支，概率是对随机事件发生可能性大小的度量。因为随机现象在现实世界中的普遍性，使得概率论在现代社会及人们日常生活的各个方面都有广泛应用。随着计算机科学、人工智能的迅猛发展，伴随着大数据时代的到来，面临的处理随机现象的问题越来越多，概率论的重要性也日益突出。

本单元将在初中学习的基础上，结合具体实例，继续研究刻画随机事件的方法；通过古典概型中随机事件概率的计算，加深对随机现象的认识和理解；通过构建概率模型解决实际问题，提高用概率的方法解决问题的能力。

本节课是本单元的起始课，要在建立单元学习框架的基础上，学习样本点、有限样本空间、随机事件等概率的最基本概念。通过分析随机试验的可能结果，用适当的字母、数字或数对表示结果，构建样本空间，这是将实际问题数学化的关键步骤，也是提升学生数学抽象素养的重要途径。引入样本空间概念的作用体现在：更深刻地理解随机事件的概念；通过与集合的关系与运算的类比，可以更好地理解随机事件的关系和运算的意义；可以用符号语言准确而简练地表示求解概率问题的过程；也有利于在选择性必修课程的概率内容中揭示随机变量的本质（样本空间到实数集的映射）。

3. 教学重点

随机试验的特点，样本点、样本空间、随机事件等基本概念。

二、目标和目标解析

1. 目标

（1）结合具体实例，归纳随机试验的特点，理解样本点和有限样本空间的含义。

（2）理解随机事件与样本点的关系。

2. 目标解析

达成目标的标志是：

（1）能结合具体实例，归纳随机试验的基本特点，能用集合语言描述一个随机试验的所有可能结果，并用有限样本空间表示，体会将随机现象数学化的思想方法，发展数学抽象素养;会求试验结果有限的随机试验的样本空间。

（2）能用具体例子说明由某些样本点组成的随机事件的含义,能用样本空间的子集表示一个随机事件,提高应用数学语言表达与交流的能力。

三、教学问题诊断分析

1. 问题诊断

通过初中阶段的学习,学生已经能通过列表、画树状图等方法列出简单随机事件所有可能的结果,以及指定事件发生的所有可能结果,对事件的概率有了初步了解,并且知道通过大量地重复试验,可以用频率估计概率。但是,初中所学的概率内容非常有限,只能通过背景简单的情境定性解释随机事件,通过直观的手段,用枚举法解决简单的概率求解问题。本节课要通过具体实例归纳随机试验的三个特征,从而为引入样本点与样本空间的概念做好准备,也为古典概型的定义做好铺垫。这个过程对抽象思维的要求很高,因为没有这方面的经验,所以大多数学生会不知道从哪些角度入手,这是本节学习中会遇到的第一个难点。教学中,要通过较多例子的分析,帮助学生在充分感受的基础上归纳出这些特点,促使学生逐步加深对概率的研究对象的认识。

引入样本点和样本空间的概念对于用数学的方法研究随机现象是非常关键的一步。对样本点和有限样本空间含义的理解,建立在准确分析随机试验背景的基础上,而分析随机试验的背景需要较为丰富的实践经验。建立样本点、样本空间概念的过程,就是将随机试验的结果转化为数学符号语言表达的过程,需要较强的数学语言表达能力。在学生以往的学习经历中,这方面的经验积累不多,他们还缺乏为一个随机试验构建样本空间的必备技能,这是本节课会遇到的第二个难点。教学中,要通过典型、丰富的古典概型实例,通过必要的示范讲解,引导学生思考如何确定一个随机试验的观察点,如何区分各种可能的结果,怎样表示,等等,并通过适当的直观手段(如画树状图、列表),帮助学生掌握获得随机试验样本空间的方法。

把随机事件定义为样本空间的子集,非常简洁但抽象程度很高,学生经验中的随机事件是"抛掷一枚骰子点数小于3",把集合{1, 2}作为抛掷一枚骰子的随机事件,特别是无法用日常语言描述的集合{1, 2, 5}也是随机事件,学生会感到非常困惑。另外,他们对"随机事件发生"的含义也会产生疑惑。实际上这就是数学的概念抽象与客观现实之间不能等同的写照,因此这样的数学概念理解难度大但育人价值高,特别有利于数学抽象素养的发展。教学中,首先要通过古典概型例子帮助学生理解好随机试验的内涵;然后通过学生熟悉的、典型而丰富的随机试验,帮助学生抽象出样本空间;再从中选择能方便地进行自然语言与集合语言相互转换的子集(例如掷骰子试验中,集合{1，2，3}表示"点数不超过3"的随机事件)，让学生在转换过程中认可用样本空间的子集定义随机事件的合理性；最后推广到一般，给出有关概念。

2. 教学难点

随机试验三个特征的归纳，样本空间含义的理解，用样本空间的子集定义随机事件，随机事件发生的含义。

四、教学支持条件分析

通过信息技术展示现实世界、科学研究中各种随机现象，让学生感受随机现象的普遍性；利用信息技术互动平台开展课堂互动，提高教学效益，同时培养学生利用信息技术处理概率与统计问题的习惯。

五、教学过程设计

环节一 创设情境，认识随机现象

问题 1 前面我们学习了统计，知道其中最重要的思想是用样本估计总体，比如可以用样本均值估计总体均值。你认为这样的估计会出现什么问题？

师生活动 学生回顾统计的学习过程，说明由样本的随机性决定了样本均值的随机性，因此会导致估计偏差。在此基础上教师指出，这就需要对估计效果进行评价，而评价需要概率知识。

追问 同学们在初中阶段已经学过概率，请大家回忆一下，概率是研究什么问题的？初中学了哪些内容？

师生活动 先让学生回顾、回答，估计学生能回忆起来的内容不多，教师可以加强引导：概率从数值上刻画了随机事件发生的可能性大小，揭示了随机现象中存在的规律。初中阶段了解了什么叫随机事件，学习了用列举法求概率和用频率估计概率。然后教师指出：

不仅评估样本估计总体的效果要用到概率知识，现实世界中到处存在着复杂的随机现象，认识和刻画这些随机现象的规律也需要更多的概率知识。下面从理解概率的研究对象开始，先看实例。

［设计意图］联系统计中样本估计总体的过程，由样本的随机性提出估计效果的评价问题，进而引发学习概率的必要性，再回顾初中阶段学过的概率内容，引出本课的学习课题。

问题 2 （1）有位同学为了掌握从家到学校所需时间，他记录了两周的数据（精确到 1

分)如表 12.17.1。你能帮助他分析一下所用时间的特点吗?

表 12.17.1 （单位:分)

| 第一周 | 25 | 26 | 30 | 24 | 27 |
| 第二周 | 24 | 25 | 29 | 28 | 28 |

（2）为了更好地把握到校所需时间的规律性,这位同学在一学期内共记录了
100 次,并依据记录的数据绘制了如图 12.17.1 所示的直方图。从这个
图中你看到了什么规律?

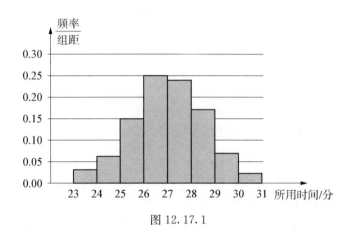

图 12.17.1

师生活动 先让学生思考,再师生一起归纳:所需时间不可预测,具有随机性,每
次观测都不完全相同;大量重复记录数据,所用时间的分布具有相对确定的规律性。

（3）从装有 10 个红球和 5 个白球的袋子中随机摸出一个,事先能确定它的颜色
吗? 如果有放回地重复摸球 300 次,记录摸到的球的颜色,你觉得会出现什么现象?

师生活动 学生独立思考后选代表回答。有初中的基础及生活经验,学生应该能
回答出要点。教师在学生回答后再帮助其完善表达:

事先不能预知摸到的球的颜色,但如果大量重复摸球,会出现摸出的红球和白球
的比例大约为 2 比 1,即每次摸出红球、白球的可能性大小各为 $\frac{2}{3}$ 和 $\frac{1}{3}$。

追问 1 你能归纳一下上述几个例子的共同特征吗?

师生活动 先由学生独立思考归纳出共同特征,然后小组交流,再进行全班交流。
在充分交流的基础上,教师和学生一起作出归纳:

这几个例子表明,生活中存在这样一类现象:就一次观测而言,出现哪种结果具有随机性,但大量重复观测下,各个结果出现的频率却具有稳定性。这类现象叫做随机现象,它就是概率论的研究对象。

追问 2 根据随机现象的特点,你认为我们可以怎样展开研究?

师生活动 学生根据实例及已有的学习经验进行分析、讨论,得出结论:先进行大量重复试验,观察所有可能的结果,再根据试验数据计算相应结果出现的可能性大小。

[**设计意图**] 通过具体问题,引导学生初步归纳随机现象的特征,并从宏观上构建研究路径。

环节二　认识随机试验的特征及其结果的数学表达

问题 3 考察下列试验,可能的结果是有限的还是无限的? 事先能否预知出现哪个结果? 不做试验能否确定所有可能的结果?

(1) 将一枚硬币抛掷 2 次,观察正面、反面出现的情况;

(2) 从你所在的班级随机选择 10 名学生,观察近视的人数;

(3) 在一批灯管中任意抽取一只,测试它的寿命;

(4) 从一批发芽的水稻种子中随机选取一些,观察分蘗数;

(5) 记录某地区 7 月份的降雨量。

师生活动 学生独立思考后回答问题,教师在学生回答过程中和学生进行互动。因为对随机试验特点的归纳比较困难,所以老师要加强引导,必要时可以直接讲解:

我们把对随机现象的实现和对它的观察称为随机试验(random experiment),简称试验,常用字母 E 表示。接下来要研究的是具有下面 3 个特点的随机试验:

(1) 试验可以在相同条件下重复进行;

(2) 试验的所有可能结果是明确可知的,并且不止一个;

(3) 每次试验总是恰好出现这些可能结果中的一个,但事先不能确定出现哪一个结果。

知道了随机试验的特点后,接下来的问题就是如何用数学的方式表达随机试验的结果,我们仍然从具体实例入手。

问题 4 体育彩票摇奖时,将 10 个质地和大小完全相同且分别标号为 0,1,2,…,9 的球放入摇奖器中,经过充分搅拌后摇出一个球,观察这个球的号码。这个随机试验共有多少个可能结果? 如何表示这些结果?

师生活动 由学生独立思考后给出回答,学生应该能说出 10 个试验结果,但不一定能想到用集合表示。教师在学生回答后给出抽象表达:用字母 m 表示"摇出的球的号码为 m"这一结果,则 m 可取 0,1,2,…,9,所有可能的结果可用集合表示为 $\{0, 1, 2, \cdots, 9\}$。

然后让学生进行小组合作,每人提出一个随机试验,其他人给出集合表示。在此基础上,让学生阅读教科书,同时教师进行讲解:

我们把随机试验 E 的每个可能的基本结果称为样本点,全体样本点的集合称为试验 E 的样本空间。一般地,我们用 Ω 表示样本空间,用 ω 表示样本点。当前,我们只讨论 Ω 为有限集的情况。如果一个随机试验有 n 个可能结果 ω_1,ω_2,…,ω_n,则称 $\Omega = \{\omega_1, \omega_2, \cdots, \omega_n\}$ 为有限样本空间。

[**设计意图**] 先由教师给出用集合表示一个随机试验结果的示范,再通过小组合作学习,进一步熟悉表示方法。在学生形成充分感知的基础上,教师再给出抽象表达。某种意义上,引进样本空间概念,用集合表示随机试验的结果,这是一种语言学习。语言学习的最好方法是先知道怎么说,然后再通过实践运用理解其内涵。

例 1 抛掷一枚硬币,观察它落地时哪一面朝上,写出试验的样本空间。

例 2 抛掷一枚骰子,观察它落地时朝上面的点数,写出试验的样本空间。

师生活动 教师要求学生给出多种表示方法,由学生独立完成。这两个题目看上去简单,但却是随机试验数学化的典型事例,让学生采取多种方法表达,特别是用字母符号、数字进行表达,在发展数学抽象素养的同时也为后续研究打下一些基础。

例 1 中样本空间的表示可以有:$\Omega = \{$正面朝上,反面朝上$\}$;若用 h 表示"正面朝上",t 表示"反面朝上",则 $\Omega = \{h, t\}$;若用 1 表示"正面朝上",0 表示"反面朝上",则 $\Omega = \{1, 0\}$。

例 3 抛掷两枚硬币,观察它们落地时朝上面的情况,写出这个试验的样本空间。

师生活动 先由学生独立思考解决问题,再进行全班交流,完善问题的解答与符号表示的规范性。本题解答中可能出现两种观点,一种是有 4 个样本点,另一种是有 3 个样本点。这时要让学生讨论两者的差异,教师可以利用树状图(如图 12.17.2)进行解释,帮助学生认识到,如果是 3 个样本点,那么就不是等可能的。为了帮助学生熟练掌握用集合语言表示样本点和样本空间,

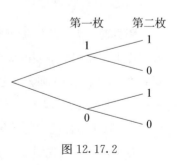

图 12.17.2

可以引导学生先用文字语言描述可能的结果,并用集合的形式表示,然后再考虑用简洁的字母符号或数字进行表示,从而逐步走向数学化。这里要让学生注意,用1、0分别表示正面朝上、反面朝上,只是一种记号。

教师可以引导学生对样本点和样本空间的表示方法做一个归纳:

文字表示:$\Omega = \{$正正,正反,反正,反反$\}$;

字母表示:$\Omega = \{hh, ht, th, tt\}$;

数对表示:$\Omega = \{(1, 1), (1, 0), (0, 1), (0, 0)\}$;

数串表示:$\Omega = \{11, 10, 01, 00\}$。

教师总结:样本空间可以用不同的数学语言表达,从文字语言到符号语言,抽象程度不同,我们可以感受到用符号和数字表达的简洁性。在后续学习中,数字表达的优越性会更加突显。特别是只有两个可能结果的试验,用 0 和 1 表示试验结果很有好处。

追问 列举下列试验的样本空间,它们和例 3 的样本空间有哪些相同点和不同点?

(1) 向一个目标射击两次,考察命中目标的情况;

(2) 两位同学独立各猜一道谜语,考察猜中的情况。

师生活动 先由学生回答,再由教师带领学生进行分析。这里,因为射中的概率不一定是 0.5,所以尽管样本空间的结构、样本点的个数与例 3 一样,但样本点发生的可能性大小是不一样的;猜谜语的问题也同理。

[**设计意图**] 通过例题帮助学生进一步理解样本点和样本空间概念,使学生掌握根据具体随机试验的特点选择适当的语言表达样本空间的技能。追问的目的是要让学生关注样本点发生的等可能性问题,这对古典概型非常重要。

环节三 认识随机事件的定义

引导语 为了研究随机现象,我们用集合语言表示随机试验的所有可能结果,引入了样本点和样本空间的概念,接下来我们要学习如何利用这些概念表示随机事件。

问题 5 先回顾初中阶段学过的随机事件概念,然后判断:在体育彩票摇号试验中,摇出"球的号码为奇数"是随机事件吗? 摇出"球的号码是 3 的倍数"是否也是随机事件吗? 能用集合表示这些事件吗?

师生活动 首先引导学生回顾随机事件的概念,然后分别用集合语言描述两个随机事件,并从一个随机事件所包含的可能结果的角度,引导学生用自然语言解释随机事件的意义。

语言描述:因为"球的号码是奇数"可能发生,也可能不发生,所以是随机事件。设 $A=$ "摇出球的号码是奇数",则事件 A 发生当且仅当摇出的号码为 $1,3,5,7,9$ 之一,即事件 A 发生等价于摇出的号码属于集合 $\{1,3,5,7,9\}$。

学生对用集合 $\{1,3,5,7,9\}$ 表示事件 A 比较容易接受,但对"事件 A 发生"的含义可能不太清楚,教师要加强引导:用集合 $\{1,3,5,7,9\}$ 表示事件 A 的含义是,事件 A 发生的所有可能结果都在这个集合中,同时集合中任意一个元素都是事件 A 发生的可能结果之一。换句话说,就是当且仅当摇出的球的号码为 $1,3,5,7,9$ 之一时,事件 A 发生。

接下来可以让学生模仿上述说法,解释 $B=$ "摇出球的号码是3的倍数"也是随机事件,表示为 $B=\{0,3,6,9\}$,并得出结论:可以用样本空间 $\Omega=\{0,1,2,3,4,5,6,7,8,9\}$ 的子集表示随机事件 A、B。

追问1　你能将上述表示随机事件的方法推广到一般吗?

师生活动　先由学生用自己的语言表达,再让学生阅读教科书进行对照以明确结论:

一般地,随机试验中的每个随机事件都可以用这个试验的样本空间的子集来表示。为了叙述方便,我们将样本空间 Ω 的子集称为随机事件,简称事件,并把只包含一个样本点的事件称为基本事件。随机事件一般用大写字母 A,B,C,$\cdots$ 表示。在每次试验中,当且仅当 A 中某个样本点出现时,称为事件 A 发生。

追问2　从集合的观点看,对于集合 Ω 的子集,你认为其中哪些集合比较特别?它们对应的随机事件是什么?你能根据随机事件发生的意义及事件与样本点的关系进行说明吗?

师生活动　先让学生独立思考并给出回答,教师在学生回答问题时可以和学生对话以促使学生明确:由集合的知识可知,Ω 作为自身的子集,包含了所有的样本点,在每次试验中总有一个样本点发生,所以 Ω 总会发生。这样,Ω 为必然事件。而空集不包含任何样本点,在每次试验中都不会发生,所以空集表示不可能事件。必然事件与不可能事件不具有随机性,为了方便统一处理,将必然事件和不可能事件作为随机事件的两个极端情形。这样,有限样本空间 Ω 的每个子集都是随机事件。

[设计意图]一个随机试验中的某些结果组成了随机事件,我们用样本点表示可能发生的结果,所以随机事件就可以用样本点的集合来表示,而样本空间包含了所有可能的结果,所以随机事件可以看成是样本空间的子集,这样我们就将随机现象数学

化了。这个思考过程的逻辑性很强,其中明确随机事件和样本点的关系是关键,而理解"随机事件 A 发生"的含义是难点。所以,先通过问题引导学生回顾随机事件的概念,再用概念判断"摇出的号码是奇数"是否为随机事件,然后讨论"摇出的号码是奇数"发生的含义,得出结论是出现的点数是 1,3,5,7,9 之一,即集合 $\{1,3,5,7,9\}$ 中的某个点数出现了,这样既使学生明白可以用样本空间的子集表示随机事件,又突破了"随机事件发生"的含义这个难点。随后再从样本空间特殊子集的角度提出问题,引导学生思考全集 Ω 及空集对应于什么事件,从而完成了用样本点概念重新建构随机事件概念的任务。

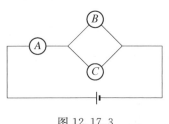

图 12.17.3

例 4 如图 12.17.3,一个电路中有 A、B、C 三个电器元件,每个元件可能正常,也可能失效。把这个电路是否为通路看成是一个随机现象,观察这个电路中各元件是否正常:

(1) 写出试验的样本空间;

(2) 用集合表示下列事件:

$M =$ "恰好两个元件正常";

$N =$ "电路是通路";

$T =$ "电路断路"。

师生活动 先由学生独立完成,再展示学生的各种解答,教师进行适当点评。

[**设计意图**] 本题与抛掷 3 枚硬币的试验是同构的。考虑 3 个元件的所有可能状态,建立样本空间,在具体问题情境中,理解随机事件的意义,促进学生初步掌握用样本空间的子集表示事件的方法。

追问 通过例 4 的解答,你能总结一下引进有限样本空间概念的好处吗?

师生活动 让学生独立思考后进行小组交流,再让学生代表发言。这里只要让学生联系集合的相关知识,能够说出引进有限样本空间,可以用有限样本空间的子集表示随机事件,可以利用集合的关系和运算讨论事件的关系,等等。

环节四　课堂小结

问题 6 请你带着如下问题回顾一下本节课的学习内容,并给出回答:

(1) 本节课我们是按怎样的路径构建概念体系的?

(2) 不确定现象随处可见,我们感兴趣的随机现象有什么特点?你能举例说明吗?

（3）你能举例说明样本点和样本空间的含义吗?

（4）随机事件和样本点有怎样的关系? 你能举例说明什么叫"随机事件发生"吗?

师生活动 先由学生带着问题回顾,独立思考后进行班级交流,最后由教师进行归纳。

［设计意图］(1)学习任何内容,理解研究对象是非常关键的一步。本节课是高中概率课程的起始课,按照"随机现象—随机试验的基本特点—随机试验的数学表示(样本点和样本空间)—随机事件的集合表示"的路径展开,在一个新的高度认识随机现象,并用数学的方式作出表示,这对接下来的研究非常关键。

虽然研究对象与确定性数学的对象完全不同,但概率的研究路径与函数具有可类比性。"随机事件与概率"这个单元按"有限样本空间与随机事件—事件的关系和运算—古典概型—概率的基本性质"的结构展开,前两小节相当于"预备知识",古典概型相当于"函数的概念",概念之后研究性质是数学的基本之道。这个类比可以在适当的时候(例如本单元结束时)教给学生。

（2）本节课中出现的概念是概率中最基本的,也是抽象程度非常高的,理解这类概念的最好方法是举例子,检验学生是否理解的方法也是看学生是否能举出适当的例子。所以,对随机现象(试验)的特点、样本点和样本空间的含义以及随机事件与样本点的关系等,都采用让学生举例说明的方法进行小结。另外,"事件 A 发生",就是 A 中某个样本点出现了,这与随机试验的特点有关系,需要在小结时再次强调。

布置作业

《必修二》第 229 页,练习第 1,2 题;第 243 页,习题 10.1,第 1,2 题。

环节五　目标检测,检验效果

袋子中有 9 个大小和质地相同且标号为 $1,2,3,4,5,6,7,8,9$ 的球,从中随机摸出一个球。

（1）写出试验的样本空间;

（2）用集合表示事件 A ="摸到的球的号码小于 5", B ="摸到的球的号码大于 4", C ="摸到的球的号码是偶数"。

［设计意图］检验学生对样本空间与随机事件的理解情况。

教学设计说明

1. 重视对随机现象特点的认识

本节课是概率必修课程的起始课，承担的主要任务是：抽象概率的研究对象，了解本章的研究内容及研究路径，重点是抽象有限样本空间和随机事件的概念，落实数学抽象素养。

概率的研究对象是随机现象，要和确定性数学的研究对象明确区分。因为学生没有多少随机现象的认识经验，所以本教学设计注重通过具体实例，由教师引导（必要时直接讲解）逐步归纳出随机现象的基本特点。在本节课的引入阶段，首先通过衔接上一章的用样本均值估计总体均值，提出因为样本的随机性可能出现估计的偏差问题，再列举到校所需时间的分布、摸球问题等随机现象，引导学生归纳随机现象的特征：结果的随机性和频率的稳定性；在此基础上，再给出掷一枚硬币两次等多个随机试验，通过教师引导或讲解，归纳出随机试验的三个特征，从而实现了与确定性现象的明确区分。这个过程中提出的问题占用课堂时间都比较多，其目的就是为了让学生在学习伊始就对概率的研究对象形成清晰的认识。

2. 重视样本空间和随机事件的概念抽象过程

在初中阶段，学生已经了解了用直观描述方式定义的随机事件概念，样本空间的概念是课程标准新增加的内容。构建试验的样本空间是研究概率问题的基础，是随机试验数学化的第一步抽象，对精确、简洁地描述概率问题具有非常重要的作用。因为学生还没有形成用集合的语言刻画一个数学对象的思维习惯，所以本教学设计采用概念形成的方式设计样本空间概念的教学过程，通过问题引导学生经历如下概念抽象过程：

具体的随机试验—分析试验的可能结果—语言描述—符号表示—样本点—集合表示所有样本点—样本空间—有限样本空间—用样本空间表示随机试验（例题）。

上述过程安排非常细致，原因是考虑到学生的已有经验不多，同时注重教师的启发性讲解。另外，从概念到具体随机试验的样本空间表示，本教学设计强调了用文字语言、符号语言、数字语言等多样化的表达方式，一方面可以提升学生"用数学的语言表达世界"的能力，发展数学抽象素养，另一方面也为后续相关内容（例如随机变量）的学习打下基础。

随机事件概念的抽象过程也设计了一个问题下的若干个追问：

描述性定义—事件发生的意义（随机事件与样本点的关系）—将随机事件抽象为样本空间的子集—用样本空间的子集表示随机事件（例题）。

3. 注重采用适当的方式突破教学难点

本节课的教学难点较多而且处于一门学科的"出发点"阶段,可以利用的知识经验比较缺乏。为此,本教学设计针对不同内容的特点、不同的教学要求,在难点的处理上采取了不同的方式。

首先,因为随机现象和随机试验的特点不容易归纳,许多学生都不知道从哪里入手进行分析,所以本教学设计注重以教师概括讲解为主;样本空间和随机事件的概念,则通过创设具体情境(体育彩票摇奖),并从情境中提出问题,让学生在问题引导下进行充分的思考、交流,最后教师完善。

其次,注重问题的质量,不仅保证其数学的"含金量",而且强调与学生认知水平的适应性,从而对学生的思维形成适度的挑战性,有效地激发了学生的积极思考。例如,掷两枚硬币、两次射击、两位同学各自独立猜一道谜语等,这些随机试验的样本空间有哪些相同点和不同点?你能根据随机事件发生的意义及事件与样本点的关系进行说明吗?你能总结一下引进有限样本空间概念的好处吗?等等。这些问题都是比较具有挑战性的,尽管有的问题学生现在的体会不深,比较难以给出完整的答案,但这是需要在概率学习中不断思考、不断体会的。

第三,在概念抽象的过程中,特别重视引导学生进行自然语言与符号语言的互相转换,促使学生在转换过程中发现本质特征,实现概念内涵的抽象。

第四,尽量调动学生的已有经验,例如充分利用学生在初中的概率课程中学过的随机事件的描述性定义,在列举样本点、构建样本空间时发挥已掌握的列举法、树状图等经验的作用。特别是在小结中提出与函数的研究路径进行比较,使学生在后续的学习中能够更有方向感。

第十三章　教学设计案例（三）

本章含"几何与代数"选择性必修中的用空间向量研究距离和夹角问题、直线的倾斜角与斜率、椭圆的概念与性质等三个教学设计。这些内容的选择基于如下考虑：

距离、夹角是两个最基本的几何量，用向量研究距离和夹角问题是向量法的典型应用。从向量的角度看，无论是平面还是直线，法向量都是反映垂直方向的最为直观的表达形式，法向量刻画了表示"距离"的线段的方向，法向量的方向和法向量上投影向量的长度既体现了几何直观，又提供了代数定量刻画，因此利用法向量和向量投影可以研究距离问题；角度是空间两个方向差的度量，利用直线的方向向量、平面的法向量可以方便地对夹角作出表达。在用空间向量研究距离和夹角问题中，学生能更深刻地感悟"基"的思想。

直线的倾斜角和斜率是解析几何的开篇，在建立坐标法思想中具有基础性作用。因为学生对于方向的重要性缺乏必要的感知，所以"简单"的直线，其几何特征反而是最难刻画的，于是对直角坐标系中确定直线位置的几何要素的探索也是难点，倾斜角的代数化、推导过两点的直线斜率的计算公式的思想方法更是难点。可以说，本节课是解析几何中最难教的内容之一。

圆锥曲线是解析几何的核心内容，椭圆、双曲线和抛物线的教材内容是同构的，椭圆是圆锥曲线的代表，椭圆的概念与性质过关了，另两种曲线可以类比自学。

一、内容与内容解析

1. 内容

运用空间向量解决立体几何中的距离和夹角等度量问题。

本单元需用 3 课时：第 1 课时，用向量方法研究距离问题；第 2 课时，用向量方法研究夹角问题；第 3 课时，解决综合问题。

2. 内容解析

几何的本质在于度量，度量的本质在于长度。两点间的距离被定义为连接两点的直线段的长度，这个定义基于欧几里得空间的最基本结构——连接给定两点之间的所有通路中，有且仅有一条最短通路，它就是连接两点的直线段。[①]

对于线段 AB，由 A 到 B 可以向前无限延伸而成射线，平面上的一条射线表达了一个方向，一条直线具有两个相反的方向。两条共起点的射线 OA、OB 在方向上的差别就是 $\angle AOB$ 的角度，所以角度是对两个方向差的度量。对角的度量可以"用角量角"，也可以用长度量角，弧度制就是用长度对角进行度量。

向量是既有大小又有方向的量，所以向量是表达和研究度量问题的一个最理想的工具，具体而言就是通过向量长度定义两点间的距离，利用向量的数量积求角的大小。设向量 $\boldsymbol{a}=(a_1, a_2, a_3)$，$\boldsymbol{b}=(b_1, b_2, b_3)$，根据数量积的定义，有

$$|\boldsymbol{a}|=\sqrt{\boldsymbol{a}\cdot\boldsymbol{a}}=\sqrt{a_1^2+a_2^2+a_3^2},$$

$$\cos\langle\boldsymbol{a}, \boldsymbol{b}\rangle=\frac{\boldsymbol{a}\cdot\boldsymbol{b}}{|\boldsymbol{a}||\boldsymbol{b}|}=\frac{a_1b_1+a_2b_2+a_3b_3}{\sqrt{a_1^2+a_2^2+a_3^2}\sqrt{b_1^2+b_2^2+b_3^2}}。$$

在空间直角坐标系中，设 $A(x_1, y_1, z_1)$，$B(x_2, y_2, z_2)$ 是空间中任意两点，则

$$\overrightarrow{AB}=\overrightarrow{OB}-\overrightarrow{OA}=(x_2-x_1, y_2-y_1, z_2-z_1),$$

于是

$$|\overrightarrow{AB}|=\sqrt{\overrightarrow{AB}\cdot\overrightarrow{AB}}$$

$$=\sqrt{(x_2-x_1)^2+(y_2-y_1)^2+(z_2-z_1)^2},$$

---

① 项武义.基础几何学［M］.北京：人民教育出版社，2004 年版，第 3 页.

所以

$$| AB | = |\overrightarrow{AB}| = \sqrt{(x_2 - x_1)^2 + (y_2 - y_1)^2 + (z_2 - z_1)^2};$$

$$\angle AOB = \arccos \frac{\overrightarrow{OA} \cdot \overrightarrow{OB}}{|\overrightarrow{OA}| |\overrightarrow{OB}|} = \arccos \frac{x_1 x_2 + y_1 y_2 + z_1 z_2}{\sqrt{x_1^2 + y_1^2 + z_1^2} \cdot \sqrt{x_2^2 + y_2^2 + z_2^2}}\,。$$

这里我们将空间向量的运算与向量的坐标表示结合起来,这样不仅可以解决距离和夹角的计算问题,而且可以使一些问题的解决变得简单。

有了空间两点间距离的定义,空间的其他距离问题,即点到直线的距离、平行直线间的距离、点到平面的距离、直线到平面的距离(直线与平面平行)、平行平面间的距离等等,都可以通过向量投影、利用勾股定理转化为两点间的距离。其中,非常关键的是要发挥"法向量"的作用。实际上,无论是平面还是直线,法向量都是反映垂直方向的最为直观的表达形式,法向量刻画了表示"距离"的线段的方向。法向量的方向和法向量上投影向量的长度既体现了几何直观,又提供了代数定量刻画,因此利用法向量和向量投影可以研究距离问题。

有了两个向量夹角的计算公式,空间基本图形所成角度的问题,即两条直线所成的角、直线和平面所成的角、两个平面所成的角等,也都可以转化为求两个向量夹角的问题。具体求解时,利用直线的方向向量刻画直线的方向,利用平面的法向量刻画平面的方向,从而把空间直线、平面间的夹角问题转化为直线的方向向量、平面的法向量间的夹角问题,然后利用空间向量的数量积运算加以解决。

利用空间向量解决立体几何中的距离和角度问题,遵循着用向量解决几何问题的一般套路,这就是:

第一步,清晰地描述图形的几何特征和要解决的问题,这就是"先用几何眼光观察";

第二步,结合具体问题合理选择基底,用向量语言描述这些特征和问题,用空间向量表示立体几何问题中涉及的几何元素,将几何问题转化为向量问题;

第三步,通过空间向量的运算,研究空间基本元素的距离、夹角等度量问题;

第四步,将运算结果"翻译"成相应的几何结论,立体几何问题得以解决。

本单元的教学可以帮助学生进一步理解向量运算、向量基本定理的本质,理解向量运算在解决几何度量问题中的作用,感悟"基"的思想,并运用它解决立体几何中的问题,体会向量法的优势,发展直观想象、数学运算和逻辑推理等素养。

3. 教学重点

利用投影向量推导点到直线的距离公式和点到平面的距离公式,利用向量的数量积推导直线、平面间的夹角公式,运用向量法解决立体几何问题,感悟"基"的思想。

二、目标与目标解析

1. 目标

(1)能用向量方法解决点到直线、点到平面、相互平行的直线、直线到平面(直线与平面平行)、相互平行的平面的距离问题。

(2)能用向量方法解决直线与直线、直线与平面、平面与平面所成的角(夹角)的问题。

(3)理解用向量方法解决立体几何问题的程序,并用来解决立体几何问题,体会向量方法的作用。

2. 目标解析

达成上述目标的标志是:

(1)能利用向量投影推导点到直线的距离公式、点到平面的距离公式;能把相互平行的直线间的距离、直线到平面的距离(直线与平面平行)、相互平行的平面间的距离转化为点到直线的距离或点到平面的距离,进而求得该距离,体会用向量方法解决距离问题的优势。

(2)能通过实例归纳出利用向量的数量积求空间两条异面直线所成角的一般方法;能够利用向量的数量积得出直线与平面、平面与平面所成角的计算公式,并用于解决有关夹角的问题,体会利用向量数量积解决空间角度问题的优势。

(3)能归纳出用空间向量解决立体几何问题的基本程序和步骤,并熟练用于解决立体几何中的问题;通过用向量方法、综合几何方法从不同角度解决立体几何问题,体会向量方法的优势以及向量及其运算在解决立体几何问题中的作用,能举例说明如何用"基"的思想分析和解决问题。

三、教学问题诊断分析

1. 问题诊断

学生在平面几何中已经对度量问题进行过完整的学习,在"立体几何初步"中,对于空间距离和夹角有了一定的认识,但缺乏整体性、系统性。本章的学习中,已经利用空间向量及其运算、空间向量基本定理等解决了一些简单的立体几何问题,但对向量方法的体会还不够深刻,对向量方法的基本程序和步骤也还没有达到熟练运用的程度,特别是在解决综合性问题时,对如何将立体几何问题转化为向量问题缺乏经验和体会。显然,造成这些困难的原因,主要在于学生对向量这个工具的特性还不够了解,对向量方法所蕴含的基本思想领悟不深、积累的活动经验较少,以致于许多学生还不习惯于用向量。所以,这些困难的解决需要假以时日,加强用向量方法解决几何问题的训练。

就本单元的学习而言,学生遇到的第一个问题是,把基本图形中的元素与向量联系起来并作出表示,需要用带有构造性的方法,这是学生不熟悉的。例如:已知直线 l 的单位方向向量为 $\boldsymbol{u}$,A 是直线 l 上的定点,P 是直线 l 外一点。如何利用这些条件求点 P 到直线 l 的距离?

解决这个问题需要结合已知条件,利用向量投影构造直角三角形。

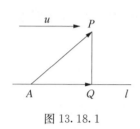

图 13.18.1

如图 13.18.1,设 $\overrightarrow{AP}=\boldsymbol{a}$,则向量 $\overrightarrow{AP}$ 在直线 l 上的投影向量 $\overrightarrow{AQ}=(\boldsymbol{a}\cdot\boldsymbol{u})\boldsymbol{u}$。

在 $\mathrm{Rt}\triangle APQ$ 中,由勾股定理,得

$$| PQ |=\sqrt{| \overrightarrow{AP} |^2-| \overrightarrow{AQ} |^2}=\sqrt{\boldsymbol{a}^2-(\boldsymbol{a}\cdot\boldsymbol{u})^2}。$$

在此过程中要求学生能一般性地把握条件之间的联系,对向量的自由性有比较好的理解和运用,最终要借助空间想象、用向量表达条件。

学生会遇到的第二个问题是对直线的方向向量、平面的法向量理解不深,还达不到灵活运用的程度,导致缺乏解题思路。例如,对于空间直线、平面所成角的研究,由于角度是对两个方向差的度量,需要利用向量的自由性,把方向向量、法向量等“集中”起来,构造出相应的角,找到与所求角相关的几何元素并用向量表示出来,再利用向量的数量积进行求解。这个过程中,构造方向向量、法向量,把相关的几何元素联系起来等等,学生都会存在困难。

学生会遇到的第三个问题是根据问题的条件选择合适的“基”,这里涉及到对条件及其相互关系的准确把握,对一些常用基本立体图形中的几何元素及其相互关系的熟悉程度,以及经过必要的解题训练才能形成的对“合适的基底”的敏感和直觉,等等。

2. 教学难点

整体理解空间距离公式和角度公式,用向量方法解决立体几何中的综合问题,通过构造的方法,用抽象的法向量解决问题,选择合适的基底。

四、教学支持条件分析

利用动态几何软件作空间图形,呈现几何图形中的几何元素及其关系,帮助学生形成对相应的直线、平面关系的直观认识;利用信息技术展示向量投影的过程,帮助学

生构造相关的几何量;借助投影平台展示学生的作品;等等。

五、课时教学设计(一)

用空间向量研究距离问题

1. 课时教学内容

点到直线、点到平面、相互平行的直线、直线到平面(直线与平面平行)、相互平行的平面的距离。

2. 课时教学目标

能利用投影向量得到点到直线、点到平面的距离公式,结合距离问题的解决,归纳用空间向量解决立体几何问题的基本程序和步骤,提升直观想象、数学运算等素养。

3. 教学重点与难点

重点:利用投影向量推导点到直线的距离公式和点到平面的距离公式。

难点:利用投影向量推导点到直线的距离公式,利用投影向量统一研究空间的距离问题。

4. 教学过程设计

环节一　探究用向量表示点到直线的距离公式

问题 1　前面,我们通过直线的方向向量、平面的法向量,运用向量的线性运算、数量积运算等研究了空间直线、平面的平行和垂直的位置关系。下面继续用向量方法研究立体几何中的度量问题,先研究距离问题。请问,立体几何中有哪些距离问题?

师生活动　先由学生独立思考,再进行全班交流,师生一起确定立体几何中的各种距离问题。教师进一步指出,前面已经利用空间向量学习了两点间的距离公式,接下来利用向量研究其他距离问题。

追问　你认为应该按怎样的路径研究这些距离问题?

师生活动　教师引导学生将上述距离问题归为两类,并由学生交流、讨论得出研究的路径,以两点间距离公式为基础,建立点到直线的距离、点到平面的距离公式,其他距离问题都可以转化为这两类距离问题。

[设计意图]　明确研究内容和研究思路,将距离问题归类,引导学生研究其中最基本的问题。

问题 2　给定一条直线 l 和直线 l 外一点 P,如何用向量的方法求点 P 到直线 l 的

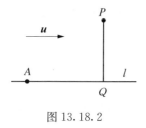

图 13.18.2

距离?

师生活动 教师引导学生分析,用向量方法解决几何问题,首先要明确图形的几何特征、到底要解决什么问题,再用向量的语言描述这些特征和问题。这个问题里,有直线和直线外一点两个几何要素。直线由一个点和一个方向唯一确定,这就是直线的几何特征。由此,"给定直线 l"就是给定了一个点和一个方向。如图 13.18.2,设 A 是直线 l 上的给定点,l 的单位方向向量用 $\boldsymbol{u}$ 表示,这样就用向量表示出了直线的特征。因为要求点 P 到直线 l 的距离,所以根据点到直线距离的定义,过点 P 作 $PQ \perp l$,点 Q 为垂足。这样,要解决的问题是:

利用确定直线 l 的要素——直线 l 上的点 A、直线的方向向量 $\boldsymbol{u}$ 和直线外的点 P 求线段 PQ 的长度。

追问 为了求线段 PQ 的长度,如何将这些条件与线段 PQ 联系起来?

师生活动 教师引导学生分析,因为点 A 和点 P 都是已知的,作向量 $\overrightarrow{AP}$,设 $\overrightarrow{AP} = \boldsymbol{a}$,那么 $\overrightarrow{AP}$ 的大小、$\overrightarrow{AP}$ 与向量 $\boldsymbol{u}$ 的夹角都是确定的,于是 $\overrightarrow{AP}$ 在直线 l 上的投影向量 $\overrightarrow{AQ}$ 也是唯一确定的。由此,构造出 $\text{Rt}\triangle APQ$,就可以通过勾股定理求出线段 PQ 的长度。

在分析的基础上,由学生推导出点 P 到直线 l 的距离公式,即

$$|PQ| = \sqrt{|\overrightarrow{AP}|^2 - |\overrightarrow{AQ}|^2} = \sqrt{a^2 - (\boldsymbol{a} \cdot \boldsymbol{u})^2}。$$

[设计意图] 因为"给定一条直线 l 和直线 l 外一点 P"这个条件是抽象的,学生很难发现其中蕴含的几何特征,所以教师在这里加强了引导。把"给定一条直线 l"具体化为"给定一点 A 和一个方向",并把方向表示为方向向量 $\boldsymbol{u}$;根据要解决的问题,把"给定直线 l 外一点 P"具体化为点 P 到直线 l 的垂线段 PQ 是确定的。然后画出图形,把两个定点 A、P 联系起来表达为向量 $\overrightarrow{AP}$,这是一个难点,可以通过教师讲解的方式进行突破,并指出 $\overrightarrow{AP}$ 的大小、与向量 $\boldsymbol{u}$ 的夹角都是确定的,于是它在直线 l 上的投影向量 $\overrightarrow{AQ}$ 也唯一确定,接着想到构造 $\text{Rt}\triangle APQ$ 就比较容易了。这个问题的解决有示范性,应该引导到位,讲细讲透。

练习:类比点到直线的距离的求法,求两条平行直线之间的距离。

师生活动 先由学生独立思考,教师再通过问题引导学生分析:①图形的几何特征是什么?②要解决的问题是什么?③如何用向量的语言描述这些特征和问题?④如何利用点到直线的距离公式解决问题?等等。

[**设计意图**] 因为平行线间的距离和点到直线的距离是一样的,所以让学生通过平行线间距离的定义,复习一下点到直线的距离公式的推导过程,特别是对图形几何特征的分析、用向量语言作出表达等,促使学生加深对推导方法的理解。

环节二 类比探究,推导点到平面的距离公式

问题3 你能类比点到直线的距离公式的推导过程,推导出点到平面的距离公式吗?请大家自主探究。探究过程中要注意思考如下问题:

(1) 类比一个点和一个方向确定一条直线,确定一个平面的条件是什么?

(2) 类比通过向量 $\overrightarrow{AP}$ 和其在直线 l 上的投影向量 $\overrightarrow{AQ}$ 求点到直线的距离,如何利用向量投影求点到平面的距离?

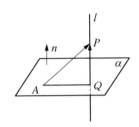

图 13.18.3

师生活动 学生独立思考,然后分组讨论交流;教师巡视、点拨;学生分享研究成果,多媒体投影展示,师生评价,梳理成果,得出用空间向量求点到平面距离的步骤(如图 13.18.3 所示):

第一步,确定平面 α 的法向量 n;

第二步,选择"参考向量" $\overrightarrow{AP}$;

第三步,确定向量 $\overrightarrow{AP}$ 向法向量 n 的投影向量 $\overrightarrow{QP}$;

第四步,求投影向量 $\overrightarrow{QP}$ 的模长,得到

$$|PQ| = |\overrightarrow{QP}| = \left| \overrightarrow{AP} \cdot \frac{n}{|n|} \right| = \left| \frac{\overrightarrow{AP} \cdot n}{|n|} \right| = \frac{|\overrightarrow{AP} \cdot n|}{|n|}。$$

追问 点到平面的距离公式与点到直线的距离公式区别在哪里?为什么会有这样的区别?

师生活动 先由学生独立思考、小组交流,再进行全班发言,教师帮助学生总结得出结论:在点到直线的距离公式中,投影向量 $\overrightarrow{AQ}$ 垂直于垂线段 PQ;在点到平面的距离公式中,投影向量 $\overrightarrow{QP}$ 与垂线段 PQ 重合。这是由给定图形的几何特征所决定的。

[**设计意图**] 类比点到直线距离的探究过程得到点到平面的距离公式,让学生进一步体会平面的法向量在刻画平面时的作用(给定一个平面可以具体化为给定平面上的一个点和平面的一个法向量),感悟向量投影在求距离问题中的作用。这里蕴含的思想方法是:要求点 P 到平面 α 的距离,就要把点 P 与确定平面 α 的要素联系起来。

练习:(1)已知直线 l 平行于平面 α,求 l 到 α 的距离;(2)已知平面 β 平行于平面 α,求 β 到 α 的距离。

环节三　通过例题归纳用向量方法解决立体几何问题的基本步骤

例 1　如图 13.18.4,在棱长为 1 的正方体 $ABCD$ – $A_1B_1C_1D_1$ 中,E 为线段 A_1B_1 的中点,F 为线段 AB 的中点。

(1) 求点 B 到直线 AC_1 的距离;

(2) 求直线 FC 到平面 AEC_1 的距离。

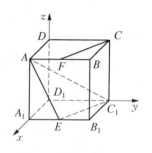

图 13.18.4

师生活动　教师引导学生分析问题的条件和所求,再根据问题的条件建立适当的平面直角坐标系,用坐标表示相关的点、直线的方向向量、平面的法向量,然后利用有关公式,经过坐标运算解决问题。本题的第(1)问由师生共同分析完成,教师示范;第(2)问由学生完成,教师评价。

课后练习:试一试用综合几何的方法求解例题中的两个距离,并与用向量方法求解进行比较,总结一下心得,和同学交流一下。

[**设计意图**]通过典型事例,使学生逐步掌握利用向量方法求空间距离的方法,体会向量方法在解距离问题中的作用,渗透用空间向量解决立体几何问题的一般过程。通过向量方法和综合几何方法解决空间距离问题,引导学生体会向量方法的优势。

问题 4　结合例 1,回顾用空间向量解决距离问题的过程,你能总结出用向量法解决立体几何问题的基本步骤吗?

师生活动　学生先讨论回答,师生共同归纳得出基本步骤:

第一步,分析并描述图形的几何特征和问题;

第二步,结合具体问题合理选择基底,用向量语言描述这些特征和问题;

第三步,通过空间向量的运算,研究空间基本元素的距离问题;

第四步,将运算结果"翻译"成相应的几何结论,得到相应立体几何问题的解决。

[**设计意图**]结合例 1,以及以前的一些用空间向量解决立体几何的问题,梳理出向量方法的基本步骤,体会向量方法解决距离问题的程序性。

环节四 梳理过程，感悟本质

问题 5 回顾这节课的学习，回答如下问题：

  (1) 在推导点到直线、点到平面的距离公式的过程中，最关键的步骤是什么？对此你有什么体会？

  (2) 用向量方法解决几何问题的基本步骤是怎样的？

  师生活动 先由学生独立思考、作答，再由教师进行归纳。

  [**设计意图**] 本节课得出的距离公式，都是在抽象的几何条件下，用向量表示确定空间基本图形的要素，以投影向量为桥梁建立相关元素之间的联系，推导出相应的结果，这个过程对学生的抽象思维要求较高。通过课堂小结，使学生再次对"给定一条直线""给定直线外的一个点""给定一个平面和平面外的一个点"的几何含义及其向量表示进行回顾，并对这些条件下延伸的结果，例如"参考向量"与法向量的关系、法向量与投影向量的关系等进行再认识。在此基础上，进一步提炼用向量方法解决距离问题的过程与方法，使学生形成用向量方法研究距离问题的完整认识，体会用向量方法解决立体几何问题的一般步骤。

环节五 目标检测，检验效果

题 1 在棱长为 1 的正方体 $ABCD$-$A_1B_1C_1D_1$ 中，点 A 到平面 B_1C 的距离等于 _____；直线 DC 到平面 AB_1 的距离等于 _____；平面 DA_1 到平面 CB_1 的距离等于 _____。

  [**设计意图**] 考查利用向量方法解决空间距离问题的能力。

题 2 如图 13.18.5，在棱长为 1 的正方体 $ABCD$-$A_1B_1C_1D_1$ 中，点 E 为线段 DD_1 的中点，点 F 为线段 BB_1 的中点。

  (1) 求点 A_1 到直线 B_1E 的距离；

  (2) 求直线 FC_1 到直线 AE 的距离；

  (3) 求点 A_1 到平面 AB_1E 的距离；

  (4) 求直线 FC_1 到平面 AB_1E 的距离。

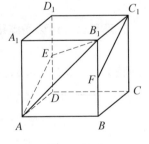

图 13.18.5

  [**设计意图**] 考查利用向量方法解决空间距离问题的能力。

六、课时教学设计(二)

用空间向量研究夹角问题

1. 课时教学内容

两条直线所成的角,直线和平面所成的角,两个平面的夹角。

2. 课时教学目标

(1) 能用向量方法推出两条直线所成的角、直线和平面所成的角、两个平面的夹角的向量表达式;

(2) 能用向量方法解决立体几何中有关角度的度量问题。

3. 教学重点与难点

重点:利用向量的数量积研究两条直线所成的角、直线和平面所成的角、两个平面的夹角。

难点:根据问题的条件选择适当的基底。

4. 教学过程设计

环节一　创设情境,明确研究路径

问题 1　与距离一样,角度是立体几何中的另一类基本的度量问题。本质上,角度是对两个方向的差的度量,向量是有方向的量,所以利用向量研究角度问题有其独特的优势。本节课我们用空间向量研究夹角问题,你认为可以按怎样的顺序展开研究?

师生活动　学生独立思考、小组交流后,通过全班讨论达成对研究路径的共识,即直线与直线所成的角—直线与平面所成的角—平面与平面的夹角。

[设计意图]　明确研究路径,为具体研究提供整体框架。

环节二　探索用向量方法求直线与直线所成的角

问题 2　如图 13.18.6,在棱长为 1 的正四面体(四个面都是正三角形)$ABCD$ 中,点 M、N 分别为 BC、AD 的中点,求直线 AM 和 CN 所成角的余弦值。

　　　　用向量方法求解几何问题时,首先要用向量表示问题中的几何元素。对于本问题,如何用向量表示异面直线 AM 与 CN? 它们所成的角可以用向量之间的夹角表示吗?

师生活动 师生一起分析题意，探寻解决问题的方法。结合已知和所求，可以发现，求异面直线 AM 和 CN 所成角的余弦值，可以转化为求它们的方向向量 $\overrightarrow{CN}$ 与 $\overrightarrow{MA}$ 夹角的余弦值。为此，需要选取适当的基底表示向量 $\overrightarrow{CN}$ 与 $\overrightarrow{MA}$，再用向量的数量积求解。分析图形的几何特征，可以发现，以 $\{\overrightarrow{CA}，\overrightarrow{CB}，\overrightarrow{CD}\}$ 为基底是比较合适的。

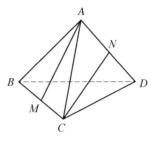

图 13.18.6

有了解题思路后，让学生独立解决问题，教师巡视，对有困难的学生给予适当指点，再将学生的解答投屏展示、点评。

追问 总结本题的解答过程，你能说一说用向量方法解决立体几何问题的一般思路，以及利用向量求空间直线与直线所成角的一般方法吗？

师生活动 由学生独立思考，给出回答。因为前面已经有比较多的用向量方法解决立体几何问题的经验，学生应该能独立给出比较满意的回答：

在分析已知和所求的基础上，清晰描述图形的几何特征与要解决的问题，再根据几何特征选择适当的基底，用空间向量表示图形中的点、直线、平面，从而把立体几何问题转化为向量问题。特别地，可以选择正交基底建立空间直角坐标系，用坐标表示图形中的点、直线、平面，从而实现问题的转化。

对于空间直线与直线所成角的问题，只要利用直线的方向向量，通过向量的数量积运算求出两条直线的方向向量的夹角即可。也就是说，若异面直线 l_1、l_2 所成的角为 θ，其方向向量分别是 $\boldsymbol{u}$，$\boldsymbol{v}$，则

$$\cos\theta = |\cos\langle \boldsymbol{u}，\boldsymbol{v}\rangle| = \left| \frac{\boldsymbol{u} \cdot \boldsymbol{v}}{|\boldsymbol{u}| \cdot |\boldsymbol{v}|} \right| = \frac{|\boldsymbol{u} \cdot \boldsymbol{v}|}{|\boldsymbol{u}| \cdot |\boldsymbol{v}|}。$$

在此基础上，教师板书下面的过程，让学生进一步认识用向量方法解决几何问题的基本步骤：

几何问题—向量问题—向量运算—几何解释。

[**设计意图**] 因为用向量方法求异面直线所成角的一般公式的推导比较容易，困难的是对具体问题情境下的图形的几何特征和问题的清晰描述、选择适当的基底表示直线的方向向量等，所以这里通过用向量方法求解一个具体的异面直线所成角问题，引导学生在用向量方法解决立体几何问题的一般思路的指导下，归纳利用向量求空间两条直线所成角的一般方法。

问题 3　你能用向量方法求问题2中直线 AB 与平面 BCD 所成的角吗？一般地，如何求直线与平面所成的角？

师生活动　教师引导学生分析解题思路，如果根据直线与平面所成角的定义求解，需要先求出直线 AB 在平面 BCD 内的投影，这时需要通过较为复杂的条件转化。换一种思路，利用确定直线、平面的几何要素，即把问题转化为求直线的方向向量和平面的法向量所成的角，就可以直接利用前面已经得到的结果方便地求解。在分析的基础上，让学生独立作出解答。

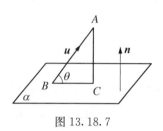

图 13.18.7

这个方法具有一般性。在学生解答上述具体问题后，让他们进一步独立推导，如图 13.18.7 所示，给出直线与平面所成角的一般表达式：

$$\sin\theta = |\cos\langle \boldsymbol{u},\ \boldsymbol{n}\rangle| = \left| \frac{\boldsymbol{u} \cdot \boldsymbol{n}}{|\boldsymbol{u}| \cdot |\boldsymbol{n}|} \right| = \frac{|\boldsymbol{u} \cdot \boldsymbol{n}|}{|\boldsymbol{u}| \cdot |\boldsymbol{n}|} 。$$

其中，$\boldsymbol{u}$ 为直线的方向向量，$\boldsymbol{n}$ 为平面的法向量。

[**设计意图**] 通过本问题的解决，让学生进一步体会空间基本图形的几何特征，理解空间基本图形要素的向量表示——直线的方向向量、平面的法向量，在求解直线与平面所成的角时的关键作用，并得出一般的求解直线和平面所成角的向量表达式。

问题 4　类比已有的直线、平面所成角的定义，你认为应如何合理定义两个平面所成的角？进一步地，如何求平面和平面的夹角？

师生活动　教师给出两个相交平面的图形，让学生类比已有的空间基本元素所成角的定义，给两个平面所成的角下定义。教师可以追问学生："角度是度量方向差的量，那么决定平面方向的量是什么？"从而启发学生用两个平面的法向量刻画两个平面所成的角。在学生讨论、交流的基础上，教师小结如下：

如图 13.18.8，平面 α 与平面 β 相交，形成四个二面角，我们把这四个二面角中不大于 $90°$ 的二面角称为平面 α 与平面 β 的夹角。

类比两条异面直线所成的角，若平面 α、β 的法向量分别是 $\boldsymbol{n}_1$ 和 $\boldsymbol{n}_2$，则平面 α 与平面 β 的夹角即为向量 $\boldsymbol{n}_1$ 和 $\boldsymbol{n}_2$

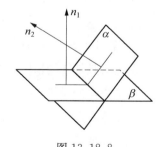

图 13.18.8

的夹角或其补角。设平面 α 与平面 β 的夹角为 θ，则

$$\cos\theta = |\cos\langle \boldsymbol{n}_1, \boldsymbol{n}_2 \rangle| = \left| \frac{\boldsymbol{n}_1 \cdot \boldsymbol{n}_2}{|\boldsymbol{n}_1| \cdot |\boldsymbol{n}_2|} \right| = \frac{|\boldsymbol{n}_1 \cdot \boldsymbol{n}_2|}{|\boldsymbol{n}_1| \cdot |\boldsymbol{n}_2|}。$$

追问 你能说说平面与平面的夹角与二面角的区别和联系吗？

师生活动 学生思考、回答，教师与学生共同总结。二面角的大小是指其两个半平面的张开程度，可以用其平面角 θ 的大小来度量，它的取值范围是 $0° \leqslant \theta \leqslant 180°$；而平面 α 与平面 β 的夹角是指平面 α 与平面 β 相交，形成的四个二面角中不大于 $90°$ 的二面角。

[**设计意图**] 引导学生类比已有的空间基本元素所成角的定义，给出平面与平面的夹角的定义，并进一步利用向量方法得到求解两个平面夹角的表达式。通过对平面与平面的夹角和二面角的辨析，使学生对平面与平面的夹角的理解更加深入。

环节四 例题练习,巩固应用

例 2 如图 13.18.9，在直三棱柱 ABC-$A_1B_1C_1$ 中，$AC = CB = 2$，$AA_1 = 3$，$\angle ACB = 90°$，点 P 为 BC 的中点，点 Q、R 分别在棱 AA_1、BB_1 上，且 $A_1Q = 2AQ$，$BR = 2RB_1$。求平面 PQR 与平面 $A_1B_1C_1$ 夹角的余弦值。

师生活动 教师引导学生先分析题意，明确解题思路，再让学生独立解答，并将学生的解答投屏、点评，其中重点关注法向量的求法。

追问 通过本题的解答，你能总结一下求平面法向量的方法吗？

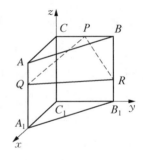

图 13.18.9

师生活动 学生思考、回答后，师生共同总结求平面法向量的方法：

根据图形的几何特征和已知条件，在平面内找两个不共线的向量 $\boldsymbol{a}$ 和 $\boldsymbol{b}$，设平面的法向量为 $\boldsymbol{n} = (x, y, z)$，则

$$\begin{cases} \boldsymbol{n} \cdot \boldsymbol{a} = 0, \\ \boldsymbol{n} \cdot \boldsymbol{b} = 0。 \end{cases}$$

这个方程组有 3 个未知数 x、y、z，所以可以用其中的一个表示另两个，例如

$$y = y_0 x, \; z = z_0 x, \; (x \neq 0)$$

于是,平面的法向量的就是

$$\boldsymbol{n} = (x, \; y_0 x, \; z_0 x)。 \qquad\qquad ①$$

通常,我们只要求得一个法向量即可,令 x 取适当的值就可以了。由①式可见,平面的法向量与 $\boldsymbol{n}_0 = (1, \; y_0, \; z_0)$ 平行,或者说,平面的法向量 $(x, \; y, \; z)$ 可以用 $\boldsymbol{n}_0 = (1, \; y_0, \; z_0)$ 表示。由此可以想到,我们可以根据问题的需要灵活地给出平面的法向量的具体表达。

[设计意图] 通过例题熟练平面与平面所成的角的求解方法,理解法向量的夹角和两个平面所成角的关系,进一步体会向量方法解决立体几何问题的一般步骤。结合法向量的求解,使学生体验不定方程组的“通解”和“特解”之间的关系,体会一般性寓于特殊性之中的道理。

环节五　归纳小结

问题 5 请同学们回顾本节课的学习内容,并回答下面的问题:

(1) 这节课学了哪些内容?

(2) 为什么说用向量方法解决空间的角度问题具有独特的优越性?

(3) 用向量方法解决立体几何问题的一般步骤是什么?

师生活动 由学生独立思考、总结,写出要点。例如:角度是度量方向差的几何量,向量有方向,所以把向量作为求角度的工具具有“天然”的优势,我们只要通过数量积求出空间直线的方向向量、平面的法向量的夹角,就能得到相应直线、平面所成角的大小;以向量为工具求解角度问题,分析清楚图形的几何特征、准确描述要解决的问题等非常关键,在此基础上,还要注意选择适当的基底,把直线的方向向量、平面的法向量表示出来;等等。

[设计意图] 通过小结,进一步明确用向量方法求解角度问题的要点,使学生认识到分析图形的几何特征、明确要解决的问题以及根据条件选择适当基底等的重要性。

环节六　目标检测,检验效果

题 1 如图 13.18.10,在正方体 $ABCD\text{-}A_1B_1C_1D_1$ 中,直线 A_1B 与直线 BD_1 所成角

的正切值为(   )。

(A) $\dfrac{1}{2}$ (B) $\dfrac{\sqrt{2}}{2}$

(C) $\dfrac{\sqrt{3}}{2}$ (D) $\dfrac{\sqrt{3}}{3}$

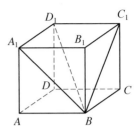

图 13.18.10

[**设计意图**]考查利用向量方法解决直线与直线所成角的能力。

题 2　在长方体 $ABCD\text{-}A_1B_1C_1D_1$ 中，$AD = AA_1 = 2$，$AB = 4$，点 E、F 分别是 A_1D_1、AB 的中点，点 O 是 BC_1 与 B_1C 的交点。求直线 OF 与平面 DEF 所成角的正弦值。

[**设计意图**]考查利用向量方法解决直线与平面所成角的能力。

布置作业

《选择性必修一》第 43 页，习题 1.4，第 9，10 题。

七、课时教学设计(三)

用空间向量解决立体几何综合问题

1. 教学内容

用向量方法解决立体几何问题的综合应用。

2. 教学目标

综合运用"基底法""坐标法"解决立体几何问题，进一步理解向量方法蕴含的数学思想，掌握用向量方法解决立体几何问题的一般步骤和方法。

3. 教学重点与难点

重点：对向量方法的理解，基底的选择。

难点：分析图形的几何特征，清晰地描述问题，基底的选择。

4. 教学过程设计

环节一　课堂引入

引导语　前面我们学习了用向量方法求解距离和角度问题，结合过去的学习经验，你能说说用向量方法解决立体几何问题的基本步骤吗？面对具体问题时，需要注意的问题是什么？

师生活动　由学生作答，教师强调：面对具体问题时，认真审题，理解题意，先把图形的几何特征分析清楚,也就是把图形中的基本元素和它们的基本关系先搞清楚,把问题描述清楚,以此为依据,再分析如何选择基底表示相关的几何元素。

[设计意图] 解题教学首先要明确其目的是巩固双基、积累数学活动经验、领悟数学思想方法,不能以得出答案为满足;要遵循解题教学的一般之道,按"阅读题目理解题意—作出图形—分析图形的几何特征—选择适当的基底—用基底表示相关几何元素—通过向量运算得出结果—对结果作出几何解释"的一般路径展开教学,不能急于下手,把题意理解清楚是首要的。解决立体几何问题,要强调根据题意作出图形的重要性;要让学生掌握分析图形几何特征、选择基向量的基本方法;要强调培养良好解题习惯的重要性。

环节二 例题教学

例 3 图 13.18.11 为某种礼物降落伞的示意图,其中有 8 根绳子和伞面连接,每根绳子和水平面的法向量的夹角均为 30°。已知礼物的质量为 1 kg,每根绳子的拉力大小相同。求降落伞在匀速下落的过程中每根绳子拉力的大小(重力加速度 g 取 $9.8\,\mathrm{m/s^2}$,精确到 $0.01\,\mathrm{N}$)。

图 13.18.11

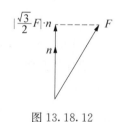

图 13.18.12

师生活动 教师引导学生思考下列问题:

(1) 降落伞匀速下落的过程中,8 根绳子拉力的合力大小与礼物重力大小有什么关系?

(2) 每根绳子的拉力和合力有什么关系?

(3) 如何用向量方法解决这个问题?

通过分析,作出如图 13.18.12 所示的受力分析图,将实际问题转化为数学问题,进而解决问题。

[设计意图] 让学生体会向量方法在解决实际问题中的作用。

例 4 在四棱锥 $P\text{-}ABCD$ 中,底面 $ABCD$ 是正方形,侧棱 $PD \perp$ 底面 $ABCD$,$PD = DC$,点 E 是 PC 的中点,作 $EF \perp PB$ 交 PB 于点 F。

(1) 求证:PA // 平面 EDB;

(2) 求证:$PB \perp$ 平面 EFD;

(3) 求平面 CPB 与平面 PBD 的夹角的大小。

师生活动 首先,学生边读题目边根据题意作出图形,如图 13.18.13 所示,教师通过问题引导学生分析图形的几何特征,进一步明确问题。

追问1 这个图形的几何特征是什么?条件"四棱锥的底面是正方形,一条侧棱垂直于底面"使你想到了什么?由此你能大致确定解题方向了吗?

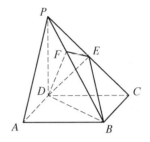

图 13.18.13

师生活动 先让学生思考、回答,教师和学生互动。这个图形中,底面 $ABCD$ 是正方形、侧棱 $PD \perp$ 底面 $ABCD$,这是关键的几何特征,由此可以确定解题的大方向 —— 因为 DA、DC、DP 两两垂直,所以可以以它们所在的直线为坐标轴建立空间直角坐标系,用坐标表示向量,通过坐标运算得出结果,然后给出结果的几何解释,即可解决问题。

追问2 利用向量方法证明 PA // 平面 EDB,就是要证什么?可以利用哪些条件?

师生活动 由学生独立思考、作答。只要用坐标表示 $\overrightarrow{PA}$,利用平面 EDB 的法向量 n 分别与 $\overrightarrow{DB}$、$\overrightarrow{DE}$ 垂直可得 n 的坐标,再证明 $n \cdot \overrightarrow{PA} = 0$ 即可。解答后还可以让学生用综合几何的方法证明之,对两种方法进行比较。

追问3 利用向量方法证明 $PB \perp$ 平面 EFD,可以有哪些方法?如何根据已知条件作出方法的选择?不用向量方法又该如何证明?

师生活动 由学生独立思考、作答,教师适当引导。这个问题可以采用多种方法证明,例如:① 用坐标表示 $\overrightarrow{PB}$,求出平面 EFD 的一个法向量 n,再证明 n // $\overrightarrow{PB}$;② 用坐标表示 $\overrightarrow{DE}$,再证明 $\overrightarrow{PB} \cdot \overrightarrow{DE} = 0$,由 $PB \perp FE$,$PB \perp DE$ 而得证;③ 由 $DE \perp PC$,$DE \perp BC$,得 $DE \perp$ 平面 PBC,进而得 $PB \perp DE$;等等。通过多种方法证明,让学生比较,体会向量方法的特点。

追问4 利用向量方法求平面 CPB 与平面 PBD 的夹角,有多少途径?你会选择什么方法?

师生活动 仍然先由学生自主分析条件、给出方法。因为平面 CPB 与平面 PBD

的法向量容易求得,所以通过这两个法向量求两个平面的夹角比较方便。

追问 5 由图形的几何特征,你发现四棱锥 $P - ABCD$ 与以 $ABCD$ 为底面的正方体的关系了吗? 由此你有什么想法?

师生活动 教师可以利用动态几何软件展示"补齐"正方体,再让学生观察问题中的直线、平面和正方体的关系,由此形成对图形特征的整体直观认识。

[**设计意图**] 通过例题,让学生进一步体会用向量方法、向量的坐标表示解决空间的位置关系和度量问题的过程、方法,把握解题要点(特别是分析图形的几何特征、选择适当的基底表示相关几何元素),深化对向量作为一个运算对象的理解,培养学生根据解决问题的需要选择运算方法、设计运算程序的能力;通过比较向量方法和综合几何方法,体会它们各自的特点;通过与相应的正方体的联系,使学生更清晰地把握图形中各几何元素、几何量的特征,从而开拓学生的思路,培养直观想象素养。

环节三　单元小结

问题 请同学们带着如下问题回顾本单元的学习内容,并给出回答:

(1) 向量方法解决立体几何问题的基本步骤是什么? 你能用一个框图表示吗?

(2) 向量方法解决立体几何问题时,用向量表示空间基本图形是非常重要的。你能结合用向量推导点到直线距离的过程,说一说根据图形的几何特征,用向量表示图形中的几何元素的要点吗?

(3) 解决立体几何中的问题,可用三种方法:综合法、向量法、坐标法。你能说出它们各自的特点吗?

(4) 用向量方法解决几何问题时,"基"的思想发挥着关键作用,对此你有什么体会? 请结合例子进行说明。

师生活动 (1)师生共同梳理本单元的学习内容,引导学生画出用向量法解决立体几何问题的一般程序,如图 13.18.14 所示。

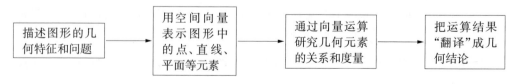

图 13.18.14

在学生回答的基础上,教师可以帮助学生梳理一下解决几何问题的综合法、向量法、坐标法的特点:综合法通过纯粹的逻辑推理解决问题,向量法利用向量的概念及其运算解决问题,坐标法利用数及其运算来解决问题。坐标法经常与向量法结合起来使用。对于具体的问题,应根据它的条件和所求选择合适的方法。

（2）在“立体几何初步”中,通过点、直线、平面的位置关系的学习,学生已经从定性上了解了确定空间基本图形的几何要素,知道空间的平行与垂直关系可以相互转化,这里通过向量及其运算,使学生从定量关系上进一步理解,并用向量语言进行描述。在推导空间点 P 到直线 l 的距离公式时,用向量的语言表示直线的几何特征（直线 l 上的定点 A 和直线 l 的方向向量 u）,并将之与定点 P 联系起来得到一个确定的向量 $\overrightarrow{AP}$,再根据点到直线距离的定义想到利用投影向量 $\overrightarrow{AQ}$ 构造 $\mathrm{Rt}\triangle APQ$,这是一个基础性的问题,过程中蕴含着典型的向量法思想。

（3）在前面的学习中,“基”的思想已经得到了较多的运用,本单元的学习可以让学生再一次体会到“基”的含义。实际上,在求距离公式、夹角公式时,直线的方向向量、平面的法向量就发挥着“基”的作用;面对具体问题时,根据问题中图形的几何特征,选择能够方便地用来表示其他向量的那些向量,例如空间中三个相互正交的单位向量,对于简洁地、快捷地、程序化地解决立体几何问题,具有重要作用。

［设计意图］这里的小结既是本节课的小结,也是大节的小结。目的是从宏观的思想方法和中观的解题步骤方面进行总结,使学生掌握用向量方法解决立体几何问题的一般方法,并通过综合法、向量法、坐标法的比较,认识它们各自的特点,进一步加深对向量法的认识。

环节四　目标检测,检验效果

题 1　在四面体 $O\text{-}ABC$ 中,OA、OB、OC 两两垂直,已知 $OA=OC=3$, $OB=2$,求直线 OB 与平面 ABC 所成角的大小。

［设计意图］考查利用向量方法解决直线与平面所成角的能力。

题 2　如图 13.18.15,在四面体 $A\text{-}BCD$ 中,$AD\perp$ 平面 BCD,$BC\perp CD$,$AD=2$,$BD=2\sqrt{2}$。点 M 是 AD 的中点,点 P 是 BM 的中点,点 Q 在线段 AC 上,且 $AQ=3QC$。

（1）证明:$PQ\,/\!/$ 平面 BCD;

（2）若二面角 $C\text{-}BM\text{-}D$ 的大小为 $60°$,求 $\angle BDC$ 的大小。

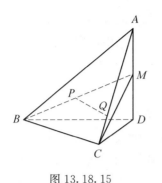

图 13.18.15

[设计意图] 考查学生利用向量方法解决立体几何中直线与平面所成的角、平面与平面的夹角的能力。

布置作业

《选择性必修一》第 44 页,习题 1.4,第 14,15 题。

教学设计说明

本单元是"空间向量与立体几何"的最后一个单元,目标是用向量及其运算解决几何中的基本度量问题。本教学设计主要关注了如下问题:

1. 全面认识向量方法,构建用向量方法解决立体几何问题的完整程序

对向量方法的完整描述是"先用几何眼光观察,再用向量方法解决"。也就是说,要先从图形的组成元素、几何元素的基本关系等角度进行分析,要从几何的角度搞清楚问题,在清晰地描述图形的几何特征和问题的基础上再进入到用向量表示几何元素、通过运算发现性质或求出度量,这就是"先用几何眼光观察,再用向量方法解决"的含义。本教学设计从每一节课的引入到最后的课堂小结,都特别注意引导学生经历完整的用向量方法解决立体几何问题的过程,以此作为促进学生全面认识向量方法的载体。

有人担心,高中阶段强调用向量解决立体几何问题会削弱立体几何课程在培养学生空间想象力上的作用,本教学设计告诉大家,只要全面认识向量方法,按向量方法的完整程序展开教学,就不会出现这样的问题。认识图形的几何特征,需要调动平面几何、立体几何初步中的相关知识。向量方法并不是纯粹的"算的方法",例如,要准确地用向量描述图形的几何特征和问题,首先需要对几何特征和图形中元素的基本关系有准确的把握,如果没有对空间图形的结构特征、几何元素的位置关系的基本把握,就不可能做到这一点,所以强调以向量、坐标系为工具研究几何问题,不会削弱空间想象力的培养。

2. 根据问题的特点选择解决方法,使学生切实领会向量方法的真谛

在用向量方法解决立体几何问题时,人们的眼光往往聚焦在向量的坐标表示上,无论在什么条件下都"建立空间直角坐标系,用坐标表示向量,通过代数运算解决问题",这实际上已经把向量法等同于坐标法,这与真正的向量方法还是有距离的。显然

这是一种"粗放型"的路子，不是"具体问题具体分析"的做法。

本教学设计首先强调清晰地描述图形的几何特征和问题的重要性，在此基础上再对解题方法作出选择。例如，推导点到直线的距离公式，首先是用向量的眼光看"给定一条直线和直线外一点"的含义，得出用向量的语言表达的直线、定点的几何特征，然后对问题作出重新描述：

利用确定直线 l 的要素——直线上的点 A、直线的方向向量 $\boldsymbol{u}$ 和直线外的点 P，求线段 PQ 的长度。

在此基础上，结合图形的几何特征，学生就能比较容易想到作出向量 $\overrightarrow{AP}$，再以投影向量 $\overrightarrow{AQ}$ 为桥梁构建 $\mathrm{Rt}\triangle APQ$，从而得出用向量表示的距离公式。

点到直线的距离公式的推导具有示范性，而且也是本单元的难点之一。这个问题解决了，其他的距离公式、角度求解公式就都可以通过类比得出。

在用距离公式、角度求解公式解决立体几何问题时，本教学设计同样强调在分析问题特点的基础上选择适当的方法。如例 4 的解题教学设计，首先要求学生根据题意自己作图（作图是几何中的第一要务），然后提出问题引导学生思考："这个图形的几何特征是什么？条件'四棱锥的底面是正方形，一条侧棱垂直于底面'使你想到了什么？由此你能大致确定解题方向吗？"把学生的思路引导到建立空间直角坐标系解决问题上。具体求解问题时，以"用向量方法证明 $PB \perp$ 平面 EFD，可以有哪些方法？如何根据已知条件作出方法的选择？不用向量方法又该如何证明？"等问题引导学生选择适当的方法，并通过不同方法的比较，感悟向量方法的特点和优势。

一、内容与内容解析

1. 内容

确定直线的要素,倾斜角,斜率,斜率公式。

2. 内容解析

在直角坐标系中,为了用代数方法研究直线的问题,需要先求出直线的方程;为了求直线的方程,又需要先给出确定直线方程的代数条件;代数条件是从几何条件代数化而来的,所以又要先给出确定直线位置的几何要素。

平面几何中,确定一条直线的几何要素是两个点,即"两点确定一条直线"。在直角坐标系中,确定直线位置的几何要素首选一个点和一个方向。方向必须基于参照系,否则就没有意义。这里强调"在直角坐标系中",就是强调直角坐标系的参照系作用。日常生活中,人们一般以"水平线""水平面"为参照系。对于直角坐标系中的直线 l,我们利用 x 轴正向与直线 l 向上的方向之间所成的角 α 的大小来刻画直线的方向,α 叫做直线 l 的倾斜角,其取值范围为 $0° \leqslant \alpha < 180°$。这样,平面直角坐标系中,每一条直线都有一个确定的倾斜角,且方向相同的直线,其倾斜程度相同,倾斜角相等;方向不同的直线,其倾斜程度不同,倾斜角不相等。因此,用倾斜角表示平面直角坐标系中一条直线的倾斜程度,也即用倾斜角表示直线的方向是与人的直觉相吻合的,因而是自然而合理的。

接下来的关键是将倾斜角代数化。我们联系另一个确定直线的几何条件"两点确定一条直线",设 $P_1(x_1, y_1)$, $P_2(x_2, y_2)$(其中 $x_1 \neq x_2$)是直线 l 上的两点,则直线 l 由点 P_1、P_2 唯一确定。所以,可以断定直线 l 的倾斜角 α 一定与 P_1、P_2 两点的坐标有内在联系。因为向量可以用来表示方向,而且向量及其运算可以用坐标表示,于是我们有

$$\overrightarrow{P_1P_2} = (x_2 - x_1,\ y_2 - y_1),$$

与倾斜角联系起来,利用三角函数可以得出

$$\tan\alpha = \frac{y_2 - y_1}{x_2 - x_1}。 \tag{①}$$

由此可见,我们可以利用倾斜角的正切将几何条件代数化。由①的右边是一个比率,而 α 是刻画直线倾斜程度的几何要素,将"倾斜程度"和"比率"结合,可以想到把倾斜

角的正切称为直线的"斜率"是非常合理的。

通过上述过程,我们实现了将确定直线位置的几何要素代数化,即

直线上的一点 $P\leftrightarrow$坐标(x,y);

直线的方向$\leftrightarrow$直线的倾斜角 $\alpha\leftrightarrow k=\tan\alpha=\dfrac{y_2-y_1}{x_2-x_1}$。

3. 教学重点

直线的倾斜角、斜率的概念,过两点的直线斜率的计算公式。

二、目标与目标解析

1. 目标

(1)在平面直角坐标系中,结合具体图形,探索确定直线位置的几何要素;

(2)理解直线的倾斜角和斜率的概念,经历用代数方法刻画直线斜率的过程,掌握过两点的直线斜率的计算公式。

2. 目标解析

达成上述目标的标志是:

(1)能以直角坐标系为参照系,得出直角坐标系中确定直线位置的几何要素——一点和一个方向。

(2)能准确说出直角坐标系中刻画直线方向的几何方法,能说明用倾斜角刻画直线倾斜程度的合理性。

(3)能用向量法推导过两点的直线斜率的计算公式,能说出其中所蕴含的数学思想和方法。

(4)在探索确定直线位置的几何要素、定义直线的倾斜角和斜率的概念以及推导过两点的直线斜率的计算公式的过程中,体会坐标法思想,发展数学抽象、逻辑推理、直观想象、数学运算等素养。

三、教学问题诊断分析

1. 问题诊断

学生在初中阶段学习了平面直角坐标系的相关概念,知道了直角坐标系中点与有序实数对之间的一一对应关系。在平面几何中,学生比较系统地经历了用综合法研究直线的位置关系等。在函数的学习中,学生比较充分地感受到了在直角坐标系中研究变量关系和规律的意义,特别是函数图象所提供的几何直观在研究函数性质中的作用,学生已经掌握了一次函数的图象是一条直线。所有这些都成为本单元的学习基础。

尽管学生对直角坐标系已经非常熟悉,但将它作为一个研究几何图形的工具,这是第一次。学生对于坐标系作为一个参照系,在刻画直线位置时如何发挥其作用,之前没有这方面的经验,因此他们对为什么不用"两点确定一条直线"而是以一个点和一个方向作为确定直线位置的几何要素,会感到困惑。教学中,要通过对直角坐标系的要素分析,使学生明确坐标轴的定向功能和原点的基准点作用,从而理解直角坐标系作为"参照系"的内涵,并进而理解把"方向"作为确定直线位置的几何要素的合理性,这是为了发挥直角坐标系的作用的需要。

在学生的经验中已经有两条相交线所成角的概念,但这个概念是不带方向的,其大小范围是 $0° < \alpha \le 90°$;而倾斜角本质上是刻画两个方向差大小的量,其取值范围是 $0° \le \alpha < 180°$,只有这样才能把坐标平面上直线的方向区分清楚。这里,相交线所成角的概念对倾斜角概念的生成有负迁移;学生对"直线的方向"的认知不深刻,因此对"直线的区别是它们的方向不同""x 轴正向与直线 l 向上的方向之间所成的角"等说法都会有困惑。教学中要通过适当的情境,引导学生理解用直线与 x 轴所成的角不能区分清楚直线的方向,以及利用 x 轴正向与直线 l 向上的方向之间的"方向差"区分直线方向的合理性。

如何引入斜率概念? 以往的做法是借助生活中的"坡度"概念。虽然"坡度"所刻画的"陡峭程度"与斜率具有一致性,但这不是"利用直角坐标系将几何元素代数化"的过程,而且有"斜插一杠"的嫌疑。所以,人教 A 版采取了一个全新的处理方法:以"一个点一个方向"和"两个点"都能唯一确定一条直线,那么它们一定有内在联系(可以相互转换)为指导思想,在已知直线上两个点的坐标时,探索如何用坐标表示倾斜角,进而得到过两点的直线斜率的计算公式,同时将倾斜角的正切定义为斜率。这个过程非常简洁,但对学生的抽象思维要求很高,要联系向量、三角函数等相关知识,还要进行分类讨论,所以难度很大。教学中,要根据教材设计的从具体到抽象的过程,在建立倾斜角代数化的思路、直线方向向量的坐标表示、用倾斜角的正切表示倾斜程度、分类讨论的必要性等方面加强引导。

2. 教学难点

把方向作为直角坐标系中确定直线位置的几何要素,把直线的方向转化为直线的倾斜角,建立倾斜角与直线上两点之间的关系,直线斜率计算公式的推导。

四、教学支持条件分析

通过 PPT 演示为学生揭示解析几何的创始;应用 GeoGebra 直观演示直线的倾斜角,突破难点;使用希沃同屏软件实时分享学生的探究成果,提升课堂参与度,并充分发挥生生互评、师生互评的评价效能。

五、教学过程设计

环节一 阅读章引言,构建先行组织者

引导语 上一章我们以空间向量为工具研究了空间图形的位置关系和距离、角度等度量问题,在平面向量一章中我们也以平面向量为工具研究了平面几何中的问题。与立体几何初步和平面几何中研究问题的方法比较,你认为用向量方法研究几何问题的特点是什么?

师生活动 先由学生回顾、思考并回答,再由教师讲解:

用向量方法研究几何问题的主要特点是通过向量运算解决几何问题,具体步骤是"三部曲",即在明确几何对象的基础上,第一步化为向量问题,第二步进行向量运算,第三步回到几何图形。

我们知道,平面直角坐标系中的点与有序实数对一一对应,也就是说,点可以用代数方法表示。图形是点的集合,可以想象,图形也能用代数方法表示。如果图形可以转化为代数表示,那么我们就可以像用向量运算解决几何问题那样,通过代数运算研究几何问题。这就是解析几何要研究的内容。

问题1 解析几何到底是一门怎样的学科?它经历了怎样的发展历程?本章要学哪些内容?按怎样的路径展开?请大家阅读章引言,并给出回答。

师生活动 学生阅读教科书并给出回答,教师播放 PPT 介绍解析几何的发展历史,带领学生一起归纳得出:

思想方法 借助坐标系,把几何的基本元素(点)和代数的基本对象(数,有序数对或数组)对应起来,在此基础上建立曲线(点的轨迹)方程,把几何问题转化为代数问题,再通过代数方法研究几何图形的性质。

研究路径 以平面直角坐标系为工具,确定曲线的基本元素及基本关系—建立曲线的方程—通过方程研究曲线的有关问题。

[**设计意图**] 通过回顾向量法、阅读章引言、展示解析几何的发展历史,使学生了解坐标法的基本思想,明确解析几何的研究对象,初步构建用坐标法研究曲线的整体框架。

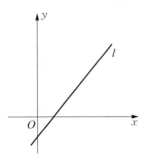

图 13.19.1

问题 2　按照以往的经验,我们从最简单的几何图形——直线开始研究。根据上述研究思路,为了用代数方法研究直线,首先要明确在直角坐标系中确定直线位置的几何要素,然后用代数方法把这些几何要素表示出来。确定一条直线的几何要素是什么? 如图 13.19.1,对于直角坐标系中的一条直线 l,如何利用坐标系确定它的位置?

师生活动　学生独立思考、作答。在学生回答"两点确定一条直线"后,教师继续用问题进行引导。

追问 1　"两点确定一条直线"不需要借助直角坐标系。我们要利用直角坐标系给直线"定位",那么直角坐标系的定位功能体现在哪里?

师生活动　估计学生一时回答不上来,教师可以通过问题引导学生思考,如"原点起什么作用""坐标轴起什么作用""确定直线的位置时如何发挥原点的'基准点'、坐标轴的'定向'作用",等等。

在此基础上,教师可以继续提问:

追问 2　为了帮助大家思考,我们来观察图 13.19.2。在平面直角坐标系中,经过一点 P 可以作无数条直线 l_1,l_2,l_3,…,它们组成一个直线束,如何利用坐标轴把这些直线区别出来?

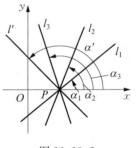

图 13.19.2

师生活动　教师用 GeoGebra 直观展示在平面直角坐标系中经过一点有无数条直线;学生小组合作探究,教师聆听、适时点评,引导学生以 x 轴为基准思考这些直线的差异,发现这些直线相对于 x 轴的倾斜程度不同。

追问 3　如何用数学的方法刻画"直线相对于 x 轴的倾斜程度"?

师生活动　教师利用 GeoGebra 展示直线 l 以点 P 为旋转中心,从与 x 轴重合的位置开始,逆时针旋转到与 x 轴再次重合的过程,边旋转边问学生"如何表示'倾斜程度'?"通过直观动态演示、互动交流,最终使学生认识到,点 P 将直线 l 分为两条相反方向的射线,利用 x 轴正方向与向上方向的射线所成的角,如图 13.19.2 中的 α_1,α_2,

α_3, …, 就可以刻画"直线 l 相对于 x 轴的倾斜程度", 所以可以称这样的角为"倾斜角"。可以看到, 过点 P 的直线与倾斜角是一对一的。

在此基础上, 推广到一般, 给出倾斜角的定义:

当直线 l 与 x 轴相交时, 以 x 轴为基准, x 轴正向与直线 l 向上的方向之间所成的角 α 叫做直线 l 的倾斜角。当直线 l 与 x 轴平行或重合时, 我们规定它的倾斜角为 $0°$。

追问 4 你认为直线的倾斜角在什么范围内变化?

师生活动 教师再次用 GeoGebra 演示直线 l 从与 x 轴平行或重合时开始绕直线上一个点旋转的过程, 让学生直观感受直线的倾斜角的变化范围是 $0° \leqslant \alpha < 180°$。然后教师采取边问边答的方式, 使学生明确:

平面直角坐标系中, 每一条直线都有一个确定的倾斜角, 且方向相同的直线, 其倾斜程度相同, 倾斜角相等; 方向不同的直线, 其倾斜程度不同, 倾斜角不相等。因此, 我们可用倾斜角表示平面直角坐标系中一条直线的倾斜程度, 也就表示了直线的方向。

[设计意图] 围绕"探索直角坐标系中确定直线位置的几何要素"这一任务, 以发挥直角坐标系的定位功能为思维导向, 通过问题引导学生开展探索活动:

第一步, 明确直角坐标系的定位功能体现在原点为"基准点"、坐标轴为"基准方向";

第二步, 以公共点在 x 轴上的直线束为特例, 探索利用坐标轴把这些直线区分开来的几何条件, 在动态几何软件的帮助下实现从"倾斜程度"(定性)到"倾斜角"(定量)的过渡;

第三步, 推广到一般, 得出倾斜角的定义及倾斜角的范围;

第四步, 总结提升, 让学生明确用 x 轴正向与直线 l 向上的方向之间所成的角定量刻画直线的方向, 这个角是存在的、确定的、唯一的。

这是在"以直角坐标系为工具刻画直线的几何要素"这个目标引领下的探究活动, 本质上是以坐标法思想为指导, 使学生在解析几何入门阶段就对如何发挥坐标系的作用留下深刻印象, 有利于学生理解倾斜角概念的内涵, 并在概念形成过程中提升理性思维水平。

环节三　推导过两点的直线斜率的计算公式

问题 3 在平面直角坐标系中, 一条直线 l 可以由一个点和一个倾斜角唯一确定。另一方面,设 $P_1(x_1,y_1)$, $P_2(x_2,y_2)$(其中 $x_1 \neq x_2$)是直线 l 上的两点,由两点确定一条直线可知,直线 l 由点 P_1、P_2 唯一确定。所以,可以断定,直线 l 的倾斜角一定与 P_1、P_2 两点的坐标有内在联系。到底具有怎样的联系? 你觉得可以用什么方法来建立这种联系?

师生活动 先让学生思考,请有想法的学生说一说思路,然后教师再进行引导性提问:

因为倾斜角是刻画直线方向的几何量,在我们以往所学的知识中,有与坐标有关的刻画方向的概念吗?

在学生回答出"直线的方向向量"后,教师继续提问:

追问 1 为了探寻思路,下面我们利用向量方法来解决几个具体的问题。

在平面直角坐标系中,设直线 l 的倾斜角为 α。

(1) 已知直线 l 经过 $O(0,0)$,$P(\sqrt{3},1)$,那么 α 与 O、P 的坐标有什么关系?

(2) 类似的,如果直线 l 经过 $P_1(-1,1)$,$P_2(\sqrt{2},0)$,那么 α 与 P_1、P_2 的坐标又有什么关系?

师生活动 学生根据条件作出图形,独立思考、作答,并在小组中进行交流,教师巡视,将学生答案投屏展示:

对于问题(1),如图 13.19.3①,向量 $\overrightarrow{OP}=(\sqrt{3},1)$,且直线 OP 的倾斜角为 α。由正切函数的定义,有

$$\tan\alpha = \frac{1}{\sqrt{3}} = \frac{\sqrt{3}}{3}。$$

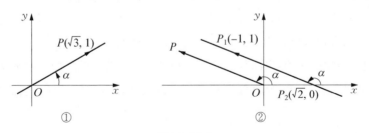

图 13.19.3

对于问题(2),如图 13.19.3②,$\overrightarrow{P_2P_1}=(-1-\sqrt{2},1-0)=(-1-\sqrt{2},1)$。平移向量 $\overrightarrow{P_2P_1}$ 到 $\overrightarrow{OP}$,则点 P 的坐标为 $(-1-\sqrt{2},1)$,且直线 OP 的倾斜角也是 α。由正切

函数的定义,有

$$\tan\alpha = \frac{1}{-1-\sqrt{2}} = 1-\sqrt{2}。$$

追问 2 你能将上述问题的解答推广到一般吗? 也就是说,如果直线 l 经过两点 $P_1(x_1,\ y_1)$,$P_2(x_2,\ y_2)$,且 $x_1 \neq x_2$,那么 α 与 P_1、P_2 的坐标有怎样的关系?

因为 P_1、P_2 是平面内的任意两点,所以请大家先考虑向量 $\overrightarrow{P_1P_2}$ 会有哪几种位置,然后再探究 α 与 P_1、P_2 的坐标的关系。

师生活动 学生画出图形,独立思考、作答,再进行小组交流,教师巡视、聆听,适当时可以在倾斜角的分类、$\overrightarrow{P_1P_2}$ 方向的分类上进行引导。然后进行全班交流,得出结果:可以分为四种情况,如表 13.19.1 所示。

表 13.19.1

	$\overrightarrow{P_1P_2}$ 向上	$\overrightarrow{P_1P_2}$ 向下
α 为锐角		
α 为钝角		

每一种情况下都有

$$\tan\alpha = \frac{y_2-y_1}{x_2-x_1}。$$

追问 3 当直线 P_1P_2 与 x 轴平行或重合时,上述式子还成立吗? 为什么?

师生活动 由学生独立完成、回答。在此基础上,教师进行归纳,给出直线斜率的概念:

综上可知,直线 l 的倾斜角 α 与直线 l 上的两点 $P_1(x_1, y_1)$, $P_2(x_2, y_2)(x_1 \neq x_2)$ 的坐标有如下关系:

$$\tan\alpha = \frac{y_2 - y_1}{x_2 - x_1}。$$

我们把一条直线的倾斜角 α 的正切值叫做这条直线的 **斜率**(slope)。斜率常用小写字母 k 表示,即

$$k = \tan\alpha。$$

倾斜角是 $90°$ 的直线没有斜率,倾斜角不是 $90°$ 的直线都有斜率。

由正切函数的单调性,倾斜角不同的直线,其斜率也不同。因此,我们可以用斜率表示倾斜角不等于 $90°$ 的直线相对于 x 轴的倾斜程度,进而表示直线的方向。

进一步地,如果直线经过两点 $P_1(x_1, y_1)$, $P_2(x_2, y_2)(x_1 \neq x_2)$,那么我们有如下的斜率公式:

$$k = \frac{y_2 - y_1}{x_2 - x_1}。$$

我们发现,在平面直角坐标系中,倾斜角和斜率分别从形和数两个角度刻画了直线相对于 x 轴的倾斜程度。

[设计意图] 问题 2 与三个追问按如下思路展开:

首先,将直角坐标系下两种确定直线位置的几何要素联系起来,在"同一对象的两种表示一定有内在联系,可以相互转化"的思想指导下,提出问题,并启发学生从"定量刻画方向"的角度思考把直线的倾斜角和直线上两点的坐标联系在一起,进而想到直线的方向向量。

其次,从具体到一般,探究联系的式子。先探究两点中有一个为原点时倾斜角与直线上两点坐标之间的关系;再探究不经过原点时倾斜角与直线上两个具体点 $P_1(-1, 1)$, $P_2(\sqrt{2}, 0)$ 的坐标之间的关系;然后推广到一般,探究倾斜角与直线上任意两点的坐标之间的关系。由于平移后直线的倾斜角不变,后面两个问题都可以转化为第一个问题。三个问题按照从特殊到一般、由具体到抽象顺次展开,而且把"角的分类""$\overrightarrow{P_1P_2}$ 方向的分类"融入其中。最后,在补充特例(直线与 x 轴平行)后给出直线斜率的概念。这个过程的逻辑性很强,对学生思维的严密性要求很高,对培养学生的理性思维、发展逻辑推理、数学抽象、直观想象等素养都有作用。

问题4 根据以往的学习经验，在得出一个数学概念、定理等之后，我们要从不同角度、联系相关知识以加深对它的理解。首先请同学们思考一下，生活实际中有没有与倾斜程度、倾斜角、斜率等类似的概念?

师生活动 由学生思考、回答：日常生活中常用"坡度"表示倾斜面的倾斜程度，坡度 $= \dfrac{铅直高度}{水平高度}$。当直线的倾斜角为锐角时，直线的斜率与坡度是类似的。

追问1 当直线的倾斜角由 $0°$ 逐渐增大到 $180°$ 时，其斜率如何变化? 为什么?

追问2 当直线平行于 y 轴，或与 y 轴重合时，经过两点的直线斜率公式还适用吗?

追问3 若已知直线上两点 $A(a_1, a_2)$，$B(b_1, b_2)$，运用上述公式计算直线 AB 的斜率时，与 A、B 两点的顺序有关吗?

师生活动 学生独立思考、回答，教师投屏学生给出的结果并进行互动交流。

对于追问1，由正切函数的取值特点及单调性可知：当倾斜角为锐角时，其斜率为正值，而且斜率随着倾斜角的增大而增大；当倾斜角为钝角时，其斜率为负值，斜率仍然是随着倾斜角的增大而增大。除了 $90°$ 之外，直线的倾斜角与它的斜率是一一对应的。

当直线平行于 y 轴，或与 y 轴重合时，直线上任意两点的横坐标相等，所以公式中的分母为 0，式子无意义，因此公式不适用。所以，在用斜率讨论问题时，要考虑到斜率不存在的情况，此时要转化为倾斜角为 $90°$ 的情况进行讨论。

对于追问3，由

$$k = \frac{b_2 - a_2}{b_1 - a_1} = \frac{a_2 - b_2}{a_1 - b_1}$$

可知，直线 AB 的斜率与 A、B 两点的顺序没有关系。

追问4 我们知道，直线 $P_1 P_2$ 上的向量 $\overrightarrow{P_1 P_2}$ 以及与它平行的向量都是直线的方向向量。你能发现直线的方向向量与斜率之间的关系吗?

师生活动 学生独立思考后再进行小组合作学习，给出解答后教师投屏小组探究的结果，并让学生说出思路，最后得出如果直线的一个方向向量为(x,y),其中$x\neq0$,那么它的斜率$k=\dfrac{y}{x}$。

[设计意图] 直线的方向向量及其坐标表示是重要而有用的知识,通过建立斜率与它们之间的联系,一是加深对斜率的理解;二是要让学生在今后的学习中养成运用向量表达几何元素、研究几何问题的习惯,特别是在解决与大小和方向相关的问题时,联系向量及其运算是非常奏效的方法;三是使学生体会向量法和坐标法的内在关联,为后续学习奠定基础:

$$\overrightarrow{P_1P_2}=(x_2-x_1,\ y_2-y_1)=(x_2-x_1)\left(1,\ \frac{y_2-y_1}{x_2-x_1}\right)$$
$$=(x_2-x_1)(1,\ k)。\quad(x_1\neq x_2)$$

环节五　学以致用,解决问题

例 如图 13.19.4,已知 $A(3,2)$,$B(-4,1)$,$C(0,-1)$,求分别直线 AB、BC、CA 的斜率,并判断这些直线的倾斜角是锐角还是钝角?

师生活动　学生独立思考、作答,教师投屏展示学生成果,让学生进行相互评价。

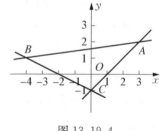

图 13.19.4

[设计意图] 解决此题分为两步:第一步是根据两点的坐标,直接求经过两点的直线的斜率,这是过两点的直线斜率的计算公式的直接应用,目的是巩固斜率公式;第二步由斜率的正负以及正切函数的变化规律,判断直线的倾斜角是锐角还是钝角,在应用中感受倾斜角与斜率之间的关系。

环节六　课堂小结,形成结构

问题 5　请同学们带着如下问题回顾本节课的学习过程,并给出回答。

(1) 类比用向量方法解决几何问题的过程,请你说说以直角坐标系为工具解决几何问题的大致步骤。

(2) 在直角坐标系中,确定直线位置的几何要素是什么?在得出这些几何要素的过程中,我们利用了直角坐标系的哪些功能?

(3) 倾斜角是刻画直线相对于 x 轴的倾斜程度的几何量,为了将它代数化,我们利用了哪些数学思想方法?

(4) 在用向量方法推导过两点的直线斜率的计算公式时,我们经历了怎样的过程,用了哪些数学思想方法?

(5) 倾斜角、斜率、直线的方向向量等都刻画了直线的方向,由此你能想到哪些问题?

师生活动 学生独立思考、作答,再让学生代表进行全班发言,最后由教师进行总结。

[**设计意图**] (1) 学生已经完整地学习了平面向量、空间向量,知道了用向量方法解决几何问题的基本步骤。用直角坐标系为工具解决几何问题,与向量法如出一辙,事实上,向量几何是坐标几何的返璞归真。所以,让学生结合章引言回顾向量法的基本步骤,再类比给出坐标法解决几何问题的基本步骤,可以使学生在解析几何入门阶段就形成坐标法的较为深刻的印象。

(2) 与不借助任何工具而仅凭人的大脑、用逻辑推理的方法进行研究的综合几何不同,解析几何通过坐标系建立几何与代数的联系,用代数方法研究几何问题,所以要思考的首要问题是以直角坐标系为参照系时,确定直线位置的几何要素该如何表达,这就要把直角坐标系的功能理解清楚。直角坐标系由两条原点重合的正交数轴组成,数轴的"三要素"表明了直角坐标系的"三要素",由此可以得出原点的"基准点"和坐标轴的"定向"两大功能,所以直角坐标系中以一个点和一个方向作为确定直线的要素就自然而然了。小结时关注倾斜角概念的同时,通过对直角坐标系功能的总结可以使学生明白如此定义倾斜角的理由。

(3) 将倾斜角代数化为斜率,首先是数形结合与转化,这是解析几何的根本思想;由"两个点确定一条直线"而断定倾斜角可以用两点的坐标来表示,由倾斜角刻画了直线的方向,从而联想到直线的方向向量,并建立倾斜角与方向向量、三角函数之间的联系,反映了数学的整体性、联系性,其中"一个对象的不同表示方式之间一定有内在联系,可以相互转化"的思想指引着思考的方向。这些思想、观念蕴含于斜率概念的形成过程中,通过小结将它们揭示出来,有利于学生领悟数学基本思想、积累基本活动经验,对理性思维的发展也很有好处。

(4) 在推导斜率计算公式时,从特殊到一般、分类讨论、数形结合、联系与转化等众多数学思想方法都在发挥着作用。

(5) 倾斜角、斜率、直线的方向向量都刻画了直线的方向,首先想到的是如何建立这些概念之间的联系、实现相互转化,另一个是它们之间的差异性,倾斜角为 $90°$ 时斜率不存在,此时方向向量的表达则更具有灵活性。

环节七　目标检测,检验效果

题1 如图 13.19.5,若直线 l_1、l_2、l_3 的斜率分别是 k_1、k_2、k_3,则(　　)。

(A) $k_1 < k_2 < k_3$　　　　(B) $k_3 < k_1 < k_2$

(C) $k_3 < k_2 < k_1$　　　　(D) $k_1 < k_3 < k_2$

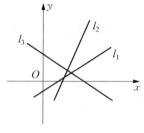

图 13.19.5

〔设计意图〕考查学生对直线方向与斜率关系的掌握情况。

题2 若过 $A(4, y)$,$B(2, -3)$ 两点的直线的倾斜角为 $\dfrac{3\pi}{4}$,则 $y = ($　　$)$。

(A) -1　　　　(B) -5　　　　(C) 1　　　　(D) 5

〔设计意图〕考查学生对倾斜角与斜率关系以及斜率的计算公式的掌握情况。

题3 已知 $A(1, 1)$,$B(3, -1)$,$C(a, 8)$ 三点共线,则 a 的值为(　　)。

(A) -6　　　　(B) 6　　　　(C) -8　　　　(D) 8

〔设计意图〕考查学生利用斜率概念、斜率计算公式解决问题的能力。

题4 已知点 $A(1, 2)$,请在 y 轴上求一点 P,使直线 AP 的倾斜角为 $120°$。

〔设计意图〕考查学生对倾斜角与斜率关系以及斜率的坐标公式的掌握情况。

布置作业

《选择性必修一》第 55 页,练习第 $1, 2, 3, 4, 5$ 题。

教学设计说明

1. 聚焦解析几何的基本思想和用坐标法解决几何问题的一般思路

本节课是解析几何单元的开篇,承担着从宏观上明确研究对象、构建研究框架、形成研究路径等任务。本教学设计引导学生类比用向量方法研究几何问题的基本思想和"三部曲",并通过阅读教科书的章引言,使学生明确解析几何的基本思想、了解研究路径,从而构建起学习本章内容的先行组织者。众所周知,解析几何是方法论,解析几何课程的核心任务是使学生学会用代数方法研究几何问题。所以,在开篇伊始就要注重解析几何基本思想、用坐标法解决问题的基本思路的渗透,这是本教学设计的一个基本指导思想。

2. 重视对坐标系这一研究工具特点的把握

解析几何以坐标系为研究工具,对坐标系功能的理解和把握是发挥它的作用的前提。尽管学生使用直角坐标系的时间较长,但他们对在直角坐标系中认识图形的几何要素还是第一次接触,对于解析几何中确定几何图形的方式与平面几何的方式有什么区别,基本处于没有感觉的状态。所以,本教学设计在学生给出"两点确定一条直线"时,专门指出这是不需要借助直角坐标系的。要利用直角坐标系给直线"定位",就必须知道它的定位功能体现在哪里,在此基础上给出过 x 轴上点 P 的直线束,让学生思考如何利用 x 轴的定向作用把这些直线区别开来,然后再引入倾斜角概念——直线向上的方向与 x 轴的正方向所形成的角,就比较自然了。实际上,在后续建立曲线方程的过程中,根据图形的基本几何特征建立直角坐标系,其本质也是在利用直角坐标系的特点,例如建立椭圆方程时就是考虑了直角坐标系的对称性。

3. 在建立相关知识的联系中体现数形结合思想

解析几何的根本思想在于通过坐标系将代数学与几何学这两大学科紧密地结合起来。本单元之前学生已经学习了向量,已经知道用向量工具研究几何问题的方法与步骤,而向量法与坐标法在本质上具有一致性,向量几何在本质上是坐标几何的返璞归真,可以说向量几何是不依赖于坐标系的解析几何,是原点可以任意移动的解析几何。因此,与向量几何建立联系有利于学生把握解析几何的本质,本教学设计在倾斜角概念的引入、过两点的直线斜率的计算公式的推导等研究中,都强调了与向量的联系以及向量方法的运用。

4. 在使学生获得"四基"、提高"四能"的过程中落实核心素养

本节课是解析几何的开篇课,处于最基础阶段,但蕴含着丰富的数学思想方法,其中最突出的是确定直线位置的几何要素的多元联系表示,由此产生的数学思想方法,由此引发和提出的数学问题。本教学设计抓住"联系",在"直线 l 的方向—倾斜程度(定性)—倾斜角(定量)"和"两个点确定直线 l,则两个点的坐标与倾斜角必然有内在联系"这两个关键点上,通过层层递进的问题引导学生开展探究活动,使学生在理解倾斜角和斜率的概念、掌握斜率计算公式的过程中,体会坐标法思想,落实直观想象、逻辑推理、数学抽象等素养。

一、内容和内容解析

1. 内容

椭圆的概念,椭圆的标准方程,椭圆的几何性质。

2. 内容解析

圆锥曲线的发现和研究起始于古希腊,人们非常喜欢这种简朴而完美的曲线,像欧几里得(Euclid,前325—前265)、阿基米德、阿波罗尼奥斯等几何学大师都醉心于圆锥曲线的研究。当时人们是以纯粹的几何学观点来研究这种与圆密切相关的曲线的,是一种纯理念的探索,取得了非常辉煌的研究成果,其中以阿波罗尼奥斯的《圆锥曲线论》为代表。直到十六、十七世纪之交,开普勒(J. Kepler,1571—1630)发现行星运动三大定律,才知道行星是绕着以太阳为一个焦点的椭圆轨道运行的。开普勒三大定律是近代科学开天辟地的重大突破,它不仅开创了天文学的新纪元,而且也是牛顿万有引力定律的根源所在。所以,圆锥曲线不仅是几何学中的完美对象,而且"也是大自然的基本规律中所自然选用的精要之一"[1],让我们感慨于数学与大自然居然有这样的"心灵相通",由衷地赞叹数学与大自然的和谐之美。所以,圆锥曲线的学习,不仅仅是让学生又多掌握了一些非常重要的数学知识,同样重要的是可以让学生从中充分认识数学的科学价值、应用价值、文化价值和审美价值,把理性思维、科学精神的培养落在实处。

圆锥曲线是学生在过去没有研究过的几何图形。椭圆的概念与性质是圆锥曲线的代表性内容,双曲线、抛物线的内容与它同构。"椭圆"的内容架构、研究过程和思想方法与"直线和圆的方程"基本一致,首先是从具体情境中抽象椭圆的几何特征,再根据几何特征建立标准方程,然后利用方程、通过代数方法进一步研究它的性质以及与直线的位置关系。自然的,对椭圆的研究,坐标法是根本大法,数形结合是根本思想,这里充分体现出"研究对象在变,研究套路不变,思想方法不变"的特征。

椭圆是高中阶段学习的第一种全新曲线,可以为学生利用直线的方程、圆的方程中积累的经验进行探索性学习,独立发现和提出数学问题,自主归纳和概括数学结论,并学会有效地用于解决数学内外的问题等提供理想载体。与圆的定义一样,椭圆的定义是基于运动轨迹的,其要点是"平面内到两个定点的距离之和为常数的点的轨迹";双曲线定义的要点是"平面内到两个定点的距离之差为常数的点的轨迹",与椭圆定义

---

[1] 项武义.基础数学讲义丛书:基础几何学[M].北京:人民教育出版社,2004:227-228.

仅有"一字之差"，表现出高度的简洁、和谐之美。再把抛物线定义的要点"平面内到一个定点与到一条定直线的距离相等的点的轨迹"放到一起，可以发现它们是几何学本质的直接体现——"几何的本质在于度量，度量的本质在于长度"①。通过基本运算给出距离(长度)间的确定关系，进而得到圆锥曲线的定义。设法让学生体验这些定义所蕴含的完美的数形结合思想，可以全面提升学生对数学的认识水平，形成新的数学学科视角，提高数学表达的条理性和严谨性。在此过程中，学生的数学抽象、数学建模、逻辑推理、直观想象等素养也就得到了提升。

3. 教学重点

椭圆的概念、标准方程与简单几何性质，坐标法。

二、目标和目标解析

1. 目标

(1)了解圆锥曲线的实际背景，感受圆锥曲线在刻画现实世界和解决实际问题中的作用。

(2)经历从具体情境中抽象出椭圆的过程，掌握椭圆的定义、标准方程及简单几何性质。

2. 目标解析

达成上述目标的标志是：

(1)学生能通过观察用平面截圆锥的过程，直观认识截口曲线的形状是圆或圆锥曲线；能通过实例，说明圆锥曲线在生产、生活中的广泛应用。

(2)学生能从画椭圆的过程中抽象出椭圆的几何特征，给出椭圆的定义；能根据椭圆的几何特征建立适当的坐标系，求出椭圆的标准方程；能在几何直观的基础上，通过椭圆的标准方程研究椭圆的性质，得出椭圆的范围、对称性、顶点、离心率等，进一步体会坐标法和数形结合、化归与转化等思想。

(3)学生能用椭圆的定义、标准方程及简单几何性质解决一些数学问题和简单的实际问题，进一步体会坐标法的重要作用。

三、教学问题诊断分析

1. 问题诊断

学生刚刚学过直线和圆的方程，对于利用直角坐标系研究平面几何图形已有初步认识，对用坐标法研究一个几何图形的整体架构、步骤和方法已经有一定基础。但是，

---

① 史宁中. 数形结合与数学模型——高中数学教学中的核心问题[M].北京:高等教育出版社,2018:17.

由于椭圆的几何特征比圆复杂,学生对于从哪个角度入手抽象椭圆的几何特征会出现困惑。教学中,要加强让学生动手画椭圆的过程,可以借助动态几何软件多画几个椭圆,并在"观察什么""如何观察"上进行引导,例如,在动点的运动过程中,出现哪些几何元素? 这些几何元素中哪些是随着动点的变化而变化的,哪些是不变的? 这些几何元素之间的关系有什么不变性?

建立合适的坐标系才能得到椭圆的标准方程,这里的"合适"是指充分利用了椭圆的几何特征,特别是对称性。因为学生在这方面的经验不多、意识不强,所以教学中要加强引导,让学生先对椭圆进行直观观察,思考怎样建立坐标系才"适当",然后再进行具体操作。如果有学生提出不同的建系方法,可以让他们尝试,并对不同方法下的运算复杂性、方程的简洁性和对称性等进行比较,让学生从中体验"合适"的含义。

椭圆标准方程的推导过程复杂,对运算能力要求较高,是学生会遇到的第三个难点。教学中,要提醒学生先观察方程 $\sqrt{(x+c)^2+y^2}+\sqrt{(x-c)^2+y^2}=2a$ 的结构特点,以此为依据探究运算思路、选择运算方法、设计运算程序,然后再动手运算,还要让学生保持细心、耐心,养成良好的运算习惯,从而培养学生的数学运算素养。

在讨论椭圆的性质时,学生对于"利用方程讨论椭圆的性质"的含义可能还不太理解,对需要讨论哪些性质、从哪些角度入手讨论等也可能不太清楚。产生这些困难的原因主要在于对用坐标法讨论问题的手法还没有形成必要的认识。教学中,要先引导学生认识清楚,通过方程讨论图形的性质,是通过代数运算的方法得出数量关系,然后再把数量关系的几何意义解释出来,例如代数的相等关系、不等关系各意味着图形具有怎样的几何特征,某种几何性质对应着怎样的不变量、不变关系;同时,还要注意培养学生"先用几何眼光观察,再用代数方法解决"的思维习惯,体会其中蕴含的数形结合真谛。

在具体性质上,学生对离心率意义的理解会产生困难,其原因主要是在以往的学习中,缺少用一个量来刻画一种几何特征的经验。教学中,可以先通过信息技术展示椭圆形状(扁平程度)的相似变换,然后让学生思考影响椭圆形状的因素有哪些,可以用什么量来刻画这种"形状",并把学生的思路引导到确定椭圆的几何要素上来。

2. 教学难点

椭圆几何特征的抽象,椭圆标准方程的推导,用代数方法研究椭圆性质的一般意义的理解,椭圆离心率的发现。

四、教学支持条件分析

利用信息技术展示圆锥曲线在现实中的广泛应用,使学生感受学习本单元内容的必要性;利用动态几何软件演示用平面截圆锥得到圆锥曲线的过程,演示由圆通过"压缩、拉伸"得到椭圆,演示椭圆的扁平程度的变化与离心率的关系等,一方面可以提高教学效率,另一方面可以帮助学生形成圆锥曲线的直观形象,对圆锥曲线之间的内在联系、椭圆形状的变化规律等形成直观认识。通过学具画出椭圆,观察作图过程,可以让学生真实地感受到"动点到两个定点的距离之和为常数"这个特征,为抽象椭圆的几何特征、得出椭圆的定义提供基础。

五、教学过程设计(一)

椭圆及其标准方程

1. 课时教学内容

椭圆的概念,椭圆的标准方程。

2. 课时教学目标

(1)能通过收集到的现实背景和生产、生活实例,说明圆锥曲线在刻画现实世界规律、解决实际问题中的作用;

(2)通过观察平面截圆锥,知道当平面与圆锥的轴所成的角变化时,截口曲线可以分别是圆、椭圆、双曲线和抛物线;

(3)能在画椭圆的过程中,抽象出椭圆的几何特征,能准确说出椭圆的定义,发展数学抽象素养;

(4)能利用椭圆的几何特征建立适当的直角坐标系,能按求曲线方程的一般步骤推导椭圆的标准方程,进一步感悟坐标法,发展直观想象、数学运算等素养。

3. 教学重点与难点

重点:椭圆的几何特征,椭圆的定义及椭圆的标准方程。

难点:椭圆几何特征的准确刻画,椭圆标准方程的推导。

4. 教学过程设计

环节一　了解圆锥曲线的现实背景,构建先行组织者

课堂引入　我们知道,用一个垂直于圆锥的轴的平面截圆锥,截口曲线(截面与圆锥侧面的交线)是一个圆。请大家观察,改变圆锥的轴与平面所成的角,会得到怎样的截口曲线呢?

师生活动　教师用动态几何软件边展示边讲解,用一个不垂直于圆锥的轴的平面截圆锥,当圆锥的轴与截面所成的角不同时,可以得到不同的截口曲线,它们分别是椭

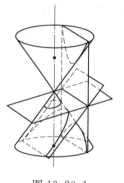

图 13.20.1

圆、抛物线和双曲线(如图 13.20.1)。我们通常把椭圆、抛物线、双曲线统称为**圆锥曲线**。

然后再用信息技术展示行星绕太阳运行的轨道、发电厂冷却塔的外形线、探照灯反射镜面、卫星接收天线等,让学生感受圆锥曲线反映了大自然的规律,在生产生活中有广泛应用。在此基础上简要介绍圆锥曲线的历史背景。

问题 1 类比直线和圆的方程的研究过程,你认为我们应按怎样的路径研究圆锥曲线?

师生活动 在学生独立思考的基础上,交流讨论,确定研究路径:现实背景(研究的必要性)—曲线的概念(建立曲线方程的依据)—曲线的方程(运用坐标法)—曲线的性质—实际应用。

[**设计意图**] 通过现实情境让学生了解圆锥曲线的广泛应用;通过平面截圆锥的演示使学生感受圆、圆锥曲线的内在联系;通过类比已有知识,明确研究圆锥曲线的基本路径,从而形成先行组织者。

环节二　动手操作,抽象椭圆定义

问题 2 下面我们先研究椭圆。请同学们探究如下问题:

取一条定长的细绳,把它的两端都固定在图板的同一点,套上铅笔,拉紧绳子,移动笔尖,这时笔尖(动点)画出的轨迹是一个圆。如果把细绳的两端拉开一段距离,分别固定在图板的两点 F_1、F_2(图 13.20.2),套上铅笔,拉紧绳子,移动笔尖,画出的轨迹又是什么曲线?

图 13.20.2

师生活动 学生动手画图,教师巡视观察学生画图过程,并适时地展示学生画出的不同图形,必要时提示学生画图的方法,以保证每个学生都能画出椭圆。

追问 1 笔尖(动点)移动过程中满足的几何条件是什么? 由此你能抽象出确定椭圆的几何要素吗?

师生活动 教师引导学生分析,由固定的两点 F_1、F_2 给出了什么条件;与"取一条定长的细绳"相联系,"套上铅笔,拉紧绳子"意味着什么? 通过分析得出:笔尖到两个定点 F_1、F_2 的距离在改变,但距离的和保持不变,都等于细绳的长度。由此得出确

定椭圆的几何要素是：两个定点 F_1、F_2（由此也就给定了 $|F_1F_2|$），动点到 F_1、F_2 的距离之和为常数。

[设计意图] 这个"探究"非常容易实施。通过探究活动，可以让学生切实感受到椭圆的生成过程。与平面截圆锥着眼于圆锥曲线的共性、强调在同一背景下得出不同的圆锥曲线不同，这里突出了椭圆的"个性特征"，有利于学生从中发现确定椭圆的几何要素，为给出椭圆定义奠定基础。

追问 2　你能根据确定椭圆的几何要素给出椭圆的精确定义吗？

师生活动　先让学生独立思考，并写出定义，教师将学生写出的具有典型性的定义投屏，再进行点评互动。会有学生给出定义：与两个定点 F_1、F_2 的距离之和等于常数的点的轨迹叫做椭圆。教师可以利用信息技术，不断调整两点 F_1、F_2 之间的距离，引导学生观察所画轨迹形状的变化，发现所画出的图形受"常数"与 $|F_1F_2|$ 的大小关系制约，进而明确必须加上限制条件"常数大于 $|F_1F_2|$"，在此基础上给出椭圆的定义，以及椭圆的焦点、焦距、半焦距等相关概念。

[设计意图] 在学生操作、观察、讨论的过程中，通过问题加追问，引导学生以确定笔尖（动点）轨迹的几何要素为基础，让学生经历从不严谨到严谨的过程，逐步完善对椭圆几何特征的理解，抽象出椭圆的概念，使学生从中体验精确定义一个数学对象的数学方式，培养学生思维的严谨性和数学抽象素养。

环节三　合理建系　推导方程

问题 3　有了椭圆的定义，接下来要合理地建立坐标系，推导椭圆的方程。观察椭圆的形状，你认为怎样建立坐标系可使所得的椭圆方程形式简单？

师生活动　先由学生独立思考，再进行班级互动交流。通过讨论得出：

从椭圆形状看，它既是轴对称图形，也是中心对称图形。因此，如果以两个焦点 F_1、F_2 的直线为 x 轴，线段 F_1F_2 的垂直平分线为 y 轴，建立平面直角坐标系 Oxy，这时的原点将是椭圆的对称中心，如图 13.20.3 所示。可以想象，这时的椭圆方程也会有对称性，应该与圆的方程 $x^2 + y^2 = a^2$ 非常相似，通过方程研究椭圆的性质会比较方便。

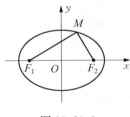

图 13.20.3

追问 1　根据直线与圆的方程的学习经验，建立了直角坐标系后，接下来我们要按怎样的步骤得出椭圆的方程？

师生活动　通过回顾直线的方程、圆的方程的建立过程,类比得出建立椭圆方程的大致步骤:

根据椭圆的几何特征建立适当的平面直角坐标系—根据定义明确椭圆上的点满足的几何条件—将几何条件转化为代数表示列出方程—化简方程—检验方程。

然后,让学生独立完成方程的推导过程。在学生推导方程的过程中,教师可以通过与推导步骤相配套的问题引导学生思考简化代数推导过程的方法。

追问 2　观察方程 $\sqrt{(x+c)^2+y^2}+\sqrt{(x-c)^2+y^2}=2a$ 的结构,你认为怎样变形有利于化简方程?

追问 3　$(a^2-c^2)x^2+a^2y^2=(a^2-c^2)a^2$ 已经是整式方程了,还能继续化简吗?

追问 4　观察图 13.20.4,你能从中找出表示 a、c、$\sqrt{a^2-c^2}$ 的线段吗?

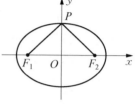

图 13.20.4

追问 5　回顾推导过程,方程 $\dfrac{x^2}{a^2}+\dfrac{y^2}{b^2}=1(a>b>0)$

与方程 $\sqrt{(x+c)^2+y^2}+\sqrt{(x-c)^2+y^2}=2a$ 等价吗?

追问 6　回顾推导过程,你能说说用 $2a$、$2c$ 而不是 a、c 表示椭圆定义中的定长与焦距的好处吗?

追问 7　你能说说方程 $\dfrac{x^2}{a^2}+\dfrac{y^2}{b^2}=1$ 的解和椭圆上的点的坐标之间的关系吗? 也就是说,方程的解为坐标的点是否一定在椭圆上? 反之,椭圆上的点的坐标是否一定满足方程?

师生活动　提出每一个问题后,都先让学生独立思考,再进行全班交流互动,得出正确答案后再进入到下一个问题。教师要指出,因为方程 $\dfrac{x^2}{a^2}+\dfrac{y^2}{b^2}=1$ 的解为坐标的点都在椭圆上,且椭圆上的点的坐标都满足方程,所以通过方程得出的结论,再转化为几何表示,就可以得出椭圆的几何性质。

[**设计意图**] 通过层层递进的系列化问题,使学生在实施代数变形之前先思考变形的方向;通过问题提示学生思考每一步代数变形蕴含的数学意义,从而提高推导过程的理性水平,在有效得出椭圆的标准方程的同时,为理解椭圆的性质打下基础,并使数学运算能力得到培养;通过思考椭圆上的点的坐标与椭圆方程的解之间的关系,深化对曲线与方程的关系的认识。

问题 4 如图 13.20.5,如果焦点 F_1、F_2 在 y 轴上,且 F_1、F_2 的坐标分别为 $(0,-c)$、$(0,c)$,又 a 与 b 的意义同上,那么椭圆的方程是什么? 你能不做具体推导就得出结论吗?

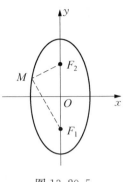

图 13.20.5

师生活动 由学生独立思考,给出结论,再进行全班交流。通过交流、总结,直接得出此时的椭圆方程为 $\dfrac{y^2}{a^2}+\dfrac{x^2}{b^2}=1(a>b>0)$,其理由是两种情况下的焦点关于直线 $y=x$ 对称,所以方程也有这种对称性。可以让学生在课后再通过推导得出方程。

[设计意图] 让学生利用已经得出的焦点在 x 轴上的椭圆标准方程,通过几何条件的对称性直接得出焦点在 y 轴上的椭圆标准方程,一方面可以促进学生对椭圆的几何特征(主要是对称性)的理解,另一方面可以发展学生的直观想象素养。

环节四 例题练习,巩固知识

例1 已知椭圆的两个焦点坐标分别是 $(-2,0)$、$(2,0)$,并且经过点 $\left(\dfrac{5}{2},-\dfrac{3}{2}\right)$,求它的标准方程。

师生活动 教师引导学生先分析条件,对条件之间的关系作出各种解释,再让学生独立完成解题。可以从椭圆的定义入手,利用 a、b、c 之间的关系直接求解;也可以从方程入手,焦点在 x 轴上,所以点 $\left(\dfrac{5}{2},-\dfrac{3}{2}\right)$ 满足方程 $\dfrac{x^2}{a^2}+\dfrac{y^2}{b^2}=1$。

[设计意图] 使学生体会椭圆定义在解题中的作用,培养先分析条件,再根据条件的特征选择椭圆标准方程的形式,培养良好的解题习惯,学会用待定系数法求椭圆的标准方程,提高学生的数学运算能力。

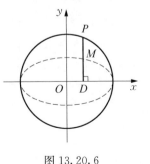

图 13.20.6

例2 如图 13.20.6,在圆 $x^2+y^2=4$ 上任取一点 P,过点 P 作 x 轴的垂线段 PD,D 为垂足。当点 P 在圆上运动时,线段 PD 的中点 M 的轨迹是什么? 为什么?

师生活动 教师引导学生分析,先将几何条件代数化,根据几何关系得出坐标之间满足的代数关系,然后由学生独立完成。教师要引导学生总结本题中蕴含的一般性解题思路,即通过建立点 M 与已知曲线上点的联系,利用已知曲线的方程求解。可以利用信息技术进行轨迹的探求,更方便地进行结论的验证。

追问 如果点 M 满足 $|MD|=k|PD|$ $(k>0$ 且 $k\neq1)$,此时点 M 的轨迹是什么?

师生活动 学生利用信息技术讨论完成,明确椭圆形状的变化与坐标变换之间的关系,理解 k 的变化对所得椭圆形状的影响。

[**设计意图**] 引导学生探究通过"压缩、拉伸"圆得到椭圆,从而理解椭圆与圆的关系。

例 3 如图 13.20.7,设 A、B 两点的坐标分别为 $(-5$, $0)$、$(5,0)$。直线 AM、BM 相交于点 M,且它们的斜率之积是 $-\dfrac{4}{9}$,求点 M 的轨迹方程。

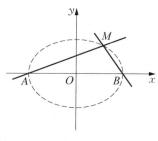

图 13.20.7

师生活动 教师引导学生分析条件,理解"直线 AM 与 BM 相交于点 M""求点 M 的轨迹方程"的含义,让学生思考如何将两者联系起来,进而得出解题思路,然后由学生独立完成。要注意引导学生精确理解条件,为判断所求方程与曲线之间是否等价奠定基础。

追问 观察求出的方程,反观条件,你有什么想法?能将这个问题作出一般性推广吗?

师生活动 教师引导学生思考,结合条件和求出的方程,可以猜想出椭圆的一条性质:椭圆上的点与椭圆两个长轴端点的连线的斜率之积为常数,或者椭圆上的点与椭圆两个长轴端点的连线所成角为定值。通过将题目条件一般化,可以证明这个结论。在此基础上,可以问学生还能提出什么猜想,让学生课后去探索。事实上,这里很容易想到是把两个定点改为短轴的端点;联系椭圆的对称性,可以把两个定点推广到椭圆直径的端点。

[**设计意图**] 加深对椭圆的几何特征的认识,培养学生从定义出发分析问题的条件和结论的思维习惯,引导学生从具体到抽象思考问题,培养发现问题、探究性质的能力。这个问题在解析几何中具有典型性,通过充分挖掘,可以有效地培养学生的自主探究能力,积累基本活动经验。教学时作分层次处理、课内外相结合,可以为不同数学水平的学生提供学习的机会。

课堂练习:《选择性必修一》第 109 页练习第 1,2,3,4 题。

六、课时教学设计(二)

椭圆的简单几何性质

1. 课时教学内容

椭圆的简单几何性质。

2. 课时教学目标

在直观认识椭圆图形特点的基础上,能通过椭圆的标准方程推导出椭圆的范围、对称性、顶点、离心率等简单几何性质,并能用它们解决简单的问题,体会用曲线的方程研究曲线的性质的方法,发展直观想象、数学运算、逻辑推理等素养。

3. 教学重点与难点

重点:椭圆的简单几何性质。

难点:椭圆的离心率的理解。

4. 教学过程设计

环节一 创设情境,提出问题

问题1 前面学习了椭圆的概念,并建立了椭圆的标准方程。接下来,与利用直线的方程、圆的方程研究它们的几何性质一样,我们利用椭圆的标准方程研究椭圆的几何性质。你认为可以从哪些角度入手研究椭圆的性质?

师生活动 学生独立思考、分组讨论。教师引导学生思考几何图形性质所研究的基本问题,进而明确从椭圆的形状、大小和位置等来研究椭圆的性质。

追问 利用椭圆的标准方程研究椭圆的几何性质,如何利用?

师生活动 教师引导学生回顾直线与圆的方程中的研究经验,进一步明确借助直角坐标系,通过方程研究图形性质的内涵,即:方程的特性可以反映对应的几何图形性质,而方程的特性一般表现在未知量的取值范围、特殊取值、方程的对称性、方程系数之间是否存在某些特殊关系等等,把这些特性用坐标、坐标之间的关系表达出来,就可以得到相应的几何性质,例如图形的范围、对称性、顶点等。

具体研究时,可以先观察椭圆的形态,对性质作出直观判断(定性),再利用标准方程进行代数推理,得出椭圆几何性质的代数刻画(精确、定量)。

[**设计意图**]利用画椭圆的经验和椭圆的标准方程,引导学生明确研究的问题和基本研究方法,把数形结合思想渗透其中,强化"由曲线得到方程,利用方程研究曲线"这一思路,从而引入本节课的课题。

环节二　通过方程 $\dfrac{x^2}{a^2}+\dfrac{y^2}{b^2}=1$ 探究椭圆的性质

（1）范围

问题 2　根据上节课同学们画出的椭圆,观察它的大小,怎样由它的标准方程得到椭圆的范围?

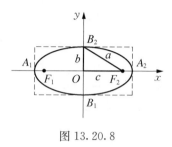

图 13.20.8

师生活动　学生观察发现所画椭圆是有"界"的,教师引导学生观察出椭圆在一个矩形内部（如图 13.20.8）,根据这个矩形的大小考虑用标准方程确定椭圆的范围。

追问　图 13.20.8 中矩形的边界与标准方程 $\dfrac{x^2}{a^2}+\dfrac{y^2}{b^2}=1$ 有什么联系? 由此你能想到椭圆的范围实际上就是方程中哪些量的取值范围?

师生活动　引导学生明确椭圆的范围的代数表达就是椭圆上的点的横、纵坐标的取值范围,这就找到了用标准方程 $\dfrac{x^2}{a^2}+\dfrac{y^2}{b^2}=1$ 确定椭圆范围的关键,由此不难得到 $\dfrac{y^2}{a^2}=1-\dfrac{x^2}{b^2}\geqslant 0$, $\dfrac{x^2}{a^2}=1-\dfrac{y^2}{b^2}\geqslant 0$,于是 $-a\leqslant x\leqslant a$, $-b\leqslant y\leqslant b$。

［**设计意图**］通过"追问"使学生进一步明确,在直角坐标系中,通过椭圆方程,数形结合地研究椭圆的范围,需要先让学生认识到,几何图形的"范围"就是方程的解为坐标的点所在的范围,本质上就是方程中 x、y 的取值范围。利用方程求出 x、y 的取值范围,再将其翻译为几何表示,这样就实现了利用椭圆标准方程研究椭圆的范围的目的。

（2）对称性

问题 3　观察椭圆的形状,可以发现椭圆既是轴对称图形,又是中心对称图形。如何利用椭圆的方程描述椭圆的对称性?

师生活动　引导学生观察,不难看出椭圆关于 x 轴、y 轴成轴对称,关于原点成中心对称。反映在椭圆标准方程上,可以发现:用 $-x$ 代 x,用 $-y$ 代 y,用 $-x$ 代 x 同时用 $-y$ 代 y,方程均不变,说明在椭圆上任取点 $P(x,y)$,关于 y 轴的对称点 $P'(-x,y)$,关于 x 轴的对称点 $P''(x,-y)$,关于原点的对称点 $P'''(-x,-y)$ 均在椭圆上,说

明椭圆关于 y 轴、x 轴、原点均对称。

教学时,可以先由教师带领学生得出用方程描述椭圆关于 x 轴对称的结论,再让学生自己独立完成其余对称性的分析。最后给出椭圆的中心的概念。

教学中可以利用信息技术验证对称性,引导学生感受曲线对称与点对称之间的关系。如果学生的抽象思维水平较高,可以引导学生思考下面的问题,归纳出一般性结论:

设曲线 C 的方程是 $f(x,y)=0$,① 如果 $f(x,y)=f(x,-y)$ 成立,那么曲线 C 有什么对称性? ② 如果 $f(x,y)=f(-x,y)$ 成立,那么曲线 C 有什么对称性? ③ 如果 $f(x,y)=f(-x,-y)$ 成立,那么曲线 C 有什么对称性?

[设计意图] 在通过几何直观定性得出椭圆的对称性的基础上,探究利用椭圆的标准方程证明这些对称性。对思维水平较高的学生,引导他们进行一般性思考,得出利用曲线方程研究曲线对称性的一般性方法和结论,从而帮助学生理解曲线的对称性的本质是构成曲线的点的对称性,曲线的对称性可以通过曲线上点的坐标的对称性进行表达。

(3) 顶点

问题 4 你认为椭圆 $\dfrac{x^2}{a^2}+\dfrac{y^2}{b^2}=1(a>b>0)$ 上哪些点比较特殊? 为什么? 如何得到这些点的坐标? 椭圆的形状、位置与这些特殊点有什么关系?

师生活动 引导学生观察椭圆的轮廓,利用它的对称性发现椭圆与坐标轴的交点可以作为"特殊点"。结合方程 $\dfrac{x^2}{a^2}+\dfrac{y^2}{b^2}=1$,容易想到只要令 $x=0$ 或 $y=0$,就可以得出相应点的坐标。另外,像正弦函数、余弦函数中的"五点法"一样,知道了椭圆的这些特殊点,就可以大致确定椭圆的形状和位置了。

在此基础上,教师指出:因为 x 轴、y 轴是椭圆的对称轴,所以椭圆与它的对称轴有四个交点,这四个交点叫做椭圆的顶点(图 13.20.9)。线段 A_1A_2,B_1B_2 分别叫做椭圆的长轴和短轴,它们的长分别等于 $2a$ 和 $2b$,a 和 b 分别叫做椭圆的长半轴长和短半轴长。

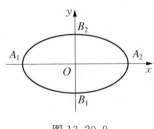

图 13.20.9

[设计意图] 明确由椭圆的顶点、长轴与短轴均可确定椭圆的位置,结合椭圆的对称性研究顶点,让学生体会曲线的几何性质有时彼此之间是有关联的。

（4）离心率

问题 5　观察图 13.20.10，可以发现不同椭圆的扁平程度不同。扁平程度是椭圆的重要形状特征，你能用适当的量定量刻画椭圆的扁平程度吗？

图 13.20.10

师生活动　教师先引导学生回顾椭圆的定义，由定义可知椭圆是由 a，c 所唯一确定的。由此可以想象，椭圆的扁平程度可以用 a，c 的关系进行刻画。

追问　根据椭圆的定义，先给定椭圆的长轴 $|A_1A_2|=2a$，在线段 A_1A_2 上取焦点 $C_1(-c,0)$，$C_2(c,0)$，利用信息技术画出椭圆。保持长半轴长 a 不变，拖动焦点 $C_2(c,0)$，你发现了什么？将 a、c 同时放大或缩小相同倍数，你又发现了什么？由此你能想到刻画椭圆扁平程度的量吗？

师生活动　让学生自己进行信息技术操作（没有条件时可由教师演示学生观察），得出结论：

当焦点越向相邻的长轴端点靠近时，椭圆越扁平，也就是说当 c 越接近 a，椭圆越扁平；当焦点越向椭圆中心靠近时，椭圆越接近于圆，这就意味着当 c 越接近于 0，椭圆越接近于圆。如果把 a、c 同时放大或缩小相同倍数，椭圆的形状不变。

接着教师可以引导学生一起总结：

从几何图形上我们发现，在椭圆的长轴长不变的前提下，焦点离开椭圆中心越远，也就是说 c 越接近于 a，椭圆越扁平；焦点离开椭圆中心越近，也就是说 c 越接近于 0，椭圆越接近于圆。根据以往的经验，对于某种"程度"进行量化刻画，数学中常常利用"比率"，例如用斜率刻画直线的倾斜程度。所以，我们引进 $\dfrac{c}{a}$ 这个量来刻画椭圆的扁平程度，它的取值范围是 $0<\dfrac{c}{a}<1$。当 $\dfrac{c}{a}$ 接近于 1 时，焦点离椭圆中心越远、离长轴端点越近；当 $\dfrac{c}{a}$ 接近于 0 时，焦点离椭圆中心越近、离长轴端点越远。因为这个量刻画了焦点离开椭圆中心的远近程度，所以我们将其命名为离心率，用 e 表示，即 $e=\dfrac{c}{a}$。

［**设计意图**］离心率是刻画椭圆形状特征的量，这是椭圆的一个本质属性：在椭圆的长轴长不变的前提下，两个焦点离中心的远近程度，它不随坐标系的变化而变化。这里我们强调从定义出发思考问题、探究性质的引导，这是培养学生理性思维的需要。实际上，回到教科书在抽象椭圆定义时所使用的画椭圆的方法，在保持绳长不变的情

况下,缩短或拉长焦点到椭圆中心的距离,就能非常直观地看到椭圆扁平程度的变化规律。

有些老师认为,因为椭圆的标准方程中出现的是 a 和 b,而 $\dfrac{b}{a}$ 所揭示的椭圆扁平程度比 $\dfrac{c}{a}$ 更直观,所以这里要让学生自主选择刻画椭圆扁平程度的量,给学生自由想象的空间,再通过分析、选择,给出用 $\dfrac{c}{a}$ 定义的离心率。对于用其他的量刻画椭圆的扁平程度,让学生知道它们是等价的,可以相互转化,这样可以加深学生对椭圆离心率的认识。我们认为这样做不利于发挥这个内容的育人价值。因为这里是对椭圆基本性质的探究,从定义出发研究性质是数学的基本之道,把焦点作为核心,以长轴端点作为参照,考察焦点离中心的相对距离,这才是"离心之率"的本质所在。另外,$\dfrac{b}{a}$ 与 $\dfrac{c}{a}$ 哪个更好的问题不是一个核心问题。

环节三　例题练习,巩固理解

例 4　求椭圆 $16x^2 + 25y^2 = 400$ 的长轴和短轴的长、离心率、焦点和顶点的坐标。

师生活动　教师先引导学生分析题意,再让学生独立完成。分析中要让学生理解,标准方程中的"标准"二字表明,把问题中的方程与椭圆的标准方程"对标",这是解决问题的出发点,根据标准方程确定椭圆焦点的位置是关键。

课堂练习:教科书第 112 页练习第 1~5 题。

师生活动　学生独立完成后相互交流,教师及时点评学生的解答。

[**设计意图**] 巩固椭圆的几何性质。

环节四　单元小结,形成结构

问题 6　请同学们带着下列问题回顾本单元的学习内容,并给出问题:

(1) 本单元我们先类比直线和圆的方程,构建了研究椭圆的整体架构,你能回忆出这个架构吗?

(2) 明确研究对象是首要的研究任务,所以先要抽象椭圆的定义。抽象椭圆的定义经历了怎样的过程?确定椭圆的几何要素是什么?从画出的椭圆中你发现了它的哪些几何特征?

(3) 从平面几何的角度看,椭圆的性质指什么? 为什么可以通过椭圆的方程研究椭圆的性质? 请以椭圆的范围、对称性为例,说明"通过椭圆的方程研究椭圆的性质"的含义是什么?

(4) 椭圆的离心率刻画了椭圆的什么特征? 为什么说用 $\dfrac{c}{a}$ 刻画椭圆的形状是最佳选择?

(5) 通过本单元的学习,你对坐标法有了哪些新的认识?

师生活动 在学生独立回顾、思考总结的基础上进行班级交流,然后教师点评、总结。

[**设计意图**] (1) 解析几何的学习中,明确研究一个几何图形的整体架构是基础,课程标准也强调,应引导学生经历以下过程:首先,通过实例了解几何图形的背景,例如,通过行星运行轨道、抛物运动轨迹等,使学生了解圆锥曲线的背景与应用;进而,结合情境清晰地描述图形的几何特征与问题,例如,椭圆是到两个定点的距离之和为定长的动点的轨迹等;再结合具体问题合理地建立坐标系,用代数语言描述这些特征与问题;最后,借助几何图形的特点,形成解决问题的思路,通过直观想象和代数运算得到结果,并给出几何解释,解决问题。实际上,这就是用坐标法研究几何问题的整体架构,这里让学生回顾研究椭圆的整体架构,可以使学生更进一步地认识坐标法。

(2) 抽象椭圆定义是一个比较典型的解析几何对象的抽象过程,从现实背景出发,到动手操作,再到用数学的方式解释现象,最后用精确的数学语言给出定义,这个过程是培养现实数学抽象素养的契机。学生在用数学语言刻画动点的运动规律时,在引进符号、用词的准确性等方面都需要得到训练。另外,确定椭圆的要素是焦点的位置和长轴的长,而对称性则是椭圆最重要的几何特征之一。

(3) 从平面几何角度看,椭圆的几何性质是指椭圆的要素、相关要素之间的关系,而解析几何则是通过直观想象和代数运算发现这些关系,用定量计算的方法得出结果并给出几何解释。之所以可以这样做,是因为在直角坐标系中,椭圆上的点的坐标与椭圆的方程的解之间具有一一对应关系。例如:

用 $-x$ 代 x,或用 $-y$ 代 y,或用 $-x$、$-y$ 分别代 x、y,方程形式不变,就可以推出椭圆的对称性,其理由是,用 $-x$ 代 x 方程不变,即 $(-x,y)$ 和 (x,y) 同时满足方程,这就意味着点 $P(x,y)$ 与点 $P_1(-x,y)$ 同时在椭圆上,由点 P 的任意性可知椭圆关于 x 轴对称,其余的类推。

让学生在小结时对这些内容进行再概括,有利于学生进一步理解坐标法的真谛。

(4)离心率是圆锥曲线的标志性不变量,椭圆的离心率刻画了椭圆的扁平程度。这里希望学生通过总结,把形和数更紧密地结合起来,从形的角度是"长轴固定,焦距变化"所呈现出的图形扁平程度的变化,从数的角度则是 c 和 a 之比所给出的焦点离椭圆中心相对距离的定量刻画。这样的数形结合,给出了离心率刻画椭圆扁平程度的清晰解释。

环节五 目标检测,检验效果

题 1 经过椭圆 $\dfrac{x^2}{25}+\dfrac{y^2}{16}=1$ 的右焦点 F_2 作垂直于 x 轴的直线 AB,交椭圆于 A、B 两点,点 F_1 是椭圆的左焦点。

(1)求 $\triangle AF_1B$ 的周长;

(2)如果 AB 不垂直于 x 轴,那么 $\triangle AF_1B$ 的周长有变化吗?为什么?

〔设计意图〕检测学生对椭圆定义的掌握情况。

题 2 椭圆的离心率 $e=\dfrac{2}{3}$,长轴长为 6,则椭圆的标准方程为 _____。

〔设计意图〕检测学生对椭圆的几何性质和标准方程的理解。

题 3 已知椭圆 $\dfrac{x^2}{25}+\dfrac{y^2}{16}=1$ 的左、右焦点分别为 F_1、F_2,点 P 在这个椭圆上。

(1)求 $|F_1P|$ 的最大值和最小值;

(2)若 P、F_1、F_2 是一个直角三角形的三个顶点,求点 P 到 x 轴的距离。

〔设计意图〕检测学生运用椭圆的标准方程解决问题的能力。

布置作业

《选择性必修一》第 115 页,习题 3.1,第 1,2,3,4,5,6,9,10 题。

教学设计说明

本教学设计是一个相对完整的单元教学设计(不包含椭圆性质的简单应用)。教学设计以椭圆的几何特征、方程、性质和应用为明线,以坐标法和数形结合思想为暗线,以逻辑连贯、环环相扣的问题和追问组成"问题串",将内容连成一体,引导学生有逻辑地展开学习与探究。这些问题既有针对整体思路的,也有针对具体内容的;既有针对思想方法、研究策略的,也有操作性的、针对特例或细节的。它们是以椭圆知识的内在逻辑为依据而设置的、自然而然的学习主线,解决了这些问题就可以形成思想内涵丰富的"椭圆与方程"知识体系。本单元所提出的主要问题和设置目的如下：

（1）通过信息技术展示平面截圆锥的截口形状，引入圆锥曲线课题，然后提出：类比直线和圆的方程的研究过程，你认为我们应按怎样的路径研究圆锥曲线？引导学生构建本单元的研究框架。

（2）在引入椭圆概念时，以"笔尖（动点）移动过程中满足的几何条件是什么？由此你能抽象出确定椭圆的几何要素吗？""你能根据确定椭圆的几何要素给出椭圆的精确定义吗？"引导学生为探究确定椭圆的几何要素、抽象椭圆的概念做好必要准备。

（3）以"观察椭圆的形状，你认为怎样建立坐标系可使所得的椭圆方程形式简单？"引导学生思考如何利用椭圆的几何特征合理建立坐标系。

（4）接下来，以"观察方程 $\sqrt{(x+c)^2+y^2}+\sqrt{(x-c)^2+y^2}=2a$ 的结构，你认为怎样变形有利于化简方程？"等连续的追问，在方程的化简、引入 b 的合理性、方程变形与化简是否为等价变形、如何设长轴和焦距、椭圆与椭圆的方程之间的关系等方面引导学生展开思考和探究，得出椭圆的标准方程。

（5）以"如果焦点 F_1、F_2 在 y 轴上，且 F_1、F_2 的坐标分别为 $(0,-c)$，$(0,c)$，又 a、b 的意义同上，那么椭圆的方程是什么？"引导学生通过比较，利用对称性直接得出焦点在 y 轴上时椭圆的标准方程。

（6）以"先用几何眼光观察，再用代数方法解决"为指导，以"与利用直线的方程、圆的方程研究它们的几何性质一样，我们利用椭圆的标准方程研究椭圆的几何性质。你认为可以从哪些角度入手研究椭圆的性质？"为导入，从整体上确定椭圆性质的主要研究内容，并以"利用椭圆的标准方程研究椭圆的几何性质，如何利用？"引导学生明确用坐标法研究几何性质的要领，再以系列化的问题引导学生具体探究性质：

① 根据上节课画出的椭圆，观察它的大小，怎样由它的标准方程得到椭圆的范围？

② 观察椭圆的形状，可以发现椭圆既是轴对称图形，又是中心对称图形。如何利用椭圆的方程描述椭圆的对称性？

③ 你认为椭圆 $\dfrac{x^2}{a^2}+\dfrac{y^2}{b^2}=1(a>b>0)$ 上哪些点比较特殊？为什么？如何得到这些点的坐标？椭圆的形状、位置与这些特殊点有什么关系？

④ 观察图 13.20.10，可以发现不同椭圆的扁平程度不同。扁平程度是椭圆的重要形状特征，你能用适当的量定量刻画椭圆的扁平程度吗？

⑤ 根据椭圆的定义，先给定椭圆的长轴 $|A_1A_2|=2a$，在线段 A_1A_2 上取焦点

$C_1(-c,0)$，$C_2(c,0)$，利用信息技术画出椭圆。保持长半轴长 a 不变，拖动焦点 $C_2(c,0)$，你发现了什么？将 a、c 同时放大或缩小相同倍数，你又发现了什么？由此你能想到刻画椭圆扁平程度的量吗？

在"问题串"的引导下，学生可以完整地经历如下过程：

通过具体情境（如行星运行轨道），了解椭圆的背景与应用；

结合情境、通过动手操作清晰地描述图形的几何特征与问题，即椭圆是到两个定点的距离之和为定长的动点的轨迹；

结合几何特征合理地建立坐标系，用代数语言描述这些特征与问题；

借助几何图形的特点，形成研究椭圆性质的思路，利用方程，并通过直观想象和代数运算得到结果；

给出代数结果的几何解释，解决问题。

显然，只要按上述过程展开教学，就可以引导学生展开结构化的系统学习，建立清晰、稳定和可利用的"椭圆与方程"的认知结构，并使学生领悟坐标法、数形结合等数学思想，积累用坐标法研究几何图形的经验，提升发现和提出问题的能力，使数学抽象、直观想象、逻辑推理、数学运算等素养落实在教学中。

第十四章　教学设计案例（四）

　　本章含"函数"选择性必修中的等差数列的前 n 项和公式、导数的概念及其意义两个教学设计。这两个内容的选择基于如下考虑：

　　求和问题是数列中的核心问题。等差数列的求和公式是等差数列的定义、通项公式和特征性质直接应用的结果，为等比数列前 n 项和公式的推导提供思想方法的引导，也是研究数列问题的基础。如何让"倒序相加法"的教学不强加于人，是广大教师多年来的教学追求。充分理解等差数列的特征性质，利用其中蕴含的"平均数"，通过"倒序相加"实现"不同数的求和转化为相同数的求和"的目的，这是推导等差数列前 n 项和公式的指导思想，也是本节课的教学主线。等差数列求和公式的推导是数列求和的范例。

　　导数是微积分的核心内容之一，是现代数学的基本概念，导数的概念及其意义是整个微积分的基石。导数概念涉及两个核心问题，一个是数学思想，另一个是数学语言。中学阶段通过两个典型案例讲思想，一个是物体运动的瞬时速度，一个是曲线上一点处的切线斜率。恰好，前者是牛顿创立微积分时研究的问题，后者是莱布尼茨创立微积分时研究的问题。可以想象，如果能理解好这两个带有本源性的问题，那么学生就能在整体上把握微积分的思想。

等差数列的前 n 项和公式

一、内容及内容解析

1. 内容

等差数列的前 n 项和公式。

本单元教学需 2 课时。第一课时,公式的探究;第二课时,公式的应用。这里给出第一课时的教学设计。

2. 内容解析

数列求和是数列的主要研究内容之一,它不仅与现实生产生活联系紧密,自古以来都是人们感兴趣的话题,求和过程中需要的代数变形技巧对人的智力具有挑战性,因此非常引人入胜,而且其中蕴含着差分、微积分等基本思想,从而成为研究函数问题的一个有力工具。等差数列的求和公式是等差数列的定义、通项公式和特征性质直接应用的结果,也为等比数列前 n 项和公式的推导提供思想方法的引导,是研究数列问题的基础。

等差数列的前 n 项和公式是等差数列的重要性质。这个公式的探究与推导,以等差数列的特征性质——在等差数列 $\{a_n\}$ 中,若 p,q,s,$t \in \mathbf{N}^*$,且 $p+q=s+t$,则 $a_p + a_q = a_s + a_t$——为依据,这是一个从概念到性质再到应用的过程。反观等差数列的前 n 项和公式 $S_n = \dfrac{n(a_1 + a_n)}{2}$,将它简单变形为 $\dfrac{S_n}{n} = \dfrac{a_1 + a_n}{2}$,可以看到,数列 a_1,a_2,$\cdots$,a_n 的首末项 a_1、a_n 的等差中项 $\dfrac{a_1 + a_n}{2}$ 就是数列前 n 项的平均数。这就使我们发现了一个"秘密":等差数列的前 n 项和公式利用了前 n 项的平均数 $\dfrac{a_1 + a_n}{2}$,把 n 个不同数 a_1,a_2,$\cdots$,a_n 的求和转化为 n 个相同数 $\dfrac{a_1 + a_n}{2}$ 的求和,从而实现了加法到乘法的化归。之所以能够实现这个化归,是因为等差数列具有"若 $p+q=s+t$,则 $a_p + a_q = a_s + a_t$"这个特性,由此有 $a_1 + a_n = a_2 + a_{n-1} = \cdots = a_n + a_1$。仔细观察 $a_1 + a_n = a_2 + a_{n-1} = \cdots = a_n + a_1$,它由数列 a_1,a_2,$\cdots$,a_n 的"顺序"和"倒序"两两依次配对而得。通过上述分析可见,充分理解等差数列的特征性质,利用其中蕴含的"平均数",通过"倒序相加"实现"把不同数的求和转化为相同数的求和",这是推导等差数列前 n 项和公式的指导思想,也是本节课的教学主线。

等差数列求和公式的推导,历经了从"首尾配对法—分类讨论法—倒序相加法"的认知过程,其中蕴含着代数推理的一般方法,可以使学生从中领悟到特殊与一般、分类与整合、化归与转化等数学思想方法,还可以让学生完整经历探索数学公式的代数思维过程。同时,公式的推导与应用,采用了与研究基本初等函数类似的路径,即"概念—性质—应用",所以本节内容也是学生进一步认识等差数列的函数特性,感受数列与函数的共性与差异的一个重要载体。

从数学史层面看,倒序相加法是历史传承下来的经典方法,高斯求 $1+2+\cdots+100$ 的故事可以激发学生的好奇心和学习兴趣;从美学层面看,等差数列前 n 项和的公式特征及其图形表征的对称性、简洁性和直观性,都体现了数学对美的追求;从哲学层面看,倒序相加的方法巧妙地解决了"化多为少"和"化繁为简"的问题。因此,本单元内容也是渗透数学文化,培育学生的审美情趣,发展学生的理性思维和科学精神的良好载体。

3. 教学重点

等差数列前 n 项和公式的推导,平均数思想,倒序相加法。

二、目标与目标解析

1. 目标

(1) 了解等差数列前 n 项和公式发现的背景;

(2) 探索并掌握等差数列的前 n 项和公式,理解等差数列的通项公式与前 n 项和公式的关系;

(3) 在具体问题情境中,能运用等差数列前 n 项和公式解决一些简单的数学问题和实际问题。

2. 目标解析

达成上述目标的标志是:

(1) 在问题情境中,经历等差数列前 n 项和公式的探究与推导过程,能分析倒序相加法的特点,说明等差数列前 n 项和公式的结构特征,准确解释等差数列的通项公式与前 n 项和公式的关系,说出等差数列前 n 项和公式与一元二次函数之间的共性与差异,发展数学运算和逻辑推理素养。

(2) 在具体情境中,能运用基本量的方法、利用等差数列前 n 项和公式及其变式解决问题,提升数学建模素养。

(3) 能借助推导等差数列前 n 项和公式的过程,说明等差数列前 n 项和公式的来龙去脉,能说出等差数列的性质在推导前 n 项和公式中的作用,能解释在推导前 n 项和公式的过程中蕴含的数学思想方法。

三、教学问题诊断分析

1. 问题诊断

学生学习了等差数列的定义、性质,对等差数列的特征有了一定认识,他们也有一些特殊数列求和的经验,这些知识经验可以提供分析等差数列项的变化规律、发现项与项的关系、得出倒序相加这一巧妙方法等的认知基础。

本单元的主要难点显然是如何想到"倒序相加"这个巧妙方法,这是一个"不是做不到,而是想不到"的问题。这就是说,如果把方法直接告诉学生,那么他们是可以理解的,但由他们自己想出这个方法却是非常困难的。这样的困难不是由知识准备不充分引起的,而是思想方法层面的原因,所以如何解决这个难点对教学具有极大的挑战性。

教学中,为了突破这个难点,更为了充分发挥这个内容的育人价值,应该把重点放在"思想方法"的教学上。教学设计中应考虑的主要问题是:从等差数列求和公式是等差数列的一条性质这一内容定位出发,利用等差数列的定义、特征性质、平均数等推出公式。因此,我们可以把难点进一步具体化为:

第一,从一般的观点看具体数列求和,发现其中的思想方法(在高斯求 $1+2+\cdots+100$ 时,利用了等差数列的性质 $a_1+a_{100}=a_2+a_{99}=\cdots=a_{50}+a_{51}$);

第二,推导公式 $1+2+\cdots+n=\dfrac{n(n+1)}{2}$ 时,对 n 进行奇偶讨论;

第三,从分类讨论到倒序相加的过渡(对公式进行变形,结合 $2(1+2+\cdots+n)$ 对 $n(n+1)$ 的意义进行解释);

第四,发现 $\dfrac{a_1+a_n}{2}$ 是等差数列 $\{a_n\}$ 前 n 项 $a_1, a_2, \cdots, a_n$ 的平均数。

为此,需要设计一个从特殊到一般的过程,引导学生逐步发现"倒序相加"的奥秘。人教 A 版已经给出了非常巧妙的发现过程,教学中可以以此为依据,设计问题串,使学生经历从"首尾配对—分类讨论—倒序相加"的发现之旅,从而使学生获得公式的同时掌握其中蕴含的数学思想和方法。

2. 教学难点

"倒序相加"方法的发现:首尾配对方法的应用,对项数 n 进行分类讨论,从分类讨论到倒序相加的过渡,发现平均数 $\dfrac{a_1+a_n}{2}$。

(说明:这里的难点在于"如何想到",所以难点的表达也是难点。这样的难点在高中阶段不止一处,该如何进行提炼概括,值得研究)

四、教学支持条件分析

为了加强学生对等差数列前 n 项和公式推导过程的整体体验,领悟其中的数学思想,积累代数推理的数学活动经验,提升学生发现和提出问题的能力,根据各教学环节的需要,可以采用如下教学支持条件:

一是借助多媒体引入高斯"神速求和"的历史故事,让学生感受"化不同为相同"的思维过程;

二是借助电子表格进行动手操作实验,动态描述等差数列前 n 项和公式与通项公式的关系,帮助学生领悟求和公式与二次函数的关系;

三是借助实物投影仪展示学生的小组合作学习成果,让学生体验"文化背景—方法探讨—求和公式—公式应用"的完整过程。

五、课时教学设计

等差数列前 n 项和公式的探索

1. 课时教学内容

等差数列的前 n 项和公式。

2. 课时教学目标

(1)在问题情境中,经历等差数列前 n 项和公式的探究与推导过程,能分析倒序相加法的特点,说明等差数列前 n 项和公式的结构特征,准确解释等差数列的通项公式与前 n 项和公式的关系,说出等差数列前 n 项和公式与一元二次函数之间的共性与差异,发展数学运算和逻辑推理素养。

(2)能借助推导等差数列前 n 项和公式的过程,说明等差数列前 n 项和公式的来龙去脉,能说出等差数列的性质在推导前 n 项和公式中的作用,能解释在推导前 n 项和公式的过程中蕴含的数学思想方法。

3. 教学重点、难点

重点:等差数列前 n 项和公式的推导。

难点:首尾配对方法的应用,对项数 n 进行分类讨论,从分类讨论到倒序相加的过渡,发现平均数 $\dfrac{a_1 + a_n}{2}$。

4. 教学过程设计

环节一　创设情境,提出问题

引导语　在前面的学习中,我们已经学习了等差数列的定义和通项公式,并探索了等差数列的一些基本性质,你能回顾一下这些知识吗?

师生活动 学生独立思考、作答,教师板书通项公式与性质"当 $m+n=p+q$ 时,$a_m+a_n=a_p+a_q$",然后揭示课题:接下来利用这些知识探究等差数列的前 n 项和公式,我们从一个数学故事开始。

问题情境 据说,200 多年前,高斯的算术老师提出了一个问题:

$$1+2+3+\cdots+100=?$$

当其他同学忙于把 100 个数逐项相加时,10 岁的高斯却用下面的方法迅速算出了正确答案:

$$(1+100)+(2+99)+\cdots+(50+51)=101\times50=5\,050。$$

高斯的算法实际上解决了等差数列

$$1,2,3,\cdots,n,\cdots \qquad\qquad ①$$

前 100 项的求和问题。

问题1 用一般的眼光看具体问题是发现数学规律的重要思想。从一般的角度看高斯求和的方法,你能说说高斯在求和过程中利用了数列①的什么性质? 这个方法的实质是什么?

师生活动 教师引导学生发现高斯巧算的"秘密",其求和过程用的就是首尾配对法,即利用性质 $a_1+a_{100}=a_2+a_{99}=\cdots=a_{50}+a_{51}$,通过配对凑成相同的数,变"多步求和"为"一步相乘",实现了"化和为积"。

[设计意图] 引导学生回顾定义和性质,激活本课所需的知识;提示学生"用一般的眼光看具体问题",引导他们从一般的等差数列角度看自然数数列,促使学生发现高斯的算法中蕴含的数学思想,提炼出将"不同数的求和"化归为"相同数的求和"的本质,为推导等差数列的求和公式做好准备。

追问 你能用高斯的方法求 $1+2+\cdots+101$ 的结果吗? 与 $1+2+\cdots+100$ 相比你有什么发现?

师生活动 教师强调,虽然我们可以用很多方法求出这个和(同学们可以在课后尝试),但这里要求用高斯的方法。学生通过探索可以发现,用高斯的方法计算,"首尾配对"后,中间项 51 是单独的。

[设计意图] 通过追问使学生认识到,用高斯方法求数列的和,需要考虑项数是奇数还是偶数,为后面一般化问题的讨论做好准备。

问题 2 将上述问题推广到一般,即:如何用高斯的方法求 $S_n=1+2+3+\cdots+n$ 的结果?

师生活动 学生在前面具体问题的引导下,可以想到需对 n 进行奇偶分析:

(1) 当 n 是偶数时,直接运用高斯的算法求解;

(2) 当 n 为奇数时,因为直接进入抽象的讨论不容易得到结果,所以可以让学生从 n 取具体奇数进行分析,这时仍然要提醒学生"用一般的眼光看具体情况",要留下过程,要从项与项的关系进行思考,这样才能从中发现规律、得到结果。这样做才体现了代数中研究问题的根本方法——归纳法。例如:

$1+2+\cdots+101=50\times(1+101)+51$,把 50 和 $(101-1)$ 联系起来,有 $50=\dfrac{101-1}{2}$,

这是配成的"对数";把 51 和 $(1+101)$ 联系起来,有 $51=\dfrac{1+101}{2}$,说明"配对"以后剩余的中间一项正好是首尾两项的等差中项。于是

$$1+2+\cdots+101=50\times(1+101)+51=50\times(1+101)+\frac{1+101}{2}=\frac{101\times(1+101)}{2}。$$

同理:

$$1+2+\cdots+103=51\times(1+103)+52=51\times(1+103)+\frac{1+103}{2}=$$
$$\frac{103\times(1+103)}{2};$$

$$1+2+\cdots+105=52\times(1+105)+53=50\times(1+105)+\frac{1+105}{2}=$$
$$\frac{105\times(1+105)}{2};$$

等等。

让学生按照这样的方法多算几次,就可以从中发现规律:

当 n 为奇数时,

(1) 可以配成 $\dfrac{n-1}{2}$ 对,剩余的中间项是首尾两项的等差中项 $\dfrac{1+n}{2}$;

(2) $1 + 2 + \cdots + n = \dfrac{n-1}{2}(1+n) + \dfrac{1+n}{2} = \dfrac{n \times (1+n)}{2}$。

[设计意图] 将具体数列推广到一般,分奇偶两种情况求 $1 + 2 + 3 + \cdots + n$,渗透分类与整合、化归与转化的思想方法。对 n 取奇数时的讨论,通过从具体到抽象的过程,不仅使学生发现规律、得出公式,而且能培养他们的代数思维和符号推理能力。

追问 我们发现,无论 n 取奇数还是偶数,得到的公式的形式都是一样的,这就启发我们想到设法避免对 n 分奇、偶进行讨论。如何避免呢?

师生活动 在学生稍作思考后,教师可以进行引导:对得出的结果的意义进行再分析,往往可以使我们进一步理解问题的实质,并从中发现改进方法的思路。对公式

$$S_n = 1 + 2 + 3 + \cdots + n = \frac{n(n+1)}{2}$$

进行变形,可得

$$2S_n = 2(1 + 2 + 3 + \cdots + n) = n(n+1),$$

它相当于把 S_n 加两次,而结果变成 n 个 $(n+1)$ 相加。你能把 $2(1 + 2 + 3 + \cdots + n)$ 也写成 n 个 $(n+1)$ 相加的形式吗?

接着让学生继续探究(必要时教师可以加强引导),得出下面的方法:

$$
\begin{aligned}
S_n &= 1 && +2 && +3 && + \cdots + n \\
+\quad S_n &= n && +(n-1) && +(n-2) && + \cdots + 1 \\
\hline
2S_n &= (n+1) && +(n+1) && +(n+1) && + \cdots + (n+1)
\end{aligned}
$$

这就把 $2(1 + 2 + 3 + \cdots + n)$ 写成了 n 个 $(n+1)$ 相加的形式,从而可得求和公式。

教师再指出,这个方法的本质是:无论是奇数个项相加还是偶数个项相加,通过"顺序""倒序"加两次,都变成了偶数个项相加,从而避免了奇偶讨论。

接着,教师带领学生对公式 $1 + 2 + 3 + \cdots + n = \dfrac{n(n+1)}{2}$ 进行再认识。如果对 $1 + 2 + 3 + \cdots + n = \dfrac{n(n+1)}{2}$ 的两边同除 n,可得

$$\frac{1 + 2 + \cdots + n}{n} = \frac{n+1}{2},$$

说明 $\dfrac{n+1}{2}$ 是 $1, 2, \cdots, n$ 这 n 个自然数的平均数。再把公式写成

$$1+2+3+\cdots+n=\frac{n(n+1)}{2}=n\cdot\frac{n+1}{2}=\underbrace{\frac{n+1}{2}+\frac{n+1}{2}+\cdots+\frac{n+1}{2}}_{n\uparrow},$$

这样就可以清楚地看到这个过程蕴含的数学思想:

利用数列 $1,2,\cdots,n$ 的平均数 $\frac{n+1}{2}$,把不同数的求和转化成相同数的求和。

如果我们用更一般的眼光看这个公式,还可以发现如下规律:

(1) 所求的和可以用首项、末项和项数来表示;

(2) 数列中任意的第 k 项与倒数第 k 项的和都等于首项与末项的和;

(3) 数列 $1,2,\cdots,n$ 的平均数是 $\frac{n+1}{2}$。

[设计意图] 这个"追问"的解决是突破难点的关键。这里注重在一般思路上进行引导,启发学生对得出的重要结果从过程和结论两个角度进行反思,并在方法上加强了启发:将公式变形后,对等式两边的式子的意义进行解释,最后把问题聚焦到"把 $2(1+2+3+\cdots+n)$ 写成 n 个 $(n+1)$ 相加的形式"上,从而得出"倒序相加"这个巧妙方法。接着,对获得的公式进行辨析,发现 $\frac{n+1}{2}$ 的特殊意义,从而使学生更深刻地认识等差数列的特点,在后续解决与等差数列相关的问题时,能够重视这个平均数的作用。最后,从更一般的意义上归纳出公式所反映的规律,从而把代数思维的教学落在实出,可以使学生体会发现一个具体公式中蕴含的代数规律的方法。

问题3 上述方法的妙处在哪里? 这种方法适用于求任意等差数列 $\{a_n\}$ 的前 n 项和吗?

师生活动 先由学生针对一般的等差数列进行分析,再进行全班交流,在此基础上师生一起总结,得出"倒序相加"方法,然后让学生独立推导一般的等差数列前 n 项求和公式。具体结果如下:

倒序相加法的妙处在于将 $1+2+3+\cdots+n$"倒序"为 $n+(n-1)+(n-2)+\cdots+1$,利用上述规律(2)、(3)和算两次的思想,将两式相加,从而把 n 个不同数的求和转化为 n 个相同数的求和。

因为 $a_1+a_n=a_2+a_{n-1}=\cdots=a_n+a_1$,它由数列 $a_1,a_2,\cdots,a_n$ 的"顺序"和"倒序"两两依次配对而得,所以倒序相加法完全适用于一般的等差数列前 n 项和公式的推导,即

$$S_n=a_1+a_2+a_3+\cdots+a_n, \qquad ②$$

$$S_n = a_n + a_{n-1} + a_{n-2} + \cdots + a_1 。 \qquad ③$$

②+③,得

$$2S_n = \underbrace{(a_1 + a_n) + (a_1 + a_n) + (a_1 + a_n) + \cdots + (a_1 + a_n)}_{n \uparrow} = n(a_1 + a_n)。$$

由此得,等差数列$\{a_n\}$的前n项和的公式为

$$S_n = \frac{n(a_1 + a_n)}{2}。 \qquad ④$$

将④变形为

$$\frac{S_n}{n} = \frac{a_1 + a_n}{2},$$

发现$\dfrac{a_1 + a_n}{2}$是$a_1,a_2,\cdots,a_n$的平均数。

追问 除了上述方法,你还有其他推导等差数列前n项和公式的方法吗?

师生活动 先由学生独立推导,再把有代表性的结果在全班投屏展示。主要是两种方法:

(1) 由$a_n = a_1 + (n-1)d$及$1 + 2 + \cdots + (n-1) = \dfrac{n(n-1)}{2}$,推出

$$S_n = na_1 + \frac{n(n-1)}{2}d。 \qquad ⑤$$

(2) 将通项公式$a_n = a_1 + (n-1)d$代入$S_n = \dfrac{n(a_1 + a_n)}{2}$,同样推出 ⑤ 式。

(3) 将(1)中的结果展开,可得

$$S_n = \frac{d}{2}n^2 + \left(a_1 - \frac{1}{2}d\right)n。$$

[**设计意图**] 从特殊到一般,在充分讨论前n个正整数求和公式推导过程中蕴含的数学思想和倒序相加法的本质的基础上,学生就比较容易联想到利用等差数列的性质$a_1 + a_n = a_2 + a_{n-1} = \cdots = a_n + a_1$,通过倒序相加将不同数的求和转化为相同数$\dfrac{a_1 + a_n}{2}$相加。

环节三　探索公式的图形解释

问题 4 根据以往研究代数公式的经验,用几何图形直观表达代数公式,有利于我们

理解公式,例如初中的完全平方和公式、高中的基本不等式等,我们都构造过图形解释。观察等差数列前 n 项和公式的结构特征,你能构造图形表达这些公式吗?

师生活动 通过小组合作讨论,教师引导学生从求和公式的结构特征入手分析,结合前面探究活动得到的启发,总结归纳如下:

类比梯形面积公式,建立公式与几何图形之间的联系:公式④的几何解释为如图 14.21.1 所示的梯形面积,其中 a_1、a_n 分别表示该梯形的上底和下底,n 表示梯形的高;公式⑤的几何解释为如图 14.21.2 所示的梯形面积,它与公式④的几何解释的差别在于该梯形被分割成两部分面积(一个三角形和一个平形四边形)。

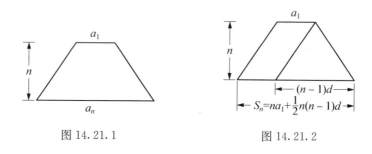

图 14.21.1   图 14.21.2

追问 实际上,不仅求和公式可以用图形进行解释,倒序相加这一巧妙的方法也可以用图形进行直观解释,你能想到吗?

师生活动 先由学生独立思考,请有想法的学生发言,然后师生一起总结得出结果。例如,对于在推导 $1+2+3+\cdots+n=\dfrac{n(n+1)}{2}$ 时所用的倒序相加方法,可以用如图 14.21.3 所示的图形进行解释:一个三角形由 n 层相同大小的石子组成,底层有 n 颗,往上依次减少 1 颗,顶层有 1 颗。将其倒置成另一个三角形,并和前面的三角形平移拼接形成一个平行四边形。可知平行四边形图案共 n 行,每行石子的颗数都是 $(n+1)$,共有 $n(n+1)$ 颗石子。所以原三角形图案中共有 $\dfrac{n(n+1)}{2}$ 颗石子。

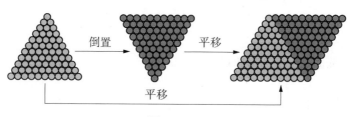

图 14.21.3

[设计意图] 通过对公式的几何解释,实现公式的多元联系表示,从而加深对公式的理解,发展直观想象素养。

环节四　课堂小结,归纳提升

问题 5　请同学们回顾本节课的学习内容,并回答下列问题:

(1) 推导等差数列的前 n 项和公式时,用了哪些巧妙的方法? 包含了哪些数学思想?

(2) 等差数列的前 n 项和公式有几种形式? 它们与等差数列前 n 项的平均数、通项公式有什么关系?

师生活动　让学生先总结,再进行全班交流、互动,教师点评学生的总结,并及时补充完善。通过课堂小结,要使学生在如下几点上提高认识:

(1) 明确推导等差数列求和公式所要解决的问题对形成推导方法有重要意义;

(2) 在公式的推导过程中,等差数列的定义、通项公式和性质等有基本的重要性;

(3) 代数的研究中,归纳是根本大法,探索 $1+2+\cdots+n$ 的过程对推导一般等差数列求和公式具有重要的启发性,要从中归纳出一般性方法,就要注意用一般性的眼光观察推导过程,从中得到解决一般问题的启发;

(4) "倒序相加"非常巧妙地利用了等差数列的性质,利用前 n 项的平均数将不同数的求和转化为相同数的求和,这个方法只有在"等差"的特性下才奏效,因为由这个特性才有前 n 项的平均数是首末两项的等差中项;

(5) 代数中,对公式进行适当变形有助于发现蕴含在其中的"奥秘";

(6) 代数和几何相互为用,可以提高对代数问题的认识深度;等等。

[设计意图] 小结本节课学习内容和思想方法,体会这些思想方法的同时,为后面公式的应用奠定基础。

环节五　目标检测设计

已知函数 $f(x)=\dfrac{4^x}{4^x+2}(x \in \mathbf{R})$。

(1) 若 $x_1+x_2=1$,试求 $f(x_1)+f(x_2)$ 的值;

(2) 利用倒序相加求和法计算 $f(0)+f\left(\dfrac{1}{n}\right)+f\left(\dfrac{2}{n}\right)+\cdots+f\left(\dfrac{n-1}{n}\right)+f(1)$

的值。

[设计意图] 考查学生对倒序相加法的迁移能力。

布置作业

《选择性必修二》第 24 页,练习第 1~4 题。

教学设计说明

1. 加强对"倒序相加"方法的追本溯源

等差数列前 n 项和公式的教学设计与实施曾经是广大教师的热门话题,其原因:一是这个课题本身的魅力,如何让"倒序相加"方法来得自然是一个具有挑战性的问题,其中蕴含的数学思想、代数变形的技巧引人入胜;二是数列问题是高考的高频考点,而求和问题是主角,因此如何让学生掌握求和中的代数变换技巧是大家非常关心的问题。观察以往的教学设计与教学,整体感觉是在技巧上下的功夫很大,但在追本溯源上用力不足。

本教学设计试图从等差数列的本质特征入手,在数学方法的本源上进行挖掘,使学生理解"倒序相加"方法的本质的同时,让他们领悟其中的数学思想,并在"引导发现"上有所作为。具体体现在:

(1) 在对前 n 个正整数求和公式推导的过程中,让学生对 $n=101,103,105,\cdots$ 时的运算保留过程、进行一般性分析,从中归纳出一般规律,从而不仅为 $1+2+\cdots+n$ 的公式推导做好准备,也为推出一般等差数列的求和公式做好准备,这个过程渗透了代数学的根本思想 —— 归纳地猜想、归纳地证明;

(2) 把 $a_1+a_n=a_2+a_{n-1}=\cdots=a_n+a_1$ 作为等差数列的特征性质,结合推导公式 $1+2+3+\cdots+n=\dfrac{n(n+1)}{2}$ 的过程中得到的倒序相加法,对它的意义作出解释 —— 它就是数列 $a_1,a_2,\cdots,a_n$ 的"顺序"和"倒序"两两依次配对而得,由此把倒序相加方法自然运用到一般等差数列求和公式的推导上。在推出公式后,对公式进行辨析性理解,得出 $\dfrac{a_1+a_n}{2}$ 的意义,从而使学生更深刻地认识到倒序相加方法的本源。

总之,本教学设计强调以公式推导过程中的代数推理为主线,以发展学生的代数思维为主要任务,从代数角度设计连贯的归纳过程,把老师们比较青睐的"图形解释"作为得出公式后建立求和公式的多元联系表示、理解"倒序相加"方法的合理性、增强公式记忆的有效性的一个辅助手段。

2. 如何理解从特殊到一般的必要性

曾经看到有人对高斯求 $1+2+\cdots+100$ 的故事作为本节课引入的质疑,认为它对想到"倒序求和法"没有启迪作用,因为代数公式是用字母代表数以后的产物,所谓代数公式、法则等,其实是对一类事物普遍规律的代数表达,如果没有"用字母表示数"这样的抽象化、一般化的形式表达,那么归纳、发现这种规律的难度就会大大增加,所以从具体数字出发反而会增加发现的难度。另外,从高斯求和到前 n 个正整数求和再到一般等差数列求和,这个过程是不是拉得太长了?

上述质疑,如果从纯粹的数学推理角度看是非常有道理的,但对于等差数列这个代数对象而言还需要具体问题具体分析。

首先,等差数列的原型就是自然数列,是自然数列的变式,这从等差数列 $\{a_n\}$ 的等价形式 a_1, a_1+d, a_1+2d, $\cdots$, $a_1+(n-1)d$, $\cdots$ 就可以看到。这个观点的意义是:在研究等差数列时,可以从对自然数的研究中得到启发。

第二,解决数列问题的困难主要是变形的技巧性强,本教学设计对前 n 个正整数的求和过程和公式的变形进行了充分的处理,这样就在源头上,以"简单"对象为载体,引导学生把深刻的道理想清楚,然后让形式逐步接触复杂的数列问题。如果学生养成了一种思维习惯,就是面对复杂问题时设法寻找简单"原型",那么当面对新的复杂问题时就不会感到无从下手。

第三,对于大多数学生而言,他们对从数到式这个归纳过程中体现出的代数思想的理解并不到位,对其中的归纳方法的掌握也没有达到驾轻就熟的程度,特别是对于在具体运算中留下过程、用一般的眼光观察具体过程的手法还没有形成习惯。所以,为了培养学生的代数思维和代数推理能力,把发展数学运算素养落实在具体学习过程中,过程长一点、步子慢一点还是有必要的。

当然,如果学生的代数思维水平高,对代数规律的直觉洞察力强,那么从一般等差数列直接入手是完全可以的,也是应该的。

单元二十二　导数的概念及其意义

一、内容及内容解析

1. 内容

变化率的典型实例；导数的概念；导数的几何意义。

本单元教学需要 4 课时：第 1 课时，高台跳水运动员的速度；第 2 课时，抛物线的切线的斜率；第 3 课时，导数的概念；第 4 课时，导数的几何意义。

本教学设计在单元设计基础上给出第 1 课时和第 3 课时的教学设计。

2. 内容解析

导数是微积分的核心内容之一，是现代数学的基本概念。导数的本质是函数的瞬时变化率，即函数平均变化率的极限。导数定量刻画了函数的局部变化，是研究函数性质、解决变化率问题（如增长率、膨胀率、效率、密度、速度、加速度等）的基本工具。

从逻辑性上看，导数基于极限运算，所以微积分的学习应该从极限及其运算开始，再用极限来定义导数。但考虑到学生认知发展水平的局限，在高中数学课程中不专门安排极限的内容，所以无法直接用极限去定义导数。注意到导数是瞬时变化率的数学表达，而瞬时变化率可以用平均变化率进行逼近，而且这个逼近的过程在直观上比较容易理解，学生身边的具体例子也较多，所以可以选择一些典型的变化率问题，引导学生经历从理解平均速度到瞬时速度的过程，用直观的方式引出瞬时变化率，进而建立导数的概念。

导数概念涉及两个核心问题，一个是数学思想，另一个是数学语言。中学阶段通过两个典型案例讲思想，一个是物体运动的瞬时速度，一个是曲线上一点处的切线斜率。恰好，前者是牛顿创立微积分时研究的问题，后者是莱布尼茨创立微积分时研究的问题。可以想象，如果能理解好这两个带有本源性的问题，那么学生就能在整体上把握微积分的思想了。例如，对运动的物体"某一时刻 t_0 的速度 v_0"的刻画，直觉告诉我们"某一时刻"是一个点，一个点的"路程"等于 0，所以按"常理"，"某一时刻的速度"应该都等于 0，但这又与物体处于运动状态的事实不相符。如果按通常的路程、时间和速度的关系计算"某一时刻 t_0 的速度 v_0"，那么由 $v = \dfrac{s}{t}$ 有 $v_0 = \dfrac{0}{0}$。$\dfrac{0}{0}$ 到底该怎么运算呢？

显然，这个问题已经不能按"常理"解决了，仅仅通过加、减、乘、除四则运算肯定行不通了。必须另辟蹊径,发明一种特殊的运算,才能把$\frac{0}{0}$搞定。

牛顿的想法是:用很短时间间隔的平均速度替代瞬时速度,而且是"想多短就多短"。接着的问题是:"想多短就多短"该如何严格表达? 如何用精确的数学语言表达?实际上,这个问题用初等数学的方法已经不能解决了,必须创造出一套新的体系。牛顿的智慧在于:引进一个无穷小量 Δt 表示"很短时间间隔",通过代数运算计算出$\frac{\Delta s}{\Delta t}$,然后让 $\Delta t \to 0$,把所得到的结果称为"流数",这个流数就是瞬时速度。这个想法实际上就是三个要点:一是构造一个过程——从"平均变化率"到"瞬时变化率",二是构造一种新的运算——极限,三是引入一个概念——导数,从而不仅使一个"难以描述的问题"得到了准确的数学表达,而且以此为根基建立了整个微积分的大厦。这就是思想! 因此,想方设法使学生经历"从平均变化率到瞬时变化率"这个过程,品味"既是动态的,又是确定的"味道,进而理解导数概念的精神实质,就成为本单元的核心。

当然,有了思想并不等于问题就解决了,只有把思想转化为具有可操作性的方法才能使思想真正发挥作用。极限思想古已有之,古希腊的欧多克索斯(Eudoxus,前408—前355)为了解决不可公度性而开创的逼近法和逼近原理,我国数学家刘徽创立的割圆术,都是非常成功的极限思想的应用。牛顿和莱布尼茨之前的数学家用极限思想研究了大量问题,包括:已知物体运动的路程关于时间的函数,求物体在任意时刻的速度与加速度,反之,已知物体的加速度关于时间的函数,求速度与路程;求曲线的切线;求函数的最大值与最小值;求长度、面积、体积和重心;等等。但这些都不足以使极限成为一种理论,只有当极限成为一种运算工具(这是牛顿和莱布尼茨的功劳),给出极限运算的合理解释,并用严格的数学语言表达,极限理论才算真正完备。数学史表明,这个过程非常漫长。所以,从历史相似性原则出发,在高中阶段我们只能让学生通过直观的方法理解极限语言,只要学生知道极限的符号表达、了解导数的四则运算法则等即可,不能要求他们使用 ε-δ 语言。从语言的角度看,极限语言是学生在之前学习中从来没有遇到过的,不能操之过急。

极限是人们从微观层面认识世界变化规律的重要工具。由于导数是一种特殊的极限,其中自然蕴含着极限思想,所以导数是学生认识极限的窗口,其中呈现的动态的、逼近的、最终是确定的过程,可以培养学生的辩证思维,也有利于数学抽象、直观想象素养的发展。通过瞬时速度、切线的斜率这些特殊的瞬时变化率抽象出导数概念,蕴含着数形结合、从特殊到一般的思想与方法;对导数的几何意义的研究,有助于学生理解导数的意义,提升直观想象素养。

3. 教学重点

导数的概念及其几何意义,极限思想。

二、目标与目标解析

1. 目标

(1) 通过实例分析,经历由平均变化率过渡到瞬时变化率的过程,了解导数概念的实际背景,知道导数是关于瞬时变化率的数学表达,体会导数的内涵与思想。

(2) 体会极限思想。

(3) 通过函数图象直观理解导数的几何意义。

2. 目标解析

达成上述目标的标志是:

(1) 能结合具体问题情境,通过从平均变化率过渡到瞬时变化率的过程,得出导数的概念,知道导数是关于瞬时变化率的数学表达,会用具体例子解释导数的内涵与思想。

(2) 能解释导数的几何意义,能举例说明以直代曲思想;能通过求函数在某点的导数,得出函数图象在对应点的切线斜率,进而求出切线的方程。

(3) 能通过实例分析,直观感知瞬时速度是平均速度的极限,切线斜率是割线斜率的极限;结合导数的概念和几何意义,说明函数在一点处的导数是一个特殊的极限值和确定的数;会求简单函数在一点处的导数。

三、教学问题诊断分析

1. 问题诊断

通过初中、高中物理的学习,学生会用平均速度近似描述直线运动,对匀变速直线运动的瞬时速度也有一定的直观认识。在高中学习无理指数幂时,学生对极限有一些直观、朴素的认识。在高中函数的学习中,借助函数图象,利用单调性定义、不等式、方程等知识,研究了基本初等函数的某些重要性质。这些知识经验为本单元学习提供了认知基础。

本单元的学习中,学生可能会遇到如下困难:

对极限思想的理解是首要难点。正如"内容解析"中指出的,极限成为一种运算工具经历了漫长的过程,从历史相似性原则可知,学生对极限思想的认识也需要经历较长的时间,需要在典型的变化率实例中不断"摸爬滚打",逐步加深理解。为此,教学中要利用好人教 A 版提供的两个本源性案例,让学生充分经历由"平均变化率"到"瞬时变化率"的过程。具体来说,要从"数值"和"解析式"两个维度,观察平均速度和割线斜率随着 Δt 或 Δx 趋近于 0 而变化的趋势,形成平均速度的极限就是瞬时速度、割线斜率的极限就是切线斜率的思维表象,在体会极限思想的同时,为引入数学符号语言表达进而抽象出导数概念奠定基础,并在后续的学习中有意识地加强极限思想的渗透。

导数的概念不仅抽象程度高,而且蕴含着"既是动态的,又是确定的"辩证因素,需要有较强的辩证思维才能理解其内涵,而这时的学生正处于从抽象逻辑思维到辩证思维的过渡期,他们的思维发展水平不能满足理解导数概念本质的需要,这是导致导数概念理解困难的根本原因。另外,在抽象导数概念的过程中,舍去具体背景、用抽象的数学符号语言表示,从而实现研究对象的符号化表达,这对学生的抽象思维能力提出了极大的挑战。为此,在两个案例的教学中,要让学生借助信息技术亲自动手计算平均变化率,获得平均变化率逐步趋近一个确定的数的切实感受,在此过程中获得从计算平均变化率到令 $\Delta x \rightarrow 0$ 的直接经验;而在归纳共性得出平均变化率的概念、用符号表示以及 $\Delta x \rightarrow 0$ 时 $\dfrac{\Delta y}{\Delta x}$ 的变化趋势等几个关节点上要加强引导;同时,在概念形成的过程中,把符号引入与符号所代表的意义融合在一起,使学生能正确理解和运用这些符号。

2. 教学难点

极限思想的理解,导数概念的理解,导数的符号化表达。

四、教学支持条件分析

本单元的教学必须借助信息技术工具,包括 Excel 表格、动态几何软件、计算器等,使学生通过列表观察平均变化率的变化趋势、通过图象直观观察割线变化到切线的过程,感受极限的"逼近"过程,以此降低认识导数的难度。具体而言可以从如下几个方面入手:

在"高台跳水运动员的速度"案例中,计算 1 到 $1+\Delta t$ 这个时间段内的平均速度 $\bar{v}$,通过不断缩小 Δt 的值,观察平均速度 $\bar{v}$ 的变化趋势,这个过程可以用计算器,也可以用 Excel 表格,还可以设计一个简单程序展示逼近过程。

在"抛物线的切线的斜率"案例中,要利用动态几何软件呈现割线 P_0P 的变化趋势,得到当点 P 无限趋近于点 P_0 时,割线 P_0P 无限趋近于一个确定的位置,即抛物线 $f(x)=x^2$ 在点 $P_0(1,1)$ 处的切线;在列表计算割线 P_0P 的斜率的值时,利用信息技术工具计算更多割线 P_0P 的斜率的值,有助于学生观察出割线斜率的变化趋势。

在得出导数的几何意义后,利用信息技术工具将点 P_0 附近的曲线不断放大,可

以发现点 P_0 附近的曲线越来越接近于直线。因此，在点 P_0 附近，曲线 $y=f(x)$ 可以用点 P_0 处的切线 P_0T 近似代替。

五、课时教学设计(一)

变化率问题

1. 课时教学内容

平均速度，瞬时速度。

2. 课时教学目标

(1)能通过具体问题情境，经历平均速度"逼近"瞬时速度的过程，认识瞬时速度的本质是平均速度的极限，初步体会极限思想。

(2)能通过求高台跳水运动员在具体时刻的瞬时速度，体会求瞬时速度的一般方法。

3. 教学重点与难点

(1)重点：瞬时速度和极限思想，体会过程的动态性和结果的确定性。

(2)难点：在瞬时速度的计算过程中体会极限思想。

4. 教学过程设计

环节一 创设情境，引入课题

引导语 在必修第一册中，我们研究了函数的单调性，并利用函数单调性等知识定性地研究了一次函数、指数函数、对数函数增长速度的差异，知道"对数增长"是越来越慢的，"指数爆炸"比"直线上升"快得多。进一步地，能否精确定量地刻画变化速度的快慢呢？下面我们就来研究这个问题。

问题1 在一次高台跳水运动中，某运动员在运动过程中的重心相对于水面的高度 h（单位：m）与起跳后的时间 t（单位：s）存在函数关系 $h(t)=-4.9t^2+4.8t+11$。如何描述运动员从起跳到入水的过程中运动的快慢程度呢？

师生活动 (1)先由学生独立思考、作答，教师启发学生（必要时可以直接指出），确定用平均速度近似描述运动员运动状况的思路；

(2)复习平均速度的概念，让学生利用计算工具计算以下时间段的平均速度，并描述运动员的运动状况：$0 \leqslant t \leqslant 0.2$；$0 \leqslant t \leqslant 0.5$；$1 \leqslant t \leqslant 2$。

(3)让学生描述运动员在 $t_1 \leqslant t \leqslant t_2$ 这段时间内的运动状态，其中运动员在这段时间内的平均速度为

$$\bar{v} = \frac{h(t_2) - h(t_1)}{t_2 - t_1} = -4.9(t_1 + t_2) + 4.8 \text{。}$$

追问 利用计算工具计算 $0 \leqslant t \leqslant \dfrac{48}{49}$ 这段时间内的平均速度,你认为用运动员在该时间段内的平均速度,近似描述运动员在这段时间内的运动状态有什么问题?

师生活动 先由学生计算得出这段时间内运动员的平均速度为 0,教师再问学生用平均速度表述运动员的运动状态是否合理,引发认知冲突,自然地引出瞬时速度的概念。

[设计意图] 让学生掌握用平均速度近似描述运动员的运动状态的方法,并发现平均速度不能准确地刻画运动员的运动状态,体会研究瞬时速度的必要性。

环节二　从平均速度到瞬时速度,体验极限思想

问题2 瞬时速度与平均速度有什么关系?你能利用这种关系求运动员在 $t = 1$ s 时的瞬时速度吗?

师生活动 教师首先引导学生认识瞬时速度与平均速度之间的关系:设运动员在 t_0 时刻附近某一时间段内的平均速度是 $\bar{v}$,可以想象,如果不断缩短这一时间段的长度,那么 $\bar{v}$ 将越来越趋近于运动员在 t_0 时刻的瞬时速度。进而让学生尝试利用这种关系求运动员在 $t = 1$ s 时的瞬时速度:对于给定的时间间隔 Δt,先计算运动员在时间段 $[1, 1 + \Delta t]$($\Delta t > 0$) 内的平均速度,观察当 Δt 取正值并不断趋近于 0 时,平均速度有什么变化趋势;再计算运动员在时间段 $[1 + \Delta t, 1]$($\Delta t < 0$) 内的平均速度,观察当 Δt 取负值并不断趋近于 0 时,能否得出同样结论。

(1) 教师利用信息技术工具演示平均速度($\Delta t > 0$)逼近瞬时速度的计算过程,得出表 14.22.1。

表 14.22.1

	A δt	B	C	D	E	
=	=seq(1/10^n,n,2,2(	=(h(1+δt)-h(1))/(1-				
1	0.01000000000	-5.04900000000				
2	0.00100000000	-5.00490000000				
3	0.000100000000	-5.00049000000				
4	0.000010000000	-5.00004900000				
5	0.000001000000	-5.00000500000				
6	0.000000100000	-5.00000000000				
7	0.000000010000	-5.00000000000				
8	0.000000001000	-5.00000000000				
9	0.000000000100	-5.00000000000				
10	0.000000000010	-5.00000000000				

表 14.22.2

	A δt	B	C	D	E	
=	=-seq(1/10^n,n,2,2	=(h(1+δt)-h(1))/(1-				
1	-0.010000000000	-4.95100000000				
2	-0.001000000000	-4.99510000000				
3	-0.000100000000	-4.99951000000				
4	-0.000010000000	-4.99995100000				
5	-0.000001000000	-4.99999500000				
6	-0.000000100000	-5.00000000000				
7	-0.000000010000	-5.00000000000				
8	-0.000000001000	-5.00000000000				
9	-0.000000000100	-5.00000000000				
10	-0.000000000010	-5.00000000000				

（2）学生利用信息技术工具计算平均速度（$\Delta t < 0$），观察平均速度逼近瞬时速度的过程，如表 14.22.2。

（3）让学生观察上面两个表格，给出自己的发现，教师点评后总结出结论：随着时间间隔的不断变小，平均速度不断地接近于常数-5。

进一步地，让学生思考常数-5的意义，教师在此基础上进行点评总结，并解释瞬时速度取负数的意义。

追问 1　你认为通过上述列表计算得出瞬时速度的过程可靠吗？

师生活动　学生独立思考、讨论，选若干学生发言。教师点评学生的发言，启发学生认识到：从上述计算的平均速度的值来看，尽管我们发现"随着时间间隔的不断变小，平均速度不断地接近于常数-5"，但这种计算是有限的，不能断定平均速度永远具有这种特征，所以需要寻求更令人信服的方法加以"说明"。

接着，教师引导学生利用解析式"说明"上面发现的结论：由 $h(t) = -4.9t^2 + 4.8t + 11$ 得运动员在时间段 1 与 $1 + \Delta t (\Delta t \neq 0)$ 之间的平均速度

$$\bar{v} = \frac{h(1 + \Delta t) - h(1)}{\Delta t}$$

$$= \frac{-4.9(1 + \Delta t)^2 + 4.8(1 + \Delta t) + 11 - (-4.9 + 4.8 + 11)}{\Delta t}$$

$$= -4.9\Delta t - 5。$$

当 Δt 趋近于 0 时，$-4.9\Delta t$ 也趋近于 0，所以 $\bar{v}$ 趋近于 -5。这与前面得到的结论一致。数学中，我们把 -5 叫做 $\bar{v} = \dfrac{h(1 + \Delta t) - h(1)}{\Delta t}$ 在 Δt 趋近于 0 时的极限，记为

$$\lim_{\Delta t \to 0} \frac{h(1 + \Delta t) - h(1)}{\Delta t} = -5。$$

追问 2　请大家自己选择一个恰当的运动时刻，用上述方法，计算相应的瞬时速度。

师生活动　学生独立完成并上传自己的操作过程，教师点评。

［**设计意图**］借助信息技术工具，从数值和解析式两个维度观察平均速度的变化趋势；让学生经历用平均速度"逼近"瞬时速度的过程，理解瞬时速度就是平均速度的极限，并由此初步体会极限思想，体会"用运动变化观点研究问题""以直代曲"等微积分思想。

问题 3　我们已经计算出 $t = 1\,\mathrm{s}$，$t = 2\,\mathrm{s}$ 的瞬时速度，那么对于某一时刻 t_0，你能计算出

瞬时速度吗?

师生活动 学生思考计算,上传自己的解答。教师通过信息技术平台展示学生的解答过程并点评其中的问题,强调瞬时速度的极限表示,给出规范的解答。

运动员在时间段 t_0 与 $t_0 + \Delta t$ 之间的平均速度

$$\bar{v} = \frac{h(t_0 + \Delta t) - h(t_0)}{\Delta t} = -4.9\Delta t - 9.8t_0 + 4.8。$$

令 $\Delta t \to 0$,则

$$\bar{v} = -4.9\Delta t - 9.8t_0 + 4.8 \to -9.8t_0 + 4.8。$$

可见瞬时速度是一个只与 t_0 有关的值,不妨记为 $v(t_0)$,即

$$v(t_0) = \lim_{\Delta t \to 0} \bar{v} = \lim_{\Delta t \to 0}(-4.9\Delta t - 9.8t_0 + 4.8) = -9.8t_0 + 4.8。$$

所以,运动员在某一时刻 t_0 的瞬时速度为

$$v(t_0) = -9.8t_0 + 4.8。$$

[设计意图] 将求某一具体时刻瞬时速度的方法推广到一般情形,体会从特殊到一般的数学思想,从运算角度体会求瞬时速度的过程,提升数学运算素养,并为后续抽象导数(瞬时变化率)概念做好铺垫。

环节三　课堂小结

问题 4 请同学们回顾本节课的学习内容,并回答下列问题:

(1) 平均速度与瞬时速度各自是如何刻画运动状态的? 二者有什么关系?

(2) 你能总结一下求瞬时速度的过程、方法以及最终结果的形式吗?

(3) 我们用平均速度来逼近瞬时速度,可以发现,逼近的过程是动态的,而最终的结果是一个确定的值。对此你有什么看法?

师生活动 让学生先独立总结,再进行全班交流,教师适时与学生互动,总结出求瞬时速度的过程与方法。对于(3),只要学生说出自己的感受即可,教师可以适当引导。例如,从运动的角度、直觉的理解和几何直观等方面,都给我们以平均速度趋近于瞬时速度的感觉,而且对于一个连续的变化过程,这种感觉是对的,要使这个问题得到确切无疑的回答,就要用到微积分的更进一步的知识。

[设计意图] 通过小结,梳理本节课学习的内容和思想方法,引导学生进一步体会

极限思想,为后面抽象导数的概念奠定基础。

环节四 目标检测,检验效果

题1 一个小球从 5 m 的高处自由下落,其运动方程为 $S(t) = -4.9t^2$。求 $t = 1\,\text{s}$ 时小球的瞬时速度。

题2 圆的面积 S 与半径 R 的关系为 $S = \pi R^2$,求 $R = 5\,\text{cm}$ 时面积关于半径的瞬时变化率。

[设计意图] 以上两个问题均考查学生对用平均速度逼近瞬时速度的认识,体会极限思想,为建立导数概念做好准备。

课后作业

《选择性必修二》第 70~71 页,习题 5.1,第 1,3,8 题。

六、课时教学设计(二)

导数的概念

1. 课时教学内容

导数的概念。

2. 课时教学目标

(1) 能从具体案例中抽象出导数的概念,知道导数是瞬时变化率的数学表达。

(2) 会用导数定义求函数在某点处的导数,并能归纳出其基本步骤,进一步体会导数的内涵和极限思想。

3. 教学重点与难点

(1) 重点:导数的概念和极限思想。

(2) 难点:概括具体实例的共性,抽象出导数的概念。

4. 教学过程设计

环节一 创设情境,提出问题

问题1 前面我们研究了两类变化率问题:一类是变速运动的描述,涉及平均速度和瞬时速度,是物理学中的问题;另一类是曲线上一点处的切线斜率,涉及割线斜率和切线斜率,是几何学中的问题。可以看到,虽然是两个不同领域中的问题,但解决它们的思想方法是完全一致的。你能用自己的语言说说这种一致性吗?

师生活动 教师引导学生从平均速度与瞬时速度、割线斜率与切线斜率的关系入手来回答问题,并对从哪些方面进行归纳给出提示,梳理出在解决两类变化率问题时采用了相同的思想方法,问题的答案也具有相同的表示形式:

(1) 研究的对象都是函数;

(2) 研究的内容都是变化率问题;

(3) 研究的过程都是从平均变化率到瞬时变化率;

(4) 表达的方法都是给自变量一个增量 Δt,得到函数值的增量 Δs,然后考察 $\Delta t \to 0$ 时,$\dfrac{\Delta s}{\Delta t}$ 是否趋向于一个定值,并且用 $\lim\limits_{\Delta t \to 0} \dfrac{f(t_0 + \Delta t) - f(t_0)}{\Delta t}$ 的形式表示。

[设计意图] 对两个不同类型的典型实例进行属性分析、比较、综合,概括它们的共同属性得到本质特征,为抽象导数的概念做好准备。在归纳两个例子的共性时,学生对按怎样的结构进行思考有困惑,教师给予指导,这是在进行"有逻辑的思考"的教学,也是提升学生理性思维的契机。

环节二　归纳概括,抽象出导数的定义

问题 2 你能运用上述思想和方法研究一般函数 $y = f(x)$ 的"变化率"吗?

师生活动 学生结合"高台跳水运动员的速度"和"抛物线的切线的斜率"进行思考,在此基础上,教师可以通过追问引导学生的思路。

追问 1 从两个特例的共性可以发现,为了刻画一般函数的变化率,你认为首先应该给出什么概念?

师生活动 学生通过独立思考、互动交流,得出结论:首先应给出函数平均变化率的概念。

对于函数 $y = f(x)$,设自变量 x 从 x_0 变化到 $x_0 + \Delta x$,相应的,函数值 y 就从 $f(x_0)$ 变化到 $f(x_0 + \Delta x)$,这时 x 的变化量为 Δx,y 的变化量为 $\Delta y = f(x_0 + \Delta x) - f(x_0)$,我们把 $\dfrac{\Delta y}{\Delta x} = \dfrac{f(x_0 + \Delta x) - f(x_0)}{\Delta x}$ 叫做函数 $y = f(x)$ 从 x_0 变化到 $x_0 + \Delta x$ 的平均变化率。

追问 2 如何利用平均变化率得出函数 $y = f(x)$ 在 $x = x_0$ 时的瞬时变化率?

师生活动 由学生独立思考后给出结论。一般而言,学生会从形式化的表达上给

出结果,即 $y=f(x)$ 在 $x=x_0$ 时的瞬时变化率是

$$\lim_{\Delta x \to 0} \frac{f(x_0 + \Delta x) - f(x_0)}{\Delta x}。 \qquad (※)$$

追问 3 在高台跳水和曲线的切线这两个问题中,当 $\Delta x \to 0$ 时都有 $\dfrac{\Delta y}{\Delta x}$ 趋近于一个确定的数。但对于一个一般函数,(※)是否也是一个确定的值?若是,它有何意义?

师生活动 教师引导学生结合以下两个实例思考,并回答问题:

(1) 设 $f(x) = 2x^2$,任取一个实数 x_0;

(2) 设 $f(x) = |x|$,取 $x_0 = 0$。

在学生自主探究的基础上,师生共同讨论,得出(※)并不一定趋近于一个确定的值的结论。然后教师进一步指出:对函数 $y=f(x)$ 的自变量的某个取值 $x=x_0$,若 $\lim\limits_{\Delta x \to 0} \dfrac{f(x_0 + \Delta x) - f(x_0)}{\Delta x}$ 是一个确定的值,这个确定的值就是 $y=f(x)$ 在点 x_0 处的瞬时变化率;若 $\lim\limits_{\Delta x \to 0} \dfrac{f(x_0 + \Delta x) - f(x_0)}{\Delta x}$ 不是确定的值,这样的情况需要进一步讨论,在今后的高等数学里会研究这个内容。在此基础上,教师引导学生概括出导数的定义。

[**设计意图**] 一般而言,学生可以对两个例子做出形式化的推广,得出从平均变化率到瞬时变化率的形式化定义,但因为具体例子太少,他们不会关注到"当 $\Delta x \to 0$ 时都有 $\dfrac{\Delta y}{\Delta x}$ 趋近于一个确定的数"这个条件,所以需要通过教师用反例进行引导。

环节三　例题练习,巩固理解

例 1 设 $f(x) = \dfrac{1}{x}$,求 $f'(1)$。

师生活动 学生思考并尝试求解。教师板书完整规范的解答过程,强调用导数的定义求函数在一点处导数的步骤,并提醒学生注意体会极限的思想。

例 2 将原油精炼为汽油、柴油、塑胶等各种不同产品,需要对原油进行冷却和加热。已知在第 x h时,原油温度(单位:℃)为 $y=f(x)=x^2-7x+15$,$0 \leqslant x \leqslant 8$。计算第 2 h 与第 6 h 时,原油温度的瞬时变化率,并说明它们的意义。

师生活动 (1) 教师示范求解第 2 h 时原油温度的瞬时变化率,即 $y=f(x)$ 在

$x = 2$ 处的导数。

（2）学生求解第 6 h 时原油温度的瞬时变化率，并通过信息技术平台上传解答，教师点评学生的解答。

（3）学生思考并交流在第 2 h 与第 6 h 时原油温度的瞬时变化率的意义，师生交流后共同归纳出：在第 2 h 附近，原油温度大约以 3℃/h 的速率下降；在第 6 h 附近，原油温度大约以 5℃/h 的速率上升。一般地，$f'(x_0)(0 \leqslant x_0 \leqslant 8)$ 反映了原油温度在时刻 x_0 附近的变化情况。

[设计意图] 通过求解实际问题中的瞬时变化率，帮助学生进一步理解导数的内涵和意义，让学生进一步熟悉用导数定义求导数的过程与步骤，并进一步体会极限思想。

例 3 一辆汽车在公路上沿直线变速行驶，假设 t s 时汽车的速度（单位：m/s）为 $y = v(t) = -t^2 + 6t + 60$，求汽车在第 2 s 与第 6 s 时的瞬时加速度，并说明它们的意义。

师生活动 （1）教师提问，让学生解释加速度的意义，明确加速度是速度对时间的导数。

（2）将学生分为两组，分别计算汽车在第 2 s 与第 6 s 时的瞬时加速度并上传答案到互动平台，教师点评学生的解答并给出规范解答。

（3）学生表述 $v'(2)$ 和 $v'(6)$ 的意义，教师综合学生的意见后，指出：在第 2 s 与第 6 s 时，汽车的瞬时加速度分别是 $2\,\text{m/s}^2$ 与 $-6\,\text{m/s}^2$。说明在第 2 s 附近，汽车的速度每秒大约增加 $2\,\text{m/s}$；在第 6 s 附近，汽车的速度每秒大约减少 $6\,\text{m/s}$。

[设计意图] 通过求解运动物体的加速度，帮助学生进一步理解导数的内涵与意义，让学生进一步熟悉用导数定义求导数的过程与步骤，并进一步体会极限思想。

问题 3 通过以上例题，你能归纳出求函数 $y = f(x)$ 在 $x = x_0$ 处的导数的基本步骤吗？

师生活动 学生思考并回答，教师在学生回答的基础上总结出以下步骤：

第一步，计算函数的平均变化率 $\dfrac{\Delta y}{\Delta x} = \dfrac{f(x_0 + \Delta x) - f(x_0)}{\Delta x}$；

第二步，求极限 $\lim\limits_{\Delta x \to 0} \dfrac{\Delta y}{\Delta x}$，若 $\lim\limits_{\Delta x \to 0} \dfrac{\Delta y}{\Delta x}$ 存在，则 $f(x)$ 在 $x = x_0$ 处的导数 $f'(x_0) = \lim\limits_{\Delta x \to 0} \dfrac{\Delta y}{\Delta x}$。

[设计意图] 使学生进一步熟悉导数的定义，明确求导数的步骤，形成求导技能。

课堂练习：设函数 $f(x) = x^2 - 1$，求：（1）当自变量 x 由 1 变到 1.1 时，函数的平

均变化率;(2)函数在 $x=1$ 处的导数。

[**设计意图**] 使学生进一步加深平均变化率与导数之间关系的认识,进一步熟悉用导数定义求导数的步骤,进一步体会极限思想。

环节四　课堂小结,总结提升

问题 4　请同学们回顾本节课的学习内容,并回答以下问题:

(1) 导数所研究的问题是什么? 导数是如何描述运动变化规律的?

(2) 你认为下列命题哪些是正确的?

　　① 函数在某一点的导数是一个可以变化的数;

　　② 导数就是瞬时速度;

　　③ 因为导数是平均变化率的极限,所以函数在其定义域内都有导数。

师生活动　对于(1),学生先独立思考再全班交流互动,师生一起归纳后,由教师总结得出:导数研究了一个函数在其定义域内的某个点处的变化率问题,是对函数的局部性质的刻画;为了刻画函数在 $x=x_0$ 处的变化率,先给自变量一个增量 Δx,得出自变量 x 从 x_0 变化到 $x_0+\Delta x$ 的平均变化率 $\dfrac{\Delta y}{\Delta x}=\dfrac{f(x_0+\Delta x)-f(x_0)}{\Delta x}$,再求出 $\Delta x\to 0$ 时 $\dfrac{\Delta y}{\Delta x}$ 的极限,其中蕴含着的逼近思想,"以静制动,以动御静"的辩证思想,需要耐心、仔细地体验。

对于(2),让学生上传答案到互动平台,教师根据学生提交的答案进行点评,指出三个命题都是错误的。

　　① 函数在某点不一定有导数,若在某点有导数,则导数是一个确定的值;

　　② 瞬时速度是导数,但导数不一定是瞬时速度;

　　③ 平均变化率的极限存在,导数才存在,函数在定义域内未必都有导数。

[**设计意图**] 小结本节课的学习内容,提炼导数概念的本质,促使学生进一步理解导数的意义。导数的意义、极限思想需要反复理解,由学生归纳总结并不容易,所以由老师给出即可。

环节五　目标检测,检验效果

题 1　一质点 A 的运动路程 y(单位:m)与时间 t(单位:s)满足关系式 $y=2t^2+1$,求质

点 A 在 $t = 2.7\,\mathrm{s}$ 时的瞬时速度。

[设计意图] 考查学生对用导数定义求瞬时速度的理解,进一步体会极限思想。

题 2 设 $f(x) = x^3$,求 $f'(a)$。

[设计意图] 考查学生对用导数定义求导数的掌握程度,进一步体会极限思想,为理解导函数作准备。

布置作业

《选择性必修二》第 $70 \sim 71$ 页,习题 5.1,第 $6, 7, 10$ 题。

教学设计说明

我们知道,解析几何与微积分的发明是数学的里程碑,它们奠定了对各种自然现象进行深刻的数理分析的基本工具。导数是微积分研究的开端,牛顿从运动物体瞬时速度的刻画发明了导数,而莱布尼茨则从曲线上某一点处的切线斜率的刻画发明了导数,前者表明了导数的物理背景,后者表明了导数的几何背景,牛顿和莱布尼茨殊途同归,本质上都解决了瞬时变化率的数学刻画问题,都是对函数局部性质的精确量化分析,由此也表明了数学是刻画大自然规律的精妙工具。所以,本教学设计返璞归真地抓住导数产生的这两个本源性问题——物体运动的瞬时速度和曲线上一点处的切线斜率,构建从平均变化率到瞬时变化率的过程,然后归纳共性,抽象出导数的定义。因为学生在本单元之前没有遇到过类似的问题,所以在解决问题的思想方法上,本教学设计强调教师的启发引导,特别是在用平均速度近似刻画时刻 t_0 附近的运动状态、瞬时速度的符号表达、两个具体例子共同属性的归纳内容和思路、对平均变化率极限是否存在(函数可导性)的关注、极限思想的渗透等问题上,都设计了教师的引导环节,并给出了具体的引导内容。

另外,本教学设计强调,让学生通过动手计算,形成平均变化率随自变量增量逐渐缩小而趋近于一个定值的直观感受,这个过程非常重要。例如对高台跳水问题的处理,先让学生动手计算 $t = 1$ 附近的平均速度,再借助信息技术工具计算更多的平均速度,然后取 $t = 2$ 再计算,最后过渡到任意的 t_0……通过这样的过程,让学生形成充分的从平均变化率到瞬时变化率的直观感受,为理解导数的概念及其意义奠定坚实的基础。

第十五章　教学设计案例（五）

　　本章含"概率与统计"选择性必修中的排列与排列数、离散型随机变量及其分布列、独立性检验等三个教学设计。这三个内容的选择基于如下考虑：

　　排列、组合是两类特殊而重要的计数问题，解决它们的基本思想和工具是两个计数原理，其内容按如下思路展开：从简化运算的角度提出排列与组合的学习任务，通过具体实例的概括得出排列、组合的概念；应用分步乘法计数原理得出排列数公式；应用分步乘法计数原理和排列数公式推出组合数公式。有两个基本想法贯穿始终，一是根据一类问题的特点和规律寻找简便的计数方法，就像乘法作为加法的简便运算一样；二是应用两个计数原理思考和解决问题。所以，排列与排列数公式是推导组合数公式的基础，也是连接两个基本计数原理与实际应用的桥梁。

　　概率论研究随机现象的数量规律，其中包含两层意思，一是用数值刻画随机事件发生的可能性大小，二是研究某个数量指标（随机变量）取值的概率规律及这个变量的数字特征。研究方法为：首先建立随机试验的样本空间，构建概率模型，直接计算或估计随机事件的概率，或利用概率的运算法则解决更复杂的概率计算问题。然后进一步抽象，引入随机变量的概念，借助数学工具和方法系统全面地研究随机变量取值的概率分布及数字特征，为决策提供依据。用随机变量沟通数与随机现象之间的联系是数学抽象的重要形式，也是数学应用广泛性的体现。随机变量能够反映随机现象的共性，随机变量的分布描述了随机变量取值的概率规律，这样得出的有关随机变量的一般性结论，可以应用到具有不同背景的实际问题之中。因此，离散型随机变量及其分布列是概率中的具有奠基意义的内容。

　　独立性检验是从样本数据中发现关系，是成对数据统计分析的重要内容，是依据数据进行合理推理的典型方法，是培养学生理性思维和科学精神的良好载体，也是提升数据分析和逻辑推理素养的重要素材。假设检验是统计推断的一种基本形式，是根据观察试验结果去检验一个假设是否成立，即通过样本的某个指标对总体的某种属性进行推断的方法，独立性检验是假设检验的一个特例，为后续学习假设检验提供了知识和方法的基础。

一、内容和内容解析

1. 内容

排列和排列数。包括：排列的概念，两个排列相同的充要条件，排列数的概念，排列数公式，全排列和阶乘等。

2. 内容解析

研究一个数学对象，一般都会经历这样的过程：先在一般意义上定义研究对象（问题），再研究关键性的特例。"一般性寓于特殊性"，通过特例的研究，达到对研究对象（问题）的基本认识，获得相应的数学模型。在解决具体问题的过程中，通过转化，将问题化归为能够应用模型加以解决的形式。例如，一般意义上研究函数的概念与性质后，研究基本初等函数，在给出数列的一般概念后再研究等差数列、等比数列，在一般性地讨论空间基本图形位置关系后重点研究直线、平面的平行与垂直等等。排列、组合与两个基本计数原理之间的关系，类似于等差数列、等比数列与一般数列的关系。

排列与组合是两类特殊的计数问题，是两个基本计数原理的典型应用。排列要解决的问题是"从 n 个不同元素中取出 $m(m \leqslant n)$ 个元素，并按照一定的顺序排成一列"，一共可以得到多少个互不相同的结果。由排列的定义可知，得出一个排列所要完成的"一件事情"是：先从 n 个不同元素中取出 m 个元素（取出的元素没有重复），再把取出的元素按顺序排成一列。受两个基本计数原理指引，可以把完成这件事情分为 m 个步骤，其中第 i 步 $(i=1, 2, \cdots, m)$ 是从 $(n-i+1)$ 个元素中取出 1 个元素放在第 i 个位置，依次完成这 m 个步骤就得到了一个排列。因为完成第 i 步共有 $(n-i+1)$ 种不同的方法，所以根据分步乘法计数原理，得到一个排列的不同方法数共有 $n(n-1)(n-2)\cdots(n-i+1)$ 种。用 A_n^m 表示从 n 个不同元素中取出 m 个元素的所有排列的个数，因为每一种方法都对应着一个排列，所以有

$$\mathrm{A}_n^m = n(n-1)(n-2)\cdots(n-i+1)。$$

从上述分析可见，理解排列的概念，关键在于搞清楚得到"从 n 个不同元素中取出 m 个元素的一个排列"要完成的"一件事情"是什么，然后在基本计数原理的指引下，将完成这件事情的过程步骤化，进而推导出排列数公式。在此过程中，需要在分析问题本质的基础上对问题进行转化，利用基本计数原理进行数学抽象，通过逻辑推理推导出排列数公式，从而建立起解决这一类问题的数学模型。而在应用排列的概念、利用

排列数公式解决具体问题时,同样要先分析清楚"一件事情",然后再按部就班地进行"不重不漏"的计算。因为解决计数问题对学生思维的缜密性要求较高,所以这个内容的学习有利于学生的逻辑思维发展,能有效提升学生的逻辑推理、数学运算、数学建模和数学抽象素养。

3. 教学重点

(1)排列的概念,关键是对要完成的"一件事情"的理解;

(2)排列数公式,关键是在分步乘法计数原理的指引下实现问题的转化。

二、目标与目标解析

1. 目标

(1)通过实例,理解排列的概念;

(2)能利用计数原理推导排列数公式。

2. 目标解析

达成上述目标的标志是:

(1)能通过实例说明排列是特殊的计数问题,能说明排列要完成的"一件事情"、解释排列的概念,并能用排列的概念分析两个排列相同的充要条件。

(2)能依据分步乘法计数原理,将排列问题转化为分步计数问题,得出排列数公式。

(3)能用排列数公式解决实际问题。

三、教学问题诊断分析

1. 问题诊断

计数是学生很早就开始面对的问题,所以这方面的直观经验还是比较多的,但作为一个专门的组合数学基础理论,掌握排列的专门知识还存在一些困难;同时,计数问题一般都与实际背景相关联,舍去背景抽象为排列问题也是一个主要的难点。

与两个基本计数原理一样,对排列要完成的"一件事情"是什么的理解,是学生遇到的第一个难点,其中主要是对"一定顺序"的理解问题(这样的困难是数学中的"非典型性问题",学生在这方面的经验积累不多)。这里的"一件事情"可以有两种理解,一种是"先取后排",即先从 n 个不同的元素中取出 m 个元素,然后把 m 个元素按一定顺序排成一列;另一种是"边取边排",即每一步都从剩下的不同元素中取出 1 个元素安排在前一个元素的后面。无论用哪种方法,都有关于如何理解"一定顺序"的问题。教学中,要结合具体实例的辨析,例如从甲、乙、丙 3 人中选 2 人参加一个活动,如果是"同时参加",不涉及顺序问题,那么就有 3 种选法;如果是"分上、下午",由于"甲上午、乙下午"与"乙上午、甲下午"是两种不同的排法,所以选法与两名学生的顺序有关,这样,"上午在前、下午在后"就是"一定的顺序",按照这个顺序,就有6种不同的选法。

第二个难点是排列数公式的推导,从排列的定义出发,把要完成的"一件事情"理解为"先取后排"是比较自然的,而"取一个排一个"实际上是对它实行的"动作分解",反而不容易想到。教学时,同样要从具体的排列问题出发,通过同类计数问题的共性归纳得出公式。其中,在第一个问题的解决上要加强引导,分析清楚"一件事情""顺序"的含义,并借助一些直观化的方法帮助学生理解解题步骤,然后让学生自己独立解决几个具体问题,再推广到一般计数问题进而得出排列数公式就比较容易了。

2. 教学难点

排列要完成的"一件事情"与"一定顺序"的含义,排列数公式的推导。

四、教学支持条件分析

本单元可以用软件绘制树状图,表格等,并用PPT呈现内容。

五、课时教学设计(一)

排列的概念

1. 课时教学内容

排列的概念及两个排列相同的充要条件。

2. 课时教学目标

学生能通过对实例的比较、分析、抽象、概括,得出排列的概念,并能正确判断一个计数问题是否为排列;能识别两个排列是否相同;发展逻辑推理、数学抽象等素养。

3. 教学重点与难点

重点:排列的概念。

难点:对问题中"一件事情"及排列中"顺序"的理解。

4. 教学过程设计

环节一 创设情境,引入问题

引入语 在上一节例8的解答中我们看到,为了解决问题,首先按照含字母的多少进行分类,分为含一个字母和两个字母两大类。对于每一类,再分成若干小类,分别计数。在计数过程中,不论选字母,还是字母确定之后选数字,都是在重复一个操作,所以显得繁琐。能对这类特殊的计数问题给出一种简便的方法吗?

实际上,在研究数学运算问题中,我们早就有这方面的简化经验了。例如,对于一个自然数的自相加,我们通过引入乘法而实现了简便运算。下面我们以这种"同类问题合并,用程序化方法解决"的思想为指导,探究简化计数的方法,我们从两个具体问题的分析开始。

环节二 问题探究,分析特性

问题1 从甲、乙、丙 3 名同学中选出 2 名参加一项活动,其中 1 名同学参加上午的活动,另 1 名同学参加下午的活动,有几种不同的选法?

追问 1 这里要完成的"一件事情"是什么?用哪个计数原理?如何解决?

师生活动 先让学生独立思考、作答,教师巡视指导,并和有困难的学生进行互动,再抽学生代表进行全班交流,教师通过点评互动、分析形成正确的答案:要完成的一件事是"从甲、乙、丙 3 名同学中选出 2 名参加一项活动,1 名参加上午的活动,另 1 名参加下午的活动",可以依据分步乘法计数原理完成。在此基础上让学生独立完成解答。

在学生独立计数的过程中,教师要帮助学生规范过程,并用树状图进行直观表示,以实现不重不漏地有序列举。

学生的答案可能有两种情形:"边取边排"和"先取后排",教师可以把这两种答案都进行投屏,如图 15.23.1 所示。

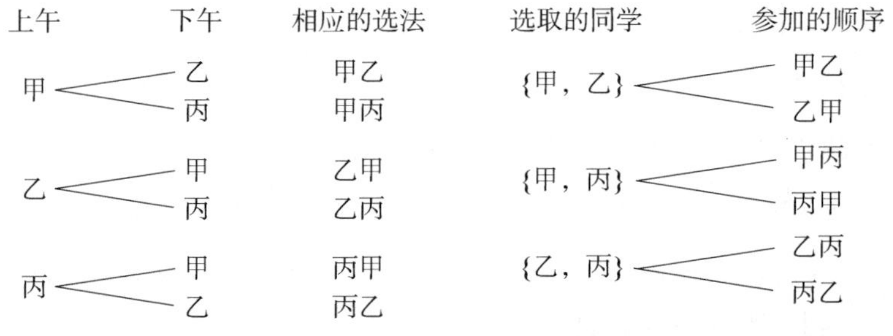

图 15.23.1

追问 2 同学们给出了两种不同的计数方法,殊途同归、结果一样。你能分析一下这两种方法的异同点吗?

师生活动 学生独立思考后交流,教师在与学生互动后进行总结。第一种方法,按"先上午后下午"的顺序得出不同选法;第二种方法,"先选人再安排上、下午",选出的同学分成3类,每一类有两种顺序,不同顺序代表不同的选法。所以,两种方法的相同点是都要考虑顺序,不同点是第一种方法人和顺序一起考虑,第二种方法先定人后排序。

追问3 把问题1中的被选对象叫做元素,并用 a、b、c 表示,"分别参加上午和下午的活动"叫做按照一定的顺序排列,你能重新表述一下问题1并给出解答吗?

师生活动 学生先独立完成再展示交流,教师进行补充完善,把问题重新表述为:

从3个不同的元素 a,b,c 中任意取出2个,并按一定的顺序排成一列,共有多少种不同的排列方法?

[**设计意图**] 通过追问1的三个小问题,引导学生认识解决计数问题时的几个关键点:第一,分析"一件事情"指什么;第二,与哪个原理的条件相符合;第三,依据原理分几步完成。通过追问2,使学生理解问题中的隐含条件——"顺序"。通过追问3,及时引导学生把具体问题数学化,给出抽象表述,为抽象排列的概念做好铺垫。

问题2 从1,2,3,4这4个数字中,每次取出3个数排成一个三位数,共可得到多少个不同的三位数?

师生活动 教师先通过问题引导学生思考,确定解题思路,然后让学生独立完成,再小组交流,得出结果后进行全班交流互动,教师帮助完善。教师的引导性问题如下:

(1)问题2和问题1在结构上是否具有一致性?

(2)这里要完成的"一件事情"是什么?其中的"顺序"指什么?

(3)你能仿照问题1解决问题2吗?

通过交流互动,应该得出如下共识:

(1)问题2和问题1完全同构,只是把"3名同学"换成4个数字,把"选出的人分上、下午参加活动"换成"选出的数按百、十、个位排成一个数",所以都可以归结为"从一些不同的元素中选出几个,再按一定顺序排列"。

(2)这里要完成的"一件事情"是"从4个数字中选3个,并按百、十、个位的顺序排列"。

有了上述共识,学生独立完成解题应该没有问题了。

追问 类似于问题1,把问题2中被选对象叫做元素,按照"百位、十位、个位"的顺序排列叫做按照一定的顺序排列,你能引入适当的符号重新表述一下这个问题吗?

师生活动 由学生给出问题表述,并独立完成解答:

从4个不同的元素 a,b,c,d 中任意取出3个,并按一定的顺序排成一列,共有多少种不同的排列方法?

在此基础上,教师引导学生类比问题1,对两种不同的解题方法,即"边取边排"和"先取后排",进行再认识,并让学生注意"有序""不重不漏"地写出所有可能情况的重要性。

[设计意图] 因为问题2和问题1是完全同构的,所以在刚刚完成问题1后,教师通过引导性问题帮助学生明确解题思路,再由学生独立完成解答,然后进行全班展示、交流,给学生更多的自主探究空间,促使他们在排列要解决的问题、获得一个排列要完成的"一件事情"是什么、如何理解"一定顺序"的含义等关键问题上加强思考,从而对排列的特性形成充分的直观认识,为抽象排列的概念和排列数公式做好充分准备。

环节三 抽象概括,形成定义

问题3 上述问题1和2的共同特点是什么? 你能将它们推广到一般情形吗?

师生活动 先由学生思考、作答,然后教师带领学生回顾问题2的解题过程,再次从一般性角度总结,得出排列概念的内涵,并给出排列的定义。这里,教师要特别注意学生语言表达的规范性。具体操作可按如下步骤:

首先,将两个具体问题抽象出的数学化表述放在一起:

(1) 从 3 个不同的元素 a, b, c 中任意取出 2 个,并按一定的顺序排成一列,共有多少种不同的排列方法?

(2) 从 4 个不同的元素 a, b, c, d 中任意取出 3 个,并按一定的顺序排成一列,共有多少种不同的排列方法?

再让学生仿照给出类似的表述,例如从 5 个不同元素中任意取出 2 个,从 6 个不同元素中任意取出 4 个,从 7 个不同元素中任意取出 7 个等等,在此过程中要强调"不同元素"、元素不能重复取、"一定的顺序"等。

最后归纳为"从 n 个不同元素中取出 $m(m \leqslant n)$ 个元素,并按照一定的顺序排成一列",这样便得到了从 n 个不同元素中取出 m 个元素的一个排列,在此基础上给出排列的定义。

追问 根据排列的定义,你认为两个排列相同的充要条件是什么? 为什么?

师生活动 由学生思考、作答。在学生回答的基础上,教师引导学生归纳:根据排列的定义,当且仅当两个排列的元素完全相同并且元素的排列顺序一致时,它们相同。

[设计意图] 将具体例子放在一起,有利于学生发现它们的共性;让学生继续举例,并且包含各种变式(包括特殊情形),可以让他们充分感受排列的本质特征,在此基

础上归纳出共同本质特征,抽象出定义。通过追问,对定义进行辨析,从而更深刻地认识排列定义的关键词。

环节四　概念应用,巩固理解

例1 某中学生足球赛预选赛每组 6 支队,每支队都要与同组的其他各队在主、客场分别比赛 1 场,那么每组共进行多少场比赛?

　　师生活动　先让学生仔细阅读题目,划关键词,并利用排列的定义对关键词作出解释,然后再让学生独立给出解答。

　　关键词:①6 支球队,②每支队都要与其他各队比赛,③比赛分主、客场。

　　因为分主、客场,所以问题与顺序有关,可以归纳出要完成的一件事情是:从 6 支球队中任选 2 支,并按主、客场的顺序排列。实质是从 6 个不同的元素中任取 2 个不同元素的排列问题。

例2　(1)一张餐桌上有 5 盘不同的菜,甲、乙、丙 3 名同学每人从中各取 1 盘菜,共有多少种不同的取法?

　　(2)学校食堂的一个窗口共卖 5 种菜,甲、乙、丙 3 名同学每人从中选一种,共有多少种不同的选法?

　　师生活动　教师引导学生通过寻找两个问题的关键词,再进行比较,认识清楚它们的不同点,然后通过排列的定义、分步乘法计数原理分别求出答案。

　　(1)关键词:5 盘菜各不相同,3 人各取 1 盘,同样是某 3 盘菜,如果在不同人手里,则是不同的取法,所以与顺序有关。可以归纳出要完成的"一件事情"是:从 5 盘菜中取出 3 盘,分别给了甲、乙、丙。实质是从 5 个不同的元素任取 3 个不同元素的排列问题。

　　(2)关键词:5 种菜,每一种都可以装不止 3 盘;3 人从 5 种菜中选一种,没有限制品种必须不同,即所选的菜可以一样,所以不是排列问题。可以归纳出要完成的"一件事情"是:甲、乙、丙每人从 5 种不同的菜中任选一种。实质是从 5 个不同元素中可重复地任取 3 个的不同取法。

　　例 2 中两个题目的不同点是:题(1)的被取元素是互不相同的,是一个排列问题;题(2)的被取元素是可重复的,不是排列问题。

　　[**设计意图**]让学生通过用排列的概念解决问题,体会根据生活经验和排列的概念准确分析问题的方法。这里主要关注如何在具体问题中对照排列的要素,判断是否

可用排列定义解决问题。同时,为推导排列数公式做好准备。

环节五　课堂小结

问题 4　请同学们带着下列问题回顾本节课的学习过程,并给出回答:

(1) 排列是一类特殊的计数问题,特殊在哪里?

(2) 我们是按怎样的路径展开学习的?

(3) 排列的定义中有哪些关键词? 你是如何理解的? 能举例说明吗?

(4) 根据定义求一个排列的个数的步骤是什么?

师生活动　学生先自行小结,再全班展示、交流,最后师生一起得出结论。

(1) 排列的特殊性:元素互不相同,与元素的顺序有关,元素相同且顺序一致的两个排列才是同一个排列。

(2) 学习排列的概念按照"分析具体实例—归纳共同属性—下定义—关键词辨析—应用"的路径展开,其中分析具体实例时,应用了分步乘法计数原理。

(3) 排列的定义给出了要完成的"一件事情",包含"取元素"、"按顺序排"两个基本"动作"。

(4) 根据定义求一个排列的个数,首先要判断是不是一个排列问题,然后再"取元素,按序排",具体可以"取一个排一个"或"一起取出 m 个元素,再把 m 个元素逐个排序"。

[**设计意图**] 从排列要解决的问题、研究的路径、排列定义的理解和应用等方面进行小结,形成对本课内容的整体认识,提高学生的数学抽象素养。

环节六　目标检测,检验效果

题 1　判断下列哪些问题是排列问题?

(1) 从 1,2,3,5 四个数字中,任选两个做加法,有多少种不同的结果?

(2) 从 1,2,3,5 四个数字中,任选两个做除法,有多少种不同的结果?

(3) 平面上有 5 个点,任意三点不共线,这五点最多可确定多少条直线?

(4) 平面上有 5 个点,任意三点不共线,这五点最多可确定多少条射线?

题 2　从我班同学中选出 8 名同学到 8 个初中班去当学习辅导员,有多少种不同选法(列出式子即可)?

题 3　某城市周边有 5 个网红景点是一日游的最佳选择,现有 2 个家庭计划周末从 5

个景点中分别选择一个去旅游,请你列出所有不同的选法。

[设计意图]检测学生对排列定义的理解。

布置作业

《选择性必修三》第 16 页,练习 1~3 题。

六、课时教学设计(二)

排列数公式的推导

1. 课时教学内容

排列数的概念、排列数公式及排列的应用。

2. 课时教学目标

(1)能利用分步乘法计数原理推导排列数公式,发展逻辑推理素养;

(2)能用排列和排列数公式解决问题,发展数学运算素养。

3. 教学重点与难点

重点:排列数公式。

难点:排列数公式的探究及排列应用中"顺序"的确定。

4. 教学过程设计

环节一　推导排列数公式

问题1　上一节课我们给出了排列的定义,并利用分步乘法计数原理求出了一些具体排列的个数。回顾求解过程,你有什么感受?你认为接下来我们应该研究什么?

师生活动　先由学生独立思考、作答,然后师生一起总结,确定接下来的探究任务,具体是:特殊的计数问题应该有特殊的计数方法,从求解具体的排列个数中可以感觉到求排列的个数应该有特殊的方法。接下来要探究这种方法。

[设计意图]从宏观上明确问题,培养从数学的角度发现和提出问题的能力。

问题2　阅读《选择性必修三》第 17 页"探究"之前的内容,回答下列问题:

(1)什么叫排列数?用什么符号表示?写出符号各部分的含义。

(2)你能用排列数符号表示上一节课中问题 1 和问题 2 的排列数吗?

师生活动　学生在问题的引导下有目的地阅读,教师通过学生的回答了解阅读效果。

[设计意图]排列数的定义与符号是排列的子概念,可以让学生通过阅读教科书

获得。

问题 3 类比以往推导代数公式的经验,你认为可以如何推导排列数公式?

师生活动 先由学生思考、作答,教师与学生展开互动,引导学生从特殊情况开始探究,并从已有的例子中归纳出对应的排列问题。

追问 1 前面我们已经研究过特殊情况,例如 A_3^2、A_4^2 等。类似地,我们来求 A_n^2 等于多少。你能说说这时要完成的"一件事情"是什么? 按照前面的经验,你能得出答案吗?

师生活动 由学生独立思考、作答。教师可以在学生回答后进行适当引导:

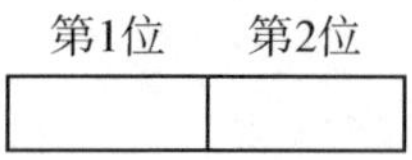

第1位　第2位

| |

图 15.23.2

假定有排好顺序的两个空位(如图 15.23.2 所示),这里要完成的"一件事情"是:

从 n 个不同元素中取出 2 个元素去填空,一个空位上填一个元素。

显然,一种填法得到一个排列;反之,任何一个排列总可以由一种填法得到。所以,所有不同的填法就是排列数 A_n^2。

完成这件事可以分为两个步骤(如图 15.23.3 所示):

第 1 步,填第 1 个位置的元素,可以从这 n 个不同元素中任取 1 个,有 n 种取法;

第 2 步,填第 2 个位置的元素,可以从剩下的 $(n-1)$ 个不同元素中任取 1 个,有 $(n-1)$ 种取法。

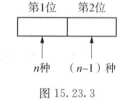

图 15.23.3

根据分步乘法计数原理,2 个空位的填法种数为:

$$A_n^2 = n(n-1)。$$

追问 2 你能类比 A_n^2 的求解过程得出排列数 A_n^3 等于多少吗? 更一般地,你能推导出排列数 A_n^m 的计算公式吗? 请你先独立完成,然后小组交流一下。

师生活动 学生独立完成之后互相交流,让学生代表在全班进行展示、交流,教师与学生互动。学生可能在填写第 m 个空位的方法数时出现问题,教师可以让学生回到前面 m 取具体数时的解答中,归纳得出正确结果:

假定有排好顺序的 m 个空位(如图 15.23.4 所示),要完成的事情可以转化为从 n 个不同元素中取出 m 个元素去填空,一个空位填上一个元素,每一种填法就对应着一个排列,填空可以分为 m 个步骤完成,不同的填法共有

$$A_n^m = n(n-1)(n-2)\cdots(n-m+1)。\qquad (*)$$

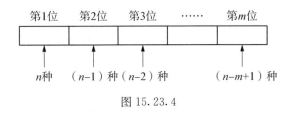

图 15.23.4

[设计意图] 通过从特殊到一般归纳出计数公式,这个过程体现了推导代数公式的基本之道,在此过程中可以提升学生的代数思维,发展数学抽象素养。将问题转化为用分步乘法计数原理求解,可以使学生切实感受到每一步的操作是同构的,可以程序化,促进他们思考和理解公式的一般化表达,这个过程有利于发展学生的逻辑推理素养。

问题 4 阅读《选择性必修三》第 18 页排列数公式开始到本页结束,回答以下问题:

(1) 请你默写排列数公式。你能说一说排列数公式有什么特点吗?

(2) 同桌两位同学合作学习,一个给出 n,m 的值,另一个求出 A_n^m。

(3) 什么叫全排列?什么叫阶乘?符号是什么?请你默写全排列数公式。

(4) 你认为为什么要规定 $0! = 1$?

师生活动 学生在问题的引导下阅读,并给出问题的答案,检测其阅读效果。

对于排列数公式的记忆,要提醒学生在理解特点的基础上进行,公式中的第一个因数是 n,后面每个因数都比它前面的一个因数少 1,最后一个因数是 $n-m+1$,共有 m 个连续的正整数相乘。当 n,m 是具体的数或字母时,只要根据这些特点就能很快写出算式;当 n,m 是其他代数式(如 A_{n+1}^{n-2},A_{k+5}^{k-3})时,容易把最后一个因式写错,教学时应重点给予关注。

对于 $0! = 1$ 这个规定,这是为了有关公式的表示和运算的方便。这样规定后,像公式 $A_n^m = \dfrac{n!}{(n-m)!}$ 在 $n=m$ 时才有意义。这里可以把问题提出来,并说明这样规定是有道理的,在后面将会看到。如果学生好奇,可以让他们继续看教材。

[设计意图] 通过阅读,进一步了解排列数公式的特点、特例等,从而更全面地理解排列数公式。

环节二 例题练习,巩固理解

例 3 计算:(1)A_7^3;(2)A_7^4;(3)$\dfrac{A_7^7}{A_4^4}$;(4)$A_6^4 \times A_2^2$。

师生活动 学生独立完成,同桌互相检查、订正。

追问 观察上述例子的结果,你有什么发现?能把你的发现推广到一般情况吗?

师生活动 学生观察,总结共性,并推广到一般情况,给出证明。在此基础上可以让学生回答规定 $0!=1$ 的合理性。

例 4 用 0~9 这 10 个数字,可以组成多少个没有重复数字的三位数?

师生活动 给出题目后,教师可以通过问题引导学生思考:

(1) 这是一个排列问题吗?如果不是,能否将它转化为排列问题?

(2) 这里要完成的"一件事情"是什么?据此,你觉得可以用哪几种方法来处理 0 这个特殊的元素?

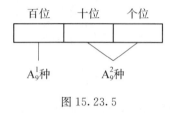

图 15.23.5

让学生在独立思考的基础上进行合作学习,讨论清楚这里要完成的"一件事情"是:从 10 个数字中取出 3 个不同数字,按"百""十""个"的顺序排成一排得到一个三位数,0 不能排在"百"位。所以,只要把 0 或者"百"位作特殊处理,就可以把问题转化为排列问题了。这个想法可以归结为"特殊元素、特殊位置先特殊处理",例如,根据百位的特殊要求,先安排百位上的数,即从 1,2,…,9 中任取 1 个数字排在百位;再从剩余的 9 个不同的数字中取出 2 个排在十位、个位上,这是"从 9 个不同元素中取两个元素"的排列问题,如图 15.23.5 所示。

又如,以"是否选 0"为标准分为两类,再对每一类用排列数公式进行计算;还可以采用"排除法",即先对所有元素"一视同仁",再把"不合格者"排除掉。

追问 通过本题解答,你对用排列数公式计数有哪些新的体会?

师生活动 先由学生独立思考、回答,再进行全班交流得出共识:因为排列问题涉及两个要素,一是元素,二是位置,所以针对一个具体的计数问题,可以从元素、位置入手分析,如果有特殊要求,那么就以此为分类或分步的依据,对问题进行分解、转化,使之成为能用排列数公式解决的问题。另外,计数问题的解决往往不止一种方法,需要根据具体问题的特点作出选择。

[设计意图] 本题是带有限制条件的排列问题,可以看成是一种模型,即某些元素不能排在某些位置,或某些位置不能排某些元素。这类问题的处理,一般都是"特殊元素先处理"、"特殊位置先排",如果反面问题较容易处理,则采用"排除法"。本题教学仍然强调先分析清楚要完成的"一件事情"是什么,实际上这是强调对题意的理解,抓住数字的不同顺序组成不同的数、0 不能作为百位数这两个关键,就可以找到解题的

突破口。计数问题一般都有多种解法,鼓励学生一题多解,既可以检验解答的正确性,又可以锻炼学生的思维品质。

课堂练习 《选择性必修三》第 20 页,练习第 2 题。

师生活动 学生独立完成后,展示不同方法。

环节三 单元小结,形成结构

问题 5 请同学们带着如下问题回顾本单元的学习过程,并给出回答。

(1) 我们是按照怎样的路径展开本单元的学习的?

(2) 推导排列数公式的过程中,我们采用了怎样的思路?

(3) 用排列的定义、排列数公式解决具体问题时,基本步骤是怎样的? 需要注意什么问题?

师生活动 先由学生自己总结,通过展示交流及教师补充,形成比较完整的认识。

(1) 研究的路径可以归纳为图 15.23.6 所示:

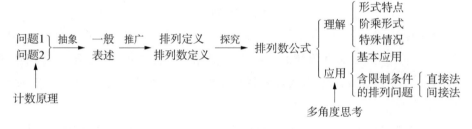

图 15.23.6

(2) 排列数公式的推导,按推导代数公式的基本套路,先通过对具体的排列计数问题的分析,归纳共性,再推广到一般,得出排列数公式。

(3) 用排列的定义、排列数公式解决计数问题时,大致可以按如下步骤进行:

第一步,分析问题中要完成的"一件事情"是什么,判断是否与排列要完成的"一件事情"一致;

第二步,分析限制条件;

第三步,以限制条件为标准进行分类或分步计数,如果既要分类又要分步,则"先分类,后分步"。

[**设计意图**] 通过梳理研究路径,给出结构图,引导学生从整体性、联系性的角度

深化对本单元内容的认识;排列数公式的推导过程反映了推导代数公式的一般思路,通过总结可以使学生进一步明确推导代数公式的思想方法,为后面的组合数公式的推导奠定基础;提炼解决排列问题的步骤,可以有效提高学生解决计数问题的技能。

环节四　目标检测,检验效果

题1 计算:

(1) A_{12}^4 ;　　(2) A_7^7 ;　　(3) $A_{15}^5 - 15A_{14}^4$;　　(4) $\dfrac{A_{12}^7}{A_{12}^6}$ 。

[设计意图] 检测学生对排列数公式不同形式的掌握情况。

题2 一个火车站有 8 股岔道,如果每股道只能停放 1 列火车,现要停放 4 列不同的火车,共有多少种不同的停放方法?

[设计意图] 检测用排列的定义和排列数公式解决实际问题的技能。

布置作业

《选择性必修三》第 26～28 页,习题 6.2,第 5,8,9,11,17,19 题。

教学设计说明

计数问题并没有多少高深的知识,所用的数学工具就是加减乘除四则运算,但它却是高中数学课程中让学生发怵的内容之一,其原因可能在于它对思维严密性的要求很高,另外就是计数问题往往与实际背景相联系,需要对问题背景的数学意义有较高的敏感性。

排列、组合是两类特殊且重要的计数问题,解决它们的理论依据就是两个基本计数原理。像数学的其他对象一样,如果局限于用一般性的基本计数原理解决问题,那么过程往往会比较冗长、复杂且有重复性工作,因此需要针对典型特例——排列、组合给出简捷的解决方法,而在面对一般性计数问题时则设法将其化归为排列、组合问题。据此,本单元有两个基本想法贯穿始终,一是根据一类问题的特点和规律寻找简便的计数方法,就像乘法可以作为特定条件下加法的简便运算一样;二是应用两个计数原理思考和解决问题。

本教学设计为了化解学习困难,主要考虑了如下几个方面:

1. 以归纳的方式呈现概念抽象和公式推导过程

对于排列、排列数这样的直观性较差的数学概念和公式,教学的基本方式就是归纳式。通过典型实例的属性分析,从不同实例中归纳出共同属性,再概括到同类事物中而形成概念;通过解决具体的排列问题,例如给"从 n 个不同元素中任取 2 个元素,求所有不同取法的种数"赋予具体背景,让 n 取具体的数 3,4,5,…,发现其中的共性、规律性,再从中归纳出公式的表达形式(一般而言,归纳得出的结果还需要通过归纳地论证才能得出严谨的公式。不过,排列数公式的推导实际上采取了"穷举法",中间的省略号表示第三步、第四步等等和第一步、第二步完全一样。当然,我们也可以利用数学归纳法给出证明)。

2. 从分析要完成的"一件事情"是什么入手,加强对问题背景的分析

我们知道,研究任何一个数学对象,认识清楚其组成要素和要素的基本关系是第一步,这一步如果做得马虎,那么后续过程出错的概率会很大。计数问题中,明确"一件事情"是什么就是这个"第一步",因此是具有奠基意义的。本教学设计中,无论是具体问题还是抽象问题,无论是典型事例还是抽象化模型,首先都强调对要完成的"一件事情"是什么的"拷问",目的是要使学生形成一种思维习惯,面对计数问题就自动化地想到要先明确"一件事情"。

3. 抓住"一定的顺序""互不相同的元素"等关键词突破难点

在计数问题中,排列的特殊性在于其元素的"互异性"和"顺序性"。事实上,这样的要求是为了保证它解决的是最基础性的问题,由此而使形成的概念和公式成为一种具有普适性工具,可以用于解决普遍性问题。所以,本教学设计注重通过具体例子,引导学生认识"一定的顺序"的含义,明确两个排列相同的充要条件,并通过变式问题引导学生思考和解决如何把不符合排列特征的问题转化为可以用排列概念和排列数公式解决的问题。

4. 注意总结解决排列问题的步骤,促进基本技能的形成

计数问题复杂多变,但基础就在两个基本计数原理、排列与组合,其他都是它们的变式、复合、综合而成的问题。所以,在学生接触计数问题之初,理解好原理,能准确判断是排列还是组合,形成熟练的计数基本技能,这些都是非常关键的。本教学设计强调以典型、丰富的排列问题为载体,通过细致的分析、归纳与概括,抽象出排列的概念、推导出排列数公式,使概念、公式建立在扎实的具体实例基础上,并在解决问题之后注意安排学生总结解题步骤,归纳出基本程序,使后续解题有规律可循,在面对变式、复合或综合问题时能找到解题的入口。

一、内容与内容解析

1. 内容

随机变量,离散型随机变量及其分布列。

2. 内容解析

(1) 内容的本质:对于随机试验,如果知道了它所有可能出现的结果,以及每一个结果发生的概率,我们就把握了它所有的统计规律。随机变量是对随机试验可能结果的量化表示,本质上是样本空间到实数集上的映射。随机变量概念的引入,实现了用数字描述随机现象,这样就可以运用数学工具来研究随机现象了,这个方法与引进样本点和样本空间概念刻画随机现象、定义随机事件有异曲同工之妙。用随机变量沟通数与随机现象之间的联系是数学抽象的重要形式,也是数学应用广泛性的体现。随机变量能够反映随机现象的共性,随机变量的分布描述了随机变量取值的概率规律,这样得出的有关随机变量的一般性结论,可以应用到具有不同背景的实际问题之中,就像一个抽象的二次函数 $y = \dfrac{1}{2}ax^2$ 可以普遍地用于解决匀变速问题一样。

(2) 内容的上下位关系:概率是从量化的角度研究随机现象的统计规律性,根据随机试验建立样本空间,运用概率计算公式,可以求出所关心的随机事件的概率,但这种孤立地考虑个别事件的概率,其研究方法缺乏一般性。解决这个问题的关键是引入随机变量及其分布的概念。随机变量的引入是概率研究对象的进一步抽象,现实世界中的随机现象多种多样,与之相应的随机变量也有各种不同的类型。有了随机变量的概念就可以根据随机变量的类型,选择适当的数学工具描述其概率分布和构造其数字特征,进行概率决策。

(3) 内容所蕴含的数学思想方法:首先,随机变量概念的引入体现了以简洁、统一的数学方式研究问题的思想,这是基本而重要的数学思想;利用通过类比的方法学习新的知识是一种重要的认识问题的途径,在本节课中通过类比函数的表示方法,用表格、公式或图形表示分布列,类比概率的基本性质探究分布列的性质都是类比思想的体现;随机变量、离散型随机变量及其分布列等概念的形成,都是从特殊到一般、从具体到抽象,通过归纳得出,这是数学研究中常用的思想方法,也是数学教学应该遵循的原则;研究离散型随机变量及其分布列的过程中,蕴涵着利用研究对象的性质探寻解决问题的方法、将复杂问题化归为简单问题的数学思想;等等。

（4）内容的育人价值：本节课可以引导学生理解用随机变量刻画随机现象，感悟随机变量与随机事件的关系，更深入地体会随机思想在解决实际问题中的作用；学生能在用随机变量及其分布列解决实际问题的过程中，提高用概率的方法解决问题的能力，发展数学抽象、逻辑推理、数学运算等素养。

3. 教学重点

随机变量的概念，离散型随机变量的分布列。

二、目标与目标解析

1. 目标

（1）通过具体实例，了解离散性随机变量的概念，重点提升数学抽象、逻辑推理素养；

（2）通过具体实例，理解离散型随机变量的分布列，重点提升数学抽象、数学运算素养。

2. 目标解析

达成以上目标的标志是：

（1）学生能通过建立样本点与实数之间的关系，知道随机试验样本空间 Ω 中的每一个样本点 ω 都有唯一的实数 $X(\omega)$ 与之对应，会根据具体情形确定随机变量，知道可以通过随机变量更好地刻画随机现象；

（2）能抽象离散型随机变量的概念，会根据概率的性质获得离散型随机变量分布列的性质，会求简单的离散型随机变量的分布列。

三、教学问题诊断分析

1. 问题诊断

随机变量概念的形成过程是具体问题数学化的过程，对学生的抽象思维能力有较高的要求，由于学生对随机现象的研究经验不足，概率知识储备不多，可能对随机变量的概念存在理解上的困难；由于离散型随机变量的分布列描述的是随机变量的概率分布，用于研究某一随机事件是否发生的概率，学生也可能存在应用上的困难。教学中，要通过典型而丰富的、有关联性的情境，引导学生用映射（函数）的观点观察、分析具体实例，帮助学生抽象出离散型随机变量的概念，体会将随机现象转化为数学问题的方法，学会用概率的语言表征随机现象及其规律，提升抽象概括能力。

2. 教学难点

随机变量和离散型随机变量分布列含义的理解。

四、教学支持条件分析

由于随机变量和离散型随机变量分布列的概念比较抽象,学生在理解上可能存在困难,所以需要借助于一些直观教学工具、具体操作性平台的支持。在教学中,可以运用师生交互平台,观察学生的思维过程,有针对性地进行讨论和分析,为发现学生在概念理解上出现的问题、分析其原因提供支持。

五、教学过程设计

环节一　创设情境,引入课题

问题 1　我们知道,求随机事件的概率时,往往需要为随机试验建立样本空间,这就会涉及样本点和随机事件表示的问题。样本空间的确定是研究概率的基础。你能给出以下随机试验的样本空间,并尝试建立样本点与实数之间的对应关系吗?

(1) 掷一枚骰子,观察出现的点数;

(2) 掷两枚骰子,观察两个点数之和;

(3) 掷一枚硬币,观察它落地时哪一面朝上;

(4) 从装有 5 个红球、3 个白球的袋中同时摸出两球,观察两球的颜色。

师生活动　让学生独立完成以上随机试验的样本空间的建立。通过师生互动平台,呈现学生的学习结果。预计学生建立的样本空间会有多种表现形式:

(1),(2)中随机试验的样本点与数值有关系,容易直接与实数建立对应关系;

(3),(4)中随机试验的样本点与数值没有直接关系,所以需要想办法建立样本点与实数建立对应关系。

如果学生中有将(3),(4)两个随机试验的样本空间以数量形式表示,则可以让学生讲述想法,以利于引入课题。

在点评学生答案的基础上,教师引导:

对于随机试验的研究,我们往往关心具有某种特征的试验结果出现的统计规律。例如在掷硬币试验中,我们关心正面出现的次数;在摸球试验中,我们关心红球出现的个数;等等。如果把掷硬币结果和正面出现的次数对应,摸球结果和红球出现的个数对应,这样就在随机试验的样本空间与实数集之间建立了一种对应。这种对应不仅可以为一些随机事件的表示带来方便,而且能使我们更好地利用数学工具研究随机试验。

[设计意图] 通过几个典型实例,先让学生自己动手建立样本空间,再通过教师引导,体会不同问题背景下的随机试验的样本空间都可以用数集(仍然记为 Ω)来表示。因为每一个样本点都对应这唯一的一个概率 $p \in [0, 1]$,这样就可以建立一个从 Ω 到集合 $A = \{p \mid 0 \leqslant p \leqslant 1\}$ 的一个对应关系,由此可以进一步地利用数学工具研究概率。

环节二　归纳概括,形成随机变量的概念

问题 2　我们发现,有些随机试验的样本点与数值并没有直接关系,这时我们需要采取适当的方法建立起样本点与实数的联系。例如,随机抽一件产品,有"抽到次品"和"抽到正品"两种可能的结果。你能建立样本点和实数之间的对应吗?

　　师生活动　教师可以通过问题启发学生思考。如果"抽到次品"用 1 表示,"抽到正品"用 0 表示,即定义 $X = \begin{cases} 1, & \text{抽到次品,} \\ 0, & \text{抽到正品,} \end{cases}$ 那么 X 的取值就表示了一次试验中抽到次品还是正品的情况,这个试验的样本点就与实数建立了对应关系。仿照这种办法,我们可以把一些随机试验的样本点与实数建立起对应关系。

　　教师总结:对于任何一个随机试验,总可以把它的每一个样本点与一个实数对应,即通过引入一个取值依赖于样本点的变量 X,来刻画样本点和实数的对应关系,实现样本点的数量化。因为在随机试验中样本点的出现具有随机性,所以变量 X 的取值也具有随机性。

　　[设计意图] 通过具体实例,让学生了解可以通过引入一个变量来刻画一个随机现象,随机事件不论是否与数量直接有关,都可以数量化。类比函数的表示方法,给出表示随机试验的方法。

问题 3　考察下列随机试验及其引入的变量:

　　　　试验 1:从 100 个电子元件(至少含 3 个以上次品)中随机抽取三个进行检验,变量 X 表示三个元件的次品数;

　　　　试验 2:抛掷一枚硬币直到出现正面为止,变量 Y 表示需要的抛掷次数。

　　　　这两个随机试验的样本空间各是什么? 各个样本点与变量的值是如何对应的? 变量 X,Y 有哪些共同的特征?

　　师生活动　先让学生独立思考、作答,再让学生代表进行全班发言,在此基础上教

师和学生一起总结。

对于试验1,如果用0表示"元件为合格品",1表示"元件为次品",用0和1构成的长度为3的字符串表示样本点,要求学生写出样本空间,以及各样本点与变量X的值的对应关系。

样本空间$\Omega_1 = \{000, 001, 010, 100, 011, 101, 110, 111\}$,各样本点与变量$X$的值的对应关系可以用图15.24.1表示。

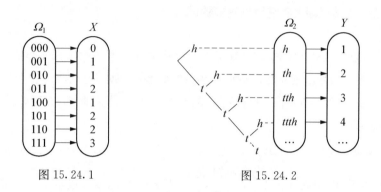

图15.24.1   图15.24.2

对于试验2,如果用h表示"正面向上",t表示"反面向上",要求学生写出样本空间,以及各样本点与变量Y的值的对应关系。

样本空间$\Omega_2 = \{h, th, tth, ttth, \cdots\}$,这个样本$\Omega_2$包含无穷多个样本点,各样本点与变量$Y$值的对应关系如图15.24.2表示。

追问1 观察两个随机试验,请你归纳试验1和试验2中样本空间中样本点与对应变量有什么共同点?

师生活动 教师引导学生作出归纳。两个随机试验中,每个样本点都有唯一的一个实数与之对应。变量X与Y有如下共同点:

(1)取值依赖于样本点;

(2)所有可能取值是明确的。

追问2 你能类比函数的定义,用集合与对应的语言表示样本空间中的样本点与实数的对应关系吗?

师生活动 先由学生类比函数的定义进行表达,利用师生交互平台进行交流、讨论,然后给出随机变量的概念。

追问3 阅读《选择性必修一》第57页的后半页,并回答问题:

(1)什么叫离散型随机变量?

（2）随机变量和随机变量的取值如何表示？

（3）比较随机变量的定义与函数的定义，说一说它们的异同点。

（4）你能举出一些离散型随机变量和不是离散型的随机变量的例子吗？

师生活动 先由学生自由发言，教师与学生互动，完善解答。在学生举例、教师点评的基础上，教师可以举一些典型实例，例如：

（1）某射击运动员射击一次，命中的环数为 X，可能的取值为 0，1，2，$\cdots$，10；

（2）在一个装有 8 个红球，4 个白球的袋子中，随机摸出 4 个球，这 4 个球中白球的个数 Y，可能的取值为 0，1，2，3，4；

（3）种子含水量的测量误差 X_1；

（4）某品牌手机的使用寿命 X_2；

（5）测量某一个零件尺寸产生的测量误差 X_3；

等等。

其中，（1）（2）是离散型随机变量；（3）（4）（5）的随机变量取值充满了某个区间，不能一一列出，称为连续型随机变量。

[设计意图] 通过从特殊到一般地归纳形成随机变量和离散型随机变量的概念，用类比函数定义的方法给出随机变量的定义，通过举例的方式，加深学生对随机变量概念的内涵和外延的认识。在给出随机变量概念的基础上，让学生带着问题阅读教科书，理解随机变量的一些相关概念，可以培养学生阅读教科书的习惯。

环节三　联系拓展，形成离散型随机变量分布列概念

引入语 根据问题引入合适的随机变量，有利于我们简洁地表示所关心的随机事件，并利用数学工具研究随机试验中的概率问题。下面我们先研究如何利用随机变量表达随机事件。

问题4 设一个随机试验的样本空间为 Ω，引入随机变量 X，使 Ω 中每一个样本点 ω 都对应于唯一的实数 $X(\omega)$。我们知道，样本空间的子集就是随机事件。你能用随机变量表示随机事件吗？以"掷一枚质地均匀的骰子"为例进行研究。

师生活动 先由学生自主探究，再进行小组交流，最后小组派代表进行班级发言。教师对学生的发言进行点评，最后给出准确描述：

设随机变量 X 表示掷出的点数，则各样本点与 X 的值的对应关系如表 15.24.1 所示：

表 15.24.1

样本点	1	2	3	4	5	6
X 的值	1	2	3	4	5	6

随机事件"掷出 m 点"用 $\{X=m\}$ 表示($m=1,2,3,4,5,6$),则事件"掷出的点数不大于 2"表示为 $\{X\leqslant 2\}$,事件"掷出偶数点"表示为 $\{X=2\}\bigcup\{X=4\}\bigcup\{X=6\}$等等。

课堂练习:给定下列随机试验及其随机变量 X 的取值,给出你感兴趣的随机事件,并用随机变量表示。

(1) 某射击运动员射击一次,命中的环数为 X,可能的取值为 $0,1,2,\cdots,10$;

(2) 在一个装有 8 个红球,4 个白球的袋子中,随机摸出 4 个球,这 4 个球中白球的个数 X,可能的取值为 $0,1,2,3,4$;

(3) 掷两枚骰子,点数之和为 X,可能的取值为 $2,3,\cdots,12$。

师生活动 同桌两人合作学习,一人给出随机事件,一人用随机变量表示;反之,给一个随机变量表示,说出相应的随机事件。例如,对于(3),事件"点数之和是 3 的倍数"表示为 $\{X=3\}\bigcup\{X=6\}\bigcup\{X=9\}\bigcup\{X=12\}$,而 $\{X<6\}$ 则表示随机事件"点数之和小于 6"等等。

[**设计意图**] 让学生熟练用随机变量表示随机事件,为求随机变量的概率分布做准备。

问题 5 我们知道,对于古典概型,如果知道了每一个样本点的概率取值,那么就可以求出任意一个随机事件的概率。刚才我们已经学习了用随机变量表示随机事件,为了利用随机变量解决随机事件发生的概率问题,你认为先需要知道什么?

师生活动 由学生思考、作答,教师进行总结:如果知道了随机变量 X 取每一个可能值时的概率,那么就可以利用随机变量解决问题。

追问 对于随机试验"掷一枚质地均匀的骰子",X 表示掷出的点数,那么 X 取每一个可能值时的概率是多少?类比函数的表示法,你会用什么方法表示?

师生活动 由学生独立思考、作答,教师和学生一起总结得出:

由掷出各种点数的等可能性,可得 $P(X=m)=\dfrac{1}{6}$,$m=1,2,3,4,5,6$。类比函数的表格表示法,这一规律可以用表 15.24.2 表示。

表 15.24.2

X	1	2	3	4	5	6
P	$\frac{1}{6}$	$\frac{1}{6}$	$\frac{1}{6}$	$\frac{1}{6}$	$\frac{1}{6}$	$\frac{1}{6}$

课堂练习：在一个装有 8 个红球，4 个白球的袋子中，随机摸出 4 个球，这 4 个球中白球的个数 X。仿照上述方法表示 X 取每一个可能值时的概率（只要用组合数形式表示即可）。

师生活动　由学生独立完成。在学生得出正确答案后，教师进行总结并讲解：

我们可以仿照随机变量的定义，将上面的问题一般化。

一般地，设随机变量 X 的可能取值为 $x_1, x_2, \cdots, x_n$，我们称 X 取每一个值 x_i 的概率 $P(X = x_i) = p_i, i = 1, 2, \cdots, n$ 为 X 的概率分布列，简称分布列。与函数的表示法类似，离散变量的分布列也可以用表 15.24.3 的形式表示，必要时还可以用图形表示。

表 15.24.3

X	x_1	x_2	$\cdots$	x_n
P	p_1	p_2	$\cdots$	p_n

[**设计意图**] 引入随机变量的目的是要用它表示随机事件，以便更方便地用数学工具研究概率问题，所以知道随机变量每一个可能取值的概率并用适当方法表示，就是一个基础性的事情。先让学生思考这些问题，并类比函数进行自主探究，有利于培养学生的理性思维，能提高学生的发现和提出问题的能力。

问题 6　类比函数的研究过程，在引入随机变量概念，定义离散型随机变量的概率分布列并对分布列作出表示后，你认为接下来应研究什么？具体的研究内容是什么？你能得出哪些结果？

师生活动　先由学生独立思考、作答，确定研究内容后，让学生自主探究获得离散型随机变量分布列的性质：

(1) $p_i \geqslant 0, i = 1, 2, \cdots, n$；

(2) $p_1 + p_2 + \cdots + p_n = 1$。

在学生自主探究的过程中，通过类比函数的研究过程，可以想到应研究随机变量分布列的性质，但对研究内容可能会不太清楚，教师应根据需要进行点拨，引导学生思考概率的性质所研究的内容就比较容易想到分布列的性质。

追问　你能通过掷骰子试验说明如何利用分布列和概率的性质解决概率问题吗？例如，求"掷出的点数不大于2"、"掷出偶数点"的概率。

师生活动　学生通过独立思考给出回答：

$$P(掷出的点数不大于2) = P(X \leqslant 2) = P(X=1) + P(X=2) = \frac{1}{6} + \frac{1}{6} = \frac{1}{3}。$$

$$P(掷出偶数点) = P(\{X=2\} \bigcup \{X=4\} \bigcup \{X=6\})$$

$$= P(X=2) + P(X=4) + P(X=6) = \frac{1}{6} + \frac{1}{6} + \frac{1}{6} = \frac{1}{2}。$$

[**设计意图**]　离散型随机变量的分布列概念学生容易理解，通过两个具体例子由学生进行归纳，并由教师直接讲授；离散型随机变量分布列的性质，由学生自主探究，有利于学生加深对性质的理解，为利用分布列的性质计算概率作准备。

环节四　概念运用，巩固提高

例1　一批产品中次品率为5%，随机抽取1件，定义

$$X = \begin{cases} 1, & 抽到次品, \\ 0, & 抽到正品。 \end{cases}$$

求 X 的分布列。

师生活动　先由学生自主完成本例题的解答。教师可以写出以下内容以便讲解。

根据 X 的定义，$\{X=1\}$ = "抽到次品"，$\{X=0\}$ = "抽到正品"，X 的分布列为 $P(X=0) = 0.95$，$P(X=1) = 0.05$。

教师讲授：对于只有两个可能结果的随机试验，用 A 表示"成功"，$\overline{A}$ 表示"失败"，定义

$$X = \begin{cases} 1, & A 发生, \\ 0, & \overline{A} 发生。 \end{cases}$$

如果 $P(A) = p$，则 $P(\overline{A}) = 1 - p$，那么 X 的分布列如表15.24.4所示。

表15.24.4

X	0	1
P	$1-p$	p

我们称 X 服从两点分布或 0—1 分布。

实际上，X 为在一次试验中成功(事件 A 发生)的次数(0 或 1)。像购买的彩券是否中奖，新生婴儿的性别，投篮是否命中等，都可以用两点分布来描述。

[设计意图] 通过具体实例，学习两点分布。两点分布的概念由教师在例题评析时直接引入。在今后学习二项分布、超几何分布等典型的离散型随机变量的分布时宜采用这样的学习方式。

例 2 某学校高二年级有 200 名学生，他们的体育综合测试成绩分 5 个等级，每个等级对应的分数线和人数如表 15.24.5 所示。

表 15.24.5

等级	不及格	及格	中等	良	优
分数	1	2	3	4	5
人数	20	50	60	40	30

从这 200 名学生中任意选取 1 人，求所选同学分数 X 的分布列，以及 $P(X \geqslant 4)$。

师生活动 教师先组织学生讨论事件 $\{X=i\}$ 表示的意义，引导学生分析随机事件符合古典概型的条件，然后要求学生独立解决。通过师生交互平台交流学生解题的结果。

在分析学生解题的过程中，引导学生总结解题的一般步骤：

(1) 确定离散型随机变量的取值集合：X 是一个离散型随机变量，其可能取值为 1，2，3，4，5，且 $\{X=1\}=$"不及格"，$\{X=2\}=$"及格"，$\{X=3\}=$"中等"，$\{X=4\}=$"良"，$\{X=5\}=$"优"。

(2) 根据古典概型的知识，求随机变量取每个值时的概率，以列表的形式表示，见表 15.24.6。

表 15.24.6

X	1	2	3	4	5
P	$\dfrac{1}{10}$	$\dfrac{1}{4}$	$\dfrac{3}{10}$	$\dfrac{1}{5}$	$\dfrac{3}{20}$

(3) 利用分布列求概率：$P(X \geqslant 4) = P(X=4) + P(X=5) = \dfrac{1}{5} + \dfrac{3}{20} = \dfrac{7}{20}$。

[设计意图] 通过具体实例，学习求离散型随机变量分布列的方法，学习如何根据

离散型随机变量的分布列求 些随机事件的概率。

例 3 一批笔记本电脑共有 10 台,其中 A 品牌 3 台,B 品牌 7 台。从中随机挑选 2 台,求这 2 台电脑中 A 品牌台数的分布列。

师生活动 由于有例 1,例 2 的学习经验,学生应该具备了自主解决本例题的能力,可能存在的问题是概率的计算。本题宜采用学生自主完成,学生互评的方式完成。教师点评后,师生一起总结一般的解题步骤:

(1) 确定离散型随机变量的取值集合:设挑选的 2 台电脑 A 品牌的台数为 X,则 X 的可能取值为 0,1,2。

(2) 根据古典概型的知识,求随机变量取每个值时的概率,以列表的形式表示:

$P(X=0)=\dfrac{C_3^0 C_7^2}{C_{10}^2}=\dfrac{7}{15}$,$P(X=1)=\dfrac{C_3^1 C_7^1}{C_{10}^2}=\dfrac{7}{15}$,$P(X=2)=\dfrac{C_3^2 C_7^0}{C_{10}^2}=\dfrac{1}{15}$。即 X 的分布列,如表 15.24.7 所示。

表 15.24.7

X	0	1	2
P	$\dfrac{7}{15}$	$\dfrac{7}{15}$	$\dfrac{1}{15}$

[**设计意图**] 通过例 3,总结求离散型随机变量的一般步骤:(1)根据问题设一个随机变量 X,并写出随机变量 X 的所有可能取值;(2)利用古典概型,求随机变量 X 的每一个可能取值所对应的概率;(3)用表格表示 X 的分布列。

环节五　课堂小结,总结提升

问题 7 回顾本节课的学习过程,回答以下几个问题。

(1) 为什么要引进随机变量概念? 通过类比函数引入随机变量的概念,对此你有什么感受?

(2) 为什么要研究离散型随机变量的分布列,离散型随机变量的分布列有什么作用?

(3) 根据本节课所举的例题,你能归纳出求离散型随机变量分布列的一般步骤吗?

(4) 分布列的性质在解决概率问题中能起到什么作用?

师生活动 先由学生独立思考、作答,再选学生代表发言,教师最后归纳总结。

(1) 尽管概率的研究对象是随机现象,而函数的研究对象是确定性现象,但在研究的思想方法上可以进行借鉴。其原因是:概率是对样本空间的度量,它给样本空间 Ω 的任意一个子集(随机事件)赋予了集合 $\{p \mid 0 \leqslant p \leqslant 1\}$ 中一个唯一确定的数 p,因此这是一个从集合 $\{A \mid A \subseteq \Omega\}$ 到集合 $\{p \mid 0 \leqslant p \leqslant 1\}$ 的映射,可以把它称为"集函数"。

引进随机变量概念是为了将问题更进一步地数学化。通过随机变量,舍去样本点取值中的实际背景,使随机事件得到数量化表达,进而可以更好地利用数学工具研究随机试验。例如,掷硬币的样本空间是{正面朝上,反面朝上},产品检验的样本空间是{正品,次品},学业评价是{合格,不合格},电路状况是{通路,断路},新生婴儿的性别{男,女}等等,利用随机变量,可以统一表示为 $X = \{0, 1\}$,这样,只要我们研究清楚这个 0—1 分布即二项分布,现实世界中大量存在的只关心两种结果的随机试验问题就都得到解决了。

(2) 事实上,利用函数观点,我们不仅可以引进从样本空间 Ω 到随机变量 X 的映射,进一步地还可以引进随机变量的概率分布列。因为每一个样本点都对应着唯一的一个概率值,而样本空间 Ω 又与随机变量 X 建立了一一对应关系,所以有随机变量的每一个取值都对应了唯一的一个概率值,这样就得到了如表 15.24.8 所示的随机变量的分布列:

表 15.24.8

X	x_1	x_2	$\cdots$	x_n
P	p_1	p_2	$\cdots$	p_n

显然,有了这个分布列,那么相应的随机试验的所有情况都得到了反映。只要对这个分布列进行研究,把握了它的性质,那么就把握了相应随机试验的基本特征,从而为进一步研究其他问题奠定基础。

[**设计意图**] 通过提问的形式,帮助学生梳理本节课学习的主要内容和主要思想方法,通过提问引发学生深度思考,对随机变量、随机变量分布的含义和作用作较深入的反思。

环节六　目标检测,检验效果

在平面直角坐标系 xOy 中,设 $A = \{(0, 0), (1, 0), (2, 0)\}$,$B = \{(0, 1), (2,$

1)},$C=\{(0,2),(1,2),(2,2)\}$,令 $M=A \cup B \cup C$。从集合 M 中任取两个不同的点,用随机变量 X 表示它们之间的距离。

(1) 求 X 的分布列表;

(2) 求概率 $P(X \leqslant 2)$。

解答:(1) X 的所有可能取值是 $1,\sqrt{2},2,\sqrt{5},2\sqrt{2}$;(参看图 15.24.3 可得)

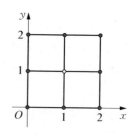

图 15.24.3

由古典概型,$P(X=1)=\dfrac{8}{C_8^2}=\dfrac{2}{7}$,$P(X=\sqrt{2})=\dfrac{4}{C_8^2}=\dfrac{1}{7}$,

$P(X=2)=\dfrac{6}{C_8^2}=\dfrac{3}{14}$,$P(X=\sqrt{5})=\dfrac{8}{C_8^2}=\dfrac{2}{7}$,$P(X=2\sqrt{2})=\dfrac{2}{C_8^2}=\dfrac{1}{14}$。所以 X 的分布列如表 15.24.9 所示。

表 15.24.9

X	1	$\sqrt{2}$	2	$\sqrt{5}$	$2\sqrt{2}$
P	$\dfrac{2}{7}$	$\dfrac{1}{7}$	$\dfrac{3}{14}$	$\dfrac{2}{7}$	$\dfrac{1}{14}$

(2) 解法 1:$P(X \leqslant 2)=P(X=1)+P(X=\sqrt{2})+P(X=2)=\dfrac{2}{7}+\dfrac{1}{7}+\dfrac{3}{14}=\dfrac{9}{14}$。

解法 2:$P(X \leqslant 2)=1-P(X>2)=1-P(X=\sqrt{5})-P(X=2\sqrt{2})=1-\dfrac{2}{7}-\dfrac{1}{14}=\dfrac{9}{14}$。

[设计意图] 本题主要检测随机变量分布列的基本概念和求随机变量分布列的基本步骤,以及利用分布列求随机事件概率的基本方法。

布置作业

(1)《选择性必修三》第 60 页,练习第 2~4 题;(2)第 60 页,习题 7.2,第 1~6 题。

<h3 align="center">教学设计说明</h3>

1. 注重引导学生感悟引入随机变量的必要性

研究一个数学对象的过程,一般都遵循着不断抽象化、广泛建立联系这样两条路径,另外就是不断发明和使用新工具。例如,对函数的研究,从与现实背景紧密关联的"变量说",到用集合语言、对应关系表达的函数,再到更抽象的"映射说""关系说"等等,使用的工具也由代数运算发展到极限运算、向量运算等,而在联系性上面,函数的触角则伸展到各个学科,可以说是无处不在。

对概率的研究也是一样,初中以"事件发生可能性的大小"为关键词,对概率进行了直观描述。高中阶段引入样本点、样本空间概念,以此为基础使事件、事件的关系和运算、古典概型的定义、概率的性质、概率的计算等得到抽象化表达,从而极大地深化了学生对随机现象的认识和理解。然而,与具体背景紧密关联的样本点和样本空间仍然使概率的研究处于抽象化的"初级阶段",其内容、方法、结论表达的一般性不够,需要进一步进行数学抽象。引入随机变量刻画随机现象,使概率的研究跃上了一个新的抽象层次,也使我们能更好地利用数学工具,以一种更本质、系统同时也是更简洁的方式去研究概率,更深刻地认识随机现象,发现和提出概率的新问题,得出更具一般性的结论等等。这是本课教学要让学生认识的首要问题,因此本教学设计强调将引入随机变量的必要性问题贯穿始终:在课堂引入阶段利用样本点数值化和非数值化的对比,并对建立样本空间与数集之间对应关系的意义进行引导;在从具体实例中抽象随机变量概念、构建分布列及其表示等过程中,强调让学生通过具体情境感受引入随机变量表示随机事件的意义;在小结中要求学生对引进随机变量的必要性以及引进方式等进行回顾;等等。

2. 加强启发引导,促使学生领会概率的思维方式

整体而言,概率是高中课程中的难点内容,本节课的内容是为了利用数学工具(例如用组合知识研究二项分布、超几何分布,用函数、微积分知识研究正态分布等),以简洁、统一的形式研究随机试验的规律等而引入的,在概率中处于基本概念的位置,类似于函数的一般概念,不仅抽象程度很高,而且是非常数学化的,没有必要的训练是难以发现和提出这样的问题的,凭学生的现有知识经验是比较难以产生进一步抽象的认知需求的。本教学设计从学生的这一现实出发,不过分追求学生的自主学习、独立发现,在几个关键点上加强了教师引导,许多地方都采用了教师直接讲解、让学生阅读教科书等方式展开教学活动,只要学生能理解相关内容、在理解的基础上能够应用就可以了。

一、内容和内容解析

1. 内容

两个分类变量的独立性检验。

本课知识结构图如图 15.25.1 所示：

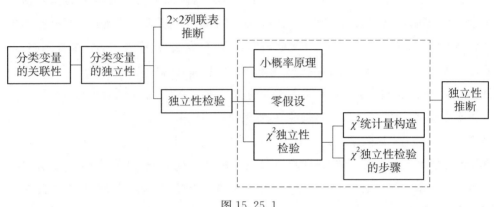

图 15.25.1

2. 内容解析

(1) 内容的本质：独立性检验是研究随机变量独立性的一种统计方法。为了解总体中两个分类变量是否相互独立，可以从总体中抽取简单随机样本，归类成一个 2×2 的列联表，独立性检验就是根据列联表检验两个分类变量是否相互独立，本质上是一种概率推断，是一种依据概率进行"二选一"的方法，即根据样本数据，在 H_0："无实质差异"与 H_1："有实质差异"这两种推断中选择其一。这是一种"概率反证法"，通过样本出现的事件是否属于小概率事件来判断总体假设的真伪。

(2) 知识的上下位关系：假设检验是统计推断的一种基本形式，假设检验是根据观察试验结果去检验一个假设是否成立，即通过样本的某个指标对总体的某种属性进行推断的方法，独立性检验是假设检验的一个特例。独立性检验的数学基础是古典概型、条件概率、独立事件概率的乘法公式，以及频率稳定到概率的原理。独立性检验是参数估计的延续，是对参数估计在统计上的验证和补充，是提取样本所蕴含的信息对总体情况进行推断，它是假设检验的一种，为后续学习假设检验提供了知识和方法的基础。

（3）蕴含的数学思想方法：独立性检验的基本思想是依据概率论中的小概率原理，应用概率反证法，通过观察样本出现的事件是否属于与原假设矛盾或不利于原假设的小概率事件来判断关于总体假设的真伪。所谓小概率原理，就是认为概率很小的随机事件，在一次试验中几乎不可能发生。因为独立性检验是检验假设而不是证明假设，所以推论会出现两类错误：第一类错误是拒绝了正确的零假设，犯第一类错误的概率是 α；第二类错误是没有拒绝错误的零假设。独立性检验在犯第一类错误的概率和犯第二类错误概率之间作平衡，希望犯这两种错误的概率都尽可能地小，但减少第一类错误的概率就会增大犯第二类错误的概率。因为第二类错误对于样本量特别敏感，所以可以通过增加样本量降低犯第二类错误的概率。

（4）内容的育人价值：独立性检验是从样本数据中发现关系，是成对数据统计分析的重要内容，是依据数据进行合理推理的典型方法，是培养学生理性思维和科学精神的良好载体。本节内容的学习可以有效提升学生的数据分析和逻辑推理素养。

3. 教学重点

独立性检验的基本思想和独立性检验的基本方法。

二、目标与目标解析

1. 目标

基于 2×2 列联表，通过具体实例，了解独立性检验的基本思想，掌握独立性检验的基本步骤，会用独立性检验解决简单的实际问题，提升数据分析能力。

2. 目标解析

达成上述目标的标志是：

（1）基于 2×2 列联表，能通过具体实例，解释通过条件概率分析两个分类变量独立性的方法，能说明用于推断两个分类变量独立性的统计量 χ^2 构造的合理性；能说出基于小概率原则的独立性检验的基本思想，发展数据分析和逻辑推理的素养。

（2）能说出独立性检验的基本步骤，并能用独立性检验方法解决简单的实际问题。

三、教学问题诊断分析

1. 问题诊断

通过上一节课的学习，学生能根据 2×2 列联表直观判定两个分类变量的独立性，也知道这种判断有可能出现错误。在本节课中，通过引导，学生能将分类变量的独立性与事件的独立性联系起来，但要将独立性检验与一个小概率事件进行关联存在困难，这不仅是学生首次遇到这样的问题，更是从逻辑推理过渡到概率推理的统计思想的提升,这是本节课的第一个难点。

关于小概率 α(显著性水平 α)的正确理解,如果从一个样本中能够观察到小概率事件发生,表明拒绝假设 H_0 而接受假设 H_1 这个结论发生错误的概率不超过 α,但不表明假设 H_1 成立的概率超过 $1-\alpha$。小概率 α 是针对检验的样本的,并不是关于零假设的,零假设或者对或者错,永远只能是这二者之一,对于这样的结论的理解是比较困难的,这是造成学生对独立性检验的结论理解困难的主要原因,也是本节课的第二个难点。

第三个难点,学生在理解独立性检验的推断时可能会犯错误,也可能存在接受上的困难。

为了突破难点,教学中应从具体实例出发,创设一些生活化的问题情境,强调用分类变量的样本频率分布与理论分布的误差以及频率稳定于概率等原理来构造小概率事件,通过举例、讨论、辨析等方法突破难点。

2. 教学难点

χ^2 检验的原理和推理方法。

四、教学支持条件分析

借助 Excel 或 R 软件模拟从总体中抽取简单随机样本,编制 2×2 列联表和绘制频率等高堆积条形图等,直观分析两个分类变量的独立性。借助 GeoGebra 中的统计功能,通过直观呈现 χ^2 分布的密度曲线,计算 χ^2 统计量的观测值,利用密度曲线确定临界值 x_a 等,帮助理解独立性检验的思想。

五、教学过程设计

环节一　创设情境,提出问题

引导语　在现实问题中,我们常常需要推断两个分类变量之间是否存在关联。通过分类变量的样本观测数据,依据随机事件频率的稳定性可以推断两个变量之间是否有关联。通过上节课的学习我们已经知道,对于随机样本而言,因为频率具有随机性,频率与概率之间存在误差,所以我们的推断可能犯错误,而且在样本量较少时犯错误的可能性会比较大。因此需要找到一种更为合理的推断方法,同时也希望能对出现错误推断的概率有一定的控制或估计,这是本节课的主要任务。

[设计意图]　教师开门见山地提出学习任务,以任务驱动学习。

问题 1　在上节课例 1 中,我们通过频率比较得到"两所学校学生的数学成绩优秀率存在差异"的结论,但由于数据的随机性,这一推断有可能是错误的。那么犯错误的概率有多大呢? 如何从概率的角度去研究两个分类变量 X 和 Y 是否有关联?

师生活动　首先要做的工作是将问题数学化。要求学生用数学语言描述一下两个分类变量是否有关联,教师梳理总结:

设 X 和 Y 为定义在样本空间 Ω 上的两个分类变量,可设 $X, Y \in \{0, 1\}$。例如,在这个问题中我们定义

$$X = \begin{cases} 0, & \text{该生来自甲校,} \\ 1, & \text{该生来自乙校;} \end{cases} \qquad Y = \begin{cases} 0, & \text{该生数学成绩不优秀,} \\ 1, & \text{该生数学成绩优秀。} \end{cases}$$

我们希望判断的是校别因素是否影响学生的数学成绩,即事件 $\{Y=1\}$ 与事件 $\{X=1\}$ 或事件 $\{X=0\}$ 是否有关联。

接着教师作进一步引导:通过 2×2 列联表判断事件 $\{Y=1\}$ 与事件 $\{X=1\}$ 或事件 $\{X=0\}$ 是否有关联,用概率语言表示,就是判断下面的关系是否成立:

$$H_0 : P(Y=1 \mid X=0) = P(Y=1 \mid X=1)$$

其中 $P(Y=1 \mid X=0)$ 表示从集合 $\{X=0\}$ 中随机选取一个样本点,该样本点属于 $\{X=0, Y=1\}$ 的概率,而 $P(Y=1 \mid X=1)$ 表示从集合 $\{X=1\}$ 中随机选取一个样本点,该样本点属于 $\{X=1, Y=1\}$ 的概率。

教师指出,我们通过样本数据去判断两个变量是否有关联,有点类似法官凭证据判案。法官在判定一个嫌疑犯是否有罪前,应先作一个无罪假设,这叫"无罪推定"。统计里在推断两个变量有关联前,也往往先作一个无关联的假定,即零假设 H_0。

[**设计意图**] 在独立性检验中,零假设是一个比较难以理解的概念。零假设既是研究的起始点,也是测量实际研究结果的基准。通过以法官判案为例,形象地解释零假设的含义,可以帮助学生突破难点。通过将问题抽象为以概率语言表达的数学问题,以提升学生的数学抽象素养。

追问　如何作出零假设? 到底怎样用概率的语言表述零假设?

请大家阅读教科书第 128 页到 129 页上半页,调动条件概率的知识,分析零假设,给出分类变量 X 和 Y 独立的定义。

师生活动　教师引导学生阅读教科书,并让学生说出自己的想法,在学生阅读、思考和讨论的基础上,教师再给出有条理的分析(具体过程见教科书),最后用概率语言将零假设改述为

H_0：分类变量 X 和 Y 独立。

[设计意图]　通过概率语言，经过严格的推理，将零假设 H_0 中事件的无关联转化为分类变量的独立性，为后续利用概率知识判断是否独立打下基础。因为这个过程有难度，所以先让学生阅读、讨论，再由教师讲解。

环节二　构造统计量，形成判断规则

引导语　有了无罪假设后，法官需要去寻找证据。如果能够找到在无罪情况下不可能出现的物证，那么就可以去否定无罪假设，作出嫌犯有罪的推断。

在统计学中，我们通常要从样本数据中找证据，寻找证据的方法是构造一个统计量，并且了解它的统计特征，利用样本计算这个统计量的观测值，如果这个观测值不符合零假设成立时统计量应有的统计性质，那么我们就有理由相信 H_0 不成立。

问题 2　你能根据分类变量 X 和 Y 独立的定义及等价条件，利用列联表中的数据，构造一个用于推断两个分类变量是否独立的统计量吗？

师生活动　教师先将问题一般化（符号化），给出如表 15.25.1 所示的列联表。

表 15.25.1

X	Y		合计
	$Y=0$	$Y=1$	
$X=0$	a	b	$a+b$
$X=1$	c	d	$c+d$
合计	$a+c$	$b+d$	$n=a+b+c+d$

追问 1　表 15.25.1 是关于分类变量 X 和 Y 的抽样数据的 2×2 列联表，你能对它作一个解读吗？

师生活动　先由学生根据自己的理解独立作出解释，再由学生代表发言、交流，最后教师带领学生一起归纳：对于随机样本，表中的频数 a，b，c，d 都是随机变量，相应数据是这些随机变量的一次观测结果，最后一行的前两个数分别是事件 $\{Y=0\}$ 和 $\{Y=1\}$ 的频数，最后一列的前两个数分别是事件 $\{X=0\}$ 和 $\{X=1\}$ 的频数，中间的四个数 a，b，c，d 分别是事件 $\{X=0,Y=0\}$，$\{X=0,Y=1\}$，$\{X=1,Y=0\}$，$\{X=1,Y=1\}$ 的频数，右下角格子中的数 n 是样本量。

追问 2 依据频率稳定于概率的原理,你能构造一个能对分类变量 X 和 Y 的独立性做出推断的统计量吗?

师生活动 教师引导学生得到,构造出的统计量需要满足

(1) 这个统计量一定要与 a, b, c, d 都有关;

(2) 基于 $P(X=0, Y=0)=P(X=0)P(Y=0)$ 及其等价条件;

(3) 根据统计量值的大小能判断是否有利于零假设 H_0。

在以上原则下,先由学生阅读教科书,然后教师带领学生一起分析,逐步构造出统计量 χ^2,并指出:当零假设 H_0 成立的条件下,χ^2 应该是一个很小的数。因为这个问题对于大多数学生而言都比较困难,所以必要时教师可以直接讲解。

教师可以指出,英国统计学家皮尔逊(K. Pearson, 1857—1936)研究发现,在某些条件下,统计量 χ^2 近似地服从一个自由度为 1 的卡方分布。

追问 3 究竟 χ^2 大到什么程度就可以推断 H_0 不成立?怎样确定 χ^2 大小的标准?

师生活动 这个问题由教师通过讲解引导学生理解:根据小概率事件在一次试验中不大可能发生的规律,我们可以通过确定一个与 H_0 相矛盾或不利于 H_0 的小概率事件来实现。

在假定 H_0 的条件下,对于有放回简单随机抽样,当样本容量充分大时,统计学家得到了 χ^2 的近似分布。教师在 GeoGebra 工具栏"视图"菜单中选择"概率统计",在"概率统计"区,点击"分布",在下拉菜单中选择"卡方分布",在"自由度"中填入 1,得到卡方分布密度曲线(如图 15.25.2)。根据这条密度曲线,对于任何 x_α 可以计算出 $P(\chi^2 \geqslant x_\alpha)$。因此对于任何的小概率值 α,可以找到 x_α,使 $P(\chi^2 \geqslant x_\alpha)=\alpha$。我们称

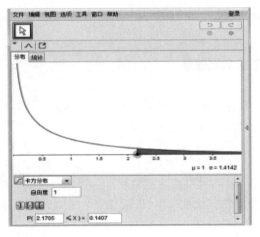

图 15.25.2

x_α 为 α 的临界值,如 $\alpha = 0.05$,可以求得 $x_\alpha = 3.8415$。因此,只要把概率值 α 取得充分小,在假设 H_0 成立的情况下,χ^2 值大于临界值的事件是不大可能发生的。根据这个规律,如果这个事件发生,我们就可以推断 H_0 不成立。不过这个推断有可能犯错误,但犯错误的可能性不会超过 α。

［设计意图］经历统计量 χ^2 的构造过程,体会根据 χ^2 观测值大小判断两个分类变量独立性的合理性。了解卡方分布密度曲线和小概率原则,为学习 χ^2 独立性检验方法作准备。

追问 4 在 H_0 假设下,如果通过简单随机样本计算 χ^2 的一个观测值 $\chi^2 = 56.632$,给定小概率值 $\alpha = 0.001$,你能根据 χ^2 统计量的构造过程得出怎样的结论?

师生活动 学生在 GeoGebra 的"概率统计"区,在"分布"菜单选择"卡方分布",在最后一行,输入概率值 0.001,得到临界值 $x_\alpha = 10.8276$,并据此进行判断。

［设计意图］让学生通过 GeoGebra 等工具,直观演示卡方密度曲线来阐述 χ^2 统计量的统计性质,用概率语言描述一个统计推断,从而进一步理解独立性检验思想:任何一个统计推断都有可能犯错,若能将犯错的概率控制在可接受的范围内,我们就能接受这个推断。这就是独立性检验的基本思想。

追问 5 你能总结出基于小概率值 α 的检验规则吗?

师生活动 教师引导学生进行总结,当 $\chi^2 \geqslant x_\alpha$ 时,我们就推断 H_0 不成立,即认为 X 和 Y 不独立,该推断犯错误的概率不超过 α;当 $\chi^2 < x_\alpha$ 时,没有充分证据推断 H_0 不成立,因此在小概率 α 下没有发现充分的证据反对 H_0,所以我们可以保持原有对两个变量关系的认识。在此基础上给出独立性检验的定义,并给出几个常用的小概率值和相应的临界值表。

［设计意图］提炼 χ^2 独立性检验的具体检验规则。

环节三　运用规则,巩固理解

例 1 对于小概率 $\alpha = 0.05$,请说出 $(1)\chi^2 \geqslant x_{0.05} = 3.841$;$(2)\chi^2 < x_{0.05} = 3.841$ 的统计意义。

师生活动 学生自主完成,交流结论,教师点评。

［设计意图］通过具体问题进一步理解独立性检验的推断规则。

例 2 采用简单随机抽样的方法抽取甲、乙两校数学测试成绩,得到如表 15.25.2 所示的 2×2 列联表。

表 15.25.2

学校	数学成绩		合计
	不优秀 ($Y=0$)	优秀($Y=1$)	
甲校 ($X=0$)	33	10	43
乙校($X=1$)	38	7	45
合计	71	17	88

依据小概率值 $\alpha=0.1$ 的 χ^2 独立性检验,能否据此推断两校学生的数学成绩优秀率有差异?

师生活动 (1)要求学生写出零假设。

(2)让学生利用 GeoGebra 解决问题,并给出详细解答,在此基础上进行交流,教师要通过纠正学生的表达,使学生掌握规范表达。

追问 在例 2 的解题过程中,按计算频率和画等高条形图得出的结论是两个学校学生的数学成绩优秀率存在差异。甲校学生的数学优秀率比乙校学生的高,基于同一组样本数据,采用 χ^2 独立性检验却得出了不同的结论,你能说明其中的原因吗?

师生活动 让学生分组讨论,再进行班级交流,在此基础上再让学生阅读教科书,以验证自己的想法。

[**设计意图**] 通过具体问题,让学生掌握独立性检验的一般步骤和推断原理,要使学生理解到,在统计推断中,不同的统计方法会有不同的推断结论,也会发生推断错误。但是,相对于简单比较两个频率的判断,用 χ^2 独立性检验得到的结果更理性、更全面,理论依据也更充分。

例 3 某儿童医院用甲、乙两种疗法治疗小儿消化不良,采用有放回简单随机抽样的方法对治疗情况进行检查,得到如下数据:抽到接受甲种疗法的患儿 67 名,其中未治愈 15 名,治愈 52 名;抽到接受乙种疗法的患儿 69 名,其中未治愈 6 名,治愈 63 名。试根据小概率值 $\alpha=0.005$ 的独立性检验,分析乙种疗法是否比甲种疗法好。

师生活动 先让学生认真读题、分析题意,再分享自己的理解,在此基础上,要求学生利用统计软件独立完成解答,完成后再进行全班交流。

[**设计意图**] 通过具体实例,进一步熟悉独立性检验进行检验的方法和步骤,了解当独立性检验不显著时的判断原理。

追问 若对调两种疗法的位置或对调两种疗效位置,则表达式中 a,b,c,d 的赋值都会相应地改变,这样做会影响 χ^2 观测值的计算结果吗?

师生活动 让学生在 GeoGebra 中调整行、列的位置,可以发现不改变 χ^2 观测值。

[设计意图] 从 2×2 列联表的结构特征,进一步理解 χ^2 观测值计算公式的性质。

例 4 为研究吸烟是否与肺癌有关,某肿瘤研究所采取有放回简单随机抽样的方法调查了 9 965 人,得到成对样本观测数据的分类统计结果,如表 15.25.3 所示。依据小概率值 $\alpha=0.001$ 的独立性检验,分析吸烟是否会增加患肺癌的风险。

表 15.25.3

吸烟	肺癌		合计
	非肺癌患者	肺癌患者	
非吸烟者	7 775	42	7 817
吸烟者	2 099	49	2 148
合计	9 874	91	9 965

师生活动 学生独立解答,再让学生代表进行讲解。

追问 在吸烟与患肺癌相关的判断下,你能通过频率分析吸烟对患肺癌影响的规律吗?

师生活动 先利用表格中的数据计算吸烟者和不吸烟者中患肺癌的频率,分别为 2.281 2,0.537 3。教师引导学生分析,由 $\dfrac{2.281\,2}{0.537\,3}\approx4.244\,6$ 可见,在被调查者中,吸烟患肺癌的频率是不吸烟患肺癌频率的 4 倍以上。于是,根据频率稳定于概率的原理,我们可以认为吸烟者患肺癌的概率明显大于不吸烟患肺癌的概率,即吸烟更容易引发肺癌。

[设计意图] 当利用独立性检验推断两个变量相关时,可利用频率稳定于概率的原理,进一步利用概率分析变量间的影响程度。

环节四 课堂小结,形成结构

问题 3 请同学们带着下列问题回顾本节课所学内容,并给出回答:

(1)应用 χ^2 独立性检验解决实际问题包括哪几个主要环节?

(2)独立性检验的思想类似于反证法,你能指出二者之间的异同点吗?

(3)你能说说独立性检验的本质吗?

师生活动 组织学生依次讨论这几个问题,教师适时点评、总结。

(1) 根据上面例题的解决过程,师生共同总结出应用 χ^2 独立性检验解决问题的主要环节(见教科书)。

(2) 先让学生回顾什么是反证法,再与独立性检验思想进行比较,然后教师再进行解释,其中着重要强调反证法所得出的结论是确定无疑的;独立性检验是一种概率判断,得出的结论具有随机性,但它是一种科学性判断。

(3) 师生共同总结,独立性检验的本质是通过比较观测值与期望值之间的差异,来判断事件发生的概率大小。具体地,由 χ^2 所代表的这种差异的大小是通过确定的小概率值进行判断的,这是一种非常重要的推断方法,不仅有相当广泛的应用,也开启了人类认识世界的新的思维方式。

[**设计意图**] 回顾学习过程,梳理知识体系,进一步明确独立性检验的原理,体会其中的思想。

环节五 目标检测,检验效果

为了了解青少年喝牛奶对感冒发病率有没有影响,采用有放回简单随机抽样的方法调查了 2 480 人,得到成对样本观测数据的分类结果,如表 15.25.4 所示。依据小概率 $\alpha = 0.005$ 的独立性检验,分析喝牛奶对感冒发病率有无影响?若有影响,请分析喝牛奶和感冒发病率之间的关系。

表 15.25.4

喝牛奶	感冒		合计
	感冒人数	未感冒人数	
喝牛奶	28	1 296	1 324
不喝牛奶	72	1 084	1 156
合计	100	2 380	2 480

[**设计意图**] 检测学生运用 2×2 列联表,以及利用独立性检验解决简单的实际问题的能力。

布置作业

《选择性必修三》第 134 页,练习第 1~4 题;第 125 页,习题 8.3 综合运用 8。

教学设计说明

本节内容基于 2×2 列联表,用假设检验的思想推断两个分类变量的独立性,即独立性检验。本教学设计根据人教 A 版的安排,设置了如下环节:

首先,通过教师引导,明确本课的主要任务是找到一种更为合理的推断方法,同时也希望能对出现错误推断的概率有一定的控制或估计。

第二,以具体案例为载体,通过阅读教科书和教师的讲解,引导学生从频率和概率的关系出发,逐步经历 χ^2 统计量的构造过程,帮助学生了解 χ^2 统计量的内涵,体会独立性检验中蕴含的统计思想方法。

第三,通过 4 个例题,引导学生通过应用熟悉独立性检验的主要环节(步骤),领悟独立性检验思想,积累数据分析的经验,使学生知道利用 χ^2 统计量的近似分布和小概率原理,就可以根据 χ^2 的观测值对分类变量的独立性作出科学的推断。在此过程中,始终要求学生使用有关统计软件。

第四,通过小结中的 3 个问题,引导学生形成独立性检验的整体结构。

另外,结合用独立性检验解决实际问题的过程,通过讨论"基于同一组数据的分析,但却得出了不同的结论,为什么?""若对调两种疗法的位置或对调两种疗效位置,则表达式中 a,b,c,d 的赋值都会相应地改变,这样做会影响 χ^2 观测值的计算结果吗?""独立性检验和反证法有哪些异同点?"等问题,帮助学生深入认识独立性检验的思想和特点。

本节课的难度较大,涉及的基础知识较多,包括古典概型、条件概率、频率稳定到概率的原理以及分类变量独立性概念;涉及的统计思想方法有小概率原理以及假设检验的基本原理与思想方法。为了化解难点,设计了较多的教师讲解、阅读教科书等环节,贯彻了一个以教师的启发式讲解为主的设计思路,强调以具体案例为载体,按先定性描述后定量刻画、先直观描述再逻辑表达的原则展开教学,这也体现了用统计的方法研究问题的一般思路。这样安排,以独立性检验的思想和方法的整体结构为导向,围绕 χ^2 统计量的构建和应用这个核心,为学生提供从直观到逻辑的机会,与学生的认知规律比较相符。

另外,本教学设计还特别强调渗透用样本估计总体的统计基本思想。

[1] 阿波罗尼奥斯.圆锥曲线论:卷Ⅰ—Ⅳ[M].朱恩宽,等译.西安:陕西科学技术出版社,2007:汉译者序.

[2] 陈建功.二十世纪的数学教育[J].中国数学杂志,1952,1(2).

[3] 陈省身.做好的数学[M].张奠宙,王善平,编.大连:大连理工大学出版社,2020.

[4] 程海奎."变量间的相关关系"中的核心概念和思想方法解读及教学建议[J].中国数学教育,2008(11).

[5] 弗赖登塔尔.作为教育任务的数学[M].陈昌平,唐瑞芬,等编译.上海:上海教育出版社,1995.

[6] 侯杰泰.教育体检 PISA 的启示:成绩卓越但仍需努力[R/OL].(2019 - 12 - 04)[2020 - 05 - 15]. http://www. moe. gov. cn/jyb_xwfb/moe_2082/zl_2019n/2019_zl94/201912/t20191204_410710. html.

[7] 课程教材研究所.20 世纪中国中小学课程标准·教学大纲汇编:数学卷[M].北京:人民教育出版社,2001.

[8] 克莱因 F. 高观点下的初等数学(第一卷)[M].舒湘芹,陈义章,杨钦樑,译,上海:复旦大学出版社,2008.

[9] 克莱因 F. 高观点下的初等数学(第二卷)[M].舒湘芹,陈义章,杨钦樑,译,上海:复旦大学出版社,2008.

[10] 克莱因 M. 古今数学思想:第二册[M].上海:上海科学技术出版社,2002.

[11] 克莱因 M. 古今数学思想:第二册[M].北京大学数学系数学史翻译组,译.上海:上海科学技术出版社,1979.

[12] 齐民友.三角函数 向量 复数[J].数学通报,2007,46(10):1 - 7.

[13] 齐民友.三角函数 向量 复数(续)[J].数学通报,2007,46(11):1 - 8.

[14] 丘成桐.数理与人文[R/OL].[2019 - 12 - 2]. http://www. intlpress. net/mh/essay. php? id=357.

[15] 人民教育出版社,课程教材研究所,中学数学课程教材研究开发中心.普通高中教科书:数学 A 版 必修 第一册[M].北京:人民教育出版社,2019.

[16] 人民教育出版社,课程教材研究所,中学数学课程教材研究开发中心.普通高中教科书:数学 A 版 必修 第二册[M].北京:人民教育出版社,2019.

[17] 人民教育出版社,课程教材研究所,中学数学课程教材研究开发中心.普通高中

教科书:数学 A 版　选择性必修　第一册[M].北京:人民教育出版社,2020.

[18] 人民教育出版社,课程教材研究所,中学数学课程教材研究开发中心.普通高中
　　　教科书:数学 A 版　选择性必修　第二册[M].北京:人民教育出版社,2020.

[19] 人民教育出版社,课程教材研究所,中学数学课程教材研究开发中心.普通高中
　　　教科书:数学 A 版　选择性必修　第三册[M].北京:人民教育出版社,2020.

[20] 人民教育出版社,课程教材研究所,中学数学课程教材研究开发中心.普通高中
　　　课程标准实验教科书:数学 A 版　必修 5[M].北京:人民教育出版社,2004.

[21] 人民教育出版社,课程教材研究所,中学数学课程教材研究开发中心.义务教育
　　　教科书:数学　七年级上册[M].北京:人民教育出版社,2012.

[22] 史宁中,林玉慈,陶剑,等.关于高中数学教育中的数学核心素养——史宁中教授
　　　访谈之七[J].课程·教材·教法,2017,37(4):8-14.

[23] 史宁中.数形结合与数学模型——高中数学教学中的核心问题[M].北京:高等
　　　教育出版社,2018.

[24] 史宁中,王尚志.普通高中数学课程标准(2017 年版)解读[M].北京:高等教育出
　　　版社,2018.

[25] 项武义.基础数学讲义丛书:基础代数学[M].北京:人民教育出版社,2004.

[26] 项武义.基础数学讲义丛书:基础几何学[M].北京:人民教育出版社,2004.

[27] 张恭庆.数学的意义[R/OL].(2018-06-27)[2019-10-20].https://mp.
　　　weixin.qq.com/s/sqv2X_pak3zO_AB_h9ONUQ.

[28] 章建跃,程海奎.高中必修课程中概率的教材设计和教学思考[J].课程·教材·
　　　教法,2017(5):27-33.

[29] 章建跃.数学抽象:从背景到概念再到结构——兼谈人教 A 版教材的数学问题
　　　创新设计[C]//人民教育出版社课程教材研究所,北京师范大学数学科学学院.
　　　中学数学课程与教材国际论坛论文集.北京:人民教育出版社,2019.

[30] 章建跃.中学数学课程论[M].北京:北京师范大学出版社,2011.

[31] 中华人民共和国教育部.普通高中课程方案(2017 年版)[M].北京:人民教育出
　　　版社,2018.

[32] 中华人民共和国教育部.普通高中数学课程标准(2017 年版)[S].北京:人民教
　　　育出版社,2018.

[33] 中华人民共和国教育部.普通高中数学课程标准(2017 年版 2020 年修订)[S].
　　　北京:人民教育出版社,2020.

人名索引